Nr. 5 Guttentagsche Sammlung Deutscher Gesetze Nr. 5
Kommentare und erläuterte Textausgaben

Wechselgesetz

Kommentar

ursprünglich bearbeitet von
Dr. J. Stranz und **Dr. M. Stranz**

14. Auflage

erläutert von

Martin Stranz
früher Rechtsanwalt und Notar in Berlin

Berlin 1952

WALTER DE GRUYTER & CO.

vormals G. J. Göschen'sche Verlagshandlung — J. Guttentag, Verlagsbuchhandlung
Georg Reimer — Karl J. Trübner — Veit & Comp.

Archiv-Nr. 21 1 005
Satz: Walter de Gruyter & Co., Berlin W 35
Druck: Buchkunst, Berlin W 35

Dem Gedächtnis meines Vaters
Justizrat Dr. JOSEF STRANZ

Vorwort

Dieses Handbuch soll an die Stelle des von Dr. J. Stranz und Dr. M. Stranz verfaßten, in den letzten Auflagen von mir mitbearbeiteten Handkommentars zur Wechselordnung treten. Die Erläuterung des Wechselgesetzes in Fortsetzung eines eingebürgerten Kommentars zur Wechselordnung war für mich mit Rücksicht auf meine im Jahre 1934 veröffentlichte Neubearbeitung des umfangreicheren Staub-Stranz'schen Kommentars keine neue Aufgabe. Unvoreingenommene Nachprüfung meiner beim Inkrafttreten des Wechselgesetzes im Staub-Stranz'schen Kommentar vertretenen Ansichten und ihr Vergleich mit späteren Entscheidungen und dem neueren Schrifttum führte nur in Einzelfällen zu einer abweichenden Stellungnahme. Die im vorliegenden Buch vorhandenen Verweisungen auf die 1934 erschienene Auflage des Staub-Stranz beziehen sich vorwiegend auf eingehendere Begründung streitiger Auslegungen des Gesetzes oder weitere Literaturnachweise, die wegen ihres dortigen Vorhandenseins im vorliegenden Handkommentar entbehrlich schienen. Auf das nach Abschluß des „Staub-Stranz" erschienene Schrifttum und die noch für das Wechselgesetz anwendbare Rechtsprechung ist dagegen im vorliegenden Buche selbst überall hingewiesen.

Ich hoffe, daß der Einblick in ausländische Verhältnisse, den ich in den letzten Jahren gewonnen habe, der Erläuterung des auf internationaler Grundlage beruhenden Wechselgesetzes nützlich gewesen ist. Bei der Sammlung des neueren deutschen Materials und Durchsicht des Entwurfes ist mir Herr Referendar B. Latté, Berlin, außerordentlich behilflich gewesen. Seine Mitarbeit hat mir insbesondere die Berücksichtigung der jüngsten deutschen Rechtsentwicklung, soweit diese das Wechselrecht berührt, sehr erleichtert.

Croxley-Green bei London, im August 1951 — Martin Stranz

Inhaltsverzeichnis

Verzeichnis der Abkürzungen

Actes 1912	Protokolle der 2. Haager Wechselrechtskonferenz 1912
Anm	Anmerkung
Anh	Anhang zum Kommentar (S. 461 ff.)
Baumb-H	Kurzkommentar zum Wechsel- und Scheckgesetz von SenPräs. Dr. Ad. Baumbach; 2. Aufl. bearbeitet von Dr. W. Hefermehl, Beck'scher Verlag, 1950
Beitr.z.WirtschR	Beiträge zum Wirtschaftsrecht, Festgabe für E. Heymann, 1931
BGH	Bundesgerichtshof Karlsruhe
CR	Comptes rendus, Redaktionsbericht und Protokolle der Genfer Wechselrechtskonferenz 1930, Völkerbundsdrucksache
Dschr	Deutsche Denkschrift betr. das Genfer Abkommen, Reichstagsvorlage v. 20. 4. 1932, Nr. 1442
DJ	Deutsche Justiz
EG	Einführungsgesetz
Einl	Einleitung zum Kommentar (S. 30 ff.)
EWG	Einheitliches Wechselgesetz, Anl. I zum Genfer Wechselrechtsabkommen v. 7. Juni 1930, das im Anhang zu II 1a abgedruckt ist
Gähler	Die Einwendungen des Schuldners nach dem neuen Wechsel- u. Scheckgesetz von Dr. Rud. Gähler, Carl Heymanns Verl., 1935
GareisR	Wechselgesetz nebst Erläuterungen, begründet von Gareis, Neubearbeitung von Prof. Erwin Riezler, Beck'scher Verl. 1934
Grünberg	Grundzüge des neuen Wechsel- u. Scheckrechts von Prof. Dr. Siegm. Grünberg, Verl. Springer, Wien, 1933
Hueck	Recht der Wertpapiere, Prof. Dr. Alfred Hueck, Verlag Fr. Vahlen, 1949
Hupka	Das einh. Wechselrecht der Genfer Verträge, Prof. Dr. Josef Hupka, Verl. Springer, Wien, 1934
HRR	Höchstrichterliche Rechtsprechung, Beil. der Juristischen Rundschau, Berlin
Jacobi	Recht der Wertpapiere von Prof. Dr. Ernst Jacobi in Ehrenbergs Hdb., 1917
JW	Juristische Wochenschrift, ab 1. 4. 1939 vereinigt mit „Deutsches Recht", jetzt fortgesetzt durch Neue Jurist. Wochenschrift
Kessler	Kommentar z. Wechselges. von Dr. Friedrich Kessler, Verlag Bensheimer, 1933
KesslerSchG	Ders., Kommentar v. Scheckges., 1934
Knur-H	Kommentar z. Wechselgesetz von Prof. Dr. Al. Knur u. Dr. Karl Hammerschlag, Humboldt Verl., 1941

Langen	Die Wechselverbindlichkeit, Prof. Dr. Arnold Langen, 1934
Lenhoff	Einführung in das Einh. Wechselrecht von Prof. Arthur Lenhoff, Verl. Springer, Wien, 1933
LZ	Leipziger Zeitschr. f. Deutsches Recht
Locher	Recht der Wertpapiere von Prof. Dr. Eug. Locher, Verl. Mohr, 1947
Michaelis	Kommentar zur Wechselordnung von RGR. Rich. Michaelis, Verl. de Gruyter, 1932
NJW	Neue Juristische Wochenschrift, seit 1947, Beck'scher Verlag.
Priese-R	Kommentar z. Wechselgesetz von Dr. Joh. Priese und Fritz Rebentrost, Silva Verl., 1949
QuassA	Komm. z. Wechselgesetz von Min.R. L. Quassowski und Dr. E. Albrecht, Verl. Fr. Vahlen, 1934
Raape	Intern. Priv.-Recht von Prof. Dr. Leo Raape, 3. Aufl., 1950
Raiser	Die Wirkungen d. Wechselerklärungen im Intern. Priv.-Recht, 1931
RG	Entsch. d. Reichsgerichts in Zivilsachen, amtl. Sammlung
Rilk	Kommentar z. Wechselgesetz von Dr. Otto Rilk, Verl. Moner, 1933
ROHG	Entsch. d. Reichsoberhandelsgerichts
ROLG	Rechtspr. d. Oberlandesgerichte
Schnitzer-IHR	Handb. d. Intern. Handels-, Wechsel- und Scheckrechts von Dr. Ad. Schnitzer, Verl. Recht u. Gesellschaft, 1938
Schumann	Die Fälschung nach dem neuen Wechsel- und Scheckrecht von Dr. Franz Schumann, 1935
v. Schwerin	Wechsel- u. Scheckrecht von Dr. Claudius Frhr. Schwerin, Verl. de Gruyter, 1934
Simonson-Schweling	Komm. z. Scheckgesetz von RGR A. Simonson, 2. Aufl. von SenPräs. Dr. Schweling, Verl. Carl Heymann, 1934
St-Str	Kommentar z. Wechselgesetz, Neubearbeitung des Staubschen Kommentars von Rechtsanwalt Martin Stranz, Verl. de Gruyter, 1934
Ulmer	Recht der Wertpapiere von Prof. Dr. Eugen Ulmer, Verl. Kohlhammer, 1938
WG	Wechselgesetz
WO	Wechselordnung in Fassung v. 1908
M.Wolff	Der Verkehrsschutz im neuen Wechselrecht von Prof. Dr. Martin Wolff aus Festgabe f. Wieland, 1934
Wolff-IPR	Ders., Das Intern. Privat-Recht Deutschlands, 2. Aufl. 1949
ZHR	Zeitschrift für das gesamte Handels- u. Konkursrecht. Stuttgart

Wechselgesetz

Vom 21. Juni 1933 (RGBl. I S. 399)[1])
mit der durch das Gesetz v. 5. Juli 1934 (RGBl I, 571)
erfolgten Änderung

Erster Teil
Gezogener Wechsel

Erster Abschnitt
Ausstellung und Form des gezogenen Wechsels

Artikel 1

Der gezogene Wechsel enthält:

1. die Bezeichnung als Wechsel im Texte der Urkunde, und zwar in der Sprache, in der sie ausgestellt ist;
2. die unbedingte Anweisung, eine bestimmte Geldsumme zu zahlen;
3. den Namen dessen, der zahlen soll (Bezogener);
4. die Angabe der Verfallzeit;
5. die Angabe des Zahlungsortes;
6. den Namen dessen, an den oder an dessen Order gezahlt werden soll;
7. die Angabe des Tages und des Ortes der Ausstellung;
8. die Unterschrift des Ausstellers.

Artikel 2

Eine Urkunde, der einer der im vorstehenden Artikel bezeichneten Bestandteile fehlt, gilt nicht als gezogener Wechsel, vorbehaltlich der in den folgenden Absätzen bezeichneten Fälle.

---

[1]) Das Wechselgesetz gilt auch in Österreich und im Saarland (vgl. Fußnote zu Anm 1 der Einleitung). Über die Geltung entsprechender Vorschriften im Ausland vgl. die Übersicht im Anhang II, 2.

Ein Wechsel ohne Angabe der Verfallzeit gilt als Sichtwechsel.

Mangels einer besonderen Angabe gilt der bei dem Namen des Bezogenen angegebene Ort als Zahlungsort und zugleich als Wohnort des Bezogenen.

Ein Wechsel ohne Angabe des Ausstellungsortes gilt als ausgestellt an dem Orte, der bei dem Namen des Ausstellers angegeben ist.

Artikel 3

Der Wechsel kann an die eigene Order des Ausstellers lauten.

Er kann auf den Aussteller selbst gezogen werden.

Er kann für Rechnung eines Dritten gezogen werden.

Artikel 4

Der Wechsel kann bei einem Dritten, am Wohnort des Bezogenen oder an einem anderen Orte, zahlbar gestellt werden.

Artikel 5

In einem Wechsel, der auf Sicht oder auf eine bestimmte Zeit nach Sicht lautet, kann der Aussteller bestimmen, daß die Wechselsumme zu verzinsen ist. Bei jedem anderen Wechsel gilt der Zinsvermerk als nicht geschrieben.

Der Zinsfuß ist im Wechsel anzugeben; fehlt diese Angabe, so gilt der Zinsvermerk als nicht geschrieben.

Die Zinsen laufen vom Tage der Ausstellung des Wechsels, sofern nicht ein anderer Tag bestimmt ist.

Artikel 6

Ist die Wechselsumme in Buchstaben und in Ziffern angegeben, so gilt bei Abweichungen die in Buchstaben angegebene Summe.

Ist die Wechselsumme mehrmals in Buchstaben oder mehrmals in Ziffern angegeben, so gilt bei Abweichungen die geringste Summe.

Artikel 7

Trägt ein Wechsel Unterschriften von Personen, die eine Wechselverbindlichkeit nicht eingehen können, gefälschte Unterschriften, Unterschriften erdichteter Personen oder Unterschriften, die aus irgendeinem anderen Grunde für die Personen, die unterschrieben haben oder mit deren Namen unterschrieben worden ist, keine Verbindlichkeit begründen, so hat dies auf die Gültigkeit der übrigen Unterschriften keinen Einfluß.

Artikel 8

Wer auf einen Wechsel seine Unterschrift als Vertreter eines anderen setzt, ohne hierzu ermächtigt zu sein, haftet selbst wechselmäßig und hat, wenn er den Wechsel einlöst, dieselben Rechte, die der angeblich Vertretene haben würde. Das gleiche gilt von einem Vertreter, der seine Vertretungsbefugnis überschritten hat.

Artikel 9

Der Aussteller haftet für die Annahme und die Zahlung des Wechsels.

Er kann die Haftung für die Annahme ausschließen; jeder Vermerk, durch den er die Haftung für die Zahlung ausschließt, gilt als nicht geschrieben.

Artikel 10

Wenn ein Wechsel, der bei der Begebung unvollständig war, den getroffenen Vereinbarungen zuwider ausgefüllt worden ist, so kann die Nichteinhaltung dieser Vereinbarungen dem Inhaber nicht entgegengesetzt werden, es sei denn, daß er den Wechsel in bösem Glauben erworben hat oder ihm beim Erwerb eine grobe Fahrlässigkeit zur Last fällt.

Zweiter Abschnitt

Indossament

Artikel 11

Jeder Wechsel kann durch Indossament übertragen werden, auch wenn er nicht ausdrücklich an Order lautet.

Hat der Aussteller in den Wechsel die Worte „nicht an Order" oder einen gleichbedeutenden Vermerk aufgenommen, so kann der Wechsel nur in der Form und mit den Wirkungen einer gewöhnlichen Abtretung übertragen werden.

Das Indossament kann auch auf den Bezogenen, gleichviel ob er den Wechsel angenommen hat oder nicht, auf den Aussteller oder auf jeden anderen Wechselverpflichteten lauten. Diese Personen können den Wechsel weiterindossieren.

Artikel 12

Das Indossament muß unbedingt sein. Bedingungen, von denen es abhängig gemacht wird, gelten als nicht geschrieben.

Ein Teilindossament ist nichtig.

Ein Idossament an den Inhaber gilt als Blankoindossament.

Artikel 13

Das Indossament muß auf den Wechsel oder auf ein mit dem Wechsel verbundenes Blatt (Anhang) gesetzt werden. Es muß von dem Indossanten unterschrieben werden.

Das Indossament braucht den Indossatar nicht zu bezeichnen und kann selbst in der bloßen Unterschrift des Indossanten bestehen (Blankoindossament). In diesem letzteren Falle muß das Indossament, um gültig zu sein, auf die Rückseite des Wechsels oder auf den Anhang gesetzt werden.

Artikel 14

Das Indossament überträgt alle Rechte aus dem Wechsel.

Ist es ein Blankoindossament, so kann der Inhaber

1. das Indossament mit seinem Namen oder mit dem Namen eines anderen ausfüllen;
2. den Wechsel durch ein Blankoindossament oder an eine bestimmte Person weiterindossieren;
3. den Wechsel weiterbegeben, ohne das Blankoindossament auszufüllen und ohne ihn zu indossieren.

Artikel 15

Der Indossant haftet mangels eines entgegenstehenden Vermerkes für die Annahme und die Zahlung.

Er kann untersagen, daß der Wechsel weiterindossiert wird; in diesem Falle haftet er denen nicht, an die der Wechsel weiterindossiert wird.

Artikel 16

Wer den Wechsel in Händen hat, gilt als rechtmäßiger Inhaber, sofern er sein Recht durch eine ununterbrochene Reihe von Indossamenten nachweist, und zwar auch dann, wenn das letzte ein Blankoindossament ist. Ausgestrichene Indossamente gelten hierbei als nicht geschrieben. Folgt auf ein Blankoindossament ein weiteres Indossament, so wird angenommen, daß der Aussteller dieses Indossaments den Wechsel durch das Blankoindossament erworben hat.

Ist der Wechsel einem früheren Inhaber irgendwie abhanden gekommen, so ist der neue Inhaber, der sein Recht nach den Vorschriften des vorstehenden Absatzes nachweist, zur Herausgabe des Wechsels nur verpflichtet, wenn er ihn in bösem Glauben erworben hat oder ihm beim Erwerb eine grobe Fahrlässigkeit zur Last fällt.

Artikel 17

Wer aus dem Wechsel in Anspruch genommen wird, kann dem Inhaber keine Einwendungen entgegensetzen, die sich auf seine unmittelbaren Beziehungen zu dem Aussteller oder zu einem früheren Inhaber gründen, es sei denn, daß der Inhaber bei dem Erwerbe des Wechsels bewußt zum Nachteil des Schuldners gehandelt hat.

Artikel 18

Enthält das Indossament den Vermerk „Wert zur Einziehung", „zum Inkasso", „in Prokura" oder einen anderen nur eine Bevollmächtigung ausdrückenden Vermerk, so kann der Inhaber alle Rechte aus dem Wechsel geltend machen; aber er kann ihn nur durch ein weiteres Vollmachtsindossament übertragen.

Die Wechselverpflichteten können in diesem Falle dem Inhaber nur solche Einwendungen entgegensetzen, die ihnen gegen den Indossanten zustehen.

Die in dem Vollmachtsindossament enthaltene Vollmacht erlischt weder mit dem Tode noch mit dem Eintritt der Handlungsunfähigkeit des Vollmachtgebers.

Artikel 19

Enthält das Indossament den Vermerk „Wert zur Sicherheit", „Wert zum Pfande" oder einen anderen eine Verpfändung ausdrückenden Vermerk, so kann der Inhaber alle Rechte aus dem Wechsel geltend machen; ein von ihm ausgestelltes Indossament hat aber nur die Wirkung eines Vollmachtsindossaments.

Die Wechselverpflichteten können dem Inhaber keine Einwendungen entgegensetzen, die sich auf ihre unmittelbaren Beziehungen zu dem Indossanten gründen, es sei denn, daß der Inhaber bei dem Erwerbe des Wechsels bewußt zum Nachteil des Schuldners gehandelt hat.

Artikel 20

Ein Indossament nach Verfall hat dieselben Wirkungen wie ein Indossament vor Verfall. Ist jedoch der Wechsel erst nach Erhebung des Protestes mangels Zahlung oder nach Ablauf der hierfür bestimmten Frist indossiert worden, so hat das Indossament nur die Wirkungen einer gewöhnlichen Abtretung.

Bis zum Beweis des Gegenteils wird vermutet, daß ein nicht datiertes Indossament vor Ablauf der für die Erhebung des Protestes bestimmten Frist auf den Wechsel gesetzt worden ist.

Dritter Abschnitt

Annahme

Artikel 21

Der Wechsel kann von dem Inhaber oder von jedem, der den Wechsel auch nur in Händen hat, bis zum Verfall dem Bezogenen an seinem Wohnort zur Annahme vorgelegt werden.

Artikel 22

Der Aussteller kann in jedem Wechsel mit oder ohne Bestimmung einer Frist vorschreiben, daß der Wechsel zur Annahme vorgelegt werden muß.

Er kann im Wechsel die Vorlegung zur Annahme untersagen, wenn es sich nicht um einen Wechsel handelt, der bei einem Dritten oder an einem von dem Wohnort des Bezogenen verschiedenen Ort zahlbar ist oder der auf eine bestimmte Zeit nach Sicht lautet.

Er kann auch vorschreiben, daß der Wechsel nicht vor einem bestimmten Tage zur Annahme vorgelegt werden darf.

Jeder Indossant kann, wenn nicht der Aussteller die Vorlegung zur Annahme untersagt hat, mit oder ohne Bestimmung einer Frist vorschreiben, daß der Wechsel zur Annahme vorgelegt werden muß.

Artikel 23

Wechsel, die auf eine bestimmte Zeit nach Sicht lauten, müssen binnen einem Jahre nach dem Tage der Ausstellung zur Annahme vorgelegt werden.

Der Aussteller kann eine kürzere oder eine längere Frist bestimmen.

Die Indossanten können die Vorlegungsfristen abkürzen.

Artikel 24

Der Bezogene kann verlangen, daß ihm der Wechsel am Tage nach der ersten Vorlegung nochmals vorgelegt wird. Die Beteiligten können sich darauf, daß diesem Verlangen nicht entsprochen worden ist, nur berufen, wenn das Verlangen im Protest vermerkt ist.

Der Inhaber ist nicht verpflichtet, den zur Annahme vorgelegten Wechsel in der Hand des Bezogenen zu lassen.

Artikel 25

Die Annahmeerklärung wird auf den Wechsel gesetzt. Sie wird durch das Wort „angenommen" oder ein gleichbedeutendes Wort ausgedrückt;

sie ist vom Bezogenen zu unterschreiben. Die bloße Unterschrift des Bezogenen auf der Vorderseite des Wechsels gilt als Annahme.

Lautet der Wechsel auf eine bestimmte Zeit nach Sicht oder ist er infolge eines besonderen Vermerks innerhalb einer bestimmten Frist zur Annahme vorzulegen, so muß die Annahmeerklärung den Tag bezeichnen, an dem sie erfolgt ist, sofern nicht der Inhaber die Angabe des Tages der Vorlegung verlangt. Ist kein Tag angegeben, so muß der Inhaber, um seine Rückgriffsrechte gegen die Indossanten und den Aussteller zu wahren, diese Unterlassung rechtzeitig durch einen Protest feststellen lassen.

Artikel 26

Die Annahme muß unbedingt sein; der Bezogene kann sie aber auf einen Teil der Wechselsumme beschränken.

Wenn die Annahmeerklärung irgendeine andere Abweichung von den Bestimmungen des Wechsels enthält, so gilt die Annahme als verweigert. Der Annehmende haftet jedoch nach dem Inhalt seiner Annahmeerklärung.

Artikel 27

Hat der Aussteller im Wechsel einen von dem Wohnort des Bezogenen verschiedenen Zahlungsort angegeben, ohne einen Dritten zu bezeichnen, bei dem die Zahlung geleistet werden soll, so kann der Bezogene bei der Annahmeerklärung einen Dritten bezeichnen. Mangels einer solchen Bezeichnung wird angenommen, daß sich der Annehmer verpflichtet hat, selbst am Zahlungsorte zu zahlen.

Ist der Wechsel beim Bezogenen selbst zahlbar, so kann dieser in der Annahmeerklärung eine am Zahlungsorte befindliche Stelle bezeichnen, wo die Zahlung geleistet werden soll.

Artikel 28

Der Bezogene wird durch die Annahme verpflichtet, den Wechsel bei Verfall zu bezahlen.

Mangels Zahlung hat der Inhaber, auch wenn er der Aussteller ist, gegen den Annehmer einen unmittelbaren Anspruch aus dem Wechsel auf alles, was auf Grund der Artikel 48 und 49 gefordert werden kann.

Artikel 29

Hat der Bezogene die auf den Wechsel gesetzte Annahmeerklärung vor der Rückgabe des Wechsels gestrichen, so gilt die Annahme als verweigert. Bis zum Beweis des Gegenteils wird vermutet, daß die Streichung vor der Rückgabe des Wechsels erfolgt ist.

Hat der Bezogene jedoch dem Inhaber oder einer Person, deren Unterschrift sich auf dem Wechsel befindet, die Annahme schriftlich mitgeteilt, so haftet er diesen nach dem Inhalt seiner Annahmeerklärung.

Vierter Abschnitt

Wechselbürgschaft

Artikel 30

Die Zahlung der Wechselsumme kann ganz oder teilweise durch Wechselbürgschaft gesichert werden.

Diese Sicherheit kann von einem Dritten oder auch von einer Person geleistet werden, deren Unterschrift sich schon auf dem Wechsel befindet.

Artikel 31

Die Bürgschaftserklärung wird auf den Wechsel oder auf einen Anhang gesetzt.

Sie wird durch die Worte „als Bürge" oder einen gleichbedeutenden Vermerk ausgedrückt; sie ist von dem Wechselbürgen zu unterschreiben.

Die bloße Unterschrift auf der Vorderseite des Wechsels gilt als Bürgschaftserklärung, soweit es sich nicht um die Unterschrift des Bezogenen oder des Ausstellers handelt.

In der Erklärung ist anzugeben, für wen die Bürgschaft geleistet wird; mangels einer solchen Angabe gilt sie für den Aussteller.

Artikel 32

Der Wechselbürge haftet in der gleichen Weise wie derjenige, für den er sich verbürgt hat.

Seine Verpflichtungserklärung ist auch gültig, wenn die Verbindlichkeit, für die er sich verbürgt hat, aus einem anderen Grund als wegen eines Formfehlers nichtig ist.

Der Wechselbürge, der den Wechsel bezahlt, erwirbt die Rechte aus dem Wechsel gegen denjenigen, für den er sich verbürgt hat, und gegen alle, die diesem wechselmäßig haften.

Fünfter Abschnitt

Verfall

Artikel 33

Ein Wechsel kann gezogen werden
auf Sicht;
auf eine bestimmte Zeit nach Sicht;
auf eine bestimmte Zeit nach der Ausstellung;
auf einen bestimmten Tag.

Wechsel mit anderen oder mit mehreren aufeinanderfolgenden Verfallzeiten sind nichtig.

Artikel 34

Der Sichtwechsel ist bei der Vorlegung fällig. Er muß binnen einem Jahre nach der Ausstellung zur Zahlung vorgelegt werden. Der Aussteller kann eine kürzere oder eine längere Frist bestimmen. Die Indossanten können die Vorlegungsfristen abkürzen.

Der Aussteller kann vorschreiben, daß der Sichtwechsel nicht vor einem bestimmten Tage zur Zahlung vorgelegt werden darf. In diesem Falle beginnt die Vorlegungsfrist mit diesem Tage.

Artikel 35

Der Verfall eines Wechsels, der auf eine bestimmte Zeit nach Sicht lautet, richtet sich nach dem in der Annahmeerklärung angegebenen Tage oder nach dem Tage des Protestes.

Ist in der Annahmeerklärung ein Tag nicht angegeben und ein Protest nicht erhoben worden, so gilt dem Annehmer gegenüber der Wechsel als am letzten Tage der für die Vorlegung zur Annahme vorgesehenen Frist angenommen.

Artikel 36

Ein Wechsel, der auf einen oder mehrere Monate nach der Ausstellung oder nach Sicht lautet, verfällt an dem entsprechenden Tage des Zahlungsmonats. Fehlt dieser Tag, so ist der Wechsel am letzten Tage des Monats fällig.

Lautet der Wechsel auf einen oder mehrere Monate und einen halben Monat nach der Ausstellung oder nach Sicht, so werden die ganzen Monate zuerst gezählt.

Ist als Verfallzeit der Anfang, die Mitte oder das Ende eines Monats angegeben, so ist darunter der erste, der fünfzehnte oder der letzte Tag des Monats zu verstehen.

Die Ausdrücke „acht Tage" oder „fünfzehn Tage" bedeuten nicht eine oder zwei Wochen, sondern volle acht oder fünfzehn Tage.

Der Ausdruck „halber Monat" bedeutet fünfzehn Tage.

Artikel 37

Ist ein Wechsel an einem bestimmten Tag an einem Orte zahlbar, dessen Kalender von dem des Ausstellungsorts abweicht, so ist für den Verfalltag der Kalender des Zahlungsorts maßgebend.

Ist ein zwischen zwei Orten mit verschiedenenem Kalender gezogener Wechsel eine bestimmte Zeit nach der Ausstellung zahlbar, so wird der Tag der Ausstellung in den nach dem Kalender des Zahlungsorts entsprechenden Tag umgerechnet und hiernach der Verfalltag ermittelt.

Auf die Berechnung der Fristen für die Vorlegung von Wechseln findet die Vorschrift des vorstehenden Absatzes entsprechende Anwendung.

Die Vorschriften dieses Artikels finden keine Anwendung, wenn sich aus einem Vermerk im Wechsel oder sonst aus dessen Inhalt ergibt, daß etwas anderes beabsichtigt war.

Sechster Abschnitt

Zahlung

Artikel 38

Der Inhaber eines Wechsels, der an einem bestimmten Tage oder bestimmte Zeit nach der Ausstellung oder nach Sicht zahlbar ist, hat den Wechsel am Zahlungstag oder an einem der beiden folgenden Werktage zur Zahlung vorzulegen.

Die Einlieferung in eine Abrechnungsstelle steht der Vorlegung zur Zahlung gleich.

Der Reichsminister der Justiz bestimmt, welche Einrichtungen als Abrechnungsstellen anzusehen sind und unter welchen Voraussetzungen die Einlieferung erfolgen kann.

Artikel 39

Der Bezogene kann vom Inhaber gegen Zahlung die Aushändigung des quittierten Wechsels verlangen.

Der Inhaber darf eine Teilzahlung nicht zurückweisen.

Im Falle der Teilzahlung kann der Bezogene verlangen, daß sie auf dem Wechsel vermerkt und ihm eine Quittung erteilt wird.

Artikel 40

Der Inhaber des Wechsels ist nicht verpflichtet, die Zahlung vor Verfall anzunehmen.

Der Bezogene, der vor Verfall zahlt, handelt auf eigene Gefahr.

Wer bei Verfall zahlt, wird von seiner Verbindlichkeit befreit, wenn ihm nicht Arglist oder grobe Fahrlässigkeit zur Last fällt. Er ist verpflichtet, die Ordnungsmäßigkeit der Reihe der Indossamente, aber nicht die Unterschriften der Indossanten zu prüfen.

Artikel 41

Lautet der Wechsel auf eine Währung, die am Zahlungsorte nicht gilt, so kann die Wechselsumme in der Landeswährung nach dem Werte gezahlt werden, den sie am Verfalltage besitzt. Wenn der Schuldner die Zahlung verzögert, so kann der Inhaber wählen, ob die Wechselsumme nach dem Kurs des Verfalltages oder nach dem Kurs des Zahlungstages in die Landeswährung umgerechnet werden soll.

Der Wert der fremden Währung bestimmt sich nach den Handelsgebräuchen des Zahlungsortes. Der Aussteller kann jedoch im Wechsel für die zu zahlende Summe einen Umrechnungskurs bestimmen.

Die Vorschriften der beiden ersten Absätze finden keine Anwendung, wenn der Aussteller die Zahlung in einer bestimmten Währung vorgeschrieben hat (Effektivvermerk).

Lautet der Wechsel auf eine Geldsorte, die im Lande der Ausstellung dieselbe Bezeichnung, aber einen anderen Wert hat als in dem der Zahlung, so wird vermutet, daß die Geldsorte des Zahlungsortes gemeint ist.

Artikel 42

Wird der Wechsel nicht innerhalb der im Artikel 38 bestimmten Frist zur Zahlung vorgelegt, so kann der Schuldner die Wechselsumme bei der zuständigen Behörde auf Gefahr und Kosten des Inhabers hinterlegen.

Siebenter Abschnitt

Rückgriff mangels Annahme und mangels Zahlung

Artikel 43

Der Inhaber kann gegen die Indossanten, den Aussteller und die anderen Wechselverpflichteten bei Verfall des Wechsels Rückgriff nehmen, wenn der Wechsel nicht bezahlt worden ist.

Das gleiche Recht steht dem Inhaber schon vor Verfall zu,

1. wenn die Annahme ganz oder teilweise verweigert worden ist;
2. wenn über das Vermögen des Bezogenen, gleichviel ob er den Wechsel angenommen hat oder nicht, der Konkurs oder das gerichtliche Vergleichsverfahren (Ausgleichsverfahren) eröffnet worden ist oder wenn der Bezogene auch nur seine Zahlungen eingestellt hat oder wenn eine Zwangsvollstreckung in sein Vermögen fruchtlos verlaufen ist;
3. wenn über das Vermögen des Ausstellers eines Wechsels, dessen Vorlegung zur Annahme untersagt ist, der Konkurs oder das gerichtliche Vergleichsverfahren (Ausgleichsverfahren) eröffnet worden ist.

Artikel 44

Die Verweigerung der Annahme oder der Zahlung muß durch eine öffentliche Urkunde (Protest mangels Annahme oder mangels Zahlung) festgestellt werden.

Der Protest mangels Annahme muß innerhalb der Frist erhoben werden, die für die Vorlegung zur Annahme gilt. Ist im Falle des Artikels 24 Abs. 1 der Wechsel am letzten Tage der Frist zum ersten Male vorgelegt worden, so kann der Protest noch am folgenden Tage erhoben werden.

Der Protest mangels Zahlung muß bei einem Wechsel, der an einem bestimmten Tag oder bestimmte Zeit nach der Ausstellung oder nach Sicht zahlbar ist, an einem der beiden auf den Zahlungstag folgenden Werktage erhoben werden. Bei einem Sichtwechsel muß der Protest mangels Zahlung in den gleichen Fristen erhoben werden, wie sie im vorhergehenden Absatz für den Protest mangels Annahme vorgesehen sind.

Ist Protest mangels Annahme erhoben worden, so bedarf es weder der Vorlegung zur Zahlung noch des Protestes mangels Zahlung.

Hat der Bezogene, gleichviel ob er den Wechsel angenommen hat oder nicht, seine Zahlungen eingestellt, oder ist eine Zwangsvollstreckung in sein Vermögen fruchtlos verlaufen, so kann der Inhaber nur Rückgriff nehmen, nachdem der Wechsel dem Bezogenen zur Zahlung vorgelegt und Protest erhoben worden ist.

Ist über das Vermögen des Bezogenen, gleichviel ob er den Wechsel angenommen hat oder nicht, oder über das Vermögen des Ausstellers eines Wechsels, dessen Vorlegung zur Annahme untersagt ist, Konkurs oder das gerichtliche Vergleichsverfahren (Ausgleichsverfahren) eröffnet worden, so genügt es zur Ausübung des Rückgriffsrechts, daß der gerichtliche Beschluß über die Eröffnung des Konkurses oder des gerichtlichen Vergleichsverfahrens (Ausgleichsverfahrens) vorgelegt wird. Die Vorlegung der Bekanntmachung des gerichtlichen Beschlusses im Deutschen Reichsanzeiger oder in dem zur Veröffentlichung amtlicher Bekanntmachungen des Gerichts bestimmten Blatte ist der Vorlegung des gerichtlichen Beschlusses gleichzuachten.

Artikel 45

Der Inhaber muß seinen unmittelbaren Vormann und den Aussteller von dem Unterbleiben der Annahme oder der Zahlung innerhalb der vier Werktage benachrichtigen, die auf den Tag der Protesterhebung oder, im Falle des Vermerks „ohne Kosten", auf den Tag der Vorlegung folgen. Jeder Indossant muß innerhalb zweier Werktage nach Empfang der Nachricht seinem unmittelbaren Vormanne von der Nachricht, die er erhalten hat, Kenntnis geben und ihm die Namen und Adressen derjenigen mitteilen, die vorher Nachricht gegeben haben, und so weiter in der Reihenfolge, bis zum Aussteller. Die Fristen laufen vom Empfang der vorhergehenden Nachricht.

Wird nach Maßgabe des vorhergehenden Absatzes einer Person, deren Unterschrift sich auf dem Wechsel befindet, Nachricht gegeben, so muß die gleiche Nachricht in derselben Frist ihrem Wechselbürgen gegeben werden.

Hat ein Indossant seine Adresse nicht oder in unleserlicher Form angegeben, so genügt es, daß sein unmittelbarer Vormann benachrichtigt wird.

Die Nachricht kann in jeder Form gegeben werden, auch durch die bloße Rücksendung des Wechsels.

Der zur Benachrichtigung Verpflichtete hat zu beweisen, daß er in der vorgeschriebenen Frist benachrichtigt hat. Die Frist gilt als eingehalten, wenn ein Schreiben, das die Benachrichtigung enthält, innerhalb der Frist zur Post gegeben worden ist.

Wer die rechtzeitige Benachrichtigung versäumt, verliert nicht den Rückgriff; er haftet für den etwa durch seine Nachlässigkeit entstandenen Schaden, jedoch nur bis zur Höhe der Wechselsumme.

Artikel 46

Der Aussteller sowie jeder Indossant oder Wechselbürge kann durch den Vermerk „ohne Kosten", „ohne Protest" oder einen gleichbedeutenden auf den Wechsel gesetzten und unterzeichneten Vermerk den Inhaber von der Verpflichtung befreien, zum Zwecke der Ausübung des Rückgriffs Protest mangels Annahme oder mangels Zahlung erheben zu lassen.

Der Vermerk befreit den Inhaber nicht von der Verpflichtung, den Wechsel rechtzeitig vorzulegen und die erforderlichen Nachrichten zu geben. Der Beweis, daß die Frist nicht eingehalten worden ist, liegt demjenigen ob, der sich dem Inhaber gegenüber darauf beruft.

Ist der Vermerk vom Aussteller beigefügt, so wirkt er gegenüber allen Wechselverpflichteten; ist er von einem Indossanten oder einem Wechselbürgen beigefügt, so wirkt er nur diesen gegenüber. Läßt der Inhaber ungeachtet des vom Aussteller beigefügten Vermerks Protest erheben, so fallen ihm die Kosten zur Last. Ist der Vermerk von einem Indossanten oder einem Wechselbürgen beigefügt, so sind alle Wechselverpflichteten zum Ersatze der Kosten eines dennoch erhobenen Protestes verpflichtet.

Artikel 47

Alle, die einen Wechsel ausgestellt, angenommen, indossiert oder mit einer Bürgschaftserklärung versehen haben, haften dem Inhaber als Gesamtschuldner.

Der Inhaber kann jeden einzeln oder mehrere oder alle zusammen in Anspruch nehmen, ohne an die Reihenfolge gebunden zu sein, in der sie sich verpflichtet haben.

Das gleiche Recht steht jedem Wechselverpflichteten zu, der den Wechsel eingelöst hat.

Durch die Geltendmachung des Anspruchs gegen einen Wechselverpflichteten verliert der Inhaber nicht seine Rechte gegen die anderen Wechselverpflichteten, auch nicht gegen die Nachmänner desjenigen, der zuerst in Anspruch genommen worden ist.

Artikel 48

Der Inhaber kann im Wege des Rückgriffs verlangen:

1. die Wechselsumme, soweit der Wechsel nicht angenommen oder nicht eingelöst worden ist, mit den etwa bedungenen Zinsen;
2. Zinsen zu sechs vom Hundert seit dem Verfalltage;
3. die Kosten des Protestes und der Nachrichten sowie die anderen Auslagen;
4. eine Vergütung, die mangels besonderer Vereinbarung ein Drittel vom Hundert der Hauptsumme des Wechsels beträgt und diesen Satz keinesfalls überschreiten darf.

Wird der Rückgriff vor Verfall genommen, so werden von der Wechselsumme Zinsen abgezogen. Diese Zinsen werden auf Grund des öffentlich bekanntgemachten Diskontsatzes (Satz der Zentralnotenbank) berechnet, der am Tage des Rückgriffs am Wohnort des Inhabers gilt.

Artikel 49

Wer den Wechsel eingelöst hat, kann von seinen Vormännern verlangen:

1. den vollen Betrag, den er gezahlt hat;
2. die Zinsen dieses Betrages zu sechs vom Hundert seit dem Tage der Einlösung;
3. seine Auslagen;
4. eine Vergütung, die nach den Vorschriften des Artikels 48 Abs. 1 Nr. 4 berechnet wird.

Artikel 50

Jeder Wechselverpflichtete, gegen den Rückgriff genommen wird oder genommen werden kann, ist berechtigt, zu verlangen, daß ihm gegen Entrichtung der Rückgriffssumme der Wechsel mit dem Protest und eine quittierte Rechnung ausgehändigt werden.

Jeder Indossant, der den Wechsel eingelöst hat, kann sein Indossament und die Indossamente seiner Nachmänner ausstreichen.

Artikel 51

Bei dem Rückgriff nach einer Teilannahme kann derjenige, der den nicht angenommenen Teil der Wechselsumme entrichtet, verlangen, daß dies auf dem Wechsel vermerkt und ihm darüber Quittung erteilt wird. Der Inhaber muß ihm ferner eine beglaubigte Abschrift des Wechsels und den Protest aushändigen, um den weiteren Rückgriff zu ermöglichen.

Artikel 52

Wer zum Rückgriff berechtigt ist, kann mangels eines entgegenstehenden Vermerkes den Rückgriff dadurch nehmen, daß er auf einen seiner Vormänner einen neuen Wechsel (Rückwechsel) zieht, der auf Sicht lautet und am Wohnort dieses Vormannes zahlbar ist.

Der Rückwechsel umfaßt, außer den in den Artikeln 48 und 49 angegebenen Beträgen, die Mäklergebühr und die Stempelsteuer für den Rückwechsel.

Wird der Rückwechsel vom Inhaber gezogen, so richtet sich die Höhe der Wechselsumme nach dem Kurse, den ein vom Zahlungsorte des ursprünglichen Wechsels auf den Wohnort des Vormannes gezogener Sichtwechsel hat. Wird der Rückwechsel von einem Indossanten gezogen, so richtet sich die Höhe der Wechselsumme nach dem Kurse, den ein vom Wohnorte des Ausstellers des Rückwechsels auf den Wohnort des Vormannes gezogener Sichtwechsel hat.

Artikel 53

Mit der Versäumung der Fristen

für die Vorlegung eines Wechsels, der auf Sicht oder auf eine bestimmte Zeit nach Sicht lautet,

für die Erhebung des Protestes mangels Annahme oder mangels Zahlung,

für die Vorlegung zur Zahlung im Falle des Vermerkes „ohne Kosten"

verliert der Inhaber seine Rechte gegen die Indossanten, den Aussteller und alle anderen Wechselverpflichteten, mit Ausnahme des Annehmers.

Versäumt der Inhaber die vom Aussteller für die Vorlegung zur Annahme vorgeschriebene Frist, so verliert er das Recht, mangels Annahme und mangels Zahlung Rückgriff zu nehmen, sofern nicht der Wortlaut des Vermerkes ergibt, daß der Aussteller nur die Haftung für die Annahme hat ausschließen wollen.

Ist die Frist für die Vorlegung in einem Indossament enthalten, so kann sich nur der Indossant darauf berufen.

Artikel 54

Steht der rechtzeitigen Vorlegung des Wechsels oder der rechtzeitigen Erhebung des Protestes ein unüberwindliches Hindernis entgegen (gesetzliche Vorschrift eines Staates oder ein anderer Fall höherer Gewalt), so werden die für diese Handlungen bestimmten Fristen verlängert.

Der Inhaber ist verpflichtet, seinen unmittelbaren Vormann von dem Falle der höheren Gewalt unverzüglich zu benachrichtigen und die Benachrichtigung unter Beifügung des Tages und Ortes sowie seiner Unterschrift auf dem Wechsel oder einem Anhang zu vermerken; im übrigen finden die Vorschriften des Artikels 45 Anwendung.

Fällt die höhere Gewalt weg, so muß der Inhaber den Wechsel unverzüglich zur Annahme oder zur Zahlung vorlegen und gegebenenfalls Protest erheben lassen.

Dauert die höhere Gewalt länger als dreißig Tage nach Verfall, so kann Rückgriff genommen werden, ohne daß es der Vorlegung oder der Protesterhebung bedarf.

Bei Wechseln, die auf Sicht oder auf eine bestimmte Zeit nach Sicht lauten, läuft die dreißigtägige Frist von dem Tage, an dem der Inhaber seinen Vormann von dem Falle der höheren Gewalt benachrichtigt hat;

diese Nachricht kann schon vor Ablauf der Vorlegungsfrist gegeben werden. Bei Wechseln, die auf bestimmte Zeit nach Sicht lauten, verlängert sich die dreißigtägige Frist um die im Wechsel angegebene Nachsichtfrist.

Tatsachen, die rein persönlich den Inhaber oder denjenigen betreffen, den er mit der Vorlegung des Wechsels oder mit der Protesterhebung beauftragt hat, gelten nicht als Fälle höherer Gewalt.

Achter Abschnitt

Ehreneintritt

1. Allgemeine Vorschriften

Artikel 55

Der Aussteller sowie jeder Indossant oder Wechselbürge kann eine Person angeben, die im Notfall annehmen oder zahlen soll.

Der Wechsel kann unter den nachstehend bezeichneten Voraussetzungen zu Ehren eines jeden Wechselverpflichteten, gegen den Rückgriff genommen werden kann, angenommen oder bezahlt werden.

Jeder Dritte, auch der Bezogene, sowie jeder aus dem Wechsel bereits Verpflichtete, mit Ausnahme des Annehmers, kann einen Wechsel zu Ehren annehmen oder bezahlen.

Wer zu Ehren annimmt oder zahlt, ist verpflichtet, den Wechselverpflichteten, für den er eintritt, innerhalb zweier Werktage hiervon zu benachrichtigen. Hält er die Frist nicht ein, so haftet er für den etwa durch seine Nachlässigkeit entstandenen Schaden, jedoch nur bis zur Höhe der Wechselsumme.

2. Ehrenannahme

Artikel 56

Die Ehrenannahme ist in allen Fällen zulässig, in denen der Inhaber vor Verfall Rückgriff nehmen kann, es sei denn, daß es sich um einen Wechsel handelt, dessen Vorlegung zur Annahme untersagt ist.

Ist auf dem Wechsel eine Person angegeben, die im Notfall am Zahlungsort annehmen oder zahlen soll, so kann der Inhaber vor Verfall gegen denjenigen, der die Notadresse beigefügt hat, und gegen seine Nachmänner nur Rückgriff nehmen, wenn er den Wechsel der in der Notadresse bezeichneten Person vorgelegt hat und im Falle der Verweigerung der Ehrenannahme die Verweigerung durch einen Protest hat feststellen lassen.

In den anderen Fällen des Ehreneintritts kann der Inhaber die Ehrenannahme zurückweisen. Läßt er sie aber zu, so verliert er den Rückgriff vor Verfall gegen denjenigen, zu dessen Ehren die Annahme erklärt worden ist, und gegen dessen Nachmänner.

Artikel 57

Die Ehrenannahme wird auf dem Wechsel vermerkt; sie ist von demjenigen, der zu Ehren annimmt, zu unterschreiben. In der Annahmeerklärung ist anzugeben, für wen die Ehrenannahme stattfindet; mangels einer solchen Angabe gilt sie für den Aussteller.

Artikel 58

Wer zu Ehren annimmt, haftet dem Inhaber und den Nachmännern desjenigen, für den er eingetreten ist, in der gleichen Weise wie dieser selbst.

Trotz der Ehrenannahme können der Wechselverpflichtete, zu dessen Ehren der Wechsel angenommen worden ist, und seine Vormänner vom Inhaber gegen Erstattung des im Artikel 48 angegebenen Betrages die Aushändigung des Wechsels und gegebenenfalls des erhobenen Protestes sowie einer quittierten Rechnung verlangen.

3. Ehrenzahlung

Artikel 59

Die Ehrenzahlung ist in allen Fällen zulässig, in denen der Inhaber bei Verfall oder vor Verfall Rückgriff nehmen kann.

Die Ehrenzahlung muß den vollen Betrag umfassen, den der Wechselverpflichtete, für den sie stattfindet, zahlen müßte.

Sie muß spätestens am Tage nach Ablauf der Frist für die Erhebung des Protestes mangels Zahlung stattfinden.

Artikel 60

Ist der Wechsel von Personen zu Ehren angenommen, die ihren Wohnsitz am Zahlungsort haben, oder sind am Zahlungsort wohnende Personen angegeben, die im Notfall zahlen sollen, so muß der Inhaber spätestens am Tage nach Ablauf der Frist für die Erhebung des Protestes mangels Zahlung den Wechsel allen diesen Personen vorlegen und gegebenenfalls Protest wegen unterbliebener Ehrenzahlung erheben lassen.

Wird der Protest nicht rechtzeitig erhoben, so werden derjenige, der die Notadresse angegeben hat oder zu dessen Ehren der Wechsel angenommen worden ist, und die Nachmänner frei.

Artikel 61

Weist der Inhaber die Ehrenzahlung zurück, so verliert er den Rückgriff gegen diejenigen, die frei geworden wären.

Artikel 62

Über die Ehrenzahlung ist auf dem Wechsel eine Quittung auszustellen, die denjenigen bezeichnet, für den gezahlt wird. Fehlt die Bezeichnung, so gilt die Zahlung für den Aussteller.

Der Wechsel und der etwa erhobene Protest sind dem Ehrenzahler auszuhändigen.

Artikel 63

Der Ehrenzahler erwirbt die Rechte aus dem Wechsel gegen den Wechselverpflichteten, für den er gezahlt hat, und gegen die Personen, die diesem aus dem Wechsel haften. Er kann jedoch den Wechsel nicht weiter indossieren.

Die Nachmänner des Wechselverpflichteten, für den gezahlt worden ist, werden frei.

Sind mehrere Ehrenzahlungen angeboten, so gebührt derjenigen der Vorzug, durch welche die meisten Wechselverpflichteten frei werden. Wer entgegen dieser Vorschrift in Kenntnis der Sachlage zu Ehren zahlt, verliert den Rückgriff gegen diejenigen, die sonst frei geworden wären.

Neunter Abschnitt

Ausfertigung mehrerer Stücke eines Wechsels; Wechselabschriften

1. Ausfertigungen

Artikel 64

Der Wechsel kann in mehreren gleichen Ausfertigungen ausgestellt werden.

Diese Ausfertigungen müssen im Texte der Urkunde mit fortlaufenden Nummern versehen sein; andernfalls gilt jede Ausfertigung als besonderer Wechsel.

Jeder Inhaber eines Wechsels kann auf seine Kosten die Übergabe mehrerer Ausfertigungen verlangen, sofern nicht aus dem Wechsel zu ersehen ist, daß er in einer einzigen Ausfertigung ausgestellt worden ist. Zu diesem Zwecke hat sich der Inhaber an seinen unmittelbaren Vormann zu wenden, der wieder an seinen Vormann zurückgehen muß, und so weiter in der Reihenfolge bis zum Aussteller. Die Indossanten sind verpflichtet, ihre Indossamente auf den neuen Ausfertigungen zu wiederholen.

Artikel 65

Wird eine Ausfertigung bezahlt, so erlöschen die Rechte aus allen Ausfertigungen, auch wenn diese nicht den Vermerk tragen, daß durch die Zahlung auf eine Ausfertigung die anderen ihre Gültigkeit verlieren. Jedoch bleibt der Bezogene aus jeder angenommenen Ausfertigung, die ihm nicht zurückgegeben worden ist, verpflichtet.

Hat ein Indossant die Ausfertigungen an verschiedene Personen übertragen, so haften er und seine Nachmänner aus allen Ausfertigungen, die ihre Unterschrift tragen und nicht herausgegeben worden sind.

Artikel 66

Wer eine Ausfertigung zur Annahme versendet, hat auf den anderen Ausfertigungen den Namen dessen anzugeben, bei dem sich die versendete Ausfertigung befindet. Dieser ist verpflichtet, sie dem rechtmäßigen Inhaber einer anderen Ausfertigung auszuhändigen.

Wird die Aushändigung verweigert, so kann der Inhaber nur Rückgriff nehmen, nachdem er durch einen Protest hat feststellen lassen:

1. daß ihm die zur Annahme versendete Ausfertigung auf sein Verlangen nicht ausgehändigt worden ist;
2. daß die Annahme oder die Zahlung auch nicht auf eine andere Ausfertigung zu erlangen war.

2. Abschriften

Artikel 67

Jeder Inhaber eines Wechsels ist befugt, Abschriften davon herzustellen.

Die Abschrift muß die Urschrift mit den Indossamenten und allen anderen darauf befindlichen Vermerken genau wiedergeben. Es muß angegeben sein, wie weit die Abschrift reicht.

Die Abschrift kann auf dieselbe Weise und mit denselben Wirkungen indossiert und mit einer Bürgschaftserklärung versehen werden wie die Urschrift.

Artikel 68

In der Abschrift ist der Verwahrer der Urschrift zu bezeichnen. Dieser ist verpflichtet, die Urschrift dem rechtmäßigen Inhaber der Abschrift auszuhändigen.

Wird die Aushändigung verweigert, so kann der Inhaber gegen die Indossanten der Abschrift und gegen diejenigen, die eine Bürgschaftserklärung auf die Abschrift gesetzt haben, nur Rückgriff nehmen, nachdem er durch einen Protest hat feststellen lassen, daß ihm die Urschrift auf sein Verlangen nicht ausgehändigt worden ist.

Enthält die Urschrift nach dem letzten, vor Anfertigung der Abschrift daraufgesetzten Indossament den Vermerk „von hier ab gelten Indossamente nur noch auf der Abschrift“ oder einen gleichbedeutenden Vermerk, so ist ein später auf die Urschrift gesetztes Indossament nichtig.

Zehnter Abschnitt

Änderungen

Artikel 69

Wird der Text eines Wechsels geändert, so haften diejenigen, die nach der Änderung ihre Unterschrift auf den Wechsel gesetzt haben, entsprechend dem geänderten Texte; wer früher unterschrieben hat, haftet nach dem ursprünglichen Texte.

Elfter Abschnitt

Verjährung

Artikel 70

Die wechselmäßigen Ansprüche gegen den Annehmer verjähren in drei Jahren vom Verfalltage.

Die Ansprüche des Inhabers gegen die Indossanten und gegen den Aussteller verjähren in einem Jahre vom Tage des rechtzeitig erhobenen Protestes oder im Falle des Vermerkes „ohne Kosten“ vom Verfalltage.

Die Ansprüche eines Indossanten gegen andere Indossanten und gegen den Aussteller verjähren in sechs Monaten von dem Tage, an dem der Wechsel vom Indossanten eingelöst oder ihm gegenüber gerichtlich geltend gemacht worden ist.

Artikel 71

Die Unterbrechung der Verjährung wirkt nur gegen den Wechselverpflichteten, in Ansehung dessen die Tatsache eingetreten ist, welche die Unterbrechung bewirkt.

Zwölfter Abschnitt

Allgemeine Vorschriften

Artikel 72

Verfällt der Wechsel an einem gesetzlichen Feiertage, so kann die Zahlung erst am nächsten Werktage verlangt werden. Auch alle anderen auf den Wechsel bezüglichen Handlungen, insbesondere die Vorlegung zur Annahme und die Protesterhebung können nur an einem Werktage stattfinden.

Fällt der letzte Tag einer Frist, innerhalb deren eine dieser Handlungen vorgenommen werden muß, auf einen gesetzlichen Feiertag, so wird die Frist bis zum nächsten Werktage verlängert. Feiertage, die in den Lauf einer Frist fallen, werden bei der Berechnung der Frist mitgezählt.

Artikel 73

Bei der Berechnung der gesetzlichen oder im Wechsel bestimmten Fristen wird der Tag, von dem sie zu laufen beginnen, nicht mitgezählt.

Artikel 74

Weder gesetzliche noch richterliche Respekttage werden anerkannt.

Zweiter Teil

Eigener Wechsel

Artikel 75

Der eigene Wechsel enthält:

1. die Bezeichnung als Wechsel im Texte der Urkunde, und zwar in der Sprache, in der sie ausgestellt ist;
2. das unbedingte Versprechen, eine bestimmte Geldsumme zu zahlen;
3. die Angabe der Verfallzeit;
4. die Angabe des Zahlungsortes;
5. den Namen dessen, an den oder an dessen Order gezahlt werden soll;
6. die Angabe des Tages und des Ortes der Ausstellung;
7. die Unterschrift des Ausstellers.

Artikel 76

Eine Urkunde, der einer der im vorstehenden Artikel bezeichneten Bestandteile fehlt, gilt nicht als eigener Wechsel, vorbehaltlich der in den folgenden Absätzen bezeichneten Fälle.

2. Teil. Eigener Wechsel

Ein eigener Wechsel ohne Angabe der Verfallzeit gilt als Sichtwechsel.

Mangels einer besonderen Angabe gilt der Ausstellungsort als Zahlungsort und zugleich als Wohnort des Ausstellers.

Ein eigener Wechsel ohne Angabe des Ausstellungsortes gilt als ausgestellt an dem Orte, der bei dem Namen des Ausstellers angegeben ist.

Artikel 77

Für den eigenen Wechsel gelten, soweit sie nicht mit seinem Wesen in Widerspruch stehen, die für den gezogenen Wechsel gegebenen Vorschriften über

das Indossament (Artikel 11 bis 20),
den Verfall (Artikel 33 bis 37),
die Zahlung (Artikel 38 bis 42),
den Rückgriff mangels Zahlung (Artikel 43 bis 50, 52 bis 54),
die Ehrenzahlung (Artikel 55, 59 bis 63),
die Abschriften (Artikel 67 und 68),
die Änderungen (Artikel 69),
die Verjährung (Artikel 70 und 71),
die Feiertage, die Fristenberechnung und das Verbot der Respekttage (Artikel 72 bis 74).

Ferner gelten für den eigenen Wechsel die Vorschriften über gezogene Wechsel, die bei einem Dritten oder an einem von dem Wohnort des Bezogenen verschiedenen Ort zahlbar sind (Artikel 4 und 27), über den Zinsvermerk (Artikel 5), über die Abweichungen bei der Angabe der Wechselsumme (Artikel 6), über die Folgen einer ungültigen Unterschrift (Artikel 7) oder die Unterschrift einer Person, die ohne Vertretungsbefugnis handelt oder ihre Vertretungsbefugnis überschreitet (Artikel 8), und über den Blankowechsel (Artikel 10).

Ebenso finden auf den eigenen Wechsel die Vorschriften über die Wechselbürgschaft Anwendung (Artikel 30 bis 32); im Falle des Artikels 31 Abs. 4 gilt die Wechselbürgschaft, wenn die Erklärung nicht angibt, für wen sie geleistet wird, für den Aussteller des eigenen Wechsels.

Artikel 78

Der Aussteller eines eigenen Wechsels haftet in der gleichen Weise wie der Annehmer eines gezogenen Wechsels.

Eigene Wechsel, die auf eine bestimmte Zeit nach Sicht lauten, müssen dem Aussteller innerhalb der im Artikel 23 bezeichneten Fristen zur Sicht vorgelegt werden. Die Sicht ist von dem Aussteller auf dem Wechsel unter Angabe des Tages und Beifügung der Unterschrift zu bestätigen.

Die Nachsichtfrist läuft vom Tage des Sichtvermerkes. Weigert sich der Aussteller, die Sicht unter Angabe des Tages zu bestätigen, so ist dies durch einen Protest festzustellen (Artikel 25); die Nachsichtfrist läuft dann vom Tage des Protestes.

Dritter Teil

Ergänzende Vorschriften

Erster Abschnitt

Protest

Artikel 79

Jeder Protest muß durch einen Notar, einen Gerichtsbeamten oder einen Postbeamten aufgenommen werden.

Den Postbeamten stehen solche Personen gleich, denen von der Postverwaltung die Aufnahme von Protesten übertragen ist.

Artikel 80

In dem Protest ist aufzunehmen:

1. der Name dessen, für den protestiert wird, sowie der Name dessen, gegen den protestiert wird;
2. die Angabe, daß derjenige, gegen den protestiert wird, ohne Erfolg zur Vornahme der wechselrechtlichen Leistung aufgefordert worden oder nicht anzutreffen gewesen ist oder daß seine Geschäftsräume oder seine Wohnung sich nicht haben ermitteln lassen;
3. die Angabe des Ortes und des Tages, an dem die Aufforderung geschehen oder ohne Erfolg versucht worden ist.

Verlangt der Bezogene, dem ein Wechsel zur Annahme vorgelegt wird, die nochmalige Vorlegung am nächsten Tage, so ist dies im Proteste zu vermerken.

Der Protest ist von dem Protestbeamten zu unterschreiben und mit dem Amtssiegel oder dem Amtsstempel zu versehen.

Artikel 81

Der Protest ist auf den Wechsel oder auf ein mit dem Wechsel zu verbindendes Blatt zu setzen.

Er soll unmittelbar hinter der letzten auf der Rückseite des Wechsels befindlichen Vermerk, in Ermangelung eines solchen unmittelbar an einen Rand der Rückseite gesetzt werden.

Wird der Protest auf ein Blatt gesetzt, das mit dem Wechsel verbunden wird, so soll die Verbindungsstelle mit dem Amtssiegel oder dem Amtsstempel versehen werden. Ist dies geschehen, so braucht der Unterschrift des Protestbeamten ein Siegel oder Stempel nicht beigefügt zu werden.

Wird der Protest unter Vorlegung mehrerer Ausfertigungen desselben Wechsels oder unter Vorlegung der Urschrift und einer Abschrift erhoben, so genügt die Beurkundung auf einer der Ausfertigungen oder auf der Urschrift. Auf den anderen Ausfertigungen oder auf der Abschrift ist zu vermerken, auf welche Ausfertigung der Protest gesetzt worden ist oder daß er sich auf der Urschrift befindet. Auf den Vermerk finden die Vorschriften des Abs. 2 und des Abs. 3 Satz 1 entsprechende Anwendung. Der Protestbeamte hat den Vermerk zu unterschreiben.

Artikel 82

Der Protest, den der Inhaber einer Abschrift nach Artikel 68 Abs. 2 gegen den Verwahrer der Urschrift erheben läßt, ist auf die Abschrift oder auf ein damit zu verbindendes Blatt zu setzen.

Wird Protest erhoben, weil die Annahme auf einen Teil der Wechselsumme beschränkt worden ist, so ist eine Abschrift des Wechsels anzufertigen und der Protest auf diese Abschrift oder auf ein damit zu verbindendes Blatt zu setzen. Die Abschrift hat auch die auf dem Wechsel befindlichen Indossamente und anderen Vermerke zu enthalten.

Die Vorschriften des Artikels 81 Abs. 2 und Abs. 3 finden entsprechende Anwendung.

Artikel 83

Muß eine wechselrechtliche Leistung von mehreren Personen oder von derselben Person mehrfach verlangt werden, so ist über die mehrfache Aufforderung nur eine Protesturkunde erforderlich.

Artikel 84

Der Wechsel kann an den Protestbeamten bezahlt werden. Die Befugnis des Protestbeamten zur Annahme der Zahlung kann nicht ausgeschlossen werden.

Artikel 85

Schreibfehler, Auslassungen und sonstige Mängel der Protesturkunde können bis zur Aushändigung der Urkunde an denjenigen, für den der Protest erhoben worden ist, von dem Protestbeamten berichtigt werden. Die Berichtigung ist als solche unter Beifügung der Unterschrift kenntlich zu machen.

Von dem Protest ist eine beglaubigte Abschrift zurückzubehalten. Über den Inhalt des Wechsels oder der Wechselabschrift ist ein Vermerk aufzunehmen. Der Vermerk hat zu enthalten:

1. den Betrag des Wechsels;
2. die Verfallzeit;
3. den Ort und den Tag der Ausstellung;
4. den Namen des Ausstellers, den Namen dessen, an den oder an dessen Order gezahlt werden soll, und den Namen des Bezogenen;
5. falls eine vom Bezogenen oder bei eigenen Wechseln vom Aussteller verschiedene Person angegeben ist, bei der die Zahlung geleistet werden soll, den Namen dieser Person sowie die Namen der etwaigen Notadressen und derjenigen, die den Wechsel zu Ehren angenommen haben.

Die Abschriften und Vermerke sind geordnet aufzubewahren.

Artikel 86

Proteste sollen in der Zeit von neun Uhr vormittags bis sechs Uhr abends erhoben werden, außerhalb dieser Zeit nur dann, wenn derjenige, gegen den protestiert wird, ausdrücklich einwilligt.

Artikel 87

Die Vorlegung zur Annahme oder Zahlung, die Protesterhebung, die Abforderung einer Ausfertigung sowie alle sonstigen bei einer bestimmten Person vorzunehmenden Handlungen müsxsen in deren Geschäftsräumen oder, wenn sich solche nicht ermitteln lassen, in deren Wohnung vorgenommen werden. An einer anderen Stelle, insbesondere an der Börse, kann dies nur mit beiderseitigem Einverständnis geschehen.

Ist in dem Protest vermerkt, daß sich die Geschäftsräume oder die Wohnung nicht haben ermitteln lassen, so ist der Protest nicht deshalb unwirksam, weil die Ermittelung möglich war.

Die Verantwortlichkeit des Protestbeamten, der es unterläßt, geeignete Ermittlungen anzustellen, wird durch die Vorschrift des zweiten Absatzes ninht berührt. Ist eine Nachfrage bei der Polizeibehörde des Ortes ohnc Erfolg geblieben, so ist der Protestbeamte zu weiteren Nachforschugeen nicht verpflichtet.

Artikel 88

Eine in den Geschäftsräumen oder in der Wohnung eines Beteiligten vorgenommene Handlung ist auch dann wirksam, wenn an Stelle des Ortes, in welchem die Geschäftsräume oder die Wohnung liegen, ein benachbarter Ort in dem Wechsel angegeben ist. Mit beiderseitigem Einverständnis können auch in anderen Fällen die bei einem Beteiligten vorzunehmenden Handlungen an einem Orte erfolgen, der dem im Wechsel angegebenen Orte benachbart ist.

Welche Orte im Sinne dieser Vorschriften als benachbarte anzusehen sind, bestimmt der Reichsminister der Justiz; die Bestimmung ist im Reichsgesetzblatt bekanntzumachen.

Zweiter Abschnitt

Bereicherung

Artikel 89

Ist die wechselmäßige Verbindlichkeit des Ausstellers oder des Annehmers durch Verjährung oder dadurch erloschen, daß eine zur Erhaltung des Wechselrechts notwendige Handlung versäumt worden ist, so bleiben sie dem Inhaber des Wechsels so weit verpflichtet, als sie sich mit dessen Schaden bereichern würden. Der Anspruch auf Herausgabe der Bereicherung verjährt in drei Jahren nach dem Erlöschen der wechselmäßigen Verbindlichkeit.

Gegen die Indossanten, deren wechselmäßige Verbindlichkeit erloschen ist, findet ein solcher Anspruch nicht statt.

Dritter Abschnitt

Abhanden gekommene Wechsel und Protesturkunden

Artikel 90

Ein abhanden gekommener oder vernichteter Wechsel kann im Wege des Aufgebotsverfahrens für kraftlos erklärt werden. Nach Einleitung des Verfahrens kann der Berechtigte von dem Annehmer des gezogenen oder dem Aussteller des eigenen Wechsels bei der Fälligkeit Zahlung fordern, wenn er bis zur Kraftloserklärung Sicherheit leistet.

Eine abhanden gekommene oder vernichtete Protesturkunde kann durch ein Zeugnis über die Protesterhebung ersetzt werden, das von der die beglaubigte Abschrift der Urkunde verwahrenden Stelle zu erteilen ist. In dem Zeugnis muß der Inhalt des Protestes und des gemäß Art. 85 Abs. 2 aufgenommenen Vermerkes angegeben sein.

Vierter Teil

Geltungsbereich der Gesetze

Artikel 91

Die Fähigkeit einer Person, eine Wechselverbindlichkeit einzugehen, bestimmt sich nach dem Rechte des Landes, dem sie angehört. Erklärt dieses Recht das Recht eines anderen Landes für maßgebend, so ist das letztere Recht anzuwenden.

Wer nach dem im vorstehenden Absatz bezeichneten Rechte nicht wechselfähig ist, wird gleichwohl gültig verpflichtet, wenn die Unterschrift in dem Gebiet eines Landes abgegeben worden ist, nach dessen Recht er wechselfähig wäre. Diese Vorschrift findet keine Anwendung, wenn die Verbindlichkeit von einem Inländer im Ausland übernommen worden ist.

Artikel 92

Die Form einer Wechselerklärung bestimmt sich nach dem Rechte des Landes, in dessen Gebiete die Erklärung unterschrieben worden ist.

Wenn jedoch eine Wechselerklärung, die nach den Vorschriften des vorstehenden Absatzes ungültig ist, dem Rechte des Landes entspricht, in dessen Gebiet eine spätere Wechselerklärung unterschrieben worden ist, so wird durch Mängel in der Form der ersten Wechselerklärung die Gültigkeit der späteren Wechselerklärung nicht berührt.

Eine Wechselerklärung, die ein Inländer im Ausland abgegeben hat, ist im Inland gegenüber anderen Inländern gültig, wenn die Erklärung den Formerfordernissen des inländischen Rechtes genügt.

Artikel 93

Die Wirkungen der Verpflichtungserklärungen des Annehmers eines gezogenen Wechsels und des Ausstellers eines eigenen Wechsels bestimmen sich nach dem Rechte des Zahlungsortes.

Die Wirkungen der übrigen Wechselerklärungen bestimmen sich nach dem Rechte des Landes, in dessen Gebiete die Erklärungen unterschrieben worden sind.

Artikel 94

Die Fristen für die Ausübung der Rückgriffsrechte werden für alle Wechselverpflichteten durch das Recht des Ortes bestimmt, an dem der Wechsel ausgestellt worden ist.

4. Teil. Geltungsbereich der Gesetze

Artikel 95

Das Recht des Ausstellungsortes bestimmt, ob der Inhaber eines gezogenen Wechsels die seiner Ausstellung zugrunde liegende Forderung erwirbt.

Artikel 96

Das Recht des Zahlungsortes bestimmt, ob die Annahme eines gezogenen Wechsels auf einen Teil der Summe beschränkt werden kann, und ob der Inhaber verpflichtet oder nicht verpflichtet ist, eine Teilzahlung anzunehmen.

Dasselbe gilt für die Zahlung bei einem eigenen Wechsel.

Artikel 97

Die Form des Protestes und die Fristen für die Protesterhebung sowie die Form der übrigen Handlungen, die zur Ausübung oder Erhaltung der Wechselrechte erforderlich sind, bestimmen sich nach dem Rechte des Landes, in dessen Gebiete der Protest zu erheben oder die Handlung vorzunehmen ist.

Artikel 98

Das Recht des Zahlungsortes bestimmt die Maßnahmen, die bei Verlust oder Diebstahl eines Wechsels zu ergreifen sind.

Einleitung

Übersicht:

Anm 1

I. Die gesetzliche Regelung des Wechselrechts

1. Das **Wechselgesetz** (WG) v. 21. 6. 1933, welches mit Wirkung vom 1. 4. 1934 an die Stelle der bis dahin geltenden Wechselordnung (WO) getreten ist[1]), ist keine selbständige Schöpfung der deutschen gesetzgebenden Organe. Vielmehr ist es in seinen wesentlichen Teilen (nämlich bis auf die „Ergänzenden Vorschriften" der Art. 79 bis 90) eine Übersetzung des auf der Genfer Wechselrechtskonferenz im Jahre 1930 ausgearbeiteten Einheitlichen Wechselgesetzes (EWG) und der gleichzeitig vereinbarten Bestimmungen des Abkommens über internationales Wechselprivatrecht. Obwohl das WG zur Erfüllung der durch den Beitritt zu dem Genfer Wechselrechtsabkommen

[1]) Vgl. Einführungsgesetz v. 21. 6. 1933 (RGBl I, 409) und VO v. 28. 11. 1933 (RGBl I, 1019), abgedruckt im Anhang I, 1 u. 2. Im Saarland ist das WG durch VO v. 21. 2. 1935 (RGBl I, 251) mit Wirkung vom 1. 3. 1935 eingeführt worden. Auch in Österreich, wo seit 1. 1. 1934 ein im wesentlichen gleichlautendes WG bereits in Kraft war (Bundesgesetz v. 18. 8. 1932 und JME v. 18. 12. 1933), ist das deutsche WG durch VO v. 21. 4. 1938 (RGBl I, 421) mit Wirkung vom 1. 5. 1938 eingeführt worden und seither in Kraft geblieben (vgl. Anhang I, 5).

Das WG in der Fassung v. 21. 6. 1933 hat durch das Ges. v. 5. 7. 1934 (RGBl I, 571), abgedruckt im Anhang I, 3, eine geringfügige Änderung des Wortlauts des Art 85 erfahren.

von Deutschland übernommenen Verpflichtungen unter Verwendung des von einer internationalen Konferenz festgestellten Textes eines Einheitsgesetzes erlassen ist, ist die Grundlage seiner Geltung in Deutschland der Akt des deutschen Gesetzgebers und nicht das internationale Abkommen. Soweit das EWG auch in anderen Staaten als internationales Recht eingeführt ist und daher in anderen Ländern die gleichen gesetzlichen Bestimmungen gelten, handelt es sich um übereinstimmendes Landesrecht aus selbständigen nationalen Rechtsquellen. Die Entstehungsgeschichte des WG und seine Einführung zur Durchführung der vereinbarten internationalen Rechtsvereinheitlichung hat aber für die Auslegung des Gesetzes erhebliche Bedeutung (Anm 5).

2. Die von 31 Staaten beschickte **Genfer Wechselrechtskonferenz** vollendete die von zwei Haager Konferenzen (1910 und 1912) und zwei Sachverständigenberichten (1923 und 1929) vorbereitete Vereinheitlichung des Wechselrechts durch drei am 7. Juni 1930 unterzeichnete Abkommen: **Anm 2**

a) das Abkommen über das Einheitliche Wechselgesetz, das in zwei Anlagen das Einheitliche Wechselgesetz (78 Art entspr. den Art 1—78 des WG) bzw. die Vorbehalte für abweichende Regelung von Einzelfragen durch die Vertragsstaaten enthält;

b) das Abkommen über Bestimmungen auf dem Gebiet des internationalen Wechselprivatrechts, dessen sachliche Vorschriften (Art 2—9) in Art 91—98 WG wiederkehren;

c) das Abkommen über das Verhältnis der Stempelgesetze zum Wechselrecht.

Die Abkommen sind in französischer und englischer Sprache verfaßt; der französische und englische Wortlaut sind in Art III des Abkommens über das EWG, also auch für den Text des EWG selbst, für gleich maßgebend erklärt. Deutschland, Österreich und die Schweiz haben eine gleichlautende deutsche Übersetzung vereinbart, in welcher die Abkommen durch die deutsche Bekanntmachung v. 22. 6. 1933 im RGBl (II, 377) veröffentlicht worden sind (vgl. Anhang II, 1). Der Entwurf eines Gesetzes über den Beitritt zu den Abkommen nebst einer amtlichen Denkschrift (Dschr) sowie der Entwurf des WG mit Begründung wurden im Jahre 1932 dem Reichstag vorgelegt, kamen aber infolge Auflösung des Reichstages nicht zur Verabschiedung. Nach Hitlers Machtergreifung erfolgte die Ratifikation der Abkommen ohne die infolge Verfassungsänderung nicht mehr erforderliche Zustimmung des Reichstages am 3. 10. 1933 (vgl. Bekanntmachung v. 30. 11. 1933, RGBl II, 974), der die Verkündung des WG unter dem Datum vom 21. 6. 1933 (RGBl I, 399) vorausgegangen war. Auf Grund der VO v. 28. 11. 1933 (RGBl I, 1019) ist das WG am 1. 4. 1934 in Kraft getreten.

Bei Ratifikation der Genfer Abkommen durch Deutschland hatten bereits 10 außerdeutsche Staaten die drei Abkommen ratifiziert. Über die Einführung des EWG außerhalb Deutschlands vgl. die Zusammenstellung im Anhang (II, 2), welche ergibt, daß die Vereinheitlichung des Wechselrechts gemäß den Genfer Abkommen in den meisten europäischen Staaten, aber auch in zahlreichen außereuropäischen Staaten erfolgt ist. Jedoch ist eine

Einbeziehung des Rechtsgebiets des in wesentlichen Beziehungen vom Recht des EWG abweichenden anglo-amerikanischen Wechselrechts nicht gelungen.

Die Niederschriften der Verhandlungen der beiden den Genfer Beratungen vorausgegangenen Konferenzen im Haag werden im folgenden zitiert als:

Actes 1910 bzw. Actes 1912,

diejenigen der Genfer Konferenz (Comptes Rendus) als

CR

und der unter Numerierung der einzelnen Punkte erstattete Bericht des Genfer Redaktionskomitees als

CR . . . Nr. . .

Im übrigen wird auf die Zusammenstellung der amtlichen Veröffentlichungen bei St-Str Allg. Einl. zu II (S. 47) verwiesen.

Anm 3 3. Durch die Genfer Abkommen ist auch für deren Vertragsstaaten **keine vollkommene Vereinheitlichung** des W.rechts herbeigeführt worden.

a) Den Vertragsstaaten ist bezüglich gewisser im EWG enthaltener Bestimmungen der Erlaß abweichender Vorschriften vorbehalten worden. Diese Vorbehalte befinden sich in Anlage II des Abkommens über das EWG (vgl. Anh II 1 a). Deutschland hat, wie aus II der Bekanntmachung v. 30. 11. 1933 (RGBl II, 974) ersichtlich ist, von diesen, die Rechtsvereinheitlichung beeinträchtigenden Vorbehalten nur in geringem Umfang Gebrauch gemacht. Auf solchem Vorbehalt beruht insbesondere im Rückgriffsfall die besondere Vergütung nach Art 48 I Zf 4 und 49 Zf 4 sowie die besonderen Zinssätze für Inlandswechsel (48[7]).

b) Die Vereinheitlichung ist auch deshalb unvollkommen, weil das EWG keine erschöpfende Regelung des gesamten W.rechts enthält. Einzelne Fragen wurden ausgeschieden, weil sie wegen abweichender Anschauungen und verschiedener Rechtsentwicklung zur Vereinheitlichung nicht reif erschienen (so: das Recht auf die Deckung, Art 16 Anl II z. Abk, und der Bereicherungsanspruch, Art 15 ebenda). Andere Fragen sind entweder ausdrücklich (wie die Bestimmung der Abrechnungsstellen nach Art 38 II EWG; vgl. Art 6 Anl II z. Abk) oder stillschweigend (wie die Form der Protesturkunde) der einzelstaatlichen Regelung überlassen worden, weil die Verfahrensregelung der einzelstaatlichen Gerichts- und Behördenorganisation angepaßt werden mußte. Hierauf beruhen insbesondere die „Ergänzenden Vorschriften“ des 3. Teiles des WG.

Anm 4 c) Selbst mit diesen Ergänzenden Vorschriften ist auch das deutsche WG keine erschöpfende Zusammenfassung aller den W.verkehr betreffenden Rechtssätze. Von den dem Verfahrensrecht angehörigen Bestimmungen über den W.prozeß ganz abgesehen, waren zahlreiche, dem materiellen Recht angehörige Fragen, die entsprechend auch außerhalb des W.verkehrs auftreten, auch vor Ausarbeitung des Einheitlichen W.rechts in den nationalen Rechtsordnungen (auch in der WO) nicht besonders für den W geregelt. Sie waren daher nach den allgemeinen Bestimmungen des bürgerlichen Rechts zu entscheiden. Diese Fragen wurden auch bei den Genfer

Beratungen der Regelung der Vertragsstaaten überlassen, weil ihre Loslösung aus dem allgemeinen bürgerlichen Recht nicht zweckmäßig erschien. Hierher gehören z. B. die W.fähigkeit (7[3]), die Form der Unterzeichnung von W durch Vertreter (8[4]), die Gründe für Unterbrechung und Hemmung der Verjährung (70[1]), die Übertragung von W.rechten durch gewöhnliche Abtretung (11[8]) und auch, soweit nicht Art 17 eingreift, die Wirkung von Willensmängeln.

Zur Beantwortung dieser Fragen muß, wie dies auch unter Geltung der WO der Fall war, das allgemeine bürgerliche bzw. Handelsrecht herangezogen werden, da der W.verkehr als Teil des allgemeinen Rechts- und Wirtschaftslebens der gesamten inländischen Rechtsordnung, nicht nur dem WG, unterworfen ist. Soweit das WG keine Sonderregelung enthält, sind daher die sonstigen Quellen des inländischen Rechts maßgebend (vgl. Näheres bei St-Str Allg Einl Anm 12).

4. Für die **Auslegung des Wechselgesetzes** ist dessen aus der Entstehungsgeschichte ersichtlicher Zweck zu berücksichtigen, wonach die Schaffung eines für die Vertragsstaaten des EWG einheitlichen W.rechts beabsichtigt war. Denn das WG ist, wie bei seiner Verkündung in der Eingangsformel erwähnt ist, „zur Durchführung des Abkommens zur Vereinheitlichung des Wechselrechts" erlassen. **Anm 5**

Daher ist das WG möglichst aus sich selbst heraus auszulegen, soweit dies damit vereinbar ist, daß das W.recht als Teil der übrigen Rechtsordnung aus dieser nicht herausgelöst werden darf (Anm 4). Aus der Besonderheit der Entstehungsgeschichte folgt z. B., daß in Zweifelsfällen zur Feststellung des Sinnes der Bestimmungen des WG der fremdsprachige Text des EWG heranzuziehen ist und daß bei Abweichungen der Übersetzung dem fremdsprachigen Text zu folgen ist. Daher kommt auch den bei den Genfer Beratungen in den CR, insbesondere den im Bericht der Redaktions-Kommission, niedergelegten Feststellungen über die Bedeutung der einzelnen Bestimmungen maßgebende Bedeutung zu. Auch ist zu beachten, daß die im WG verwendeten Ausdrücke keine Verweisungen auf andere deutsche Gesetze und deren Begriffsbestimmungen sind, und daß der Wortgebrauch nicht überall dem in der deutschen Gesetzgebung üblichen Sinne entspricht (vgl. z. B. in Art 29 II „schriftlich", 29[8]; in Art 16 „gilt" im Sinne einer Vermutung, 16[3], und „abhanden kommen", 16[17]; in Art 54 „höhere Gewalt", 54[2]; in Art 47 „Gesamtschuldner", 47[5]).

Soweit das EWG Vorschriften des früheren deutschen W.rechts, also der WO übernommen hat, was in weitem Umfange geschehen ist, ist die Rechtslehre und Rechtsprechung zur WO auch jetzt noch von Bedeutung. Bei ihrer Anwendung ist aber große Vorsicht geboten, weil die Änderungen nicht nur von Einzelheiten, sondern auch der inneren Zusammenhänge erheblicher sind, als es auf den ersten Blick erscheint.

II. Der Wechsel

A. Begriff und Wesen des Wechsels

Anm 6 **1. Richtlinien für Begriffsbestimmung.** Das WG enthält keine Begriffsbestimmung des Wechsels. Diese ist bei den Genfer Beratungen ebenso wie die Lehre von der Entstehung der W.verbindlichkeit (W.theorien) bewußt der Rechtswissenschaft überlassen worden (Anm 11). Dabei wurde vorausgesetzt, daß die Rechtslehre der Vertragsstaaten zu einer im wesentlichen einheitlichen Lösung kommen, also die Beantwortung dieser Fragen grundsätzlich aus dem Gesetz selbst und nicht aus den sonstigen Bestimmungen der einzelstaatlichen Rechtsordnungen herleiten würde.

Daher muß mit Rücksicht auf den Vereinheitlichungszweck des Gesetzes (Anm 5) der Übertragung des Anweisungsrechts des BGB auf den in Anweisungsform gekleideten gezogenen W (vgl Art 1 Zf 2) mit großer Vorsicht begegnet werden (1^4; 9^1). Es kommt hinzu, daß das WG die beiden Formen des W — den gezogenen und den eigenen W — offensichtlich als Abarten des gleichen Rechtsinstituts behandelt und im wesentlichen den gleichen Regeln unterwirft (Art 77). Das Vorherrschen des gezogenen W im deutschen Wirtschaftsleben darf daher nicht dazu führen, die rechtliche Einordnung des W in das Rechtssystem einseitig an die Anweisungsform des gezogenen W zu knüpfen (9^1).

Ebenso behandelt das Gesetz auch den Rektawechsel (Art 11 II) als wirklichen W, obwohl ihm die Umlaufsfähigkeit fehlt, welche infolge der besonderen Wirkungen der Indossierung rechtsgeschichtlich zur Ausbildung des W.rechts geführt und den OrderW zu der fast ausschließlich vorkommenden W.form nicht nur in Deutschland, sondern auch im Ausland gemacht hat. Die grundsätzlich gleichmäßige Behandlung von Order- und Rektawechsel im Gesetz muß gegenüber verschiedener Einordnung dieser beiden W.formen und gegenüber unterschiedlicher Begründung der Haftung in beiden Fällen bedenklich stimmen (vgl. Anm 9 und 12).

Anm 7 **2. Wesen des Wechsels.** a) Der W ist Wertpapier im Sinne der von Brunner entwickelten Lehre, wonach Wertpapiere dadurch gekennzeichnet sind, daß ihre Innehabung privatrechtliches Erfordernis für Ausübung des verbrieften Rechts ist. Dies trifft sowohl auf den Order- wie auf den Rektawechsel zu: Nach Art 39 I und 50 I kann Zahlung nur gegen Aushändigung des W verlangt werden; Art 38, 43 gewähren Anspruch auf Zahlung gegen Haupt- und Rückgriffschuldner nur dem „Inhaber"; auch die w.mäßige Übertragung ist, da das Indossament auf den W gesetzt werden muß (Art 13 I), an die Innehabung des Papiers geknüpft und wird erst mit Aushändigung des indossierten W wirksam (11^3). Als Präsentationspapier ist der W bei Vornahme der w.rechtlichen Handlungen vorzulegen (vgl. z. B. Art 21, 38 I, 56 II, 60 I; vgl. auch 80^4).

Anm 8 b) Der W ist ein selbständig verpflichtendes, abstraktes Versprechen der Zahlung einer bestimmten Geldsumme. Zahlungsversprechen ist nicht nur der in dieser Form ausgestellte eigene W, sondern auch die Ausstellererklärung (nicht nur die Annahme) beim gezogenen W, da die Haftung des Ausstellers für die Bezahlung des gezogenen W unabdingbar ist (Art 9). Die abstrakte Natur der Verbindlichkeit zeigt sich darin, daß es zur Begründung des Anspruchs aus dem W keines Nachweises des Kausalgeschäfts bedarf und darüber hinaus die W.verpflichtung von dem Bestand des Kausalgeschäfts nicht abhängig gemacht werden kann, da die W.erklärungen bedingungsfeindliche Rechtsgeschäfte sind (vgl. Art 1 Zf 2, 75 Zf 2, 12 I, 26 I). Mängel des der W.verpflichtung zugrunde liegenden Geschäfts können nur zwischen den unmittelbar Beteiligten im Rahmen des Art 17 geltend gemacht werden. Demgemäß gehört der W zu den skripturrechtlichen Forderungspapieren, d. h. die Voraussetzungen der w.rechtlichen Haftung sind durch die W.urkunde erschöpfend bestimmt und der gutgläubige Indossatar kann auf den Inhalt der Urkunde vertrauen (Art 17).

Im Zusammenhang hiermit steht die Bindung des W an strenge Formerfordernisse, zu denen die Bezeichnung der Urkunde als Wechsel gehört und deren Fehlen Nichtigkeit des W herbeiführt (Art 1, 2; 75, 76).

Über die Einwirkung der W.begebung auf die zugrundeliegende Forderung vgl. insbesondere 83[18]ff.

c) Der W ist regelmäßig Umlaufpapier, ein auch ohne Vorhandensein einer Orderklausel durch Indossament übertragbares „gesetzliches Orderpapier". Nur durch ausdrückliches Indossierungsverbot des Ausstellers (negative Orderklausel) kann der W gemäß Art 11 II zum Rektawechsel gemacht werden. **Anm 9**

Gemäß dem in der deutschen Rechtslehre im Gegensatz zur Lehre Brunners nicht selten vertretenen engeren Wertpapierbegriff (vgl. z. B. Ulmer, 20) werden nur Inhaber- und Orderpapiere als eigentliche Wertpapiere angesehen, zu denen der RektaW nicht gehört. Hierbei handelt es sich im wesentlichen um eine terminologische Frage, da das deutsche Rechtssystem keine einheitlichen Rechtssätze für Wertpapiere aufstellt und die Bezeichnung „Wertpapier" in den verschiedenen gesetzlichen Bestimmungen in verschiedener Bedeutung gebraucht wird. Die gleichmäßige Behandlung des Order- und RektaW im WG (und ebenso des Order- und Rektaschecks im SchG) spricht aber m. E. gegen die Begrenzung des Wertpapierbegriffs auf Inhaber- und Orderpapiere. Bei der ersten Begebung des W wird auch der gutgläubige W.nehmer gemäß Art 16 geschützt (16[3]) und in seinem Verhältnis zum Annehmer auch gemäß Art 17 (17[1]). Da dies in gleicher Weise für den RektaW wie für den OrderW gilt, tritt der Schutz des gutgläubigen Erwerbers im Falle eines w.mäßigen Erwerbs auch beim RektaW ein. Andrerseits verliert auch der OrderW bei offenkundigem Notleiden gemäß Art 20 I Satz 2 seine Eigenschaft als Umlaufspapier öffentlichen Glaubens (20[14]). Es erscheint widerspruchsvoll und würde kaum der natürlichen Anschauung der beteiligten Wirtschaftskreise entsprechen, den W bis zum Verfall als Wertpapier, aber nach Protest nicht mehr als solches zu bezeichnen.

3. Begriffsbestimmung: Zusammenfassend läßt sich der W auf Grund der Bestimmungen des WG umschreiben als: **Anm 10**

> ein in gesetzlich bestimmter Form mit der Bezeichnung als Wechsel ausgestelltes, ein unbedingtes und selbständig verpflichtendes Geldsummenversprechen enthaltendes Wertpapier, das (als gesetzliches Orderpapier) regelmäßig zum Umlauf durch Indossament geeignet ist.

Vom Scheck, der im anglo-amerikanischen Recht als ein auf einen Bankier gezogener W angesehen wird, unterscheidet sich der W im wesentlichen durch abweichende Formerfordernisse und den Umstand, daß eine Annahme des Schecks, der auch nach deutschem Recht (SchG Art 3) nur auf einen Bankier gezogen werden kann, unwirksam ist (SchG Art 4). Das Scheckrecht ähnelt auch insoweit dem Wechselrecht, als auch das Scheckgesetz auf einem in Genf vereinbarten internationalen „Einheitlichen Scheckgesetz“ beruht.

B. Die Begründung der Wechselverbindlichkeit

Anm 11 **1. Wechseltheorien.** Für die seit der wissenschaftlichen Durchdringung des W.rechts streitige Frage, durch welchen Rechtsakt die W.verpflichtung zur Entstehung gelangt, sind mit Rücksicht auf die durch das WG bezweckte internationale Rechtsvereinheitlichung (Anm 5) Rückschlüsse aus anderen deutschen gesetzlichen Bestimmungen (z. B. § 794 BGB) nur insoweit zulässig, als darin international allgemein anerkannte Rechtsgrundsätze zum Ausdruck kommen. Andererseits kann auch auf den Wortlaut einzelner Bestimmungen des WG (z. B. „Begebung“ in Art 10; „Rückgabe“ in Art 29 I) kein entscheidendes Gewicht gelegt werden, weil eine Stellungnahme zu den W.theorien durch die Fassung des Gesetzes nach den bei den Genfer Beratungen erfolgten Feststellungen nicht erfolgen sollte (CR 226, 290).

Die verschiedenen Auffassungen über die Entstehung der W.verbindlichkeit fallen unter drei Hauptgruppen:

a. Die Kreationstheorie, nach der die Verpflichtung auf dem einseitigen Akt der Skriptur, d. h. der schriftlichen Vollziehung der W.erklärung, beruht. Sie erscheint auch mit der Abwandlung, daß die Verpflichtung „ruhe“, solange sich der W noch in der Hand des Verpflichteten befinde, aber wirksam werde, sobald der W in die Hand eines Dritten gelange bzw. in Umlauf komme (Emissionstheorie).
b. Die Vertrags- (oder Begebungs-)theorie, nach der zur Begründung der Haftung außer der W.unterzeichnung die Begebung des W erfolgen muß, d. h. ein im Geben und Nehmen des W vollzogener Vertrag, durch den im Regelfall sowohl das Eigentum am W übertragen als auch die Verpflichtung des Schuldners begründet wird.
c. Die in der Mitte zwischen den genannten Theorien stehende Rechtsscheintheorie. Diese ist der älteren sog. Redlichkeitstheorie insofern verwandt, als sie wie diese beim Fehlen eines Begebungsvertrages Haftung dem gutgläubigen Erwerber gegenüber entstehen läßt. Sie begründet dies mit dem durch die Unterzeichnung des W veranlaßten Rechtsschein. Diese, vornehmlich von Ernst Jacobi (Wertpapiere 317 ff.) entwickelte Auffassung herrscht zur Zeit in der deutschen Wertpapierlehre (vertreten z. B. von Hueck 42; Locher 88; und mit Hinneigung zur Kreationstheorie Ulmer 175 ff; von Kommentaren zum WG insbesondere Baumb-H, Einl. V 3).

Da für die Rechtsanwendung der wesentliche Unterschied zwischen Vertrags- und Rechtsscheintheorie in der Zulassung bzw. Versagung des Einwandes des mangelnden Begebungsvertrages liegt (Anm. 13), müssen diejenigen, die der späteren Rechtsprechung des RG zur WO (RG 112, 203) folgend dem Schuldner diesen Einwand gegenüber dem gutgläubigen Erwerber versagen, als Anhänger der Rechtsscheintheorie betrachtet werden (z. B. Kessler 17[1]; Qu—A 9[10]; 16[27]; GareisR 17[5]; von Schwerin 45), selbst wenn sie sich (wie v. Schwerin 45; GareisR 10) zur Vertragstheorie bekennen.

2. *Diesseits wird die Vertragstheorie vertreten.* Ausschlaggebend ist dafür der auf die deutsche Rechtsordnung nicht beschränkte Leitgedanke (§ 305 BGB), daß zur rechtsgeschäftlichen Begründung von Verpflichtungen grundsätzlich ein Vertrag erforderlich ist. Ausnahmen von dieser Regel bedürfen besonderer gesetzlicher Vorschrift. Eine solche Ausnahme enthält tatsächlich das WG, nämlich in Art 17. Diese bestimmt zwar keine allgemeine Haftung des „Veranlassers des Rechtsscheins" gegenüber dem gutgläubigen Erwerber, ist aber für die Geltendmachung von Willensmängeln bei der Begebung von Bedeutung (vgl. Anm 13 und 17[10]). **Anm 12**

Demgemäß gehört der Skripturakt zwar zum Tatbestand der Haftungserzeugung, deren Grundlage ist aber das Geben und Nehmen des unterschriebenen W, wodurch der Empfänger des W dessen Berechtigter werden soll. Dies zeigt sich darin, daß es für Geschäftsfähigkeit und Willensmängel auf den Zeitpunkt der Begebung, nicht der Unterzeichnung ankommt. Die Begebung enthält regelmäßig gleichzeitig die Einigung über den Eigentumsübergang (dinglicher Vertrag) wie über die Haftungsbegründung (schuldrechtlicher Vertrag). Da aber das Recht aus dem W dem Recht am Papier folgt (Anm 17), kommt es auf das Fehlen eines Verpflichtungs*willens* bei sonst ordnungsmäßiger Begebung nicht an. Denn das WG knüpft die Haftung ohne weiteres an die Begebung des unterzeichneten und damit die Verpflichtungserklärung enthaltenden W. Diese Verpflichtungserklärung ist regelmäßig in den W.erklärungen nicht ausdrücklich enthalten (vgl. die „bloße Unterschrift" des Annehmers, Art 25 I; die in der Aussteller-Erklärung und im Indossament nicht zum Ausdruck gebrachte Gewährleistung). Der Einwand, daß die Unterschrift die im W.verkehr typische Bedeutung nicht haben sollte, der Zeichner also eine Erklärung dieses Inhalts nicht habe abgeben wollen, ist gegenüber der gesetzlichen Haftung aus der Begebung des unterzeichneten W nicht zugelassen, unter Umständen selbst dann nicht, wenn der Verpflichtete einen die Haftung verneinenden Zusatz beigefügt hat (Art 9 II).

Dies gilt für Order- und Rektawechsel, zwischen denen die Vertreter der Rechtsscheintheorie (vgl. z. B. Ulmer 176) eine aus dem WG nicht ersichtliche Grenze ziehen, da der Rechtsschein nur den zum Umlauf bestimmten Order- und Inhaberpapieren eigentümlich sei.

3. Der den Kernpunkt der Streitfrage bildende *Einwand der fehlenden Begebung* (z. B. bei einem nach Unterschrift, aber vor Aushändigung gestohlenen und an einen Gutgläubigen indossierten W) fällt als solcher grundsätzlich nicht unter die gegenüber einem gutgläubigen Erwerber nach Art 17 unzulässigen Einwendungen. Da aber Art 17 die unzulässigen Einwendungen ausdrücklich aufführt, ist m. E. *kein Raum zur „entsprechenden" Anwendung von* **Art 16 II**, mit der die Gegenmeinung den Einwand zu begründen sucht. Art 16 II betrifft nicht die Haftung der einzelnen W.schuldner, sondern den Erwerb des Eigentums am W, der für den Erwerber wegen der Selbständigkeit der einzelnen Verpflichtungen (Art 7) auch dann von Bedeutung ist, wenn einzelne Schuldner (wegen Fäl- **Anm 13**

schung ihrer Unterschrift, Geschäftsunfähigkeit oder mangels Begebung) nicht aus der Urkunde haften (16[15]). Daß mit entsprechender Anwendung des Art 16 II auf die Haftung (so z. B. Qu—A 16[27]; GareisR 17[5]; Baumb-H 16[3D]) dem WG Zwang angetan wird, ergibt sich schon aus den abweichenden Voraussetzungen des guten Glaubens nach Art 16 II und Art 17[1]).

Art 16 II findet seine Rechtfertigung nicht in dem durch den Schuldner erzeugten Rechtsschein, sondern in dem durch den legitimierten Besitz erweckten Anschein der Berechtigung des Inhabers; er ist daher zur Begründung der angeblichen Haftung des Schuldners aus veranlaßtem Rechtsschein untauglich. Demgemäß deckt sich das Anwendungsgebiet der Bestimmungen des Art 16 II und 17 nicht: Wem z. B. von einem nicht erkennbar Geschäftsbeschränkten (z. B. einem wegen Verschwendung Entmündigten) ein W indossiert wird, erwirbt bei Gutgläubigkeit den W gemäß Art 16 II. Eine Haftung des Entmündigten aus seinem Indossament tritt aber nicht ein, obwohl er den Rechtsschein veranlaßt hat; auch hier kann Art 16 II auf die Haftung nicht entsprechend angewendet werden.

Anm 14 4. Der Gedanke des veranlaßten Rechtsscheins, dem die Lehre von den Wertpapieren zahlreiche Anregungen verdankt, ist für die Auslegung des WG und die Entscheidung von Zweifelsfragen keine größere Hilfe als die Erwägung, daß der Schutz des gutgläubigen Erwerbers der Erhaltung eines gesicherten W.verkehrs dient. Beide Erwägungen können zur Rechtfertigung der Art 16 II, 17 herangeführt werden, ergeben aber nicht, wie weit im Einzelfall der Schutz des Gläubigers auf Kosten des Schuldners getrieben werden soll. Dies wird deutlich, sobald die Frage auf bestimmte Tatbestände gerichtet wird. Hat z. B. derjenige den Rechtsschein veranlaßt, dem der zur Vorbereitung der Begebung unterzeichnete W aus dem verschlossenen Geldschrank gestohlen wird, oder derjenige, dessen Unterschrift durch Erpressung, Bedrohung mit dem Revolver oder Wucher herbeigeführt wird, oder derjenige, der in verschuldeter Trunkenheit unterzeichnet hat? Warum tritt, wenn die Veranlassung des Rechtsscheins die Haftung erzeugt, diese Wirkung nur gegenüber dem Indossatar, nicht gegenüber dem bürgerlichen Rechtsnachfolger ein, obwohl eine Beschränkung von Einwendungen gegenüber dem bürgerlichen Rechtsnachfolger bei urkundlich verbrieften Verbindlichkeiten rechtlich möglich ist (vgl. § 405 BGB)? Der Vergleich von § 405 BGB und Art 17 WG ergibt, daß das Gesetz den Umfang des erzeugten Rechtsscheins bestimmt, nicht umgekehrt der erzeugte Rechtsschein die Rechtsfolgen.

Da und insoweit der Indossatar nach Maßgabe des Art 17 auf den Inhalt des W vertrauen kann, ist der W ein Umlaufspapier öffentlichen Glaubens. Wegen der Einzelheiten dieses Schutzes kann daher hier auf die Erläuterungen zu Art 17 verwiesen werden.

---

[1]) Diese Verschiedenheit der Voraussetzungen des guten Glaubens beim Erwerb des W und bei der Beschränkung von Einwendungen ergab sich nicht aus dem Wortlaut der WO. Ebensowenig kamen unter der WO die in Anm 11 gegen Heranziehung des § 794 BGB erwähnten Bedenken in Frage. Die Rspr. des RG zur WO sollte daher auch in dieser Frage unter der veränderten ges. Regelung nur mit Vorsicht zum Vergleich herangezogen werden.

C. Die Auslegung des Wechsels

Für die Auslegung des Wechsels ist entscheidend, daß der W eine zum Umlauf bestimmte Urkunde ist, die die w.mäßigen Rechtsbeziehungen ausschließlich verbrieft (Skripturobligation), und zwar als abstrakte Verbindlichkeit (Anm 8) und mit Wirkung nicht nur zwischen dem Aussteller und dem ersten Erwerber oder dem Bezogenen, sondern gegenüber allen W.beteiligten, insbesondere dem jeweiligen Inhaber. **Anm 15**

Daher hat die Auslegung lediglich auf Grund der Urkunde ohne Berücksichtigung der die Ausstellung veranlassenden Umstände zu erfolgen (RG 15, 113; 66, 7; JW 1923, 512). Eine Erforschung des wahren Willens der Beteiligten (§ 133 BGB) ist dadurch ausgeschlossen, zumal das Gesetz die Wirkung der Erklärungen an ihre im W.verkehr typische Bedeutung ohne Zulassung eines Gegenbeweises anknüpft (z. B. bei der „bloßen Unterschrift" des Bezogenen, Indossanten, W.bürgen). Wo jedoch keine solche bindende gesetzliche Auslegung Platz greift, ist auch bei den W.erklärungen nicht am Buchstaben zu haften, sondern verständige Auslegung unter Berücksichtigung der Verkehrssitte (§§ 157, 242 BGB) geboten (RG 60, 428; 98, 105) und der Zusammenhang der einzelnen Erklärungen zu berücksichtigen (RG 112, 85). Im W.verkehr übliche Abkürzungen (wie „an eigene": 1[16]; „o. K." = ohne Kosten: 46[3]) sind durch Auslegung zu vervollständigen.

Fehlende wesentliche Formerfordernisse lassen sich freilich auch nicht im Wege der Auslegung ergänzen, auch wenn es sich um offensichtlich versehentliche Auslassungen handelt (RG 136, 207; vgl. 1[16]). Deshalb können auch die Worte „zahle ich" in einem die Anschrift eines Bezogenen tragenden W nicht in die fehlende Zahlungsanweisung („zahlen Sie") umgedeutet werden (1[4]). Wegen Umdeutung formwidriger W vgl. 2[2].

D. Die Übertragung der Wechselrechte

Die Übertragung der Wechselrechte ist nicht auf den im EWG (und entsprechend im WG) ausschließlich geregelten Erwerb auf Grund eines Indossaments (die w.mäßige Übertragungsart) beschränkt. **Anm 16**

Das Gesetz erwähnt zwar die Übertragung durch „gewöhnliche Abtretung" (Art 11 II, 20 I S. 2), überläßt aber (soweit das EWG in Frage kommt) die Bestimmung von Form und Wirkung stillschweigend dem Recht der Vertragsstaaten (Anm 3) bzw. (soweit es sich um das WG handelt) dem allgemeinen Privatrecht (Anm 4). Übertragung der W.rechte durch Abtretung sowie sonstige bürgerliche Rechtsnachfolge sind daher nach den allgemeinen Grundsätzen des bürgerlichen Rechts zu beurteilen, gleichviel ob es sich um den Erwerb des Vollrechts oder beschränkten Rechtserwerb, z. B. Erwerb eines Pfandrechts (19[12]), handelt.

1. Bei Orderpapieren folgt das Recht aus dem Papier (Forderungsrecht) dem Recht am Papier (Eigentum) gemäß der in Rechtslehre und Rechtsprechung herrschenden Anschauung (RG 160, 338). Der Rechtserwerb unterliegt daher den Regeln des Sachen-, nicht des Schuldrechts. Bezüglich der Indossierung folgt hieraus, daß das Gläubigerrecht nicht durch den Schriftakt des Indossaments allein übergeht, wie man dem Wortlaut der Art 11 I, 14 I entnehmen könnte, sondern durch Geben **Anm 17**

und Nehmen des indossierten W, den Begebungsvertrag (14^{3}). Daß auch das WG das Gläubigerrecht an das Recht am W knüpft, kommt unter anderem dadurch zum Ausdruck, daß Art 16 II und 17 an Gutgläubigkeit beim Erwerb des W (nicht der Rechte aus dem W) anknüpfen und daß Art 16 II den Schutz des gutgläubigen Erwerbers durch Gewährung der Befugnis, den W zu behalten, d. h. durch Einräumung der dinglichen Berechtigung (16^{16}), durchführt.

Gleiches gilt bei Abtretung der Rechte aus dem Orderw. Der schuldrechtliche Vertrag, der zur Übertragung der W.rechte verpflichtet, ist zwar formfrei. Zur Vollziehung der Abtretung bedarf es aber der Übergabe des W (11^{10}; bestr.) oder der nach Sachenrecht ausreichenden Übergabesurrogate (§ 929ff. BGB).

2. Beim Rektawechsel ist nur der w.mäßige Rechtserwerb des W.nehmers (Remittenten) an den Erwerb des Eigentums am W durch Übergabe geknüpft, wie dies dem Rechtserwerb eines gezogenen W durch den W.nehmer entspricht. Die Abtretung der Rechte des W.nehmers aus dem Rektaw. kann dagegen ohne Übergabe des W wirksam vollzogen werden (11^{5}), jedoch kann der Erwerber die Rechte erst ausüben, wenn er den W in Händen hat, da auch der RektaW Präsentationspapier ist (Anm 7).

E. Die wechselmäßige Haftung

Anm 18 1. Die Haftung der W.schuldner (über Entstehung der Haftung vgl. Anm. 11ff.) unterscheidet sich von der Haftung der nach bürgerlichem Recht Verpflichteten durch die sog. **Wechselstrenge,** Diese beruht zunächst auf der abstrakten Natur der W.verbindlichkeit (Anm 8), wonach zur Begründung des Anspruchs der Nachweis eines Kausalgeschäfts nicht erforderlich ist, vielmehr die urkundliche Erklärung als solche dazu genügt. Hinzu kommt, daß die Wirkung der W.erklärungen gemäß ihrer typischen Bedeutung im Verkehr gesetzlich geregelt ist, also als gesetzliche Haftung unter weitgehender Ausschaltung eines etwa entgegenstehenden Willens des Verpflichteten eintritt (Anm 12, 15: 17^{13}). Entscheidende Bedeutung für die Haftung des W.Schuldners (sog. materielle Wechselstrenge) hat aber die Beschränkung der Einwendungen gegenüber dem gutgläubigen W.erwerber durch Art 17, auf dessen Erläuterungen verwiesen wird. Weiter ist die Unabhängigkeit der einzelnen W.verpflichtungen von einander (Art 7) sowie die gesamtschuldnerische Haftung der W.schuldner und die Zulässigkeit des Sprungrückgriffs (Art 47) für die strenge w.mäßige Haftung kennzeichnend.

Anm 19 2. Diese nach ihrem Inhalt strenge Haftung wird durch die prozessualen Vorschriften zur beschleunigten Geltendmachung der W.ansprüche in der besonderen Verfahrensart des Wechselprozesses (§ 602ff ZPO) verschärft. Dies Verfahren, eine Abart des Urkundenprozesses mit der für diesen geltenden Beschränkung der Beweismittel auf Urkunden und Parteivernehmung, steht nur für Ansprüche aus Wechseln offen und ist durch Abkürzung der Einlassungs- und Ladungsfristen ausgezeichnet.

Der Gläubiger hat die Wahl, ob er den W.anspruch im W.prozeß oder im ordentlichen Verfahren geltend machen will, es sei denn, daß äußere Beschädigungen, insbesondere Verdacht erregende Änderungen, den W. als ausreichendes Beweismittel für den Urkundenprozeß untauglich machen. Die sachlichen

Anspruchsvoraussetzungen sind aber im Urkundenprozeß die gleichen wie im ordentlichen Verfahren, da sie sich nach dem WG, nicht nach Verfahrensvorschriften richten. Dies wird dadurch bestätigt, daß das im W.prozeß zugunsten des Gläubigers ergehende Urteil dem die Abweisung der Klage beantragenden Beklagten die Ausführung seiner Rechte im ordentlichen Verfahren vorbehalten muß, sodaß der im W.prozeß „unter Vorbehalt" entschiedene Rechtsstreit im ordentlichen Verfahren anhängig bleibt (§ 600 I ZPO). Auch im ordentlichen Verfahren gehört die einen W.anspruch geltend machende Klage beim Landgericht vor die Kammer für Handelssachen (§ 95 GVG) und ist seit der Wiedereinführung der Gerichtsferien in der Bundesrepublik und in West-Berlin gemäß § 200 II Zf 6 GVG Feriensache.

Von dem W.anspruch ist der Anspruch aus dem der W.begebung zugrundeliegenden Rechtsgeschäft zu unterscheiden. Dieser geht auf den W.erwerber nicht ohne weiteres mit über (14[6]). Anhängigkeit der Klage aus dem Grundgeschäft begründet keinen Einwand der Rechtshängigkeit gegenüber der Klage aus dem W. und umgekehrt (17[49]). Jedoch kann sich für den W.verpflichteten ein persönlich wirkender Einwand gegen den W.anspruch aus dem Grundgeschäft ergeben (17[40]). Über die Einwirkung der W.hingabe auf den Anspruch aus dem Grundgeschäft vgl. insbesondere 89[21]ff.

3. Im Zusammenhang mit der strengen „skripturmäßigen" Haftung **Anm 20**
(Anm 8, 18) des Schuldners steht die Formgebundenheit des W, die sog. formelle Wechselstrenge. Die w.mäßige Haftung ist an die Erfüllung der durch das WG für die einzelnen W.erklärungen festgesetzten Formvorschriften gebunden. Insbesondere muß der Grundwechsel, die vom Aussteller zu unterzeichnende W.urkunde (9[1]), alle wesentlichen W.bestandteile (Art 1, 2 bzw. 75, 76), darunter die W.klausel (Art 1 Zf 1), enthalten, damit durch Unterschriften auf der Urkunde w.mäßige Haftung entstehen kann.

Hierher gehört ferner die Notwendigkeit der Vornahme bestimmter wechselrechtlicher Handlungen (vgl Art 87) zur Ausübung bzw. Erhaltung der Rückgriffsansprüche und die dafür, insbesondere für die Protesterhebung, geltenden strengen Frist- und Formvorschriften. Durch Fristversäumung werden gemäß Art 53 die Rückgriffschuldner befreit.

Das WG enthält andererseits zahlreiche Bestimmungen, die die Vermeidung unnützer Nichtigkeiten auf Grund von Formfehlern bezwecken (z. B. Art 2 II, III, IV; Art 6; Art 9 II 2. Halbsatz; Art 12 I Satz 2). Der Grundsatz der formellen W.strenge darf daher nicht zu übertriebenem Formalismus verleiten. Der Zweck der W.strenge besteht im Schutz des redlichen W.verkehrs. Die materielle W.strenge dient dabei vorwiegend den Interessen des Gläubigers, die formelle dem Schutz des Schuldners.

Vorbemerkung
zum ersten und zweiten Teil des Gesetzes

I. Die **Gliederung des Wechselgesetzes** in vier Teile hat keine streng systematische Grundlage, sondern ist aus dem Bestreben möglichst enger Anlehnung an die von den deutschen Bevollmächtigten am 7. Juni 1930 unterzeichneten Internationalen Abkommen zur Vereinheitlichung des Wechselrechts (RGBl 1933, Teil II, 377) entstanden. Von diesem Abkommen hat dasjenige über das „Einheitliche Wechselgesetz" zwei Anlagen:

1. Das in zwei Teile (Gezogener bzw. Eigener Wechsel) und 78 Artikel gegliederte Einheitliche Wechselgesetz (EWG). Diesem entsprechen die beiden ersten Teile des deutschen Wechselgesetzes (WG) mit seinen Art 1 bis 78.
2. Ein Verzeichnis der für die Vertragsstaaten zulässigen Abweichungen oder Ergänzungen des EWG. Soweit Deutschland von diesen „Vorbehalten" Gebrauch gemacht hat, sind die Zusätze als „Ergänzende Vorschriften" im dritten Teil des WG (Art 79 bis 90) im wesentlichen zusammengefaßt. Nur wenige Zusätze sind in den ersten Teil des WG eingearbeitet, nämlich Art 38 III betr. Abrechnungsstellen, in Art 43 II u. III die Worte „oder das gerichtliche Vergleichsverfahren (Ausgleichsverfahren)", gewisse Abweichungen in Art 44 VI und in Art 48 I und 49 die Zf 4 betr. die dem Rückgriffnehmer zustehende besondere „Vergütung". Sachlich stehen die „Ergänzenden Vorschriften" des dritten Teils auf keiner anderen Ebene als diejenigen der beiden ersten Teile: Sie sind nicht nur subsidiär, sondern ein Bestandteil des deutschen Wechselrechts mit derselben verbindlichen Kraft wie die vorausgehenden Artikel.

Der vierte Teil des WG mit der Überschrift „Geltungsbereich der Gesetze" (Art 91 bis 98) gibt die Art 2 bis 9 des „Abkommens über Bestimmungen auf dem Gebiet des internationalen Wechselprivatrechts" wieder.

II. Die beiden ersten Teile des WG behandeln Wechsel verschiedener Form: Der erste Teil den gezogenen, der zweite Teil den eigenen W.

Die Bezeichnung **„Gezogener Wechsel"** (in Handelskreisen noch überwiegend Tratte genannt) erklärt sich aus dem Sprachgebrauch des Handelsverkehrs, wonach der Aussteller des W (Trassant), welcher in dem W einen Dritten (gewöhnlich seinen Schuldner) auffordert, sich durch Annahme (Akzept) zur Zahlung der W.summe an die im W angegebene Person (W.nehmer = Remittent) zu verpflichten, auf seinen Schuldner einen W „zieht". Die zur Annahme und Zahlung aufgeforderte Person wird daher als Bezogener (Trassat) und nach erfolgter Annahme als Annehmer (Akzeptant) des gezogenen W bezeichnet. Der Annehmer ist in erster Linie für die Zahlung haftbar (Hauptwechselschuldner), in zweiter Linie haften der Aussteller des W und andere Garanten als „Rückgriffschuldner".

Im Gegensatz hierzu hat der **„Eigene Wechsel"** (zweiter Teil des WG) nicht die Form einer Zahlungsaufforderung, sondern eines „eigenen" Zahlungsversprechens des Ausstellers (Art 75 Zf 2). Dieser haftet selbst aus dem W als Hauptwechselschuldner. Mangels Zahlungsaufforderung an einen Dritten kann es beim eigenen W begrifflich keinen Annehmer geben. Soweit sich jedoch aus der Verschiedenheit der äußeren Form und dem Fehlen eines Bezogenen keine Unterschiede ergeben, sind die Vorschriften des ersten Teils des WG auch für eigene W maßgebend (vgl. im einzelnen Art 77).

Der dritte und vierte Teil des WG gelten für gezogene und eigene Wechsel gleichmäßig.

Erster Teil

Gezogener Wechsel

Erster Abschnitt

Ausstellung und Form des gezogenen Wechsels

Artikel 1

Der gezogene Wechsel enthält:

1. die Bezeichnung als Wechsel im Texte der Urkunde, und zwar in der Sprache, in der sie ausgestellt ist;
2. die unbedingte Anweisung, eine bestimmte Geldsumme zu zahlen;
3. den Namen dessen, der zahlen soll (Bezogener);
4. die Angabe der Verfallzeit;
5. die Angabe des Zahlungsortes;
6. den Namen dessen, an den oder an dessen Order gezahlt werden soll;
7. die Angabe des Tages und des Ortes der Ausstellung;
8. die Unterschrift des Ausstellers.

I. Allgemeines. 1. Der vorliegende Artikel behandelt die regelmäßigen Bestandteile eines gezogenen W, ohne sie sämtlich zu wesentlichen Formerfordernissen für die Gültigkeit des W zu erklären. Welche dieser Bestandteile gleichzeitig wesentliche Formerfordernisse sind, ergibt sich aus Art 2. Danach bedarf es keiner Angabe der Verfallzeit, weil der W mangels solcher Angabe als Sichtwechsel behandelt wird (Art 2 Abs II). Alle übrigen Bestandteile sind zugleich wesentliche Formerfordernisse. Jedoch wird fehlende Angabe des Zahlungsorts aus der bei der Anschrift des Bezogenen etwa vorhandenen Ortsangabe ergänzt (Art 2 Abs III), fehlende Angabe des Ausstellungsorts aus einer etwa der Unterschrift des Ausstellers beigefügten Ortsangabe (Art 2 Abs IV). **Anm 1**

2. Die Aufzählung der regelmäßigen Bestandteile verbietet nicht die Beifügung weiterer Zusätze, soweit diese mit dem Wesen des W in keinem Widerspruch stehen (2[9]).

3. Über weitere Formerfordernisse vgl. 2[5]; über Umdeutung formungültiger W vgl. 2[3].

4. Über Blankowechsel vgl. Art 10.

Anm 2 **II. Die einzelnen Bestandteile.** 1. Zu Nr 1: **Wechselklausel.** a) Das Wort „Wechsel" genügt auch in Verbindungen (Solawechsel, Primawechsel, Wechselbrief, Wechselurkunde), dagegen nicht in Umschreibungen (Zahlungsversprechen nach Wechselrecht) oder gleichbedeutenden Ausdrücken (z. B. Tratte). Bezeichnung als gezogener oder eigener W ist nicht erforderlich; für beide W.arten ist die Wechselklausel für in deutscher Sprache abgefaßte W gleichlautend.

b) Das Wort „Wechsel" muß im Texte der Urkunde stehen; Überschrift genügt nicht. „Text der Urkunde" ist die in Zf 2 dieses Artikels erwähnte Zahlungsanweisung. Üblich der Ausdruck: „Gegen diesen Wechsel zahlen Sie ...".

Anm 3 c) Bei in fremder Sprache im Inland ausgestellten W muß die W.klausel dieser Sprache entnommen sein (französisch: lettre de change, bzw. für eigene W billet à ordre; englisch: bill of exchange, bzw. für eigenen W promissory note; italienisch: cambiale; spanisch: letra de cambio; holländisch: wisselbrief; schwedisch: Växel; dänisch und norwegisch: Veksel). Für im Ausland ausgestellte W vgl. Art 92 Abs 1.

Es ist zulässig, in Deutschland W in fremder Sprache auszustellen und in bestimmter Sprache abgefaßte W mit zusätzlichen Erklärungen (Indossament, Annahme, Bürgschaft) in anderer Sprache zu versehen. Zweifelhaft ist es, ob der Aussteller sich für den W.text selbst mehrerer Sprachen bedienen darf, z. B. einen deutschen W.vordruck mit französischer Sprache ausfüllen kann (dagegen St-Str Art 1[7]), und welcher Sprache in einem solchen Falle die W.klausel zu entnehmen ist; nach CR 128 Nr 18 (ebenso QuassA 1[7]) muß der Ausdruck „Wechsel" derselben Sprache entnommen sein, in der das Wort „zahlen" der Zahlungsanweisung ausgedrückt ist.

Anm 4 2. Zu Nr 2: **Zahlungsanweisung.** a) Ein bestimmter Wortlaut ist nicht vorgeschrieben, insbesondere braucht der Ausdruck „anweisen" nicht gebraucht zu werden, vielmehr genügt jede Aufforderung zur Zahlung. Üblich: „Zahlen Sie ...". Wird irrtümlich in einer als gezogener W beabsichtigten Urkunde statt der Worte „zahlen Sie ..." der Ausdruck „zahle ich" gebraucht, so kann der W nur als eigener W und die etwaige Annahmeerklärung gemäß Art 31 als Bürgschaft für den Aussteller behandelt werden. Im Wege der Auslegung kann das wesentliche Formerfordernis der Zahlungsanweisung bei dessen Fehlen nicht ergänzt werden (St-Str 1[10]; abw. Qu-A 1[4a]).

Die Notwendigkeit einer ausdrücklichen Zahlungsanweisung ergibt gleichzeitig die Notwendigkeit eines zusammenhängenden Wechseltextes, was durch die Worte „im Texte der Urkunde" in Art 1 Zf 1, Art 64 II und Art 75 Zf 1 bestätigt wird (vgl. 2[7]).

b) Der Ausdruck Anweisung ist im Gesetz nicht gebraucht, um die Rechtsnatur des gezogenen W zu kennzeichnen, etwa als Anweisung im Sinne der §§ 783 ff. BGB (CR 128 Nr 19). Das bürgerliche Anweisungsrecht ist grundsätzlich auf den W. nicht übertragbar (bestr.; vgl. 9[1]). Gemeint ist nur die Aufforderung des Ausstellers an den Bezogenen, die W.summe zu zahlen, gegebenenfalls auch für Rechnung eines Dritten (Art 3 Abs III).

Die Befolgung der Zahlungsanweisung ergibt keinen w.mäßigen Erstattungsanspruch des Bezogenen gegen den Aussteller (28[14]).

c) Die Zahlungsanweisung muß unbedingt sein, darf also insbesondere **Anm 5**
von dem der W.ziehung zugrunde liegenden Rechtsverhältnis („zahlen Sie gemäß dem Vertrage vom ...") nicht abhängig gemacht werden (RG JW 1935, 1778). Dies entspricht der Bedingungsfeindlichkeit aller W.erklärungen (vgl. Art 75 Zf 2, Art 12 Abs 1, Art 26 Abs 1; RG 119, 424). Soweit die Wirksamkeit der Zahlungsanweisung nicht von anderen Rechtsverhältnissen oder Tatsachen abhängig gemacht werden soll, sind Hinweise darauf wie die Deckungsklausel („und stellen es auf meine Rechnung"), die Avisklausel („laut Bericht"), die Valutaklausel („Wert in Waren erhalten") und ähnliches unschädlich. Vgl. auch über zulässige Zusätze 2[9].

Unzulässig sind nur echte Bedingungen, dagegen nicht sog. Rechtsbedingungen (z. B.: „im Falle der Vorlegung des Wechsels"), auch nicht die vom Gesetz besonders zugelassenen Zusätze über die Vorlegungsfristen (Art 22, 23, 34), die nur die Haftung der Rückgriffschuldner (Art 53), nicht die Zahlungsanweisung betreffen. Die Beifügung einer unzulässigen Bedingung macht den W als solchen unwirksam, die „Urkunde gilt nicht als gezogener Wechsel" (Art 2 I), weil die notwendige unbedingte Zahlungsanweisung fehlt. Die Bedingung kann also nicht „als nicht geschrieben" behandelt werden wie — nach Art 12 I — eine einem Indossament beigefügte Bedingung.

d) Die Anweisung muß auf Zahlung einer Geldsumme in bar lauten. **Anm 6**
Verrechnungsklausel (Art 39 I SchG) macht den W ungültig. Daher auch keine W auf Lieferung von Waren oder deren Wert (St-Str 1[17]) oder auf Zahlung „in Bankscheck auf Paris" (RG 105, 143; abw. Kessler 1[4]).

„Geld" bedeutet gesetzliches Zahlungsmittel. Nach W.recht braucht auch bei einem InlandsW die zu zahlende Summe nicht auf inländische Währung zu lauten (Art 41), jedoch sind die jeweiligen öffentlich-rechtlichen Devisenvorschriften zu beachten, die als zwingendes Recht die allgemeinen privatrechtlichen Regeln abändern. Vgl. wegen Genehmigungspflicht § 3 WährG v. 20. 6. 1948 und Art 1, X d Zf 2 und 4 M RG Nr 53.

Die Geldbezeichnung ist der Auslegung nach allgemeinen Regeln fähig. „Mark" ist daher bei W, die nach dem WährG v. 20. 6. 1948 ausgestellt sind, als „deutsche Mark" zu verstehen, bei W, die im Gebiet der Bundesrepublik und in West-Berlin zahlbar sind, als DM (West), bei in der Deutschen Demokratischen Republik oder in Ost-Berlin zahlbaren Wechseln als DM (Ost), und zwar unter entsprechender Anwendung des Art 41 Abs 4. Wechselmäßig zulässig ist auch die Anordnung der Zahlung in einer bestimmten Geldart (Silber, Banknoten); ob sie zu beachten ist, ergibt sich aus den öffentlich-rechtlichen Vorschriften über die gesetzlichen Zahlungsmittel. Über W auf fremde Währung vgl. zu Art 41.

e) Das Erfordernis der Angabe einer bestimmten Geldsumme macht W mit mehrfacher Angabe verschiedener Geldsummen nur ungültig, soweit nicht Art 6 eingreift, also z. B. bei Angabe verschiedener Währungen. Zinsvermerke gelten nach Art 5 (außer bei Sicht- und NachsichtW) als nicht geschrieben. Die besondere Erwähnung der durch Art 41 zugelassenen Umrechnung in die Währung des Zahlungsorts auch in abgekürzter Form (z. B. 50 US-Dollar oder Gegenwert) ist unschädlich. Unzulässig ist aber die Vorschrift ausschließlicher Zahlung des Kurswertes einer am Zahlungsort nicht geltenden Währung, weil „Bestimmbarkeit" unter Zuhilfenahme außerhalb des W befindlicher Umrechnungsmittel der „Bestimmtheit" nicht gleichwertig ist. Ebenso unzulässig ist (soweit es sich nicht etwa nur um einen Fall des Art 41 Abs 2 Satz 2 handelt), die wahlweise Angabe verschiedener Geldsummen (z. B. „50 US-Dollar oder 100 Schweizer Franken", ebenso „50 DM West oder 250 DM Ost").

f) Eine bestimmte Stelle für die Angabe der Geldsumme ist nicht vorgeschrieben. Art 6 behandelt Angaben außerhalb des eigentlichen W.textes und solche innerhalb desselben als gleichwertig. Jedoch ist die Zahlungsanweisung selbst nur verständlich, wenn sie auf eine zu zahlende Summe bezogen werden kann. Aufnahme der Geldsumme in die Zahlungsanweisung, also den zusammenhängenden W.text ist daher üblich und empfehlenswert.

Die Angabe muß von der Unterschrift des Ausstellers gedeckt sein. Die Summe kann in Ziffern oder Buchstaben angegeben werden. Üblich ist Niederschrift derselben sowohl in Ziffern wie in Buchstaben, wobei Abweichungen nach Art 6 zu behandeln sind. Die Bezeichnung der Geldsorte (Währung) durch übliche Abkürzungen oder Zeichen (DM = Deutsche Mark; $ = USA-Dollar) ist statthaft und im Zusammenhang mit der ziffernmäßigen Angabe der W.summe gebräuchlich. Bei Abweichungen gegenüber der ausgeschriebenen Bezeichnung der Währung kann die Regel des Art 6 I Anwendung finden, insbesondere wenn sich die ausgeschriebene Bezeichnung im Zusammenhang mit der Buchstaben erfolgten Angabe der W.summe befindet.

g) Der Umstand, daß der gleiche Name für Geld verschiedener Währungen und Bewertungen gebraucht wird (z. B. „Franc" Frankreich bzw. Schweiz; „Dollar" USA bzw. Kanada; „DM" Ost bzw. West) macht einen W, in dem die W.summe mit einer solchen mehrdeutigen Währungsbezeichnung ohne nähere Erläuterung angegeben ist, nicht ungültig. Wenn nicht die Regel des Art 41 IV anwendbar ist, bleibt es Auslegungsfrage (vgl. Einleitende Anm 15), welche Währung nach dem sonstigen Inhalt des W gemeint ist.

Anm 7 3. Zu Nr. 3: **Bezogener** (Trassat). a) Die Stelle für die Angabe des Namens des Bezogenen ist nicht vorgeschrieben. Einrückung in den zusammenhängenden Text ist daher nicht erforderlich, wohl aber Angabe auf der Vorderseite, damit sie von der Unterschrift des Ausstellers gedeckt wird. Unschädlich ist es, wenn die Ausstellerunterschrift sich oberhalb der in die Form einer Adresse („an Herrn N. N.") gekleideten Angabe des Bezogenen befindet. Üblich ist Angabe des Bezogenen links unterhalb des Textes, zugleich mit der näheren Anschrift („An Herrn Ludwig Müller, München, Schellingstr. 14"). Findet sich nur bei dem Vordruck für den besonderen Zahlungsleister des Art 4 („zahlbar bei . . .") eine Anschrift, so ist der W dahin auszulegen, daß diese Anschrift die Angabe des Bezogenen darstellen soll.

Die in der Anschrift des Bezogenen enthaltene Ortschaftsangabe gilt gemäß Art 2 III mangels anderweiter ausdrücklicher Benennung seines Wohnorts als Wohnort des Bezogenen im Sinne des WG (21[6a]). Dieser ist für die

Vorlegung zur Annahme nach Art 21 von Bedeutung sowie für die zur Eröffnung des Rückgriffs vor Verfall wegen Unsicherheit nach Art 44V erforderliche Vorlegung zur Zahlung (44^{17}). Ist weder ein Wohnort des Bezogenen im W angegeben, noch eine Ortschaft bei seinem Namen, so ist der im W angegebene Zahlungsort auch als Wohnort des Bezogenen zu behandeln (21^{5}).

b) Als Bezogener kann jede beliebige Person benannt werden, auch der Aussteller selbst (ohne Rücksicht auf „distantia loci": Art 3 Abs II), auch der W.nehmer (vgl. 3^{3}; abw. QuassA 3^{5} u. Langen S. 1). **Anm 8**

Die Angabe mehrerer Personen ist nur kumulativ (an A und B) zulässig und nur, wenn ein einheitlicher Zahlungsort vorhanden ist (RG 46, 133; JW 1930, 1376). Über Behandlung von W mit mehreren Bezogenen vgl. 21^{4}, 34^{7}, 38^{8}, $43^{6\ u.11}$.

c) Anzugeben ist der Name dessen, der Zahlung leisten soll. Name ist nicht nur der bürgerliche Name, sondern ebenso der kaufmännische, d. h. die Firma; ebenso auch die Bezeichnung einer juristischen Person. **Anm 9**

Die im W enthaltene Angabe kann zur Erfüllung des zur Gültigkeit des W erforderlichen Formerfordernisse des Art 1 Nr 3 auch dann genügen, wenn keine wirkliche Person mit genügender Deutlichkeit bezeichnet wird. Denn zur Formgültigkeit genügt eine Angabe, die die Bezeichnung einer natürlichen oder juristischen Person sein kann, auch wenn es keine Person dieses Namens gibt, wie dies z. B. bei Benennung einer erdichteten Person (Kellerwechsel) oder irrtümlich falscher Namensangabe der Fall ist. Immer muß aber aus dem W der „Name" des Bezogenen ersichtlich sein. Umschreibungen wie „an den Polizeipräsidenten in Berlin", „an den Eigentümer des Hauses Kaiserstraße 10, Frankfurt" sind nicht ausreichend.

Vollständigkeit der Namensangabe ist nicht erforderlich, so daß z. B. der Zuname genügt, auch wenn dadurch die Kennzeichnung einer bestimmten Person tatsächlich nicht erreicht wird („Herrn Müller in Berlin"). Bei Benennung von Firmen oder juristischen Personen ist volle Übereinstimmung mit den gesetzlichen Vorschriften über die Firmenbildung usw. nicht erforderlich (RG 100, 169), da Zusätze wie „A.G.", „m.b.H." oder beim eingetragenen Verein „e.V." im Verkehr häufig fortbleiben und auch die Angabe im Verkehr tatsächlich geführter Bezeichnungen („Künstlername": RG 119, 198) genügt. Ein nicht rechtsfähiger Verein und die Gesellschaft bürgerlichen Rechts ist keine Person im Sinne des Gesetzes (vgl. 7^{4}). Falls sich daher aus dem W zweifelsfrei ergibt, daß der Bezogene ein nicht rechtsfähiger Verein ist, ist der W ungültig (RG 112, 126).

Nennung des Namens in nur adjektivischer Verbindung „N. N.sche Gutsverwaltung" ist unschädlich (RG 85, 195; 100, 169; JW 1926, 1815), soweit erkennbar ist, daß der Inhaber des adjektivisch angeführten Namens als Bezogener gemeint ist. Ungültig wäre dagegen ein W „an die Erben des N. N.", „an die Verwaltung der Fideikommissherrschaft zu X" (RG 77, 192), „an die Nachlaßmasse N. N.", „an die Vormundschaftsverwaltung N. N.".

Die Frage, ob der im W angegebene Name zur Bezeichnung einer wirklich vorhandenen Person und des gemeinten Bezogenen ausreicht, ist ohne Bedeutung für die Erfüllung des Formerfordernisses, da hierfür die Angabe eines möglichen Namens ausreicht. Wer im W als Bezogener **Anm 10** benannt ist, ist für die Prüfung, ob der benannte Bezogene die Annahmeerklärung vollzogen hat, von Bedeutung, da nur dieser den W wirksam annehmen kann. Hierüber und über die Wirkung der Annahme einer nicht als Bezogener im W angegebenen Person vgl. 25[6f]. Die Gültigkeit des W ist auch davon nicht abhängig, daß es die als Bezogener angegebene Person überhaupt gibt (7[3]).

Anm 11 4. Zu Nr 4: Die Angabe der **Verfallzeit** ist zur Gültigkeit des W nicht erforderlich, da nach Art 2 Abs II ein W ohne solche Angabe als SichtW gilt. Das Fehlen einer Angabe über die Verfallzeit ergibt nicht ohne weiteres, daß der W insoweit Blankett, der Inhaber also zur Einrückung einer Verfallzeit berechtigt sein soll (vgl. Art 10).

Verfallzeit ist der Tag, an dem nach dem Inhalt des W Zahlung geleistet werden soll. Dieser Tag ist vom Zahlungstag, an dem erstmalig Zahlung gefordert werden kann, zu unterscheiden: Wenn der Verfalltag auf einen Feiertag fällt, ist gemäß Art 72 Abs I erst der nächstfolgende Werktag der Zahlungstag (vgl. 33[2]; 72[1]). Stundung (Prolongation) bewirkt keine Verschiebung des Verfall- oder Zahlungstages (17[47c]).

Da besondere Formvorschriften fehlen, ist die Angabe der Verfallzeit im zusammenhängenden W.text nicht erforderlich. Es genügt jede durch die Unterschrift des Ausstellers gedeckte Stelle, z. B. ein Vermerk am oberen Rande des W.

Anm 12 Die Verfallzeit darf nur in einer der vier durch Art 33 zugelassenen Arten (als Tagwechsel, Datowechsel, Sichtwechsel oder Nachsichtwechsel) erfolgen, andernfalls der W nichtig ist (Art 33 II). Danach sind unzulässig insbesondere:

a) Ratenwechsel (Art 33 Abs 2),
b) Usowechsel, deren Zahlung zum üblichen Zeitpunkt erfolgen soll,
c) Meß- oder Marktwechsel,
d) W, bei denen der Verfall vom Eintritt einer Bedingung abhängig sein soll oder bei denen der Kalendertag durch nicht allgemein verständliche Umschreibungen (z. B. „an meinem 30. Geburtstag") angegeben ist,
e) W mit unmöglicher Verfallzeit (z. B. „am 30. Februar"). Bei versehentlicher Angabe eines am angegebenen Ausstellungstage schon abgelaufenen Jahres erscheint Berichtigung im Wege der Auslegung nicht zulässig (RG 69, 205; abw. OLG Hamburg JW 1933, 1473).

Liegt eine nach vorstehenden Erläuterungen unzulässige Angabe vor, so handelt es sich doch um eine Angabe, die ergibt, daß die Schaffung eines Sichtwechsels nicht beabsichtigt war. Art 2 Abs II ist daher unanwendbar.

Fehlende Jahreszahl in der Verfallzeit (z. B. „15. November") wird im Wege der Auslegung dahin ergänzt werden können, daß als Verfalltag der erste auf den Tag der Ausstellung folgende Tag gleichen Datums anzusehen ist. Dies ist (abw. von meiner in St-Str 1[30] vertretenen Ansicht) auch dann anzunehmen, wenn dieser Tag nicht mehr im Kalenderjahr der Ausstellung liegt (streitig; wie oben: Hupka 87; Qu-A 33[7]; einschränkend: Rilk 1[4]; Baumb-H 2[5]; Priese-R 2[20]).

Anm 13 5. Zu Nr 5: **Zahlungsort.** a) Seine Angabe ist zur Gültigkeit des W erforderlich, jedoch mit der aus Art 2 Abs IV ersichtlichen Einschränkung, wonach eine Ergänzung aus der beim Namen des Bezogenen (Adresse) etwa vorhandenen Ortsangabe stattfindet (aber nicht, wie beim eigenen W, aus dem im Datum angegebenen Ausstellungsort). Für den Fall der Benennung eines besonderen Zahlungsleisters vgl. 2^4.

Form und Stelle sind nicht vorgeschrieben, Angabe außerhalb des zusammenhängenden W.textes ist zulässig (RG JW 1926, 2910); üblich die Fassung „zahlbar in . . .". Für die Stelle der Angabe gilt entsprechendes wie bezüglich der Benennung des Bezogenen (Anm 7).

Die Angabe mehrerer Zahlungsorte bewirkt Ungültigkeit des W (RG 25, 56; 160, 341; in JW 1930, 1376). Der Zusatz „zahlbar allerorten" betrifft (ROHG 4, 261; ROLG 2, 106; RG in Recht 08, 498 Beil 2) nicht den Zahlungsort, sondern nur die Unterwerfung unter den vom Gläubiger zu wählenden Gerichtsstand.

b) Als Zahlungsort muß eine tatsächlich vorhandene Ortschaft (politische Gemeinde) bezeichnet sein, wobei Abweichungen von der amtlichen Bezeichnung unschädlich sind, wenn erkennbar ist, welche Ortschaft gemeint ist. Bei Angabe eines Ortsteils ist die ganze Gemeinde Zahlungsort im Sinne des WG. Ungültig wäre aber mangels Bezeichnung eines bestimmten Zahlungsorts ein W, in dem ein mehrere Gemeinden umfassender Bezirk (z. B. „Provinz Sachsen") als Zahlungsort angegeben ist oder eine überhaupt nicht vorhandene Ortschaft (St-Str 1^{37}). **Anm 14**

Bei mehrfach vorkommenden Ortsbezeichnungen („Neustadt", „Frankfurt") ist für die Gültigkeit des W nähere Kennzeichnung nicht erforderlich. Die Vorlegung zur Zahlung kann grundsätzlich an jedem der gleichnamigen Orte wirksam erfolgen. Ist aber der Inhaber bekannt, welcher der gleichnamigen Orte gemeint ist, und hat er trotzdem am falschen Orte erfolglosen Vorlegungsversuch durch Windprotest feststellen lassen, so hat er die Nichteinlösung des W selbst herbeigeführt. Er würde daher durch Geltendmachung der Rückgriffansprüche gegen die guten Sitten verstoßen, also nach § 826 BGB zum Schadensersatz verpflichtet sein. Die Rückgriffschuldner können ihm dies bei Inanspruchnahme aus dem W entgegenhalten, sofern er nicht nachweist, daß der Hauptschuldner zahlungsunfähig war, also auch bei Vorlegung am richtigen Orte den W nicht eingelöst hätte.

Die angegebene Ortschaft ist der wechselmäßige Zahlungsort, auch wenn sich aus der beigefügten Straßenbezeichnung (z. B. bei Nachbarorten) ergibt, daß ein anderer Ort gemeint war (abw. die überholte Entsch RG 32, 110). Auch bei Nachbarorten im Sinne des Art 88 besteht nur ein einziger Zahlungsort, nämlich die im W genannte Ortschaft.

c) Der Zahlungsort ist Erfüllungsort nur für den Annehmer, nicht für die Rückgriffschuldner (28^9, 47^6). Am Zahlungsort hat die Vorlegung zur Zahlung bei Verfall stattzufinden (vgl. Anm 7 wegen Vorlegung vor Verfall). Nach § 603 Abs 1 ZPO können sämtliche W.schuldner beim Gericht des Zahlungsorts verklagt werden. Da die ganze Ortschaft Zahlungsort im Sinne des WG ist, sind bei ihrer Teilung in mehrere Gerichtsbezirke sämtliche Gerichte der Teilbezirke zuständig (zweifelhaft: vgl. St-Str 1^{42}). **Anm 15**

6. Zu Nr 6: **Name des Wechselnehmers:** (auch Remittent genannt) **Anm 16**

a) Eine besondere Stelle auf dem W, insbesondere Aufnahme in den W.text ist für diese Angabe nicht vorgeschrieben, auch nicht handschriftliche Einrückung. Die Angabe muß durch die Unterschrift des Ausstellers gedeckt sein. Üblich ist die Formel „an Herrn NN. oder dessen Order“ oder „an die Order des NN.“ im W.text; genügend auch „an Herrn NN.“, da der W nach Art 11 Abs I auch ohne ausdrückliche Orderklausel vom Nehmer indossiert werden kann.

Bezüglich der Person des Wechselnehmers bestehen (abgesehen vom Ausschluß von Inhaberwechseln; vgl. Anm 17) keine Beschränkungen: Der Aussteller kann sich auch selbst als Nehmer bezeichnen („an eigene Order“; Art 3 Abs 1); die Wendung „an eigene“ genügt, da das Wort „Order“ im Wege der Auslegung zu ergänzen ist. Ist aber nicht angegeben, an wessen Order gezahlt werden soll, also der Name des Nehmers unausgefüllt geblieben, so läßt sich der W auch, wenn das erste Indossament vom Aussteller herrührt, nicht in einen solchen an eigene Order umdeuten (vgl. RG 136, 208), wohl aber wird der Inhaber im Zweifel zur Ausfüllung der versehentlich fortgelassenen Angabe befugt sein (10[4]). Bestritten ist, ob der Bezogene als W.nehmer bezeichnet werden darf (dafür St-Str 1[26]; dagegen QuassA 3[5] und Langen 1).

Die Benennung mehrerer Personen als gemeinschaftliche W.nehmer („an A und B“) ist zulässig. Sie werden Gesamthandgläubiger im Sinne des § 432 BGB und haften als Gesamtschuldner (Art 47 I). Dagegen ist wahlweise Benennung („an A oder B“) m. E. unzulässig (vgl. Näheres St-Str 1[5]). Keinesfalls zulässig ist es, mehrere Personen je zu einem Teil der W.summe als empfangsberechtigt zu bezeichnen (vgl. 12[3]).

Anm 17 b) Auch hier ist wie beim Bezogenen (vgl. Anm 9f.) zwischen der Erfüllung des Formerfordernisses Angabe des möglichen Namens einer Person (RG 77, 191; 100, 167) und der Frage zu unterscheiden, ob durch den angegebenen Namen die gemeinte Person, insbesondere der Inhaber des W ausreichend bezeichnet wird. Der Name (oder die Firma) muß auch hier aus dem W selbst ersichtlich sein, so daß Umschreibungen (z. B. „Erbe des NN.“) auch durch Benennung als Inhaber eines Amts („Landgerichtspräsident in Potsdam“, in dieser Hinsicht unentschieden CR 128 Nr 22) für Formgültigkeit des W nicht ausreichen.

Durch das Erfordernis der Namensangabe ist auch der Inhaberwechsel („zahlen Sie an den Inhaber, Vorleger dieses Wechsels“) ausgeschlossen (anders beim Scheck nach Art 5 SchG). Jedoch kann durch Blanko- oder Inhaberindossament (Art 12 Abs III; Art 13 Abs II) des Ausstellers eines an eigene Order gestellten W das wirtschaftliche Ergebnis eines Inhaberw. erreicht werden. Die Angabe „an Herrn NN. oder Inhaber“ ist zulässig, weil gleichbedeutend mit „an NN. oder dessen Order“ (St-Str 1[48]).

Anm 18 c) Für die Ermittlung, welche tatsächliche Person durch die Angabe im W als empfangsberechtigt ausgewiesen wird, können auch außerhalb der Urkunde liegende Umstände herangezogen werden, insbesondere die Tatsache, wem vom Aussteller der W ausgehändigt worden ist. Abweichungen von der richtigen Namensangabe sind danach unschädlich, wenn dadurch keine Zweifel an der Identität begründet werden (RG 47, 156). Auch genügt die Angabe des von der betreffenden Person tatsächlich geführten Namens, auch wenn dieser wie der Künstlername oder die Firma eines nicht firmenberechtigten Kleinkaufmanns vom bürgerlichen Namen abweicht (RG 100, 167; 119, 198).

7. Zu Nr 7: **Ausstellungsdatum,** bestehend aus Angabe des Tages und des Ortes der Ausstellung. „Ausstellung" ist die Vollziehung der Ausstellerunterschrift, die mit der Begebung des W an den W.nehmer nicht zusammenzufallen braucht. Das Datum kann über oder unter dem W.text stehen, auch in den zusammenhängenden Text eingerückt werden. Tag- und Ortsangabe können sich auch an verschiedenen Stellen des W befinden, da keine bestimmte Stelle für die Datierung vorgeschrieben ist. Das Datum muß von der Ausstellerunterschrift gedeckt sein oder sich damit in ersichtlichem Zusammenhang befinden. **Anm 19**

a) Sowohl bei der Zeit- wie bei der Ortsangabe ist für die Gültigkeit des W tatsächliche Richtigkeit nicht erforderlich (RG 32, 116; 74, 85). Wo es — wie z. B. nach Art 92 I oder für die Feststellung der Geschäftsfähigkeit des Ausstellers — auf die tatsächliche Zeit oder den tatsächlichen Ort der Ausstellung ankommt, ist Gegenbeweis gegenüber den Angaben im W zulässig (RG 32, 116). Unter Umständen kann aber auch bei feststehender Unrichtigkeit das im W angegebene Datum maßgebend bleiben; so für die Bestimmung der Verfallzeit eines bestimmte Zeit nach der Ausstellung fälligen W (Art 33 Fall 3) oder für die Berechnung der Vorlegungsfristen (Art 23 und 34) bei Sicht- und NachsichtW.

b) Die Angaben müssen bestimmt und eindeutig sein. Daher macht die Angabe mehrerer verschiedener Ausstellungsorte oder -tage den W ungültig (RG 11, 165), auch wenn er von mehreren Ausstellern unterzeichnet ist (RG 46, 137; vgl. St-Str 1[58]; abw. Rilk 18). Das angegebene Datum darf auch nicht unmöglich sein („am 30. Februar"). Die etwa fehlende Jahreszahl läßt sich auch nicht aus der Angabe über die Verfallzeit ergänzen (vgl. St-Str 1[54]). Regelmäßig ist der Ausstellungstag mit seiner kalendermäßigen Bezeichnung anzugeben, jedoch sind allgemein verständliche Umschreibungen (z. B. „am 2. Ostertage 1951", „am 2. Sonntag im Mai 1950"; dagegen nicht „an meinem 25. Geburtstag") zulässig. **Anm 20**

c) Bei der Ortsangabe ist hier, anders als bei der Angabe des Zahlungsorts, die Bezeichnung einer politischen Gemeinde (Ortschaft) nicht erforderlich, wenn die Stelle, wo die Ausstellung erfolgt („auf See an Bord des Dampfers Bremen", „auf dem Brocken") angegeben ist. Es genügt daher auch die Angabe eines zu mehreren politischen Gemeinden gehörigen Weilers (RG 74, 185), aber nicht bloße Benennung von Straße und Hausnummer oder des Ausstellungslandes („Deutschland"; „Bayern"). **Anm 21**

Fehlende Ortsangabe ist nach Art 2 Abs IV aus einem etwa bei dem Namen des Ausstellers angegebenen Ort zu ergänzen.

8. Zu Nr 8. **Unterschrift des Ausstellers.** a) Unterschrift im Sinne des WG bedeutet eigenhändige Namensunterschrift wie in § 126 BGB (Dschr 119; Kessler 1[10]; Rilk 20; Baumb-H 1[9]; Locher S. 76). Sie ist einerseits Formerfordernis für die Gültigkeit des W, anderseits Verpflichtungsgrundlage des Ausstellers. Für das Formerfordernis genügt auch hier (vgl. Anm 9) eine als Name oder Firma mögliche Bezeichnung, auch wenn durch die Unterzeichnung der tatsächliche Aussteller nicht genügend bezeichnet wird (RG 85, 195) oder eine Person dieses Namens überhaupt nicht **Anm 22**

vorhanden ist (7[2]). Demgemäß ist auch Angabe des Vornamens nicht notwendig. Immer ist Namensunterzeichnung nötig, Umschreibungen (z. B. „Der Bürgermeister der Stadt N.") sind zur Wahrung der Form nicht ausreichend (RG 77, 192).

Anm 23 b) Die Unterschrift muß handschriftlich vollzogen sein. Bei zusammengesetzten Firmen genügt Unterstempelung der Sachbezeichnung der Firma, wenn die Personalbezeichnung handschriftlich vollzogen ist (RG 47, 165; 118, 168). Im übrigen ist mechanische Herstellung (Stempel, Faksimile) unzulässig (Knur-H 2[11]). Bei Unterzeichnung durch Vertreter — auch namens juristischer Personen und Handelsgesellschaften — genügt es, wenn der Name des Vertreters handschriftlich vollzogen ist, auch wenn dies bezüglich des Namens des Vertretenen nicht geschehen ist. Über Unterzeichnung durch Vertreter oder Schreibgehilfen vgl. 8[4]. Ersatz der eigenhändigen Unterschrift durch beglaubigte Handzeichen ist, da von dem Vorbehalt des Art 2 der Anl II zum Abk über das EWG kein Gebrauch gemacht worden ist, nicht zulässig.

Anm 24 c) Als Unterschrift muß die Namenszeichnung den zusammenhängenden W.-text decken, also regelmäßig auf der Vorderseite am Ende der W.urkunde stehen (RG 12, 118). Sie braucht aber nur räumlich den W.text zu beenden, während die Vollziehung zeitlich auch vor der Ausfüllung stattfinden kann (vgl. Art 10).

Anm 25 d) Aussteller ist diejenige Person, in deren Namen die Zahlungsanweisung erfolgt. Bei Unterzeichnung durch Vertreter (vgl. 8[4]) ist dies nicht dieselbe Person, die tatsächlich die Unterschrift vollzieht. Zusätze, die ergeben, daß der Unterzeichnete nicht „als Aussteller" unterschrieben hat, nehmen der Unterschrift die Wirkung der Ausstellerunterschrift; so der Zusatz: „als Bürge" oder „als Zeuge" (RG 10, 1; ROLG 16, 142); der Zusatz „als Selbstsschuldner" ist unschädlich (RG 30, 25). Über Haftungsausschluß vgl. Art 9 II.

Aussteller kann auch ein anderer W.beteiligter sein, insbesondere der Bezogene (Art 3 II) oder der W.nehmer (W an eigene Order; Art 3 I).

Auch mehrere Personen können als Aussteller auftreten (RG 46, 142). Sie haften dem W.nehmer und den Indossataren als Gesamtschuldner (Art 9; 47 I) und haben (als einlösende Rückgriffschuldner, beim W an eigene Order auch vor dessen Begebung) als Berechtigte dem Annehmer gegenüber die Stellung von Gesamthandgläubigern nach § 432 BGB (gl. Ans. Baumb-H 1[7]).

Ist ein W von mehreren Personen unterzeichnet, so werden die Unterzeichner im Zweifel (vgl. 31[4]) als mehrere Aussteller, nicht als Aussteller (räumlich erste Unterschrift) und dessen W.bürge zu behandeln sein. Die Frage ist, wenn einer der Beteiligten den W einlöst, für seine Ansprüche gegen die Mitschuldner (32[6], 47[14]) von Bedeutung.

Anm 26 e) Für die Frage, wer durch die Namenszeichnung berechtigt und verpflichtet ist, gelten dieselben Grundsätze wie bei den sonstigen W.-gläubigern (vgl. Anm 18). Angabe des Künstlernamens statt des bürgerlichen ist daher unschädlich, ebenso sonstige Ungenauigkeiten, auch bei Firmenbezeichnungen, falls die Identität nachweisbar ist (RG 100, 170; 119, 201).

Adressenangabe ist nicht vorgeschrieben, aber wegen des Anspruchs auf Notanzeige (Art 45 III) dringend zu empfehlen.

Artikel 2

Eine Urkunde, der einer der im vorstehenden Artikel bezeichneten Bestandteile fehlt, gilt nicht als gezogener Wechsel, vorbehaltlich der in den folgenden Absätzen bezeichneten Fälle.

Ein Wechsel ohne Angabe der Verfallzeit gilt als Sichtwechsel.

Mangels einer besonderen Angabe gilt der bei dem Namen des Bezogenen angegebene Ort als Zahlungsort und zugleich als Wohnort des Bezogenen.

Ein Wechsel ohne Angabe des Ausstellungsortes gilt als ausgestellt an dem Orte, der bei dem Namen des Ausstellers angegeben ist.

I. Zu Abs I. Der vorliegende Artikel ergibt, welche der im Art 1 aufgeführten regelmäßigen Bestandteile des W **wesentliche Formerfordernisse** darstellen, deren Fehlen den W als solchen nichtig machen. Eine Ergänzung fehlender Formerfordernisse im Wege der Auslegung ist nicht zulässig, z. B. nicht die fehlende Angabe des Wechselnehmers („an eigene Order") aus dem Umstande, daß das erste Indossament vom Aussteller herrührt (RG JW 1932, 2611; QuassA 1[46]). Keinesfalls können aus der Wechselurkunde nicht ersichtliche Umstände zur Ergänzung des W herangezogen werden (Einleitung Anm 15). **Anm 1**

Die in Abs I angeordnete Nichtigkeit des Grundwechsels (Erklärung des Ausstellers) hat die Wirkung, daß der nichtige W auch keine ausreichende Grundlage für andere wechselrechtliche Erklärungen (Annahme, Indossament, Bürgschaft) bildet (vgl. aber für den internationalen Verkehr Art 92 Abs 2). Dagegen ist die materiellrechtliche Wirksamkeit der Ausstellererklärung keine Voraussetzung für die Gültigkeit der übrigen W.erklärungen (Art 7).

W, welche absichtlich unvollständig zum Zwecke späterer Ausfüllung begeben werden, werden durch die vorliegende Vorschrift nicht betroffen. Über derartige Blankowechsel vgl. Art 10. Solange der Blankow. aber nicht sämtliche wesentlichen Erfordernisse aufweist, kann auch aus ihm kein w.mäßiger Anspruch hergeleitet werden.

Der vorliegende Artikel bestimmt nur, daß der Wechsel als solcher nichtig ist. Ob die als W nichtige Erklärung nach bürgerlichem Recht eine Haftungsgrundlage bilden kann, ergibt sich nach bürgerlichem Recht, insbesondere nach § 140 BGB. Für die Umdeutung eines nichtigen Wechsels in ein anderes Rechtsgeschäft ist es Voraussetzung, daß den Formalien dieses Rechtsgeschäfts genügt und außerdem anzunehmen ist, daß die Beteiligten bei Kenntnis der Nichtigkeit der Urkunde als W ihre Aufrechterhaltung mit den Wirkungen des anderen Rechtsgeschäfts gewollt haben würden. Ob dies der Fall ist, ist Tatfrage. Es kann daher nur auf Grund der Umstände des einzelnen Falles entschieden werden, ob ein gezogener W als Anweisung im Sinne des § 783 BGB oder, wenn der Bezogene Kaufmann ist, im Sinne des § 363 HGB aufrecht erhalten werden kann; ebenso, ob ein als solcher nichtiger eigener W als kaufmännischer Verpflichtungsschein (§ 363 HGB) oder als abstraktes Schuldversprechen (§ 780 BGB) umgedeutet werden kann. Bei Umdeutung wird man jedenfalls die kürzere w.rechtliche **Anm 2**

Verjährungsfrist auch für das bürgerliche Rechtsgeschäft anwenden müssen (vgl. Bernstein JW 1926, 496). Eine Haftung der Rückgriffschuldner wird sich bei Nichtigkeit des Grundwechsels im Wege der Umdeutung nicht begründen lassen (St-Str 2[21]; vgl. auch RG 130, 82). Dagegen werden Indossamente, auch Blankoindossamente, als Abtretung aufrecht zu erhalten sein.

Das RG hat Umdeutung des eigenen W in abstraktes Schuldversprechen bzw. kaufmännischen Verpflichtungsschein zugelassen (RG 48, 230; HRR 29, 2073), dagegen Umdeutung des gezogenen W in eine Anweisung für den Regelfall abgelehnt (JW 1930, 1376; 1935, 1778, dagegen St-Str 2[21]; QuassA 2[4]; Bernstein in JW 1930, 1376; Rilk 5; Baumb-H 2[5]; Ulmer 196; Locher 80). In einer späteren Entscheidung (RG 136, 207) ist Umdeutung in eine Anweisung nicht grundsätzlich, sondern nur noch im entschiedenen Falle — zutreffend — wegen fehlender Benennung des Anweisungsempfängers abgelehnt worden. Der W an eigene Order kann nur als kaufmännische Anweisung aufrecht erhalten werden, also nur, wenn der Aussteller Kaufmann ist. Bezüglich der Annahmeerklärung hat das RG (136, 207) Umdeutung der bloßen Namensunterschrift in abstraktes Schuldversprechen abgelehnt (dagegen St-Str 2[22]).

Der formgültige W kann, wenn seine Umdeutung nicht möglich ist, noch als Beweismittel für das zugrundeliegende Rechtsgeschäft von Bedeutung sein.

Anm 3 **II. Zu Abs II—IV.** Es handelt sich nicht um bloße Auslegungsregeln, sondern um zwingende Vorschriften, die auch bei abweichender Parteiabsicht maßgebend bleiben.

1. Zu Abs II: Fehlende Angabe der **Verfallzeit** Über Sichtwechsel vgl. Art 34. Über die Erfordernisse der Verfallzeitangabe vgl. 1[11 f]. Für die Anwendung der vorliegenden Vorschrift ist es ohne Bedeutung, ob die Verfallzeitangabe versehentlich oder absichtlich unterblieben ist. Ist die Verfallzeit zwecks späterer Ausfüllung (Blankowechsel) offengeblieben, so darf sie trotz der vorliegenden Bestimmung nachträglich eingerückt werden.

Unzulässige Bestimmung einer Verfallzeit (vgl. 1[12]), auch die Angabe eines unmöglichen Datums („30. Februar"), macht den W nichtig. Die vorliegende Bestimmung ist in solchen Fällen nicht anwendbar, weil eine Verfallzeit im W angegeben ist (vgl. St-Str 2[5a]; Rilk 169; Priese-R 2[8]; abw. Dorpalen LZ 1933, 1299).

Anm 4 **2. Zu Abs III.** Das wesentliche Formerfordernis der Angabe des **Zahlungsorts** kann entweder durch besondere Benennung des Zahlungsorts oder durch Angabe eines Orts beim Namen des Bezogenen erfüllt werden. Die Ortsangabe beim Namen des Bezogenen muß, um als Ersatz für die besondere Benennung des Zahlungsorts dienen zu können, den allgemeinen Erfordernissen (vgl 1[13–15]) entsprechen, was bei Angabe mehrerer Orte beim Namen des Bezogenen nicht zutrifft. Die in Art 2 Abs 2 des SchG für solchen Fall gegebene Regelung kann keine entsprechende Anwendung finden. Die Angabe muß sich „beim" Namen des Bezogenen befinden, d.h. in erkennbarem Zusammenhang mit diesem.

Falls ein besonderer Zahlungsleister gemäß Art 4 benannt ist, muß der bei seinem Namen angegebene Ort, nicht ein etwaiger abweichender als Anschrift des Bezogenen angegebener Ort, als Zahlungsort gelten, sofern der Zahlungsort nicht ausdrücklich im W benannt ist. Denn in solchem Falle soll die Zahlung nicht beim Bezogenen, sondern beim Domiziliaten erfolgen.

Auch die Ersatzregel des Abs 3 findet nur Anwendung, wenn eine besondere Angabe des Zahlungsorts im W fehlt, dagegen nicht, wenn der Zahlungsort im W in unzulässiger Weise bestimmt ist (St-Str 2[9]).

Die Bestimmung, daß der beim Namen des Bezogenen angegebene Ort auch als dessen Wohnort gilt, ist insbesondere für die Vorlegung zur Annahme von Bedeutung (Art 21; vgl. auch 1[7]).

3. **Zu Abs IV.** Auch hier steht eine etwaige unzulässige Angabe des **Ausstellungsorts** der Anwendung der Ergänzungsregel entgegen. Ob die Ortsangabe sich bei dem Namen des Ausstellers, d. h. bei dessen Unterschrift, befindet, ist Tatfrage, die z. B. bei einem die Ortsangabe enthaltenden Firmenstempel mit anschließender Unterschrift des Firmeninhabers zu bejahen ist (St-Str 1[62]; Baumb-H 1[4]). **Anm 5**

Ein beim Namen des Ausstellers angegebener Ort wird auch als sein Wohnort zur Zeit der Ausstellung und demgemäß als Erfüllungsort seiner Rückgriffsverbindlichkeit zu behandeln sein.

III. Weitere Formerfordernisse außer den im Gesetz ausdrücklich aufgezählten sind: **Anm 6**

1. Urkundsform. Alle w.mäßigen Erklärungen müssen sich auf dem W befinden und durch Namensunterschrift der Beteiligten vollzogen sein. Für die Unterschrift der übrigen W.beteiligten gilt entsprechendes wie für die Unterschrift des Ausstellers (1[23]). W.bürgschaft und Indossamente können sich jedoch auch auf einer formellen Wechselabschrift (Art 67) befinden. Benutzung fremder Sprachen ist zulässig (1[3]), auch von Kunstsprachen (Esperanto). Unerheblich ist auch, was für Schriftzeichen verwendet sind, vorausgesetzt, daß es sich nicht um eine Geheimschrift, sondern um eine auch für Dritte lesbare Schrift handelt. Auch Kurzschrift ist daher zulässig (bestr.; vgl. St-Str 2[13]). Die W.erklärungen können bis auf die Unterschriften auch auf mechanischem Wege (Druck, Vervielfältigung) hergestellt werden.

2. Die Notwendigkeit eines zusammenhängenden Wechseltextes mit dem Inhalt der Zahlungsaufforderung (beim eigenen W des Zahlungsversprechens) ergibt sich aus dem Erfordernis des Art 1 Zf 2. In diesen zusammenhängenden Text muß die W.klausel Art 1 Zf 1 und die fortlaufende Nummerierung mehrerer Ausfertigungen (64[9]) eingefügt sein, während die übrigen Bestandteile des W sich auch außerhalb des zusammenhängenden Textes befinden können. **Anm 7**

3. Nicht erforderlich ist, daß die W.erklärungen in bestimmter Reihenfolge zustandekommen, also zunächst die Ausstellererklärung, dann Annahme oder Indossamente. Die Zulassung des Blankowechsels (Art 10). ergibt, daß Annahme und Indossamente auch dann verpflichtende Kraft haben, wenn die Grundwechselerklärung des Ausstellers erst später unterzeichnet oder vervollständigt wird. **Anm 8**

Die ordnungsmäßige Versteuerung des W gehört nicht zu den Gültigkeitserfordernissen. Dieser Grundsatz ist durch das Genfer Abkommen vom 7. 6. 1930 über das Verhältnis der Stempelgesetze zum WRecht (abgedruckt im Anhang II 1c) von dessen Vertragsstaaten angenommen.

Anm 9 **IV. Sonstige Zusätze** neben den in Art 1 aufgezählten regelmäßigen, bzw. nach Maßgabe des Art 2 notwendigen Bestandteilen eines gezogenen W können vom Aussteller beigefügt werden.

1. Zusätzliche Vermerke, die den Inhalt der W.verpflichtung beeinflussen, sind im WG selbst erwähnt, nämlich:

Zinsvermerke bei Sicht- oder Nachsichtwechseln (Art 5),
Ausschluß der Haftung für die Annahme (Art 9 II),
Rektaklausel: „nicht an Order" (Art 11 II),
Benennung eines Zahlungsleisters (Art 4),
Vorlegungsgebote und Verbote (Art 22 und 34),
Protesterlaß (Art 46),
Notadressen (Art 55 I),
Bezeichnung als erste, zweite usw. Ausfertigung (64[9]),
Ausschluß der Erteilung weiterer Ausfertigungen, z. B. durch Bezeichnung als Solawechsel (64[12]),
Effektivvermerk auf Fremdwährungswechseln (Art 41 III).

Nicht ausdrücklich erwähnt, aber zulässig und rechtlich von Bedeutung sind:

Verzicht auf Notanzeige (45[7]),
Bezeichnung als Depotwechsel (17[32]),
Abkürzung der Verjährung (70[4]),
Unterwerfung unter gerichtliche Zuständigkeit zusätzlich zu den gesetzlichen Gerichtsständen (vgl. 1[13]).

2. Zulässige, aber den Inhalt der Verpflichtung nicht beeinflussende Vermerke sind z. B.:

die Avisklausel (1[5]),
die Valutaklausel (17[59]),
die Deckungsklausel (3[6], 17[31]),
die Orderklausel, die gemäß Art 11 I überflüssig ist,
Vermerke darüber, wer W.steuer oder sonstige Kosten trägt.

3. Unzulässige Vermerke gelten entweder nach gesetzlicher Vorschrift als nichtgeschrieben, so Zinsvermerke bei anderen als Sicht- oder NachsichtW (Art 5 I Satz 2) und Ausschluß der Haftung für die Zahlung (Art 9 II). Oder sie machen den W als solchen nichtig, weil sie mit einer w.mäßigen Verpflichtung nicht vereinbar sind, wie insbesondere Bedingungen (1[5]).

Artikel 3

Der Wechsel kann an die eigene Order des Ausstellers lauten.

Er kann auf den Aussteller selbst gezogen werden.

Er kann für Rechnung eines Dritten gezogen werden.

Anm 1 **I. Zu Abs I. Wechsel an eigene Order.** Aussteller und W.nehmer sind hier dieselbe Person, was bei der bürgerlichrechtlichen Anweisung (§ 783 BGB) nicht zulässig ist.

1. Form. Übliche Klauseln: „An mich selbst", „an eigene Order", gültig auch „an eigene", wobei „Order" zu ergänzen ist. Gleichbedeutend „an Order eigene". Nicht ausreichend „an Order", da hieraus nicht ersichtlich ist, an wessen Order gezahlt werden soll. Auch aus dem Umstande, daß das erste Indossament vom Aussteller herrührt, läßt sich ein solcher Vermerk nicht dahin ergänzen, daß der W an die Order des Ausstellers lauten soll (RG 136, 209). Dagegen wird in derartigen Fällen dem Inhaber ein stillschweigend mit der Aushändigung der Urkunde übertragenes Ausfüllungsrecht gemäß den Grundsätzen über die Ausfüllung von Blankow. zuzubilligen sein (zweifelhaft; St-Str 10[4]).

2. An eigene Order kann sowohl der gezogene, wie der eigene W gestellt werden (75[7]). W an eigene Order können, da Abs II keine Ausnahme bezüglich dieser W enthält, auch auf den Aussteller selbst gezogen werden, so daß Aussteller, Wechselnehmer und Bezogener dieselbe Person sind (St-Str 3[4]; QuassA 3[6]; Locher 78; Baumb-H 3[4]). Über W in die Order des Bezogenen vgl. 1[16]. **Anm 2**

3. Der W an eigene Order ist die in Deutschland vorherrschende Form. Der Aussteller kann dadurch, bevor er den W begibt, die Annahmeerklärung einholen, ohne (durch Offenhaltung des Namens des W.-nehmers) zur Schaffung eines Blankowechsels (Art 10) genötigt zu sein. Die Annahmeerklärung ist auch verbindlich, wenn der Aussteller den W überhaupt nicht begibt (28[13]). Eine Verpflichtung des Ausstellers tritt beim W an eigene Order erst ein, wenn der W indossiert wird. Wenn der Vater namens seines minderjährigen Kindes einen W an dessen eigene Order ausstellt, so bedarf er daher hierzu nicht der vormundschaftsgerichtlichen Genehmigung, sondern erst zur Indossierung bzw. Begebung des W an einen Dritten (RG JW 1927, 1354; abw. Langen 34). Der Aussteller des W an eigene Order steht im übrigen dem Aussteller eines W an fremde Order in jeder Beziehung gleich, auch hinsichtlich des Bereicherungsanspruchs (RG 18, 113). Er hat daneben die Stellung des W.nehmers und kann als solcher den W indossieren, auch mittels Blankoindossaments. **Anm 3**

II. Zu Abs II 1. Der Wechsel kann **auf den Aussteller selbst gezogen** werden (trassiert-eigener W), ohne daß — wie es nach der WO erforderlich war — Ausstellungs- und Zahlungsort verschieden sein müssen. Das Erfordernis der sog. distantia loci ist aufgegeben. Ein solcher W kann auch an eigene Order gestellt werden (vgl. Anm 2). Daß der W vom Aussteller auf sich selbst gezogen wird, kommt im Verkehr im allgemeinen nur bei W vor, die eine Firma auf eine Zweigniederlassung zieht (KommanditW). Form der Adresse eines solchen W: „An uns selbst, Zweigstelle X", aber auch bloße Wiederholung des Namens des Ausstellers. **Anm 4**

2. Der Aussteller hat hier, obwohl er wirtschaftlich dem Aussteller eines eigenen W nahe steht, doch nicht dessen Rechtsstellung (CR 181). Er haftet daher, solange er nicht angenommen hat, nur als Aussteller, also als Rückgriffsschuldner (RG LZ 1913, 211), was besonders für die Notwendigkeit des Protestes und die Dauer der Verjährung von Bedeutung ist. Aus der Unterlassung der Notanzeige (Art 45 letzter Abs) kann jedoch der Aussteller **Anm 5**

des auf sich selbst gezogenen W keine Schadensersatzansprüche herleiten, da er ohne Benachrichtigung weiß, daß er den W nicht eingelöst hat. Im übrigen gelten die gleichen Rechtssätze für den trassiert-eigenen W wie für einen W mit verschiedenem Aussteller und Bezogenen.

Anm 6 **III. Zu Abs III. Wechsel für fremde Rechnung** (Kommissionstratte). Angaben über das Deckungsverhältnis (17[31]) sind gesetzlich nicht vorgeschrieben, aber zulässig, soweit nicht etwa die Zahlungsanweisung vom Vorhandensein einer Deckung oder der Rechtsbeständigkeit der der W.ausstellung zugrundeliegenden Rechtsverhältnisses abhängig gemacht wird (1[5]). Sie sind w.rechtlich ohne Bedeutung, wegen ihrer meist formularmäßigen Verwendung in der Regel auch für den sog. Revalierungsanspruch (28[14]).

Abs III des vorliegenden Artikels stellt klar, daß das Deckungsverhältnis auch in der Beziehung des Bezogenen zu einem Dritten bestehen kann. Der Bezogene wird einen solchen auf fremde Rechnung gezogenen W nur annehmen bzw. einlösen, wenn der Aussteller — wie dies insbesondere im überseeischen Bankverkehr vorkommt — ermächtigt war, für Rechnung des Dritten den W zu ziehen (vgl. die gleichartige Vorschrift in Art 6 Abs II SchG). W.rechtliche Unterschiede in der Behandlung auf eigene oder fremde Rechnung gezogener W bestehen nicht.

Artikel 4

Der Wechsel kann bei einem Dritten, am Wohnort des Bezogenen oder an einem anderen Orte, zahlbar gestellt werden.

Anm 1 **I. Domizilwechsel** 1. Der vorliegende Artikel handelt von der Benennung eines besonderen Zahlungsleisters (Domiziliaten), also von Personenverschiedenheit zwischen dem Bezogenen und demjenigen, bei dem der W zahlbar ist. Als Domizilwechsel wurde unter der WO im Gegensatz hierzu ein W verstanden, der an einem anderen Ort als dem Wohnort des Bezogenen zahlbar war; hier wurde also auf die Ortsverschiedenheit abgestellt. W mit besonderem Zahlungsleister am Wohnort des Bezogenen wurden als ZahlstellenW bezeichnet. Die Verschiedenheit von Zahlungsort und Wohnort des Bezogenen begründet nach dem WG keine besonderen Rechtsfolgen. Der Begriff Domizilwechsel hat daher nicht mehr unter dem Gesichtspunkt der Ortsverschiedenheit, sondern nur noch unter demjenigen der Personenverschiedenheit Bedeutung. Der vorliegende Artikel handelt von der Benennung eines besonderen Zahlungsleisters durch den Aussteller. Daneben ist auch der Bezogene berechtigt, gemäß Art 27 bei der Annahme einen Zahlungsleister zu benennen, falls dies nicht schon durch den Aussteller geschehen ist.

Anm 2 2. Die Benennung eines Zahlungsleisters bezweckt häufig nur die Vermeidung von Bargeldbewegungen, z. B. wenn der W bei der Bankverbindung des Bezogenen zahlbar gestellt wird, damit die Bank aus seinem Guthaben die Zahlung für den Bezogenen leistet. Die W.schuld kann aber durch die Benennung eines Zahlungsleisters auch aus einer Holschuld zu einer Bringschuld gemacht werden (RG 28, 104), so, wenn der W bei dem W.nehmer zahlbar gestellt wird. Wenn der Bezogene seine Niederlassung an einem entlegenen Ort hat, dient die Benennung eines Zahlungsleisters an einem Bankplatz der erleichterten Einziehung und Diskontierung; in diesem Fall erfolgt also auch eine Änderung des Zahlungsorts, die aber auch in den anderen erwähnten Fällen vorkommen kann.

2. Rechtsstellung des Zahlungsleisters. Der Zahlungsleister steht als solcher nicht im W.verband. Er ist weder w.mäßig zur Zahlung verpflichtet, noch erwirbt er durch Zahlung W.rechte (vgl. Anm 9). Seine Ansprüche auf Erstattung der verauslagten W.summe richten sich nur nach bürgerlichem Recht (Auftrag, Geschäftsbesorgung, Bereicherung). Für wessen Rechnung er zahlen soll oder zahlt, läßt sich aus dem W selbst nicht ersehen. Wenn er auch in der Regel für Rechnung des Bezogenen Zahlung leistet, so kann sich doch aus den zugrundeliegenden Rechtsbeziehungen etwas Abweichendes ergeben, z. B. daß er für Rechnung des Ausstellers zahlen soll. Es ist aber auch denkbar, daß er für eigene Rechnung zahlt, ohne einen Erstattungsanspruch gegen einen anderen W.beteiligten zu erwerben. So z. B., wenn der Aussteller sich vom Bezogenen ein Gefälligkeitsakzept (28^5) erteilen läßt und sich selbst als Zahlungsleister benennt, weil er selbst für Einlösung des W zu sorgen hat. **Anm 8**

Da sich die Zahlungsaufforderung des Ausstellers nicht an den dritten Zahlungsleister richtet, würde eine durch ihn erfolgende Annahme als Akzept eines Nichtbezogenen zu behandeln sein (25^6). Daß der Zahlungsleister nicht selbst W.verpflichteter ist, bedeutet nicht, daß die Zahlung nicht durch ihn, sondern nur „bei" ihm, d. h. in seinen Räumen durch den Bezogenen, zu erfolgen habe. Auch der Bezogene, der nicht angenommen hat, und der Notadressat leisten Zahlung im eigenen Namen, nicht als Vertreter eines Dritten, obwohl sie nicht W.verpflichtete sind. Ebenso zahlen der Scheckbezogene und der auf Grund einer Anweisung bürgerlichen Rechts (§ 783 BGB) Leistende im eigenen Namen, aber auf fremde Rechnung. Die von QuassA (4^2) vertretene Ansicht, daß der Domiziliat „als Vertreter des Bezogenen" anzusehen sei und zahle, ist daher nicht zutreffend. Anderenfalls müßte der Bezogene befugt sein, die Benennung des ihn vertretenden Zahlungsleisters zu widerrufen, während er weder die eigene, gemäß Art 27 erfolgte, noch eine durch den Aussteller stattgefundene Angabe eines Zahlungsleisters einseitig ändern darf.

Der Zahlungsleister handelt vielmehr bei Einlösung des W stets im eigenen Namen, wenn auch in der Regel für Rechnung des Bezogenen. Das WG sagt zwar nicht ausdrücklich, daß die Zahlung „durch" den benannten Dritten zu erfolgen habe, jedoch ergibt sich dies durch Gegenschluß aus Art 27 I Satz 2. In Art 85 II Zf 5 ist durch Ges v. 5. 7. 1934 zwar das Wort „durch" der ursprünglichen Fassung in „bei" abgeändert worden. Aber schon unter der WO, nach deren Art 43 die Zahlung vom Domiziliaten abzufordern, notfalls gegen den Domiziliaten Protest zu erheben war, wurde der Zahlungsleister durch den Vermerk „zahlbar bei . . ." benannt. Dieser im Art 4 wiederkehrende Ausdruck bedeutet also nicht, daß der W nur in den Räumen des benannten Dritten, aber nicht zwecks Zahlung durch diesen, sondern zwecks Zahlung durch den Bezogenen oder dessen Vertreter, bei Verfall vorzulegen ist. Die Frage ist für die Person des Protestgegners von Bedeutung (Anm 8 und 80^8). Die Stelle am Zahlungsort, wo die Vorlegung zur Zahlung stattzufinden hat, richtet sich übrigens nicht nach einer im W enthaltenen Adressenangabe, sondern ist nach Maßgabe des Art 87 zu bestimmen.

Anm 4 **II. 1.** Eine bestimmte **Form** ist für die Benennung des Zahlungsleisters nicht vorgeschrieben. Üblicherweise (so auch in dem im Anhang zu VIa abgedruckten Einheitswechselformular) erfolgt die Angabe außerhalb des eigentlichen W.textes unterhalb der Anschrift des Bezogenen mit den Worten „zahlbar bei . . .“ oder, wenn gleichzeitig ein vom Wohnort des Bezogenen abweichender Zahlungsort angegeben wird, mit den Worten „zahlbar in . . . bei . . .“. Jeder gleichbedeutende Ausdruck (z. B. „zur Zahlung vorzulegen Herrn . . .“ oder „zahlbar durch Herrn . . .“) würde genügen, ebenso Angabe des Zahlungsleisters an anderer von der Unterschrift des Ausstellers gedeckter Stelle auf der Vorderseite des W, insbesondere innerhalb des W.textes (z. B. „Zahlen Sie gegen diesen W bei der Disconto Bank in Lüneburg an meine Order . . .“). Über Angabe in der Annahmeerklärung vgl. 27[7]. Fehlt eine Ortsangabe beim Namen des Zahlungsleisters, so ist sie der Anschrift des Bezogenen zu entnehmen (Baumb-H 4[1]), falls kein anderer Zahlungsort im W bestimmt ist.

Anm 5 2. Als Zahlungsleister benannt werden kann jede Person außer dem Bezogenen selbst, also auch im W.verbande stehende Personen wie der Aussteller, W.nehmer, Indossanten, W.bürgen (RG 15, 114). Benannt werden muß eine bestimmte Person. Daher wäre unzulässig und als nicht geschrieben zu behandeln ein Vermerk: „zahlbar bei dem Inhaber dieses Wechsels zur Zeit des Verfalls“ oder die Benennung mehrerer Personen („zahlbar bei A und B“ oder „bei A oder B“), falls es sich dabei nicht um eine Firmenbezeichnung, sondern um verschiedene Rechtspersönlichkeiten handelt (RG 25, 62; 160, 341). Über die Personenangabe gilt im übrigen das gleiche wie bezüglich des Bezogenen (1[8–1]). Läßt sich der Zahlungsleister nicht ermitteln, z. B. weil es eine Person dieses Namens am Zahlungsort nicht gibt, so ist Windprotest zu erheben, ohne daß der Bezogene in seinen Räumen aufgesucht werden muß. Die Angabe einer bloßen Örtlichkeit „zahlbar Leipziger Str. 14“, oder „zahlbar im Hotel Monopol“ ist keine Angabe eines Zahlungsleisters (vgl. 27[5]).

Anm 6 3. Die Benennung des Zahlungsleisters erfolgt durch den Aussteller, der ja auch den sonstigen W.inhalt bestimmt, und zwar vor der Einholung der Annahmeerklärung oder Begebung des W. Nachträgliche Einrückung eines Zahlungsleisters ist nach Art 69 zu behandeln (so unter WO RG 113, 338), soweit nicht die Beifügung mit Zustimmung des Annehmers, bzw. der sonstigen W.beteiligten erfolgt ist. Die Zustimmung kann auch stillschweigend erfolgen, z. B. durch fortgesetzte Duldung der Beifügung eines Domizilvermerks seitens der diskontierenden Bank (OLG Kiel bei Soergel 1916, 979). Jedoch ermächtigt die unterbliebene Durchstreichung des für den Domizilvermerk im W.formular vorgesehenen Raumes weder den Aussteller noch einen späteren W.inhaber nach deutscher Verkehrsanschauung zur nachträglichen Einrückung eines Domiziliaten (10[5]). Über den Vermerk „Domizil offen“, der zur Einrückung in Vertretung des Ausstellers ermächtigt, vgl. KG im Recht 07, 520.

Durch den Bezogenen kann die Benennung eines Zahlungsleisters gemäß Art 27 bei Abgabe der Annahmeerklärung erfolgen, auch wenn der W sich nicht mehr in der Hand des Ausstellers befindet. Eine solche Angabe ist für sämtliche W.beteiligte verbindlich.

Die nachträgliche Durchstreichung des Vermerks ist wie die nachträgliche Hinzufügung gemäß Art 69 zu behandeln.

III. Wirkung der Benennung eines Zahlungsleisters 1. Nur bei Verfall ist die Zahlung bei dem benannten Dritten abzufordern. Der Domiziliat ist nur zur ordnungsmäßigen Einlösung, also der Zahlung gemäß Art 38ff., berufen. Anm 7

Ist dagegen der W gemäß Art 44 V zwecks Eröffnung des Rückgriffs vor Verfall zur Zahlung vorzulegen, so hat diese Vorlegung beim Bezogenen selbst an dessen Wohnort stattzufinden (44[17]). Denn vor Verfall wird regelmäßig dem Domiziliaten die zur Einlösung erforderliche Deckung nicht zur Verfügung gestellt.

Für die Vorlegung zur Annahme, die stets beim Bezogenen zu erfolgen hat, ist die Benennung eines Zahlungsleisters durch den Aussteller naturgemäß ohne Bedeutung.

2. Da die Einforderung der Zahlung bei Verfall nicht beim Bezogenen selbst, sondern bei dem Dritten, bei dem der W zahlbar ist, erfolgen soll, so ist dieser Dritte diejenige Person, bei der im Sinne des Art 87 die w.rechtlichen Handlungen (Vorlegung zur Zahlung, notfalls Protest) stattzufinden haben. Demgemäß sind die Geschäfts- bzw. Wohnräume des Zahlungsleisters — nicht des Bezogenen — bei Verfall aufzusuchen (unstreitig). Nach Art 80 I Zf 2 ist diejenige Person, deren Räume zur Vornahme der w.rechtlichen Handlungen aufzusuchen ist, dieselbe, gegen die protestiert wird, also der Protestgegner. Der dritte Zahlungsleister ist demnach, wie Art 80 und 87 in Verbindung miteinander ergeben, die Person, die zur Zahlung aufzufordern und gegen die der W mangels Zahlung zu protestieren ist (wie dies in Art 43 WO ausdrücklich bestimmt war). Anm 8

Diese Auffassung steht allerdings in teilweisem Widerspruch zu der im Anschluß an QuassA (4[2]) erfolgten amtlichen Stellungnahme in den AV des PrJM v. 26. 2. 1934 (DJ 273) und 9. 5. 1934 (DJ 599), des RJM v. 9. 5. 1934 (DJ 629), dem Ges v. 5. 7. 1934 (RGBl I, 571), der VO v. 16. 9. 1934 (RGBl I, 840) und der AV RJM v. 13. 6. 1938 (DJ 973). Danach soll der dritte Zahlungsleister nicht Protestgegner sein, vielmehr soll zwar in seinen Räumen, aber gegen den Bezogenen protestiert werden, jedoch unter Aufforderung des benannten Zahlungsleisters, für den Bezogenen zu zahlen. Diese Bestimmung des „Protestgegners" als einer anderen Person als der zur Zahlung Aufzufordernden ist mit dem unzweideutigen Wortlaut des Art 80 I Zf 2 unvereinbar und enthält eine Verkennung des Begriffes des Protestgegners (80[7]). Vgl. Näheres, auch Literaturangaben zu dieser dort eingehend erörterten Streitfrage bei St-Str, 2. Nachtrag zur 13. Aufl. Seither haben sich ohne nähere Begründung GareisR (4[1]), Baumb-H (4[1] und 80[3]), Knur-H (80[2]) der amtlichen Stellungnahme angeschlossen, während Priese-R (4[5] und 80[6]), ohne sich mit obigen Bestimmungen auseinander zu setzen, Protest gegen den Domiziliaten verlangt.

Hiesigen Erachtens entsprechen trotz der vorerwähnten Bestimmungen gegen den Zahlungsleister erhobene Proteste mit Rücksicht auf den unverändert gebliebenen Art 80, der die maßgebende gesetzliche Bestimmung ist, dem Inhalt des WG und sind daher trotz der abweichenden amtlichen Stellungnahme ordnungsmäßig und gültig. Andrerseits können auch Proteste, welche gemäß den amtlichen Anordnungen den Bezogenen als Protestgegner aufführen, aber erkennen lassen, daß die Protesthandlung gegenüber dem Zahlungsleister erfolgt ist, wegen des im Ges. v. 5. 7. 1934 ausgesprochenen Willens des Gesetzgebers als gültig angesehen werden (vgl 80[8]).

Anm 9 3. Die Zahlung durch den Domiziliaten erfolgt in der Regel in Ausführung der im W enthaltenen Zahlungsanweisung, also als Leistung derjenigen Zahlung, zu der sich der Bezogene durch Annahme verpflichtet, und für die der Aussteller und die sonstigen Rückgriffschuldner Gewähr zu leisten haben. Sie ist daher Erfüllung der W.verbindlichkeit wie sonst die Zahlung des Bezogenen (47[9]) und befreit durch Tilgung der W.verbindlichkeit im Zweifel sämtliche W.verpflichtete einschließlich des Annehmers von ihrer Haftung.

Haftet aber der Domiziliat auch als Rückgriffschuldner, weil er gleichzeitig Aussteller oder Indossant ist (Anm 5), und will er in dieser Eigenschaft unter Wahrung seines Rechtes zum weiteren Rückgriff einlösen, so muß er dies bei der Zahlung erklären und (außer bei Protesterlaß) zunächst gegen sich Protest erheben lassen. Ebenso, wenn er als Ehrenzahler für einen Rückgriffschuldner auftreten will.

Der Domiziliat hat aber auch die Möglichkeit, vom Inhaber die W.rechte durch Indossament (11[6]), gegebenenfalls durch Nachindossament (Art 20), oder durch Abtretung zu erwerben, wenn er vor Leistung der Zahlung Einlösung als Domiziliat ablehnt und der Inhaber zur Übertragung der W.rechte auf ihn bereit ist. In diesem Falle erwirbt er jedenfalls den Anspruch gegen den Annehmer, zur Erhaltung der Rückgriffsansprüche muß auch hier der W rechtzeitig protestiert werden. Ist der Domiziliat bei Verfall selbst Inhaber des W, so muß er den W zwecks Erhaltung des Rückgriffsrechts gegen sich selbst protestieren lassen (Deklarationsprotest).

Artikel 5

In einem Wechsel, der auf Sicht oder auf eine bestimmte Zeit nach Sicht lautet, kann der Aussteller bestimmen, daß die Wechselsumme zu verzinsen ist. Bei jedem anderen Wechsel gilt der Zinsvermerk als nicht geschrieben.

Der Zinsfuß ist im Wechsel anzugeben; fehlt diese Angabe, so gilt der Zinsvermerk als nicht geschrieben.

Die Zinsen laufen vom Tage der Ausstellung des Wechsels, sofern nicht ein anderer Tag bestimmt ist.

Anm 1 **I. Allgemeines.** Der vorliegende Artikel läßt für W mit unbestimmter Laufzeit, also für Sicht- und NachsichtW, eine Ausnahme von dem Erfordernis der Angabe einer bestimmten Geldsumme (1[6]) insofern zu, als er die Ausbedingung von Zinsen gestattet.

Die Vorschriften gelten auch für eigene W (Art 77 II).

II. Nach der Regel des Abs 1 Satz 2 des vorliegenden Artikels gelten Zinsvermerke als nicht geschrieben. Die Gültigkeit des übrigen W.inhalts bleibt dadurch unberührt. Auf sonstige Zusätze, die zu weiteren Leistungen außer der Zahlung einer bestimmten Geldsumme anweisen, ist die Vorschrift entsprechend anzuwenden, z. B. auf die Anordnung, im Falle der Geldentwertung oder bei verzögerter Zahlung einen Zuschlag zur W.summe zu zahlen. **Anm 2**

III. Als Ausnahme von der angegebenen Regel wird für Sicht- und Nachsichtwechsel ein Zinsvermerk zugelassen. Die Höhe des Zinssatzes ist nicht beschränkt, muß aber im W angegeben sein (Abs. 2). Zulässig erscheint auch ein gleitender Zinssatz, wenn er an eine öffentlich bekannte Grundlage anknüpft. (2% über Zentralbankdiskont). Der Zinsenlauf kann mit dem Tage des Ausstellungsdatums oder mit einem andern Tage beginnen, endet aber mit dem Zeitpunkt, in welchem nach Art 48 Zf 2 der Lauf der gesetzlichen W.zinsen beginnt (St-Str 5[6]; QuassA 5[5]; Baumb-H 5[3]). Mangels Angabe eines Anfangszeitpunktes für den Zinsenlauf wird der Zinsvermerk dahin auszulegen sein, daß der Zinslauf ohne Befristung, also mit dem im W angegebenen Ausstellungstage, beginnen soll. **Anm 3**

Ist im W.texte nur eine bestimmte Summe (z. B. 1000 DM), in einem Randvermerk aber die Summe zusätzlich Zinsen (1000 DM + 6%) angegeben, so deckt die Zahlungsanweisung auch die Zinsen, falls nicht der sonstige Inhalt des W eine andere Auslegung gebietet. Ist nur ein Prozentsatz angegeben, o bedeutet das nach Verkehrsanschauung den Satz der Zinsen für ein Jahr.

Artikel 6

Ist die Wechselsumme in Buchstaben und in Ziffern angegeben, so gilt bei Abweichungen die in Buchstaben angegebene Summe.

Ist die Wechselsumme mehrmals in Buchstaben oder mehrmals in Ziffern angegeben, so gilt bei Abweichungen die geringste Summe.

Die Vorschriften sind zwingend, so daß es gegenüber dem gutgläubigen Erwerber auf eine abw. Absicht der ursprünglichen Parteien nicht ankommt. Der Einwand, daß die Zahlung einer geringeren Geldsumme vereinbart sei, kann nur im Rahmen des Art 17 als persönlicher Einwand erhoben werden. Die Rechtslage ist dann die gleiche wie bei einem W, in dem die Summe versehentlich zu hoch (1000 DM statt 100 DM) eingesetzt ist. **Anm 1**

Abs. I bleibt anwendbar, auch wenn die Geldsumme mehrfach in Zahlen oder in Buchstaben ausgedrückt ist. Für die Anwendung der Vorschriften beider Absätze ist es ohne Bedeutung, ob sich die Angabe innerhalb des zusammenhängenden W.textes oder außerhalb desselben befindet (1[6 zu f]). Steht also (entgegen der herrschenden Übung) die Buchstabenangabe am Rande, die abweichende Zahlenangabe aber im zusammenhängenden W.text, so entscheidet der in Buchstaben geschriebene Randvermerk, vorausgesetzt, daß dieser von der Unterschrift des Ausstellers gedeckt als Teil der Zahlungsanweisung des W erscheint. **Anm 2**

Die Regeln sind außer auf die eigentliche W.summe auch auf etwaige Abweichungen in der Angabe des Zinsfußes (Art 5) anwendbar.

Anm 3 Die Regeln beziehen sich nur auf den Betrag der Wechselsumme, also Abweichungen bezüglich der Menge der angegebenen Währungseinheit. Abweichungen hinsichtlich der Geldeinheit selbst (z. B. an einer Stelle „Mark", an anderer „Pfennig"; oder „Franc" und „Rubel") machen den Wechsel wegen Unbestimmtheit der zu zahlenden Summe ungültig (so schon ROHG 20, 160; vgl. aber 1[6 zuf]). Bei Widersprüchen bezüglich anderer Punkte, z. B. hinsichtlich der Fälligkeit, gilt die allgemeine Auslegungsregel, daß die W.erklärung aus sich selbst heraus auszulegen und, wenn Widersprüche dadurch nicht zu beseitigen sind, ungültig ist. Es ist z. B. nicht möglich, bei Angabe verschiedener Fälligkeitstage den späteren Verfalltag als den für den W.schuldner günstigeren für maßgebend anzusehen.

Artikel 7

Trägt ein Wechsel Unterschriften von Personen, die eine Wechselverbindlichkeit nicht eingehen können, gefälschte Unterschriften, Unterschriften erdichteter Personen oder Unterschriften, die aus irgendeinem anderen Grunde für die Personen, die unterschrieben haben oder mit deren Namen unterschrieben worden ist, keine Verbindlichkeit begründen, so hat dies auf die Gültigkeit der übrigen Unterschriften keinen Einfluß.

Anm 1 **I. Unabhängigkeit der einzelnen Wechselerklärungen.** 1. Während nach Art 2 I Erklärungen (Annahme, Indossament, Bürgschaft), welche auf einen den gesetzlichen Formvorschriften nicht genügenden Grundwechsel gesetzt werden, keine w.mäßige Haftung erzeugen, ist es für die Wirkung der einzelnen W.erklärungen ohne Bedeutung, ob die äußerlich ordnungsmäßigen Erklärungen anderer W.beteiligter tatsächlich verpflichtende Kraft haben. Es ist also für die Haftung der übrigen W.zeichner nur erforderlich, daß die Erklärungen sich auf einem formell gültigen Grundw. befinden, dagegen gleichgültig, ob und aus welchen Gründen der Aussteller des W oder der Annehmer oder irgendein anderer W.beteiligter tatsächlich aus dem W nicht haftet. Dieser Grundsatz der Selbständigkeit der einzelnen Verpflichtungen ist bezüglich der W.bürgschaft in Art 32 Abs 2 wiederholt. Bezüglich der Ehrenannahme vgl. 58[3], wegen Anwendung auf eigene W vgl. Art 77 II.

Wer also im Vertrauen auf die Gültigkeit einer anderen, nach dem Anschein des W bestehenden W.verpflichtung seine Erklärung beigefügt hat, kann aus der Unverbindlichkeit der früheren W.erklärung hinsichtlich der eigenen Haftung (etwa unter dem Gesichtspunkt des Irrtums oder der Bereicherung) keinen Einwand herleiten. Hat aber ein W.gläubiger das Vorhandensein einer solchen W.unterschrift in Kenntnis ihrer Unverbindlichkeit in einer gegen die guten Sitten verstoßenden oder betrügerischen Weise dazu mißbraucht, die Unterschrift des auf die Verbindlichkeit der früheren Erklärung vertrauenden W.schuldners zu erhalten, so kann der W.schuldner seinen hierauf gegründeten bürgerlich-rechtlichen Schadensersatzanspruch dem W.inhaber als persönlich wirkenden Einwand entgegensetzen (17[27]).

2. Die **Gründe** für die **Unwirksamkeit** einzelner W-erklärungen sind im vorliegenden Artikel nicht erschöpfend aufgezählt. Darüber, welche Einwendungen der einzelne W.zeichner erheben kann, vgl. zu Art 17. Der vorliegende Artikel führt als Einzelfälle der Unverbindlichkeit von Unterschriften auf: **Anm 2**

a) Die Fälschung von Unterschriften (vgl. 17[36] und 69[6]),

b) Das Vorhandensein von Unterschriften erdichteter Personen (sog. Kellerwechsel). Es handelt sich auch hier um einen Fall der Fälschung, jedoch mit der Maßgabe, daß es die Person, deren Unterschrift angeblich geleistet ist, überhaupt nicht gibt,

c) Unverbindlichkeit der Unterschrift für die Person, mit deren Namen unterschrieben ist. Hierbei handelt es sich insbesondere um Fälle fehlender Vollmacht des die Unterschrift leistenden angeblichen Vertreters (vgl. zu Art 8),

d) Verpflichtungsunfähigkeit. Hierunter fällt sowohl mangelnde Rechtsfähigkeit als mangelnde Geschäftsfähigkeit des scheinbar Verpflichteten. Das WG regelt die Wechsel- (Rechts- und Geschäfts-)fähigkeit nicht besonders. Nur für das internationale Privatrecht bestimmt Art 91, nach welcher Rechtsordnung die W.fähigkeit zu beurteilen ist. Darüber, wer nach deutschem Recht wechselfähig ist, vgl. Anm 3ff.

II. Die **Wechselfähigkeit** zerfällt in Wechselrechtsfähigkeit, d. h. in die Fähigkeit, Träger von Rechten und Verpflichtungen aus W sein zu können, und in die Wechselgeschäftsfähigkeit, d. h. in die Fähigkeit, durch eigene Handlungen aus W berechtigt und verpflichtet zu werden. Weder die W.rechts- noch die W.geschäftsfähigkeit ist im WG geregelt. Das Gesetz enthält auch keine dem Art 1 der WO (w.fähig ist jeder, welcher sich durch Verträge verpflichten kann) entsprechende Bestimmung. Bereits hieraus ergibt sich, daß die Regelung der W.fähigkeit nicht durch das EWG erfolgen, sondern den Vertragsstaaten überlassen bleiben sollte. Dies wird durch Art 91 WG (Art 2 des Abkommens über Bestimmungen auf dem Gebiete des Internationalen W.-Privatrechts) bestätigt, wonach sich die Fähigkeit einer Person, eine W.-verbindlichkeit einzugehen, nach dem Rechte des Landes bestimmt, dem sie angehört. Die Regelung der W.fähigkeit ist also ohne ausdrücklichen Vorbehalt dem Recht der einzelnen Vertragsstaaten überlassen (Dschr 119). Sie richtet sich demnach für deutsche Staatsangehörige nach dem deutschen bürgerlichen Recht. **Anm 3**

1. Für die **Wechselrechtsfähigkeit** enthält das bürgerliche Recht keine Sondervorschriften. Die W.rechtsfähigkeit deckt sich daher vollständig mit der allgemeinen Rechtsfähigkeit. Danach sind sämtliche natürlichen und juristischen Personen auch w.rechtsfähig und über den Kreis der eigentlichen juristischen Personen hinaus auch die offene Handelsgesellschaft und die Kommanditgesellschaft. **Anm 4**

Nicht wechselrechtsfähig sind die bürgerliche Gesellschaft (§ 705ff. BGB) und der nicht rechtsfähige Verein (RG 90, 173; 112, 124; zust. QuassA 91[2]; GareisR Zf 5 vor Art 1 WG; Knur-H Einf. 2c; abw. Kessler 91[2]; Clausing 24; Baumb-H Einl. WG IV 2). Vgl. Näheres, auch über die Haftung der namens eines Vereins zeichnenden Personen, St-Str 7[8].

Anm 5 2. Bezüglich der passiven **Wechselgeschäftsfähigkeit** (Verpflichtungsfähigkeit) bestehen nach bürgerlichem Recht einzelne Sondervorschriften.

a) Insbesondere können gesetzliche Vertreter, gleichviel ob Vater, Vormund oder Pfleger, für die von ihnen vertretenen Personen W.verbindlichkeiten nur mit Genehmigung des Vormundschaftsgerichts eingehen (§ 1822 Nr 9, § 1825, 1643 BGB). Bis zur Erteilung der vormundschaftsgerichtlichen Genehmigung ist die Erklärung des gesetzlichen Vertreters schwebend unwirksam (§ 1829 BGB). Bei Versagung der vormundschaftsgerichtlichen Genehmigung kann Haftung des Vertreters nach Art 8 WG eintreten. Die Ausstellung eines W., auch eines solchen an eigene Order, begründet noch keine Verpflichtung des Ausstellers (vgl. 3[3]). Der gesetzliche Vertreter bedarf daher der Genehmigung des Vormundschaftsgerichts erst zur Begebung an den W.nehmer, bzw. Indossierung (8[2]).

Zur Übertragung eines zum Vermögen des Vertretenen gehörigen W bedarf der gesetzliche Vertreter keiner vormundschaftlichen Genehmigung, wenn die Übertragung wie bei Blankobegebung (14[14]), Indossament ohne Gewährleistung (15[5]), Nachindossament (20[14]) oder bürgerlich-rechtlicher Abtretung ohne Eingehung einer eigenen w.mäßigen Verpflichtung des Vertretenen stattfindet.

b) Der Minderjährige, dem der Betrieb eines Gewerbes gestattet ist, kann W.verpflichtungen auch im Rahmen des Geschäftsbetriebes nur mit besonderer Genehmigung des Vormundschaftsgerichts eingehen (§§ 112, 1822 Nr 9, 1643 Abs 1 BGB). Allgemeine Ermächtigung zur Eingehung von W.verbindlichkeiten durch den Minderjährigen ist nicht zulässig. § 1825 BGB gestattet nur allgemeine Ermächtigung des Vormunds. — Dagegen ist § 110 BGB auch auf W.verbindlichkeiten anwendbar, so daß die Zahlung, welche ein Minderjähriger mit ihm zur Verfügung überlassenen Mitteln auf eine nicht genehmigte W.schuld leistet, nicht zurückgefordert werden kann.

Wegen der unterschiedlichen Regelung des Volljährigkeitsalters im Osten und Westen Deutschlands und der dadurch bezüglich der Geschäftsfähigkeit sich ergebenden Zweifel vgl. 91[6].

c) Schreibensunkundige können, falls sie mit dem eigenen Namen nicht unterzeichnen können, nur durch Vertreter W.verpflichtungen eingehen. Handzeichen, auch beglaubigte, sind nach dem WG nicht zugelassen (1[23]). Wer seinen Namen nicht zeichnen kann, ist also in der passiven W.geschäftsfähigkeit tatsächlich beschränkt. Er kann sich aber, wenn er voll geschäftsfähig ist, durch jeden gewählten Vertreter verpflichten lassen (vgl. zu Art 8). Wer nicht lesen, aber seinen Namen schreiben kann, kann sich durch seine eigene Unterschrift verpflichten.

d) Ehefrauen sind als solche in der W.fähigkeit nicht beschränkt. Jedoch ist die Genehmigung des Ehemannes zur Eingehung der W.verbindlichkeit für die Frage von Bedeutung, ob das eingebrachte Vermögen oder Gesamtgut haftet, bzw. ob der Ehemann die Vollstreckung dulden muß (§§ 1399, 1404, 1412, 1460 BGB). Bei Frauen, die ein Erwerbsgeschäft selbständig betreiben, ist auch insoweit die Zustimmung des Ehemannes entbehrlich (§ 1405 BGB, 741 ZPO). Hat der Ehemann die W.zeichnung genehmigt, so kann er auf Duldung der Vollstreckung im W.prozeß verklagt werden (RG 50, 51, Stein-

Jonas II, 2 zu § 739 ZPO), und zwar bei dem für den W.anspruch selbst zuständigen Gericht.

e) Gemeinschuldner sind selbständig w.fähig (RG 29, 74), können aber durch ihre W.zeichnung die Konkursmasse nicht verpflichten. Die vom Konkursverwalter als solchem eingegangenen W.verbindlichkeiten sind Masseschulden.

3. Die **aktive Wechselgeschäftsfähigkeit** (Fähigkeit, durch eigene Handlungen W.forderungen zu erwerben), deckt sich nicht völlig mit der Verpflichtungsfähigkeit. Die beschränkt geschäftsfähigen Personen können W nicht nur unentgeltlich erwerben (§ 107 BGB), sondern auch gegen Entgelt, soweit dies im Rahmen des § 110 BGB (mit zur Verfügung überlassenen Mitteln) oder des § 112 (in einem genehmigten Erwerbsgeschäft) erfolgt. Der beschränkt W.fähige kann auch als Aussteller W neu schaffen (RG JW 1927, 1355). Er wird zwar mangels Genehmigung des gesetzlichen Vertreters und des Vormundschaftsgerichts als Aussteller nicht verpflichtet, erwirbt aber die Rechte des Ausstellers insbesondere gegen den Annehmer. **Anm 6**

4. Die Zustimmung des gesetzlichen Vertreters oder des Vormundschaftsgerichts ist nur materielle Voraussetzung für die Wirksamkeit der W.erklärung, braucht also zur formgültigen Abgabe der W.erklärung aus dem W selbst nicht hervorzugehen. Die Zustimmung bedarf keiner Form (§§ 182ff, 1825, 1828 BGB), gleichviel, ob sie vorher als Einwilligung (§ 183 BGB) oder nachträglich als Genehmigung (§ 184 BGB) erteilt wird. **Anm 7**

Beweispflichtig für die Erteilung der Zustimmung ist, wenn deren Notwendigkeit feststeht, derjenige, der die Zustimmung behauptet, also der Gläubiger. Die Zustimmung geht häufig aus den W.erklärungen selbst hervor; Beispiele: Ziehen eines W auf die Ehefrau durch den Ehemann; Annahme eines von dem Minderjährigen ausgestellten W durch den gesetzlichen Vertreter; Mitunterschrift der W.erklärung.

5. Der maßgebende Zeitpunkt, in welchem die Wechselfähigkeit vorhanden sein muß, ist derjenige der Begebung (Einl. [12]). Das der W.-erklärung beigefügte Datum ist, wenn es von der tatsächlichen Begebung abweicht, nicht entscheidend. Jedoch spricht eine Vermutung dafür, daß das Datum richtig ist. Die Begebung ist auch für die Verpflichtung des Ausstellers eines eigenen W der maßgebende Zeitpunkt (abw. Qu-A 91[2]) und grundsätzlich auch für die Haftung des Annehmers (zust. Gareis-R Zf 7 vor Art 1; abw. Rilk 339). Soweit die Annahme nach Art 29 Abs II vor der Rückgabe des angenommenen W durch schriftliche Mitteilung wirksam wird, genügt das Vorhandensein der W.fähigkeit in diesem Zeitpunkt. Ist also z. B. der Indossant zwar zur Zeit der Abgabe seiner Unterschrift geschäftsfähig, aber bei der Begebung des von ihm indossierten W geisteskrank, so wird er nicht verpflichtet (St-Str 7 [18]). Auch beim W.blankett ist der Zeitpunkt seiner Begebung, nicht derjenige der Ausfüllung oder das W.datum entscheidend (RG 11, 8; vgl. 10[7]). **Anm 8**

6. Beweispflichtig ist entsprechend den allgemein für den Beweis der Handlungsfähigkeit geltenden Regeln grundsätzlich derjenige, der das Fehlen der W.fähigkeit behauptet, weil für deren Vorhandensein eine tatsächliche **Anm 9**

Vermutung spricht (RG 23, 297; in JW 1905, 73; 1930, 1382; Gareis-R 7 vor Art 1; Rilk 339; Baumb-H Einl. IV[4]). Sind aber Umstände dargetan, aus denen sich grundsätzlich die W.unfähigkeit ergibt, so muß der Gläubiger nachweisen, aus welchem Grunde die W.fähigkeit im besonderen Falle besteht (z. B. Volljährigkeitserklärung eines Minderjährigen), oder daß die erforderliche Zustimmung erteilt ist.

Artikel 8

Wer auf einen Wechsel seine Unterschrift als Vertreter eines anderen setzt, ohne hierzu ermächtigt zu sein, haftet selbst wechselmäßig und hat, wenn er den Wechsel einlöst, dieselben Rechte, die der angeblich Vertretene haben würde. Das gleiche gilt von einem Vertreter, der seine Vertretungsbefugnis überschritten hat.

Anm 1 **I. Allgemeines** Der vorl. Artikel behandelt nur den unbefugten Vertreter. Dagegen enthält das WG keine besonderen Vorschriften darüber, ob und mit welcher Wirkung Vertretung bei Wechselzeichnung zulässig ist. Dies ist trotz Fehlens eines ausdrücklichen Vorbehalts im Genfer Abkommen stillschweigend dem Recht der Vertragsstaaten überlassen worden (Actes 1912, 169). Da in Deutschland keine Sondervorschriften für W bestehen, ist das allgemeine bürgerliche Recht hierfür maßgebend.

Soweit das WG keine Sondervorschriften (wie den vorl. Artikel über die Haftung des unbefugten Vertreters) enthält, richten sich nicht nur die Zulässigkeit und Form der Vertretung, sondern auch deren Wirkungen nach den allg. Regeln des bürg. Rechts. Dabei sind die Vorschriften über Verträge, nicht über einseitige Willenserklärungen anzuwenden, also insb. nicht § 174 BGB, wie auch die Gegner der Begebungstheorie aus Zweckmäßigkeitsgründen überwiegend anerkennen. Zu beachten ist insb. auch die Vorschrift des § 166 BGB, soweit bei einem Erwerb von W.ansprüchen durch Vertreter Gutgläubigkeit (Art 16, 17 sowie Art 10) von Bedeutung ist. Danach kommt es in der Regel (Ausnahme Abs 2 des § 166 BGB) auf den guten Glauben des Vertreters an.

Anm 2 **II. A.** Die Zulässigkeit der **Wechselzeichnung durch Vertreter** ergibt sich aus dem vorl. Artikel und dem Fehlen einer die allgemeinen Regeln des bürg. Rechts ausschließenden Vorschrift. Vertretung kann entweder durch gewählte Vertreter (Bevollmächtigte) oder durch gesetzliche Vertreter stattfinden.

1. a) Die gesetzlichen Vertreter natürlicher Personen (Vater, Vormund, Pfleger) können W.verbindlichkeiten für den Vertretenen nur mit Genehmigung des Vormundschaftsgerichts eingehen (7[3] zu a). Die Zeichnung eines W als Aussteller begründet noch keine Verpflichtung, kann daher gültig ohne vormundschaftsgerichtliche Genehmigung erfolgen (RG 37, 145; RG JW 1927, 1355; ROLG 1915, 922; dagegen Langen S. 3 Fußn. 4). Auch dem gutgläubigen Erwerber gegenüber kann der Vertretene, wenn die Begebung des W ohne vormundschaftsgerichtliche Genehmigung erfolgt ist, das Fehlen der vormundschaftsgerichtlichen Genehmigung zur Eingehung der Verpflichtung entgegenhalten. Dieser Einwand ist nach Art 17 zulässig, weil er nicht auf den persön-

lichen Beziehungen des in Anspruch genommenen Vertretenen zu einem „früheren Inhaber des Wechsels" beruht. Der Einwand ist hier ebenso zulässig, wie der Einwand, daß ein Angestellter die Unterschrift des Firmeninhabers ohne dessen Ermächtigung unter den W gesetzt hat. Ohne Genehmigung des Vormundschaftsgerichts erfolgte Indossamente haben nur Übertragswirkung, aber keine Verpflichtungswirkung (vgl. Bernstein JW 1927, 1335).

b) Die gesetzlich zur Vertretung von Handelsgesellschaften berufenen Organe haben auch zur Eingehung von W.verbindlichkeiten unbeschränkte Befugnis (vgl. §§ 126, 161 HGB; 71, 74 AktG; 35, 37 GmbHG).

c) Bei W.zeichnung durch gewählte Bevollmächtigte ist die Vollmacht formfrei (§ 167 Abs 2 BGB). Die Prokura ermächtigt auch zur Eingehung von W.verbindlichkeiten (§ 49 HGB), während der Handlungsbevollmächtigte als solcher diese Befugnis nicht hat (§ 54 Abs 2 HGB). Der Vertreter darf beschränkt geschäftsfähig sein, ohne für seine Erklärungen der Mitwirkung seines gesetzlichen Vertreters zu bedürfen (§ 165 BGB).

2. Sowohl für gewählte wie für gesetzliche Vertreter gilt das Verbot des Selbstkontrahierens. **Anm 8**

a) Nach § 181 BGB kann der Vertreter, soweit ihm nicht etwas anderes gestattet ist, im Namen des Vertretenen mit sich selbst als Vertreter einer anderen Person nur dann ein Rechtsgeschäft vornehmen, wenn es sich ausschließlich um die Erfüllung einer Verbindlichkeit handelt. Diese Vorschrift gilt auch im W.recht (unzulässig z. B.: Annahme eines von dem Vertreter auf die vertretene Person gezogenen W; Indossierung eines W durch den Geschäftsführer einer GmbH namens derselben an den Geschäftsführer selbst: RG JW 09, 667). Die Tragweite der Vorschrift ist zweifelhaft. Es handelt sich bei § 181 BGB um eine Einschränkung der Vertretungsmacht. Der Verstoß gegen § 181 BGB bewirkt also, daß der Vertreter ohne Vertretungsmacht gehandelt hat. Der Vertretene wird durch den gegen § 181 BGB verstoßenden Vertreter auch nicht gegenüber einem im Sinne des Art 17 WG gutgläubigen Erwerber verpflichtet (17^{61a}; abw. Qu-A 28^{3}). Er kann aber das Rechtsgeschäft genehmigen. Dieses ist also nicht nichtig, sondern schwebend unwirksam (RG 119, 116). Nach der Rspr. des RG, die aber vielfach Widerspruch gefunden hat, kommt es für die Anwendung des § 181 BGB nicht darauf an, ob tatsächlich ein Interessenwiderstreit vorliegt, sondern auf die formale Rechtsgestaltung (RG 108, 407; 157, 31).

b) Das Reichsgericht hat unter Geltung der WO mit Rücksicht auf die von ihm für die Entstehung der Akzeptverbindlichkeit gebilligte Kreationstheorie beim Akzept ein Selbstkontrahieren nicht für denkbar angesehen und deshalb den Einwand aus § 181 BGB nicht zugelassen (RG 24, 90; 77, 140; in JW 1912, 48; im Recht 1919, 508). Nach Art 29 WG läßt sich verschiedene Behandlung des Annehmers und der übrigen W.verpflichteten nicht mehr begründen. Selbstkontrahieren ist danach auch bei Eingehung der Annehmerverpflichtung unzulässig, wenn der Vertreter selbst den W als Aussteller zeichnet und für die von ihm vertretene Person annimmt. Ein unzulässiges Selbstkontrahieren liegt dagegen nicht vor, wenn der Vertreter selbst den W annimmt, den er namens der vertretenen Person auf sich selbst gezogen hat.

Denn hier entsteht durch die Annahme keine Verpflichtung des Ausstellers, also der vertretenen Person, so daß der Schutzgedanke des § 181 BGB nicht durchgreift (St-Str 8^{6a}; Priese-R 8^{5}; Baumb-H 8^{1}). Zweifellos würde auch kein Selbstkontrahieren vorliegen, wenn der Vertreter namens der vertretenen Person einen W auf sich selbst zieht und an einen Dritten weiterbegibt, ohne den W selbst angenommen zu haben. Durch die erfolgende Annahme, welche die Rechtsstellung des Vertretenen nur verbessert, kann die Haftung des Vertretenen als Aussteller bzw. Indossant nicht beseitigt werden.

Anm 4 **B.** Für die **Form der Unterzeichnung durch Vertreter und die Vollmachtserteilung** gelten mangels besonderer Bestimmungen des WG die allg. Vorschriften des bürg. Rechts.

1. a) Die Unterzeichnung durch den Vertreter kann trotz der für den W geltenden gesetzlichen Schriftform und der durch § 126 BGB vorgeschriebenen „eigenhändigen" Unterschrift sowohl in der Weise erfolgen, daß der Vertreter seinen eigenen Namen unter Offenlegung des Vertretungsverhältnisses unterzeichnet, wie in der Weise, daß der Vertreter nur den Namen des Machtgebers zeichnet (RG 74, 69). Nach der Rspr. des RG (145, 87) kann die Unterzeichnung sogar in der Weise erfolgen, daß diejenige Person, welche für einen Dritten mit dessen Namen unterzeichnet, sich überhaupt nicht als Vertreter zu erkennen gibt, sondern sich als die vertretene Person ausgibt. Denn nach RG 145, 87 haftet auch derjenige, der seine gefälschte Unterschrift nachträglich genehmigt, wechselmäßig (69^{6}). Wechselmäßig muß dann auch derjenige Vollmachtgeber haften, der einem Dritten gestattet, den Namen des Vollmachtgebers zu zeichnen und hierbei zu verschweigen, daß er nicht der Namensträger, sondern nur dessen Vertreter ist. Letzteres ist m. E. unbedenklich, da hier keine Fälschung vorliegt, vielmehr die Erklärung mit Zustimmung des Namensträgers abgegeben ist, und bei Zulassung der Zeichnung mit dem bloßen Namen des Vertretenen die W.urkunde ohnehin nichts über die stattgefundene Vertretung enthält.

Schreiben auf Diktat enthält keine Vertretung im Willen und auf Diktat gefertigte Unterschriften sind deshalb in der früheren Rspr. des RG (58, 387) als unverbindlich behandelt worden. Nach der Stellungnahme des Reichsgerichts über die Genehmigung gefälschter Unterschriften (vgl. 69^{6}) müßte auch eine auf Diktat gefertigte, also von dem Namensträger schon bei der Herstellung genehmigte Unterschrift als wechselmäßig den Namensträger verpflichtend angesehen werden (a M anscheinend Baumb-H 1^{9c}). Über die Haftung des unbefugten Vertreters vgl. Anm 8 u. 10. Die Wirksamkeit der durch Vertreter geleisteten Unterschriften ist von der Einhaltung der handelsrechtlichen Ordnungsvorschriften (wie §§ 51, 57 HGB) unabhängig (RG 30, 405; LZ 1912, 750).

Anm 5 b) Die besonderen Vorschriften über die Verpflichtung von juristischen Personen des öffentlichen Rechts begründen Beschränkungen der Vertretungsbefugnis für die Organe der Anstalten und Körperschaften. Sie sind keine bloßen Formvorschriften (RG 115, 311; 122, 176; in JW 1927, 1251). Die unter Nichtbeachtung solcher Vorschriften eine W.erklärung für eine Körperschaft unterzeichnenden Personen verpflichten nicht die Körperschaft, haften aber selbst als unbefugte Vertreter nach Maßgabe des vorl. Artikels.

Für Gemeinden sind die Vorschriften der Deutschen Gemeindeordnung vom 30. Januar 1935 (RGBl I, 49) und deren Ergänzungen zu beachten. Nach § 36 II der GemO würde z. B. die Unterschrift eines Bürgermeisters, wenn die Beifügung der Amtsbezeichnung fehlt, die Gemeinde nicht verpflichten.

2. Die Bevollmächtigung kann gemäß § 167 Abs 2 BGB formlos erfolgen. Nur um den Vertretenen im W.prozeß verklagen zu können, muß die Vertretungsmacht urkundlich nachgewiesen werden (§ 592 ZPO). Die Bevollmächtigung kann auch stillschweigend erfolgen (RG 76, 203), auch durch wiederholte Duldung von W.zeichnungen (RG 117, 164). Nachträgliche Genehmigung ersetzt nach § 184 BGB die im voraus erteilte Einwilligung. Die Genehmigung ist nach § 182 BGB ebenfalls formfrei (RG 101, 342), so daß bei Gesamtvertretung Zeichnung des W für den Vertretenen durch eine der zur gemeinschaftlichen Vertretung berufenen Personen und vorherige oder nachträgliche formlose Zustimmung des anderen Gesamtvertreters genügt (RG 118, 168). Schweigen auf die Mitteilung, daß ein namens des Angefragten gezeichneter W bei Fälligkeit zur Zahlung vorgelegt werden soll, oder auf die Anfrage, ob ein solcher W „in Ordnung" gehe, kann nicht stets als stillschweigende Genehmigung der Vertretung oder als ein gegen die guten Sitten verstoßendes, gemäß § 826 BGB zum Schadensersatz verpflichtendes Handeln betrachtet werden. Die nach den Umständen des Einzelfalls vorzunehmende Beurteilung wird nach ähnlichen Gesichtspunkten wie bei Fälschung von Unterschriften zu erfolgen haben. Es erscheint nicht angebracht, Schweigen auf Anfrage hier leichter zu nehmen, weil Fälschungen gleichzeitig einen Verstoß gegen die öffentliche Ordnung darstellen (so: HansOLG in HansR u. GZ 1938, B 359); denn die etwaige Verpflichtung zur Erklärung besteht nicht im polizeilichen Interesse, sondern zum Schutz des Anfragenden und des redlichen Geschäftsverkehrs. Eine Antwortpflicht wird insb. dann bestehen, wenn die Beteiligten miteinander in Geschäftsverbindung stehen (§§ 157, 242 BGB) oder wenn die ohne genügende Vertretungsmacht aufgetretene Person ein Angestellter (oder nur zur Gesamtvertretung befugtes Organ) des Angefragten ist, da dessen unbefugtes Handeln durch Schweigen des Geschäftsherrn nicht gedeckt werden darf (Rechtsgedanke des § 831 BGB). **Anm 6**

III. Zu Art 8: Unbefugte Vertretung.

A. Die wechselmäßige Haftung des unbefugten Vertreters ist in Satz 1 geregelt. Neben dieser wechselmäßigen Haftung besteht die bürg.-rechtl. Haftung des unbefugten Vertreters aus § 179 BGB (Anm 10), gegebenenfalls anderen Vorschriften des bürg. Rechts (unerlaubte Handlung, Bereicherung). **Anm 7**

1. Die wechselmäßige Haftung, welche auf Erfüllung der W.verpflichtung, nicht auf Schadensersatz geht, ermöglicht Inanspruchnahme des falschen Vertreters im W.prozeß (RG 64, 164). Der Zweck der Haftung ist, den W.inhaber so zu stellen, als ob die behauptete Vertretungsmacht vorhanden gewesen wäre. Der unbefugte Vertreter haftet also nach Maßgabe der von ihm unterzeichneten W.erklärung so, wie der angeblich Vertretene beim Vorhandensein der Vollmacht gehaftet haben würde (St-Str 8[18]; Hupka 30, Lenhoff 19). Der falsche Vertreter kann sich deshalb auch der Einwendungen bedienen, die dem Vertretenen zugestanden hätten (abw. Qu-A 8[12]). Dies gilt auch für die Verjährung mit der Maßgabe, daß für die

Hemmung und Unterbrechnung nur Handlungen in Betracht kommen, die gegen den falschen Vertreter selbst gerichtet sind (71[2]). Dem gutgläubigen Erwerber kann der nach Art 8 haftende falsche Vertreter mit Rücksicht auf seine w.mäßige Haftung Einwendungen nur im Rahmen des Art 17 entgegensetzen. Wer für einen Rückgriffschuldner als falscher Vertreter aufgetreten ist, haftet nur unter den gleichen Voraussetzungen (Protest), wie ein sonstiger Rückgriffschuldner.

Anm 8 2. Voraussetzungen der Haftung. a) Fehlen der Vertretungsmacht. Obwohl dies Klagegrund ist, wird der in Anspruch genommene Vertreter für das Vorhandensein der Vertretungsmacht beweispflichtig sein, wie dies der Regelung des § 179 BGB entspricht. Bei einer Klage gegen den Vertretenen ist der W.inhaber für die vorhanden gewesene Vertretungsmacht beweispflichtig (so schon ROHG 19, 317). Das Vorliegen der Vertretungsmacht wird also nicht vermutet. Dem entspricht es, auch bei Inanspruchnahme des Vertreters demjenigen die Beweislast aufzuerlegen, der das Vorhandensein der Vertretungsmacht behauptet. Nach RG JW 02, 365 (ebenso Qu-A 8[13]) soll jedoch der Vertreter für das Vorhandensein der Vollmacht nur darlegungspflichtig sein, während die Beweislast den diese Behauptungen betreffenden W.gläubiger treffen soll. Die Vertretungsmacht fehlt, wenn der angeblich Vertretene nicht verpflichtet wird. Dies ist z. B. auch der Fall, wenn die Vollmacht wegen Geschäftsunfähigkeit des Vertretenen unwirksam war, wenn der angeblich Vertretene nicht existiert (Baumb-H 8[2]), wenn der Vormund die erforderliche Genehmigung des Vormundschaftsgerichts nicht eingeholt und wenn der Vertreter einer Körperschaft unter Verletzung der öffentlich-rechtlichen Formvorschriften (Anm 5) seine Unterschrift geleistet hat. Die Haftung aus Art 8 entfällt, wenn der Vertretene nachträglich seine Genehmigung erteilt (Qu-A 8[11]).

b) Der Vertreter muß seine eigene Unterschrift auf den W gesetzt haben. Nur in diesem Falle haftet er w.mäßig (St-Str 8[15]; Qu-A 8[10]; Kessler 8[2]; Langen 48; Ulmer 180). Andernfalls kann nur eine Haftung nach bürg. Recht in Frage kommen (Anm 10). Aus diesem Grunde entfällt die Haftung aus Art 8 bei Fälschung von W.unterschriften (69[13]) oder bei Zeichnung eines sog. „Kellerwechsels" mit dem Namen einer nicht existierenden Person.

c) Es ist ohne Bedeutung, ob den Vertreter ein Verschulden — insb. durch Kenntnis des Mangels seiner Vertretungsmacht — trifft, und ob der Gläubiger den Mangel der Vertretungsmacht hätte erkennen müssen (anders nach § 179 BGB). Wenn der Gläubiger aber den Mangel der Vertretungsmacht kannte, wird er sich auf die Schutzvorschrift des Art 8 nicht berufen können (vgl. St-Str 8[16]; auch Knur-H 8[4]; Baumb-H 8[2]).

d) Wie bei jeder w.mäßigen Haftung ist es auch für die Haftung aus Art 8 Voraussetzung, daß der Vertreter bei Begebung der von ihm gezeichneten Erklärung geschäftsfähig war (vgl. auch § 179 Abs 3 Satz 2 BGB).

Anm 9 **B. Die Haftung bei Vollmachtsüberschreitung** ist durch Satz 2 nur unklar geregelt. Der Hauptfall, an den das Gesetz denkt, ist die Überschreitung bezügl. der W.summe (z. B. Ermächtigung zur Unterzeichnung eines W über 800 DM, Zeichnung eines W durch den Vertreter über 1000 DM). Weder der

Wortlaut des Gesetzes noch die Entstehungsgeschichte ergeben Klarheit darüber, ob in einem solchen Falle

a) der Vertretene im Rahmen seiner Ermächtigung, der Vertreter nur für den Mehrbetrag haften soll, oder ob
b) w.mäßige Haftung nur des Vertreters, aber für die ganze W.summe gemeint ist, oder
c) w.mäßige Haftung des Vertreters für die ganze W.summe und daneben Haftung des Vertretenen im Rahmen seiner Ermächtigung eintritt.

Hiesigen Erachtens entspricht die Lösung zu a) am meisten allgemeinen Rechtsgrundsätzen und der Interessenlage (eingehende Begründung bei St-Str 8[20]ff). Die Frage ist sehr bestritten. Für die Losung c) sprechen sich insb. aus: Qu-A 8[16], Hupka 31, Kessler 8[3], Rilk 42, Knur-H 8[6], Ulmer 179, Baumb-H 8[2A]. Für die Lösung b): Langen 22 und schwankend Gareis-R 8[6]. Mit der diesseitigen Ansicht (Lösung a) übereinstimmend Simonson-Schmeling 11[3b] SchG, Capelle in HansRZ 1934, 457, Priese-R 8[13].

IV. Neben der Haftung aus Art 8 steht die **Haftung aus § 179 BGB.** Diese Haftung ist eine bürg.-rechtliche und entsteht auch, wenn der Vertreter — was zulässig ist (Anm 4) — nicht seinen Namen, sondern nur denjenigen des Vertretenen gezeichnet hat. Falls der Vertreter den Mangel der Vertretungsmacht selbst nicht kannte, haftet er nicht auf Erfüllung, sondern nur auf das Vertrauensinteresse (§ 179 II BGB). Keine Haftung entsteht gegenüber einem Gläubiger, der den Mangel der Vertretungsmacht infolge Fahrlässigkeit nicht kannte („kennen mußte", § 179 III S. 1), was hinsichtlich jeden W.gläubigers selbständig zu prüfen sein wird. Anm 10

Während die Verjährung der Ansprüche nach Art 8 sich nach den w.rechtlichen Verjährungsfristen richtet, die für den Vertretenen maßgebend gewesen wären, ist nach RG 145, 40 für die Haftung aus § 179 BGB die ordentliche 30jährige Verjährungsfrist maßgebend.

V. Neu im Vergleich zu dem Rechtszustand nach Art 95 der WO ist die Regelung, daß der auf Grund seiner w.mäßigen Haftung einlösende **falsche Vertreter die Rechte aus dem Wechsel erwirbt,** die der Vertretene bei Einlösung des W selbst hätte. Es erscheint zweifelhaft, ob diese aus Billigkeitsgründen geschaffene Bestimmung im Regelfall tatsächlich der Billigkeit entspricht (vgl. St-Str 8[25]). Tatsächlich kommt ein Rechtsübergang nur zugunsten des vollmachtlosen Vertreters eines Rückgriffschuldners oder eines W.-bürgen des Annehmers in Frage, da der Hauptschuldner (Akzeptant bzw. Aussteller des eigenen W) durch Einlösung keine W.rechte erwirbt, also auch dessen falscher Vertreter keine solchen Rechte erwerben kann. Anm 11

1. Der einlösende Vertreter tritt nicht in die Rechte des bezahlten Gläubigers ein, sondern erwirbt die W.rechte durch seine Zahlung selbständig, so daß ihm Einwendungen aus der Person des bezahlten Gläubigers in der Regel nicht entgegengehalten werden können. Für die Entscheidung im einzelnen, welche Einwendungen dem auf diese Weise die W.rechte erwerbenden Vertreter entgegengehalten werden können, ist zu beachten, daß der Übergang der W.ansprüche nur aus Billigkeitsgründen angeordnet ist. Der in Anspruch genommene Schuldner wird ebenso gestellt werden müssen, wie wenn die Anm 11a

Vertretungsmacht bestanden hätte, also der angeblich Vertretene selbst den W geltend machen würde (vgl. Näheres St-Str 8[28]ff). Er kann also die ihm gegen den angeblichen Geschäftsherrn etwa zustehenden Einwendungen auch dem Pseudovertreter entgegenhalten. Er kann aber gemäß Art 17 dem falschen Vertreter, der den W eingelöst hat, auch die ihm gegen diesen etwa zustehenden persönlichen Einwendungen entgegenhalten, da sie auf den „unmittelbaren Beziehungen" zu dem nunmehrigen Inhaber des W beruhen (zust. Priese-R 8[21]; Baumb-H 8[2B]).

Anm 12 2. Zum Ausweis des einlösenden vollmachtlosen Vertreters für die Inanspruchnahme der dem Vertretenen aus dem W verpflichteten Personen muß es genügen, daß sein Name — wenn auch nur als Vertreter — sich auf dem rückläufigen W befindet und er eine auf ihn lautende Rückrechnung und den W in Händen hat (16[11]).

Der einlösende falsche Vertreter braucht Zahlung nur gegen Aushändigung des W zu leisten und hat auch das Einlösungsrecht aus Art 50. Bei Vollmachtsüberschreitung braucht jedoch der Inhaber den W erst auszuhändigen, wenn er sowohl wegen des von dem Vertretenen, wie wegen des von dem Vertreter zu zahlenden Teilbetrages (vgl. Anm 9) befriedigt ist. Bezüglich des zuerst gezahlten Teilbetrages wird mit Rücksicht auf die eintretende Spaltung der W.ansprüche, die der auf Rückgriff nach Teilannahme eintretenden Rechtslage ähnelt (51[5]), Art 51 entsprechend anwendbar sein (51[6]).

Artikel 9

Der Aussteller haftet für die Annahme und die Zahlung des Wechsels.

Er kann die Haftung für die Annahme ausschließen; jeder Vermerk, durch den er die Haftung für die Zahlung ausschließt, gilt als nicht geschrieben.

Anm 1 I. Bedeutung der **Erklärung des Ausstellers.**

1. Die Übernahme der in Art 9 geregelten Haftung des Ausstellers ist nur eine Seite seiner Erklärung. Diese Erklärung enthält vor allem die „Ausstellung" des W, d. h. die Schaffung der W.urkunde und Bestimmung der Einzelheiten der W.verbindlichkeit, welche die Grundlage für die Verpflichtung aller weiteren W.zeichner bildet. In diesem Sinne wird die Erklärung des Ausstellers als Grundwechselerklärung bezeichnet, an die sich die übrigen W.erklärungen anschließen. Ihr alle übrigen Bestandteile des W.inhalts zusammenfassender Kern ist die an den Bezogenen gerichtete Aufforderung, sich nach Maßgabe des W zur Zahlung durch Annahme zu verpflichten und bei Verfall zu zahlen, d. h. die in Art 1 Zf 2 erwähnte **Zahlungsanweisung** (vgl. 1[4–6]). Die Befolgung dieser Aufforderung durch den Bezogenen gibt diesem nicht ohne weiteres einen Anspruch gegen den Aussteller auf Erstattung der Aufwendungen (Revalierungsanspruch), vielmehr ist umgekehrt der Bezogene nach erfolgter Annahme w.mäßig auch dem Aussteller gegenüber zur Zahlung verpflichtet (vgl. 28[14]).

Das WG enthält nichts darüber, ob die Aufforderung an den Bezogenen eine „Anweisung" im technischen Sinne ist, ob also der in Art 1 Zf 2 gebrauchte Ausdruck mit dem Anweisungsbegriff der sonstigen deutschen Gesetzessprache übereinstimmt (vgl. 1[4]), so daß die Vorschriften dieser anderen Gesetze ergänzend angewendet werden könnten. Dem steht nicht nur entgegen, daß das WG möglichst aus sich selbst heraus auszulegen ist (Einl. [5]), sondern auch, daß der gezogene W die das bürgerl. Anweisungsrecht beherrschende Verschiedenheit der drei beteiligten Personen (Anweisender, Angewiesener, Anweisungsempfänger) nicht erfordert (Art 3) und daß das WG den gezogenen und den eigenen W nur als Abarten eines im wesentlichen gleichartigen Wertpapiers behandelt (Einl. [6]). Daher sind die Vorschriften des bürgerl. Anweisungsrechts (§§ 783ff BGB) auf den W nicht übertragbar (herrsch. Ansicht; St-Str 9[4]; Wieland in ZHR 100, 294; Baumb-H 1[3C]). Dies gilt insb. bezüglich der etwaigen Widerruflichkeit des im W erteilten Zahlungsauftrages gemäß § 790 BGB (bestr.; abw. insb. Qu-A 89[15]). Da der Aussteller sich durch die Begebung des W verpflichtet, für seine Bezahlung bei Verfall einzustehen, und da diese Haftung nach vorl. Artikel nicht ausgeschlossen werden kann, wäre es ein Widerspruch, dem Aussteller trotzdem ein Recht zum Widerruf seiner Zahlungsaufforderung nach Begebung des W einzuräumen (zust. Baumb-H 9[1]). Auch beim Scheck ist ein während der Vorlegungsfrist erfolgender Widerruf unwirksam, ein Widerruf also so lange ausgeschlossen, wie der Aussteller für die Einlösung des Schecks durch dessen Bezogenen haftet (vgl. Art 32 I SchG). Nach Annahme des W durch den Bezogenen könnte ein Widerruf des Ausstellers auch für seine Rechtsbeziehungen zum Bezogenen ohnehin keine Bedeutung mehr haben, da der Bezogene aus der Annahmeerklärung in jedem Falle zur Zahlung verpflichtet bleibt, also einen Widerruf nicht beachten kann. Wegen eines weiteren Falles, in dem Anweisungsrecht für den W unanwendbar erscheint, vgl. 11[5C]. **Anm 1a**

2. Da der Zahlungsauftrag auf Zahlung an den W.nehmer lautet, hat die Ausstellererklärung weiterhin einen der Übertragungs- und Ausweiswirkung des Indossaments entsprechenden Inhalt betr. Übertragung der W.rechte auf den W.nehmer, welcher durch diese Erklärung des Ausstellers und den Besitz des W als rechtmäßiger Inhaber ausgewiesen wird (16[3]). **Anm 2**

3. Über die Person des Ausstellers und seine Unterschrift, welche nach Art 1 Zf 8 in Verb. mit Art 2 zu den wesentlichen Formerfordernissen des W gehört, vgl. 1[22]ff.

II. A. Zu Abs I: Haftung des Ausstellers (Verpflichtungswirkung der Ausstellererklärung). **Anm 3**

1. Über die Entstehung der Haftung sagt das WG bezüglich des Ausstellers ebenso wenig wie bezüglich der sonstigen W.verpflichteten. Die allgemeinen Grundsätze für die Entstehung der W.verpflichtungen gelten auch für den Aussteller. Nach hiesiger Auffassung (Einl. Anm 12) ist daher außer der Unterschrift des Ausstellers ein Begebungsvertrag erforderlich. Über die Frage, ob der Mangel des Begebungsvertrages auch dem gutgläubigen Erwerber entgegengehalten werden kann, vgl. zu 17[26].

2. Die Haftung des Ausstellers besteht darin, daß der Aussteller in der Regel (vgl. Anm 6) für die Annahme und stets für Zahlung des W einzustehen **Anm 4**

hat, so daß beim Ausbleiben der Annahme oder Zahlung, evtl. auch bei Unsicherheit des Bezogenen gegen ihn Rückgriff genommen werden kann (Art 43ff). Der Aussteller übernimmt für Ausführung seiner im W enthaltenen Aufforderung an den Bezogenen Gewähr und ist damit der erste der sog. Wechselgaranten oder Rückgriffschuldner.

Die Haftung des Ausstellers ist selbständig, also von der Haftung des Annehmers und aller übrigen W.verpflichteten unabhängig (vgl. Art 7). Die Haftung für die Zahlung ist, selbst wenn der Aussteller seine Haftung für die Annahme ausgeschlossen hatte, auch davon unabhängig, ob der Bezogene überhaupt den W annimmt. Der Aussteller kann sich auch nicht der dem Bezogenen etwa zustehenden Einwendungen bedienen. Jedoch ist der Einwand, daß der Bezogene den Inhaber durch Zahlung oder Aufrechnung befriedigt habe, kein Einwand aus der Person des Bezogenen, sondern richtet sich gegen das Gläubigerrecht des Inhabers, da Zahlung durch den Bezogenen auch die Rückgriffschuldner befreit (17^{64b}; 47^{9}).

Mehrere Aussteller (1^{25}) haften als Gesamtschuldner (Art 47 I), und ihre Rechte als Inhaber des W unterstehen den Regeln des § 432 BGB.

Anm 5 3. Die Voraussetzungen und der Inhalt der Rückgriffschuld bestimmen sich für den Aussteller wie für alle übrigen Rückgriffschuldner nach Maßgabe der Art 43ff. Außer bei Protesterlaß ist daher rechtzeitiger Protest Voraussetzung für die Inanspruchnahme (Art 53).

Die Ausstellerhaftung beginnt mit der Begebung des W an den W.nehmer oder — beim W an eigene Order — an den ersten Indossatar, nicht erst mit dem Eintritt des Rückgriffalls. Die vor Verfall erfolgte Einlösung ist deshalb nicht gemäß § 32 KO als unentgeltliche Verfügung anfechtbar (RG 50, 134). Im Zeitpunkt der Begebung muß der Aussteller geschäftsfähig sein (7^{8}).

Erfüllungsort für die Rückgriffsverpflichtung ist der im W beim Namen des Ausstellers angegebene Wohnort des Ausstellers und beim Fehlen solcher besonderen Angabe der tatsächliche Wohnort des Ausstellers zur Zeit der Begebung des W. Die Schuld ist aber eine Bringschuld (47^{6}).

Anm 6 **B. Zu Abs II: Haftungsausschluß** (sog. Angstklausel).

1. Die Haftung für die Annahme kann der Aussteller ausschließen. Die Vorschrift steht im Zusammenhang mit Art 22 Abs 2 (nicht akzeptable Tratte; 22^{7}). Der Haftungsausschluß ist aber auch zulässig, wenn der W kein Vorlegungsverbot im Sinne des Art 22 Abs 2 enthält; auch bei Domizil- und Nachsichtwechsel (Qu-A 9^{5}). Der Haftungsausschluß wirkt nur zugunsten des Ausstellers und seines Bürgen (bestr.; zust. Hupka 347; abw. Qu-A 9^{6}, Gareis-R 9^{5}, Baumb-H 9^{3}). Der Ausschluß der Haftung für die Annahme bewirkt keinen Ausschluß der Haftung nach Art 43 Abs II Zf 2 bei Unsicherheit des Bezogenen, denn hierbei handelt es sich um eine Haftung für die Zahlung, nicht für die Annahme (Langen 190, Hupka 33).

Eine Form für den Haftungsausschluß ist nicht vorgeschrieben. Der Vermerk „ohne Gewähr" ohne weiteren Zusatz ist ohne weiteres auf die Haftung für die Annahme zu beschränken. Der Vermerk muß durch die Unterschrift des Ausstellers gedeckt sein oder sich in unmittelbarem Zusammenhang mit dieser Unterschrift befinden (Actes 1912, 80).

2. Die Haftung für die Zahlung kann nicht ausgeschlossen werden (anders beim Indossament: 15[5]). Die Haftung ist eine gesetzliche Haftung; ein entgegenstehender Wille des Ausstellers, selbst wenn er im W zum Ausdruck gebracht ist, wird rechtlich nicht beachtet. Dagegen ist ein persönlicher Einwand im Rahmen des Art 17 gegenüber demjenigen Gläubiger möglich, mit dem vereinbart ist, daß der Aussteller von ihm nicht in Anspruch genommen werden darf (RG 37, 145), insb. bei einer sog. Gefälligkeitsunterschrift (17[38]). Hat bei einem W an eigene Order (Art 3 Abs I) der Aussteller bei der Indossierung gemäß Art 15 Abs I seine Haftung ausgeschlossen, so kann er beim Notleiden des W zwar nicht in seiner Eigenschaft als Indossant, wohl aber als Aussteller in Anspruch genommen werden. **Anm 7**

3. Der Anspruch des Ausstellers gegen den Bezogenen aus dem Deckungsverhältnis (17[31]), d. h. aus dem der W.ausstellung zugrunde liegenden Rechtsverhältnis bürg. Rechts, geht auch bei einem W, in dem der Aussteller seine Haftung für die Annahme ausgeschlossen oder Vorlegung zur Annahme verboten hat, nicht kraft Gesetzes auf den W.nehmer oder den jeweiligen Inhaber des W über (14[6]). Auch im Konkurs des Ausstellers hat der W.inhaber kein Vorzugsrecht wegen der Deckung. Jedoch hat hiesigen Erachtens der Konkursverwalter kein Recht zum Widerruf des im W enthaltenen Zahlungsauftrages an den Bezogenen (Anm 1 a), so daß er den Bezogenen nicht zwingen kann, die Grundforderung zur Masse zu zahlen statt den W einzulösen (bestr.; vgl. St-Str 9[17]). **Anm 8**

Artikel 10

Wenn ein Wechsel, der bei der Begebung unvollständig war, den getroffenen Vereinbarungen zuwider ausgefüllt worden ist, so kann die Nichteinhaltung dieser Vereinbarungen dem Inhaber nicht entgegengesetzt werden, es sei denn, daß er den Wechsel in bösem Glauben erworben hat oder ihm beim Erwerb eine grobe Fahrlässigkeit zur Last fällt.

I. Allgemeines Der vorliegende Artikel handelt von W, die zwar bei der Begebung noch unvollständig sind, d. h. noch nicht alle nach Art 1, 2 (bzw. Art 75, 76 für eigene W) erforderlichen wesentlichen Bestandteile enthalten, aber mit der Ermächtigung zur späteren Vervollständigung ausgehändigt werden. Die Zulässigkeit solcher **Blankowechsel** war schon unter der WO, obwohl im Gesetz nicht erwähnt, anerkannt. Auch das WG enthält keine erschöpfenden Vorschriften, sondern regelt nur eine für den Blankowechsel besonders wichtige Einzelfrage: den Einwand abredewidriger Ausfüllung gegenüber einem späteren Inhaber (vgl. Anm 8ff). Art 10 gibt damit für den Blankowechsel eine Sonderregelung der im übrigen nach Art 17 zu beantwortenden Frage, welche Einwendungen dem Erwerber eines W entgegengehalten werden können. **Anm 1**

Durch Art 3 Anl. II des Abk. über das EWG ist den Genfer Vertragsstaaten die Befugnis vorbehalten, den vorl. Art 10 nicht in ihr Landesrecht aufzunehmen.

Anm 2 **II.** 1. Ein **Blankowechsel** ist eine vom Schuldner unterschriebene Urkunde, die

a) bezüglich eines oder mehrerer (in der Regel wesentlicher) Bestandteile eines gültigen W unvollständig ist,

b) mit der Ermächtigung zur Vervollständigung als Wechsel begeben wird.

Er unterscheidet sich durch letztere Voraussetzung von einem wegen *Formfehlers* nichtigen W, der ohne das Bewußtsein der Unvollständigkeit begeben wurde und bei dem der Inhaber zur einseitigen Ergänzung fehlender Bestandteile nicht befugt ist. Hier würde Ergänzung als Fälschung weder in der Hand des ursprünglichen Nehmers noch eines gutgläubigen Erwerbers gegen Personen, die vor der Änderung unterschrieben haben, wirksam sein (Art 69), während aus dem laut Abrede ausgefüllten Blankett der Schuldner ebenso haftet, als ob der W schon bei Begebung vollständig gewesen wäre (Anm 7).

Der Blankettgeber zeichnet in der Regel als Aussteller oder Annehmer des unvollständig gelassenen W. Es ist aber auch möglich, daß die Unterschrift eines Indossanten oder W.bürgen auf ein W.blankett gesetzt wird; ihre Verpflichtung richtet sich dann ebenfalls nach den Bestimmungen des vorl. Artikels.

Ist eine Blankounterschrift nicht auf einem W.formular erteilt und auch nicht zwecks Vervollständigung zu einem W ausgehändigt worden, ist z. B. eine Blankounterschrift zwecks Verwendung für eine Vollmacht übergeben und abredewidrig zur Beifügung eines Wechseltexts benutzt worden, so ist nicht Art 10, sondern Art 69 anwendbar. Es handelt sich dann um eine Fälschung, nicht um abredewidrige Ausfüllung eines unvollständig begebenen W (vgl. St-Str 10[3a]).

Anm 3 2. Die *Unvollständigkeit* kann einzelne oder beliebig viele wesentliche Erfordernisse betreffen. Das unterzeichnete Blankett braucht auch die W.-klausel noch nicht zu enthalten (herrsch. Ans., vgl. St-Str 10[3]; Baumb-H 10[1]), vorausgesetzt, daß die Ermächtigung zur Vervollständigung auf Schaffung eines W geht. Insb. fällt ein sog. *Blankoakzept*, auch wenn der Annehmer seine Unterschrift auf ein noch ganz unausgefülltes W.formular setzt und zwecks späterer Ausfüllung aushändigt, unter die Regeln für Blanko-W.

Obwohl nicht „unvollständig" im Sinne des Fehlens eines wesentlichen Formerfordernisses sind solche W entsprechend zu behandeln, bei deren Begebung die Ermächtigung erteilt wird, einen weiteren, die W.verpflichtung berührenden Vermerk (vgl. 2[7]) beizufügen, z. B. einen Zahlungsleister im Sinne des Art 4 anzugeben oder die offen gebliebene Verfallzeit (Angabe kein Formerfordernis, da Umdeutung in Sichtwechsel nach Art 2) einzufügen. So auch RG 164, 10.

Anm 4 **III.** Die **Ausfüllungsermächtigung.** 1. Ihre *Erteilung* kann auch stillschweigend erfolgen (RG 18, 115), insb. durch Begebung eines nur teilweise ausgefüllten W.formulars, in dem deutlich zur Ausfüllung bestimmte Lücken offengelassen sind. Bleistiftvermerk in einem im übrigen mit Tinte ausgefüllten W, z. B. hinsichtlich der Verfallzeit, braucht das Ausfüllungsrecht nicht auszuschließen (RG 57, 167). Wenn daher der Aussteller einen W ohne Ausfüllung der für den W.nehmer vorgesehenen Stelle (an . . . Order), aber mit von ihm selbst vollzogenem ersten Indossament begibt, so ist jeder W.inhaber als ermächtigt anzusehen, die Lücke bezügl. des W.nehmers durch „eigene" oder einen gleichbedeutenden Zusatz auszufüllen (abw. RG 136, 207). Bei offenem Datum (für Ausstellung oder Verfall), aber teilweisem Vordruck der Jahreszahl (z. B. 195...) ist das Ausfüllungsrecht im Zweifel nicht auf die durch den Vordruck angedeutete Dekade begrenzt (RG JW 1912, 106). Ist die W.summe in Zahlen (am Rande oder im Text) angegeben, aber der für die Angabe in Buchstaben vorgesehene Raum freigelassen, so hat bei abweichender Einrückung der W.summe in Buchstaben die Zahlenangabe gemäß Art 6 I keine Wirkung für Bestimmung der W.summe. Die Zahlenangabe steht der Einrückung einer höheren Summe in Buchstaben wechselrechtlich nicht entgegen (RG 164, 10), wird jedoch in der Regel auf eine Beschränkung der Ausfüllungsermächtigung hinweisen. Angabe einer höheren Summe in Buchstaben ist aber auch unter dieser Voraussetzung keine verfälschende Änderung im Sinne des Art 69, sondern nur abredewidrige Ausfüllung, die dem gutgläubigen Erwerber nicht entgegensteht (Anm 10).

Der in W.formularen häufig unter der Adresse des Bezogenen befindliche Vordruck „zahlbar bei" enthält nach Verkehrsauffassung nicht ohne weiteres die Ermächtigung zur Angabe eines Zahlungsleisters, doch wird auch hier nur abredewidrige Ausfüllung, nicht Änderung im Sinne des Art 69 anzunehmen sein (jedoch ist Art 69 bei einem vollständig begebenen W anzuwenden, sofern kein offengelassener Vordruck vorhanden war). Auch bei einem in sonstigen Beziehungen als Blankett mit Ausfüllungsermächtigung begebenen Akzept ist der Nehmer im Zweifel nicht zur Beifügung eines Domizils befugt, weil der Annehmer damit rechnen darf, daß der Wechsel bei ihm zur Zahlung vorgelegt wird (Schumann, Fälschung 104; vgl. aus Rspr. über Beifügung von Domizilvermerken unter WO: RG 3, 63; 18, 115; in JW 1906, 765; im Recht 1913 Nr 2377). Vgl. Art 27 bezügl. des Annehmers.

2. Der Inhalt des Ausfüllungsrechts richtet sich nach der getroffenen Abrede. Mangels einer den Gesamtinhalt der offen gelassenen Bestimmungen deckenden Vereinbarung ist das der Blanketthingabe zugrundeliegende Rechtsverhältnis maßgebend (RG 108, 389). Aus diesem wird sich in der Regel die Höhe des vom Blankettgeber verschuldeten Betrages und dessen Fälligkeit ergeben und den Inhalt der dem Blankettnehmer stillschweigend überlassenen Ausfüllung von W.summe und Verfallzeit anzeigen. Jedoch ist dabei auch die Verkehrssitte bzw. Handelsbrauch zu berücksichtigen (§§ 157, 242 BGB, § 346 HGB). Soweit es z. B. handelsüblich ist, W wegen der daran geknüpften Diskontierungsmöglichkeit mit einer Laufzeit von nicht mehr als drei Monaten auszustellen, ist die Bestimmung eines entsprechenden Verfalltages im Zweifel auch bei einem Blankett zulässig, das auf eine erst zu einem späteren Zeitpunkt fällige Schuld gegeben ist. Jedoch besteht dann eine Verpflichtung zur Prolongation bei Verfall (17[47]). **Anm 4a**

Soweit der BlankoW bei Begebung bereits ausgefüllt ist, besteht naturgemäß keine Ausfüllungsbefugnis. Änderungen in dieser Beziehung sind keine nach Art 10 zu behandelnde abredewidrige Ausfüllung, sondern Änderungen des vorhandenen W.inhalts im Sinne des Art 69.

3. Die Ausfüllungsbefugnis erlischt wie andere Gestaltungsrechte durch Ausübung, d. h. durch Vervollständigung des W. Zweifelhaft ist, ob der Be- **Anm 5**

rechtigte vor weiterer Begebung und vor Benachrichtigung des Blankettgebers von der vorgenommenen Ausfüllung Änderungen im Rahmen der ursprünglichen Ermächtigung vornehmen darf. Schumann (Fälschung 107) bejaht dies mit Recht (abw. RG 53, 262). Nach Begebung des vervollständigten W würden erneute Änderungen wie bei einem von Beginn an vollständigen W gemäß Art 69 zu behandeln sein (RG 32, 71; in JW 1906, 766), doch bleibt bei einer im Rahmen der ursprünglichen Ermächtigung verbleibenden Änderung zu prüfen, ob nicht nach Treu und Glauben ein Fortbestand der Zustimmung des W.nehmers anzunehmen ist, die die Änderung für den Schuldner verbindlich machen würde (RG 32, 38; 145, 87).

Ausfüllung kann auch noch nach Verfall des W (RG JW 1902, 399), auch nach Protest (RG 108, 389; KG JW 1932, 237) mit Wirkung gegen den Annehmer bzw. den Aussteller eines eigenen W erfolgen. Sie ist auch noch nach Klageerhebung bis zum Schluß der mündl. Verhandlung statthaft (RG 108, 389) und kann selbst nach Abweisung der Klage wegen Formmangels des unvervollständigten Blanketts nachgeholt werden (OLG Hamburg, DR 1939, 794). Die Ausfüllungsbefugnis als solche ist der Verjährung nicht unterworfen, jedoch kann sie durch ausdrückliche Vereinbarung befristet sein und ist auch sonst in einer nach Treu und Glauben und Verkehrssitte begrenzten Frist auszuüben (Baumb-H 10[1 B]). Demgemäß erlischt auch bei Fortfall oder Verjährung der der Blanketthingabe zugrundeliegenden Forderung im Zweifel die Ausfüllungsermächtigung (OG Wien Jur Bl. 1934, 348; OLG Hamburg a. a. O.) mit der Rechtsfolge, daß eine verspätet vorgenommene Ausfüllung abredewidrig im Sinne des vorl. Artikels wäre. Über Veränderungen in der Person des Schuldners vgl. Anm 7.

Anm 6 4. Die Ausfüllungsermächtigung ist nicht einseitig (RG JW 1911, 106) widerruflich. Der Nehmer erwirbt, obwohl der Blankettgeber aus dem W erst nach dessen Vervollständigung in Anspruch genommen werden kann, mangels anderer Abrede ein von fortdauernder Zustimmung des Gebers unabhängiges Recht zur Vervollständigung des W. Dieses Recht ist vererblich (RG 8, 58; 33, 44) und mangels abweichender Vereinbarung übertragbar (RG 32, 71; 108, 390), insb. auch durch Übereignung des Blankowechsels mittels wechselmäßiger Übertragungsakte (Indossament, Blankoübergabe des mit Blankoindossament versehenen Papiers, Blankoübergabe des den W.-nehmer noch nicht angebenden Papiers; Rechtswirkungen in letzterem Fall streitig, vgl. St-Str 10[11]).

Die herrschende Lehre (auch RG 68, 421; 129, 338) erblickt in der Übertragung eine Abtretung des Ausfüllungsrechts. Hiesigen Erachtens (St-Str 10[11] u. [16]) geht mit dem Erwerb des Eigentums am Papier das Ausfüllungsrecht, welches gesondert vom Papier nicht übertragen werden kann, sondern ein mit der Berechtigung an der Urkunde verbundenes Gestaltungsrecht ist, ohne weiteres auf den Erwerber über. Daher genießt auch der den W vervollständigende Erwerber den Schutz des vorl. Artikels (und der Art 16, 17), wenn er bei Erwerb des Blanketts gutgläubig war (Anm 10). Ebenso ist der gutgläubige Erwerber geschützt, wenn das Ausfüllungsrecht durch Vereinbarung zwischen Schuldner und Nehmer auf diesen persönlich beschränkt war, die weitere Begebung des BlankoW vor Ausfüllung also abredewidrig war.

Auch der Konkursverwalter des Blanketteigentümers kann als solcher die Ausfüllung vornehmen (RG 8, 58; Menzel § 1 Zf 5 KO; Jaeger § 1[16] KO). Wegen Übergang im Wege der Zwangsvollstreckung vgl. St-Str 10[11a].

IV. Nach **Ausfüllung im Rahmen der Abrede** haftet der Schuldner nach Maßgabe des ausgefüllten W, wie wenn dieser schon bei Begebung des Blanketts seine nunmehrige Gestalt gehabt hätte. Dies gilt auch für Indossatare, die das Blankett vor Ausfüllung indossiert und weitergegeben haben. Die Haftung wird bereits durch die Begebung des Blanketts begründet. Die Verpflichtung aus dem W ist allerdings bis zu der eine Rechtsbedingung für die Geltendmachung der Ansprüche bildenden Ausfüllung schwebend unwirksam. Für das Wirksamwerden der mit der Begebung vollendeten Verpflichtungserklärung ist er unschädlich, falls der Blankettschuldner oder der für ihn handelnde Vertreter nach Begebung, aber vor Ausfüllung die Vertretungsmacht verliert (RG 11, 8), stirbt (RG 33, 44), geschäftsunfähig wird (vgl. dazu entspr. § 130 II BGB) oder in Konkurs verfällt (RG 58, 172). Die Ausfüllung nach Konkurseröffnung begründet eine gewöhnliche Konkursforderung, da in jeder Hinsicht der Zeitpunkt der Begebung maßgebend ist. Anm 7

Selbstverständlich haftet der Blankettgeber (wie jeder andere W.schuldner) auch nach abredegemäßer Ausfüllung nur dem legitimierten Inhaber und kann auch diesem gegenüber einwenden, daß er nicht materiell berechtigt sei, z. B. den W nach Verlust durch den Blankettnehmer gefunden habe. Wird dagegen der von dem Unbefugten ausgefüllte BlankoW nach Art 16 II Eigentum eines Dritten, so haftet der Schuldner diesem im Rahmen der dem ursprünglichen Blankettnehmer erteilten Ermächtigung, evtl. darüber hinaus bei Gutgläubigkeit im Sinne des vorl. Artikels. Locher (S. 81) hält Ausfüllung durch einen Unbefugten für eine nach Art 69 zu behandelnde Änderung (Fälschung); m. E. kann Ausfüllung eines zu diesem Zwecke begebenen Blanketts durch einen Unbefugten (Nichteigentümer der Urkunde) nicht anders behandelt werden wie eine solche durch den Blankettnehmer nach dem (z. B. wegen Fristablaufs) erfolgten Erlöschen der Ermächtigung. In beiden Fällen liegt eine durch Ermächtigung nicht gedeckte, daher abredewidrige Ausfüllung vor; der Schuldner hat aber das Blankett zur Ausfüllung aus der Hand gegeben und haftet daher dem gutgläubigen Erwerber gemäß Art 10 (vgl. RG 142, 308).

V. Nur über die Rechtsfolgen abredewidriger Ausfüllung gibt der vorl. Artikel Vorschriften, die aber selbst diesen Fall nicht erschöpfen. Zu beachten ist vorab, daß es sich in Art 10 nur um Vervollständigung von BlankoW (Anm 2), nicht um Änderungen an einem ohne Ausfüllungsermächtigung fehlerhaft ausgestellten (2[1]) oder an einem vollständigen W oder an einem durch Ausfüllung bereits vervollständigten ehemaligen BlankoW (Anm 5) handelt; wegen solcher Änderungen vgl. zu Art 69. Anm 8

Der **Einwand abredewidriger Ausfüllung** kann nach Art 10, der hierfür eine sich mit Art 17 nicht vollständig deckende Sondervorschrift gibt, dem gutgläubigen Erwerber des W nicht entgegengehalten werden.

1. Daraus folgt, was sich schon aus Art 17 ergibt, weil die Einwendung auf den „unmittelbaren Beziehungen" der Beteiligten beruht, daß der Schuldner dem **ursprünglichen Nehmer** die Abredewidrigkeit der Ausfüllung entgegen- Anm 9

halten kann. Es fehlt aber an einer ausdrücklichen Regelung darüber, ob der Schuldner trotz der Unverbindlichkeit der abredewidrigen Ausfüllung im Rahmen der erteilten Ermächtigung haftbar bleibt (z. B. bei Einrückung einer Summe von 1000 statt der als Höchstbetrag vereinbarten 500 für diesen Betrag) oder ob er, da er zur Schaffung eines W dieses Inhalts nicht ermächtigt hat, ganz frei wird. Die Rechtspr. zur WO hat den Blankettgeber nach Maßgabe der getroffenen Abrede für haftbar erklärt (RG JW 03, 402). Die Rechtslehre zum WG vertritt überwiegend die gleiche zutreffende Meinung (St-Str 10[13]; Qu-A 10[14]; Baumb-H 10[2]).

Es handelt sich allerdings nur bei Einrückung einer zu hohen Summe um eine Überschreitung der Ermächtigung, die offensichtlich die vereinbarungsgemäße Haftung mitumfaßt. In anderen Fällen, z. B. abredewidriger Angabe des Verfalltages, Zahlungsorts oder eines Zahlungsleisters (Art 4, 27), kann es zweifelhaft sein, ob der W in seiner tatsächlichen Form die abredegemäße Verpflichtung mit deckt. Zutreffend hat das RG dahin entschieden, daß der Hauptschuldner am vereinbarten Tag zur Einlösung verpflichtet ist, wenn im W eine frühere Zeit ausgefüllt ist (RG 23, 110); daß bei unberechtigter Domizilierung Haftung eintrete, als ob der Vermerk fehle (RG 55, 339). Haftung bei Einrückung eines späteren Verfalltages als des vereinbarten ist m. E. ebenfalls regelmäßig zu bejahen (so Baumb-H 10[2]; abw. RG 74, 351), jedoch nur bezüglich des Hauptschuldners und vor Ablauf der nach dem vereinbarten Datum zu berechnenden Verjährungsfrist. Wer aus einer vor Vervollständigung erteilten Unterschrift als Rückgriffschuldner haften würde, wird mangels Vorlegung und Protest zur vereinbarten Zeit frei.

In allen Fällen hat der Schuldner, der abredewidrige Ausfüllung behauptet, die Beweislast, da die Urkunde in der vorhandenen Form zunächst den Anspruch nach Maßgabe ihres Inhalts begründet.

Anm 10 2. Dem **Erwerber** des W kann der Einwand nur entgegengehalten werden, wenn er beim Erwerb nicht gutgläubig war.

a) Dies gilt sowohl für den Inhaber, der den bereits vervollständigten W erwirbt, wie (bestr.; abw. Hupka 38; Ulmer 198) auch für denjenigen Erwerber, der den BlankoW selbst ausgefüllt hat. So schon unter WO ständige Rspr. (RG 87, 368 und dort angeführte Vorentscheidungen) und herrsch. Ans. (z. B. Qu-A 10[15]; Kessler 10[3]; Baumb-H 10[2]; Wolff, Festschr. Wieland 455; Rüdiger, JurRdsch 1934, 183), obwohl der Wortlaut des Art 10 nicht entscheidend ist (vgl. St-Str 10[15]).

Unter „Erwerb" im Sinne des Art 10 ist nur ein rechtsgeschäftlicher Erwerb zu verstehen, da nach allgemeinen Grundsätzen Gutglaubenschutz nur für solchen in Frage kommt. Bei Rechtsnachfolge kraft Gesetzes, insb. durch Erbgang oder staatlichen Hoheitsakt, rückt der Rechtsnachfolger lediglich in die Stellung seines Rechtsvorgängers ein, ohne für diesen Rechtsübergang den Schutz der Art 10, 16, 17 bei Gutgläubigkeit zu genießen (insoweit zutreffend: RG Zschr AkDtR 1940, 114). Andererseits ist es für die Anwendbarkeit des Art 10 gleichgültig, ob der das Blankett ausfüllende Erwerber mittels Voll- oder Blanko-Indossament das Papier und seinen formellen Ausweis gemäß Art 16 I erhalten hat, oder ob dies durch Blankoübergabe nach Art 14 II Zf 3 oder durch Erwerb eines bezügl. des W.nehmers unausgefüllten Blanketts, in dem er sich selbst als W.nehmer einrückt (vgl. Anm 6), geschehen ist.

b) Nach dem unzweideutigen Wortlaut des Art 10 genügt es, wenn der Inhaber beim Erwerb gutgläubig war. Später eintretende Bösgläubigkeit ist danach unerheblich, was auch sachgemäß ist (St-Str 10[16]). Die überwiegende Ansicht geht trotzdem in Anlehnung an die unter der WO entwickelte Rspr. (RG 68, 421; 129, 338) dahin, daß der Erwerber noch zur Zeit der Ausfüllung ohne grobe Fahrlässigkeit angenommen haben muß, daß die Ausfüllung der Ermächtigung entspreche. Baumb-H (10[2]) erkennt an, daß die diesseits (St-Str 10[16]) vertretene Ansicht folgerichtig sei (wie hier auch Gähler 78; Rüdiger, JurRdsch 1934, 184; a. A. Qu-A 10[15]; OLG Hamburg in DtR 1939, 724).

c) Die Voraussetzungen der Gutgläubigkeit sind in Art 10 nicht wie bei sonstigen Einwendungen mit den Worten des Art 17, sondern in Anlehnung an den Wortlaut des Art 16 umschrieben. Gutgläubig ist danach,

wer beim Erwerb des bereits ausgefüllten W nicht wußte, daß es sich um einen ehemaligen BlankoW handelte, oder ohne grobe Fahrlässigkeit annahm, daß seine Ausfüllung der Abrede entspreche;

oder

wer selbst die Ausfüllung in einer Weise vornimmt, die er ohne grobe Fahrlässigkeit zur Zeit seines Erwerbs für Abrede gemäß hielt.

Beim Erwerb eines unausgefüllten BlankoW wird der Erwerber in der Regel Erkundigungen über die Ausfüllungsabrede einziehen müssen, um sich nicht dem Vorwurf grober Fahrlässigkeit auszusetzen; beim Erwerb eines vollständigen W von einem vertrauenswürdigen Vormann wird der Erwerber aber nicht schon deshalb Erkundigungen einzuziehen haben, weil er weiß, daß es sich um einen ursprünglichen BlankoW handelt. Ist der Erwerb durch einen Vertreter des Gläubigers erfolgt, so ist § 166 BGB zu beachten.

War bereits ein Vormann des Inhabers durch Gutgläubigkeit gegen den Einwand abredewidriger Ausfüllung geschützt, so daß ihm die vollen Ansprüche nach Maßgabe der W.urkunde zustanden, so ist Kenntnis abredewidriger Ausfüllung für den Inhaber unschädlich, da er mindestens die Rechte seiner Vormänner erwirbt (St-Str 10[19]).

3. Etwaige **sonstige Einwendungen** kann der Schuldner auch bei einem ursprünglichen BlankoW im gleichen Umfang wie bei vollständig in Umlauf gesetzten W geltend machen, also nach Maßgabe des Art 17. Dazu gehört insb. der Einwand mangelnder Begebung des BlankoW (17[26]; vgl. auch St-Str 10[6]), den unter Geltung der WO das RG in einer von seinem Standpunkt aus folgewidrigen Weise auch beim Blankoakzept zuließ (RG 134, 33; 142, 307). Für die Anhänger der Rechtsscheintheorie ergeben sich bei Blankounterschriften Zweifel, inwieweit der Unterzeichner den Rechtsschein „veranlaßt" hat (vgl. Baumb-H 10[8]). Ist der Inhaber des W nur Inkassobeauftragter, so gelten die für das „versteckte Vollmachtsindossament" entwickelten Regeln entsprechend (vgl. zu Art 18); der Schuldner kann insb. einwenden, daß der Auftraggeber, für den die Einziehung erfolgt, beim Erwerb bezügl. der abredewidrig erfolgten Ausfüllung bösgläubig war. **Anm 11**

Wird dem Erwerber eines unausgefüllten BlankoW von dem ersten Blankettnehmer nicht nur das Blankett übereignet, sondern auch die der Blanketthingabe zugrunde liegende Forderung abgetreten, so wird im Zweifel die Ausfüllungsbefugnis nur nach Maßgabe der abgetretenen Forderung bürg. Rechts übertragen. Ein solcher Erwerber wird sich also auch bei gutgläubiger Ausfüllung die Einwendungen aus dem Grundgeschäft (17[40]) entgegenhalten lassen müssen, weil seine eigene Ausfüllungsbefugnis durch die Ansprüche aus dem Grundgeschäft begrenzt ist.

Zweiter Abschnitt

Indossament

Artikel 11

Jeder Wechsel kann durch Indossament übertragen werden, auch wenn er nicht ausdrücklich an Order lautet.

Hat der Aussteller in den Wechsel die Worte „nicht an Order" oder einen gleichbedeutenden Vermerk aufgenommen, so kann der Wechsel nur in der Form und mit den Wirkungen einer gewöhnlichen Abtretung übertragen werden.

Das Indossament kann auch auf den Bezogenen, gleichviel ob er den Wechsel angenommen hat oder nicht, auf den Aussteller oder auf jeden anderen Wechselverpflichteten lauten. Diese Personen können den Wechsel weiterindossieren.

Anm 1 **I. Allgemeines.** 1. Ein **Indossament** ist eine unterschriebene Erklärung auf dem W, durch die der bisherige Gläubiger — Indossant — die Rechte aus dem W an eine andere Person — den Indossatar — überträgt. Diese, den Orderpapieren eigentümliche, mit verstärkenden Wirkungen ausgestattete Rechtsübertragung hat ihren Namen daher, daß die Erklärung ursprünglich notwendigerweise auf der Rückseite (in dorso) des W stehen mußte, was auch jetzt noch allgemein üblich, aber nur für das Blankoindossament noch Formerfordernis ist (Art 13). Da auf diese Weise der Umlauf des W erfolgt, wurde das Indossament in den Anfängen des W.verkehrs auch mit dem italienischen Ausdruck Giro bezeichnet, der sich ebenfalls bis heute im Handelsverkehr erhalten hat. Die jetzigen Formvorschriften enthält Art 13.

Anm 2 2. Die dem Indossament eigentümliche **Wirkung** besteht darin, daß es nicht nur die Rechte des Indossanten aus dem W überträgt (sog. Übertragungswirkung, vgl. zu Art 14), sondern daß diese Übertragung im Gegensatz zu gewöhnlicher Rechtsnachfolge rechtsverstärkend wirkt: Der Indossatar genießt nämlich im Falle seiner Gutgläubigkeit beim Erwerb des Eigentums am Papier nach Art 16 II und gegen etwaige aus dem W nicht ersichtliche Einwendungen des Schuldners nach Maßgabe des Art 17 besonderen Schutz. Dies beruht auf dem äußeren Anschein der Berechtigung, welche durch Innehabung des W in Verbindung mit einer vom W.nehmer ausgehenden Kette von Indossamenten (Art 16 I) hervorgerufen und als Ausweiswirkung oder Legitimationsfunktion des Indossators bezeichnet wird. Diese Ausweiswirkung ist auch bei Zahlung an den Inhaber des W von Bedeutung (Art 40 III).

Außer diesen in der Person des Indossatar sich äußernden Wirkungen hat das Indossament regelmäßig eine weitere, den Veräußerer betreffende Wirkung, indem es die Haftung des Indossanten als Rückgriffschuldner begründet (Verpflichtungswirkung oder Garantiefunktion, vgl. Art 15).

Wegen dieser besonderen Wirkungen ist das Indossament die vorherrschende Form der Übertragung des W. Neben dieser wechselmäßigen Übertragungsart sind aber auch bürg.-rechtl. Übertragungsarten (z. B. Abtretung) zulässig (vgl. Anm 8ff).

Ein Indossament mit voller Übertragungswirkung wird als Eigentumsindossament bezeichnet. Es bildet die Regel, das WG läßt aber auch beschränkte Indossamente zu; dies nicht in dem Sinne, daß eine Beschränkung auf einen Teil der W.summe zulässig wäre (Art 12 II), wohl aber derart, daß die Übertragungswirkung inhaltlich als Vollmachts- oder Pfandindossament beschränkt wird (Art 18, 19). Über äußerlich unbeschränkte, aber nur zu Inkassozwecken oder mit fiduziarischer Bindung erteilte Indossamente vgl. 18[11ff]. Die Haftungswirkung kann ganz oder teilweise ausgeschlossen werden (Art 15) oder kraft Gesetzes fehlen (so beim Nachindossament, Art 20).

II. Begebung. Das Indossament als solches, d. h. seine bloße Vollziehung auf dem W, löst weder die Übertragungs- noch die Verpflichtungswirkung aus. Übergabe des W an den Indossatar, ein in Geben und Nehmen des W zustandekommender Begebungsvertrag, muß hinzutreten. Dieser Vertrag ist, weil das Recht aus dem Orderpapier nicht ohne das Recht am Papier übertragen werden kann, eine nach Sachenrecht erfolgende dingliche Übereignung des W an den Indossatar (Einl. Anm 17; RG 117, 69). Vgl. Näheres über den Begebungsvertrag und die Übertragungswirkung 14[3], über die Verpflichtungswirkung und den Einwand des Fehlens eines Begebungsvertrages 15[1] u. 17[13]. Für die Ausweiswirkung in der formellen Bedeutung der Art 16 I u. Art 40 III WG kommt es allein auf das urkundliche Vorhandensein des Indossaments auf dem W an, vgl. jedoch wegen Auseinanderfallens formeller und sachlicher Berechtigung 16[12]. **Anm 3**

III. Zu Abs I und II. 1. Der Wechsel (gezogener wie eigener W) ist **kraft Gesetzes Orderpapier,** d. h. durch Indossament übertragbar; die Beifügung der Orderklausel zum Namen des W.nehmers ist zwar unnötig, aber unschädlich und üblich. **Anm 4**

2. Durch **Indossierungsverbot des Ausstellers** (negative Order- oder Rektaklausel) kann jedoch dem W seine Eigenschaft als Orderpapier genommen werden, wodurch der W zwar nicht seine Eigenschaft als Wertpapier verliert, aber zum Rektapapier wird.

Es muß sich um ein Indossierungsverbot des Ausstellers handeln; über Rektaklausel des Indossanten vgl. Art 15[6]. Rektaklausel des Annehmers ist beschränkte Annahme im Sinne von Art 26 II, ändert aber nichts an der Natur des W als Orderpapier (vgl. 26[12]).

Das Indossierungsverbot braucht zwar nicht im zusammenhängenden W.text zu stehen (bestr.), wohl aber auf der Vorderseite des W von der Ausstellerunterschrift gedeckt (St-Str 11[10]; Baumb-H 11[3]). Üblich ist der Vermerk „nicht an Order", aber gleichbedeutende Zusätze wie „nicht übertragbar", „nicht indossabel", „nur an (Name des W.nehmers) selbst" sind ebenfalls wirksam. Undeutlich, daher nicht ausreichend wäre die bloße Beifügung des Wortes „selbst" zum Namen des W.nehmers. Vermerke wie „Depotwechsel", „nur zum Pfand", „als Kautionswechsel" beschränken die Übertragbarkeit durch Indossament, da der W.nehmer in entsprechender Anwendung des Art 19 I dann nur zur Erteilung eines Vollmachtsindossaments befugt ist (bestr. 17[32]). Unwirksam wäre bloße Streichung einer im Formular enthaltenen Orderklausel (wegen Abs 1), genügend aber ein Quervermerk durch den W.text: „nicht an Order". Unterlassene Streichung einer im benutzten Vordruck vorhandenen Orderklausel wird in der Regel einem beigefügten Indossierungsverbot die Wirkung nehmen, da bei vorhandenem Widerspruch der W.inhalt die Indossierbarkeit nicht zweifelsfrei ausschließt und es daher bei der Regel des Abs I verbleibt.

Anm 5a a) Daß der **Rektawechsel** „nur in der Form und mit den Wirkungen einer gewöhnlichen Abtretung übertragen werden kann" (Abs II), schließt mit Rücksicht auf die Formfreiheit einer Abtretung nach BGB nicht aus, ein trotz Rektaklausel vorgenommenes und daher als solches unwirksames Indossament als Abtretung zu behandeln (vgl. St-Str 11[9]; abw. Qu-A 11[9]). Diese Annahme wird durch Art 20 gestützt, der dem Nachindossament „nur die Wirkungen einer gewöhnlichen Abtretung" beilegt, also anderen Indossamenten offenbar nur zusätzliche Wirkungen beimißt. Das ist zutreffend. Ein auf Übertragung der Rechte aus dem W (Art 11 I u. Art 14 I WG) gerichtetes und begebenes Eigentumsindossament (vgl. Anm 3) schließt begrifflich einen Vertrag zwischen Indossant und Indossatar auf Übertragung der W.forderung ein, also eine Abtretung im Sinne des § 398 BGB (abw. Baumb-H 11[3A]). Ist es als Indossament formwidrig, so kann es als Abtretung wirksam bleiben, mindestens nach § 140 BGB als solche umgedeutet werden (St-Str 11[8]; Qu-A 11[6]; RG 83, 101); gegebenenfalls ist auch Umdeutung als Anweisung oder Vollmacht denkbar.

Anm 5b b) Ein Indossierungsverbot erstreckt sich hiesigen Erachtens auch auf beschränkte Indossamente (Pfand- und Vollmachtsindossament). Finden sich solche auf einem RektaW, so haben sie keine wechselmäßige Wirkung, gewähren insb. keine formelle Legitimation. Ein Pfandindossament kann aber regelmäßig gemäß § 140 BGB als bürg.-rechtl. Verpfändung, ein Vollmachtsindossament, dessen Zulässigkeit vielfach angenommen wird (dagegen St-Str 11[11]), als gewöhnliche unter Aushändigung einer Vollmachtsurkunde (§ 172 BGB) erteilte Vollmacht aufrecht erhalten werden, während ein Nachindossament, das auch beim OrderW nach Art 20 nur Abtretungswirkung hat, ebenso beim RektaW zu behandeln ist.

Anm 5c c) Die vorstehend zu a) erwähnte Abtretung der Forderung aus einem Rektawechsel kann (im Gegensatz zum OrderW, vgl. darüber Anm 10) durch formlosen Vertrag ohne Übergabe des Wechsels vollzogen werden. Denn beim Rektaforderungspapier folgt das Recht an der Urkunde dem Recht aus der Urkunde (so z. B. Hueck 13; Schwerin 52), so daß der Gläubiger der Forderung die Aushändigung der Schuldurkunde verlangen kann (§ 952 BGB). Dies ist für den RektaW bestritten, insb. unter Berufung auf § 792 BGB (so Wolff in Zschr f. Int.Pr.R 7, 792; Baumb-H 11 ³ B; Näheres St-Str 11 ¹² und wie hier Raiser in ZHR 101, 39). Die auch sonst bedenkliche Übertragung des bürgerl. Anweisungsrechts (1 ⁴ zu b) erscheint hier um so fragwürdiger, als in diesem Punkt eine einheitliche Behandlung des gezogenen und des eigenen RektaW geboten ist, beim eigenen W aber die äußerliche Ähnlichkeit mit einer Anweisung fehlt und der für abstrakte Schuldversprechen maßgebende § 780 BGB die Übertragung der Ansprüche nicht an die Aushändigung der Urkunde knüpft.

IV. Zu Abs III. An wen kann indossiert werden? An jede vom Indossanten verschiedene Person, auch an solche, die bereits im W.verbande stehen (sog. Rückindossament). Solche Personen — sind außer den in Abs III ausdrücklich erwähnten (Annehmer und Aussteller) — frühere Indossanten, W.bürgen und Ehrenannehmer. **Anm 6**

Wie an den Bezogenen, der noch nicht angenommen hat, so kann auch an andere im W benannte weitere Personen wie den Notadressaten und den als Zahlungsleister gemäß Art 4, 27 Benannten indossiert werden. Diese Indossamente, auch dasjenige an den Bezogenen, der nicht angenommen hat, sind keine Rückindossamente, weil die Übertragung der Rechte aus dem W hier nicht an einen W.verpflichteten erfolgt. Sind der Bezogene oder die als Zahlungsleister nach Art 4, 27 benannte Person bei Verfall noch Inhaber des W, so müssen sie trotzdem bei Verfall, wenn sie die Rückgriffansprüche nicht verlieren wollen, Protest (gegen sich selbst) erheben lassen (sog. Deklarationsprotest).

Ein durch Rückindossament erwerbender W.schuldner kann jedoch die Personen, denen er aus seiner eigenen früheren Unterschrift haftet, nicht in Anspruch nehmen (47 ¹⁶). Demnach kann der Aussteller nur vom Annehmer und seinem Bürgen, nicht vom W.nehmer oder von den dem Rückindossament vorausgehenden Indossanten Zahlung verlangen. Der Annehmer, der den W durch Indossament vor Verfall erwirbt, kann (im Gegensatz zum bloßen Bezogenen) bei Verfall zwar keinen der Rückgriffschuldner in Anspruch nehmen, ist aber rechtlich nicht gehindert, vor Verfall den W im Wege weiterer Indossierung zu verwerten. Selbst wenn er nur ein Gefälligkeitsakzept zugunsten des Ausstellers gegeben hatte, also gegen Ansprüche des einlösenden Ausstellers durch Einwendung aus dem mit diesem bestehenden Rechtsverhältnis geschützt sein würde (vgl. 17 ³⁸), kann er doch nicht seinerseits aus dem W gegen den Aussteller vorgehen, selbst wenn er ihn durch Indossament vor Verfall erworben hat (St-Str 11 ¹⁴).

Hat ein durch Rückindossament legitimierter W.schuldner vor Protest und vor Ablauf der Protestfrist weiter indossiert, so haften dem neuen Indossatar alle Rückgriffschuldner (gl. Ans. Qu-A 11 ¹³; Baumb-H 11 ⁴), auch soweit sie dem durch das Rückindossament erwerbenden Vormann gegenüber hätten einwenden können, daß er selbst ihr Schuldner auf Grund seiner früheren Unterschrift sei (anders, wenn der neue Inhaber nur Inkassobeauftragter ist,

18[13]). Denn sie treten nicht lediglich in die Rechte ihres Vormanns ein, wie bei Abtretung oder Nachindossament, sondern erwerben wechselmäßig alle Rechte aus dem W.

Anm 7 **V. Wer kann indossieren?** Diese Frage ist im Gegensatz zu der in Anm 6 erörterten im WG nicht ausdrücklich beantwortet. Der unbefangenen Betrachtung erscheint es selbstverständlich, daß jeder berechtigte Inhaber des W seine Rechte in wechselmäßiger Weise, also durch Indossament, übertragen kann. Der Wortlaut des Art 11 scheint dies zu stützen, das WG enthält auch an keiner anderen Stelle einen Hinweis, daß nicht jeder Eigentümer eines OrderW zur Indossierung befugt sein soll. Trotzdem ist dies hinsichtlich solcher W.eigentümer, die nicht selbst formelle wechselmäßige Legitimation nach Art 16 I besitzen, insb. wenn sie auf anderem Wege als durch Indossament Eigentümer des W geworden sind (vgl. Anm 8ff) bestritten, m. E. mit Unrecht (vgl. St-Str 11[7], 14[8]; Ulmer 216; Baumb-H 11[2]). Die Gegenmeinung räumt jedoch (im Anschluß an RG 43, 44) „aus praktischen Bedürfnissen" wenigstens dem Gesamtrechtsnachfolger, insb. dem Erben des formell legitimierten Inhabers das Indossierungsrecht ein (so Qu-A 11[2]; Knur-H 11[2]). Es ist aber nicht erkennbar, warum der Gesamtrechtsnachfolger anders zu behandeln sein soll als der Einzelrechtsnachfolger, wenn man trotz „nicht eindeutigen Wortlauts" (so Knur-H 11[2]) aus dem Wortlaut des Art 16 I („ununterbrochene Reihe von Indossamenten") folgert, daß nur eine auf diese Weise äußerlich legitimierte Person wirksam indossieren könne.

Nach hier vertretener Auffassung hat also das erste Indossament vom W.nehmer, jedes folgende von dem vorausgehenden Indossatar auszugehen (vgl. Näheres zu Art 16, wegen Blankoindossament auch zu Art 13, 14). Jedoch können etwaige Lücken durch anderweite Rechtsnachfolge mit der Wirkung überbrückt werden, daß der Rechtsnachfolger mit voller Übertragungs- und Verpflichtungswirkung weiter indossieren kann. Über die Ausweiswirkung solcher Indossamente vgl. Anm 12 zu Art 16. Fehlt es auch an solcher Überbrückung, ist also ein durch das vorausgehende Indossament formell nicht ausgewiesener Inhaber auch sachlich nicht berechtigt, so ist ein von ihm ausgestelltes Indossament und alle folgenden Indossamente w.mäßig unwirksam, d. h. es überträgt weder die W.rechte noch erzeugt es eine w.mäßige Haftung des Indossanten.

Anm 8 **VI. Rechtsübergang auf anderem Wege** als durch Indossament, insb. durch bürgerliche Rechtsnachfolge ist beim W nicht ausgeschlossen. Ein solcher Rechtsnachfolger rückt jedoch lediglich in die Rechte seines Vorgängers ein, es kommt insb. nur auf dessen Gutgläubigkeit für die Anwendung der Art 16, 17 an. Er hat seinen Rechtserwerb selbst nachzuweisen, es sei denn, daß der W schon in der Hand seines Rechtsvorgängers ein Blankoindossament trug, das auch ihn nach Art 16 I formell legitimiert. Der Schuldner, der an den nicht formell legitimierten Rechtsnachfolger zahlt, hat hinsichtlich der Rechtsnachfolge nicht den Schutz des Art 40, sondern muß sie auf eigene Gefahr prüfen.

Anm 9 a) Bei Gesamtrechtsnachfolge, insb. bei **Erbfolge** (RG 12, 132) kann der Rechtsnachfolger Gläubiger eines zur Vermögensmasse gehörigen W ohne dessen tatsächliche Innehabung werden. Er kann jedoch Zahlung erst verlangen, wenn er zur Vorlegung des W in der Lage ist. Die Ausübung der Rechte aus Wertpapieren ist grundsätzlich ohne das Papier nicht möglich. Der W.schuldner braucht daher nach Art 39 I, 50 I WG nur gegen Aushändigung des W Zahlung zu leisten. Urkundlicher Nachweis, z. B. bei Erbfolge durch Erbschein, ist nicht erforderlich, aber mit Rücksicht auf die Prüfungspflicht des Schuldners und dessen etwaige Hinterlegungsbefugnis bei Zweifeln über die Berechtigung (42[9]), insb. wenn es sich um einen Rückgriffschuldner handelt, empfehlenswert.

b) **Abtretung** der Ansprüche aus dem W (zu unterscheiden von Abtretung der der W.ziehung zugrunde liegenden Forderung, vgl. auch 17[20]) ist in den Formen und mit der Wirkung des bürgerlichen Rechts zulässig, wie Art 11 II, Art 20 I Satz 2 bestätigt. Der schuldrechtl. Vertrag auf Übertragung der W.-ansprüche ist zwar formfrei, die dingliche Vollziehung der Abtretung eines OrderW hat aber dessen Übergabe zur Voraussetzung (RG 88, 292; 160, 338; St-Str 11[17]; Baumb-H 11[3B]; Hueck 43). Die als solche nach § 398 BGB formfreie Forderungsabtretung ist bei Orderpapieren an die Übereignung des Wertpapiers gebunden, erfolgt also nach Sachenrecht gemäß §§ 929 ff BGB, indem das Recht aus dem Papier dem Recht am Papier folgt. Die Gegenmeinung (Kessler 11[2]; neuerdings Locher 98; Knur-H 11[1]; Ulmer 77 in Widerspruch zu 212) räumt ein, daß zur Geltendmachung des W dessen Besitz hinzukommen muß. Auch nach hiesiger Meinung begründet schon der formfreie schuldrechtliche Vertrag einen Anspruch gegen den sich zur Abtretung verpflichtenden Inhaber auf Herausgabe des W, und Anzeige an den Schuldner von erfolgter Abtretung wirkt gemäß § 409 BGB gegen den bisherigen Gläubiger, aber auch nur gegen diesen (vgl. RG 26, 100; nach jetzigem Recht nur noch teilweise zutreffend). Wenn nämlich der Inhaber des W vor dessen Übergabe an den Abtretungsberechtigten den W an einen Dritten indossiert (oder abtritt und übereignet), so wird dieser Dritte tatsächlicher W.gläubiger. Er kann nochmalige Zahlung vom Schuldner verlangen, falls dieser an den angeblichen Zessionar gezahlt hat, ohne sich gemäß Art 39 bzw. 50 I den W aushändigen zu lassen. Auch braucht der spätere Erwerber den W nicht an den Erstberechtigten auszuhändigen, der lediglich einen schuldrechtlichen Anspruch gegen seinen Vertragsgegner hat. **Anm 10**

Anders beim Rektawechsel (Anm 5 zu c), was seinen inneren Grund darin hat, daß dieser nicht zum wechselmäßigen Umlauf bestimmt ist, daher vom Verkehr nicht wie eine Sache, sondern als Schuldurkunde behandelt wird.

Über die Wirkungen der Abtretung vgl. Anm 8 u. § 404 BGB, über das (streitige) Recht des Erwerbers, den W zu indossieren, vgl. Anm 7. Teilabtretung ist, da eine Übereignung des W nur hinsichtlich eines Teilbetrages der W.summe nicht denkbar ist, ebenso unzulässig wie (nach Art 12 II) Teilindossament (St-Str 11[19]; RG 160, 338; Langen 18; Baumb-H 11[3B]; Knur-H 11[1]; abw. Rilk 66).

c) Übertragung der Rechte aus OrderW im Wege der **Zwangsvollstreckung** erfolgt durch Pfändung und Überweisung nach §§ 831, 835 ZPO, nicht nach §§ 821 ff (RG 35, 75; 61, 331); Verwertung gemäß §§ 835 ff, evtl. nach § 844, insb. wenn die beizutreibende Forderung niedriger als die W.summe ist. Vgl. Näheres St-Str 11[21] ff, für BlankoW St-Str 10[11a]. **Anm 11**

Anm 12 d) **Übergang kraft Gesetzes** erfolgt bei Einlösung des W nach Art 32 III WG auf den W.bürgen, nach Art 63 I auf den Ehrenzahler und nach Art 8 auf den vollmachtlosen Vertreter. Auch der einlösende Rückgriffschuldner wird kraft W.rechts zur Geltendmachung der Ansprüche gegen seine Vormänner und den Annehmer befugt (Art 49).

Ein Übergang kraft Gesetzes ist aber auch nach bürgerlichem Recht denkbar (z. B. nach §§ 268, 774 BGB) sowie nach öffentlichem Recht durch staatlichen Hoheitsakt, insb. Enteignung, vgl. St-Str 11[23] f und den im Ergebnis zutreffenden Beschluß des RG in Zschr ADtR 1940, 114.

Artikel 12

Das Indossament muß unbedingt sein. Bedingungen, von denen es abhängig gemacht wird, gelten als nicht geschrieben.

Ein Teilindossament ist nichtig.

Ein Indossament an den Inhaber gilt als Blankoindossament.

Anm 1 **I. Zu Abs I.** Der W muß als Umlaufspapier aus sich selbst alle wesentlichen Umstände erkennen lassen, um für seinen Zweck im Verkehr brauchbar zu sein. Dies äußert sich rechtlich unter anderem in der Bedingungsfeindlichkeit der W.erklärungen (vgl. Art 1 Zf 2, 26 I, 75 Zf 2) und wird beim Indossament vom WG in der Weise verwirklicht, daß etwa beigefügte **Bedingungen als nicht geschrieben** behandelt werden (anders bei bedingter Ausstellererklärung, die nichtig ist). Diese Regelung gilt für den gesamten Inhalt des Indossaments, also nicht nur für die Übertragungs-, sondern auch für die Verpflichtungswirkung. Die den Indossatar regelmäßig treffende Haftung kann demnach zwar gemäß Art 15 ganz oder teilweise ausgeschlossen, aber nach vorl. Artikel nicht von einer Bedingung abhängig gemacht werden. Da die Bedingung als nicht geschrieben gilt, kann somit den Indossatar eine schwerere Haftung treffen, als er sie ausweislich seines Indossaments übernehmen wollte. Wer z. B. indossiert: „An N N, falls dieser den Vertrag vom 1. 4. 1951 erfüllt", haftet, sobald er die zur Wirksamkeit des Indossaments erforderliche Begebung (vgl. 11[3]) vorgenommen hat, unbedingt. Jedoch kann er seinem Indossatar gegenüber Einwendungen aus dem der Indossierung zugrundeliegenden Geschäft erheben (im vorstehenden Beispiel also, daß der Vertrag nicht erfüllt sei), gegenüber späteren Erwerbern des W jedoch nur, wenn sie im Sinne des Art 17 bösgläubig waren.

Anm 2 Von den unzulässigen Bedingungen zu unterscheiden sind Vermerke, die in einer vom WG gestatteten Weise die Rückgriffhaftung an besondere Voraussetzungen wechselrechtlicher Natur knüpfen: vgl. Art 22 IV, 23 III, 34 I Satz 3, 55 I. Keine Bedingungen enthalten die vom WG ferner zugelassenen Vermerke, welche die mangels solcher Zusätze kraft Gesetzes eintretenden Wirkungen des Indossaments einschränken, nämlich: Haftungsausschluß (Art 15; zulässig auch für Teile der W.summe oder Abkürzung der Verjährung), Haftungsbeschränkung auf bestimmte Gläubiger, insb. im Wege der Rektaklausel (Art 15 II); Vollmachts- (Art 18) und Pfandindossament (Art 19).

II. Zu Abs II. Teilindossament ist ein Indossament, das die Übertragung der W.rechte auf einen Teil der bestehenden Forderung beschränken will, was bei einem Indossament, das nach Tilgung eines Teiles der W.schuld über den Restbetrag ausgestellt wird, nicht zutrifft (RG 11, 148; ROLG 21, 394). Ebenso liegt keine Spaltung des Gläubigerrechts und demnach kein unwirksames Teilindossament vor bei einer fiduziarischen Abrede, daß der Indossatar einen Teil der W.summe zugunsten des Indossanten einziehen solle (RG 41, 114; 117, 69). Ebensowenig bei Benennung mehrerer Indossatare, bezüglich deren das für mehrere W.nehmer in Anm 16 Art 1 Ausgeführte entsprechend gilt. Wegen Teilabtretung vgl. 11[10]. Anm 3

In allen Beziehungen handelt es sich bei dem Verbot des Teilindossaments nur um die Übertragungswirkung des Indossaments, d. h. das Verbot einer Spaltung des Gläubigerrechts durch Indossament. Die Haftung aus dem Indossament kann dagegen auch auf Teile der W.summe beschränkt werden (15[5]).

III. Zu Abs III. Indossament an den Inhaber ist (im Gegensatz zum Inhaberwechsel; vgl. 1[17]) zulässig und nach den Regeln für das Blankoindossament (Art 13 II, 14 II) zu behandeln (vgl. 13[10]; 20[12]). Der Gebrauch des Wortes Inhaber ist nicht erforderlich, gleichbedeutend wäre z. B. „An den Vorleger" oder „An Jedermann". Auch „An NN oder Inhaber" würde den jeweiligen Inhaber ausweisen und als Inhaberindossament anzusehen sein (St-Str 12[6]). Anm 4

Wie beim Blankoindossament kann der jeweilige Inhaber das Indossament gemäß Art 14 II Zf 1 mit dem Namen eines Indossatars ausfüllen, wobei ihm im Interesse der Deutlichkeit die Streichung des Wortes „Inhaber" freistehen muß, da durch die Namensangabe das Inhaberindossament in ein Namensindossament verwandelt werden soll. Damit erlischt die Legitimation eines bloßen Inhabers. Sie erlischt gleichfalls durch ein auf das Inhaberindossament folgendes Namensindossament, da nach Art 16 I der bloße Inhaber nur legitimiert ist, wenn das letzte Indossament ein Blanko- (oder Inhaber-) indossament ist.

Artikel 13

Das Indossament muß auf den Wechsel oder auf ein mit dem Wechsel verbundenes Blatt (Anhang) gesetzt werden. Es muß von dem Indossanten unterschrieben werden.

Das Indossament braucht den Indossatar nicht zu bezeichnen und kann selbst in der bloßen Unterschrift des Indossanten bestehen (Blankoindossament). In diesem letzteren Falle muß das Indossament, um gültig zu sein, auf die Rückseite des Wechsels oder auf den Anhang gesetzt werden.

I. Die im vorl. Artikel enthaltenen Vorschriften über die **Form des Indossaments** unterscheiden zwischen dem den Namen des Erwerbers (Indossatars) angebenden Namensindossament (Abs 1) und dem diesen Namen nicht enthaltenden Blankoindossament (Abs 2). Die Vorschriften des Abs 1 Anm 1 erstrecken sich jedoch auch auf diejenigen Blankoindossamente, die nicht nur in der Unterschrift des Indossanten bestehen, sondern auch einen Übertragungsvermerk enthalten.

Anm 2 **Zu Abs I. 1. Zu Satz 1.** Platz: Die Vorschrift, daß das Indossament auf den W oder einen etwa vorhandenen Anhang gesetzt werden muß, ist gemäß Art 67 III dahin zu ergänzen, daß Indossamente wirksam auch auf formelle Wechselabschriften gesetzt werden können; sie können nur noch auf diese gesetzt werden, sofern die W.urschrift einen Sperrvermerk des Inhalts trägt, daß von dem Vermerk an Indossamente nur noch auf der gefertigten Abschrift gelten sollen (vgl. zu Art 68 III). Wo das Indossament auf dem W zu stehen hat, ist nicht vorgeschrieben. Es kann also (von der Ausnahme des Abs II Satz 2 abgesehen) auch auf der Vorderseite des W stehen, was aber durchaus unüblich ist und an die Kennzeichnung des Vermerks als Indossament (vgl. Anm 4) erhöhte Anforderungen stellt.

Anm 3 **2. Zu Satz 2.** Über die Unterschrift des Indossanten gilt das gleiche wie über sonstige Unterschriften, vgl. 1[22]ff.

Anm 4 **3.** Ein Übertragungsvermerk, d. h. eine dem Zweck des Indossaments (vgl. Art 11 I) entsprechende Erklärung, daß der W auf einen neuen Gläubiger übertragen werden soll, ist zwar nicht vorgeschrieben, aber zur Kennzeichnung einer auf dem W befindlichen Unterschrift als Indossament erforderlich, soweit sich dies nicht aus dem in Abs. II Satz 2 anerkannten Handelsgebrauch, daß bloße Namenszeichnungen auf der Rückseite als Indossamente gelten, ohne weiteres ergibt. Auch bei einem Namensindossament, das auf der Rückseite steht, ist der Übertragungsvermerk gewöhnlich nur: „An NN" oder „An Order von NN". In keinem Falle ist der Gebrauch des Wortes „Indossament", z. B. als Überschrift des Übertragungsvermerks oder durch Zusatz von „als Indossant" zur Unterschrift erforderlich, wenn dies auch bei einem ausnahmsweise auf die Vorderseite des W gesetzten Indossament zur Klarstellung zweckmäßig sein kann.

Anm 5 **4.** Datierung (Ort- und Zeitangabe) ist nicht üblich; Zeitangabe ist aber jedenfalls dann empfehlenswert, wenn sich nicht aus der räumlichen Aufeinanderfolge die für die Legitimationswirkung (Art 16 I) wesentliche Reihenfolge der Indossamente ohne weiteres ergibt. Ein angegebenes Datum hat, soweit es von Erheblichkeit ist, die Vermutung der Richtigkeit; unmögliches Datum ist unschädlich, da Datierung kein Formerfordernis. Adressenangabe des Indossanten ist wegen ihrer Bedeutung für den Anspruch auf Notanzeige gemäß Art 45 III ratsam.

Anm 6 **5.** Bei der Angabe des Namens des Indossatars sind geringe Abweichungen von dem wirklichen Namen für die Berechtigung der Person, der der indossierte W übergeben ist, im allgemeinen unschädlich (RG Gruch 28, 1012). Andererseits darf der Erwerber bei fälschlicher Namensangabe seine Legitimation nicht dadurch herstellen, daß er ohne Zustimmung des Indossanten durch Streichung der irrtümlichen Namensangabe das Indossament in ein Blankoindossament umwandelt (vgl. Anm 8).

Anm 7 **II. Zu Abs II. Blankoindossament.** 1. Form. a) Ein den Namen des Erwerbers nicht angebendes Blankoindossament liegt vor, wenn der Name des

Indossatars im Übertragungsvermerk offengelassen ist („Für mich an die Order des . . ." mit Unterschrift des Indossanten), oder wenn der Indossant seine bloße Unterschrift auf die Rückseite des W oder einen etwa vorhandenen, die Rückseite des W verlängernden Anhang setzt. Ein solches Blankoindossament legitimiert formell den jeweiligen Inhaber, aber nur so lange, als es das letzte vorhandene Indossament ist (Art 16 I).

„Bloße" Unterschrift liegt auch vor, wenn sich neben der Unterschrift Datierung, aber kein Übertragungsvermerk befindet. Auch ein Indossament an den Inhaber gilt als Blankoindossament (Art 12 III). Unleserliche Namensangabe oder Benennung einer nicht vorhandenen Person als Indossatar ist kein Blankoindossament, da es hier nur auf die äußere Form der fehlenden Angabe eines Indossatars ankommt.

b) Streichungen: Wer einen W mit Namensindossament, das nicht auf ihn lautet, in Händen hat, darf seine formelle Legitimation nicht einseitig dadurch herstellen, daß er den angegebenen Namen des Indossatars oder den ganzen Übertragungsvermerk streicht, um aus dem Indossament ein Blankoindossament zu machen (RG 41, 413). Er ist hierzu selbst dann nicht befugt, wenn er (z. B. durch Abtretung, die auch in der Begebung eines versehentlich mit falscher Namensangabe des Indossatars versehenen W gefunden werden kann) durch außerwechselmäßigen Erwerb (vgl. 11[8]) materiell berechtigt ist. Der Schuldner kann, wenn die unbefugte Streichung feststeht, dem Inhaber seine fehlende Legitimation entgegenhalten; er kann, falls der Inhaber durch bürgerliche Rechtsnachfolge Gläubiger geworden ist, von den dem Rechtsvorgänger gegenüber bestehenden Einwendungen Gebrauch machen (17[16]). Der spätere gutgläubige Erwerber ist allerdings geschützt, da nach (dem mindestens entsprechend anwendbaren) Art 16 II Satz 2 die Durchstreichung für die Beurteilung der formellen Legitimation maßgebend ist (vgl. auch 16[8]). **Anm 8**

c) Ein Quittungsvermerk auf der Rückseite des W (z. B. „Inhalt empfangen" Unterschrift) ist kein Blankoindossament, da es keine „bloße" Unterschrift darstellt und eine bloße Empfangsbescheinigung den Willen zur Rechtsübertragung auf den Zahlenden nicht zum Ausdruck bringt (abw. unter WO RG JW 1914, 533, dem Qu-A 13[5] folgt; wie hier KG JW 1928, 1607; vgl. St-Str 13[8]; auf Einzellage abstellend RG 129, 167; Baumb-H 13[2]). Streichung der der Unterschrift vorausgehenden Empfangsbescheinigung ist wie beim Namensindossament (siehe oben) zu behandeln. Jedoch kann der Erwerber, wenn tatsächlich Blankoindossament, nicht Quittierung der W.schuld beabsichtigt war, nach Art 14 II Zf 1 seinen Namen einfügen; er ist dann durch Namensindossament legitimiert, bei dem eine darin enthaltene Empfangsbescheinigung („Valuta erhalten") regelmäßig bedeutet, daß der angegebene Indossatar den für die Übereignung des W vereinbarten Gegenwert geleistet habe. **Anm 9**

2. Die Wirkungen des Blankoindossaments und die Voraussetzungen seiner Wirksamkeit (z. B. Begebung) sind grundsätzlich die gleichen wie die eines Namensindossaments (11[2], [3]). Über die Besonderheiten der Ausweiswirkung zugunsten des jeweiligen Inhabers vgl. 16[5]; ein von dem Inhaber des W herrührendes Blankoindossament steht dem formalen Ausweis des Inhabers aus dem vorausgehenden Indossament nicht im Wege (RG 160, 341). Über den Umlauf des W unter Benutzung des Blankoindossaments vgl. 14[11]ff, 20[12]. **Anm 10**

Artikel 14

Das Indossament überträgt alle Rechte aus dem Wechsel.

Ist es ein Blankoindossament, so kann der Inhaber

1. das Indossament mit seinem Namen oder mit dem Namen eines anderen ausfüllen;
2. den Wechsel durch ein Blankoindossament oder an eine bestimmte Person weiterindossieren;
3. den Wechsel weiterbegeben, ohne das Blankoindossament auszufüllen und ohne ihn zu indossieren.

Anm 1 **I. Allgemeines.** Der vorl. Artikel betrifft den **Umlauf** des W durch Indossament und regelt von den verschiedenen Wirkungen des Indossaments (vgl. 11²) die Übertragungswirkung (Transportfunktion) des gewöhnlichen (Eigentum-)Indossaments (Gegensatz: beschränkte Indossamente nach Art 18—20). Abs II erläutert, in welcher Weise ein Blankoindossament zur Übertragung der W.rechte verwendet werden kann. — Art 14 bezieht sich nur auf OrderW, da bei RektaW Indossierung mit w.mäßiger Wirkung ausgeschlossen ist (11⁴).

Anm 2 **II.** Die **Übertragungswirkung** besteht in der Herbeiführung eines Wechsels der Person des W.gläubigers durch die besondere Form und mit der eigentümlichen Wirkung der Indossierung.

A. Voraussetzung für den Eintritt dieser Wirkung ist:

1. Ein formgültiges, von dem bisherigen Gläubiger (oder, soweit ein gutgläubiger Erwerber im Sinne des Art 16 in Frage kommt, mindestens von einem formell ausgewiesenen Inhaber) ausgehendes Indossament. Über die Formvorschriften und den zulässigen Inhalt des Indossaments vgl. zu Art 13 bzw. 12; über die Personen, an die und von denen indossiert werden kann, vgl. 11⁶ u. 11⁷.

Anm 3 2. Die Begebung des indossierten W an den Indossatar. Art 14 I erwähnt dies nicht ausdrücklich, aber Abs II Zf 3, wonach der Gläubigerwechsel beim Vorhandensein eines Blankoindossaments auch durch bloßes „Weiterbegeben" zugelassen wird, macht es klar, daß das WG die Begebung an den neuen Gläubiger für die Übertragung des W als selbstverständlich stillschweigend voraussetzt. Dies hat seinen Grund darin, daß wegen der Wertpapiernatur des W nur dessen „Inhaber" zur Geltendmachung der Rechte aus dem W befugt ist, nur er kann bei Verfall Zahlung verlangen (Art 38) und notfalls Rückgriff nehmen (Art 43). Die hiernach zur Übertragung der Rechte aus dem indossierten W erforderliche Besitzübertragung (Übergabe) an den Indossanten enthält regelmäßig auch die dingliche Einigung im Sinne des § 929 BGB über den Übergang des Eigentums am Papier (11⁸). Sie braucht nicht ausdrücklich erklärt zu werden, sondern ist stillschweigend in Geben und Nehmen des indossierten W eingeschlossen.

Der Indossatar, dem der W noch nicht ausgehändigt ist, ist noch nicht W.gläubiger und wird es auch nicht, wenn er sich eigenmächtig (z. B. durch Diebstahl eines zur Vorbereitung der Übertragung an ihn indossierten oder eines mit Blankoindossaments versehenen W) den Besitz des Papiers verschafft. Einem solchen Inhaber kann trotz seines dem Art 16 I entsprechenden formalen Ausweises und der ihm dadurch zustehenden Vermutung der Berechtigung nicht nur sein unmittelbarer Vormann, sondern jeder W.schuldner entgegenhalten, daß er mangels Begebungsvertrages kein Eigentum am W und demnach auch nicht die Rechte aus dem W erworben habe (17[10]). Daher bleibt der Indossant bis zur Begebung materiell berechtigt (kann auch das Indossament wirksam streichen), selbst wenn er sich zur Übertragung des W an den Indossatar verpflichtet hatte. Letzterer hat nur einen schuldrechtlichen Anspruch auf Übereignung, die — wenn der Indossatar sich bereits im Besitz des W befinden sollte — auch durch bloße Einigung nach § 929 Satz 2 BGB erfolgen kann.

Jedoch erwirbt ein dritter Gutgläubiger gemäß Art 16 II Eigentum auch von einem materiell nicht berechtigten, aber formell ausgewiesenen Inhaber. Ihm kann also nicht entgegengehalten werden, daß sein Vormann mangels Begebung die W.rechte nicht erworben hatte. Über den Einwand des mangelnden Begebungsvertrages bezügl. der Verpflichtungswirkung des Indossaments vgl. 15[1], 17[26].

B. 1. Mit dem Erwerb des Eigentums an dem indossierten W **gehen alle Rechte aus dem Wechsel auf den Indossatar über.** Der Indossatar erwirbt durch diesen als „Übertragung der Rechte" in Art 14 bezeichneten Erwerb zunächst alle wechselmäßigen Ansprüche seines Vormanns als dessen Rechtsnachfolger (abw. Baumb-H 14[2]). Der Erwerb durch Indossament hat darüber hinaus rechtsverstärkende Wirkung für den gutgläubigen Erwerber, weil dieser gegen Mängel des Rechtserwerbs, insb. fehlende Berechtigung seines Indossanten, im Rahmen des Art 16, und gegen Einwendungen aus den Rechtsbeziehungen zwischen seinen Vormännern und den W.schuldnern durch Art 17 geschützt ist. Insofern ist die Rechtsstellung des gutgläubigen Erwerbers von der Person des Indossanten unabhängig, der Rechtserwerb durch den Inhalt der Urkunde bestimmt. Bei der Mehrdeutigkeit des Ausdrucks „Rechtsnachfolge" in der Gesetzessprache bleibt es für jede einzelne gesetzliche Bestimmung zu prüfen, ob eine solche rechtsverstärkende Rechtsübertragung, die in ähnlicher Weise z. B. beim rechtsgeschäftlichen Eigentumserwerb (§ 932 BGB) stattfindet, als Rechtsnachfolge im Sinne dieses Gesetzes anzusehen ist (vgl. z. B. 17[50]; für § 445 ZPO alter Fassung RG JW 1926, 2911). **Anm 4**

Anm 5

2. Der Indossatar erwirbt „alle Rechte aus dem W", d. h. die dem W.inhaber zustehenden wechselmäßigen Ansprüche. Das sind außer dem Anspruch auf Zahlung gegen den Hauptschuldner (Annehmer, bzw. Aussteller des eigenen W) die Rückgriffansprüche und die Ansprüche gegen etwaige W.bürgen und Ehrenannehmer. Der Bereicherungsanspruch (Art 89) ist ebenfalls ein wechselmäßiger Anspruch, der ein Überbleibsel der auf den Indossatar übergehenden Ansprüche gegen Annehmer und Aussteller darstellt. Er hat aber die Besonderheit, daß seine Voraussetzungen hinsichtlich des Vorhandenseins eines Schadens durch Erlöschen der ursprünglichen W.ansprüche an die Person des den Anspruch erhebenden Gläubigers geknüpft sind. Er entsteht daher erst in der Hand dieses Gläubigers, jedoch wird er in dem Sinne durch Indossierung

mitübertragen, als er nur dem W.inhaber zustehen kann, also an das durch das Indossament übergehende W.eigentum geknüpft ist.

Anm 6 Nicht zu den Rechten aus dem W gehört nach inländischem Recht die sog. Deckung, d. h. die bürg.-rechtlichen Ansprüche des Ausstellers gegen den Bezogenen aus dem den Anlaß zur Ziehung des W bildenden Rechtsgeschäft (z. B. die Kaufpreisforderung für vom Aussteller an den Bezogenen gelieferte Ware). Diese Ansprüche gehen ohne besondere bürg.-rechtliche Abtretung nicht auf den jeweiligen Inhaber des W über (vgl. 17[31b]; RG 39, 371). Anders insb. im französischen Recht (C. d. C. Art 116), wo der Anspruch auf die „provision" kraft Gesetzes mit dem indossierten W auf den jeweiligen Inhaber übergeht; vgl. auch zu Art 95. Da in Deutschland der Umlauf nicht angenommener W trotz der durch Art 22 II WG erfolgten Zulassung der nicht akzeptablen Tratte eine seltene Ausnahme darstellt, hat diese besonders im Konkursfall des Ausstellers vom rechtspolitischen Standpunkt aus angreifbare Regelung nur geringe praktische Bedeutung. Vgl. Näheres bei Wieland, Der Wechsel und seine zivilrechtlichen Grundlagen, 1901; Neis, Wechsel und seine Deckung, 1939; Sassmanshausen, Wechsel mit Vorlageverbot, 1938 (weiteres Schrifttum auch bei St-Str 9[16] u. 14[6]). Durch das Indossament gehen daher auch nicht die etwa dem Indossanten gegen seinen Vormann zustehenden Ansprüche bürgerl. Rechts oder die zur Sicherung der bürg.-rechtlichen Forderungen, die der Ausstellung oder Indossierung zugrundeliegen, bestellten Nebenrechte (Pfänder usw.) auf den Indossatar über.

Anm 7 Wenn dagegen nach bürgerl. Recht Nebenrechte (wie Pfänder, Bürgschaft, Hypothek; vgl. hierüber § 1187 BGB) für den W.anspruch selbst bestehen, so wird deren Mitübergang auf den Indossatar gemäß § 401 BGB in der Regel anzunehmen sein, ohne daß es — wie das RG (41, 173) unter Geltung der WO verlangte — einer ausdrücklichen Mitübertragung bedarf (abw. Rilk 72; Qu-A 14[4]; zust. Kessler 14[4]; Baumb-H 14[2]). Denn das Indossament schließt die Wirkungen einer Abtretung in sich ein (vgl. 11[5] zu b). Der Mitübergang kann aber, da § 401 BGB kein zwingendes Recht ist, ausdrücklich oder, wie sich aus den Umständen im Einzelfall ergeben mag (St-Str 14[6]), stillschweigend ausgeschlossen sein.

Anm 8 3. Das Recht, weiter zu indossieren, steht dem Indossatar selbst dann zu, wenn sein Vormann weitere Indossierung untersagt hat. Denn ein Indossierungsverbot des Indossanten beschränkt nur dessen Haftung (15[6]), ohne den W zum Rektapapier umzuwandeln.

Anm 9 4. Die „Übertragung" von Rechten hat im allgemeinen zur Folge, daß der bisher Berechtigte, der das Recht auf einen anderen überträgt, seine Gläubigerstellung verliert. Dies trifft auch auf den Indossanten insoweit zu, als er die Rechte aus dem W nicht ausüben kann, solange der Indossatar oder dessen Nachmänner den W als nunmehrige Eigentümer in Händen haben. Wenn der Indossatar aber den notleidenden W als Rückgriffschuldner eingelöst hat, so haften ihm gemäß Art 47 III wieder alle seine Vormänner. Dieser **Wiedereintritt in seine alte Rechtsstellung** (ROHG 24, 1; RG 34, 52; 77, 187; 104, 270) bedeutet, daß der einlösende Rückgriffschuldner nicht als Rechtsnachfolger des bezahlten Gläubigers an dessen Stelle tritt, so daß ihm von seinen Vormännern und dem Annehmer diejenigen, aber auch nur diejenigen Einwendungen entgegengehalten werden können, die ihm vor der Indossierung entgegenstanden. Die rechtliche Einordnung dieses Rückerwerbs des alten Gläubigerrechts ist streitig. Am befriedigendsten erscheint die Auffassung, daß die Indossierung unter der (eine Rechtsbedingung, keine echte Bedingung darstellenden) auflösenden Bedingung der Wiedereinlösung erfolge (St-Str 14[7]; zust. u. a. Gareis-R 14[8]; Baumb-H 14[20]). Diese Deutung erklärt nicht nur, warum dem einlösenden Indossanten keine Einwendungen aus der Person des bezahlten Nachmanns entgegengehalten werden können. Sie erklärt ebenfalls, warum er nicht besser steht als bei seiner ursprünglichen Innehabung, selbst wenn sein Nachmann gegen demnach zulässige Einwendungen nach Art 17 geschützt war. Die Annahme, daß die Rechtsübertragung durch Indossament unter einer auflösenden Rechtsbedingung erfolgt, steht in keinem Widerspruch zu der Auffassung, daß der Rückerwerb durch den einlösenden Rückgriffschuldner ein Rechtserwerb kraft Gesetzes ist, d. h. unabhängig von einer Übertragungshandlung oder einem Übertragungswillen des bezahlten Inhabers. Die Anwendung der Rechtsidee einer auflösenden Bedingung einerseits und eines Rückerwerbs kraft Gesetzes andererseits (letztere Seite neuerdings betont von Gogos, Einlösungsrückgriff, insb. S. 13) sind zwei miteinander in Einklang stehende rechtliche Gesichtspunkte derselben Erscheinung je nach ihrer Betrachtung von dem Zeitpunkt der Indossierung oder der Wiedereinlösung aus. Darüber, daß nur der zur Einlösung verpflichtete Indossatar in die alte Rechtsstellung wieder eintritt (abw. unter WO RG 77, 187), und wegen weiterer Einzelheiten vgl. 49[4] u. St-Str 14[7].

Für den Konkurs des Wechselschuldners ergibt sich aus Vorstehendem, daß der Indossant (ähnlich wie ein Bürge) seinen Anspruch schon vor der Einlösung als bedingten Anspruch anmelden kann, jedoch bei Verteilung der Masse nur berücksichtigt wird, wenn der W.inhaber nicht auch seinerseits die W.forderung im Konkurs geltend gemacht hat (vgl. RG 37, 3; 42, 37; 85, 57). Der Indossant kann, auch wenn er erst nach Konkurseröffnung eingelöst hat, mit der W.forderung gegen etwaige gegen ihn bestehende Ansprüche dem Konkursverwalter gegenüber aufrechnen (ROHG 24, 1). **Anm 10**

III. Zu Abs II. Umlauf eines mit **Blankoindossament** versehenen W. **Anm 11**

1. Über Wesen und Form des Blankoindossaments vgl. 13[1, 7]. Wer den W auf Grund eines Blankoindossaments erworben hat, hat die gleiche Rechtsstellung wie ein durch Namensindossament benannter Indossatar. Auch auf den Blankoindossatar gehen daher alle Rechte aus dem W über; er kann sie ausüben, ohne das Indossament mit seinem Namen ausgefüllt zu haben. Ein unausgefülltes Blankoindossament erhöht jedoch die Verlustgefahr, weil bei seinem Vorhandensein ein Nichtberechtigter ohne gleichzeitige Fälschung einer Unterschrift den W an einen dritten Gutgläubigen weiterbegeben kann, der gemäß Art 16 gegen Herausgabeansprüche des bisherigen Eigentümers geschützt ist. Der Blankoindossatar kann dies durch Einrücken seines Namens in das Blankoindossament gemäß Abs 2 Zf 1 des vorl. Artikels vermeiden. Der W kann dann nur noch mit einem von ihm herrührenden (Namens- oder Blanko-)Indossament weiterbegeben werden.

Anm 12 2. Da der Blankoindossatar alle Rechte aus dem W ausüben kann, kann er auch weiter indossieren (vgl. Anm 8), und zwar, wie Abs II Zf 2 zur Vermeidung von Zweifeln klarstellt, durch Namens- oder Blankoindossament. In beiden Fällen tritt er als Rückgriffschuldner in gleicher Weise in den W.verband ein wie ein Indossant, der selbst durch Namensindossament legitimiert war.

Anm 13 3. Der Blankoindossatar kann den W auch ohne Beifügung seiner eigenen Unterschrift derart an einen Nachmann weitergeben, daß er den Namen seines Nachmanns in das offen gebliebene Blankoindossament einrückt (Abs II Zf 1).

Durch das zum Namensindossament umgewandelte Blankoindossament wird der Erwerber formell ausgewiesen und genießt daher bei Gutgläubigkeit den Schutz der Art 16, 17. Der bisherige Inhaber bleibt zwar auf diese Weise vollständig außerhalb des W.verbandes, haftet insb. nicht als Rückgriffschuldner und kann auch nicht im Sinne der Art 47 III, 49 als W.verpflichteter „einlösen". Er bleibt aber trotzdem ein „früherer Inhaber" im Sinne der Art 16 II, 17 WG. Denn er war vor der Weiterbegebung ein durch das Blankoindossament ausgewiesener Inhaber. War z. B. der W dem Aussteller des ursprünglichen Blankoindossaments entwendet worden und hat derjenige, dessen Namen von dem unberechtigten Besitzer des W eingefügt wurde, von diesem in bösem Glauben erworben, so kann dem Erwerber der Mangel seiner Berechtigung von jedem Schuldner entgegengehalten, er auch zur Herausgabe des W von dessen Verlierer gezwungen werden. Der Erwerber kann sich in solchem Falle nicht darauf berufen, daß er durch das von einem berechtigten Inhaber unterzeichnete Indossament legitimiert sei. Denn er hat nicht von diesem Indossanten, sondern von einem materiell nicht berechtigten Inhaber erworben. Ebenso kann der Schuldner Einwendungen geltend machen, die auf seinen Rechtsbeziehungen zu dem Ausfüller des ursprünglichen Blankoindossaments beruhen, falls der Erwerber nicht gutgläubig im Sinne des Art 17 war. Gleiches gilt, falls der nunmehrige Inhaber nur Inkassobeauftragter eines aus dem W.verband durch Ausfüllung des Blankoindossaments ausgeschiedenen früheren Inhabers des W ist; hier sind die für das versteckte Inkassoindossament geltenden Grundsätze entsprechend anwendbar (vgl. 18^{11}ff).

Wenn der dem W.verband in der angegebenen Weise fernbleibende Ausfüller des Blankoindossaments seinem Nachmann auch nicht als Rückgriffschuldner haftet, so kann ihn doch eine Haftung nach bürgerlichem Recht für den Bestand der W.forderung nach Maßgabe des zugrundeliegenden Rechtsverhältnisses treffen (RG 33, 145).

Anm 14 4. Die stärkste durch Blankoindossierung eintretende Erhöhung der Umlaufsfähigkeit besteht in der Möglichkeit der **Blankobegebung** (Abs II Zf 3). Danach kann der durch Blankoindossament ausgewiesene Inhaber, wenn er von den Ausfüllungsbefugnissen nach Abs II Zf 1 keinen Gebrauch macht, den W ohne Beifügung seines Indossaments an einen neuen Gläubiger weiterbegeben. Begebung ist keine bloße Besitzübertragung, sondern Übereignung des W nach Sachenrecht (§ 929 BGB); vgl. Anm 3. Hier entsteht die formelle Legitimation des Erwerbers durch das schon vorhandene Blankoindossament und die Innehabung des W. Der Erwerber genießt bei Gutgläubigkeit daher den Schutz der Art 16, 17 (RG 134, 35). Auch hier bleibt der bisherige Inhaber dem W.verband mit den in Anm 13 erläuterten Rechtsfolgen fern, bleibt aber „früherer Inhaber" in dem vorerwähnten Sinne.

Die Möglichkeit einer Blankobegebung auf Grund eines vorprotestlichen Blankoindossaments erlischt mit Erhebung des Protestes mangels Zahlung (vgl. Mansfeld, LZ 1914, 1094). Der Protest schließt den normalen W.umlauf und weist aus, wer zur Zeit der Protesterhebung Inhaber des W auf Grund des letzten Blankoindossaments war. Nach diesem Zeitpunkt ist eine Übertragung der W.rechte nur durch bürg.-rechtliche Akte oder durch das keine stärkere Wirkung erzeugende „Nachindossament" (Art 20) möglich.

Blankobegebung ist natürlich nur zulässig, wenn das l e t z t e Indossament ein Blankoindossament ist; nur in diesem Falle hat das Blankoindossament nach Art 16 I Ausweiswirkung zugunsten des jeweiligen Inhabers. Folgt dagegen ein Namensindossament, so kann weiterer Umlauf nur derart stattfinden, daß der durch das letzte Indossament ausgewiesene Indossatar seinerseits ein (Namens- oder Blanko-)Indossament erteilt.

Artikel 15

Der Indossant haftet mangels eines entgegenstehenden Vermerkes für die Annahme und die Zahlung.

Er kann untersagen, daß der Wechsel weiter indossiert wird; in diesem Falle haftet er denen nicht, an die der Wechsel weiter indossiert wird.

I. Die **Haftung** des I n d o s s a n t e n für Annahme und Zahlung entspringt **Anm 1**
der V e r p f l i c h t u n g s w i r k u n g (Garantiefunktion) des Indossaments und setzt wie alle seine sonstigen Wirkungen (vgl. 11[2]) ein g ü l t i g e s Indossament voraus. Über die hierfür erforderliche Form vgl. Art 12 u. 13.

Über das Erfordernis der B e g e b u n g vgl. 11[3] u. Einl. Anm 11 ff. Für die schuldrechtliche Wirkung des Begebungsvertrages ist zu beachten, daß die H a f t u n g k r a f t G e s e t z e s eintritt, wenn sie nicht durch besonderen Vermerk ausdrücklich ausgeschlossen ist (Anm 5). Fehlender Haftungswille des Indossanten ist also unerheblich (17[12]); es bedarf keiner besonderen schuldrechtlichen Vereinbarung über die Haftungsübernahme zwischen Indossant und Indossatar. Jedoch kann ein im Indossament nicht zum Ausdruck gebrachter, bei der Weiterbegebung vereinbarter Haftungsausschluß einen persönlichen Einwand gegenüber dem unmittelbaren Nachmann erzeugen; so z. B. beim versteckten Inkassoindossament (Anm 4). Fehlt es auch an einem wirksamen dinglichen (die Übertragung des W betreffenden) Begebungsvertrag, so erzeugt das Indossament zunächst auch keine Haftung. Dem gutgläubigen späteren Erwerber kann dies jedoch nach Maßgabe des Art 17 nicht entgegengehalten werden, wenn die Nichtigkeit des Begebungsvertrages auf den unmittelbaren Beziehungen zwischen dem Indossanten und seinem nächsten Nachmann beruht (17[13, 15]).

Darüber, an wen und v o n w e m indossiert werden kann, vgl. 11[6, 7], insb. **Anm 2**
auch über die Streitfrage, ob ein Indossament wirksam ist, das von einem

materiell Berechtigten, der nicht nach Art 16 I legitimiert ist, herrührt, wenn eine außerwechselmäßige Rechtsnachfolge (z. B. Erbfolge oder Abtretung) stattgefunden hat. Hiesigen Erachtens hat ein Indossament nach einer formalen *Lücke in der Kette der Indossamente* bei deren materiellen Überbrückung sowohl Übertragungs- wie Verpflichtungswirkung. Ist dagegen die Lücke nicht überbrückt, so kann das Indossament eines Nichtberechtigten, der auch keine formelle Legitimation besitzt, keine wechselrechtlichen Wirkungen erzeugen (Beispiel: Indossament des angeblichen Erben des vorangehenden Indossatars, der tatsächlich nicht dessen Rechtsnachfolger ist). Die Indossanten nach solcher Lücke haften auch ihren Nachmännern gegenüber nicht nach Wechselrecht, die Indossamente begründen also keinen Rückgriff bis zur Lücke (abw. Michaelis zu Art 14 WO Anm 3). Andererseits wird die Verpflichtungswirkung des Indossaments nicht dadurch berührt, daß der formell ausgewiesene Indossant tatsächlich kein Gläubigerrecht erworben hatte (Beispiel: Indossament eines Inhabers, der in Kenntnis der Geschäftsunfähigkeit seines Vormanns den W erworben hatte; Indossament eines Nichtberechtigten bei Namensgleichheit mit dem letzten Indossatar; Indossament des Finders eines blankoindossierten W).

Anm 3 Art und Umfang der Haftung entsprechen als *Rückgriffsverpflichtung* derjenigen des Ausstellers (9[4], [5]) mit dem Unterschied, daß der Aussteller seine gesetzliche Haftung für die Zahlung auch durch besonderen Vermerk im W nicht ausschließen kann. Erfüllungsort ist regelmäßig (47[6]) der Wohnsitz des Indossanten zur Zeit der Begebung; für den Gerichtsstand ist aber außer dem Erfüllungsort nach § 603 ZPO auch der Zahlungsort des W maßgebend. Die Haftung des Indossanten ist beim Blankoindossament dieselbe wie beim Namensindossament; wer aber den W unter Benutzung eines schon vorhandenen Blankoindossaments ohne Beifügung seines eigenen Indossaments weiterbegibt, ist nicht Indossant und haftet daher nicht als solcher (14[13], [14]).

Da die Verbindlichkeit des Indossanten eine Rückgriffschuld ist, der Indossant also nur beim Notleiden des W in Anspruch genommen werden kann, insb. wenn der Bezogene Annahme oder Zahlung verweigert, so ergeben sich die Voraussetzungen für die Inanspruchnahme aus Art 43ff. Über das Erlöschen der Haftung durch Verwirkung des Rückgriffs mangels rechtzeitiger Vorlegung bzw. Protesterhebung vgl. Art 53.

Wem gegenüber die Haftung besteht, ergibt Art 48, 49: es sind der letzte W.inhaber und alle einlösenden *Nachmänner* des Indossanten, also nicht nur der auf ihn unmittelbar folgende Indossatar (anders beim Rektaindossament: Anm 6).

Anm 4 Da es sich um eine Rückgriffschuld, also um Gewährleistung für Annahme und für Zahlung bei Verfall handelt, kann begriffsmäßig beim *Vollmachtsindossament*, das zur Geltendmachung der W.rechte nur zwecks Einziehung für den Indossanten ermächtigt (Art 18), und beim Nachindossament, das nach Protest oder Ablauf der Protestfrist erteilt wird und nur als Abtretung wirkt (Art 20), keine Haftung des Indossanten in Frage kommen. Beim versteckten Vollmachtsindossament haftet der Indossant mit Rücksicht auf das zugrundeliegende Rechtsverhältnis zwar nicht gegenüber seinem unmittelbaren Nachmann (vgl. 18[16]); er kann aber von dem im Sinne des Art 17 gutgläubigen, insbesondere in Unkenntnis des Inkassoverhältnis erwerbenden späteren Indossatar in Anspruch genommen werden. Streitig, aber m. E. zu bejahen ist die Haftung aus offenem Pfandindossament (Art 19), obwohl sich der vorl. Artikel über die Haftungswirkung im Anschluß an die Bestimmungen für das unbeschränkte (Eigentums-)Indossament findet (19[5]).

II. Haftungsausschluß (Angstklausel) durch Vermerk auf dem W ist zulässig (anders beim Aussteller), z. B. mit den Worten: „ohne Haftung", „ohne Obligo", „ohne Gewähr". Aufnahme des Vermerks in das Indossament selbst ist nicht vorgeschrieben, aber üblich und zweckmäßig, um Zweifel darüber auszuschließen, daß es sich um einen von der Unterschrift des Indossanten gedeckten, die gesetzlichen Wirkungen dieses Indossaments beschränkenden Zusatz handelt. **Anm 5**

Ein Vermerk über Haftungsausschluß ohne näheren Zusatz befreit von Haftung für Annahme und Zahlung. Der Haftungsausschluß kann aber auch auf eine dieser Möglichkeiten oder in anderer Weise beschränkt werden, z. B. auf einen Teil der W.summe oder durch Rektaklausel (Anm 6) oder durch Abkürzung von Vorlegungsfristen (Art 22 IV, 34 I S. 4) oder der gesetzlichen Verjährungsfrist. Auch der Ausschluß eines vom Aussteller ausgehenden Protesterlasses (Anm 6) enthält eine Haftungsbeschränkung und ist daher zulässig. Der Vermerk wirkt immer nur zugunsten des Indossatars, der ihn beigefügt hat, nicht auch für seine Nachmänner.

Zu Abs II. Das **Verbot weiterer Indossierung** (Rektaklausel) macht den W nicht zum Rektapapier (anders bei Rektaklausel des Ausstellers, Art 11), sondern beschränkt lediglich die Haftung dieses Indossanten dahin, daß er nur seinem unmittelbaren Nachmann gegenüber im Rückgriffsfalle haftet. Der W bleibt trotz der Klausel indossabel. Durch Weiterbegebung des W seitens des Indossatars auch an einen gutgläubigen Dritten kann aber, wer mit Rektaklausel indossiert, seine Einwendungen gegen den ursprünglichen Indossatar nicht verlieren, weil er nur diesem w.mäßig haftet. Selbst wenn dieser seine Rückgriffansprüche abtritt (was zulässig erscheint und in weiteren Indossamenten stillschweigend mitenthalten ist, vgl. St-Str 15[8]), bleiben doch gegenüber dem bürg.-rechtlichen Nachfolger die Einwendungen gemäß § 404 BGB erhalten; z. B. der Einwand, daß der ursprüngliche Indossatar den Kaufvertrag, für welchen Zahlung durch Indossierung des W erfolgt sei, seinerseits nicht durch Lieferung der gekauften Sache erfüllt habe. Die auf das Rektaindossament folgenden Indossamente haben im übrigen volle Übertragungs- und Haftungswirkung, so daß die neuen Indossatare auch die Vormänner des Rektaindossanten in Anspruch nehmen können und allen ihren Nachmännern aus ihrem Indossament haften; auch genießen diese Indossatare den Schutz der Art 16, 17 bei Gutgläubigkeit. **Anm 6**

Wird der Rektaindossatar von seinem unmittelbaren Nachmann im Wege des Rückgriffs in Anspruch genommen, so haftet er nicht für die infolge weiterer Indossierung nach Art 49 aufgelaufenen Mehrbeträge (St-Str 15[8]; Langen 117; Baumb-H 15[2]).

Artikel 16

Wer den Wechsel in Händen hat, gilt als rechtmäßiger Inhaber, sofern er sein Recht durch eine ununterbrochene Reihe von Indossamenten nachweist, und zwar auch dann, wenn das letzte ein Blankoindossament ist. Ausgestrichene Indossamente gelten hierbei als nicht geschrieben. Folgt auf ein Blankoindossament ein weiteres Indossament, so wird angenommen, daß der Aussteller dieses Indossaments den Wechsel durch das Blankoindossament erworben hat.

Ist der Wechsel einem früheren Inhaber irgendwie abhanden gekommen, so ist der neue Inhaber, der sein Recht nach den Vorschriften des vorstehenden Absatzes nachweist, zur Herausgabe des Wechsels nur verpflichtet, wenn er ihn in bösem Glauben erworben hat oder ihm beim Erwerb eine grobe Fahrlässigkeit zur Last fällt.

Anm 1 **I. Allgemeines.** Art 16 behandelt die **Ausweiswirkung** des Indossaments (formale Legitimation), nämlich in Abs 1 die durch eine zusammenhängende Kette von Indossamenten begründete Vermutung sachlicher Berechtigung und in Abs 2 den Schutz des gutgläubigen Erwerbers, der den W durch Indossament von einem formal legitimierten Inhaber erwirbt. Neben diesen beiden, den W.inhaber betreffenden Wirkungen äußert sich die formale Legitimation nach Art 40 III auch zugunsten des Schuldners dahin, daß er von seiner Verbindlichkeit befreit wird, wenn er bei Verfall gutgläubig an den gemäß Art 16 I ausgewiesenen Inhaber zahlt, auch wenn dieser tatsächlich nicht der W.eigentümer ist.

Formelle Legitimation und materielle Berechtigung decken sich nicht notwendigerweise. Der nach Art 16 Ausgewiesene braucht nicht wirklicher Gläubiger zu sein (Beispiel: Finder eines mit Blankoindossament versehenen W), während der wirkliche Gläubiger nicht stets formalen Ausweis besitzt (Beispiel: versehentliche Streichung eines zur Legitimation erforderlichen Indossaments). Äußerliches Fehlen einer „zusammenhängenden Reihe" kann auch als Folge eines außerhalb des W stattfindenden Rechtsübergangs (z. B. Erbfolge oder Abtretung; vgl. 11[8]ff) entstehen; über die eintretenden Rechtsfolgen vgl. Anm 12.

Anm 2 **II. Zu Abs I. Rechtsvermutung zugunsten des ausgewiesenen Inhabers.**

A. Grundlage und Inhalt der Rechtsvermutung.

1. Die Voraussetzungen der Rechtsvermutung sind zweifach: Innehabung der W.urkunde und Ausweis durch den Inhalt des W. Über letzteres Erfordernis, im Gesetz als Rechtsnachweis durch eine „ununterbrochene Reihe von Indossamenten" beschrieben, vgl. im einzelnen Anm 3ff. Anders als bei Inhaberpapieren genügt die Innehabung des W allein nicht zur Erzeugung der Rechtsvermutung. Da aber die regelmäßige Form der Rechtsübertragung Indossierung ist und Begebung des indossierten W zur Voraussetzung hat (11[3]), weist die Innehabung des indossierten Papiers auf wirksam vollzogene Rechts-

übertragung hin. Der vorl. Artikel knüpft an diesen Regelfall die Rechtsvermutung, indem er Innehabung des W und Ausweis des Inhabers durch Indossament erfordert.

Abs I des vorl. Artikels spricht zwar nicht ausdrücklich von dem Inhaber des W. Der Zusammenhang mit Abs II ergibt aber, daß die Eingangsworte „Wer den Wechsel in Händen hat" gleichbedeutend mit dem in Abs II und vielfach an anderen Stellen des WG (z. B. in Art 17, 28 II, 38, 40 I, 43, 45, 47) benutzten Ausdruck „Inhaber" gebraucht sind. Trotzdem darf aus Art 16 nicht geschlossen werden, daß das WG unter „Inhaber" jeden versteht, der den W in Händen hat. Denn in Art 21 I wird der Inhaber demjenigen gegenüber gestellt, „der den W auch nur in Händen hat", woraus folgt, daß Innehabung im Sinne des WG mehr als das Bloße-in-Händen-haben sein muß. Tatsächlich umfaßt der Begriff nicht den Besitzdiener (abw. Ulmer 87), erfordert aber andererseits nicht stets wirkliches In-Händen-haben (Gewahrsam), da auch ein mittelbarer Besitzer Inhaber sein kann. Inhaber im Sinne des WG ist derjenige (unmittelbare oder mittelbare) Besitzer des W, der die Befugnis zur Ausübung der W.rechte für sich (oder beim Vollmachtsindossament für den Vollmachtsindossanten, Art 18) in Anspruch nimmt. Der Begriff des Inhabers ist daher dem des Eigenbesitzers (§ 872 BGB) verwandt, da der Inhaber den W als seinem Verfügungsrecht unterliegend, d. h. mit dem Anspruch „berechtigter Inhaber" zu sein, besitzen muß. Daher ist ein den W in Händen haltender Protestbeamter, Verwahrer oder Besitzdiener, solange er als solcher auftritt, selbst dann nicht Inhaber des W, wenn das letzte Indossament ein Blankoindossament ist. Andererseits bleibt Inhaber, wer den W einem Dritten zur Verwahrung oder zwecks Vorlegung beim Bezogenen aushändigt, obwohl er den W aus Händen gibt, sofern er den mittelbaren Besitz behält. **Anm 2a**

2. Inhalt und Wirkung der Rechtsvermutung. Wer durch Besitz des W und durch das letzte der darauf in ununterbrochener Reihe befindlichen Indossamente ausgewiesen ist, „gilt als rechtmäßiger Inhaber". Dies bedeutet nicht, daß er kraft Gesetzes als rechtmäßiger Inhaber auf Grund „unwiderleglicher Vermutung" anzusehen ist. Wäre dies gemeint, so wäre Abs 2 unverständlich, wonach der formell legitimierte, aber beim Erwerb bösgläubige Inhaber zur Herausgabe des W verpflichtet ist. Abs 1 stellt vielmehr nur eine widerlegliche Rechtsvermutung auf: Wer behauptet, daß der ausgewiesene Inhaber nicht „rechtmäßiger" Inhaber sei, hat dies zu beweisen. Die Vermutung hat aber nicht nur für den Rechtsstreit Bedeutung, sondern vor allem im W.verkehr, indem der gutgläubige Erwerber des W (gemäß Art 16 II) und der gutgläubige Schuldner bei Leistung der Zahlung (gemäß Art 40 III) darauf vertrauen darf. **Anm 2b**

B. Die **„ununterbrochene Reihe** von Indossamenten" bedeutet, daß der Rechtsübergang von dem ersten zur Ausübung der W.rechte befugten Inhaber an bis zu dem gegenwärtigen Inhaber in ununterbrochener Folge aus dem W ersichtlich sein muß. **Anm 3**

1. Erster rechtmäßiger Inhaber ist der W.nehmer (beim W an eigene Order identisch mit dem Aussteller). Er ist zwar nicht durch Indossament aus-

gewiesen, aber ebenfalls urkundlich im W — nämlich durch die Zahlungsanweisung des Ausstellers — als Berechtigter bezeichnet. Er ist daher, solange er den W nicht indossiert, formell legitimiert, und die Vorschriften des Art 16 sind sowohl hinsichtlich der Rechtsvermutung wie bezüglich seines Rechtserwerbs vom Aussteller entsprechend anwendbar (zust. Ulmer 227; Baumb-H 16[2 B]).

Anm 4 2. Das erste Indossament (gleichviel ob Namens- oder Blankoindossament) muß vom W.nehmer herrühren. Dies war in Art 36 WO ausdrücklich hervorgehoben, ergibt sich aber ohne weiteres aus dem Erfordernis der „ununterbrochenen Reihe". Ein dem Indossament des W.nehmers vorausgehendes Indossament würde die erforderliche ununterbrochene Anknüpfung an den in der Zahlungsanweisung durch den Aussteller bezeichneten Empfangsberechtigten stören. Ein solches Indossament außer Betracht zu lassen (so Jacobi S. 160), ist ebenso unzulässig wie störende Indossamente aus der Mitte der Kette, bei denen der Indossant nicht legitimiert war, als nicht vorhanden zu behandeln, wenn sich ein späteres Indossament an ein solches vor der Unterbrechung anknüpfen läßt (so Qu-A 16[4]). Jedoch ist ein vom Aussteller eines an fremde Order lautenden W als erstes Indossament beigefügtes Indossament unschädlich, wenn es (als Namensindossament) auf den W.nehmer lautet oder ein Blankoindossament ist (das ja auch vom W.nehmer zu seiner Legitimation verwendet werden kann und im Zweifel so gemeint war); denn ein solches Indossament wiederholt nur die im W selbst enthaltene Aufforderung, an den W.nehmer zu zahlen (gl. M. Michaelis WO 36[4]; Rilk 84; Qu-A 16[3]; Baumb-H 16[2 B]; abw. unter WO RG 47, 126). Ein Blankoindossament des Annehmers vor demjenigen des W.nehmers würde jedoch den Zusammenhang unterbrechen (RG LZ 1914, 1058; abw. Rilk 81).

Beim W an eigene Order ist der Aussteller legitimiert, auch wenn er sein Blankoindossament beigefügt, den W aber noch nicht weitergegeben hat (RG 160, 341). Beim W an fremde Order ist dagegen der Aussteller auch dann nicht legitimiert, wenn er den W noch nicht an den W.nehmer ausgehändigt hat; will er gegen den Annehmer gestützt auf Art 28 II vorgehen, so muß er sich von der als W.nehmer benannten Person ein Indossament oder Abtretung erteilen lassen.

Anm 5 3. Jedes folgende Indost mußsamen an das vorausgehende anknüpfen. Ist letzteres ein Blankoindossament, so kann das nächste Indossament von jeder beliebigen Person herrühren, da „angenommen wird, daß der Aussteller dieses Indossaments den W durch das Blankoindossament erworben hat". Diese „Annahme" betrifft nur die formale Legitimation und begründet, soweit es auf materielle Berechtigung ankommt, entsprechend den Ausführungen in Anm 2 nur eine widerlegliche Vermutung (gl. A. Baumb-H 16[2 B]). Wo es z. B. von Bedeutung ist, wer Inhaber des W auf Grund des Blankoindossaments war, aber infolge Weitergabe des W mittels Blankoübergabe (vgl. 14[4]) auf dem W nicht erscheint, kann dieser Nachweis geführt werden. Nach Protesterhebung muß das erste nachprotestliche Indossament (nur Abtretungswirkung, vgl. Art 20) von dem im Protest genannten Inhaber herrühren, auch wenn bei Protesterhebung das letzte Indossament ein Blankoindossament war (20[12]).

Das auf ein Namensindossament folgende (Namens- oder Blanko-) Indossament muß von dem im vorausgehenden benannten Indossatar unterzeichnet sein. Folgen jedoch zwei Indossamente desselben Indossanten einander unmittelbar, so erscheint die wiederholte Indossierung unschädlich, wenn sie an die gleiche Person erfolgt (vgl. den entsprechenden Fall einer Indossierung seitens des Ausstellers an den W.nehmer in Anm 4).

4. Das letzte Indossament muß denjenigen als Indossatar benennen, **Anm 6**
der den W in Händen hat, oder muß ein Blankoindossament sein. Ein Blankoindossament legitimiert also den Inhaber nur, wenn es das letzte Indossament ist, nicht wenn ein Namensindossament darauf folgt.

5. Ein offenes Pfandindossament (Art 19) legitimiert den Pfandindossatar **Anm 7**
wie ein Eigentumsindossament (19[6]), so daß der Pfandindossant nicht mehr legitimiert ist. Alle auf das Pfandindossament etwa folgenden Indossamente stören aber die Legitimation des Pfandindossatars nicht, weil sie nur als Vollmachtsindossamente wirken.

Ein Vollmachtsindossament (Art 18) hat Ausweiswirkung nur insofern, als der Indossatar die (widerlegliche) Vermutung wirksamer Ermächtigung seitens des Indossanten für sich hat und demgemäß der Schuldner bei Zahlung an ihn den Schutz des Art 40 III genießt. Das Vollmachtsindossament hat aber keine Übertragungswirkung, so daß eine Berufung des Indossatars auf Art 16 II, 17 für seine Befugnis zur Geltendmachung der W.ansprüche nicht in Frage kommt (Art 18 II) und die Legitimation des Indossanten bestehen bleibt (bestr.; 18[9]).

6. Durchstrichene Indossamente gelten als nicht geschrieben, sie haben **Anm 8**
keinerlei Bedeutung für die formelle Legitimation (RG 36, 98; 41, 413). Ob Durchstreichung vorliegt, ist Tatfrage (RG JW 1912, 254). Bleistiftstriche genügen in der Regel nicht. Sonstige Beseitigung des Indossaments (z. B. Ausradieren, Überkleben) steht der Durchstreichung gleich; wohl auch ein vom Indossanten unterzeichneter Vermerk, daß sein Indossament als nicht geschrieben gelten soll. Unleserlichkeit einer Unterschrift steht der Durchstreichung nicht gleich, auch wenn sie nachträglich, aber nicht offensichtlich zu Durchstreichungszwecken eingetreten ist (z. B. durch Tintenklex, Feuchtigkeitseinwirkung; vgl. KG ROLG 14, 410). Ohne Bedeutung für die formale Ausweiswirkung ist es, ob die Durchstreichung absichtlich oder unabsichtlich, berechtigt oder unberechtigt erfolgt ist.

Ein Streichungsrecht ist im WG ausdrücklich nur für den W.rücklauf (vgl. darüber Anm 11) durch Art 50 II eingeräumt. Außerdem wird der W.-inhaber versehentlich falsch oder in der Absicht späterer Begebung auf den W gesetzte Indossamente, sofern weitere Begebung noch nicht erfolgt ist, unbedenklich auch ohne Zustimmung des von ihm bezeichneten Indossatars streichen können. Dagegen ist der W.inhaber nirgends im Gesetz ermächtigt, beim Auseinanderfallen materieller und formaler Berechtigung (vgl. Anm 1) seinen formalen Ausweis durch Streichen der die Kette unterbrechenden oder über seine Person hinausführenden Indossamente herzustellen (z. B. dadurch, daß er ein Blankoindossament zu seiner Legitimation nutzbar macht, indem er alle darauf folgenden Indossamente streicht). Solche Streichungen würden

Änderungen im Sinne des Art 69 darstellen. Ihr Nachweis würde also den Inhaber in die gleiche Rechtslage bringen, als ob die Streichung nicht erfolgt sei, aber er könnte, falls nur eine durch außerwechselmäßigen Rechtsübergang überbrückte Lücke vorgelegen hatte, den Nachweis dieser Rechtsnachfolge erbringen (vgl. Anm 12). Ein späterer Erwerber würde aber bei Gutgläubigkeit gemäß Abs II Schutz genießen. Entsprechendes gilt bei Umwandlung von Namensindossamenten in Blankoindossamente durch Streichung des darin benannten Indossatars (13[8]).

Anm 9 7. Vorhandene Indossamente in der ununterbrochenen Reihe werden auch zuungunsten des Inhabers berücksichtigt, zerstören also seinen Ausweis, wenn sie über ihn hinausführen (anders im Rücklauf, Anm 11). Bei freiwilligem Rückerwerb, insb. vor Verfall, wird sich also der Erwerber ein Rückindossament (Art 13) geben lassen müssen, da dann keine „Einlösung" im Sinne des Art 50 II vorliegt und eine Berechtigung zur Streichung der über den Rückerwerber hinausführenden Indossamente (anscheinend bejaht von Baumb-H 16[2 F]) daher mindestens zweifelhaft, m. E. zu verneinen ist.

Anm 10 8. Für Feststellung des Zusammenhanges der Reihe ist das äußere Bild entscheidend. Es kommt daher auf die räumliche Aufeinanderfolge an und etwaige Datierungen, die die äußerlich ordnungsmäßige Aufeinanderfolge stören würden, sind unschädlich (St-Str 16[11]; Locher 103). Sind entgegen dem ständigen Verkehrsgebrauch Indossamente nicht in äußerer Aufeinanderfolge beigefügt, z. B. auf die Vorderseite geschrieben, so ist für den Zusammenhang in erster Linie die Datierung entscheidend; fehlt diese, so wird es genügen, wenn eine Kette gebildet werden kann (abw. Knur-H 16[3]).

Geringe Abweichungen zwischen den Namen des Indossatars und folgenden Indossanten sind in der Regel unschädlich (ebenso Qu-A 16[5]; Baumb-H 16[2 C]). Im übrigen kommt es für die Ausweiswirkung nur auf Namengleichheit, nicht auf Personengleichheit an, auch nicht darauf, ob eine Person dieses Namens überhaupt existiert oder eine Unterschrift gefälscht ist (anders im anglo-amerik. Recht). Fehlende Vollmacht einer als Vertreter zeichnenden Person zerreißt ebenfalls nicht den äußeren Zusammenhang.

Anm 11 C. Für den **Wechselrücklauf** gelten die in Art 16 I für den noch umlaufenden W aufgestellten Regeln mit der Maßgabe, daß nach Protest des W ein darauf als Rückgriffschuldner erscheinender nunmehriger Inhaber durch Besitz von W und Protest die von ihm vorgenommene Einlösung des W dartun kann (RG JW 1910, 834) und gemäß Art 49 gegen seine Vormänner zum Rückgriff berechtigt ist (49[7]). Besitz von W und Protest haben also insofern Ausweiskraft, als die über den einlösenden Rückgriffschuldner hinausführenden Indossamente seine formale Legitimation nicht beeinträchtigen. Der einlösende Indossant ist nach Art 50 II berechtigt — aber nicht zwecks Herstellung seiner Legitimation genötigt —, die über ihn hinausführenden Indossamente zu streichen (50[14]). Streichung der Indossamente, die zur Legitimation des Protestnehmers gedient haben, steht der Geltendmachung weiteren Rückgriffs nicht entgegen (RG 104, 269).

Dies gilt nicht für einen ohne Verpflichtung, z. B. trotz Haftungsausschlusses oder nach Verwirkung des Rückgriffs, zahlenden Indossanten (49[3]f). Dieser kann nur wie ein im W.verbande nie befindlich gewesener Dritter die Rechte des bezahlten Gläubigers durch Abtretung oder ein die gleiche Wirkung habendes Nachindossament (Art 20) erwerben und muß sich entsprechend ausweisen. Auch Rückerwerb durch einen Rückgriffschuldner ohne Protest vor Ablauf der Protestfrist ist (falls kein formeller Protesterlaß nach Art 46 I vorlag) keine „Einlösung", die als solche den Indossanten legitimiert (zust. Baumb-H 16[2F]; anders unter WO RG 114, 370, dem folgend Qu-A 16[11]).

Ein nachprotestliches Indossament hat keine formale Ausweiskraft (20[1a]), sondern nur Abtretungswirkung (20[14]).

D. Eine **Lücke** im äußeren Bild der zusammenhängenden Reihe kann **Anm 12**
durch außerwechselmäßige Rechtsübertragung wie Erbfolge oder Abtretung (11[8–12]) überbrückt sein. Hiesigen Erachtens zerstört eine solche nur äußerlich, aber nicht nach materiellem Recht bestehende Lücke in der Reihe der Indossamente nicht die Legitimationswirkung der vor (unstreitig) und nach (bestr.) der Lücke vorhandenen Indossamente. Ist also die anscheinende Lücke tatsächlich durch bürgerliche Rechtsnachfolge oder anderen Rechtsübergang ausgefüllt, so haben hiesigen Erachtens alle anderen Glieder der Reihe volle Legitimationswirkung (St-Str 16[13]; Ulmer 229; Locher 104). Der Inhaber genießt demgemäß bezüglich des Rechtserwerbs durch Indossamente, die auf die überbrückte Lücke folgen, sowohl den Schutz des Art 16 II wie des Art 17, auch kann sich der zahlende Schuldner auf Art 40 III berufen. W.erwerber und Schuldner haben demgemäß im Vergleich zu W mit äußerlich zusammenhängender Reihe nur die erhöhte Gefahr der Prüfung, ob die äußere Lücke tatsächlich nach materiellem Recht überbrückt ist, weil hierfür mangels Bestehens einer Rechtsvermutung aus Abs I auch kein Schutz guten Glaubens besteht.

Wer mit der diesseits vertretenen Ansicht dem nicht ausgewiesenen, aber materiell berechtigten W.inhaber die Indossierungsbefugnis zuspricht (vgl. 11[7]), muß m. E. diesen Indossamenten nicht nur rechtsübertragende und haftungsbegründende, sondern auch ausweisende Kraft zubilligen (abw. Baumbach-H 16[2E]).

Der bürgerliche Rechtsnachfolger muß sich selbstverständlich die gegen seinen Rechtsvorgänger bestehenden Einwendungen entgegenhalten lassen (RG 33, 147; 17[16]); Bescheinigung der Rechtsnachfolge auf dem W ist nicht erforderlich (RG 12, 152), nur muß im W.prozeß der Rechtsübergang urkundlich belegt sein.

E. 1. Ist die Reihe der Indossamente nicht zusammenhängend und eine **Anm 13**
vorhandene Lücke auch nicht gemäß Anm 12 ausgefüllt, so reicht die Ausweiswirkung nur bis zu der Unterbrechung. Hat der letzte Indossatar vor der Lücke den W in Händen, so ist er formal ausgewiesen; die auf die Lücke folgenden Indossamente sind unschädlich (ROHG 18, 139). Er kann die Rechte aus dem W geltend machen, Protest erheben lassen und klagen, und der gutgläubige Schuldner kann an ihn gemäß Art 40 III mit befreiender Wirkung zahlen. Die Möglichkeit zu indossieren ist ihm freilich genommen, solange die Indossamente hinter der Lücke nicht gestrichen sind; denn ein neues Indossament würde ohne Streichung der störenden außer Zusammenhang und unwirksam sein. Ist der letzte Indossatar vor der Lücke auch sachlich

„berechtigter Inhaber“, so darf er die störenden Indossamente jedenfalls dann streichen, wenn die darin benannten Indossatare zustimmen; einseitige Streichungsbefugnis wird dagegen im Regelfall nicht bestehen. Nach Protesterhebung würde eine Streichung einen falschen Anschein über die Form, in der der W zur Zahlung vorgelegt worden war, erwecken und ist daher unzulässig.

Anm 14 2. Fehlen der formalen Legitimation bedeutet mangels Überbrückung der Lücken nach Anm 12 nicht nur, daß die Rechtsvermutung des Abs I dem Inhaber nicht zur Seite steht, wie dies auch bezüglich bürgerlicher Rechtsnachfolger zutrifft, sondern daß er sein Gläubigerrecht nicht ausüben kann, selbst wenn er Eigentümer des W ist (bestr.). Dies beruht auf der Bedeutung, die der formale Ausweis nach Art 40 für den Schuldner hat (übereinst. v. Schwerin 39; RG 61, 187). Diese früher herrschende Auffassung ist in der vielfach erörterten Entsch. RG 114, 365 hinsichtlich der Berechtigung zur Indossierung und Protesterhebung (vgl. dazu auch 80[5] u. RG 50, 26) aufrecht erhalten, dagegen hinsichtlich der Befugnis zur Einklagung aufgegeben worden (im Anschluß an Mansfeld in LZ 1912, 580). Die Rechtslehre folgt jetzt teilweise dieser Entsch. (so Qu-A 16[13–15]; Ulmer 234) und geht gelegentlich darüber hinaus, indem sie — im Anschluß an Breit (ZB HR 1928, 288) — in allen Beziehungen die materielle Berechtigung beim Fehlen der formalen für ausreichend erklärt und dem Inhaber nur die Beweislast auferlegt (so Baumb-H 16[4 C]). Beim Fehlen ausdrücklicher gesetzlicher Regelung dieser und der damit zusammenhängenden Frage der Wirkung außerwechselmäßiger Rechtsübertragung (Anm 12) ist es verständlich, daß sich bisher keine „herrschende Meinung“ gebildet hat. Vgl. Näheres über die Gründe der hier vertretenen Meinung St-Str 16[17]ff.

Anm 15 **III. Zu Abs II. Gutgläubiger Rechtserwerb.**

A. Verhältnis von Art 16 II und Art 17. Die Umlaufsfähigkeit des W und damit seine besondere Eignung für den Handelsverkehr hat ihre technische Grundlage in seiner Eigenschaft als Orderpapier, also seiner Übertragbarkeit durch Indossament. Ihre wirtschaftliche Stütze hat sie in der sog. materiellen Wechselstrenge. Diese zeigt sich nicht nur in der gesamtschuldnerischen Haftung aller Wechselschuldner (Art 47) und der Unabhängigkeit der verschiedenen Verpflichtungen (Art 7), sondern vor allem in dem Schutz, den der gutgläubige Erwerber bei wechselmäßigem Erwerb durch Indossament genießt, so daß er auf den Inhalt der Urkunde vertrauen kann. Dieser Schutz ist in Art 16 II und in Art 17 gesetzlich verankert: Art 16 II schützt den gutgläubigen Erwerber gegen Mängel seines Erwerbsaktes und solche im Recht seines Vormanns, während Art 17 ihn gegen Einwendungen aus der Person seiner Vormänner schützt.

Beide Seiten des Gutglauben-Schutzes zu unterscheiden, wird gelegentlich übersehen (so RG 112, 202 unter WO; mißverständlich auch Qu-A 16[27]), weil der Erwerb des W.eigentums den Inhaber gleichzeitig auch zum W.gläubiger macht. Jedoch ist dadurch, daß der Erwerber die Rechte aus dem Papier hat, noch nicht entschieden, welche Ansprüche aus dem W. gegenüber den auf der Urkunde als Schuldner erscheinenden Personen bestehen, ob z. B. der scheinbar Verpflichtete einwenden kann, daß er bei Unterschrift nicht geschäftsfähig war, daß er unter widerrechtlichem Zwange gehandelt habe, daß ihm der W gestohlen worden sei, die versprochene Gegenleistung nicht bewirkt sei, usw. Diese Fragen, welche die Rechtsstellung des einzelnen Schuldners gegenüber dem berechtigten W.inhaber betreffen, sind nach Art 17 zu prüfen; Art 16 II hat damit nichts zu tun, sondern nur mit der Vorfrage, wer „berechtigter Inhaber", d. h. W.eigentümer und -Gläubiger ist (St-Str 16[22]; zust. Baumb-H 16[3D]). Beide Gesichtspunkte auseinanderzuhalten ist schon deshalb nötig, weil der Begriff der Gutgläubigkeit nach Art 17 weiter ist als nach Art 16 II (vgl. Einl. Anm 13 u. 17[2]).

B. Gutgläubiger **Eigentumserwerb** am W. **Anm 16**

1. Art 16 II spricht zwar im Gegensatz zu § 932 BGB nur von der Herausgabepflicht an einen früheren Inhaber, nicht vom Eigentumserwerb oder vom Übergang der Rechte aus dem W. Dies erklärt sich aber aus der Entstehungsgeschichte der Bestimmung, deren Wortlaut sich an den früheren Art 74 WO anlehnt. Gemeint ist, wie allgemein anerkannt wird, der Erwerb des dinglichen Rechts und damit der Rechte aus dem W, also beim Eigentumsindossament (14[1]) des Eigentums, beim offenen Pfandindossament (Art 19) des Pfandrechts am W. Wer kraft guten Glaubens nicht zur Herausgabe des früher einem anderen gehörigen W an diesen verpflichtet ist, wird mit anderen Worten selbst Eigentümer, der frühere Inhaber verliert das Eigentum (RG 112, 204; Qu-A 16[25]; Wolff, Festschr. f. Wieland 447; Locher 109).

2. Auch die Worte „abhanden gekommen" haben in der vorliegenden Bestimmung nicht die auf unfreiwilligen Besitzverlust eingeschränkte Bedeutung, die ihnen sonst in der Gesetzessprache (vgl. § 935 BGB) zukommt. Die entsprechende Vorschrift der WO (Art 74 WO) stand unter der Überschrift „Abhanden gekommene Wechsel", betraf aber nach Rechtslehre und Rechtsprechung jede Art von Verlust (vgl. z.B. RG 103, 87). Bei den Beratungen des EWG wurde klargestellt, daß die vorliegende Bestimmung in dem gleichen weiten Sinne zu verstehen ist (St-Str 16[23]; Wolff a.a.O.). Die Beifügung des Wortes „irgendwie" verdeutlicht, daß es nicht darauf ankommt, weshalb der frühere Inhaber den W nicht mehr „in Händen hat". Die Vorschrift deckt daher alle Fälle, in denen der Inhaber ohne materiell gültige Begebung den Besitz des W verloren hat (Rilk 87; ders. JW 1937, 1414), z. B. auch Aushändigung des W durch einen geschäftsunfähigen früheren Inhaber (gl. Ans. Qu-A 16[19]; Baumb-H 16[3B]; abw. Kessler 16[3b]) oder durch eine nach öffentlich-rechtl. Bestimmungen (Devisenrecht, MilRegGes Nr 53) nicht zur Verfügung berechtigte Person (BGH Karlsruhe II ZR 11/50). **Anm 17**

C. Voraussetzungen und Umfang des Schutzes. **Anm 18**

1. Formaler Ausweis des Inhabers gemäß Abs 1. Hierüber vgl. Anm 2—13, insb. über entsprechende Anwendung auf den W.nehmer Anm 3.

Der Schutz beruht nicht nur darauf, daß der Erwerb von einem formal ausgewiesenen Inhaber erfolgt, auf dessen Berechtigung der Erwerber gemäß der Vermutung des Abs 1 vertrauen darf, sondern auch darauf, daß der Erwerb in wechselmäßiger Weise (durch Indossament) erfolgt. Deshalb knüpft Art 16 den Schutz an die wechselmäßige Legitimation des Erwerbers, nicht nur an diejenige seines Vormanns. Damit wird der Schutz über Rechtsmängel im Eigentum des Vormanns hinaus (so § 932 BGB) auf Mängel des Erwerbsakts selbst erstreckt, wie dies in engerem Umfang auch durch § 366 HGB geschieht. Die dadurch eintretende Ausdehnung des Schutzes (vgl. Anm 19) ist für die Sicherheit des W.verkehrs wesentlich. Da aber der normale W.umlauf durch Indossierung stattfindet, genügt es für die Sicherung des Geschäftsverkehrs, diesen besonderen Schutz nur bei wechselmäßigem Erwerb, also auf Grund Indossaments eintreten zu lassen. Dieses Ergebnis wird durch das Erfordernis formalen Ausweises des Erwerbers erreicht.

Außerwechselmäßige Übertragungen (11^{8-12}) benötigen und erhalten keinen besonderen Verkehrsschutz, bei ihnen richten sich Eigentumserwerb und Einwendungen nach allgemeinen Grundsätzen (RG 33, 147). Damit steht die diesseitige Auffassung (Anm 12) im Einklang, daß derjenige der durch Indossament von dem bürgerlichen Rechtsnachfolger eines früheren Inhabers erwirbt, für seinen Erwerbsakt wieder den Schutz der Art 16 II, 17 genießt; nur muß er auf eigene Gefahr prüfen, ob sein Vormann durch den bürgerl.-rechtl. Erwerbsakt Eigentümer geworden ist.

Anm 19 2. Die wichtige Frage, worauf sich der gute Glaube erstrecken darf, um den Erwerber zu schützen, ist im Gesetz nicht ausdrücklich geregelt. Der Umfang des Schutzes ist daher streitig. Die Anhänger der Rechtsscheintheorie neigen dazu, den Schutz darauf zu beschränken, daß der durch den W ausgewiesene Inhaber verfügungsberechtigter Gläubiger sei (vgl. z. B. Locher 110). Die Entstehungsgeschichte ergibt (St-Str 16^{21}), daß bei den Genfer Beratungen des EWG die deutsche Delegation der vorliegenden (den Art 74 WO fast wörtlich wiederholenden) Bestimmung einen der unter der WO entwickelten Rechtsprechung entsprechenden, klarstellenden Zusatz geben wollte. Dies wurde irrig als zur Zuständigkeit der einzelnen Vertragsstaaten gehörig deren Recht überlassen (CR 197 u. CR 132 Nr 43). Mit Rücksicht hierauf und auf die in Anm 18 dargelegte Bedeutung der Anknüpfung des Schutzes an den formalen Ausweis des Erwerbers, nicht seines Vormanns, wird an der unter der WO herrschenden Ansicht festgehalten, daß der gute Glaube alle Mängel des Erwerbsakts heilt.

Hierunter fällt guter Glaube an Eigentum und Verfügungsbefugnis des legitimierten Veräußerers (vgl. § 932 BGB, § 366 HGB), an seine Geschäftsfähigkeit (RG 55, 49), an die Vertretungsbefugnis der für den Vormann handelnden Person (RG 74, 184) und daher auch an die behauptete Personengleichheit der tatsächlich den Veräußerungsakt vornehmenden Person und des legitimierten Vormanns (insb. auch bei Fälschung des den Erwerb herbeiführenden Indossaments; RG 53, 207). Diese Auslegung wird durch den Vergleich mit Art 40 III gestützt, der z. B. hinsichtlich der Zahlung an einen unerkennbar Geisteskranken keine Einschränkung des Schutzes des gutgläubigen Schuldners erkennen läßt. Gerade bezügl. des Erwerbs vom Geschäftsunfähigen wird aber die Anwendbarkeit des Art 16 II vielfach in Abrede gestellt (so Hueck 47; Locher 110; Kessler 16^{3b}; Hupka 50). Die hier vertretene Ansicht überwiegt jedoch (v. Schwerin 33; Wolff in Festschr. Wieland 451; Wieland ZHR 74, 39; Rilk 89; Qu-A 16^{22}; Ulmer 237; Simonsohn-Schw. 21^{2} SchG; Baumb-H 16^{3C}; Priese-R 16^{16}; Knur-H 16^{7}; Lux, Gutglaubenschutz, 16. Beiheft z. ZHR).

Wegen der besonderen Vorschrift des § 7 KO, der nur den Schutz des Guten Glaubens an den Grundbuchinhalt ausnimmt, erscheint es zweifelhaft, ob der vorliegende Artikel Schutz gutgläubigen Erwerbs von dem im Konkurs befindlichen Gemeinschuldner gewährt, bzw. vom Erben nach Anordnung der Nachlaßverwaltung (§ 1984 BGB). Die Zulassung des Schutzes entsprechend seiner sonstigen unbeschränkten Wirkung, also das Überwiegen des Verkehrsschutzes über den Schutz der Konkursgläubiger, ist m. E. zu bejahen und ist durch § 7 KO nicht ausgeschlossen, zumal das WG das jüngere Gesetz ist (gl. Ans. Jacobi 168; Kessler 21[2b] SchG; Lux 60; abw. herrsch. Ans., z. B. Qu-A 16[20]; Ulmer 237; Baumb-H 16[3C]). **Anm 20**

3. Gutgläubigkeit liegt vor, wenn der Inhaber beim Erwerb weder in bösem Glauben noch grob fahrlässig gehandelt hat. Erwerbszeitpunkt ist regelmäßig der Zeitpunkt der Begebung. Auch beim Blankett (Art 10) erfolgt dessen Erwerb durch die Begebung, nicht erst mit der Ausfüllung (vgl. 10[7]). **Anm 21**

Böser Glaube besteht, wenn der Erwerber einen den lastenfreien Erwerb nach bürgerlichem Recht hindernden Mangel (vgl. Anm 19) in der Person seines unmittelbaren Vormanns kennt. Bezüglich grober Fahrlässigkeit (als schwere Verletzung der im Verkehr erforderlichen Sorgfalt) ist zu beachten, daß der Erwerber sich grundsätzlich darauf verlassen kann, daß der formal ausgewiesene Inhaber auch „berechtigter Inhaber" ist. Denn die Rechtsvermutung des Abs 1 beruht darauf, daß in aller Regel formale Legitimation und materielle Berechtigung zusammenfallen. Er braucht also insoweit Nachforschungen nur anzustellen, wenn ein besonderer Anlaß dazu vorliegt. Bezüglich der sonstigen durch Gutgläubigkeit heilbaren Mängel (insb. Geschäftsfähigkeit des Veräußerers, Personengleichheit) sind im W.verkehr die Sorgfaltpflichten nicht geringer als im sonstigen Geschäftsverkehr. Ein Verschulden des früheren Inhabers am Verlust des W kann den Erwerber von eigener Fahrlässigkeit nicht entlasten, § 254 BGB ist nicht anwendbar (RG 103, 91).

Beweispflichtig ist, wer Bösgläubigkeit geltend macht.

4. Mangels Gutgläubigkeit bleibt der Eigentumserwerb aus. Das zur Übertragung der W.rechte bestimmt gewesene Indossament hat also keine Übertragungs- und deshalb diesem Indossatar gegenüber auch keine Verpflichtungswirkung. Solange der W nicht durch einen weiteren (gutgläubigen) Indossatar erworben ist, kann der wahre Eigentümer — sei es der Veräußerer oder ein Dritter — Herausgabe des W verlangen. Da das unwirksame Indossament an den bösgläubigen Erwerber seine Legitimation stören würde, so daß er trotz Herausgabe an Ausübung der Rechte aus dem W gehindert sein würde, wird er das wirkungslos gebliebene Indossament streichen dürfen. Ein vollmachtloser Vertreter haftet dem mangels Gutgläubigkeit nicht erwerbenden Vertragsgegner nicht nach Art 8 WG, da diese Haftung als wechselmäßige nur gegenüber W.gläubigern besteht, der bösgläubige Indossatar aber W.eigentum und Gläubigerrecht eben nicht erwirbt. **Anm 22**

Ob Ansprüche nach bürgerlichem Recht gegen den Veräußerer oder falschen Vertreter insb. bei bloßer grober Fahrlässigkeit vom Nichterwerber des W erhoben werden können, hängt von den Umständen des Einzelfalls ab.

Jeder W.schuldner kann dem Inhaber, der mangels Gutgläubigkeit nicht W.eigentümer geworden ist, das Fehlen seines Gläubigerrechts trotz Bestehens des formellen Ausweises entgegen halten (Anm 2; 17[10]), ist aber für das Fehlen der Sachberechtigung des Inhabers mit Rücksicht auf die Rechtsvermutung des Abs I beweispflichtig.

Anm 23 5. Die Ansprüche des bisherigen W.eigentümers, der seine Berechtigung durch den gutgläubigen Erwerb eines Dritten verliert, sind im WG nicht geregelt, sondern richten sich nach allgemeinem bürgerl. Recht.

Neben etwaigen Ansprüchen aus unerlaubter Handlung oder Vertragsverletzung gegen einen Dritten, der unbefugt über den W verfügt hat, kommt insb. § 816 BGB zur Anwendung. Danach ist ein den W veräußernder Nichtberechtigter zur Herausgabe der erlangten Bereicherung verpflichtet. Zweifelhaft ist, ob auch ein gutgläubiger Erwerber, der den W unentgeltlich erhalten hat, dem bisherigen W.berechtigten nach § 816 I Satz 2 BGB haftet (was ich bei St-Str 16[29] bejaht habe; gl. Ans. Schwerin 33). Er würde nach dieser Vorschrift, falls er den W noch in Besitz hat, zu dessen Herausgabe verpflichtet sein, was mit dem Wortlaut des vorl. Artikels in scheinbarem Widerspruch steht. Der Widerspruch ist jedoch nicht unlöslich, da der unentgeltliche Erwerber zwar nach Art 16 II rechtmäßiger Eigentümer des W werden, aber trotzdem schuldrechtlich zur Herausgabe der Bereicherung — gegebenenfalls des W — verpflichtet sein kann. Diese Lösung dürfte der Interessenlage gerecht werden. Hat der Beschenkte den W bereits weitergegeben, so ist er zur Herausgabe des dadurch Erlangten Zug um Zug gegen Freistellung von einer durch Indossierung begründeten Rückgriffshaftung verpflichtet. Hat er die W.summe beim Bezogenen bereits eingezogen, so ist dies die herauszugebende Bereicherung.

Artikel 17

Wer aus dem Wechsel in Anspruch genommen wird, kann dem Inhaber keine Einwendungen entgegensetzen, die sich auf seine unmittelbaren Beziehungen zu dem Aussteller oder zu einem früheren Inhaber gründen, es sei denn, daß der Inhaber bei dem Erwerbe des Wechsels bewußt zum Nachteil des Schuldners gehandelt hat.

Anm 1 **I. Allgemeines.** 1. **Zweck** der vorl. Bestimmung ist die Sicherung des Wechselumlaufs. Das bei gewöhnlicher Rechtsnachfolge stattfindende Einrücken in die Stelle des Rechtsvorgängers unter Aufrechterhaltung aller gegen diesen begründeten Einwendungen (§ 404 BGB) würde den jeweiligen W.inhaber der Gefahr aussetzen, daß die W.schuldner ihm aus ihren Rechtsbeziehungen zu seinen Vormännern Einwendungen entgegenhalten könnten, die ihm beim Erwerb des W unbekannt waren. Der Ausschluß dieser aus der Person eines Vormanns drohenden Einwendungen macht den W zu einem skripturmäßigen Umlaufspapier öffentlichen Glaubens, auf dessen Inhalt der gutgläubige Erwerber vertrauen kann. Diese verschärfte Haftung des W.schuldners („materielle W.strenge") ermöglicht leichte Verwertbarkeit des

W und dient damit nicht nur den Gläubigerinteressen; vielmehr wird der Schuldner wegen dieser Umlaufsfähigkeit des W seinen Gläubiger eher bereit dazu finden, an Stelle alsbaldiger Barzahlung einen W anzunehmen.

Da der zu sichernde W.umlauf durch Indossierung stattzufinden pflegt, ist die Vorschrift des Art 17 in den das Indossament behandelnden Abschnitt des WG aufgenommen. Sie schützt aber jeden wechselmäßigen Erwerber der W.rechte, also auch den W.nehmer im Verhältnis zum Annehmer (St-Str 17[9]; Ulmer 240), und zwar auch im Falle eines Rektawechsels. Demgemäß spricht Art 17 auch nicht vom Indossatar als Gläubiger, sondern allgemein vom Inhaber, umfaßt also auch seinem Wortlaut nach den W.nehmer, dem die aus den Rechtsbeziehungen zum Aussteller hergeleiteten Einwendungen vom Annehmer nicht entgegengehalten werden können. Dagegen findet die Vorschrift auf einen Rechtserwerb nach bürgerlichem Recht, insb. durch Abtretung, keine Anwendung (Anm 16).

2. **Verhältnis zu Art 16.** Art 17 schützt ebenso wie Art 16 II den gutgläubigen Erwerber, aber Voraussetzungen und Gegenstand des Schutzes sind verschieden (16[15]). Art 16 betrifft den Eigentumserwerb am W von einem zur Verfügung nicht berechtigten Inhaber, läßt aber die Frage offen, ob und in welchem Umfang die Unterzeichner des W dem gutgläubig vom Nichtberechtigten Erwerbenden haften. Denn diese Haftung ist davon unabhängig, ob der Erwerb vom Berechtigten oder Nichtberechtigten erfolgt ist. Umgekehrt setzt Art 17 voraus, daß der W.inhaber zur Ausübung der Rechte aus dem W befugt ist, und regelt, welche Einwendungen die nach dem Anschein der Urkunde Verpflichteten dem rechtmäßigen Inhaber entgegenhalten können. Wer nicht rechtmäßiger Inhaber ist, kann sich dem Schuldner gegenüber nicht auf Art 17 berufen, weil er Gläubigerrechte überhaupt nicht besitzt (Anm 10). Andererseits hindert Bösgläubigkeit im Sinne des Art 17 nicht den Übergang des W.eigentums auf den Erwerber: Wer z. B. vom Aussteller eines an eigene Order gestellten W den W in Kenntnis des Umstandes erwirbt, daß der Aussteller den Annehmer nicht in Anspruch nehmen kann, weil er die Ware, zu deren Bezahlung das Akzept gegeben war, nicht geliefert hat, wird rechtmäßiger Inhaber des W: Der Annehmer kann ihm zwar die gegen den Aussteller begründete Einwendung entgegenhalten, aber der Aussteller haftet dem Erwerber als Rückgriffschuldner. **Anm 2**

Art 17 ist daher aus sich heraus auszulegen und kann nicht durch „entsprechende“ Anwendung des Art 16 II ergänzt werden (Einl. Anm 13).

3. **Entstehungsgeschichte** des Art 17. a) Negative und positive Umschreibung der zulässigen Einwendungen. Während Art 17 diejenigen Einwendungen bezeichnet, die dem gutgläubigen Erwerber nicht entgegengehalten werden können, hatte der entsprechende Art 82 WO positiv bestimmt, daß sich der Schuldner nur derjenigen Einwendungen bedienen könne, **Anm 3**

> welche aus dem Wechselrecht selbst hervorgehen oder ihm unmittelbar gegen den jedesmaligen Kläger zustehen.

Als zur authentischen Auslegung dieser unklaren Bestimmung verwendbar wurden die späteren Vorschriften angesehen, die übereinstimmend in § 364 II HGB (für handelsrechtliche Orderpapiere), § 796 BGB (für Inhaberpapiere) und § 18 II des jetzt nicht mehr geltenden Scheckges. v. 1908 (für Schecks) diejenigen Einwendungen des Schuldners als zulässig bezeichnen,

welche die Gültigkeit seiner Erklärung in der Urkunde betreffen oder sich aus dem Inhalt der Urkunde ergeben oder ihm unmittelbar gegen den Inhaber zustehen.

Auch der von der ersten Haager Wechselkonferenz (1910) hergestellte Vorentwurf hatte versucht, die zulässigen Einwendungen positiv zu bestimmen, aber statt der in der deutschen Gesetzgebung üblichen drei Gruppen vier zulässige Arten von Einwendungen aufgeführt, nämlich: unmittelbar gegen den Inhaber bestehende, auf Verpflichtungsunfähigkeit gestützte, aus dem Inhalt des W hergeleitete und auf das W.gesetz gestützte Einwendungen.

Diese positive Aufzählung der zulässigen Einwendungen wurde wegen der gegen ihre Vollzähligkeit erhobenen Bedenken auf der zweiten Haager Konferenz (1912) in die nunmehrige negative Fassung umgewandelt, da die Bezeichnung der unzulässigen Einwendungen zu weniger Zweifel Anlaß zu geben schien.

Anm 4 b) Bösgläubigkeit. Stärkere sachliche Meinungsverschiedenheiten bestanden darüber, unter welchen Umständen dem Erwerber des W die gegen seinen Vormann begründeten nur persönlichen Einwendungen entgegengehalten werden könnten. Ob Kenntnis vom Bestehen solcher Einwendungen beim Erwerb des W bereits Bösgläubigkeit verursache oder ob dazu arglistiges Zusammenwirken zwischen dem Erwerber und seinem Vormann zwecks Abschneidung der Einwendung des Schuldners erforderlich sei (so RG in ständ. Rspr.; vgl. RG 119, 203), war unter Geltung der WO streitig. Der Haager Vorentwurf von 1910 ließ Kenntnis (mauvaise foi) genügen, die zweite Haager Konferenz (1912) entschied sich für arglistiges Zusammenwirken, der Sachverständigenbericht von 1928 kehrte zur früheren Fassung zurück und bei den Genfer Beratungen einigte man sich auf die im nunmehrigen Gesetz enthaltene Kompromißformel[1]). Die Bedeutung dieser Formel ist im Red.-Bericht (CR 133 Nr 45) dahin zusammengefaßt, daß es nicht genüge, wenn der Erwerber die Einreden gekannt habe, sondern daß er außerdem beim Erwerb des W in Kenntnis dieser Einwendungen bewußt zum Nachteil des Schuldners gehandelt haben müsse.

Anm 5 **4. Einteilung der Einwendungen.** Nach ihrem gemäß dem vorl. Artikel verschiedenen Wirkungsumfang zerfallen die Einwendungen des W.schuldners in:

---

[1]) Der Urtext des Art 17 lautet im EWG wie folgt:

in französischer Sprache:

Les personnes actionnées en vertu de la lettre de change ne peuvent pas opposer au porteur les exceptions fondées sur leurs rapports personnels avec le tireur ou avec les porteurs antérieurs, à moins que le porteur, en acquérant la lettre, n'ait agi sciemment au détriment du débiteur.

in englischer Sprache:

Persons sued on a bill of exchange cannot set up against the holder defences founded on their personal relations with the drawer or with previous holders, unless the holder, in acquiring the bill, has knowingly acted to the detriment of the debtor.

unpersönliche (auch dingliche[1]) oder absolute genannt), die jedem Gläubiger, auch dem gutgläubigen Erwerber, entgegengehalten werden können, und

persönliche (auch relative genannt), die nur dem unmittelbar an dem Einwendungstatbestand beteiligten Gläubiger und seinem bösgläubigen Nachmann oder unselbständigen Rechtsnachfolger (Anm 16) entgegenstehen.

Diese Einteilung geht von der Person eines bestimmten Schuldners aus, was dem Wortlaut des Art 17 („wer aus dem W in Anspruch genommen wird") entspricht. Berücksichtigt man aber die Mehrheit der gewöhnlich aus demselben W haftenden Schuldner, so kann man die Einwendungen nach ihrem Wirkungsbereich in vier Gruppen gliedern, nämlich:

a) unpersönliche(absolute), d. h. von der Person des Gläubigers unabhängige. Diese zerfallen in:

α) gesamtzerstörliche, gegen jeden Inhaber und für jeden Schuldner wirksame.

Beispiel: Formnichtigkeit des W.

Eine Untergruppe bildet die zwar jedem Rückgriffschuldner, aber nicht dem Hauptschuldner und dessen Bürgen zustehende Einwendung, daß der Rückgriff verwirkt ist, z. B. wegen verspäteten Protestes.

β) beschränkt unpersönliche, nur einem Schuldner, aber gegen jeden Gläubiger zustehende.

Beispiel: Geschäftsunfähigkeit; Haftungsausschluß des Indossanten durch Vermerk gemäß Art 15 I.

b) persönliche (relative), d. h. von der Person des Gläubigers abhängige. Diese zerfallen in:

α) allgemein persönliche, jedem Schuldner zustehende, aber nur gegen diesen Inhaber gerichtete. Sie bestehen nicht im Bestreiten der Verpflichtung des Schuldners, sondern der Berechtigung des Gläubigers (vgl. Anm 10).

Beispiel: Inhaber hat den W ohne gültige Begebung, z. B. auf Grund Diebstahls oder Wuchers in Besitz.

β) rein persönliche, nur einem bestimmten Schuldner gegen einen bestimmten Gläubiger (oder dessen bösgläubigen Nachmann) zustehende. Dies sind die in Art 17 als auf „unmittelbare Beziehungen gegründet" beschriebenen Einwendungen.

Beispiel: Die Ware, zu deren Bezahlung der W gegeben sei, sei nicht geliefert; oder sonstige aus dem der W.hingabe zugrundeliegenden Geschäft hergeleitete Einwendungen (Anm 40).

---

[1]) Einwendungen als dingliche zu bezeichnen, weil sie begrifflich (wie der Einwand des fehlenden Begebungsvertrages: Anm 13) die Gültigkeit der W.-erklärung betreffen, aber diese „dinglichen" Einwendungen unter Berufung auf die Rechtsscheinwirkung der W.erklärung gegenüber dem gutgläubigen Erwerber für wirkungslos zu erklären (so z. B. Baumb-H 17[6A]), führt zu Begriffsverwirrung. Das Wesen dinglicher Einwendungen besteht darin, daß sie auch dem gutgläubigen Erwerber gegenüber durchgreifen.

Der vorl. Artikel setzt Inanspruchnahme durch einen zur Ausübung der W.rechte gemäß Art 16 befugten Gläubiger voraus. Die vorstehend zu Zf 1 u. 3 erwähnten, die Gültigkeit des W oder die Berechtigung des Inhabers betreffenden Einwendungen liegen also außerhalb des Rahmens des Art 17. Die Unterscheidung zwischen den vorstehend zu Zf 2 u. 4 genannten Einwendungen ist daher die wesentliche; diese Einwendungen werden nachstehend kurz unpersönliche bzw. persönliche Einwendungen genannt.

Anm 6 **II.** Einwendungen, die sich auf **unmittelbare Beziehungen** zu einem Dritten gründen, sind durch den vorl. Artikel gegenüber einem gutgläubigen W.inhaber ausgeschlossen.

1. „Unmittelbare Beziehungen" sind nicht nur Rechtsverhältnisse; ihr Begriff ist vielmehr ein tatsächlicher. Beziehungen tatsächlicher Natur, wie eine vom Gläubiger gegen den Verpflichteten verübte Täuschung, können einen Einwand gegen die Inanspruchnahme durch diesen Gläubiger bilden.

Art 17 schließt ausdrücklich nur die persönlichen Einwendungen gegen den „Aussteller oder einen früheren Inhaber" aus, weil nur diese Einwendungen gegen Vormänner des Inhabers nach den Grundsätzen bürgerlicher Rechtsnachfolge (vgl. Anm 1) dem Inhaber entgegengehalten werden könnten. Ausgeschlossen sind aber auch Einwendungen, die sich auf die unmittelbaren Beziehungen des Schuldners zu einem sonstigen Dritten (z. B. einem W.-bürgen, dem Zahlungsleister nach Art 4, oder einem Dritten, auf dessen Rechnung der W gemäß Art 3 III gezogen ist) gründen, z. B. auf die von einem Dritten übernommene Verpflichtung, Inanspruchnahme des Schuldners abzuwenden. Einwendungen aus dem Rechte eines Dritten sind schon nach allgemeinen Rechtsgrundsätzen unzulässig. Wegen der gesamtschuldnerischen Haftung der W.schuldner kann sich aber aus Umständen in der Person eines Mitschuldners, insb. einer von diesem bewirkten Befriedigung des Gläubigers, ein eigener Einwand des Schuldners ergeben (47^{8ff}).

Anm 7 2. Richtlinie für Abgrenzung der persönlichen Einwendungen: Was auf unmittelbare Beziehungen gegründete Einwendungen im Sinne der vorl. Bestimmung sind, kann mit Rücksicht auf die beabsichtigte internationale Rechtsvereinheitlichung nicht aus anderen deutschen Gesetzen hergeleitet werden (Einl. Anm 5). Insbesondere kann nicht unterstellt werden, daß die Einwendungen aus unmittelbaren Beziehungen sich wie die nach § 364 HGB, § 796 BGB zu bestimmenden persönlichen Einwendungen weder mit den aus der Urkunde selbst ergebenden noch mit den die Gültigkeit der Verpflichtungserklärung betreffenden Einwendungen überschneiden können. Die herrschende Lehre, welche zum WG (der unter der WO zutreffenden Rechtslehre folgend) die aus § 364 II HGB u. § 796 BGB ersichtlichen drei Einwendungsgruppen (vgl. Anm 3) in Gegensatz zu den nach Art 17 nur persönlich wirkenden Einwendungen stellt (Anm 15), hat im WG keine Stütze. Eine Bezugnahme auf die in der deutschen Rechtslehre herrschende Scheidung der Einwendungen war bei Abfassung des Art 17 nicht beabsichtigt: Selbst die der endgültigen Fassung des Art 17 vorausgegangene positive Formel des Haager Vorentwurfs (vgl. Anm 3) deckte sich nicht mit § 364 HGB, § 796 BGB.

Ebensowenig darf mit einer petitio principii die Möglichkeit ausgeschlossen werden, daß Ungültigkeit einer W.erklärung — auch wenn sie auf unmittelbaren Beziehungen zu einem einzelnen W.beteiligten beruht — keinen persönlichen Einwand darstellen kann, sondern gegen jeden Inhaber wirken muß. Auch diese Auffassung (z. B. Baumb-H 17[5 B]) geht auf die Vorstellung zurück, daß die nach Art 17 nur persönlich wirkenden Einwendungen sich mit den persönlichen Einwendungen aus dem alten Art 82 WO u. § 364 II HGB decken. Sie übersieht, daß eine relative, nur im Verhältnis zu einzelnen Beteiligten eintretende Unwirksamkeit von W.verbindlichkeiten, wie sie bei den sonstigen persönlichen Einwendungen stets vorliegt, auch als „relative Ungültigkeit" der Verpflichtungserklärung denkbar ist. Ähnliche Fälle nach bürgerlichem Recht ergeben sich aus § 123 II Satz 2 u. § 405 BGB.

3. Auf unmittelbare Beziehungen zu dem den Anspruch erhebenden Inhaber gegründete Einwendungen sind zulässig, wie sich durch Umkehrungsschluß daraus ergibt, daß diese Einwendungen nur insoweit ausgeschlossen sind, als sie auf den Beziehungen zu Dritten beruhen. Dies entspricht der positiven Zulassung dieser Einwendungen in Art 82 WO, dem Haager Vorentwurf und in § 364 HGB bzw. § 796 BGB. **Anm 8**

Hierunter fallen zunächst alle Vereinbarungen, nach denen der W.verpflichtete von dem Empfänger des W nur unter bestimmten Beschränkungen (z. B. abgekürzter Verjährung) oder überhaupt nicht (wie bei Gefälligkeitsunterschriften — Anm 38 — oder beim versteckten Inkassoindossament — Anm 42 —) in Anspruch genommen werden darf. Weiter gehören hierher aber vor allem die Einwendungen aus dem der W.begebung zugrundeliegenden bürgerl. Rechtsgeschäft (Anm 40), einschließlich derjenigen, die wegen des Inhalts des Grundgeschäfts eine relative Unwirksamkeit der W.erklärung herbeiführen (Anm 11). Jedoch können Einwendungen aus dem Grundgeschäft dem W.inhaber nicht schon deshalb entgegengesetzt werden, weil er sich neben dem Erwerb des W mittels Indossaments auch die Ansprüche aus dem Grundgeschäft hat abtreten lassen (Anm 20c).

Aus Art 17 folgt zwar, daß Einwendungen, die aus unmittelbaren Beziehungen zwischen Gläubiger und Schuldner herrühren, dem W.anspruch entgegenstehen. Das WG ergibt aber nicht, welche Art von unmittelbaren Beziehungen überhaupt eine Einwendung begründen können, ob z. B. Verwandtschaft zwischen Gläubiger und Schuldner oder ein vom Gläubiger absichtlich oder unabsichtlich veranlaßter Irrtum des Schuldners bei Übernahme der Verpflichtung eine Geltendmachung der Ansprüche ausschließt. Ob eine solche Einwendung begründet ist, richtet sich vielmehr nach bürgerl. Recht, vorwiegend nach dem der W.begebung zugrundeliegenden Rechtsverhältnis. Infolgedessen ist insb. auch die durch Rechtslehre und Rechtsprechung erfolgte Heranziehung der Grundsätze des bürgerl. Rechts über Bereicherungshaftung zur Begründung der persönlichen Einwendungen gerechtfertigt (vgl. Anm 40; abw. Ulmer 63 u. 184).

4. Ein auf den Inhalt des Wechsels gegründeter Einwand beruht nicht auf den unmittelbaren Beziehungen zu einem bestimmten W.beteiligten, sondern auf dem Inhalt der W.verpflichtung selbst. Diese Einwendungen stellen also die zweite der in § 364 II HGB aufgezählten drei Gruppen von Einwendungen dar, welche auch nach Art 17 unbeschränkt zugelassen sind. Auch der Zweck des Art 17, sicher zu stellen, daß der W.erwerber auf den **Anm 9**

Inhalt der Urkunde vertrauen kann (Anm 1), steht mit der Zulässigkeit dieser Einwendungen im Einklang. Der Inhalt des W bestimmt ja die skripturmäßige Haftung gemäß der in der Urkunde verbrieften Verbindlichkeit. Auch die positive Formel des Haager Vorentwurfs (Anm 3) zählte diese Einwendungen als zulässig auf. Ob die den Inhalt der W.verpflichtung betreffenden Vermerke (wie z. B. Haftungsausschluß beim Indossament) im WG selbst ausdrücklich geregelt sind oder ob sie andere für die Verpflichtung erhebliche Umstände betreffen (wie z. B. ein Prolongationsvermerk über erfolgte Stundung), ist demnach ohne Bedeutung (abw. Qu-A 17[3], wonach die letztere Gruppe nur persönliche Wirkung erzeugen soll).

Hierunter fallen sowohl Einwendungen, die auf den Inhalt des sog. Grundwechsels, d. h. den vom Aussteller geschaffenen W.inhalt, gestützt werden, wie solche, die auf Zusätzen mit w.rechtlicher Bedeutung zu einzelnen W.-erklärungen beruhen. Hierher gehören z. B. der Ausschluß der Haftung für die Annahme oder (bei Indossanten) auch für die Zahlung, Bestimmung von Vorlegungsfristen nach Art 22, 23, Benennung von Notadressen, Prolongationsabreden (Anm 47), Abkürzungen der Verjährungsfristen (70[4]).

Ausgenommen sind Vermerke, die nach dem Gesetz als nicht geschrieben zu behandeln sind, weil sie rechtlich keinen Inhalt des W bilden, z. B. Ausschluß der Haftung für die Zahlung seitens des Ausstellers (Art 9 II) oder Bedingungen beim Indossament (12[1]).

Anm 10 Die auf den Inhalt des W gestützten Einwendungen können fast ausnahmslos auch als auf dem WG beruhende Einwendungen bezeichnet werden, die im Haager Vorentwurf (vgl. Anm 3) besonders erwähnt waren. Denn die Wirkungen der Bestimmungen des Grundwechsels, die Wirkungen der verschiedenen W.erklärungen (Annahme, Indossament, W.bürgschaft usw.) und diejenigen besonderer Zusätze (Notadressen, Vorlegungsgebote, Protesterlaß usw.) sind durch das Gesetz geregelt, beruhen also auf diesem. Hierher gehören auch solche Voraussetzungen der Haftung, die wie die Vornahme der zur Erhaltung oder Ausübung des Rückgriffs erforderlichen Handlungen ohne besondere Bestimmung im W auf Grund der allgemeinen gesetzlichen Regelung erfüllt sein müssen. Hierzu gehört auch die rechtzeitige Geltendmachung der Ansprüche zur Vermeidung der Verjährung.

Bestreiten der Berechtigung des Inhabers zur Ausübung der W.-rechte wegen Fehlens seines formellen Ausweises nach Art 16 I gehört nicht zu den eigentlichen Einwendungen auf Grund des Inhalts der Urkunde, obwohl auch dieser Sachverhalt sich aus dem W ergibt. Denn Art 17 betrifft nur die Einwendungen, die sich auf seiten des Schuldners gegenüber dem zur Ausübung der W.rechte Befugten ergeben (Anm 2). Mängel der Berechtigung des Inhabers kann naturgemäß jeder W.verpflichtete geltend machen, z. B. daß der W wegen Formfehlers nichtig oder der Inhaber trotz formellen Ausweises sachlich nicht berechtigt sei, weil er den mit Blankoindossament versehenen W dem wirklichen Berechtigten entwendet habe oder weil der Begebungsvertrag, durch den er den W erworben hat, wegen Wuchers (vgl. RG 162, 302) oder infolge der durch seinen Vormann wegen Drohung erfolgten Anfechtung nichtig sei. Geltendmachung solcher Tatsachen ist zulässig (16[2, 22]), da sie keinen Einwand aus dem Rechte eines Dritten, sondern ein Bestreiten des Gläubigerrechts des Inhabers sind. Auch beruhen diese Einwendungen nicht auf unmittelbaren Beziehungen des Schuldners zu einem Dritten und sind daher unbeschränkt zulässig (vgl. Einwendungsgruppe zu Zf 3 in Anm 5).

5. Die Einwendungen, welche die Gültigkeit der Erklärung des Schuldners in der Urkunde betreffen, sind die dritte Gruppe der nach § 364 HGB jedem Inhaber gegenüber zulässigen Einwendungen. Sie stehen jedoch in keinem begrifflichen Gegensatz zu den durch Art 17 auf persönliche Wirkung beschränkten Einwendungen, die „auf unmittelbare Beziehungen zu dem Aussteller oder zu einem früheren Inhaber" gegründet werden. **Anm 11**

a) Zunächst gehören die Fälle der Ungültigkeit einer W.erklärung wegen ihres Zweckes unter die auf unmittelbare Beziehungen gestützten, nur persönlich wirkenden Einwendungen. Ist z. B. die W.verpflichtung zur Sicherung eines wucherischen Darlehns oder zwecks Gestattung einer unsittlichen Handlung übernommen, so ist die W.erklärung zwar nach § 138 BGB nichtig. Diese Nichtigkeit beruht aber auf den unmittelbaren Beziehungen zwischen dem W.verpflichteten und dem Wucherer bzw. dem an der unsittlichen Handlung Beteiligten und kann daher dem gutgläubigen Erwerber des W nicht entgegengehalten werden (bestr.; Anm 40c). Ebenso ist die Berufung auf die Unverbindlichkeit einer für Spiel- oder Wettschulden eingegangenen W.verbindlichkeit (§§ 762 II, 763, 764 BGB) oder einer solchen für Ehemäklerlohn (§ 656 BGB) sowie Berufung auf die Formungültigkeit eines durch Ausstellung eines W erteilten Schenkungsversprechens (§ 518 BGB; Anm 54) eine auf den unmittelbaren Beziehungen der Vertragsparteien beruhende, nach Art 17 nur persönlich wirkende Einwendung.

b) Ungültigkeit der W.erklärung wegen Willensmängeln beruht regelmäßig ebenfalls auf den unmittelbaren Beziehungen zwischen bestimmten Personen und kann dann dem gutgläubigen Erwerber des W nicht entgegengehalten werden. **Anm 12**

Dies trifft sowohl auf die zum Schein (§ 117 BGB) wie für die im Scherz (§ 118 BGB) abgegebenen W.erklärungen zu: Auch nach BGB genügt in diesen Fällen nicht ein geheimer Vorbehalt. Vielmehr ist Einverständnis (oder doch vom Erklärenden angenommenes Einverständnis) des Erklärungsempfängers, also eine die Nichtigkeit rechtfertigende persönliche Beziehung zu diesem, Voraussetzung der Nichtigkeit, auch ist die Geltendmachung der Nichtigkeit dritten Gutgläubigen gegenüber bei Ausstellung einer Schuldurkunde nach § 405 BGB ausgeschlossen.

Ebenso ist für die Anfechtung wegen Drohung oder arglistiger Täuschung das Verhalten des Drohenden oder Täuschenden, also eine unmittelbare Beziehung zu diesem, Anfechtungsgrund (§ 123 BGB). Ist die Täuschung oder Drohung zwar nicht vom W.inhaber verübt, aber mit seiner Kenntnis oder gar auf seine Veranlassung erfolgt, so kann die auf Anfechtung gestützte Ungültigkeit der W.erklärung dem Inhaber schon deshalb entgegengehalten werden, weil er beim Erwerb des W nicht gutgläubig war (Anm 17). Dagegen schadet ihm fahrlässige Unkenntnis von Täuschung oder Drohung beim Erwerb des W nicht: § 123 BGB weicht insoweit der Sondervorschrift des Art 17.

Im Gegensatz zur Drohung liegt bei körperlichem Zwang (vis absoluta) überhaupt keine Willenserklärung vor. Daher kann dies in gleicher Weise wie die Fälschung einer Unterschrift oder Verpflichtungsunfähigkeit (Unterschrift eines Geisteskranken oder in Hypnose; vgl. Anm 14) jedem Inhaber entgegengehalten werden. Dabei besteht hiesigen Erachtens kein Unterschied zwischen erzwungener Unterschrift (Handführen des Gezwungenen) und erzwungener Aushändigung (gewaltsame Fortnahme des unterzeichneten W), weil in letzterem Falle kein Begebungsvertrag vorliegt (Anm 13).

Eine Anfechtung wegen Irrtums in der Erklärung (§ 119 I BGB) ist beim W m. E. grundsätzlich ausgeschlossen, weil das WG die Haftung aus den W.erklärungen an deren typische Bedeutung im W.verkehr ohne Berücksichtigung der bei der Erklärung gewollten Wirkung regelt (Einl. Anm 12). Im Interesse der Verkehrssicherheit tritt der Wille bei den W.erklärungen noch mehr in den Hintergrund hinter dem tatsächlich Erklärten, als dies für Willenserklärungen nach bürgerl. Recht gilt.

Anm 13 c) Auch der Einwand des mangelnden Begebungsvertrages mit dem Inhalt, daß der ordnungsmäßig unterzeichnete W ohne Begebung seitens des Unterzeichneten in den Verkehr gelangt sei, betrifft die Gültigkeit der Erklärung. Sofern er nicht im Einzelfall auf unmittelbare Beziehungen zu einem Dritten gegründet ist, ist er daher auch gegenüber dem gutgläubigen Erwerber des W zulässig (bestr.; vgl. Einl. Anm 13). Auf unmittelbaren Beziehungen zu einem Dritten beruht der Einwand, wenn der nach dem Inhalt des W Verpflichtete den W selbst aus der Hand gegeben hat (z. B. um den blanko indossierten W zwecks Diskontierung zur Bank zu senden oder verwahren zu lassen) und der Empfänger den W mißbräuchlich in Verkehr bringt. Ob das In-Verkehr-bringen ohne Begebung seitens des Schuldners auf der persönlichen Beziehung zu einem Dritten beruht, ist Tatfrage, die regelmäßig dann zu verneinen ist, wenn ein Abhandenkommen im Sinne des § 935 BGB vorliegt, z. B. bei Diebstahl oder gewaltsamer Fortnahme des unterzeichneten W, aber nicht bei dessen Unterschlagung (St-Str 17[4a], [7]).

Anm 14 d) Die Geltendmachung der Verpflichtungsunfähigkeit des Schuldners gehört gleichfalls zu den die Gültigkeit der Erklärung betreffenden Einwendungen, ist aber im Gegensatz zu den vorerörterten Fällen keinesfalls aus den unmittelbaren Beziehungen zu einem Dritten hergeleitet, beruht vielmehr auf einer Eigenschaft des Schuldners. Daß dieser Einwand unbeschränkt geltend gemacht werden kann, war daher auch in der positiven Aufzählung der zulässigen Einwendungen des Haager Vorentwurfs (Anm 3) anerkannt. Hierunter fallen Geschäftsunfähigkeit und beschränkte Geschäftsfähigkeit nach Maßgabe der Bestimmungen des BGB (7[5]) einschließlich des Einwandes, daß die Erklärung im Zustande der Bewußtlosigkeit (z. B. Hypnose) oder vorübergehender Störung der Geistestätigkeit (z. B. infolge Trunkenheit) abgegeben sei (§ 105 II BGB). Hierbei ist es unerheblich, ob die vorübergehende Geschäftsunfähigkeit des Zeichners der W.erklärung durch einen früheren Inhaber verursacht ist. Auch in diesem Falle beruht die absolute Nichtigkeit der Erklärung gemäß § 105 BGB allein auf dem Zustand des Schuldners, nicht auf seiner Beziehung zu dem den Zustand verursachenden Dritten.

Auf gleicher Stufe wie der Einwand der Verpflichtungsunfähigkeit steht der Einwand, daß die Unterschrift des in Anspruch Genommenen gefälscht sei oder der für ihn aufgetretene Vertreter keine Vertretungsmacht besessen habe. Bei solchem Bestreiten einer Verpflichtungskraft der Erklärung für den Namensträger sind die etwa vorhandenen persönlichen Beziehungen des in Anspruch Genommenen zu dem Fälscher oder unbefugten Vertreter nicht der Grund für die Unverbindlichkeit der Erklärung für den anscheinend aus dem W Verpflichteten, so daß dieser Einwand ohne Rücksicht auf etwaiges mitwirkendes Verschulden des in Anspruch Genommenen auch dem gutgläubigen W.erwerber entgegengehalten werden kann (69[12]).

Nicht der Zeitpunkt der Unterschrift, sondern derjenige der Begebung ist für das Vorhandensein der Verpflichtungsfähigkeit der entscheidende Augenblick (Einl. Anm 12; 7[8]).

Daß in den genannten Fällen aus den auf dem W befindlichen Unterschriften keine W.verbindlichkeit der Namensträger entsteht, ergibt sich auch aus Art 7, der die Rückwirkung dieser Unverbindlichkeit auf die Verpflichtung anderer W.zeichner ausschließt.

6. **Zusammenfassung.** Jedem Wechselinhaber können entgegengehalten werden: **Anm 15**

a) Die aus den unmittelbaren Beziehungen zu ihm entnommenen Einwendungen (Anm 8).
b) Die auf den Inhalt des W gestützten Einwendungen (Anm 9, 10).
c) Die die Gültigkeit der Erklärung betreffenden Einwendungen können (im Gegensatz zu der für handelsrechtliche Orderpapiere und Inhaberpapiere geltenden Regelung des HGB bzw. BGB) nur dann dem gutgläubigen Erwerber entgegengehalten werden, wenn — wie in den in Anm 14 erörterten Fällen — die sie begründenden Umstände nicht in den unmittelbaren Beziehungen zu einem Dritten, insb. einem früheren Inhaber bestehen (Anm 11—14; St-Str 17[4a]; ähnlich Rilk 99).

Die herrsch. Meinung hält dagegen auch unter dem WG an der nach § 364 II HGB für die handelsrechtlichen Orderpapiere geltenden Regelung fest (z. B. Kessler 17[1] zu [a]; Qu-A 17[3, 26]; v. Schwerin 44; Wolff, Festschr. Wieland 438; Gähler 12f; Ulmer 241; Locher 111; Baumb-H 17[4C, 5B]). Die grundsätzlichen Anhänger der Vertragstheorie (Einl. Anm 11) greifen daher, um im Ergebnis den Bedürfnissen des W.verkehrs gerecht zu werden, zu einer den (oben in Anm 2 dargelegten) Unterschied zwischen Art 16 II u. 17 nicht berücksichtigenden „entsprechenden" Anwendung des Art 16 II, um gegenüber dem gutgläubigen Erwerber den Einwand des mangelnden Begebungsvertrages nicht durchgreifen zu lassen. Diese Ausdehnung des Art 16 II ist aber weder innerlich gerechtfertigt (Einl. Anm 13), noch nach dem vorstehenden Ergebnis einer selbständigen Auslegung des Art 17 erforderlich. Sie geht durch völlige Ablehnung des Einwandes der mangelnden Begebung gegenüber dem gutgläubigen Erwerber an Stelle der in Anm 13 begründeten und dem Wortlaut des Art 17 entsprechenden unterschiedlichen Behandlung der verschiedenen Fälle m.E. auch über das wünschenswerte Ziel hinaus.

III. Erweiterter Wirkungsbereich der persönlichen Einwendungen. **Anm 16**

1. Kein Ausschluß der gegen den Vormann begründeten persönlichen Einwendungen findet zugunsten folgender W.inhaber statt:

a) des Vollmachtsindossatars. Ihm stehen die gegen den Vollmachtsindossanten begründeten Einwendungen entgegen (Art 18 II). Entsprechendes gilt bezügl. des Indossatars eines versteckten Inkassoindossaments (18[13]).

b) des (durch Abtretung, Erbfolge usw. erwerbenden) bürgerlichen Rechtsnachfolgers. Ihm stehen die gegen seinen Rechtsvorgänger begründeten Einwendungen uneingeschränkt entgegen, da Art 17 ebenso wie Art 16 II nur den wechselmäßigen Erwerb des W.nehmers und der Indossatare schützt, wie seinem, der Sicherung des W.umlaufs dienenden Zweck entspricht (Anm 1; 11[8]). Von der Abtretung der W.rechte ist die Abtretung der der W.begebung zugrundeliegenden Forderung (vgl. Anm 20) zu unterscheiden.

c) des Erwerbers durch Nachindossament (Art 20) oder durch eine nach Ablauf der Protestfrist stattfindende Blankobegebung (20[12]). Denn diese Rechtsübertragungen haben nur Abtretungswirkung.

d) des beim Erwerb bösgläubigen Indossatars (Anm 17f). Dagegen wird hiesigen Erachtens auch derjenige W.nehmer und Indossatar vor persönlichen, gegen seinen Vormann begründeten Einwendungen durch Art 17 geschützt, der den W unentgeltlich, aber in gutem Glauben erworben hat (St-Str 17[16a]). Art 17 läßt diese Einwendungen nur gegenüber dem bösgläubigen, nicht auch dem unentgeltlichen Erwerber zu. Zu einer entspr. Anwendung des § 816 I Satz 2 BGB (vgl. RG JW 1934, 2458) ist daher unter dem WG kein Raum (zust. Baumb-H 17[2B]; abw. Wolff, Festschr. Wieland 439; Ulmer 247; Hueck 88; Locher 114).

Anm 17 2. Zulässigkeit der gegen den Vormann begründeten persönlichen Einwendungen gegen den Inhaber, der beim Erwerb des W bewußt zum Nachteil des Schuldners gehandelt hat.

a) **Bösgläubig** im Sinne des Art 17 ist, wer beim Erwerb des W bestimmte Kenntnis von den gegen seinen unmittelbaren Vormann begründeten Einwendungen hat. Kenntnis von Einwendungen gegen einen früheren Vormann schadet nicht, wenn sie nicht mit dem Bewußtsein verknüpft ist, daß diese Einwendungen auch dem unmittelbaren Vormann wegen dessen Bösgläubigkeit hätten entgegengesetzt werden können. Denn der Indossatar erwirbt mindestens die Rechte seines unmittelbaren Vormanns, wie er dies auch bei bürgerl. Rechtsnachfolge tun würde.

Bei bestimmter Kenntnis der gegen seinen Vormann bestehenden Einwendung handelt der Erwerber mit dem Bewußtsein, daß der Schuldner durch die Übertragung der W.rechte Nachteil erleiden würde, wenn ihm dadurch der Einwand abgeschnitten würde. Ein Handeln zum Zwecke der Benachteiligung des Schuldners ist nach der Fassung des Gesetzes (vgl. Anm 4 und den engl. Text) nicht erforderlich (abw. Hupka 53), vielmehr genügt zur Begründung der Bösgläubigkeit der Nachweis eines Erwerbes im Bewußtsein des Benachteiligungserfolges. Grobfahrlässige Unkenntnis ist unschädlich und selbst bedingter Vorsatz (dolus eventualis) nicht ausreichend (dies bestr.; abw. Rilk 120; Priese-R 17[14b]; Baumb-H 17[2C]). Die Annahme, daß der Schuldner anderweit Rückgriff nehmen könne, schließt das Benachteiligungsbewußtsein nicht aus (abw. Lehnhoff 5; Gähler 81; v.Schwerin 48; Qu-A 17[18]), da die Schädigung schon durch die zunächst notwendige Verauslagung der W.summe eintritt. Notwendig ist nicht nur Kenntnis der die Einwendung rechtfertigenden Tatsachen, sondern auch das Bewußtsein der sich daraus zugunsten des Schuldners ergebenden Rechtsfolge, also der Berechtigung der Einwendung (v. Schwerin 48). Dazu gehört auch das Bewußtsein, daß der Vormann nicht, wie dies z. B. beim Empfänger einer Gefälligkeitsunterschrift oder eines Diskontierungsauftrages (18[18]) zutrifft, trotz Bestehens des gegen ihn selbst begründeten Einwandes zur Begebung des W ermächtigt ist (Ulmer 245).

Die für die in Genf gewählte Kompromißformel zur Bestimmung der Bösgläubigkeit leitende Absicht, einen Mittelweg zwischen bloßer Kenntnis und arglistigem Zusammenwirken zu finden (Anm 4), läßt sich nur dahin verwirklichen, an das Vorliegen der Kenntnis strenge Anforderungen zu stellen. Darüber hinaus Arglist zu verlangen (so wohl Gareis-R 17[4]), d. h. ein über das Bewußtsein der Benachteiligung des Schuldners hinausgehendes, gegen Treu und Glauben verstoßendes Verhalten, läßt sich aus dem Gesetz auch unter Berücksichtigung der Entstehungsgeschichte nicht herleiten.

b) „Bei dem Erwerb des Wechsels" muß die Kenntnis vorliegen, d. h. zur Zeit der Begebung an den nunmehrigen Inhaber. Nachträgliche Kenntnis ist unschädlich. Dies gilt auch beim Erwerb durch Blankoübergabe (14[14]); auch hier ist der Zeitpunkt der Begebung maßgebend. Dem hierbei bösgläubigen Erwerber können die Einwendungen entgegengehalten werden, die dem im W.verbande nicht erscheinenden Inhaber (Blankotradent), der das ihn ausweisende Blankoindossament zur weiteren Begebung benutzt hat, entgegenstanden. **Anm 18**

Auch beim BlankoW kommt es auf den Zeitpunkt des Erwerbs, nicht der Ausfüllung an (vgl. 10[1 zu b]). Hierbei ist zu beachten, daß die Gutgläubigkeit des Erwerbers bezüglich des schon bei grober Fahrlässigkeit nach Art 10 zulässigen Einwandes abredewidriger Ausfüllung an strengere Voraussetzungen geknüpft ist als bezüglich sonstiger persönlicher Einwendungen nach Art 17 (vgl. 10[8, 11]).

Mit dem „Erwerb des Wechsels" ist in Art 17 nur der Erwerb im W.vorlauf, nicht die Einlösung des notleidenden W durch Rückgriffschuldner gemeint. Denn Art 17 bezweckt nur die Sicherung des W.umlaufs (Anm 1), nicht des Rücklaufs. Die einlösenden Rückgriffschuldner erwerben nicht den W aus eigenem Entschluß, sondern in Erfüllung ihrer Einlösungsverpflichtung. Einlösende Indossanten rücken in ihre ursprüngliche Rechtsstellung wieder ein (14[9]; 49[5]). Daher ist der Zeitpunkt ihres ursprünglichen Erwerbs im W.vorlauf zur Beurteilung ihrer Gutgläubigkeit bezüglich etwaiger gegen ihren Vormann begründeter persönlicher Einwendungen maßgebend. Ihr Schutz und derjenige des einlösenden Ausstellers, Ehrenannehmers und W.bürgen beruht auf Art 40 III. Über die nach Einlösung des W durch einen unbefugten Vertreter gegen diesen zulässigen Einwendungen vgl. 8[11].

c) Beweispflichtig sowohl für den Bestand der Einwendungen wie auch für deren Kenntnis beim Erwerb seitens des W.inhabers ist der W.schuldner. Steht aber die Kenntnis der die Einwendung begründenden Tatsachen fest, so spricht eine tatsächliche Vermutung dafür, daß der Erwerber auch deren **Anm 19**

Rechtsfolgen, also das Bestehen der Einwendung, gekannt hat; für das Gegenteil ist der Inhaber beweispflichtig (St-Str 17[16]; Locher 114).

Die Beweislast des W.verpflichteten für das Bestehen von Einwendungen ergibt sich aus der abstrakten Natur der Verbindlichkeit (Einl. Anm 8), nach welcher der Anspruch gegen den Verpflichteten keiner weiteren Begründung als des Inhalts des W bedarf.

Anm 20 **IV.** Einzelne, häufiger vorkommende **Einwendungen** in aphabetischer Folge:

Anm 20a **Abtretung.** 1. Übertragung der W.rechte durch Abtretung statt durch Indossierung ist möglich; wegen ihrer Form vgl. 11[1]. Die gegen den abtretenden W.inhaber begründet gewesenen Einwendungen sind auch gegenüber dem Erwerber ohne Rücksicht auf dessen Gutgläubigkeit zulässig (§ 404 BGB; Anm 16; 11[8]).

Anm 20b 2. Abtretung der zugrundeliegenden Forderung.

a) Da der Schuldner der Grundforderung nur gegen Rückgabe des von ihm in Zahlung gegebenen W zur Zahlung auf die Grundforderung verpflichtet ist (89[24]), so steht der Einwand, daß die Grundforderung an einen Dritten abgetreten oder für diesen durch Pfändung und Überweisung beschlagnahmt sei, dem W.inhaber nicht entgegen. Durch Einlösung des W wird die Grundforderung getilgt, auch wenn Gläubiger des W und der Grundforderung — sei es wegen Indossierung des W ohne Abtretung der Grundforderung, sei es wegen Abtretung der Grundforderung ohne Weitergabe des W — nicht mehr dieselbe Person ist (89[23]). Ist jedoch der ursprüngliche Gläubiger (Zedent) der abgetretenen Forderung noch Inhaber des W und ist der Erwerber der Grundforderung vom W.schuldner befriedigt worden, so kann der W.schuldner die persönliche Einwendung geltend machen, daß die der W.begebung zugrundeliegende Forderung nicht mehr besteht (Anm 40a).

Anm 20c b) Trotz Abtretung der der W.ziehung zugrundeliegenden Forderung an den Erwerber des W (Indossatar) beruhen die aus dem Grundgeschäft etwa herrührenden Einwendungen nicht auf den unmittelbaren Beziehungen zwischen W.schuldner und W.erwerber. Auch bei Abtretung der Grundforderung an einen gutgläubigen W.erwerber kann daher der W.schuldner gegenüber dem W.anspruch nicht die Einwendungen aus dem Grundgeschäft (Anm 40) erheben. Das RG hat seine frühere abweichende, auch diesseits (St-Str 17[11]) bekämpfte Rspr. in der noch zur WO ergangenen Entsch. v. 20. 3. 1941 (RG 166, 306) aufgegeben. Daß das WG den Übergang der Grundforderung auf den W.inhaber mit dem Ausschluß der persönlichen Einwendungen aus dem Grundgeschäft als vereinbar voraussetzt, ergibt sich aus Art 95 und dem damit in Zusammenhang stehenden Art 16 der Anl. II z. Abk über das EWG. Denn für den dort zugelassenen gesetzlichen Übergang der Deckung (Forderung des Ausstellers gegen den Bezogenen aus dem Grundgeschäft) auf den jeweiligen W.inhaber ist keine Einschränkung des Art 17 vorgesehen, nach welchem die Einwendungen aus dem Grundgeschäft dem gutgläubigen W.erwerber nicht entgegengehalten werden können.

Anm 21 **Abzahlungsgeschäft.** Daß die Fälligkeit eines auf Grund eines Abzahlungsgeschäfts gegebenen W gegen die Bestimmungen des Ges. v. 16. 5. 1894 verstoße, ist ein persönlicher Einwand (RG 136, 137). Sind für die einzelnen Abzahlungsraten W gegeben, so kann der Abzahlungsgläubiger aus den später fällig werdenden W Rückgriff vor Verfall (trotz Vorliegens der Voraussetzungen der Art 43, 44) nur nehmen, wenn die Raten nach dem AbzGes. für fällig erklärt werden können (St-Str 17^{18}; Baumb-H 17^{3D}).

Anfechtung wegen Willensmängeln. Anfechtung des Begebungsvertrages Anm 22
(Anm 26) ist von der Anfechtung des Grundgeschäfts zu unterscheiden und erfordert, daß die Willensmängel sich auf die W.begebung erstrecken. Die dadurch dem Vertragsgegner gegenüber eintretende Nichtigkeit hat aber, wenn der Anfechtungstatbestand auf unmittelbaren Beziehungen zum Anfechtungsgegner beruht, was die Regel ist, nur persönliche Wirkung (Anm 12).

Ist der Begebungsvertrag des W.inhabers wirksam angefochten worden, so fehlt dem Inhaber die sachliche Berechtigung zur Ausübung der W.rechte, was jeder Schuldner einwenden kann (Anm 10).

Anfechtung des Grundgeschäfts begründet nur einen persönlichen Einwand (Anm 40a).

Aufrechnung wirkt wie Zahlung (vgl. Anm 64 u. 47^{8ff}). Kenntnis des In- Anm 23
dossatars, daß der Schuldner gegen den Indossanten eine aufrechenbare Forderung besitzt, begründet noch keine Bösgläubigkeit, wohl aber Kenntnis, daß der W.schuldner auf Grund einer bestehenden Gegenforderung Aufrechnung erklärt, also die W.schuld getilgt hat. Ebenso liegt bewußtes Handeln zum Nachteil des Schuldners vor, wenn der Erwerb des W zu dem Zwecke erfolgt, dem Schuldner die beabsichtigte Aufrechnung abzuschneiden (St-Str 17^{21}; Gähler 63; Ulmer 246; vgl. auch Anm 24).

Arglist. Wegen arglistiger Täuschung vgl. Anm 12, 22, 26. Arglistiges Anm 24
Zusammenwirken (Kollusion) braucht zur Begründung der Bösgläubigkeit des W.erwerbers bezüglich der gegen seinen Vormann bestehenden Einwendungen nicht nachgewiesen zu werden (Anm 4, 17). Wenn die Einwendung des Schuldners von der durch ihn bei der Weitergabe des W noch nicht erfolgten Ausübung eines Gestaltungsrechts abhängig war (z. B. Aufrechnung, Anm 23; Wandlung des das Grundgeschäft bildenden Kaufvertrages, Anm 40e), begründet arglistiges Zusammenwirken des W.erwerbers mit dem Vormann zwecks Abschneidung des Einwands Bösgläubigkeit. Arglistiges Zusammenwirken mit einem seine Vertretungsmacht mißbrauchenden Vertreter (vgl. RG 134, 33) kann einen unmittelbar gegen den W.erwerber wirkenden Einwand aus unerlaubter Handlung (§§ 823 II, 826 BGB) begründen.

Wenn der W.inhaber selbst die Nichteinlösung des W absichtlich herbeigeführt hat (vgl. z.B. 1^{14}), würde er durch Geltendmachung der Rückgriffsansprüche gegen die guten Sitten verstoßen. Die Rückgriffschuldner können dies ihm gegenüber gemäß § 826 BGB einwenden. Entsprechendes muß gelten, wenn der Inhaber seine Befriedigung für den W.anspruch durch Unterlassung der Aufrechnung gegen eine dem Hauptschuldner (Annehmer) ihm gegenüber zustehende Forderung nicht bewirkt, also das Notleiden des W selbst veranlaßt (47^{9}).

Ein allgemeiner Arglisteinwand (exceptio doli generalis) gegen Aus- Anm 25
übung des formalen W.rechts (ähnlich noch RG 96, 191) kann nicht anerkannt

werden. Bei solchen als Arglisteinwand bezeichneten Fällen handelt es sich meist um Einwendungen, deren rechtliche Einordnung mißdeutet ist. So bedurfte es in dem HRR 1940 Nr 1356 entschiedenen Falle keines Arglisteinwandes, wenn es sich — wie es nach dem letzten Abschnitt der Urteilsbegründung den Anschein hat — um ein verstecktes Inkassoindossament handelte. Denn wenn ein Kläger „als vorgeschobene Person nur im Interesse und für Rechnung des Indossanten" den W.anspruch geltend macht, so stehen ihm, auch wenn er selbst beim Erwerb des W gutgläubig war, die gegen seinen Vormann (Inkasso-Auftraggeber) begründeten Einwendungen gemäß dem entspr. anzuwendenden Art 18 entgegen (18[13]). Die Rechtslage ist in dieser Hinsicht gegenüber derjenigen unter Geltung der WO nicht geändert.

Anm 26 **Begebungsvertrag,** vgl. Einl. Anm 12f. Der Einwand des mangelnden Begebungsvertrages kann hiesigen Erachtens hinsichtlich seines Durchgreifens gegenüber einem gutgläubigen W.erwerber nicht einheitlich behandelt werden. Er ist eine persönliche Einwendung, wenn die ihn begründenden Tatsachen auf den unmittelbaren Beziehungen zu einem bestimmten W.beteiligten beruhen, andernfalls wirkt er gegen jeden W.inhaber (vgl. Anm 13, 15). Die herrsch. Meinung läßt den Einwand grundsätzlich zu, jedoch nicht gegen den gutgläubigen Erwerber.

Ungültigkeit des Begebungsvertrages, durch den der Inhaber den W erworben hat, kann von jedem W.schuldner geltend gemacht werden (Anm 10).

Anm 27 **Betrug** (arglistige Täuschung) vgl. Anm 12, 22. Auch bei unterbliebener Anfechtung wegen arglistiger Täuschung kann der betrogene W.schuldner gegenüber dem Betrüger Zahlung insoweit verweigern, als ihm aus unerlaubter Handlung (§§ 823 II, 826 BGB) ein Anspruch auf Schadensersatz zusteht (RG 84, 133; 79, 197).

Anm 28 **Blankobegebung** auf Grund eines Blankoindossaments vgl. 14[14]. Hierbei können dem bösgläubigen Erwerber die gegen den Blankotradenten begründet gewesenen persönlichen Einwendungen entgegengehalten werden (Anm 18).

Anm 29 **Blankowechsel.** Bei diesem ist zwischen dem Einwand abredewidriger Ausfüllung (Art 10) und sonstigen Einwendungen zu unterscheiden, die ebenso wie bei sonstigen W nach Art 17 zu beurteilen sind (Anm 18).

Anm 30 **Bürgschaft.**

Anm 30a a) Formmangel. Der Einwand, die W.verpflichtung sei ohne Ausstellung einer schriftlichen Bürgschaftsurkunde (§ 766 BGB; für Vollkaufleute vgl. aber § 350 HGB) zur Sicherung der Schuld eines Dritten übernommen, steht der Inanspruchnahme des W.schuldners nicht entgegen (herrsch. Ans.; RG 51, 114; 61, 6; 94, 89). Die W.form ersetzt die durch § 766 BGB vorgeschriebene Form hinsichtlich der w.mäßigen Verpflichtung. Dies steht in Einklang mit der für Gefälligkeitsunterschriften unstreitigen Rechtslehre (Anm 38). Der Einwand kann jedenfalls, auch wenn man Ungültigkeit der W.erklärung wegen Formmangels annimmt (so: Rilk 114; Gähler 52; Baumb-H 17[3 D]), dem gutgläubigen Erwerber nicht entgegengehalten werden (Anm 11).

b) Rechtsbehelfe des Schuldners. Aus einer Vereinbarung, daß der **Anm 80b**
zur Sicherung einer fremden Schuld w.mäßig Verpflichtete nur im Rahmen der Verpflichtung des Erstschuldners haften solle, kann ein persönlich wirkender Einwand hergeleitet werden (RG 120, 207). Auf § 771 oder § 777 BGB kann sich der W.verpflichtete nicht berufen (RG 74, 252); mangels einer nach bürg. Recht oder Handelsrecht gültigen Bürgschaftsübernahme auch nicht auf den Rechtsübergang nach § 774 BGB (RG 94, 90).

c) Die Wechselbürgschaft als w.mäßige Verbürgung für die Verpflichtung **Anm 80c**
eines anderen Schuldners aus demselben W folgt den besonderen Regeln der Art 30—32.

Über Mitunterzeichnung von W.erklärungen Dritter vgl. 30[2].

Deckung. Als Deckungsverhältnis wird das Rechtsverhältnis bezeichnet, **Anm 81**
auf Grund dessen der W vom Aussteller auf den Bezogenen gezogen wird (3[6]). Die sog. Deckungsklausel (z. B. „stellen Sie den Betrag auf meine Rechnung") ist gesetzlich nicht vorgeschrieben und ohne sachliche Beweiskraft, da sie formularmäßig ohne inhaltliche Bedeutung verwendet zu werden pflegt.

Der Einwand fehlender Deckung bedeutet, daß der Aussteller dem **Anm 81a**
Annehmer für die Einlösung des W die zugesagte Deckung nicht zur Verfügung gestellt habe, und kann als persönlicher Einwand aus dem Grundgeschäft (Anm 40e) vom Annehmer dem Aussteller und den in Anm 16 bezeichneten Inhabern entgegengestellt werden (28[5]). Er entspricht dem gleichfalls nicht auf W.recht, sondern dem zugrundeliegenden Rechtsverhältnis beruhenden etwaigen Anspruch des Bezogenen auf Erstattung der ohne Deckung von ihm verauslagten W.summe (Revalierungsanspruch; 28[14ff]).

Recht auf die Deckung. Ist der W „auf Schuld", d. h. zwecks Ein- **Anm 81b**
ziehung einer dem Aussteller gegen den Bezogenen zustehenden Forderung gezogen, so geht bei der Begebung des W diese zugrundeliegende Forderung nicht kraft Gesetzes auf den Erwerber des W über. In diesem Sinne kennt das deutsche Recht kein Recht des W.inhabers auf die Deckung (14[6]). Auch im Konkurs des Ausstellers und im Falle einer nicht angenommenen Tratte steht dem W.inhaber kein Vorzugsrecht auf die Deckung zu. Den Vertragsstaaten des EWG ist eine abweichende Regelung vorbehalten, die teilweise erfolgt ist. Über das hierbei maßgebende Recht im intern. Verkehr vgl. zu Art 95.

Depotwechsel (Kautions- oder Sicherheitswechsel). Zur Sicherung — **Anm 82**
meist der Höhe nach noch unbestimmter — gegenwärtiger oder zukünftiger Forderungen (z. B. aus laufender Rechnung oder Bankkrediten) werden als Depotwechsel Akzepte auf an eigene Order des Ausstellers gestellte W (auch Blankoakzepte), vorwiegend aber eigene W verwendet. Eigene W werden deshalb im Handelsverkehr gelegentlich als „Kautionswechsel" bezeichnet, auch wenn sie nicht bloßem Sicherungszweck dienen sollen. Im folgenden handelt es sich um den Einwand, daß ein W — eigener W oder Akzept — nur zur Sicherung für eine Forderung hinterlegt sei, auf Grund deren der Gläubiger keinen oder noch keinen Zahlungsanspruch habe. Hierbei ist zu unterscheiden, ob die Bestimmung des W als Pfand, zur Sicherung, zum Depot

usw. aus der Urkunde hervorgeht, sei es durch Überschrift oder durch Zusatz im W.text (z. B. „zum Depot", „nur als Sicherheit", „nur zum Pfande") oder ob dies nicht zutrifft.

Anm 32a a) Vorhandensein einer Depotklausel auf dem W macht den Einwand zu einem auf den Inhalt des W gegründeten, daher gegen jeden Erwerber wirksamen Einwand (Anm 9; abw. Rilk 113). Darüber hinausgehend hat aber m. E. ein solcher Vermerk entspr. der in Art 19 erfolgten Regelung des offenen Pfandindossaments die weitere Wirkung, daß Indossamente nur als Vollmachtsindossamente wirken (Art 19 I, 2. Halbs.). Fügt der Aussteller eines an eigene Order gezogenen W oder eines eigenen W seinem Indossament den Vermerk „Wert zur Sicherheit" oder einen gleichbedeutenden Zusatz bei, so haben alle folgenden Indossamente gemäß Art 19 nur die Wirkung eines Vollmachtsindossaments. Die Wirkung eines vom Aussteller seiner Erklärung im W beigefügten gleichbedeutenden Vermerks kann keine geringere sein. Schon unter der WO hat das RG (122, 179) anerkannt, daß die Vereinbarung, der W solle ein DepotW sein, die Bedeutung haben könne, der W solle nicht begeben werden. Der Vermerk hat nunmehr durch Art 19 eine die Übertragbarkeit der W.rechte beschränkende Auslegung erhalten, die entsprechend auch für die Erklärung des Ausstellers gelten muß. Daher sind Indossamente als Vollmachtsindossamente zu behandeln und gegen jeden Indossatar alle gegen den W.nehmer begründeten Einwendungen zulässig (Art 18 II). In dem kaum vorkommenden Fall, daß ein DepotW an fremde Order gestellt wird (z. B., weil er als Blankoakzept ohne Ausfüllung des W.nehmers dem Aussteller ausgehändigt war), wird der W.nehmer wie ein Pfandindossatar zu behandeln sein (19^{2}).

Die Depotklausel als solche hindert den W.nehmer oder die Indossatare nicht, „alle Rechte aus dem W geltend zu machen" (Art 19 I bzw. 18 I entspr.), also bei Verfall Zahlung zu verlangen, auch die Fälligkeit eines SichtW oder eines ohne Ausfüllung der Verfallzeit begebenen BlankoW herbeizuführen. Der Inhaber braucht also nicht nachzuweisen, daß ihm eine Forderung zusteht. Weist aber der Schuldner nach, daß der Empfänger des W aus dem zu sichernden Rechtsverhältnis weder einen fälligen Anspruch hat noch einen solchen in Zukunft zu erwarten hat, so steht dies der Geltendmachung des W entgegen (RG im Recht 1908, 213; JW 1935, 1779). Bei einem W, dessen Verfallzeit bei der Begebung bestimmt war (TagW oder DatoW; $33^{7,8}$), genügt im Zweifel der Nachweis nicht, daß die zu sichernde Forderung noch nicht fällig ist: Der W.inhaber kann dann die eingezogene W.summe bis zur Fälligkeit der gesicherten Forderung als Barsicherheit behalten. Dagegen wird bei einem ohne Ausfüllung der Verfallzeit(blanko) begebenen DepotW oder bei Sicht- oder NachsichtW, deren Vorlegungsfrist nicht unmittelbar vor ihrem Ablauf steht, im Zweifel der Gegenbeweis genügen, daß die gesicherte Forderung noch nicht fällig ist; denn hier fehlt die aus dem Verfalltag des W zu entnehmende Vermutung, daß die Parteien Zahlung der W.summe ohne Rücksicht auf Fälligkeit der gesicherten Forderung vorgesehen haben.

Da der die Depotklausel enthaltende W hiesigen Erachtens zum Umlauf durch Eigentumsindossament nicht bestimmt ist, steht der Ermittlung des durch Beifügung der Depotklausel von den Parteien beabsichtigten Zwecks an Stelle der im allgemeinen erforderlichen objektiven Auslegung des W.inhalts (Einl. Anm 15) nichts im Wege. Die unter Geltung der WO ergangenen Entsch. des ROHG und des RG über die Bedeutung der Depotklausel und die Begebbarkeit des DepotW, denen das Schrifttum noch vielfach folgt, können mit Rücksicht auf die neuen Bestimmungen des WG über das Pfandindossament (Art 19) und die im Laufe der Jahre erfolgte Abwandlung der Handelsgebräuche nur noch mit größter Vorsicht herangezogen werden.

b) Enthält der W keine Depotklausel, so erzeugt die Vereinbarung, daß der W lediglich als Sicherstellung benutzt werden dürfe, nur einen persönlich wirkenden Einwand. Für die Auslegung ist auch hier der wahre Wille der Parteien zu erforschen, gegebenenfalls etwaige Handelsgebräuche zu ermitteln. Beweispflichtig für das Bestehen der Vereinbarung und ihren die derzeitige Geltendmachung des W hindernden Inhalt ist der Schuldner (RG LZ 1907, 138). Regelmäßig wird der Gläubiger bei Fälligkeit der zu sichernden Forderung nicht nur berechtigt sein, den W selbst geltend zu machen, also auf Grund des W Zahlung zu beanspruchen, sondern auch sich durch Weitergabe des W zu befriedigen. Der Erwerber des W wird nicht schon durch Kenntnis, daß es sich um einen SicherheitsW handelte, bösgläubig, vielmehr muß Kenntnis, daß der Vormann zur Verfügung über den W nicht oder noch nicht befugt ist, hinzukommen. Daß der W.erwerber nicht auch die gesicherte Forderung erworben hat, steht der Geltendmachung der W.rechte durch ihn nicht entgegen (RG JW 1935, 1779). **Anm 82b**

Diskontierungsauftrag. Der Einwand, dem Inhaber sei ein äußerlich unbeschränktes Indossament nur zu dem Zweck erteilt worden, den W diskontieren zu lassen und den Gegenwert an den Indossanten abzuführen (18[18]), ist ein nur persönlich wirkender Einwand. Der die Diskontierung ausführende Erwerber wird durch Kenntnis des Diskontierungsauftrages nicht bösgläubig, dagegen durch Kenntnis, daß der Beauftragte den Erlös veruntreuen will (vgl. Anm 24: arglistiges Zusammenwirken) oder daß der erteilte Diskontierungsauftrag widerrufen ist. **Anm 83**

Auf den Widerruf des Diskontierungsauftrages können sich alle W.schuldner gegenüber dem durch das Indossament ausgewiesenen Inhaber berufen (bestr.), weil dies ein Bestreiten seiner sachlichen Berechtigung bedeutet (Anm 10; 18[18]).

Drohung. Anfechtung aus diesem Grunde erzeugt nur einen persönlichen Einwand (Anm 12, 22, 26). **Anm 84**

Erfüllung vgl. Zahlung, Anm 64. **Anm 85**

Erlaß begründet eine persönlich wirkende Einwendung, vgl. Anm 64 und über die Frage, zugunsten welcher Schuldner ein Erlaß wirkt, 47[11]. **Anm 85a**

Fälschung der Unterschrift des Verpflichteten kann jedem Inhaber entgegengehalten werden (Anm 14). Über Genehmigung gefälschter Unterschriften vgl. 69[6]. **Anm 86**

Haftung bei Verfälschung des W.inhalts ist durch Art 69 geregelt. Auch der Einwand der Verfälschung wirkt unpersönlich, also auch gegen den gutgläubigen Erwerber (69[12]).

Anm 37 **Formmangel.** Mangel der nach dem WG für die W.erklärungen vorgeschriebenen Form, insb. das Fehlen wesentlicher Erfordernisse des GrundW, kann jedem W.inhaber entgegengehalten werden (Anm 9).

Dagegen hat der Einwand, daß die für das Grundgeschäft erforderliche Form nicht gewahrt, das Grundgeschäft daher nichtig sei, als Einwand aus dem Grundgeschäft (Anm 40b) nur persönliche Wirkung. Dies gilt auch, wenn der Formmangel aus dem Grundgeschäft nach bürg. Recht auch ein dafür erteiltes abstraktes Schuldversprechen ergreift (Anm 11).

Anm 38 **Gefälligkeitsunterschrift** ist eine „aus Gefälligkeit" (meist, aber nicht stets völlig unentgeltlich) mit der ausdrücklichen oder stillschweigenden Abrede erteilte W.unterschrift, daß der Empfänger den aus der Unterschrift Verpflichteten nicht in Anspruch nehmen darf, sondern ihm (insb. beim Gefälligkeitsakzept; 28^{5}) bei Inanspruchnahme durch einen Dritten die zur Einlösung des W erforderlichen Mittel zur Verfügung zu stellen hat (RG 32, 128; JW 08, 410; JW 1915, 921). Die Unterschrift erfolgt zwecks Verwertung des durch die Haftung des Gefälligkeitszeichners gesicherten W, ermächtigt also den Empfänger zur Begebung des W.

Da der Empfänger der Gefälligkeitsunterschrift zur Begebung des W ermächtigt ist, kann der Einwand auch demjenigen nicht entgegengehalten werden, der den W in Kenntnis der Gefälligkeitsabrede erworben hat (RG 117, 76; vgl. Anm 17). Dagegen darf der ursprüngliche Empfänger den Verpflichteten auf Grund der Gefälligkeitsunterschrift auch dann nicht in Anspruch nehmen, wenn er andere Forderungen gegen ihn hat (RG JW 1912, 48). Er darf den W auch nicht gegen Nachmänner des Gefälligkeitszeichners, die gegen diesen Rückgriff nehmen könnten, geltend machen (St-Str 17^{36}; Qu-A 17^{15}; Gähler 65).

Gegenseitiger Austausch von GefälligkeitsW (sog. Wechselreiterei) zwecks Begebung unter Verschweigung ihrer Natur ist sittenwidrig, da ihr Zweck Kreditbetrug ist. Jeder der dabei beteiligten Gefälligkeitsakzeptanten kann von dem anderen sein Gefälligkeitsakzept (Rittwechsel) gemäß § 817 Satz 2 BGB zurückfordern (St-Str 17^{36}; Baumb-H 17^{30a}).

Anm 39 **Geschäftsunfähigkeit** bei Eingehung der W.verpflichtung kann jedem W.-erwerber entgegengehalten werden (Anm 14). Wegen der Beweislast vgl. 7^{9}.

Geschäftsunfähigkeit des Vormanns steht dem Erwerb der W.rechte bei Gutgläubigkeit des Erwerbers nicht entgegen (bestr.; 16^{19}).

Anm 40 **Grundgeschäft.** Die W.verpflichtung ist als solche unabhängig von dem Vorhandensein oder der Rechtsbeständigkeit eines die Eingehung der Verpflichtung rechtfertigenden Rechtsverhältnisses, also unabhängig von dem der Zahlungsaufforderung des Ausstellers an den Bezogenen, der Begebung des W vom Aussteller an den W.nehmer und der Übertragung der W.rechte durch Indossierung zugrundeliegenden Rechtsgeschäft. Sie ist eine selbständige Verpflichtung, zu deren Begründung es des Nachweises des Grundgeschäfts nicht bedarf und deren Wirksamkeit von dem Bestand des Grundgeschäfts nicht abhängig gemacht werden darf (Abstraktheit und Bedingungsfeindlichkeit der W.verpflichtung: Einl. Anm 8).

Jedoch würde der W.gläubiger, zu dessen Gunsten die W.verpflichtung erfolgt, durch Einziehung der W.summe ungerechtfertigt bereichert werden, wenn das der W.begebung zugrundeliegende Rechtsgeschäft nicht rechtsbeständig oder so mangelhaft ist, daß dem Gläubiger daraus kein Anspruch zusteht (RG 86, 303; Hueck 86). Daher kann der W.schuldner auf Grund einer derartigen zu dem Empfänger des W bestehenden „unmittelbaren Beziehung" aus Mängeln des Grundgeschäfts eine persönlich wirkende Einwendung herleiten (§§ 812, 821 BGB; vgl. Anm 8). Die Einwendungen aus dem Grundgeschäft bilden den häufigsten Fall der durch Art 17 in ihrem Wirkungskreis beschränkten persönlichen Einwendungen.

Wegen der Selbständigkeit der W.verpflichtung hat der W.schuldner die Beweislast für alle Tatsachen, aus denen er Einwendungen aus dem Grundgeschäft herleitet, insb. auch dafür, welches Rechtsgeschäft der W.begebung zugrundeliegt (vgl. Anm 19). Aus dem gleichen Grunde bleibt die W.verbindlichkeit unberührt, wenn nach Fortfall der ursprünglichen Geschäftsgrundlage vereinbart wird, daß der W zur Deckung der Ansprüche aus einem anderen zwischen den Parteien bestehenden Rechtsverhältnis dienen soll. Der Schuldner ist dann auch für die Einwendungen aus dem neuen Schuldverhältnis beweispflichtig (RG 124, 66). Eine Beweispflicht des Schuldners auch dafür, daß eine vom Gläubiger behauptete Ersetzung des ursprünglichen Grundgeschäfts durch ein anderes stattgefunden habe (so RG a.a.O.), ergibt sich m. E. nicht aus der abstrakten Natur der W.schuld. Der Schuldner hat seinen Bereicherungseinwand durch den Nachweis des Fortfalls des ursprünglichen Grundgeschäfts dargetan. Es ist dann Sache des Gläubigers, diesen Einwand durch den Nachweis der Vereinbarung, daß der W zur Deckung der Ansprüche aus einem weiteren Rechtsgeschäft verwendet werden sollte, zu entkräften.

Im einzelnen kann durch den Einwand geltend gemacht werden:

a) Fehlen des Grundgeschäfts. Irrtümliche W.hingabe auf eine Schuld, **Anm 40a** die tatsächlich nicht besteht oder der eine dauernde Einrede entgegensteht, begründet nach Bereicherungsrecht einen Herausgabeanspruch und gegenüber dem W.anspruch einen persönlich wirkenden Einwand (§§ 812f BGB). Aus einem in Unkenntnis der Verjährung einer Schuld zu deren Berichtigung gegebenen W haftet jedoch der W.schuldner auch dem ursprünglichen Nehmer (§ 813 I Satz 2 BGB).

Aufhebung des Grundgeschäfts durch Rücktritt oder Wandlung begründet einen persönlichen Einwand nur insoweit, als der W.schuldner auch keine Rückgewähr- oder Schadensersatzverpflichtungen aus dem Rechtsverhältnis hat (RG 75, 202). Entsprechendes gilt nach Anfechtung des Geschäfts wegen Willensmängeln und bei Tilgung der zugrundeliegenden Forderung, z. B. infolge deren Bezahlung an einen Pfändungsgläubiger. Befriedigung des Gläubigers für seine Ansprüche aus dem Grundgeschäft auf anderem Wege als durch Einlösung des dafür gegebenen W ist Fortfall des rechtlichen Grundes (§ 812 I Satz 2). Wegen Abtretung des Anspruchs aus dem Grundgeschäft an einen Dritten vgl. Anm 20b.

b) Nichtigkeit des Grundgeschäfts wegen Formmangels (z. B. nach **Anm 40b** § 313 BGB) berechtigt zur Rückforderung des in Zahlung gegebenen W, dessen Einlösung gegenüber der Vertragspartei und den in Anm 16 genannten Erwerbern des W verweigert werden kann. Jedoch gibt Fehlen der Bürgschaftsform (§ 766 BGB) nach herrsch. Ans. (vgl. Anm 30a) auch gegenüber dem den Bürgschaftszweck kennenden ursprünglichen Nehmer keinen Einwand. Schenkungsweise Hingabe eines W ist jedenfalls dann kein bloßes Schenkungsversprechen (Form § 518 BGB), wenn ein Dritter aus dem W haftet. Der Schenker kann Rückgabe eines solchen W nicht verlangen (RG JW 1921, 461). Über die eigene Haftung des Schenkers vgl. Anm 54.

Anm 40c c) Nichtigkeit des Grundgeschäfts wegen Verstoßes gegen Gesetz oder gute Sitten (§ 134, 138 BGB) begründet gemäß § 817 BGB auch einen Einwand gegen die zur Erfüllung eingegangene Verbindlichkeit und demgemäß auch auf Herausgabe des die Verbindlichkeit verkörpernden W. Dagegen besteht gemäß § 817 kein Anspruch auf Erstattung des zur Einlösung des W Gezahlten, wenn auch der Leistende gegen Gesetz oder gute Sitten verstoßen hat. Unter den gleichen Voraussetzungen besteht auch kein Anspruch auf Rückgabe eines die Unterschriften dritter Personen tragenden W (RG JW 1921, 461). Jedoch haftet der Geber des W aus seiner eigenen Unterschrift (z. B. Indossament) nur dem gutgläubigen Erwerber.

Auch wenn die Eingehung der W.verbindlichkeit selbst (nicht nur das Grundgeschäft) gegen § 134 oder § 138 BGB verstößt, z. B. bei Verletzung von Devisenvorschriften, insb. aber im Falle des Wuchers (RG 109, 201; 162, 306), ist der gutgläubige Erwerber nicht nur gegen den Einwand aus dem Grundgeschäft, sondern auch gegen Geltendmachung der Ungültigkeit der W.-erklärung (Nichtigkeit der W.erklärung) geschützt, weil der Einwand auf den persönlichen Beziehungen zu dem früheren W.inhaber beruht (Anm 11; im Erg. gl. Ans. Ulmer 243; Baumb-H 17[5]; abw. Qu-A 17[23]; Gähler 28; Locher 112).

Anm 40d d) Bei Klaglosigkeit (Spiel, Wette, Ehevermittlung) hat der W.schuldner Anspruch auf Herausgabe des W gegen seinen Vertragsgegner und einen persönlich wirkenden Einwand gegen den W.anspruch (Anm 11). Bei freiwilliger Einlösung des vom Vertragsgegner nicht weitergegebenen W ist Rückforderung des Gezahlten ausgeschlossen (RG 51, 357; 77, 278), weil die Schuldner bei Erfüllung dieser klaglosen Geschäfte Rückerstattung des Geleisteten nicht verlangen können (§§ 656 I S. 2 u. 762 I S. 2 BGB). Auch kann der Schuldner von seinem Vertragsgegner keinen Ersatz verlangen, wenn er an einen gutgläubigen Erwerber des W Zahlung leisten mußte (vgl. ROLG 39, 183). Die Rückgabe eines die Unterschriften Dritter tragenden W kann er auch von seinem Vertragsgegner nicht verlangen, wohl aber gegenüber diesem und bösgläubigen Erwerbern den Einwand der Klaglosigkeit seiner Verpflichtung gemäß §§ 656 II, 762 II BGB erheben.

Verjährung des Anspruchs aus dem Grundgeschäft berührt die Haftung aus dem W selbst dann nicht, wenn die W.verpflichtung in Unkenntnis der bereits erfolgten Verjährung übernommen ist (§ 222 II BGB).

Anm 40e e) Der Einwand des nicht erfüllten Vertrages (§ 320 BGB) aus gültigem Grundgeschäft kann in der Regel nur durchdringen, wenn der W.-schuldner nicht nur nachweist, daß das Grundgeschäft ein vom Empfänger des W noch nicht erfüllter gegenseitiger Vertrag ist, sondern daß außerdem die Geltendmachung des W ausdrücklich oder stillschweigend von vorheriger Erfüllung abhängig gemacht ist (RG 2, 412; im Recht 1910, 2293), oder daß der Vertrag durch Rücktritt aufgehoben ist, ohne daß der W.gläubiger Ansprüche auf Rückgewähr hat (Anm 40a; ROLG 28, 410).

Hinterlegung durch den Hauptschuldner gemäß Art 42 und unter Verzicht auf Rücknahme steht der Zahlung durch ihn gleich (42[7]) und bringt die gesamte W.verbindlichkeit zum Erlöschen. Jeder Schuldner kann sich gegenüber jedem Inhaber hierauf berufen. **Anm 41**

Hat ein Rückgriffschuldner rechtmäßig gemäß § 372 BGB, insb. wegen Ungewißheit des Gläubigers, hinterlegt, so kann sowohl er selbst wie seine Nachmänner jeden W.inhaber auf die Hinterlegungssumme verweisen (vgl. 47[12]).

Inkassoauftrag. Der Einwand eines Indossanten, daß er den W nur zwecks Einziehung der W.summe indossiert habe (verstecktes Vollmachtsindossament: 18[11ff]), kann als persönlich wirkender Einwand dem gutgläubigen Erwerber nicht entgegengehalten werden. Über den Einwand, daß der Inkassoauftrag des Inhabers erloschen sei, vgl. 18[15]. **Anm 42**

Der Nachweis, daß der W.inhaber Inkassobeauftragter eines Dritten ist, steht der Geltendmachung des W.anspruchs nicht entgegen. Der Inhaber muß sich aber die gegen seinen Auftraggeber begründeten persönlichen Einwendungen ohne Rücksicht auf eigene Gutgläubigkeit entgegenhalten lassen (Anm 16; 18[13]).

Irrtum. Anfechtung wegen Irrtums über den Inhalt der W.erklärung ist grundsätzlich ausgeschlossen (Anm 12). Dagegen kann Anfechtung des Grundgeschäfts nach Maßgabe des § 119 BGB einen persönlichen Einwand wegen Fehlens der Geschäftsgrundlage bilden (Anm 40a). **Anm 43**

Kautionswechsel vgl. Anm 32. **Anm 44**

Kontokurrent (laufende Rechnung). Der Einwand, die W.forderung sei wegen Bestehens einer laufenden Rechnung (§ 355 HGB) nicht selbständig einklagbar, ist trotz erfolgter Gutschrift des Gegenwerts des W im Kontokurrent im Zweifel nicht begründet. Die Gutschrift erfolgt regelmäßig unter Vorbehalt fristgemäßer Einlösung des W (RG in LZ 1918, 1212; JW 1928, 639). Auch Saldoziehung und Anerkenntnis steht der Geltendmachung eines bei der Berechnung des Saldos gutgeschriebenen, aber nach der Saldofeststellung fällig oder rückläufig gewordenen W nicht entgegen; anders im Zweifel, wenn der bereits fällig gewordene W im Saldo als Lastschrift berücksichtigt ist (ROHG 5, 41; abw. anscheinend Baumb-H 17[3E]). **Anm 45**

Ausdrückliche oder stillschweigende Vereinbarung, daß auch W.ansprüche in die laufende Rechnung einbezogen und nicht selbständig geltend gemacht werden sollen, ist aber möglich und gewährt gegebenenfalls einen persönlich wirkenden Einwand.

Pfändung der Forderung aus dem Grundgeschäft zugunsten eines Dritten bildet keinen Einwand gegen Geltendmachung des W durch dessen Inhaber (vgl. Anm 20b). Über Pfändung des W.anspruchs vgl. 11[11]. **Anm 46**

Prolongation (Stundung). **Anm 47**

Anm 47a a) Prolongationszusage. Die Abrede (insb. zwischen Aussteller und Annehmer), daß der Gläubiger bei Verfall eine Stundung gegen Aushändigung eines neuen W mit späterer Verfallzeit (Erneuerungswechsel) zu gewähren hat, ändert wie sonstige Stundung der W.schuld nicht die Verfallzeit und die Fristen der zur Erhaltung des Rückgriffs erforderlichen Handlungen bezügl. des ursprünglichen W. Der Schuldner kann sich auf die Zusage nur berufen, wenn er dem Gläubiger rechtzeitig vor Verfall des ursprünglichen W den ErneuerungsW angeboten hat (RG 104, 331). Denn durch Diskontierung des ErneuerungsW soll sich der Gläubiger regelmäßig die Mittel zur Einlösung des ursprünglichen W beschaffen. Daher ist der ErneuerungsW mangels anderer Vereinbarung mit einer Laufzeit von nicht mehr als drei Monaten auszustellen (KG KGBl 99, 51), weil dies den allg. Diskontbedingungen der Banken entspricht. Aus dem gleichen Grunde kann die zugesagte Prolongation abgelehnt werden, wenn sich die Kreditwürdigkeit des Schuldners so verschlechtert, daß W mit seiner Unterschrift nicht mehr diskontfähig sind (OLG Karlsruhe BankA 33, 155) oder gar die Voraussetzungen des Rückgriffs vor Verfall gegeben sind.

Die Zusage künftiger Prolongation kann durch Vermerk auf dem W oder außerhalb des W stattfinden; letzterenfalls gewährt sie nur einen persönlich wirkenden Einwand. Der Vermerk auf dem W kann z. B. lauten: „Auf 3 Monate zu prolongieren“ oder „Prolongation auf Verlangen“ (gleichbedeutend: „eventuell Prolongation“). Die aus dem W ersichtliche Prolongationszusage wirkt gegen den jeweiligen W.inhaber (Anm 9).

Anm 47b b) Wirkung stattgefundener Prolongation (auch ohne vorherige Zusage).

Durch Entgegennahme eines ErneuerungsW (vgl. 89[19]) findet im Zweifel keine Neubegründung (Novation) der Verbindlichkeit statt (RG 107, 35). Der W.schuldner kann daher die ihm bisher zustehenden persönlichen Einwendungen, sofern sie nicht durch das in der Hingabe des ErneuerungsW enthaltene Schuldanerkenntnis ausgeschlossen sind, auch weiter sowohl bei Inanspruchnahme aus dem ursprünglichen wie aus dem ErneuerungsW geltend machen (RG JW 1908, 410; LZ 1911, 302). Andererseits steht dem Gläubiger eine nach dem Erwerb des ersten, aber vor Entgegennahme des ErneuerungsW eintretende Kenntnis persönlicher, gegen einen früheren W.inhaber begründeter Einwendungen nicht entgegen (RG 77, 52). Denn der Schuldner wird nicht benachteiligt, wenn er gegenüber dem ErneuerungsW Einwendungen nicht geltend machen kann, die er auch gegenüber dem ersten W nicht hatte.

Falls der ursprüngliche W bei Hingabe des ErneuerungsW nicht zurückgegeben wird, gilt im Zweifel der ErneuerungsW nur als zahlungshalber gegeben: Die Schuld aus dem ersten W wird dann erst durch Einlösung des ErneuerungsW getilgt. Der Inhaber braucht daher den ersten W erst Zug um Zug gegen Einlösung des ErneuerungsW herauszugeben und kann mangels Zahlung des letzteren auf den ursprünglichen W zurückgreifen (89[19]).

Die Verbindlichkeit aus dem ersten W wird durch Entgegennahme des ErneuerungsW bis zu dessen Verfall gestundet. Auf diese, dem Annehmer bewilligte Stundung können sich auch die Rückgriffschuldner berufen (47[13]). Trotzdem richten sich die Fristen zur Erhaltung der Rückgriffsrechte aus dem ersten W (insb. die Protestfrist) weiter nach dem w.mäßigen Verfalltag. Dieser bleibt auch für den Beginn der Verjährung nach Art 70 I u. II maßgebend, jedoch ist die Verjährung infolge Stundung bis zum Verfall des ErneuerungsW gegenüber denjenigen W.schuldnern gehemmt, die bei der Prolongation (z. B. durch Wiederholung ihrer Unterschriften auf dem ErneuerungsW) mitgewirkt haben.

c) Stundung der W.verbindlichkeit kann auch ohne Ausstellung eines ErneuerungsW durch Abrede zwischen W.inhaber und Schuldner (in der Regel dem W.hauptschuldner) sei es vor, sei es nach Verfall des W vereinbart werden. Wird die vor Verfall erfolgte Stundung auf dem W vermerkt (z. B. „prolongiert bis 15. 5. 53"), so wirkt dies gegen jeden W.erwerber (Anm 9). Auch eine solche auf dem W vermerkte Hinausschiebung der Zahlungszeit ändert nicht die w.mäßige Verfallzeit und die demgemäß laufenden Fristen (44[9]). Nach Verfall bewilligte Stundung wirkt, wenn Weitergabe des W nur noch durch Nachindossament möglich ist, gemäß Art 20 gegen jeden Neuerwerber des W (Anm 16 zu c), aber nicht gegen einen ohne Kenntnis der Stundungsvereinbarung einlösenden oder durch die Stundung nicht selbst geschützten Rückgriffschuldner (Anm 18; 40[18]). **Anm 47c**

Die Nachmänner des Schuldners, dem Stundung bewilligt ist, können sich im Zweifel auf die Stundung berufen (47[13]). Dem Annehmer bewilligte Stundung wirkt daher zugunsten aller Rückgriffschuldner, falls der W.inhaber dem Annehmer nicht nur zugesagt hat, daß er nur ihn persönlich vorläufig mit Klage verschonen und sich zunächst an die Rückgriffschuldner halten wolle.

Rechtsgeschäft, welches der W.begebung zugrundeliegt, vgl. Anm 40. **Anm 48**

Rechtshängigkeit. Dieser prozessuale Einwand (§§ 263, 274 ZPO) steht außer Zusammenhang mit der Beschränkung der sachlichen Einwendungen durch Art 17. Er richtet sich nur gegen denjenigen Kläger, mit dem bereits ein anderer Rechtsstreit über den gleichen Anspruch anhängig ist, wird also nicht dadurch begründet, daß der W.inhaber bereits gegen einen anderen W.verpflichteten Klage erhoben hat. Auch ist der Einwand gegenüber der Leistungsklage aus dem W nicht wegen Schwebens einer negativen Feststellungsklage oder einer Klage auf Herausgabe des W gegeben (RG 21, 392; vgl. RG 71, 73). Ebensowenig kann gegenüber der Klage aus dem W Rechtshängigkeit des Anspruchs aus dem der W.begebung zugrundeliegenden Geschäft eingewendet werden (ROLG 7, 299) oder gegenüber der Klage aus dem Grundgeschäft Rechtshängigkeit des W.anspruches. Dagegen kann bei Klage aus dem Grundgeschäft geltend gemacht werden, daß Leistung nur Zug um Zug gegen Rückgabe des W zu erfolgen brauche (89[24]) und nicht vor Fälligkeit des zahlungshalber gegebenen W (89[22]). Auch kann der W.inhaber, der den W bereits im ordentlichen Verfahren einklagt, nicht gleichzeitig im W.prozeß Klage erheben (RG 160, 345) oder umgekehrt. **Anm 49**

Rechtskräftige Entscheidung. Der Einwand rechtskräftiger Abweisung des Anspruchs richtet sich nach prozessualen Bestimmungen (§ 325 ZPO). Die gesamtschuldnerische Haftung der W.schuldner nach Art 47, die eine unechte Gesamtschuld darstellt (47[6]), hat nicht zur Folge, daß sich gegenüber dem W.inhaber ein W.schuldner auf die gegen einen anderen erfolgte Klageabweisung berufen kann. **Anm 50**

Aber auch derjenige W.schuldner, gegen den die Klage des W.inhabers abgewiesen ist, wird durch die Rechtskraft dieses Urteils nicht dagegen geschützt, daß ein zur Einlösung verpflichteter W.schuldner ihn im weiteren Rückgriff in Anspruch nimmt (ROHG 7, 81). Denn der einlösende Rückgriffschuldner ist nicht Rechtsnachfolger des bezahlten Gläubigers im Sinne des § 325 ZPO, sondern zur Ausübung des weiteren Rückgriffs kraft eigenen Rechts befugt (49[6]). Dagegen kann ein Neuerwerber des W gemäß Art 20 in aller Regel nur in die Rechtsstellung des abgewiesenen Gläubigers einrücken. Sollte ausnahmsweise (z. B. bei einem nicht protestierten SichtW, dessen Vorlegungsfrist noch läuft) die Weiterbegebung des W noch durch ordentliches Indossament (nicht durch Nachindossament) möglich sein, so wird der gutgläubige Erwerber auch gegen den Einwand der Rechtskraft nach Maßgabe des Art 17 geschützt. Gleiches gilt für die Erwerber nach Eintritt der Rechtshängigkeit.

Abweisung der Klage gegen den Vollmachtsindossatar wirkt gegen den Indossanten (RG 43, 42; JW 1911, 409). Umgekehrt muß sich auch der Vollmachtsindossatar (und ebenso der Indossatar eines versteckten Inkassoindossaments) die gegen den Indossanten erfolgte Klageabweisung entgegenhalten lassen (Anm 16 zu a).

Anm 51 **Rechtsnachfolge.** Über den rechtsverstärkenden Erwerb des Indossatars als Rechtsnachfolger des Indossanten vgl. 14[4].

Dem bürgerlichen Rechtsnachfolger stehen auch die persönlichen, gegen seinen Rechtsvorgänger begründet gewesenen Einwendungen entgegen (Anm 16 u. 20; 11[8]). Art 17 schützt nur den w.mäßigen Erwerber durch Beschränkung der zulässigen Einwendungen (Anm 1).

Anm 52 **Reitwechsel** vgl. Anm 38.

Anm 53 **Scheingeschäft** begründet nur einen persönlichen Einwand (Anm 12), der nach § 405 BGB in der Regel auch gegenüber dem bürg. Rechtsnachfolger nicht durchgreift.

Anm 54 **Schenkung.** Der Einwand, daß die W.verpflichtung unentgeltlich übernommen und als Versprechen einer unentgeltlichen Zahlung ohne die für Schenkungsversprechen durch § 518 BGB vorgeschriebene Form unverbindlich sei, greift keinesfalls gegenüber dem gutgläubigen Erwerber des W durch (Anm 11).

Fraglich ist, ob unentgeltliche Hingabe eines W überhaupt Schenkungsversprechen oder Vollziehung der Schenkung (§ 518 II BGB) darstellt. Letzteres trifft jedenfalls zu, wenn aus dem W ein Dritter haftet (vgl. Anm 40b). Ob der Schenker aus seiner Unterschrift (sei es als Haupt-, sei es als Rückgriffschuldner) dem Beschenkten haftet oder den Formmangel einwenden kann, ist zweifelhaft. Selbst wenn man seine Verpflichtung (entgegen der von mir bei St-Str 17[51] vertretenen Ansicht) als formbedürftiges Schenkungsversprechen ansieht, müßte er nach den für Gefälligkeitsunterschriften unstreitigen Grundsätzen (Anm 38) jedem künftigen W.erwerber ohne Rücksicht auf dessen Gutgläubigkeit haften, weil der Beschenkte zur Weitergabe des W ermächtigt ist (Anm 17). Die überwiegende Ansicht gibt darüber hinaus dem Schenker einen persönlichen Einwand wegen Formmangels seiner Verpflichtungserklärung (RG 71, 289), nimmt aber im allgemeinen an, daß die Schenkung durch Weitergabe des W seitens des Beschenkten vollzogen sei, weil der Beschenkte auf diese Weise den ihm zugesagten Gegenwert des W erhalte (Baumb-H 17[3 D]).

Ob dem unentgeltlichen Erwerber eines W trotz Gutgläubigkeit die gegen seinen unmittelbaren Vormann, also den Schenker, begründeten persönlichen Einwendungen in entspr. Anwendung des § 816 I Satz 2 BGB entgegengehalten werden können, ist streitig, aber hiesigen Erachtens zu verneinen (Anm 16). Über die Frage, ob der W.inhaber, der den W durch unentgeltliche Verfügung eines Nichtberechtigten infolge Gutgläubigkeit gemäß Art 16 II erworben hat, dem bisherigen W.gläubiger in Höhe der Bereicherung haftet, vgl. 16[23]. **Anm 54a**

Schiedsvertrag. Dieser prozessuale Einwand (§§ 274, 1025ff ZPO) hat nur persönliche Wirkung zwischen den Vertragsparteien. Ob ein bezüglich eines Rechtsverhältnisses geschlossener Schiedsvertrag die im Zusammenhang mit diesem stehenden W.verpflichtungen ergreift, ist Auslegungsfrage (RG 71, 15). Zwischen Kaufleuten wird ein solcher Schiedsvertrag in der Regel dahin auszulegen sein, daß gegebene W zunächst unter Vorbehalt einzulösen und mangels Einlösung vor dem ordentlichen Gericht einklagbar sind, jedoch vorbehaltlich der Entscheidung des Schiedsgerichts darüber, ob eine Rückerstattung des unter Vorbehalt gezahlten Betrages zu erfolgen hat (St-Str 17[52]; Baumb-H 17[3 H]; Knur-H 93). **Anm 55**

Spiel. Der Einwand (§§ 762ff BGB) hat nur persönliche Wirkung (Anm 11 u. 40d). **Anm 56**

Stundung vgl. Anm 47c. **Anm 57**

Täuschung. Anfechtung wegen arglistiger Täuschung, sei es des Grundgeschäfts, sei es des Begebungsvertrages, begründet nur einen persönlichen Einwand, vgl. Anm 12, 22, 24, 26. **Anm 58**

Valuta. Der Einwand nicht erhaltener Valuta, d. h. unterbliebener Leistung eines Gegenwertes für Hingabe des W, ist nur in dem Sinne zulässig, daß eine bestimmte Leistung für Begebung des W (durch den Aussteller an den ersten Nehmer, durch den Indossanten an den Indossatar) vereinbart, aber nicht erfolgt sei, und stellt einen persönlichen Einwand aus dem Grundgeschäft dar (Anm 40e). **Anm 59**

Die sog. Valutaklausel („Wert erhalten") wird insb. vom Aussteller des gezogenen W vielfach formularmäßig beigefügt, ohne einen Anhalt dafür zu geben, daß im „Valutaverhältnis" zwischen Aussteller und W.nehmer tatsächlich die als Gegenwert für den W vorgesehene Leistung erfolgt ist. Auch eine dem Indossament beigefügte Valutaklausel hat nicht die Beweiskraft einer Quittung.

Wegen des entspr. Einwands des Annehmers vgl. Anm 31a.

Vergleich (Erlaß) vgl. Anm 35a. **Anm 60**

Verjährung. Vgl. hierzu die Erläuterungen zu Art 70, 71 und insb. wegen Vereinbarungen über Verjährung 70[4]. Bei erfolgter Verjährung der Ansprüche **Anm 61**

gegen den Annehmer können auch die Rückgriffschuldner Einlösung verweigern (70[7]). Ein Rückgriffschuldner, der den W trotz Verjährung des gegen ihn bestehenden Anspruchs bezahlt, erwirbt kein selbständiges Recht zum Einlösungsrückgriff, sondern rückt in die Rechtsstellung des bezahlten Gläubigers ein (49[3]; 70[1]).

Verjährung der Ansprüche aus dem Grundgeschäft steht der Geltendmachung des W.anspruchs nicht entgegen (Anm 40d).

Anm 61a **Vertretung.** Mangel der Vertretungsmacht eines bei Eingehung der Verpflichtung aufgetretenen Vertreters kann als dinglicher Einwand jedem Inhaber entgegengehalten werden (Anm 14; RG 122, 178). Für das Vorhandensein der Vertretungsmacht bei Eingehung der Verpflichtung (Begebung) ist grundsätzlich der Gläubiger beweispflichtig.

Über Vertretung im allgemeinen und über die w.mäßige Haftung eines unbefugten Vertreters vgl. zu Art 8.

Anm 62 **Willensmängel** vgl. Anm 12, 22, 26; Einl. Anm 12.

Anm 63 **Wucher** vgl. Anm 10, 11, 40c.

Anm 64 **Zahlung** oder sonstige Tilgung der W.verbindlichkeit.

Bei dem Einwand erfolgter Zahlung ist zu unterscheiden, ob der in Anspruch genommene Verpflichtete behauptet, daß

a) er seine Verbindlichkeit durch Befriedigung eines anderen Gläubigers getilgt habe,

b) die Forderung des Gläubigers durch Zahlung eines anderen W.schuldners erloschen sei.

Außerdem kann der W.schuldner selbstverständlich geltend machen, daß er selbst den ihn in Anspruch nehmenden Inhaber befriedigt habe. Denn in dieser Form stellt sich der Einwand der Zahlung nicht nur als ein Bestreiten des Gläubigerrechts (Anm 10), sondern auch als auf die unmittelbaren Beziehungen der Parteien gegründet dar (Anm 8), steht also unter beiden Gesichtspunkten dem Schuldner offen. Da Zahlung sowohl vom Hauptschuldner gemäß Art 39 wie von den Rückgriffschuldnern gemäß Art 50 nur Zug um Zug gegen Aushändigung des W und Quittung geleistet zu werden braucht, Teilzahlung aber nur gegen Abquittierung auf den W (39[12]; 50[13]), so kommt dieser Einwand nur in Frage, wenn bei Vollzahlung die Aushändigung des W oder bei Teilzahlung die Abquittierung ausnahmsweise unterblieben ist. Dies kann insb. bei bargeldloser Zahlung (z. B. Banküberweisung) oder bei Tilgung der Forderung durch Aufrechnung, Erlaß oder ein sonstiges Erfüllungssurrogat stattfinden. Zu beachten ist dabei, daß eine Quittung auf dem in Händen des Gläubigers verbliebenen W keinen Beweis erfolgter Zahlung erbringt, weil solche Quittungen in Erwartung der bei Verfall zu leistenden Zahlung zwecks Vorlegung des W zur Zahlung im voraus auf den W gesetzt zu werden pflegen (39[6]; RG 7, 67). Anders bei Teilquittung.

Anm 64a a) Zahlung an einen früheren Inhaber durch den in Anspruch genommenen W.schuldner ohne erfolgte Aushändigung des W gewährt grundsätzlich nur einen, gegen den gutgläubigen Erwerber nicht durchgreifenden persönlichen Einwand, gleichviel ob es sich um eine Zahlung des Hauptschuldners oder eines Rückgriffschuldners handelt.

Da aber Zahlung regelmäßig erst nach Verfall, durch Rückgriffschuldner erst nach Eintritt des Notleidens, erfolgt, ist Neuerwerb durch einen nach Art 17 geschützten Indossatar nach erfolgter Zahlung selten, weil Indossamente gemäß Art 20 regelmäßig nur noch Nachindossamente sein können. Dagegen ist Einlösung durch einen Rückgriffschuldner in Unkenntnis der durch einen Vormann stattgefundenen Befriedigung des Inhabers möglich. Der gutgläubig einlösende Rückgriffschuldner kann dann weiteren Rückgriff gegen seine Vormänner nehmen, auch gegen denjenigen, der ohne Aushändigung des W den früheren W.inhaber bereits befriedigt hatte (vgl. 47^{10}). Dem zu doppelter Zahlung gezwungenen Schuldner bleibt nur der Rückerstattungsanspruch gegen den früheren Inhaber, der die W.summe zweimal eingezogen hat.

b) Befriedigung des W.inhabers durch einen anderen W.schuldner kann jeder der als Gesamtschuldner haftenden W.schuldner einwenden. Denn der Gläubiger kann von allen Gesamtschuldnern nur einmal Zahlung beanspruchen, auch wenn er bei Empfang der ersten Zahlung den W an den Zahlenden nicht ausgehändigt hat (47^{8}; 50^{3}). Der Einwand stellt ein Bestreiten des Gläubigerrechts trotz vorhandenen formellen Ausweises dar (Anm 10), wobei es nicht darauf ankommt, ob Zahlung durch einen Nachmann des in Anspruch genommenen Schuldners oder durch einen Vormann bzw. den Bezogenen eingewendet wird. Dies ist bei erfolgter Zahlung durch einen Rückgriffschuldner bestritten und in Widerspruch zur Rspr. d. RG zur WO (RG 48, 214; 85, 55; in DJZ 1914, 937), während Zahlung durch den Bezogenen oder für dessen Rechnung (ebenso durch den Aussteller des eigenen W) unstreitig die gesamte Verbindlichkeit sämtlicher W.schuldner zum Erlöschen bringt. **Anm 64b**

c) Wie zu a) erwähnt, begründet die an einen früheren Inhaber erfolgte Zahlung nur einen persönlichen Einwand, der dem gutgläubigen Erwerber auch dann nicht entgegensteht, wenn Zahlung durch den Bezogenen erfolgt war. **Anm 64c**

Zahlt aber ein Rückgriffschuldner arglistig oder grobfahrlässig im Sinne des Art 40 III ($40^{15, 16}$) an den W.inhaber trotz der durch einen anderen Schuldner ohne Rückgabe des W erfolgten Befriedigung, so erwirbt er durch diese ohne Verpflichtung erfolgende Einlösung kein selbständiges Recht zum Einlösungsrückgriff (49^{4}). Rechte des bezahlten Inhabers kann er aber nicht erwerben, weil das Gläubigerrecht des bezahlten Inhabers durch seine frühere Befriedigung erloschen war. Wer den Inhaber zuerst befriedigt hatte, kann die Herausgabe des W von dem nunmehrigen Besitzer verlangen und dann gegen seine Vormänner weiteren Rückgriff nehmen.

Vgl. im übrigen 47^{8ff}.

Zwang (vis absoluta) bei Begebung kann jedem Inhaber entgegengehalten werden (Anm 12). Anders bei Erzwingung der Unterschrift durch Drohung (Anm 34). **Anm 65**

Artikel 18

Enthält das Indossament den Vermerk „Wert zur Einziehung", „zum Inkasso", „in Prokura" oder einen anderen nur eine Bevollmächtigung ausdrückenden Vermerk, so kann der Inhaber alle Rechte aus dem Wechsel geltend machen; aber er kann ihn nur durch ein weiteres Vollmachtsindossament übertragen.

Die Wechselverpflichteten können in diesem Falle dem Inhaber nur solche Einwendungen entgegensetzen, die ihnen gegen den Indossanten zustehen.

Die in dem Vollmachtsindossament enthaltene Vollmacht erlischt weder mit dem Tode noch mit dem Eintritt der Handlungsunfähigkeit des Vollmachtgebers.

Anm 1 **I. Arten der Vollmachtsindossamente.** Art 18 behandelt das offene Vollmachts (Prokura-)Indossament, d. h. ein Indossament, welches zum Ausdruck bringt, daß der Indossatar nur zur Einziehung der W.summe als Bevollmächtigter des Indossanten befugt sein soll. Im Gegensatz hierzu stehen das unbeschränkte (Eigentums-)Indossament, das Eigentum am W und Gläubigerrecht aus dem W an den Indossatar überträgt (Art 14 I), sowie das versteckte Vollmachts-(Inkasso-)Indossament, das äußerlich ein unbeschränktes Indossament ist, aber gemäß einer auf dem W nicht vermerkten Vereinbarung dem Indossatar nur zwecks Einziehung der W.summe für den Indossanten erteilt wird; hierüber und über ähnliche treuhänderische Indossamente vgl. Anm 11 ff.

Anm 2 **II. Offenes Vollmachtsindossament.** 1. Die Form dieses Indossaments gibt Aufschluß über sein **Wesen:** Wie Art 18 besagt, hat dieses Indossament einen „nur eine Bevollmächtigung ausdrückenden Vermerk" zu enthalten. Das Vollmachtsindossament ist demnach eine in Indossamentsform gekleidete Vollmacht. Als solche „überträgt" es nicht — wie das unbeschränkte Indossament — alle Rechte aus dem W (Art 14 I), aber der Vollmachtsindossatar „kann alle Rechte aus dem W geltend machen". Daß er dies nicht kraft eigenen Rechts, sondern nur kraft der ihm erteilten Vollmacht für den Indossatar tut, wird durch Abs II außer Zweifel gestellt, wonach der Schuldner die ihm gegen den Indossanten zustehenden Einwendungen, aber nicht solche aus der Person des Indossatars geltend machen kann. Auch in Abs III des vorl. Artikels kommt zum Ausdruck, daß dieses Indossament eine Vollmacht ist, also ein Vertretungsverhältnis zwischen Indossant und Indossatar begründet.

Da es sich also um ein Vertretungsverhältnis, keine Rechtsübertragung handelt, hat das Vollmachtsindossament weder Übertragungs- noch Verpflichtungswirkung (vgl. 11[2]); auch seine Ausweiswirkung ist nur beschränkt (Anm 4).

Anm 3 2. **Form:** Zur Bezeichnung als Vollmachtsindossament genügt außer den in Abs I angeführten Ausdrücken z. B.: „An NN als meinen Bevollmächtigten", „für meine Rechnung", „zum Einzug", aber nicht „Wert in Rechnung" oder ähnliche auf das Valutaverhältnis hindeutende Zusätze. Da der Vermerk „im Indossament enthalten" sein soll, muß er in unverkennbarem Zusammenhang mit dem Indossament stehen und von der Unterschrift des Indossatars gedeckt sein. Rechtlich nicht ausgeschlossen ist es, auch ein Blankoindossament durch einen Zusatz „Nur zur Einziehung" zu einem Vollmachtsindossament zu machen; aber Verwendung eines Blankoindossaments zu Vollmachtszwecken wäre unzweckmäßig und ist ganz ungewöhnlich, insb. weil durch die Möglichkeit einer Blankoübergabe (vgl. Art 14 II Zf 3) der Vollmachtgeber leicht jede Kenntnis verlieren könnte, wer die W.summe für seine Rechnung einzieht.

3. Die **Ausweiswirkung** (vgl. 11²) geht beim Vollmachtsindossament nur dahin, daß der Indossatar zur Einziehung der W.summe und Geltendmachung der sonstigen W.rechte für den Indossanten befugt ist. Unter Benutzung der Ausdrucksweise des Art 16 I gilt der Indossatar demnach als „rechtmäßiger" Bevollmächtigter des Indossanten. Hierauf kann der Schuldner vertrauen und braucht daher, um den Schutz des Art 40 III zu genießen, nur die Ordnungsmäßigkeit, aber nicht die Echtheit des Indossaments zu prüfen. Hierin unterscheidet sich das Vollmachtsindossament als wechselmäßige Vollmacht hauptsächlich von einer Vollmachturkunde nach bürg. Recht. Der Schuldner kann daher bei Verfall unter den gleichen Voraussetzungen mit befreiender Wirkung zahlen wie bei einem mit einem unbeschränkten (Eigentums-) Indossament schließenden W. Nur bei Arglist oder grober Fahrlässigkeit bleibt er dem W.eigentümer haftbar, z. B. wenn er trotz Kenntnis vom Widerruf des Einziehungsauftrages (Anm 8) an den Indossatar zahlt. **Anm 4**

4. Die **Befugnisse** des Vollmachtsindossatars. a) Sie gehen dahin, „alle Rechte aus dem W geltend zu machen". Dazu gehören: Klage auf Herausgabe des W bei Verlust (16 II); Vorlegung zur Annahme und Zahlung, auch bei Notadressen; Einziehung der W.summe; Geltendmachung der Rückgriffansprüche, gegebenenfalls auch vor Verfall; Notanzeige (Art 45); Protesterhebung; Einklagung, evtl. auch des Bereicherungsanspruchs (Art 89); Antrag auf Kraftloserklärung (Art 90); sowie alle sonstigen zur Wahrnehmung der W.rechte des Indossanten dienlichen Maßnahmen. **Anm 5**

b) Das Vollmachtsindossament ermächtigt, wie Abs I Halbs. 2 ausdrücklich hervorhebt, den Indossatar nicht, die W.rechte an einen Dritten zu übertragen, also weder im eigenen Namen, noch namens des Indossatars. Er hat zur Übertragung der W.rechte weder durch Indossament, noch durch Abtretung (St-Str 18⁶; zust. Baumb-H 18²ᴮ) Vertretungsmacht. Dagegen darf er selbst ein weiteres Vollmachtsindossament ausstellen, also w.mäßige (vgl. Anm 4) Untervollmacht erteilen. Er verliert durch Erteilung dieser „Untervollmacht" nicht die Befugnis zur eigenen Geltendmachung der W.rechte (vgl. Anm 9; abw. auch hier Qu-A 18¹¹), vorausgesetzt daß er den W in Händen hat. Er kann auch außerhalb des W nach allgemeinen Rechtsvorschriften Untervollmacht erteilen, z. B. durch Bestellung eines Prozeßbevollmächtigten. Ein von ihm auf den W gesetztes unbeschränktes Indossament ist als Vollmachtsindossament zu behandeln, macht ihn also auch nicht als Rückgriffschuldner w.mäßig haftbar.

c) Keine ausdrückliche Regelung hat im WG die Frage gefunden, ob der Vollmachtsindossatar seine Befugnisse, insb. Protestauftrag und Klage- **Anm 6** erhebung, im eigenen Namen oder namens des Indossanten ausübt. Hiesigen Erachtens ergibt sich aus der Natur des Vollmachtsindossaments (Anm 2), daß der Indossatar stets nur als Vertreter des Indossanten in dessen Namen zu handeln hat. Für den Protest ist es unerheblich, ob als Protestnehmer (Art 80 Zf 1) der Indossant oder sein w.mäßig Bevollmächtigter angegeben wird; in beiden Fällen ist klar, daß Zahlung für den ausgewiesenen Gläubiger verlangt worden ist (vgl. Anm 9). Klageerhebung durch den Indossatar hat namens des Indossanten zu erfolgen; dieser ist Prozeßpartei und bei Parteivernehmung zu vernehmen (RG 27, 130; 34, 293; Qu-A 18[7]; Hueck 51; Locher 105; Ulmer 222; Friedländer-H 18[1]; Baumb-H 18[2B]; abw. Kessler 18[1] und mit unzulänglicher Begr. OLG Hamm in BA 1939, 194). Für die Prozeßführung bedarf der Indossatar keiner besonderen Vollmacht; nach § 8[1] ZPO auch nicht zu Vergleich, Verzicht, Kostenanerkenntnis (abw. Qu-A 18[7]). Die ihn zur Geltendmachung der W.ansprüche ermächtigende Indossamentsvollmacht deckt Klage und Zwangsvollstreckung.

Anm 7 d) Wegen der Einwendungen bestimmt Abs II zur Vermeidung von Zweifeln, daß dem Schuldner die aus der Person des Indossanten hergeleiteten Einwendungen zustehen, aber „nur“ diese, nicht auch solche aus der Person des Indossatars. Es kommt also für den Schutz aus Art 16 II, 17 nur auf den Rechtserwerb des Vollmachtsindossanten an. Da der Indossatar nur als Vertreter bei Geltendmachung der ohne seine Mitwirkung erworbenen Ansprüche des Indossanten tätig ist, ist § 166 BGB ohnehin nicht anwendbar. Der Schuldner kann daher insb. auch nicht mit einer ihm gegen den Indossatar zustehenden Forderung aufrechnen.

Anm 8 e) Das Erlöschen der Vertretungsmacht wird am sichersten durch Rücknahme des W seitens des Indossanten und Streichung des Vollmachtsindossaments herbeigeführt. **Absatz 3** des vorl. Artikels regelt nur eine Einzelfrage: Tod oder Verlust der Handlungs- (d. h. Geschäfts)fähigkeit des Indossanten beendet nicht die Vollmacht (Vertretungsmacht) des Vollmachtindossatars. Sie bleibt bis zum Widerruf durch den Erben oder nunmehrigen gesetzlichen Vertreter des Geschäftsunfähigen bestehen. Eine etwaige zwischen Indossatar und Indossant getroffene abweichende Vereinbarung betrifft nur deren schuldrechtliche Beziehungen (Innenverhältnis), hat aber keine Wirkung gegenüber Dritten.

Abgesehen hiervon sind die Vorschriften des allgemeinen Vollmachtsrechts anwendbar:

Widerruf der Bevollmächtigung kann gemäß § 167 BGB durch formlose Erklärung gegenüber dem Vollmachtsindossatar oder dem W.schuldner erfolgen. Jedoch bleibt die Vertretungsmacht gemäß § 172 BGB wirksam, solange der W mit dem Vollmachtsindossament in Händen des Indossatars ist, es sei denn, daß der Schuldner den Widerruf kennt (§ 173 BGB). Fahrlässige Unkenntnis, die in § 173 BGB der Kenntnis gleichgestellt ist, schadet dem bei oder nach Verfall zahlenden Schuldner nur, wenn grobe Fahrlässigkeit vorliegt (Art 40 III). Eine etwaige den Widerruf ausschließende Vereinbarung (vgl. § 168 BGB) betrifft nur das Innenverhältnis. Widerruft der Vollmachtsindossatar trotz solcher Vereinbarung und gibt er dem Schuldner Kenntnis vom Widerruf, so kann dieser nicht mehr mit befreiender Wirkung an den Indossatar zahlen, es sei denn, daß der Indossatar außer dem Vollmachtsindossament auch materielle Berechtigung, z. B. durch Abtretung, besitzt.

5. Rechtsstellung des **Vollmachtsindossanten:** Dieser bleibt in jeder Beziehung Wechselgläubiger (RG 27, 129; 139, 195). Da das keine Übertragungswirkung besitzende Vollmachtsindossament seine formale Legitimation nicht beeinträchtigt, weil es den Vollmachtsindossatar nicht als „rechtmäßigen Inhaber", sondern nur als seinen Bevollmächtigten ausweist, kann er trotz des vorhandenen Vollmachtsindossaments alle Rechte auch selbst ausüben (abw. unter WO: RG 32, 78). Soweit dazu Vorlegung des W erforderlich ist, muß er natürlich den W in Händen haben. Vorstehendes ist herrschende Ansicht (vgl. St-Str 18[8]; auch Langen 37; Baumb-H 18[2 C]; Priese-R 18[5]; abw. Qu-A 18[12]; Knur-H 18[2]). Demgemäß kann er — auch ohne Streichung des Vollmachtsindossaments — wirksam an einen Dritten indossieren, wodurch das nun nicht mehr vom W.eigentümer herrührende Vollmachtsindossament seine Kraft verlieren würde. Er kann auch seinerseits als Eigentümer des W gegen Dritte auf Herausgabe klagen, und ebenso gegen den Vollmachtsindossatar, falls nicht das mit diesem bestehende Rechtsverhältnis entgegenstehen sollte. **Anm 9**

6. Das **Innenverhältnis** zwischen Vollmachtsindossant und -indossatar richtet sich nach dem zugrundeliegenden bürgerlichen Rechtsverhältnis. Insbesondere hat der Indossatar auf Grund des Vollmachtsindossaments keine aus W.recht herleitbare Befugnis, die Rückgabe des W an den Indossanten auf dessen Verlangen zu verweigern. Er kann auch ein ihm auf Grund anderer Vorschriften etwa zustehendes Zurückbehaltungsrecht am W gemäß § 175 BGB nicht ausüben. Grundsätzlich wird der Indossatar zur Wahrnehmung der zur Erhaltung der W.rechte erforderlichen Handlungen dem Indossanten gegenüber verpflichtet sein, auch zur Notanzeige, solange er den W in Händen hat (St-Str 18[1]). **Anm 10**

III. Das **versteckte Vollmachts-** (Inkasso-) **Indossament** ist eine in der Form des unbeschränkten (Eigentums-)Indossaments vorgenommene Indossierung mit der im W nicht zum Ausdruck gebrachten Abrede, daß der Indossatar die W.rechte für Rechnung des Indossanten ausüben soll. Hier soll also der Indossatar im eigenen Namen, aber für Rechnung und im Auftrage des Indossanten, also als Treuhänder für diesen handeln. Über Treuhand im beiderseitigen Interesse, insb. Sicherungstreuhand, vgl. Anm 16. **Anm 11**

Das versteckte Vollmachtsindossament kann Namens- oder Blankoindossament sein, auch kann ein Blankoindossatar den W zwecks Einziehung für seine Rechnung durch Blankoübergabe (vgl. 14[14]) an einen Dritten begeben, damit dieser den W im eigenen Namen geltend macht.

1. Die **rechtliche Einordnung** dieser im Gesetz nicht erwähnten Indossamentsabart, deren Zulässigkeit schon unter der WO trotz fehlender gesetzlicher Regelung anerkannt war (vgl. z. B. RG 36, 55; 53, 417), ist streitig. Behandlung als Scheingeschäft (§ 117 BGB) wird mit Recht überwiegend abgelehnt (abw. Locher 106), weil die Parteien tatsächlich beabsichtigen, dem Inkassoindossatar die durch das unbeschränkte Indossament angezeigte Rechtsstellung des W.- **Anm 12**

gläubigers zu beschaffen, also die W.rechte auf ihn zu übertragen, damit er sie im eigenen Namen, wenn auch im Interesse des Indossanten geltend macht. Es handelt sich demnach um eine treuhänderische Rechtsübertragung mit der Abrede (Innenverhältnis), daß der Indossatar den Erlös an den Indossanten abführen und an seine etwaigen Weisungen bei Geltendmachung des W gebunden sein soll (vgl. St-Str 18[12f]; Qu-A 18[19]; Priese-R 18[8]).

Die im Gegensatz hierzu von Jacobi (180), Siebert (Treuhandverhältnis 293), Ulmer (223), Locher (106) und anderen (vgl. auch RG 117, 69) vertretene Ansicht, daß durch das versteckte Vollmachtsindossament mittels formaler Legitimationsbeschaffung eine Ausübungsermächtigung (§ 185 I BGB) erteilt werde, scheitert m. E. daran, daß solche „Ermächtigung" auch in ihrer Außenwirkung einseitig widerruflich ist. Ein widerrufliches „Ermächtigungsindossament" würde aber als auflösend bedingtes Indossament nach Art 12 I doch wieder als unbedingtes und unbeschränktes, also Eigentum übertragendes Indossament zu behandeln sein, d. h. als Treuhandindossament im obigen Sinne. An einen bloß formal, aber nicht sachlich Legitimierten ist übrigens der Schuldner zu leisten nicht verpflichtet. Es würde daher auch keine Lösung sein, das Wesen dieses Rechtsgeschäfts in bloßer Beschaffung des formalen Ausweises zu sehen, da der Schuldner dann bei Aufdeckung des Sachverhalts Zahlung an den Indossatar, der nur den Schein des Gläubigerrechts besitzt, aber nicht Gläubiger geworden ist, verweigern könnte. Wenn das WG auch das versteckte Inkassoindossament nicht besonders erwähnt, so regelt es doch die Wirkung des Indossaments allgemein dahin, daß „alle Rechte aus dem W übertragen" werden (Art 14 I), es sei denn, daß das Indossament durch einen Zusatz auf Einziehung (Vollmachtsindossament) oder Pfandbestellung (Art 19) beschränkt ist, oder daß ein Nachindossament (Art 20) vorliegt. Diese gesetzliche Wirkung des Indossaments steht in Einklang mit der Auffassung des versteckten Inkassoindossaments als treuhänderische Eigentumsübertragung am W, aber nicht mit einer bloßen Legitimationsbeschaffung oder Ermächtigung.

Die Streitfrage ist nicht „müßig" (so Baumb-H 18[5], der wie Siebert, in ZHR 98, 353, je nach Parteiwillen treuhänderisches Eigentums- oder bloßes Ermächtigungsindossament für gegeben hält). Denn je nach der rechtlichen Einordnung ergeben sich auch für das Außenverhältnis abweichende Rechtsfolgen. Insb. würde bei bloßer Ermächtigung der Indossant Gläubiger bleiben der Schuldner könnte auch bei Widerspruch des Indossatars an ihn zahlen und unter Widerlegung der Vermutung aus Art 16 I Zahlung an den zur Einziehung nur „ermächtigten" Indossatar ablehnen. Der Indossant könnte ohne Rückübertragung der W.rechte seitens des Indossatars die W.rechte geltend machen, notfalls das Indossament einseitig streichen und den W anderweit indossieren, sobald er den W in Händen hat. Auch die Einwendungen des Schuldners dürften je nach der Rechtsstellung des Inkassoindossatars verschieden zu beurteilen sein (so Baumb-H a. a. O.).

Anm 13 2. Im **Außenverhältnis** erhält der Indossatar als treuhänderischer Eigentümer (vgl. Anm 12) volles Gläubigerrecht. Er allein ist zur Ausübung der W.rechte befugt, muß also im eigenen Namen klagen und bleibt Prozeßpartei (auch für Parteivernehmung), selbst wenn er zugibt, für Rechnung des Indossanten zu handeln (RG 27, 130). Die Ergebnisse des von ihm geführten Rechtsstreits wirken auch gegen den Indossanten, gleichviel auf welche Weise (Rückindossament, Abtretung) dieser die W.rechte zurückerwirbt (RG 73, 309; 88, 293).

Obwohl der Indossatar wirklicher Gläubiger ist, kann der Schuldner doch die ihm gegen den Indossanten zustehenden Einwendungen geltend machen. Art 17 steht nur dem Wortlaut, aber nicht dem Sinne nach entgegen. (Dies verkennt OLG Breslau in HRR 1940 Nr 1356). Art 17 ebenso wie Art 16 II bezweckt nur denjenigen, zu dessen Vermögen die W.forderung wirtschaftlich gehört und für dessen Rechnung sie geltend gemacht wird, zu schützen. Da dies wie beim offenen Vollmachtsindossament der Indossant ist, ist der in Art 18 II zum Ausdruck gebrachte Wille des Gesetzes entscheidend, wonach Einwendungen gegen denjenigen, für dessen Rechnung die Einziehung erfolgt, zugelassen werden (so im Ergebnis unter WO z. B. RG 41, 115; 96, 191). Auf die etwaige Gutgläubigkeit des Indossatars kommt es daher hier weder im Rahmen des Art 17 noch des Art 16 II an: Ist der Inkassoindossant nicht Gläubiger geworden, so kann der für seine Rechnung handelnde Indossatar sich nicht darauf berufen, daß er selbst beim Erwerb des W von seinem Treugeber gutgläubig gewesen sei.

Zweifelhafter ist es, ob der Schuldner auch die aus seinen Beziehungen zu dem Inkassoindossatar entstammenden Einwendungen hier (im Gegensatz zum offenen Vollmachtsindossament, Anm 7) erheben, z. B. mit einer ihm gegen den Indossatar zustehenden Forderung aufrechnen kann. Da der Indossant, statt ein Vollmachtsindossament zu erteilen, dem Indossatar durch unbeschränktes Indossament die Stellung des W.gläubigers verschafft hat, wird er nicht dadurch beschwert, daß Dritte sich hieran halten. Dies entspricht dem Grundgedanken des Art 16 I und um so mehr der Billigkeit, als es meist schwierig ist, das Inkassoverhältnis aufzudecken, und es ungerechtfertigt wäre, dem Treugeber zu gestatten, je nach seinem Vorteil sich hinter dem Indossatar zu verstecken oder das Inkassoverhältnis bekannt zu geben. Die überwiegende Ansicht läßt daher auch Einwendungen gegen den Indossatar zu (RG 27, 129; Qu-A 18[21]; Priese-R 18[1]; vgl. St-Str 18[17]; abw. Siebert, Treuhand 289; Ulmer 224). **Anm 14**

Ob der Schuldner einwenden kann, der Inkassoauftrag sei vom Indossanten widerrufen, ist bestritten (vgl. St-Str 18[18]). Das RG hat die Frage verneint (RG 134, 293), weil es sich um eine Einwendung aus dem Recht eines Dritten handele (zust. u. a. Baumb-H 18[6]). Hiesigen Erachtens ist die von Siebert (ZHR 98, 368ff) gemachte Unterscheidung zutreffend, wonach es darauf ankommt, ob der Indossatar durch Nichtbeachtung des Widerrufs schlimmstenfalls vertragswidrig handelt — dies ändert an seiner Rechtsstellung gegenüber dem Schuldner nichts — oder ob er, z. B. durch Untreue im Sinne von § 266 StGB (Bay OLG JW 1926, 1547; RG in HRR 1939 Nr 202), eine unerlaubte Handlung begeht. Im letzteren Falle handelt der Schuldner, der trotz Kenntnis an den untreuen Indossatar zahlt, selbst rechtswidrig. Er würde sich der Gefahr aussetzen, dem Indossanten aus unerlaubter Handlung (Beihilfe zur Untreue) Schadensersatz leisten zu müssen, und kann daher Zahlung an den Indossatar ohne Zustimmung des Indossanten verweigern. Im Zweifelsfalle wird er durch Art 40 III, notfalls durch Hinterlegung befreit werden. **Anm 15**

Anm 16 3. Das **Innenverhältnis** richtet sich nach dem der Treuhandabrede zugrundeliegenden Rechtsverhältnis. In der Regel wird es sich um Auftrag oder Geschäftsbesorgungsvertrag (§§ 662, 675 BGB) handeln. Da das zugrundeliegende Rechtsverhältnis die Einziehung des W für den Indossanten zum Gegenstand hat, hat der Indossant aus dieser Rechtsbeziehung einen Einwand gegen eigene Inanspruchnahme aus seinem Indossament seitens des Indossatars (ROHG 10, 323) oder seiner bösgläubigen Nachmänner.

Falls keine abweichende Abrede besteht, ist der Indossatar zur Vornahme der zur Erhaltung der W.rechte erforderlichen Handlungen (RG 139, 193) und mangels Erledigung des Einziehungsauftrages zur Rückübertragung des W.-eigentums verpflichtet. Ein Zurückbehaltungsrecht kann er mit Rücksicht auf den hier entsprechend anwendbaren § 175 BGB nicht ausüben.

Anm 17 **IV.** Andere Indossamente mit **beschränkender** Nebenabrede. 1. Von dem versteckten Vollmachtsindossament mit reinem Einziehungsauftrag (Anm 11) zu unterscheiden sind Indossamente, die gleichzeitig dem Interesse des Treuhänders dienen sollen. Dies trifft z. B. zu, wenn Einziehung teils für Rechnung des Indossanten, teils für die des Indossatars erfolgen soll (RG 41, 114). Ein ungültiges Teilindossament liegt nicht vor, wenn zu diesem Zweck ein unbeschränktes Indossament verwendet wird (nach Art 12 II wäre ein Indossament nichtig, das die W.rechte zum Teil auf den Indossatar unbeschränkt überträgt, ihn aber für den Restbetrag durch offene Vollmacht nur zur Einziehung für den Indossanten ermächtigt) oder, wenn die Indossierung durch äußerlich unbeschränktes Indossament nur zur Sicherung des Indossatars für bestimmte Ansprüche erfolgt. (Über das ähnliche „versteckte Pfandindossament" vgl. 19[10]). Grundsätzlich folgen solche fiduziarische Indossamente (Sicherungstreuhand im Gegensatz zu der beim reinen Inkassoindossament vorliegenden Verwaltungstreuhand) den für das gewöhnliche Eigentumsindossament geltenden Regeln (vgl. Näheres St-Str 18[21]).

Anm 18 2. Ein äußerlich unbeschränktes, aber nur für eine begrenzte Verwendung erteiltes Indossament ist auch ein zur Ausführung eines Diskontierungsauftrages erteiltes (Namens- oder Blanko-)Indossament. Der Indossatar, welcher im Auftrage und für Rechnung des Indossanten die Verwertung des W, insb. durch Diskontierung, im eigenen Namen vornehmen soll, soll durch ein solches Indossament nur die formale Legitimation (Art 16 I) erhalten, die ihm die Ausführung des Geschäfts tatsächlich ermöglicht. Ein GläubigerW soll vor der Weiterbegebung des W durch den Beauftragten an die diskontierende Bank oder einen anderen den W erwerbenden Indossatar nicht herbeigeführt werden. Ein in diesem Sinne erteiltes Indossament bewirkt keine Übertragung der W.rechte auf den Beauftragten, geht auch nicht Hand in Hand mit einem W.begebungsvertrag (abw. RG 117, 69), sondern nur mit einer Ermächtigung des W.eigentümers an den materiell „nicht berechtigten" Indossatar, über den W zu verfügen (vgl. § 185 BGB), wobei das Indossament kraft seiner Ausweiswirkung dem Beauftragten die Verfügung im eigenen Namen ermöglicht.

Bei unterbliebener Ausführung des Diskontierungsauftrages kann der Indossatar, der den W nur zwecks Weiterbegebung erhalten hatte, weder seinen Auftraggeber noch sonstige W.schuldner aus dem W in Anspruch nehmen, weil er keine Gläubigerrechte erworben hat, sein Vormann vielmehr noch W.eigentümer ist. Gibt er dagegen den W weiter, so erwirbt sein Nachmann die Rechte aus dem W, auch wenn er weiß, daß sein Vormann nicht selbst W.eigentümer, sondern nur Diskontierungsbeauftragter ist. Der neue Erwerber wird dann durch die gemäß § 185 BGB wirksame Verfügung des Beauftragten Eigentümer und der Erwerber hat Schutz nach Art 16 II, wenn er bezügl. des Rechts des Auftraggebers gutgläubig ist. Ein solches Indossament ist ein Scheingeschäft im Sinne des § 117 BGB, weil die den Inhalt der Indossierung bildende Rechtsübertragung auf den Indossatar nicht stattfinden soll. (Anders beim versteckten Inkassoindossament; Anm 11). Dem aus der Hand des Indossatars erwerbenden neuen Gläubiger steht die etwaige Kenntnis des Diskontierungsauftrages, also seine Kenntnis von der Natur des Indossaments als Scheinindossament nicht entgegen: auf Grund der seinem Vormann erteilten Ermächtigung erwirbt er seine Berechtigung unmittelbar von dem bisherigen Eigentümer und seinen formalen Ausweis (Art 16) durch das insoweit wirksame Scheinindossament.

Häufig wird übrigens der Auftraggeber den W mit seinem Blankoindossament an den Beauftragten übergeben, so daß der neue Gläubiger den W unmittelbar auf Grund dieses Indossaments erwerben kann. Jedoch wird die diskontierende Stelle in der Regel schon der erhöhten Sicherheit wegen auch dann die Beifügung des Indossaments des Beauftragten verlangen.

Hat der Beauftragte zwecks Weiterbegebung des W sein eigenes Indossament beigefügt und wird er als Rückgriffschuldner in Anspruch genommen, so erwirbt er mit der Einlösung nach Art 49 WG das Recht, gegen seine Vormänner, also auch seinen Auftraggeber, Rückgriff zu nehmen. Er erwirbt dann die W.rechte erstmalig mit der Einlösung in entsprechender Weise wie derjenige, der ein Indossament als „Gefälligkeitsunterschrift" auf einen W gesetzt hat und daraufhin als Rückgriffschuldner zur Einlösung gezwungen wird (49^{6}).

Artikel 19

Enthält das Indossament den Vermerk „Wert zur Sicherheit", „Wert zum Pfande" oder einen anderen eine Verpfändung ausdrückenden Vermerk, so kann der Inhaber alle Rechte aus dem Wechsel geltend machen; ein von ihm ausgestelltes Indossament hat aber nur die Wirkung eines Vollmachtsindossaments.

Die Wechselverpflichteten können dem Inhaber keine Einwendungen entgegensetzen, die sich auf ihre unmittelbaren Beziehungen zu dem Indossanten gründen, es sei denn, daß der Inhaber bei dem Erwerbe des Wechsels bewußt zum Nachteil des Schuldners gehandelt hat.

I. Verpfändung von Wechseln kann stattfinden durch: Anm 1

1. offenes Pfandindossament gemäß den Vorschriften des vorl. Art 19; vgl. Anm 2—9,

2. unbeschränktes Indossament (verstecktes Pfandindossament) und Übergabe des W nebst Einigung über die Verpfändung gemäß § 1292 BGB; vgl. Anm 10—11,
3. Übergabe des nichtindossierten W und Einigung über die Verpfändung gemäß § 1274 BGB; vgl. Anm 12,
4. Übergabe des mit Vollmachtsindossament versehenen W und Einigung über die Verpfändung; vgl. Anm 14.

Über Verpfändung von Rektawechseln vgl. Anm 13.

Anm 2 **II. Offenes Pfandindossament. A. Form:** Der die Verpfändung ausdrückende Vermerk muß in erkennbarem Zusammenhang mit dem Indossament und von der Unterschrift des Indossanten gedeckt sein, damit das Indossament ihn „enthält". Genügend ist außer den im Art 19 erwähnten Bezeichnungen z. B. der Zusatz „zum Depot" oder „zur Kaution" oder die Überschrift „Pfandindossament".

Wie beim Eigentumsindossament zur Herbeiführung der Übertragungswirkung die Begebung des indossierten W erforderlich ist (14[3]), so entsteht auch das Pfandrecht nicht durch bloße Niederschrift des Pfandindossaments. Vielmehr muß auch hier ein Begebungsvertrag, d. h. Übergabe des W bei Einigkeit über die Pfandrechtbestellung (§ 1205 BGB), hinzutreten (Locher 107; Qu-A 19[3]).

Wenn der Aussteller den W selbst als „Depotwechsel", SicherheitsW, KautionsW oder durch Aufnahme entsprechender Vermerke in den Text der Zahlungsanweisung dahin kennzeichnet, daß die W.summe dem W.nehmer (bei einem W an eigene Order: ihm selbst) nur als Pfand dienen soll, ist der W.nehmer in entsprechender Anwendung des vorl. Artikels wie der Indossatar eines offenen Pfandindossaments zu behandeln, so daß er insb. nur Vollmachtsindossament erteilen kann (17[32]).

Anm 3 **B. Wirkung** und **Wesen:** 1. Der Inhalt des Pfandindossaments ergibt, daß seine Wirkung nicht in der „Übertragung aller Rechte aus dem W", also Eigentumsübertragung bestehen soll, sondern in der Begründung eines Pfandrechts. Die den Inhalt des Begebungsvertrages bildende Einigung ist daher eine Einigung über die Bestellung dieses dinglichen Rechts am W für den Indossatar unter Belassung des nunmehr mit dem Pfandrecht belasteten W.eigentums beim Indossanten.

Anm 4 2. Das Pfandindossament hat daher nur eine beschränkte Übertragungswirkung, die den Pfandindossanten — mit Gutglaubenschutz, vgl. Anm 5 — befähigt, „alle Rechte aus dem W geltend zu machen", aber nicht die Rechte an Dritte zu übertragen, das allein zugelassene Vollmachtsindossament hat keine Übertragungswirkung (18[2]). Der Pfandindossatar hat Dritten gegenüber alle Befugnisse eines Vollmachtsindossatars (18[5]), der ja auch ermächtigt ist, alle Rechte aus dem W geltend zu machen, aber mit dem Unterschied, daß der Pfandindossatar dies kraft eigenen Rechts und im eigenen Namen tut. Er ist insb. zur Einziehung der W.summe bei Verfall ohne Mitwirkung des Indossanten befugt, auch wenn die gesicherte Forderung noch nicht fällig ist. Soweit die W.summe diese Forderung überschreitet, ist er jedoch zur Abführung des eingezogenen Überschusses an den Indossanten verpflichtet, sowie zur Rückgabe des noch nicht oder nicht vollbezahlten W an den Indossanten, sobald er wegen seiner Pfandforderung befriedigt ist (§ 1223 BGB). Im Konkurs des W.schuldners kann er die ganze W.forderung geltend machen, bis er durch die Verteilungen im Konkursverfahren für seine Pfandforderung voll befriedigt ist (RG 120, 109).

Zur Einziehung kann sich der Pfandindossatar eines Vollmachtsindossatars bedienen.

Daß der Pfandindossant Eigentümer des W bleibt, äußert sich z. B. darin, daß seine Gläubiger in sein Recht vollstrecken, insb. den Anspruch gegen den Pfandindossatar auf Herausgabe des W für den Fall des Erlöschens des Pfandrechts pfänden können. Im Konkurs des Indossatars hat der Indossant ein Recht auf Aussonderung Zug um Zug gegen Berichtigung seiner Pfandschuld.

3. Ob das Pfandindossament auch Verpflichtungswirkung hat, ist im WG nicht ausdrücklich geregelt. Da die Indossierung erfolgt, damit der Pfandgläubiger bei Verfall des W für seine Forderung befriedigt wird, ist es wirtschaftlich gerechtfertigt, daß der Pfandindossant wie ein gewöhnlicher Indossant hierfür als Rückgriffschuldner haftet; er kann aber diese Haftung bei Ausstellung des Pfandindossaments ausschließen. Haftungsausschluß braucht nicht „im" Indossament vermerkt zu sein, weil Abrede außerhalb des W zur Begründung eines persönlichen Einwands genügt. Durch solchen Einwand ist der Pfandschuldner in jedem Falle gegen Inanspruchnahme auf Grund seines Indossaments wegen eines die Pfandschuld etwa übersteigenden Betrages der W.forderung geschützt, da der Pfandindossatar den W nur zwecks Befriedigung für die Pfandschuld erhalten hat und mit deren Tilgung das Pfandrecht erlischt. Anm 5

Da das Gesetz nicht bestimmt, daß der Pfandindossant von der Haftung aus Art 47, 15 ausgenommen ist, und innere Gründe eine solche Ausnahme nicht rechtfertigen, ist m. E. die wechselmäßige Haftung zu bejahen (gl. A. Hupka 57; Lenhoff 64; Stanzl, Jur. Bl Wien 1934, 465; Kessler 19[2]; Priese-R 19[7]; abw. Qu-A 19[7]; Langen 15; Gähler 44; Ulmer 217; Baumb-H 19[2 B]).

4. Die Ausweiswirkung hat hier zum Inhalt, daß der Pfandindossatar „als rechtmäßiger Pfandgläubiger gilt" (vgl. Art 16 I). Er hat also keine Beweislast für den Bestand der Pfandforderung, von dem das Bestehen des Pfandrechts abhängig ist. Im übrigen äußert sich die Ausweiskraft beim Pfandindossament in gleicher Weise wie beim Eigentumsindossament (11[2]) durch rechtsverstärkende Wirkung beim Erwerb zugunsten des Pfandindossatars, andererseits aber auch zugunsten des Schuldners. Dieser hat bei Zahlung an den ausgewiesenen Pfandindossatar den gleichen Schutz, den er bei Zahlung an einen gewöhnlichen Indossatar nach Art 40 III genießt. Anm 6

Die rechtsverstärkende Wirkung besteht darin, daß dem gutgläubigen Pfandindossatar der Schutz der Art 16 II, 17 in gleicher Weise wie einem Eigentumsindossatar zur Seite steht. Bezüglich der Einwendungen ist dies in Abs 2 durch entsprechende Wiederholung des Wortlauts des Art 17 ausdrücklich bestimmt (vgl. aber zu Anm 8); aber auch die Anwendbarkeit des Art 16 II ist zweifellos (gl. A. Qu-A 19[4]).

Anm 7 C. Das **Innenverhältnis** zwischen Pfandindossant und Indossatar richtet sich nach bürgerl. Recht (§§ 1273ff BGB). Das aus Abs 1 des vorl. Artikels sich ergebende Recht des Indossatars zur selbständigen Einziehung der W.forderung auch vor Pfandreife steht in Einklang mit § 1294 BGB. Mangels abweichender Vereinbarung hat der Pfandindossatar die zur Erhaltung der W.rechte erforderlichen Handlungen (Vorlegung, Protest) vorzunehmen (vgl. § 1285 II BGB). Auch bei Pfandreife ändert sich nichts an dem durch Art 19 angeordneten Indossierungsverbot (Stanzl a. a. O.; Lenhoff 65; Qu-A 19[10]).

Zu beachten ist, daß das Innenverhältnis insofern auch die Rechtsstellung des Pfandindossatars zum W.schuldner beeinflußt, als Entstehung und Fortbestand des Pfandrechts vom Bestand der zu sichernden Forderung abhängt. Mit der Tilgung dieser Forderung erlischt das Pfandrecht (§ 1252 BGB).

Anm 8 D. Für das Verhältnis zwischen Pfandindossatar und Schuldner ergibt sich hieraus eine Einschränkung der in Abs II gegebenen Regel für die dem Schuldner zustehenden **Einwendungen.** Grundsätzlich kann der W.schuldner keine Einwendungen aus der Person des Pfandindossanten gegenüber dem gutgläubigen Indossatar erheben (wegen der Einzelheiten vgl. die Erläuterungen zu dem gleichlautenden Art 17). Diese Regel zum Schutz des gutgläubigen Indossatars kann aber nur insoweit gelten, als die einzuziehende Summe diesem zusteht, also seine Pfandforderung nicht übersteigt. Der Pfandindossatar ist, solange er nicht für seine Forderung gegen den Indossanten befriedigt ist und das Pfandrecht demgemäß besteht, gemäß Art 19 I berechtigt, die ganze W.forderung ohne Rücksicht auf die Höhe seiner eigenen Ansprüche geltend zu machen. Wegen des die Pfandforderung übersteigenden Betrages handelt er aber dabei für Rechnung des Indossanten, an den er den Überschuß abzuliefern hat. Da der Bezogene nur gegen Aushändigung des W zur Zahlung verpflichtet ist (Art 39), hat der Pfandindossatar regelmäßig die gesamte Forderung einzuziehen und kann sich nicht gemäß § 1282 I BGB auf einen zu seiner Befriedigung ausreichenden Teilbetrag beschränken. Bezüglich des dem Pfandindossanten zustehenden Betrages fehlt es an einem Grund, dem Schuldner die Einwendungen aus seinen Rechtsbeziehungen zu dem Indossanten abzuschneiden; vielmehr greift hier der Rechtsgedanke des Art 18 II durch, da insoweit der Pfandindossatar nur für Rechnung des Indossanten einzieht. Diese Folgerung wird dadurch bestätigt, daß der W.schuldner den Pfandindossatar durch Teilzahlung für seine Pfandforderung befriedigen kann (vgl. Art 39 II u. § 1288 II BGB); hierdurch erlischt das Pfandrecht (§ 1252 BGB). Der W.schuldner kann dann einwenden, daß der Pfandindossatar nur noch formal ausgewiesen, aber nicht mehr sachlich berechtigt ist, so daß die Restsumme nur noch vom Indossanten eingezogen werden kann, dem die Einwendungen aus seiner Person ohne weiteres entgegenstehen.

Anm 9 E. Das **Pfandrecht erlischt:** 1. durch Tilgung der Pfandschuld (§ 1252 BGB). Der Indossatar ist dann zur Rückgabe des W verpflichtet (§ 1223 BGB). Der Indossant wird das gegenstandslos gewordene Pfandindossament streichen können, da er durch Erlöschen des Pfandrechts wieder in seine frühere Rechtsstellung als unbeschränkter W.eigentümer einrückt.

2. durch Rückgabe des W an den Indossanten (§ 1278 BGB). Das Recht des Indossanten zum Streichen des Pfandindossaments ist bestritten, aber zu bejahen (vgl. Langen 35).

3. durch Einigung über die Aufhebung des Pfandrechts oder Verzicht des Pfandgläubigers (§ 1255 BGB). Streichung des Indossaments im Einvernehmen von Indossant und Indossatar enthält, falls nichts Gegenteiliges aus den Umständen hervorgeht, eine solche Einigung. Es ist aber zu berücksichtigen, daß nach § 1274 BGB Pfandrecht auch ohne Indossierung bestellt werden kann. Einseitige Streichung ohne Rückgabe des W hebt jedenfalls das Pfandrecht nicht auf.

Der formale Ausweis des Pfandindossatars zur Geltendmachung der W.-rechte, insb. Einziehung der W.summe endet in allen vorgenannten Fällen erst mit Rückgabe des W an den Indossanten unter Erteilung eines Rückindossaments oder durch Streichung des Pfandindossaments.

III. Das **versteckte Pfandindossament** ist ein äußerlich unbeschränktes Indossament, das zwecks Verpfändung des W erteilt wird. Diese in § 1292 BGB vorgesehene Form der W.verpfändung — Einigung über Bestellung des Pfandrechts zwischen W.gläubiger und Pfandgläubiger und Übergabe des indossierten Wechsels — steht in keinem Widerspruch zu Vorschriften des W.gesetzes (gl. A. Kessler 19[1]; Qu-A 19[11]; Baumb-H 19[4]) und hat im wesentlichen dieselben Wirkungen wie das offene Pfandindossament. **Anm 10**

Die Indossierung kann durch Namens- oder Blankoindossament erfolgen, aber auch ein schon vorhandenes, den Pfandschuldner legitimierendes Blankoindossament kann mittels Blankobegebung (14[14]) zur Bestellung des Pfandrechts verwendet werden. Über Indossierung mit Vollmachtsindossament vgl. Anm 14.

Auch beim versteckten Pfandindossament ist die w.mäßige Haftung des Indossanten gegenüber dem Indossatar bestritten (so: Gähler 73; Qu-A 19[12]; Baumb-H 19[4]), m. E. zu Unrecht (vgl. Anm 5). — Das formelle Indossierungsverbot des Art 19 I gilt nur für das offene Pfandindossament. Ob beim versteckten Pfandindossament der Indossatar dem Pfandschuldner gegenüber berechtigt ist, den W auch durch Weiterbegebung, insb. Diskontierung zu verwerten, richtet sich nach den zwischen ihnen getroffenen Vereinbarungen (§ 1284 BGB). Mangels abweichender Abrede steht dem Pfandgläubiger auch nach Pfandreife nur das Recht zur Einziehung, nicht zu „anderer Verfügung" über die W.forderung zu (§ 1282 BGB). Indossiert der Pfandgläubiger trotzdem unter Benutzung seines formalen Ausweises weiter, so wird der gutgläubige Erwerber gemäß Art 16 II, 17 geschützt. (Anders beim offenen Pfandindossament, da hier weitere Indossamente nur als Vollmachtsindossamente wirken).

Übersendet ein Bankkunde der Bank einen W mit seinem Indossament zur Diskontierung und lehnt die Bank Diskontierung ab, so erwirbt sie im Zweifel kein Pfandrecht auf Grund allgemeiner Geschäftsbedingungen, weil es an Einigkeit über Pfandbestellung zur Zeit der W.übergabe fehlt (RG 126, 350).

Ob Einigung über Bestellung eines Pfandrechts vorliegt, wenn der Schuldner einer noch nicht fälligen Forderung einen ihm gehörigen W an seinen Gläubiger indossiert und aushändigt, ist Tatfrage. Es kann sich auch um Hingabe des W „zahlungshalber" handeln (vgl. 89[22f]). Der Erwerber eines **Anm 11** mit unbeschränktem Indossament versehenen W hat nach Art 16 I die Vermutung des Eigentums für sich, so daß beweispflichtig ist, wer bloßes Pfandrecht behauptet. Falls die Hingabe des W Sicherungszwecken dienen soll, ist es auch denkbar, daß die Parteien eine Sicherungsübereignung beabsichtigen, der Gläubiger also das W.eigentum, aber mit treuhänderischer Bindung erhalten soll (vgl. 18[17]), nicht bloßes Pfandrecht. Hier richten sich dann die Rechtsbeziehungen zwischen Indossant und Indossatar nach der Treuhandabrede, wobei im Zweifel eine Weiterindossierung durch den Gläubiger nach Fälligkeit der gesicherten Forderung dem Parteiwillen nicht widersprechen wird.

In der Regel wird aber Pfandbestellung, nicht Sicherungsbereinigung gewollt sein, da erstere dem Sicherungszweck in Verbindung mit dem Interesse des Indossanten besser gerecht wird (vgl. St-Str 19[9]).

Anm 12 IV. Pfandbestellung durch Einigung und Übergabe des **nichtindossierten** W ist nach § 1274 BGB möglich und stellt eine außerwechselmäßige Rechtsübertragung (11[8]) dar. Sie hat als solche den Nachteil, daß der Pfandgläubiger für sein Recht am W keinen formalen Ausweis (Art 16 I) besitzt, also die Beweislast für die Entstehung des Pfandrechts nach bürg. Recht trägt und weder den Schutz des Art 16 II noch des Art 17 genießt: Einwendungen aus der Person des W.eigentümers stehen ihm entgegen (KG ROLG 44, 246). Der gutgläubige Erwerb des Pfandrechts von einem Nichtberechtigten nach § 1207 BGB ist ausgeschlossen, weil in § 1274 BGB diese Bestimmung nicht für anwendbar erklärt ist (ROLG 29, 379). Auch die sonstigen Rechtsfolgen richten sich nach bürg. Recht. Für das Recht zur Einziehung der W.forderung auch vor Pfandreife vgl. § 1294 BGB.

Anm 13 Pfandbestellung nach § 1274 BGB kann auch an Rektawechseln (11[4]) erfolgen. Da diese nicht durch Indossament übertragbar sind, scheidet Verpfändung durch Indossierung, sei es durch offenes Pfandindossament, sei es nach § 1292 BGB durch verstecktes Pfandindossament aus. Pfandbestellung an RektaW hat gemäß § 1274 BGB nach den für die Übertragung des Rechts geltenden Vorschriften zu erfolgen, also gemäß Art 11 II nach Abtretungsrecht. Da die Abtretung der Rechte aus dem RektaW formfrei ist und keiner Übergabe des W bedarf (bestr., vgl. 11[5]), so genügt zur Verpfändung Einigung zwischen dem W.gläubiger, d. h. dem W.nehmer und dem Pfandgläubiger und (vgl. § 1280 BGB) Anzeige der Verpfändung seitens des W.gläubigers an den W.schuldner (Annehmer bzw. Aussteller des eigenen W). Die Verpfändung wird auch ohne Übergabe des W an den Pfandgläubiger wirksam (Raiser, ZHR 101, 42). Zur Einziehung der W.forderung muß der Pfandgläubiger allerdings in der Lage sein, den W dem Bezogenen vorzulegen und bei Zahlung auszuhändigen (Art 39 I). Der Pfandschuldner ist zur Aushändigung des W an den Pfandgläubiger nach Vornahme der Verpfändung verpflichtet.

Ein auf den RektaW anläßlich seiner Verpfändung gesetztes (Pfand- oder unbeschränktes) Indossament würde im Zusammenhang mit dem Besitz des W durch den Indossatar die erfolgte Einigung über die Pfandbestellung dartun, wenn auch das Indossament als solches unwirksam ist (11[5]). Die Übergabe des indossierten RektaW kann als Ermächtigung des Pfandgläubigers zur Anzeige der Pfandbestellung an den W.schuldner im Namen des Pfandschuldners umgedeutet werden (§ 140 BGB).

Anm 14 V. Die Zulässigkeit der Pfandbestellung an einem mit **Vollmachtsindossament** zugunsten des Pfandgläubigers versehenen W ist (insb. von Stanzl, JurBl, Wien 1934) bestritten, aber zu bejahen, wenn die Erfordernisse des § 1274 BGB (vgl. Anm 12) erfüllt sind. Da Indossierung zur Pfandbestellung nach § 1274 BGB nicht erforderlich ist, kann ein zusätzliches Vollmachtsindossament die Wirksamkeit der Verpfändung nicht beeinträchtigen. Es kann daher ungeprüft bleiben, ob auch ein Vollmachtsindossament als Indossierung im Sinne des § 1292 BGB angesehen werden könnte. Das Hinzufügen eines Vollmachtsindossaments zu der nach § 1274 BGB erforderlichen Einigung über die Pfandbestellung und der Übergabe des W gibt dem Pfandgläubiger zusätzlich einen formalen w.mäßigen Ausweis zur Geltendmachung aller Rechte aus dem W (Art 18), allerdings nur im Namen des Vollmachtsindossanten. Er ist aber auf diese Weise befähigt, die W.forderung einzuziehen, ohne das Bestehen seines Pfandrechts, also das Vorhandensein der Pfandforderung und die vorgenommene Verpfändung nach bürgerl. Recht nachweisen zu müssen. Im übrigen ist seine Rechtsstellung durch das Vollmachtsindossament nicht verändert: Für das Innenverhältnis gilt das gleiche wie beim offenen Pfandindossament (Anm 7).

Artikel 20

Ein Indossament nach Verfall hat dieselben Wirkungen wie ein Indossament vor Verfall. Ist jedoch der Wechsel erst nach Erhebung des Protestes mangels Zahlung oder nach Ablauf der hierfür bestimmten Frist indossiert worden, so hat das Indossament nur die Wirkungen einer gewöhnlichen Abtretung.

Bis zum Beweis des Gegenteils wird vermutet, daß ein nicht datiertes Indossament vor Ablauf der für die Erhebung des Protestes bestimmten Frist auf den Wechsel gesetzt worden ist.

Anm 1 I. **Wesen** und **Begriff** des Nachindossaments. 1. Das Indossament in seiner regelmäßigen Wirkung (Art 11—17) dient der Erleichterung des Wechselumlaufs vor Verfall durch erhöhte Sicherung des Indossatars (Rechtsvermutung zugunsten des durch Indossamentenkette ausgenommenen Inhabers, Schutz des gutgläubigen Erwerbers und Haftung der Indossanten). Dieser besondere Schutz des Indossatars erleichtert es, den W bereits vor Verfall durch Weiterbegebung zu Geld zu machen. Nach Fälligkeit ist die Einziehung der W.summe beim Schuldner der natürliche Weg, den W in Geld umzuwandeln. Von diesem Zeitpunkt an entfällt daher das Bedürfnis für eine Erleichterung der Weiterbegebung. Ist vollends aus dem W durch dessen Protestierung oder Ablauf der hierfür bestimmten Frist ersichtlich, daß die „Honorierung" des W durch den Bezogenen unterblieben ist, so bleibt für eine Verwertung des offensichtlich notleidenden W durch weitere Indossierung im ordentlichen Geschäftsverkehr kein Raum; der W.umlauf ist geschlossen. Rechtlich hat das zur Folge, daß etwaigen weiteren Indossamenten nicht mehr deren besondere, den Umlauf sichernde Wirkung zuerkannt wird, sondern nur noch diejenige einer Abtretung bürgerl. Rechts. An Stelle der rechtsverstärkenden Übertragungswirkung des eigentlichen Indossaments tritt nur gewöhnliche Rechtsnachfolge nach Abtretungsrecht ein.

Anm 1a 2. Solche Indossamente werden Nachindossamente genannt. Sie sind Indossierungen eines offensichtlich notleidenden W, die nur der Form nach Indossamente sind, aber die das Indossament sonst kennzeichnenden Wirkungen (11²) nicht auslösen, vielmehr nur eine gewöhnliche Rechtsnachfolge vermitteln. Sie haben weder rechtsverstärkende Übertragungswirkung, noch Verpflichtungskraft, noch die dem Indossament eigentümliche, die Wirkung einer Abtretungsurkunde übersteigende Ausweiskraft (vgl. Anm 14).

Demgegenüber lehnt sich die übliche Begriffsbestimmung formal an den Wortlaut des Art 20 an, mißt aber dadurch Bedeutung und Umfang des Unterschiedes zwischen echtem und Nachindossament, indem sie letzteres als ein Indossament beschreibt, das nach Verfall und entweder nach Protest mangels Zahlung oder nach Ablauf der hierfür bestimmten gesetzlichen Frist erteilt wird.

Anm 2 **II. Zu Abs I: Voraussetzungen** für Wirkung als Nachindossament.

A. Entscheidender Zeitpunkt. In allen Fällen ist zu beachten, daß maßgebender Zeitpunkt der Indossierung nicht die urkundliche Vollziehung des Indossaments ist, sondern die Begebung des indossierten W, da erst hierdurch das Indossament wirksam wird (vgl. Anm 15).

Anm 3 1. **Zu Satz 1:** Diese Bestimmung ist formuliert, als ob sie eine Regel enthalte, während es sich tatsächlich um eine Ausnahme handelt: Indossamente nach Verfall sind nur dann nicht als Nachindossamente zu behandeln, wenn sie (vgl. Satz 2) vor Protesterhebung und vor Ablauf der Protestfrist erteilt sind. Die ausdrückliche Hervorhebung dieser Ausnahme bestätigt den in Anm 1 dargelegten Grundgedanken für die unterschiedliche Behandlung von Nachindossamenten. Dieser Grundsatz macht es notwendig, im Gesetz eine für zweckmäßig erachtete Ausnahme für solche Indossamente aufzustellen, die am Verfall- (bzw. Zahlungs-) tage oder, falls vorher kein Protest mangels Zahlung erhoben ist, bis zum Ablauf der Protestfrist erteilt werden. Diese bei oder unmittelbar nach Verfall ausgestellten Indossamente werden, sofern die unterbliebene Honorierung des W nicht durch Protest offenkundig ist, den vor Verfall erteilten Indossamenten gleichgestellt. Sie haben also insb. auch Verpflichtungswirkung für den Indossanten, so daß der Indossatar nach rechtzeitiger Protesterhebung (oder im Falle des Protesterlasses rechtzeitiger Vorlegung zur Zahlung) alsbald auch gegen den Indossanten Rückgriff nehmen kann, falls diese Haftung nicht durch Vermerk im Indossament oder durch Abrede zwischen den Parteien, die sich im Einzelfall auch aus den Umständen ergeben kann, ausgeschlossen sein sollte. Solche Indossamente sind also im Sinne des WG keine Nachindossamente.

Anm 4 2. **Zu Abs I Satz 2:** a) Ablauf der Protestfrist: Infolge der in Satz 1 des vorl. Artikels aufgestellten Ausnahme ist der maßgebende Zeitpunkt, nach welchem ein Indossament nur noch als Nachindossament wirkt, nicht der nach

Art 33—37 zu bestimmende Verfalltag, sondern — falls nicht vorher Zahlungsprotest erhoben ist — der Ablauf der für den Protest mangels Zahlung bestimmten Frist. Diese Frist endet gemäß Art 44 III mit dem zweiten auf den Zahlungstag folgenden Werktag. Zahlungstag ist der Verfalltag und, wenn dieser auf einen Feiertag fällt, der nächstfolgende Werktag (Art 72). Das Ende des letzten Tages der Protestfrist ist maßgebend; die Frist endet also um Mitternacht, da Protesterhebung nach Ablauf der Proteststunden (Art 86) den Protest nicht ungültig macht, auch der Protestgegner in Protesterhebung zu späterer Stunde (jedoch nicht an einem späteren Tage) einwilligen kann.

Bei einem Sichtwechsel tritt Verwirkung der Rückgriffsrechte mit der Versäumung der Vorlegungsfrist aus Art 34 ein (vgl. Art 53). Protest mangels Zahlung ist hier, wie sich aus Art 44 III Satz 2 ergibt, innerhalb dieser Vorlegungsfrist zu erheben (vgl. 44[12]).

Der Ablauf der Protestfrist ist entscheidend, auch wenn kein Protest zur Wahrung von Rückgriffrechten erforderlich ist. So, wenn kein Rückgriffschuldner vorhanden ist, z. B. wenn bei einem W an eigene Order der Aussteller als W.nehmer den vom Bezogenen angenommenen W bei Verfall noch selbst in Händen hat. Eine von ihm nach Ablauf der Protestfrist vorgenommene Indossierung ist ein Nachindossament (Langen, ZHR 104, 29). Ebenso ist bei Protesterlaß des Ausstellers (Art 46), wenn kein Protest erhoben worden ist, der Ablauf der Protestfrist, nicht eine etwa erfolgte Vorlegung zur Zahlung der maßgebende Zeitpunkt (Langen, ZHR 104, 35), selbst wenn der Bezogene auf dem W eine datierte Vorlegungsbescheinigung erteilt hat. **Anm 5**

b) Protest mangels Zahlung im Sinne des vorl. Artikels ist zunächst der in Art 44 III geregelte und nach Art 53 zur Erhaltung der Rückgriffsrechte notwendige Protest mangels Zahlung nach Verfall. **Anm 6**

Nur ein gültiger Protest erfüllt dies Erfordernis. Ist z. B. der Protest am Zahlungstage selbst statt an einem der beiden folgenden Werktage, also zu früh, erhoben und deshalb unwirksam, so kann der W noch bis zum Ablauf der Protestfrist oder bis zu erneuter wirksamer Protesterhebung indossiert werden, ohne daß das Indossament ein Nachindossament wäre.

c) Streitig ist, ob auch der Protest mangels Zahlung vor Verfall, wie er durch Art 44 V geregelt ist, die Wirkung hat, daß spätere Indossamente nur Nachindossamente sind. Der bei Unsicherheit des Bezogenen zugelassene Rückgriff auf Zahlung vor Verfall (die WO gab hier nur Sicherstellung) ist in der Regel — Ausnahme Art 44 VI — davon abhängig, daß der W dem Bezogenen vorgelegt und mangels Zahlung protestiert wird. Ein solcher Zahlungsprotest vor Verfall macht wie der Protest nach Verfall den W offenkundig notleidend und zu weiterem Umlauf ungeeignet. Er eröffnet wie der Protest nach Verfall den Rückgriff gegen alle W.verpflichtete (Art 43) und deren Einlösungsrecht aus Art 50. Damit sind die W.ansprüche fällig, obwohl der w.mäßige Verfalltag noch nicht vorliegt, der „Rücklauf" des W hat begonnen, sein „Umlauf" ist beendet. Eine gesetzliche Gewährleistung des Indossanten eines mangels Zahlung protestierten W für dessen Einlösung wäre in sich widerspruchsvoll, da ja der Rückgriff bereits eröffnet ist. Verneint man aber die Verpflichtungswirkung (so auch Langen, ZHR 104, 34 unter Aufgabe **Anm 7** seines früheren Standpunkts, W.verbindlichkeit 190), so bestätigt sich, daß kein normales Indossament mehr vorliegt, und daß der Erwerber eines solchen offensichtlich notleidenden W, dem sein unmittelbarer Vormann nicht haftet, auch die sonstigen Schutzwirkungen, die an das Indossament eines umlaufenden W geknüpft sind, nicht erwarten kann.

Es kann demgegenüber nicht darauf ankommen, daß der Wortlaut des Art 20 an den Verfall anknüpft, also nur den Regelfall des Zahlungsprotestes nach Verfall im Auge zu haben scheint. Bei gleicher Interessenlage ist Art 20 auf den Protest mangels Zahlung vor Verfall mindestens entsprechend anzuwenden (zust. Priese-R 20²; abw. Langen 190 u. ZHR 104, 33).

Anm 8 d) Protest mangels Annahme. Auch dieser Protest macht den W nicht nur offensichtlich notleidend, sondern eröffnet auch sofortigen Rückgriff auf Zahlung vor Verfall. Der in Anm 1 u. 7 dargelegte Grundgedanke des Gesetzes macht es auch hier erforderlich, nach der durch Protest klargestellten Eröffnung des W.rücklaufs weitere Indossamente nur noch als Nachindossamente zu behandeln (St-Str 20⁶; zust. Priese-R 20³; abw. Langen a. a. O., Hupka 43; Knur-H 20²; wohl auch Qu-A 20¹² und trotz Bedenken Baumb-H 20³). Dies ist mit dem Wortlaut des Art 20 vereinbar, weil es gemäß Art 44 IV nach Annahmeprotest keines Zahlungsprotestes mehr bedarf. Da mithin der Annahmeprotest die Wirkung des Zahlungsprotestes mit umfaßt, kann Art 20 in Verb. mit Art 44 IV dahin ausgelegt werden, daß auch bezügl. der Voraussetzungen eines Nachindossaments der Protest mangels Annahme denjenigen mangels Zahlung ersetzt.

Bei den Vorberatungen zum EWG ist im Bericht der Red. Komm. der 2. Haager Konferenz von 1912 (Actes I, 82) ausgeführt, daß es nicht notwendig erscheine, die Folgen eines Indossaments nach Annahmeprotest zu regeln. Offenbar hafte der Indossant nicht für die Annahme, sondern nur für die Zahlung. Diese letzten Worte, die gegen Behandlung als Nachindossament sprechen, werden aber im Bericht durch den Zusatz entkräftet „Cet endossement transmet tous les droits de l'endosseur", da eine Rechtsnachfolge in die Stellung des Indossanten gerade die Wirkung des Nachindossaments ist (Anm 14). Die im Gesetz nicht zum Ausdruck gekommene Auffassung, daß der Indossant in diesem Falle für Zahlung hafte (wann? da Rückgriff eröffnet, sofort? oder erst nach dem Verfalltag und mit oder ohne erneuten Protest?), ist für die Auslegung nicht bindend. Dagegen ergibt auch der Bericht, daß die Frage im Gesetz nicht geregelt ist. Diese Lücke kann nur unter Berücksichtigung des Zweckes der unterschiedlichen Behandlung des Nachindossaments gefüllt werden. Danach ist aus den hier ebenfalls zutreffenden, in Anm 7 dargelegten Gründen auch ein nach Annahmeprotest erteiltes Indossament als Nachindossament zu behandeln.

Anm 8a Bei Teilannahme wird durch Protest mangels unbeschränkter Annahme (vgl. Art 82 II) Rückgriff wegen des nicht angenommenen Teilbetrages eröffnet (43⁸). Dieser Rückgriff führt zu einer Spaltung der W.rechte (51⁵). Indossiert der W.inhaber den wegen teilweiser Verweigerung der Annahme protestierten W, bevor er durch Teilrückgriff den nicht angenommenen Teil der W.summe erhalten hat, so wirkt das Indossament hinsichtlich dieses Teilbetrages nur als Nachindossament (Anm 14), während der gutgläubige Erwerber in Höhe des angenommenen Teils der W.summe den Schutz der Art 16 II u. 17 genießt. Bei Teilrückgriff wird der gezahlte Teilbetrag gemäß Art 51 auf dem W abgeschrieben (51[2]), ein späteres Indossament kann daher nur noch die W.rechte in Höhe des angenommenen Teilbetrages übertragen und ist kein Nachindossament. Die Ansprüche aus dem W wegen des nicht angenommenen Teilbetrages sind mit der Zahlung auf den einlösenden Rückgriffschuldner übergegangen, so daß dieser insoweit weiteren Rückgriff nehmen kann (51[5]).

e) Protest mangels Datierung (Art 25 II, 78 II) eröffnet nicht den **Anm 9** Rückgriff, sondern ersetzt nur die fehlende Datierung der Annahme (bzw. des Sichtvermerks beim eigenen W) und schützt vor Verlust der Rückgriffsansprüche. Dieser Protest zeigt also kein Notleiden des W an und macht ihn nicht für weiteren Umlauf ungeeignet. Eine nach diesem Protest erfolgte Indossierung ist daher, solange kein sonstiger Protest erhoben ist oder die Frist für den Zahlungsprotest abgelaufen ist, kein Nachindossament.

f) Falls wegen Konkurs des Bezogenen gemäß Art 43 Rückgriff vor Verfall **Anm 10** eröffnet ist, ist die Rückläufigkeit des W aus dem W selbst nur offenkundig, wenn — was zulässig, aber gemäß Art 44 VI nicht erforderlich ist (44[16]) — Protest mangels Zahlung vor Verfall gemäß Art 44 V wie bei sonstiger Unsicherheit des Bezogenen (Anm 7) erhoben wird. Nur ein Indossament. das nach diesem Protest oder nach Ablauf der Frist für den (in diesem Falle unnötigen) Zahlungsprotest nach Verfall gegeben wird, würde als Nachindossament zu behandeln sein.

Da im Falle des Art 43 II Zf 3 (Unsicherheit des Ausstellers) Annahmeprotest nicht vor Ablauf eines etwaigen befristeten Verbots der Vorlegung zur Annahme (vgl. 22[12]) und Zahlungsprotest nicht vor Verfall erhoben werden kann (43[16]), verbleibt es in diesem Falle dabei, daß nur Indossamente nach Ablauf der Frist für den Protest mangels Zahlung (Art 44 III) oder nach Protesterhebung Nachindossamente sind.

Es wird schwerlich zu tatsächlichen Schwierigkeiten führen, daß in diesen Fällen, wenn die Rückläufigkeit des W nicht durch Protest offenkundig ist, Indossierungen mit voller Wirkung zulässig sind, weil solche Indossamente tatsächlich kaum vorkommen werden.

g) Zweifelhaft, aber für den deutschen W.verkehr kaum von praktischer **Anm 11** Bedeutung ist die Behandlung von Indossamenten eines W, der zwar weder verfallen noch rückläufig ist, bei dem sich aber die Verwirkung der Rückgriffansprüche offenkundig aus dem W ergibt, wenn auch in anderer Weise als durch Ablauf der Frist für den Zahlungsprotest. Dies ist der Fall:

α) bei Nachsichtwechseln, wenn innerhalb der Vorlegungsfrist (Art 23) weder datierte Annahme erfolgt noch Protest mangels Annahme oder Datierung erhoben ist (Art 25 II, 44 II);

β) bei W, in denen Vorlegung zur Annahme gemäß Art 22 vom Aussteller angeordnet war, wenn die hierfür bestimmte Frist ohne datierte Annahme und ohne Protest mangels Annahme oder Datierung abgelaufen ist.

In diesen Fällen sind die Rückgriffrechte gemäß Art 53 verwirkt; auch neue Indossamente können keine w.mäßige Haftung begründen. Da die Fristversäumung aus dem W ersichtlich ist, ist auch hier der W, selbst wenn eine

Annahmeerklärung vorliegt, zum ordentlichen Umlauf nicht mehr geeignet. Trotzdem vorgenommene Indossierungen verdienen nicht mehr den w.mäßigen Indossamentsschutz und werden in entsprechender Anwendung des Art 20 als Nachindossamente zu behandeln sein.

Anm 12 **B.** Der **Form** nach ist das Nachindossament ein gewöhnliches Indossament und kann daher Namens- oder Blankoindossament sein. Mehrere Nachindossamente können aufeinander folgen, und die Rechtsübertragung kann auch nach Maßgabe des Art 14 II Zf 1 u. 3, also auch durch Blankobegebung stattfinden (Qu-A 20[4]).

Indossant des ersten Nachindossaments ist regelmäßig der letzte bei Verfall oder Eintritt des Notleidens ausgewiesene Inhaber, also im Falle der Protesterhebung der Protestnehmer. Hat aber ein Rückgriffschuldner den rückläufigen W eingelöst, so kann auch dieser statt weiteren Rückgriffs seine Rechte auf einen Dritten durch Nachindossament übertragen, also als Indossant des ersten Nachindossaments auftreten (RG 2, 75; 104, 270).

Ist bei Ablauf der Protestfrist der letzte Inhaber durch Blankoindossament ausgewiesen, so kann er seine Rechte auf einen Nachindossatar auch durch Benutzung des Blankoindossaments mittels Blankobegebung (14[14]) oder Einrückung des Namens seines Nachmanns (14[13]) übertragen. Jedoch vollzieht sich auch dann der Rechtsübergang nur als gewöhnliche Rechtsnachfolge nach Abtretungsrecht (vgl. Anm 14). Diese Benutzung des Blankoindossaments ist aber nur zulässig, wenn — insb. bei Protesterlaß — kein Protest erhoben ist. Durch Protesterhebung wird die Begebbarkeit auf Grund vorprotestlichen Blankoindossaments beendet: Der Inhaber zur Zeit der Protesterhebung ist dann in der Person des Protestnehmers benannt, und ein Dritter kann sich weder darauf berufen, daß er den W durch das Blankoindossament nach Protest erworben habe, noch daß er früher Inhaber des W auf Grund des Blankoindossaments gewesen sei und den W eingelöst habe (RG 2, 75; 33, 145; 74, 208).

Der einlösende Rückgriffschuldner ist zwar schon durch Besitz von W und Protest ohne ein auf ihn lautendes Nachindossament ausgewiesen (16[11]; 49[7]) und erhält durch die Einlösung wieder seine alte Rechtsstellung (14[9]), auch wenn er sich überflüssigerweise von dem befriedigten Nachmann ein Nachindossament erteilen läßt. Dies gilt aber nur für einen echten Rückgriffschuldner (bestr. 49[8]; abw. Qu-A 20[8], Baumb-H 20[8]). Wer einen W auf Grund eines vorhandenen Blankoindossaments ohne Beifügung seiner eigenen Unterschrift weiterbegibt, bleibt dem W.verband fern und ist w.mäßig nicht zur Einlösung verpflichtet (14[13f]). Sein Rückerwerb ist keine Einlösung im Sinne des Art 49, so daß hier Nachweis der Rechtsnachfolge durch Nachindossament oder außerwechselmäßige Übertragung erforderlich ist.

Anm 13 Nachindossatar kann auch ein früherer Inhaber des W sein (vgl. Art 11 III), jedoch ist, wie erwähnt, das Nachindossament auf einen einlösenden Rückgriffschuldner eine leere Formalität, weil der Rückgriffschuldner durch die Einlösung als solche in seine alte Rechtsstellung einrückt und nicht durch das Nachindossament Rechtsnachfolger des bezahlten Nachmanns wird. Auch bewirkt ein Nachindossament auf den Annehmer das vollständige Erlöschen der W.verpflichtungen (RG 65, 128) im Gegensatz zum Rückindossament vor Fälligkeit (11[6]).

C. Die **Wirkungen** des Nachindossaments sind die einer Abtretung. Das Nachindossament hat also weder Verpflichtungswirkung, noch gewährt es dem Erwerber den besonderen Schutz des guten Glaubens aus Art 16 II, 17. Es vermittelt lediglich eine bürg.-rechtl. Rechtsnachfolge und überträgt demgemäß die Ansprüche des Nachindossanten gegen die W.schuldner unverändert auf den Nachindossatar. Das Nachindossament hat dabei die Wirkung einer Abtretungsurkunde, so daß der an den Indossatar zahlende Schuldner den Schutz des § 409 BGB genießt (40^{13}), aber die Gefahr einer Fälschung des Nachindossaments trägt (vgl. aber Anm 15). **Anm 14**

Eine Gewährleistung des Nachindossatars nach bürgerl. Recht, etwa nach § 437 BGB, ist durch die fehlende w.mäßige Haftung nicht ausgeschlossen.

Da der protestierte oder durch fruchtlosen Ablauf der Frist für den Protest mangels Zahlung „präjudizierte" W der w.mäßigen Übertragung nicht mehr zugänglich ist, sondern nur noch mit der Wirkung einer bürg.-rechtl. Abtretung übertragen werden kann, verwandelt sich der OrderW mit dem aus Art 20 ersichtlichen Zeitpunkt in ein Rektapapier. Er hört auf, im technischen Sinne indossabel zu sein, und ist kein Umlaufspapier mehr. Nur im Rücklauf ist noch ein selbständiger Rechtserwerb des einlösenden Rückgriffschuldners möglich (49^{5}); im übrigen können die W.rechte nur noch durch gewöhnliche Rechtsnachfolge übergehen. Daher hat auch eine auf Grund eines vorhandenen Blankoindossaments nach Ablauf der Protestfrist erfolgende Blankoübergabe (Art 14 II Zf 3) nur noch die Wirkung einer Abtretung: Der Erwerber rückt lediglich in die Rechtsstellung des Blankotradenten ein, ohne sich bei eigenem guten Glauben für seinen Rechtserwerb auf Art 16 II, 17 stützen zu können. Nach Protesterhebung ist Begebung auf Grund eines vorprotestlichen Blankoindossaments nicht mehr zulässig, so daß nach Fortfall der Indossabilität eine derartige Blankobegebung auf Grund eines früheren Blankoindossaments nur bei Protesterlaß bzw. bei versäumtem Protest hinsichtlich der gegen den Annehmer verbleibenden Ansprüche in Frage kommt.

III. Die **Beweisregel des Abs II** enthält zwei widerlegbare Vermutungen: Beim datierten Indossament wird die Richtigkeit der Zeitangabe vermutet, beim undatierten, daß es vor Ablauf der Protestfrist erteilt sei. Letztere Vermutung ist unerheblich, wenn das Indossament auf den Protest folgt, da es dadurch als ein nachprotestliches, also als ein Nachindossament gekennzeichnet ist. Aber auch die Vermutung für die Richtigkeit einer vorhandenen Datierung kann durch die Stellung zur Protesturkunde widerlegt werden. Die Beweisregel hat daher vorwiegend bei Protesterlaß Bedeutung, insb. für den zahlenden Schuldner, der bei Zahlung an einen durch undatiertes Indossament ausgewiesenen Inhaber auch bezüglich dieses Indossaments den Schutz des Art 40 III genießt. **Anm 15**

Die Vermutung erstreckt sich nach dem Wortlaut des Gesetzes auf den Zeitpunkt der Vollziehung des Indossaments, d. h. der auf den W gesetzten Erklärung des Indossanten. Da der Schriftakt des Indossaments regelmäßig mit der Begebung des indossierten W an den Indossatar zusammenfällt, ergibt sich daraus auch eine Vermutung für den Zeitpunkt der Begebung, also des tatsächlichen Wirksamwerdens des Indossaments. Der Gegenbeweis kann aber auch dahin gehen, daß Begebung und Zeichnung des Indossaments an verschiedenen Tagen stattgefunden haben und das angegebene Datum nicht der maßgebende Tag der Begebung war. So insbesondere bei einer nach dem maßgebenden Zeitpunkt erfolgten Blankobegebung auf Grund eines vorher auf den W gesetzten Blankoindossaments (vgl. Anm 14).

Dritter Abschnitt

Annahme

Artikel 21

Der Wechsel kann von dem Inhaber oder von jedem, der den Wechsel auch nur in Händen hat, bis zum Verfall dem Bezogenen an seinem Wohnort zur Annahme vorgelegt werden.

Anm 1 **I. Allgemeines.** 1. Art 21 behandelt das **Recht** zur Vorlegung des W zwecks Annahme. Regelmäßig besteht keine Verpflichtung des Inhabers, zur Vermeidung von Rechtsnachteilen insb. zwecks Erhaltung der Rückgriffsansprüche einen noch nicht angenommenen W vor Verfall zur Annahme vorzulegen. Vielmehr kann auch der nicht angenommene W dem Bezogenen bei Verfall zur Zahlung vorgelegt werden mit der Folge, daß mangels Zahlung Rückgriff genommen werden kann. Ausnahmsweise besteht jedoch eine Vorlegungspflicht auf Grund besonderer gesetzlicher Bestimmung (so beim NachsichtW, Art 23) oder auf Grund Anordnung eines W.beteiligten (Art 22 I u. IV); Unterlassung rechtzeitiger Vorlegung hat in diesen Fällen Verwirkung des Rückgriffs zur Folge (Art 53).

2. Die Berechtigung zur Vorlegung bedeutet nicht nur, daß der W.inhaber dadurch die Möglichkeit erhält, bei erfolgreicher Vorlegung zur Annahme in der Person des Annehmers einen weiteren Schuldner zu gewinnen, sondern vor allem die sofortige Eröffnung des Rückgriffs vor Verfall bei erfolgloser Vorlegung (Art 43 I Zf 2). Durch Vorlageverbote (Art 22 II u. III) kann der Aussteller diesen Rückgriff mangels Annahme gänzlich oder bis zu einem bestimmten Tage ausschließen, indem er das Vorlegungsrecht beschränkt.

Anm 2 **II. Zweck** der Vorlegung ist die Erwirkung der Annahme, notfalls die Eröffnung des Rückgriffs. Über Form und Inhalt der Annahmeerklärung vgl. Art 25—27, über ihre Wirkung Art 28.

Wenn auf Vorlegung die Annahme nicht zu erhalten war, so kann, falls Protestaufnahme unterblieben war, die Vorlegung wirksam wiederholt und nunmehr Protest erhoben werden, um den Zweck der Vorlegung zu erreichen. Über Notwendigkeit wiederholter Vorlegung auf Verlangen des Bezogenen vgl. Art 24. Selbst nach Annahmeprotest oder Verfall kann die Annahme noch mit verbindlicher Kraft erfolgen, so daß erneute Vorlegung selbst nach Eröffnung des Rückgriffs unter besonderen Umständen zweckmäßig sein kann.

Vom Standpunkt des Bezogenen aus dient die Vorlegung nicht nur dazu, daß er auf den W seine Annahme setzen kann, sondern auch dazu, daß er vor seiner Entschließung über Erteilung oder Verweigerung der Annahme den

W bezüglich seines gesamten Inhalts (Vorder- und Rückseite), insb. auch wegen Echtheit der Unterschrift des Ausstellers prüfen kann. Das bedeutet, wie Art 24 II bestätigt, nicht, daß der W ihm für diese Prüfung ausgehändigt werden muß, vielmehr handelt es sich nur um Gestattung der Einsicht (wie bei § 810 BGB) unter Aufrechterhaltung des Gewahrsams des Vorlegenden. Dabei muß in einer Treu und Glauben und der Verkehrssitte entsprechenden Weise dem Bezogenen die Prüfung der Urkunde ermöglicht werden. Z. B. wird auf seinen Wunsch die Einsichtsmöglichkeit so lange auszudehnen sein, daß er sich eine vollständige Abschrift des W fertigen kann.

III. Wer hat vorzulegen? 1. Vorlegungsberechtigt ist nicht nur der Inhaber, sondern „jeder, der den W auch nur in Händen hat". Demnach braucht der Vorlegende nicht die gemäß Art 16 I formal ausgewiesene Person zu sein und der Bezogene hat weder Recht noch Pflicht, formale oder sachliche Berechtigung des Vorlegers zu prüfen. Andererseits ist zu berücksichtigen, daß der Bezogene zur Annahme nicht verpflichtet ist (Anm 9). Er kann die Annahme daher unbedenklich ablehnen, wenn er weiß, daß der W dem Aussteller oder sonstigen berechtigten Inhaber (z. B. durch Diebstahl, Unterschlagung) abhandengekommen ist. Gemeint ist vom Gesetz nicht, daß auch der Dieb befugt ist, den W zur Annahme vorzulegen, sondern daß auch ein Verwahrer oder Besitzdiener des Inhabers (franz. Text: „un simple détenteur") ohne Nachweis seiner Vollmacht vorlegen kann und die Rechtsfolgen verweigerter Annahme auch ausgelöst werden, wenn die Vorlegung durch eine solche Person statt durch den legitimierten Inhaber stattfindet. **Anm 3**

2. Daher ist es auch unerheblich, wer den Auftrag zur Erhebung des Protestes mangels Annahme erteilt. In diesem Falle braucht der Protestnehmer nicht formal ausgewiesen zu sein (Langen 42; Hupka 64; Qu-A 44[2]).

3. Über Vorlegung durch die Post vgl. § 20 der Postordnung v. 30.1.1929 mit Änderung v. 15. 3. 1934 betr. „Postaufträge" insb. zu I Zf 2 abgedruckt im Anhang III 1 b.

IV. Wem ist vorzulegen? 1. Dem Bezogenen, und zwar auch bei Benennung eines besonderen Zahlungsleisters (Art 4). Denn nicht dieser, sondern der Bezogene soll sich zur Zahlung verpflichten; die Unterschrift des Zahlungsleisters wäre wie diejenige eines beliebigen Dritten die Annahme eines Nicht-Bezogenen. Nur der Bezogene ist daher auch Protestgegner für den Annahmeprotest (Art 80 I Zf 1). Vorlegung gegenüber einem Vertreter des Bezogenen genügt (80[13]). Bei mehreren Bezogenen (1[8]) genügt vergebliche Vorlegung zur Annahme bei einem von ihnen, um nach Protesterhebung Rückgriff zu nehmen (RG 46, 140). **Anm 4**

2. Ist der Bezogene verstorben oder geschäftsunfähig geworden, so ist Annahme durch ihn nicht mehr möglich. Vorlegung bei den Erben oder der zum gesetzlichen Vertreter bestellten Person ist nicht erforderlich. Dagegen muß — auch bei Protesterlaß, vgl. 46[8] — zum Ersatz der nicht ausführbaren Vorlegung Protest erhoben werden, um Rückgriff mangels Annahme zu eröffnen oder etwaige Vorlegungsfristen zu wahren. Über den Protestgegner in diesen Fällen vgl. 80[9]. Wird bei dem Erben des Bezogenen oder dem gesetzlichen Vertreter des geschäftsunfähig gewordenen Annahme nachgesucht und

von ihnen erteilt (evtl. mit vormundschaftsgerichtlicher Genehmigung, § 1822 Zf 9 BGB), so kann Rückgriff mangels Annahme nicht genommen werden.

Bei Konkurs des Bezogenen (oder Vergleichsverfahren) ist weder Annahmeprotest noch Vorlegung erforderlich, weil Rückgriff vor Verfall ohne dies nach Art 43 II Zf 2, 44 VI gegeben ist; wegen etwaiger Vorlegungsfristen in diesem Falle vgl. 22[5a], 23[3].

3. Beim Vorhandensein von Notadressen (Art 56 II) hat die Vorlegung auch bei diesen nach fruchtloser Vorlegung beim Bezogenen stattzufinden.

Anm 5 V. Wo ist vorzulegen? 1. „Am Wohnort des Bezogenen". Dies ist die als solche im W angegebene Ortschaft, beim Fehlen dieser Angabe der beim Namen des Bezogenen angegebene Ort (Art 2 III). Eine dieser beiden Angaben wird fast ausnahmslos auf dem W vorhanden sein; notfalls ist in entsprechender Anwendung des Art 2 III der im W angegebene Zahlungsort als Wohnort zu behandeln. Denn Art 2 III bringt zum Ausdruck, daß mangels abweichender Angabe im W Übereinstimmung von Zahlungsort und Wohnort des Bezogenen (der Erfahrung des täglichen Lebens entsprechend) vom Gesetz in Zweifelsfällen unterstellt wird.

In dieser Reihenfolge (angegebener Wohnort, Ort beim Namen des Bezogenen, Zahlungsort) ist also die Ortschaft, wo die Vorlegung zu erfolgen hat, zu bestimmen. An diesem Ort kann auch Windprotest erhoben werden, selbst wenn dem Vorleger bekannt ist, daß der Bezogene seine Niederlassung in einer anderen Ortschaft hat. Dies entspricht der Vorlegung zur Zahlung, die stets am Zahlungsort zu erfolgen hat, auch wenn der Bezogene inzwischen von dort verzogen ist.

2. Vorlegung am tatsächlichen Wohnort in den dort vorgefundenen Geschäftsräumen bzw. der Wohnung des Bezogenen statt in der gemäß Zf 1 bestimmten Ortschaft erscheint jedoch ebenfalls zulässig, weil auch solche Vorlegung durch den Wortlaut des Art 21 gedeckt ist. Hier ist nicht die gleiche Bindung an dem im W angegebenen Ort wie bei der Vorlegung zur Zahlung erforderlich. Beim Zahlungsort ist diese Bindung eine Folge davon, daß der Zahlungsort, die Ortschaft, wo die Zahlung bei Verfall zu leisten ist, zu dem Inhalt der W.verbindlichkeit gehört, und daß daher die Bestimmtheit des Zahlungsorts zu den wesentlichen Bestandteilen des W zählt. Bei der Vorlegung zur Annahme wäre es aber ein zweckwidriger Formalismus, solche Vorlegungen, bei denen erhöhte Aussicht besteht, den Bezogenen anzutreffen und eine Annahme zu erhalten, für unwirksam zu erklären.

Anm 6 3. Die Angabe eines besonderen Orts im W, wo die Vorlegung zur Annahme unter Ausschluß des Wohnorts stattfinden soll, wird trotz des Wortlauts des Art 21 wirksam sein (wie dies unter der WO mit Rücksicht auf abweichenden Wortlaut unbedenklich war: RG 5, 78). Nur bei der Vorlegung zur Zahlung ist es durch die Natur der Sache geboten, daß sie nur an einem bestimmten Ort, dem Zahlungsort, erfolgen kann. Dagegen entspricht die Vorschrift, die Vorlegung zur Annahme am Wohnort des Bezogenen vorzunehmen, nur der Vermutung, daß hier der Bezogene am leichtesten anzutreffen ist. Wenn der Aussteller dies im Einzelfall nicht für zutreffend hält, besteht kein Grund, die Bestimmung eines anderen Vorlegungsortes durch ihn als unwirksam anzusehen. Denn es liegt auch im Belieben des Ausstellers, ob er den

Wohnort des Bezogenen in den W aufnimmt, und ob er statt des tatsächlichen Wohnorts den von ihm gewünschten Vorlegungsort angibt.

Trotz Angabe eines abweichenden Vorlegungsorts ist aber mit Einverständnis (auch stillschweigendem) des Bezogenen auch eine am Wohnort erfolgende Vorlegung wirksam, so daß auch durch die hier erklärte Verweigerung der Annahme (nicht dagegen durch Windprotest) Rückgriff mangels Annahme eröffnet wird.

4. Das Wort „Wohnort" im vorl. Artikel ist die Übersetzung des franz. und engl. „domicile" im fremdsprachigen Text des EWG und bedeutet die ständige Niederlassung, in erster Linie den Ort der geschäftlichen Niederlassung, in Ermangelung einer solchen der privaten Wohnung. Dies steht im Einklang mit Art 87 I, wonach die Vorlegung zur Annahme in den Geschäftsräumen, und nur wenn solche nicht zu ermitteln sind, in der Wohnung stattzufinden hat. **Anm 6a**

5. Für die Stelle, wo am Wohnort die Vorlegung stattzufinden hat, sind die tatsächlichen Verhältnisse zur Zeit der Vorlegung maßgebend. Die Angabe einer Anschrift des Bezogenen im W hat insoweit keine bindende oder von weiteren Ermittlungen befreiende Wirkung, z. B. bei einer stattgefundenen Verlegung der Geschäftsräume innerhalb der gleichen Ortschaft. Für alle, die aufzusuchende Stelle betreffenden Fragen, auch soweit private Vorlegung, nicht solche durch den Protestbeamten stattfindet, ist Art 87 maßgebend, auf dessen Erläuterungen verwiesen wird. **Anm 7**

VI. Wann ist vorzulegen? 1. „Bis zum Verfall", d. h. vor Eintritt der Fälligkeit, nicht mehr am Zahlungstage, weil nunmehr nicht mehr Annahme, sondern Zahlung zu leisten ist (unstr.); also (unter Berücksichtigung von Art 72 I) spätestens am letzten Werktag vor dem Verfalltage. Spätere Annahme ist trotzdem verpflichtend, aber ein nach Verfall erhobener Protest mangels Annahme würde weder zum Rückgriff berechtigen, noch gemäß Art 44 IV den Zahlungsprotest ersetzen. Da Protest mangels Zahlung nur an den auf den Zahlungstag folgenden zwei Werktagen erhoben werden kann (Art 44 III S. 1), ist am Zahlungstag selbst grundsätzlich weder Protest mangels Annahme noch mangels Zahlung zulässig. Nur bei erstmaliger Vorlegung zur Annahme am Tage vor Verfall kann am Zahlungstage noch wirksam Protest mangels Annahme erhoben werden, falls der Bezogene gemäß Art 24 nochmalige Vorlegung beansprucht hat (Art 44 III Satz 2). **Anm 8**

Die Vorlegung eines Blankowechsels (Art 10) zur Annahme kann zwar schon vor Ausfüllung des Blanketts insoweit wirksam erfolgen, daß die erteilte Annahmeerklärung verpflichtet, sobald der W vervollständigt ist, aber die Verweigerung der Annahme auf Vorlegung eines W, dem noch wesentliche Bestandteile fehlen, eröffnet weder Rückgriff, noch wäre eine Protesterhebung wirksam. In diesem Sinne kann also der BlankoW erst nach Vervollständigung zur Annahme vorgelegt werden.

Im übrigen besteht ein Anfangszeitpunkt für Ausübung des Vorlegungsrechts nur im Falle von befristeten Vorlageverboten nach Art 22 II.

2. Sichtwechsel werden grundsätzlich bei Vorlegung zur Zahlung fällig (Art 34 I S. 1). Die Vorlegung beim Bezogenen geht daher hier auf Zahlung, nicht auf Annahme, außer in folgenden Fällen: **Anm 9**

a) Vorlegung innerhalb einer nach Art 22 I oder IV hierfür bestimmten Frist.
b) Vorlegung innerhalb der Frist eines vom Aussteller ausgehenden Verbots, den W zur Zahlung vorzulegen, vgl. Art 34 II.
c) Vorhandensein eines dritten Zahlungsleisters (Art 4). Hier kann Vorlegung beim Bezogenen nur zwecks Annahme erfolgen, da Vorlegung zur Zahlung beim Zahlungsleister stattzufinden hat und nur dadurch der Verfall herbeigeführt wird.
d) Verschiedenheit von Zahlungsort und Wohnort des Bezogenen. Auch hier führt die Vorlegung am Wohnort des Bezogenen den Verfall nicht herbei, kann aber zwecks Annahme stattfinden, zumal wenn der Bezogene die Möglichkeit erhalten soll, gemäß Art 27 I einen Zahlungsleister zu benennen.

Im Falle a) ist Vorlegung zur Annahme bzw. Protest zur Erhaltung des Rückgriffs gemäß Art 53 erforderlich; für die übrigen Fälle trifft dies zwar nicht zu, aber auch hier ist Einholung der Annahmeerklärung zwecks Vorbereitung der Zahlung zweckmäßig. Es ist unbedenklich, in allen vier Fällen einem erhobenen Protest mangels Annahme, da er vor Verfall erhoben ist, die Wirkung zuzuerkennen, daß er den Rückgriff eröffnet und einen erneuten Protest mangels Zahlung erübrigt (Art 44 IV). Wechselzinsen (48 I Zf 2) laufen ab Protest, außer im Falle zu a), bei welchem der Zinslauf mit dem Tage beginnt, an dem das Verbot der Vorlegung zur Zahlung außer Kraft treten würde, und bis zum gleichen Zeitpunkt Zwischenzinsen nach Art 48 II zu kürzen sind.

Auch in anderen als den vier genannten Fällen kann die Vorlegung mit dem Zwecke erfolgen, zunächst nur eine Annahme zu beschaffen. Wenn aber Annahme verweigert wird, ist nicht Annahmeprotest zu erheben, sondern unter Aufforderung zur Zahlung Protest mangels Zahlung.

3. Für Nach-Sicht-Wechsel gelten die besonderen Vorlegungsfristen aus Art 23 (vgl. dort).

Anm 10 4. Durch Vorlegungsgebote und -verbote können besondere Fristen für die Vorlegung zur Annahme bestimmt sein (vgl. hierüber zu Art 22). Die Vorlegung zur Annahme kann sogar nach Art 22 II (mit den dort angeführten Ausnahmen) ganz verboten werden. Eine trotz Verbots eingeholte Annahme bleibt verpflichtend, Versäumung von Vorlagegeboten bewirkt Verwirkung des Rückgriffs (Art 53).

5. Für die zulässige Tageszeit sind auch bei privater Vorlegung die Vorschriften über die Proteststunden unter entsprechender Anwendung des Art 86 maßgebend.

Anm 11 **VII.** Eine wechselmäßige Verpflichtung des Bezogenen zur Annahme besteht auch dann nicht, wenn der Bezogene auf Grund der der W ziehung zugrundeliegenden Rechtsbeziehungen, sei es auf Grund besonderer Abrede, sei es nach Handelsbrauch eine entsprechende bürg.-rechtl. Verpflichtung haben sollte (vgl. St-Str 21[6]).

Artikel 22

Der Aussteller kann in jedem Wechsel mit oder ohne Bestimmung einer Frist vorschreiben, daß der Wechsel zur Annahme vorgelegt werden muß.

Er kann im Wechsel die Vorlegung zur Annahme untersagen, wenn es sich nicht um einen Wechsel handelt, der bei einem Dritten oder an einem von dem Wohnort des Bezogenen verschiedenen Ort zahlbar ist oder der auf eine bestimmte Zeit nach Sicht lautet.

Er kann auch vorschreiben, daß der Wechsel nicht vor einem bestimmten Tage zur Annahme vorgelegt werden darf.

Jeder Indossant kann, wenn nicht der Aussteller die Vorlegung zur Annahme untersagt hat, mit oder ohne Bestimmung einer Frist vorschreiben, daß der Wechsel zur Annahme vorgelegt werden muß.

I. Allgemeines. Nach Art 21 besteht grundsätzlich ein Recht, den W jederzeit mit der Wirkung zur Annahme vorzulegen, daß beim Ausbleiben der Annahme Rückgriff genommen werden kann. Dieses Vorlegungsrecht kann nach Abs 2 u. 3 des vorl. Artikels ganz ausgeschlossen (Vorlageverbot) oder zeitlich beschränkt werden (Vorlageaufschub). Das Vorlagerecht kann andererseits durch Anordnung des Ausstellers (Abs 1) oder eines Indossanten (Abs 4) durch Vorlagegebot in eine Pflicht verwandelt werden, deren Verabsäumung Rückgriffsverwirkung gemäß Art 53 nach sich zieht. **Anm 1**

Die Vorlagegebote des Art 22 beruhen auf Anordnung eines W.beteiligten. Neben diesen gewillkürten Vorlagegeboten besteht für Nachsichtwechsel ein gesetzliches Vorlegungsgebot (Art 23).

II. Zu Abs I. Vorlagegebote des Ausstellers. 1. Das Wesen des Vorlagegebots ergibt sich aus der Wirkung, die seine Verletzung nach sich zieht, und die im Verlust der Rückgriffrechte besteht. Dabei ist zu unterscheiden zwischen Anordnungen, deren Verletzung nur die Haftung für die Annahme, und solchen, deren Nichtbeachtung sowohl den Rückgriff mangels Annahme wie den mangels Zahlung ausschließen soll. Ergibt der Vermerk nicht, daß nur der Rückgriff mangels Annahme ausgeschlossen sein soll, so gehen durch Unterlassung rechtzeitiger Vorlegung beide Rückgriffsarten verloren (Art 53 II). **Anm 2**

Die Rechtsstellung des Bezogenen wird durch ein Vorlegungsgebot nicht berührt. Er haftet daher auch aus einer etwa nach Ablauf der Vorlegungsfrist erteilten Annahme. Wenn trotz solcher Annahme bei Verfall Zahlung nicht geleistet wird, kann Rückgriff mangels Zahlung jedoch nur genommen werden, falls das Vorlegungsgebot einen Zusatz des Inhalts enthält, daß es nur die Haftung für die Annahme betrifft. Denn andernfalls ist der Rückgriff durch Versäumung der Vorlegungsfrist endgültig verwirkt.

2. Ein Vorlagegebot des Ausstellers wird Bestandteil des GrundW, d. h. der vom Aussteller abgegebenen, den W.inhalt für sämtliche Beteiligte bestimmenden Erklärung. Es wirkt daher nicht nur zugunsten des Ausstellers, **Anm 3**

vielmehr werden auch alle übrigen Rückgriffschuldner bei Nichtbeachtung der Anordnung von ihrer Haftung befreit (Art 53 II).

Anm 4 3. Zulässigkeit und Form des Vorlagegebots. a) „In jedem Wechsel" kann die Vorlegung zur Annahme vorgeschrieben werden, also auch bei einem SichtW (21[9]). Ebenfalls, wenn der Aussteller seine Haftung für die Annahme ausschließt (Art 9 II; St-Str 22[3]; Hupka 33; Lenhoff 20; abw. Qu-A 22[4]). Nur darf nicht gleichzeitig die Vorlegung gemäß Abs 2 fristlos untersagt sein, da die Anordnungen sich dann gegenseitig aufheben würden. Bei befristetem Vorlegungsverbot (Abs III) würde eine Vorlegungsanordnung mit dem Ablauf der im Verbot enthaltenen Frist wirksam werden (Beispiel: „Vorzulegen zur Annahme bis zum 1. Juli, aber nicht vor dem 1. Juni!").

b) Als Teil der Grundwechselerklärung (Anm 3) ist das Vorlagegebot „in" den W aufzunehmen. Es genügt hierfür, wenn es sich auf der Vorderseite des W befindet, erkennbar vom Aussteller ausgeht und von seiner Unterschrift gedeckt ist. Aufnahme in den zusammenhängenden Text der Zahlungsanweisung ist nicht erforderlich (gl. A. Qu-A 22[3]; Baumb-H 22[1]).

Anm 5 4. Inhalt der Anordnung ist die Vorlegung zur Annahme vor Ablauf der dafür bestimmten Frist. Abs 1 des vorl. Artikels sagt zwar, daß der Aussteller keine Frist zu bestimmen braucht; in diesem Falle ergibt sich aber die einzuhaltende Frist aus dem Gesetz, da die Vorlegung dann spätestens am letzten Tage vor Verfall zu geschehen hat (vgl. 21[8]). Vorlegungsgebot ohne Fristbestimmung bedeutet also nicht, daß die Vorlegung „sofort" nach Begebung an den W.nehmer zu erfolgen hat. Vielmehr kann der jeweilige Inhaber den W auch ohne Einholung der Annahmeerklärung weiter begeben; der Nachmann hat sodann die Annahme vor Fristablauf einzuholen, falls er nicht die Rückgriffrechte verlieren will. Der Aussteller kann also die Vorlegung nur zu Lasten des jeweiligen Inhabers anordnen, nicht einem bestimmten Inhaber, insb. seinem unmittelbaren Nachmann auferlegen, so daß nur dieser sie wirksam vornehmen könnte (mißverständlich Baumb-H 22[1]).

Mit der Vorlegung allein ist aber die Anordnung noch nicht erfüllt, vielmehr muß, falls Annahme nicht erhältlich ist, Protest mangels Annahme fristgemäß (vgl. Art 44 II) erhoben werden, es sei denn, daß Protest erlassen ist (Art 46). Aber auch bei rechtzeitiger Einholung der Annahmeerklärung ist die Gefahr eines Rückgriffverlustes nur dann beseitigt, wenn die Annahme datiert und aus dem Datum ersichtlich ist, daß die Vorlegung rechtzeitig erfolgt ist. Andernfalls muß gemäß Art 25 II Protest mangels Datierung erhoben werden, und zwar vorsichtshalber auch bei Protesterlaß, da die Zulässigkeit eines Erlasses des Protestes mangels Datierung bestritten ist (46[5], [6]).

Die Notwendigkeit datierter Annahme ergibt, daß ein Vorlegungsgebot auch dann noch von Bedeutung ist, wenn der W mit undatierter Annahmeerklärung, sei es vom Aussteller selbst, sei es von einem späteren Inhaber weiter begeben wird. Der W muß dann nochmals zur Datierung der Annahme vorgelegt, notfalls muß Protest mangels Datierung erhoben werden. Mehrfache Vorlegung beim Bezogenen vor Ablauf der Frist zur Erlangung datierter Annahme ist in jedem Falle zulässig; es ist nicht notwendig, bei der ersten vergeblichen Vorlegung Protest erheben zu lassen (21[2]).

Bei mehreren Bezogenen muß rechtzeitig von sämtlichen datierte Annahme eingeholt werden; es sei denn, daß gegen einen von ihnen Protest mangels Annahme erhoben ist, da bereits hierdurch der Rückgriff eröffnet wird (21[4]).

Fällt der Bezogene vor Erteilung datierter Annahme und vor Ablauf der Vorlegungsfrist in Konkurs, so ist Vorlegung zur Annahme nicht mehr erforderlich. Denn mit der Eröffnung des Konkurs- oder Vergleichsverfahrens ist Rückgriff vor Verfall wegen Unsicherheit nach Art 43 II, 44 VI gegeben und eine nunmehr erteilte Annahme des Gemeinschuldners würde der Ausübung des Rückgriffs nicht im Wege stehen. Nachdem aber der Rückgriffanspruch einmal voll zur Entstehung gelangt ist, kann der Rückgriff nicht mehr durch Ablauf der Vorlegungsfrist nach Art 53 verwirkt werden (Rechtsgedanke des Art 44 IV; vgl. 43[7]). **Anm 5a**

III. Zu Abs IV. Vorlagegebote von **Indossanten** sind ebenfalls zulässig, soweit sie nicht mit dem Inhalt eines vom Aussteller ausgehenden Vorlageverbots (Abs 2 u. 3) in Widerspruch stehen. In letzterem Fall wäre die Anordnung des Indossanten unwirksam, also als nicht geschrieben zu behandeln. Wenn also z. B. der Aussteller gemäß Abs 3 „Vorlegung zur Annahme vor dem 15. Juli verboten" hat, würde ein von einem Indossanten beigefügter Vermerk „Zur Annahme zwischen 1. Juli und 31. Juli vorzulegen!" in der Zeit zwischen 15. und 31. Juli zu befolgen sein. **Anm 6**

Über die Form der Anordnung schweigt das Gesetz. Da es sich um einen die Haftung des Indossanten beschränkenden Vermerk handelt, muß der auf den W zu setzende Vermerk erkennbar vom Indossanten ausgehen und von seiner Unterschrift gedeckt sein; Aufnahme in den Indossamentsvermerk ist empfehlenswert (15[5]).

Im übrigen gelten die vorstehenden Erläuterungen für Vorlagegebote des Ausstellers entsprechend, jedoch mit der Maßgabe, daß unterlassene Befolgung hier nur die Rückgriffansprüche gegen diesen Indossanten und seinen etwaigen Bürgen, nicht gegen seine Nachmänner zum Erlöschen bringt (Art 53 III). Falls der Indossant bereits seine Haftung für die Zahlung gemäß Art 15 ausgeschlossen hat, wäre ein von ihm ferner beigefügtes Vorlagegebot inhaltsleer, da dessen Nichtbeachtung doch nur den ohnehin ausgeschlossenen Rückgriff gegen ihn hindern würde (anders, wenn nur Haftung für Annahme ausgeschlossen ist).

IV. Zu Abs II: Vorlageverbot (sog. nicht-akzeptable Tratte). 1. Wesen und Wirkung: Das Verbot, einen W zur Annahme vorzulegen, schließt begrifflich eine Gewährleistung dafür aus, daß Annahme erteilt wird. Während aber ein bloßer Ausschluß der Gewährleistung für die Annahme seitens des Ausstellers nur dessen eigene Haftung betrifft (Art 9 II), ist sein Vorlageverbot Bestandteil des GrundW und wirkt in gleicher Weise wie das Vorlagegebot zugunsten sämtlicher Rückgriffschuldner (Anm 3). Die Wirkung des Verbots besteht daher darin, daß ein trotz des Verbots erhobener Protest mangels Annahme unwirksam ist, also weder den Rückgriff nach Art 43 II Zf I eröffnet, noch einen späteren Zahlungsprotest gemäß Art 44 IV ersetzt. Dagegen bleibt eine trotz des Verbots eingeholte Annahmeerklärung gegen den Annehmer wirksam (DSchr. 123). **Anm 7**

Anm 8 2. Zweck: Durch die Zulassung von W, deren Vorlegung zur Annahme verboten ist, soll die Möglichkeit gegeben werden, befristete Schulden von Personen, die zur Eingehung von W.verbindlichkeiten nicht bereit sind, zur Grundlage von W.krediten für den Gläubiger zu machen. Der Gläubiger übernimmt dabei als Aussteller eines W für die pünktliche Befriedigung des Kreditgebers (W.nehmers) durch seinen Schuldner (den Bezogenen) W.verbindlichkeit. Da hier allein die Rückgriffverbindlichkeit des Ausstellers die Kreditgrundlage bildet, ist als besonderer Rückgriffsfall für diese W auch Unsicherheit des Ausstellers vorgesehen (Art 43 II Zf 3).

Trotz der w.mäßigen Haftung des Ausstellers wird jedoch diese Form des W.kredits nur unter gleichzeitiger Übertragung der Forderung gegen den Bezogenen aus dem Grundgeschäft Verbreitung finden können, wie dies nach franz. Recht (CdC art 116) durch den kraft Gesetzes erfolgenden Übergang der sog. „provision" auf den jeweiligen W.inhaber der Fall ist.

Anm 9 3. Form: Ein wirksames Vorlegungsverbot kann nur vom Aussteller erlassen werden, nicht von Indossanten oder W.bürgen. Vorlegungsverbote anderer W.verpflichteter als des Ausstellers können aber, da das Verbot einen Ausschluß der Haftung für die Annahme enthält (Anm 7), in einen diese Haftung ausschließenden Vermerk (15^5) umgedeutet werden (Hupka 61; Baumb-H 22^2).

Für Platz und Form des Verbots gilt entsprechendes wie für das Vorlagegebot (Anm 4).

Anm 10 4. Zulässigkeit: Auch beim Vorlegungsverbot sind befristete und unbefristete Anordnungen zulässig. Jedoch untersagt Abs 2 unbefristete Verbote bei Wechseln

a) mit drittem Zahlungsleister (Art 4),
b) mit verschiedenem Wohnort des Bezogenen und Zahlungsort, auch wenn kein dritter Zahlungsleister benannt ist,
c) bei Nachsichtwechseln.

Im letzten Falle ist die Vorlegung zur Annahme notwendig, um den Verfalltag zu bestimmen (Art 35 I); ein Vorlegungsverbot würde in Widerspruch zu den gesetzlichen Vorlegungsfristen aus Art 23 stehen. In den Fällen zu a) u. b) ist Vorlegung beim Bezogenen zweckmäßig, um zu vermeiden, daß ohne seine Kenntnis vom Lauf des W dieser zur Zahlung vorgelegt und protestiert wird, gegebenenfalls auch um Benennung eines Zahlungsleisters gemäß Art 27 I zu ermöglichen, bzw. den Zahlungsleister aus der Annahme ersehen zu lassen, daß der Bezogene sich zur Einlösung des W verpflichtet hat.

In diesen drei Fällen wäre also ein unbefristetes Vorlegungsverbot unwirksam, so daß bei Verweigerung der Annahme Rückgriff vor Verfall genommen werden kann, jedoch nicht gegen den Aussteller. Denn dessen als Vorlegungsverbot unwirksame Bestimmung wird in einen Ausschluß seiner Haftung für die Annahme nach § 140 BGB umzudeuten sein (St-Str $22^{1,14}$).

Anm 11 **V. Zu Abs III. Vorlageaufschub.** Durch befristetes Vorlegungsverbot des Ausstellers, welches bei W jeder Art zulässig ist, kann auch für die in Anm 10 zu a) u. b) erwähnten Fälle das Ergebnis eines unbefristeten Verbots annähernd völlig erreicht werden. Denn es ist gesetzlich nicht verboten, die

Frist so lang zu bemessen, daß nur noch ein Tag zur Vorlegung vor Verfall verbleibt, und auch bei DomizilW ist nur im Falle eines ausdrücklichen Vorlagegebots die Vorlegung zur Annahme zur Wahrung der Rückgriffsrechte erforderlich.

Beim Nachsichtwechsel bewirkt ein befristetes Verbot, den W zur Annahme vorzulegen, eine Einschränkung der gesetzlichen, vom Tage der Ausstellung an zu berechnenden Vorlegungsfrist von einem Jahre (Art 23 I). Ist der Vorlegungsaufschub (ohne Bestimmung einer gewillkürten Frist nach Art 23 II) auf die volle gesetzliche Frist ausgedehnt, so würde die Anordnung als in Widerspruch zu Art 22 II u. 23 I als unwirksam zu behandeln sein (abw. Hupka 86 und Langen 83, die Art 34 II Satz 2 entsprechend anwenden wollen).

VI. Rückgriff wegen Unsicherheit des Bezogenen wird durch Vorlegungsverbote, die ja nur dem Rückgriff mangels Annahme entgegenstehen, nicht ausgeschlossen, da dieser Rückgriff nicht davon abhängt, daß der Bezogene angenommen hat, also W.schuldner ist (vgl. Art 43 II Zf 2). Andererseits ist beim Bestehen eines Vorlageverbots zusätzlich ein besonderer Rückgrifftatbestand durch Art 43 II Zf 3 bei Unsicherheit des Ausstellers gegeben. Bei befristeten Vorlageverboten (Abs 3) muß die Unsicherheit des Ausstellers während des Laufes der Frist eintreten, um Rückgriff zu eröffnen (Langen 191; abw. Qu-A 43[11], der Art 43 II Zf 3 bei Vorlegungsaufschub überhaupt für unanwendbar hält). Anm 12

Artikel 23

Wechsel, die auf eine bestimmte Zeit nach Sicht lauten, müssen binnen einem Jahre nach dem Tage der Ausstellung zur Annahme vorgelegt werden.

Der Aussteller kann eine kürzere oder eine längere Frist bestimmen.

Die Indossanten können die Vorlegungsfristen abkürzen.

I. Sondervorschriften für die Vorlegung von **Nachsichtwechseln** (d. h. W mit Verfallzeit „auf eine bestimmte Zeit nach Sicht"; Art 33) zur Annahme sind erforderlich, weil sich der Verfall dieser W nach dem in der Annahmeerklärung angegebenen Tage oder nach dem Tage des Protestes richtet (Art 35 I). Während bei allen übrigen W die Verfallzeit (Art 1 Zf 4) im voraus kalendermäßig bestimmt ist, geschieht dies bei Sicht- und NachsichtW erst durch Vorlegung beim Bezogenen, und zwar beim SichtW zwecks Zahlung (Art 34 I Satz 1), beim NachsichtW zwecks Annahme. In beiden Fällen setzt das WG, um übermäßige Hinauszögerung der Fälligkeit zu vermeiden, eine einjährige Verlegungsfrist fest, sofern der Aussteller die Frist nicht anderweit bestimmt. Entsprechende Vorschriften für den SichtW enthält Art 34 I. Für den NachsichtW bestimmt der vorl. Artikel nur die Vorlegungsfristen; daneben bleiben hinsichtlich der Vorlegung Art 21 u 24 anwendbar. Anm 1

Anm 2 **II. Wesen** und **Ziel** der durch den vorl. Artikel befristeten Vorlegung ergibt sich aus dem in Anm 1 angegebenen Zwecke. Es handelt sich bei dieser „Vorlegung zur Annahme“ nicht lediglich um die Erzielung einer Annahmeerklärung, sondern gleichzeitig um eindeutige Festlegung der Verfallzeit mit Wirkung für alle Rückgriffschuldner. Hierzu bedarf es einer datierten Annahme. Art 25 II ordnet daher an, daß die Annahmeerklärung bei NachsichtW zu datieren ist. Falls keine Annahme zu erhalten ist, muß — außer bei Protesterlaß, Art 46 — mangels Annahme, und für den Fall, daß nur die Datierung nicht zu erhalten ist, mangels Datierung (wegen Protesterlaß vgl. 46^{5}) Protest erhoben werden, widrigenfalls der Rückgriff verwirkt wird (Art 53 I bzw. Art 25 II Satz 2).

Anm 3 **Fristversäumung** hat daher ebenso wie bei den Vorlegungsgeboten des Art 22 I u. IV Rückgriffsverlust zur Folge. Da nach Fristversäumung der Verfall nicht mehr mit Wirkung gegen die Rückgriffschuldner herbeigeführt werden kann, werden sie, obschon nur rechtzeitiger Protest hinsichtlich der Annahme versäumt ist, gänzlich von ihrer Haftung befreit. Dagegen bleibt eine außerhalb der Vorlegungsfrist abgegebene Annahmeerklärung gegen den Annehmer ebenso wirksam wie eine undatierte Annahme. Ihm gegenüber gilt bei undatierter Annahme der letzte Tag der Vorlegungsfrist als Datum der Annahme (Art 35 II).

Wird beim NachsichtW Rückgriff vor Verfall nach Art 43 II Zf 2, 44 VI eröffnet, bevor datierte Annahme erteilt ist, so ist zur Wahrung der Rückgriffsrechte Vorlegung zur Annahme nicht mehr erforderlich (22^{5a}; 44^{13}). Zur Berechnung etwaiger Zinsen nach Art 5, 48 Zf 1, der W.zinsen nach Art 48 Zf 2 sowie der Zwischenzinsen nach Art 48 II wird der Tag der Eröffnung des Konkurs- oder Vergleichsverfahrens als Tag der Vorlegung zu behandeln sein. Denn von diesem Zeitpunkt an war Vorlegung nicht mehr erforderlich und würde Annahme durch den Bezogenen infolge seiner Verfügungsbeschränkung nach § 8 KO praktisch wertlos sein. Ist aber Annahmeprotest nach Konkurseröffnung erhoben worden, so wird dessen Datum für Berechnung des Verfalltages maßgebend sein.

Anm 4 **III. Fristbestimmung.** 1. Zu Abs 1. Die gesetzliche Vorlegungsfrist beträgt ein Jahr von dem im W angegebenen Ausstellungstage an. Tatsächliche Vollziehung der Ausstellerunterschrift oder Begebung des W an einem anderen Tage ist ohne Bedeutung.

2. Zu Abs 2. Die Frist kann vom Aussteller im W. abweichend bestimmt werden, auch derart, daß der Lauf der gesetzlichen Frist an einem späteren Tage als dem des Ausstellungsdatums beginnen soll; dies wirkt wie ein bis zum Beginn der Frist angeordneter Vorlegungsaufschub (Art 22 III). Über Behandlung einer während eines Vorlegungsverbots erteilten Annahme vgl. St-Str 23^{8}.

Fristbestimmung durch den Aussteller geht der gesetzlichen Frist vor und wirkt für und gegen alle Rückgriffschuldner.

3. Zu Abs 3. Jeder Indossant kann die gesetzliche oder die vom Aussteller bestimmte Frist abkürzen (z. B. durch Zusatz zum Indossament: „zur Annahme vorzulegen bis 15. Dez. 1953“), aber nicht verlängern. Es handelt

sich dabei um eine bedingte Haftungsbeschränkung dieses Indossanten, die daher für einen Indossanten ohne Obligo sinnlos wäre. Versäumung der abgekürzten Frist befreit nur diesen Indossanten und seinen etwaigen Bürgen (Art 53 III).

4. Für die Fristberechnung vgl. Art 72, 73; über die Form der Fristbestimmung vgl. 22^4 zu b und 22^5.

IV. Auf Eigene Wechsel sind die Bestimmungen des Art 23 gemäß Art 78 II entsprechend anwendbar. Nur hat die Vorlegung, da eine Annahme beim eigenen W nicht in Frage kommt und der Aussteller des eigenen W von vornherein als Hauptschuldner haftet, hier nicht zwecks Einholung einer der Annahme entsprechenden Verpflichtungserklärung zu erfolgen, sondern nur zur Beschaffung einer datierten Sichtbescheinigung. Vgl. Näheres zu Art 78 II. Anm 5

Artikel 24

Der Bezogene kann verlangen, daß ihm der Wechsel am Tage nach der ersten Vorlegung nochmals vorgelegt wird. Die Beteiligten können sich darauf, daß diesem Verlangen nicht entsprochen worden ist, nur berufen, wenn das Verlangen im Protest vermerkt ist.

Der Inhaber ist nicht verpflichtet, den zur Annahme vorgelegten Wechsel in der Hand des Bezogenen zu lassen.

I. Zweck des Art 24. Die eintägige **Überlegungsfrist** für den Bezogenen bezüglich der Annahme ist auf den Wunsch ausländischer Vertragsstaaten im EWG zugelassen worden. Sie gibt dem Bezogenen die Möglichkeit, sich nötigenfalls nach Vorlegung des W beim Aussteller über die Echtheit seiner Unterschrift oder über die Bereitstellung der Deckung zu vergewissern, bevor er sich selbst durch Annahme verpflichtet. Anm 1

II. Voraussetzungen der Gewährung einer Überlegungsfrist: 1. Verlangen des Bezogenen, ihm den W nochmals vorzulegen. Der Vorlegende braucht also grundsätzlich nicht mehrfach vorzulegen, vielmehr kann bei erster vergeblicher Vorlegung alsbald Protest mangels Annahme erhoben werden, es sei denn, daß der Bezogene oder sein Vertreter nochmalige Vorlegung verlangt. Dies braucht nicht mit den im Gesetz angegebenen Worten zu geschehen; genügend ist jede Erklärung, die erkennen läßt, daß der Bezogene sich seine Entschließung bis zu einer erneuten Vorlage vorbehalten wolle. Anm 2

2. Nur bei Vorlegung zur Annahme, nicht bei Vorlegung zur Zahlung besteht ein Recht auf Überlegungsfrist. Es ist daher bei Vorlegung eines SichtW regelmäßig ausgeschlossen (vgl. 21^9).

3. Bei der ersten Vorlegung, d. h. bei einer Vorlegung, die nicht schon an einem früheren Tage erfolgt ist, muß das Verlangen gestellt werden, da sein Inhalt ist, den W am Tage „nach der ersten Vorlegung" nochmals vorzulegen. Auch frühere Vorlegung durch eine andere Person als den nunmehrigen Vorleger schließt das Recht auf Überlegungsfrist aus.

III. Wirkung des Verlangens. 1. Nochmalige Vorlegung an einem späteren Tage ist erforderlich. Der im Gesetz erwähnte folgende Tag (d. h. Anm 3 folg. Werktag: Art 72) ist der erste zulässige Tag für erneute Vorlage. Gemeint ist nur, daß der Bezogene keine längere Frist beanspruchen kann. Daß auch spätere Vorlegung ohne erneutes Recht auf Frist erfolgen kann, ergibt sich daraus, daß die Vorlegung dann keine „erste" Vorlegung mehr ist.

Der Inhaber kann daher die erneute Vorlegung an einem beliebigen Tage innerhalb der Frist für die Vorlegung zur Annahme (regelmäßig also bis zum Tage vor Verfall, vgl. 21[8]; Ausnahmen nach Art 22, 23) vornehmen. Die erneute Vorlegung braucht nicht im Auftrage derselben Person zu erfolgen wie die erste Vorlegung.

2. Protest mangels Annahme trotz berechtigten Verlangens ist unwirksam, da im Rechtssinne noch keine „Verweigerung" der Annahme vorliegt.

Dies gilt jedoch nach Abs I Satz 2 nur bei Beurkundung im Protest, zu der der Protestbeamte nach Art 80 II jedoch verpflichtet ist. Verletzung dieser Pflicht kann vom W.schuldner nicht eingewendet werden, aber der Protestbeamte kann schadensersatzpflichtig werden.

3. Es besteht keine Verpflichtung, den W während der Überlegungsfrist beim Bezogenen zu belassen, wie Abs II vorsorglich hervorhebt. Vorlegung bedeutet nicht Aushändigung, sondern Gestattung der Einsicht (21[2]).

Anm 4 **IV. Private** Vorlegung: 1. Auch bei Protesterlaß (Art 46) und demzufolge nicht-amtlicher Vorlegung kann Überlegungsfrist beansprucht werden. Hier ist also, falls der Bezogene Überlegungsfrist verlangt, ebenfalls nochmalige Vorlegung an einem anderen Tage erforderlich, um Rückgriff mangels Annahme zu eröffnen. Wird wegen Nichtgewährung der Frist Unzulässigkeit des Rückgriffs geltend gemacht, so hat der Schuldner (in entsprechender Anwendung der Beweisregel des Art 46 II Satz 2) zu beweisen, daß der Bezogene bei Vorlegung nochmalige Vorlegung verlangt hat und diesem Verlangen nicht entsprochen worden ist.

Anm 5 2. Bei Protest mangels Annahme ist es für Gewährung der Überlegungsfrist nicht grundsätzlich erforderlich, daß zwei Vorlegungen durch den Protestbeamten erfolgen. Dieser kann vielmehr bei seiner ersten Vorlegung, auch wenn der Bezogene nochmalige Vorlegung verlangt, alsbald Protest mangels Annahme erheben, sofern sich aus dem W oder der Erklärung des Bezogenen ergibt, daß sein Verlangen keine gesetzliche Grundlage hat, weil der W bereits an einem früheren Tage (nicht-amtlich) zur Annahme vorgelegt worden war. Wenn der Bezogene bei der ersten (nicht-amtlichen) Vorlegung auf dem W datierte Vorlegungsbescheinigung erteilt hat (z. B. „Bei heutiger Vorlegung Entscheidung vorbehalten, den 15. 4. 53. NN" oder „Erbitte nochmalige Vorlegung, den 15. 4. 53. NN") oder im Protest beurkundet wird, daß der Bezogene eine solche frühere Vorlegung zugegeben hat, würde sich für alle W.beteiligte aus W und Protest die Ordnungsmäßigkeit des Protestes ergeben und daher nochmalige Vorlegung durch den Protestbeamten entbehrlich sein. Aber auch unter diesen Umständen müßte der Protestbeamte das (offenbar unbegründete) Verlangen des Bezogenen gemäß Art 80 II im Protest vermerken.

Ist das Vorausgehen einer privaten Vorlegung weder durch datierte Vorlegungsbescheinigung auf dem W noch durch eigene Erklärung des Protestgegners dargetan, so hat der Protestbeamte dem Verlangen des Bezogenen entsprechend nochmalige Vorlegung, möglichst am folgenden Werktage, vorzunehmen. Er kann gemäß Art 83 beide Vorlegungen in einheitlicher Urkunde beurkunden, jedoch ist auch getrennte Beurkundung zulässig.

Wegen der Haftung der W.schuldner für die Protestkosten bei Inanspruchnahme der Überlegungsfrist vgl. St-Str 24[9].

V. Bei erstmaliger Vorlegung am letzten Tage der Vorlegungsfrist (vgl. über diese Frist 21[8 u. 9]), insbes. also bei W mit Vorlegungsgebot (nach Art 22 I, IV) und bei NachsichtW (Art 23) könnte das Verlangen wiederholter Vorlage nach Art 24 zu einer Fristversäumung führen. Dem beugt Art 44 II Satz 2 vor, wonach in diesem Falle der Protest, d. h. die zweite, durch den Protestbeamten zu beurkundende Vorlegung statt am letzten Tage der Vorlegungsfrist am folgenden Werktage wirksam vorgenommen werden kann. Diese die Protestfrist ausdehnende Vorschrift des Art 44 II ist im Falle des Protesterlasses auf die zweite private Vorlegung entsprechend anwendbar. **Anm 6**

Artikel 25

Die Annahmeerklärung wird auf den Wechsel gesetzt. Sie wird durch das Wort „angenommen“ oder ein gleichbedeutendes Wort ausgedrückt; sie ist vom Bezogenen zu unterschreiben. Die bloße Unterschrift des Bezogenen auf der Vorderseite des Wechsels gilt als Annahme.

Lautet der Wechsel auf eine bestimmte Zeit nach Sicht oder ist er infolge eines besonderen Vermerks innerhalb einer bestimmten Frist zur Annahme vorzulegen, so muß die Annahmeerklärung den Tag bezeichnen, an dem sie erfolgt ist, sofern nicht der Inhaber die Angabe des Tages der Vorlegung verlangt. Ist kein Tag angegeben, so muß der Inhaber, um seine Rückgriffsrechte gegen die Indossanten und den Aussteller zu wahren, diese Unterlassung rechtzeitig durch einen Protest feststellen lassen.

I. Zu Abs I: Art 25 regelt nur die **Form** der Annahmeerklärung. Über die Haftung des Annehmers und die Entstehung der Haftung aus der Annahme vgl. zu Art 28 und über Streichung der Erklärung zu Art 29. **Anm 1**

1. Zu Satz 1: Die Erklärung ist **„auf den Wechsel“** zu setzen. Annahme auf einer W.abschrift oder in besonderer Urkunde würde keine wechselmäßige Verpflichtung als Annehmer begründen. Ein mit dem W verbundener Anhang kann, da der Anhang einen Teil des W bildet, für die Annahmeerklärung benutzt werden, jedoch nicht zur Annahme durch bloße Unterschrift (Anm 4). Bei mehreren Ausfertigungen ist zur Vermeidung der Gefahr mehrfacher Haftung (Art 65 I Satz 2) nur eine Ausfertigung mit der Annahme zu versehen; dies braucht nicht die erste Ausfertigung zu sein.

Ein außerhalb des W durch besondere Urkunde oder mündliche Vereinbarung begründeter Anspruch gegen den Bezogenen, den W anzunehmen, geht nicht ohne weiteres durch die Begebung des W auf den jeweiligen Inhaber über (RG 11, 3).

Anm 2 Eine besondere Stelle auf dem W ist für die Annahmeerklärung nicht vorgeschrieben. Es ist aber allgemeine Übung, die Annahme auf die Vorderseite zu setzen; dies ist notwendig bei Annahme durch bloße Unterschrift (Anm 4). Üblich ist es ferner, die Annahme als Querschrift auf den linken Rand des W zu setzen.

„Auf den W" kann nur eine urkundliche Erklärung gesetzt werden, Schriftlichkeit ist also erforderlich. Aber wie bei allen W.erklärungen ist handschriftliche Vollziehung nur für die Unterschrift notwendig.

Anm 3 2. **Zu Satz 2, Halbsatz 1:** Die Annahme ist eine schriftliche Willenserklärung, sich nach Maßgabe der im W enthaltenen Zahlungsaufforderung gegenüber dem jeweiligen Inhaber zur Zahlung zu verpflichten. Gleichbedeutend mit dem Wort „Angenommen" würden z. B. sein: „Einverstanden", „Genehmigt", „in Ordnung", „ich werde zahlen". Unterschrift mit dem Zusatz „als Bürge" würde dagegen, selbst wenn sie als Quervermerk auf den linken Rand des W gesetzt ist, gemäß Art 31 IV ohne Rücksicht auf den tatsächlichen Willen des Bezogenen als Bürgschaft für den Aussteller, nicht als Annahme gelten müssen (abw. Gareis-R 30[1]; Baumb.-H 30[1]). Haftung verneinende Zusätze bewirken, daß keine Annahme vorliegt (so: „Annahme verweigert", „ohne Obligo", „freibleibend"). Dagegen begründet (abw. von § 150 II BGB) eine Annahme mit Einschränkungen oder sonstigen Abweichungen vom Inhalt der Zahlungsaufforderung wechselmäßige Haftung des Bezogenen nach Art 26, auch wenn weder der Aussteller noch der vorlegende W.inhaber mit diesen Abweichungen einverstanden ist.

Anm 4 3. **Zu Satz 3: „Bloße Unterschrift"** des Bezogenen auf der Vorderseite des W ist der verkehrsübliche Ausdruck des Willens, anzunehmen. Eine derartige Unterschrift gilt daher unwiderleglich als Annahmeerklärung. Dazu ist nicht erforderlich, daß die verkehrsübliche Stelle auf dem W durch Querschrift der Unterschrift auf dem linken Rande gewählt ist.

Dagegen würde bloße Unterschrift auch des Bezogenen auf der Rückseite des W oder auf dessen Anhang nach Art 13 II als Blankoindossament angesehen werden müssen. Ein „Anhang" wird verkehrsüblich als Verlängerung der Rückseite des W verwendet, um weitere Indossamente oder eine Protesturkunde aufzunehmen. Gewöhnlich wird hierzu nur die der Rückseite des W entsprechende Seite des Anhangs benutzt. Das WG unterscheidet nicht zwischen den beiden Seiten des Anhangs, sondern behandelt diesen in seiner Gesamtheit wie die Rückseite des W (vgl. Art 13 I; 81 II u. III).

Anm 5 „Bloße" Unterschrift umfaßt auch Unterschriften mit Datierung (diese ist bei der Annahmeerklärung nur in den Fällen des Abs 2 notwendig) sowie Unterschriften mit rechtlich bedeutungslosen Zusätzen (wie: „Hochachtungsvoll", „als Bezogener").

Nicht zweifelsfrei ist, ob Zusätze wie „vorgelegt am . . .", „gesehen am . . .", die als gleichbedeutend mit „genehmigt" oder ganz farblos als Teil der Datierung gemeint sein können, aber auch als Sichtbescheinigungen ohne Annahmewillen auslegbar sind, im Sinne des WG als bloße Unterschriften zu behandeln sind (diesseits bejaht St-Str 25[5]; ebenso Baumb-H 25[1 A]; abw. Qu-A 25[2]; Knur-H 25[3]). Nach der entsprechenden Vorschrift des Art 21 WO war Haftung unbedenklich zu bejahen, wenn der Bezogene seiner Unterschrift auf der Vorderseite keinen Zusatz beigefügt hatte, durch den die Haftung ausdrücklich ausgeschlossen oder beschränkt wurde. Da dies der Verkehrsanschauung entspricht, wird man trotz der veränderten Fassung des Gesetzes die erwähnten Zusätze, soweit man sie nicht als bedeutungslos ansieht, als Ausdruck des Annahmewillens dem im Gesetz erwähnten „angenommen" gleichstellen können (anders, wenn der Vermerk lauten würde: „wiedervorzulegen"). Wer bloße Vorlagebescheinigung unter Vorbehalt seiner Entschließung über die Annahme erteilen will, muß dies erkennbar zum Ausdruck bringen (z. B. „gesehen am . . ., Annahme vorbehalten").

4. Zu Satz 2, Halbsatz 2: Die Erklärung ist **vom Bezogenen zu unterschreiben.** **Anm 6**

a) Über die Erfordernisse der *Unterschrift* vgl. die Erläuterungen bezügl. der Unterschrift des Ausstellers 1^{23}, über Vertretung 8^{2}, insb. Selbstkontrahieren 8^{3}.

b) Daß die Erklärung „vom Bezogenen zu unterschreiben" ist, bedeutet zunächst, daß eine *Annahmeerklärung des Nichtbezogenen* nicht als Annahme wirkt. Bloße Unterschrift des Nichtbezogenen auf der Vorderseite des W begründet Haftung als Bürge des Ausstellers gemäß Art 31 III; Unterschrift mit Zusatz „Als Annehmer", „Für Annehmer" oder „angenommen" begründet Haftung als Bürge des Annehmers, aber nur wenn der Bezogene angenommen hat oder später annimmt.

c) Die Vorschrift klärt nicht die unter der WO bei schwankender Rechtsprechung ungelöst gebliebene Streitfrage, ob das Gesetz *Gleichheit der auf dem W angegebenen Namen* des Bezogenen und Annehmers *oder tatsächliche Personengleichheit* voraussetzt. **Anm 7**

Tatsächliche, aber infolge verschiedener Namensangabe aus dem W für Dritte nicht erkennbare Personengleichheit liegt z. B. vor, wenn der Bezogene in der Adresse mit seinem bürgerlichen Namen benannt ist, aber mit seinem anders lautenden Künstlernamen annimmt; oder wenn die Adresse auf eine Firma lautet, deren Alleininhaber durch Unterzeichnung seines in der Firma nicht erscheinenden Namens annimmt. In solchen Fällen ist es für die Regel auf Grund des WG nicht von erheblicher Bedeutung, ob trotz des äußeren Anscheins einer nicht vom Bezogenen erklärten Annahme deren Zeichner als Annehmer haftet. Denn wenn man diese Haftung verneint, bleibt der Unterzeichnende im Regelfall einer „bloßen Unterschrift" nach Art 31 III als Bürge des Ausstellers haftbar. Der W.aussteller hat dann zwar keinen Anspruch gegen ihn aus dem W, er hat aber nicht nur fast ausnahmslos die Möglichkeit für Übereinstimmung von Adresse und Akzeptunterschrift zu sorgen, sondern auch den Anspruch aus dem der W.ziehung zugrundeliegenden Geschäft. Bei der Interessenabwägung ist es daher sachgemäß, auf die Erkennbarkeit der Personengleichheit aus dem W mit Rücksicht auf die Natur des W als Umlaufspapier mehr Gewicht zu legen. Der Erwerber eines W muß aus dem W erkennen können, ob eine Annahme des Bezogenen vorliegt oder ob er — insb. bei Notwendigkeit der Einholung der Annahme zur Erhaltung des Rückgriffs (Art 22, 23) — den W noch zur Annahme vorlegen, gegebenenfalls Rückgriff mangels Annahme nehmen kann. Das bedeutet, daß zwar grundsätzlich *äußere Übereinstimmung* vorliegen muß, geringfügige Abweichungen aber unschädlich sind (St-Str 25^{8}).

Anm 7a Unwesentlich sind Abweichungen, die im Zusammenhang mit dem Umstand, daß der Annehmer sich durch die Annahme als Bezogener bekannt hat, nur als ungenaue Bezeichnung derselben Person erscheinen, ohne ernstliche Zweifel an ihrer Übereinstimmung zu wecken (RG 100, 229). Darunter fallen z. B. offenbare Schreibfehler (Schulze statt Schultze), Ungenauigkeiten (Friedr. Molz und Lorenz statt Molz und Lorenz: DJZ 02, 464), erkennbare Abkürzungen (F. statt Friedrich), Fortlassung von Vornamen oder deren Vertauschung mit gleichbedeutenden (William für Wilhelm, Louis für Ludwig, Fritz für Friedrich), Ungenauigkeiten bei Zusätzen firmenrechtlicher Natur (AG statt GmbH; P&Co, angenommen von P & Co AG: RG 35, 43). Unwesentlich — weil aus farbloser Verwendung der Anrede „Herr" bei Adressierungen im Geschäftsverkehr erklärlich — kann auch die Bezeichnung des Bezogenen mit „Herrn NN" sein, wenn eine „Frau NN" annimmt (RG 50, 51).

Ebenso sind Abweichungen unschädlich, wenn sich deren Grund aus dem W erkennen läßt (z. B. Herrn Georg Schulze angenommen von: Georg Schulze & Co durch Inhaber Georg Schulze: RG 73, 280) oder Bezogener „Frl. Helene Krause" angenommen von „Helene Schulze geb. Krause". Gleiches gilt bei Eintritt einer erkennbar gemachten Gesamtrechtsnachfolge, wenn z. B. der Erbe des Bezogenen oder nach Fusion die aufnehmende Firma unter Beifügung eines die Rechtsnachfolge bezeichnenden Vermerks annimmt.

Anm 7b Haftung als Annehmer wird auch zu bejahen sein, wenn eine nicht als Bezogener gemeinte Person gleichen Namens Annahmeerklärung abgibt, z. B. der den gleichen Namen wie sein Vater tragende Sohn akzeptiert, während der Aussteller den Vater gemeint hatte. Dagegen ist trotz Personengleichheit wegen Verschiedenheit von Adresse und Annahme Haftung als Annehmer (gegebenenfalls aber Haftung nach Art 31 III) zu verneinen, wenn an einer Stelle der bürgerliche, an der anderen der Künstlername gebraucht ist, oder an einer Stelle die Firmenbezeichnung, an der anderen der davon verschiedene Name des Inhabers. Auch bei Angabe, aber gänzlicher Verschiedenheit der Vornamen wird äußere Übereinstimmung zu verneinen sein. Ebenso, wenn ein auf eine natürliche Person gezogener W von einer dessen Namen enthaltenden GmbH oder anderen jurist. Person angenommen wird (abw. RG 100, 227).

Wie oben erwähnt, ist die Frage unter der WO streitig geblieben. Abweichend von der vorstehend dargelegten Ansicht halten auch unter WG für die Entstehung der Haftung materielle Übereinstimmung für erforderlich und ausreichend: Qu-A 25[7]; Rilk 147; Baumb-H 25[1 B]; wohl auch Locher 95.

Anm 8 d) Von der in Anm 7 erörterten Frage, ob eine gültige Annahmeerklärung vorliegt, sind die Fälle zu unterscheiden, in denen der Name des Bezogenen und des Annehmers auf dem Wechsel übereinstimmen, der gebrauchte Name aber nicht der richtige Name der die Annahme erklärenden Person ist.

Hier sind die bezügl. des Ausstellers und W.nehmers in Anm 18 u. 26 zu Art 1 gegebenen Erläuterungen und Entscheidungen ebenfalls zutreffend; auch die Erfordernisse der Sicherheit und Klarheit im W.verkehr nötigen hier zu keiner formalen Betrachtungsweise. So ist z. B., da für verpflichtende Unterschrift die Angabe des Vornamens nicht erforderlich ist, die Benutzung eines falschen Vornamens unschädlich (RG 71, 273), ebenso falsche Schreibweise des Familiennamens zur Angleichung an irrtümliche Schreibweise in der Adresse. Desgleichen Ungenauigkeiten in der Firmenbezeichnung wie Fortlassung des Zusatzes GmbH, immer vorausgesetzt, daß der in Anspruch Genommene oder sein Vertreter für ihn die Annahme erklärt hat und trotz der unkorrekten Bezeichnung in der Adresse als Bezogener benannt werden sollte. Daß die Benutzung eines im Verkehr tatsächlich geführten Namens (z. B. des Künstlernamens) verpflichtet, ist, seit der Entsch. RG 119, 198 nicht mehr streitig.

5. Grundsätzlich bedarf die Annahme weder nach Ort noch nach Tag der Vollziehung einer Datierung. Auch beim Bestehen einer Vorlegungsfrist, also in den durch Abs. 2 geregelten Fällen, ist die Annahme auch ohne Angabe eines Datums für den Annehmer verbindlich. Die Annahme kann (insb. als Blankoakzept: 10[3]) schon vor dem auf dem W angegebenen Tage der Ausstellung des W vollzogen sein, aber auch noch nach Verfall und Protest mit verpflichtender Wirkung abgegeben werden. Ist ein Datum angegeben, so spricht eine Vermutung für die Erteilung der Annahme an diesem Tage. Ist die Annahme undatiert, so besteht keine Vermutung dafür, daß sie am Tage der Ausstellung des W oder an einem späteren Tage erteilt ist (RG 11, 7). **Anm 9**

II. A. Zu Abs. II Satz 1: Datierungsnotwendigkeit. 1. Voraussetzungen: Datierung der Annahme ist in den Fällen eines gesetzlichen (Art 23: NachsichtW) oder gewillkürten (Art 22 I u. IV) Gebots, den W zur Annahme vorzulegen, erforderlich, um klarzustellen, daß die Vorlegung fristgemäß erfolgt, die Rückgriffansprüche also nicht gemäß Art 53 verwirkt sind; ferner, um beim NachsichtW die Verfallzeit zu bestimmen (Art 35). Über die zu wahrenden Fristen vgl. 22[5] u. 23[4]. **Anm 10**

2. Daß in den vorbezeichneten Fällen die Annahme datiert werden „muß", bedeutet weder Unverbindlichkeit undatierter Annahme noch Erzwingbarkeit des Anspruchs auf Datierung. Das „muß" richtet sich vielmehr gegen den Inhaber, der nach Abs 2 Satz 2 zur Vermeidung der Rückgriffsverwirkung beim Ausbleiben der Datierung Protest erheben lassen muß. Daß auch die undatierte Annahme den Annehmer verpflichtet, folgt insb. aus Art 35 II, wonach bei undatierter Annahme eines NachsichtW und unterbliebenem Protest mangels Datierung die Nachsichtfrist im Verhältnis zum Annehmer vom letzten Tag der Vorlegungsfrist an berechnet wird. **Anm 11**

3. Der anzugebende Tag ist derjenige, an dem die Annahme erfolgt, sofern nicht der Vorlegende (dies ist nicht stets der nach Art 16 I ausgewiesene Inhaber; vgl. 21 [3]) Angabe des Vorlegungstages verlangt. Mit Vorlegungstag ist der Tag der ersten Vorlegung gemeint, wenn der Bezogene gemäß Art 24 nochmalige Vorlegung verlangt hat. Wenn in diesem Falle die erste Vorlegung am letzten Tage der Vorlegungsfrist stattgefunden hat und die Annahme am folgenden Tage erfolgt, ist zum Nachweis der Wahrung der Frist sowohl das Datum der ersten Vorlegung wie dasjenige der Annahme vom Bezogenen anzugeben (z. B. „erstmalig vorgelegt am 20. Sept. und angenommen am 21. Sept. 1953"). Aber auch bei Inanspruchnahme der Überlegungsfrist aus Art 24 in anderen Fällen kann der Vorlegende Angabe des Vorlegungsdatums verlangen. **Anm 12**

Wenn nur ein Vorlegungsdatum angegeben ist, ist dies als Datum der Annahme anzusehen (z. B. „vorgelegt am . . .; angenommen NN"; genügend auch lediglich: „vorgelegt am ..., NN", da dies Annahme enthält: Anm 5). Bei Angabe verschiedener Daten für Vorlegung und Annahme wird der Verfall des NachsichtW nach dem Datum der Annahmeerklärung, nicht demjenigen einer vorausgegangenen Vorlegung berechnet (bestr.; 35[3]). Das Datum der früheren Vorlegung ist daher von rechtlicher Bedeutung nur bei erster Vorlegung am letzten Tage einer Vorlegungsfrist. Wenn hierbei der Bezogene dem Verlangen einer datierten Vorlegungsbescheinigung nicht entspricht (z. B. „heute vorgelegt, nochmalige Vorlegung beansprucht, den ... NN"), muß vorsorglich sofortige Vorlegung durch einen Protestbeamten erfolgen, um das Datum der ersten Vorlegung sicher zu stellen (vgl. 24[5]; St-Str 25[16]).

Wegen Falschdatierungen vgl. St-Str 25[17f].

Anm 13 **B. Zu Abs II Satz 2. Protest mangels Datierung.** 1. Folge unterbliebener Datierung ist vollständiger Rückgriffsverlust also auch Verwirkung des Rückgriffs mangels Zahlung, während der Annehmer haftbar bleibt (Art 35 II). Die vorliegende Bestimmung steht in Zusammenhang mit Art 53 und stellt klar, daß die in Art 53 angeordnete Rückgriffsverwirkung nicht schon durch rechtzeitige Einholung der Annahme, sondern nur durch rechtzeitige und datierte Annahme oder durch undatierte Annahme ergänzt durch rechtzeitigen Protest mangels Datierung abgewendet wird, bzw. durch rechtzeitigen Protest mangels Annahme, falls überhaupt keine Annahme zu erhalten ist.

Anm 14 2. Für den Protest mangels Datierung gilt die durch Art 44 II für den Protest mangels Annahme bestimmte Protestfrist. Der Protest braucht also solange die Frist für Vorlegung zur Annahme noch läuft, nicht notwendigerweise am Tage der Erteilung der undatierten Annahmeerklärung erhoben zu werden. Der Protestbeamte hat in jedem Falle dem Bezogenen den W zwecks Datierung der Annahme seinerseits vorzulegen, bevor er Protest erheben kann; dies kann bis zum Ablauf der Vorlegungsfrist geschehen. Für den NachsichtW wird die Verfallzeit dann vom Tage des Protests berechnet.

Der Protest mangels Datierung eröffnet zwar noch keinen Rückgriff, wird aber doch „zum Zwecke der Ausübung des Rückgriffs" erhoben, nämlich zur Erhaltung der Ansprüche auf Rückgriff und Vorbereitung seiner Ausübung bei späterem Notleiden des W. Protesterlaß nach Art. 46 ist daher zulässig (bestr.), zumal ohne Zweifel auch bei W, für deren Vorlegung zur Annahme eine gesetzliche oder gewillkürte Frist bestimmt ist, der Protest mangels Annahme erlassen werden kann (vgl. 35[4], 46[5]).

Artikel 26

Die Annahme muß unbedingt sein; der Bezogene kann sie aber auf einen Teil der Wechselsumme beschränken.

Wenn die Annahmeerklärung irgendeine andere Abweichung von den Bestimmungen des Wechsels enthält, so gilt die Annahme als verweigert. Der Annehmende haftet jedoch nach dem Inhalt seiner Annahmeerklärung.

I. Eingeschränkte Annahme (qualifiziertes Akzept). Die Annahme des Bezogenen hat, sofern kein abweichender Wille in der Annahmeerklärung zum Ausdruck gebracht ist, zum Inhalt, daß der Bezogene sich nach Maßgabe der im W enthaltenen Zahlungsaufforderung (Art 1 Zf 2) zur Zahlung bei Verfall an den jeweiligen W.inhaber verpflichtet (Art 28 I). Im Gegensatz zum bürgerlichen Vertragsrecht, das nur uneingeschränkte Annahme oder Ablehnung eines Vertragsangebots zuläßt und (in § 150 II BGB) eine an Änderungen des Vertragsinhalts geknüpfte Annahme als Ablehnung verbunden mit einem neuen Vertragsantrag behandelt, kann nach W.recht die Annahme des Bezogenen auch dann unmittelbar eine Verpflichtung erzeugen, wenn sie von der im W enthaltenen Zahlungsaufforderung abweicht. **Anm 1**

Die beschränkenden Zusätze müssen, um die unbeschränkte Wirkung der Annahme nach Art 25 I, 28 auszuschließen, in der Annahmeerklärung selbst enthalten sein: bloße Unterschrift des Annehmers auf der Vorderseite des W gilt als unbeschränkte Annahme auch dann, wenn der Annehmer einschränkende Vermerke mit seiner Unterschrift versehen auf die Rückseite des W setzt.

Der vorl. Artikel unterscheidet zwischen:

1. unzulässigen Abweichungen, nämlich Beifügung einer Bedingung: Abs I Halbsatz 1 (vgl. Anm 2ff),
2. Teilannahme: Abs I Halbsatz 2 (vgl. Anm 5),
3. Abweichungen, die nicht oder nicht nur in Beschränkung auf einen Teil der W.summe bestehen: Abs II (vgl. Anm 7ff).

II. Zu Abs. I, Halbsatz 1: Bedingte Annahme. Der W als Umlaufspapier erfordert die Bestimmbarkeit aller wechselmäßigen Verpflichtungen aus der Urkunde selbst. Es widerspricht daher dem Wesen wechselmäßiger Haftung, deren Eintritt von einem aus der Urkunde nicht ersichtlichen Ereignis, d. h. einer Bedingung, abhängig zu machen. Die Bedingungsfeindlichkeit wechselmäßiger Erklärungen kommt außer in der vorl. Bestimmung auch in Art 1 Zf 2 in Art 12 I u. Art 75 Zf 2 zum gesetzlichen Ausdruck. Sie war auch bezüglich der Annahme schon unter der WO, obwohl diese keine ausdrückliche Vorschrift gleichen Inhalts enthielt, von Rechtslehre und Rechtsprechung (vgl. RG 119, 424) anerkannt. Unschädlich sind sog. Rechtsbedingungen, welche die Haftung nur von einer ohnehin bestehenden gesetzlichen Voraussetzung abhängig machen, wie der Zusatz zur Annahme „Zahle gegen Aushändigung des W" oder „Bei Vorlegung nach Verfall". Echte, also unzulässige Bedingungen wären: „Falls Vertrag v . . . erfüllt wird", „wenn Deckung vorhanden" oder „Guthaben vorbehalten". Über Befristung der Haftung durch Vermerke wie „nur bei Vorlegung bis . . ." vgl. Anm 13. **Anm 2**

1. Daß „die Annahme unbedingt sein muß", bedeutet, daß bedingte Erklärungen des Bezogenen nicht als Annahme wirken. Dies ist unstreitig, soweit es sich um den Rückgriff mangels Annahme handelt: Bedingte Annahme steht verweigerter Annahme gleich, eröffnet also den Rückgriff vor Verfall mangels Annahme. Solange noch nicht Protest erhoben ist, also auch bei der durch den Protestbeamten erfolgenden erneuten Vorlegung kann aber der Bezogene noch durch nunmehrige Erteilung unbedingter Annahme den Rückgriff abwenden. **Anm 3**

Anm 4 2. Streitig ist dagegen, ob der Annehmer auf Grund der bedingten Annahme dem jeweiligen W.inhaber haftet, wie dies bei den „anderen Abweichungen" in Abs II Halbsatz 2 bestimmt ist. Der Wortlaut des Gesetzes spricht gegen eine solche Auslegung: Wäre dies gemeint, so wäre die getrennte Behandlung der Bedingungen und der „anderen Abweichungen" nicht verständlich; vielmehr hätte eine derartige Regelung zwanglos und unzweideutig durch Fortlassung von „Die Annahme muß unbedingt sein" und Einfügung von „eine Bedingung oder" in Abs 2 zwischen den Worten „Annahmeerklärung" und „irgendeine" zum Ausdruck gebracht werden können. Jedoch ist weder der Wortlaut des vorl. Artikels noch eine zweideutige, bei den Genfer Beratungen gegebene Erläuterung (CR S. 135 Nr 64), auf die sich die Vertreter der Gegenmeinung stützen, von entscheidendem Gewicht (vgl. St-Str 26[3]). Entscheidend ist vielmehr mangels einer im Gesetz vorgeschriebenen Ausnahme die in Anm 2 erwähnte grundsätzliche Natur wechselmäßiger Verpflichtungen als abstrakter, bedingungsfeindlicher Zahlungsversprechen. Bedingte Verpflichtung und wechselmäßige Haftung schließen einander aus, so daß auch die wechselmäßige Haftung des Bezogenen aus einer bedingten Annahme zu verneinen ist (gl. A. Rilk 151; Gareis-R 26[1]; Baumb-H 26[1]; Priese-R 26[1]; abw. Qu-A 26[5]; Knur-H 26[1]). Auch Umdeutung nach § 140 BGB in ein abstraktes Schuldversprechen ist nicht möglich (abw. Langen 95), weil infolge Abweichung der Annahme von der in ein Vertragsangebot umdeutbaren „Zahlungsanweisung" des Ausstellers gemäß § 150 II BGB der nach § 780 BGB für die Verpflichtung aus Schuldversprechen erforderliche Vertrag nicht zustande kommt. Anders, wenn der Aussteller sich mit der bedingten Annahme einverstanden erklärt, z. B. vom Bezogenen mit der bedingten Erklärung versehenen W weiter begibt.

Anm 5 **III. Zu Abs I, Halbsatz 2: Teilannahme.** Die Zulassung der auf einen Teil der W.summe beschränkten Annahme bedeutet:

1. Bezügl. des angenommenen Teilbetrages haftet der Annehmer wechselmäßig.
2. Nur wegen des Restes der W.summe gilt die Annahme als verweigert und kann Rückgriff genommen werden.

Daß es sich nur um einen Teilrückgriff handelt, ergibt insb. Art 48 I, wonach der Rückgriff nehmende Inhaber die W.summe, „soweit der W nicht angenommen worden ist", beanspruchen kann. Über das dabei zu beobachtende Verfahren und die Rechtsfolgen vgl. zu Art 51, über den Protest wegen teilweise verweigerter Annahme Art 82 II.

Nach englisch-amerikanischem Recht ist der Inhaber berechtigt, Teilannahme zurückzuweisen und in voller Höhe Rückgriff zu nehmen. Art 96 WG schreibt mit Rücksicht hierauf bei im Ausland zahlbaren W die Anwendung ausländischen Rechts hinsichtlich der Zulässigkeit einer Teilnahme vor.

Anm 6 Annahme auf eine höhere Summe als die vom Aussteller angegebene verpflichtet den Annehmer nur bis zur Höhe der W.summe (gl. A. Rilk 153; Hueck 58; Baumb-H 26[2]).

Anm 7 **IV. Zu Abs II: Andere Abweichungen.** Hier handelt es sich um andere Abweichungen als die bloße Beschränkung auf einen Teil der W.summe, jedoch stets nur um Zusätze, welche weder mit der Übernahme einer Verpflichtung überhaupt in Widerspruch stehen (vgl. 25[3]), noch mit der Eingehung wechselmäßiger Verbindlichkeit unvereinbar sind (Anm 9). Derartige Abweichungen vom Inhalt einer unbeschränkten Annahme gelten zwar als Verweigerung der Annahme (Halbsatz 1), begründen aber trotzdem Haftung des Annehmers nach dem Inhalt seiner Erklärung (Halbsatz 2). Wegen der einzelnen Arten solcher Abweichungen vgl. Anm 10ff.

1. **Zu Halbsatz 1**: Da die Annahme als verweigert gilt, kann der Inhaber Protest mangels Annahme erheben lassen und alsbald Rückgriff nehmen (Art 43 II Zf 1). Jedoch entstehen ihm keine Rechtsnachteile, falls er dies zeitweise oder ganz unterläßt. Er kann also den Rückgriff in dem von ihm gewählten Zeitpunkt bis zum Verfall einleiten, und zwar auch dann, wenn er den W erst nach der beschränkten Annahme erworben hat. War in diesem Falle vor der Indossierung bereits Protest mangels Annahme erhoben, so erhält der nachprotestliche Erwerber nur die Stellung eines Nachindossatars (20[8]; bestr.) und kann daher die Nachindossanten nicht in Anspruch nehmen. Wer aber den W trotz beschränkter Annahme ohne vorherigen Protest weiter indossiert, muß seine Haftung für die Annahme ausschließen (Art 15 I), wenn er die Gefahr seiner Inanspruchnahme vor Verfall abwenden will. **Anm 8**

Protest mangels Annahme ersetzt den Zahlungsprotest (Art 44 IV). Wenn aber kein Annahmeprotest erhoben ist, z. B. weil der Inhaber abwarten will, ob der Annehmer nach Maßgabe seiner Erklärung Zahlung leistet, muß der Inhaber zur Wahrung der Rückgriffsrechte den W bei Verfall nach Maßgabe des W.inhalts ohne Rücksicht auf die Abweichungen der Annahme zur Zahlung vorlegen und notfalls Protest mangels Zahlung erheben lassen.

2. **Zu Halbsatz 2:** Die Haftung des Annehmers nach dem Inhalt seiner Erklärung ist eine wechselmäßige. Dies setzt voraus, daß es sich um eine Verpflichtung handelt, die Gegenstand eines W sein könnte, wenn sie auch mit der tatsächlichen Zahlungsaufforderung des Ausstellers nicht übereinstimmt. Deshalb entsteht keine Verpflichtung bei Beifügung einer Bedingung (Anm 4) oder aus einer Erklärung „Angenommen auf Lieferung von Waren gleichen Werts aus meinem Lager". Ausbedingung von Teilzahlungen in bestimmten Terminen wäre aber verbindlich, weil jede einzelne Rate Gegenstand einer W.verbindlichkeit bilden kann, also nur eine besondere Befristung der verschiedenen Teile der W.summe vorliegt. **Anm 9**

3. **Abweichungen** im Sinne des Abs II können betreffen: a) Zahlungszeit, insb. Ausbedingung späterer Zahlung als am wechselmäßigen Verfalltag, z. B. durch späteres Zahlungsdatum, verlängerte Nachsichtfrist, Raten (vgl. Anm 9), beim SichtW Ausschluß der Vorlegung zur Zahlung in einem nach dem Inhalt des W zulässigen Zeitpunkt. **Anm 10**

Die Verjährung der Ansprüche gegen den Annehmer beginnt in diesen Fällen mit dem durch die Abweichung bestimmten Zahlungstag (in äußerlicher Abweichung von Art 70 I). In allen übrigen Beziehungen, insb. für den Protest mangels Zahlung bleibt es bei dem wechselmäßigen Verfalltag.

b) Zahlungsort. Abweichung durch Angabe einer vom wechselmäßigen Zahlungsort verschiedenen Ortschaft, wo der Annehmer Zahlung leisten will. Dagegen liegt weder bei der Benennung eines Zahlungsleisters an dem mit dem **Anm 11**

Wohnort des Bezogenen übereinstimmenden Zahlungsort (Zahlstelle im Sinne des Art 27 II) noch an dem von seinem Wohnort verschiedenen wechselmäßigen Zahlungsort (Art 27 I) eine qualifizierte Annahme vor, vielmehr unbeschränkte Annahme.

Die etwaige Bezeichnung eines abweichenden Zahlungsorts muß wie alle sonstigen Abweichungen in der Annahmeerklärung enthalten sein. Der Annehmer darf also nicht ohne besondere Ermächtigung aller W.beteiligten unter die vorhandene Adresse einen abweichenden Zahlungsort setzen (z. B. durch Benutzung eines Vordrucks „zahlbar bei . . ." durch Hinzufügung „in Neustadt"); das wäre eine Änderung des W im Sinne des Art. 69 und der Annehmer selbst würde aus unbeschränkter Annahme ohne Rücksicht auf seine unbefugte Änderung haften.

Anm 12 c) Verbot weiterer Indossierung (z. B. „angenommen nur für NN, nicht dessen Order") würde den W nicht zum RektaW machen, aber bedeuten, daß der Annehmer sich gegenüber späteren Erwerbern des W die ihm gegen den zur Zeit der Annahme ausgewiesenen Inhaber zustehenden Einwendungen (entsprechend Art 15 II) vorbehält (vgl. ROHG 25, 123).

Anm 13 d) Abkürzung der Haftung, sei es durch Abkürzung der gesetzlichen Verjährungsfrist, sei es durch Bestimmung einer Ausschlußfrist, vor deren Ablauf der W zur Zahlung vorzulegen ist („Zahlung nur bis zum . . ."). Entsprechendes gilt, wenn der Annehmer seine Haftung von der Vorlegung eines Sicht- oder NachsichtW in kürzeren als den geltenden Fristen abhängig machen würde (RG 119, 224).

e) Abweichungen von der gesetzlichen Regelung des Art 41 bei W auf fremde Währung.

Artikel 27

Hat der Aussteller im Wechsel einen von dem Wohnort des Bezogenen verschiedenen Zahlungsort angegeben, ohne einen Dritten zu bezeichnen, bei dem die Zahlung geleistet werden soll, so kann der Bezogene bei der Annahmeerklärung einen Dritten bezeichnen. Mangels einer solchen Bezeichnung wird angenommen, daß sich der Annehmer verpflichtet hat, selbst am Zahlungsorte zu zahlen.

Ist der Wechsel beim Bezogenen selbst zahlbar, so kann dieser in der Annahmeerklärung eine am Zahlungsorte befindliche Stelle bezeichnen, wo die Zahlung geleistet werden soll.

Anm 1 **I. Benennung eines Zahlungsleisters durch den Annehmer.**

1. **Zweck** der vorl. Bestimmung ist es, a) dem Bezogenen, wenn er nicht am Zahlungsort seine Niederlassung hat (Fall des Abs 1), die Möglichkeit zu geben, zwecks Vermeidung eines sonst bei Verfall unvermeidbaren Windprotestes (Art 87 II) die Vorlegung zur Zahlung bei einem Dritten vorzuschreiben, welcher am Zahlungsort Geschäftsräume oder Wohnung hat und bereit ist, Zahlung für Rechnung des Annehmers zu leisten. Gewöhnlich wird dies eine Bank sein, bei der der Annehmer die Deckung für die zu leistende Zahlung vor Verfall bereit stellen will.

b) Aber auch ein Abnehmer, der am Zahlungsort seine Niederlassung hat (Fall des Abs 2), wird es oft zweckmäßiger finden, Wechsel, statt sie in seinen eigenen Räumen vorlegen zu lassen, durch Vermittlung seiner Bankverbindung von dieser für seine Rechnung bezahlen zu lassen.

Diesem Bedürfnis des Annehmers trägt Art 27 für den Fall Rechnung, daß der W nicht schon bei Erteilung der Annahme die Angabe eines Zahlungsleisters enthält.

2. **Inhalt** des Art 27: Nach Art 4 kann der W durch den Aussteller statt beim Bezogenen selbst „bei einem Dritten, am Wohnorte des Bezogenen oder an einem anderen Orte, zahlbar gestellt werden". Falls der Aussteller keinen solchen dritten Zahlungsleister benannt hat, kann dies der Bezogene bei der Annahme tun, gleichviel ob Zahlungsort und Wohnort des Bezogenen die gleiche oder verschiedene Ortschaften sind. Diese Benennung eines Zahlungsleiters durch den Annehmer stellt weder eine „Abweichung von den Bestimmungen des W" im Sinne des Art 26 II, noch eine Änderung des W.inhalts im Sinne des Art 69 dar, sondern eine befugte Ergänzung des W.inhalts, die für alle W.beteiligten verbindlich ist. **Anm 2**

Dies ist der Gesamtinhalt des Art 27. Sein verwirrender Wortlaut gebietet aber weitere Erläuterung.

II. Texterläuterung zu Art 27: 1. Zum Verständnis der Fassung des Art 27 hilft ein Rückblick auf Art 24 und 43 WO, die der vorl. Bestimmung als Vorbild gedient haben. Sie machten eine nach dem Recht der WO, insb. wegen abweichender Protestvorschriften, notwendige Unterscheidung zwischen DomizilW (das waren nach Art 24 I WO W mit einem vom Wohnort des Bezogenen verschiedenen Zahlungsort) und W, bei denen Zahlung zwar am Wohnort des Bezogenen, aber durch eine andere Person erfolgen sollte (Art 43 II; sog. ZahlstellenW). Nur für erstere gab die WO dem Bezogenen durch Art 24 I die Befugnis, bei der Annahme einen Zahlungsleister zu benennen. Dieser Art 24 I WO ist vollinhaltlich in Abs I des vorl. Artikels wiederholt. Zusätzlich wurde aber zur Befriedigung des in Anm 1 zu b erwähnten Bedürfnisses durch einen neuen zweiten Absatz die gleiche Befugnis dem Annehmer auch für W eingeräumt, bei denen die Zahlung an seinem Wohnort erfolgen soll. Hierdurch ist die unter der WO sinnvoll gewesene Trennung von Domizil- und Zahlstellen-W beibehalten worden, obwohl beide nach dem WG gleichmäßig behandelt werden. **Anm 3**

2. Ist bereits durch diese aus der Entstehungsgeschichte erklärliche, aber sachlich unnötige Trennung in zwei Fälle, die in zwei verschiedenen Absätzen des Art 27 behandelt werden, ein äußerlicher Zwiespalt entstanden, so wird dieser noch dadurch vergrößert, daß infolge unglücklicher Formulierung des EWG die gleiche Befugnis in Abs. I mit anderen Worten ausgedrückt wird als in Abs II. Auf die äußerlich verschiedene Fassung wurde zwar bei den Genfer Beratungen hingewiesen (CR 222). Die Konferenz glaubte aber, Auslegungszweifeln durch die Feststellung vorbeugen zu können, daß dem Annehmer sowohl im Falle des Abs I wie des Abs II die Befugnis zustehe, einen Dritten oder eine „adresse", wo die Zahlung geleistet werden solle, zu benennen. Diese Feststellung ist im Bericht der Redaktions-Kommission wiederholt (CR 133 Nr 67 u. 68). Fehlt auch eine ausdrückliche Feststellung, **Anm 4**

daß die in Abs 1 und 2 gebrauchten Ausdrücke als synonym betrachtet wurden, so ist dies doch die logische Folgerung, wenn die beiden Begriffe sich gegenseitig umfassen (vgl. Näheres bei St-Str 27[2, 3,5a] und Stranz in HansR u. GerZ 1934, 522).

Anm 5 3. Für die Auslegung des Art 27 im Rahmen des deutschen WG kann es ungeprüft bleiben, ob die — in offenbarer Anlehnung an den früheren Begriff Zahlstellenwechsel erfolgte — Übersetzung des fremdsprachlichen Textes des Abs II (adresse où le paiement doit être effectué) dem Sinne des Ausdrucks „adresse" mit der Verdeutschung in „Stelle" gerecht wird. Zweifelsfrei ist in jedem Falle mit Rücksicht auf den nur zu den deutschen „Ergänzenden Vorschriften" (Dritter Teil des WG) gehörigen Art 87, daß die Stelle, wo am Zahlungsort die Vorlegung zur Zahlung zu erfolgen hat, weder durch den Aussteller bei Angabe der Adresse des Bezogenen oder Zahlungsleisters, noch durch den Annehmer bei der Annahme festgelegt werden kann. Diese Stelle richtet sich vielmehr ausschließlich nach der Vorschrift des Art 87.

Infolgedessen bleibt dem Bezogenen bei der Annahme nur die Möglichkeit, als „Stelle" nach Abs 2 eine „Zahlstelle" im früheren Sinne, d. h. einen dritten Zahlungsleister an seinem Wohnort, anzugeben, aber nicht einen bestimmten Platz in dieser Ortschaft (abw. Qu-A 27[3]; Langen 87; Ulmer 207; Knur-H 27[2]; wegen des Begriffs Zahlstelle vgl. Stranz in HansR u. GerZ 1934, 522; Locher 79). Daher wären für die übrigen W.beteiligten Angaben des Annehmers nach Art der folgenden Platzbenennungen unverbindlich: „zahlbar Hauptbahnhof, Wartesaal 2. Kl.", „Briefträgerzimmer, Postamt 3", „Rathaus, Pförtnerraum", aber auch in gleicher Weise „zahlbar Krausenstraße 13". Dagegen stellt die Angabe „zahlbar Discontobank, Krausenstraße 13" die zulässige Benennung eines Zahlungsleisters dar; falls bei Verfall keine Räume der Bank im Hause Krausenstraße 13 zu finden sind (z. B. wegen Geschäftsverlegung), so sind die tatsächlichen Räume zu ermitteln. Die Adressenangabe dient nur zur erleichterten Auffindung der tatsächlichen Räume und bei mehreren Zweigstellen derselben Firma am Zahlungsort zur Bezeichnung der aufzusuchenden Zweigstelle (vgl. RG 111, 266; auch 87[4]).

Die Angabe eine bestimmten Platzes am Zahlungsort durch den Annehmer kann allerdings im Sinne des Art 87 I Satz 2 als sein Einverständnis zur Vorlegung an dieser Stelle gedeutet werden. Eine solche im voraus erteilte Zustimmung des Annehmers bindet aber (im Gegensatz zu den nach Art 27 stattfindenden Angaben) nicht den Inhaber, den W hier vorzulegen, da Art 87 „beiderseitiges Einverständnis" erfordert. Sie könnte vom Annehmer widerrufen werden, während andererseits ihre Erteilung weder an den Zeitpunkt der Annahme noch an Beurkundung auf dem W gebunden ist. Eine derartige Angabe auf dem W wäre daher trotz äußerer Ähnlichkeit keine Erklärung gemäß Art 27.

Anm 6 **III.** Im **Ergebnis** gilt daher für die beiden in Abs 1 und 2 getrennt behandelten Fälle trotz verschiedenen Wortlauts die gleiche, in Anm 2 angegebene Regelung. Die Gegenmeinung, welche im Falle des Abs 2 die Benennung einer Örtlichkeit zuläßt, muß dem Annehmer in diesem Falle die wichtige Befugnis, einen Zahlungsleister an seinem Wohnort zu benennen, absprechen und sich damit behelfen, daß im Regelfall an der angegebenen Örtlichkeit der Zahlungsleister auch bei Verfall noch seine Geschäftsräume haben und für Rechnung des Bezogenen handeln wird, ohne dazu von ihm benannt zu sein. An Einzelheiten ist zur Klarstellung noch zu bemerken:

1. Ein formaler Unterschied zwischen Abs 1 und 2 besteht darin, daß nach Abs 1 die Bezeichnung des Zahlungsleisters „bei" der Annahmeerklärung zugelassen ist, während sie nach Abs 2 „in" der Annahmeerklärung zu erfolgen hat. In letzterem Falle ist also nicht gestattet, die Angabe außerhalb der Annahmeerklärung an die sonst für die Bezeichnung des Zahlungsleisters (Zahlstelle) übliche Stelle auf dem W, d. h. unter die Adresse des Bezogenen, zu setzen (gl. A. Baumb-H 27[3]; abw. Hupka 71). Dies ist dagegen nach Abs I statthaft, — eine wenig gerechtfertigte Unterscheidung. Man wird die einengende Vorschrift als Sollvorschrift betrachten dürfen, deren Nichtbeachtung unschädlich ist, wenn der Annehmer die Zahlstelle bei Erteilung der Annahmeerklärung beigefügt hat. Anm 7

2. In Abs 2 bringt der deutsche Text „Ist der W beim Bezogenen selbst zahlbar" nicht zu deutlichem Ausdruck, daß Zahlbarkeit am Wohnort des Bezogenen ohne bisherige Benennung eines Zahlungsleisters gemeint ist. Dies ergibt sich aber aus dem Gegensatz zu Abs 1, der Verschiedenheit von Wohnort und Zahlungsort zur Voraussetzung hat. Es wird durch den fremdsprachigen Text bestätigt, der lautet: „Si la lettre est payable au domicile du tiré". Anm 8

Über den Begriff „Wohnort" (=domicile) vgl. 21[8].

3. Über die Rechtsstellung des Zahlungsleisters vgl. die Erläuterungen zu Art 4. Anm 9

Abs I Satz 2 des vorl. Artikels bestätigt die zu Art 4 näher begründete Ansicht, daß nach dem Inhalt des WG bei Benennung eines dritten Zahlungsleisters die Zahlung durch diesen (für Rechnung des Bezogenen), nicht „bei" dem Dritten durch den Annehmer erfolgen soll.

Die Benennung eines Zahlungsleisters an einem anderen Ort als dem im W bezeichneten Zahlungsort ist durch Art 27 nicht gestattet, auch nicht im Falle des Abs 1, da der Annehmer zu der dadurch eintretenden Änderung des Zahlungsorts nicht ermächtigt ist. Eine solche Benennung in der Annahme würde als qualifizierte Annahme nach Art 26 II zu behandeln sein (26[11]).

Artikel 28

Der Bezogene wird durch die Annahme verpflichtet, den Wechsel bei Verfall zu bezahlen.

Mangels Zahlung hat der Inhaber, auch wenn er der Aussteller ist, gegen den Annehmer einen unmittelbaren Anspruch aus dem Wechsel auf alles, was auf Grund der Artikel 48 und 49 gefordert werden kann.

I. Begründung der Haftung des Annehmers. Der vorl. Artikel regelt den Umfang der Haftung des Annehmers. Der anscheinend auf den rechtlichen Tatbestand für die Entstehung dieser Haftung hindeutende Wortlaut („durch die Annahme") soll nicht zum Ausdruck bringen, daß die Voll- Anm 1 ziehung der Annahmeerklärung in der durch Art 25 vorgeschriebenen Form für sich allein genügt, die Haftung zur Entstehung zu bringen (sog. Kreationstheorie). Vielmehr ist die Frage, wodurch die Haftung begründet wird, bei den Genfer Beratungen, insb. über den in dieser Hinsicht wichtigen Art 29, ausdrücklich der Rechtswissenschaft überlassen worden (CR 226). Das bedeutet, daß nicht der Wortlaut des Gesetzes ,sondern der sachliche Inhalt seiner Bestimmungen für die Beantwortung der Frage und für die daraus von der Rechtslehre herzuleitenden Folgerungen, insbes. bezügl. des Einwandes des mangelnden Begebungsvertrages (Anm 2), entscheidend ist.

Anm 2 Nach dem WG besteht kein Anlaß mehr, wie dies unter der WO vielfach — auch vom RG — mit Rücksicht auf Art 21 IV WO vertreten wurde, zwischen der Entstehung der W.verpflichtung des Annehmers und der der übrigen W.schuldner eine grundsätzliche Scheidung vorzunehmen. Vor einer Übertragung der einschlägigen Rechtsprechung zur WO (vgl. über diese St-Str 28[3]) auf das WG ist hier wegen Änderung der gesetzlichen Grundlage durch den von der Regelung der WO abweichenden Art 29 WG besonders zu warnen. Die Rechtslehre zum WG hat sich daher auch fast ausnahmslos zu der zutreffenden Auffassung bekannt, daß Verpflichtungstatbestand und Haftungsgrundlage bei der Annahme denjenigen der sonstigen W.verpflichtungen entsprechen.

Anm 3 Nach der diesseits vertretenen Vertragstheorie hat daher zu der urkundlichen Annahmeerklärung grundsätzlich die Begebung des mit der Annahme versehenen W hinzuzutreten, um die Haftung zur Entstehung zu bringen. Dieses Geben und Nehmen des W mit Annahmeerklärung enthält allerdings im Falle der Annahme eines vom W.nehmer oder von einem Indossatar zur Annahme vorgelegten W (in Art 29 I zutreffend als „Rückgabe" bezeichnet) keine Übereignung des W an den Gläubiger, wie dies bei der Begebung des W vom Aussteller an den W.nehmer oder vom Indossanten an den Indossator der Fall ist. Denn bei Rückgabe des angenommenen W ist der vorlegende Inhaber bereits vorher Eigentümer des Papiers. Die Annahme ist aber nicht die einzige W.verpflichtung, bei der die Begebung keinen sachenrechtlichen Inhalt hat. Auch die Haftung des W.bürgen und des Ehrenannehmers entsteht durch „Rückgabe" des mit der verpflichtenden Unterschrift versehenen W, also ohne dessen Übereignung durch den Verpflichteten an den Gläubiger.

Andrerseits ist der nach dem Wortlaut des WG als Regel vorausgesetzte Tatbestand einer „Vorlegung" des bereits im Umlauf befindlichen W und seiner „Rückgabe" mit der Annahmeerklärung nicht der in Deutschland übliche Hergang bei Abgabe der Annahmeerklärung. Tatsächlich übersendet meist der Annehmer als erste aus dem W verpflichtete Person sein „Akzept" dem Aussteller. Dies geschieht entweder in der Form des Blankoakzepts auf einem vom Aussteller noch nicht unterzeichneten, aber im übrigen ausgefüllten W.formular oder auf einem vom Aussteller zwar unterfertigten, aber noch nicht an den W.nehmer — oder bei einem W an eigene Order noch nicht an den ersten Indossatar — begebenen W. Bei derartiger Erteilung der Annahme findet auch eine Übereignung des erst durch die Unterschrift des Annehmers geschaffenen Wertpapiers an den Aussteller statt.

In allen Fällen enthält die Aushändigung des mit der Annahme versehenen W einen abstrakten Schuldvertrag betr. die Verpflichtung des Annehmers zur Zahlung der W.summe bei Verfall an den jeweiligen Inhaber nach Maßgabe des W.inhalts. Dieser Vertrag wird durch Geben und Nehmen (Rückgabe des angenommenen W) geschlossen. Ausnahmsweise tritt eine Haftung des Annehmers auch ohne Begebung gegenüber W.beteiligten ein, denen der Annehmer die erfolgte Annahme schriftlich angezeigt hat (Art 29 II). Mit Rücksicht auf die Bestimmungen des Art 29 hat sich demgemäß unter Geltung des WG die Ansicht durchgesetzt (abw. Rilk 156; Ulmer 56), daß die Verpflichtung des Annehmers nicht allein durch die urkundliche Annahmeerklärung begründet wird, daß vielmehr außerdem ein Begebungsvertrag erforderlich ist (so Hueck 57; Locher 96; Wiers, W.annahme 57; Qu-A 28[2]; Keßler 28[3]). Während aber die überwiegende Meinung gegenüber dem gutgläubigrn Erwerber den Einwand des mangelnden Begebungsvertrages grundsätzlich versagt (so die Vertreter der Rechtsscheintheorie, auch die vorstehend angeführten), ist dies hiesigen Erachtens nur insoweit zutreffend, als im Einzelfall der Einwand als auf den unmittelbaren Beziehungen zu einem bestimmten W.gläubiger beruhend den übrigen Beteiligten gegenüber durch Art 17 ausgeschlossen ist (St-Str 17[8 u. 23]; zust. Priese-R 29[1]; Baumb-H 28[1] u. 16[3 D]). **Anm 4**

II. Zu Abs I. Inhalt der Verpflichtung. Gemäß der vorl. Bestimmung ist die Bezahlung des W bei Verfall die Verpflichtung des Bezogenen, der seine Annahme erklärt hat. Dadurch erscheint der Annehmer als Hauptwechselschuldner. Die Haftung aller übrigen W.verpflichteten ist nur subsidiär, da sie davon abhängig ist, daß der W bei Verfall innerhalb der durch Art 38 I (für SichtW vgl. Art 34) bestimmten Frist dem Bezogenen vergeblich zur Zahlung vorgelegt worden ist (Art 43 I, 53). Im Gegensatz hierzu bleibt der Annehmer als Hauptschuldner auch haftbar, wenn rechtzeitige Vorlegung zur Zahlung oder sonstige zur Erhaltung der Rückgriffsrechte erforderliche Handlungen unterblieben sind. Seine Stellung als Hauptschuldner kommt auch dadurch zum Ausdruck, daß nach Art 70 die Verjährungsfrist gegen ihn länger läuft als gegen die Rückgriffschuldner. **Anm 5**

Die grundsätzliche wechselmäßige Haftung aus der Annahme schließt Einwendungen gegenüber einzelnen Gläubigern auf Grund der unmittelbaren Beziehungen zu ihnen, insb. aus dem der Annahme zugrundeliegenden Rechtsverhältnis, nicht aus. Hierzu gehört der Einwand des Gefälligkeitsakzepts als persönliche Einwendung gegenüber Inanspruchnahme durch denjenigen W.berechtigten, zu dessen Gunsten der Annehmer „aus Gefälligkeit" seine Unterschrift gegeben hat. Gewöhnlich ist dies der Aussteller, dem die aus Gefälligkeit erteilte Annahme die Diskontierung des W ermöglichen soll, wogegen er sich dem Annehmer gegenüber verpflichtet, die zur Einlösung des W erforderliche Deckung vor Verfall bereit zu stellen oder anderweit für Freistellung des Annehmers zu sorgen (vgl. 17[38]).

1. Nur der Bezogene, der angenommen hat, haftet nach Art 28. Der Bezogene, der nicht oder noch nicht angenommen hat, hat aus dem W keinerlei Verpflichtung, auch nicht zur Annahme. Ebensowenig haftet der Nichtbezogene bei Abgabe einer Annahmeerklärung wie ein Annehmer (vgl. 25[6]). **Anm 6**

Ob der Bezogene nach bürgerl. Recht zur Annahme verpflichtet ist, richtet sich nach dem der Wechselziehung zugrundeliegenden Rechtsverhältnis. Der Umstand, daß der Bezogene Schuldner des Ausstellers ist, verpflichtet dazu nicht ohne weiteres (vgl. § 787 II BGB). Ist die Schuld fällig, so wird der Bezogene regelmäßig zu wählen haben, ob er die Annahme erteilt und so Frist für die Barzahlung bis zum Verfalltag erhält, oder bei Ablehnung der Annahme alsbald Zahlung leistet.

Anm 7 2. Der W ist zu bezahlen, d. h. die W.summe, bei Sicht und NachsichtW gegebenenfalls zuzüglich von Zinsen (Art 5). Bei Teilannahme beschränkt sich die Verpflichtung auf den angenommenen Teilbetrag (26[5]). Weitere Beträge verschuldet der Annehmer nicht, falls er bei Verfall auf erste Vorlegung hin zahlt. Nur im Falle des Art 25 II haftet er zusätzlich noch für die Kosten eines Protests mangels Datierung, falls er dessen Erhebung durch Nichterfüllung seiner Datierungspflicht verschuldet hat (vgl. St-Str 25[16b]).

Anm 8 3. Bei Verfall ist zu zahlen, jedoch nur, wenn der nach Art 16 I ausgewiesene Inhaber den W gemäß Art 38 I dem Bezogenen bzw. dem (nach Art 4 oder 24) benannten Zahlungsleister zur Zahlung vorlegt und auf Verlangen den quittierten W aushändigt (Art 39 I). Die Zahlungsverbindlichkeit ist demnach eine Holschuld. Der bei Verfall zahlende gutgläubige Bezogene wird nach Maßgabe von Art 40 III von seiner Verpflichtung auch bei Zahlung an einen Nichtberechtigten befreit. Falls Zahlung nicht fristgemäß eingefordert wird, kann er hinterlegen (Art 42).

Ausnahmsweise ist der Annehmer schon vor Verfall zur Zahlung verpflichtet, wenn Rückgriff nach Art 43 II Zf 2 eröffnet ist (vgl. Art 47).

Anm 9 4. Erfüllungsort der Annehmerverbindlichkeit ist der W-Zahlungsort, da dort die Vorlegung zur Zahlung stattzufinden hat, und zwar auch bei abweichendem Wohnort des Annehmers (RG 21, 401). Das gilt auch für die erweiterten Ansprüche des Abs 2, da Zahlungsverzug auf den Erfüllungsort der Verbindlichkeit ohne Einfluß ist. Jedoch verwandelt sich die Holschuld durch den Verzug in eine Bringschuld: Der Annehmer hat nunmehr die Zahlung auf eigene Gefahr und Kosten dem Gläubiger gemäß § 270 BGB zu übermitteln (RG 160, 342; 38[11]).

Anm 10 **III. Zu Abs II. Erweiterte Haftung** mangels Zahlung. 1. „Mangels Zahlung" bei Verfall tritt die erweiterte Haftung nach Abs 2 ein. Demnach können die weiteren Ansprüche geltend gemacht werden, wenn die Vorlegung rechtzeitig (Art 38 I), aber vergeblich erfolgt ist, so daß Protest mangels Zahlung hätte erhoben werden können, auch wenn dies unterblieben ist (Langen 89; Hupka 72; Baumb-H 29[2]). Es ist also nicht Voraussetzung, daß Rückgriffschuldner vorhanden waren (Beispiel: W an eigene Order, den der Aussteller bei Verfall noch in Händen hat), oder daß ihre Haftung noch fortbesteht (Qu-A 28[6]).

Bei nicht rechtzeitiger Vorlegung bei Verfall bleibt der Annehmer zwar für die W.summe gemäß Abs I haftbar; etwaige Nebenforderungen, z. B. für Verzugszinsen von der verspäteten Vorlegung an, sind aber keine wechselmäßigen Ansprüche, sondern müssen besonders auf Vorschriften des bürgerl. Rechts gegründet werden (vgl. § 288 BGB, § 352 HGB).

2. Die Nebenansprüche richten sich nach Art 48, 49. Der Annehmer wird also beim Eintritt der Rückgriffvoraussetzungen, d. h. bei unterbliebener Zahlung bei Verfall (Art 43 I), wie ein Rückgriffschuldner behandelt, was durch seine Erwähnung in Art 47 I bestätigt wird (47[3]). Im Gegensatz zu den echten Rückgriffschuldnern bleibt er aber trotz Verwirkung des Rückgriffs auch für die Nebenansprüche haftbar (vgl. Art 53 I: „mit Ausnahme des Annehmers"). **Anm 11**

a) Der Annehmer haftet daher unter den in Anm 10 erwähnten Voraussetzungen „mangels Zahlung" in jedem Falle gemäß Art 48 für folgende Nebenforderungen: **Anm 12**

α) Wechselzinsen (2% über Diskont der Landeszentralbank, mindestens 6%) seit dem Verfalltage,

β) Protestkosten und andere Auslagen. Die Kosten eines Protestes mangels Zahlung werden vom Annehmer auch dann verschuldet, wenn kein Rückgriffschuldner vorhanden war (RG 41, 127). Daher auch bei Protesterlaß durch den Aussteller (abw. Langen ZHR 104, 27). Art 46 betrifft den Protest nur als Rückgriffvoraussetzung. Der Inhaber hat aber auch im Verhältnis zum Annehmer zwecks Begründung der Nebenforderungen ein Interesse an der Feststellung der rechtzeitigen Vorlegung durch Protest.

γ) ⅓% der W.summe als „Vergütung" unter Ausschluß weiteren Verzugsschadens nach bürgerl. Recht (vgl. 48[12]).

b) Die weiteren Nebenforderungen nach Art 49 können nur in Frage kommen, wenn keine Verwirkung des Rückgriffs erfolgt ist. Bei Verwirkung kann keine Einlösung durch einen Rückgriffpflichtigen stattgefunden haben, was die Voraussetzung für die Anwendbarkeit von Art 49 ist. Für die Haftung des Annehmers „mangels Zahlung" ist zu berücksichtigen, daß ihm gegenüber auch der Aussteller die „Vergütung" von ⅓% in Rechnung stellen kann.

IV. Der **Anspruchsberechtigte.** Wenn Abs 2 als Berechtigten den Inhaber bezeichnet, so ist damit nicht nur der letzte berechtigte Inhaber bei Verfall gemeint wie in Art 48, sondern auch jeder, der den W von ihm nach Verfall, sei es durch Einlösung, sei es auf andere Weise, z. B. durch Nachindossament erwirbt. Dies ergibt sich aus der Anführung von Art 49, da diese Ansprüche nicht dem letzten Inhaber, sondern nur einem einlösenden Vormann zustehen. **Anm 13**

Die Haftung gegenüber dem Aussteller, der nur in Abs 2 ausdrücklich erwähnt ist, kann auch nach Abs 1 in Frage kommen: so, wenn der Aussteller den W vor Verfall durch Rückindossament (Art 11 III) zurückerworben, oder wenn er ihn überhaupt nicht begeben hat. Bei einem an fremde Order lautenden, aber an den bezeichneten W.nehmer nicht begebenen W muß sich der Aussteller zur Herstellung seines formalen Ausweises ein Rückindossament von dem angegebenen W.nehmer erteilen lassen; dabei läuft der Nehmer keinerlei Gefahr, wenn er vorsorglich seine Haftung aus dem Indossament ausschließt. Ohne Rückindossament kann der Aussteller die W.rechte bei solcher Sachlage nicht ausüben (16[14]), sondern nur die der W.ziehung in der Regel zugrundeliegende bürg.-rechtl. Forderung geltend machen.

Entsprechendes gilt bei Einlösung nach Verfall ohne wechselmäßige Verpflichtung, insb. trotz Verwirkung des Rückgriffs. Dagegen genügt bei Einlösung als Rückgriffpflichtiger Besitz von W und Protest ohne Rückindossament zum Ausweis auch gegenüber dem Annehmer (vgl. 16[11], 49[7]).

Anm 14 **V. Erstattungs-(Revalierungs-) Anspruch** des Annehmers gegen den Aussteller. 1. Grund des Anspruchs. Die im vorl. Artikel enthaltene Vorschrift, daß der Aussteller vom Annehmer auf Grund der Annahme Bezahlung des W verlangen kann, ergibt, daß umgekehrt der Annehmer nicht lediglich auf Grund der Tatsache, daß er dieser Verpflichtung nachgekommen ist, Erstattung seiner Aufwendungen vom Aussteller verlangen kann (herrsch. Ans.; unter WO auch RG 24, 88; in JW 1902, 545). Die gegenteilige, zuletzt von Victor Wolff (Jh Jb 84, 119) vertretene Auffassung nimmt den rein formalen Inhalt des gezogenen W, dessen Zahlungsaufforderung ein Mantel für die verschiedensten Rechtsverhältnisse sein kann, zu wörtlich. W werden vorwiegend „auf Schuld" gezogen, insb. die sog. Warenwechsel; sie dienen zur Begleichung einer Schuld des Bezogenen an den Aussteller.

Daher muß der Bezogene die Voraussetzungen seines etwaigen Erstattungsanspruchs durch Aufdeckung des zugrundeliegenden Rechtsverhältnisses darlegen und nötigenfalls beweisen (ROHG 10, 110). Beispielsweise hat er das Vorliegen eines Gefälligkeitsakzepts (vgl. Anm 5) zu beweisen, z. B. daß er auf Wunsch des Ausstellers, damit dieser sich gegen den W Barmittel beschaffe, nicht zur Abdeckung einer eigenen Verpflichtung angenommen habe.

Anm 15 2. Inhalt und Umfang des Anspruchs richten sich nach dem zugrunde liegenden Rechtsverhältnis. Im allgemeinen besteht nur eine Verpflichtung zur Erstattung der verauslagten W.summe, nicht der durch Verzug des Annehmers verschuldeten Protest- oder Prozeßkosten (ROHG 21, 323). Anders, wenn der Aussteller verpflichtet war, wie dies beim Gefälligkeitsakzept die Regel ist, Deckung vor Verfall bereit zu stellen (ROHG 19, 251).

Hat der Bezogene als Kaufmann im Rahmen seines Handelsgewerbes den W im Auftrage des Ausstellers eingelöst, so kann er nach § 354 HGB auch ohne besondere Abrede außer seinen Auslagen eine Provision beanspruchen (RG LZ 1914, 581). Hat er sich mit dem W.gläubiger verglichen, so kann er auch vom Aussteller nur Erstattung der Vergleichssumme, nicht der vollen W.summe verlangen (RG 4, 78).

Der Anspruch auf Deckung entsteht bereits mit Annahme des W, wenn auch befristet auf den Zeitpunkt, in dem der Aussteller die Deckung abredegemäß bereit stellen soll. Bereitstellung der Deckung seitens des Ausstellers schon vor Verfall kann daher im Konkurs des Ausstellers nicht als eine unentgeltliche Verfügung angefochten werden (RG 35, 26). Wird im Konkurs des Ausstellers vom Inhaber des W der Anspruch aus dem W angemeldet, so kann der Annehmer nicht daneben seinen Revalierungsanspruch für den Fall der Einlösung des W als bedingten Anspruch geltend machen (RG 14, 172; 32, 84; 42, 37).

Artikel 29

Hat der Bezogene die auf den Wechsel gesetzte Annahmeerklärung vor der Rückgabe des Wechsels gestrichen, so gilt die Annahme als verweigert. Bis zum Beweis des Gegenteils wird vermutet, daß die Streichung vor der Rückgabe des Wechsels erfolgt ist.

Hat der Bezogene jedoch dem Inhaber oder einer Person, deren Unterschrift sich auf dem Wechsel befindet, die Annahme schriftlich mitgeteilt, so haftet er diesen nach dem Inhalt seiner Annahmeerklärung.

I. Widerruf der Annahmeerklärung. Der Bezogene ist an die von ihm auf den W gesetzte Annahmeerklärung solange nicht gebunden, als er zu deren Streichung berechtigt ist. Ein Recht hierzu wird ihm durch Abs 1 Satz 1 des vorl. Artikels bis zur Rückgabe des W eingeräumt. Der Wortlaut dieser Bestimmung, wonach bei derartiger Streichung die Annahme als verweigert gilt, ergibt dies zwar nicht ohne weiteres; denn auch bei Annahme mit Abweichungen von den Bestimmungen des W gilt die Annahme als verweigert, der Annehmer haftet aber trotzdem (Art. 26 II). Jedoch stellt der Gegensatz zu Abs 2 klar, daß im Falle des Abs 1 keine Haftung des Bezogenen bestehen soll. Daß dies durch die vorl. Bestimmung zum Ausdruck gebracht werden soll, wird durch den Inhalt der Genfer Beratungen zu diesem Artikel des EWG bestätigt (CR 136 Nr. 70). Anm 1

II. Zu Abs I Satz 1. Streichungsbefugnis. 1. Voraussetzung ist, daß die Streichung der Annahmeerklärung vor Rückgabe des W **erfolgt, d. h.** vor Aushändigung an den Inhaber oder an denjenigen, der den W zur Annahme vorgelegt hat (21[3]). Dies gilt auch im Fall eines Blankoakzepts. Die Rückgabe ist ein Rechtsgeschäft, nämlich der durch den Bezogenen zu vollziehende Teil der Begebung der Annahmeerklärung (28[3]). Rein tatsächlicher Besitzverlust des Annehmers und Inbesitznahme durch den Gläubiger steht der rechtsgeschäftlichen Aushändigung nicht gleich. Bei Übersendung des W, insb. durch die Post, ist die Rückgabe erst mit dem Zugang der Sendung vollzogen. Anm 2

2. Ausübung der Befugnis kann nicht nur durch eigentliche Streichung (**Durchstreichen**), sondern auch durch andere Beseitigung der Annahme auf der Urkunde erfolgen, insb. durch Beifügung eines die Haftung verneinenden Zusatzes (z. B. „nicht" vor „angenommenen") oder eines ausdrücklichen Widerrufsvermerks. Versehentliche Streichung hindert nicht, die Annahme nochmals zu vermerken, hat also keine stärkere Wirkung als die noch nicht ausgeführte Vollziehung der Annahmeerklärung (mißverständlich Knur-H 29[1]). Zur „Streichung" der Annahme genügt es nicht, den etwaigen Annahmevermerk zu streichen, aber die Unterschrift stehen zu lassen, weil nach Art 25 I Satz 2 diese bloße Unterschrift als Annahme gelten müßte. Anm 3

3. Wirkung: Befugte Streichung bedeutet Verweigerung der Annahme: Der Bezogene gilt nicht als Annehmer (vgl. Anm 1), abgesehen von seiner ausnahmsweisen Haftung nach Maßgabe von Abs 2. Infolgedessen kann mangels Annahme Protest erhoben oder bei Protesterlaß alsbald Rückgriff genommen Anm 4

werden. Jedoch hat der Protestbeamte trotz des Vorhandenseins der durchstrichenen Annahmeerklärung den W nochmals zur Annahme vorzulegen; er kann nur Protest erheben, wenn auch hierbei Annahme nicht zu erhalten ist (vgl. Art 80 I Zf 2).

Anm 5 **III. Streichung nach Rückgabe** ist grundsätzlich wirkungslos. 1. Der Annehmer haftet wechselmäßig trotz erfolgter Streichung, als ob diese nicht erfolgt sei, also auch gegenüber künftigen Indossataren. Dies ergibt sich nicht nur duch Gegenschluß aus Abs 1, sondern auch aus dessen Entstehungsgeschichte. Nach dieser bedeutet die jetzige Regelung eine Einschränkung des vor dem EWG vielfach in Geltung befindlichen Grundsatzes von der Unwiderruflichkeit der auf den W gesetzten Erklärung (vgl. Art 21 IV WO: „Die einmal erfolgte Annahme kann nicht wieder zurückgenommen werden"). Die Haftung des Annehmers besteht selbst dann unverändert fort, wenn seine Unterschrift unleserlich gemacht oder (z. B. durch Ausradieren) vollständig beseitigt ist. Die im allgemeinen nach Wechselrecht erforderliche urkundliche Grundlage der Verpflichtung ist dann zwar fortgefallen. Das kann aber auch bei anderen unbefugten Änderungen des W geschehen, und trotzdem kann die Haftung der Verpflichteten gemäß Art. 69 aufrecht erhalten bleiben.

Streichung nach Rückgabe mit Zustimmung des W.inhabers oder durch diesen im Einverständnis mit dem Annehmer ist Verzicht auf Inanspruchnahme des Annehmers, befreit diesen aber nicht von der Haftung gegenüber nicht befragten Vormännern des Inhabers. Der zustimmende Inhaber kann gegen seine Vormänner keinen Rückgriff vor Verfall mangels Annahme nehmen, weil die Annahme tatsächlich bindend erklärt war. Nachmänner des zustimmenden Inhabers brauchen sich den gegen ihren Vormann begründeten, aus dessen Verzicht herrührenden persönlichen Einwand nur im Rahmen des Art 17 entgegenhalten zu lassen. Eine mit Zustimmung sämtlicher Beteiligter erfolgende Streichung stellt den Zustand vor Erteilung der Annahme wieder her: Der W kann also erneut zur Annahme vorgelegt, gegebenenfalls mangels Annahme protestiert werden.

Anm 6 2. Zweifelhaft ist, ob bei unbefugter Streichung nach Rückgabe trotz des Fortbestands der Haftung des Annehmers Protest mdngels Annahme erhoben und Rückgriff genommen werden kann. Formal logische Betrachtung spricht dagegen. Trotzdem wird die Frage aus den gleichen Erwägungen heraus zu bejahen sein, die bei den Beratungen des EWG zur Einführung des Art 29 I geführt haben. Bestimmend war hierbei vor allem, daß bei Streichung der Annahme der Annehmer voraussichtlich auch nicht bei Verfall zahlen wird, und daß ein W mit durchstrichener Annahme vom weiteren Umlauf praktisch ausgeschlossen ist. Der Inhaber würde daher schlechter als bei verweigerter Annahme stehen, wenn man ihm in solchem Falle Rückgriff vor Verfall verweigere. Im übrigen ergibt der Inhalt von Abs 2 und von Art 26 II, daß Haftung des Annehmers mit Eröffnung des Rückgriffs mangels Annahme nach dem WG vereinbar sind (vgl. Anm 10).

Anm 7 **IV. Zu Abs I Satz 2:** **Die Beweisregel** über den Zeitpunkt der Streichung beruht auf der Erwägung, daß der Bezogene aus tatsächlichen Gründen in aller Regel zur Streichung nur in der Lage ist, solange er den W noch in Händen, also noch nicht zurückgegeben hat. Rechtlich wirkt die Regel zunächst zugunsten des Bezogenen durch seine Freistellung von der Haftung in Zweifelsfällen. Sie wirkt aber (falls die in Anm 6 vertretene Auslegung abgelehnt wird) auch zuungunsten der Rückgriffschuldner, indem im Zweifel die Annahme als verweigert gilt, also Rückgriff eröffnet wird.

V. **Zu Abs II. Haftung bei Mitteilung** der Annahme. Anm 8

1. Voraussetzungen: a) Auf den W muß eine Annahmeerklärung gesetzt sein. Die Haftung beruht auf dieser in Verbindung mit ihrer besonderen Mitteilung. Ohne urkundliche Vollziehung der Annahme begründet auch formgerechte Mitteilung von stattgefundener Annahme keine wechselmäßige Haftung.

b) Schriftliche Mitteilung der erfolgten Annahme läßt gegenüber dem Empfänger der Mitteilung die in Aufhebung der Haftung bestehende Wirkung befugter Streichung nicht eintreten. Es ist unerheblich, ob die Mitteilung vor oder nach der Streichung, vor oder nach der Vollziehung der Annahmeerklärung und, wenn der Mitteilungsempfänger nicht der W.inhaber ist, vor oder nach Rückgabe an diesen erfolgt. Die Mitteilung ist eine empfangsbedürftigen Willenserklärung, die mit dem Zugang wirksam wird (§ 130 BGB). Sie muß die erfolgte Annahme anzeigen und an den W.inhaber oder einen anderen W.beteiligten gerichtet sein, bzw. an deren Vertreter.

Schriftlichkeit im Sinne der vorl. Bestimmung ist nicht gleichbedeutend mit Schriftform des § 126 BGB. Jede urkundliche Nachricht ist genügend, z. B. telegrafische (CR 247), auch ein lediglich unterstempelter, aber nicht handschriftlich unterschriebener Brief. Die internationale Vereinbarung des Gesetzestextes gebietet hier eine von der sonstigen deutschen Rechtssprache abweichende Auslegung des Begriffs „schriftlich“ mit Rücksicht auf die bei den Beratungen zum Ausdruck gebrachte Absicht bei Verwendung dieses Wortes.

2. Art und Umfang der Haftung: a) Die Haftung ist eine wechselmäßige, ist daher abgesehen von der außer Betracht bleibenden Durchstreichung an die gleichen Voraussetzungen geknüpft wie sie allgemein für die Verpflichtung des Annehmers gelten (vgl. zu Art 28). Dies gilt auch für den Umfang der Haftung: er richtet sich nach dem Inhalt der Annahmeerklärung, falls diese beschränkt war, auch wenn die Abweichung von den Bestimmungen des W in der Mitteilung nicht erwähnt war (wegen der Beweislast vgl. St-Str 29[8c]). Anm 9

b) Die Haftung besteht nur gegenüber dem benachrichtigten W.gläubiger. Das schließt Haftung gegenüber seinen Rechtsnachfolgern ein (abw. Qu-A 29[7]), und zwar sowohl gegenüber solchen nach bürgerl. Recht wie gegenüber Indossataren, die nach Zugang der Mitteilung von ihm erwerben. Aber auch die Indossatare müssen sich die etwa gegenüber dem Mitteilungsempfänger begründeten persönlichen Einwendungen entgegen halten lassen (St-Str 29[8a]).

3. Rückgriff mangels Annahme kann trotz der nach Abs 2 begründeten Haftung des Annehmers nicht nur von den Gläubigern genommen werden, die die besondere Nachricht nicht erhalten haben und daher den Annehmer nicht in Anspruch nehmen können, sondern auch von denjenigen, denen der Anm 10

Annehmer auf Grund seiner Mitteilung haftet. Denn die Ausnahme des Abs 2 ordnet nur die Haftung des Annehmers an, beläßt es aber im übrigen bei der Regel des Abs 1, wonach die Annahme infolge der Durchstreichung als verweigert gilt.

Anm 11 4. Bürgerl.-rechtl. Haftung kann unter Umständen als Folge einer wechselrechtlich unwirksamen Mitteilung von erfolgter Annahme eintreten, sei es daß die Mitteilung nur mündlich erfolgt, oder daß trotz der Mitteilung keine Annahme auf dem W vollzogen war. Es bleibt im Einzelfall zu prüfen, ob ein nach bürgerl. Recht verpflichtendes Garantieversprechen oder eine zu Schadensersatz verpflichtende Handlung vorliegt.

Vierter Abschnitt

Wechselbürgschaft

Artikel 30

Die Zahlung der Wechselsumme kann ganz oder teilweise durch Wechselbürgschaft gesichert werden.

Diese Sicherheit kann von einem Dritten oder auch von einer Person geleistet werden, deren Unterschrift sich schon auf dem Wechsel befindet.

Anm 1 **I. Wesen** der Wechselbürgschaft. Als W.bürgschaft wird vom WG die auf dem W abgegebene Erklärung bezeichnet, nach Maßgabe der Unterschrift eines anderen W.verpflichteten Haftung für Einlösung des W zu übernehmen.

1. Die W.bürgschaft ist demgemäß ein selbständiges wechselmäßiges Garantieversprechen.

Sie unterscheidet sich von der Bürgschaft bürgerlichen Rechts inbs. durch folgende Merkmale:

a) Sie wird nur durch Erklärung auf dem Wechsel begründet (Art 31).

b) Sie ist nur in formeller Hinsicht akzessorisch, aber von dem materiellen Bestand der Erstverpflichtung unabhängig (Art 32 II), also selbständig im Sinne des Art 7;

c) Die Haftung besteht nicht nur zugunsten des W.inhabers zur Zeit der Übernahme der W.bürgschaft sowie seiner Nachmänner, sondern auch zugunsten seiner Vormänner, soweit ihnen der Erstschuldner haftet. Der W.bürge haftet also dem jeweiligen W.inhaber.

d) Die Haftung ist wechselmäßig: etwaige auf unmittelbaren Beziehungen zu bestimmten W.beteiligten beruhende Einwendungen gegenüber den übrigen W.berechtigten sind unzulässig (Art 17).

e) Die Haftung ist nicht subsidiär, sondern stets gesamtschuldnerisch (Art 32 I, 47 I).

f) Durch Zahlung erwirbt der W.bürge selbständig die Rechte aus dem W gegen denjenigen, für den er gebürgt hat, und seine Schuldner (32 II Satz 2).

Er wird nicht bloßer Rechtsnachfolger des bezahlten Gläubigers kraft cessio legis.

Diese Wesensverschiedenheiten sind so erheblich, daß sich die Vorschriften des bürgerl. Bürgschaftsrechts auch nicht ergänzend anwenden lassen (Baumbach-H 30[1]).

Bürgschaftsübernahme für eine W.schuld bleibt auch nach bürgerl. Recht zulässig. Form und Wirkungen hierfür richten sich nach bürgerl. bzw. Handelsrecht (vgl. St-Str 30[9] u. 32[13]).

2. Wechselmäßige Garantie nach Art der W.bürgschaft wurde vor Inkrafttreten des WG durch Mitunterzeichnung häufig in der Form übernommen, daß der Garant seine Unterschrift unter die zu verstärkende Unterschrift des Erstverpflichteten setzte. Die von diesem Gebrauch herstammende Bezeichnung Aval (Zeichnung „a valle“) hat sich im fremdsprachigen Text des EWG erhalten, obwohl bloße Namensunterschrift des W.bürgen nur noch bei Bürgschaft für den Aussteller auf der Vorderseite des W gemäß Art 31 III zulässig ist (CR 238; St-Str 31[4]). Unterzeichnung derselben W.erklärung durch mehrere Personen (mehrere Aussteller, Indossanten, Annehmer) muß von W.bürgschaft unterschieden werden: Nur der W.bürge erwirbt bei Zahlung W.ansprüche gegen den Erstzeichner (Art 32 III), während mehrere Mitverpflichtete gegeneinander nur Ausgleichsansprüche nach bürgerl. Recht (insb. nach § 426 BGB) erwerben (47[14]). **Anm 2**

3. Garantieübernahme durch W.bürgschaft ist im Verkehr selten, weil die Notwendigkeit einer Bürgschaft Zweifel an der Güte der Erstschrift erwecken und dadurch auf die Umlaufsfähigkeit des W nachteilig wirken kann. Statt durch W.bürgschaft wird daher in der Regel eine gewünschte Gewährleistung durch Beifügung des Indossaments des Garanten herbeigeführt. Dies kann ohne Zerreißung des Zusammenhangs der Indossamente (vgl. Art 16 I) z. B. derart geschehen, daß der W.inhaber Blankoindossament erteilt und der Garant hierauf sein Indossament (entweder in blanko oder auf den Namen des Erwerbers lautend) beifügt. W.bürgschaft für den Annehmer geht aber in der Wirkung weiter als die durch Indossament begründete Haftung. **Anm 3**

II. Zu Abs I. Gegenstand der W.bürgschaft: 1. Zweck der W.bürgschaft ist laut Abs 1 die Sicherung der Zahlung der W.summe. Soweit aber der Erstzeichner auch für Annahme des W haftet, also mangels Annahme schon vor Verfall auf Zahlung in Anspruch genommen werden kann (Art 43 II Zf 1), haftet auch sein W.bürge für die Annahme (Art 32 I). **Anm 4**

Die Sicherung wird dadurch gewährt, daß „für“ einen W.verpflichteten Bürgschaft erteilt, d. h. eine der Erstunterschrift entsprechende Haftung übernommen wird (31[5]). Ob die Sicherheit dadurch tatsächlich erhöht wird, ist rechtlich unerheblich.

2. Umfang der Bürgschaft. Nach Abs I kann die W.bürgschaft auf einen Teil der W.summe beschränkt werden. Wegen der bei Zahlung des gesicherten Teilbetrages durch den Bürgen eintretenden Rechtslage vgl. 32[10]. Dagegen kann sich der W.bürge nicht über den Umfang der Haftung desjenigen hinaus verpflichten, für den er Bürgschaft übernimmt. Daher haftet der W.bürge eines Annehmers, der nur einen Teil der W.summe **Anm 5**

angenommen hat, nur für diesen Teilbetrag und kann nicht für die ganze W.-summe bürgen. Der W.bürge eines Schuldners, dessen Haftung für die Annahme ausgeschlossen ist, kann keine Haftung für die Annahme übernehmen.

Anm 6 Die Zulässigkeit der Beschränkung der Haftung des W.bürgen durch Teilbürgschaft, gegenüber der ihn nach Art 32 I grundsätzlich treffenden Haftung nach Maßgabe der Verpflichtung des Erstzeichners entspringt einem allgemeinen Grundsatz, der in der Zulassung der Haftungsbeschränkung der Indossanten (At 15) zum Ausdruck kommt. Wie die „mangels eines entgegenstehenden Vermerks" eintretende Haftung des Indossanten gesetzlich geregelt ist, so bestimmt Art 32 I die normale gesetzliche Haftung des W.bürgen Wie die vorl. Bestimmung ergibt, schließt aber die Regelung des Art 32 I nicht aus, daß der Bürge seine Haftung der Höhe nach beschränkt. Er kann sie nach Art 55 I auch den Voraussetzungen nach beschränken, indem er durch Angabe von Notadressen seine Haftung von deren Angehung gemäß Art 56 II, 60 abhängig macht. Nach Art 46 I kann er für seine Person den Protest erlassen, wenn zur Inanspruchnahme dessen, für den er sich verbürgt hat, Protest erforderlich ist.

Daraus folgt, daß auch der W.bürge nur „mangels eines entgegenstehenden Vermerks" wie der Erstzeichner haftet, daß er also wie ein Indossant seine gesetzliche Normalhaftung (Art 32 I) einschränken kann. Selbstverständlich kann er sie nicht wie ein Indossant ganz ausschließen, da die Übernahme von Haftung zwecks Sicherung des W.gläubigers alleiniger Zweck der Bürgschaft ist. Aber weder die Interessen des W.inhabers noch der übrigen W.beteiligten stehen der Zulassung einer mit Einschränkungen übernommenen W.bürgschaft entgegen. Sogar beim Annehmer sind „Abweichungen" von der gesetzlich geregelten Vollhaftung durch Art 26 II als ausreichende Haftungsgrundlage anerkannt. In gleicher Weise wie eine Teilbürgschaft kann der W.inhaber auch die anderweit eingeschränkte Haftung des W.bürgen wünschen, wenn dieser zur Übernahme uneingeschränkter Verpflichtung nicht bereit ist. Es ist kein Grund ersichtlich, warum das Gesetz dies bei der W.bürgschaft ausschließen sollte, obwohl es beim Annehmer und Indossanten die gesetzliche Haftung als nachgiebiges Recht behandelt und auch den Aussteller durch Bestimmung der Einzelheiten des W.inhalts seine Gewährleistungspflicht in weitgehendem Umfange selbst regeln läßt.

Anm 7 Demgemäß erscheint es insb. zulässig (die teilw. abw. Ans. bei St-Str 30[6a] wird aufgegeben), daß der W.bürge

a) seine Haftung für die Annahme oder für die übrigen Fälle des Rückgriffs vor Verfall ausschließt,

b) selbständig Vorlegungsfristen bestimmt, wie dies für Indossanten ausdrücklich zugelassen ist (Art 22 IV, 23 III),

c) die gesetzliche Verjährungsfrist zu seinen Gunsten abkürzt (Art 71; § 225 BGB),

d) seine Zahlungsverpflichtung gegenüber der ges. Fälligkeit hinausschiebt,

e) seine Haftung von Protesterhebung und Wahrung der in Art 53 angeführten Fristen abhängig macht, obwohl er für den Annehmer Bürgschaft übernimmt (vgl. 32[2]) oder der Aussteller nach Art 46 den Protest erlassen hat (vgl. 46[10]).

Dagegen würde die Beifügung einer echten Bedingung wegen der Bedingungsfeindlichkeit w.mäßiger Verpflichtungen (1[5]; 12[1]; 26[2,9]) unzulässig sein und die Begründung einer w.mäßigen Haftung hindern; ebenso ein Zusatz, nach welchem die Verpflichtung nicht mehr auf Zahlung einer Geldsumme gehen würde. Dagegen sind sowohl sog. Rechtsbedingungen (z. B. „bei Aushändigung des W gegen Zahlung") wie Potestativbedingungen mit w.mäßiger Haftung vereinbar; zu letzteren würde auch die Ausbedingung der Vorausklage (§ 771 BGB) gegen einen anderen W.verpflichteten, insbes. gegen den Schuldner, für den die Bürgschaft übernommen wird, gehören.

III. Zu Abs II. Hinsichtlich der **Person** des **Wechselbürgen** bestehen keine Beschränkungen. Bürgschaft durch den Annehmer oder beim eigenen W durch dessen Aussteller wäre allerdings bedeutungslos, da diese als Hauptschuldner ohnehin, selbst nach Verwirkung des Rückgriffs, für die Zahlung haften. Dagegen kann der Bezogene, der nicht angenommen hat, Bürgschaft für einen beliebigen Rückgriffschuldner übernehmen. Er erwirbt dann durch Zahlung, falls er nicht inzwischen angenommen hat, die Rechte aus dem W gemäß Art 32 III; jedoch muß vor seiner Inanspruchnahme als Bürge gegen ihn als Bezogenen zur Erhaltung der Rückgriffsrechte Protest mangels Zahlung erhoben sein. Anm 8

Mehrere Personen können auf demselben W Bürgschaft übernehmen, sei es für denselben, sei es für verschiedene Schuldner. Bei Bürgschaft für den gleichen Schuldner richten sich ihre Ausgleichsansprüche gegen einander nach bürgerl. Recht (CR 136 Nr. 75), da auf den zahlenden Mitbürgen nur die Rechte aus dem W gegen den, für den gebürgt worden ist, und gegen dessen W.schuldner übergehen (vgl. auch 47[14]).

Artikel 31

Die Bürgschaftserklärung wird auf den Wechsel oder auf einen Anhang gesetzt.

Sie wird durch die Worte „als Bürge" oder einen gleichbedeutenden Vermerk ausgedrückt; sie ist von dem Wechselbürgen zu unterschreiben.

Die bloße Unterschrift auf der Vorderseite des Wechsels gilt als Bürgschaftserklärung, soweit es sich nicht um die Unterschrift des Bezogenen oder des Ausstellers handelt.

In der Erklärung ist anzugeben, für wen die Bürgschaft geleistet wird; mangels einer solchen Angabe gilt sie für den Aussteller.

I. Form der W.bürgschaft. 1. **Zu Abs I. Platz:** Die Bürgschaftserklärung muß auf den Wechsel oder seinen Anhang gesetzt werden. In besonderer Urkunde erklärte Bürgschaft kann, wenn in Deutschland unterschrieben, nur als Bürgschaft bürgerl. Rechts unter den Voraussetzungen des § 140 BGB aufrecht erhalten werden. Für im Ausland unterschriebene Bürgschaftserklärungen ist Art 92 zu beachten. Die Genfer Vertragsstaaten können nach dem Vorbehalt in Art 4 Anl. II des Abkommens auch W.bürgschaften in besonderer Urkunde gestatten. Anm 1

Bürgschaftserklärungen dürfen außer auf den W selbst auch auf W.abschriften gesetzt werden, die den Vorschriften der Art 67 II, 68 I entsprechen (67 III). Es ist dabei unerheblich, ob die Unterschrift dessen, für den Bürgschaft übernommen wird, auf der Urschrift oder Abschrift des W steht. Soweit jedoch nach Art 68 III Indossamente nur noch wirksam auf der Abschrift erteilt werden können, wird auch die Bürgschaft für ein auf der Abschrift befindliches Indossament auf der Abschrift zu erklären sein.

Beim Vorhandensein mehrerer Ausfertigungen (Art 64ff) kann die Bürgschaft für den Annehmer auch auf eine andere Ausfertigung als die mit der Annahmeerklärung versehene gesetzt werden. Hat der Bezogene mehrere Ausfertigungen angenommen, so empfiehlt es sich nicht, die Bürgschaftserklärung ebenfalls wiederholt zu zeichnen, da sonst auch den W.bürgen die mehrfache Haftung nach Art 65 Satz 2 treffen könnte.

Anm 2 2. **Zu Abs II:** a) Ein bestimmter **Wortlaut** zur Bezeichnung des Bürgschaftszwecks ist nicht vorgeschrieben. Gleichbedeutend mit dem Ausdruck „als Bürge" würde z. B. sein: „als Garant", „per aval", „zur Gewähr", „mit meiner Mithaft", „unter obligo wie NN", „ebenso wie NN". Ein derartiger, die Unterschrift als Bürgschaft kennzeichnender Zusatz ist grundsätzlich (Ausnahme: Abs III) erforderlich und bloße Mitunterzeichnung nicht ausreichend (vgl. 30[2] und unten Anm 3).

b) Über die Erfordernisse einer Unterschrift im allgemeinen, die auch für die des Bürgen zutreffen, vgl. 1[22ff]. Die unterschriftliche Namenszeichnung des Bürgen muß die übrigen Bestandteile seiner Erklärung zweifelsfrei decken, um sie wirksam zu einem Teil seiner Erklärung zu machen.

Anm 3 3. **Zu Abs III. Bloße Unterschrift** gilt nur auf der Vorderseite des W als Bürgschaft, und zwar zugunsten des Ausstellers (Abs 4). Ausgenommen hiervon sind die Unterschriften des Ausstellers (welche eigentlich keine „bloße" Unterschrift, sondern eine Einheit mit dem W.text ist; Art 1 Zf 8) und des Bezogenen (die als Annahme gilt; Art 25 I Satz 3). „Bloße Unterschriften" sind auch solche mit Zusätzen, die die Bedeutung der Unterschrift nicht kennzeichnen, z. B. „einverstanden", „gesehen", „angenommen", „als Selbstschuldner" oder eine Datierung. Der Zusatz „als Bürge" kennzeichnet auch die Unterschrift des Bezogenen als Bürgschaftserklärung, so daß keine bloße Unterschrift und demnach keine Annahme vorliegt (25[3]).

Auf der Rückseite des W, wozu ein Anhang seinem ganzen Umfange nach zählt, gilt bloße Unterschrift nicht als Bürgschaft, sondern als Blankoindossament, selbst wenn dadurch der Zusammenhang der Indossamentenkette durchbrochen wird (13[7]). „Mitunterschrift" eines Indossaments ist nur hinter einem Blankoindossament unschädlich, weil dieses die Mitzeichner als mehrere Indossanten legitimieren kann (vgl. 30[2]). Andernfalls ist ein den Bürgschaftszweck angebender Vermerk (Anm 2 zu a) unentbehrlich.

Anm 4 4. **Zu Abs IV.** Die Angabe, **für wen** Bürgschaft geleistet wird, ist kein wesentliches Formerfordernis. Denn bei ihrem Fehlen gilt die Bürgschaft (unwiderleglich) als für den Aussteller übernommen, gleichviel ob sich die Erklärung auf der Vorder- oder Rückseite des W befindet, ob sie getrennt von anderen Unterschriften oder in unmittelbaren und offensichtlich beabsichtigtem Zusammenhang mit solchen beigefügt ist. So wirkt z. B. auch ein als Quervermerk auf den linken Rand unmittelbar unter die Unterschrift des Annehmers gesetzter Vermerk „als Bürge NN" nicht als Bürgschaft für den Annehmer, sondern als solche für den Aussteller (OLG Stuttgart, JW 1937, 548). Abweichend Ulmer (274), der die Stelle, an der die Unterschrift des Bürgen steht, in solchen Fällen als Angabe, für wen Bürgschaft übernommen wird, auslegen will.

Ob die Unterschrift mehrerer Aussteller (1[25]) oder W.bürgschaft für einen Einzelaussteller durch „bloße Unterschrift" auf der Vorderseite des W vorliegt (vgl. 30[2]), wird sich aus Stellung der Unterschriften und Inhalt des W nicht immer zweifelsfrei ergeben. Beim W an eigene Order kann die Einfügung der Worte „an meine" oder „an unsere" Order in den W.vordruck einen Hinweis geben; wichtiger ist aber der Umstand, ob das erste Indossament lediglich von einer der beiden auf der Vorderseite des W unterzeichneten Personen erteilt ist oder von beiden gemeinschaftlich. Im letzteren Falle handelt es sich um einen W mit mehreren Ausstellern; andernfalls um einen einzelnen Aussteller und dessen W.bürgen.

Die Person, für die gebürgt wird, muß ein W.schuldner sein. Bürgschaft für einen „Indossanten ohne Obligo" könnte mit Rücksicht auf Art 32 I auch in der Person des Bürgen keine Haftung erzeugen. Dies trifft auch bei Bürgschaft für einen Bezogenen, der nicht angenommen hat, zu; jedoch mit der Maßgabe, daß die Bürgschaft, sobald der Bezogene annimmt, nach dem Inhalt der Annahmeerklärung wirksam wird (Rechtsgedanke des Art 10); bei Teilannahme haftet auch der W.bürge nur für den angenommenen Teil. Auch Bürgschaft für einen W.bürgen ist denkbar und von der Bürgschaft mehrerer Personen für denselben Schuldner (30[5]) dadurch unterschieden, daß hier der Zweitbürge durch Einlösung des W die Ansprüche aus dem W auch gegen seinen Vorbürgen erwirbt (Art 32 III). **Anm 5**

Rechtlich ist die Angabe, für wen gebürgt wird, nur die Bezeichnung der zu übernehmenden Haftung nach Art und Umfang, nicht die Anknüpfung an die tatsächliche Verbindlichkeit einer bestimmten Person. Denn der W.bürge kann sich im Gegensatz zum Bürgen bürgerl. Rechts (§§ 768, 770 BGB) nicht der dem Erstschuldner zustehenden Einwendungen bedienen (Art 32 II).

II. Zur **Entstehung** der Haftung müssen außer der formgerechten Bürgschaftserklärung die allgemeinen Voraussetzungen von W.verpflichtungen erfüllt sein. Die auch hier erforderliche Begebung entspricht der in Art 29 für die Annahme erwähnten „Rückgabe" (vgl. 28[3]). Geschäftsfähigkeit des W.bürgen muß zur Zeit der Begebung vorhanden sein. **Anm 6**

Das Gesetz enthält keine Zeitbeschränkung für Abgabe der Bürgschaftserklärung. Sie kann vor oder nach Verfall erteilt werden, auch nach Protesterhebung. Bei Bürgschaft für einen Rückgriffschuldner darf der Rückgriff nicht verwirkt sein (Art 32 I). Bürgschaftserteilung vor Vollziehung der Unterschrift dessen, für den gebürgt wird, z. B. bei Blankowechseln oder bei Bürgschaft für den Bezogenen (vgl. Anm 5), wird mit der Vollziehung der Erstschrift (z. B. der Annahme) voll wirksam.

Über Art und Umfang der Haftung vgl. Art 32.

Artikel 32

Der Wechselbürge haftet in der gleichen Weise wie derjenige, für den er sich verbürgt hat.

Seine Verpflichtungserklärung ist auch gültig, wenn die Verbindlichkeit, für die er sich verbürgt hat, aus einem anderen Grund als wegen eines Formfehlers nichtig ist.

Der Wechselbürge, der den Wechsel bezahlt, erwirbt die Rechte aus dem Wechsel gegen denjenigen, für den er sich verbürgt hat, und gegen alle, die diesem wechselmäßig haften.

Anm 1 **I. Allgemeines.** Der vorliegende Artikel regelt die **Wirkungen** der W.bürgschaft. Abs 1 und 2 umschreiben die Haftung des W.bürgen, während Abs 3 die Rechte des zahlenden Bürgen bestimmt. Wegen Entstehung der Haftung vgl. 31[6], über Haftungsbeschränkungen vgl. 30[5f].

Anm 2 **II. Zu Abs I. Art** und **Umfang** der Haftung. 1. Mit den Worten, daß der W.bürge in der gleichen Weise wie derjenigen, für den er sich verbürgt hat, haftet, ist gemeint, daß er so haftet, als ob er die Erstunterschrift selbst abgegeben hätte. Denn die Haftung ist nur gleichartig mit derjenigen des Erstschuldners, aber nicht davon abhängig, ob dieser selbst verpflichtet ist (vgl. Anm 4).

Der Bürge des Annehmers haftet daher wie dieser, also auch bei Versäumung der in Art 53 genannten Fristen, weil die Verwirkung des Rückgriffs ebensowenig ihn wie den Annehmer betrifft (gl. Ans. Langen 27; Hupka 82; Keßler 32[2]; Qu-A 32[2]; Baumb-H 32; abw. Lenhoff 35; Gähler 63). Dagegen wird der Bürge eines Rückgriffschuldners frei, wenn Rückgriff durch Versäumung der Protestfrist gemäß Art 53 verwirkt ist, es sei denn, daß er selbst gemäß Art 46 I den Protest erlassen hat. Protesterlaß des Erstzeichners (sofern dies nicht der Aussteller des W ist) wirkt nicht gegen seinen Bürgen (bestr.; 46[11]). Die Verjährungsfrist richtet sich für den Bürgen des Annehmers nach Art 70 I, dagegen für Bürgen von Rückgriffschuldnern nach Art 70 II u. III (über Abkürzung der ges. Frist vgl. 30[5]). Der Fristlauf selbst, insbes. Hemmung und Unterbrechung der Verjährung ,ist für Bürgen und Erstzeichner getrennt zu beurteilen (Art 71).

Anm 3 2. Der W.bürge haftet als Gesamtschuldner neben den übrigen W.-schuldnern gemäß Art 47 I für alle nach Art 48, 49 begründeten Ansprüche. Der Bürge des Annehmers haftet daher auch für die Nebenforderungen, die mangels Zahlung zur W.summe hinzutreten, falls der W dem Annehmer rechtzeitig vorgelegt worden ist (28[10]); nochmalige Vorlegung beim Bürgen in der Frist des Art 38 I ist nicht erforderlich.

Anderseits bleibt zu beachten, daß die Verbindlichkeit des W.bürgen nicht akzessorisch zu der des Erstschuldners ist (vgl. Anm 5). Dies wirkt sich auch dahin aus, daß der Bürge des Ausstellers oder Annehmers für die gegen diese nach Erlöschen der eigentlichen W.ansprüche etwa verbleibenden Bereicherungsansprüche nicht haftet (St-Str 89[15]).

III. Zu Abs II. Voraussetzung der Haftung ist das Vorliegen einer formell verpflichtenden Erstunterschrift. Auch Abs 2 läßt sich wie Abs 1 (vgl. Anm 2) dahin umschreiben, daß der W.bürge so haftet, als ob er die Erstunterschrift selbst abgegeben hätte. Ist z. B. der Grundwechsel wegen Fehlens eines wesentlichen Formerfordernisses nichtig oder ist die Erstunterschrift, wie aus dem W ersichtlich, nicht verpflichtend (z. B. Indossament ohne Gewähr, Nachindossament, Annahme eines Nicht-Bezogenen) oder ist sie wegen Formfehlers (z. B. statt Unterschrift Faksimile oder Handzeichen) unwirksam, so tritt auch keine Haftung des W.bürgen ein. Anm 4

Ist dagegen die Erstschrift ihrem äußeren Bild nach verpflichtend, so kommt es nicht darauf an, ob der Namensträger der Unterschrift tatsächlich haftet. Der W.bürge haftet also z. B. auch dann, wenn der Erstzeichner geschäftsunfähig war, wenn seine Unterschrift gefälscht ist, oder wenn es ihn überhaupt nicht gibt (Kellerwechsel). Ebensowenig kann sich der W.bürge persönlicher Einwendungen des Erstzeichners bedienen, seine Verbindlichkeit ist nicht akzessorisch (anders § 768 BGB). Anm 5

Auf Zahlung durch den Erstzeichner oder ihm gewährten Erlaß oder Stundung kann sich der Bürge nur in dem Maße berufen, wie W.schuldner im allgemeinen aus solchen Umständen in der Person ihrer Vormänner Einwendungen herleiten können (Art 47 [8ff]). Auch bezügl. Irrtums oder arglistiger Täuschung über die materielle Gültigkeit der Erstunterschrift bei Abgabe der Bürgschaftserklärung gelten die allgemeinen Grundsätze über Behandlung solcher Willensfehler bei Eingehung von W.verpflichtungen (vgl. 17[12]). Ebensowenig wie die Annahme unverbindlich ist, weil die Ausstellerunterschrift gefälscht ist, ist es die Bürgschaftserklärung wegen Fälschung der Erstunterschrift. Abs 2 bringt diesen schon in Art 7 enthaltenen Grundsatz nur zu erneutem Ausdruck.

IV. Zu Abs III. Rechtserwerb des zahlenden W.bürgen. 1. Durch Einlösung des W, welche nicht nur durch Zahlung, sondern auch durch sonstige Befriedigung des Rückgriffnehmers (z. B. durch Aufrechnung) erfolgen kann, erwirbt der Bürge die Rechte aus dem W. Dieser Rechtserwerb tritt kraft Gesetzes ein, ohne daß der bezahlte Gläubiger, sei es durch Nachindossament, sei es durch anderes Rechtsgeschäft, die W.rechte auf den Bürgen zu übertragen braucht. Der Bürge kann gegen Zahlung Aushändigung des W und quittierter Rückrechnung verlangen; sein Rechtserwerb tritt aber auch ohne Übergabe des W auf Grund der Zahlung ein. Wenn er ohne Aushändigung des für die Inanspruchnahme seiner Vormänner notwendigen W gezahlt hat, so kann er als nunmehriger Eigentümer des W dessen Herausgabe verlangen sowie Ausstellung der quittierten Rückrechnung (50[3]). Anm 6

2. Der Rechtserwerb, welcher demjenigen des zahlenden Ehrenannehmers entspricht, besteht nicht in gewöhnlicher Rechtsnachfolge nach dem bezahlten Gläubiger, also einem Einrücken in dessen Rechtsstellung. Der Bürge erwirbt, wie das Gesetz es ausdrückt, die Rechte „aus dem Wechsel", nicht die Rechte des bezahlten Inhabers. Er erhält also wie der Indossatar ein „unabhängiges und originäres Recht" (so: CR 147 Nr. 137), das ihn zum weiteren Rückgriff nach Art. 47 III, 49 berechtigt. Wird der W.bürge gemäß Art 40 III trotz Zahlung an einen materiell Nichtberechtigten von seiner Verbindlichkeit Anm 7

befreit, so erwirbt er gleichzeitig W.eigentum und die Rechte aus dem W und ist gegen Herausgabeansprüche des bisherigen W.eigentümers geschützt (40[18]). Die Schuldner können ihm persönliche Einwendungen aus ihren Beziehungen zu anderen W.beteiligten grundsätzlich nicht entgegenhalten. (Rechtsgedanke des Art 17; vgl. 49[6]). Da er den W wegen seiner Zahlungspflicht durch Einlösung erwerben mußte, kann ein „bewußtes Handeln zum Nachteil des Schuldners" nur in Frage kommen, wenn er die Bürgschaftsverpflichtung zu diesem Zwecke übernommen haben sollte oder als Inkassobeauftragter eines Dritten vorgeschoben sein sollte. In diesem Falle müßte er sich die gegen seinen Auftraggeber begründeten Einwendungen entgegenhalten lassen (Rechtsgedanke Art 18 II).

Da der Rechtserwerb auf Grund der Bürgschaftsverpflichtung erfolgt, ist der für die Aufrechnung mit der W.forderung im Konkurse eines W.schuldners maßgebende Zeitpunkt die Eingehung der Bürgschaft, nicht die Einlösung des W (§ 55 II KO).

Anm 8 3. Eine Bezahlung des W im Sinne des Abs 3 liegt nur bei Erfüllung der Bürgschaftsverpflichtung vor, d. h. bei Befriedigung des Inhabers nach Eintritt der Voraussetzungen der Einlösungsbefugnis des Art 50 I. Wenn der Bürge ohne Fälligkeit seiner Verbindlichkeit den Inhaber befriedigt, „bezahlt" er nicht den W, sondern kauft ihn dem Inhaber ab. Er kann sich daher für seinen Rechtserwerb nur dann auf Art 32 III stützen, wenn der Inhaber von ihm — sei es nach Verfall, sei es wegen Eröffnung des Rückgriffs vor Verfall—Zahlung beanspruchen konnte; bei Verbürgung für einen Rückgriffschuldner also nur, wenn die Rückgriffvoraussetzungen erfüllt sind, regelmäßig also erst nach Protest. Wenn er ohne Verpflichtung, also nicht in Erfüllung der Bürgschaftsschuld, zahlt, genießt er weder den Schutz des Art 40 III noch wird er durch den Besitz des W als Berechtigter ausgewiesen (vgl. 49[4]). Vielmehr muß er sich wie jeder Dritterwerber die W.rechte vom bezahlten Inhaber (durch Indossament oder Abtretung) übertragen lassen. Löst z. B. der Bürge eines Rückgriffschuldners den W nach Verfall trotz verwirkten Rückgriffs ein, so kann ihm der Annehmer seine gegen den bezahlten Inhaber begründet gewesenen persönlichen Einwendungen entgegenhalten, weil ein Rückindossament in diesem Zeitpunkt nur noch ein Nachindossament wäre (20[14]) und auch kein Erwerb nach Art 32 III vorliegt.

Anm 9 4. Der Umfang der Ansprüche des einlösenden W.bürgen richtet sich nach Art 49. Er kann daher die Vergütung von ⅓% der W.summe auch als Bürge des Annehmers von diesem beanspruchen (Qu-A 32[4]).

Der Bürge hat auch wie ein einlösender Indossant die Befugnis aus Art 50 II, die Indossamente der Nachmänner dessen, für den er sich verbürgt hat, zu streichen. Die Streichung der eigenen Bürgschaftserklärung, wozu er in entsprechender Anwendung des Art 50 II befugt sein wird, erscheint nicht ratsam, weil er im Gegensatz zum Indossanten nicht durch das vorausgehende Indossament, sondern durch seine Bürgschaftserklärung in Verbindung mit dem Besitz des W und Protests für seine Ansprüche gegen die ihm haftenden W.schuldner ausgewiesen wird, sofern nicht die ihm zu erteilende quittierte Rückrechnung des bezahlten Inhabers ihn als zahlenden W.bürgen hinreichend ausweist.

5. Bei Teilbürgschaft (30[5]) und Zahlung des verbürgten Teilbetrages kann der W.bürge in entsprechender Anwendung des Art 51 Vermerk seiner Teilzahlung auf dem W, quittierte Rückrechnung (Art 50 I) und Aushändigung beglaubigter Abschriften von W und Protest verlangen, falls der W.inhaber nicht bereits für den Restbetrag durch den Bezogenen befriedigt ist und daher den W selbst nicht an den Bürgen aushändigen kann. Der W.inhaber kann Angebot der Zahlung des verbürgten Teilbetrages nicht zurückweisen (St-Str 32[12]). Durch den Rechtserwerb des zahlenden Teilbürgen tritt eine Spaltung der W.rechte ein. Wie beim Teilrückgriff nach Teilannahme der zahlende Rückgriffschuldner zu weiterem Rückgriff berechtigt ist (Schlußworte des Art 51), so kann im vorl. Falle der Teilbürge auf Grund der beglaubigten Abschrift von W und Protest und der ihm erteilten Rückrechnung nebst Quittung weiteren Rückgriff nehmen. Er braucht nicht abzuwarten, bis der von ihm nur wegen des verbürgten Teilbetrages befriedigte Inhaber für seine Restforderung Zahlung erhalten hat und die W.urschrift an ihn herausgibt (Die bei St-Str Anm 12 vertretene Ansicht wird aufgegeben). Anm 10

Fünfter Abschnitt

Verfall

Artikel 33

Ein Wechsel kann gezogen werden
auf Sicht;
auf eine bestimmte Zeit nach Sicht;
auf eine bestimmte Zeit nach der Ausstellung;
auf einen bestimmten Tag.

Wechsel mit anderen oder mit mehreren aufeinanderfolgenden Verfallzeiten sind nichtig.

I. Begriff und Wesen des Verfalls. 1. **Verfallzeit** ist der Tag, an dem nach dem Inhalt des W Zahlung durch den Bezogenen (beim eigenen W durch dessen Aussteller) geleistet werden soll. Dieser Tag, an dem die W.summe fällig wird, wird der Verfalltag genannt. Die Angabe, wann der Verfall des W eintreten soll, d. h. die Angabe der Verfallzeit, gehört zu den regelmäßigen Bestandteilen der W.urkunde (Art 1 Zf 4; 75 Zf 3). Jedoch wird der W beim Fehlen solcher Angabe als SichtW behandelt (Art 2 II). Anm 1

2. **Verfalltag** und **Zahlungstag.** Trifft der Verfalltag auf einen Sonntag oder anderen gesetzlichen Feiertag, so kann nach Art. 72 Satz 1 die Zahlung erst am nächsten Werktag verlangt werden. Dieser Tag, an dem erstmalig Zahlung beansprucht werden kann, heißt Zahlungstag und ist vom Verfalltag zu unterscheiden: beide Tage fallen nicht notwendig zusammen. Das WG knüpft in Art 38 I (Vorlegung zur Zahlung) und Art 44 III (Protestfrist) an den Zahlungstag, dagegen in Art 48 I Zf 2 (W.zinsen im Rückgriff) und Art 70 (Verjährung) an den Verfalltag an. Anm 2

Anm 3 3. Fälligkeit vor Verfall. Auch abgesehen von dem möglichen Auseinanderfallen von Verfalltag und Zahlungstag ist die Fälligkeit der W.verbindlichkeit nicht ausnahmslos an den wechselmäßigen Verfalltag gebunden. Denn die W.schuld kann unter den in Art 43 II angegebenen Voraussetzungen schon vor Verfall eingefordert werden. Obwohl diese vorzeitige Fälligkeit sich in erster Linie als „Rückgriff vor Verfall" gegen die Rückgriffschuldner richtet, wird gleichzeitig infolge der gesamtschuldnerischen Haftung sämtlicher W.verpflichteter auch die Verbindlichkeit des Hauptwechselschuldners (d. h. des Annehmers; beim eigenen W des Ausstellers) fällig (Art 47). Auch von ihnen kann unter den Voraussetzungen des Art 43 II schon vor Verfall Zahlung beansprucht werden.

Anm 4 **II. Verfallzeitangabe.** Über die Formerfordernisse vgl. 1[11 u. 12]. Unzulässige Angaben stehen fehlender Angabe im Sinne des Art 2 II nicht gleich (2[3]), sondern machen gemäß Abs 2 des vorl. Artikels den W nichtig. Inhaltlich ist dadurch eine Beschränkung auf die vier im vorl. Artikel angegebenen Bestimmungsarten herbeigeführt. Anderseits bestehen für die tatsächliche Laufzeit eines W keine gesetzlichen Schranken. Der Verfall kann daher theoretisch, zumal die Verjährung nicht mit dem Ausstellungstage beginnt, selbst über den Zeitraum der ordentlichen dreißigjährigen Verjährung hinaus in die Zukunft verlegt werden. Mit Rücksicht auf Handelsgebräuche und infolge der Diskontierungsbedingungen der Landeszentralbanken sind aber W mit mehr als dreimonatiger Laufzeit in Deutschland selten. Zur Vermeidung übermäßiger Hinausschiebung des Verfalls bestehen für Sicht- und Nachsichtwechsel nach Art 34 und Art 23 gesetzliche Vorlegungsfristen; jedoch sind diese nicht zwingend, sondern gelten nur mangels anderweiter Bestimmung durch den Aussteller.

Anm 5 **III. Zu Abs I.** Die **vier zulässigen Verfallzeitbestimmungen:** 1. Sichtwechsel. Dies sind W, die bei Vorlegung fällig werden (Art 34 I). Hierunter fallen auch W ohne Angabe einer Verfallzeit (Art 2 II).

Der Gebrauch des Wortes „Sicht" ist zur Bezeichnung dieser Verfallart nicht notwendig (Actes 1912, 87), gleichbedeutende Ausdrücke sind zulässig, z. B.: „bei Vorlegung", „auf Verlangen", auch „auf Belieben", da es im Belieben des W.inhabers steht, wann er den W zur Zahlung vorzeigt; „a piacere" (vgl. St-Str 33[4]). Der Ausdruck „nach Kündigung" würde bedeuten, daß der Vorlegung zur Zahlung eine Kündigung vorausgehen muß, was mit dem Wesen des SichtW nicht vereinbar ist und den W ungültig machen würde.

Über die Ausführung der Vorlegung zur Zahlung (Sicht) vgl. zu Art 38, über die Vorlegungsfrist zu Art 34.

Anm 6 2. Nachsichtwechsel (auch ZeitsichtW genannt). Dies sind W, deren Verfall bestimmte Zeit nach Vorlegung (Sicht) eintreten soll (Art 35 I). Die „Sicht" ist hier im Gegensatz zum SichtW die Vorlegung zur Annahme (Art 23 I), welcher bei dem dadurch bestimmten Verfall die Vorlegung zur Zahlung zu folgen hat.

Das WG bestimmt in Art 23 Fristen für die Sicht (Vorlegung zur Annahme) für den Fall, daß der Aussteller keine solche Frist im W angegeben hat. Dagegen gibt es keine Frist für den Zeitraum zwischen Sicht und Verfall, die mangels Angabe der Nachsichtfrist im W an deren Stelle treten könnte.

Bloße Bezeichnung „nach Sicht" oder Überschrift „Nachsichtwechsel" ohne Angabe einer nach der Sicht laufenden Frist ist gleichbedeutend mit „bei Sicht", so daß ein derartiger W als SichtW zu behandeln ist. Auch die Bestimmung „nach Sicht, spätestens am 3. Mai 1953, zahlen Sie" schafft keinen NachsichtW, sondern ist als ein SichtW mit Vorlegungsfrist gemäß Art 34 I Satz 3 auszulegen (34[6]).

Die übliche Fassung ist: „Zahlen Sie zwei Wochen nach Sicht" oder „nach Vorlegung". Gleichbedeutend wäre „nach Annahme", da diese grundsätzlich die Nachsichtfrist in Lauf bringt (Art 35). Die Frist für die Zeitspanne zwischen Sicht und Verfall wird zweckmäßig den Worten „nach Sicht" vorausgestellt, um Verwechslungen mit einer nach Art 23 II für die Vorlegung bestimmten Frist zu vermeiden (richtig z. B. „Zahlen Sie zwei Wochen nach Sicht"; undeutlich: „Zahlen Sie nach Sicht in zwei Wochen"). „Binnen" oder „Innerhalb von zwei Wochen" kann als den letzten Tag des genannten Zeitraums als Zahlungstag bezeichnend, also gleichbedeutend mit „nach" zwei Wochen, ausgelegt werden. Ungültig wäre aber ein W, in dem dem Inhaber freigestellt wäre, den Verfalltag im Laufe einer Nachsichtfrist durch Vorlegung zur Zahlung selbst zu bestimmen; das wäre weder ein SichtW noch ein auf „bestimmte" Zeit nach Sicht gestellter W. Wegen Berechnung der Nachsichtsfrist vgl. Art 35 u. 73.

3. Datowechsel, fällig bestimmte Zeit nach Ausstellung (a dato). Maßgebend für den Fristbeginn ist der im W angegebene, nicht ein etwa abweichender tatsächlicher Tag der Ausstellung. Vgl. 1[19,20] und für die Fristberechnung Art 36 u. 73. Anm 7

Zur Bezeichnung genügt „in 3 Monaten" (d. h. ab heute, vom Ausstellungstage an). Undeutlich: „innerhalb von 3 Monaten", aber im Wege der Auslegung als „nach 3 Monaten" zu deuten und daher kein Nichtigkeitsgrund (vgl. Anm 6). Die Fassung: „Bei Vorlegung innerhalb drei Monaten" würde nicht Verfall drei Monate nach Ausstellung bedeuten, sondern als Verfall bei Sicht, welche spätestens drei Monate nach Ausstellung zu erfolgen hat (SichtW mit Frist gemäß Art 34 Satz 3), auszulegen sein.

4. Tagwechsel, deren Verfall an einem bestimmten Tage eintreten soll. Bestimmtheit des Tages, nicht nur Bestimmbarkeit ist notwendig. Grundsätzlich ist daher kalendermäßige Angabe (Tag, Monat, Jahr) gemeint. Ausreichend ist aber allgemein verständliche anderweite Bezeichnung eines bestimmten Tages wie z. B. „am ersten Werktag nach Ostern 1953" oder — weil mit Rücksicht auf Art 72 mit vorstehendem gleichbedeutend — bloß „Ostern 1953". Auch Anfang, Mitte, Ende eines Monats ist mit Rücksicht auf Art 36 III eindeutig. „Zahlen Sie bis zum . . ." (sog. FristW) sind dahin auszulegen, daß der Schuldner erst am letzten Tage der Frist zur Zahlung verpflichtet sein, der Verfall also an diesem Tage eintreten soll (vgl. Anm 6 und St-Str 33[7]; Locher 81; Baumb-H 33[5]; abw. Qu-A 33[8]). Anm 8

Unzulässig, weil kein im voraus bestimmter Tag, wäre: „zwei Monate nach dem Tode meines Vaters". Über andere unzulässige Bezeichnung und wegen etwaiger Ergänzung der fehlenden Jahreszahl aus dem Ausstellungsdatum vgl. 1[18].

Anm 9 **IV. Zu Abs II.** Außer den in Abs 2 ausdrücklich erwähnten RatenW und den in Anm 12 zu Art 1 angeführten unzulässigen Bestimmungsarten würde insb. die wahlweise Angabe mehrerer Verfalltage oder die Angabe „auf Sicht oder am 1. Okt. 1954" den W nichtig machen. Bei vereinbarter Ratenzahlung muß über jeden der Teilbeträge ein besonderer W ausgestellt werden. Nach fruchtloser Vollstreckung gegen den Annehmer auf Grund eines dieser W, kann wegen der weiteren Raten alsbald gemäß Art 43 II Zf 2 Rückgriff vor Verfall genommen und gemäß Art 47, 28 II auch vom Annehmer Zahlung vor Verfall beansprucht werden (vgl. aber 17[21] wegen Abzahlungsgeschäften). Ein nachträglicher Vermerk über Bewilligung von Raten (vgl. Prolongation; 17[47]) ändert nicht den wechselmäßigen Verfalltag, begründet aber einen persönlichen Einwand bis zum Ablauf der Zahlungsfrist.

Artikel 34

Der Sichtwechsel ist bei der Vorlegung fällig. Er muß binnen einem Jahre nach der Ausstellung zur Zahlung vorgelegt werden. Der Aussteller kann eine kürzere oder eine längere Frist bestimmen. Die Indossanten können die Vorlegungsfristen abkürzen.

Der Aussteller kann vorschreiben, daß der Sichtwechsel nicht vor einem bestimmten Tage zur Zahlung vorgelegt werden darf. In diesem Falle beginnt die Vorlegungsfrist mit diesem Tage.

Anm 1 **I. Zu Abs I Satz 1: Verfall des Sichtwechsels.** 1. Sichtwechsel sind W, deren Zahlung durch den Bezogenen bei Sicht, d. h. bei Vorlegung, erfolgen soll. W ohne Angabe einer Verfallzeit sind durch Art 2 II solchen W gleichgestellt, die ausdrücklich auf Sicht lauten. Für die Form der Verfallzeitangabe vgl. 33[5].

Von W ohne Angabe der Verfallzeit ist der BlankoW mit einem zwecks späterer Ausfüllung offen gebliebenen Verfalltag zu unterscheiden (2[3]; 10[3]). Für seine Ausfüllung und Vorlegung gelten nicht die Fristen des vorl. Artikels. Nach seiner Ausfüllung richtet sich sein Verfall und die Verjährungsfristen nach der angegebenen Verfallzeit (RG JW 04, 543), jedoch vorbehaltlich etwaiger Einwendungen wegen abredewidriger Ausfüllung nach Maßgabe des Art 10.

Anm 2 2. Vorlegung zur Herbeiführung der Fälligkeit des SichtW ist Vorlegung zur Zahlung. Vorlegung kann jedoch auch bei einem SichtW, der noch nicht angenommen ist, zwecks Annahme, also nach Maßgabe des Art 21 erfolgen. Wenn kein dritter Zahlungsleister benannt ist und der Bezogene am Zahlungsort seine Niederlassung hat, geschieht eine Vorlegung des SichtW beim Bezogenen mangels abweichender Erklärung des Vorlegenden zwecks Zahlung. Ist ein dritter Zahlungsleister benannt (Art 4), so muß Vorlegung bei diesem erfolgen; Vorlegung beim Bezogenen erfolgt in diesem Falle offensichtlich zwecks Annahme, da Vorlegung zur Zahlung wirkungslos wäre. Bei Vorlegung zur Annahme hat der Bezogene auch beim SichtW die Befugnisse aus Art 24 und 27. Ebenso sind Gebote und Verbote der Vorlegung zur Annahme gemäß Art 22 auch beim SichtW zulässig. Über Vorlegung von SichtW zur Annahme und Rückgriff mangels Annahme vgl. 21[9].

Über Ausführung der Vorlegung zur Zahlung vgl. zu Art 38.

3. Die Vorlegung zur Zahlung führt den Verfall des SichtW herbei. Da **Anm 3**
die Vorlegung gemäß Art 72 nur an einem Werktag erfolgen darf, fallen beim SichtW Verfalltag und Zahlungstag (33[2]) stets zusammen. Eine Überlegungsfrist wie bei der Vorlegung zur Annahme hat das Gesetz dem Bezogenen hier nicht gewährt (bestr., vgl. 44[11]); auch etwaige Handelsgebräuche können hierfür nicht in Frage kommen (Art 74). Vom Verfall an laufen die W.zinsen im Rückgriffsfall gemäß Art 48 I Zf 2, jedoch können beim SichtW Zinsen auch vorher gemäß Art 5 ausbedungen sein.

Klageerhebung gegen den Annehmer ohne vorherige Vorlegung führt den Verfall des W nicht herbei (St-Str 34[2a]; Baumb-H 34[1]; Knur-H 34[1]), sondern erst die Vorlegung im Termin, auch im Versäumnisverfahren; vgl. jedoch Anm 8 für den Fall, daß die Vorlegungsfrist bereits abgelaufen ist.

4. Vorlegungs- und Protestfrist. Im Gegensatz zu allen anderen W **Anm 4**
wird beim SichtW die Frist für den Protest mangels Zahlung nicht durch den Verfall in Lauf gesetzt. Vielmehr kann der Protest während der ganzen Dauer der nach dem vorl. Artikel zu bestimmenden Frist für die Vorlegung zur Zahlung (Sicht) erhoben werden (Art 44 III Satz 2). Während bei anderen W der Zahlungsprotest noch nicht am Zahlungstage selbst, sondern an einem der beiden folgenden Werktage zu erheben ist, kann beim SichtW Protest schon am Tage der ersten Vorlegung, also am Verfall- und Zahlungstage selbst, erhoben werden. Andrerseits stehen die zwei folgenden Werktage für die Protestaufnahme dann nicht zur Verfügung, wenn die Vorlegung erst am Ende der Vorlegungsfrist, insb. an deren letztem Tage erfolgt, da die Protestfrist auch dann mit der Vorlegungsfrist endet(44[12]).

Infolge der Gleichsetzung von Protest- und Vorlegungsfrist besteht die Möglichkeit, den SichtW wiederholt vorzulegen, falls Zahlung nicht bei der ersten Vorlegung erfolgt, und Protesterhebung aufzuschieben, solange die Vorlegungsfrist noch läuft. Für den Eintritt des Verfalls (mit der Folge des Laufs der Zinsen nach Art 48 Zf 2 und der Verjährung nach Art 70) ist trotzdem der aus dem W nicht ersichtliche Tag der ersten Sicht, nicht der des Protests maßgebend. Umgekehrt läuft die Frist zur Notanzeige nach Art 45 vom Tage der Protesterhebung, weil erst durch den Protest der Rückgriff eröffnet wird; nur bei Protesterlaß ist die erste vergebliche Vorlegung auch für die Absendung der Notanzeige entscheidend.

II. Zu Abs I Satz 2—4: Vorlegungsfristen. 1. Der Inhalt dieser Vor- **Anm 5**
schriften ist der gleiche wie bei Art 23 hinsichtlich der Fristen für Vorlegung von NachsichtW zur Annahme, jedoch mit der Maßgabe, daß es sich im vorliegenden Artikel um Vorlegung zur Zahlung handelt (Anm 2). Die gesetzliche Frist beginnt mit dem im W angegebenen Ausstellungstage, nicht dem Tage der tatsächlichen Begebung durch den Aussteller. Die gesetzliche Frist von einem Jahre gilt nur, wenn der Aussteller keine andere Frist bestimmt hat. Für die gewillkürten Fristen gilt keine zeitliche Beschränkung. Über die Form der Anordnung vgl. 22[4 u. 6]. Die Anordnung kann z. B. lauten: „vorzulegen

innerhalb von 3 Monaten" (d. h. vom Ausstellungstage an) oder „vorzulegen bis zum 31. Dez. 1954"; sie kann aber auch in die Zahlungsaufforderung selbst hineingenommen werden: „Zahlen Sie auf Sicht bei Vorlegung bis zum 31. Dez. 1954" (RG 119, 422), da dies keine bedingte Zahlungsanweisung, sondern eine Befristung der Vorlegung bedeutet.

Für die Fristberechnung vgl. Art 36, 37, 72 u. 73. — Auch beim SichtW kann Vorlegung zur Annahme gemäß Art 23 I u. IV angeordnet werden.

Anm 6 2. Der Zweck der Fristen ist, eine übermäßige Hinausschiebung des Verfalls, insb. im Interesse der Rückgriffschuldner, zu vermeiden. Daher können die Indossanten (wohl auch deren Bürgen 30[6]) zur Einschränkung ihrer eigenen Verpflichtung die gesetzliche oder die vom Aussteller bestimmte Frist selbständig abkürzen, aber nicht verlängern. Abkürzung durch den Annehmer wäre Annahme mit Abweichung vom W.inhalt (Art 26 II).

Anm 7 3. Bei mehreren Bezogenen wird, da der Verfalltag nur einheitlich bestimmt werden darf, die Vorlegung am gleichen Tage erfolgen müssen, falls nicht der erste aufgesuchte Bezogene Zahlung leistet, wodurch die gesamte W.schuld getilgt wird. Bei Vorlegung an verschiedenen Tagen tritt kein Verfall ein (bestr.; vgl. St-Str 34[7]). Nochmalige Vorlegung bei allen Bezogenen am gleichen Tage kann aber bis zum Ablauf der Vorlegungsfrist nachgeholt werden. Da für die W.verbindlichkeit ein einheitlicher Zahlungsort besteht, wo die Vorlegung bei sämtlichen Bezogenen zu suchen ist, ist Vorlegung am gleichen Tage trotz Mehrheit von Bezogenen ausführbar.

Anm 8 4. Folgen der Fristversäumung: a) Bezüglich der Rückgriffschuldner ergibt Art 53, daß der Rückgriff verwirkt ist, wenn der Protest mangels Zahlung nicht rechtzeitig (vgl. Anm 4) erhoben ist oder wenn bei Protesterlaß der W nicht innerhalb der Vorlegungsfrist zur Zahlung vorgelegt ist. Die Versäumung der von einem Indossanten abgekürzten Frist befreit nur diesen Indossanten (Art 53 III) und seinen etwaigen W.bürgen.

b) Bezüglich des Annehmers bestimmt Art 53 nur, daß dessen Haftung bestehen bleibt. Welcher Tag für ihn mangels Vorlegung als Verfalltag zu gelten hat, ist im Gesetz nicht bestimmt. Nach dem Rechtsgedanken des Art 35 II und in Anwendung der Rspr. zur WO (zuletzt: RG 119, 422) wird der letzte Tag der Vorlegungsfrist für den Verjährungsbeginn nach Art 70 I entscheidend sein. Zinsen werden dagegen erst von tatsächlicher Vorlegung an, und nur als Verzugszinsen nach bürgerl. Recht verschuldet, soweit nicht im W Zinsen gemäß Art 5 ausbedungen sind. Der Anspruch auf die besonderen W.zinsen und die sonstigen Nebenforderungen des Art 48 entsteht auch dem Annehmer gegenüber nur „mangels Zahlung", d. h. bei fristgemäßer Vorlegung (28[10]). Nach Ablauf der Vorlegungsfrist kann der Annehmer nach Art 42 hinterlegen und genießt bei Zahlung den Schutz aus Art 40 III, als ob Verfall eingetreten wäre.

Für den Aussteller eines auf Sicht gestellten eigenen W gilt in Anwendung von Art 78 I Entsprechendes.

Anm 9 **III. Zu Abs II. Vorlegungsaufschub** (befristetes Vorlegungsverbot).

1. Inhaltlich weicht Abs 2 von der für die Vorlegung zur Annahme geltenden entsprechenden Bestimmung des Art 22 III insofern ab, als der Vor-

legungsaufschub dort zur Abkürzung der Vorlegungsfrist führt, während nach der vorl. Bestimmung die Zeitspanne, in der der W zur Zahlung nicht vorgelegt werden soll, den Beginn der unverkürzt bleibenden Frist hinausschiebt (Abs 2 Satz 2).

Nur der Aussteller kann Vorlegung vor einem bestimmten Tage verbieten. Die Indossanten können diese Frist als solche nicht abändern, aber tatsächlich für ihre Person eine Verlängerung herbeiführen, wenn sie gemäß Art 15 I ihre Haftung für die Zahlung für den Fall einer vor einem bestimmten Zeitpunkt erfolgenden Vorlegung ausschließen (22[9]). Auch können sie die nach Ablauf des Vorlegungsverbots beginnende Vorlegungsfrist nach Abs 1 Satz 4 abkürzen.

Für die Dauer der Verbotsfrist besteht keine gesetzliche Begrenzung. Nur muß das Verbot mit einem kalendermäßig bestimmbaren Tag enden. Unbefristetes Verbot würde Eintritt des Verfalls ausschließen und den W nichtig machen.

2. Wegen der Form der Anordnung vgl. 22[4 zu b]. Da beim SichtW außer dem befristeten Verbot der Vorlegung zur Zahlung auch Gebote und Verbote betr. die Vorlegung zur Annahme gemäß Art 22 zulässig sind, empfiehlt es sich, ausdrücklich anzugeben, ob sich die Anordnung auf Vorlegung zur Annahme oder zur Zahlung oder auf beides beziehen soll. Eine Anordnung „Zur Zahlung nicht vorzulegen vor dem . . .“ würde Vorlegung zur Annahme vor dem genannten Tage und Rückgriff bei verweigerter Annahme nicht ausschließen. Wenn das Verbot dagegen nur lautet: „Nicht vorzulegen vor dem...“ würde es sich auf Vorlegung zur Annahme und zur Zahlung erstrecken. Eine innerhalb der Frist erteilte Annahme wäre aber verbindlich. **Anm 10**

3. Wirkung des befristeten Verbots: Bei Vorlegung innerhalb der Verbotsfrist tritt kein Verfall ein. Beim Ausbleiben der Zahlung ist kein Rückgriff zulässig. Durch den Bezogenen innerhalb der Frist erfolgende Zahlung ist Zahlung vor Verfall (Art 40 II), der Annehmer genießt daher bei solcher Zahlung nicht den Schutz des Art 40 III. Rückgriff vor Verfall bleibt beim Vorhandensein seiner Voraussetzungen auch innerhalb der Verbotsfrist zulässig. **Anm 11**

Artikel 35

Der Verfall eines Wechsels, der auf eine bestimmte Zeit nach Sicht lautet, richtet sich nach dem in der Annahmeerklärung angegebenen Tage oder nach dem Tage des Protestes.

Ist in der Annahmeerklärung ein Tag nicht angegeben und ein Protest nicht erhoben worden, so gilt dem Annehmer gegenüber der Wechsel als am letzten Tage der für die Vorlegung zur Annahme vorgesehenen Frist angenommen.

I. Allgemeines betr. **Nachsichtwechsel.** Durch Art 33 ist es zugelassen, die Verfallzeit von W derart zu bestimmen, daß der Verfall eine bestimmte Zeit nach Sicht eintreten soll. Über die Form der Verfallzeitangabe solcher **Anm 1**

Nachsicht- oder Zeitsicht-W genannten W vgl. 33[6]. Während beim SichtW die Vorlegung beim Bezogenen (Sicht) zwecks Einziehung der W.summe erfolgt, ist die Sicht beim NachsichtW eine Vorlegung zur Annahme. Sie bezweckt, die bei Ausstellung des W noch nicht kalendermäßig bestimmte Verfallzeit dadurch festzulegen, daß die im W angegebene Nachsichtsfrist in Lauf gebracht wird. Nachsichtfrist ist die Frist zwischen Sicht und Verfall, welche von der Frist für die Sicht (Vorlegung zur Annahme) nach Art 23 zu unterscheiden ist. Der vorl. Artikel bestimmt in Abs 1, welcher Tag für den Beginn der Nachsichtfrist entscheidend ist. Für die Berechnung des Endes der Frist, also den Eintritt des Verfalls, vgl. Art 36 u. 73.

Die im vorl. Artikel enthaltenen Bestimmungen über den Verfall des NachsichtW stehen in engem Zusammenhang mit Art 23, der die Fristen für die Vorlegung von NachsichtW zur Annahme betrifft, und mit Art 25, in dem für NachsichtW Datierung der Annahmeerklärung und beim Unterbleiben der Datierung Protesterhebung zwecks Erhaltung der Rückgriffrechte vorgeschrieben ist.

Anm 2 **II. Zu Abs I. Beginn der Nachsichtfrist.**

1. Der Lauf der den Verfall des NachsichtW regelnden Frist beginnt nicht, wie man aus dem Wortlaut „nach Sicht" und dem Vergleich mit dem SichtW vermuten könnte, mit der Sicht als dem Tage der Vorlegung zur Annahme, auch nicht (abgesehen vom eigenen W; Anm. 6) von dem Datum einer vom Bezogenen etwa auf dem W erteilten Sichtbescheinigung (z. B. „vorgelegt am ...., Annahme verweigert. Bezogener"). Eine solche Sichtbescheinigung ist rechtlich unerheblich. Der Anfang der Nachsichtfrist richtet sich vielmehr:

in erster Linie nach dem in der Annahmeerklärung (gemäß Art 25 II) angegebenen Datum,

in zweiter Linie, also mangels datierter Annahme, nach dem Tage des erhobenen Protestes; dies ist entweder ein Protest mangels Annahme (bei verweigerter Annahme) oder mangels Datierung (bei undatierter Annahme; Schlußsatz Art 25),

in dritter Linie, d. h. bei undatierter Annahme, aber Fehlen eines Protestes mangels Datierung, nach dem letzten Tage der Vorlegungsfrist; dies gilt aber, da der Rückgriff in diesem Falle verwirkt ist (über Protesterlaß vgl. Anm 4), nur im Verhältnis zum Annehmer (Abs 2 des vorl. Artikels).

Anm 3 2. Die vorstehend angegebenen Tage gelten als Sichttage, auch wenn die Vorlegung oder erste Vorlegung tatsächlich an einem anderen Tage stattgefunden hat. Dies gilt auch für den Fall des Art 24, also einer vom Bezogenen beanspruchten Überlegungsfrist. Der W.inhaber kann zwar nach Art 25 II Satz 1 die Angabe des Datums der ersten Vorlegung statt des Annahmetages verlangen; gibt aber der Bezogene auch den letzteren Tag an, so ist dieser entscheidend (25[12]; vgl. Näheres St-Str 35[5]; abw. Qu-A 25[9]; Baumb-H 25[2]). Falls der Annehmer, um den Verfall des W hinauszuschieben, seine Annahmeerklärung vordatiert, so kann der Inhaber Protest mangels unbeschränkter Annahme erheben lassen, da eine Annahme unter Hinausschiebung der Verfallzeit nach Art 26 II zu behandeln ist.

Solange die Vorlegungsfrist aus Art 23 noch läuft, kann die bei früherer Vorlegung unterbliebene Annahme oder deren Datierung durch wiederholte Vorlegung nachgesucht werden; solche erneute Aufforderung hat nach vorausgegangener privater Vorlegung durch den Protestbeamten in jedem Falle vor Protestbeurkundung zu geschehen. Protest ist nicht am Tage der ersten Vorlegung erforderlich, sondern kann bis zum Ende der Vorlegungsfrist erhoben werden (Art 44 II Satz 1), in dem Sonderfalle des Art 44 II Satz 2 (Überlegungsfrist bei Vorlegung am letzten Tage der Vorlegungsfrist) noch am folgenden Tage (24[6]).

3. Protesterlaß durch den Aussteller nach Art 46 ist bezüglich des Protests mangels Annahme auch beim NachsichtW zulässig (unstreitig). Ist also bei Vorlegung des W keine Annahme vom Bezogenen zu erhalten, so kann bei Protesterlaß nicht nur alsbald Rückgriff mangels Annahme genommen werden, sondern der Tag der erfolglosen Vorlegung wird auch als Sichttag für die Berechnung des Verfalltages an Stelle des Protesttages anzusehen sein. Der Zeitpunkt des Verfalls ist für den Abzug von Zwischenzinsen nach Art 48 II, für den Beginn der Wechselzinsen (Art 48 I Zf 2) und der Verjährung (Art 70 II) und für den Endtermin der im W etwa nach Art 5 bedungenen Zinsen (5[3]) von Bedeutung. Auf die Beweislast bezüglich des Vorlegungstages ist Art 46 II Satz 2 entsprechend anwendbar. **Anm 4**

Da Erlaß des Protestes mangels Annahme zulässig ist, wirkt der Erlaß auch bei Ordnungswidrigkeit der Annahme, d. h. bei unterbliebener Datierung (25[14]; 46[5]; abw. herrsch. Ans.), so daß der Rückgriff auch ohne Protest mangels Datierung im Falle des Protesterlasses erhalten bleibt. **Anm 5**

Was den Annehmer betrifft, so gilt nach Abs 2 bei undatierter Annahme und unterbliebener Erhebung eines Protestes mangels Datierung der letzte Tag der Vorlegungsfrist als Sichttag. Für den Protesterlaß, der ja den Annehmer im allgemeinen nichts angeht, ist hiervon keine Ausnahme im Gesetz gemacht. Da bei der gesamtschuldnerischen Haftung der W.schuldner grundsätzlich nur eine einheitliche Verfallzeit zulässig ist, wird in diesem Falle Art 35 II auch für die Rückgriffschuldner unter Ausschluß des Gegenbeweises nach Art 46 II entsprechend anwendbar sein. Dem W.inhaber steht es aber frei, Protest mangels Datierung erheben zu lassen, wenn er die durch Art 35 II eintretende Hinausschiebung der Verfallzeit vermeiden will. Trotz des Protesterlasses haften auch die Rückgriffschuldner für die Kosten dieses der Herbeiführung des Verfalls dienenden Protests, da dieser nicht unnütz erhoben wird, der Rechtsgrund für die Kostenregelung des Art 46 III Satz 1 daher entfällt. Die Haftung sämtlicher W.schuldner für die Kosten ergibt sich aber auch aus entsprechender Anwendung des Art 46 III Satz 2 in Verbindung mit Art 47 aus dem Umstand, daß der Annehmer für die Kosten des durch Nichterfüllung seiner Datierungspflicht (Art 25 II Satz 1) verursachten Protestes haftbar ist (St-Str 25[20]; Baumb-H Schlußsatz in 25[3]).

4. Bei eigenen Wechseln, die bestimmte Zeit nach Sicht fällig gestellt sind, tritt gemäß Art 78 II das Datum einer vom Aussteller zu erteilenden Sichtbescheinigung an die Stelle des Annahmedatums. Bei Verweigerung datierter Sichtbescheinigung ist ebenfalls Protest erforderlich, für den Ent- **Anm 6**

sprechendes gilt wie für den Protest mangels Datierung beim gezogenen NachsichtW. Auch Abs 2 des vorl. Artikels ist auf den Aussteller des eigenen W entsprechend anwendbar (vgl. Anm 7).

Anm 7 **III. Zu Abs II.** Bei **undatierter** Annahme und nicht rechtzeitig erhobenem Protest mangels Annahme gilt nach der zwingenden Vorschrift des Abs 2 im Verhältnis zum Annehmer (und seinem W.bürgen) der letzte Tag der Vorlegungsfrist als Sichttag, mit dessen Ende der Lauf der Nachsichtfrist beginnt. Die Rückgriffschuldner werden nach Art 25 II (Schlußsatz) frei, es sei denn daß Protest erlassen war (Anm 5). Angabe eines unmöglichen Datums (z. B. 30. Februar) steht fehlender Datierung gleich. Eine durch den Inhaber ohne Zustimmung des Annehmers beigefügte Datierung ist, auch wenn sie den tatsächlichen Tag der Vollziehung der Annahme angibt, als unbefugte „Änderung" des W.inhalts im Sinne des Art 69 zu behandeln: Für den Annehmer gilt der letzte Tag der Vorlegungsfrist als Sichttag, und der Rückgriff gegen die Rückgriffschuldner, die vor der unbefugten Einrückung des Datums ihre Verpflichtung eingegangen sind, wird durch diese Datierung der Annahme nicht erhalten. Über die Wirkung einer nach Ablauf der Vorlegungsfrist erfolgenden Annahme vgl. St-Str 35[6].

Klagezustellung an den Annehmer einer undatierten Annahme während der Vorlegungsfrist bringt die Nachsichtsfrist auch dem Annehmer gegenüber nicht in Gang, ebensowenig Vorlegung im Termin. Denn nicht die Vorlegung, sondern Datum von Annahme oder Protest sind für den Beginn der Frist entscheidend. Der Inhaber kann aber auch während des Rechtsstreits, wenn er die Fälligkeit nach Abs 2 nicht abwarten will, die Nachsichtfrist durch Protest mangels Datierung in Lauf bringen. Auch bei Protesterlaß und auch im Verhältnis zu den Rückgriffschuldnern wird alles dies mit Rücksicht auf den Wortlaut des Abs II gelten müssen (vgl. Anm 5).

Artikel 36

Ein Wechsel, der auf einen oder mehrere Monate nach derAusstellung oder nach Sicht lautet, verfällt an dem entsprechenden Tage des Zahlungsmonats. Fehlt dieser Tag, so ist der Wechsel am letzten Tage des Monats fällig.

Lautet der Wechsel auf einen oder mehrere Monate und einen halben Monat nach der Ausstellung oder nach Sicht, so werden die ganzen Monate zuerst gezählt.

Ist als Verfallzeit der Anfang, die Mitte oder das Ende eines Monats angegeben, so ist darunter der erste, der fünfzehnte oder der letzte Tag des Monats zu verstehen.

Die Ausdrücke „acht Tage" oder „fünfzehn Tage" bedeuten nicht eine oder zwei Wochen, sondern volle acht oder fünfzehn Tage.

Der Ausdruck „halber Monat" bedeutet fünfzehn Tage.

I. Berechnung der Verfallzeit. Art. 36 gibt keine bloßen Auslegungsregeln, die bei Feststellung eines anderen Parteiwillens zu weichen hätten. Denn der Verfalltag muß aus dem W selbst ersichtlich sein; hierzu dienen die in Art 36 aufgestellten Regeln, welche Zweifel bezüglich zweideutiger Ausdrücke beheben. Ist aber aus dem W selbst durch einen erläuternden Vermerk des Ausstellers ersichtlich, daß der Aussteller einen der zweideutigen Ausdrücke in abweichendem Sinne gebraucht hat (Beispiel: „Zahlen Sie in acht Tagen, also am 14. dieses Monats" bei einem am 7. Monatstage ausgestellten W), so ist die im W gegebene Erläuterung entscheidend (Rechtsged. 37 IV und Grundsatz der Vermeidung unnützer Nichtigkeiten. Abw. Qu-A 36^2). **Anm 1**

II. Für Beginn und Ende der Fristen sind ergänzend Art 72 und 73 zu beachten. Nach Art 72 verschiebt sich der Tag, an dem die Zahlung tatsächlich gefordert werden kann, auf den nächsten Werktag („Zahlungstag", vgl. 33^2), wenn der Verfalltag auf einen Feiertag fällt. Nach Art 73 zählt bei Fristberechnung der Tag, an dem die Frist zu laufen beginnt, nicht mit (entspr. § 187 BGB). Also zählt bei DatoW der Ausstellungstag, bei NachsichtW der Tag der Annahme bzw. des Protestes nicht. Für das Ende der Vorlegungsfristen ist ebenfalls Art 72 zu beachten. **Anm 2**

III. Einzelheiten: 1. Die Vorschriften betreffen Dato- und NachsichtW ($33^{6,\,7}$). Nur Abs III bezieht sich auf TagW (33^8). **Anm 3**

2. Abs I Satz 1 ist entspr. anwendbar, wenn die Frist nach Wochen bestimmt ist (z. B. „vier Wochen a dato", „zwei Wochen nach Sicht"). Hier tritt der Verfall an dem Wochentag ein, welcher nach seiner Benennung mit demjenigen der Ausstellung oder der Sicht übereinstimmt (z. B. Ausstellungstag Dienstag, Verfall ebenfalls am Dienstag).

3. Abs II entspricht der Regelung des § 189 BGB.

4. Abs III entspricht der Regelung des § 192 BGB. Gleichbedeutende Ausdrücke, z. B. „primo", „medio", „ultimo", sind in gleicher Weise auszulegen.

5. Zu Abs IV: Auch die Frist „vier Wochen" ist nicht als ein Monat, sondern als genau 4 Wochen zu behandeln.

Artikel 37

Ist ein Wechsel an einem bestimmten Tag an einem Orte zahlbar, dessen Kalender von dem des Ausstellungsorts abweicht, so ist für den Verfalltag der Kalender des Zahlungsorts maßgebend.

Ist ein zwischen zwei Orten mit verschiedenenem Kalender gezogener Wechsel eine bestimmte Zeit nach der Ausstellung zahlbar, so wird der Tag der Ausstellung in den nach dem Kalender des Zahlungsorts entsprechenden Tag umgerechnet und hiernach der Verfalltag ermittelt.

Auf die Berechnung der Fristen für die Vorlegung von Wechseln findet die Vorschrift des vorstehenden Absatzes entsprechende Anwendung.

Die Vorschriften dieses Artikels finden keine Anwendung, wenn sich aus einem Vermerk im Wechsel oder sonst aus dessen Inhalt ergibt, daß etwas anderes beabsichtigt war.

Kalender-Verschiedenheit. Voraussetzung für die Anwendbarkeit dieser Vorschriften ist, daß nach internationalem Privatrecht für die Bestimmung des Verfalltages Deutsches Recht maßgebend ist. Das WG enthält hierüber keine ausdrückliche Kollisionsregel. Wie bei anderen die Zahlung betr. Umständen ist in entspr. Anwendung der Art 96, 97 das Recht des Zahlungsorts maßgebend. Art 37 ist also anwendbar, wenn der Zahlungsort in Deutschland ist.

Da nunmehr in fast allen außerdeutschen Ländern ebenso wie in Deutschland der sog. Gregorianische Kalender gilt, haben die Bestimmungen des vorl. Artikels gegenwärtig keine praktische Bedeutung.

Sechster Abschnitt

Zahlung

Artikel 38

Der Inhaber eines Wechsels, der an einem bestimmten Tage oder bestimmte Zeit nach der Ausstellung oder nach Sicht zahlbar ist, hat den Wechsel am Zahlungstag oder an einem der beiden folgenden Werktage zur Zahlung vorzulegen.

Die Einlieferung in eine Abrechnungsstelle steht der Vorlegung zur Zahlung gleich.

Der Reichsminister der Justiz bestimmt, welche Einrichtungen als Abrechnungsstellen anzusehen sind und unter welchen Voraussetzungen die Einlieferung erfolgen kann.

Anm 1 **I. Zu Abs I: Zahlung durch den Hauptschuldner bei Verfall.**

1. Die Verbindlichkeit des W.hauptschuldners (Annehmers; beim eigenen W: des Ausstellers) ist eine Holschuld. Dies ist durch die Eigenschaft des W als Umlaufpapier bedingt: der Schuldner kann grundsätzlich nicht wissen, in wessen Hand sich der im Umlauf befindliche W bei Verfall befindet. Deshalb bestimmt Abs 1 des vorl. Artikels, daß der Inhaber den W bei Verfall vorzulegen hat. Die Zahlungsaufforderung hat unter Vorlegung des W zu erfolgen, um dem Schuldner die Prüfung des Ausweises des Gläubigers gemäß Art 16 I zu ermöglichen, da hiervon die befreiende Wirkung einer Zahlung an einen nicht berechtigten Besitzer des W gemäß Art 40 III abhängig ist. Die Vorlegung ist auch die Vorbereitung der Aushändigung des W, die gegen Zahlung zu erfolgen hat (Art 39).

Anm 2 2. Vorlegungsfrist: Im Interesse der W.schuldner, insbes. der Rückgriffschuldner hat die Vorlegung zur Zahlung innerhalb einer kurzen Frist, nämlich am Zahlungstage (zu unterscheiden vom Verfalltag: Art 72; vgl. 33[2]) oder den zwei folgenden Werktagen stattzufinden. Diese Frist ist eine Ausschlußfrist, deren Verlängerung nur bei höherer Gewalt (Art 54) oder gesetzlichen Moratorien (Vorbehalt Anl II Art 22 zum Genfer Abk.; Beispiel:

die nicht mehr in Kraft befindliche VO vom 10. 11. 43, RGBl I 656) erfolgt. Über die Folgen der Fristversäumnis vgl. Anm 13. Der Annehmer kann zwar für seine Person auf Vorlegung verzichten und gerät dann bei Verfall in Verzug (§ 284 II BGB), aber nicht mit Wirkung für die Rückgriffschuldner (St-Str 38[9]; Baumb-H 38[1 B]). Die Vorlegungsfrist ist auch bei Protesterlaß einzuhalten und hat hierbei eine der Protestfrist entsprechende Bedeutung. Beide Fristen decken sich nicht vollständig, weil Protest noch nicht am Zahlungstag selbst erhoben werden darf (Art 44 III). Obwohl die Ausschließung des Protestes am Zahlungstage der Absicht entsprang, dem Hauptschuldner diesen Tag in seiner vollen Ausdehnung zur Bewirkung der Zahlung freizuhalten, fehlt eine entsprechende Regelung, wenn Protest erlassen ist.

3. Sichtwechsel fallen im Gegensatz zu allen übrigen W nicht unter Abs 1, dessen Vorlegungsfrist an den Verfall anknüpft. Bei SichtW tritt aber der Verfall erst durch die Vorlegung zur Zahlung ein (Art 34 I Satz 1). Bei ihnen folgt also die Vorlegung nicht auf den Verfall, sondern umgekehrt der Verfall auf die Vorlegung. Die Verpflichtung zur Vorlegung innerhalb bestimmter Fristen ist für SichtW durch Art 34 geregelt. **Anm 3**

Dagegen gilt Art 38 wie der ganze 6. Abschnitt des WG nicht nur für gezogene, sondern auch für eigene W (Art 77 I).

II. Die Ausführung der Vorlegung. **Anm 4**

1. Worin besteht die Vorlegung? Die Vorlegung nach Art 38 ist Vorlegung zur Zahlung (Vorlegung zur Annahme ist in Art 21 geregelt). Sie erfolgt mit der ausdrücklichen oder stillschweigenden Aufforderung zur Vornahme der fälligen wechselrechtlichen Leistung (vgl. Art 80 I Zf 2), d. h. zur Zahlung der W.summe. Die Vorzeigung des W als solche ist Gestattung der Einsicht der Urkunde (§ 810 BGB) derart, daß der Bezogene in einer Treu und Glauben entsprechenden Weise die ihm nach Art 40 III obliegende Prüfung vornehmen kann. Aushändigung des W ist dazu nicht erforderlich (vgl. Art 24 II), wohl aber Bereitschaft zur Aushändigung Zug um Zug gegen Zahlung (39[7]). Die stillschweigende Zahlungsaufforderung besteht z. B. darin, daß der W — wie üblich — in Erwartung der Zahlung im voraus quittiert ist (39[6]).

Die Vorschrift des Art 38 I wird nur durch tatsächliche Vorlegung erfüllt. Vergeblicher Vorlegungsversuch ist hier (anders beim Protest nach Art 80 I Zf 2) der erfolgten Vorlegung nicht gleichgestellt. Dies mit Grund: denn bei privaten Vorlegungsversuchen ist nicht wie bei Zuziehung eines Protestbeamten Gewähr dafür gegeben, daß der Inhaber die erforderlichen Schritte zur Aufsuchung des Bezogenen tatsächlich unternommen hat. Trotz Protesterlaß muß daher der Inhaber, um Ersatz für vergeblich versuchte Vorlegung zu beschaffen, Protesterhebung zur Wahrung seiner Rückgriffsrechte veranlassen (vgl. St-Str 38[6]; Qu-A 38[4] hält Protest nur für „zweckmäßig"). Für die Kosten des folgenden Wand- oder Windprotestes (80[14]) haften die Rückgriffschuldner entgegen der Regel des Art 46 III Satz 2, die unanwendbar ist, wenn im Einzelfall begründeter Anlaß zur Protesterhebung vorlag (so Langen, ZHR 104, 27, der dies hier aber nur für Windprotest bejaht). **Anm 5**

Anm 6 2. Vorlegende Person ist (im Gegensatz zu Art 21) nur der Inhaber des W, d. h. der „rechtmäßige" Inhaber. Als solcher gilt bis zum Beweis des Gegenteils der nach Art 16 I formell ausgewiesene Besitzer des W (16[2]). Den formellen Ausweis muß der Schuldner, um bei Zahlung den Schutz des Art 40 III zu genießen, prüfen. Daher kann wirksame Vorlegung nur durch einen formell ausgewiesenen Inhaber erfolgen. Der Schuldner kann aber auch das Zahlungsverlangen eines zwar formell ausgewiesenen, aber nicht „rechtmäßigen" Inhabers (vgl. 16[1]; Beispiel: Indossatar, dessen Erwerbsakt materiell unwirksam ist) zurückweisen und muß dies tun, wenn er andernfalls arglistig handeln würde (40[15]). Die im Gesetz nicht geregelte Frage, ob Vorlegung durch einen formell ausgewiesenen, aber materiell nicht berechtigten Inhaber die Frist des Art 38 wahrt, insbes. bei Protesterlaß den Rückgriff erhält, wird ebenso wie die Frage nach der Wirksamkeit eines für einen solchen Inhaber erhobenen Protestes zu bejahen sein (vgl. 80[5]).

Anm 7 Der Inhaber kann sich zur Vorlegung eines Vertreters bedienen. Da Zug um Zug gegen Zahlung Quittung auf dem W verlangt werden kann (Art 39), wird der W regelmäßig von einem nicht persönlich vorlegenden Inhaber im voraus quittiert; hierdurch wird der Überbringer gleichzeitig zur Empfangnahme der Zahlung ermächtigt (§ 370 BGB). Der Protestbeamte bedarf keiner besonderen Vollmacht und hat, wenn der W nicht im voraus quittiert war, selbst Quittung zu erteilen (Art 84). Über Vorlegung durch die Post vgl. § 20 der Postordnung (insbes. zu I Zf 3), abgedruckt Anh. III 1b.

Anm 8 3. Der W ist dem Bezogenen (beim eigenen W dem Aussteller) vorzulegen, es sei denn daß nach Art 4 oder 27 ein besonderer Zahlungsleister (Domiziliat) benannt ist. In diesem Falle hat die Vorlegung „beim" Zahlungsleister zu erfolgen (unstreitig), wobei diesem als der zur Leistung für Rechnung des Bezogenen benannten Person der W unter Aufforderung zur Zahlung vorzulegen ist (bestr., vgl. 4[7]).

Bei Mehrheit von Bezogenen muß sämtlichen vorgelegt werden (St-Str 38[4]), falls kein gemeinschaftlicher Domiziliat benannt ist. Beim Vorhandensein von Notadressen oder Ehrenannehmern ist auch diesen vorzulegen, um den Rückgriff gegen Notadressanten bzw. Honoraten und deren Nachmänner zu wahren; jedoch ist die Frist hierfür nach Art 60 um einen Tag verlängert.

Die Vorlegung kann auch gegenüber bevollmächtigten Vertretern der zur Zahlung aufzufordernden Person erfolgen (vgl. 80[13]).

Anm 9 4. Wo vorzulegen ist, ergibt sich aus der im W enthaltenen Angabe des Zahlungsorts (1[13—15]) und bezüglich der am Zahlungsort aufzusuchenden Stelle aus Art 87 (87[3]). Grundsätzlich dient danach die im W etwa angegebene Stelle (Adresse) am Zahlungsort nur der erleichterten Auffindung der tatsächlichen Geschäfts- oder Wohnräume des Bezogenen bzw. Zahlungsleisters (87[4]). Jedoch ist beim Vorhandensein mehrerer Niederlassungen dieser Person am Zahlungsort (z. B. mehrerer Zweigstellen der als Zahlungsleister benannten Bank) die im W angegebene Niederlassung aufzusuchen (RG 111, 266). Über Notwendigkeit der Protestaufnahme bei Unauffindbarkeit vgl. Anm 5.

Anm 10 5. Zu welcher Tageszeit die Vorlegung innerhalb der Vorlegungsfrist (Anm 2) stattfinden darf, also insbes. bei Protesterlaß den Rückgriff eröffnet, ist im Gesetz nicht bestimmt. Art 86 (Proteststunden) wird entsprechend anzuwenden sein. Widerspricht der zur Zahlung Aufgeforderte einer außerhalb dieser Stunden erfolgenden Vorlegung wegen Unangemessenheit der Zeit (vgl. § 358 HGB), z. B. wegen „Kassenschluß", so ist die Frist durch eine derartige Vorlegung, welche gemäß § 242 BGB nicht als wirksame Zahlungsaufforderung angesehen werden kann, nicht gewahrt.

III. Wirkung fristgemäßer Vorlegung. Anm 11

1. Der Annehmer (bzw. Aussteller des eigenen W) haftet nach vergeblicher Vorlegung „mangels Zahlung" dem Inhaber für die Nebenansprüche aus Art 48 (28[10]). Als Folge seines Zahlungsverzugs wird seine Schuld zu einer Bringschuld (ROHG 5, 386; RG 160, 341), jedoch bleibt der wechselmäßige Zahlungsort unverändert Erfüllungsort (28[9]).

2. Rückgriff mangels Zahlung wird bei Protesterlaß durch die Vorlegung erhalten und eröffnet, andernfalls muß noch rechtzeitiger Protest mangels Zahlung hinzukommen (Art 53 I). Die Rückgriffschuldner haben kein eigenes Recht auf Vorlegung, jedoch kommen sie durch die Vorlegung beim Bezogenen noch nicht in Verzug. Ihr Zahlungsverzug (nach Mahnung; § 284 BGB) ist hinsichtlich der Prozeßkostenlast — insb. bei sofortigem Anerkenntnis — erheblich, weil sie ohne vorherige Zahlungsaufforderung (vgl. darüber KGBl 1911, 97) keine Veranlassung zur Klage geben. Die Rückgriffschuldner sind nach Art 48, 49 auch ohne Verzug zur Zahlung von W.zinsen ab Verfall verpflichtet. Ihre Schuld ist von vornherein Bringschuld (§ 270 BGB). Auch sie brauchen aber nur Zug um Zug gegen Aushändigung des W und der weiteren in Art 50 angeführten Urkunden zu zahlen; wenn der Gläubiger hierzu bei Angebot der Zahlung in seinen Geschäftsräumen nicht bereit ist, kommt er in Gläubigerverzug (§ 298 BGB). Anm 12

IV. Folgen der Fristversäumnis. Anm 13

1. Der Inhaber kommt in Gläubigerverzug (vgl. § 296 BGB). Der W.hauptschuldner kann hinterlegen (Art 42).

2. Der Annehmer haftet nicht mehr für die Nebenansprüche aus Art 48 (28[10]), bleibt aber für die W.summe und etwaige gemäß Art 5 bedungene Zinsen verpflichtet. Auch wenn er nachträglich durch vergebliche Vorlegung des W in Verzug gerät, schuldet er keine W.zinsen; Verzugszinsen können nur noch nach bürgerl. Recht (§ 288 BGB) beansprucht werden. Ist ein Zahlungsleister nach Art 4 oder 27 benannt, so hat auch die nachträgliche Vorlegung bei diesem stattzufinden. Auch wenn kein Zahlungsleister benannt ist, ersetzt Klageerhebung gegen den Annehmer nicht die Vorlegung des W (abw. Qu-A 38[8]), sondern erst Vorlegung im Termin, auch im Versäumnisverfahren (St-Str 38[12a]; Gareis-R 38[3]; Baumb-H 38[1 D]).

3. Die Rückgriffschuldner werden frei (Art 53 I). Zu diesen gehört der W.bürge des Annehmers nicht (32[2]).

V. Zu Abs II. Einlieferung in eine **Abrechnungsstelle.** Anm 14

1. Sie steht der Vorlegung zur Zahlung gleich, wenn der HauptW.schuldner oder bei Benennung eines Zahlungsleisters dieser einer Abrechnungsstelle als Teilnehmer am Abrechnungsverkehr angeschlossen ist (vgl. § 2 I der

VO vom 28. 10. 43, RGBl I 582; abgedr. Anh. III 3). Die VO vom 28. 10. 43 spricht ungenau von einer „Zahlstelle", während der als Zahlungsleister gemäß Art 4 oder 27 benannte Dritte gemeint ist.

2. Sie ersetzt nur die Vorlegung zur Zahlung, nicht den mangels Zahlung etwa erforderlich werdenden Protest (anders beim Scheck Art 40 Zf 3 SchG). Bei der Kürze der Protestfrist hat die Vorschrift daher nur für W praktische Bedeutung, deren Einlösung mit Bestimmtheit zu erwarten ist, oder bei denen der Aussteller den Protest erlassen hat, oder wenn kein Rückgriffpflichtiger vorhanden ist.

3. Sichtwechsel sind obwohl sie in Abs 1 des vorl. Artikels absichtlich nicht erwähnt sind (Anm 3), von der Einlieferung in eine Abrechnungsstelle nicht ausgeschlossen. Ihre Einlieferung führt, da sie der Vorlegung zur Zahlung gleichsteht, den Verfall herbei (Art 34 I Satz 1).

Anm 15 **VI. Zu Abs III.** Die Bestimmung von **Abrechnungsstellen** durch VO des Reichsjustizministers hat letztmalig durch die VO v. 28. 10. 43 (RGBl I, 583) stattgefunden. Vgl. Anh. III, 3. Darin sind die bei einer Reichsbankanstalt errichteten Abrechnungsstellen zu Abrechnungsstellen im Sinne des vorl. Artikels erklärt worden.

An ihre Stelle sind im Gebiet der Bundesrepublik Deutschland gemäß § 15 der Zentralbankgesetze die bei den Landeszentralbanken errichteten Abrechnungsstellen getreten, in West-Berlin die Berliner Zentralbank (VOBl. Berlin 1950 I, 45) in der DDR diejenigen bei den Emissions- und Girobanken. Sie dienen vorwiegend dem Zahlungsausgleich im Scheckverkehr nach Art 31 ScheckG.

Artikel 39

Der Bezogene kann vom Inhaber gegen Zahlung die Aushändigung des quittierten Wechsels verlangen.

Der Inhaber darf eine Teilzahlung nicht zurückweisen.

Im Falle der Teilzahlung kann der Bezogene verlangen, daß sie auf dem Wechsel vermerkt und ihm eine Quittung erteilt wird.

Anm 1 **I. Allgemeines.** Der vorl. Artikel handelt von der Zahlung des Bezogenen (bzw. des Ausstellers des eigenen W) bei Verfall, nicht von der Zahlung durch Rückgriffschuldner, Notadressen, Ehrenannehmer oder einen W.bürgen für den Annehmer. Der Zahlung durch den Bezogenen selbst steht die Zahlung durch einen nach Art 4 oder 27 benannten Zahlungsleister gleich. Über die Wirkung der Zahlung des Bezogenen vgl. 47[9]ff.

Der Anspruch der nicht unter Art 39 fallenden W.schuldner auf Aushändigung des W und einer Quittung beruht auf Art 50. Eine von ihnen angebotene Teilzahlung kann der Gläubiger ohne Rechtsnachteile zurückweisen.

Art 39 betrifft nur eine Zahlung, die der Bezogene als solcher leisten will. Es kann aber auch vorkommen, daß ein Bezogener, der den W nicht angenommen hat, den W zwar nicht als Bezogener einlösen will, aber bereit ist, als Ehrenzahler zu Ehren eines Rückgriffschuldners einzutreten (59[4]) oder den W von dem derzeitigen Inhaber gegen Zahlung zu erwerben. In solchen Fällen muß zwecks Erhaltung der Rückgriffansprüche Protest mangels Zahlung gegen den Bezogenen erhoben, gegebenenfalls nach Maßgabe der Vorschriften über Ehrenzahlung (Art 62) verfahren werden. Über Indossierung des W an den Bezogenen vgl. 11[6] u. 40[8].

II. Zu Abs I: Anspruch auf **Aushändigung des quittierten Wechsels** bei Vollzahlung (über Teilzahlung vgl. Anm 8ff.). **Anm 2**

1. Der Anspruch steht dem Bezogenen zu, gleichviel ob er angenommen hatte oder nicht, jedoch nur Zug um Zug gegen Vollzahlung der W.summe, im Falle des Art 5 zuzüglich der Zinsen. Der Bezogene kann diesen Anspruch, wenn Zahlung von ihm verlangt wird, durch Zurückbehaltungsrecht geltend machen (§§ 273f BGB). Er kann aber auch seinerseits bei Verfall Herausgabe des quittierten W von dessen Inhaber Zug um Zug gegen Zahlung verlangen, also ein Einlösungsrecht ausüben, wie es den Rückgriffschuldnern durch Art 50 eingeräumt ist. Wenn er Zahlung ohne Rückgabe des W geleistet hat, z. B. die W.schuld durch Aufrechnungserklärung getilgt hat, kann er auch selbständig die Herausgabe des quittierten W beanspruchen. Andrerseits entfällt sein Zurückbehaltungsrecht für die fällige Zahlung, wenn er sich infolge versehentlicher Aushändigung oder aus anderen Gründen bereits im Besitz des W befindet (so unter WO unter Heranziehung des Gesichtspunkts der Arglist: RG LZ 1913, 62).

Das Einlösungsrecht kann der Bezogene, insbes. wenn er als Annehmer haftet, in entspr. Anwendung des Abs I auch noch nach vergeblicher Vorlegung zur Zahlung seitens des Inhabers und auch noch nach Protesterhebung ausüben (abw. Qu-A 39[3]). Jedoch muß er nunmehr auch die nach Art 48, 49 verschuldeten Nebenleistungen anbieten (Denkschr. 130; Hupka 95), was sich für den Annehmer aus Art 28 II ergibt. Falls Rückgriff vor Verfall eröffnet ist, kann der Bezogene das Einlösungsrecht auch vor Verfall ausüben (Langen 114) und eine von ihm beanspruchte Zahlung von Aushändigung des quittierten W abhängig machen. **Anm 3**

Der Annehmer, der sich zur Einlösung erbietet, hat den Vorrang vor zur Einlösung bereiten Rückgriffschuldnern.

2. Die Aushändigungspflicht des Inhabers dient in erster Linie dazu, den Schuldner vor erneuter Inanspruchnahme zu schützen. Schon nach Art 38 I hat der Inhaber, wenn er bei Verfall Zahlung beansprucht, den W vorzulegen, so daß der Bezogene seine Legitimation prüfen kann. Diese Verpflichtung nach Art 38 I ist aber nur eine Pflicht des Inhabers „gegen sich selbst“ zur Vermeidung von Rechtsverlusten (38[13]). Die vorl. Bestimmung gibt darüber hinaus dem zahlenden Bezogenen einen Anspruch auf Vorlegung und Aushändigung des W (Anm 2). Der Gläubiger muß daher, wenn er Zahlung beansprucht, im Besitz des W sein und muß bis zum Erlaß des Urteils imstande bleiben, den W vorzulegen. **Anm 4**

Zweifelhaft ist, ob der Inhaber bei Vollzahlung des Annehmers ein Zurückbehaltungsrecht am W nach § 273 BGB oder § 369 HGB ausüben kann, obwohl die Quittung (aus dem in Anm 6 angegebenen Grunde) nach der vorliegenden Vorschrift grundsätzlich auf dem W selbst erteilt wird. An der dem

Zahlenden nach bürgerl. Recht (§§ 368ff BGB) zu erteilenden Quittung kann nach feststehender Rspr. kein Zurückbehaltungsrecht ausgeübt werden (RG JW 1911, 808). Dem Anspruch auf Quittung könnte jedoch der Inhaber auch durch Aushändigung einer gesonderten Quittung unter Zrückhaltung des mit Zahlungsvermerk versehenen W genügen. Es ist jedoch zu berücksichtigen, daß die Quittung auf einem in der Hand des Gläubigers verbleibenden W die erfolgte Zahlung bei Inanspruchnahme der aus dem W verpflichteten Rückgriffschuldner nicht dartut (Anm 6). Daher besteht die Gefahr, daß der W.inhaber den in seiner Hand verbleibenden W unter Verschweigung seiner Befriedigung zur Geltendmachung von Rückgriffansprüchen mißbraucht; an einen in Unkenntnis der Befriedigung des Inhabers einlösenden Rückgriffschuldner würde der Annehmer erneut zahlen müssen (47^{10}). Andererseits hat der Inhaber an der Einbehaltung des für ihn bei redlicher Behandlung wertlosen Papiers kein erhebliches schutzwürdiges Interesse, da er gegen Erzwingung der Aushändigung des W ohne gleichzeitige Befriedigung auch für die Kosten (z. B. eines Protestes) durch § 367 BGB geschützt wird. Auch liegt Vollzahlung nach berechtigter Protesterhebung nur nach Zahlung der Nebenansprüche einschließlich der Protestkosten vor (Art 28 II). Bei solcher Vollzahlung ist daher m. E. kein Zurückbehaltungsrecht gegenüber dem Hauptschuldner wegen anderer Ansprüche zulässig (vgl. auch § 371 S. 1 BGB und wegen der Rückgriffschuldner 50^{8}).

Anm 5 Tatsächliche Vorlegung im Rechtsstreit ist auch im W.prozeß (entgegen der vorherrschenden Übung) nur erforderlich, wenn dies infolge Bestreitens des Beklagten zum Beweis klagebegründender Tatsachen, insb. der Innehabung des W durch den Kläger, oder der Voraussetzungen des W.prozesses (§§ 592, 602 ZPO) erforderlich wird (KG JW 1929, 120 u. 825). Wenn der Schuldner im Prozeß sein Zurückbehaltungsrecht (Anm 2) geltend macht, muß das Urteil ausdrücklich auf Zahlung „Zug um Zug gegen Aushändigung des quittierten W“ lauten (§ 274 BGB). Nach ständiger, unter WO entstandener Übung (z. B. RG JW 1898, 225) darf der Gerichtsvollzieher, auch wenn das Urteil keinen solchen Vermerk enthält, einen Schuldtitel wegen einer W.forderung nur vollstrecken, wenn er auch zur Aushändigung des W in der Lage ist (so auch unter WG: OLG Marienwerder HHR 1939, 46). Dies ist durch die Wertpapiernatur des W gerechtfertigt, wonach der Besitz des Papiers zur Ausübung des Gläubigerrechts erforderlich ist, und steht in Einklang mit dem Grundgedanken der Art 39 I und 50. Quittung kann der Gerichtsvollzieher selbst nach § 757 ZPO leisten.

Bei Verlust des W muß Aufgebot nach Art 90 stattfinden und das Anschlußurteil ausgehändigt werden (RG 49, 132). Unter den besonderen Voraussetzungen des § 259 ZPO kann auf Zahlung in dem zukünftigen Zeitpunkt, wenn der Gläubiger zur Aushändigung des W in der Lage sein wird, Klage erhoben werden (RG 94, 228). Zeitweise Beschlagnahme des W zu Untersuchungszwecken steht (nach RG LZ 1910, 618) der Durchführung des Rechtsstreits nicht im Wege.

Anm 6 3. Der Bezogene kann Quittierung des ihm auszuhändigenden W verlangen, d. h. eine vom bezahlten Inhaber zu unterschreibende Bescheinigung auf dem W, daß die W.schuld durch Zahlung getilgt ist. Üblicherweise wird diese

Quittung („Zahlung erhalten. NN“) auf die Rückseite des W hinter das letzte Indossament gesetzt. Die Quittung kann auch durch einen Vertreter des Inhabers erteilt werden, ebenso durch den Protestbeamten (Art 84) oder Gerichtsvollzieher (§ 757 ZPO). Sowohl private Vorlegung zur Zahlung wie Vorlegung durch den Protestbeamten ist auch ohne vorherige Quittierung des W ordnungsmäßig. Da aber der W.schuldner (und der etwa benannte Zahlungsleister) Zahlung ohne Aushändigung des quittierten W verweigern kann (Anm 2), so ist es üblich, daß der Inhaber den W in Erwartung der Zahlung im voraus mit Quittung versieht, auch um den Überbringer des W zum Empfang der Zahlung zu ermächtigen (38[7]). Mit Rücksicht auf diese Übung begründet das Vorhandensein einer Quittung auf einem dem Bezogenen nicht ausgehändigten W weder eine Vermutung für erfolgte Zahlung, noch steht sie der Ordnungsmäßigkeit eines auf sie folgenden, für den Quittungsleister erhobenen Protestes entgegen (RG 9, 62; 108, 56).

Durch die Zahlung des Bezogenen wird die gesamte Verbindlichkeit sämtlicher W.schuldner getilgt. Aus diesem Grunde und zum Schutze aller W.verpflichteten (vgl. 47[10]) wird die Quittung auf dem W geleistet, der „Wechsel quittiert“, und deshalb ist auch keine Angabe der gezahlten Summe erforderlich oder üblich. Aus dem gleichen Grunde würde ein Rückindossament, das der Bezogene nicht statt Quittung verlangen kann, ebensowenig wie die Abtretung der W.ansprüche Rechte auf den zahlenden Hauptschuldner übertragen können. Hat der Bezogene gegen bloße Aushändigung des nicht quittierten W Zahlung geleistet, so kann er nachträglich Abquittierung des W oder selbständiges Empfangsbekenntnis nach § 368 BGB verlangen.

4. Der Inhaber gerät in Gläubigerverzug, wenn die angebotene Zahlung unterbleibt, weil er nicht zu Aushändigung des quittierten W Zug um Zug gegen Zahlung bereit ist (vgl. § 289 BGB). Zahlungsaufforderung wird durch Verweigerung der Aushändigung des W unwirksam, sie steht unterbliebener Vorlegung gleich. Protest mangels Zahlung darf nicht erhoben werden, und der Rückgriff wird bei Ablauf der Frist aus Art 38 I verwirkt. Der Annehmer kann mit befreiender Wirkung hinterlegen (Art 42). **Anm 7**

III. Zu Abs II. Teilzahlung. **Anm 8**

1. Annahmepflicht des Inhabers. Im Widerspruch zu dem im allgemeinen geltenden Grundsatz, daß der Gläubiger Teilleistungen zurückweisen kann (§ 266 BGB), verpflichtet Abs 2 des vorl. Artikels den W.inhaber im Interesse der Rückgriffschuldner zur Annahme einer bei Verfall vom Bezogenen angebotenen Teilzahlung. Es ist dafür unerheblich, ob der Bezogene durch Annahme für einen höheren Betrag als den angebotenen selbst haftet. Die Vorschrift gilt auch für den dritten Zahlungsleister (Art 4, 27). Dagegen können Teilzahlungen anderer W.beteiligter, insbes. der Rückgriffschuldner, zurückgewiesen werden, auch eine nicht die volle Schuld deckende Ehrenzahlung (Art 59 II).

2. Wirkung der Teilzahlung ist, daß in ihrer Höhe der Gläubiger befriedigt wird und die Verpflichtung aller W.schuldner erlischt. Da der Inhaber Gläubiger des Restbetrages bleibt und zu dessen Einziehung den W gebraucht, entfällt der nach Abs 1 nur bei Vollzahlung entstehende Anspruch auf Aushän- **Anm 9**

digung des W. An die Stelle des Anspruchs auf „Quittierung des W" tritt das Recht, Vermerk der Teilzahlung auf dem W und Aushändigung einer Quittung zu verlangen (vgl. Anm 12).

Anm 10 3. Unbegründete *Zurückweisung der Teilzahlung* bewirkt, daß der Inhaber wegen des Teilbetrages in Gläubigerverzug kommt und darin bleibt, bis er den W erneut zur Zahlung vorlegt. Rückgriff mangels Zahlung ist nur wegen des nicht angebotenen Restbetrages zulässig. Protest kann nur in dieser Höhe wirksam erhoben werden, sofern der Bezogene auch dem Protestbeamten Teilzahlung anbietet. Bei Ablauf der Vorlegungsfrist geht daher der Rückgriff wegen des zurückgewiesenen Teils verloren. Auch der Annehmer haftet für die Nebenansprüche aus Art 48, 49 nur nach Maßgabe des nicht angebotenen Teils seiner Schuld. Den zurückgewiesenen Teil kann er nach Art 42 hinterlegen.

Anm 11 4. Die vorl. Bestimmung deckt unmittelbar nur eine *bei Verfall* angebotene Teilzahlung. Ihr Zweck (möglichste Befreiung der Rückgriffschuldner) rechtfertigt aber entspr. Anwendung auch auf Teilzahlungen, die der Bezogene erst nach früherer vergeblicher Zahlungsaufforderung, selbst nach Protest, anbietet (vgl. St-Str 39[9]; abw. Rilk 179; Langen 114; Qu-A 39[1]). Der Inhaber kommt auch hier durch Zurückweisung in Gläubigerverzug. Wenn aber der Rückgriff bereits durch Protesterhebung eröffnet ist, kann das nachträgliche Angebot ebensowenig wie eine nach Protest vom Bezogenen angebotene, aber zurückgewiesene Vollzahlung die entstandenen Rückgriffansprüche zum Erlöschen bringen. Dies kann nur durch Hinterlegung herbeigeführt werden (Art 42; § 378 BGB).

Anm 12 **IV. Zu Abs III. Teilquittung.** Bei Annahme der Teilzahlung kann der Bezogene einen Vermerk auf dem W und Aushändigung einer Quittung verlangen. Obwohl Abs 3 im Gegensatz zu Abs 1 nicht sagt, daß der Bezogene dies „gegen Zahlung" verlangen kann, handelt es sich auch hier um eine *Zug um Zug* zu erfüllende Verpflichtung des Inhabers. Bei ihrer Verweigerung und deshalb unterbleibender Teilzahlung treten die in Anm 10 angegebenen Folgen ein.

Der *Vermerk auf dem W* soll Inanspruchnahme der W.schuldner sowohl durch den bezahlten Inhaber wie durch etwaige spätere Inhaber des W verhindern. Er muß daher die teilweise Tilgung der W.schuld deutlich erkennbar machen. Zweckmäßig ist ein Quittungsvermerk auf der Rückseite im Anschluß an das letzte Indossament („... DM Teilzahlung des Bezogenen erhalten. N N") und auf der Vorderseite ein Vermerk: „nur noch gültig über ... DM".

Außerdem ist dem Bezogenen besondere Quittung über den gezahlten Betrag auszuhändigen. Erhält der Inhaber später Zahlung für den Rest seiner Forderung, so hat er den W gemäß Art 50 an den Zahler des Restbetrages auszuhändigen. Dies wird auch bei Befriedigung des Inhabers durch mehrere Teilzahlungen verschiedener Rückgriffschuldner anzunehmen sein (vgl. St-Str 39[13]).

Über freiwillige Annahme einer Teilzahlung von einem Rückgriffschuldner und die sich hierbei ergebenden Rechtsfolgen vgl. 49[8], 50[13].

Artikel 40

Der Inhaber des Wechsels ist nicht verpflichtet, die Zahlung vor Verfall anzunehmen.

Der Bezogene, der vor Verfall zahlt, handelt auf eigene Gefahr.

Wer bei Verfall zahlt, wird von seiner Verbindlichkeit befreit, wenn ihm nicht Arglist oder grobe Fahrlässigkeit zur Last fällt. Er ist verpflichtet, die Ordnungsmäßigkeit der Reihe der Indossamente, aber nicht die Unterschriften der Indossanten zu prüfen.

I. Allgemeines. 1. Auslegung des Art 40. Während die Grundgedanken dieses Artikels deutlich sind, sind seine einzelnen Bestimmungen nicht erschöpfend formuliert; sie sind insbes., obwohl Abs 3 an den formalen Ausweis des Inhabers anknüpft, mit Art 16 nicht vollständig abgestimmt. Bei der infolgedessen schwierigen Auslegung der für den W.verkehr sehr wichtigen Bestimmungen muß daher mehr Gewicht auf die Grundgedanken als auf den Wortlaut der Vorschriften gelegt werden. **Anm 1**

2. Grundgedanken: Der W ist zum Umlauf bestimmt. Für diesen Zweck hat der Verkehr die besondere Übertragungsform des Indossaments für den W ausgebildet. Das Gesetz fördert die Umlaufsfähigkeit durch den besonderen Schutz, den es dem gutgläubigen wechselmäßigen Erwerber des Papiers durch Art 16 II, 17 gewährt. **Anm 2**

Dieser Schutz des redlichen Erwerbers würde die leichte Verwertbarkeit des W nicht vollständig sichern, wenn der Schuldner bei Verfall die Berechtigung des Inhabers im einzelnen nachprüfen müßte, um Zahlung an einen unrechtmäßigen Besitzer des Papiers und folgende nochmalige Inanspruchnahme seitens des wahren Gläubigers auszuschließen. Das Interesse des Gläubigers, Zahlung bei Verfall ohne Schwierigkeiten zu erhalten, steht in Einklang mit dem des Schuldners, sich nicht einer Kreditschädigung durch gegen ihn erfolgende Protestaufnahme und der Gefahr eines Rechtsstreits deshalb auszusetzen, weil er wegen Zweifels über die Berechtigung des Inhabers befreiende Wirkung seiner Zahlung nicht mit Sicherheit erwarten kann. Der Genfer Red. Bericht ergibt, daß dies die Leitgedanken für die vorl. Bestimmungen sind (CR 139 Nr 91, 92).

3. Verwirklichung im Gesetz: Der bei Fälligkeit der W.forderung bestehenden Zwangslage des Schuldners und dem Interesse des Gläubigers, bei Verfall ohne weiteres Zahlung zu erhalten, trägt Abs 3 Rechnung. Danach wird der gutgläubige Schuldner bei Zahlung der fälligen Schuld an einen formal ausgewiesenen Inhaber (Art 16 I) von seiner Verbindlichkeit auch dann befreit, wenn der Vorleger nicht der rechtmäßige Inhaber ist; er braucht also grundsätzlich nur dessen formalen Ausweis zu prüfen. **Anm 3**

Da weder der Gläubiger auf Zahlung vor Verfall rechnen kann, noch der Schuldner sich vor Fälligkeit der Schuld in der erwähnten Zwangslage befindet, bestimmt umgekehrt Abs 2 zum Schutze des wirklichen Berechtigten, daß bei Zahlung vor Fälligkeit der Schuldner diesen Schutz nicht genießt, sondern auf eigene Gefahr handelt, also die Gefahr für Zahlung an einen Nichtberechtigten auch bei gutem Glauben trägt.

Abs. 1 steht nur in einem äußerlichen Zusammenhang mit dem übrigen Inhalt des Art 40, indem auch hierin zwischen Zahlungen vor und nach Verfall unterschieden wird.

Anm 4 **II. Zu Abs I.** Die Vorschrift, daß der W.inhaber zur **Annahme von Zahlungen vor Verfall** nicht verpflichtet ist, ist auf die Erwägung zurückzuführen, daß für den W.inhaber gelegentlich, insb. im internationalen Zahlungsverkehr, Auszahlung vor dem Verfalltag ungünstig sein kann. Der Gläubiger hat daher (abweichend von der im Zweifel geltenden Regelung des § 271 BGB) die Wahl, ob er eine ihm vor Verfall vom Bezogenen oder anderen W.-beteiligten angebotene Zahlung annehmen will oder nicht.

Bei und nach Verfall hat dagegen der W.inhaber Zahlung anzunehmen, widrigenfalls er in Gläubigerverzug gerät. Diese Verpflichtung hat in dem Einlösungsrecht der W.schuldner (Art 50; wegen des Bezogenen bzw. Annehmers vgl. $39^{2,3}$) seine Kehrseite. Weist bei Verfall der Inhaber eine Zahlung des Bezogenen zurück, so geht auch der Rückgriff verloren, falls die Frist des Art 38 I ohne Zahlungsaufforderung verstreicht (Art 53 I). Hiermit steht die Vorschrift des § 34 KO in Zusammenhang. Danach sind Zahlungen, die bei Vermeidung des Verlusts von Rückgriffansprüchen angenommen werden müssen, der Anfechtung im Konkursverfahren entzogen (vgl. Näheres St-Str 40^{7}).

Anm 5 Der Wortlaut des Abs 1, nach dem der Inhaber Zahlungen „vor Verfall" zurückweisen kann, ist dahin auszulegen, daß die Fälligkeit der W.schuld, nicht der Verfalltag des W maßgebend ist. Wenn nämlich Rückgriff vor Verfall nach Art 43 II genommen werden kann, wodurch der Inhaber schon vor Verfall Anspruch auf Zahlung erhält, tritt das Einlösungsrecht der W.verpflichteten aus Art 50 schon vor Verfall in Kraft (39^{3}; 50^{10}). Der W.inhaber ist dann zur Annahme der Zahlung verpflichtet. Auch der Annehmer kann dann Zahlung anbieten und bei deren Zurückweisung mit befreiender Wirkung hinterlegen (§§ 372, 378 BGB; 42^{3}).

Anm 6 **III. Zu Abs II. Zahlung vor Verfall** auf eigene Gefahr des Bezogenen.

1. Die Worte „vor Verfall" haben auch hier die in Anm 5 dargelegte Bedeutung „vor Fälligkeit". Der Ausdruck Verfall ist gebraucht, weil er den Zeitpunkt der gewöhnlichen Fälligkeit bezeichnet. Der innere Unterschied zwischen den in Abs 2 und 3 erwähnten Zahlungen besteht aber darin, ob der Schuldner freiwillig oder in Erfüllung einer fälligen Verpflichtung zahlt (vgl. Anm 3).

Anm 7 2. Der Bezogene „handelt auf eigene Gefahr" bedeutet, daß er bei Zahlung vor Fälligkeit trotz Gutgläubigkeit keinen Schutz genießt, also von seiner Verbindlichkeit nicht befreit wird, wenn er nicht an den wahren Berechtigten zahlt. Bei Fehlzahlung hat er den W an dessen wirklichen Eigentümer nochmals zu bezahlen, an diesen auch auf Verlangen den W herauszugeben. Dadurch sollen Zahlungen vor Verfall, die zu unlauteren Machenschaften zwischen einem unrechtmäßigen Inhaber des W und dem Bezogenen mißbraucht werden könnten, auf die Fälle beschränkt werden, in denen der Bezogene über die materielle Berechtigung des Inhabers Sicherheit hat, also auf eigene Gefahr zahlen kann.

Diese unstreitig dem Willen des Gesetzes entsprechende Regelung steht in Gegensatz zu dem Schutz eines gutgläubigen Erwerbers nach Art 16 II. Es ist nicht zulässig, die vorl. Bestimmung ihres wesentlichen Inhalts dadurch zu berauben, daß man sie unter Heranziehung des Art 16 II einschränkt und eine befreiende Wirkung der Zahlung vor Verfall annimmt, wenn der Bezogene (oder Annehmer) als Erwerber des W nach Art 16 wegen Gutgläubigkeit geschützt sein würde (so: Jacobi 174; Keßler 40[1]; Langen 54). Noch weniger wird aber eine Auslegung dem Gesetz gerecht, die dem vor Verfall zahlenden Annehmer, wenn er gegen Quittung zahlt, den Schutz aus Art 16 II versagt, ihm diesen dagegen gewährt, wenn er sich vom bezahlten Inhaber Rückindossament (Art 11 III) erteilen läßt (so Qu-A 40[3]; Knur-H 40[2]). Dies hat schon Jacobi als Umgehung zurückgewiesen. Bei dem unzweideutigen Inhalt der Sonderregelung des Art 40 II bleibt nur die Möglichkeit, die Anwendung von Art 16 II auch dann auszuschließen, wenn der vorzeitig Zahlende sich Rückindossament erteilen läßt (St-Str 40[1]; ebenso Hupka 89; Wolff, Festschr. f. Wieland 441; Schumann, Fälschung 25; Baumb-H 40[2]). Die Zulassung eines Rückindossaments auf den Bezogenen durch Art 11 III bedeutet, daß die Haftung der Rückgriffschuldner bei erneutem Inverkehrbringen des W durch den Bezogenen fortbesteht. Dagegen besagt Art 11 III nicht, daß der Bezogene, der den W durch Rückindossament vor Verfall zurückerwirbt, den Schutz aus Art 16 II genießt. Hiesigen Erachtens wirkt dieser Schutz erst zugunsten eines Dritten, der vom Bezogenen den W durch Indossament vor Verfall erwirbt. **Anm 8**

3. Die Vorschrift des Abs 2 betrift nicht das im WG nirgends berührte Rechtsverhältnis zwischen dem zahlenden Bezogenen und dem Aussteller (Revalierungsanspruch). Ob der Bezogene durch eine vor Verfall stattfindende Zahlung im Verhältnis zum Aussteller seinen Erstattungsanspruch verliert, und ob er einen solchen Anspruch bei befreiender Zahlung hat, richtet sich nicht nach W.recht, sondern nach dem der W.ziehung zugrundeliegenden Rechtsverhältnis bürgerl. Rechts (28[14]). **Anm 9**

4. Das Gesetz spricht vom Bezogenen, obwohl die befreiende Wirkung der Zahlung in erster Linie den Annehmer angeht. Aber auch die Zahlung eines Bezogenen, der nicht angenommen hat, hat durch Befriedigung des W.eigentümers befreiende Wirkung, nämlich für die Rückgriffschuldner, da durch Zahlung des Bezogenen die gesamte W.schuld erlischt (47[9]). Abs 2 hat aber für den Bezogenen, der nicht angenommen hat, auch die Bedeutung, daß er durch Fehlzahlung nicht Eigentümer des W wird, diesen vielmehr an den wahren Berechtigten auf Verlangen herausgeben muß (Anm 7). **Anm 10**

Außer auf den Bezogenen ist Abs 2 auch auf den Aussteller des eigenen Wechsels anwendbar. Andere W.beteiligte, die vor Fälligkeit den W.inhaber befriedigen, tilgen nicht die W.schuld, sondern haben die gleiche Stellung wie ein nicht im W.verband stehender Erwerber des W, wenn sie sich Rückindossament erteilen lassen (vgl. 11[6]).

Anm 11 **IV. Zu Abs III. Zahlung bei Verfall.** A. Anwendungsgebiet des Abs 3.

1. Zahlung bei Verfall ist in erster Linie Zahlung des Bezogenen bei der nach Art 38 I erfolgenden Vorlegung (CR 139 Nr 90). Die große Mehrzahl der W wird bei dieser Vorlegung bezahlt; es ist daher verständlich, daß das Gesetz an diesen von Locher (§ 21) als „normale Einlösung" bezeichneten Regelfall anknüpft. Da aber der Grundgedanke ist, dem unter dem Zwang einer W.verpflichtung Zahlenden Schutz bei gutgläubiger Zahlung an einen Nichtberechtigten zu geben (Anm 2), kann Abs 3 auf alle nach Eintritt der Fälligkeit (Anm 5) erfolgenden Zahlungen angewendet werden, gleichviel ob sie bei Verfall, nach Verfall, insbes. nach Protest, oder nach Eröffnung des Rückgriffs bewirkt werden.

Anm 12 2. Zahlung bei Verfall erfolgt regelmäßig durch den Hauptschuldner (Annehmer bzw. Aussteller des eigenen W). Dies und der Zusammenhang mit Abs 2 deuten darauf hin, daß auch Abs 3 zunächst auf den Bezogenen abgestellt ist. Entspr. Anwendung ist aber auch bei Zahlung von Rückgriffschuldnern geboten (gl. A. Langen 50; Hupka 90; Qu-A 48[8]; Schumann 25; Baumb-H 40[3A]). Sie befinden sich in derselben Zwangslage wie der Hauptschuldner. Denn auch ihnen gegenüber wirkt die Rechtsvermutung zugunsten des nach Art 16 I ausgewiesenen Inhabers, so daß sie an ihn zahlen müssen, wenn sie nicht im Rechtsstreit den Gegenbeweis für das Fehlen seiner materiellen Berechtigung führen können.

Anm 13 B. **Voraussetzungen** für die befreiende Wirkung der Zahlung:

1. Formeller Ausweis. Der W.inhaber muß gemäß Art 16 I ausgewiesen sein, wenn Zahlung an ihn befreien soll. Dies ist der Sinn der Bestimmung, daß der Zahlende die Ordnungsmäßigkeit der Reihe der Indossamente zu prüfen hat. Zu prüfen ist also, ob der Inhaber seine Berechtigung durch eine ununterbrochene Reihe von Indossamenten im Sinne des Art 16 I nachweisen kann. Vgl. hierzu die Erläuterungen zu Art 16 I, insb. über den Ausweis des W.nehmers 16[3], über den Ausweis im W.rücklauf 16[11], über die Überbrückung von Lücken der Indossamenten-Kette durch außerwechselmäßigen Rechtsübergang 16[12].

In letzterer Hinsicht ist zu beachten, daß der W.inhaber für die Überbrückung solcher Lücken mangels einer Rechtsvermutung beweispflichtig ist. Der zahlende Schuldner hat diesen Nachweis auf eigene Gefahr nachzuprüfen und kann bei behaupteter Abtretung Nachweis gemäß § 410 BGB verlangen. Guter Glaube des Schuldners an das Vorhandensein eines solchen außerwechselmäßigen Rechtsübergangs wird also nicht geschützt; bei begründeten Zweifeln kann der Schuldner mit befreiender Wirkung hinterlegen (§§ 372, 378 BGB; vgl. 42[9]). Entsprechendes muß für Indossamente gelten, die als Nachindossamente im Sinne des Art 20 erkennbar sind, insb. also für nachprotestliche Indossamente. Solche Nachindossamente haben gemäß Art 20 nur Abtretungswirkung, daher auch nicht die dem ordentlichen Indossament innewohnende ausweisende Kraft (20[1a]). Dagegen genießt der an den Nachindossatar zahlende Schuldner den Schutz des § 409 I Satz 2 BGB, so daß der Nachindossant zwar die Wirksamkeit der an den Nachindossatar erfolgten Abtretung gegen sich gelten lassen muß, der Schuldner aber die Echtheit des Nachindossaments und die Verfügungsfähigkeit des Indossanten auf eigene Gefahr prüfen muß.

Im übrigen genügt auch hier, wie beim W.erwerb (16[18]), die äußere Ordnungsmäßigkeit der Indossamentenreihe. Daher braucht der Schuldner, wie Abs 3 Satz 2 klarstellt, die Echtheit der Indossamente grundsätzlich nicht zu prüfen. Dadurch wird die Regel, daß eine arglistige oder grobfahrlässige Zahlung nicht befreit, nicht eingeschränkt. Zahlt der Schuldner arglistig oder grob fahrlässig, so kann er sich nicht damit entlasten, daß er bzgl. der Echtheit der Unterschriften im allgemeinen keine Prüfungspflicht hat (St-Str 40[19]).

2. Gutgläubigkeit des Zahlenden. a) Die Fassung des Gesetzes, nach welcher der Zahlende als gutgläubig zu behandeln ist, wenn ihm nicht Arglist oder grobe Fahrlässigkeit zur Last fällt, ist bei den Genfer Beratungen in bewußter Abweichung von dem Wortlaut des Art 16 II gewählt worden (Arglist = fraude statt böser Glaube = mauvaise foi). Durch das Merkmal von Arglist sollte ein Mehr gegenüber Bösem Glauben wegen der Zwangslage erfordert werden, in der sich der W.schuldner bei der Zahlung (im Gegensatz zu dem den W freiwillig erwerbenden Indossatar) befinde; man könne ihm nur dann zumuten, Zahlung abzulehnen, wenn er schlüssige Beweise für den Mangel der Berechtigung drs W.besitzers habe (CR 139 Nr 91). Dies ergibt, daß bloße Kenntnis keine Arglist begründet, wenn es dem Schuldner wegen Mangel an Beweismitteln nach Treu und Glauben nicht zugemutet werden kann, sich auf einen Rechtsstreit einzulassen. (vgl. Näheres über die Entstehung und Fassung der Bestimmung bei St-Str 40[15]; Qu-A 40[4]). **Anm 14**

b) Arglistig handelt danach, wer zahlt, obwohl der Mangel der Einziehungsbefugnis des Zahlungsempfängers offensichtlich ist oder doch mit solcher Wahrscheinlichkeit nachweisbar erscheint, daß ein anständig Handelnder die Prozeßgefahr auf sich nehmen würde, damit der wirkliche Gläubiger nicht um sein Recht gebracht wird. **Anm 15**

Beispiel: Zahlung an einen Angestellten des rechtmäßigen Inhabers trotz Kenntnis, daß der Angestellte den mit Blankoindossament versehenen W seinem Arbeitgeber entwendet hat.

c) Grobe Fahrlässigkeit bei Zahlung liegt vor, wenn dem Zahlenden durch grobe Unterlassung der im Verkehr erforderlichen Sorgfalt Umstände unbekannt gblieben sind, mit deren Kenntnis die Zahlung als arglistig erscheinen würde. Die fahrlässige Unkenntnis kann sich sowohl auf die die Einziehungsbefugnis betreffenden Tatumstände selbst (abw. Baumb-H 40[2C]) als auch auf die Beweismittel hierfür beziehen. Die Zwangslage des Schuldners, der sich bei Vorlegung des W durch den ihm in der Regel nicht im voraus bekannten Inhaber sofort entscheiden muß, ob er Zahlung an den Vorlegenden leisten kann oder den W zu Protest gehen lassen will, darf bei Prüfung der Frage, ob grobe Fahrlässigkeit bei Befriedigung des angeblich Berechtigten vorliegt, nicht außer Acht gelassen werden. **Anm 16**

Beispiel: wie Anm 15, aber statt Kenntnis der Entwendung nur Verdacht, weil bekannt, daß der Vorlegende kürzlich wegen Unterschlagungen entlassen wurde. Unterlassung telefonischer Rückfrage bei dem am gleichen Ort wohnenden früheren Arbeitgeber, ob der W zu den unterschlagenen Werten gehört, würde grobe Fahrlässigkeit darstellen.

Anm 17 d) Gegenstand des Guten Glaubens ist hier (ähnlich wie beim gutgl. Erwerb; 16[19]) nicht nur der Glaube an die materielle Berechtigung des formell ausgewiesenen Inhabers (z. B. an die Echtheit des ihn ausweisenden Namensindossaments), sondern alle Umstände, welche seine Einziehungsbefugnis ausschließen könnten. Der beim Fehlen von Arglist oder grober Fahrlässigkeit des Zahlenden unschädliche Mangel kann insb. bestehen in: Personenverschiedenheit des Vorlegenden und des ausgewiesenen Inhabers, seiner Geschäftsfähigkeit (abw. hierin: Locher 111), seiner Befugnis über sein Vermögen zu verfügen.

Demnach wird der gutgläubig nach Verfall Zahlende dagegen geschützt, daß der formell ausgewiesene Inhaber nicht rechtmäßiger Gläubiger (z. B. nur Finder eines mit Blankoindossament schließenden W) ist; daß er nicht, wie vorgegeben, die durch das letzte Indossament ausgewiesene Person ist; das er sich in Konkurs befindet; daß er geschäftsunfähig, z. B. unerkennbar geisteskrank ist.

Infolge der positiveren Fassung der vorl. Bestimmung ist dies alles hier, anders als beim gutgläubigen Erwerb (16[19]), fast unbestritten (vgl. z. B. v. Schwerin 41; Hueck 62; Langen 50; Wolff, Festschr. Wieland 444; Qu-A 40[7]; Baumb-H 40[2 C]). Dagegen bestehen Meinungsverschiedenheiten wegen der Abgrenzung von Arglist und grober Fahrlässigkeit, in letzterer Beziehung z. B. über die Notwendigkeit, grundsätzlich Identitätsprüfung durch Personalausweis vorzunehmen (bejahend Hupka 49; ähnlich Baumb-H 40[2C], während dies m. E. nicht verkehrsüblich ist).

Anm 18 C. Die **befreiende Wirkung** der Zahlung betrifft zunächst den Zahlenden selbst („wird von seiner Verbindlichkeit befreit"), also bei Zahlung bei Verfall den Annehmer. Aber auch Zahlung des Bezogenen, der nicht angenommen hat, hat befreiende Wirkung (Anm 10), wenn auch mangels eigener Haftung nicht für den Bezogenen selbst, so doch durch Tilgung der W.schuld mit Wirkung für alle W.-verpflichtete.

Bei Zahlung durch einen Rückgriffschuldner bedeutet der durch Art 40 III gewährte Schutz nicht nur, daß der Zahlende und seine Nachmänner (47[9]) von der Haftung befreit werden, sondern auch daß die Zahlung als wirksame Einlösung zum weiteren Rückgriff gemäß Art 49 berechtigt (49[5]).

Anm 19 D. Beim **Ausbleiben befreiender Wirkung** der an einen Nichtberechtigten bewirkten Zahlung ist der Zahlende zur Herausgabe des bezahlten W. an den wahren Berechtigten verpflichtet. Auf dessen Verlangen muß er erneut zahlen, auch wenn er den W inzwischen vernichtet hat. Denn er kann nicht mehr Aushändigung eines W verlangen, den er bereits in Händen hat (39[2]) oder besitzen würde, wenn er ihn nicht selbst vernichtet hätte. Ist die Fehlzahlung durch einen Rückgriffschuldner geleistet, so bleibt dieser nicht nur seinen Nachmännern haftbar, sondern kann auch selbst keine Ansprüche aus dem W gegen seine Vormänner geltend machen, weil seine Zahlung an den Nichtberechtigten keine rechtswirksame Einlösung im Sinne des Art 49 ist. Er mag zarw formell ausgewiesen sein; die ihm bei wirksamer Einlösung haftender

W.schuldner können ihm aber das Fehlen seiner materiellen Berechtigung entgegenhalten.

E. Prüfungsrecht des Zahlenden. Die durch den Gutglaubenschutz Anm 20
eintretende Beschränkung der Prüfungspflicht hindert den Zahlenden nicht, darüber hinaus die materielle Berechtigung des formell ausgewiesenen W.inhabers zu prüfen und im Rechtsstreit etwaige Mängel geltend zu machen (17[1]; Beispiele: daß das den Inhaber ausweisende Namensindossament gefälscht sei; daß der Erwerb des Inhabers von seinem Vormann wegen Wuchers nichtig sei; daß der Inhaber den mit Blankoindossament versehenen W entwendet habe). Die Beweislast für derartige Einwendungen trifft den Schuldner, der die nach Art 16 I zugunsten des ausgewiesenen Inhabers bestehende Rechtsvermutung widerlegen muß (17[19]). Auch ist zu beachten, daß das Gläubigerrecht des Inhabers insoweit mangelfrei ist, als er selbst beim Erwerb gemäß Art 16 II durch seinen guten Glauben geschützt war. Vg. Näheres St-Str 40[22—26].

F. Zahlung und Revalierungsanspruch des Bezogenen gegen den Anm 21
Aussteller. Wie bei einer vor Verfall erfolgenden Zahlung (Anm 9) haben auch die Bestimmungen des Abs 3 keine unmittelbare Beziehung zu dem nicht wechselrechtlichen Rechtsverhältnis des Bezogenen und Ausstellers. Nicht nach W.recht, sondern nach dem der W.ziehung zugrundeliegenden Rechtsverhältnis richtet es sich, ob der Bezogene Weisungen des Ausstellers über Zahlung oder Zahlungsverweigerung einzuholen oder zu befolgen hat, oder welche Prüfungen er bei Vorlegung des W vornehmen muß, um Erstattung seiner Zahlung vom Aussteller verlangen zu können. Ist ein solcher Anspruch überhaupt nach bürgerlichem Recht begründet, so wird mangels anderer Vereinbarung anzunehmen sein, daß der Bezogene, insb. nachdem er sich durch Annahme selbst verpflichtet hat, seiner Sorgfaltpflicht auch gegenüber dem Aussteller genügt, wenn er die Zahlung so bewirkt, daß sie nach Art 40 befreiende Wirkung hat, also wechselmäßig in Ordnung ist.

Weitere allgemeine Regeln lassen sich aus dem vorl. Artikel für dieses Rechtsverhältnis (vgl. 28[14]) nicht herleiten (abw. Qu-A 40[12]), auch nicht dahin, daß eine etwa aus den Rechtsbeziehungen bürgerl. Rechts sich ergebende weitergehende Sorgfaltspflicht durch Art 40 III eingeschränkt wird (abw. Baumb-H 40[2D]; Knur-H 40[5]).

Artikel 41

Lautet der Wechsel auf eine Währung, die am Zahlungsorte nicht gilt, so kann die Wechselsumme in der Landeswährung nach dem Werte gezahlt werden, den sie am Verfalltage besitzt. Wenn der Schuldner die Zahlung verzögert, so kann der Inhaber wählen, ob die Wechselsumme nach dem Kurs des Verfalltages oder nach dem Kurs des Zahlungstages in die Landeswährung umgerechnet werden soll.

Der Wert der fremden Währung bestimmt sich nach den Handelsgebräuchen des Zahlungsortes. Der Aussteller kann jedoch im Wechsel für die zu zahlende Summe einen Umrechnungskurs bestimmen.

Die Vorschriften der beiden ersten Absätze finden keine Anwendung, wenn der Aussteller die Zahlung in einer bestimmten Währung vorgeschrieben hat (Effektivvermerk).

Lautet der Wechsel auf eine Geldsorte, die im Lande der Ausstellung dieselbe Bezeichnung, aber einen anderen Wert hat als in dem der Zahlung, so wird vermutet, daß die Geldsorte des Zahlungsortes gemeint ist.

Anm 1 **I. Anwendungsbereich** des Art 41. 1. Unter Berücksichtigung der Bestimmungen des 4. Teils des WG über den Geltungsbereich der Gesetze ist Art 41 als Teil der deutschen Rechtsordnung nur auf solche W anwendbar, deren Zahlungsort sich in Deutschland befindet. Denn die Frage, in welcher Währung bzw. nach welcher Umrechnung bei Verfall Zahlung zu leisten ist, gehört zu den Zahlungsmodalitäten; diese sind nach Art 93 I bzw. in entsprechender Anwendung des Art 96 nach dem Recht des Zahlungsortes zu beurteilen (93^5; 96^5). Nur wenn der Zahlungsort sich im Inland befindet, ist daher deutsches Recht anwendbar.

Befindet sich der Zahlungsort im Ausland, so ist dessen Recht für die im vorl. Artikel behandelten Fragen auch dann entscheidend, wenn ein Schuldner im Inland in Anspruch genommen wird. Dies gilt insb. auch für inländische Rückgriffschuldner und auch bei Ausstellung des W im Inland. Z. B. ist die Wirkung eines Effektivvermerks demgemäß für alle W.schuldner einheitlich ohne Rücksicht darauf, wo sie ihre Erklärung unterzeichnet haben, nach dem Recht des Zahlungsorts zu beurteilen. Im Verhältnis der Genfer Vertragstaaten untereinander können daraus keine Schwierigkeiten entstehen, da eine dem vorl. Artikel entsprechende Bestimmung gemäß Art 41 EWG dann auch im ausländischen Recht vorhanden ist.

Der Erfüllungsort der Rückgriffsverpflichtung ist keinesfalls zur Bestimmung der für den Rückgriffschuldner maßgebenden Rechtsordnung von Bedeutung, weil die Wirkung der Verpflichtungserklärung nach dem Recht des Orts, wo die Erklärung tatsächlich unterzeichnet ist, zu beurteilen ist (Art 93 II). Aber auch das Wirkungsstatut der Rückgriffschuld scheidet aus, weil die Frage, welche Zahlung der Inhaber bei Verfall beanspruchen kann, wie alle Zahlungsmodalitäten einheitlich nach dem für den Hauptschuldner maßgebenden Recht (Art 53 I) zu entscheiden ist (93^5). Was der Gläubiger nach dieser Rechtsordnung vom Bezogenen (bzw. bei einem eigenen W von dessen Aussteller) beanspruchen kann, ist gemäß Art 47 auch für die Rückgriffschuldner maßgebend (Anm 6). Dies entspricht der Absicht des Gesetzes, den Inhaber durch den Rückgriff so zu stellen, als hätte er Zahlung am Zahlungsorte erhalten (vgl. Art 52 III).

Anm 2 2. Die geltenden öffentlich-rechtlichen Devisenvorschriften beschränken die tatsächliche Anwendbarkeit der Vorschrift. Insb. dürfen in der Bundesrepublik Deutschland nach § 3 des Währungsges. v. 20. 6. 1948 Geldschulden nur mit besonderer Genehmigung in anderer Währung als „Deutscher Mark" eingegangen werden[1]).

[1]) Vg. MilRegGes Nr 53 und für West-Berlin VO v. 24. 6. 1948 und 15. 7. 1950

Die fraglichen Bestimmungen betreffen nicht nur alle in Deutschland zu leistenden Zahlungen, sondern auch im Ausland zu erfüllende Verpflichtungen von Deviseninländern. Sie sind auch insoweit, als noch eine formelle Bindung an das Genfer Abk. betr. das EWG besteht, kein Verstoß gegen dessen Inhalt, weil nach intern. Recht der Grundsatz des „ordre public" den Vorrang vor Bindungen auf privatrechtl. Gebiet genießt.

3a. Die Bestimmung betrifft nur **Fremdwährungswechsel,** d. h. W auf Währungen, die zwar nicht am Zahlungsort, aber an einem anderen Ort als gesetzliches Zahlungsmittel gelten oder als Geld verwendet werden. Damit scheiden sog. Rechnungswährungen (z. B. Goldmark, Indexmark) und außer Kraft getretene Währungen aus. Dies ergibt sich daraus, daß nach Abs I Satz 1 Zahlung in der im W angegebenen Währung zulässig ist (Anm 8) und im Falle des Abs III die einzige zulässige Leistung ist. Zahlung ist aber nur in einer tatsächlich bestehenden Währung, nicht in einer Rechnungswährung oder einer nicht mehr vorhandenen Währung möglich. Auch würden W, bei denen die zu zahlende Summe nicht in Geld, d. h. einer geltenden Währung ausgedrückt ist, dem Formerfordernis des Art 1 Zf 2 (bzw. 75 Zf 2) nicht genügen (1[6]). Auch W, in denen Zahlung in ausländischer Währung nach Maßgabe des Kurses einer ausländischen Geldsumme oder des Wertes einer Ware (z. B. 100 Ztr. Roggen) vorgeschrieben ist, würden der genannten Formvorschrift nicht genügen, weil sie keine Anweisung bzw. Versprechen zur Zahlung einer „bestimmten" Geldsumme enthalten würden (ungültig z. B.: „zahlen Sie den Wert von 100 USA Dollar"). **Anm 3**

Tritt die Fremdwährung, in der die W.summe bestimmt ist, während des Laufs des W außer Kraft, so wird in der Regel, insb. wenn effektive Zahlung vorgeschrieben war, die an Stelle der außer Kurs gesetzten Währung getretene neue Währung unter Berücksichtigung der bei der Währungsänderung erlassenen Umrechnungsbestimmungen maßgebend sein (abw. Qu-A 41[14]; Baumb-H 41[2]).

b) Eine Währung, die am Zahlungsort nicht gilt, ist für das Gebiet der Bundesrepublik Deutschland und West-Berlin auch die DM-Ost und umgekehrt für das Gebiet der DDR und Ost-Berlin die DM-West. Denn diese Währungen sind nur innerhalb ihres eigenen Gebiets gesetzliches Zahlungsmittel. **Anm 4**

Der vorl. Artikel hat aber auch insoweit wegen der bestehenden öffentlichrechtlichen Bestimmungen über den Zahlungsverkehr keine wesentliche praktische Bedeutungen, weil die beiderseitigen DM-Währungen wie ausländische Währungen devisenrechtlichen Beschränkungen unterliegen.

c) Art 41 unterscheidet zwischen FremdwährungsW mit und ohne Effektivvermerk. Bei W mit Effektivvermerk ist ausschließliche Zahlung in der fremden Währung vorgeschrieben (Anm 16). Nur für W ohne Effektivvermerk gelten die Vorschriften der Abs I u. II. **Anm 5**

Effektiv, d. h. nur in der im W angegebenen Währung, sind auch alle W zu bezahlen, in denen die W.summe in der Währung des Zahlungsorts angegeben ist. Bei einem im Inlande zahlbaren, auf DM lautenden W hat also auch ein im Ausland wohnender und dort in Anspruch genommener Schuldner Zahlung in DM zu leisten, soweit ihm das nach ausländischem Devisenrecht gestattet ist. Auch ein ausländischer W.gläubiger hat in solchem Falle keinen Anspruch auf Befriedigung in ausländischer Währung.

Anm 6 4. Art 41 steht in dem die „Zahlung" regelnden 6. Abschnitt des 1. Teils des WG. Dieser Abschnitt des Gesetzes betrifft die normale Einlösung bei Verfall durch den Bezogenen. Der „Schuldner" im Sinne des Abs I Satz 2 ist daher der Hauptwechselschuldner (Annehmer; Aussteller des eig. W). Jedoch haften die Rückgriffschuldner ohne weiteres ebenfalls für die dem Inhaber nach Abs I Satz 2 zustehenden Beträge (CR 140 Nr 97), weil sie für die Einlösung des W bei Verfall als Gesamtschuldner einzustehen haben (Art 9 I, 15 I, 47; gl. A. Qu-A 41[3]; Baumb-H 41[1]).

Anm 7 **II. Zu Abs I: Fremdwährungswechsel ohne Effektivvermerk.**

Hier unterscheidet das Gesetz zwischen der ordnungsmäßigen Einlösung bei Verfall (Satz 1) und den Rechten des Inhabers bei verzögerter Zahlung (Satz 2). Der Zweck dieser unterschiedlichen Behandlung ist, den Gläubiger durch Kursänderungen nach Verfall keinen Schaden erleiden zu lassen, sondern die Gefahr solcher Kursänderungen dem Schuldner aufzuerlegen, damit dieser nicht durch Verzögerung der Zahlung auf Rechnung des Gläubigers spekulieren kann.

Anm 8 **1. Zu Satz 1: Wahl des Schuldners,** der bei Verfall zahlt. Wenn der W bei der gemäß Art 38 erfolgenden Vorlegung bezahlt wird, kann der Bezogene gemäß Satz 1 die W.summe entweder in der im W angegebenen fremden Währung begleichen oder mit deren Gegenwert nach dem Kurse des Verfalltages in der am Zahlungsort geltenden Währung. Falls nach Devisenrecht Zahlung in fremder Währung nicht gestattet ist, bleibt nur die Möglichkeit der Ablösung in der Währung des Zahlungsorts.

Es handelt sich bei dieser Befugnis, die durch die Zahlung ausgeübt wird, um keine Wahlschuld im Sinne des § 262 BGB. Verschuldet wird vom Annehmer nur die im W angegebene Summe (Fremdwährung); der Schuldner kann sich aber durch Zahlung in inländischer Währung von der Schuld befreien (facultas alternativa).

Wird der W innerhalb der Frist des Art 38 I nicht vorgelegt, so wird der Hauptschuldner von der ihm nach Satz 1 zustehenden Befugnis auch dann Gebrauch machen können, wenn er bei der ersten nach Fristablauf stattfindenden Vorlegung zahlt. Denn er ist nur berechtigt, aber nicht verpflichtet, gemäß Art 42 zu hinterlegen, und hat die Zahlung nicht seinerseits verzögert, wenn diese nicht von ihm abgefordert wird. (Die abw. Ansicht bei St-Str 41[7] wird aufgegeben.) Bei einer nach Art 42 gerechtfertigten Hinterlegung, kann der Bezogene von seiner Wahlbefugnis Gebrauch machen, also sich durch inländische Währung nach dem Kurs des Verfalltages befreien, auch wenn die Hinterlegung mangels Vorlegung (42[6]) erst längere Zeit nach Verfall stattfindet.

Anm 9 **2. Zu Satz 2: Wahlrecht des Inhabers.** Erfolgt keine Zahlung bei der ersten Vorlegung nach Verfall, so kann der Inhaber zwar mangels eines Effektivvermerks nicht auf Zahlung in fremder Währung bestehen (abw. Hupka 103). Er wird aber so gestellt, als ob er fremde Währung bei Verfall erhalten und unter Voraussicht der späteren Kursentwicklung entweder behalten oder bei Verfall in Landeswährung umgetauscht hätte. Zu diesem Zwecke hat er nunmehr nach seiner Wahl Anspruch auf inländische Währung entweder nach dem Kurs des Verfalltages oder nach demjenigen am Tage der tatsächlichen Zahlung. Bis zum Empfang der Zahlung kann er die von ihm getroffene Wahl ändern (St-Str 41[8]; Baumb-H 41[1]). Gegen einen durch etwaiges Absinken beider Währungen zwischen Verfall und Zahlung eintretenden Schaden wird der Inhaber freilich durch die gesetzliche Regelung nicht geschützt.

Das Wort „Zahlungstag" im Gesetzestext hat hier (im Gegensatz zu seiner Verwendung in Art 38 I u. 44 III) nicht die in Anm 1 zu Art 72 erläuterte technische Bedeutung, sondern bezeichnet den Tag, an dem Zahlung tatsächlich geleistet wird.

a) „Verzögert" ist die Zahlung, wenn trotz ordnungsmäßiger Vorlegung Zahlung vom Bezogenen nicht geleistet wird (gl. A. Qu-A 41[6]), also ohne Rücksicht darauf, ob Protest erhoben wird. Die Voraussetzungen für den Übergang des Wahlrechts auf den Gläubiger sind die gleichen wie für die Entstehung der erweiterten Haftung des Annehmers „mangels Zahlung" nach Art 28 II (28[10]). Jedoch treten (im Gegensatz zu Art 28 II hier die Wirkungen verzögerter Zahlung auch ein, wenn die Vorlegung des W erstmalig nach Ablauf der Vorlegungsfrist des Art 38 vorgenommen wird, vorausgesetzt natürlich, daß nicht vorher Befreiung durch Hinterlegung nach Art 42 erfolgt ist. **Anm 10**

b) Rückgriff mangels Zahlung setzt begrifflich voraus, daß trotz Vorlegung bei Verfall keine Zahlung geleistet, die Zahlung also im Sinne von Satz 2 verzögert ist. Der Inhaber hat daher auch den Rückgriffschuldnern gegenüber das Wahlrecht für die Kursberechnung (Anm 6). Verzug des Rückgriffschuldners ist keine Voraussetzung dieser Haftung (gl. A. Qu-A 41[7]). Auch wenn gemäß Art 54 IV Rückgriff ohne vorherige Vorlegung beim Bezogenen wegen deren Verhinderung durch höhere Gewalt genommen werden kann, hat hiesigen Erachtens der Gläubiger das Wahlrecht nach Satz 2, ohne daß es auf Verzug des Rückgriffschuldners ankommt (abw. Qu-A 41[6]). Denn durch Eröffnung des Rückgriffs soll der Inhaber so gestellt werden, als ob er die Vorlegung fristgemäß vorgenommen hätte. **Anm 11**

Bei Rückgriff vor Verfall kann der Schuldner, auch wenn er sich in Verzug befindet, gemäß Satz 1 die W.summe abzüglich der Zwischenzinsen (Art 48 II) entweder in der Fremdwährung (soweit devisenrechtlich zulässig) oder in inländischer Währung nach dem Kurse der Zahlungszeit bezahlen. Denn gegen letzteren Betrag kann der Gläubiger sich die Fremdwährung beschaffen und diese bis zum Verfall behalten, also denjenigen Betrag, auf den er nach dem Inhalt des W Anspruch hat (St-Str 41[6]; ähnlich Gareis-R 41[3]). Wird die Zahlung trotz Eröffnung des Rückgriffs vor Verfall erst nach Verfall geleistet, so hat der Gläubiger das Wahlrecht nach Satz 2. Auf Verzögerung der Zahlung seitens des einzelnen Schuldners kommt es daher nicht an (abw. Qu-A 41[8]).

Für den weiteren (Einlösungs-) Rückgriff bestehen keine Besonderheiten, wenn der nunmehrige Rückgriffnehmer den Inhaber mit inländischer Währung befriedigt hat. Dieser Betrag bildet dann die nach Art 49 Zf 1 zu **Anm 12** erstattende Hauptsumme. Bei einem im Inland zahlbaren W ohne Effektivvermerk hat der Inhaber keinen Anspruch auf Zahlung in Fremdwährung (Anm 9). Zahlt der Rückgriffschuldner trotzdem in fremder Währung, so wird dem weiteren Rückgriff deren Gegenwert in Landeswährung nach dem Kurse des Tages der geleisteten Zahlung zugrunde zu legen sein.

Anm 13 Ist ein auf inländische Währung lautender W im Ausland zahlbar, so ist für die Art der Zahlung ausländisches Recht entscheidend (Anm 1). Liegt der Zahlungsort in einem Staat, der das EWG eingeführt hat, so kann der Inhaber mangels Einlösung des W bei Verfall Zahlung in der ausländischen Währung des Zahlungsorts nach Maßgabe des Abs 2 verlangen. Auch ein in Deutschland wohnender Rückgriffschuldner kann dann — vorbehaltlich der devisenrechtlichen Bestimmungen — in Deutschland auf Zahlung in der Währung des Zahlungsorts in Anspruch genommen werden.

Anm 14 **III. Zu Abs II: Umrechnung** in Landeswährung. 1. **Zu Satz 1:** Handelsgebräuche. Soweit zwingende Umrechungsvorschriften öffentlich-rechtlicher Natur (amtliche Devisenkurse) bestehen, können die Vorschriften des Abs II keine Anwendung finden. Wegen der langjährigen Geltung solcher Vorschriften in Deutschland sind Handelsgebräuche für die Kursberechnung fremder Währung nicht vorhanden. In Frage kommen insb. für die Kursfeststellung geltende Börsenregeln und Gebräuche.

Anm 15 2. **Zu Satz 2:** Besondere Umrechnungsvorschriften. Die an Stelle des Börsenkurses oder der handelsüblichen Umrechnung tretenden besonderen Bestimmungen des Ausstellers müssen „im Wechsel“ angegeben und durch die Unterschrift des Ausstellers gedeckt sein. Vereinbarungen zwischen Aussteller und Bezogenem oder einem anderen W.beteiligten außerhalb des W haben ebensowenig wechselmäßie Wirkung wie auf dem W vermerkte Abreden zwischen dem Annehmer und anderen W.beteiligten. Zusätze zur Annahme, welche den Bestimmungen des vorl. Artikels nicht entsprechen, bewirken eine Annahme unter „Abweichungen“ im Sinne des Art 26 II.

Ein vom Aussteller bestimmter fester Umrechnungskurs (z. B.: 1 US Dollar = 2,40 DM) würde nur an die Stelle des am Verfalltag nach Handelsgebrauch geltenden Kurses treten, dem Gläubiger aber die ihm nach Abs I Satz 2 zustehende Befugnis nicht nehmen, bei verzögerter Zahlung den Kurs des Tages der Zahlung zu wählen (St-Str 41[9a]; Hupka 105). Ebenso behält der Hauptschuldner das Recht, gemäß Abs. I Satz 1 in der fremden Währung zu zahlen (abw. Dschr. 74; Qu-A 41[11]); denn eine abweichende Auslegung würde mit Art 1 Zf 2 in Widerspruch stehen, weil der W dann keine Anweisung zur Zahlung einer „bestimmten“ Geldsumme enthalten würde (Anm 3).

Anm 16 **IV. Zu Abs III:** Der **Effektivvermerk,** nach welchem Zahlung nur in der angegebenen fremden Währung zulässig sein soll, muß, um wechselmäßige Wirkung zu erzeugen, im Wechsel stehen (wenn auch nicht notwendig in dessen zusammenhängenden Text: St-Str 41[1]) und muß als vom Aussteller ausgehend von dessen Unterschrift gedeckt sein. Vereinbarungen außerhalb des W begründen nur bürg.-rechtl. Wirkungen zwischen den Parteien. Der Vermerk braucht nicht notwendigerweise das Wort „effektiv“ zu enthalten;

gleichbedeutend wäre z. B. „nur in dieser Währung“, „Umrechnung ausgeschlossen“, „als ausschließliche Währung“, „in natura“.

Der Effektivvermerk schließt sowohl das Wahlrecht des Schuldners nach Abs I Satz 1 wie dasjenige des Gläubigers nach Satz 2 aus. Bei Entwertung der Fremdwährung zwischen Verfall und Zahlung hat der W.gläubiger keinen Anspruch auf Ersatz des ihm entstehenden Schadens, weil die Ansprüche des Inhabers „mangels Zahlung“ in Art 48 erschöpfend geregelt sind (48[12]).

Devisenrechtliche Bestimmungen können auch über den Rahmen des Art 7 der Anl. II des Abk. betr. das EWG hinausgehend einen Effektivvermerk aus W, auf Grund deren eine Zahlung im Inland beansprucht wird, für im Inland unwirksam erklären (Anm 2) oder Verpflichtung aus solchen für Deviseninländer an besondere Genehmigung knüpfen.

V. Zu Abs IV: Mehrdeutige Währungsbezeichnung (z. B. „Kronen“ oder „Francs“). Die Auslegungsregel des Abs IV, nach der im Zweifel die Währung des Zahlungsortes maßgebend ist, kann nur durch den Inhalt des W widerlegt werden. Z. B. kann die Sprache, in der der W abgefaßt ist, unter Umständen einen Anhalt für die Auslegung geben. Umstände außerhalb des W können aber zur Begründung persönlicher Einwendungen im Rahmen des Art 17 verwendet werden. Die Vorschrift ist, wenn der W nur die Bezeichnung „Deutsche Mark“ enthält, für die Entscheidung der Frage, ob DM-Ost oder DM-West zu zahlen ist, entsprechend anwendbar. **Anm 17**

Deckt die mehrdeutige Bezeichnung nicht die Währung des Zahlungsortes, wohl aber diejenige des Ausstellungsortes, so wird eine tatsächliche Vermutung für die Währung des Ausstellungsorts sprechen (z. B. Wechsel über Dollar, ausgestellt in Kanada, zahlbar in Deutschland). Ist die Währung weder am Zahlungsort noch am Ausstellungsort in Gebrauch und fehlen auch sonstige Anhaltspunkte im W, welche der mehreren nach der Bezeichnung möglichen Währungen gemeint ist, so werden außerhalb des W liegende Umstände zur Auslegung herangezogen werden dürfen (St-Str 41[15]). Führt auch das zu keinem Ergebnis, so ist der W mangels Bestimmbarkeit der gemeinten Währung nichtig.

Artikel 42

Wird der Wechsel nicht innerhalb der im Artikel 38 bestimmten Frist zur Zahlung vorgelegt, so kann der Schuldner die Wechselsumme bei der zuständigen Behörde auf Gefahr und Kosten des Inhabers hinterlegen.

I. Hinterlegungsrecht. Art 42 gibt keine erschöpfende Regelung der Hinterlegungsbefugnis des W.schuldners. Er behandelt nur einen Sonderfall, dessen internationale Regelung durch das EWG zweckmäßig erschien. Daneben bleibt dem Schuldner die Befugnis, auch in anderen Fällen zu hinterlegen, wenn dies nach allgemeinem Hinterlegungsrecht (§§ 372ff BGB) statthaft ist (unstr.; gl. A. z. B. Gähler 63; Baumb-H 42[1]). Vgl. darüber Anm 8. Auch bei Hinterlegung nach Art 42 ist für das Verfahren und die Bestimmung der „zuständigen Behörde“ das allg. bürgerl. Recht maßgebend. **Anm 1**

Anm 2 **II. Voraussetzungen** der Hinterlegung nach Art 42.

1. Versäumung der Frist des Art 38. Es handelt sich hierbei um die Frist innerhalb welcher der Inhaber bei Verfall den W dem Bezogenen zur Zahlung vorzulegen hat. Über diese Frist, welche für alle W ausgenommen SichtW gilt, vgl. 38² und über die Vorlegung zur Zahlung 38⁴—¹⁰ und 39⁷. Durch Unterlassung dieser Vorlegung kommt der W.inhaber in Gläubigerverzug (§ 296 BGB). Das durch den vorl. Artikel dem W.schuldner eingeräumte Hinterlegungsrecht entspricht daher der allgemeinen Hinterlegungsbefugnis aus § 372 BGB bei Annahmeverzug des Gläubigers. Bei Sichtwechseln hat die Vorlegung zur Zahlung innerhalb der aus Art 34 sich ergebenden Fristen zu erfolgen. Ablauf dieser besonderen Vorlegungsfrist ist beim SichtW Voraussetzung für Hinterlegung mangels Vorlegung.

Anm 3 2. Hinterlegung vor Verfall ist durch Art 42 grundsätzlich nicht gestattet. Trotz derartiger Hinterlegung könnte der Inhaber den W bei Verfall zur Zahlung beim Bezogenen vorlegen und mangels Zahlung Rückgriffschuldner und Annehmer in Anspruch nehmen. Wenn aber die Voraussetzungen des Rückgriffs vor Verfall wegen verweigerter Annahme gegeben sind und der Bezogene nunmehr zur Abwendung des Rückgriffs Zahlung anbieten würde, wird der Inhaber zur Annahme einer solchen die Rückgriffschuldner befreienden Zahlung verpflichtet sein. Ihre Zurückweisung würde ihn in Annahmeverzug bringen und der Bezogene könnte unter entspr. Anwendung von Art 42 und § 372 BGB hinterlegen.

Anm 4 3. Hinterlegungsberechtigt ist der „Schuldner". d. h. der Bezogene, gleichviel ob er angenommen hat oder nicht (Actes, 1912, 20). Ebenso der Aussteller des eigenen W. Auch der W.bürge des Annehmers, der wie der Hauptwechselschuldner haftet und wie der Annehmer trotz versäumter Vorlegungsfrist als Schuldner haftet, wird durch Art 42 gedeckt (Actes 1912, 90). Da die Rückgriffschuldner durch die Fristversäumnis frei werden (38¹³) kommen sie als Hinterlegungsberechtigte nicht in Frage.

Wenn der Zahlungsleister (Art 4, 27), bei dem die Zahlung bei Verfall hätte abgefordert werden müssen, nach Ablauf der Vorlegungsfrist hinterlegen will, hat er dies für den Schuldner also namens des Bezogenen zu tun.

Anm 5 4. Die „Wechselsumme" ist zu hinterlegen. Da der Schuldner sich von seiner Verpflichtung befreien will, wird dies in aller Regel der volle Betrag der W.summe (zuzüglich der etwa nach Art 5 bedungenen Zinsen) sein. Daß der Schuldner auch einen Teilbetrag mit insoweit befreiender Wirkung hinterlegen könne, wurde unter der WO von Schrifttum und Rechtsprechung (RG 108, 340) verneint. Die Rechtslehre folgt dem auch jetzt einhellig, jedoch m. E. ohne ausreichenden Grund. Der Ausdruck „die Wechselsumme" knüpft nur an den Regelfall an. Die Begründung, daß der Bezogene nach Verfall keine Teilzahlung mehr leisten könne, trifft m. E. nicht zu (39¹¹). Selbst wenn dies richtig wäre, könnte es nicht entscheidend sein. Denn im Falle des vorl. Artikels handelt es sich gerade um die Nichterfüllung der Vorlegungspflicht des Inhabers, so daß für die unterbliebene Vorlegung bei Verfall durch die Hinterlegungsbefugnis Ersatz gegeben wird. Der Bezogene muß hierbei die gleichen Befugnisse haben, die er bei fristgemäßer Vorlegung gehabt hätte. Bei dieser hätte der Inhaber Teilzahlung nicht zurückweisen können (Art 39 II); er kann sich zur Zurückweisung einer nunmehrigen Teilzahlung nicht auf die eigene Nichterfüllung seiner Vorlegungspflicht berufen, der Schuldner wird vielmehr durch Hinterlegung eines Teilbetrages in dessen Höhe befreit. Dies Ergebnis entspricht dem Interesse der Rückgriffschuldner und dem Zweck des Art 39 II und bringt dem Gläubiger keinen Nachteil.

5. Frist zur Hinterlegung. Die Hinterlegung braucht, da keine Verpflichtung zur Hinterlegung besteht, nicht unmittelbar nach Ablauf der Vorlegungsfrist zu erfolgen. Wenn aber der Inhaber den W nachträglich zur Zahlung vorlegt und damit seinen Annahmeverzug beendet, so kann der Bezogene nicht mehr wirksam hinterlegen, es sei denn daß der Inhaber erneut in Annahmeverzug kommt (RG 108, 338). **Anm 6**

III. Die **Wirkung** der Hinterlegung besteht nicht nur in dem im vorl. Artikel erwähnten Gefahrübergang, sondern bei Beachtung der maßgebenden Verfahrensvorschriften (Verzicht auf Rücknahme; § 378 BGB) in Befreiung von der Verpflichtung. Sie steht dann der Zahlung gleich: Der Inhaber ist zur Herausgabe des quittierten W verpflichtet (39[2]), kann aber, sofern eine Einwilligung des Hinterlegers zur Auszahlung an ihn erforderlich sein sollte, bis zu deren Erteilung ein Zurückbehaltungsrecht ausüben. Hinterlegt der Annehmer, so wird auch dessen Bürge befreit. Hinterlegt umgekehrt der Bürge, so gehen dadurch die Rechte aus dem W gegen den Annehmer auf ihn über (Art 32 III); der Bürge kann nach Erwirkung der Herausgabe des W seinerseits den Annehmer in Anspruch nehmen. **Anm 7**

IV. Hinterlegung in **anderen Fällen** regelt sich nach allgemeinen Recht, insb. §§ 372ff BGB. Hauptanwendungsfälle für den Wechselverkehr sind: **Anm 8**

1. Gläubigerverzug. Auch wenn der Inhaber den W ordnungsmäßig, aber vergeblich in der Frist des Art 38 vorgelegt hat, kann er später durch Zurückweisung der Zahlung eines Schuldners in Annahmeverzug geraten. Z. B. bei Zurückweisung in der irrigen Annahme, daß die angebotene Zahlung nicht den vollen ihm zustehenden Betrag decke; oder weil er zu der ihm obliegenden Herausgabe von W und Quittung gegen Zahlung nicht in der Lage ist (39[7]). Der Schuldner ist dann nach § 372 berechtigt zu hinterlegen, auch mit befreiender Wirkung nach § 378 BGB.

2. Ungewißheit über die Person des Gläubigers berechtigt ebenfalls zur Hinterlegung. Hiervon kann der Schuldner bei Verfall oder später Gebrauch machen, wenn er durch Tatsachen begründete schwere Zweifel darüber hat, ob der formell ausgewiesene Inhaber materiell berechtigt ist. Trotz der Rechtsvermutung des Art 16 I braucht der Schuldner keine Zahlung vorzunehmen, die als arglistig oder grob fahrlässig im Sinne des Art 40 III gedeutet werden könnte (40[16, 20]). Hinterlegung wird insb. gerechtfertigt und zweckmäßig sein, wenn der Zahlung verlangende Inhaber ohne Beibringung zweifelsfreier Nachweise (z. B. eines Erbscheins bei behaupteter Erbfolge) angibt, daß äußere Lücken in der Indossamentenreihe durch außerwechselmäßigen Rechtsübergang überbrückt seien (16[12]). **Anm 9**

Für Rückgriffschuldner ist Hinterlegung regelmäßig unzweckmäßig, weil sie dadurch nicht den zum weiteren Rückgriff gegen ihre Vormänner benötigten W erhalten würden.

Anm 10 **V.** Das **Verfahren** ist sowohl für Hinterlegung nach Art 42 wie für diejenige nach BGB teils durch die Vorschriften des BGB teils durch die Hinterlegungsordnung v. 10. 3. 1937 (RGBl I, 285) geregelt. Hinterlegung durch den Bezogenen hat bei der für den wechselmäßigen Zahlungsort zuständigen Stelle zu erfolgen (vgl. § 374 BGB). Die Vorschriften des BGB sind auch auf die nach Art 42 erfolgende Hinterlegung entsprechend anwendbar. Anzeige von der Hinterlegung an den Gläubiger (§ 374 BGB) wird bei Hinterlegung nach Art 42 in der Regel untunlich sein, weil der Hinterleger nicht wissen wird, wer den W in Händen hat.

Als Hinterlegungsstelle hat die Hinterlegungsordnung v. 10. 3. 1937 die Amtsgerichte bestimmt.

Siebenter Abschnitt

Rückgriff mangels Annahme und mangels Zahlung

Artikel 43

Der Inhaber kann gegen die Indossenten, den Aussteller und die anderen Wechselverpflichteten bei Verfall des Wechsels Rückgriff nehmen, wenn der Wechsel nicht bezahlt worden ist.

Das gleiche Recht steht dem Inhaber schon vor Verfall zu,

1. **wenn die Annahme ganz oder teilweise verweigert worden ist;**
2. **wenn über das Vermögen des Bezogenen, gleichviel ob er den Wechsel angenommen hat oder nicht, der Konkurs oder das gerichtliche Vergleichsverfahren (Ausgleichsverfahren) eröffnet worden ist oder wenn der Bezogene auch nur seine Zahlungen eingestellt hat oder wenn eine Zwangsvollstreckung in sein Vermögen fruchtlos verlaufen ist;**
3. **wenn über das Vermögen des Ausstellers eines Wechsels, dessen Vorlegung zur Annahme untersagt ist, der Konkurs oder das gerichtliche Vergleichsverfahren (Ausgleichsverfahren) eröffnet worden ist.**

Anm 1 **I. Rückgriff** ist die Inanspruchnahme der W.garanten beim Notleiden des W. Wenn der W bei Verfall von dem in erster Linie zur Zahlung Berufenen, also dem Bezogenen (beim eigenen W dem Aussteller) nicht eingelöst wird, oder wenn vor Verfall die Einlösung durch besondere Umstände gefährdet erscheint, kann der Inhaber auf die sonstigen W.verpflichteten „zurückgreifen".

Art 43 regelt im wesentlichen nur die sachlichen Rückgriffs-Voraussetzungen. Wenn danach Rückgriff sachlich begründet ist, müssen zwecks Ausübung des Rückgriffrechts noch formelle Voraussetzungen durch Vornahme der erforderlichen Handlungen, insb. fristgemäße Protesterhebung (Art 44), erfüllt werden, andernfalls das Recht verwirkt wird (Art 53).

II. Allgemeines für alle Rückgriffsfälle: 1. Gegenstand des Rückgriffs: Art 43 behandelt die beiden Gruppen des Rückgriffs, nämlich bei Verfall wegen Nichtzahlung und vor Verfall wegen drohender Nichtzahlung, getrennt in Abs 1 (Rückgriff mangels Zahlung) bzw. in Abs 2 (Rückgriff vor Verfall). Der Rückgriffanspruch geht aber in beiden Fällen gleichmäßig auf sofortige Zahlung, beim Rückgriff vor Verfall jedoch unter Abzug von Zwischenzinsen für die Zeit bis zum Verfalltag (Art 48 II). Der Umfang der Ansprüche des ersten Rückgriffnehmers ist in Art 48, und derjenige für den weiteren Rückgriff einlösender Rückgriffschuldner in Art 49 festgesetzt. **Anm 2**

2. Rückgriffgläubiger ist der „Inhaber" des W, d. h. der rechtmäßige, nach Art 16 ausgewiesene und als Eigentümer des W materiell berechtigte Inhaber. Obwohl die Vorlegung zur Annahme und daher auch Auftrag zur Protesterhebung mangels Annahme (21[3]) durch jeden, der den „W auch nur in Händen hat" erfolgen kann (Art 21), ist zum Rückgriff, auch wenn dieser mangels Annahme genommen wird, nur der „berechtigte Inhaber" befugt. **Anm 3**

Rückgriffgläubiger ist zunächst der Inhaber des W bei Eintritt der Rückgriffsvoraussetzungen (Notleiden); die Ansprüche dieses „letzten Inhabers" berechnen sich nach Art 48. Wer bei ihm den W als Rückgriffschuldner einlöst, kann weiteren Rückgriff gegen seine Vormänner nach Art 49 nehmen. Wegen des formellen Ausweises dieses Einlösers des rückläufigen W vgl. 16[11] und 49[7].

3. Rückgriffschuldner sind außer den in Abs 1 besonders angeführten Indossanten und dem Aussteller noch die W.bürgen für Rückgriffschuldner (Art. 30), der Ehrenannehmer (Art 56) und der unbefugte Vertreter eines Rückgriffschuldners (Art 8). Aber auch der Annehmer (und dementsprechend sein W.bürge oder sein unbefugter Vertreter) haftet nach Art 28 II, 47 I dem Umfange nach wie ein Rückgriffschuldner, also insb. mangels Zahlung bei Verfall für die nach Art 48 begründeten Nebenansprüche auch dann, wenn kein Rückgriffschuldner vorhanden ist (28[10]). Seine Haftung bleibt aber trotz Verwirkung des Rückgriffs bestehen (Art 53 I). **Anm 4**

Wegen der gesamtschuldnerischen Haftung aller Rückgriffschuldner und des Sprungrückgriffs vgl. zu Art 47.

III. Zu Abs I. Rückgriff mangels Zahlung bei Verfall. **Anm 5**

1. Die Worte „bei Verfall" in Abs 1, die zur Betonung des Gegensatzes zu dem in Abs 2 behandelten Rückgriff vor Verfall mit den Worten „Rückgriff nehmen" verbunden sind, gehören sinngemäß in den Nebensatz: „wenn der W bei Verfall nicht bezahlt wird". Denn einerseits wird der Rückgriff nicht bei Verfall, sondern nach Verfall ausgeübt, d. h. er braucht nicht sofort eingeleitet zu werden, sondern ist nur durch die Verjährung des Anspruchs befristet (Art 70). Andrerseits ist Voraussetzung, daß der W „bei Verfall" nicht bezahlt worden ist, d. h. trotz ordnungsmäßiger Vorlegung bei Verfall innerhalb der Frist des Art 38 I (über SichtW vgl. 38[8]). Ist Vorlegung bei Verfall unterblieben, so kann kein Rückgriff genommen werden, auch wenn bei späterer Vorlegung der Bezogenen nicht zahlt. Denn durch Versäumung der Frist aus Art 38 I und ebenso bei Versäumung der Protestfrist, wenn Protest nicht erlassen ist (Art 46), wird der Rückgriff endgültig verwirkt (Art 53 I).

Über die Bestimmung der Verfallzeit vgl. Art 33ff.

Dem Hauptwechselschuldner bewilligte Stundung ändert nicht die Verfallzeit, selbst wenn sie auf dem W vermerkt ist, und ist insb. für die Protestfrist ohne Bedeutung (17[47c]; 44[9]). Jedoch können sich auf eine dem Annehmer bewilligte Stundung auch die Rückgriffschuldner bis zum Ablauf der bewilligten Frist berufen (47[13]). Eine dem Annehmer nach der VertragshilfeVO v. 30. 11. 1939 (RGBl I, 2329) bewilligte gerichtliche Stundung wirkt dagegen nicht zugunsten der sonstigen W.verpflichteten, hindert also nicht den Rückgriff mangels Zahlung. Eine dem Bezogenen nach Maßgabe der in der amerikanischen Besatzungszone geltenden Vorschriften im Vertragshilfeverfahren bewilligte Stundung sämtlicher Verbindlichkeiten berechtigt umgekehrt wegen Zahlungseinstellung des Bezogenen zum Rückgriff schon vor Verfall (Anm 12).

Anm 6 2. „Nicht bezahlt" im Sinne der vorl. Bestimmung ist der W nur, wenn Zahlung trotz ordnungsmäßiger Vorlegung (vgl. zu Art 38) nicht zu erhalten war. Nicht ordnungsmäßig ist die Vorlegung insb., wenn der Gläubiger dem Verlangen auf Aushändigung des quittierten W gegen Zahlung nicht entspricht (39[7]) oder sonst die angebotene Zahlung zurückweist. Bei Zurückweisung einer Teilzahlung (39[1]), selbstverständlich auch bei deren Annahme, ist Rückgriff nur wegen des Mehrbetrages gegeben.

Die Zurückweisung einer Ehrenzahlung befreit nach Art 61 die Nachmänner desjenigen, zu dessen Ehren Zahlung angeboten war. Gleiche Wirkung hat die unterbliebene Vorlegung bei Notadressen oder Ehrenannehmern am Zahlungsort, und zwar sowohl für die Nachmänner des Notadressanten bzw. Honoraten wie für diese selbst (Art 60).

Sind mehrere Bezogene vorhanden, so muß zwecks Eröffnung des Rückgriffs bei allen Bezogenen Zahlung vergeblich verlangt worden sein (St-Str 43[7]).

Anm 7 **IV. Zu Abs II. Rückgriff vor Verfall.**

A. Allgemeines. Der Inhaber ist nur berechtigt, aber nicht genötigt, bei Eintritt der ges. Voraussetzungen schon vor Verfall Rückgriff zu nehmen. Er kann also auch abwarten, ob Zahlung bei Verfall geleistet wird, und verneinendenfalls Rückgriff nach Abs 1 mangels Zahlung nehmen.

Andrerseits erübrigen sich die für den Rückgriff mangels Zahlung vorgeschriebenen Erhaltungsakte (Vorlegung zur Zahlung und Protest), wenn die sachlichen und formellen Voraussetzungen für Ausübung des Rückgriffs vor Verfall erfüllt sind. Dies ist in Art 44 Abs 4 ausdrücklich für den Fall bestimmt, daß Protest mangels Annahme erhoben ist. Es muß aber auch für alle übrigen Rückgriffsfälle gelten (44[13, 14]), weil die einmal erfolgte Eröffnung des Rückgriffs weitere Handlungen zur Begründung des Rückgriffsanspruchs unnötig macht. Aus dem gleichen Grunde kann der Inhaber den vor Verfall eröffneten Rückgriff auch nach Verfall durchführen (Qu-A 43[5]; Baumb-H 43[3]A). Beim Vorhandensein von Notadressen ist deren vergebliche Anrufung gemäß Art 56 II weitere Rückgriffsvoraussetzung. Ehrenannahme (auch ungerufene Art 56 III) beseitigt das Recht zum Rückgriff vor Verfall.

B. Zu Abs II. Zf 1. Rückgriff mangels Annahme. Anm 8

1. Rückgriffschuldner sind hier naturgemäß nur die W.verpflichteten, die ihre Haftung für die Annahme nicht ausgeschlossen haben (9^{6}; 15^{5}; 22^{7}). Bei mehreren Bezogenen genügt Verweigerung der Annahme durch einen von ihnen zur Eröffnung des Rückgriffs mangels Annahme, weil die Rückgriffschuldner für die Übernahme der Zahlungsverpflichtung durch sämtliche Bezogene Gewähr zu leisten haben (RG 46, 140).

„Verweigert" ist die Annahme, wenn sie trotz ordnungsmäßiger Vorlegung (vgl. zu Art 21) nicht oder nur mit Abweichungen vom Inhalt des W (qualifizierte Annahme: Art 26 II) zu erhalten war; oder, wenn die Vorlegung zur Annahme vergeblich versucht worden ist. In letzterem Fall — z. B. bei Unauffindbarkeit einer Niederlassung des Bezogenen, bei Tod, Konkurs oder Geschäftsunfähigkeit des Bezogenen —, genügt jedoch auch, wenn Protest erlassen ist, nicht der vergebliche Vorlegungsversuch; vielmehr muß für die nicht erzielbare „Verweigerung" der Annahme (wie bei der Vorlegung zur Zahlung: 38^{5}) Ersatz durch Protest beschafft werden (46^{8}; vgl. St-Str 46^{12}).

Teilannahme ist durch Art 26 I ausdrücklich zugelassen. Wegen des angenommenen Teilbetrages kann kein Rückgriff genommen werden, sondern nur wegen des Mehrbetrages (vgl. „soweit" in Art 48 Zf 1). Dies wird durch Art 51, der den Rückgriff nach Teilnahme regelt, bestätigt.

2. Zur Verweigerung der Annahme muß (außer bei Protesterlaß) die formelle Voraussetzung des Protestes hinzukommen, damit Rückgriff genommen werden kann (Art 44 I); wegen der Protestfrist vgl. Art 44 II. Durch Unterlassung des Annahmeprotestes wird regelmäßig der Rückgriff mangels Zahlung nicht verwirkt, sondern nur bei W mit Vorlagegeboten (Art 22) und bei NachsichtW (Art 24). Der in diesen beiden Fällen bei fehlender Datierung der Annahme durch Art 25 II vorgeschriebene Protest dient nur zur Erhaltung des Rückgriffs mangels Zahlung nicht zur Ausübung eines Rückgriffs vor Verfall, da die Annahme nicht als verweigert gilt (25^{14}). Protest mangels Datierung eröffnet daher zweifellos keinen Rückgriff mangels Annahme (abw. Qu-A 43^{6}; Baumb-H 43^{3B}; Knur-H 43^{5a}; zutreffend Baumb-H 45^{1}). Anm 9

Wird vom W.inhaber, nachdem Annahmeprotest erhoben ist, nachträglich Annahmeerklärung zugelassen, so wird dadurch das Notleiden des W beseitigt und Rückgriff mangels Annahme kann nicht mehr genommen werden (Langen 186). Der Inhaber ist nicht verpflichtet, nachträgliche Annahme zuzulassen; ihre Gestattung enthält einen Verzicht auf den Rückgriff wegen der vorherigen Verweigerung.

C. Zu Abs II Zf 2 und 3: Rückgriff wegen Unsicherheit. Anm 10

1. Allgemeines. Zu unterscheiden ist der Rückgriff wegen Unsicherheit des Bezogenen (Zf 2) und des Ausstellers (Zf 3). Ferner sind diejenigen Fälle, in denen ohne weitere formelle Schritte Rückgriff genommen werden kann (Konkurs, Vergleichsverfahren), von den Tatbeständen (Zahlungseinstellung, fruchtlose Vollstreckung) zu unterscheiden, bei deren Vorliegen zunächst Protest mangels Zahlung gegen den Bezogenen erhoben werden muß.

Anm 11 **2. Zu Zf 2: Unsicherheit des Bezogenen.** a) Hinsichtlich des Bezogenen ist es, wie ausdrücklich hervorgehoben worden ist, unerheblich, ob er angenommen hatte oder nicht. Unerheblich ist auch, ob Vorlegung zur Annahme untersagt ist, da auch in solchem Falle durch die Unsicherheit des Bezogenen die Einlösung des W bei Verfall in Frage gestellt ist, und da wegen Unsicherheit des Bezogenen auch die Schuldner in Anspruch genommen werden können, die ihre Haftung für die Annahme ausgeschlossen haben. Bei mehreren Bezogenen eröffnet Unsicherheit eines von ihnen den Rückgriff (St-Str 43^{22}). Der Annehmer (und sein W.bürge) können, auch wenn kein Rückgriffschuldner neben ihm haftet, bei Unsicherheit schon vor Verfall auf Zahlung in Anspruch genommen werden (St-Str 43^{24}; Langen 110ff; OLG Breslau HRR 1939, 113).

Anm 12 b) Die drei den sachlichen Unsicherheitstatbestand bildenden Gründe, nämlich:

Eröffnung von Konkurs oder Vergleichsverfahren,
Zahlungseinstellung,
fruchtlose Zwangsvollstreckung,

sind dem allgemeinen Recht entnommen; es bedarf daher im wesentlichen keiner besonderen Erläuterung für ihre Anwendung hier.

Bezüglich Konkurseröffnung ist (gegen Rilk 188 und Qu-A $43^{9\ \text{zu a}}$) anzunehmen, daß Ablehnung der Eröffnung mangels Masse die gleiche Wirkung haben muß (St-Str 43^{20a}; zust. Baumb-H 43^{3C}; Priese-R 43^{25}; Knur-H 43^{5b}).

Unter Zahlungseinstellung wird der tatsächliche Zustand verstanden, bei dem der Schuldner nicht nur eine einzelne Zahlung nicht leistet, sondern im allg. seine fälligen Geldschulden wegen eines nicht nur vorübergehenden Mangels an Zahlungsmitteln nicht erfüllt (RG 100, 65). Ein für die Öffentlichkeit allgemein erkennbarer Zustand oder eine entsprechende Erklärung des Schuldners ist nicht erforderlich (RG 132, 283).

Die fruchtlose Vollstreckung (vgl. § 807 ZPO) braucht nicht für den W.inhaber selbst erfolgt zu sein; auch eine für andere Gläubiger erfolglos versuchte Vollstreckung begründet die Gefahr, daß der W bei Fälligkeit nicht eingelöst werden wird.

Die Eröffnung des Vertragshilfe-Verfahrens über sämtliche Verbindlichkeiten gemäß den in den Ländern der amerik. Besatzungszone seit 1946 geltenden Gesetzen schließt die Zulässigkeit eines Antrages auf Konkurs- oder Vergleichsverfahren aus (Art 2). Trotzdem wird die Verfahrenseröffnung auf Antrag des Bezogenen nicht als gleichbedeutend mit der Eröffnung des Vergleichs- oder Konkursverfahrens für die vorl. Bestimmung anzusehen sein, weil der Schuldner zur Verfügung über sein Vermögen befugt bleibt. Dagegen bedeutet die Eröffnung des Verfahrens und noch mehr eine gemäß Art 8 des Vertragshilfe ges. erlassene Stundungsanordnung bezüglich aller Verbindlichkeiten des Bezogenen eine Zahlungseinstellung, die zum Rückgriff vor Verfall (unter Berücksichtigung der nach Art 44 V vorzunehmenden Handlungen) berechtigt.

Anm 13 c) Formelle Rückgriffsvoraussetzung. Bei Konkurs- und Vergleichsverfahren genügt nach Art 44 VI die Vorlegung des gerichtl. Beschlusses oder der amtlichen Bekanntmachung. In den anderen Fällen muß nach Art 44 V noch Vorlegung zur Zahlung beim Bezogenen (nicht beim Zahlungsleister: 44[17]) und (mangels Protesterlasses) Protesterhebung hinzutreten, bevor Rückgriff genommen werden kann.

Dieser Protest mangels Zahlung erbringt jedoch keinen Beweis für das Vorhandensein der sachlichen Voraussetzung des Unsicherheitsrückgriffs. Zahlungseinstellung bzw. fruchtlose Vollstreckung müssen daher anderweit nachgewiesen werden, z. B. durch ein die Zahlungseinstellung mitteilendes Rundschreiben des Schuldners bzw. das Protokoll des Gerichtsvollziehers über fruchtlose Vollstreckung. Außer im Urkunden- und W.prozeß kann der Nachweis auch durch andere Beweismittel als Urkunden erbracht werden. Wenn die Rückgriffsvoraussetzungen durch Urkunden belegt werden, wird der in Anspruch genommene Rückgriffschuldner in der Regel nach Treu und Glauben und in entsprechender Anwendung des aus Art 39 und 50 I ersichtlichen Rechtsgedankens die Aushändigung dieser Urkunden, deren Kosten er nach Art 48 Zf 3 zu erstatten hat, mit W und Protest beanspruchen können, damit er sie für seinen weiteren Rückgriff benutzen kann (vgl. Näheres St-Str 43[21]).

d) Über den Zeitpunkt, in welchem die Unsicherheit eintreten muß, um Rückgriff zu begründen, sagt das WG nichts. Die überwiegende Ansicht (Keßler 43[2]; Gareis-R 43[5]; Qu-A 43[8]; Hupka 113; Baumb-H 43[3C]; Knur-H 43[5b]) geht dahin, daß die Unsicherheit nach Ausstellung und Begebung des W entstanden sein muß, um Rückgriff vor Verfall zu begründen. Hiesigen Erachtens (vgl. St-Str 43[18]) genügt es, wenn der Unsicherheitstatbestand nach Ausstellung des W fortbesteht, auch wenn er schon vorher entstanden ist. Die gegenteilige Ansicht hat im Gesetz keine Stütze und ist auch wirtschaftlich nicht gerechtfertigt, weil die Unsicherheit des Bezogenen, gleichviel wann sie entstanden ist, die Einlösung des W bei Verfall in Frage stellt. Auch ergibt die Entstehung der Unsicherheit schon vor der Ausstellung des W nicht ohne weiteres, daß der Aussteller, W.nehmer und die späteren Inhaber die fraglichen Tatsachen gekannt haben oder kennen mußten. **Anm 14**

Im einzelnen folgt daraus, daß ein vor der Ausstellung des W aufgehobenes Konkurs- oder Vergleichsverfahren den Rückgriff nicht begründet. Ebensowenig eine frühere Zahlungseinstellung, wenn der Bezogene bei Ausstellung des W seine Zahlungen wieder aufgenommen hatte, oder eine früher stattgefundene fruchtlose Zwangsvollstreckung (gl. A. Seybold ZtschrDNotV 1934, 174).

Eine Fortdauer des Unsicherheitstatbestandes bis zur Beendigung des Rückgriffs ist nicht erforderlich (herrsch. Ans.; z. B. Langen 191; Baumb-H 43[3C]). Es ist auch nicht notwendig, daß der letzte Inhaber vorher (also z. B. vor Aufhebung des Konkursverfahrens) tatsächlich Rückgriffansprüche geltend gemacht hat (abw. Qu-A 43[8]). Die durch die Unsicherheit eingetretene Störung der Kreditgrundlage rechtfertigt das auch wirtschaftlich. **Anm 15**

Auch derjenige Inhaber kann Rückgriff nehmen, der beim Erwerb des W den Unsicherheitsgrund gekannt hat (abw. Qu-A a. a. O.), da ja auch der Erwerb eines mangels Annahme protestierten W den Inhaber nicht hindert, Rückgriff mangels Annahme zu nehmen. Möglich ist allerdings, daß der unmittelbare Vormann seiner Inanspruchnahme vor Verfall durch den in Kenntnis der Unsicherheit Erwerbenden eine persönliche Einwendung entgegen setzen kann. Ist der W gemäß Art 44 V protestiert worden, sein Notleiden also offenkundig, so haben folgende Indossamente als Nachindossamente ohnehin keine verpflichtende Kraft (20[7]).

Anm 16 **3. Zu Abs II Zf 3: Unsicherheit des Ausstellers.** Diese ist nur bei der nichtakzeptablen Tratte (Art 22 II) Rückgriffstatbestand, weil hier die Kreditgrundlage in erster Reihe die Zahlungsfähigkeit des Ausstellers ist. Unsicherheitstatbestand ist hier nur Konkurs und Vergleichsverfahren, nicht auch Zahlungseinstellung oder fruchtlose Vollstreckung. Die Vorlegung zur Zahlung und Protesterhebung gemäß Art 44 V würde beim Bezogenen wegen des bestehenden Vorlegungsverbots, beim Aussteller aber wegen seiner fehlenden Eigenschaft als Hauptwechselschuldner nicht angängig sein. Beim eigenen W ist bei Unsicherheit des Ausstellers nicht die vorl. Bestimmung, sondern Zf 2 betr. Unsicherheit des Bezogenen entspr. anwendbar.

Zweifelhaft, aber m. E. zu bejahen, ist die Frage, ob auch die während eines befristeten Vorlegungsverbots (vgl. Art 22 III) bestehende Unsicherheit des Ausstellers zum Rückgriff vor Verfall berechtigt. Überwiegend (Qu-A 43[11]; Baumb-H 43[3D]; Knur-H 43[5]) wird dies verneint. Der Wortlaut der vorl. Bestimmung deckt aber auch diese Fälle, und ein Vorlageverbot kann so langfristig sein, daß dem Inhaber bei Unsicherheit des Ausstellers nicht zugemutet werden kann, seinen Ablauf abzuwarten und erst dann, falls Annahme verweigert wird, Rückgriff mangels Annahme zu nehmen. Ist ein befristetes Vorlageverbot abgelaufen, ohne daß der Inhaber Rückgriff genommen hat, so ist Zf 3 allerdings nicht mehr anwendbar; der Inhaber muß nun zunächst zur Annahme vorlegen, bei deren Erteilung er den Verfall abzuwarten hat. Auch wenn während eines Vorlageverbotes Annahme nachgesucht und erteilt wird, kann der Inhaber nicht mehr nach Zf 3 wegen Unsicherheit des Ausstellers Rückgriff nehmen (Langen 194). Die Entgegennahme der Annahme enthält einen Verzicht auf diese Befugnis.

Bei der nichtakzeptablen Tratte kann bei Unsicherheit des Bezogenen auch nach Zf 2 Rückgriff genommen werden (vgl Anm 11).

Artikel 44

Die Verweigerung der Annahme oder der Zahlung muß durch eine öffentliche Urkunde (Protest mangels Annahme oder mangels Zahlung) festgestellt werden.

Der Protest mangels Annahme muß innerhalb der Frist erhoben werden, die für die Vorlegung zur Annahme gilt. Ist im Falle des Artikels 24 Abs. 1 der Wechsel am letzten Tage der Frist zum ersten Male vorgelegt worden, so kann der Protest noch am folgenden Tage erhoben werden.

Der Protest mangels Zahlung muß bei einem Wechsel, der an einem bestimmten Tag oder bestimmte Zeit nach der Ausstellung oder nach

Sicht zahlbar ist, an einem der beiden auf den Zahlungstag folgenden Werktage erhoben werden. Bei einem Sichtwechsel muß der Protest mangels Zahlung in den gleichen Fristen erhoben werden, wie sie im vorhergehenden Absatz für den Protest mangels Annahme vorgesehen sind.

Ist Protest mangels Annahme erhoben worden, so bedarf es weder der Vorlegung zur Zahlung noch des Protestes mangels Zahlung.

Hat der Bezogene, gleichviel ob er den Wechsel angenommen hat oder nicht, seine Zahlungen eingestellt, oder ist eine Zwangsvollstreckuug in sein Vermögen fruchtlos verlaufen, so kann der Inhaber nur Rückgriff nehmen, nachdem der Wechsel dem Bezogenen zur Zahlung vorgelegt und Protest erhoben worden ist.

Ist über das Vermögen des Bezogenen, gleichviel ob er den Wechsel angenommen hat oder nicht, oder über das Vermögen des Ausstellers eines Wechsels, dessen Vorlegung zur Annahme untersagt ist, Konkurs oder das gerichtliche Vergleichsverfahren (Ausgleichsverfahren) eröffnet worden, so genügt es zur Ausübung des Rückgriffsrechts, daß der gerichtliche Beschluß über die Eröffnung des Konkurses oder des gerichtlichen Vergleichsverfahrens (Ausgleichsverfahrens) vorgelegt wird. Die Vorlegung der Bekanntmachung des gerichtlichen Beschlusses im Deutschen Reichsanzeiger oder in dem zur Veröffentlichung amtlicher Bekanntmachungen des Gerichts bestimmten Blatte ist der Vorlegung des gerichtlichen Beschlusses gleichzuachten.

I. Protest im allgemeinen: 1. Formelle Rückgriffsvoraussetzung. **Anm 1**
Während Art 43 die sachlichen Tatbestandsmerkmale für die einzelnen Rückgriffsfälle aufführt, enthält der vorl. Artikel Vorschriften über formelle Rückgriffsvoraussetzungen, unter denen der Protest die wichtigste Rolle spielt. Während die sachlichen Rückgriffsvoraussetzungen stets vorliegen müssen, ist die formelle Voraussetzung des Protestes nicht nur im Falle des Abs VI, sondern auh dann entbehrlich, wenn Protest nach Art 46 erlassen ist. Auch bei Protesterlaß müssen jedoch die Fristen für die Vorlegung zur Zahlung (nach Art 38 I bzw. 34) oder zur Annahme (Art 22, 23) gewahrt werden, widrigenfalls der Rückgriff gemäß Art 53 verwirkt wird.

2. Begriff. Das Wort „Protest“ ist mehrdeutig. Es wird im WG wie im **Anm 2**
Rechtsleben sowohl für die durch den Protestbeamten erfolgende vergebliche Aufforderung zur Vornahme der wechselrechtlichen Leistung, insb. für die amtliche Vorlegung des W zur Annahme oder Zahlung, wie für die diese Handlungen feststellende amtliche Urkunde verwendet. Beispielsweise ist mit dem Wort Protest in Art 86 lediglich die Protesthandlung gemeint, dagegen in Art 50 I, 62 I, 80 und 81 I die Protesturkunde.

Auch im vorl. Artikel wird der Ausdruck im doppelten Sinne gebraucht. Während in Abs I deutlich von der Urkunde die Rede ist und der „Protest“

in diesem Sinne eine Legaldefinition erhält, ist es unzweifelhaft, daß bei den Fristbestimmungen in Abs 2 und 3 sowohl die Protesthandlung wie deren Beurkundung gemeint ist. Deshalb würde der Bestimmung des Abs 3 nicht entsprochen sein, wenn die Protesturkunde an einem der beiden auf den Zahlungstag folgenden Werktage gefertigt würde, die darin beurkundete Zahlungsverweigerung aber schon am Zahlungstage selbst stattgefunden hätte.

Anm 3 3. Ergänzungsbedürftigkeit des Art 44. a) Die Beschreibung des Protestes in Abs I läßt die Frage offen, ob die zu beurkundende Handlung durch den Protestbeamten selbst vorzunehmen ist, oder ob sie in seiner Gegenwart durch eine andere Person erfolgen kann. Dies beruht darauf, daß der einen Teil des internationalen EWG bildende Art 44 bewußt keine erschöpfende Regelung des Protests geben will. Im Genfer Abkommen ist vielmehr die zur Ergänzung des Art 44 erforderliche Regelung mittels „stillschweigenden Vorbehalts" (vgl. St-Str 44²) den Vertragsstaaten überlassen worden. Diese Ergänzung findet sich in dem die „Ergänzenden Vorschriften" enthaltenden 3. Teil des WG in Art 79—88. Der Zusammenhang dieser Bestimmungen mit Art 44 ergibt, daß für den Bereich des WG die Fristen des Art 44 nur durch einen Protest gewahrt werden, der den Formvorschriften der Art 79ff genügt. Art 44 enthält hierüber nur, daß die Protesturkunde eine öffentliche Urkunde sein muß, und daß die Proteste in bestimmten Fristen zu erheben sind.

Die Beschreibung des Protestes als „öffentliche Urkunde" enthält keine unmittelbare Verweisung auf die in § 415 ZPO für diese Urkunden gegebene Begriffsbestimmung. Denn die vorl. Bestimmung ist aus dem EWG entnommen, welches naturgemäß keine Verweisung auf deutsche Rechtsvorschriften enthalten kann, und stellt eine Übersetzung des französischen „acte authentique" dar. Dies bedeutet eine von einer öffentlich bestellten Urkundsperson erteilte amtliche Bescheinigung im Gegensatz zu einer Privaturkunde, wie es z. B. die Sichtbescheinigung des Art 78 II Satz 2 ist. Art 40 SchG, nach dem die unterbliebene Einlösung des Schecks entweder „durch eine öffentliche Urkunde (Protest)" oder durch schriftliche Erklärung des Scheckbezogenen oder einer Abrechnungsstelle festzustellen ist, bestätigt, daß die von einer öffentlich bestellten Urkundsperson erteilte Bescheinigung des Unterbleibens der Leistung gemeint ist.

Auf Grund der Ausgestaltung des Protestes durch die „Ergänzenden Vorschriften" der Art 79—88 erfüllt die Protesturkunde auch die Erfordernisse einer öffentlichen Urkunde im Sinne des § 415 ZPO. Denn sie ist eine von einer öffentlich für Beurkundungen dieser Art bestellten und dadurch mit öffentlichem Glauben ausgestatteten Person innerhalb des ihr zugewiesenen Geschäftskreises in vorgeschriebener Form (vgl. insb. Art 80 II: Unterschrift und Amtssiegel) aufgenommene Urkunde. Da der wesentliche Inhalt der Protesturkunde nicht in der Beurkundung der Erklärungen Dritter, die vor dem Protestbeamten abgegeben sind, besteht, sondern in anderen Tatsachen, richtet sich die Beweiskraft im Rechtsstreit nach § 418 ZPO (vgl. 80³).

Anm 4 b) Art 44 ist auch insofern nicht erschöpfend, als er nicht alle Protestfälle umfaßt, sondern nur die beiden Hauptfälle: Protest mangels Annahme und mangels Zahlung. Diese Proteste sind formelle Voraussetzung für die Ausübung des Rückgriffs mangels Annahme oder Zahlung. Sie sind hierzu aber nicht unter allen Umständen ausreichend. Denn nach Art 56 II und 60 I, die ergänzend heranzuziehen sind, bedarf es unter den dort angegebenen Voraussetzungen noch eines Protestes gegen Notadressen oder Ehrenannehmer zur Ausübung und Erhaltung der Rückgriffsrechte. Ferner ist der sog. Ausfolgerungsprotest nach Art 66 II, 68 II unter den dort angegebenen Bedingungen formelle Rückgriffsvoraussetzung.

Endlich ist der Protest mangels Datierung nach Art 25 II zu berücksichtigen. Dieser eröffnet zwar nicht sofortigen Rückgriff, ist aber doch zur Erhaltung der Rückgriffsrechte und demgemäß zur späteren Ausübung des Rückgriffs erforderlich.

4. Bedeutung der verschiedenen Protestarten. Lediglich formelle Voraussetzung zur Ausübung des Rückgriffs, ohne daß unterbleibender Protest zur Verwirkung des Rückgriffs führt, ist der Protest nach Abs 5 des vorl. Artikels und in der Regel der Protest mangels Annahme. Letzterer ist aber nicht nur Rückgriffsvoraussetzung, sondern gleichzeitig Erhaltungsakt, also zur Vermeidung endgültigen Rückgriffsverlusts nach Art 53 erforderlich, wenn es sich um W handelt, die wie der NachsichtW innerhalb bestimmter Frist zur Annahme vorgelegt werden müssen. Dieselbe Doppelwirkung als Anspruchsvoraussetzung und Erhaltungsakt hat der Protest mangels Zahlung, während der Protest mangels Datierung nach Art 25 II lediglich Erhaltungsakt ist, daneben aber beim NachsichtW auch zur Feststellung des die Verfallzeit bestimmenden Vorlegungstages dient. **Anm 5**

Zweck des Protestes ist es regelmäßig (Ausnahme: 43[13]), durch öffentliche Urkunde den Eintritt der materiellen Rückgriffsvoraussetzungen des Art 43 festzustellen. Dadurch kann der Protest auch als Beweismittel bei der gerichtlichen und außergerichtlichen Geltendmachung der Rückgriffansprüche verwendet werden. Als Erhaltungsakt schützt er auch die Rückgriffschuldner dagegen, daß der Inhaber nicht durch verspätete Geltendmachung seiner Rechte die Einziehung der W.summe beim Hauptschuldner im Vertrauen auf die ersatzweise Haftung der W.garanten verzögert.

Soweit der Protest als Formalakt (Solennitätsakt) Voraussetzung für die Erhaltung oder Ausübung der Rückgriffsrechte ist, kann er nur bei Erfüllung der wesentlichen Formerfordernisse für die Protesturkunde (vgl. insb. Art 80, 81) wirksam sein. Als Beweismittel kann dagegen auch eine formwidrige Protesturkunde verwertet werden. Wird Protest mangels Zahlung erhoben, obwohl keine Rückgriffschuldner vorhanden sind, so hat der Protest nur als Beweismittel für die Rechtzeitigkeit der Vorlegung bei Geltendmachung der Nebenansprüche gegen den Annehmer gemäß Art 28 II Bedeutung.

II. Zu Abs I. Die **Notwendigkeit** des Protestes mangels Annahme oder Zahlung bedeutet lediglich, daß ohne Protest kein Rückgriff genommen werden kann (falls nicht Protesterlaß — Art 46 — vorliegt). **Anm 6**

Der Annehmer, der Aussteller des eigenen W und ihre W.bürgen können auch ohne Protest nach Verweigerung der Zahlung in Anspruch genommen werden, bei Wahrung der Frist des Art 38 I auch wegen der Nebenansprüche aus Art 48 (28[10]).

Daß die Verweigerung der Annahme durch Protest festgestellt werden „muß“, bedeutet nicht, daß dieser Protest zur Erhaltung der Rückgriffansprüche gegen Verwirkung notwendig ist. Rückgriffsverwirkung wegen Nichterhebung des Protestes mangels Annahme tritt nur ein, wenn für die Vorlegung des W zur Annahme eine Frist nach Art 22 oder 23 läuft.

Anm 7 **III. Zu Abs II.** Als **Frist für den Protest mangels Annahme** gilt die Frist für Vorlegung zur Annahme.

1. Diese Bestimmung ist nur für W wichtig, die in einer bestimmten Frist zur Annahme vorzulegen sind. Dies sind NachsichtW (Vorlegungsfrist nach Art 23) und W mit einem besonderen Vorlegungsgebot nach Art 22 I oder IV. Für diese W hat auch die Bestimmung des Satz 2 Bedeutung, wonach Protest am folgenden (Werk-)Tag zu erheben ist, wenn der W am letzten Tag der Vorlegungsfrist erstmalig zur Annahme vorgelegt wird und der Bezogene hierbei (gemäß Art 24) Überlegungsfrist beansprucht (vgl. 24^2). Dann muß die Vorlegung an einem späteren Tage wiederholt werden, bevor Protest mangels Annahme erhoben werden kann (24^3). Dem trägt Abs 2 Satz 2 Rechnung, indem für diesen Fall die Protestfrist um einen Tag verlängert wird. Es handelt sich dabei richtiger um eine Verlängerung der Vorlegungsfrist: bei Protesterlaß kann unter den gleichen Voraussetzungen auch erneute private Vorlegung wirksam noch am Tage nach Ablauf der wechselmäßigen Vorlegungsfrist erfolgen (24^6).

Folge der Fristversäumung ist in diesen Fällen Verwirkung des Rückgriffs (Art 53), d. h. auch des Rückgriffs mangels Zahlung.

Anm 8 2. W, bei denen für die Vorlegung zur Annahme keine besondere Frist besteht, also die überwiegende Mehrzahl aller W, können, sofern nicht etwa ein Vorlageverbot (Art 22 II u. III) besteht, jederzeit bis zum Verfall zur Annahme vorgelegt werden. Am Verfalltag oder später kann wirksamer Annahmeprotest nicht mehr erhoben werden (21^8). Eine theoretische, wenn auch tatsächlich kaum vorkommende Ausnahme bildet auch hier der in Satz 2 vorgesehene Fall: Wenn der W am Tage vor Verfall erstmalig zur Annahme vorgelegt wird und der Bezogene Überlegungsfrist verlangt, hat erneute Vorlegung und gegebenenfalls Protesterhebung mangels Annahme am folgenden Werktage, d. h. dem Zahlungstage, stattzufinden. Am Zahlungstage kann nach Abs 3 Protest mangels Zahlung noch nicht erhoben werden; der Annahmeprotest macht aber nach Abs 4 den Zahlungsprotest überflüssig.

Unterlassung der Vorlegung zur Annahme und des Protestes mangels Annahme bewirken bei diesen Wechseln keinen Rückgriffsverlust, falls Vorlegung zur Zahlung bei Verfall und Erhebung des Protestes mangels Zahlung fristgemäß erfolgen.

Über Vorlegung und Protest mangels Annahme bei SichtW vgl. 21^9; über Protest mangels Zahlung bei SichtW unten Anm 10.

Anm 9 **IV. Zu Abs III. Frist für den Protest mangels Zahlung.**

1. Für alle Wechsel ausgenommen Sichtwechsel ist der Protest an einem der beiden auf den Zahlungstag folgenden Werktage aufzunehmen. Für die Fristberechnung ist demnach der wechselmäßige Verfalltag entscheidend oder, wenn dieser auf einen Feiertag fällt (Art 72), der folgende Werktag

als Zahlungstag (33²). Abweichende Angabe der Zahlungszeit in der Annahmeerklärung oder bewilligte Stundung (Prolongation) ist für die Protestfrist ohne Bedeutung.

Der Protest darf nicht am Zahlungstag selbst erhoben werden. Auch ist es für den Protest an einem der zwei folgenden Werktage nicht erforderlich, daß eine Vorlegung schon am Zahlungstage selbst stattgefunden hat. Der Umstand, daß dem Bezogenen der Zahlungstag seiner vollen Ausdehnung nach infolge Verbots der Protesterhebung an diesem Tage zur Verfügung steht, bedeutet nicht, daß der Bezogene bei Vorlegung zur Zahlung eine Überlegungsfrist wie bei der Vorlegung zur Annahme (Art 24) in Anspruch nehmen kann. Es ist überhaupt nicht notwendig, daß der Vorlegung zur Zahlung durch den Protestbeamten — wie üblich — eine private Vorlegung des W vorausgeht. Trotz Zustimmung des Bezogenen würde ein am Zahlungstag selbst aufgenommener Protest wirkungslos sein.

Die Frist besteht nicht nur für die Vornahme der Protesthandlung, sondern auch für deren Feststellung in öffentlicher Urkunde gemäß Abs 1, also für die Fertigung der Protesturkunde (vgl. Anm 2); nur Berichtigungen gemäß Art 85 können noch an einem späteren Tage vorgenommen werden.

2. Für Sichtwechsel gilt die in **Satz 2** enthaltene, erst durch die Genfer Redaktions-Kommission eingefügte Bestimmung, deren unklare Fassung nur aus der Entstehungsgeschichte verständlich ist. Nach dem in Genf vorl. Entwurf unterstanden SichtW der allgem. Regel, nach welcher die Protestfrist für alle W auf den Zahlungstag und die zwei folgenden Werktage festgesetzt war. Demgegenüber schien eine Klarstellung erwünscht, daß ein SichtW nicht sofort nach der ersten vergeblichen, den Verfall (nach Art 34) herbeiführenden Vorlegung zur Vermeidung der Rückgriffsverwirkung protestiert werden müsse, sondern daß wiederholte Vorlegung innerhalb der Vorlegungsfrist zulässig sein sollte (CR 282). Zu diesem Zwecke fügte die Red-Komm den Satz 2 ein, durch den beim SichtW die Protestfrist der Vorlegungsfrist gleichgesetzt werden sollte (CR 141 Nr. 105). Gleichzeitig war die allgemeine Protestfrist dahin beschränkt worden, daß Protest nicht am Zahlungstag selbst, sondern nur an den folgenden zwei Werktagen zu erheben ist. Die Red Komm glaubte, daß hierdurch Schwierigkeiten eintreten könnten, wenn ein SichtW erst am letzten Tag der Vorlegungsfrist vorgelegt werde, aber an diesem Tage — dem Zahlungstage — nicht protestiert werden dürfe. Dem sollte durch Verweisung auf die im vorausgehenden Absatz für den Annahmeprotest vorgesehene Fristverlängerung von einem Tage abgeholfen werden (CR 141 Nr. 104). Bei der erneuten Beratung der nunmehrigen Fassung (CR 395) wurde übersehen: **Anm 10**

a) daß das Bedenken der Red Komm, der SichtW könne am Tage seiner ersten Vorlegung (Zahlungstag) nicht protestiert werden, nicht zutrifft, weil der SichtW der allgemeinen Protestfrist nach Abs. III Satz 1 nicht mehr unterliegt;
b) daß die Verweisung auf die Überlegungsfrist bei der Annahme hinkte, weil es sich beim SichtW um die Vorlegung zur Zahlung handelt, bei der der Bezogene keine Überlegungsfrist beanspruchen kann;
c) daß die Red Komm die Fristverlängerung gar nicht von einem Verlangen des Bezogenen abhängig machen, sondern in jedem Falle bei

einer erstmaligen Vorlegung am letzten Tage der Frist gewähren wollte, weil sie — irrigerweise — Protest am Zahlungstage für unzulässig hielt.

Anm 11 Der Irrtum der Red Komm hat in der Denkschr. bei Vorlegung des WG (Dschr. 128) zu der Bemerkung geführt, daß die Protestfrist sich beim SichtW um einen Tag verlängere, wenn der Bezogene die ihm nach Art 24 zustehende Überlegungsfrist in Anspruch nehme. Diese von der Rechtslehre vielfach (z. B. Qu-A 44[6]; Hupka 118; Rilk 229; Baumb-H 44[3B]) übernommene Ansicht ist falsch, weil das WG weder für den SichtW noch sonst eine Überlegungsfrist bei der Vorlegung zur Zahlung gewährt, sondern im Gegenteil in Art 74 Respekttage jeder Art für unzulässig erklärt. Es ist auch außer Zweifel, daß die veränderte „Redaktion" der vorl. Bestimmung keine solche Änderung einführen, vielmehr nur die Protestfrist regeln sollte. Die in Abs III Satz 2 enthaltene Verweisung auf den vorausgehenden Absatz ist daher, soweit sie dessen zweiten Satz betrifft, gegenstandslos, weil es die Überlegungsfrist, von deren Inanspruchnahme im Falle des Abs 2 die Fristverlängerung abhängt, im Falle des Abs 3 nicht gibt. Das ist aber unschädlich, weil die Protestaufnahme beim SichtW tatsächlich schon am Zahlungstage erfolgen kann, so daß die Fristverlängerung auch bei Vorlegung am letzten Tage der Frist zur Ermöglichung eines Protestes nicht notwendig ist.

Anm 12 Der wirksame Inhalt des Abs III Satz 2 beschränkt sich daher auf eine Verweisung auf Abs II Satz 1. Auch diese Verweisung auf die Frist für die Vorlegung zur Annahme ist mißverständlich. Beim SichtW besteht regelmäßig keine Frist für die Vorlegung zur Annahme; wo sie infolge einer Anordnung nach Abs 21 I besteht, deckt sie sich nicht mit der Frist für die Vorlegung zur Zahlung, die nach dem Inhalt der Genfer Beratungen vollständig zur Protesterhebung zur Verfügung stehen sollte.

Der ausweislich der Entstehungsgeschichte der vorl. Bestimmung zugrundeliegende Gedanke ist folgender:

> Wie beim Protest mangels Annahme die Frist für die Vorlegung zur Annahme gleichzeitig Protestfrist ist, so soll beim SichtW die für ihn geltende Vorlegungsfrist, also die Frist für die Vorlegung zur Zahlung, die Protestfrist sein.

Der SichtW muß daher (außer bei Protesterlaß) stets innerhalb der für seine Vorlegung nach Art 34 geltenden Frist protestiert werden. Protest kann schon am Tage der ersten Vorlegung erhoben werden, braucht aber nicht an den auf die erste Vorlegung und den dadurch eintretenden Verfall folgenden beiden Werktagen aufgenommen zu werden (34[4]). Eine Überlegungsfrist steht dem Bezogenen nicht zu, gleichviel an welchem Tage der Vorlegungsfrist die Vorlegung zur Zahlung erfolgt.

Fristversäumung hat Verwirkung des Rückgriffs gemäß Art 53 zur Folge. Ist nur die von einem Indossanten gemäß Art 34 I Satz 4 abgekürzte Frist versäumt, so wird nur dieser Indossant befreit (53 III).

Anm 13 **V. Zu Abs IV. Protest mangels Annahme** macht weitere Maßnahmen bei Verfall entbehrlich.

1. Der Grundgedanke dieser Bestimmung besteht, wie bei den Genfer Beratungen klargestellt wurde (CR 283), darin, daß weitere Schritte bei Ver-

fall zur Ausübung des Rückgriffs unnötig sind, wenn der Rückgriff bereits vorher eröffnet ist. Da auch der Rückgriff vor Verfall auf Zahlung geht, besteht keine Veranlassung dazu, die Voraussetzungen für den bereits fälligen Zahlungsanspruch nochmals zu schaffen.

Der erhobene Annahmeprotest muß formell und materiell geeignet sein, den Rückgriff vor Verfall zu eröffnen. Ein trotz Verbot der Vorlegung zur Annahme (Art 22 II u. III) erhobener Protest hat diese Wirkung nicht und erübrigt daher auch nicht die bei Verfall erforderlichen Maßnahmen zur Erhaltung des Rückgriffs. Anderseits ist Abs IV entsprechend anwendbar, wenn Rückgriff vor Verfall aus anderen Gründen als wegen Annahmeverweigerung eröffnet ist (43[7]; St-Str 44[15ff]; Langen 128; Hupka 120; Qu-A 44[12]).

Bei Protesterlaß ist in entspr. Anwendung nach Verweigerung der Annahme infolge der dadurch erfolgten Eröffnung des Rückgriffs bei Verfall keine Vorlegung zur Zahlung mehr erforderlich.

2. Eine einschränkende Auslegung ist andrerseits bei Rückgriffschuldnern, die ihre Haftung für die Annahme ausgeschlossen haben, aus dem gleichen Grunde geboten. Gegen sie eröffnet Protest wegen verweigerter Annahme nicht den Rückgriff. Daher müssen bei Verfall die erforderlichen Handlungen vorgenommen werden, um gegen sie den Rückgriff zu wahren und zu eröffnen. **Anm 14**

Wird Annahme nach erhobenem Protest mangels Annahme nachträglich erteilt, so ist Rückgriff mangels Annahme nicht mehr zulässig (43[9]). Dann ist auch die vorl. Bestimmung des Abs 4 nicht mehr anwendbar, so daß bei Verfall Vorlegung zur Zahlung und Protest zur erneuten Eröffnung des Rückgriffs erforderlich sind.

Im Falle einer Ehrenannahme oder des unterbliebenen Protests gegen Notadressen kann nach Art 56 II kein Rückgriff mangels Annahme gegen den Notadressanten und seine Nachmänner ausgeübt werden (56[8]). In diesen Fällen muß zur Wahrung und Ausübung des Rückgriffs gegen diese Schuldner bei Verfall Protest mangels Zahlung erhoben werden, und zwar nicht nur gegen den Bezogenen, sondern nach Art 60 auch gegen Notadressen bzw. Ehrenannehmer.

3. Protest mangels Zahlung bleibt trotz Vorliegens des Annahmeprotestes statthaft (Dschr. 128). Lag jedoch ein gegen alle Schuldner wirsamer Annahmeprotest vor (vgl. Anm 14), so wird der Inhaber keine Erstattung der Kosten des unnötigen Zahlungsprotestes verlangen können. In den anderen Fällen des Rückgriffs vor Verfall sind die Rückgriffsvoraussetzungen des Art 43 Zf 3 u. 4 aus dem W nebst etwaigem Protest (vgl. Anm 17) nicht ersichtlich oder doch nicht beweiskräftig belegt. Hier wird daher durch Protest mangels Zahlung bei Verfall die Beweisfrage für den Gläubiger vereinfacht; der erneute Protest ist daher nicht unnütz, seine Kosten sind nach Art 48, 49 Zf 3 erstattungspflichtig. **Anm 15**

VI. Zu Abs V und VI. Rückgriff wegen Unsicherheit. **Anm 16**

1. Unsicherheit des Bezogenen. a) Die formelle Rückgriffsvoraussetzung für den aus Art 43 II Zf 3 ersichtlichen Unsicherheitstatbestand kann hier in allen Fällen, also auch bei Konkurs, durch Protest mangels

Zahlung gegen den Bezogenen geschaffen werden, was bei Zahlungseinstellung und fruchtloser Vollstreckung der allein gangbare Weg ist.

Bei Konkurs und Vergleichsverfahren „genügt" aber auch laut Abs 6 die gleichzeitig die sachliche Rückgriffsvoraussetzung beweisende Vorlegung der Ausfertigung des Eröffnungsbeschlusses oder seiner amtlichen Bekanntmachung. Die Vorlegung hat bei Ausübung des Rückgriffs, d. h. gegenüber dem in Anspruch genommenen Schuldner, nach Klageerhebung vor Gericht zu erfolgen. Der Beschluß gehört zu den klagebegründenden Tatsachen, ist also im Wechselprozeß abschriftlich zuzustellen. Das „Blatt" für amtl. Bekanntmachungen des Gerichts, ist das vom Konkursgericht für Veröffentlichen benutzte Blatt (§ 76 KO).

Anm 17 b) Der Protest mangels Zahlung, der bei Zahlungseinstellung oder fruchtloser Vollstreckung notwendig ist, muß, auch wenn im W ein Zahlungsleister nach Art 4, 27 benannt ist, beim Bezogenen und gegen diesen erhoben werden (St-Str 44[24]; Baumb-H 44[5]); bei Verschiedenheit von Zahlungsort und „Wohnort" des Bezogenen (vgl. 21[5 u. 6]) an letzterem. Daß der Protest gegen den Bezogenen, nicht gegen den Zahlungsleister, zu erheben ist, entspricht nicht nur dem Wortlaut der vorl. Bestimmung, sondern ist auch sachgemäß: Vor Verfall kann nicht erwartet werden, daß der Bezogene für die Einlösung des W Deckung außerhalb seiner geschäftlichen Niederlassung, insb. bei einem etwaigen Domiziliaten, bereit gestellt hat.

Protesterlaß ist auch hinsichtlich dieses Protestes wirksam (46[6]; Qu-A 44[10]; Langen, ZHR 104, 2). Vorlegung zur Zahlung beim Bezogenen muß aber auch bei Protesterlaß zur Eröffnung des Rückgriffs stattfinden.

Anm 18 c) Ehrenannahme ist nach Art 56 I in allen Fällen des Rückgriffs vor Verfall zulässig. Beim Vorhandensein von Notadressen am Zahlungsort kann Rückgriff nur genommen werden, wenn die Verweigerung der Ehrenannahme durch Protest festgestellt ist (Art 56 II). Ehrenannahme schließt den Rückgriff gegen den Honoraten und dessen Nachmänner aus.

Anm 19 2. Unsicherheit des Ausstellers im Falle der nichtakzeptablen Tratte (Art 43 II Zf 3). Hier gilt bezüglich der formellen Rückgriffsvoraussetzungen, daß Protest mangels Zahlung gegen den Bezogenen oder Aussteller nicht zugelassen ist (43[16]). Auch Zulässigkeit einer Ehrenannahme ist mit Rücksicht auf den Wortaut des Art 56 zweifelhaft, aber für diesen Rückgriffsfall zu bejahen (St-Str 56[4]). Selbst wenn Ehrenannahme unzulässig wäre, wäre Ehrenzahlung statthaft. Die Angehung der Notadressen ist daher mindestens zu diesem Zwecke erforderlich und Protest gegen sie notwendig, um den Rückgriff gegen den Notadressanten und seine Nachmänner zu eröffnen (Art 59 I, 60).

Artikel 45

Der Inhaber muß seinen unmittelbaren Vormann und den Aussteller von dem Unterbleiben der Annahme oder der Zahlung innerhalb der vier Werktage benachrichtigen, die auf den Tag der Protesterhebung oder, im Falle des Vermerks „ohne Kosten", auf den Tag der Vorlegung folgen. Jeder Indossant muß innerhalb zweier Werktage nach Empfang der Nachricht seinem unmittelbaren Vormanne von der Nachricht, die er erhalten hat, Kenntnis geben und ihm die Namen und Adressen derjenigen mitteilen, die vorher Nachricht gegeben haben, und so weiter in der Reihenfolge, bis zum Aussteller. Die Fristen laufen vom Empfang der vorhergehenden Nachricht.

Wird nach Maßgabe des vorhergehenden Absatzes einer Person, deren Unterschrift sich auf dem Wechsel befindet, Nachricht gegeben, so muß die gleiche Nachricht in derselben Frist ihrem Wechselbürgen gegeben werden.

Hat ein Indossant seine Adresse nicht oder in unleserlicher Form angegeben, so genügt es, daß sein unmittelbarer Vormann benachrichtigt wird.

Die Nachricht kann in jeder Form gegeben werden, auch durch die bloße Rücksendung des Wechsels.

Der zur Benachrichtigung Verpflichtete hat zu beweisen, daß er in der vorgeschriebenen Frist benachrichtigt hat. Die Frist gilt als eingehalten, wenn ein Schreiben, das die Benachrichtigung enthält, innerhalb der Frist zur Post gegeben worden ist.

Wer die rechtzeitige Benachrichtigung versäumt, verliert nicht den Rückgriff; er haftet für den etwa durch seine Nachlässigkeit entstandenen Schaden, jedoch nur bis zur Höhe der Wechselsumme.

I. Zweck der Notanzeige (Notifikation). Die durch den vorl. Artikel begründete Verpflichtung, vom Notleiden des W Nachricht zu geben, dient dem Interesse der Rückgriffschuldner. Diese sollen durch Benachrichtigung von der Eröffnung des Rückgriffs die Möglichkeit erhalten, von ihrem Einlösungsrecht nach Art 50 Gebrauch zu machen, um durch Abkürzung des Rücklaufs das Anwachsen seiner Kosten zu vermeiden und die ihnen haftenden W.schuldner ohne Verzögerung in Anspruch nehmen zu können. **Anm 1**

Die Erfüllung der Benachrichtigungspflicht ist durch die in Abs 6 festgesetzte Schadenshaftung gesichert. Abweichend vom anglo-amerikanischen Recht, nach welchem die Benachrichtigung (notice of dishonour) bei Inlandswechseln grundsätzlich die Stelle des Protests vertritt und deshalb bei Versäumung der Benachrichtigung der Rückgriff verloren geht, hebt Abs 6 ausdrücklich hervor, daß der Rückgriff nicht verwirkt wird, wenn die Benachrichtigungspflicht verletzt wird.

II. Voraussetzungen der Anzeigepflicht. 1. „Unterbleiben der Annahme oder Zahlung" sind die in Art 43 angeführten sachlichen Voraussetzungen für den Rückgriff mangels Annahme und mangels Zahlung. Diese sachlichen Rückgriffsvoraussetzungen (vgl. darüber $43^{5,6,8}$) genügen im Falle **Anm 2**

des Protesterlasses (Art 46) zur Eröffnung des Rückgriffs. Deshalb entsteht die Benachrichtigungspflicht gegenüber allen Berechtigten (vgl. Anm 6), die den Protest durch den Vermerk „ohne Kosten" oder einen gleichbedeutenden Vermerk auf dem W erlassen haben, mit der vergeblichen Vorlegung zur Annahme oder Zahlung. Protesterlaß durch den Aussteller wirkt bezüglich sämtlicher zum Empfang der Notanzeige Berechtigter (Art 46 III).

Aus dem Umstande, daß die Vorlegung zur Annahme und beim SichtW die Vorlegung zur Zahlung nach stattgefundener vergeblicher Vorlegung bis zum Ablauf der Vorlegungsfristen wiederholt werden kann (vgl. 21[2], 34[4]) und der Inhaber nicht genötigt ist, nach der ersten Vorlegung sofort Protest erheben zu lassen, darf nicht geschlossen werden, daß der Inhaber bezüglich der Notanzeige in entsprechender Weise bei Protesterlaß verfahren darf. Selbst wenn er nicht sofort Rückgriff einleiten, sondern abwarten will, ob der Bezogene bei erneuter Vorlegung annehmen bzw. zahlen wird, beginnt die Frist zur Notanzeige gegenüber Vormännern, die wegen Protesterlasses ohne Protesterhebung rückgriffspflichtig sind, mit der ersten Vorlegung, bei der Annahme oder Zahlung verweigert wird.

Anm 3 2. Bei Unsicherheit des Bezogenen (Art 43 II Zf 2) entsteht die Benachrichtigungspflicht nur, wenn nach Eintritt der Unsicherheit der W dem Bezogenen vergeblich zur Zahlung vorgelegt wird. Dies ist nach Art 44 V zur Eröffnung des Rückgriffs nur im Falle der Zahlungseinstellung oder fruchtloser Zwangsvollstreckung erforderlich, kann aber auch bei Eröffnung des Konkurs- oder Vergleichsverfahrens erfolgen (44[16]). Nach vergeblicher Vorlegung entsteht auch hier die Benachrichtigungspflicht im Verhältnis zu denjenigen Berechtigten, für die der Protest erlassen ist.

Soweit der Rückgriff wegen Unsicherheit ohne Vorlegung des W zur Zahlung beim Bezogenen auf Grund des Beschlusses über Eröffnung des Konkurs- oder Vergleichsverfahrens gemäß Art. 44 VI genommen wird, besteht keine Benachrichtigungspflicht. Es ist nicht anzunehmen, daß es sich hierbei um eine durch ausdehnende Auslegung auszufüllende Gesetzeslücke handelt, weil infolge der öffentlichen Bekanntmachung dieser Unsicherheitstatbestände in der Regel kein Interesse der Beteiligten an privater Benachrichtigung besteht (gl. A. Qu-A 45[1]; Langen 194).

Aus dem gleichen Grunde besteht keinerlei Benachrichtigungspflicht bei dem Rückgriff nach Art 43 II Zf 3 wegen Unsicherheit des Ausstellers einer nicht akzeptablen Tratte.

Anm 4 3. Protest mangels Annahme oder Zahlung ist zusätzlich zur Entstehung der Benachrichtigungspflicht gegenüber denjenigen Berechtigten erforderlich, im Verhältnis zu denen kein Protesterlaß besteht. Dies ergibt sich formell aus Art 45 I in der Weise, daß die Frist zur Benachrichtigung dieser Rückgriffschuldner erst mit der Protesterhebung beginnt; sachlich ist es dadurch begründet, daß der Rückgriff gegen sie erst durch den Protest eröffnet wird, der W also vorher nicht formell notleidend ist.

Anm 5 4. Wenn wegen Vorhandenseins von Notadressen oder eines Ehrenannehmers nach Art 56 II, 60 I Vorlegung des W bei diesen zur Eröffnung des Rückgriffs erforderlich ist, entsteht die Benachrichtigungspflicht gegenüber dem Notadressanten bzw. Honoraten und ihren Nachmännern erst, wenn der W vergeblich der Notadresse oder dem Ehrenannehmer vorgelegt und (sofern nicht Protest erlassen ist) gegen sie protestiert ist.

Im Falle eines Ehreneintritts (Ehrenannahme oder -Zahlung) braucht keine Notanzeige zu erfolgen, soweit durch den Ehreneintritt der Rückgriff ausgeschlossen ist. Bei einer Ehrenzahlung tritt die Benachrichtigung des Ehrenzahlers nach Art 55 IV an die Stelle der Notifikationspflicht des bezahlten Inhabers. Bei Ehrenannahme bleibt der Rückgriff gegen die Vormänner des Honoraten offen, so daß ihnen gegenüber die Benachrichtigungspflicht bestehen bleibt. Ist die Ehrenannahme zugunsten des Ausstellers erfolgt, so entfällt daher die Benachrichtigungspflicht nach Art 45 ganz. Der Aussteller als Honorat ist aber durch den Ehrenannehmer nach Art 55 IV zu benachrichtigen. — Vgl. Näheres bei St-Str 45[1].

III. Berechtigter. 1. Nach dem Wortlaut des Art 45 steht der Anspruch auf Benachrichtigung allen Vormännern des Inhabers bei Eintritt des Rückgriffsfalls zu, sofern sie (vgl. Abs 3) ihre Adresse angegeben haben. Der Umstand, daß die Notanzeige, wie Abs 6 ergibt, nur bezweckt, Rückgriffschuldner vor Schaden durch Unkenntnis des Notleidens zu schützen (vgl. Anm. 1) läßt jedoch Einschränkungen der gesetzlichen Regel, die nur auf den Normalfall abgestellt ist, in folgender Beziehung zu: **Anm 6**

a) Wer nicht rückgriffspflichtig ist (Indossant ohne Gewähr, Vollmachtsindossant) hat keinen Anspruch auf Notanzeige, da ihm kein Einlösungsrecht nach Art 50 zusteht. Wer seine Haftung für die Annahme ausgeschlossen hat, hat keinen Anspruch auf Notanzeige wegen verweigerter Annahme (gl. A. Langen 150; Baumb-H 45[1c]).

b) Wer das Notleiden kennt (z. B. der Aussteller, der sich nach Art 4 als Zahlungsleister benannt hat, bei unterbliebener Zahlung), kann durch unterbleibende Benachrichtigung keinen Schaden erleiden. Er hat daher keinen Anspruch auf Benachrichtigung, da Art 45 nicht zur Erzwingung nutzloser Formalitäten mißbraucht werden darf.

c) Fehlen der Adresse ist in Abs 3 ausdrücklich als Ausschließungsgrund erwähnt. Es handelt sich um Angabe der Adresse auf dem W, welche durch anderweitige Mitteilung nicht ersetzt wird. Kenntnis der Anschrift seitens des Verpflichteten ist unerheblich (CR 289). Unterlassung der Angabe auf dem W wird als Verzicht angesehen (so schon unter WO: RG 76, 179). Unleserlichkeit der Adressenangabe befreit nur den Benachrichtigungspflichtigen, dem die unleserliche Anschrift nicht anderweit bekannt ist. Denn die — wenn auch unleserliche — Angabe zeigt, daß der betreffende Vormann auf Nachricht nicht verzichten wollte. **Anm 7**

Die Angabe kann im übrigen formlos erfolgen, z. B. durch Stempelbeidruck (Firmenstempel) zum Indossament. Adresse ist nicht bloße Angabe des Wohnorts, sondern erfordert die näheren Angaben, welche je nach Wohnort und Bekanntheit des Adressaten verkehrsüblich zu dessen alsbaldigen Auffindung durch die Post gehören, wie Straße und Hausnummer.

d) Dem Verzicht durch Nichtangabe der Adresse steht anderweiter Verzicht auf Benachrichtigung gleich. Protesterlaß allein gilt nach der ausdrücklichen Bestimmung des Art 46 II Satz 1 nicht als Verzicht auf Notanzeige.

Bei fehlender Adresse „genügt" Benachrichtigung des unmittelbaren Vormanns dieses Indossanten laut Abs 3. Das bedeutet, daß auch durch Benachrichtigung des Indossanten, der seine Adresse nicht angegeben hatte, die Verpflichtung erfüllt wird. Der benachrichtigte Indossant, auch wenn er keinen Anspruch auf Notanzeige hatte, ist in diesem wie in allen übrigen vorgenannten Fällen zur Weitergabe der Nachricht verpflichtet (Anm 13).

Anm 8 2. Bei Tod des Berechtigten und Unkenntnis des zur Verfügung über den Nachlaß Berechtigten wird Benachrichtigung des unmittelbaren Vormanns zu erfolgen haben, wenn die Anschrift des Rechtsnachfolgers des Verstorbenen nicht bekannt ist. Dasselbe wird anzunehmen sein, wenn die auf dem W angegebene Adresse nicht mehr zutrifft und die neue Anschrift des zu Benachrichtigenden unbekannt ist. Es empfiehlt sich aber, damit der gesetzlichen Verpflichtung zweifelsfrei genügt ist, außerdem eine Benachrichtigung unter der ursprünglichen Anschrift abzusenden, da die Post in der Lage sein mag, die neue Anschrift bzw. den zur Vertretung der Erben eines Verstorbenen Befugten festzustellen.

Ähnlich empfiehlt es sich, bei Konkurs des Berechtigten sowohl diesen selbst wie den Konkursverwalter zu benachrichtigen, weil beide am Empfang der Notanzeige rechtlich interessiert sind. Eine gesetzliche Regelung fehlt. Die Verpflichtung zur Weitergabe der Nachricht dürfte den Gemeinschuldner treffen (St-Str 45[15a]; Baumb-H 45[10]).

Anm 9 3. Der Wechselbürge hat nach Abs 2 Anspruch auf Nachricht durch den Vormann seines Honoraten. Die Vorschrift ist dahin auszulegen, daß es nicht darauf ankommt, ob derjenige, für den die Bürgschaft übernommen ist, aus einem der oben (Anm 6, 7) angegebenen Gründe keinen Anspruch auf Notanzeige hat, wohl aber darauf, ob der Bürge selbst seine Adresse auf dem W angegeben hat (St-Str 45[16]). Der Bürge des Annehmers hat wie dieser keinen Anspruch auf Anzeige (Anm 10).

Anm 10 4. Der Annehmer (und sein W.bürge, auch der Bürge des Ausstellers eines eigenen W) hat keinen Anspruch auf Notanzeige, auch nicht für den Fall, daß Zahlung durch einen dritten Zahlungsleister (Domiziliat; Art 4, 27) erfolgen sollte. Er ist auch in diesem Fall kein Rückgriffschuldner.

Anm 11 5. Der Aussteller hat doppelten Anspruch auf Benachrichtigung: zunächst durch den Inhaber bei Eintritt des Rückgriffsfalls, sodann durch seinen unmittelbaren Nachmann, sobald diesen die Notanzeige erreicht hat. Letztere Anzeige ist entbehrlich, wenn der Aussteller vom Notleiden bereits Kenntnis hat (Anm 6), weil ihn die Anzeige des letzten Inhabers erreicht hat.

Anm 12 **IV. Verpflichtet** zur Erstattung der Anzeige ist: 1. der „Inhaber" des W bei Eintritt des Rückgriffsfalls, also in der Regel (da Protesterlaß selten ist) der W.inhaber zur Zeit der Protesterhebung. Auch wenn der W, was nach Art 21 zulässig ist, durch eine andere Person als den berechtigten Inhaber zur Annahme vorgelegt und in seinem Auftrage protestiert worden ist, bleibt der rechtmäßige Inhaber (16[2]) zur Notanzeige verpflichtet (St-Str 45[11];

Baumb-H 45[1B]; Knur-H 45[2]; abw. Qu-A 45[3]). Er kann sich aber zur Erfüllung dieser Verpflichtung des Vorlegers wie jedes anderen Vertreters bedienen.

Der Vollmachtsindossatar (Art 18) ist zur Anzeige des Notleidens befugt (18[5]). Zweifelhaft ist aber, ob ihn eine eigene Verantwortung dafür trifft, obwohl er die W.rechte nur für den Vollmachtsindossanten ausübt. Hiesigen Erachtens hat der Indossant für Verschulden des Vollmachtsindossators einzustehen und beide haften gesamtschuldnerisch für Unterlassung der Anzeige (St-Str 45[11]). Der Vollmachtsindossatar wird nach seiner Wahl den Vollmachtindossanten oder dessen unmittelbaren Vormann benachrichtigen können, jedoch vorbehaltlich seiner besonderen Verpflichtungen aus dem mit seinem Vollmachtgeber bestehenden Rechtsverhältnis.

2. „Jeder Indossant" muß die empfangene Nachricht an seinen Vormann weitergeben, also auch derjenige, der keinen Anspruch auf Notanzeige hatte (Anm 6, 7). Auch Indossanten „ohne Gewährleistung" (15[5]) haben diese Pflicht, die sie kraft Gesetzes durch den Erwerb des W ihren Vormännern gegenüber übernehmen. Sie können zwar ihre Haftung gegenüber späteren Erwerbern des W ausschließen, sich aber nicht einseitig von Pflichten gegenüber ihren Vormännern freizeichnen. **Anm 13**

Zu den Indossanten gehört auch der W.nehmer, da das erste Indossament von ihm herrührt. Er darf nicht darauf vertrauen, daß die Notanzeige des letzten Inhabers dem Aussteller zugegangen sein wird, sondern ist zur Weitergabe der erhaltenen Nachricht an den Aussteller grundsätzlich verpflichtet (Anm 11).

V. Inhalt der Benachrichtigungspflicht. 1. An wen Nachricht zu geben ist, ist verschieden, je nachdem es sich um den letzten Inhaber oder den benachrichtigten Indossanten handelt. **Anm 14**

a) Der letzte Inhaber hat eine doppelte Nachrichtspflicht. Er hat sowohl dem Aussteller des W wie seinem eigenen unmittelbaren Vormann (oder dem nächsten Vormann mit Adressenangabe) Notanzeige zu machen.

b) Der benachrichtigte Indossant hat die Nachricht an seinen unmittelbaren Vormann (oder den nächsten Vormann mit Adressenangabe) nach Maßgabe des Abs I Satz 2 weiterzuleiten.

c) Zusätzlich muß außerdem der Bürge desjenigen benachrichtigt werden, an den nach a) oder b) Notanzeige zu geben ist, sowie der Bürge eines Indossanten, der mangels Adressenangabe übersprungen wird. Diese Verpflichtung entfällt, falls der Bürge seine Anschrift nicht angegeben hat (Anm 9).

2. Die Notanzeige ist formfrei (Abs 4), kann also auch mündlich erfolgen. Schriftliche Mitteilung empfiehlt sich jedoch; nicht nur im Interesse des Empfängers, sondern auch wegen der leichteren Beweisbarkeit, die wegen der Verteilung der Beweislast durch Abs 5 im Interesse des Pflichtigen liegt. Absendung durch die Post ist wegen der Vorschrift des Abs 5 Satz 2 vorteilhaft, weil die Frist durch Aufgabe der Nachricht zur Post gewahrt ist, während andernfalls der Zugang der Nachricht innerhalb der Frist nachgewiesen werden muß. Die Verlustgefahr trägt also der Anzeigende, falls er nicht die Post benutzt. Eingeschriebene Absendung ist zum Nachweis der Absendung **Anm 15**

und ihres Zeitpunkts zweckmäßig. Aufforderung zur Zahlung der Rückgriffsumme wegen unterbliebener Zahlung des Bezogenen ist ebenso wie die im Gesetz erwähnte Rücksendung des notleidenden W als Benachrichtigung ausreichend.

Anm 16 3. Über den Inhalt der Notanzeige ist vorgeschrieben, daß der Inhaber Nachricht „von dem Unterbleiben der Annahme oder der Zahlung“ zu geben hat (Abs I Satz 1). Der Grund des Notleidens (Rückgrifftatbestand nach Art 43) ist also anzugeben, wenn es sich um Notleiden vor Verfall handelt; nach Verfall ist es selbstverständlich, daß die Zahlung unterblieben ist. Außerdem ist es, falls nicht Rücksendung des W erfolgt, gebräuchlich, den notleidenden W in handelsüblicher Weise durch Angabe der W.summe, des Ausstellungstages, der Verfallzeit, des Ausstellers und Bezogenen zu beschreiben, auch das Datum des Protestes anzugeben, wo Protest Rückgriffsvoraussetzung ist. Jedoch ist die Notanzeige wirksam, wenn sie nur den W soweit kennzeichnet, daß es für den Benachrichtigten erkennbar ist, um welchen W es sich handelt.

Bei der Weitergabe der Nachricht durch die Indossanten ist die Mitteilung der Adressen der Nachmänner, von denen die Nachricht herstammt, vorgeschrieben, damit der Benachrichtigte erfährt, wo er den rückläufigen W etwa einlösen kann.

Anm 17 4. Die viertägige Frist für die Benachrichtigung beginnt — wenn Protest nicht erlassen ist — für den letzten Inhaber mit dem auf die Protesterhebung folgenden Tage. Falls die Fertigstellung der Protesturkunde nicht schon am Tage der Protesthandlung erfolgt, ist der Tag der Beurkundung entscheidend, da erst hierdurch der Rückgriff eröffnet wird.

Gegenüber Vormännern, die den Protest erlassen haben, und bei Protesterlaß des Ausstellers gegenüber allen Beteiligten, beginnt die Frist für die Benachrichtigung durch den letzten Inhaber nicht mit dem Tage eines etwa trotz des Erlasses erhobenen Protests, sondern schon mit dem Tage der Vorlegung. Wenn nur der unmittelbare Vormann, nicht der Aussteller Protest erlassen hat, wird daher die Benachrichtigungsfrist gegenüber dem Vormann regelmäßig früher zu laufen beginnen, als gegenüber dem Aussteller.

Da die zweitägige Frist für die Weitergabe mit dem Empfang der Notanzeige beginnt (Abs I Satz 3), kommt es nicht darauf an, ob die Nachricht des Vormanns verspätet war. Auch verspätete Nachricht ist weiterzuleiten. Die Verpflichtung zur Weitergabe entfällt auch nicht dadurch, daß bereits ein Vormann des Benachrichtigten im Sprungregreß in Anspruch genommen ist und den W eingelöst hat. Jedoch ist es unbedenklich, dann mit der Benachrichtigung die im Sprungrückgriff (47[17]) übergangenen Indossanten ebenfalls zu überspringen und unmittelbar dem Vormann des Einlösers Notanzeige zu erteilen.

Bei Sendung der Notanzeige durch die Post genügt Aufgabe zur Post (z. B. durch Einstecken in den Briefkasten) innerhalb der Benachrichtigungsfrist, während bei anderweiter Übermittlung für Zugang innerhalb der Frist gesorgt werden muß (vgl. Anm 15).

Anm 18 5. Die sachgemäßen Kosten der Nachrichten sind nach Art 48 Zf 3 und 49 Zf 3 im Rückgriff als Nebenforderungen des W.anspruchs einziehbar. Der im Sprungrückgriff übergangene Indossant hat jedoch keine Handhabe zur Einziehung der ihm durch Erfüllung der gesetzlichen Pflicht entstandenen Auslagen.

VI. Zu Abs VI. Verletzung der Benachrichtigungspflicht. **Anm 19**

1. Die Nichterfüllung der Verpflichtung kann bestehen in:
a) unterlassener,
b) verspäteter,
c) unvollständiger Benachrichtigung.

Unvollständig ist z. B. eine Notanzeige ohne die nach Abs 1 Satz 2 dem Indossanten obliegende Mitteilung der Anschriften der benachrichtigenden Nachmänner oder ohne Angabe des Rückgriffgrundes vor Verfall (vgl. Anm 16). Soweit solche Unvollständigkeiten Schaden verursacht haben, ist die Haftung dafür die gleiche wie bei gänzlich unterlassener Anzeige.

Fristversäumung macht spätere Benachrichtigung nicht wirkungslos. Es ist stets empfehlenswert, trotz Fristablaufs die Anzeige nachzuholen. Wenn diese auch die erfolgte Verletzung der Verpflichtung nicht heilt, so braucht doch durch die Verzögerung noch kein Schaden eingetreten zu sein, während weitere Säumnis die Entstehung von Schaden verursachen mag. Dies gilt auch bezüglich Schadens der weiteren Vormänner, da an diese auch eine verspätete Notanzeige weiterzuleiten ist (Anm 17), wodurch ebenfalls der Eintritt von Schaden verhütet werden kann.

2. Die Wirkung besteht in Haftung für den durch „Nachlässigkeit", d. h. durch fahrlässige oder vorsätzliche Pflichtverletzung, entstandenen Schaden, jedoch nur bis zur Höhe der W.summe. **Anm 20**

Für den Ersatzanspruch, der kein Anspruch aus dem W ist und daher nicht im W.prozeß geltend gemacht werden kann, gelten die allgem. Regeln des bürgerl. Rechts. Danach muß die Pflichtverletzung ursächlich für die Entstehung des Schadens sein, was die Anwendbarkeit des § 254 BGB bei mitwirkendem Verschulden zur Folge hat. Der Schaden kann auch in anderen Vermögensnachteilen als der Erhöhung der Rückgriffsumme durch verlängerten Rücklauf oder der verhinderten Beitreibung des Rückgriffanspruchs von einem Vormann bestehen; z. B. in der Einräumung weiteren Kredits an den Bezogenen durch den Aussteller infolge Unkenntnis der Nichteinlösung des W.

Dem Aussteller können unter Umständen sowohl der letzte Inhaber beim Eintritt des Notleidens wie einer der Indossanten haften, wenn nämlich der letzte Inhaber nur seinen Vormann, aber nicht den Aussteller, benachrichtigt hat und wenn außerdem der Indossant die Weitergabe der Nachricht unterlassen hat. In diesem Falle würden beide Schuldner, jeder von ihnen bis zur Höhe der W.summe, haftbar sein.

Anspruchsberechtigt ist nicht nur der Vormann, dessen Benachrichtigung versäumt wurde, sondern auch dessen Vormänner, soweit sie selbst ein Recht auf Benachrichtigung hatten (Anm 6, 7), weil ihnen infolge Unterlassung der Notanzeige die Nachricht nicht weitergegeben werden konnte.

Artikel 46

Der Aussteller sowie jeder Indossant oder Wechselbürge kann durch den Vermerk „ohne Kosten“, „ohne Protest“ oder einen gleichbedeutenden auf den Wechsel gesetzten und unterzeichneten Vermerk den Inhaber von der Verpflichtung befreien, zum Zwecke der Ausübung des Rückgriffs Protest mangels Annahme oder mangels Zahlung erheben zu lassen.

Der Vermerk befreit den Inhaber nicht von der Verpflichtung, den Wechsel rechtzeitig vorzulegen und die erforderlichen Nachrichten zu geben. Der Beweis, daß die Frist nicht eingehalten worden ist, liegt demjenigen ob, der sich dem Inhaber gegenüber darauf beruft.

Ist der Vermerk vom Aussteller beigefügt, so wirkt er gegenüber allen Wechselverpflichteten; ist er von einem Indossanten oder einem Wechselbürgen beigefügt, so wirkt er nur diesen gegenüber. Läßt der Inhaber ungeachtet des vom Aussteller beigefügten Vermerks Protest erheben, so fallen ihm die Kosten zur Last. Ist der Vermerk von einem Indossanten oder einem Wechselbürgen beigefügt, so sind alle Wechselverpflichteten zum Ersatze der Kosten eines dennoch erhobenen Protestes verpflichtet.

Anm 1 **I. Wesen des Protesterlasses.** Der Protest ist zwar eine Amtshandlung, dient aber nur privaten Interessen, vornehmlich denen der Rückgriffschuldner (44^5), und kann daher von diesen erlassen werden. Der Erlaß des Protestes ist trotz des in Abs 1 des vorl. Artikels gebrauchten Wortlauts rechtlich kein Verzicht auf eine dem Inhaber gegenüber dem Schuldner obliegende „Verpflichtung“, sondern eine Verschärfung der gesetzlichen Verpflichtung der Rückgriffschuldner. Diese versprechen, ihrer Gewährleistungspflicht auch ohne deren formelle gesetzliche Voraussetzung, also ohne vorausgegangene Protesterhebung, nachzukommen, d. h. unter schärferen Bedingungen haften zu wollen, als es der gewöhnlichen Regelung des WG entspricht.

Da der Protest grundsätzlich gesetzliche Rückgriffsvoraussetzung ist (44^1) und mit Rücksicht auf die Umlaufsfähigkeit des W Inhalt und Voraussetzungen der wechselmäßigen Ansprüche aus der Urkunde ersichtlich sein müssen, bestimmt Ab 1, daß der Protesterlaß auf dem W zu erklären ist (Anm 3). Der Wirkung nach ist zwischen dem Erlaß des Ausstellers und anderer Rückgriffschuldner zu unterscheiden (Anm 9, 10).

Anm 2 **II. Voraussetzungen** des Erlasses. 1. Als befugt zum Erlaß des Protestes zählt Abs 1 den Aussteller sowie jeden Indossanten oder W.bürgen auf. Da aber Inhalt des Erlasses ist, daß der Erklärende auch ohne Protest haften will, kann der Erlaß nur von einem W.verpflichteten ausgehen (also nicht von einem Indossanten ohne Gewähr, 15^5, oder einem Vollmachtsindossanten, 18^2) und nur von einem Schuldner, dessen Haftung gesetzlich durch Protest bedingt ist, d. h. einem Rückgriffschuldner. Damit scheiden der Annehmer und dessen W.bürge aus, da sie ohne Protest haften (Art 53 I). Jedoch ist

durch die Regelung des Abs III Satz I auch dem Erlaß des Ausstellers eines eigenen W Wirkung für und gegen die aus dem W. haftenden Rückgriffschuldner beigelegt (77[1]).

Der Ehrenannehmer ist stets Rückgriffschuldner. Auch er kann mit Wirkung für seine Person den Protest erlassen, obwohl er in Art 46 nicht angeführt ist. Er ist in Art 46 nicht absichtlich ausgeschlossen worden, sondern seine Erwähnung wurde nur übersehen, als bei den Genfer Beratungen zwecks Klarstellung der W.bürge in den Gesetzestext mit aufgenommen wurde (zust. Langen ZHR 104, 16).

2. Für die Form des Protesterlasses stellt Abs 1 zwei Vorschriften auf: **Anm 3**

a) Es muß sich um einen Vermerk auf dem W handeln;

b) Der Vermerk ist von dem Erlassenden zu unterzeichnen. Damit wird nicht bestimmt, daß der Vermerk außerhalb der sonstigen Erklärung des W.-schuldners stehen und selbständig unterzeichnet werden soll. Es ist im Gegenteil zweckmäßig, wenn die Erklärung des Ausstellers dem W.text, diejenige der Indossanten dem Indossament ein- oder angefügt wird, und es ist in Ordnung, wenn der Erlaßvermerk durch die gleiche abschließende Unterschrift gedeckt wird wie der W.text bzw. das Indossament.

Für den Inhalt des Vermerks, der im Gegensatz zur Unterschrift nicht handschriftlich hergestellt zu sein braucht, genügt außer den in Abs 1 angegebenen üblichen Formeln jede Erklärung, daß kein Protest erhoben werden, keine Protestkosten entstehen sollen oder daß der Schuldner auch ohne Protest haften will. Abkürzungen (insb. O.K. = ohne Kosten) sind, wenn gemeinverständlich ausreichend, aber nicht empfehlenswert. Der Erlaß kann auch auf bestimmte Protestfälle beschränkt, z. B. nur für den Protest mangels Annahme, aber nicht mangels Zahlung, erklärt werden (Langen, ZHR 104, 23; Qu-A 46[3]).

3. Formwidriger Erlaß, insb. mündlich oder außerhalb des W erklärter **Anm 4**
oder ein nicht unterzeichneter Vermerk, hat keine wechselmäßige Wirkung. Dagegen ist es möglich, daß ein wirksamer Vertrag bürgerl. Rechts zwischen den unmittelbar Beteiligten vorliegt, durch den der Schuldner verspricht, auch ohne Protest und wechselmäßige Verpflichtung für Einlösung einzustehen. Der Anspruch aus solchem Garantieversprechen ist nach bürgerl. Recht zu beurteilen (St-Str 46[4]). Auch die Bezahlung eines W durch einen Rückgriffschuldner vor Protest kann nicht als eine mit Protesterlaß verbundene Einlösung im Sinne des Art 49 angesehen werden. Vielmehr ist es ein Rückerwerb des W ohne Verpflichtung, und der Erwerber muß sich, falls der W nicht an letzter Stelle ein Blankoindossament trägt, Rückindossament erteilen lassen (49[4]).

4. Erlaßbare Protestarten: a) Aus der Fassung des Abs 1, nach welchem **Anm 5**
„Protest mangels Annahme oder mangels Zahlung" erlassen werden können, folgerte die amtliche Denkschrift zum WG (Dschr. 129), daß die Proteste aus Art 25 II, 78 II, 66 II und 68 II nicht erlassen werden können. Dem folgt die Rechtslehre einhellig, m. E. ohne überzeugende Gründe (auch unter Berücksichtigung der sehr beachtlichen Ausführungen von Langen, ZHR 104, 2ff). Der Wortlaut des Abs 1 erklärt sich daraus, daß der vorl.

Artikel in dem 7. Abschnitt des WG steht, welcher die Überschrift „Rückgriff mangels Annahme und mangels Zahlung" trägt, was nicht hindert, daß der 7. Abschnitt nicht nur diese Rückgriffe in ihrem engeren Sinne, sondern den gesamten W.rückgriff, z. B. in Art 43, 44 auch den wegen Unsicherheit, behandelt.

Die außerhalb des 7. Abschnitts für Sonderfälle vorgesehenen Proteste sind deshalb nicht von Art 46 ausgenommen, wie auch die Gegenmeinung für den Protest gegen Notadressen und Ehrenannehmer (Art 56 II, 60) anerkennt. Die weiteren, keinen gesetzlichen Namen tragenden Proteste, welche als Protest mangels Datierung (Art 25 II, 78 II) und Ausfolgungsprotest (Art 66 II, 68 II) bezeichnet zu werden pflegen, sind durch besondere Umstände bedingte Abarten der Proteste mangels Annahme oder Zahlung und wie diese Akte zur Erhaltung oder Ausübung des Rückgriffsrechts: Der Protest aus Art 25 II ist ein Protest mangels datierter Annahme; derjenige aus Art 66 II eine für den Sonderfall erforderliche Ergänzung zwecks Eröffnung des Rückgriffs mangels Annahme oder Zahlung; derjenige aus Art 68 II ein Ersatz für den Protest mangels Annahme zur Eröffnung des Rückgriffs gegen die Indossanten einer Abschrift, wenn der Berechtigte mangels Aushändigung der W.urschrift Annahme nicht erhalten kann.

Die erheblichste sachliche Verschiedenheit dieser Sonderproteste liegt beim NachsichtW vor, bei dem der Protest aus Art 25 auch zur Berechnung der Verfallzeit dient. Diese Wirkung beim NachsichtW hat aber sowohl der Protest mangels Annahme wie derjenige mangels Datierung. Da die herrschende Meinung aber beim NachsichtW — zutreffend — den Erlaß des Protests mangels Annahme für wirksam erklärt (Qu-A 46[4 zu Zf 8]; Langen, ZHR 104, 6), so kann dies auch beim Protest mangels datierter Annahme der Zulässigkeit eines Protesterlasses nicht entgegenstehen; es ist nicht einzusehen, warum der wirksam erteilte Protesterlaß unwirksam werden soll, wenn Annahme erteilt, aber nicht datiert wird.

Protesterlaß ist demnach m. E. für alle Proteste zulässig (vgl. St-Str 46[5, 6]).

Anm 6 b) Nach der herrschenden Lehre deckt der Protesterlaß dagegen nur:

den Protest mangels Annahme, diesen auch in den Fällen, in denen nach Art 25 II WG die Annahme zu datieren ist;

den Protest mangels Zahlung sowohl bei Verfall wie für den Rückgriff wegen Unsicherheit nach Art 44 V;

den Protest gegen Notadressen und Ehrenannehmer nach Art 56 II und 60.

In den verbleibenden Fällen des Protestes mangels Datierung (Art 25 II) und des Ausfolgungsprotestes (Art 66 II, 68 II) ist auch bei Protesterlaß des Ausstellers (Protestverbot) mit Rücksicht auf die herrschende Lehre Protesterhebung dringend zu empfehlen. Die Kostenregel des Abs III Satz 2 wird mit Rücksicht auf den begründeten Zweifel über die Notwendigkeit des Protestes nicht anwendbar sein (vgl. 35[5] und unten Anm 9).

Anm 7 **III. Wirkung des Protesterlasses.** 1. Sachliche Wirkung. a) Der Erlaß des Protestes hat zum Inhalt, daß der von ihm betroffene Rückgriffschuldner

(Anm 10) beim Vorliegen der sachlichen Rückgriffsvoraussetzungen (Art 43) auch ohne die formelle Voraussetzung des Protestes rückgriffspflichtig sein soll. Demnach befreit der Erlaß nur von der Erhebung des Protestes, aber nicht — wie Abs 2 Satz 1 klarstellend hervorhebt — von der rechtzeitigen Vorlegung zur Annahme oder Zahlung. Über die demnach auch bei Protesterlaß einzuhaltenden Fristen für die Vorlegung zur Annahme vgl. $21^{8,9}$ und für die Vorlegung zur Zahlung $38^{2,3}$.

Der Protesterlaß betrifft aber auch diese Vorlegungen. Denn durch Protesterlaß wird die Beweislast für rechtzeitige Vorlegung, d. h. sowohl dafür, daß Vorlegung überhaupt stattgefunden hat, wie für den vom Gläubiger behaupteten Vorlegungstag, dem Gläubiger abgenommen (Abs 2 Satz 2).

b) Da der Protesterlaß die Verpflichtung zur Vorlegung unberührt **Anm 8**
läßt, und da das WG nirgends bestimmt, daß eine vergeblich versuchte private Vorlegung an Stelle tatsächlicher Vorlegung die Vorlegungsfristen (Art 22, 23 bzw. Art 38 I, 34) wahrt, muß zum Ersatz tatsächlich nicht ausführbarer Vorlegung auch bei Protesterlaß Protest (Wind- oder Wandprotest) erhoben werden (St-Str 38^{6}; zust. Baumb-H 38^{1}; Priese-R 46^{9}; abw. Langen, ZHR 104, 28 und die herrsch. Lehre zu Art 40, 43 SchG). Dies wird durch Art 54 bestätigt, der Unterbleiben der Vorlegung nur bei höherer Gewalt entschuldigt und auch dann zunächst nur die Vorlegungsfrist verlängert, nicht die Vorlegung für unnötig erklärt. Der für die amtliche Vorlegung des Protestbeamten geltende Art 80 I Zf 2 aus den Deutschen „Ergänzenden Vorschriften“ über den Protest kann nicht zur Auslegung der aus dem EWG entnommenen Vorschriften über die private Vorlegung, insb. des Art 38 I, herangezogen werden. Seiner entspr. Anwendung steht aber nicht nur dieser formale Grund, sondern auch die bei privater Vorlegung abweichende Sachlage entgegen (38^{5}). Die Kosten des in solchen Fällen erforderlichen Wand- oder Windprotestes sind, da der Protesterlaß hier den Protest nicht überflüssig macht, erstattungsfähig.

c) Protest bleibt trotz Protesterlaß zulässig und wirksam. Daher wird **Anm 9**
z. B. auch bei Protesterlaß die Frist aus Art 38 I gewahrt, wenn ohne vorausgegangene private Vorlegung eine Vorlegung zur Zahlung durch den Protestbeamten an einem der beiden auf den Zahlungstag folgenden Werktage gemäß Art 44 III vorgenommen wird.

Jedoch hat der Protestnehmer die Kosten eines trotz Protesterlasses des Ausstellers erhobenen Protestes nach Abs 3 Satz 2 selbst zu tragen. Diese Kostenregel ist jedoch einschränkend auszulegen: Sie hat einen unnötig erhobenen Protest zur Voraussetzung. Die Kosten müssen daher erstattungsfähig bleiben, wenn im Einzelfall begründeter Anlaß zur Protesterhebung vorlag (so: Langen, ZHR 104, 27); so z. B. wenn Zweifel darüber begründet sind, ob der den Protesterlaß aussprechende Vermerk vom Aussteller herrührt oder später eingefügt ist; ebenso in den oben Anm 6 und 8 erwähnten Fällen.

2. Persönlicher Wirkungsumfang des Erlasses (zu Abs III). a) Ein vom **Anm 10**
Aussteller ausgehender Protesterlaß wirkt für und gegen alle W.beteiligte. Die Kosten eines trotzdem erhobenen Protestes hat grund-

sätzlich der Inhaber zu tragen (vgl. aber oben Anm 9). Dies gilt auch im Verhältnis zum Annehmer (Langen 133f). Dieser haftet zwar mangels Zahlung bei Verfall auch ohne das Vorhandensein von Rückgriffschuldnern für die Protestkosten (28[10]). Der Protesterlaß des Ausstellers bewirkt aber auch für ihn, daß er sich nur zur Bezahlung eines „ohne Kosten" zu behandelnden W verpflichtet hat, und daß die Beweisregel des Abs 2 Satz 2 demgemäß auch auf ihn anwendbar ist. Der Inhaber bedarf daher dem Annehmer gegenüber in diesem Falle nicht des Protestes zum Nachweis der rechtzeitigen Vorlegung zwecks Begründung der Nebenansprüche oder des Zahlungsverzuges.

Der Protesterlaß des Ausstellers wird vom Gesetz als Teil des vom Aussteller mit Wirkung für alle Beteiligte bestimmten Inhalts des GrundW behandelt. Das hat m. E. nicht zur Folge, daß die Indossanten, die ja bei der Indossierung ihre Haftung ganz oder teilweise ausschließen können (15[5]), nicht auch in dieser Hinsicht ihre Haftung durch besonderen Vermerk dahin beschränken könnten, daß sie nur bei rechtzeitiger Protesterhebung Gewähr leisten wollen. Das wäre keine unzulässige Bedingung, da davon nicht nur die Übertragungswirkung des Indossaments nicht berührt wird, sondern da es sich überhaupt nicht um eine echte Bedingung, sondern um einen vom Gläubiger nach seinem Ermessen vorzunehmenden Akt handelt. Gleiches gilt für den W.bürgen und Ehrenannehmer. In einem solchen Falle würde nur der den Protest fordernde Rückgriffschuldner für die Protestkosten im Rückgriff haften. Bei Einlösung des W könnte er die Kosten von seinen Vormännern nicht einziehen.

Anm 11 b) Der Protesterlaß eines anderen Rückgriffschuldners wirkt nur für und gegen diesen selbst. Weder haften seine Nachmänner ohne Protest, noch kann er selbst gegen solche Vormänner Einlösungsrückgriff nehmen, die nicht ebenfalls den Protest erlassen haben. Er ist also regelmäßig auf die Ansprüche gegen den Annehmer angewiesen, falls der letzte Inhaber keinen Protest erhebt und gegen ihn Rückgriff nimmt. Der Inhaber wird aber häufig Protesterhebung vorziehen, um den Rückgriff gegen die übrigen Rückgriffschuldner zu wahren. Dies ist dem Inhaber dadurch freigestellt, daß er gemäß Abs 3 Satz 3 Erstattung der Protestkosten — auch im Rückgriff gegen den erlassenden Indossanten — verlangen kann.

Die rein persönliche Wirkung des Erlasses ist nach dem deutlichen Wortlaut des Abs 3 Satz 1 auch beim Vorhandensein eines W.bürgen des erlassenden Indossanten zu beachten (gl. A. Qu-A 46[9]; abw. Langen 131; Hupka 82; Priese-R 46[8]). Der hiergegen erhobene Einwand, daß dies gegen den in Art 32 I aufgestellten Grundsatz der gleichmäßigen Haftung des Erstzeichners und seines Bürgen verstoße, übersieht, daß die vorliegende Bestimmung selbst diesen Grundsatz ja auch in dem umgekehrten Falle durchbricht, daß nicht der Erstzeichner, wohl aber der W.bürge den Protest erläßt. Der Grundsatz ist auch nicht nur durch Zulassung der Teilbürgschaft in Art 30 I durchbrochen, sondern auch in Art 55 I durch die Befugnis des Bürgen zur selbständigen Benennung von Notadressen, wodurch wie im vorliegenden streitigen Falle die Haftung des W.bürgen an einen Protest geknüpft wird, der gegen den Erstzeichner nicht erforderlich ist.

Ist der Aussteller, wie dies z. B. beim W an eigene Order zutrifft, zugleich Indossant, so würde ein von ihm ohne besondere abweichende Erläuterung auf der Vorderseite des W vermerkter Protesterlaß als vom Aussteller als solchem ausgehend zu behandeln sein. Dagegen würde ein auf der Rückseite stehender Vermerk als von ihm in seiner Eigenschaft als Indossant abgegeben anzusehen sein, also nur persönliche Wirkung haben.

IV. Notanzeige und Protesterlaß. Mit den in Abs 2 Satz 1 angeführten „erforderlichen Nachrichten" sind vor allem die in Art 45 angeordneten Benachrichtigungen vom Notleiden des W. gemeint. Die Bestimmung ist insoweit klar, als sie zum Ausdruck bringt, daß durch Protesterlaß kein Verzicht auf Notanzeige erteilt wird. **Anm 12**

Weniger klar ist, ob die Beweisregel des Satz 2 sich auch auf die Frist zur Notanzeige erstrecken soll, obwohl in Art 45 auch die Notanzeige bei Protesterlaß geregelt ist und Art 45 in Abs 5 seine eigene Beweisregel gibt. Hiesigen Erachtens gilt die Regelung des Art 45 Abs 5 auch bei Protesterlaß (abw. Knur-H 46[4]) mit der Einschränkung, daß gemäß Abs 2 Satz 2 des vorliegenden Artikels die Beweislast bezüglich des Vorlegungstages umgekehrt wird. Denn nur insoweit, also nur hinsichtlich des Beginns der bei Protesterlaß für den letzten Inhaber geltenden Frist zur Notanzeige, wird durch das Fehlen des Protestes die Beweislage des Notanzeige-Pflichtigen betroffen. Wer also Schadensersatzansprüche gemäß Art 45 VI darauf gründet, daß der letzte Inhaber nicht innerhalb der Frist von 4 Werktagen seit der Vorlegung Notanzeige erstattet habe, hat zu beweisen, daß die Vorlegung an dem von ihm behaupteten Tage stattgefunden habe, falls der Gegner ein späteres Datum angibt. Dagegen bleibt der letzte Inhaber bezüglich des Zeitpunkts der Bewirkung der Notanzeige nach Art 45 V beweispflichtig (ähnlich Qu-A 46[6]). Für die Frist zur Weitergabe der Nachricht durch einen benachrichtigten Vormann hat der Protest und dessen Erlaß keinerlei Bedeutung; hierfür verbleibt es daher uneingeschränkt bei der Beweisregelung des Art 45 V.

Als weitere Nachrichten sind die in Art 54 II vorgeschriebene Anzeige von der Verhinderung der Vorlegung oder Protesterhebung durch höhere Gewalt und die Anzeige nach Art 55 IV von Vornahme eines Ehreneintritts zu berücksichtigen. Auch diese Nachrichten müssen trotz Protesterlaß gegeben werden. Eine Umkehrung der Beweislast durch Protesterlaß kommt bei der Anzeige von höherer Gewalt nicht in Frage. Über die Beweillast hinsichtlich der Anzeige vom Ehreneintritt vgl. 55[8].

Artikel 47

Alle, die einen Wechsel ausgestellt, angenommen, indossiert oder mit einer Bürgschaftserklärung versehen haben, haften dem Inhaber als Gesamtschuldner.

Der Inhaber kann jeden einzelnen oder mehrere oder alle zusammen in Anspruch nehmen, ohne an die Reihenfolge gebunden zu sein, in der sie sich verpflichtet haben.

Das gleiche Recht steht jedem Wechselverpflichteten zu, der den Wechsel eingelöst hat.

Durch die Geltendmachung des Anspruchs gegen einen Wechselverpflichteten verliert der Inhaber nicht seine Rechte gegen die anderen Wechselverpflichteten, auch nicht gegen die Nachmänner desjenigen, der zuerst in Anspruch genommen worden ist.

Anm 1 **I. Zu Abs I. Gesamtschuldnerische Haftung** der Wechselschuldner. Der vorliegende Artikel handelt, wie seine Stellung im 7. Abschnitt des WG und seine Folge auf die die Rückgriffsvoraussetzungen regelnden Bestimmungen ergibt, von der Haftung der W.schuldner im Rückgriff. Er umschreibt die Art ihrer Haftung. Der Umfang der Haftung, also die Höhe der Rückgriffansprüche, ergibt sich aus den folg. Artikeln 48 und 49.

Anm 2 A. Gläubiger. Abs 1 spricht wie Abs 2 u. 4 vom „Inhaber", d. h. dem W.gläubiger bei Eröffnung des Rückgriffs; dies ist der sog. „letzte Inhaber" des umlaufenden W vor Beginn des durch das Notleiden des W verursachten Rücklaufs. Er ist als letzter Inhaber zugleich der erste Rückgriff nehmende Gläubiger, dessen Ansprüche der Höhe nach durch Art 48 geregelt werden. Abs 3 dehnt aber die Anwendbarkeit der Vorschriften des vorl. Artikels auch auf die W.verpflichteten, die den W im Rücklauf einlösen, im Verhältnis zu den ihnen haftenden Vormännern aus. Da nach allgemeinen Grundsätzen auch die Rechtsnachfolger dieser Gläubiger, z. B. wer den W vom letzten Inhaber durch Abtretung oder Nachindossament erwirbt, die Befugnisse ihrer Rechtsvorgänger ausüben können, haften die W.schuldner tatsächlich jedem berechtigten Inhaber des W nach Eintritt der Rückgriffsvoraussetzungen nach Maßgabe des vorl. Artikels.

Anm 3 B. Schuldner. 1. Die gesamtschuldnerische Haftung trifft alle Wechselverpflichteten, auch den in Abs 1 nicht ausdrücklich aufgeführten Ehrenannehmer, der nur der äußeren Form nach den W „annimmt", tatsächlich aber eine Rückgriffsverpflichtung eingeht. Auf Art 47 allein kann aber die Verpflichtung der in Abs 1 aufgezählten W.beteiligten nicht gestützt werden. Die Vorschrift bringt nur zum Ausdruck, daß diejenigen als Gesamtschuldner haften, die nach anderen Bestimmungen des Gesetzes aus dem W verpflichtet sind. Z. B. haften nicht, wie es nach dem Wortlaut scheint, „alle ,die den W indossiert haben"; denn die Haftung aus dem Indossament kann nach Art 15 ausgeschlossen sein; ebensowenig läßt sich aus der vorl. Bestimmung herleiten, daß ein Vollmachts- oder Pfandindossament den Indossanten zum W.schuldner mache (wegen Haftung des Pfandindossanten vgl. 19[5]). Auch zulässige Beschränkungen der Haftung auf einen Teil der W.summe beim Indossament, der Annahme, W.bürgschaft oder Ehrenannahme, aber auch andere Beschränkungen der Haftung wie bei der qualifizierten Annahme (Art 26 II Satz 2) werden durch die vorl. Vorschrift nicht berührt.

Der Annehmer ist zwar kein Rückgriffschuldner. Er ist aber zur Vermeidung von Zweifeln hier unter den gesamtschuldnerisch haftenden W.schuldnern mit aufgeführt, da er nach Art 28 II mangels Zahlung auch für die Nebenforderungen aus Art 48, 49 wie die Rückgriffschuldner haftet.

2. Wechselschuldner ist nicht nur, wer persönlich eine zur eigenen Verpflichtung bestimmte W.erklärung unterzeichnet hat, sondern auch, wer sonst unmittelbar aus einer solchen Erklärung haftet. So vor allem, mit Rücksicht auf die Zulässigkeit der Abgabe wechselmäßiger Erklärungen durch Vertreter, der Vertretene; nach Art 8 ferner der unbefugte Vertreter. Das gleiche gilt für Gesamtrechtsnachfolger, insb. den Erben eines W.schuldners und für die Gesellschafter einer offenen Handelsgesellschaft hinsichtlich der namens der Firma eingegangenen W.verpflichtungen. Alle diese Schuldner haften wechselmäßig, d. h. die Ansprüche gegen sie gründen sich als „Ansprüche aus dem W" auf W.recht. **Anm 4**

Auch der Fälscher einer W.unterschrift mag dem dadurch Getäuschten zur Bezahlung der W.summe verpflichtet sein. Seine Verbindlichkeit beruht aber auf unerlaubter Handlung, der Anspruch ist kein solcher aus dem W. Ebenso haftet nicht aus dem W, sondern auf Grund eines nach bürgerl. Recht verpflichtenden Garantieversprechens, wer eine gefälschte W.unterschrift genehmigt (abw. RG 145, 87). Auch wer durch besondere Urkunde Bürgschaft für eine W.verpflichtung übernimmt, haftet nicht wie der W.bürge wechselmäßig, sondern nach bürgerl. Recht gemäß § 765 BGB.

Nur wer wechselmäßig haftet, erwirbt durch Erfüllung der Verpflichtung kraft Gesetzes die nach dem WG damit verknüpften Rechte (z. B. Einlösungsrückgriff, Art 49; Rechtserwerb nach Art 8, 32 III, 63 I). Die Unterscheidung ist auch prozeßrechtlich bedeutsam, weil nur für „Ansprüche aus Wechseln" der W.prozeß gemäß § 602 ZPO offensteht und nur diese Ansprüche als „Wechselsachen" ohne weiteres zur Zuständigkeit der Kammern für Handelssachen nach § 95 Zf 2 GVG gehören. (Einl. [10]).

C. Art der Haftung. 1. Bedeutung des Ausdrucks „Gesamtschuldner" **Anm 5**

a) Die Bestimmung, daß die W.verpflichteten „als Gesamtschuldnerschaften" haften, enthält keine Verweisung auf §§ 421 ff BGB im technischen Sinne (abw. Priese-R 47[9]). Denn der vorl. Artikel ist dem internationalem EWG entnommen und nur eine Übersetzung des fremdsprachigen Urtexts (franz.: „sont tenus solidairement"; engl.: „are jointly and severally liable"). Das EWG verweist naturgemäß weder auf Vorschriften der deutschen Gesetzgebung noch auf die eines anderen Vertragsstaats, verwendet aber Rechtsbegriffe, die wie derjenige der Solidarschuld internationale Geltung haben.

Der Begriff deckt sich in großen Zügen mit der in § 421 BGB gegebenen Umschreibung der Gesamtschuld im Sinne des BGB, wonach jeder von mehreren Schuldnern zur Bewirkung der ganzen Leistung verpflichtet ist, der Gläubiger aber die Leistung nur einmal verlangen kann. In Abweichung hiervon haften aber die W.schuldner in Einzelfällen wie bei Teilannahme (vgl. Anm 3) in verschiedener Höhe, also nicht „jeder für die ganze Leistung". Weiter ist zu berücksichtigen, daß die dem W.inhaber als Gesamtschuldner verpflichteten W.schuldner regelmäßig zueinander als Vormänner und Nachmänner im Verhältnis von Schuldner und Gläubiger stehen; die W.verpflichteten stehen daher nicht — wie es in § 421 BGB vorausgesetzt ist — einem einzigen Gläubiger gegenüber. Vielmehr kann der den Inhaber befriedigende Schuldner seinerseits gegen seine Vormänner Rückgriff nehmen. Selbst abgesehen von dieser wechselrechtl. Verknüpfung der Gesamtschuldner führt der das W.recht beherrschende Schutz des Guten Glaubens (Art 17, 40) bei der für Gesamtschuldverhältnisse besonders wichtigen Frage der Schuldbefreiung durch Leistung eines Mitschuldners zu Folgen, die der Gesamtschuld des BGB fremd sind. Da aber andrerseits in §§ 421 ff BGB allgemeine Gesichtspunkte der Solidarhaft zu rechtlichem Ausdruck kommen, geben diese Bestimmungen einen beachtlichen Anhalt für die Rechtsfolgen der gesamtschuldnerischen Haftung der W.schuldner, auch wenn die Auslegung des Art 47 dessen Zusammenhang mit den übrigen Vorschriften des WG in erster Linie im Auge behalten muß.

Anm 6 b) Die Gesamthaft der W.schuldner ist eine unechte Gesamtschuld, d. h. jeder Schuldner haftet auf Grund seiner besonderen Verpflichtungserklärung ohne Rücksicht auf die Verpflichtung der Mitschuldner. Dies gilt selbst dann, wenn mehrere Personen (z. B. mehrere Aussteller) sich auf gleicher Stufe durch Unterzeichnung derselben Erklärung verpflichtet haben (vgl. Art 7; RG 51, 23). Die W.schuldner sind daher, wenn sie gemeinschaftlich verklagt werden, gewöhnliche Streitgenossen im Sinne von §§ 60 f ZPO, nicht notwendige nach § 62 (RG JW 1918, 771). Als Gesamtschuldner haften sie, wenn sie gemeinsam verklagt sind, auch für die Kosten gesamtschuldnerisch (§ 100 IV ZPO).

Auch der Erfüllungsort ist für jeden der Gesamtschuldner gesondert zu bestimmen. Für den Annehmer und dessen W.bürgen ist der Zahlungsort des W Erfüllungsort (28[9]); dies ergibt sich aus der Natur des Schuldverhältnisses. Für die Rückgriffschuldner ist es ihr Wohnsitz (bzw. ihre gewerbliche Niederlassung: § 269 II BGB), wobei der im W etwa angegebene Wohnort den Vorzug vor dem tatsächlichen Wohnsitz zur Zeit der Begründung der Verbindlichkeit hat (9[5]). Jedoch gilt für die Rückgriffschuld, daß sie gemäß § 270 BGB Bringschuld ist; dies findet im WG insofern eine Bestätigung, als nach Art 52 III Satz 2 beim Rückwechsel der Rückgriffnehmer (außer dem letzten Inhaber, bei dem davon ausgegangen wird, daß er durch den Bezogenen bei Verfall am W.zahlungsort Befriedigung zu erhalten hatte), so gestellt wird, als ob er Zahlung an seinem Wohnort erhalten hätte. Auch die Schuld des Annehmers, die ursprünglich Holschuld ist, verwandelt sich durch Verzug in eine Bringschuld (28[9]); nach Eröffnung des Rückgriffs hat daher auch der Annehmer in aller Regel gemäß § 270 BGB den verschuldeten Betrag am Wohnort des Rückgriffnehmers zu zahlen.

Anm 7 **Auswirkung der Gesamthaft** im Vergleich zu §§ 421 ff BGB:

a) Die dem Gläubiger durch § 421 BGB eingeräumte Befugnis, die verschiedenen Schuldner nach Belieben zur Leistung heranzuziehen, kehrt in der den wechselrechtlichen Verhältnissen angepaßten Gestaltung (Sprungrückgriff) in Abs 2 u. 4 des vorl. Artikels wieder. Vgl. Anm 17.

Anm 8 b) Erfüllung, insb. Zahlung, durch einen Rückgriffschuldner hat dem befriedigten Gläubiger gegenüber entsprechend der Regel des § 422 I BGB befreiende Wirkung zugunsten aller Schuldner; vorausgesetzt ist, daß es sich um wirkliche Zahlung, nicht nur um Sicherstellung handelt. Denn der Gläubiger kann von allen Gesamtschuldnern nur einmal Zahlung verlangen. Der Einwand, daß der Gläubiger von einem der anderen Schuldner befriedigt sei, ist daher kein Einwand aus dem Recht eines Dritten, sondern die Behauptung, daß der Anspruch des Gläubigers erloschen ist.

Entsprechend § 422 II BGB kann keiner der W.schuldner mit der Gegenforderung eines anderen Rückgriffschuldners aufrechnen; er kann auch nicht einwenden, daß der Gläubiger sich durch Aufrechung mit einer Forderung gegen einen seiner Vormänner befridiegen könne. Denn der Inhaber ist an die Reihenfolge der Schuldner nicht gebunden (Abs 2). Nur wenn der W.gläubiger zugleich auf Grund anderer Rechtsbeziehungen Schuldner des Hauptwechselschuldners (Annehmers; beim eigenen W des Ausstellers) ist, würde er gegen Treu und Glauben verstoßen, wenn er, statt sich durch Aufrechnung gegenüber dem Hauptwechselschuldner zu befriedigen, sich an die W.garanten (Rückgriffschuldner) halten wollte, da dann kein wirkliches Notleiden des W vorliegen würde. In einem solchen Falle müßte dem in Anspruch genommenen W.schuldner ein Einwand der Arglist zugebilligt werden (17[24]).

α) Wird der W, wie dies die Regel ist und der Zahlende nach Art 50 verlangen kann, dem zahlenden Rückgriffschuldner ausgehändigt, so werden durch die Zahlung des Rückgriffschuldners dessen Nachmänner sowie sein etwaiger W.bürge von ihrer Haftung befreit. Der Einlösende kann aber nunmehr Rückgriff gegen seine Vormänner nehmen (Art 49). Vereinbart der die Zahlung empfangende Gläubiger mit dem Zahlenden, daß er weiter gegen dessen Vormänner die Rückgriffansprüche betreiben wolle, so handelt er tatsächlich nur noch als Einziehungsbeauftragter für Rechnung des Zahlenden. Dessen Vormänner können sich der ihnen etwa gegen diesen bestehenden Einwendungen auch gegenüber dem zum Einzug beauftragten früheren Gläubiger bedienen, wenn das Inkassoverhältnis aufgedeckt wird (Art 18 II entspr.), andernfalls das Erlöschen des Anspruchs des befriedigten Inhabers geltend machen (Anm 8). Einlösung durch den Aussteller befreit demgemäß alle Rückgriffschuldner. **Anm 9**

Zahlung durch oder für den Hauptwechselschuldner (Annehmer; Aussteller des eigenen W) bringt die gesamte W.verbindlichkeit zum Erlöschen, selbst wenn der Annehmer erklärt, Zahlung nicht als Bezogener, sondern zu Ehren eines anderen W.schuldners zu leisten. Zahlt ein Bezogener, der nicht angenommen hat, oder der nach Art 4, 27 benannte Zahlungsleister (Domiziliat), so wird im Zweifel dadurch ebenfalls die gesamte W.verbindlichkeit getilgt. Erklärt der Zahlende aber, daß er nicht zu diesem Zwecke in seiner Eigenschaft als Bezogener bzw. Zahlungsleister, sondern für Rechnung eines bestimmten Rückgriffschuldners zahle, so wirkt die Zahlung wie eine solche dieses Schuldners. Dies kommt insb. vor, wenn der Zahlungsleister gleichzeitig als Aussteller oder Indossant Rückgriffschuldner ist und als solcher, nicht für den Bezogenen zahlen will (4[9]).

Andrerseits kann es auch vorkommen, daß ein Rückgriffschuldner für einen seiner Vormänner oder für den Annehmer Zahlung leistet, letzteres z. B. wenn der Annehmer im Interesse des Zahlenden Gefälligkeitsakzept gegeben hatte. Solche Zahlung hat die gleiche Wirkung, als ob sie von dem Vormann des Zahlenden, bzw. vom Annehmer selbst geleistet würde, da ein Fall des § 267 BGB vorliegt. Bei Zahlung für den Annehmer erlischt in solchem Falle die ganze W.verbindlichkeit (RG 120, 211).

Anm 10 β) Hat sich jedoch der zahlende Schuldner nicht nach Art 39, 50 den W aushändigen lassen, z. B. weil er die Schuld durch Aufrechnung getilgt hat, so besteht die Gefahr, daß der befriedigte Gläubiger von einem anderen Rückgriffschuldner, der von seiner Befriedigung keine Kenntnis hat, nochmals Zahlung erhält und gegen diese Zahlung den W aushändigt. Der bei der Einlösung gutgläubige Schuldner kann gegen alle seine Vormänner, auch gegen denjenigen, der schon einmal gezahlt hatte, Einlösungsrückgriff nehmen (40[18], 50[8]). Insofern ist der Einwand der Zahlung nur ein persönlicher, d. h. nur dem bezahlten Gläubiger, nicht aber gutgläubigen Einlösern gegenüber wirksamer Einwand (vgl. HRR 1939, 202). Das gleiche gilt hinsichtlich einer vor Verfall vom Bezogenen geleisteten Zahlung hinsichtlich eines im Sinne des Art 17 gutgläubigen Erwerbers des W. Nach Eröffnung des Rückgriffs, also bei den hier in Frage kommenden Zahlungen der Rückgriffschuldner, besteht dagegen keine Gefahr der Weiterbegebung des W an einen außerhalb des W.verbandes stehenden gutgläubigen Erwerber, weil nach Eintritt des Notleidens (Protest oder — bei Protesterlaß — Ablauf der Protestfrist) Indossamente gemäß Art 20 nur noch Abtretungswirkung erzeugen.

Anm 11 c) Erlaß. Ähnlich wie nach § 423 BGB ist es auch bei der W.verbindlichkeit Tatfrage, ob mit der Erlaßvereinbarung nur gemeint ist, daß der Gläubiger selbst gegen diesen Schuldner nicht mehr vorgehen wird, oder ob dieser Schuldner aus dem W überhaupt nicht mehr in Anspruch genommen werden soll. Letzterenfalls müssen auch die Nachmänner dessen, dem der Erlaß bewilligt ist, frei werden, damit sie nicht, wenn sie zur Einlösung gezwungen werden, Rückgriff gegen den, dem der Erlaß zugute kommen sollte, nehmen. Der Erlaß würde also unter dieser tatsächlichen Voraussetzung zugunsten der Nachmänner, aber nicht der Vormänner der Vertragspartei wirken. Demgemäß bedeutet Erlaß dem Annehmer gegenüber im Zweifel Tilgung der gesamten W.verbindlichkeit, damit nicht einlösende Rückgriffschuldner ihrerseits den Annehmer in Anspruch nehmen (RG 45, 70). Beim Annehmer spricht eine stärkere Vermutung für einen Erlaß der Schuld gegenüber allen, die gegen ihn vorgehen könnten, als bei den Rückgriffschuldnern. Letzteren mag schon damit gedient sein, daß der erlassende Inhaber sie in Ruhe läßt, weil sie auf die Möglichkeit vertrauen mögen, von anderen Berechtigten im Sprungregreß übergangen zu werden, während der Annehmer immer als Letzter belangt werden wird.

Beruht der Erlaß auf einem Vergleich und wird dem Schuldner der W ausgehändigt, so kann im Zweifel der nach Maßgabe des Vergleichs einlösende Rückgriffschuldner wegen der vollen W.summe gegen seine Vormänner Rückgriff nehmen.

Anm 12 d) Gläubigerverzug wird nicht, wie nach § 424 BGB, stets zugunsten aller Schuldner wirken. Gläubigerverzug könnte beim notleidenden W z. B. dadurch eintreten, daß der Annehmer nachträglich Zahlung (wegen Teilzahlung vgl. 39[11]) anbietet, oder daß ein Rückgriffschuldner von seinem Einlösungsrecht nach Art 50 Gebrauch machen will, der Inhaber aber zur Aushändigung des W gegen Zahlung nicht bereit oder in der Lage ist (39[7]). Anwendung von § 301 BGB auf die gesetzlichen, ab Verfall laufenden W.zinsen (Art 48 Zf 2) ist wegen des Sondercharakters der wechselrechtl. Bestimmungen nicht zweifelsfrei, aber wohl zulässig. Wenn der Schuldner, dem gegenüber der Gläubiger sich in Annahmeverzug befindet, während des Verzuges keine Zinsen zu zahlen braucht, so muß dies auch auf die W.schuldner wirken, die gegen ihn Rückgriff nehmen könnten. Dagegen besteht kein Grund zur Ausdehnung der Wirkung auf seine Vormänner, da diese auch bei Annahme der Zahlung durch den Gläubiger für den fraglichen Zeitraum Zinsen hätten vergüten müssen.

Hinterlegt ein Schuldner wegen Annahmeverzugs des Gläubigers (§ 372 BGB), so hat dies bei Verzicht auf Rücknahme befreiende Wirkung (42^{8}) und hat für die Mitschuldner die gleiche Wirkung wie eine Zahlung des Hinterlegenden (Anm 9). Über Hinterlegung durch den Bezogenen vgl. Art 42.

e) Von den in § 425 BGB erwähnten Tatbeständen muß Vereinigung von Forderung und Schuld (Confusion) wie Tilgung wirken (Anm 9). Wird z. B. der Annehmer als Erbe des W.inhabers Gläubiger, so erlischt die Schuld aller W.verpflichteten; erwirbt ein Rückgriffschuldner die Gläubigerstellung, so werden nur seine Nachmänner frei. **Anm 13**

Bei Stundung ergibt sich aus den wechselrechtl. Beziehungen der Schuldner untereinander, daß auch diese im Zweifel zugunsten der Nachmänner wirkt, da diese sonst gegen denjenigen, dem Stundung bewilligt ist, ihrerseits vergehen können (RG 45, 70). Jedoch bewirkt die Stundung eine Hemmung der Verjährung nur gegen die an der Stundungsvereinbarung beteiligten Rückgriffschuldner, da sonst ohne ihre Mitwirkung eine Verlängerung der gegen sie laufenden Verjährung herbeigeführt werden könnte.

Andere Umstände, insb. Hemmung und Unterbrechung der Verjährung (71^{2}), wirken nur bezügl. des betroffenen Schuldners selbst.

D. Das **Verhältnis der Wechselverpflichteten zueinander** ist verschieden für Schuldner, die die gleiche W.verpflichtung gemeinschaftlich unterzeichnet haben, und solchen, die als Vormänner und Nachmänner nach W.recht einander als W.verpflichtete und Gläubiger gegenüberstehen. **Anm 14**

1. Die Regelung der Beziehungen zwischen mehreren Unterzeichnern derselben Verpflichtungserklärung (W.schuldnern derselben Stufe), z. B. mehreren Ausstellern, mehreren Annehmern, ist, da diese Schuldner gegeneinander keine wechselrechtl. Ansprüche haben, dem allgemeinen Recht überlassen worden (CR 142 Nr. 112). Hier sind die Regeln des bürgerl. Rechts über Gesamtschuldner daher unmittelbar anwendbar. Zahlung eines Mitschuldners befreit den anderen (§ 422 I BGB). Nach § 426 I BGB sind die Gesamtschuldner einander nach Kopfteilen ausgleichungspflichtig, „soweit nicht ein anderes bestimmt ist“, d. h. das zugrundeliegende Rechtsverhältnis anderes ergibt. Wer z. B. nur aus „Gefälligkeit“ für Bürgschaftszwecke mit gezeichnet hat, braucht bei Einlösung des W durch seinen Mitzeichner keine Ausgleichung zu leisten, und kann, wenn er selbst zur Einlösung gezwungen wird, Erstattung des ganzen verauslagten Betrages von dem anderen Teil verlangen. Diese Ausgleichungsansprüche sind keine W.ansprüche, sondern richten sich lediglich nach bürgerl. Recht (RG 52, 220).

Nach § 426 II BGB geht die Forderung des befriedigten Gläubigers auf den zahlenden Gesamtschuldner in Höhe seines Ausgleichungsanspruchs **Anm 15** kraft Gesetzes über. Die Anwendung dieser Bestimmung auf mehrere Unterzeichner einer Annahmeerklärung erscheint möglich. Das durch Vereinigung von Schuld und Gläubigerrecht sonst eintretende Erlöschen der W.-forderung tritt infolge gesetzlicher Fiktion nicht ein, was hier keine größeren Schwierigkeiten macht wie bei anderen Forderungen. Legitimiert ist der Zahlende durch die kraft Gesetzes eintretende Rechtsnachfolge nach dem bezahlten Gläubiger.

Bei Zahlung durch einen von mehreren Rückgriffschuldner gleicher Stufe würde dagegen der durch § 426 II BGB angeordnete Rechtsübergang in Widerspruch zu wechselrechtl. Bestimmungen, die seine Anwendbarkeit ausschalten, stehen. Denn der einlösende Rückgriffschuldner tritt nicht in die Rechte des bezahlten Gläubigers ein, sondern wird aus eigenem Recht kraft Einlösung nach Maßgabe seiner früheren Rechtsstellung als W.gläubiger zur Geltendmachung der Rechte aus dem W gegen seine Vormänner befugt (49[5]). Für eine Rechtsnachfolge nach dem bezahlten Gläubiger in Höhe des Ausgleichungsanspruchs bleibt daneben kein Raum, weil der W grundsätzlich keine solche Spaltung der Befugnisse zuläßt. Der einlösende Rückgriffschuldner kann weiteren Rückgriff gegen seine Vormänner wegen des vollen, ihm nach Art 49 zustehenden Betrages nehmen, ohne daß eine Mitwirkung des an der Einlösung nicht beteiligten Mitzeichners erforderlich ist. Gegen seinen Mitzeichner hat er dann nur den Ausgleichungsanspruch bürgerl. Rechts, falls Zahlung von den Vormännern nicht zu erhalten ist.

Bei Einverständnis des zum Rückgriff berechtigten Inhabers kann m. E. ein Rückgriffschuldner, statt den W einzulösen, den W wie ein bisher im W.verband nicht befindlicher Dritter von dem bisherigen Gläubiger als dessen Rechtsnachfolger (durch Nachindossament oder Abtretung) erwerben (St-Str 47[18]; abw. unter WO: RG 34, 52; ROLG 38, 15). Er tritt dann nur in die Rechte des bisherigen Gläubigers ein, muß sich also die gegen diesen etwa begründeten persönlichen Einwendungen entgegenhalten lassen und hat auch keinen eigenen Anspruch auf die Nebenforderungen nach Art 49. Beim Vorhandensein mehrerer Zeichner derselben W.erklärung kann der so verfahrende Mitzeichner die ihm vom bisherigen Gläubiger übertragenen Ansprüche auch gegen seinen ausgleichungspflichtigen Mitzeichner geltend machen; wegen des die Ausgleichungsschuld übersteigenden Betrages der W.forderung steht aber dem Ausgleichungspflichtigen aus dem zugrundeliegenden Rechtsverhältnis der Einwand zu, daß sein Mitschuldner diesen Teil der Verbindlichkeit selbst zu tragen habe.

Anm 16 2. Bei Gesamtschuldnern, die verschiedene W.erklärungen unterzeichnet haben (wie es z. B. die Zeichner mehrerer aufeinanderfolgender Indossamente sind), kommt eine Ausgleichungspflicht nach § 426 BGB grundsätzlich nicht in Frage. Ihr Verhältnis zueinander richtet sich nach W.recht (RG 142, 267). Danach haftet der Annehmer allen W.berechtigten, jeder andere W.verpflichtete seinen Nachmännern (Art 47 III u. 49 I), d. h. denjenigen, die ihre w.mäßige Berechtigung im Sinne des Art 16 I von ihm ableiten.

Falls sich aus den zugrundliegenden Rechtsverhältnissen ergibt, daß die Reihenfolge der W.erklärungen im Einzelfall nicht den Vereinbarungen über die Haftung der W.schuldner untereinander entspricht, kann der in Anspruch genommene W.schuldner hieraus gegenüber seinem Vertragsgegner einen persönlichen Einwand im Sinne des Art 17 herleiten (RG 65, 407). Muß er an einen anderen W.gläubiger als seinen Vertragsgegner Zahlung leisten, so mag er nach bürgerl. Recht deshalb einen Erstattungs-(Revalierungs-)anspruch haben; aus dem W kann er aber gegen seinen Nachmann nie vorgehen. Der häufigste Fall ist das sog. Gefälligkeitsakzept, das dem W.aussteller zwecks Kreditbeschaffung (Diskontierung) unter der Vereinbarung erteilt wird, daß der Aussteller selbst für die Einlösung bei Verfall zu sorgen habe (28[14], [15]).

Wegen der Frage, ob ein Rückgriffschuldner sich von dem bisherigen Inhaber (insb. zwecks Erwerbs der diesem Gläubiger gegebenen Sicherheiten) dessen W.rechte übertragen lassen kann (bejahend auch Janberg in ZADR 1937, 469), vgl. Anm 15.

Der Wechselbürge wird durch Einlösung des W seitens des Erstschuldners befreit; durch eigene Zahlung erwirbt er selbständig die Rechte aus dem W gegen den Erstzeichner und dessen Vormänner (Art 32 III). Das gleiche gilt vom Ehrenannehmer im Verhältnis zum Honoraten (Art 63 I).

II. Zu Abs II und IV. Sprungrückgriff. Die durch Abs 2 zugelassene gemeinschaftliche oder getrennte Inanspruchnahme der W.schuldner nach Wahl des Gläubigers entspricht der Bestimmung des § 421 BGB, wonach der Gläubiger beim Vorhandensein von Gesamtschuldnern „die Leistung nach seinem Belieben von jedem der Schuldner ganz oder zum Teil fordern" darf. Dieser Grundsatz wird durch die vorl. Bestimmung dahin klar gestellt, daß der W.-gläubiger an die Reihenfolge der Verpflichtungen nicht gebunden ist (sog. Sprungrückgriff). **Anm 17**

Abs 4 erläutert das weiter dahin, daß der Gläubiger an die von ihm getroffene Wahl nicht gebunden ist (sog. jus variandi). Der Gläubiger braucht sich auch nicht, bevor er weitere Schuldner in Anspruch nimmt, auf ihm gestellte oder durch Vollstreckung erworbene Pfandrechte verweisen zu lassen. Selbst wenn er nach Vollstreckung gegen einen der Gesamtschuldner durch Pfändung gesichert zu sein scheint, liegt keine unzulässige Überpfändung in der Vollstreckung gegen einen anderen Schuldner. Denn bis zur Bewirkung der gesamten Leistung bleiben sämtliche Schuldner verpflichtet (§ 421 Satz 2 BGB).

Wenn über das Vermögen mehrerer Gesamtschuldner Konkurs- oder Vergleichsverfahren eröffnet ist, kann demgemäß der Gläubiger bis zu seiner vollen Befriedigung in jedem Verfahren den Betrag geltend machen, der ihm zur Zeit der Verfahrenseröffnung zusteht (§ 68 KO; § 32 VerglO). Andrerseits kann neben dem die W.forderung anmeldenden Inhaber nicht auch ein Rückgriffschuldner seinen Anspruch gegen den Gemeinschuldner für den Fall geltend machen, daß er den W nach Abzug der Konkursdividende bezahlen muß (RG 14, 172).

III. Zu Abs III. Einlösungsrückgriff. Das Recht zum Sprungrückgriff steht nicht nur dem letzten Inhaber, sondern auch jedem einlösenden W.-verpflichteten zu. Die vorl. Bestimmung gibt keinerlei Anhalt dafür, daß der Einlösungsrückgriff nach Art 49 auch demjenigen zusteht, der den W ohne **Anm 18**

w.mäßige Verpflichtung (z. B. als Indossant ohne Obligo) bezahlt. Der Wortlaut „Wechselverpflichteter", der auf die Notwendigkeit einer solchen Einlösungspflicht hinzuweisen scheint, ist allerdings, wie der Vergleich mit dem fremdsprachigen Urtext des EWG („tout signataire d'une lettre de change qui a remboursé celle-ci") ergibt, für die Beantwortung der Frage nicht entscheidend. Vgl. 49[3], 50[10]. Die vorl. Bestimmung will nur zum Ausdruck bringen, daß nicht nur dem letzten Inhaber, sondern auch jedem sonst zum Rückgriff Berechtigten die ihm haftbaren W.schuldner als Gesamtschuldner verpflichtet sind und von ihm im Sprungrückgriff belangt werden können (Hupka 128).

Artikel 48

Der Inhaber kann im Wege des Rückgriffs verlangen:

1. die Wechselsumme, soweit der Wechsel nicht angenommen oder nicht eingelöst worden ist, mit den etwa bedungenen Zinsen;
2. Zinsen zu sechs von Hundert seit dem Verfalltage;
3. die Kosten des Protestes und der Nachrichten sowie die anderen Auslagen;
4. eine Vergütung, die mangels besonderer Vereinbarung ein Drittel vom Hundert der Hauptsumme des Wechsels beträgt und diesen Satz keinesfalls überschreiten darf.

Wird der Rückgriff vor Verfall genommen, so werden von der Wechselsumme Zinsen abgezogen. Diese Zinsen werden auf Grund des öffentlich bekanntgemachten Diskontsatzes (Satz der Zentralnotenbank) berechnet, der am Tage des Rückgriffs am Wohnort des Inhabers gilt.

Anm 1 **I. Allgemeines.** Der vorliegende Artikel handelt nur von der **Höhe der Rückgriffansprüche** des ersten Rückgriffnehmers, d. h. des Inhabers des W beim Eintritt des Rückgriffalls, während der Umfang der Ansprüche der den rückläufigen W einlösenden Rückgriffschuldner durch Art 49 bestimmt wird. Die Voraussetzungen des Rückgriffrechts werden durch Art 48, 49 nicht geregelt: Sie ergeben sich aus anderen Vorschriften des WG, insb. aus Art 43, 44. Im Zusammenhang mit dem vorl. Artikel ist weiterhin Art 50 zu beachten. Nach diesem hat der in Anspruch genommene Rückgriffschuldner einen Anspruch auf Aushändigung von W und Protest sowie einer quittierten Rechnung (sog. Rückrechnung) über die von ihm verlangten Beträge, damit er auf Grund dieser Urkunden weiteren Rückgriff gegen seine Vormänner nehmen kann. Wenn also der vorl. Artikel sagt, was der Inhaber verlangen kann, so ist dies im Zusammenhang mit Art 50 (und bezüglich des Bezogenen mit Art 39) dahin zu verstehen, daß der Inhaber diese Zahlungen nur Zug um Zug gegen Aushändigung der dem Schuldner zu übergebenden Urkunden verlangen kann.

Der Schuldner hat aber nicht nur ein Recht auf Aushändigung dieser Urkunden Zug um Zug gegen Zahlung, sondern muß sich auch vor Bewirkung der Zahlung Gewißheit darüber verschaffen können, daß er durch die von ihm verlangte Einlösung des W von seiner Verbindlichkeit selbst dann befreit werden würde, wenn der Vorlegende nicht der wahre berechtigte Gläubiger sein sollte. Allerdings enthält der den Rückgriff regelnde 7. Abschnitt des WG keine ausdrückliche Bestimmung hierüber. Aber unter „Inhaber" des W ist nur der nach Art 16 I ausgewiesene Besitzer des W zu verstehen, so daß auf die formale Legitimation des Gläubigers auch im vorl. Artikel verwiesen ist. Außerdem ist aber die Vorschrift des Art 40 III, obwohl dieser dem Wortlaut nach nur die Zahlung des Bezogenen bei Verfall betrifft, entsprechend auf den zahlenden Rückgriffschuldner anwendbar (40^{12}, ^{18}). Mit Rücksicht auf die dem zahlenden Schuldner nach Art 40 obliegende Prüfungspflicht (40^{18}) muß daher der Gläubiger dem Rückgriffschuldner, von dem er Zahlung verlangt, auf dessen Begehren Einsicht von W und Protest gestatten.

Art 48 regelt den Umfang der Ansprüche sowohl für den Rückgriff nach Verfall mangels Zahlung wie für den Rückgriff vor Verfall, da dieser (im Gegensatz zur früheren Regelung der WO) ebenfalls sofortige Zahlung der W.summe zum Gegenstand hat. Der Hauptunterschied gegenüber dem Rückgriff nach Verfall besteht in dem Abzug von Zwischenzinsen nach Abs 2 (Anm 10). **Anm 2**

Die Vorschrift des Abs 1 Zf 2 über die Höhe der W.zinsen entspricht der Fassung des EWG, ist aber in der Regel für den deutschen W.verkehr nicht maßgebend, weil für Inlandswechsel nach Art 2 EGWG das in den Text des WG nicht eingearbeitete Gesetz über die Wechsel- und Scheckzinsen anwendbar geblieben ist (Anm 7). Umgekehrt ist Zf 4 des Abs 1 betr. die Vergütung im EWG nicht enthalten, sondern auf Grund eines im Genfer Abk. gemachten Vorbehalts in das WG eingefügt (Anm 9).

II. Beteiligte: 1. Gläubiger ist — wie bei Art 47 I u. II — der letzte „Inhaber", d. h. der formal ausgewiesene und sachlich berechtigte Inhaber beim Eintritt des Notleidens (vgl. 47^{2}). **Anm 3**

Dieser kann, wenn er nicht selbst Rückgriff nehmen will, seine Rechte auf Dritte übertragen, sei es durch bürgerl. rechtl. Abtretung der W.-rechte, sei es in der Form des Indossaments. Auch dieses hat jedoch in aller Regel gemäß Art 20 nur Abtretungswirkung, da es erst nach Protest oder — bei Protesterlaß — nach Ablauf der Protestfrist ausgestellt sein wird, jedenfalls wenn es sich um Rückgriff nach Verfall handelt. Aber auch Indossamente, die nach Eröffnung des Rückgriffs vor Verfall erteilt werden, können überwiegend nur noch Nachindossamente mit bloßer Abtretungswirkung sein (20^{7}ff).

Zur Abtretung der Rechte aus dem nicht mehr wirklich indossablen, sondern nur noch für Nachindossamente nach Art 20 offenen, d. h. zum Rektapapier gewordenen W (20^{14}), ist die Übergabe des Papiers an sich nicht erforderlich (11^{5} zu d), da die Abtretung formlos erfolgen kann. Der neue Gläubiger benötigt aber zur Ausübung des Rückgriffs den W, da der Schuldner nur gegen dessen Aushändigung zur Zahlung verpflichtet ist (50^{2}).

Lautet das Nachindossament des letzten Inhabers auf einen Rückgriffschuldner, nicht auf einen außerhalb des W.verbandes stehen- **Anm 4** den Dritten, so bleibt zu prüfen, ob der Rückgriffschuldner tatsächlich den W als Rechtsnachfolger des letzten Inhabers erworben hat oder ob er lediglich auf Grund seiner Verpflichtung als Rückgriffschuldner den Inhaber für dessen Ansprüche aus Art 48 befriedigt und nur statt oder neben der ihm nach Art 50 zu erteilenden quittierten Rechnung Rückindossament erhalten hat. Letzterenfalls wird er nicht Rechtsnachfolger des bezahlten Inhabers, sondern kann aus eigenem Recht auf Grund der erfolgten Einlösung des W die Rechte aus Art 49, 47 III geltend machen. Dies ist im Zweifel bei einem zur Einlösung wechselrechtlich Verpflichteten anzunehmen, jedoch ist auch für einen Rückgriffschuldner der Erwerb des W von dessen Inhaber im Wege gewöhnlicher Rechtsnachfolge zulässig (bestr.; vgl. 47[15] Abs 2). Wer „einlöst", kann seine Legitimation durch Streichung seines und der folgenden Indossamente nach Art 50 II klarstellen. Wer durch Rechtsnachfolge nach dem letzten Inhaber erwirbt, muß diesen Erwerb anderweit, am besten durch Nachindossament, belegen; Nachindossament steht der nach § 410 BGB auf Verlangen vorzulegenden Abtretungsurkunde gleich (40[13]).

War der Zahlende kein Rückgriffschuldner, also (wie ein Indossant ohne Obligo: 15[5]) w.rechtlich nicht zur Einlösung verpflichtet, so kann er, auch wenn er früher Inhaber des im Umlaufs befindlichen W gewesen ist, den Einlösungsrückgriff aus Art 49 nicht ausüben (bestr.; vgl. 49[8]). Da er aber wie jeder Dritte die W.rechte des bezahlten Inhabers erwerben kann und die Abtretung keiner Form bedarf, wird in der Aushändigung des W und einer Quittung regelmäßig die Abtretung der W.rechte zu erblicken sein. Auch hier kann aber der Zahlende nur die Rechte des bezahlten Gläubigers geltend machen und muß auf Verlangen seine Rechtsnachfolge durch Nachindossament oder Abtretungsurkunde nachweisen (49[4]).

Anm 5 2. Schuldner sind alle Rückgriffschuldner, also Aussteller, Indossanten (es sei denn, daß sie ihre Haftung ausgeschlossen haben), Ehrenannehmer, W.-bürgen oder unbefugte Vertreter (Art 8) eines Rückgriffschuldners. Auch der Indossant eines Rektaindossaments haftet dem jeweiligen Inhaber trotz des anscheinend widersprechenden Wortlauts des Art 15 II. Nur kann der Inhaber, an den der W vom Rektaindossatar oder dessen Nachmännern weiter indossiert worden ist, den Rektaindossanten nicht aus eigenem Recht, sondern nur als bürgerl. rechtl. Rechtsnachfolger des Rektaindossatars in Anspruch nehmen (15[6]).

Schuldner der aus Art 48 sich ergebenden Ansprüche ist aber auch der Annehmer, obwohl dieser nicht nur „im Wege des Rückgriffs", sondern als Hauptwechselschuldner auch ohne Vorliegen der formellen Rückgriffsvoraussetzungen (Protest) belangt werden kann (Art 53 I). Denn er haftet für die Ansprüche aus Art 48, 49 nicht nur wegen seiner in Art 47 I festgelegten gesamtschuldnerischen Haftung neben Rückgriffschuldnern, sondern auch ohne deren Vorhandensein auf Grund von Art 28 II unter der Voraussetzung, daß ihm der W innerhalb der Frist des Art 38 I vergeblich zur Zahlung vorglegt worden ist (38[11]; 28[1]), und zwar auch gegenüber dem Aussteller.

Obwohl der Vollmachtsindossatar (Art 18) zu den Inhabern im Sinne des vorl. Artikels gehört und die Gläubigerrechte aus Art 48 ausüben kann (18[5]), ist der Vollmachtsindossant nicht Schuldner, da sein Indossament keine verpflichtende Kraft hat (18²). Der Pfandindossant gehört dagegen hiesigen Erachtens zu den Schuldnern und kann daher nach Einlösung Rückgriff aus Art 49 unter selbständiger Berechnung der Vergütung aus Art 49 Zf 4 nehmen; doch hängt dies von der bestrittenen Frage der verpflichtenden Wirkung des Pfandindossaments ab (19⁵). Der Indossant eines versteckten Inkassoindossaments (18¹¹) kann zwar nicht von seinem Inkassobeauftragten, wohl aber von etwaigen gutgläubigen Erwerbern, an die der W weiter indossiret worden ist, als Schuldner in Anspruch genommen werden (18¹⁶).

Über die gesamtschuldnerische Haftung der Schuldner und über den Sprungrückgriff gegen sie vgl. zu Art 47.

III. Die **Rückgriffsumme** beim Rückgriff nach Verfall. Ihre Bestandteile sind: **Anm 6**

1. Die Wechselsumme, „soweit der W nicht eingelöst ist". Bei Teilzahlung (Art 39 II) oder unberechtigter Zurückweisung einer bei Verfall angebotenen Teilzahlung (39¹ᶜ) kann nur wegen des Restbetrages Rückgriff genommen werden.

Bei FremdwährungsW hat der letzte Inhaber das Wahlrecht aus Art 41 I Satz 2. Der weitere Rückgriff hat dann keine Besonderheiten, weil nach Art 49 der vom Einlöser gezahlte Betrag dem weiteren Rückgriff zugrundeliegt.

Die „etwa bedungenen Zinsen" sind die nach Art 5 bei Sicht- und NachsichtW zulässigen Zinsen bis zum Verfalltag. Sie werden zur W.summe hinzugerechnet und bilden für diese W einen Teil der bei Verfall zahlbaren „bestimmten Geldsumme" (Art 1 Zf 2). Ab Verfall laufen die Zinsen nach Zf 2.

2. Zinsen werden auf den nach Zf 1 zahlbaren Betrag seit dem Verfalltag verschuldet, ihr Lauf beginnt also mit dem folgenden Tage (Art 73), auch wenn die erste Vorlegung des W zur Zahlung erst am zweiten Werktag nach dem Zahlungstage stattgefunden hat. Denn es sind keine Verzugs-, sondern gesetzliche Zinsen, für deren Lauf insb. die Inverzugsetzung des in Anspruch genommenen Rückgriffschuldners keine Voraussetzung bildet. Endtermin ist der Tag der Befriedigung des Gläubigers. Da die nach Art 5 etwa ausbedungenen Zinsen der W.summe zugerechnet werden, sind diese gegebenenfalls mit zu verzinsen, dagegen nicht die in Zf 3 u. 4 aufgeführten Auslagen und die Vergütung. **Anm 7**

Die **Höhe der Zinsen** bestimmt sich **für Inlandwechsel**, die in Deutschland sowohl ausgestellt wie zahlbar sind, nach dem Gesetz über die Wechsel- und Scheckzinsen v. 3. Juli 1925 (abgedruckt im Anhang III 2) in Verbindung mit Art 2 EGWG (im Anhang I 1). Danach ist der im vorl. Artikel bestimmte Satz von 6% nur der Mindestsatz, an dessen Stelle ein gleitender Zinssatz in Höhe von 2% über dem jeweiligen Reichsbankdiskontsatz tritt, sofern letzterer mehr als 4% beträgt. An die Stelle des Diskontsatzes der Reichsbank ist in den Westzonen (Bundesrepublik Deutschland und West-Berlin) der Diskontsatz der Landeszentralbanken getreten, der einheitlich durch den Zentralbankrat der Bank Deutscher Länder festgesetzt wird. In der Ostzone (Deutsche Demokratische Republik und Ost-Berlin) ist der Satz der Deutschen Notenbank maßgebend. Bei Verschiedenheit dieser beiden Zinssätze wird einheitlich für sämtliche Schuldner der Zinssatz des W.zahlungsorts anzuwenden sein (auch für den weiteren Rückgriff nach Art 49), da die gesamtschuldnerische Haftung aller W.schudner eine einheitliche Regelung verlangt.

Ob ein W im Inland zahlbar ist, ergibt der im W angegebene Zahlungsort. Ob er im Inland ausgestell ist, entscheidet sich aber nicht notwendigerweise nach dem im W angegebenen Ausstellungsort, sondern danach, wo die Unterschrift tatsächlich geleistet ist (St-Str Seite 22 zu Art 2 EG). Jedoch spricht eine Vermutung dafür, daß der im W angegebene Ausstellungsort der Ort der tatsächlichen Ausstellung ist. Darauf, ob und welche der Schuldner im Ausland wohnen, kommt es also nicht an.

Für W, die im Ausland entweder ausgestellt oder zahlbar sind, bleibt es in jedem Falle bei dem Zinssatz von 6%, auch wenn sämtliche Schuldner im Inland wohnen.

Anm 8 3. a) Die Kosten des Protestes sind beim Rückgriff nach Verfall diejenigen des Protestes mangels Zahlung zuzüglich der Kosten eines etwa gegen Notadressen oder Ehrenannehmer nach Art 60 erforderlich gewesenen Protestes oder eines nach Art 66, 68 erhobenen Ausfolgungsprotestes. Auch wenn die Notadresse nicht vom Aussteller herrührte, der gegen sie erhobene Protest also nicht zur Erhaltung des Rückgriffs gegen sämtliche Rückgriffschuldner erforderlich war, haften doch alle W.verpflichtete für diese Kosten. Die Kosten eines nach Art 25 II erforderlich gewesenen Protestes mangels Datierung können beim Rückgriff mangels Zahlung ebenfalls in Rechnung gestellt werden, weil dieser Protest zur Erhaltung, wenn auch nicht zur unmittelbaren Eröffnung des Rückgriffs mangels Zahlung ebenfalls erforderlich ist.

Bei Protesterlaß des Ausstellers können Protestkosten grundsätzlich (vgl. 46[9]) nicht in Rechnung gestellt werden, wohl aber bei Protesterlaß durch einen anderen Rückgriffschuldner, auch im Verhältnis zu dem Erlassenden.

Die tatsächlich entstandenen Protestkosten sind erstattungsfähig, auch wenn eine billigere Protestart (Postprotest) genügt hätte. Der Annehmer haftet für die Protestkosten auch dann, wenn kein Rückgriffschuldner vorhanden war (28[1]), aber wohl nicht bei Protestverbot (46[10]).

b) Kosten der Nachrichten sind in erster Linie diejenigen der Notanzeige nach Art 45, gegebenenfalls der Anzeige vom Vorliegen höherer Gewalt (54 II). Die Kosten müssen durch sachgemäße, nach Treu und Glauben und Verkehrssitte erfolgende Maßnahmen entstanden sein. Dies ist für Portoauslagen eingeschriebener Briefe zu bejahen.

c) Sonstige Auslagen sind z. B. die Auslagen für Mahnschreiben oder für einen nach Art 52 gezogenen, aber nicht eingelösten Rückwechsel oder für die Ermittlung der Anschriften von Rückgriffschuldnern.

Anm 9 4. Die Vergütung (Provision) ist nur von der W.hauptsumme, also unter Ausschluß der Ansprüche aus Zf 2 und 3 und der etwa nach Art 5 bedungenen Zinsen, zu berechnen. Sie beträgt in der Regel ⅓%, denn abweichende „Vereinbarungen" sind nicht üblich. Bei derartigen Vereinbarungen müßte es sich um auf dem W vermerkte Abreden handeln (z. B. einen Vermerk des Ausstellers „ohne Provision bei Notleiden"). Außerhalb des W getroffenene Abreden, daß Provision nicht oder nur in geringerer Höhe berechnet werden darf, würden nur zwischen den Vertragsparteien selbst wirksam sein; sie haben, ohne daß es ihrer Erwähnung im Gesetz bedurft hätte, nach Maßgabe des Art. 17

in gleicher Weise Kraft wie andere Abreden, durch die ein bestimmter Schuldner seiner Vertragspartei gegenüber seine wechselmäßige Haftung ganz oder zum Teil ausschließen kann.

Die Bestimmung der Zf 4 ist auf Grund des im Genfer Abkommen enthaltenen Vorbehalts Anl II Art 14 als deutsche ergänzende Bestimmung dem Text des EWG angefügt. Im internationalen Verkehr richtet sich ihre Anwendbarkeit nach Art 93; vgl. näheres darüber St-Str 48[9].

IV. Zu Abs II. Rückgriffsumme beim Rückgriff **vor** Verfall. Da auch der Rückgriff vor Verfall, sowohl derjenige mangels Annahme wie der wegen Unsicherheit auf alsbaldige Zahlung geht, gelten im allgemeinen dieselben Regeln wie beim Rückgriff nach Verfall (Anm 6—9). Folgende Besonderheiten ergeben sich jedoch: **Anm 10**

1. Zu Abs I Zf 1: Wechselsumme. a) Von der W.summe sind, falls die Befriedigung des Inhabers vor Verfall erfolgt, gemäß Abs 2 Zwischenzinsen in Höhe des Diskontsatzes der Zentralnotenbank (Westzonen: Bank Deutscher Länder; Ostzonen: Deutsche Notenbank) für den Zeitraum von der Zahlung bis zum Verfalltag abzuziehen. Der am Tage der Zahlung geltende Diskontsatz ist maßgebend. Wird die Zahlung trotz des vor Verfalls eröffneten Rückgriffs erst bei oder nach Verfall geleistet, so kommt kein Abzug von Zwischenzinsen mehr in Frage. Die W.summe ist in diesem Falle ab Verfall nach Abs 1 Zf 2 zu verzinsen.

b) Bezüglich der etwa nach Art 5 bedungenen Zinsen steht die herrsch. Meinung im Anschluß an die Dschr. (S. 130) auf dem Standpunkt, daß diese Zinsen bis zum Verfalltag der W.summe zuzurechnen und von dem sich dann ergebenden Gesamtbetrag die Zwischenzinsen nach Abs 2 des vorl. Art. abzuziehen sind (Qu-A 48[7]; Baumb-H 48[3]; Langen 200). Hiesigen Erachtens sind die bedungenen Zinsen bis zum Tage der tatsächlichen Befriedigung des Inhabers, jedoch nicht über den Verfalltag hinaus zu zahlen (St-Str 48[11]).

c) Bei Teilannahme kann die W.summe vor Verfall im Rückgriff nur beansprucht werden, „soweit der W nicht angenommen worden ist". Über die Besonderheit des sich daraus ergebenden Teilrückgriffs, insb. für den Einlösungsrückgriff des den letzten Inhaber befriedigenden Rückgriffschuldners vgl. Art 51.

2. Zu Abs I Zf 2. W.zinsen ab Verfall kommen nur in Frage, wenn die Befriedigung des letzten Inhabers erst nach Verfall erfolgt, was auch beim Rückgriff mangels Annahme oder wegen Unsicherheit durchaus möglich ist. **Anm 11**

3. Zu Abs I Zf 3. Protestkosten sind hier in erster Linie die Kosten des Protestes mangels Annahme (einschließlich der Kosten einer amtlichen Vorlegung, bei der der Bezogene Überlegungsfrist nach Art 24 beansprucht hat) bzw. die Kosten eines nach Art 44 V aufgenommenen Protestes. Dazu treten etwaige Kosten eines Protestes mangels Ehrenannahme nach Art 56 II. Wenn nach Eröffnung des Konkurs- oder Vergleichsverfahrens gegen den Bezogenen Protest mangels Zahlung nach Art 44 V erhoben wird (44[16]), so werden auch diese Kosten erstattungsfähig sein.

Dagegen können nach erhobenem Protest mangels Annahme die Kosten eines Protestes mangels Zahlung mit Rücksicht auf Art 44 IV nur beansprucht werden, wenn nicht alle Rückgriffschuldner für die Annahme haften.

4. Zu Abs I Zf 4. Die Vergütung kann auch beim Abzug von Zwischenzinsen von der vollen W.summe berechnet werden, wie umgekehrt die bedungenen Zinsen nicht eingerechnet werden.

Anm 12 V. Die Ansprüche des Rückgriffberechtigten sind in Art 48 (ebenso in Art 49) **erschöpfend** geregelt. Weiteres kann der W.gläubiger wegen unterbliebener Honorierung des W nicht beanspruchen, auch nicht nach bürgerl. Recht unter dem Gesichtspunkt des Verzugsschadens (St-Str 48[12]; Qu-A 48[4]; Baumb-H 48[2A]; Priese-R 48[11]). Hat aber der Inhaber den W zahlungshalber auf eine andere Forderung erhalten, so kann er auf diese zurückgreifen und mangels Befriedigung für diese gegebenenfalls nach bürgerl. Recht Ansprüche auf weiteren Verzugsschaden gegen seinen Vertragsgegner erheben.

Die Prozeßkosten für Geltendmachung der W.ansprüche sind kein Teil der Ansprüche aus dem W. Ihre Erstattungsfähigkeit richtet sich nach Prozeßrecht. Sind die Geamtschuldner gemeinsam verklagt, so haften sie auch für die Prozeßkosten als Gesamtschuldner (§ 100 IV ZPO). Dagegen fallen die Kosten des gegen einen anderen Verpflichteten getrennt geführten Rechtsstreits und der Vollstreckung gegen ihn nicht unter die in Zf 3 erwähnten „anderen Auslagen"; auch nicht die bei getrennter Belangung von W.bürgen und Erstzeichner entstandenen Kosten bei nachträglicher Inanspruchnahme des anderen Verpflichteten. Über die Frage der Ausübung eines Zurückbehaltungsrechts am W wegen der Kosten der Rechtsverfolgung gegen den zahlenden Schuldner vgl. 50[8].

Artikel 49

Wer den Wechsel eingelöst hat, kann von seinen Vormännern verlangen:

1. den vollen Betrag, den er gezahlt hat;
2. die Zinsen dieses Betrages zu sechs vom Hundert seit dem Tage der Einlösung;
3. seine Auslagen;
4. eine Vergütung, die nach den Vorschriften des Artikels 48 Abs. 1 Nr. 4 berechnet wird.

Anm 1 **I. Allgemeines.** Der vorliegende, den Umfang der Ansprüche im **Einlösungsrückgriff** (Remboursregreß) betreffende Artikel steht nicht nur in engem Zusammenhang mit dem dieselbe Frage für den letzten Inhaber regelnden Art 48, sondern auch mit dem das Einlösungsrecht der Rückgriffschuldner behandelnden Art 50. Einlösungspflicht und Einlösungsrecht sind zwei Seiten desselben Tatbestandes, der Haftpflicht der Rückgriffschuldner. Die Erfüllung dieser Verpflichtung durch Einlösung des notleidenden W verwandelt den Rückgriffschuldner in den zum weiteren Rückgriff berechtigten Gläubiger. Der Umfang der Ansprüche, die auf Grund solcher Einlösung geltend gemacht werden können, wird durch den vorl. Artikel bestimmt.

Wie bei den Ansprüchen aus Art 48 ist daher auch hier zu beachten, daß die Voraussetzungen der Ansprüche sich aus anderen Bestimmungen des WG ergeben, so daß der die Zahlungen aus Art 49 „verlangende" Gläubiger seine Legitimation nachzuweisen und Zug um Zug gegen Zahlung Wechsel, Protest und quittierte Rückrechnung auszuhändigen hat (vgl. 48[1], 50[6]).

II. Gläubiger nach Art 49 ist, **„wer den Wechsel eingelöst hat"**. Anm 2

1. Einlösung ist, wie der in Anm 1 dargelegte Zusammenhang der gesetzlichen Bestimmungen ergibt, die Befriedigung des Rückgriff nehmenden W.-gläubigers durch einen W.schuldner. Befriedigung braucht nicht notwendigerweise durch Zahlung zu erfolgen. Erfüllungssurrogate, Aufrechnung, aber auch unentgeltlicher Rückerwerb durch Schenkung stehen der Zahlung gleich. Der befriedigte Gläubiger kann entweder der erste Rückgriffnehmer (Art 48) oder ein anderer, Rückgriff nach Art 47 III, 49 nehmender Nachmann des Zahlenden sein.

2. Die Einlösung muß durch einen W.schuldner, also auf Grund wechselmäßiger Verpflichtung als Rückgriffschuldner, erfolgt sein. Das bedeutet nicht, daß der zahlende Rückgriffschuldner durch Klage oder deren Androhung zur Zahlung gezwungen sein muß. Er kann seiner Verpflichtung auch freiwillig ohne vorherige Mahnung durch Ausübung seines Einlösungsrechts aus Art 50 nachkommen. Wer aber den W.gläubiger ohne eigene wechselmäßige Verpflichtung befriedigt, kann nicht selbständig die Ansprüche aus Art 49 erheben, mag er nun eine ganz außerhalb des W.verbandes stehende Person oder ein früherer W.inhaber sein. Danach gehört insb. ein Indossant ohne Gewährleistung oder ein Indossant, gegen den wegen unterbliebener Protesterhebung der Rückgriff verwirkt ist, auch wenn Vormänner, die den Protest erlassen hatten, weiter haften, nicht zu den zum Einlösungsrückgriff Berechtigten. Anm 3

Dies ist zwar unter Berufung auf die unter Geltung der WO ergangene Entsch. RG 77, 185 vielfach bestritten (Qu-A 49[2]; Gareis-R 49[1]; Baumb-H 49[2]), aber mit Recht herrschende Ansicht (so insb. Jacobi, ZHR 72, 359; Langen 67; Keßler Anm 1 zu Art 46 SchG; Gogos, Einlösungsrückgriff 20 u. 26; auch Locher 121, der nur betont, daß der Gläubiger für seine Einlösungspflicht nicht beweispflichtig ist). Die Zulassung des Sprungrückgriffs (Art 47 II) und des Einlösungsrechts (Art 50) bezwecken Abkürzung des Rücklaufs zur Vermeidung des durch schrittweisen Rückgriff eintretenden Anschwellens der Kosten. Die Gewährung der Nebenansprüche aus Art 49 an Zahlende, die nicht als Rückgriffschuldner haften, widerspricht diesem Zweck des Gesetzes. Die Gegenmeinung stützt sich auf das Wiederaufleben des Rechts des einlösenden Indossanten (Anm 5), ohne darzutun, warum ein Indossant ohne Obligo sein altes Gläubigerrecht wieder erwerben soll, aber nicht ein Blankotradent (Art 14 II Zf 3), dem auch die Gegenmeinung keinen Einlösungsrückgriff zubilligt. Vgl. näheres über die Streitfrage in St-Str 49[3].

Auch ein Rückgriffschuldner, der den W trotz Verjährung des Rückgriffanspruchs einlöst, ohne von seinem Leistungsverweigerungsrecht Gebrauch zu machen, zahlt freiwillig. Er ist daher zum Einlösungsrückgriff aus eigenem Recht nicht befugt und seine Vormänner können Verjährung einwenden, wenn die Ansprüche des bezahlten Gläubigers gegen sie verjährt waren (70[10]). Diese Folge bestätigt die Richtigkeit der diesseitigen Ansicht. Denn der Gegenmeinung, die auch hier dem ohne Verpflichtung Zahlenden Einlösungsrückgriff zubilligt, führt zu untragbaren Ergebnissen. Danach würde die Haftung der durch Verjährung geschützten Schuldner wieder aufleben, wenn der Gläubiger, der seine Rückgriffrechte hat verjähren lassen, einen Vormann zur Einlösung trotz der gegen ihn eingetretenen Verjährung veranlassen kann, weil dieser sich dann bei seinen weiteren Vormännern schadlos halten kann (70[1]).

Wer auf Grund einer außerwechselmäßigen Verpflichtung den bisherigen Inhaber befriedigt, tut dies ebenfalls, ohne ein Einlösungsrecht nach Art 50 zu besitzen; er hat daher ebenfalls kein selbständiges Recht zum Einlösungsrückgriff (abw. Gogos 21 f).

Anm 4 Wer ohne wechselmäßige Verpflichtung zahlt, erwirbt, wie dies jede außerhalb des W.verbandes stehende Person kann (48[3]), als gewöhnlicher Rechtsnachfolger die Rechte des bezahlten Gläubigers. Er hat nicht die Legitimation des Einlösers (Anm 7; vgl. auch 16[1]), sondern hat seine Rechtsnachfolge auf Verlangen durch Nachindossament oder Abtretungsurkunde (vgl. § 410 BGB) nachzuweisen. Er muß sich als gewöhnlicher Rechtsnachfolger (11[8]; 20[14]) die gegen den früheren Inhaber etwa bestehenden Einwendungen entgegenhalten lassen und kann die Vergütung und seine Auslagen nach Zf 3 und 4 nicht selbst in Rechnung stellen. Andrerseits kann er im Gegensatz zu einem einlösenden Rückgriffschuldner (Anm 9) auch seine Nachmänner, soweit sie Vormänner des von ihm abgelösten Gläubiger sind, belangen; diese können ihm — mangels seiner Haftung aus dem W — nicht entgegenhalten, daß er ihnen als ihr Vormann rückgriffpflichtig sei.

Wenn mangels Protesterlasses die Erhebung des Protestes Voraussetzung des Rückgriffs ist, besteht das Einlösungsrecht erst nach Protest (St-Str 50[4]; Qu-A 50[2]; Langen 198; Baumb-H 50[1]). Ein Rückgriffschuldner, der vor Protest zahlt, tut dies also ohne wechselmäßige Verpflichtung.

Anm 5 3. Die sachliche Berechtigung zum Einlösungsrückgriff beruht danach auf zwei Voraussetzungen:

a) dem Umstande, daß der Zahlende als Rückgriffschuldner zur Einlösung verpflichtet war,

b) der Einlösung des W durch Befriedigung des Rückgriffberechtigten.

Der Einlösende wird zum weiteren Rückgriff nicht als Rechtsnachfolger des befriedigten Gläubigers, sondern kraft eigenen Rechts befugt. Er rückt, wenn er als Indossant haftete, wieder in die gleiche Rechtsstellung gegenüber seinen Vormännern ein, die er vor Weitergabe des W hatte.

Ob man dies mit der herrsch. Meinung als ein Wiederaufleben des alten Rechts die Indossanten (14[9]) und demgemäß die Indossierung als unter der auflösenden Bedingung der Wiedereinlösung stattfindend ansieht, oder ob man (wie Ulmer 263) den Rückerwerb durch den einlösenden Rückgriffschuldner als durch ein Anwartschaftsrecht vorbereitet erklärt, oder ob man (mit Hirsch, Beitr. z. WirtschR II 1066; Gogos 10) die Einlösung als den allein rechtserzeugenden Tatbestand ansieht, ist kaum von praktischer Tragweite. In jedem Falle ist aber das alte Tatbestandsmerkmal, nämlich das ursprüngliche W.recht des Gläubigers, dem auch die Gegenmeinung seine alte Rechtsstellung zuerkennt, von hervorragender Bedeutung (Locher 121). Der Vergleich mit ausländischem Recht ergibt, daß es sich bei dem Gedanken der Wiederherstellung des alten Rechts um keine deutsche „Konstruktionsjurisprudenz" handelt. So bestimmt der engl. Bills of Exchange Act (Section 59), daß der Einlöser im Verhältnis zum Annehmer und zu seinen Vormännern in seine alten Rechte wieder eingesetzt wird.

Richtig ist allerdings, daß nicht alle Fälle der Einlösung die Wiederherstellung einer früheren Rechtsstellung nach sich ziehen. Der Aussteller eines an fremde Order gestellten W, der W.bürge (Art 32 III), der Ehrenannehmer (Art 58 I, 63 I), der nach Art 8 zur Einlösung gezwungene unbefugte Vertreter und ebenso Personen, die ohne W.-inhaber gewesen zu sein, ihre Unterschrift „aus Gefälligkeit" als Aussteller oder Indossant beigefügt haben (vgl. 30[8]) und auf Grund dieser Haftung den W einlösen, erwerben durch die Einlösung W.rechte, die sie früher nicht besessen haben. Auch ihr Rechtserwerb erfolgt selbständig nach W.recht, nicht als bloße Rechtsnachfolge. Wenn ihre Zahlung nach Art 40 III befreiende Wirkung hat, werden sie Eigentümer des W mit der Befugnis zum weiteren Rückgriff (40[18]). Dabei können ihnen nur die Einwendungen entgegengehalten werden, denen sie bei Eingehung ihrer Rückgriffverpflichtung ausgesetzt gewesen wären. „Mala fides superveniens non nocet", da sie nicht freiwillig, sondern zwecks Erfüllung ihrer Verbindlichkeit den W erwerben (vgl. § 55 I Zf 3, II KO). Insofern treten also auch sie wieder in ihre alte Rechtsstellung ein. Der Ehrenzahler, der nicht durch vorherige Ehrenannahme gebunden war, erwirbt zwar nach Art 63 I Rechte, ohne vorher Rückgriffschuldner gewesen zu sein. Auch auf seinen Erwerb ist aber Art 40 III und Art 17 entsprechend anwendbar (vgl. 63[3—5]). **Anm 6**

4. Der formelle Ausweis für den Gläubiger im Einlösungsrückgriff wird nicht dadurch beeinträchtigt, daß die Reihe der Indossamente (Art 16 I) über den Gläubiger hinausführt. Der Einlösende ist nach Art 50 II nur berechtigt, aber nicht verpflichtet, die über ihn hinausführenden Indossamente zu streichen (50[14]). Wer den W nebst Protest (oder auch nur den W, sofern Protest erlassen ist) in Händen hat, hat ihn aller Wahrscheinlichkeit nach im Rücklauf eingelöst, wenn sich seine Unterschrift als diejenige eines Rückgriffschuldners auf dem W befindet (RG 41, 409). Für die Einlösung spricht also eine tatsächliche Vermutung, die der in Anspruch genommene Schuldner zu widerlegen hat. Das Gesetz bestimmt daher nicht, daß der Einlösende zur Wiederherstellung seines Ausweises zwecks weiteren Rückgriffs die späteren Indossamente streichen müsse. Er ist ohne solche Streichung legitimiert (16[11]; herrsch. Ans.; z. B. Langen 159; Qu-A 50[10]; Rilk 212; abw. Baumb-H 49[3]), auch ohne Vorlegung einer auf ihn lautenden Rechnung des befriedigten Vormanns (abw. Knur-H 50[5])[1]). Es wäre ein ungerechtfertigter Formalismus, **Anm 7**

---

[1]) Die unter der WO ergangene Entsch. RG 114, 367 erklärte die Vorlegung einer Rückrechnung zum Ausweis bei einem ohne Protest von einem Rückgriffschuldner bezahlten W für erforderlich. RG deutete diese Einlösung als

die Legitimation davon abhängig zu machen, daß der Einlösende die Durchstreichung der erledigten Indossamente, die er nach Art 50 II jederzeit vornehmen kann, vollzogen hat; es genügt, daß er hierzu befugt ist, wenn der W gemäß Art 20 offensichtlich nicht mehr umlaufsfähig ist.

Anm 8 5. Wer nur eine Teilzahlung auf seine Rückgriffschuld leistet, hat keinen Anspruch auf Aushändigung des W, sondern, falls der Inhaber die Teilzahlung annimmt, nur auf Erteilung einer Quittung und auf Vermerk der Teilzahlung auf dem W (Art 39 III entspr.). Er kann keinen weiteren Rückgriff wegen des von ihm bezahlten Teilbetrages nehmen, bevor ihm der W von dem wegen des Restes anderweit, z. B. durch den Annehmer, befriedigten Gläubiger ausgehändigt wird oder der von ihm in Anspruch zu nehmende Schuldner in den Besitz des W gelangt (50[12]). Art 51, der den Rückgriff nach einer Teilannahme regelt, ist nicht entsprechend anwendbar (abw. LG Bielefeld JW 1936, 959; Meyer, JW 1936, 2043; Knur-H 50[4]; Baumb-H 51[2]), weil hier nicht wie im Falle des Art 51 die ganze derzeitige Rückgriffschuld getilgt wird (51[6]).

Anm 9 **III. Schuldner** der Rückgriffsumme aus Art 49 ist wie im Falle des Art 48 jeder W.verpflichtete, der ein Vormann (oder dessen W.bürge bzw. Ehrenannehmer) des Rückgriffnehmers ist, und ferner der Annehmer (48[5]). Die Haftung des Annehmers gegenüber dem Aussteller wird beim Einlösungsrückgriff häufiger Bedeutung haben als beim Rückgriff nach Art 48. Der Wortlaut des Art 49, der als Schuldner des Einlösenden „seine Vormänner" nennt, das sind im technischen Sinne diejenigen, von denen der Inhaber nach Art 16 I seinen Ausweis herleitet (also W.nehmer und Indossanten), steht der Inanspruchnahme des Annehmers im Einlösungsrückgriff nicht entgegen. Dies ergibt sich zweifelsfrei aus Art 28 II, aber auch aus dem fremdsprachigen Text der vorliegenden Bestimmung im EWG (franz.: „ses garants"; engl.: „the parties liable to him").

Anm 10 **IV.** Der **Umfang der Ansprüche** ist wie in Art 48 für den ersten Rückgriffnehmer auch für den Einlösungsrückgriff durch die vorl. Bestimmungen erschöpfend geregelt (vgl. 48[12]). Auch sonst gelten im allgemeinen die zu Art 48 gegebenen Erläuterungen hier entsprechend mit folgenden Maßgaben:

1. An die Stelle der W.summe tritt hier als Hauptsumme derjenige Betrag, für den der Einlösende gemäß den Bestimmungen der Art 48, 49 den früheren Rückgriffnehmer tatsächlich befriedigt hat. Diese Summe wird durch die dem Einlöser nach Art 50 zu erteilende quittierte Rückrechnung belegt. Auf Aushändigung der Rückrechnung, die dem Rückgriff nehmenden Gläubiger von seinem Nachmann erteilt war, besteht nach Art 50 kein Anspruch; diese etwaigen früheren Rückrechnungen brauchen daher auch beim Einlösungsrückgriff nicht beigebracht zu werden (50[6]).

2. Die Zinsen können von der vollen bezahlten Summe (Zf 1) berechnet werden, also auch von den an den Nachmann gezahlten Zinsen und Auslagen.

Protesterlaß, was gemäß Art 46 WG nicht mehr angängig ist. Die noch vielfach zitierte Entsch. ist schon wegen der Änderung des Gesetzes nicht mehr maßgebend. Die Rückrechnung ist nur zur Belegung des im weiteren Rückgriff gemäß Zf 1 des vorl. Artikels zu zahlenden Betrages erforderlich.

Wegen der Zinshöhe ist auch hier für InlandsW der Satz von 6% nur der Mindestsatz, da für sie das Ges. v. 3. 7. 1925 zu beachten ist (vgl. 48[7]).

3. Für die Auslagen gilt dasselbe wie zu Art 48 (48[8]). Beim Rückgriff eines Ehrenzahlers kommen hier auch die Auslagen für Nachrichten gemäß Art 55 IV in Betracht.

Zu den erstattungsfähigen Auslagen gehören nicht die Prozeßkosten, die dem Rückgriffnehmer dadurch entstanden sind, daß er sich hat verklagen lassen (so schon ROHG 24, 88).

4. Die Vergütung (Provision) ist im Gegensatz zu den Zinsen nur von der W.summe selbst zu berechnen, behält also im weiteren Rückgriff stets die anfängliche Höhe. Dadurch, daß jeder Rückgriffnehmer (auch der W.bürge oder Ehrenzahler gegenüber seinem Honoraten; auch der Aussteller gegenüber dem Annehmer) erneut die Provision neben seinen Auslagen in Rechnung stellen kann, schwillt die Rückgriffsumme bei schrittweisem Rückgriff an. Der Rückgriffschuldner kann dem durch Ausübung des Einlösungsrechts nach Art 50 vorbeugen.

5. Für den Rückgriff vor Verfall hat der Einlösungsrückgriff keine Besonderheiten, weil auch hier als Hauptsumme (Zf 1) der an den Vormann gezahlte Betrag zugrunde zu legen ist, wodurch die Kürzung der Zwischenzinsen bis zum Verfall (Art 48 II) ohne weiteres den weiteren Rückgriffschuldner zugute kommt.

Artikel 50

Jeder Wechselverpflichtete, gegen den Rückgriff genommen wird oder genommen werden kann, ist berechtigt, zu verlangen, daß ihm gegen Entrichtung der Rückgriffssumme der Wechsel mit dem Protest und eine quittierte Rechnung ausgehändigt werden.

Jeder Indossant, der den Wechsel eingelöst hat, kann sein Indossament und die Indossamente seiner Nachmänner ausstreichen.

I. Allgemeines. Abs 1 schließt durch Bezugnahme auf denjenigen W.verpflichteten, „gegen den Rückgriff genommen wird", und denjenigen, gegen den „Rückgriff genommen werden kann", zwei Rechtssätze in sich: **Anm 1**

1. Der Rückgriffgläubiger, der Zahlung gemäß Art 48, 49 verlangt, ist verpflichtet, dem Schuldner auf Verlangen Zug um Zug gegen Entrichtung der Rückgriffsumme W, Protest und quittierte Rückrechnung auszuhändigen.
2. Jeder Schuldner, gegen den Rückgriff genommen werden könnte, hat ein Einlösungsrecht: Er braucht nicht abzuwarten, bis Zahlung von ihm verlangt wird, sondern kann seinerseits Herausgabe von W, Protest und quittierter Rückrechnung Zug um Zug gegen Zahlung beanspruchen.

Das in Abs 2 gewährte Streichungsrecht steht mit Abs 1 nur insofern in Zusammenhang, als es die Einlösung des W zur Voraussetzung hat.

Anm 2 **II. Zu Abs I. Aushändigung des Wechsels. A. Verpflichtung** des Rückgriffnehmers.

1. Inhalt des Anspruchs.

a) Wie der Bezogene bei der normalen Einlösung des W, d. h. wenn er bei Verfall die W.summe an den Inhaber entrichtet, nach Art 39 I Aushändigung des quittierten W verlangen kann, so kann der nach Eröffnung des Rückgriffs in Anspruch genommene Rückgriffschuldner Aushändigung des W mit dem den Rückgriffsfall ergebenden Protest und einer quittierten Berechnung der Rückgriffsumme beanspruchen. Diese Befugnis gibt ihm ein Zurückbehaltungsrecht im Sinne des § 273 BGB: Der Schuldner braucht nur gegen Aushändigung der Urkunden zu zahlen; der Gläubiger kann auf Zahlung nur bestehen, wenn er zur Aushändigung der Urkunden bereit und in der Lage ist (48[1]). Demnach kann Rückgriff nur nehmen, wer im Besitz von W und Protest ist. Die Ausübung der Rechte aus dem W ist auch nach Verfall und Eintritt des Notleidens an Innehabung des Papiers geknüpft, wie dies der Natur des W als Wertpapier entspricht (vgl. Einl.[7] u. 39[4, 5]).

Wenn der W abhanden gekommen oder vernichtet ist, kann der Gläubiger erst nach Einleitung bzw. Durchführung des Aufgebotsverfahrens seine Rechte geltend machen (vgl. zu Art 90). Befindet sich aber der Schuldner bereits im Besitz des W (z. B. weil er ihm nach Zusage einer Banküberweisung übersandt war), so kann der Gläubiger, statt zunächst Herausgabe des W zu erzwingen, sofort Zahlung beanspruchen (39[2]).

Anm 3 b) Der Schuldner hat aber bei unterbleibender Aushändigung nicht nur ein Leistungsverweigerungsrecht, sondern auch einen eigenen Anspruch auf Aushändigung der Urkunden, wenn er seine Zahlungspflicht erfüllt. Dies wird bedeutsam, falls der Schuldner vorleistet, also den Gläubiger befriedigt, ohne die Urkunden zu erhalten, insbes. wenn die Befriedigung nicht durch Zahlung, sondern im Wege der Aufrechnung oder durch Hinterlegung erfolgt. Der Schuldner kann, nachdem er den Rückgriffgläubiger wegen der Rückgriffsumme befriedigt hat, nötigenfalls auf Herausgabe des W und der übrigen Urkunden klagen.

Auch wenn die Zahlung ohne Aushändigung der Urkunden erfolgt, erlischt das Recht des bisherigen Gläubigers auch gegenüber den Vormännern des zahlenden Rückgriffschuldners (47[8]; bestr.). Kraft Gesetzes wird der Zahlende nunmehr W.gläubiger (49[2, 5]). Sein Anspruch auf Aushändigung des W ist daher kein schuldrechtlicher Anspruch, sondern der dingliche Anspruch auf Herausgabe des ihm als W.eigentümer gehörigen Papiers (abw. RG 61, 7; 85, 55; Qu-A 50[8]; Baumb-H 50[2C]). Allerdings kann er seine Berechtigung durch gutgläubigen Erwerb eines anderen Rückgriffschuldners, der in Unkenntnis der erfolgten Befriedigung des W.inhabers an diesen gegen Aushändigung des W nochmals Zahlung leistet, gemäß Art 40 III wieder verlieren (47[10]) und, falls der gutgläubig Erwerbende sein Nachmann ist, an diesen nochmals zur Zahlung gezwungen werden.

Stellt sich heraus, daß der befriedigte Rückgriffnehmer nicht im Besitze des W ist oder ihn nicht unversehrt (vgl. Anm 4) herausgeben kann, so kann der Rückgriffschuldner seine Zahlung gemäß §§ 812ff BGB zurückfordern (RG 48, 139).

2. Die auszuhändigenden Urkunden sind: **Anm 4**

a) Der **Wechsel**. Bei Verlust oder Vernichtung kann dieser durch das im Aufgebotsverfahren ergangene Urteil ersetzt werden (Art 90). Der W muß unversehrt, d. h. so beschaffen sein, daß der Rückgriffschuldner mit ihm die ihm haftenden W.verpflichteten im Einlösungsrückgriff belangen kann. Dies trifft nicht zu, wenn Vorindossamente oder die Unterschriften anderer W.schuldner (Annehmer, W.bürgen, Ehrenannehmer) gestrichen sind. Ebenso nicht, wenn die Ansprüche gegen den Annehmer verjährt sind, selbst wenn die Annahme erst erteilt war, nachdem der in Anspruch genommene Rückgriffschuldner den W weitergegeben hatte (RG 9, 22; in LZ 1927, 318; vgl. 70[7]).

Dagegen kann ein Indossant, der für seine Person den Protest erlassen hat, keinen Einwand daraus herleiten, daß er mangels Protestaufnahme gegen Vormänner, die den Protest nicht erlassen haben, nicht mehr vorgehen kann; andernfalls würde der Protesterlaß durch andere Schuldner als den Aussteller jeden Sinn verlieren. Der Erlassende ist auf die Haftung des Annehmers angewiesen. Auch die Versäumung von Vorlegungsfristen einzelner Indossanten, die nach Art 53 III nur den Rückgriff gegen diese ausschließt, beeinträchtigt nicht die Unversehrtheit des W im Verhältnis zu anderen Verpflichteten.

Unerheblich sind äußere Beschädigungen des W (Zerfallen in mehrere Teile durch Kniffen: ROHG 5, 247; RG Warn. 1933, 96), sofern die Unterschriften und der sonstige W.inhalt erhalten sind und es sich nicht um Veränderungen handelt, die — wie Durchstreichen oder Zerreißen — auf eine Tilgung der W.-verbindlichkeit schließen lassen (vgl. 69[6]).

b) Der **Protest** muß frist- und formgerecht sein (Art 44, 79ff), so daß die Rückgriffansprüche nicht verwirkt sind. Das ergibt sich schon daraus, daß andernfalls der in Anspruch genommene Rückgriffschuldner selbst nicht haften würde (53[7]). **Anm 5**

Bei **Protesterlaß** ist naturgemäß gegenüber denjenigen, gegen die der Erlaß wirkt (Art 46 III), keine Aushändigung des Protestes erforderlich. Ergibt sich nach Einlösung durch einen Rückgriffschuldner, daß der Inhaber bei Verfall den W nicht in der Frist des Art 38 I zur Zahlung vorgelegt hatte und der Rückgriff daher verwirkt war (Art 53), so kann die Zahlung unter den Voraussetzungen der §§ 812ff BGB als nicht geschuldet zurückgefordert werden.

Verlust des Protestes ohne Verlust des W wird schwerlich vorkommen, da der Protest regelmäßig mit dem W zu verbinden ist (Art 81). Über etwaigen Ersatz der Protesturkunde vgl. Art 90 II.

c) Die **quittierte Rechnung** (Rückrechnung) tritt an die Stelle des bei Tilgung der Schuld aller W.verpflichteten durch Zahlung des Bezogenen gemäß Art 39 zu erteilenden Quittung auf dem W. Die Rückrechnung ist keine bloße Quittung über den zu zahlenden Gesamtbetrag der Rückgriffsumme, sondern hat eine Aufstellung über die einzelnen aus Art 48, 49 ersichtlichen Posten zu enthalten. Es handelt sich hierbei um die quittierte Rechnung des gegenwärtigen Rückgriffnehmers. **Anm 6**

Dagegen besteht beim Einlösungsrückgriff (Art 49) kein Anspruch des Schuldners auf Aushändigung der dem Rückgriffnehmer von seinem Nachmann erteilten quittierten Rückrechnung. Der Rückgriffnehmer ist zwar im Rechtsstreit für den von ihm gezahlten Betrag (Art 49 Zf 1) beweispflichtig — eine Pflicht, der er im W.prozeß bezügl. der die W.summe übersteigenden Beträge nach § 605 II ZPO durch Glaubhaftmachung genügt. Aber weder aus dem WG noch aus anderen Vorschriften (auch nicht aus § 810 BGB) ergibt sich seine (von Qu-A 50[4], Baumb-H 50[2B] bejahte) Verpflichtung zur Vorlegung der ihm von seinem Nachmann erteilten Rückrechnung außerhalb eines Rechtsstreits. Der Schuldner, der die Höhe des nach Art 49 Zf 1 geforderten Betrages nicht anerkennen will, tut dies grundsätzlich auf eigene Gefahr, wie dies allgemein beim Bestreiten der von einem Gläubiger behaupteten Tatsachen der Fall ist. Nur in Ausnahmefällen wird man annehmen dürfen, daß er zur Klage keine Veranlassung gegeben habe, z. B. wenn der geforderte Betrag die W.summe und Protestkosten in ungewöhnlicher Weise übersteigt. Der Rückgriffnehmer wird aber im eigenen Interesse die ihm erteilte Rückrechnung auf Wunsch in der Regel vorlegen, um Zahlung zu erhalten.

Anm 7 d) Über die Aushändigung weiterer Urkunden beim Rückgriff wegen Unsicherheit vgl. 43[13].

e) Nach § 757 ZPO kann der Schuldner auch Aushändigung eines etwa gegen ihn erwirkten Schuldtitels beanspruchen und nach § 1223 BGB Rückgabe eines von ihm bestellten Pfandes. Dagegen hat er keinen Anspruch auf Abtretung etwaiger, von anderen Rückgriffschuldnern dem Gläubiger bestellter Sicherheiten (RG HRR 35, 246). Bei Bezahlung eines ProlongationsW kann gleichzeitig Herausgabe des ersten W verlangt werden (17[47b]).

Anm 8 3. Ob der Gläubiger ein Zurückbehaltungsrecht am Wechsel nach Befriedigung wegen der Rückgriffsumme unter den Voraussetzungen des bürgerl. oder Handelsrechts ausüben kann, ist streitig. M. E. ist dies weder durch die vorl. Bestimmung noch durch die erschöpfende Aufzählung der Ansprüche des Rückgriffnehmers (48[12]; 49[10]) ausgeschlossen.

Zahlung des Rückgriffschuldners (anders beim Hauptschuldner, vgl. 39[4]) ist nicht auf dem W, sondern auf besonderer Rückrechnung zu quittieren. An dieser quittierten Rückrechnung kann (wie an sonstigen Quittungen: RG JW 1911, 808) kein Zurückbehaltungsrecht ausgeübt werden. Dies steht der Einbehaltung des W selbst nicht entgegen. Da der Schuldner ohne den W seine Vormänner nicht belangen kann (was bei Zahlung des Bezogenen nicht in Frage kommt), kann die Zurückbehaltung des W für den Inhaber ein wirksames Mittel sein, den Schuldner zur Erfüllung etwaiger weiterer Verpflichtungen zu veranlassen. Er kann daher ein gerechtfertigtes Interesse an der Zurückbehaltung haben, so daß m. E. kein Grund besteht, ihm ein Zurückbehaltungsrecht im Rahmen der §§ 273 BGB, 389 HGB zu versagen (abw. Baumb-H 50[2C]; JW 1930, 3781 trifft nicht mehr zu, da auf Art 48 WO gestützt, nach dem auch Rückgriffschuldner Auslieferung des „quittierten" W fordern konnten).

Anm 9 **B. Einlösungsrecht** des Wechselschuldners.

1. Zweck. Der Schuldner kann, ohne seine in Anspruchnahme abzuwarten, seinerseits den Rücklauf dadurch abkürzen, daß er gegen Zahlung der Rück-

griffsumme Herausgabe des W und der Nebenurkunden verlangt. Dies dient — wie der Sprungrückgriff nach Art 47 — der Vermeidung unnützer Kosten durch schrittweisen Rückgriff und der beschleunigten Geltendmachung der Rückgriffansprüche aus Art 47 III, 49 gegenüber den in letzter Linie haftbaren Verpflichteten, um die Beitreibung der W.summe von ihnen nicht durch Verzögerung zu gefährden.

2. Voraussetzung für die Ausübung des Einlösungsrechts ist, daß gegen den W.verpflichteten „Rückgriff genommen werden kann". Daher können die Rückgriffschuldner die Einlösungsbefugnis erst ausüben, wenn die sachlichen und formellen Rückgriffsvoraussetzungen (Art 43, 44) vorliegen, also im Regelfall (Rückgriff mangels Zahlung bei nicht erlassenem Protest) erst nach erhobenem Protest. Auch vor Verfall besteht das Einlösungsrecht, wenn die Voraussetzungen für den Rückgriff vor Verfall gegeben sind, z. B. bei Konkurs des Bezogenen; die Fassung des Art 40 I, wonach der Inhaber Zahlung vor Verfall nicht anzunehmen braucht, ist insoweit ungenau (40[5]). Auch der Annehmer kann Aushändigung des W gegen Zahlung der Rückgriffsumme verlangen: er gehört nicht nur zu den „W.verpflichteten", sondern haftet auch für die Rückgriffsumme nach Art 28 II. Der Bezogene, der nicht angenommen hat, hat ein formelles Einlösungsrecht nach Art 39 (39[2,3]). Auch kann er mit befreiender Wirkung hinterlegen, wenn der Gläubiger nach Eintritt der Rückgriffsvoraussetzungen in Annahmeverzug gerät (42[8]). **Anm 10**

Unter mehreren zur Einlösung bereiten Schuldnern ist der W demjenigen gegen Zahlung auszuhändigen, durch dessen Leistung die meisten Schuldner befreit werden (vgl. Art 63 III). Denn dadurch wird der Zweck des Einlösungsrechts (Anm 9) am besten erreicht, indem der Kosten und Verzögerung verursachende Umweg über einen Zwischenmann vermieden wird.

Kein Einlösungsrecht hat demnach, wer nicht wechselmäßig haftet, z. B. ein Indossant ohne Gewähr oder ein Indossant, dessen Rückgriffsverbindlichkeit wegen Versäumung der erforderlichen Handlungen (Protest, fristgemäße Vorlegung zur Annahme) nach Art 53 erloschen ist. Die Einlösung durch solche Nichtverpflichtete würde den Rücklauf verlängern, statt ihn abzukürzen (Anm 9). Befriedigen solche Personen den Rückgriffnehmer, so haben sie kein selbständiges Recht zum weiteren Rückgriff (49[3], [4]; bestr.). Auch ein Rückgriffschuldner, der bei Verfall, aber vor Protest den Inhaber befriedigt, handelt ohne wechselmäßige Verpflichtung. Als Protesterlaß kann wegen der Formvorschrift des Art 46 solche Einlösung ohne Protest nicht behandelt werden (46[4]). **Anm 11**

3. Das Recht auf Herausgabe von W und Nebenurkunden ist ein klagbarer Anspruch gegen den jeweiligen W.inhaber. Verurteilung kann, wenn die Befriedigung des Rückgriffgläubigers nicht bereits erfolgt ist (Anm 3), nur auf Herausgabe Zug um Zug gegen Zahlung der Rückgriffsumme erfolgen. Das Gericht hat von Amts wegen eine entsprechende Ergänzung des Antrages anzuregen (ZPO § 139). Der Anspruch ist kein Anspruch aus dem W, daher für den W.prozeß ungeeignet. **Anm 12**

4. Das Einlösungsrecht besteht nur gegen Begleichung der vollen Rückgriffsumme. Teilzahlung braucht der Gläubiger von Rückgriffschuldnern **Anm 13**

nicht anzunehmen, während der Annehmer wohl auch noch nach Eröffnung des Rückgriffs Teilzahlung leisten kann (39[11]). Wenn der Gläubiger Teilzahlung annimmt, also nicht voll befriedigt wird, braucht er den W nicht auszuhändigen, sondern nur Quittung zu erteilen und die Teilzahlung unter Angabe des zahlenden Schuldners auf dem W zu vermerken (Art 39 III entspr.).

Bei Berichtigung der nach einer Teilannahme nur den nicht angenommenen Teil der W.summe umfassenden Rückgriffschuld gelten die besonderen Regeln des Art 51. Diese sind auf Teilzahlung eines Rückgriffschuldners in anderen Fällen nicht anwendbar (49[8]; bestr.). Nur wenn ein Rückgriffschuldner seine volle Verbindlichkeit erfüllt, der Gläubiger aber gegen andere W.verpflichtete weitere Ansprüche hat, für deren Geltendmachung er den W noch gebraucht, wird Art 51 entsprechend anwendbar sein (51[6]).

Wird der Rückgriffnehmer durch Teilzahlungen verschiedener Rückgriffschuldner befriedigt, so wird er den W an denjenigen auszuhändigen haben, von dem er die Restzahlung erhält (St-Str 50[11]; Wahle in Rabels Ztschr. 7, 877; Priese-R 39[14]; abw. Lenhoff 48; Langen 166). Dessen Nachmänner können wegen der von ihnen zuvor geleisteten Teilzahlungen nunmehr gegen ihn Rückgriff nehmen, da er sich bereits im Besitz des W befindet (vgl. Anm 2 a. E.). Wenn jedoch der Annehmer die Restzahlung leistet, ist der W nicht ihm, sondern nach Abschreibung des vom Annehmer erhaltenen Betrages (Art 39) dem Rückgriffschuldner auszuhändigen, der die Abzahlung geleistet hatte, weil dieser nunmehr allein aus dem W berechtigt ist (39[12]; 49[8]).

Anm 14 **III. Zu Abs II. Streichungsrecht** des einlösenden Indossanten. Der Worlaut des Abs 2 („kann") ergibt deutlich, daß der Einlösende nur berechtigt, aber nicht genötigt ist, sein Indossament und die folgenden zu streichen. Daraus folgt, daß die Streichung zur Herstellung seines Ausweises für den Einlösungsrückgriff nicht erforderlich ist (16[11]; 49[7]; bestr.). Der Zweck der Streichung ist nicht die Herstellung des (ohne die Streichung deutlicheren) Ausweises der Berechtigung zum Einlösungsrückgriff, sondern die Beseitigung der Gefahr erneuter Haftung bei Abhandenkommen des W und Einlösung durch einen gutgläubigen Nachmann (47[10]). Würde das Gesetz nicht die Streichung ausdrücklich gestatten, so könnte umgekehrt nach Beseitigung der folgenden Indossamente der Ausweis in Zweifel gezogen werden, weil der W nicht mehr ergibt, daß der Protest für einen legitimierten Inhaber erhoben ist (vgl. RG 104, 269), und daß der nunmehrige Gläubiger als Rückgriffschuldner aus dem W haftete, diesen also einzulösen hatte.

Das dem Indossanten durch die vorliegende Bestimmung zugestandene Streichungsrecht kann in entsprechender Weise auch ein einlösender W.bürge oder Ehrenzahler sowie der einlösende Aussteller des W ausüben (St-Str 50[14]). Wegen sonstiger Streichungen vgl. 11[8].

Ist der W infolge Protesterlasses ohne Protest eingelöst, so ist die Streichung ebenfalls nur zulässig, aber keine Voraussetzung für den Einlösungsrückgriff. Ist dagegen der W, obwohl der Protest nicht erlassen war, ohne Protest, also ohne Verpflichtung durch einen Rückgriffschuldner bezahlt worden (49[4]), so würde der frühere Rückgriffschuldner durch Streichung der über ihn hinausführenden Indossamente den falschen Anschein erwecken, als ob er aus eigenem Recht als letzter W.inhaber zum Rückgriff nach Art 48 befugt sei, während er nur als gewöhnlicher Rechtsnachfolger des bezahlten Gläubigers Rückgriff nahmen kann und diese Rechtsnachfolge nachweisen muß. In diesem Falle besteht daher kein Streichungsrecht, was mit dem Wortlaut des Abs 2 in Einklang steht, weil ein solcher Indossant den W nicht im Sinne der Art 49, 50 „eingelöst" hat; er hat ja auch nach Abs 1 kein Einlösungsrecht gehabt, da mangels Protest noch nicht gegen ihn Rückgriff genommen werden konnte (Anm 10).

Artikel 51

Bei dem Rückgriff nach einer Teilannahme kann derjenige, der den nicht angenommenen Teil der Wechselsumme entrichtet, verlangen, daß dies auf dem Wechsel vermerkt und ihm darüber Quittung erteilt wird. Der Inhaber muß ihm ferner eine beglaubigte Abschrift des Wechsels und den Protest aushändigen, um den weiteren Rückgriff zu ermöglichen.

I. Rückgriff nach Teilannahme. Teilannahme ist eine Annahme, die nur wegen eines Teils der W.summe unbeschränkt, wegen des Restbetrages aber überhaupt nicht oder nur mit Abweichungen im Sinne des Art 26 II erteilt ist. Der W.inhaber kann die Beschränkung der Annahme auf einen Teil der W.summe nicht zurückweisen (26[5]), vielmehr nur wegen des Restbetrages Rückgriff (mangels Annahme) vor Verfall nehmen (43[8]). Bei diesem Teilrückgriff kann er dem zahlenden Rückgriffschuldner den W selbst nicht aushändigen, weil er ihn wegen des durch die Teilannahme gedeckten Betrages — sei es zur Weiterbegebung des W, sei es zur Einziehung des angenommenen Teilbetrages bei Verfall — benötigt. Der vorl. Artikel gibt daher dem zahlenden Rückgriffschuldner an Stelle des ihm sonst nach Art 50 zustehenden Rechts auf Aushändigung von W und Protest nur Anspruch auf Aushändigung des Protestes und einer beglaubigten Abschrift des W. Um Aushändigung des Protestes ohne die W.urschrift zu ermöglichen, schreibt Art 82 II vor, daß der Protest wegen teilweiser Verweigerung der Annahme nicht mit der W.urschrift, sondern mit einer Abschrift des W zu verbinden ist. Anm 1

II. Besonderheiten des Rückgriffs nach Teilannahme. Anm 2

A. Beim **Rückgriff des W.inhabers** (Art 48) kann der Rückgriffschuldner gegen Zahlung der Rückgriffsumme verlangen: 1. Statt der in Art 50 vorgesehenen Aushändigung des W:

a) Aushändigung einer beglaubigten W.abschrift. Diese W.abschrift ist, soweit Protest Rückgriffsvoraussetzung, der Protest also nicht erlassen ist, diejenige Abschrift, auf die nach Art 82 II der Protest zu setzen ist. Diese wird durch Anfügung des Protestes, welcher auf den Inhalt der angefügten Abschrift Bezug nimmt, Teil der öffentlichen Urkunde, was ihre besondere Beglaubigung erübrigt (abw. Qu-A 51[3]).

Ist der Protest erlassen und daher kein Protest erhoben, so besteht Anspruch auf Aushändigung einer selbständigen beglaubigten Abschrift des W. Dies ist, wenn deutsches Recht maßgebend ist, nach Art 97 also bei inländischem

Wohnort des Bezogenen (21[5]), eine gerichtlich oder notariell beglaubigte Abschrift, welche Vorder- und Rückseite des W mit allen W.erklärungen und Vermerken wiederzugeben hat (vgl. Art 82 II Satz 2) und zweckmäßig, insb. zur Vermeidung von Irrtümern bei schwer leserlichen Unterschriften, durch Photokopie hergestellt wird.

b) Vermerk seiner Zahlung auf dem W. Dieser Vermerk, den sonst ein zahlender Rückgriffschuldner nicht benötigt, weil ihm der W ausgehändigt wird und er sein Indossament darauf nach Art 50 II streichen darf, entspricht dem Teilzahlungsvermerk nach Art 39 III (39[12]). Er verhindert, daß der gezahlte Teilbetrag sei es vor Verfall mangels Annahme, sei es bei Verfall durch den W.inhaber oder durch einen späteren Erwerber des W nochmals eingefordert werden kann. Der Anspruch auf diesen Vermerk schließt gleichzeitig das Recht des Schuldners ein, Vorlegung der W.urschrift zu verlangen, damit der Schuldner die ordnungsmäßige Ausführung des Zahlungsvermerks prüfen kann.

Der Vermerk hat zum Inhalt, daß und von wem der nicht angenommene Teilbetrag entrichtet worden ist. Bei Zahlenangabe ist der getilgte Teil der W.summe zu vermerken, der sich regelmäßig nicht genau mit der Rückgriffsumme (Anm 4) deckt. Wird der Zahlungsvermerk auf die Rückseite des W gesetzt, so empfiehlt sich auf der Vorderseite ein Vermerk „Nur noch gültig über . . . DM".

Anm 3 2. Ebenso wie nach Art 50 hat auch hier der Rückgriffschuldner Zug um Zug gegen Zahlung Anspruch auf Aushändigung:

a) des Protestes, falls dieser nicht gemäß Art 46 erlassen ist. Über die Form dieses Protestes vgl. Art 82 II.

b) einer Quittung. Dies ist keine bloße Empfangsbescheinigung über den gezahlten Gesamtbetrag, sondern die quittierte Rückrechnung des Art 50, also eine Aufstellung über die einzelnen Posten der Rückgriffsumme nebst Empfangsbescheinigung (50[6]).

Anm 4 3. Die Rückgriffsumme deckt sich nicht, wie der Wortlaut des Art 51 anzudeuten scheint, mit dem „nicht angenommenen Teil der W.summe", sondern ist unter Zugrundelegen dieses Betrages nach Maßgabe des Art 48 festzustellen. Da es sich um Rückgriff vor Verfall handelt, sind Zwischenzinsen nach Art 48 II abzuziehen. Andrerseits sind die Nebenforderungen aus Art 48 I Zf 3 u. 4 hinzuzurechnen. Hierunter fallen auch die Kosten der auszuhändigenden beglaubigten Abschrift, falls diese nicht schon in den Protestkosten enthalten sind.

Anm 5 B. Beim **Einlösungsrückgriff** (Art 49) des zahlenden Rückgriffschuldners, der in Art 51 nicht besonders geregelt, aber nach Satz 2 als zulässig vorausgesetzt wird, tritt an Stelle des W die dem Rückgriffnehmer ausgehändigte beglaubigte Abschrift. Diese vertritt also für den Rücklauf den W hinsichtlich des nicht angenommenen Teilbetrages, während der W selbst durch den Vermerk über die Befriedigung des W.inhabers insofern seine Kraft verliert (Anm 2 zu b).

Dies gilt auch bezüglich der Haftung des Annehmers nach Art 26 II Satz 2 aus einer Annahme, welche bezügl. eines Teils der W.summe „Abweichungen“ enthalten, wegen deren der Inhaber Rückgriff wegen teilweise verweigerter Annahme genommen hat. Hier haftet der Annehmer nach Maßgabe seiner Erklärung auf Grund der beglaubigten Abschrift, während er insoweit aus der W.urschrift nicht mehr in Anspruch genommen werden kann.

Die gesetzliche Regelung führt also zu einer eigenartigen Spaltung des W in zwei selbständige Teile, die mit der teilweisen Befriedigung des W.inhabers durch den Rückgriffschuldner eintritt. Der W selbst bleibt, soweit er vom Rückgriffschuldner nicht bezahlt ist, indossabel; die beglaubigte Abschrift verkörpert selbständig den rückläufigen Teil.

III. Entsprechende Anwendung der Sondervorschrift des Art 51 auf andere Fälle von Teilzahlung durch Rückgriffschuldner, die vielfach ohne nähere Begründung in der Rechtslehre vertreten wird, ist m. E. grundsätzlich nicht zulässig (49[8]). Die Sondervorschrift hat, soweit sie dem nur einen Teil der W.summe entrichtenden Rückgriffschuldner weiteren Rückgriff ermöglicht, ihren Grund darin, daß bei Teilannahme der Rückgriffschuldner, weil nur Teilrückgriff eröffnet ist, keine Vollzahlung leisten kann und seiner Verpflichtung durch Teilzahlung vollständig nachkommt. **Anm 6**

Ähnlich gestaltet sich die Sachlage, wenn ein Ehrenannehmer seine Haftung auf einen Teil der W.summe beschränkt; in einem solchen Falle könnte Art 51 entsprechend angewendet werden, da auch hier Teilrückgriff vor Verfall gegeben wäre. Aber auch ein W.bürge und ein Indossant, die ihre Haftung auf einen Teil der W.summe beschränkt haben (32[10]; 15[5]), erfüllen durch Berichtigung dieses Teilbetrages ihre vollständige Verpflichtung. Ebenso erfüllen Rückgriffschuldner, welche gemäß Art 69 bei einer durch nachträgliche Änderung (Verfälschung) des W erfolgten Erhöhung der W.summe nur für den ursprünglichen Betrag haften, durch Zahlung dieses Betrages ihre volle Verpflichtung, ohne den W.inhaber für alle seine Ansprüche zu befriedigen (69[9]). Der W.inhaber kann daher den W an sie nicht aushändigen, bevor er für seine weiteren Ansprüche befriedigt ist. Ähnlich bei Vollmachtsüberschreitung (vgl. 8[12]). Daher wird auch in diesen Fällen, obwohl es sich nicht um eine nur teilweise Eröffnung des Rückgriffs handelt, entsprechende Anwendung des Art 51 gerechtfertigt werden können. Das hat zur Folge, daß der zahlende Teilschuldner die Aushändigung einer beglaubigten Abschrift des W und des Protestes (die Urschrift auch des Protestes muß hier dem W.gläubiger verbleiben, zumal der Protest mit dem W verbunden ist) verlangen kann sowie einen Teilzahlungsvermerk auf dem W, und daß er auf Grund der beglaubigten Abschrift und der ihm erteilten quittierten Rückrechnung weiteren Rückgriff nehmen kann.

Ein Rückgriffschuldner dagegen, der nur einen Teil seiner Verpflichtung erfüllt, hat es sich selbst zuzuschreiben, wenn er mangels Aushändigung des W wegen des von ihm bezahlten Teilbetrages nicht alsbald weiteren Rückgriff nehmen kann. Er hat abzuwarten, bis der W in die Hand eines die Restforderung berichtigenden Vormanns gelangt oder, wenn der Annehmer nachträglich den Rest bezahlt, ihm von dem Gläubiger ausgehändigt werden kann (50[13]).

Artikel 52

Wer zum Rückgriff berechtigt ist, kann mangels eines entgegenstehenden Vermerkes den Rückgriff dadurch nehmen, daß er auf einen seiner Vormänner einen neuen Wechsel (Rückwechsel) zieht, der auf Sicht lautet und am Wohnort dieses Vormannes zahlbar ist.

Der Rückwechsel umfaßt, außer den in den Artikeln 48 und 49 angegebenen Beträgen, die Mäklergebühr und die Stempelsteuer für den Rückwechsel.

Wird der Rückwechsel vom Inhaber gezogen, so richtet sich die Höhe der Wechselsumme nach dem Kurse, den ein vom Zahlungsorte des ursprünglichen Wechsels auf den Wohnort des Vormannes gezogener Sichtwechsel hat. Wird der Rückwechsel von einem Indossanten gezogen, so richtet sich die Höhe der Wechselsumme nach dem Kurse, den ein vom Wohnorte des Ausstellers des Rückwechsels auf den Wohnort des Vormannes gezogener Sichtwechsel hat.

Anm 1 **I. Allgemeines.** Die Einziehung der Rückgriffsumme durch **Rückwechsel** ist in Deutschland wie im Ausland so unüblich, daß die Beseitigung der vorliegenden dem Art 53 WO nachgebildeten Bestimmung bei den Genfer Beratungen des EWG beantragt wurde und mehr zur Vermeidung technischer Schwierigkeiten bei der Redaktion des Gesetzestextes als aus sachlichen Gründen unterblieben ist (CR. 301).

Die Vorschrift bezweckt, dem Rückgriffgläubiger die Rückgriffsumme dadurch sofort zur Verfügung zu stellen, daß er den RückW bei der mit dem Einzuge beauftragten Bank diskontiert, also den Gegenwert alsbald gutgeschrieben bekommt, auch wenn die Vorlegung des ersten notleidenden W und des nunmehrigen RückW beim Rückgriffschuldner — insb. wenn dieser im Ausland wohnt — eine gewisse Zeitspanne erfordert. Die Bestimmungen des Abs 3 bezwecken, den letzten Inhaber so zu stellen, als ob er Zahlung auf den ursprünglichen W bei Verfall am Zahlungsort erhalten hätte, den späteren Rückgriffnehmer so, als ob er Zahlung an seinem Wohnort erhalten hätte. Da der Rückgriffnehmer als Aussteller des RückW für dessen Einlösung haftet, erhält er die ihm von der Bank für den RückW gezahlten Beträge nur vorbehaltlich der Einlösung. Unterbleibt die Einlösung des RückW, so hat dessen Aussteller den erhaltenen Betrag der diskontierenden Bank zu erstatten.

Anm 2 **II.** Das **Recht zur Ausstellung** eines Rückwechsels besteht für jeden Rückgriffnehmer, also sowohl beim ersten Rückgriff nach Art 48 wie beim Einlösungsrückgriff nach Art 49. Auch der W.bürge und Ehrenzahler können, obwohl nicht ausdrücklich erwähnt, diese Befugnis ausüben. Der den Rückwechsel ausschließende Vermerk (Wortlaut z. B. „Rückwechsel untersagt") wirkt, wenn er vom Aussteller ausgeht und durch dessen Unterschrift gedeckt ist, bezügl. aller W.beteiligten, wenn er aber von einem anderen Rückgriffschuldner beigefügt und unterzeichnet ist, nur gegenüber diesem (unstreitig). Vereinbarung außerhalb des W wirkt nur zwischen den Vertragsparteien (St-Str 52[3]; Langen 168; Baumb-H 52[1A]).

Der Rückgriffnehmer ist nicht berechtigt, gleichzeitig auf mehrere seiner Schuldner einen RückW zu ziehen; das verbietet sich schon aus dem tatsächlichen Grunde, daß dem RückW, damit er eingelöst werden kann, der ursprüngliche notleidende W beizufügen ist (Anm 4). Andrerseits steht der Wortlaut des Gesetzes (auf „einen" seiner Vormänner) der erneuten Ziehung eines RückW auf einen anderen Rückgriffschuldner nicht entgegen, wenn der erste RückW nicht eingelöst wird.

III. Inhalt des Rückwechsels (Rücktratte). Aussteller ist der Rückgriffnehmer. Bezogener (es handelt sich stets um einen gezogenen W) ist der in Anspruch genommene W.schuldner. Dies braucht trotz des im WG gebrauchten Ausdrucks Vormann (Text des EWG franz.: „ses garants"; engl.: „the parties liable to him") nicht ein Vormann im technischen Sinne (49[9]) zu sein. Rechtlich steht nach Art 28 II auch nichts im Wege, auf den Annehmer einen Rückwechsel zu ziehen (abw. Knur-H 52[4]), wenn dies auch kaum zweckmäßig sein wird. Die Benennung eines dritten Zahlungsleisters nach Art 4 ist, wie die Entstehungsgeschichte des Wortlauts des EWG ergibt, ausgeschlossen (CR 143 Nr. 191; St-Str 52[4]; Hupka 141[1]). **Anm 3**

Die Bezeichnung des W.nehmers steht dem Rückgriffnehmer frei. Regelmäßig wird es die mit der Einziehung beauftragte Person (diskontierende Bank) sein, falls der Rückgriffnehmer nicht den Rückwechsel an eigene Order stellt und an den mit der Einziehung Beauftragten indossiert.

Verfallzeit: auf Sicht (Art 34). Zahlungsort: der Wohnort (vgl. 21[6]) des Bezogenen (Schuldners). Die Wechselsumme ist nach Abs 2 und 3 zu berechnen. Sie besteht in der Rückgriffsumme nach Maßgabe von Art 48, 49 unter Einrechnung der Unkosten des RückW (Maklergebühr, Stempel, Vorlegunsgspesen) in die „Auslagen". Zinsen nach Art 48, 49 können bis zum Ausstellungstag des Rückwechsels in die W.summe eingerechnet werden; von diesem Tage an können gemäß Art 5 Zinsen auf die nach Art 48, 49 verzinslichen Beträge in Höhe der W.zinsen (48[7]) zusätzlich ausbedungen werden, da im voraus nicht feststeht, wann die Einlösung des RückW stattfinden wird.

Bezüglich der gegebenenfalls vorzunehmenden Kursberechnung nach Abs 3 ist es streitig, der Kurs welchen Tages maßgebend ist; hiesigen Erachtens ist der Kurs am Tage der Ausstellung des RückW entscheidend (St-Str 52[9]; Langen 168; abw. Qu-A 52[5]; Baumb-H 52[3]).

Vorausgesetzt ist ein in der Landeswährung des im W. angegebenen Zahlungsorts zahlbarer W. Ist der W. ein Fremdwährungsw. im Sinne des Art. 41, so hat der Inhaber zunächst das Wahlrecht aus Art 41 I Satz 2 und kann den sich auf diese Weise ergebenden Betrag der am Zahlungsort geltenden Währung der Berechnung der Rückwechselsumme zugrunde legen.

IV. Zur **Durchführung** des Rückgriffs muß dem RückW der ursprüngliche notleidende W nebst den aus Art 50 ersichtlichen Nebenurkunden (Protest, Rückrechnung) beigefügt werden. Denn ohne Aushändigung dieser Urkunden ist der Rückgriffschuldner zur Zahlung nicht verpflichtet. Er kann ohne sie nicht zahlen, wenn er sich nicht der Gefahr nochmaliger Inanspruch- **Anm 4**

nahme aus dem ersten W aussetzen will (47^{10}; 50^{3}). Ohne den ersten W und Protest fehlt dem Rückgriffnehmer seine Legitimation zum Rückgriff. Bei Kursumrechnung nach Abs 3 wird zweckmäßig eine Kursbescheinigung beigefügt.

Der Bezogene des RückW ist zwar zu dessen Einlösung auf Grund seiner Haftung aus dem alten W verpflichtet, aber, solange er den Rück-SichtW nicht angenommen hat, nicht aus diesem. Bei unterbleibender Einlösung kann er daher nicht aus dem RückW, sondern nur aus dem ursprünglichen W verklagt werden. Für die Kosten des RückW und seiner vergeblichen Vorlegung haftet nicht nur er selbst, sondern nach Art 47, 48 I Zf 3, 49 Zf 3 alle Rückgriffschuldner und der Annehmer (Art 28 II). Erfolgte die Vorlegung des RückW ohne den alten W, so können die Kosten der vergeblichen Vorlegung nicht beansprucht werden.

Artikel 53

Mit der Versäumung der Fristen

für die Vorlegung eines Wechsels, der auf Sicht oder auf eine bestimmte Zeit nach Sicht lautet,

für die Erhebung des Protestes mangels Annahme oder mangels Zahlung,

für die Vorlegung zur Zahlung im Falle des Vermerkes „ohne Kosten"

verliert der Inhaber seine Rechte gegen die Indossanten, den Aussteller und alle anderen Wechselverpflichteten, mit Ausnahme des Annehmers.

Versäumt der Inhaber die vom Aussteller für die Vorlegung zur Annahme vorgeschriebene Frist, so verliert er das Recht, mangels Annahme und mangels Zahlung Rückgriff zu nehmen, sofern nicht der Wortlaut des Vermerkes ergibt, daß der Aussteller nur die Haftung für die Annahme hat ausschließen wollen.

Ist die Frist für die Vorlegung in einem Indossament enthalten, so kann sich nur der Indossant darauf berufen.

Anm 1 **I. Verwirkung des Rückgriffs** (sog. Präjudizierung des W).

1. Wesen und Zweck. Die strenge gesamtschuldnerische Haftung (Art 47) des Ausstellers und der übrigen Rückgriffschuldner für die Bezahlung des W durch den Bezogenen (beim eigenen W: durch den Aussteller) ist an fristgemäße Vornahme verschiedener zur Ausübung der W.rechte dienender Handlungen (Vorlegung zur Annahme oder Zahlung, Protesterhebung) gebunden. Bei ihrer Unterlassung bleiben zwar die Ansprüche gegen den Hauptschuldner (Annehmer des gezogenen, Aussteller des eigenen W) bestehen, aber die Rückgriffschuldner werden frei. Durch die Versäumung der Fristen für diese zur Erhaltung der Rückgriffsrechte erforderlichen Handlungen (sog. Erhaltungsakte) wird daher der Rückgriff verwirkt, es sei denn, daß die Säumnis wegen Vorliegens höherer Gewalt nach Art 54 entschuldigt ist.

Diese Abhängigkeit der Rückgriffhaftung von der Vornahme formaler Handlungen in bestimmten Fristen ist eine Wirkung der formellen Wechselstrenge zur Wahrung des Interesses der Rückgriffschuldner an pünktlicher Verfolgung der Ansprüche des W.inhabers gegenüber dem Hauptschuldner. (Einl.[20]).

2. Forthaftung anderer Art. Die Verwirkung der Rückgriffhaftung läßt es unentschieden, ob und inwieweit gegen den von der Haftung befreiten Schuldner, vor allem gegen den Aussteller des W, Ansprüche verbleiben, wenn er durch die Rückgriffsverwirkung ungerechtfertigt bereichert wird, insb. weil er dem Bezogenen keine Deckung für Einlösung des W zur Verfügung gestellt hatte. Diese Frage ist im EWG nicht geregelt worden, ebensowenig wie die weitere Frage, ob der W.inhaber als solcher ein Recht auf die dem Bezogenen vom Aussteller gewährte Deckung dadurch erhalten soll, daß die der W.ziehung zugrundeliegende Forderung bürgerl. Rechts auf den W.inhaber ohne weiteres übergeht. Bestimmungen über diese mit der Verwirkung der Rückgriffansprüche zusammenhängenden Fragen sind durch die Vorbehalte Art 15, 16 der Anl. II zum Genfer Abkommen (Anhang II 1a) den Vertragsstaaten überlassen worden (vgl. auch zu Art 95). Die Regelung der Wechsel-Bereicherungshaftung des Ausstellers in Art 89 der „Ergänzenden Vorschriften" des WG beruht auf diesem Vorbehalt; gegen die sonstigen freiwerdenden Rückgriffschuldner gewährt das WG keine derartigen Ansprüche. Ein Anspruch auf die Deckung (14[6]) steht nach deutschem Recht dem W.inhaber nicht zu. **Anm 2**

3. Die Zusammenstellung der Rückgriffserhaltungsakte im vorl. Artikel verweist nicht nur für die einzuhaltenden Fristen auf andere Vorschriften des WG, sondern ist auch unvollständig; vgl. Anm 6. **Anm 3**

Darüber, daß der Protest bald zur Erhaltung der Rückgriffsrechte, bald als Voraussetzung für die Ausübung des Rückgriffs Bedeutung hat, vgl. 44[5].

II. Zu Abs II. Die **Fristen** für die Rückgriffs-**Erhaltungsakte.** **Anm 4**

1. Für Vorlegung des Sichtwechsels (zur Zahlung) vgl. Art 34. Wenn kein Protesterlaß vorliegt, hat außer der Vorlegung zur Zahlung auch fristgemäß, d. h. innerhalb der Vorlegungsfrist des Art 34 (44[12]), Protesterhebung stattzufinden.

Vorlegung des SichtW zur Annahme ist in der Regel nicht erforderlich (21[9]). Hat Vorlegung zur Annahme stattgefunden und ist Annahmeprotest erhoben, so ist nach Art 44 IV Vorlegung zur Zahlung nicht mehr erforderlich.

2. Für Vorlegung des Nachsichtwechsels (zur Annahme) vgl. Art 23, für die Protestfrist Art 44 II (44[7]). Wegen des Erfordernisses datierter Annahme und des Protestes mangels Datierung vgl. Art 25 II (25[10]ff).

Ist Annahme erteilt, so hat bei Verfall Vorlegung zur Zahlung, notfalls Protesterhebung mangels Zahlung wie bei W mit von Anfang an bestimmter Verfallzeit zu erfolgern (44[9]). Protest mangels Datierung befreit hiervon im Gegensatz zum Protest mangels Annahme nicht, weil er den Rückgriff nicht eröffnet (25[14]).

3. Für die „Erhebung des Protestes mangels Annahme" vgl. die Frist nach Art 44 II. Wie Abs 2 und 3 des vorl. Artikels ergeben, handelt es sich **Anm 5**

jedoch hier nicht nur um den Protest mangels Annahme, sondern auch um die Vorlegung zur Annahme, welche bei Protesterlaß nach Art 46 I allein erforderlich ist.

Vorlegung zur Annahme, bzw. Protest mangels Annahme sind im allgemeinen zur Erhaltung des Rückgriffs mangels Zahlung nicht erforderlich, sondern nur zur Eröffnung des Rückgriffs mangels Annahme vor Verfall (44[5]). Nur bei NachsichtW (oben Zf 2) und bei W mit Vorlegungsfrist nach Art 22 ist die Vorlegung zur Annahme Erhaltungsakt (44[7]). In allen übrigen Fällen kann die Vorlegung zur Annahme unterbleiben, ohne den Rückgriff bei Verfall auszuschließen.

4. Für den Protest mangels Zahlung vgl. die Frist aus Art 44 III. Hier ist zwischen SichtW (oben Zf 1) und allen übrigen W zu unterscheiden (44[9]ff).

Für die Vorlegung zur Zahlung bei Protesterlaß vgl. die Frist aus Art 38 I und beim SichtW (oben Zf 1) aus Art 34. Über die verschiedene Wirkung eines Protestverbots des Ausstellers und eines von einem anderen Rückgriffschuldner ausgehenden Protesterlasses vgl. 46[10]f. Vorlegung am Zahlungstage selbst ist — im Gegensatz zum Protest mangels Zahlung — ordnungsmäßig.

Sowohl Vorlegung zur Zahlung wie Protest mangels Zahlung erübrigen sich gemäß Art 44 IV nach vorausgegangenem Annahmeprotest (Ausnahme: 44[14]) oder sonstiger Eröffnung des Rückgriffs vor Verfall (44[13]).

Anm 6 Zu den im vorl. Artikel angeführten, in Anm 4 u. 5 erörterten Erhaltungsakten treten noch die folgenden, in anderen Artikeln des WG geregelten Fälle:

a) Protest mangels Datierung nach Art 25 II u. 78 II; wegen der Frist hierfür vgl. 25[14].

b) Vorlegung bzw. Protest mangels Annahme bei Notadressen nach Art 56 II in den Fällen, wo fristgemäße Vorlegung zur Annahme Erhaltungsakt ist (Zf 3 in Anm 5). Die Frist ist die gleiche wie für den Erhaltungsakt gegenüber dem Bezogenen selbst.

c) Protest mangels Zahlung gegen Ehrenannehmer oder Notadressen (Kontraprotest) nach Art 60. Hier ist die für den Protest mangels Zahlung gegen den Bezogenen geltende Frist um einen Tag für den Kontraprotest verlängert.

d) Ausfolgungsprotest nach Art 66 II als Zusatz zum Protest mangels Zahlung oder Annahme in den für diese Proteste vorgesehenen Fristen.

e) Ausfolgungsprotest nach Art 68 II. Frist bis zum Ablauf der Frist für den Protest mangels Zahlung; wenn Protest mangels Annahme Erhaltungsakt ist (Zf 3 in Anm 5), ist auch der Ausfolgungsprotest in der Frist für den Protest mangels Annahme zu erheben.

Anm 7 **III.** Die **Wirkung der Fristversäumung** ist (abgesehen von höherer Gewalt; Art 54) grundsätzlich Verwirkung des Rückgriffs gegen alle Rückgriffschuldner und für alle W.berechtigte, also nicht nur für den derzeitigen Inhaber. Verwirkung des Rückgriffs mangels Vorlegung zur Annahme oder mangels Protesterhebung wegen unterbliebener Annahme schließt Verlust des Rückgriffs aus anderen Gründen (mangels Zahlung; Unsicherheit) in sich ein, falls nicht die Fristbestimmung im W auf die Haftung für die Annahme beschränkt ist (Abs 2 des vorl. Artikels).

Der Annehmer (beim eigenen W: der Aussteller) und dessen W.bürge bleiben haftbar.

Ausnahmsweise tritt die Verwirkung des Rückgriffs nur bezüglich einzelner Rückgriffschuldner ein, nämlich bei Nichtbeachtung des Vorlegungsgebots oder einer Notadresse eines anderen Rückgriffschuldners als des Ausstellers (Abs 3 des vorl. Artikels; 22 IV; 23 III; 34 I S. 4; 60 II). Umgekehrt kann der Rückgriff gegen einzelne Rückgriffschuldner — trotz Verwirkung des Rückgriffs gegen die übrigen infolge unterbliebener Protesterhebung — dann erhalten bleiben, wenn andere Rückgriffschuldner als der Aussteller den Protest erlassen haben (Art 46 III Satz 1).

Eine von einem befreiten Rückgriffschuldner in Unkenntnis der Verwirkung geleistete Zahlung kann nach den Vorschriften des bürgerl. Rechts über ungerechtfertigte Bereicherung zurückgefordert werden. War die Zahlung durch den Aussteller des W erfolgt, so kann seine etwaige Haftung aus Art 89 dem Erstattungsanspruch entgegen stehen.

Artikel 54

Steht der rechtzeitigen Vorlegung des Wechsels oder der rechtzeitigen Erhebung des Protestes ein unüberwindliches Hindernis entgegen (gesetzliche Vorschrift eines Staates oder ein anderer Fall höherer Gewalt), so werden die für diese Handlungen bestimmten Fristen verlängert.

Der Inhaber ist verpflichtet, seinen unmittelbaren Vormann von dem Falle der höheren Gewalt unverzüglich zu benachrichtigen und die Benachrichtigung unter Beifügung des Tages und Ortes sowie seiner Unterschrift auf dem Wechsel oder einem Anhang zu vermerken; im übrigen finden die Vorschriften des Artikels 45 Anwendung.

Fällt die höhere Gewalt weg, so muß der Inhaber den Wechsel unverzüglich zur Annahme oder zur Zahlung vorlegen und gegebenenfalls Protest erheben lassen.

Dauert die höhere Gewalt länger als dreißig Tage nach Verfall, so kann Rückgriff genommen werden, ohne daß es der Vorlegung oder der Protesterhebung bedarf.

Bei Wechseln, die auf Sicht oder auf eine bestimmte Zeit nach Sicht lauten, läuft die dreißigtägige Frist von dem Tage, an dem der Inhaber seinen Vormann von dem Falle der höheren Gewalt benachrichtigt hat; diese Nachricht kann schon vor Ablauf der Vorlegungsfrist gegeben werden. Bei Wechseln, die auf bestimmte Zeit nach Sicht lauten, verlängert sich die dreißigtägige Frist um die im Wechsel angegebene Nachsichtfrist.

Tatsachen, die rein persönlich den Inhaber oder denjenigen betreffen, den er mit der Vorlegung des Wechsels oder mit der Protesterhebung beauftragt hat, gelten nicht als Fälle höherer Gewalt.

Anm 1 **I.** Fristwahrung bei Behinderung durch **Höhere Gewalt.**

Die Verwirkung des Rückgriffs gemäß Art 53 auch dann eintreten zu lassen, wenn die rechtzeitige Vornahme der Erhaltungsakte (53^{4-6}) durch höhere Gewalt verhindert ist, ist nicht nur für den W.inhaber unbillig, sondern kann bei der meist weite Kreise berührenden Wirkung der als höhere Gewalt erscheinenden Ereignisse leicht wirtschaftliche Schädigungen allgemeiner Natur nach sich ziehen. Die vorl. Vorschriften sollen durch Verlängerung der wechselmäßigen Fristen und durch Zulassung alsbaldigen Rückgriffs bei längerer Dauer des Hindernisses hiergegen Abhilfe schaffen.

Anm 2 **II. Voraussetzungen** der Anwendbarkeit des Art 54.

1. Der Begriff der **Höheren Gewalt** ist im Gesetz nicht erschöpfend umschrieben. Nach Abs 1 muß es sich um ein unüberwindliches Ereignis handeln, das aber gemäß Abs 6 keine Tatsache sein darf, die rein persönlich den Inhaber oder seinen Beauftragten betrifft. Unter Berücksichtigung dieser Umstände und der Entstehungsgeschichte, nach welcher ein Mittelweg zwischen der sog. objektiven und subjektiven Auffassung der höheren Gewalt gewollt ist, läßt sich der Begriff der höheren Gewalt im Sinne der vorl. Bestimmung, wie folgt, umschreiben (vgl. St-Str 54^4):

Ein von außen eintretendes, die rechtzeitige Vornahme der wechselrechtlichen Erhaltungsakte zeitweilig hinderndes Ereignis, das auch durch die größte, vernünftigerweise zu erwartende Vorsicht nicht abzuwenden war und auch nicht auf eigenes Verhalten des W.inhabers oder seines Beauftragten zurückzuführen ist.

Unter diesen Begriff fallen insbesondere durch Naturereignisse wie Überschwemmungen, Erdbeben oder dergleichen hervorgerufene Notstände, durch die die Verbindungen mit dem Ort, an dem die Handlungen vorzunehmen sind, abgeschnitten werden. Ebenso auf Kriegshandlungen, behördliche Maßnahmen (Absperrungen eines Bezirks), Generalstreik, Unruhen zurückzuführende Unterbrechungen des Verkehrs sowie amtliche Verbote der Einziehung von Forderungen (Moratorien; vgl. Anm 3). Als rein persönliche Tatsache würde dagegen der plötzliche Tod des W.inhabers oder des Protestbeamten aus in seiner Konstitution herrührenden Gründen (Schlaganfall) ausscheiden, aber nicht der durch ein äußeres Ereignis (Kriegshandlung, Seuche) erfolgende Tod derselben Personen, wenn infolgedessen die Handlung trotz größter Vorsicht nicht rechtzeitig vorgenommen werden konnte. „Rein persönlich" wäre auch Behinderung durch verschuldete Verhaftung oder verschuldete Beschlagnahme des W, dagegen nicht ein zeitweises unverschuldetes Abhandenkommen des W durch Diebstahl oder eine durch Diebstahl des Schlüssels herbeigeführte vorübergehende Unmöglichkeit, das Schließfach zu öffnen, in dem der W verwahrt ist. Immer muß es sich um eine seiner Natur nach vorübergehende Behinderung handeln. Vernichtung des W durch höhere Gewalt ist kein dem Art 54 unterliegender Tatbestand; hier bleibt nur die beschränktere Hilfe des Aufgebots (Art 90).

2. Als Beispiel höherer Gewalt führt Abs 1 die „gesetzliche Vorschrift eines Staates“ an. Hierbei ist es ohne Bedeutung, ob die Anordnung von einem der Genfer Vertragsstaaten oder von einem Staat ausgeht, der das EWG nicht eingeführt hat. Bei solchen Moratorien muß es sich um eine Vorschrift handeln, welche die Vorlegung des W oder die Protesterhebung verbietet, also die Vornahme der Handlung verhindert, nicht nur die dafür bestehende Frist verlängert. Ausländische Fristverlängerungen sind nach Art 97 WG ohnehin verbindlich; die betreffende im Ausland vorzunehmende Handlung ist bei solcher Fristverlängerung auch im Sinne des WG rechtzeitig, so daß Verwirkung des Rückgriffs nicht in Frage kommt. **Anm 3**

Im Zusammenhang hiermit steht der Vorbehalt des Art 22 Anl II des Genfer Abkommens (Anh. **II a**) wonach jeder der Vertragsstaaten durch Ausnahmevorschriften allgemeiner Art die Fristen für die Erhaltungsakte verlängern oder die Verfallzeiten der W.verpflichtungen hinausschieben kann. Nach Art 5 EG WG (Anh. I 1) können bei Verhinderung im Ausland vorzunehmender Erhaltungsakte durch dortige Moratorien die Fristen bis zum Fortfall dieser Vorschriften im Verordnungswege verlängert werden, auch kann Rückgriff nach Ablauf bestimmter Fristen zugelassen werden.

Auf Grund des Vorbehalts des Art 22 sind im Kriege wiederholt Fristverlängerungen durch deutsche Verordnungen erfolgt, zuletzt durch die (1949 aufgehobene) VO v. 10. 11. 1943 (RGBl I, 656).

3. Drohende Fristversäumung. Höhere Gewalt löst nur dann die Rechtsfolgen des Art 54 aus, wenn durch sie die „rechtzeitige“ Vorlegung oder Protesterhebung verhindert wird, d. h. wenn eine zwecks Erhaltung der Wechselrechte einzuhaltende Frist (Art 53) versäumt werden würde. Wegen der einzelnen wechselrechtlichen Erhaltungsakte vgl. 53[4–6]. **Anm 4**

Daher kann, wenn die Vorlegung zur Annahme länger als 30 Tage verhindert wird, nicht deshalb (unter entspr. Anwendung des Abs 4) Rückgriff mangels Annahme genommen werden (CR 262 ff). Denn bei der Vorlegung zur Annahme handet es sich regelmäßig nicht um eine Handlung, die zur Wahrung der Rückgriffrechte „rechtzeitig“ vorzunehmen ist. Nur bei NachsichtW und bei Vorlegungsanordnungen nach Art 22 besteht ein solcher Zwang. Für NachsichtW gelten Abs 1—3 und für die Eröffnung des Rückgriffs bei längerer Dauer der höheren Gewalt Abs 5. Bei anderen W mit Frist für die Vorlegung zur Annahme (Art 22) wird diese Frist bei höherer Gewalt lediglich gemäß Abs 1 verlängert, auch wenn die Behinderung länger als 30 Tage nach dem vorgesehenen Ende der Frist andauert. Besteht das Hindernis noch bei Verfall, so ist Vorlegung zur Annahme nicht mehr erforderlich, da nunmehr Vorlegung zur Zahlung zu erfolgen hat und bei deren Unmöglichkeit nach 30 Tagen gemäß Abs 4 Rückgriff genommen werden kann.

Aus denselben Worten des Abs 1 ergibt sich auch hinsichtlich des Zeitpunkts, in welchem höhere Gewalt die Wirkungen des Art 54 auslöst, daß es genügt, aber auch erforderlich ist, daß das Hindernis am Ende der in Frage kommenden Fristen besteht, da es dann der „rechtzeitigen“, fristgemäßen Vornahme der Handlung im Wege steht.

Anm 5 **III.** Die **Rechtsfolgen** des Vorliegens höherer Gewalt bestehen in einer Fristverlängerung bis zu ihrem Fortfall (Abs 1). Nach Fortfall des Hindernisses ist die Handlung unverzüglich nachzuholen (Abs 3). Dauert die höhere Gewalt länger als 30 Tage nach Verfall an, so kann ohne weiteres Rückgriff mangels Zahlung genommen werden (Abs 4). Für Sicht- und NachsichtW, deren Verfall bei Hinderung der Vorlegung nicht ordnungsmäßig herbeigeführt werden kann, besteht die Sondervorschrift des Abs 5, wonach die 30tägige Frist für die Eröffnung des Rückgriffs durch Benachrichtigung des Vormanns in Gang gebracht werden kann. Über die in den übrigen Fällen durch Abs 2 vorgeschriebene Benachrichtigung vom Vorliegen der Behinderung vgl. Anm 7.

Anm 6 Im einzelnen ist folgendes zu beachten:

1. **Zu Abs I.** Die **Verlängerung** der **Fristen** für Vorlegung zur Zahlung und Protest mangels Zahlung bedeutet keine Verschiebung der Verfallzeit. Fällt die höhere Gewalt früher als 30 Tage seit Verfall fort und zahlt der Bezogene bei nunmehriger Vorlegung (Abs 3), so besteht kein Anspruch auf Zinsen seit Verfall. Nach Rückgriffseröffnung (Abs 4) laufen aber W.zinsen (48[7]) vom wechselmäßigen Verfalltag an, auch gegen den Annehmer (Art 28 II). Mit dem wechselmäßigen Verfalltag beginnt auch die Verjährung nach Art 70 Abs 1 u. 2; jedoch ist der Ablauf der Verjährung nach § 203 BGB gehemmt, soweit höhere Gewalt während der letzten 6 Monate der Verjährungsfrist der Rechtsverfolgung entgegensteht.

Da die Protestfrist verlängert wird, sind Indossierungen, die nach Verfall während des Vorliegens der höheren Gewalt vorgenommen werden, voll wirksame Indossamente, also keine Nachindossamente im Sinne des Art 20, sofern sie bis zum 30. Tage nach Verfall erteilt werden. Von diesem Zeitpunkt an, ergibt der im W angegebene Verfalltag in Verbindung mit dem in Abs 2 vorgeschriebenen Vermerk des Inhabers, daß nicht nur die ordentliche Protestfrist abgelaufen ist, sondern daß im Falle ihrer Verlängerung durch höhere Gewalt der Rückgriff nach Abs 4 eröffnet sein muß. Spätere Indossamente sind daher Nachindossamente.

Ebenso besteht das Einlösungsrecht aus Art 50 erst, wenn Rückgriff genommen werden kann, also erst nach Ablauf der Frist des Abs 4 (abw. Qu-A 54[9]). Erst dann kann ja der Einlösende weiteren Rückgriff nehmen. Wer vor diesem Zeitpunkt als W.garant an den Inhaber zahlt, tut dies ohne Verpflichtung (49[4]).

Anm 7 2. **Zu Abs II. Benachrichtigung.** a) Die Anzeigepflicht nach Abs 2 besteht nur gegenüber dem unmittelbaren Vormann (und dessen etwaigen W.bürgen; Art 45 II), nicht — wie bei der Notanzeige —auch gegenüber dem Aussteller, obwohl gerade dieser erfahren sollte, daß der W trotz Eintritt des Verfalls nicht bezahlt worden ist. Jedoch hat Weitergabe der an den Vormann gerichteten Anzeige nach Maßgabe von Art 45 I Satz 2 zu erfolgen. Die Frist für die unverzügliche Benachrichtigung beginnt mit dem (ohne höhere Gewalt vorgesehenen) Ende der für den unterbleibenden Erhaltungsakt geltenden Frist. Die Anzeige wird den Tatbestand, der die höhere Gewalt darstellen soll, kurz zu bezeichnen und anzugeben haben, welche Handlung deshalb unmöglich ist. Unterlassung der Anzeige löst keinen Rückgriffsverlust aus, sondern nur die bei unterbliebener Notanzeige dnrch Art 45 VI begründete Schadensersatzpflicht.

Die Anzeige ersetzt nicht die Notanzeige nach Art 45. Wird also nach Fortfall einer weniger als 30 Tage dauernden höheren Gewalt bei nunmehriger Vorlegung vom Bezogenen Annahme oder Zahlung verweigert, so muß Notanzeige erstattet werden. Wenn aber der Rückgriff durch Fortdauer der höheren Gewalt nach Abs 4 eröffnet wird, so ist der Inhaber zur Erstattung einer Notanzeige nicht verpflichtet (die abw. Ans. St-Str 54[24] wird aufgegeben). Denn die Frist für Notanzeige beginnt nach Art 45 I erst mit der Vorlegung bzw. dem Protest und im vorl. Falle wird ja der Rückgriff ohne die unmögliche Vorlegung bzw. Protesterhebung eröffnet. Gesetzgeberisch läßt sich die fehlende Notanzeigepflicht dadurch rechtfertigen, daß den Aussteller die Anzeige vom Vorliegen höherer Gewalt innerhalb der 30 Tage erreicht haben wird und ein lange andauernder Zustand höherer Gewalt so offenkundig zu sein pflegt, daß es keiner besonderen Nachricht über die Fortdauer bedarf.

b) Der zu unterschreibende und nach Ort und Zeit zu datierende Vermerk auf dem Wechsel über die Anzeige, der ebenfalls unverzüglich, also gleichzeitig mit der Anzeige, vorzunehmen ist, macht es offenkundig, daß der Inhaber die Vorlegung oder Protesterhebung wegen angeblicher Behinderung durch höhere Gewalt unterlassen hat. Der in Anspruch genommene Rückgriffschuldner, für dessen Einlösungspflicht und Berechtigung zum Einlösungsrückgriff (Art 49) dieser Umstand wesentlich ist, wird seine Zahlung von der Nachholung des Vermerks, falls der Inhaber ihn entgegen seiner Verpflichtung nicht bereits angebracht hat, abhängig machen können; vorher ist der W nicht ordnungsmäßig (50[4]). Dagegen ist der Vermerk für die Wirksamkeit der erfolgten Benachrichtigung ohne Bedeutung (Langen 135). Falls durch die Unterlassung des Vermerks einem W.beteiligten Schaden entstehen sollte, wird Art 45 VI entspr. anwendbar sein. **Anm 8**

3. **Zu Abs III. Fortfall des Hindernisses** macht unverzügliche Nachholung der unterbliebenen Handlung notwendig, widrigenfalls der Rückgriff verwirkt wird. Der Ausdruck „unverzüglich" bedeutet auch hier „ohne schuldhaftes Zögern", obwohl § 121 BGB nicht als Auslegungsregel für das WG maßgebend ist. Ein Verschulden an nicht sofortiger Nachholung trifft den Inhaber z. B. dann nicht, wenn er ohne eigene Schuld oder diejenige eines Beauftragten den Fortfall der höheren Gewalt nicht alsbald erfährt. Unterbrechungen der höheren Gewalt, die so kurz sind, daß während ihrer Dauer die Handlung ohne Verschulden unterblieben ist, sind unbeachtlich. **Anm 9**

Nachholung der Handlung erübrigt sich, wenn Rückgriff gemäß Abs 4 eröffnet ist (abw. Langen 136), auch wenn der Inhaber den W noch in Händen hat. Ebenso, wenn der Wegfall der höheren Gewalt Rückgriff aus anderen Gründen (z. B. Konkurs des Bezogenen) gegeben ist. Denn nach Rückgriffseröffnung bedarf es keiner weiteren Handlungen zu seiner Ausübung (Rechtsgedanke des Art 44 IV).

Anm 10 4. **Zu Abs IV. Rückgriffseröffnung.** Ist Vorlegung zur Zahlung oder Protest mangels Zahlung durch höhere Gewalt unmöglich und dauert das Hindernis länger als 30 Tage nach Verfall an, so ist ohne weiteres Rückgriff mangels Zahlung gegeben. Der Inhaber ist nicht genötigt, sofort Rückgriff zu nehmen, oder, wenn er den W in Händen behält, die unterbliebene Handlung bei nachträglichem Wegfall der höheren Gewalt nachzuholen (Anm 9).

Die Frist (30 Tage, nicht 1 Monat) rechnet vom Verfall, auch wenn die Nachricht gemäß Abs 2 erst später oder gar nicht erstattet ist. Der Verfalltag selbst zählt nicht mit (Art 73). Die Rückgriffansprüche, auch die Ansprüche, gegen den Annehmer (Art 28 II, 47), ergeben sich aus Art 48 einschl. der Zinsen ab Verfall.

Beweispflichtig für die Verhinderung der Vorlegung und/oder Protesterhebung durch höhere Gewalt und für deren Fortdauer bis zum Ende der 30tägigen Frist ist der Rückgriffnehmer. Dies trifft auch bei Protesterlaß zu, da Art 46 II Satz 2 sich nur auf den Zeitpunkt der Vorlegung bezieht.

Anm 11 5. **Zu Abs V.** Ersatz des Verfalls bei **Sicht- und Nachsichtwechseln.**

a) Anzeige von drohender Fristversäumung. Eine unmittelbare Anwendung des Abs 4 ist bei Sicht- und NachsichtW nicht durchführbar, wenn die Herbeiführung des Verfalls — beim SichtW durch Vorlegung zur Zahlung (Art 34), beim NachsichtW durch Vorlegung zur Annahme (Art 35) — infolge höherer Gewalt nicht möglich ist. Für diese Fälle gibt Abs 5 dem W.inhaber das Recht, die 30tätige Frist dadurch in Lauf zu bringen, daß er seinen Vormann vom Vorliegen höherer Gewalt „schon vor Ablauf der Vorlegungsfrist" benachrichtigt. Der Tag dieser, in allen übrigen Beziehungen den Regeln des Abs 2 unterliegenden Nachricht tritt an die Stelle des Vorlegungstages. Er ersetzt also für den SichtW den Verfalltag, für den NachsichtW den Tag des Beginns der Nachsichtfrist, deren Ablauf die Verfallzeit bestimmt. 30 Tage nach dem so fingierten Verfalltage kann bei Fortdauer der höheren Gewalt bis zu diesem Zeitpunkte Rückgriff genommen werden. Bei Eröffnung des Rückgriffs ist der fingierte Verfalltag für Zinsberechnung und Beginn der Verjährung nach Art 70 Abs 1 u. 2 maßgebend. Auch wenn die höhere Gewalt offenkundig ist, wird die 30tägige Frist erst mit der Absendung der Nachricht in Lauf gesetzt (OLG Neustadt NJW 1949, 226; abw. OLG Bamberg HEZ 1, 215). Tritt aber bei einem NachsichtW das Hindernis der höheren Gewalt erst ein, nachdem datierte Annahme erteilt oder Protest mangels Datierung erhoben ist, so steht der Verfalltag des W bereits fest. Abs 5 ist dann unanwendbar, vielmehr ist Abs 4 wie bei anderen W mit bestimmter Verfallzeit entscheidend.

Der W.inhaber kann also innerhalb der Vorlegungsfrist den Zeitpunkt für Erstattung der Anzeige nach Abs 2 wählen. Nach Art 45 Abs 5 Satz 2 ist die Absendung der Nachricht, nicht deren Zugang, für die daran anzuknüpfende Fristberechnung mindestens dann maßgebend, wenn die Nachricht durch die Post übermittelt wird.

Anm 12 b) Fällt die höhere Gewalt nach Erstattung der Anzeige, aber vor Ablauf der Frist für Eröffnung des Rückgriffs fort, so muß die Vorlegung gemäß Abs 3 unverzüglich nachgeholt werden, falls die normale Vorlegungsfrist (die nach Abs 1 verlängert wird) inzwischen abgelaufen ist. Läuft die Vorlegungsfrist aber noch länger, so braucht die Vorlegung nur vor dem Ende dieser Frist nachgeholt zu werden. Die gemäß Abs 5 erfolgte Benachrichtigung verliert dann ihre Wirkung zur ersatzweisen Bestimmung des Verfalltages: Durch die nunmehrige Vorlegung tritt beim SichtW der Verfall ein (Art 34 I Satz 1), beim NachsichtW kommt durch datierte Annahme oder Protest (Art 35 I) die Nachsichtfrist in Gang.

Unterläßt der Inhaber die Benachrichtigung nach Abs. 5, so tritt durch die höhere Gewalt nur eine Verlängerung der Vorlegungsfrist gemäß Abs 1 ein. In diesem Falle hat der Inhaber bei Ablauf der wechselmäßigen Vorlegungsfrist seinen Vormann gemäß Abs 2 zu benachrichtigen. Auch diese Nachricht löst dann die Wirkung des Abs 5 aus, so daß bei Fortdauer der höheren Gewalt für weitere 30 Tage nach Benachrichtigung Rückgriff eröffnet wird. Hat aber der Inhaber auch diese Nachricht unterlassen, so wird — unbeschadet der Schadensersatzpflicht nach Art 45 VI — die Vorlegungsfrist für die Dauer der höheren Gewalt verlängert (Abs 1); bei deren Fortfall muß zur Vermeidung der Rückgriffsverwirkung die Vorlegung unverzüglich nachgeholt werden (Abs 3), widrigenfalls der Rückgriff verwirkt wird (vgl. OLG Neustadt NJW 1949, 226).

Achter Abschnitt

Ehreneintritt

1. Allgemeine Vorschriften

Artikel 55

Der Aussteller sowie jeder Indossant oder Wechselbürge kann eine Person angeben, die im Notfall annehmen oder zahlen soll.

Der Wechsel kann unter den nachstehend bezeichneten Voraussetzungen zu Ehren eines jeden Wechselverpflichteten, gegen den Rückgriff genommen werden kann, angenommen oder bezahlt werden.

Jeder Dritte, auch der Bezogene, sowie jeder aus dem Wechsel bereits Verpflichtete, mit Ausnahme des Annehmers, kann einen Wechsel zu Ehren annehmen oder bezahlen.

Wer zu Ehren annimmt oder zahlt, ist verpflichtet, den Wechselverpflichteten, für den er eintritt, innerhalb zweier Werktage hiervon zu benachrichtigen. Hält er die Frist nicht ein, so haftet er für den etwa durch seine Nachlässigkeit entstandenen Schaden, jedoch nur bis zur Höhe der Wechselsumme.

Anm 1 **I.** Der **Ehreneintritt** (Intervention) — 8. Abschnitt des WG — dient dazu, den Rückgriff im Falle des Notleidens des W zu vermeiden bzw. abzukürzen. Das WG kennt zwei Arten des Ehreneintritts, nämlich Ehrenannahme (Art 56—58), die nur beim Rückgriff vor Verfall stattfinden kann, und Ehrenzahlung (Art 59—63), die sowohl beim Rückgriff mangels Zahlung bei Verfall als auch beim Rückgriff vor Verfall zulässig ist. Der vorl. Artikel gibt allgemeine Vorschriften für beide Arten des Ehreneintritts, bei denen wieder der durch eine Notadresse (Abs 1) gerufene und der von einer nicht als Notadresse benannten Person vorgenommene, ungerufene Ehreneintritt unterschieden wird. Wer zu Ehren eintritt, wird üblicherweise als Honorant, derjenige, für den der Ehreneintritt erfolgt, als Honorat bezeichnet.

Auf eigene W sind die Vorschriften über Notadressen und Ehrenzahlung gemäß Art 77 anwendbar; über etwaige Ehrenannahme im Falle der Unsicherheit beim eigenen W vgl. 77[11].

Im deutschen W.verkehr ist Ehreneintritt selten und fast ausschließlich auf Ehrenzahlung durch Notadressen beschränkt.

Anm 2 **II. Zu Abs I. Notadressen.** 1. Notadresse ist die Angabe einer „Person, die im Notfall annehmen oder zahlen soll". Ein Notfall im Sinne dieser Vorschrift besteht, wie sich aus Art 56 I, 59 I ergibt, wenn der Inhaber bei oder vor Verfall Rückgriff nehmen könnte (Art 43ff). Ist in der Notadresse nichts Abweichendes bestimmt, so bezieht sich diese Aufforderung zum Ehreneintritt für den Notfall auf alle Rückgriffsmöglichkeiten, also sowohl auf den Rückgriff vor Verfall wie auf denjenigen bei Verfall. Ehrenannahme durch die Notadresse ist nur zur Abwendung des Rückgriffs vor Verfall möglich.

Nur Notadressen am Zahlungsort muß der Inhaber des W angehen, um Rückgriff nehmen zu können (Art 56 II, 60 I). Andere Notadressen sind zwar zulässig, können aber unbeachtet bleiben. Notadressen ohne besondere Ortsangaben sind als auf den Zahlungsort lautend zu behandeln.

Anm 3 2. Ihrem rechtlichen Wesen nach ist die Notadresse trotz ihrer äußeren Ähnlichkeit mit der Adresse des Bezogenen und der an ihn gerichteten Aufforderung, den W anzunehmen und zu bezahlen, keine Herbeirufung eines zweiten Bezogenen (CR 308f). Ebensowenig ist die Ehrenannahme eine ersatzweise Annahme, d. h. Übernahme der W.hauptschuld. Vielmehr ist sie Eingehung einer Rückgriffsverpflichtung entsprechend der Verbindlichkeit des Honoraten (Art 58 I). Das Wesen einer für den Inhaber verbindlichen Notadresse besteht in einer Haftungsbeschränkung des Notadressanten, der erklärt, nur nach ordnungsmäßiger, aber vergeblicher Angehung der Notadresse dem W.inhaber als Rückgriffschuldner Gewähr zu leisten.

Die Haftung des Honoraten gegenüber dem seiner Aufforderung durch Ehrenzahlung folgenden Notadressaten beruht nicht auf der in der Notadresse enthaltenen Zahlungsaufforderung; denn diese Haftung besteht in gleicher Weise auch gegenüber dem nicht durch Notadresse gerufenen Ehrenzahler (Art 63 I). Ob eine Verpflichtung des Notadressaten gegenüber dem die Notadresse Beifügenden zum Ehreneintritt besteht, richtet sich nicht nach W.recht, sondern nach dem zugrundeliegenden Rechtsverhältnis; ebenso, ob der keine Ehrenzahlung vornehmende Ehrenannehmer gegen den Notadressanten Ansprüche (z. B. auf Provision nach § 354 HGB) hat. Nur die Erstattungsansprüche des Ehrenzahlers gegen den Honoraten ergeben sich aus dem WG (Art 63).

3. Eine bestimmte Form ist für die Notadresse nicht vorgeschrieben, insb. nicht der Gebrauch der Worte „im Notfall". Gleichbedeutende Ausdrücke, die erkennen lassen, daß die angegebene Person bei Eintritt der Rückgriffsvoraussetzungen zum Ehreneintritt aufgefordert werden soll, sind z. B. „notfalls bei N N", „falls an N N", „statt Rückgriff bei N N". — „Mangels Zahlung an N N" würde dagegen nur als Notadresse für den Rückgriff nach Verfall gelten können, die zwecks Rückgriff vor Verfall nicht angegangen zu werden braucht (vgl. Anm 2). **Anm 4**

Die Notadresse muß auf dem Wechsel angegeben werden (vgl. Art 56 II, 60 I). Nur soweit die Haupterklärung des Notadressanten wirksam auf einer W.abschrift erteilt worden ist (Indossament, W.bürgschaft), kann dort auch die Notadresse angegeben werden. — Wie alle W.erklärungen muß auch die Notadresse grundsätzlich von der Unterschrift des sie beifügenden W.beteiligten gedeckt sein. Die vielfach im Anschluß an ältere Rechtspr. und an Nr 129 des Genfer Redaktionsberichts (CR 145) vertretene Meinung (so: Qu-A 55[9]; Baumb-H 55[2A]), daß eine Notadresse ohne Unterschrift als Notadresse für den Aussteller wirksam sei, weil ein Ehreneintritt ohne Angabe des Honoraten zugunsten des Ausstellers wirke, ist nicht zu billigen. Denn zwischen beiden Fragen besteht keine Rechtsähnlichkeit (St-Str 55[4]; Hupka 179). Die Gegenmeinung verkennt, daß die von einem Unbefugten ausgehende Notadresse ganz unwirksam ist, daß es für den W.inhaber wesentlich ist, zu wissen, von welchem Verpflichteten eine Notadresse beigefügt ist, wen also deren Übergehung befreien würde, und daß es den allgemeinen Grundsätzen des W.rechts widerspricht, Erklärungen, deren Urheber nicht erkennbar ist, zu beachten. Auch Art 56 II, 60 I bestimmen, daß der Rückgriff gegen „denjenigen, der die Notadresse beigefügt hat", ausgeschlossen ist.

Die Notadresse muß daher erkennen lassen, von wem sie herrührt. Dem kann durch Beifügung der Anfangsbuchstaben von Vor- und Zunamen des aus dem W mit seinem vollen Namen ersichtlichen Notadressanten oder Beifügung des Firmenstempels genügt werden. Auch ist eine auf der Vorderseite des W befindliche Notadresse regelmäßig von der Unterschrift des Ausstellers gedeckt, also zugunsten aller nach ihrer Beifügung Verpflichteten gemäß Art 69 wirksam, selbst wenn sie nicht vom Aussteller herrührt. Eine auf die Adresse des Bezogenen folgende Notadresse ist in diesem Sinne durch die Unterschrift des Ausstellers gedeckt, nicht aber ein auf der Rückseite oder einem Anhang befindlicher ununterschriebener Vermerk.

III. Beteiligte beim Ehreneintritt und bei Notadressen. **Anm 5**

1. Notadressant kann jeder W.beteiligte sein, für den als Honorat ein Ehreneintritt gemäß **Abs II** erfolgen kann. Denn die Notadresse besteht in der für den Notfall erfolgenden Herbeirufung eines Ehreneintritts und der Auflage an den W.inhaber, vor Rückgriffausübung gegen den Adressanten und dessen Nachmänner den Ehreneintritt der Notadresse nachzusuchen. Daraus ergibt sich, daß der Kreis der möglichen Honoraten eines Ehrenein-

tritts und der Notadressanten sich deckt, so daß jeder Rückgriffschuldner, aber auch nur ein solcher eine wirksame Notadresse beifügen kann.

Dies entspricht der Aufzählung in Abs 1, da Aussteller, Indossanten und W.bürgen (abgesehen von dem hier naturgemäß nicht erwähnten Ehrenannehmer) die Zahl der Rückgriffschuldner erschöpfen. Jedoch sollte die Aufzählung der Rückgriffschuldner in Abs 1 bei richtiger Übersetzung des fremdsprachigen Textes des EWG (dessen Abänderung durch die Übersetzung selbstverständlich nicht beabsichtigt war) lauten: Der Aussteller ,Indossanten und Wechselbürgen", da die Verwendung des Wortes „jeden" statt des im fremdsprachigen Text benutzten unbestimmten Artikels nicht nur ungenau, sondern auch irreführend ist. Denn Indossanten ohne Obligo haften nicht als Rückgriffschuldner. Für sie kann kein Ehreneintritt erfolgen; von ihnen beigefügte Notadressen sind daher sinnwidrig und wirkungslos (bestr.; abw. z. B. Qu-A 55[4]; Baumb-H 55[2A]), ebenso wie dies von Personen außerhalb des W.verbandes (z. B. einem Blankotradenten; Art 14 II Zf 3, oder dem Zahlungsleister nach Art 4) herrührende Notadressen wären. Gleiches gilt für den W.bürgen des Annehmers, der gemäß 32 I wie dieser, also nicht als Rückgriffschuldner, haftet (gl. Ans. Hupka 174f).

Anm 6 2. Als Notadressat kann benannt werden, wer als Honorant einen Ehreneintritt vornehmen kann, d. h. wie **Abs III** besagt, jede Person außer dem Annehmer. Da der W.bürge des Annehmers wie dieser haftet, ist er ebenfalls ausgeschlossen. Auch bei einer fälschlich als „Ehrenzahlung" bezeichneten Zahlung des Annehmers oder seines Bürgen (z. B. bei Zahlung eines Gefälligkeitsannehmers zu Ehren des Ausstellers) würden diese Schuldner immer die eigene Schuld tilgen und dadurch sämtliche Rückgriffschuldner befreien, so daß kein Rechtserwerb durch sie nach Art 63 I erfolgen kann.

Dagegen kann der Bezogene, auch wenn er als solcher Annahme oder Zahlung verweigert, zu Ehren eines Rückgriffschuldners annehmen oder zahlen. Er kann daher auch als Notadresse benannt werden. Gleiches gilt vom Zahlungsleister nach Art 4, 27 (Domiziliat), aber auch von jedem aus dem W bereits haftenden Rückgriffschuldner. Allerdings kann ein Vormann des Honoraten auch durch Ehrenzahlung grundsätzlich keine Rückgriffansprüche gegen seine Nachmänner erwerben, selbst wenn er von ihnen als Notadresse benannt war. Denn die Nachmänner können ihm entgegenhalten, daß er ihnen selbst aus seiner vorausgehenden Verpflichtungserklärung hafte, es sei denn daß dieser Haftung Einwendungen aus dem zugrundeliegenden Rechtsverhältnis entgegenstehen (47[16]).

Der Aussteller oder ein anderer Rückgriffschuldner kann sich auch selbst als Notadresse angeben (z. B. „im Notfalle mir vorzulegen"), um notfalls „zu eigenen Ehren" eintreten zu können (RG 36, 103; 67, 299).

Als Notadressat muß eine bestimmte Person angegeben werden, wie dies auch für die Adresse des Bezogenen gilt (1[9]). Keine wirksame Notadresse wäre daher die bloße Angabe einer Örtlichkeit (z. B. „notfalls Hauptstraße 43") oder eines Amtsträgers ohne Namensangabe („notfalls beim Stadtkämmerer").

Sind mehrere Notadressen am Zahlungsort von demselben oder von verschiedenen Rückgriffschuldnern angegeben, so müssen sie sämtlich angegangen werden, bevor Rückgriff gegen den Notadressanten und seine Nachmänner genommen werden kann. Die durch Art 63 III vorgeschriebene Reihenfolge gilt nur, wenn mehrere Ehrenzahlungen gleichzeitig angeboten sind, nicht für die Aufforderung verschiedener Notadressen.

3. Unzulässige Notadressen, insb. solche, die von Personen ausgehen, die nicht Rückgriffschuldner sind, sind wirkungslos: Der W.inhaber kann sie unbeachtet lassen, ohne am Rückgriff gehindert zu sein. Das gleiche gilt von Notadressen, die nicht auf den Zahlungsort lauten. **Anm 7**

Die Ehrenannahme seitens einer durch eine solche Notadresse berufenen Person kann gemäß Art 56 III S. 1 zurückgewiesen werden. Wird sie zugelassen, so wirkt sie wie eine durch wirksame Notadresse gerufene Ehrenannahme. **(56[16])**. Ehrenzahlung, die nach Maßgabe des Art 59 angeboten wird, darf zur Vermeidung des Rückgriffsverlusts nicht zurückgewiesen werden, gleichviel ob sie durch Notadresse gerufen oder ungerufen ist (Art 61). Das Vorhandensein einer wirksamen Notadresse bewirkt, daß der Inhaber von sich aus die Notadresse zur Ehrenzahlung aufzufordern hat (Art 60).

IV. Zu Abs IV. Benachrichtigung vom Ehreneintritt. **Anm 8**

1. Die Pflicht zur Benachrichtigung gemäß Abs 4, welche der aus Art 45 (Notanzeige) nachgebildet ist, trifft nicht den W.inhaber, sondern den Honoranten. Sie besteht nur gegenüber dem Honoraten, nicht auch gegenüber dem Aussteller des W. Der Honorat hat keine Verpflichtung zur Weitergabe dieser Nachricht. Bei der für die Benachrichtigung geltenden Frist von zwei Werktagen zählt der Tag des Ehreneintritts nicht mit (Art 73). Im übrigen sind die für die Notanzeige geltenden Vorschriften des Art 45 IV u. V entsprechend anwendbar, obwohl der vorl. Artikel nicht ausdrücklich auf sie Bezug nimmt. Die etwaige Schadensersatzpflicht ist durch Wiederholung des Wortlauts aus Art 45 VI wie bei der Versäumung der Notanzeige geregelt. Auf die Erläuterungen zu Art 45 IV—VI (45[15–20]) wird daher verwiesen.

Protesterlaß befreit nicht von der Benachrichtigungspflicht (Art 46 II). Falls zum Nachweis der Rechtzeitigkeit der Anzeige der Zeitpunkt der Verweigerung der Annahme oder Zahlung durch den Bezogenen von Bedeutung wird, weil der Ehreneintritt frühestens zu diesem Zeitpunkt erfolgt sein kann, trifft die Beweislast hierfür gemäß Art 46 II Satz 2 den Honoraten, wenn dieser oder der Aussteller den Protest erlassen hat.

2. Die Anzeige über den Ehreneintritt ersetzt grundsätzlich nicht die Notanzeige nach Art 45 (45[6]). Auf den Ehrenzahler geht, da ihm der W auszuhändigen ist, die Verpflichtung zur Erstattung der Notanzeige durch den W.inhaber über. Er muß also den Honoraten sowohl vom Ehreneintritt wie vom Notleiden benachrichtigen, was in derselben Anzeige geschehen kann, und außerdem den Aussteller (wenn dies nicht der Honorat ist) vom Notleiden. Der Honorat, sofern er nicht der Aussteller ist, ist zur Weitergabe der Notanzeige verpflichtet. **Anm 9**

2. Ehrenannahme

Artikel 56

Die Ehrenannahme ist in allen Fällen zulässig, in denen der Inhaber vor Verfall Rückgriff nehmen kann, es sei denn, daß es sich um einen Wechsel handelt, dessen Verlegung zur Annahme untersagt ist.

Ist auf dem Wechsel eine Person angegeben, die im Notfall am Zahlungsort annehmen oder zahlen soll, so kann der Inhaber vor Verfall gegen denjenigen, der die Notadresse beigefügt hat, und gegen seine Nachmänner nur Rückgriff nehmen, wenn er den Wechsel der in der Notadresse bezeichneten Person vorgelegt hat und im Falle der Verweigerung der Ehrenannahme die Verweigerung durch einen Protest hat feststellen lassen.

In den anderen Fällen des Ehreneintritts kann der Inhaber die Ehrenannahme zurückweisen. Läßt er sie aber zu, so verliert er den Rückgriff vor Verfall gegen denjenigen, zu dessen Ehren die Annahme erklärt worden ist, und gegen dessen Nachmänner.

Anm 1 **I. Zu Abs I. Voraussetzungen der Ehrenannahme.**

1. Die Ehrenannahme ist keine ersatzweise Annahme, d. h. keine Übernahme der W.hauptschuld entsprechend der Verpflichtung des Annehmers (55[3]), sondern, wie Art 55 II in Verb. mit Art 58 I ergibt, die Eingehung einer Rückgriffsverbindlichkeit nach Maßgabe derjenigen des Honoraten (unstreitig). Sie dient der Abwendung des Rückgriffs vor Verfall gegen den Honoraten und seine etwaigen Rückgriffgläubiger, also seine Nachmänner.

Die Vorschriften des EWG bezüglich der Ehrenannahme sind bei den Genfer Beratungen im Vergleich zu der zugrundeliegenden Haager EWO wesentlich geändert worden (CR Nr. 129, 130 S. 145). Hieraus erklären sich Unstimmigkeiten, die den Eindruck erwecken, als handele es sich bei der Ehrenannahme um eine Abart der Annahme des Bezogenen: so die in Abs 1 enthaltenen Worte „es sei denn, daß es sich um einen W handelt, dessen Vorlegung zur Annahme untersagt ist", sowie die Nichterwähnung der Ehrenannahme in Art 77 (vgl. Anm 4 u. 77[11]).

Anm 2 2. Die Ehrenannahme ist in allen Fällen zulässig, in denen der Inhaber vor Verfall Rückgriff nehmen kann". Das bedeutet, daß die sachlichen und formalen Voraussetzungen für den Rückgriff vor Verfall gegen den Honoraten, zu dessen Gunsten die Ehrenannahme erfolgt, vorliegen müssen, damit die Ehrenannahme „zulässig" (vgl. Anm 5) ist. Die sachlichen Voraussetzungen des Rückgriffs vor Verfall sind (außer bei W, deren Vorlegung zur Annahme verboten ist; über diese vgl. Anm 4 zu b):

Verweigerung der Annahme durch den Bezogenen (Art 43 II Zf 1) oder Unsicherheit des Bezogenen (Art 43 II Zf 2).

Die formalen Voraussetzungen sind Protest mangels Annahme (Art 44 I u. II) und bei Unsicherheit — abgesehen von Konkurs- und Vergleichsverfahren, Art 44 VI — Vorlegung zur Zahlung und Protest nach Art 44 V. Erst nach Erhebung dieser Proteste ist Ausübung des Rückgriffs zulässig, es sei denn daß der Protest gemäß Art 46 erlassen ist. Soweit der Inhaber demnach gegen den Honoraten erst nach der Protesterhebung Rückgriff nehmen kann, ist die Protesterhebung gegen den Bezogenen Voraussetzung der Wirksamkeit der Ehrenannahme. Jedoch ist eine vor Beurkundung des Protestes gegen den Bezogenen erfolgende Ehrenannahme nicht als nichtig, sondern als schwebend unwirksam anzusehen. Sie wird voll wirksam, sobald der Protest gegen den Bezogenen beurkundet ist (St-Str 56[4]; ähnlich Qu-A 56[4]).

3. Die Ehrenannahme muß vor Verfall erfolgen. Waren die sachlichen und **Anm 3** formalen Voraussetzungen für Rückgriff vor Verfall gegeben, so braucht der Inhaber nach Art 44 IV bei Verfall keine weiteren Handlungen vorzunehmen, sondern kann ohne weiteres auch nach Verfall den Rückgriff ausüben (44[13, 14]). Da die Ehrenannahme nur den Rückgriff vor Verfall abwendet, aber nicht den nach Verfall, würde daher eine nach Verfall erfolgende Ehrenannahme zwecklos sein. Sie wäre unzulässig und unverbindlich.

4. Sonderfälle: a) Bei Teilannahme ist Ehrenannahme nur für den **Anm 4** nicht angenommenen Teilbetrag, wegen dessen allein Rückgriff gegeben ist, zulässig und verbindlich. Der Ehrenannehmer hat keinen Anspruch auf Aushändigung des wegen teilweiser Verweigerung der Annahme erhobenen Protestes. Dieser ist nur gegen Zahlung des nicht angenommenen Teilbetrages (sei es auf Ehrenzahlung hin, sei es gemäß Art 51) auszuhändigen.

b) Bei der nicht akzeptablen Tratte kommt Rückgriff vor Verfall in seinem Hauptfall, dem Rückgriff mangels Annahme, begrifflich nicht in Frage (22[7]). Dagegen ist Rückgriff vor Verfall wegen Unsicherheit des Bezogenen oder Ausstellers nach Art 43 II Zf 2 u. 3 möglich. Ehrenannahme ist zur Abwendung dieses Rückgriffs trotz des scheinbar widersprechenden Wortlauts des Abs 1 zulässig (Grünhut, Grundriß 29; St-Str 56[5]; Hueck 71; Ulmer 277; Locher 261; Baumb-H 56[1B]; abw. Qu-A 56[6]; Langen, ZHR 90, 132; Priese-R 56[3]).

c) Wegen Ehrenannahme beim eigenen Wechsel vgl. 77[11].

5. Eine nach Abs I nicht zulässige Ehrenannahme ist eine in der Form **Anm 5** einer Ehrenannahme abgegebene Erklärung, die entweder zur Abwendung eines Rückgriffes vor Verfall mangels Vorliegens seiner Voraussetzungen nicht erforderlich oder zur Abwendung eines gegebenen Rückgriffs vor Verfall nicht geeignet ist. Eine solche Erklärung hat, weil ihre gesetzlichen Voraussetzungen nicht vorliegen, auch nicht die verpflichtende Kraft einer Ehrenannahme.

Zu beachten ist jedoch, daß mangels Bezeichnung eines Honoraten die Ehrenannahme gemäß Art 57 (Schlußsatz) als für den Aussteller abgegeben gilt. Es fragt sich, ob eine ohne Angabe eines zulässigen Honoraten (Art 55 II), also eine für eine andere Person als einen Rückgriffschuldner erklärte Ehrenannahme entsprechend zu behandeln ist. Dies ist bezüglich einer für den Annehmer oder dessen Bürgen erklärten Ehrenannahme gemäß § 140 BGB zu bejahen (St-Str 55[10]; abw. Qu-A 55[13]; Hupka 173). Dagegen kann eine für einen Indossanten ohne Obligo erklärte Ehrenannahme nicht in eine solche für dessen nächsten, haftenden Nachmann umgedeutet werden, weil diese Erklärung keine Übernahme der Haftung nach Maßgabe der Haftung dieses Nachmanns enthält (Art 58 I). Auch die für einen Rückgriffschuldner, der seine Haftung für die Annahme ausgeschlossen hat, abgegebene Ehrenannahme ist unwirksam, wenn nur die Voraussetzungen des Rückgriffs mangels Annahme vorliegen.

Die ohne die Rückgriffsvoraussetzungen erteilte unzulässige Ehrenannahme läßt sich trotz der Ähnlichkeit (aber nicht völligen Übereinstimmung) der Haftung auch nicht als W.bürgschaft aufrecht erhalten. Denn der Zweck und die wesentliche Wirkung der Ehrenannahme — Abwendung des Rückgriffs — ist mit der W.bürgschaft nicht verbunden (58[1]).

Anm 6 **II. Wirkungen** der Ehrenannahme. 1. Die Verpflichtungswirkung (Haftung des Ehrenannehmers) ist in Art 58 I geregelt (vgl. dort). Wegen der Anzeigepflicht vgl. 55[8].

2. Die den Zweck der Ehrenannahme bildende Hauptwirkung, nämlich die Abwendung des Rückgriffs vor Verfall gegen den Honoraten und seine Nachmänner, ist nur mittelbar in Abs 2 angegeben. Beim Vorhandensein einer Notadresse kann danach der Inhaber nur Rückgriff nehmen, wenn Ehrenannahme trotz Vorlegung des W vom Notadressaten verweigert (und dies durch Protest festgestellt) wird. Durch Ehrenannahme wird also der sonst eröffnete Rückgriff vor Verfall gegen den Honoraten und seine Nachmänner ausgeschlossen. Das gleiche gilt bei ungerufener Ehrenannahme; läßt der Inhaber diese zu, so ist nach Abs 3 Satz 2 der Rückgriff in gleichem Umfange ausgeschlossen.

Die Ehrenannahme hindert den Rückgriff vor Verfall nicht nur aus dem bei ihrer Erteilung bestehenden Grunde, sondern überhaupt. Wird also z. B. nach verweigerter Annahme des Bezogenen Ehrenannahme erteilt, so ist dadurch auch Rückgriff vor Verfall wegen etwa später eintretender Unsicherheit des Bezogenen ausgeschlossen. Das ist sachgemäß, da die Haftung des Ehrenannehmers für die in Frage gestellte Zahlung des Bezogenen bei Verfall Sicherheit bietet, so daß es unerheblich ist, weshalb Einlösung durch den Bezogenen zweifelhaft erscheint. Dagegen wäre die Zulassung des Rückgriffs zweckmäßig, wenn auch der Ehrenannehmer selbst unsicher wird; dies ist aber im Gesetz nicht vorgesehen.

Anm 7 3. Gegen die Vormänner des Honoraten kann trotz der Ehrenannahme Rückgriff genommen werden. Ebenso kann der Annehmer und dessen Bürge, wenn die Voraussetzungen des Unsicherheitsrückgriffs vorliegen, alsbald in Anspruch genommen werden, selbst wenn die Ehrenannahme zugunsten des Ausstellers erfolgt ist.

Demnach wird durch die Ehrenannahme das Notleiden des W nicht vollständig beseitigt, selbst wenn der Aussteller der Honorat ist. Dies kommt auch dadurch zum Ausdruck, daß der Honorat und seine Vormänner das Einlösungsrecht aus Art 50 behalten (Art 58 II). Für spätere Indossierungen folgt hieraus, daß nach Erhebung des Annahmeprotestes oder des Protestes aus Art 44 V gegen den Bezogenen erteilte Indossamente als Nachindossamente im Sinne des Art 20 zu behandeln sind, auch wenn sie nach erfolgter Ehrenannahme vollzogen werden. Jedoch hängt die Folgerung von der Stellungnahme zu der zu Art 20 erörterten Streitfrage ab, bis wann der W indossabel bleibt (20[7, 8]).

4. Rückgriff bei Verfall gegen den Honoraten und dessen Nachmänner wird durch Ehrenannahme eines am Zahlungsort wohnenden Intervenienten an die weitere Voraussetzung geknüpft, daß der W gemäß Art 60 dem Ehrenannehmer fristgemäß zur Zahlung vorgelegt und (falls nicht der Protest erlassen ist) auch gegen ihn protestiert wird. **Anm 8**

Dadurch, daß die Ehrenannahme den Rückgriff vor Verfall gegen den Honoraten und seine Nachmänner ausschließt, wird diesen Schuldnern gegenüber auch Art 44 IV unanwendbar: Die zur Erhaltung und Ausübung des Rückgriffs bei Verfall erforderlichen Handlungen (Vorlegung beim Bezogenen und Protest mangels Zahlung) müssen trotz eines vorausgegangenen Protestes mangels Annahme vorgenommen werden, um die Rückgriffrechte gegen den Honoraten und seine Nachmänner zu wahren.

III. Zu Abs II. Notadressen und Ehrenannahme. 1. Notadressen, die „am Zahlungsort annehmen oder zahlen sollen", sind solche, bei denen eine auf den Zahlungsort lautende Anschrift oder keine besondere Ortschaft angegeben ist (55[2]; St-Str 56[7, 8]). Nachbarorte sind in diesem Sinne nicht die gleiche Ortschaft. Notadressen am Zahlungsort muß der W, bevor Rückgriff gegen den Notadressanten und seine Nachmänner genommen werden kann, vorgelegt und gegen sie muß bei Verweigerung der Ehrenannahme Protest erhoben werden. Auch wenn wegen Verschiedenheit von Wohnort des Bezogenen und Zahlungsort der W dem Bezogenen zur Annahme nicht am Zahlungsort vorgelegt worden ist, hat (auch beim Rückgriff mangels Annahme) Vorlegung nur bei einer auf den Zahlungsort lautenden Notadresse zu erfolgen, und zwar am Zahlungsort. — Wegen Angehung mehrerer Notadressen vgl. 55[6]. **Anm 9**

Vorlegung bei der Notadresse zwecks Ehrenannahme hat, wie Abs II besagt, auch zu erfolgen, wenn die Notadresse nur zur Ehrenzahlung berufen ist. Sofern die Notadresse hierbei keine Ehrenzahlung anbietet (vgl. Anm 13), genügt es auch in diesem Falle, daß die Verweigerung der Ehrenannahme durch Protest festgestellt wird (vgl. Anm 12).

2. Die auf den Zahlungsort lautende Notadresse bewirkt also, daß Ehrenannahme von ihr angefordert werden muß, bevor Rückgriff genommen werden kann. Sie knüpft den Rückgriff an eine weitere, sonst nicht bestehende Voraussetzung (55[3]). In Abs 3 ist daraus die Folgerung gezogen, daß die von einer solchen Notadresse angebotene Ehrenannahme nicht zurückgewiesen werden kann. Unbegründete Zurückweisung führt aber nicht zu endgültiger Verwirkung des Rückgriffs. Vielmehr kann der Inhaber trotz einer früheren Zurückweisung der Ehrenannahme den W der Notadresse vorlegen und bei nunmehriger Verweigerung der Ehrenannahme Protest erheben lassen und Rückgriff nehmen. Dies beruht darauf, daß für Einholung der Ehrenannahme keine Frist besteht. Der Protest mangels Ehrenannahme braucht nicht sofort nach Eintritt des Rückgriffsfalls oder im Anschluß an den Protest gegen den Bezogenen erhoben zu werden. Selbst bei W mit einer Vorle- **Anm 10**

gungsfrist für die Annahme braucht die Ehrenannahme nicht innerhalb dieser Frist nachgesucht zu werden, sondern lediglich, bevor die Möglichkeit zum Rückgriff vor Verfall endet, also bis zum Eintritt des Verfalls (Anm 3). Ist die Vorlegung bis dahin unterblieben, so muß nunmehr zunächst fristgemäße Vorlegung des W zur Zahlung beim Bezogenen und nach Protest gegen diesen Vorlegung bei der Notadresse zur Ehrenzahlung gemäß Art 60 erfolgen, um Verwirkung des Rückgriffs zu vermeiden.

Anm 11 3. Vorlegung bei der Notadresse und Protest mangels Ehrenannahme sind demnach keine Erhaltungsakte, deren Versäumung Befreiung der Rückgriffschuldner nach sich zieht, sondern lediglich Voraussetzungen für die Ausübung des Rückgriffs vor Verfall. Der Protest gegen den Bezogenen und derjenige gegen die Notadresse mangels Ehrenannahme (auch Kontraprotest genannt) können gemäß Art 83 in einer Urkunde vereinigt werden (St-Str 56[12]; Qu-A 56[4]), es sei denn, daß der Notadressat seine Entscheidung über die Ehrenannahme davon abhängig macht, daß ihm der Rückgriffsfall durch Vorlegung des Protestes gegen den Bezogenen nachgewiesen wird. Dies kann er (von dem Fall des Art 44 VI abgesehen), weil der Ehreneintritt erst nach Vorliegen auch der formellen Rückgriffsvoraussetzungen stattzufinden hat (Anm 2). Wird die Ehrenannahme dem vorlegenden Protestbeamten erteilt, ohne daß vorher die Urkunde über den Protest gegen den Bezogenen fertiggestellt war, so muß dies nunmehr geschehen, damit die Ehrenannahme verbindlich wird (Anm 2).

Protesterlaß ist auch für den Kontraprotest gegen den Ehrenannehmer zulässig (46[6]) und in einem allgemeinen Protesterlaß des Ausstellers oder des Notadressanten mitenhalten (abw. in letzterem Punkt: Qu-A 56[18]; Baumb-H 56[2B]; Knur-H 56[2]).

Anm 12 4. Verweigerung der Ehrenannahme liegt auch vor, wenn der Notadressat Überlegungsfrist beansprucht, da Art 24 nicht anwendbar ist. Ebenso, wenn die Ehrenannahme auf einen Teil der Rückgriffsumme oder anderweit beschränkt wird (58[4]). Der W.inhaber braucht eine beschränkte Ehrenannahme nicht zuzulassen, kann also bei Beifügung einer Einschränkung ohne seine Zustimmung Protest erheben lassen und Rückgriff nehmen; dann tritt auch keine Haftung des Ehrenannehmers ein (Anm 5). Läßt der Inhaber aber beschränkte Ehrenannahme zu, so kann er in Höhe des von der Ehrenannahme gedeckten Betrages (wegen Verzichts auf Rückgriff; Rechtsgedanke des Abs III Satz 2) keinen Rückgriff vor Verfall nahmen. Der Ehrenannehmer haftet dann nach Maßgabe seiner Erklärung. Auch etwaige spätere Indossatare sind durch Zulassung der Ehrenannahme gebunden, da Nachindossamente (Anm 7) zur Abtretungswirkung haben (Art 20).

Ist Verweigerung der Ehrenannahme durch Protest festgestellt, so ist damit der Rückgriff vor Verfall eröffnet. Der Inhaber braucht weder eine nachträglich angebotene Ehrenannahme zuzulassen, noch bei Verfall weitere Handlungen zur Erhaltung des Rückgriffs vorzunehmen (Art 44 IV), auch nicht von den Notadressen Ehrenzahlung nach Art 60 einzufordern. Ebensowenig ist es für die Eröffnung des Rückgriffs nötig, die Notadressen nach verweigerter Ehrenannahme zur Ehrenzahlung aufzufordern (abw. Qu-A 56[21];

Baumb-H 56[2B]). Denn Art 56 II bestimmt deutlich, daß Verweigerung der Ehrenannahme genügt und Art 60 betrifft nur den Rückgriff mangels Zahlung bei Verfall (60[2]).

5. Der Notadressat hat das Recht, statt Ehrenannahme alsbald Ehrenzahlung vorzunehmen (Art 59 I). Der Inhaber kann die ihm angebotene Ehrenzahlung nicht zurückweisen (Art 61), also auch nicht Protest mangels Ehrenannahme erheben lassen. Ist aber Ehrenannahme einmal erteilt, so kann der Intervenient nicht nachträglich Ehrenzahlung für denselben Honoraten oder einen seiner Nachmänner anbieten. Denn gegen diese Schuldner kann infolge der Ehrenannahme kein Rückgriff vor Verfall genommen werden, also auch keine Ehrenzahlung nach Art 60 vor Eröffnung des Rückgriffs bei Verfall erfolgen. Dagegen kann der Ehrenannehmer wie jede andere Person (außer dam Annehmer und dessen Bürgen) Ehrenzahlung für Vormänner des Honoraten der Ehrenannahme leisten. Außerdem behalten nicht nur der Annehmer und die Vormänner des Honoraten, sondern auch dieser selbst das Einlösungsrecht aus Art 50 (Art 58 II). **Anm 13**

IV. Zu Abs III. Gerufene und ungerufene Ehrenannahme. **Anm 14**

1. Eine nicht durch Notadresse gerufene Ehrenannahme kann der Inhaber zurückweisen, ohne dadurch an Durchführung des Rückgriffs vor Verfall gehindert zu werden.

Gerufen ist eine Ehrenannahme, wenn sie für den Notadressanten als Honoraten erfolgt. Will also ein durch Notadresse eines Indossanten berufener Intervenient zu Ehren des Ausstellers annehmen, so braucht der Inhaber dies nicht zuzulassen. Denn er würde dann gegen die Vormänner des Notadressanten keinen Rückgriff vor Verfall nehmen können. Dagegen kann er der Ehrenannahme für einen Nachmann des Notadressanten nicht widersprechen. Denn die Notadresse wirkt auch ohne Wiederholung durch die Nachmänner mit zu deren Gunsten, so daß der Ehrenannehmer auch sie als Notadressanten behandeln und zu ihren Ehren annehmen kann (Qu-A 56[12]; Baumb-H 57[1]). Freilich kann dann der Inhaber wegen der unterbliebenen Ehrenannahme zu Ehren des Notadressanten Kontraprotest erheben lassen und gegen die Vormänner des nunmehrigen Honoraten Rückgriff vor Verfall nehmen.

Der Eintritt eines durch Notadresse berufenen Ehrenannehmers erfolgt, falls nicht ausdrücklich ein anderer Honorat angegeben wird, für den Notadressanten, auch wenn dies nicht der Aussteller ist (bestr.; 57[4]).

2. Läßt der Inhaber eine ungerufene Ehrenannahme zu, so hat sie dieselben Wirkungen wie eine gerufene Ehrenannahme. **Anm 15**

Auch die Ehrenannahme durch eine nicht auf den Zahlungsort lautende Notadresse (Anm 9) kann der Inhaber zurückweisen. Läßt er sie zu, so ist Rückgriff vor Verfall ausgeschlossen und der Ehrenannehmer haftet nach Art 58. Jedoch ist in diesem Falle nach Protest mangels Zahlung gegen den Bezogenen bei Verfall keine Aufforderung des Ehrenannehmers zur Ehrenzahlung (nach Art 60) zwecks Erhaltung des Rückgriffs gegen den Honoraten, dessen Nachmänner und den Ehrenannehmer erforderlich. Denn Art 60 ist nur anwendbar, wenn der Ehrenannehmer am Zahlungsorte wohnt.

Anm 16 V. Beim **Sichtwechsel** ist entsprechende Anwendung des Abs II für den Rückgriff nach Verfall geboten, da die durch Art 60 I vorgeschriebene Aufsuchung von Notadressen nicht alsbald nach dem durch Sicht herbeigeführten Verfall, sondern nur vor Ablauf der Vorlegungsfrist (Art 34) zu erfolgen braucht (60^5). Die Ausübung des Rückgriffs ist aber nach dem in Abs 2 des vorl. Artikels zum Ausdruck kommenden Rechtsgedanken erst nach Angehung der Notadressen zulässig. Daher muß beim SichtW, bevor Rückgriff mangels Zahlung genommen werden kann, eine etwa angegebene auf den Zahlungsort lautende Notadresse zur Ehrenzahlung aufgefordert und gegen sie Protest mangels Ehrenzahlung erhoben werden.

Artikel 57

Die Ehrenannahme wird auf dem Wechsel vermerkt; sie ist von demjenigen, der zu Ehren annimmt, zu unterschreiben. In der Annahmeerklärung ist anzugeben, für wen die Ehrenannahme stattfindet; mangels einer solchen Angabe gilt sie für den Aussteller.

Anm 1 **I. Zu Satz 1: Form** der Ehrenannahme. 1 Inhalt des Vermerks. Durch die Ehrenannahme erklärt der Eintretende, zwecks Abwendung des Rückgriffs gegen den Honoraten die gleiche Haftung wie dieser zu übernehmen. Dies muß in einer für den W.verkehr verständlichen, wenn auch abgekürzten Form zum Ausdruck kommen, ohne daß das WG einen bestimmten Wortlaut für die Erklärung oder den Gebrauch des Wortes Ehrenannahme vorschreibt. Ausreichend ist z. B.: „Zu Ehren des . . . gez. N N", „Als Ehrenannehmer für . . . gez. N N", „Zur Vermeidung des Rückgriffs gegen . . . gez. N N", „als Intervenient gez. N N", „ehrenhalber für . . . gez. N N", „Nach Protest" oder „Unter Protest" (d. h. nach der durch Protest gegen den Bezogenen erfolgten Eröffnung des Rückgriffs).

Die Erklärung „angenommen N N" auf der Vorderseite des W ohne Angabe des Honoraten ist bei ungerufener Ehrenannahme nicht genügend, weil sie nach Art 31 III als Bürgschaft für den Aussteller gelten müßte (31^3). Beim Vorhandensein einer auf den Erklärenden lautenden Notadresse wäre dagegen dieser Vermerk als Annahme der in der Notanschrift enthaltenen Aufforderung zum Ehreneintritt zweifelsfrei und daher als Ehrenannahme wirksam (Anm 4). Auch wenn sich der Vermerk „angenommen" hinter dem Protest mangels Annahme oder demjenigen aus Art 44 V auf der Rückseite des W befindet, handelt es sich um eine erkennbare Ehrenannahme, selbst wenn keine Notadresse auf den Intervenienten vorhanden ist.

Anm 2 2. Platz des Vermerks. Die Ehrenannahme muß auf dem W erklärt werden, wozu auch ein damit verbundener Anhang gehört; die Stelle auf dem W ist gleichgültig. Räumliche Verbindung mit der Notadresse ist nicht erforderlich. Vermerk in unmittelbarem Anschluß an den gegen den Bezogenen erhobenen Protest ist sachgemäß, weil dadurch das Vorliegen der Rückgriffsvoraussetzungen bei Abgabe der Ehrenannahme klargestellt wird.

Da die Ehrenannahme nicht unter den auf einer W.abschrift zulässigen Erklärungen in Art 67 III aufgeführt ist, ist die Ansicht, daß Erklärung auf einer W.abschrift genüge (so: Langen, ZHR 90, 140; Qu-A 57[3]; Baumb-H 57[1]), abzulehnen (gl. A.: Lenhoff 88; Hupka 185). Die gesetzliche Regelung ist zweckmäßig, weil sie sichert, daß Protest und Ehrenannahme auf dieselbe Urkunde gesetzt werden, so daß nicht auf Grund des protestierten W in Unkenntnis der Ehrenannahme Rückgriff genommen werden kann.

3. Unterschrift. Da die auf den W zu setzende Erklärung zu unterschreiben ist (vgl. 1[23]), genügt es nicht, daß der mit der Vorlegung des W beauftragte Protestbeamte in Zusammenhang mit dem Protest gegen den Bezogenen beurkundet, der Notadressat habe auf Vorlegung des W erklärt, er nehme zu Ehren des Notadressaten an. Das würde, da der Protest mit dem W verbunden wird, zwar die Ehrenannahme auf dem W vermerken, aber nicht die notwendige handschriftliche Unterzeichnung ersetzen. Dagegen würde es genügen, wenn der Ehrenannehmer eine solche Beurkundung des Protestbeamten mit einem seine Genehmigung ergebenden Zusatz („genehmigt. N N") unterzeichnet. „Bloße" Unterschrift ist wegen Art 13 II u. Art 31 III nicht ausreichend. **Anm 3**

II. Zu Satz 2: Bezeichnung des **Honoraten.** Diese hat durch die Erklärung des Ehrenannehmers zu erfolgen, d. h. in dem von ihm unterschriebenen Vermerk oder in erkennbarem Zusammenhang damit. Die Worte „in der Annahmeerklärung" sind als gleichbedeutend mit „durch" die Erklärung auszulegen, wie ein Vergleich mit dem fremdsprachigen Text des EWG ergibt, dessen wörtliche Übersetzung lauten würde: Die Ehrenannahme hat zu bezeichnen, zu wessen Ehren sie erfolgt. Der übrige W.inhalt kann daher nach allgemeinen Auslegungsregeln mit herangezogen werden. Danach erscheint es unbedenklich, die ohne ausdrückliche Nennung eines Honoraten erfolgende Ehrenannahme eines Notadressaten als für den diesen Ehreneintritt herbeirufenden Notadressanten geschehend anzusehen. Demnach ist der zweite Halbsatz des Abs 2 in aller Regel nur auf ungerufene Ehrenannahmen anwendbar: Nur wenn die Ehrenannahme bei Auslegung nach Treu und Glauben unter Berücksichtigung des übrigen W.inhalts nicht ergibt, für wen sie erklärt wird, gilt sie als für den Aussteller erfolgt, ohne daß diese gesetzliche Folge durch den Nachweis abweichender Abrede oder anderer aus dem W nicht ersichtlicher Umstände widerlegt werden könnte. Diese einschränkende Auslegung entspricht auch den Interessen der Beteiligten (St-Str 57[4]; abw. Qu-A 57[4]). **Anm 4**

Die Ehrenannahme kann auch zugunsten eines anderen Rückgriffschuldners als des Notadressanten erklärt werden (56[14]).

Artikel 58

Wer zu Ehren annimmt, haftet dem Inhaber und den Nachmännern desjenigen, für den er eingetreten ist, in der gleichen Weise wie dieser selbst.

Trotz der Ehrenannahme können der Wechselverpflichtete, zu dessen Ehren der Wechsel angenommen worden ist, und seine Vormänner vom Inhaber gegen Erstattung des im Artikel 48 angegebenen Betrages die Aushändigung des Wechsels und gegebenenfalls des erhobenen Protestes sowie einer quittierten Rechnung verlangen.

Anm 1 **I. Zu Abs I. Haftung des Ehrenannehmers.** 1. Die Haftung des Ehrenannehmers ist derjenigen des W.bürgen verwandt. Beide verpflichten sich, obwohl sie regelmäßig am W.umlauf nicht beteiligt sind, nach Maßgabe der bereits vorhandenen Unterschrift eines anderen W.schuldners zwecks weiterer Sicherung des W.inhabers. Wie der Schuldner, für den sie eintreten, haften sie nicht nur demjenigen, der Inhaber des W bei Abgabe ihrer Verpflichtungserklärung ist (sowie den späteren Erwerbern des W), sondern allen Nachmännern ihres Honoraten.

Während aber W.bürgschaft grundsätzlich für einen noch nicht notleidenden W übernommen wird und auf die Zulässigkeit des Rückgriffs vor Verfall ohne Einfluß ist, hat die Ehrenannahme die Eröffnung des Rückgriffs vor Verfall zur Voraussetzung (56[2]) und bewirkt den Ausschluß dieses Rückgriffs gegen den Honoraten (56[6]). Dieser Unterschied erklärt, warum W.bürgschaft auch für den Annehmer zulässig ist, Ehrenannahme aber nur für einen Rückgriffschuldner (55[5]). Auch folgt daraus, daß der W.bürge schon im Rückgriff vor Verfall, der Ehrenannehmer aber nur nach Verfall in Anspruch genommen werden kann. Ferner ergibt die formelle Gestaltung des Rückgriffs gegen den Honoraten der Ehrenannahme eine für den W.bürgen nicht zutreffende Einschränkung der Haftung eines am Zahlungsort wohnenden Ehrenannehmers (Anm 7).

Diese Unterschiede schließen trotz der Ähnlichkeit beider Verpflichtungsarten die Umdeutung einer als Ehrenannahme beabsichtigten, aber als solcher unwirksamen Erklärung in eine W.bürgschaft aus (56[5]).

Anm 2 2. Für die Entstehung der Haftung ist außer der formgerechten Erklärung auf dem W (Art 57) und den aus Art 55 II u. III sowie aus Art 56 I ersichtlichen Voraussetzungen (56[2–4]) die Aushändigung des mit der Erklärung des Ehrenannehmers versehenen W (Begebung) wie bei der W.bürgschaft erforderlich (31[6]; 28[3]).

Anm 3 3. Art und Umfang der Haftung. Wie der W.bürge haftet auch der Ehrenannehmer so, als ob er die Erstunterschrift (des Honoraten) selbst abgegeben hätte. Obwohl bezüglich der Ehrenannahme die in Art 32 II gegebene Vorschrift nicht wiederholt ist, ergibt sich hier die gleiche Rechtslage bereits aus dem in Art 7 niedergelegten Grundsatz der Selbständigkeit der W.verpflichtungen (CR 319). Danach ist für die Haftung des Ehrenannehmers das Vorliegen einer dem äußeren Bilde nach verpflichtenden Unterschrift des Honoraten erforderlich und genügend. Die Haftung ist nicht derart akzessorisch, daß sich der Ehrenannehmer der Einwendungen des Honoraten (z.B. Geschäftsunfähigkeit, Gefälligkeitsunterschrift) bedienen könnte. Im einzelnen sind die Erläuterungen über die Haftung des W.bürgen (32[2–5]), soweit sie sich nicht auf den Bürgen des Annehmers beziehen, auch hier zutreffend.

Da Honorat der Ehrenannahme nur ein Rückgriffschuldner sein kann (55[5]), haftet auch der Ehrenannehmer stets nur als Rückgriffschuldner.

Wie beim W.bürgen wird wegen der durch Art 46 angeordneten rein persönlichen Wirkung eines nicht vom Aussteller ausgehenden Protesterlasses die Wirkung eines Protesterlasses des Honoraten (sofern dies nicht der Aussteller ist) nicht den Ehrenannehmer betreffen (bestr.; 46[11]). Der Inhaber kann daher auf Grund eines vom Honoraten bewilligten Protesterlasses zwar gegen diesen, aber nicht gegen den Ehrenannehmer Rückgriff ohne Protest gegen den Bezogenen und gegen den Ehrenannehmer nehmen. Andrerseits ist auch der Ehrenannehmer, obwohl er in Art 46 nicht ausdrücklich erwähnt ist, als befugt anzusehen, selbst für seine Person den Protest zu erlassen, so daß er selbst (aber nicht der Honorat) ohne Protest gegen den Bezogenen und ohne Kontraprotest aus Art 60 haftbar bleibt. Wegen Protesterlaß für den Kontraprotest vgl. 56[11].

4. Der Ehrenannehmer kann hiesigen Erachtens seine gesetzliche Haftung durch einen Vermerk bei der Ehrenannahme einschränken, wie dies die Indossanten nach Art 15 tun können, und zwar aus den hinsichtlich des W.-bürgen dargelegten, auch hier zutreffenden Gründen (30[6–7]). Da aber die Ehrenannahme für den Inhaber nicht nur den Vorteil eines zusätzlichen Schuldners, sondern auch den Ausschluß seines Rechts, vor Verfall Rückgriff zu nehmen, mit sich bringt, braucht der Inhaber eine Ehrenannahme mit Haftungsbeschränkung, auch wenn sie von einem Notadressaten ausgeht, nicht zuzulassen (56[12]). **Anm 4**

Einschränkungen der Haftung können, wenn der Inhaber nicht die Ehrenannahme zurückweist, z. B. zum Inhalt haben.

a) Beschränkung auf einen Teil der W.summe (für den Bürgen in Art 30 I ausdrücklich zugelassen). Läßt der Inhaber eine solche Ehrenannahme zu, so kann er wegen des nicht gedeckten Teilbetrages bei gerufener Ehrenannahme Kontraprotest nach Art 56 II erheben lassen. Dessen Beurkundung wird in entspr. Anwendung von Art 82 II zu erfolgen haben, indem der Protest gegen den Notadressaten (Ehrenannehmer) mit einer begl. Abschrift des W und des gegen den Bezogenen bereits erhobenen Protestes (mangels Annahme oder aus Art 44 V) verbunden wird. Der Inhaber kann dann Rückgriff vor Verfall gegen den Honoraten und dessen Nachmänner nur wegen des durch die Teil-Ehrenannahme nicht gedeckten Restbetrages nehmen (56[12]). Bei Zahlung dieses Betrages ist dem Rückgriffschuldner der Protest wegen teilweise verweigerter Ehrenannahme und quittierte Rückrechnung auszuhändigen; die Zahlung des Teilbetrages auf dem W zu vermerken (51[2]). Der einlösende Rückgriffschuldner kann auf Grund der ihm ausgehändigten Urkunden weiteren Rückgriff nehmen (51[6]). **Anm 5**

Wegen des durch die Ehrenannahme gedeckten Betrages kann der Inhaber auf Grund des mit dem Protest gegen den Bezogenen verbundenen W Rückgriff nur gegen die Vormänner des Honoraten nehmen (56[7]). Er kann dies auch wegen der ganzen W.summe, solange er den durch die Ehrenannahme nicht gedeckten Teilbetrag nicht von dem Honoraten oder dessen Nachmännern eingezogen hat, was sich aus dem Fehlen des andernfalls gemäß Art 51 auf den W gesetzten Teilzahlungsvermerks ergibt. Die Vormänner des Honoraten sind an der Ehrenannahme nicht beteiligt. Der gegen den Notadressaten erhobene Protest braucht ihnen bei Einlösung des W nur ausgehändigt zu werden, falls sie oder einer ihrer Vormänner die Notadresse beigefügt hatten.

Anm 6 b) Ausschluß des vom Aussteller ausgehenden Protesterlasses. In diesem Falle haftet der Ehrenannehmer nur, wenn fristgemäß Protest erhoben wird, insb. auch nach Art 60. Wegen der Protestkosten vgl. 46[10].

c) Abkürzung der ges. Verjährungsfrist (vgl. 70[4]; § 225 BGB).

d) Abweichungen bez. der Zahlungszeit von der ges. Regelung. Stimmt der Inhaber derartigen Einschränkungen der Haftung des Ehrenannehmers zu, indem er die Ehrenannahme nicht zurückweist, so enthält die Zulassung der Ehrenannahme einen Verzicht auf Rückgriff gegen den Honoraten und dessen Nachmänner, da die Ehrenannahme zwecks Abwendung dieses Rückgriffs erteilt wird (56[12]; die abw. Ans. St-Str 57[3] wird aufgegeben). Der Ehrenannehmer haftet dann nach Maßgabe seiner Erklärung.

Anm 7 5. Vorlegung bei Verfall nach Art 60. Der Rückgriff gegen den Ehrenannehmer wird nicht nur durch Unterlassung der gegenüber dem Bezogenen bei Verfall vorzunehmenden Erhaltungsakte (Vorlegung nach Art 38 I bzw. Protest mangels Zahlung) verwirkt. Vielmehr muß der Inhaber, sofern der Ehrenannehmer am Zahlungsorte wohnt (60[8, 9]), weiterhin den W gemäß Art 60 spätestens am Tage nach Ablauf der für den Protest gegen den Bezogenen nach Art 44 III bestehenden Frist, also am dritten Werktage nach dem Zahlungstage, auch dem Ehrenannehmer zur Zahlung vorlegen und notfalls gegen ihn mangels Ehrenzahlung protestieren lassen. Bei Versäumung dieser Frist erlischt nicht nur die Haftung des Honoraten und seiner Nachmänner, sondern auch die Haftung des Ehrenannehmers, da dieser ja nur wie der Honorat haftet.

Anm 8 **II. Zu Abs II. Einlösuugsrecht** nach Art 50. Der Fortbestand des Einlösungsrechts der Vormänner des Honoraten ist selbstverständlich, weil der Rückgriff gegen sie durch die Ehrenannahme nicht gehindert ist (56[7]). Das Einlösungsrecht des Honoraten, dessen Ausübung durch die Benachrichtigung nach Art 55 IV gesichert wird, dient dazu, ihm alsbaldige Inanspruchnahme seiner Vormänner und des Annehmers zu ermöglichen, falls der Inhaber mit Rücksicht auf die Haftung des Ehrenannehmers den Verfall abwarten will. Dies ist zwar eine Ausnahme von dem Grundsatz, daß nnr der Schulhner, gegen den Rückgriff genommen werden kann, zur Einlösung nach Art 50 befugt ist (50[10]). Der Inhaber wird aber in seinen Rechten hierdurch nicht beeinträchtigt, da bereits der Ehrenannehmer die Einlösung durch Ehrenzahluug hätte vornehmen können (56[13]). Weniger sachgemäß ist es, daß die Nachmänner des Honoraten selbst bei ungerufener Ehrenannahme ihr Einlösungsrecht verlieren, obwohl sie für die Zahlungsfähigkeit des Ehrenannehmers keine Sicherheit haben.

Der Ehrenannehmer selbst hat kein Recht, den W vor Verfall einzulösen (Locher 128) oder seine Ehrenannahme in eine Ehrenzahlung umzuwandeln (56[13]). Erst nach Ehrenzahlung bei Verfall kann er den Honoraten und dessen Vormänner in Anspruch nehmen (Art 63 I).

3. Ehrenzahlung

Artikel 59

Die Ehrenzahlung ist in allen Fällen zulässig, in denen der Inhaber bei Verfall oder vor Verfall Rückgriff nehmen kann.

Die Ehrenzahlung muß den vollen Betrag umfassen, den der Wechselverpflichtete, für den sie stattfindet, zahlen müßte.

Sie muß spätestens am Tage nach Ablauf der Frist für die Erhebung des Protestes mangels Zahlung stattfinden.

I. Die **Voraussetzungen der Ehrenzahlung** werden durch den vorl. Artikel geregelt, soweit sie sich nicht bereits aus den allgemeinen, beide Formen des Ehreneintritts betreffenden Bestimmungen des Art 55 ergeben. **Anm 1**

1. Wie bei der Ehrenannahme ist auch bei der Ehrenzahlung gerufener und ungerufener Ehreneintritt zulässig. In der Regel wird der Ehrenzahler entweder durch Notadresse gerufen oder durch vorherige Ehrenannahme zur Zahlung verpflichtet sein. Ob dies zutrifft, ist für die Verpflichtung des Gläubigers zur Einforderung der Ehrenzahlung nach Art 60 bedeutsam. Anders als bei der Ehrenannahme kann aber der Inhaber auch eine ungerufene Ehrenzahlung nicht ohne Rechtsverlust zurückweisen (Art 61). Die ungerufene Ehrenzahlung hat auch bezüglich des Rechtserwerbs nach Art 63 dieselben Wirkungen wie die gerufene Ehrenannahme (irrtümlich: Baumb-H 59[1]).

2. Zweck der Ehrenzahlung. Im Gegensatz zur Ehrenannahme, die der Abwendung des Rückgriffs vor Verfall dient (56[6]), bezweckt Ehrenzahlung die Abkürzung des Rückgriffs. Beide Einrichtungen dienen dazu, Kreditschädigungen zu vermeiden, die für den Notadressanten (Honorat) dadurch entstehen könnten, daß von ihm in Umlauf gebrachte und zur Deckung seiner Verbindlichkeiten benutzte W sich als schlecht erweisen. Die durch den Bezogenen unterbliebene „Honorierung" wird durch den Ehrenzahler ersetzt, wodurch nicht nur der letzte Inhaber alsbald Zahlung erhält, sondern auch die Nachmänner des Honoraten aus dem Rückgriff ganz ausgeschaltet werden (Art 63 II). Hierauf beruht auch das Vorkommen von W, in denen der Aussteller für den Notfall Vorlegung bei sich selbst anordnet (55[6]), um mangels Zahlung des Bezogenen den W „zu eigenen Ehren" einzulösen, bevor das Notleiden des W durch Einleitung des Rückgriffs oder Notanzeige bekannt wird. **Anm 2**

II. Beteiligte. Wer als Ehrenzahler eintreten, und für wen als Honorat Ehrenzahlung geleistet werden kann, ergibt sich aus Art 55 II u. III: **Anm 3**

1. Honorat kann danach nur ein Rückgriffschuldner sein (55[5]). Seine Person ist in dem nach Art 62 I auf den W zu setzenden Vermerk über die Ehrenzahlung anzugeben, widrigenfalls der Aussteller als Honorat gilt.

Eine für eine andere Person erfolgende Zahlung ist ungeachtet ihrer Bezeichnung keine Ehrenzahlung. Zahlung für den Bezogenen oder Annehmer tilgt die gesamte W.verbindlichkeit (47[9]) und kann keine W.rechte auf den Zahlenden nach Art 63 übertragen, auch wenn sie als Ehrenzahlung für den

Bezogenen bezeichnet wird. Ob und welche Ansprüche der Zahlende in solchen Fällen gegen den erwirbt, für dessen Rechnung er zahlt, richtet sich nicht nach W.recht (CR 145 Nr 126), sondern nach bürgerl. Recht je nach dem zugrundeliegenden Rechtsverhältnis.

Die Wirkung der Ehrenzahlung ist unabhängig davon, ob der Honorat aus seiner Unterschrift tatsächlich haftet, ob er also z. B. persönliche Einwendungen im Sinne des Art 17 dem bezahlten Inhaber hätte entgegenhalten können, oder ob seine Unterschrift gefälscht ist (abw. Qu-A 63³). Wie bei der Ehrenannahme ist auch hier eine dem äußeren Bilde nach verpflichtende Unterschrift des Honoraten erforderlich und ausreichend (58³). Welche Einwendungen der Honorat und seine Vormänner dem Ehrenzahler entgegen halten können (vgl. 63⁵), wird dadurch nicht entschieden.

Ehrenzahlung kann daher nicht deshalb zurückgefordert werden, weil dem Zahlenden unbekannt war, daß der Honorat tatsächlich nicht haftete (vgl. St-Str 62⁶), z. B. weil seine Unterschrift gefälscht war (abw. unter WO: RG 70, 351). Ein Rückforderungsrecht kann aber dann geltend gemacht werden, wenn der Inhaber den Ehrenzahler hinsichtlich der ihm bekannten Unverbindlichkeit der Unterschrift des Honoraten getäuscht hat.

Anm 4 2. Ehrenzahler (also Honorant) kann jede Person außer dem Annehmer und dessen Bürgen sein (55⁶). Insbesondere kann auch ein Bezogener, wenn er nicht angenommen hat und den W nicht für eigene Rechnung einlösen will, Ehrenzahlung für den Aussteller oder einen anderen Rückgriffschuldner leisten und dadurch nach Art 63 W.ansprüche erwerben. Häufiger wird es vorkommen, daß der nach Art 4 benannte Zahlungsleister Zahlung für Rechnung des Annehmers ablehnt, aber zu Ehrenzahlung für den Aussteller bereit ist. In beiden Fällen müssen Bezogener bzw. Domiziliat zunächst gegen sich Protest mangels Zahlung erheben lassen, bevor sie eine Ehrenzahlung leisten können.

Ehrenzahlung eines Rückgriffschuldners, der angibt, zu Ehren eines seiner Nachmänner zu zahlen, gibt dem Ehrenzahler regelmäßig keine Ansprüche gegen seine Nachmänner einschließlich des Honoraten. Denn diese könnten, wenn der Zahlende sie auf Grund von Art 63 in Anspruch nehmen will, einwenden, daß der Ehrenzahler ihnen als ihr Vormann im Rückgriff erstattungspflichtig ist (11⁶; 47¹⁶). Dies gilt auch bei Zahlung durch einen Ehrenannehmer. Dieser haftet nach Art 58 I den Nachmännern des bei der Ehrenannahme bezeichneten Honoraten. Er kann daher, auch wenn er Zahlung zu Ehren eines Nachmanns seines ursprünglichen Honoraten leistet, diejenigen Beteiligten nicht in Anspruch nehmen, denen gegenüber er selbst auf Grund der Ehrenannahme als Rückgriffschuldner haftet.

Bei gleichzeitigem Angebot mehrerer Ehrenzahlungen ist Art 63 III zu beachten (vgl. auch 60⁷).

Anm 5 3. Zahlungsempfänger ist regelmäßig der Inhaber beim Eintritt des Rückgriffalls, also der erste Rückgriffnehmer oder sog. letzte Inhaber (47²). Ausnahmsweise kann aber Ehrenzahlung auch nach Beginn des W.rücklaufs zu Händen eines gunckgriffschuldners, der den notleidenden W eingelöst hat, stattfinden (Anm 7), insb. durch einen Ehrenabnehmer, der bei der nach Art 60 erfolgten Vorlegung nicht gezahlt hat, aber nachträglieh den W einlöst.

III. Befristung der Ehrenzahlung. 1. **Zu Abs I.** Fristbeginn. Ehrenzahlung kann stets erfolgen, wenn Rückgriff zulässig ist, sowohl bei wie vor Verfall. Da der Rückgriff vor Verfall nach Art 56 durch Ehrenannahme abgewendet werden kann, hat der zu Ehren Eintretende vor Verfall die Wahl zwischen Ehrenannahme und -zahlung, auch wenn er in der Notadresse nur für eine dieser Maßnahmen berufen sein sollte (56[13]). **Anm 6**

Damit Ehrenzahlung erfolgen kann, müssen wie bei Ehrenannahme (56[3]) die sachlichen und formalen Rückgriffsvoraussetzungen nach Art 43, 44 erfüllt sein. Grundsätzlich muß also (von Protesterlaß und den Fällen des Art 44 VI abgesehen) der Protest gegen den Bezogenen (oder Aussteller des eigenen W) beurkundet sein, bevor Ehrenzahlung stattfinden kann. Es wird aber genügen, daß die Protestbeurkundung nachgeholt wird, falls die Ehrenzahlung nach vergeblicher Aufforderung des Bezogenen durch den Protestbeamten, aber vor Herstellung der Protesturkunde erfolgt (56[2]; 60[4]; Qu-A 59[3]). Vor Vornahme der Protesthandlung gegen den Bezogenen ist Ehrenzahlung dagegen nicht statthaft. Der Zahlende muß sich in diesem Falle den W indossieren oder die Rechte des bezahlten Gläubigers an sich abtreten lassen; die bürg.-rechtl. Abtretung wird regelmäßig in der Übergabe des bezahlten W durch den befriedigten Gläubiger enthalten sein.

2. **Zu Abs III.** Fristablauf. Das „spätestens am Tage nach Ablauf der Frist für die Erhebung des Protestes mangels Zahlung" eintretende Ende der Frist fällt nach Art 44 III (für alle W außer SichtW) auf das Ende des dritten Werktages nach dem Zahlungstage. Diese Befristung deckt sich mit der aus Art 60 für die Anforderung der Ehrenzahlung bei Notadressen oder Ehrenannehmern am Zahlungsort. Sie gilt auch bei Protesterlaß. Ebenso beim Rückgriff vor Verfall; hier können Ehrenzahlungen von der Eröffnung des Rückgriffs an bis zum Verfall zuzüglich der weiteren drei Werktage erfolgen, selbst wenn bei Verfall Vorlegung und Protest gemäß Art 44 IV nicht erforderlich sind. **Anm 7**

Für Sichtwechsel läuft die Frist an dem auf den Ablauf der nach Art 34 bestimmten Vorlegungsfrist (44[12]) folgenden Werktage ab, auch wenn der Verfall schon lange zuvor durch Vorlegung des W zur Zahlung herbeigeführt und alsbald Protest mangels Zahlung erhoben ist.

Es ist daher sowohl im Rückgriff vor Verfall wie bei SichtW möglich, daß der W bereits rückläufig in der Hand eines einlösenden Rückgriffschuldners ist, wenn ungerufene Ehrenzahlung vor Ablauf der Frist des Abs III angeboten wird. Solche Ehrenzahlung darf zur Vermeidung des Rückgriffsverlusts nach Art 61 nicht zurückgewiesen werden. Beim Vorhandensein auf den Zahlungsort lautender Notadressen kann allerdings Rückgriff vor Verfall (beim SichtW auch Rückgriff bei Verfall: 56[16]) erst nach vergeblicher Angehung der Notadresse genommen werden (56 II). Auch ein Notadressat, der bei dieser Vorlegung Ehreneintritt verweigert hat, kann aber nachträglich bis zum Ablauf der durch die vorl. Bestimmung festgesetzten Frist Ehrenzahlung anbieten, selbst wenn der Rücklauf des W inzwischen begonnen hat.

3. Ehrenzahlung nach Fristablauf kann der Inhaber zurückweisen, ohne Rückgriffsverlust nach Art 61 herbeizuführen. **Anm 8**

Das gilt auch für die Zahlung eines Ehrenannehmers, die nach vergeblicher Vorlegung bei Verfall (Art 60) verspätet angeboten wird. Ihre Zurückweisung bringt zwar den Gläubiger in Annahmeverzug, da der Ehrenannehmer als Rückgriffschuldner jederzeit gemäß Art 50 Einlösung vornehmen kann, kann aber nicht mehr die Verwirkung des einmal eröffneten Rückgriffs herbeiführen. Auch die verspätete Zahlung des Ehrenannehmers bleibt aber Ehrenzahlung, selbst wenn sie nicht mehr an den letzten Inhaber, sondern an einen Rückgriffnehmer nach Art 49 erfolgt. Der Ehrenannehmer kann sich daher auch in diesem Falle für seinen weiteren Rückgriff auf Art 63 stützen (zust. Baumb-H 59[8]; Knur-H 59[3]).

Verspätete Zahlung durch eine andere Person als den Ehrenannehmer bewirkt, auch wenn sie als Ehrenzahlung bezeichnet und vom W.gläubiger als solche zugelassen wird, keinen Rechtserwerb des Zahlenden nach Art 63, selbst wenn der Zahlende ein Notadressat ist. Ist der Zahlende ein Rückgriffschuldner, so wird er nach Art 47 III, 49 zum Einlösungsrückgriff berechtigt. Andernfalls muß der Zahlende die Ansprüche des bezahlten Gläubigers durch Nachindossament oder Abtretung erwerben. In der Aushändigung des quittierten W wird die bürg.-rechtl. Abtretung regelmäßig erblickt werden können. Der Zahlende kann dann aber nur die Rechte des bezahlten Gläubigers als dessen bürgerl. Rechtsnachfolger geltend machen, so daß ihm alle gegen seinen Rechtsvorgänger etwa begründeten Einwendungen entgegenstehen.

Anm 9 **IV. Zu Abs II. Umfang** der Ehrenzahlung. Da der W.verpflichtete, für den die Ehrenzahlung geleistet wird, Rückgriffschuldner ist (Anm 3), ist der „Betrag, den er zahlen müßte", die Rückgriffsumme, die im Regelfall, d. h. bei Zahlung an den letzten Inhaber, nach Art 48, andernfalls (vgl. Anm 7 f) nach Art 49 zu berechnen ist. Sie schließt die dem Gläubiger zustehende „Vergütung" von ⅓% der W.summe ein.

Daß die Zahlung den vollen Betrag umfassen „muß", bedeutet, daß der Inhaber Teilzahlungen zurückweisen kann. Nimmt jedoch der Inhaber eine Teilzahlung an, so hat er darüber gemäß Art 62 I auf dem W Quittung zu leisten; insoweit gehen die Rechte aus dem W nach Art 63 I auf den Zahlenden über (St-Str 59[8]; abw. Qu-A 59[6]; Baumb-H 59[2]), sofern die übrigen Voraussetzungen einer Ehrenzahlung vorliegen. Den W braucht der Inhaber wie bei Teilzahlungen von Rückgriffschuldnern (50[13]) nicht auszuhändigen. Statt dessen wird er dem Zahlenden unter Vermerk der Ehrenzahlung auf dem W (vgl. Art 62 I) Quittung auszuhändigen haben (Art 39 III entspr.). Wegen des Rückgriffs des die Teilzahlung Leistenden vgl. 50[13] und wegen Zahlung nach einer Teil-Ehrenannahme 51[5].

Artikel 60

Ist der Wechsel von Personen zu Ehren angenommen, die ihren Wohnsitz am Zahlungsort haben, oder sind am Zahlungsort wohnende Personen angegeben, die im Notfall zahlen sollen, so muß der Inhaber spätestens am Tage nach Ablauf der Frist für die Erhebung des Protestes mangels Zahlung den Wechsel allen diesen Personen vorlegen und gegebenenfalls Protest wegen unterbliebener Ehrenzahlung erheben lassen.

Wird der Protest nicht rechtzeitig erhoben, so werden derjenige, der die Notadresse angegeben hat oder zu dessen Ehren der Wechsel angenommen worden ist, und die Nachmänner frei.

I. Der vorl. Artikel verpflichtet den Inhaber zur **Einforderung** der Ehren- **Anm 1**
zahlung mangels Einlösung des W bei Verfall zur Vermeidung des Rückgriffsverlusts, falls sich auf dem W auf den Zahlungsort lautende Notadressen oder Ehrenannahmen befinden. Die Bestimmung entspricht der durch Art 56 II vorgeschriebenen Angehung von Notadressen zwecks Ehrenannahme zur Eröffnung des Rückgriffs vor Verfall. Obwohl Ehrenzahlung auch bei Rückgriff vor Verfall zulässig ist (Art 59 I), bezieht sich die vorl. Vorschrift nur auf den Rückgriff nach Verfall. Erst bei Eröffnung des Rückgriffs mangels Zahlung hat der Inhaber den W Notadressate oder Ehrenannehmern zur Ehrenzahlung vorzulegen; eine vor Verweigerung der Zahlung seitens des Bezogenen oder vor Verfall erfolgte Protesterhebung mangels Ehrenzahlung würde wirkungslos sein.

Während die durch Art 56 II vorgeschriebene Aufforderung zum Ehreneintritt nebst dem Protest mangels Ehrenannahme nur Voraussetzung zur Ausübung des Rückgriffs vor Verfall ist, Unterlassung aber keine Rückgriffverwirkung herbeigeführt (56[10], [11]), ist die durch Art 60 vorgeschriebene Einforderung der Ehrenzahlung (entsprechend der Vorlegung zur Zahlung beim Bezogenen) gleichzeitig zur Ausübung und zur Erhaltung des Rückgriffs erforderlich: Fristversäumung zieht Verlust der Rückgriffsrechte nach sich (Abs II).

Hieraus folgt im Zusammenhang mit Art 44 IV eine aus dem Wortlaut nicht **Anm 2**
ohne weiteres ersichtliche Einschränkung der Anwendbarkeit des vorl. Artikels: Sofern Rückgriff bereits vor Verfall vollständig eröffnet, also auch nicht durch eine Ehrenannahme abgewendet ist, vielmehr gemäß Art 56 II gegen die angegebene Notadresse Protest mangels Ehrenannahme erhoben ist, bedarf es bei Verfall weder der Vorlegung des W beim Bezogenen (44[13]) noch einer Vorlegung bei der Notadresse zur Ehrenzahlung. Der einmal eröffnete Rückgriff vor Verfall kann nicht durch Eintritt des Verfalls wieder beseitigt werden. Es bedarf also bei Verfall keiner Handlungen zur Ausübung oder Erhaltung des Rückgriffs. Dieser ist kein Rückgriff nach Art 43 I, sondern auch nach Verfall lediglich die Fortsetzung des Rückgriffs aus Art 43 II. Ist z. B. Rückgriff mangels Annahme gegeben und vor Verfall auch Protest mangels Ehrenannahme erhoben, so bedarf es bei Verfall keiner Vorlegung des W mehr und keines Protestes mangels Ehrenzahlung nach dem vorl. Artikel (abw. Qu-A 60[7] unter Berufung auf Rechtslehre zu den nicht mit dem WG übereinstimmenden Vorschr. der WO). Dem steht auch nicht entgegen (unrichtig hierin Knur-H 60[1]), daß nach erteilter Ehrenannahme wegen der dadurch herbeigeführten Abwendung des Rückgriffs vor Verfall (56[6]) dem Honoraten und seinen Nachmännern gegenüber Rückgriff bei Verfall eröffnet werden muß, also insoweit Art 60 anwendbar bleibt.

II. Zu Abs I. Vorlegungspflicht. 1. Nur „am Zahlungsort wohnende" **Anm 3**
Ehrenannehmer und Notadressaten sind aufzusuchen. Das sind Personen, bezüglich deren im W eine auf den Zahlungsort lautende Anschrift oder keine

besondere Ortsbezeichnung (St-Str 56[8]; Qu-A 60[5]; vgl. 55[2]) angegeben ist. Der Ausdruck „Wohnsitz" ist nicht im technischen Sinne der sonstigen deutschen Gesetzessprache gebraucht, sondern gleichbedeutend mit Wohnort in Art 21 als Ort der geschäftlichen Niederlassung oder Wohnung (21[6]). Maßgebend ist die im W enthaltene Angabe, auf die sich der Inhaber verlassen darf, ohne Nachforschungen über etwa am Zahlungsort vorhandene Geschäftsräume oder Wohnung anstellen zu müssen, wenn auf dem W eine andere Ortschaft angegeben ist. Ist dem Inhaber jedoch bekannt, daß trotz abweichender Angabe im W eine Niederlassung am Zahlungsort besteht, so wird er den W dort vorzulegen, notfalls zu protestieren haben, um in jedem Falle der Vorschrift des Art 60 zu genügen.

Anm 4 2. Frist für Vorlegung und Protest. a) Da Ehrenzahlung den Eintritt der Rückgriffsbedingungen voraussetzt (59[6]), kann vor deren Erfüllung Ehrenzahlung nicht gefordert werden. Die nach Maßgabe des vorl. Artikels vorzunehmende Aufforderung zur Ehrenzahlung kann daher wirksam erst erfolgen, nachdem der Bezogene bei Vorlegung des W Zahlung verweigert hat und dies (außer bei Protesterlaß) durch Protest festgestellt ist. Daraus ergibt sich, daß Vorlegung des W zur Ehrenzahlung frühestens am ersten für den Protest mangels Zahlung nach Art 44 III zulässigen Tage, also am ersten Werktage nach dem Zahlungstage, denkbar ist.

Auch die Beurkundung des Protests gegen den Bezogenen gehört zu den Rückgriffsvoraussetzungen. Der Protestbeamte wird aber, nachdem er den Bezogenen vergeblich zur Zahlung aufgefordert hat, den W alsbald Notadressen und Ehrenannehmern zur Zahlung vorlegen und, wenn diese Ehrenzahlung bedingungslos ablehnen, dies gemäß Art 83 in derselben Urkunde wie den Protest gegen den Bezogenen beurkunden dürfen (St-Str 60[5a]; Qu-A 59[2], 60[7]; Baumb-H 60[1B]). Wird Ehrenzahlung an den Protestbeamten geleistet (vgl. Art 84), so hat dieser auf dem W darüber zu quittieren, den Protest gegen den Bezogenen in der Frist des Art 44 III fertigzustellen und W mit Protest dem Ehrenzahler auszuhändigen. Macht dagegen der zur Ehrenzahlung Aufgeforderte seine Erklärung von der Vorlegung des Protestes gegen den Bezogenen abhängig oder stellt er Zahlung nach Vorlegung dieses Protestes in Aussicht, so muß (wie im Falle des Art 56 II; vgl. 56[11]) zunächst die Protesturkunde gegen den Bezogenen fertiggestellt und der W mit Protest nochmals vor Fristablauf vorgelegt werden. Wird nunmehr keine Ehrenzahlung geleistet, so ist Protest mangels Ehrenzahlung (sog. Kontraprotest) zu erheben.

Anm 5 b) Die Frist endet wie die für Ehrenzahlungen allgemein geltende Frist des Art 59 III (vgl. 59[7]).

Beim Sichtwechsel tritt zwar Verwirkung des Rückgriffs gemäß Abs 2 infolge unterbliebenen Ehrenprotests erst nach Ablauf der Vorlegungsfrist des Art 34 ein (59[7]). Vor Ausübung des Rückgriffs mangels Zahlung muß aber Vorlegung und Protest mangels Ehrenzahlung nach Maßgabe von Abs 1 des vorl. Artikels stattfinden (Rechtsgedanke des Art 56 II; vgl. 56[16]).

Anm 6 c) Bei Protesterlaß (vgl. 56[11]) ist nur vergebliche Vorlegung zur Zahlung beim Bezogenen (Art 38 I) und danach Vorlegung zur Ehrenzahlung erforderlich. Falls die Vorlegung beim Bezogenen schon am Zahlungstage erfolgt, was genügt, kann auch die Vorlegung zur Ehrenzahlung schon an diesem Tage erfolgen. Spätestens hat auch hier die Vorlegung zur Ehrenzahlung am dritten Werktage nach dem Zahlungstage (außer beim SichtW, Anm 5) stattzufinden. Unterlassung rechtzeitiger Vorlegung hat Rückgriffsverwirkung zur Folge, obwohl dies in Abs 2 nur bezüglich Unterlassung des Protestes ausdrücklich gesagt ist.

3. Sind mehrere zur Ehrenzahlung aufzufordernde Personen (Notadressaten oder Ehrenannehmer) vorhanden, so haben die in Abs 1 vorgeschriebenen Handlungen allen gegenüber stattzufinden, um den Rückgriff gegen sämtliche Rückgriffschuldner zu gewähren. Bieten mehrere von ihnen Ehrenzahlung an, so gebührt nach Art 63 III demjenigen der Vorzug, durch dessen Zahlung die meisten Verpflichteten befreit würden. Demnach soll, wer zu Ehren des Ausstellers Zahlung anbietet, in erster Linie zur Ehrenzahlung zugelassen werden. Wer außerhalb dieser Reihenfolge Ehrenzahlung leistet, ist in Gefahr, gemäß Art 63 III Satz 2 einen Teil der Rückgriffansprüche zu verlieren. Wem bekannt ist, daß eine andere Ehrenzahlung „angeboten" wird, durch die mehr Verpflichtete befreit würden, muß daher befugt sein, Ehrenzahlung zu unterlassen. „Angebot" einer Ehrenzahlung wird jedenfalls in der Übernahme einer Verpflichtung zur Ehrenzahlung, d. h. in jeder Ehrenannahme, zu erblicken sein, solange der Ehrenannehmer nicht bereits vergeblich zur Ehrenzahlung aufgefordert ist. **Anm 7**

Aus diesem Grunde ist es mindestens zweckmäßig, bei entsprechender Gegenerklärung des zur Ehrenzahlung Aufgeforderten unter Umständen erforderlich (St-Str 60[4]; Langen, ZHR 90, 192; abw. Qu-A 60[9]; Baumb-H 60[1B]), die mehreren Berufenen in der durch Art 63 III vorgesehenen Reihenfolge aufzufordern. Dies entspricht dem vom Gesetz verfolgten Ziel einer möglichsten Abkürzung des Rücklaufs (63[9]).

4. Die Wirkung geleisteter Ehrenzahlung ergibt sich aus Art 63, wobei die Erfüllung der allg. Bedingungen für Ehrenzahlungen (Art 55, 59) vorausgesetzt ist. Danach werden durch die Ehrenzahlung nur die Nachmänner des Honoraten, nicht dieser selbst von der Haftung befreit. **Anm 8**

Die Wirkung verweigerter Ehrenzahlung und ihrer Feststellung durch Protest besteht in Erhaltung und Eröffnung des Rückgriffs mangels Zahlung gegen den Notadressanten (bzw. Honoraten der Ehrenannahme) und dessen Bürgen und Nachmänner sowie gegen den die Ehrenzahlung nicht leistenden Ehrenannehmer selbst.

III. Zu Abs II. Bei **Versäumung** der **Frist** zur Vorlegung bzw. Protesterhebung tritt Verwirkung des Rückgriffs gegen den Notadressanten (bzw. Honoraten der Ehrenannahme) und dessen Nachmänner ein, ohne daß es darauf ankommt, ob Notadressat oder Ehrenannehmer zur Zahlung bereit oder in der Lage gewesen wäre. Nach der gesetzlichen Regelung stehen der Notadressant bezw. der Honorat einer Ehrenannahme bei unterbliebener Einforderung der Ehrenzahlung günstiger als bei geleisteter Ehrenzahlung, da sie in ersterem Falle nach Abs 2 von der Haftung befreit werden, dagegen gemäß Art 63 (dem Ehrenzahler) haftbar bleiben, wenn Ehrenzahlung stattfindet. **Anm 9**

Mit dem Honoraten werden nicht nur dessen W.bürgen frei, weil sie nur wie ersterer haften (Art 32 I), sondern aus dem gleichen Grunde (vgl. Art 58 I) auch der Ehrenannehmer selbst, falls er am Zahlungsort wohnt (Anm 3). Seine Haftung erlischt also vollständig, wenn Zahlung von ihm nicht in der kurzen Frist des Abs I abgefordert und bei unterbliebener Ehrenzahlung Protest erhoben wird.

Artikel 61

Weist der Inhaber die Ehrenzahlung zurück, so verliert er den Rückgriff gegen diejenigen, die frei geworden wären.

Anm 1 **I. Zurückweisung** von Ehrenzahlungen. Der vorl. Artikel betrifft nicht nur die im vorausgehenden Artikel behandelten Zahlungen durch Notadressen oder Ehrenannehmer, wie man aus dem Wortlaut „die" Ehrenzahlung schließen könnte, sondern gerufene und ungerufene Ehrenzahlungen. Die Übersetzung des fremdsprachigen Textes des EWG sollte lauten: „Weist der Inhaber Ehrenzahlungen zurück, . . .". Die Vorschrift hat vorwiegend Bedeutung für ungerufene Ehrenzahlung, da bei gerufener Ehrenzahlung schon die Unterlassung ihrer Einforderung bei Verfall, nicht erst ihre Zurückweisung Rückgriffsverlust nach Art 60 herbeiführt. Für gerufene Ehrenzahlung beschränkt sich daher die Anwendbarkeit des Art 61 im wesentlichen auf den Rückgriff vor Verfall.

Ungerufene Ehrenannahme braucht der Inhaber gemäß Art 56 III überhaupt nicht zuzulassen. Selbst die Zurückweisung der Ehrenannahme eines Notadressaten zieht weder Rückgriffsverwirkung nach sich, noch steht sie der späteren Einforderung der Ehrenannahme durch den Inhaber entgegen (56^{10}). Dagegen bewirkt die Zurückweisung einer Ehrenzahlung, selbst wenn sie eine ungerufene ist, Rückgriffsverlust, sofern es sich um Angebot einer ordnungsmäßigen Ehrenzahlung (Anm 2) handelt.

Anm 2 **II. Voraussetzung** des Rückgriffsverlusts ist Ordnungsmäßigkeit der angebotenen Ehrenzahlung. Dies erfordert:

1. Angebot zu Ehren eines zulässigen Honoraten (59^{3}), also für einen Rückgriffschuldner. Bei unterbliebener Benennung des Honoraten ist grundsätzlich der Aussteller als Honorat anzusehen (Rechtsgedanke Art 62 I Satz 2; St-Str 61^{3}; Qu-A 61^{3}; Baumb-H 61^{1}). Wird aber Ehrenzahlung bei Zulässigkeit des Rückgriffs von einer Notadresse angeboten, so wird mangels anderer Angabe der Notadressaten anzunehmen sein, daß die Zahlung zu Ehren des Notadressanten geleistet werden soll (vgl. 57^{4}; 62^{6}).

2. Angebot durch einen zulässigen Ehrenzahler (59^{4}); daher sind der Annehmer und dessen Bürge ausgeschlossen. Wird bei der nach Art 38 erfolgenden Vorlegung vom Annehmer Zahlung angeboten, so liegt, auch wenn die Zahlung — unzulässig und unwirksam (47^{9}) — als Ehrenzahlung bezeichnet wird, keine Zahlungsverweigerung vor, so daß Protest mangels Zahlung nicht erhoben werden kann.

3. Angebot der vollen Rückgriffsumme (59^{9}).

4. Angebot innerhalb der Frist für Ehrenzahlung (59^{6-8}).

5. Angebot am richtigen Ort. (vgl. Anm. 3).

Wo die Ehrenzahlung stattzufinden hat, bestimmt das WG ausdrücklich nur bezüglich der nach Art 60 zu leistenden Zahlungen. Diese sind wie die vom Bezogenen oder vom Domiziliaten (Art 4, 27) zu bewirkende Zahlung Holschulden, die am W.zahlungsort (Art 1 Zf 5) im Geschäftslokal, in dessen Ermangelung in der Wohnung des zur Zahlung Berufenen (Art 87) einzufordern sind. Durch Verzug des Ehrenannehmers verwandelt sich jedoch auch dessen Schuld wie die des Annehmers (28^9) in eine Bringschuld, wie dies alle Rückgriffsverbindlichkeiten sind (38^{12}; 47^6). **Anm 3**

Art 60 ergibt nicht, daß auch alle anderen Ehrenzahlungen am W.zahlungsort und dort in den Räumen des Ehrenzahlers stattzufinden haben, noch weniger, daß der Inhaber im Sinne der vorl. Bestimmung eine Ehrenzahlung „zurückweist", wenn er die ihm an dieser Stelle bereitgestellte Zahlung nicht unter Aushändigung des W abholt. Art 59 II will den W.gläubiger so stellen, als ob er Zahlung durch den Honoraten erhielte. Dieser müßte als Rückgriffschuldner im Zweifel die Rückgriffsumme als Bringschuld dem Gläubiger übersenden (47^6; § 270 BGB). Will er Zahlung gemäß Art 50 nur Zug um Zug gegen Aushändigung des W leisten, so muß er dies beim Gläubiger tun, auch wenn dieser nicht am Zahlungsort wohnt. Für den Ehrenzahler, der entweder (nämlich, wenn er Ehrenannehmer ist), selbst Rückgriffschuldner ist oder für einen solchen zahlt, gilt das Gleiche, wenn die Ehrenzahlung zur Anwendung des Rückgriffs vor Verfall geleistet werden soll. Hier braucht der Gläubiger (letzter Inhaber oder Rückgriffgläubiger im Einlösungsrückgriff) nur eine in seinen Räumen angebotene Zahlung anzunehmen.

Bei einer Ehrenzahlung im Rückgriff mangels Zahlung, für die die vorl. Bestimmung vornehmlich gedacht ist, wird jedoch mit Rücksicht auf die kurze nach Art 59 III zur Verfügung stehende Frist am Zahlungsort anzubieten sein. Denn hier muß sich der W zwecks Vorlegung nach Art 38 regelmäßig befinden, so daß der Gläubiger nur hier zur Aushändigung des W gegen Zahlung (Art 62) in der Lage ist. Hat der Gläubiger am Zahlungsort keine Niederlassung, so wird nach den Umständen des Einzelfalls und Treu und Glauben zu entscheiden sein, an welcher Stelle Ehrenzahlung wirksam angeboten werden kann. Ausreichend ist Angebot der Ehrenzahlung anläßlich der Vorlegung des W beim Bezogenen (bzw. Domiziliaten) dort, wo der W zur Zahlung vorgelegt wird. Ebenso Angebot in den Geschäftsräumen einer zur Einholung der Zahlung vom Inhaber bevollmächtigten Person, insb. des Protestbeamten, solange dieser den W noch in Händen hat (vgl. 84^3).

III. Rückgriffsverlust. 1. Zurückweisung der Ehrenzahlung liegt nicht nur vor, wenn der Inhaber Entgegennahme der Zahlung ablehnt, sondern auch wenn er sich weigert, seinen nach Art 62 Zug um Zug gegen Empfang der Ehrenzahlung zu erfüllenden Verpflichtungen nachzukommen. Wie der Rückgriff dadurch verwirkt werden kann, daß der Inhaber sich weigert oder außerstande ist, dem Zahlung anbietenden Bezogenen bei Verfall den quittierten W auszuhändigen, weil dann keine Zahlungsverweigerung vorliegt und Protest nicht erhoben werden kann (39^7), so gilt hier Entsprechendes. **Anm 4**

Jedoch ist eine vorübergehende Behinderung, den W vorzulegen und auszuhändigen, regelmäßig nicht einer Zurückweisung der Ehrenzahlung gleich zu achten. Zu berücksichtigen ist, daß der Inhaber den Zeitpunkt der Vorlegung beim Bezogenen innerhalb der ihm im voraus bekannten Frist selbst wählt, während er auf das Angebot einer ungerufenen Ehrenzahlung nicht vorbereitet zu sein braucht. Ferner ist auch darauf Rücksicht zu nehmen, daß der Inhaber den W zum Protest gegen den Bezogenen gerade dann dem Protestbeamten ausgehändigt haben wird, wenn eine Ehrenzahlung im Rückgriff bei Verfall zulässig ist. Eine Zurückweisung der Ehrenzahlung ist also z. B. nicht darin zu erblicken, daß der Gläubiger den Ehrenzahler, der seine Zahlung von sofortiger Aushändigung des W abhängig macht, an den Protestbeamten verweist, der den W noch in Händen hat; ebensowenig in einer Aufforderung an den Zahlungswilligen, zu einer späteren Zeit (innerhalb der Frist des Art 59 III), zu der er sich den Besitz des W wieder verschafft haben kann, Zahlung vorzunehmen. Der Ehrenzahler, der im letzten Augenblick der ges. Frist Zahlung ohne vorherige Ankündigung anbietet, kann nicht erwarten, daß ihm der W sofort ausgehändigt werden kann. Er muß dann selbst die Gefahr auf sich nehmen, Zahlung gegen das Versprechen demnächstiger Aushändigung des W zu leisten oder auf Ehrenzahlung verzichten, wenn der Gläubiger vorübergehend und dem ordnungsmäßigen Geschäftsgang entsprechend (z. B. weil der W zum Postprotest versandt ist) den W nicht aushändigen kann.

Anm 5 2. **Wirkung der Zurückweisung** ist **Befreiung der Nachmänner** dessen, für den Zahlung erfolgen sollte (Art 63 II), aber — im Gegensatz zu Art 60 II — nicht auch des bei dem Angebot bezeichneten Honoraten selbst. Denn dieser würde nach Art 63 I durch Ehrenzahlung von seiner Haftung als Rückgriffschuldner nicht befreit. Ist beim Angebot der Honorat nicht bezeichnet worden, so ist der Aussteller als solcher zu behandeln (Art 62 I Satz 2 entspr.). Nur bei dem Angebot durch einen Notadressaten ist mangels anderer Mitteilung klar, daß er für den Notadressanten eintreten will.

Die Befreiung der Rückgriffschuldner tritt nach dem zweifelsfreien Wortlaut des vorl. Artikels durch die Zurückweisung der Ehrenzahlung, nicht erst bei Ablauf der Frist des Art 59 III ein. Daher lebt die Rückgriffshaftung auch dann nicht wieder auf, wenn der W.inhaber innerhalb der Frist des Art 59 III seine Zurückweisung widerruft. Nimmt der Inhaber innerhalb der Frist eine andere, zugunsten eines Nachmanns des ursprünglichen Honoraten erfolgende Ehrenzahlung an, so kann der nunmehrige Ehrenzahler sich an die durch die Zurückweisung befreiten Schuldner nur halten, wenn er im Sinne des Art 40 III gutgläubig war (63[4]). Andernfalls können die dem Inhaber nicht mehr zustehenden Ansprüche gegen die durch die Zurückweisung befreiten Schuldner auf den Zahlenden nicht „übergehen" (abw. Qu-A 61[3]).

Beweispflichtig ist der Rückgriffschuldner, der seine Befreiung auf ein angeblich zurückgewiesenes Angebot stützt.

Anm 6 3. Der Rückgriffsverlust wirkt (trotz des Wortlauts: verliert „er") nicht nur gegen den Zurückweisenden selbst, sondern grundsätzlich **gegen alle W.beteiligte**. Die Rückgriffsverwirkung ist aber hier (im Gegensatz zur Versäumung von Protestfristen) aus dem W nicht ersichtlich. Trotzdem ist gutgläubiger Erwerb der dem äußeren Anschein nach bestehenden Rückgriffansprüche aus dem W durch einen Indossatar ausgeschlossen, soweit etwaige spätere Indossamente nur als Nachindossamente (Art 20) wirken. Wenn aber einer der befreiten Rückgriffschuldner in Unkenntnis der zurückgewiesenen Ehrenzahlung den W einlöst, genießt er in gleicher Weise den Schutz des Art 40 III wie ein Rückgriffschuldner, der in Unkenntnis der Befriedigung des Rückgriffnehmers durch einen seiner Vormänner den W einlöst (47[10]). Er kann daher gegen alle seine Vormänner Rückgriff nehmen. Wer freilich in Kenntnis zurückgewiesener Ehrenzahlung an den nicht mehr zum Rückgriff berechtigten Inhaber zahlt, hat nicht den Schutz des Art 40, sondern kann nur als gewöhnlicher Rechtsnachfolger des befriedigten Gläubigers (49[4]) die durch die Zurückweisung der Ehrenzahlung nicht befreiten Verpflichteten in Anspruch nehmen. Rechtsirrtum über die Folgen der Zurückweisung wird als grobe Fahrlässigkeit im Sinne des Art 40 anzusehen sein; jedoch kann ein solcher Einlöser die nicht geschuldete Zahlung kondizieren.

Artikel 62

Über die Ehrenzahlung ist auf dem Wechsel eine Quittung auszustellen, die denjenigen bezeichnet, für den gezahlt wird. Fehlt die Bezeichnung, so gilt die Zahlung für den Aussteller.

Der Wechsel und der etwa erhobene Protest sind dem Ehrenzahler auszuhändigen.

I. Verhältnis des **Art 62 zu Art 50.** 1. Die durch Art 62 vorgeschriebene Quittungserteilung und Aushändigung des Wechsels an den Ehrenzahler entspricht den Vorschriften des Art 50 für Zahlungen durch Rückgriffschuldner und des Art 39 I für Zahlung durch den Hauptwechselschuldner. Bei Befriedigung des Inhabers durch einen Ehrenannehmer sind sowohl Art 62 wie Art 50 unmittelbar anwendbar, weil diese Zahlung sowohl Ehrenzahlung wie Einlösung durch einen Rückgriffschuldner ist. Daraus folgt, daß der Ehrenannehmer unzweifelhaft gesetzlichen Anspruch sowohl auf den besonderen als Quittung in Abs 1 des vorl. Artikels bezeichneten Vermerk auf dem W wie auf die besondere quittierte Rechnung (Rückrechnung) nach Art 50 hat. Die ihm zu erteilende Quittung muß also beiden Anforderungen genügen (vgl. Anm 4). **Anm 1**

2. Verpflichtung des Zahlungsempfängers. Wie nach Art 39 I und Art 50 Quittung und Aushändigung des W nicht erforderlich sind, um die Zahlungen an den Inhaber als Tilgung der Hauptwechselschuld bzw. des Rückgriffanspruchs wirken zu lassen, so besteht trotz der etwas abweichenden Formulierung des Art 62 kein Grund dazu, die Rechtsnatur der Zahlung des Intervenienten als dadurch bedingt anzusehen, daß sie als Ehrenzahlung auf dem W quittiert ist. Die Quittung ist nur eine Beurkundung der bereits erfolgten und auch ohne sie zum Abschluß gelangenden Ehrenzahlung (St-Str 62[3]). Der Vermerk kann daher auch nach Ablauf der Frist aus Art 59 III nachgeholt werden (Anm 7). Wie Art 39 und 50 gibt auch Art 62 dem Zahlenden einen Anspruch auf Herausgabe des W mit Protest und Quittung (Abs 2), **Anm 2**

der hier ebenfalls — trotz Fehlens ausdrücklicher Anordnung — nicht erst nach Empfang der Ehrenzahlung, sondern „gegen Zahlung" Zug um Zug zu erfüllen ist.

Die Aushändigung des W an den Zahlenden ist nach Art 39 und 50 als Schutz gegen die Gefahr nochmaliger Inanspruchnahme von Bedeutung (47[10]), nach Art 50 ferner zur Ermöglichung weiteren Rückgriffs. Darüber hinaus entscheidet aber bei der Ehrenzahlung der auf den W gesetzte Quittungsvermerk über die Person des Honoraten (Anm 6), also über den Kreis der nach Art 63 II befreiten Rückgriffschuldner. Im übrigen sind die in Art 63 bestimmten Wirkungen der Ehrenzahlung von Quittung und Aushändigung des W nicht abhängig (63[2]).

Anm 3 **II. Zu Abs I. Quittierung** der Ehrenzahlung. 1. Die Quittung auf dem Wechsel ist naturgemäß vom Zahlungsempfänger auszustellen, also von dem W.inhaber oder dessen bevollmächtigtem Vertreter zu unterzeichnen, gegebenenfalls von dem gesetzlich (Art 84) zur Empfangnahme ermächtigten Protestbeamten. Die Stelle auf dem W ist gleichgültig. Die Quittung kann daher auch auf den mit dem W verbundenen Protest gegen den Bezogenen gesetzt oder bei Zahlung an den Protestbeamten in die Protesturkunde nach Beurkundung der Protesthandlung gegen den Bezogenen durch Bericht über die danach an den Beamten erfolgte Ehrenzahlung aufgenommen werden. Die vorgeschriebene Quittierung auf dem W dient sowohl der Legitimation des Ehrenzahlers bei Geltendmachung der ihm nach Art 63 zustehenden Ansprüche wie dazu, offenkundig zu machen, welche Rückgriffschuldner durch Ehrenzahlung befreit sind.

Anm 4 2. Die zu quittierende Zahlung deckt sich (im Gegensatz zu Art 39) nicht mit der W.summe, da der Ehrenzahler die Rückgriffsverbindlichkeit des Honoraten (59[9]) zu berichtigen hat. Der Ehrenzahler hat daher Anspruch auf Angabe dieser Summe in der Empfangsbescheinigung, und darüber hinaus, da die Quittung ihn wie einen einlösenden Rückgriffschuldner zum weiteren Rückgriff befähigen soll, auf eine Berechnung dieses Betrages, also auf eine quittierte Rechnung im Sinne des Art 50. Für den Ehrenannehmer ergibt sich dies direkt aus Art 50 (vgl. Anm 1), für sonstige Ehrenzahler ist Art 50 entspr. anwendbar. Dem Anspruch kann entweder durch Aufnahme der Berechnung in die auf den W gesetzte Quittung genügt werden oder dadurch, daß besondere quittierte Rückrechnung erteilt und auf dem W lediglich Empfang der Ehrenzahlung ohne Summenangabe bescheinigt wird. Wegen der Rückrechnung vgl. 50[6] u. 49[10] zu 1.

Anm 5 3. Als Quittung „über die Ehrenzahlung" muß der Vermerk ferner zum Ausdruck bringen, daß es sich um eine Ehrenzahlung handelt, was sich aber ohne weiteres aus der vorgeschriebenen Angabe über den Honoraten (vgl. aber Anm 6) ergibt. Obwohl im Gesetz nicht ausdrücklich hervorgehoben (aber im Begriff der Quittung enthalten) hat der Vermerk auch den Namen des Ehrenzahlers anzugeben, um zu dessen Legitimation dienen zu können.

Schließlich ist Angabe des Tages der Ehrenzahlung zwar nicht vorgeschrieben, aber zum Nachweis der Ordnungsmäßigkeit zweckmäßig. Der Ehrenzahler kann dies verlangen, da Datierung von Quittungen verkehrsüblich ist.

Der Vermerk kann daher bei Erteilung getrennter Rückrechnung z. B. die Fassung erhalten: „Zahlung von Herrn ... zu Ehren von ... heute erhalten. Datum. Unterschrift".

4. Die Angabe des Honoraten wird zwar bei ihrem Fehlen nach Abs I Satz 2 ersetzt, der Ehrenzahler hat aber auf ausdrückliche Angabe des Honoraten nach Abs 1 auch dann Anspruch, wenn er zu Ehren des Ausstellers zahlt. **Anm 6**

Die den Schlußworten des Art 57 und dem Art 31 IV nachgebildete Bestimmung der Satz 2 ist, wenn es sich um Zahlung eines Ehrenannehmers oder Notadressaten handelt, bei denen mangels abweichender Erklärung aus dem W ersichtlich ist, für wen sie eintreten wollen, nicht sachgemäß, wenn man sie (wie Qu-A 62[3] u. Knur-H 62[1]) zu wörtlich nimmt. Daß der Aussteller mangels anderer „Bezeichnung" als Honorat gilt, schließt m. E. hier wie bei der Ehrenannahme (57[4]) die Heranziehung des übrigen W.inhalts zur Auslegung des Quittungsvermerks nicht aus. Bei Bezeichnung eines anderen Honoraten als des Ausstellers in der Ehrenannahme oder bei Ehrenzahlung seitens eines durch eine andere Person als den Aussteller gerufenen Notadressaten werden daher diese für jedermann aus dem W ersichtlichen Personen (nicht der Aussteller) als Honoraten, nämlich als die durch den Quittungsvermerk bei verständiger Auslegung „bezeichneten" Honoraten, anzusehen sein.

Auf einen nur außerhalb des W zum Ausdruck gebrachten Willen der bei der Ehrenzahlung Beteiligten kommt es dagegen gegenüber der Regel des Abs I Satz 2 nicht an.

5. Zeitpunkt der Quittierung. Das Gesetz geht entsprechend dem Regelfall davon aus, daß die Quittung bei Entgegennahme der Zahlung auf den W gesetzt wird. Ist der W aber ohne Vermerk, z. B. nur mit getrennter quittierter Rückrechnung, ausgehändigt worden, so hat der Ehrenzahler Anspruch auf Nachholung des Vermerks. Er kann ja auch zweifellos auf Grund des Abs II nachträglich Herausgabe des protestierten, mit dem Quittungsvermerk zu versehenden W verlangen, wenn er — was unter Umständen unvermeidlich ist (61[4]) — Zahlung ohne gleichzeitige Aushändigung geleistet hat (unstreitig, z. B. Qu-A 62[4]; Baumb-H 62[3]). Dies ist ein Mehr gegenüber der bloßen Nachholung des Vermerks. **Anm 7**

Daraus folgt nicht, daß nach erfolgter Entgegennahme des mit einem Vermerk über die Ehrenzahlung nach Abs 1 versehenen W eine Ergänzung durch Hinzufügung des bei der Ehrenzahlung benannten, aber in der Quittung nicht bezeichneten Honoraten zulässig ist und beansprucht werden könnte. Mit Rücksicht auf die an unterbliebene Benennung des Honoraten vom Gesetz geknüpfte Befreiung aller Nachmänner des Ausstellers von der Haftung erscheint nachträgliche Änderung nicht als statthaft. Der W.inhaber ist dem Ehrenzahler gegenüber zum Ersatz des Schadens verpflichtet, der durch die Befreiung von Rückgriffschuldnern entsteht, wenn die Angabe des vom Ehrenzahler benannten Honoraten entgegen der sich aus Abs I Satz 1 ergebenden Verpflichtung in dem Quittungsvermerk unterlassen wird. Jedoch wird er sich auf mitwirkendes Verschulden im Sinne des § 254 BGB berufen können, wenn der Ehrenzahler bei Entgegennahme des W nicht die ordnungsmäßige Fassung des Quittungsvermerks verlangt hat.

Anm 8 6. Die Bezahlung eines mangels Zahlung protestierten W durch einen weder im W.verband stehenden noch durch Notadresse zur Ehrenzahlung berufenen Dritten kann mangels Bezeichnung als Ehrenzahlung im Quittungsvermerk auch dann nicht als Ehrenzahlung behandelt werden, wenn sie in der Frist des Art 59 III erfolgt ist. Andrerseits spricht (außer bei einem nach Art 4 oder 27 benannten Zahlungsleister) auch keine Vermutung dafür, daß die Zahlung für Rechnung des Bezogenen geleistet ist und deshalb alle W.verpflichteten frei werden (abw. Qu-A 62[2]; Baumb-H 62[1]; Knur-H 62[1]). In solchem Falle wird im Zweifel anzunehmen sein, daß der Zahlende die Rechte des befriedigten Inhabers durch gewöhnliche Rechtsnachfolge (Abtretung) erwirbt (48[3]; 49[4]).

Anm 9 **III. Zu Abs II.** Die Verpflichtung zur **Herausgabe von Wechsel und Protest** entspricht derjenigen aus Art 50 (vgl. 50[2–5]). Wegen der außerdem auf Verlangen auszuhändigenden Rückrechnung (50[6]) vgl. Anm 4. Der Anspruch kann wie derjenige aus Art 50 (50[12]) auch nach erfolgter Ehrenzahlung geltend gemacht werden. Der herauszugebende W muß nicht nur „unversehrt" (50[4]), sondern auch mit ordnungsmäßigem Quittungsvermerk gemäß Abs I versehen sein.

Bei Angebot der vollen Rückgriffsumme (59[9]), zu welcher auch die Protestkosten und bei Angebot der Ehrenzahlung zu Händen des Protestbeamten auch dessen Gebühren für Empfang und Abführung der Zahlung als „Auslagen" des Inhabers gehören, ist der Anspruch Zug um Zug gegen Zahlung zu erfüllen (Anm 2). Weigerung der Herausgabe Zug um Zug ist „Zurückweisung" der Ehrenzahlung im Sinne des Art 61 (vgl. aber Näheres, insb. wegen vorübergehenden Unvermögens zur Aushändigung 61[4]). Weigerung bewirkt daher Rückgriffsverlust gegenüber den Verpflichteten, die durch die Ehrenzahlung befreit worden wären (61[5, 6]).

Artkel 63

Der Ehrenzahler erwirbt die Rechte aus dem Wechsel gegen den Wechselverpflichteten, für den er gezahlt hat, und gegen die Personen, die diesem aus dem Wechsel haften. Er kann jedoch den Wechsel nicht weiter indossieren.

Die Nachmänner des Wechselverpflichteten, für den gezahlt worden ist, werden frei.

Sind mehrere Ehrenzahlungen angeboten, so gebührt derjenigen der Vorzug, durch welche die meisten Wechselverpflichteten frei werden. Wer entgegen dieser Vorschrift in Kenntnis der Sachlage zu Ehren zahlt, verliert den Rückgriff gegen diejenigen, die sonst frei geworden wären.

I. Die **Wirkung** der Ehrenzahlung besteht abgesehen von der Befriedigung des bisherigen W.inhabers und der Befreiung der Nachmänner dessen, zu dessen Ehren die Zahlung erfolgt, in dem **Rechtserwerb** des **Ehrenzahlers,** welcher an Stelle des befriedigten Inhabers W.gläubiger wird. Dieser Rechtserwerb ähnelt nicht nur wegen der fast wörtlichen Übereinstimmung des Abs I Satz 1 des vorl. Artikels mit Art 32 III demjenigen des zahlenden W.bürgen. Vielmehr wird die innere Gleichartigkeit beider Rechtsvorgänge augenfällig, wenn Ehrenzahlung durch einen Ehrenannehmer geleistet wird. W.bürge wie Ehrenannehmer haften wie derjenige, für den sie eingetreten sind. Beide lösen den W auf Grund ihrer durch diesen Eintritt für einen anderen W.schuldner begründeten eigenen Verpflichtung ein, ohne früher Inhaber des W gewesen zu sein. Ihre Einlösung des W gibt ihnen zwar ohne weiteres nach Art 47 III, 49 die Befugnis zum weiteren Rückgriff. Die ausdrückliche gesetzliche Feststellung ihres Rechtserwerbs dient aber dazu, den Kreis der ihnen haftenden Personen (zu denen in beiden Fällen der Honorat gehört) und die wechselmäßige Selbständigkeit ihres Rechtserwerbs außer Zweifel zu stellen. Anm 1

Dagegen handeln weder der durch Notadresse gerufene noch der ungerufene Ehrenzahler, wenn sie nicht zu Ehren angenommen haben, in Erfüllung einer bestehenden Verpflichtung, selbst wenn sie (was zulässig ist; 59[4]) gleichzeitig als Rückgriffschuldner im W.verbande stehende Personen sind. Das WG unterscheidet aber nirgends hinsichtlich der Wirkungen zwischen Ehrenzahlungen eines Ehrenannehmers und anderer Personen, so daß das Gesetz keine Stütze bietet, den Rechtserwerb der letzteren anders zu behandeln als den eines zahlenden Ehrenannehmers. Auch die ohne eine Verpflichtung durch Ehrenannahme eintretenden Ehrenzahler leisten ja Zahlung zur Erfüllung einer dem Inhaber gegenüber bestehenden W.verbindlichkeit, nämlich derjenigen des Honoraten, „für" den sie die Zahlung bewirken. Die für den Ehrenannehmer infolge seiner Einlösung des W eintretenden Rechtsfolgen ergeben sich daher entsprechend auch bei anderen Ehrenzahlungen, bei denen die Zahlung ausschließlich „für" den Honoraten, nicht zugleich noch auf Grund eigener Verpflichtung des Ehrenzahlers erfolgt.

II. Rechtsnatur des **Erwerbs.** 1. Grund des Rechtserwerbs. Da die Ansprüche des bisherigen Inhabers durch seine Befriedigung erlöschen (47[8]), tritt der Erwerb des Ehrenzahlers wie im Falle sonstiger Einlösung des W (49[5]) durch die Zahlung ein, auch wenn die Aushändigung des quittierten W gemäß Art 62 nicht Zug um Zug gegen Zahlung erfolgt. Da der Rechtserwerb kraft Gesetzes erfolgt, bedarf es keiner Übertragungshandlung seitens des befriedigten Inhabers. Allerdings hat der nach Art 62 auf den W zu setzende Zahlungsvermerk für den Umfang des Rechtserwerbs insofern entscheidende Bedeutung, als dadurch der Kreis der dem Ehrenzahler haftenden Rückgriffschuldner im Wege gesetzlicher Fiktion über die Person des Honoraten (62[6]) bestimmt wrid. Im übrigen ist Besitz des W mit dem Vermerk nach Art 62 über die Ehrenzahlung nur zum formellen Ausweis des Ehrenzahlers erforderlich, um die durch die Ehrenzahlung erworbenen Ansprüche geltend machen zu können (vgl. die zur WO ergangene Entsch. RG 12, 134). Nur der zahlende Ehrenannehmer würde bereits durch den Besitz des pro- Anm 2 testierten W auch ohne den Vermerk nach Art 62 wie jeder andere einlösende Rückgriffschuldner formell ausgewiesen sein (49[7]). Andere Ehrenzahler sind aber aus dem W nicht als Einlösungspflichtige ersichtlich; bei ihnen begründet der von dem letzten formell ausgewiesenen Inhaber herrührende Quittungsvermerk auf dem W die Rechtsvermutung, daß sie die W.rechte durch Ehrenzahlung erworben haben.

Die dem Honoraten bei eigener Einlösung nach Art 50 II zustehende Befugnis, sein eigenes Indossament und die späteren Indossamente zu streichen, ist dem für ihn eintretenden Ehrenzahler vom Gesetz nicht ausdrücklich zugesprochen. Streichung durch den Ehrenzahler wird trotzdem statthaft und unschädlich sein, ist aber weder zur Herstellung seiner Legitimation nötig noch ratsam. Auch ohne Streichung verliert das Indossament des Honoraten infolge des auf den W gesetzten Vermerks über die erfolgte Ehrenzahlung seine ausweisende Kraft für die Nachmänner des Honoraten. Denn diese sind ausweislich des W durch die Ehrenzahlung von der Haftung befreit worden. Für sie besteht daher auch bei Innehabung des protestierten W keine Vermutung der im Rücklauf erfolgten Einlösung (RG 12, 134).

Voraussetzung für den Rechtserwerb ist Zulässigkeit der Ehrenzahlung nach Art 59. Dazu gehört nicht, daß der Honorat tatsächlich haftete, wenn nur seine Unterschrift äußerlich als diejenige eines Rückgriffschuldners erscheint (bestr.; 59[3]). Dies ergibt sich schon aus der Regelung der Haftung des Ehrenannehmers (58[3]).

Anm 3 2. Wechselmäßige Unabhängigkeit des Erwerbs. Wie durch die Fassung des Abs 1 klargestellt ist, tritt der Ehrenzahler nicht in die Rechtsstellung des befriedigten Gläubigers wie ein bürgerlicher Rechtsnachfolger ein, sondern sein Erwerb ist unabhängig und selbständig (independant et originaire: CR 147 Nr 137) nach Art desjenigen des Indossatars im W.vorlauf. Dies äußert sich wie bei letzterem im Schutz des gutgläubigen Erwerbs in doppelter Richtung, nämlich im Schutz gegen Mängel des Erwerbsakts und gegen Einwendungen der Schuldner, die aus persönlichen Beziehungen zu anderen W.beteiligten herrühren.

Anm 4 a) Mängel des Erwerbsakts. Da infolge des bei der Ehrenzahlung bestehenden Notleidens des W der W.vorlauf bereits abgeschlossen ist, ist Art 16 II auf den Erwerb des Ehrenzahlers nicht anwendbar. Der Schutz des einlösenden Ehrenannehmers und dementsprechend (vgl Anm 1) derjenige anderer Ehrenzahler beruht vielmehr auf Art 40 III. Wird eine (im übrigen ordnungsmäßige) Ehrenzahlung also an einen materiell Nichtberechtigten oder an einen aus anderen Gründen (z. B. wegen Geschäftsunfähigkeit) nicht zur Verfügung über den W befugten Inhaber geleistet, so tritt der Rechtserwerb des Ehrenzahlers trotzdem ein, falls die Voraussetzungen für eine „befreiende" Zahlung nach Art 40 III vorliegen. Diese Voraussetzungen sind formeller Ausweis des Inhabers (40[13]) und Gutgläubigkeit im Zeitpunkt der Zahlung, d. h. Fehlen von Arglist (40[15]) und grober Fahrlässigkeit (40[16]) auf Seiten des Ehrenzahlers bezügl. der die Einziehungsbefugnis des Zahlungsempfängers ausschließenden Umstände (40[17]). Solche Zahlung bewirkt Befreiung des Ehrenannehmers von seiner eigenen und Befreiung des Honoraten und seiner Nachmänner von ihrer Verpflichtung gegenüber dem bisherigen rechtmäßigen W.gläubiger.

Weiter folgt daraus, daß der Zahlende die Rechte aus dem W erwirbt, diesen also dem früheren rechtmäßigen Inhaber nicht herauszugeben braucht, und daß er zur Geltendmachung der Ansprüche gegen die ihm haftenden W.verpflichteten gemäß Art 47 III, 49 befugt ist (40[18]; 49[6]). Mit anderen Worten: Der Rechtserwerb des Ehrenzahlers findet unter den genannten Voraussetzungen trotz mangelnder Einziehungsbefugnis des Empfängers der Ehrenzahlung statt.

b) Wegen der den Schuldnern zustehenden Einwendungen ist Art 17 entsprechend anzuwenden. Während aber der einlösende Indossant wieder in seine alte Rechtsstellung vor der Indossierung einrückt, kann dies beim Ehrenzahler nur eintreten, wenn er zugleich als Aussteller oder gewährleistungspflichtiger Indossant Rückgriffschuldner ist: Er kann dann diejenigen W.verpflichteten, denen er selbst als Rückgriffschuldner haftet, nicht in Anspruch nehmen (47[14]; 59[4]), sondern nur seine ursprünglichen Vormänner, und diese können ihm die gleichen Einwendungen entgegenhalten wie vor der Weitergabe des W durch ihn. Ein Rückgriffschuldner kann also seine Rechtsstellung im Einlösungsrückgriff nicht dadurch verbessern, daß er Einlösung als Ehrenzahler statt als Rückgriffschuldner vornimmt; zahlt er aber zu Ehren eines seiner früheren Vormänner, so werden die Nachmänner des Honoraten der Ehrenzahlung auch ihm gegenüber frei. **Anm 5**

Regelmäßig ist aber der Ehrenzahler kein früherer W.inhaber, sondern erwirbt den W erstmalig durch die Ehrenzahlung. Dann können ihm die auf den unmittelbaren Beziehungen des Schuldners zu anderen W.beteiligten — auch zu dem Honoraten — beruhenden Einwendungen nur entgegengehalten werden, wenn er bei der Ehrenzahlung bewußt zum Nachteil des Schuldners gehandelt hat (Art 17) oder wenn er als Einziehungsbeauftragter eines W.-beteiligten handelt, dem diese Einwendungen entgegenstehen (18[13]). Bei Zahlung durch einen Ehrenannehmer wird es jedoch für die Gutgläubigkeit im Sinne des Art 17 auf den Zeitpunkt der Ehrenannahme, also der Begründung der Einlösungsverpflichtung, nicht auf den der Ehrenzahlung ankommen (49[6]).

3. Der Ausschluß des Indossierungsrechts nach Abs I Satz 2 ist keine Einschränkung des in Satz 1 angeordneten Rechtserwerbs. Er ist lediglich die durch offenkundiges Notleiden des W schon nach dem Grundgedanken des Art 20 eintretende Rechtsfolge, daß der Wechsel nicht mehr indossabel, sondern nur noch im Wege bürgerl. Rechtsnachfolge (oder durch ein nur Abtretungswirkung besitzendes Nachindossament) übertragbar ist. Die Offenkundigkeit der Eröffnung des Rücklaufs (Notleidens) in dem zu Art 20 dargelegten Sinne (20[6, 7, 8]), d. h. Protest gegen den Bezogenen, ist regelmäßig Voraussetzung der erst nach Eintritt der Rückgrifferöffnung zulässigen Ehrenzahlung (59[6]). **Anm 6**

Bei Protesterlaß und im Rückgriff vor Verfall nach Art 44 VI ist es jedoch möglich, daß bei Leistung der Ehrenzahlung die Rückgrifferöffnung aus dem W nicht offenkundig und die nach Art 20 die Zulässigkeit von Indossamenten begrenzende Frist für den Protest mangels Zahlung noch nicht abgelaufen ist. In diesen Ausnahmefällen wird aber durch den bei der Ehrenzahlung nach Art 62 auf den W zu setzenden Vermerk der Eintritt des Notleidens offenkundig. Es entspricht daher der Regelung des Art 20 (20[1]), daß spätestens durch die Ehrenzahlung wegen des dadurch aus dem W ersichtlichen Beginns des Rücklaufs weitere Indossierungen nur noch Abtretungswirkung haben können, der Ehrenzahler also „nicht weiter indossieren kann".

Der Ehrenzahler kann aber seine Rechte durch bürg.-rechtl. Abtretung oder durch ein dieser gleichstehendes Nachindossament übertragen (im Erg. ebenso: Langen ZHR 90, 180; Qu-A 63[6]; Baumb-H 63[1]).

Anm 7 **III. Ansprüche des Ehrenzahlers.** 1. Schuldner des Ehrenzahlers.

a) Regelmäßig haften dem Ehrenzahler außer dem Annehmer gemäß Abs I Satz 1 der im Vermerk auf dem W nach Art 62 benannte Honorat und dessen Vormänner. Wie Abs II klarstellend wiederholt, haften die Nachmänner des Honoraten nicht; sie werden durch die Ehrenzahlung befreit, als ob der Honorat selbst gezahlt hätte (47[9]).

Da der Honorat nicht befreit wird, haftet sein etwaiger W.bürge gemäß Art 32 I ebenfalls weiter. Diese Haftung besteht in voller Höhe auch gegenüber einem Ehrenzahlung leistenden Ehrenannehmer, der für denselben Verpflichteten eingetreten ist, für den die W.bürgschaft übernommen war (St-Str 63[3]).

Anm 8 b) Neben der Befreiung der Nachmänner des Honoraten der Ehrenzahlung kann Befreiung weiterer Rückgriffschuldner nach Art 60 erfolgen, wenn ein Vormann dieses Honoraten eine Notadresse beigefügt hatte, gegen die kein Protest mangels Ehrenzahlung erhoben worden ist (Art 60 II). Auch der Ehrenzahler kann die dadurch befreiten Schuldner nicht in Anspruch nehmen, es sei denn daß er nach erfolgter Ehrenzahlung selbst als nunmehriger W.inhaber noch rechtzeitig Protest gegen die Notadresse erheben läßt. Daher muß ein Notadressat, der für einen Nachmann des Notadressanten, nicht für diesen selbst eintreten will, zunächst gegen sich mangels Ehrenzahlung Protest erheben lassen, bevor er zu Ehren des Nachmanns zahlt; andernfalls verliert er nach Art 60 sogar den Anspruch gegen den Notadressanten, obwohl dieser ihm als Honorat gehaftet hätte, wenn er zu seinen Ehren gezahlt hätte.

Anm 9 c) Nach **Abs III** kann eine Befreiung weiterer Rückgriffschuldner dann eintreten, wenn Ehrenzahlung in Kenntnis des Angebots einer anderen Ehrenzahlung, durch die mehr Schuldner befreit worden wären, geleistet wird. Dieses Angebot muß also zu Ehren eines Vormanns des bei der ausgeführten Ehrenzahlung bezeichneten Honoraten erfolgt sein. Durch Verdrängung dieser besseren Ehrenzahlung wird zwar nicht der bei deren Angebot bezeichnete Honorat, aber alle seine Nachmänner von der Haftung befreit.

Diese, möglichste Abkürzung des Rückgriffs bezweckende Vorschrift bewirkt beim Vorliegen ihrer Voraussetzungen eine Beschränkung des nach Abs 1 eintretenden Rechtserwerbs des Ehrenzahlers. Sie hindert den Inhaber nicht, auch eine außerhalb der Reihenfolge angebotene Ehrenzahlung anzunehmen, da ihn dadurch keine Rechtsnachteile treffen. Wenn aber der Inhaber nach Art 60 verpflichtet ist, mehrere Notadressen oder Ehrenannehmer zur Ehrenzahlung aufzufordern, kann ein nach der vorl. Bestimmung mit teilweisem Rückgriffsverlust Bedrohter seine Ehrenzahlung davon abhängig machen, daß zuvor ein nach seiner Kenntnis Ehrenzahlung anbietender besser Berufener die angebotene Ehrenzahlung bei Vorlegung des W verweigert. Bei der Einforderung der Ehrenzahlung nach Art 60 von mehreren Berufenen wird daher zweckmäßig die durch Abs III vorgeschriebene Reihenfolge beobachtet (60[7]).

2. Umfang der Ansprüche. Die Ansprüche des Ehrenzahlers unterstehen den für den Einlösungsrückgriff geltenden Vorschriften. Denn es sind nicht übergegangene Ansprüche des letzten Inhabers, sondern in der Person des Ehrenzahlers selbständig durch Einlösung des W für einen Rückgriffschuldner — den Honoraten — entstandene Ansprüche (Anm 3). Ihr Umfang ergibt sich daher aus Art 49, so daß nicht nur der zahlende Ehrenannehmer, sondern auch die sonstigen Ehrenzahler selbständig die Vergütung nach Art 49 Zf 4 in Rechnung stellen können. Da auch an den W.inhaber diese Vergütung bei der Ehrenzahlung zu entrichten ist (59[9]), kann die Ehrenzahlung tatsächlich zu einer Erhöhung der Rückgriffkosten statt zu der vom Gesetz angestrebten Verkürzung des Rückgriffs und Erleichterung der Kosten führen. **Anm 10**

Die Verjährung der Ansprüche richtet sich nach Art 70 III (70[9]).

3. Ansprüche bürg. Rechts nach Maßgabe des der Ehrenzahlung zugrundeliegenden Rechtsverhältnisses (z. B. aus Auftrag, Geschäftsbesorgung) zugunsten des Ehrenzahlers gegen den Honoraten sind durch die wechselrechtliche Regelung der dem Ehrenzahler zustehenden W.ansprüche nicht ausgeschlossen. Sie können z. B. bei Verjährung des wechselmäßigen Anspruchs von Bedeutung werden. **Anm 11**

Auch ein Bereicherungsanspruch gemäß Art 89 kann dem Ehrenzahler bei Verjährung seiner Ansprüche gegen Aussteller oder Annehmer zustehen.

Neunter Abschnitt

Ausfertigung mehrerer Stücke eines Wechsels; Wechselabschriften

1. Ausfertigungen

Artikel 64

Der Wechsel kann in mehreren gleichen Ausfertigungen ausgestellt werden.

Diese Ausfertigungen müssen im Texte der Urkunde mit fortlaufenden Nummern versehen sein; andernfalls gilt jede Ausfertigung als besonderer Wechsel.

Jeder Inhaber eines Wechsels kann auf seine Kosten die Übergabe mehrerer Ausfertigungen verlangen, sofern nicht aus dem Wechsel zu ersehen ist, daß er in einer einzigen Ausfertigung ausgestellt worden ist. Zu diesem Zwecke hat sich der Inhaber an seinen unmittelbaren Vormann zu wenden, der wieder an seinen Vormann zurückgehen muß, und so weiter in der Reihenfolge bis zum Aussteller. Die Indossanten sind verpflichtet, ihre Indossamente auf den neuen Ausfertigungen zu wiederholen.

Anm 1 **I. Allgemeines.** 1. Vervielfältigung des Wechsels durch Herstellung **mehrerer Ausfertigungen** ist nur beim gezogenen W zulässig. Anwendung der Art. 64—66 auf den eigenen W ist ausgeschlossen, während Art 67 u. 68 betr. W.abschriften nach Art 77 auch auf eigene W Anwendung finden. Mehrere Ausfertigungen eines eigenen W würden dessen Aussteller wie den Annehmer mehrerer Ausfertigungen eines gezogenen W (Art 65 I) mehrfach verpflichten, also mehrere W, nicht mehrere Urkunden über dieselbe W.verbindlichkeit darstellen. Beim eigenen W besteht auch kein Bedürfnis für mehrere Ausfertigungen, weil deren wesentlicher Zweck in der Benutzung einer Ausfertigung zur Einholung der Annahme bei gleichzeitiger Verwendung einer anderen Ausfertigung zum Umlauf (vgl. Art 66) besteht; Annahme ist aber beim eigenen W begrifflich ausgeschlossen. Andererseits sind aber mehrere Ausfertigungen eines gezogenen W, dessen Vorlegung zur Annahme verboten ist (nicht akzeptable Tratte), rechtlich zulässig.

Anm 2 2. Da in Deutschland die Annahme vor Begebung des W eingeholt zu werden pflegt, der Umlaut nicht angenommener W daher überaus selten ist, kommt auch die der Einholung der Annahme bei Umlauf des W dienende Herstellung mehrerer Ausfertigungen im innerdeutschen Verkehr kaum vor. Auch im Überseeverkehr wird die Einrichtung bei Wiederaufleben eines internationalen W.verkehrs mit Rücksicht auf die Schnelligkeit der modernen Verkehrsmittel kaum erhebliche Bedeutung gewinnen. Der Wert der W.vervielfältigung zum Schutz gegen Verlustgefahr ist ohnehin begrenzt (Anm 10), zumal die Annahme nur auf einer Ausfertigung erteilt wird (65²).

Anm 3 **II. Zu Abs I. Wesen** mehrerer Ausfertigungen (d. h. mehrerer Exemplare der W.urkunde). Bei formgerechter Herstellung (Anm 7) mehrerer Ausfertigungen sind diese selbständige Träger derselben W.verpflichtung (RG 9, 60), also mehrere Urkunden über eine einheitliche W.verbindlichkeit. Dies kommt auch in der Überschrift zum 9. Abschnitt des WG „Ausferigung mehrerer Stücke eines Wechsels“ (übrigens deutlicher in dieser Übersetzung als im Urtext des EWG) zum Ausdruck.

Anm 4 1. Infolge der selbständigen Verkörperung der Verpflichtung in jeder Ausfertigung kann der Inhaber einer Ausfertigung grundsätzlich die W.rechte ausüben, ohne die anderen Ausfertigungen vorlegen zu müssen. Indossierung und Begebung einer Ausfertigung macht daher den Indossator zum Gläubiger der einheitlichen W.forderung und zum Eigentümer sämtlicher in der Hand des Indossanten oder eines seiner Vormänner befindlichen weiteren Ausfertigungen. Der Indossatar hat daher Anspruch auf ihre Aushändigung, auch auf Herausgabe einer zur Annahme versandten Ausfertigung (Art 66 I Satz 2), und auf Wiederholung der Indossamente seiner Vormänner auf diesen (Art 64 III Satz 3 entspr.). Vgl. aber 65⁵.

Ist die mit dem Protest (mangels Annahme oder Zahlung) verbundene Ausfertigung verloren gegangen, so kann auf Grund einer anderen Ausfertigung in Verbindung mit der nach Art 90 II zulässigen Bescheinigung über den Protest Rückgriff genommen werden. Wenn aber die in der Hand des Gläubigers befindliche Ausfertigung gemäß Art 66 I einen Vermerk trägt, daß und an wen eine andere Ausfertigung zur Annahme versandt ist, kann Rückgriff nur unter gleichzeitiger Vorlegung der zur Annahme bestimmten Ausfertigung oder nach Aushändigungsprotest gemäß Art 66 genommen werden.

2. Wegen der Einheitlichkeit der Verpflichtung trotz Mehrheit der Urkunden erlöschen bei Bezahlung einer Ausfertigung gemäß Art 65 grundsätzlich die Rechte aus allen Ausfertigungen. Dieser Grundsatz ist bezüglich der dem Annehmer bei der Zahlung nicht ausgehändigten Annahmerklärungen und hinsichtlich der vom Indossanten an verschiedene Personen begebenen Ausfertigungen durchbrochen. **Anm 5**

3. Hinsichtlich der Leistung des Bezogenen (Annahme und Zahlung) ist es infolge der selbständigen Verkörperung der W.verpflichtung in jeder Ausfertigung unerheblich, auf welche der Ausfertigungen die Annahme gesetzt wird. Wie durch Indossierung einer Ausfertigung das Eigentum an allen übertragen wird (Anm 4), so ist durch Annahme einer Ausfertigung die in allen Ausfertigungen verkörperte einheitliche Zahlungsverpflichtung angenommen. Wer eine angenommene Ausfertigung besitzt oder deren Eigentümer als Indossatar einer anderen Ausfertigung geworden ist, kann daher nicht eine weitere Ausfertigung mangels Annahme wirksam protestieren lassen, wenn der Bezogene es — mit Recht: 65[2] — ablehnt, seine Annahmeerklärung zu wiederholen. **Anm 6**

Bei Einforderung der Zahlung muß dem Bezogenen das die Annahmeerklärung tragende Stück vorgelegt werden, weil er auf dessen Aushändigung gegen Zahlung nach Art 39 Anspruch hat. Ist also Annahme erteilt, so wahrt nur eine unter Vorlegung der angenommenen Ausfertigung erfolgende Aufforderung zur Zahlung die Frist aus Art 38 und kann grundsätzlich (vgl. jedoch 66[5 u. 13]) nur bei solcher Zahlungsaufforderung mangels Zahlung Protest erhoben werden (39[7]).

III. Zu Abs II. Form mehrerer Ausfertigungen. **1.** Nach Abs **1** müssen die Ausfertigungen „gleich", d. h. gleichlautend (EWG franz.: identiques; engl.: identical) sein. Sie unterscheiden sich aber nicht nur durch die in Abs II vorgeschriebene Nummerierung (Anm 9), sondern auch dadurch, daß die Annahme wegen der Gefahr mehrfacher Haftung nach Art 65 I Satz 2 nur auf eine Ausfertigung zu setzen ist. Da alle Ausfertigungen Urschriften des W und (von der Annahme abgesehen) gleichwertig sind, müssen sämtliche Unterschriften eigenhändige Unterschriften der verschiedenen Verpflichteten sein. Jede Ausfertigung kann daher (wie ein nur in einem Stück vorhandener W) nur vom W.aussteller herrühren, d. h. muß von ihm unterzeichnet sein. Ebenso sind die Indossamente von den Indossanten selbst auf allen Ausfertigungen zu wiederholen (Abs III Satz 2). **Anm 7**

Es ist jedoch unschädlich, wenn die Unterschrift auf einer Ausfertigung von dem Verpflichteten selbst, auf einer anderen aber in seinem Namen von einem befugten Vertreter gezeichnet wird. Über die Bedeutung sonstiger erheblicher Abweichungen vgl. St-Str 64[3].

Anm 8 Eine weitere Abweichung von der Gleichmäßigkeit der Ausfertigungen ergibt sich aus Art 66, wonach bei Versendung einer Ausfertigung zur Annahme (sog. Akzeptexemplar) die anderen Ausfertigungen (Umlaufsexemplar) mit einem Versendungs- und Antreffungsvermerk zu versehen sind. Darüber hinaus ist es zulässig, das nicht zur Indossierung bestimmte Akzeptexemplar als solches zu kennzeichnen (z. B. durch Überschrift: „Nur zum Akzept"), während das Umlaufsstück durch den Antreffungsvermerk als solches gekennzeichnet ist. Es dient zur Verhütung mißbräuchlicher Indossierung der zur Annahme versandten Ausfertigung, deren Rückseite zu durchkreuzen. Obwohl das WG bei mehreren Ausfertigungen keine Vorschrift für eine derartige, dem Sperrvermerk des Art 68 III bei W.abchriften entsprechende Übung enthält, wird ein derartiges Verfahren in § 2 Abs 3 u. 4 des W.SteuerGes. v. 2. 9. 35 als zulässig vorausgesetzt.

Entspr. Anwendung des Art 68 III dahin, daß Indossamente auf einer mit Sperrvermerk versehenen Ausfertigung nichtig sind, ist nicht zulässig, weil nach dem WG alle Ausfertigungen gleichwertig und daher auch zur Indossierung benutzbar sind, wie zweifellos auch eine Annahme auf dem Umlaufstück verbindlich ist. Jedoch wird der durch Sperrvermerk oder Überschrift „Nur zur Annahme" auf dem Akzeptstück gegebene Hinweis, daß eine andere Ausfertigung als Umlaufsexemplar zur Übertragung der W.rechte benutzt wird, gutgläubigen Erwerb der W.rechte auf Grund eines nicht zum Umlauf bestimmten Akzeptexemplars nur in seltensten Ausnahmefällen gestatten.

Anm 8a Das WG unterscheidet zwar in Art 66 Ausfertigungen, die zur Annahme bzw. zum Umlauf bestimmt sind, enthält aber keine ausdrückliche Regelung, ob der Inhaber des Akzeptexemplars ohne Vorlegung der Umlaufsausfertigung zur Entgegennahme der Zahlung und bei deren Verweigerung zum Protest mangels Zahlung ausgewiesen ist. Hiesigen Erachtens wird auch bei dieser Frage (wie bei Indossierungen, vgl. Anm 8), davon auszugehen sein, daß nach dem WG die mehreren Ausfertigungen grundsätzlich gleichwertig sind. Die Bezeichnung eines Stückes als Ausfertigung für die Annahme ergibt noch nicht, daß eine andere Ausfertigung zur Übertragung der W.rechte benutzt worden ist. Daher wird ein unter ausschließlicher Vorlegung der zur Annahme bestimmten Ausfertigung für den nach dieser Ausfertigung ausgewiesenen Inhaber erhobener Protest mangels Zahlung solange nicht als unwirksam behandelt werden können, als nicht nachgewiesen ist, daß dieser Inhaber infolge Übertragung der W.rechte mittels der Umlaufsausfertigung tatsächlich nicht rechtmäßiger Inhaber (W.gläubiger) gewesen ist. Auch wird der Bezogene bei Einlösung der Akzeptausfertigung nach Art 40 III grundsätzlich mit befreiender Wirkung zahlen können, wenn ihm nicht bekannt ist, daß der durch diese Ausfertigung ausgewiesene Inhaber die W.rechte durch Indossierung des Umlaufsstücks weiter übertragen hat. Jedoch handelt der Bezogene vorsichtiger, wenn er mangels Vorlegung der Umlaufsausfertigung wegen Ungewißheit des Gläubigers nach § 372 BGB hinterlegt: Die Zahlung auf das Akzeptstück ohne Prüfung der Legitimation des Gläubigers an Hand des Umlaufsexemplars könnte als grobfahrlässig im Sinne des Art 40 III ausgelegt werden.

Umgekehrt kann aber der Bezogene an den Inhaber einer mit Antreffungsvermerk versehenen Ausfertigung (Art 66) auch ohne Vorlegung des zur Annahme bestimmten Stücks Zahlung leisten (oder Annahme erteilen), wenn er noch keine andere Ausfertigung mit Annahme versehen hat. Zum Rückgriff ist aber der Inhaber des Umlaufsstücks ohne Beibringung des Annahmeexemplars nur nach Aushändigungsprotest gemäß Art 66 befugt.

2. Nummerierung. Jede von mehreren Ausfertigungen, auch die erste, muß im Text der Urkunde (vgl. 1[2]), d. h. in der den Grundwechsel bildenden Aufforderung des Ausstellers an den Bezogenen, mit einer fortlaufenden Nummer versehen sein. Beispiel: „Zahlen Sie gegen diesen Wechsel — erste Ausfertigung — die Summe ...“ oder „gegen diesen Prima-Wechsel“ (da Prima, Secunda, Tertia hergebrachte Bezeichnungen für mehrere Ausfertigungen eines W sind). Bloße Überschrift des Wechseltextes mit „Erste (Zweite) Ausfertigung“ oder noch so deutliche Numerierung am Rande würde der gesetzlichen Formvorschrift ebensowenig genügen wie Unterscheidung von zwei Ausfertigungen im Wechseltext als Umlaufs- bzw. Annahmeausfertigung bei unterlassener Nummernangabe. Daraus folgt aber nicht, daß der Erwerber von zwei derartigen Ausfertigungen desselben W unter Berufung auf den Wortlaut des Gesetzes: „andernfalls gilt jede Ausfertigung als besonderer W“ seine Vormänner doppelt in Anspruch nehmen oder nach Bezahlung einer Ausfertigung durch den Bezogenen aus der anderen Rückgriff nehmen könnte. Denn ihm steht der Einwand entgegen, daß er bei Erwerb der formwidrigen Ausfertigungen wußte, daß er nur einmal Zahlung erhalten sollte. Nur die in die Hand mehrerer gutgläubiger Erwerber gelangten formwidrigen Ausfertigungen gelten als selbständige W. Anm 9

Es ist weder erforderlichen noch üblich, auf den einzelnen Stücken eines in mehreren Ausfertigung hergestellten W anzugeben, wie viele Ausfertigungen vorhanden sind.

IV. Zu Abs III, Anspruch auf Herstellung weiterer Ausfertigungen. **Anm 10**

1. Der Anspruch steht jedem Inhaber zu, d. h nicht nur dem ersten Erwerber des W, bevor er diesen weiter gegeben hat, sondern dem jeweiligen Inhaber. Inhaber ist der rechtmäßige und nach Art 16 I ausgewiesene Besitzer des W. Dazu gehört weder, wer zwar früher Inhaber war, aber den W weiter indossiert hat, noch ein Gläubiger, der die einzige bisher vorhandene Ausfertigung infolge Verlusts oder völliger Vernichtung nicht mehr in Händen hat. Bei Verlust der einzigen Ausfertigung bleibt daher nur Aufgebot (Art 90). Daß Herstellung einer neuen Ausfertigung nicht verlangt werden kann, ist sachlich dadurch gerechtfertigt, daß der Verlierer sich — jedenfalls vor Durchführung des Aufgebots — nicht wechselmäßig ausweisen kann und der Aussteller Vorlegung der alten Ausfertigung verlangen kann (Anm 11). Die Gegenmeinung (Qu-A 64[10]; Langen 163; Knur-H 64[6]; Baumb-H 64[4]) beruft sich zu Unrecht auf die unter WO ergangene Entsch. RG 49, 132, obwohl Art 66 WO von Art 64 WG abweicht. Vgl. auch 66[5].

Anm 11 2. Der Anspruch richtet sich gegen den Aussteller. Gegen die Zwischenmänner, zu denen auch Indossanten ohne Obligo gehören, besteht nur ein Anspruch auf Weitergabe des Ersuchens und nach Herstellung der weiteren Ausfertigung auf Wiederholung ihrer Indossamente. Ob der Aussteller auf unmittelbares, unter Überspringung der Zwischenglieder erfolgendes Ersuchen des derzeitigen Inhabers zur Herstellung weiterer Ausfertigungen befugt ist, erscheint zweifelhaft. Jedenfalls kann der Aussteller Nachweis dafür verlangen, daß die übersprungenen Zwischenmänner von dem Ersuchen um weitere Ausfertigung benachrichtigt sind. Der Aussteller kann Vorlegung der vorhandenen Ausfertigung verlangen, weil er für die gleichlautende Herstellung (Anm 7) verantwortlich ist, und ohne Vorlegung des W die Legitimation des Ersuchenden als Inhaber (Anm 10) nicht prüfen kann, und weil er feststellen muß, ob die alte Ausfertigung bereits als erste bezeichnet ist, gegebenenfalls deren Nummerierung (Anm 9) in den Wechseltext einfügen muß.

Das Gesetz schweigt darüber, ob die neu hergestellte Ausfertigung den in Satz 2 angegebenen Weg in umgekehrter Reihenfolge zurücklaufen muß, damit die Indossatare (ebenso deren Bürgen) zur Herstellung der Gleichförmigkeit der mehreren Ausfertigungen ihre Unterschriften wiederholen. Da der Inhaber der alten Ausfertigung auch Eigentümer der neuen ist (Anm 4), kann der W.aussteller ihm die neue Ausfertigung aushändigen und es ihm überlassen, die Unterschriften der Indossanten selbst einzuholen. Dies ist zweckmäßig, da auch die Indossanten zur Prüfung der Übereinstimmung beider Ausfertigungen Vorlegung der alten verlangen können.

Anm 12 3. Der Anspruch besteht nur bei einem vollständigen, nicht bei einem Blankowechsel. Bei diesem könnte nicht der Aussteller, sondern nur der Blankettinhaber oder -Ausfüller für Gleichmäßigkeit der verschiedenen Ausfertigungen sorgen.

Der Anspruch ist ferner ausgeschlossen, wenn „aus dem W zu ersehen ist, daß er nur in einer Ausfertigung ausgestellt ist". Dies wird bei bloßer Unterlassung der Nummerierung der vorhandenen Einzelausfertigung nicht anzunehmen sein; vielmehr ist in solchem Falle der Aussteller befugt, nachträglich die Nummerierung („erste Ausfertigung") in den W.text einzufügen. Dagegen ist die Bezeichnung des W als „Solawechsel" ein die Vervielfältigung ausschließender Vermerk, der bedeutet, daß der W nur in einer Ausfertigung vorhanden ist. (In anderem Sinne wird der Ausdruck SolaW auch als gleichbedeutend mit eigenem W verwendet, weil dieser nur in einem Stück ausgefertigt werden kann; Anm 1). Entsprechend wird Anspruch auf mehr als zwei Ausfertigungen ausgeschlossen sein, wenn der W einen Vermerk enthält, daß er nur in zwei Ausfertigungen ausgestellt ist. — Stellt der Aussteller, obwohl er dazu nicht verpflichtet ist, auf Wunsch des Inhabers eine zweite Ausfertigung eines „Solawechsels" aus, so sind die Indossanten zur Wiederholung ihrer Indossamente nicht verpflichtet, auch wenn der ursprüngliche W nunmehr als „SolaW, Erste Ausfertigung" bezeichnet ist.

Anm 13 4. Die Zahl der Mehrausfertigungen ist gesetzlich nicht beschränkt, insb. kann trotz bereits erfolgter Annahme der vorhandenen Ausfertigung weitere Ausfertigung beansprucht werden. Gegen sinnlose Anforderung schützt der

Umstand, daß Ablehnung schlimmstenfalls Schadensersatzansprüche nach sich ziehen kann, die bei sinnloser Anforderung nicht begründet werden können. Offenbar sinnlose Klage würde wegen fehlenden Rechtsschutzinteresses abzuweisen sein.

5. Zu den Kosten, die der die Ausfertigung verlangende Inhaber gegen Aushändigung zu erstatten hat, gehört auch eine etwaige Wechselsteuer nach § 2 des W.SteuerGes. v. 2. 9. 35. **Anm 14**

Artikel 65

Wird eine Ausfertigung bezahlt, so erlöschen die Rechte aus allen Ausfertigungen, auch wenn diese nicht den Vermerk tragen, daß durch die Zahlung auf eine Ausfertigung die anderen ihre Gültigkeit verlieren. Jedoch bleibt der Bezogene aus jeder angenommenen Ausfertigung, die ihm nicht zurückgegeben worden ist, verpflichtet.

Hat ein Indossant die Ausfertigungen an verschiedene Personen übertragen, so haften er und seine Nachmänner aus allen Ausfertigungen, die ihre Unterschrift tragen und nicht herausgegeben worden sind.

I. Zu Abs I Satz 1. Die **Bezahlung** einer Ausfertigung durch den Bezogenen befreit grundsätzlich alle Verpflichteten, weil sämtliche Ausfertigungen nur eine einheitliche W.verbindlichkeit verkörpern (64[5]). Der gutgläubige Erwerber einer anderen Ausfertigung behält nur die Ansprüche aus Abs II und beim Vorhandensein einer Annahmeerklärung auf seiner Ausfertigung die Ansprüche gegen den Annehmer. **Anm 1**

Die Bestimmung ist auf Zahlung durch Rückgriffschuldner jedenfalls insoweit entsprechend anwendbar, daß ein einlösender Rückgriffschuldner unter den Voraussetzungen des Art 40 III sich und seine Nachmänner auch gegenüber Inhabern anderer Ausfertigungen befreit, soweit nicht Abs II eingreift. Machen formell ausgewiesene Inhaber verschiedener Ausfertigungen gleichzeitig Ansprüche geltend und haben beide durch Protesterhebung (bei Protesterlaß durch Vorlegung zur Zahlung gemäß Art 38) die Rückgriffsvoraussetzungen erfüllt, so kann der Rückgriffschuldner nach seiner Wahl an einen von ihnen zahlen (§ 428 BGB; vgl. Anm 5). Da der einlösende Rückgriffschuldner nach Art 47 III, 49 zum Einlösungsrückgriff gegen seine Vormänner berechtigt ist, müssen durch seine Zahlung auch seine Vormänner von der Haftung gegenüber dem Inhaber der anderen Ausfertigung befreit werden. Der Inhaber der anderen Ausfertigung ist daher wie bei Zahlung des Bezogenen auf die Ansprüche nach Abs II und gegebenenfalls diejenigen aus einer auf seiner Ausfertigung befindlichen Annahme angewiesen.

II. Zu Abs I Satz 2. Ausnahme: Der **Annehmer** bleibt aus nicht zurückgegebenen Ausfertigungen mit Ausnahmeerklärung haftbar. Dies gilt auch, wenn nur eine Ausfertigung angenommen ist, der Bezogene aber ohne deren Rückgabe auf ein anderes Stück Zahlung leistet. **Anm 2**

1. Der Annehmer (und sein W.bürge) ist im Gegensatz zu den Indossanten (Art 64 III Satz 1) nicht verpflichtet, seine auf einer Ausfertigung erklärte Annahme auf den anderen Ausfertigungen zu wiederholen. Er würde sich durch wiederholte Abgabe der Annahmeerklärung der Gefahr doppelter Haftung nach der vorliegenden Bestimmung aussetzen. Die Vorschrift bedeutet aber nicht, daß der Annehmer aus mehrfach erklärter Annahme stets zu mehrfacher Zahlung verpflichtet ist. Solange vielmehr die mehreren Ausfertigungen, wie dies bei ordnungsmäßiger Behandlung selbstverständlich ist, in einer Hand bleiben, also nicht an verschiedene Personen indossiert werden, kann der Inhaber trotz mehrfach vollzogener Annahme Zahlung nur einmal verlangen. Der Annehmer kann dann Zug um Zug gegen einmalige Zahlung Herausgabe sämtlicher mit Annahmeerklärung versehener Ausfertigungen gemäß Art 39 verlangen, um nicht der Gefahr erneuter Inanspruchnahme ausgesetzt zu sein.

Wer eine Ausfertigung (mit oder ohne Annahmeerklärung) indossiert hat, darf auch nicht auf Grund einer etwa zurückbehaltenen mit Annahme versehenen weiteren Ausfertigung Zahlung vom Annehmer verlangen. Denn er hat alle W. rechte durch das Indossament übertragen (64[4]), ist also selbst nicht mehr Gläubiger („rechtmäßiger" Inhaber), auch wenn er durch die ihm verbliebene Ausfertigung noch formell ausgewiesen ist.

Anm 3 2. Sind aber die verschiedenen Ausfertigungen durch Indossierung an verschiedene Personen in die Hände verschiedener gutgläubiger Erwerber gelangt, so haftet der Annehmer jedem Inhaber einer mit Annahme versehenen Ausfertigung. Er ist grundsätzlich (vgl. aber Anm 4) nicht berechtigt, Zahlung an den gutgläubigen Erwerber einer angenommenen Ausfertigung von der Beibringung der anderen ebenfalls angenommenen Ausfertigung abhängig zu machen. Er wird durch die Bezahlung einer Ausfertigung (gleichviel, ob diese eine Annahmeerklärung trägt oder nicht) von der Haftung der in der Hand eines anderen gutgläubigen Erwerbers verbleibenden angenommenen Ausfertigung nicht befreit. Die Annahme soll, um Täuschungen Gutgläubiger zu vermeiden, nur einmal erklärt werden; bei mehrfacher Zeichnung hat der Annehmer die Gefahr zu tragen.

Gleiches gilt von dem W.bürgen eines Annehmers, der auf mehrere Ausfertigungen für die mehrfach vollzogene Annahme Bürgschaft übernimmt. Die Bürgschaft für den Annehmer ist auch verbindlich, wenn sie auf einer anderen Ausfertigung als der für die Annahme benutzten erteilt wird; der Bürge kann dann nur unter Vorlegung beider Ausfertigungen in Anspruch genommen werden. Wiederholung der Bürgschaftserklärung auf verschiedenen Ausfertigungen ist auch dann nicht gefahrlos, wenn sich Annahme nur auf einer Ausfertigung befindet; denn der Bürge könnte dann mehrfach haftbar werden, wenn auch der Annehmer seine Erklärung nachträglich auf mehrere Ausfertigungen setzt.

Anm 4 Der Annehmer, dem nur eine als Akzeptexemplar gekennzeichnete Ausfertigung, aber nicht das Umlaufsexemplar (vgl. 64[8]) zur Zahlung vorgelegt wird, wird wegen Ungewißheit des Gläubigers nach § 372 BGB hinterlegen können, falls ihm nicht auf Verlangen durch Beibringung des Umlaufsstücks nachgewiesen wird, daß keine weitere Indossierung durch den nach dem Akzeptexemplar ausgewiesenen Berechtigten erfolgt ist (64[8a]). Ebenso wird er hinterlegen können, wenn Zahlung von verschiedenen Inhabern mehrerer Ausfertigungen verlangt wird, von denen nur eine angenommen ist; er wird zwar durch Zahlung an den ausgewiesenen Inhaber der angenommenen Ausfertigung im Rahmen des Art 40 III befreit, überläßt es aber besser der Entscheidung zwischen den Inhabern der verschiedenen Ausfertigungen, ob der Inhaber der angenommenen Ausfertigung das Gläubigerrecht besitzt.

III. Zu Abs II. Weitere **Ausnahme:** Forthaftung von **Indossanten.** **Anm 5**
1. Die Indossierung mehrerer Ausfertigungen an verschiedene Personen ist rechtswidrig und stellt in der Regel einen Betrug, mindestens grobe Fahrlässigkeit dar. Denn der Inhaber überträgt bereits durch Indossierung einer Ausfertigung alle W.rechte und behält daher nichts, was er durch Indossierung der ordnungswidrig zurückbehaltenen weiteren Ausfertigung auf einen Dritten übertragen könnte (64[4]). Trotzdem erwirbt ein gutgläubiger Indossatar dieser Ausfertigung unter den Voraussetzungen des Art 16 Eigentum an dieser Ausfertigung und, da diese ebenfalls selbständiger Träger der W.ansprüche ist (64[3]), ein Gläubigerrecht von gleicher Beschaffenheit wie der Indossatar der anderen Ausfertigung (im Erg. ebenso: Qu-A 65[5]; Baumb-H 65[2]). Die mehreren gutgläubigen Erwerber werden daher im Verhältnis zu den Vormännern des Doppelindossanten Gesamtgläubiger im Sinne des § 428 BGB mit der Maßgabe, daß der Annehmer nur dem Erwerber der eine Annahmeerklärung tragenden Ausfertigung haftet.

2. Bezahlt der Bezogene eine der Ausfertigungen (bei erteilter Annahme die mit Akzept), so erlöschen dadurch alle Ansprüche aus dieser Ausfertigung (Anm 1). Die Vormänner desjenigen, der an verschiedene Personen indossiert hatte, können auch aus der anderen Ausfertigung nicht mehr in Anspruch genommen werden. Der Inhaber der nicht eingelösten Ausfertigung kann sich daher nur an den betrügerischen Doppelindossanten und dessen Nachmänner halten, sie also im Rückgriff in Anspruch nehmen, falls die Rückgriffsvoraussetzungen erfüllt sind. **Anm 6**

Leistet der Bezogene (z. B. weil er keine Annahme erteilt hat oder zahlungsunfähig ist) bei Verfall keine Zahlung, so können beide Inhaber der verschiedenen Ausfertigungen bei Verfall Protest erheben lassen (vgl. 66[13]). Löst ein Vormann des Doppelindossanten als Rückgriffschuldner eine der Ausfertigungen ein, so befreit er dadurch auch seine Vormänner von der Haftung gegenüber dem Inhaber der anderen Ausfertigung (Anm 1), da sie ihm selbst im Einlösungsrückgriff haften. Der Inhaber der anderen Ausfertigung ist wie bei Zahlung des Bezogenen auch hier auf den Rückgriff gegen die aus seiner Ausfertigung ersichtlichen Indossanten bis hinauf zum Doppelindossanten beschränkt. Neben den Rückgriffschuldnern haftet der Bezogene aus etwaiger Annahme dem Inhaber der angenommenen Ausfertigung.

3. Ist die Begebung an verschiedene Personen von einem durch Blankoindossament ausgewiesenen Inhaber im Wege der Blankobegebung (14[14]) erfolgt, so haftet der Aussteller des Blankoindossaments nicht nach Abs II, weil nicht er die Ausfertigungen ,,an verschiedene Personen übertragen **Anm 7**

hat". Der schuldige Blankotradent haftet nicht wechselmäßig, weil er nicht als W.schuldner (Indossant) auf den Ausfertigungen erscheint. Jedoch haftet er nach bürgerl. Recht, regelmäßig aus unerlaubter Handlung, für den seinen Nachmännern entstehenden Schaden (St-Str 65[8]).

Artikel 66

Wer eine Ausfertigung zur Annahme versendet, hat auf den anderen Ausfertigungen den Namen dessen anzugeben, bei dem sich die versendete Ausfertigung befindet. Dieser ist verpflichtet, sie dem rechtmäßigen Inhaber einer anderen Ausfertigung auszuhändigen.

Wird die Aushändigung verweigert, so kann der Inhaber nur Rückgriff nehmen, nachdem er durch einen Protest hat feststellen lassen:

1. daß ihm die zur Annahme versendete Ausfertigung auf sein Verlangen nicht ausgehändigt worden ist;
2. daß die Annahme oder die Zahlung auch nicht auf eine andere Ausfertigung zu erlangen war.

Anm 1 **I. Versendung einer Ausfertigung zur Annahme.** 1. Die Herstellung mehrerer Ausfertigungen dient vorwiegend dazu, den W, während eine Ausfertigung zur Einholung der Annahmeerklärung des außerhalb wohnenden Bezogenen versandt ist, unter Benutzung einer anderen Ausfertigung, des Umlaufstücks (64[8]), durch Indossierung zu verwerten. Der Indossatar des Umlaufstücks wird als nunmehriger W.gläubiger auch Eigentümer der zur Annahme versandten Ausfertigung (64[4]). Damit der jeweilige Inhaber des Umlaufstückes weiß, wo er das Annahmeexemplar erhalten kann, hat der Versender hierüber einen Vermerk auf den W (Antreffungs- oder Verwahrungsvermerk) zu setzen (Abs I Satz 1).

Anm 2 2. Erhält der Inhaber des Umlaufstücks von dem Verwahrer die andere Ausfertigung, so kann er, falls die Annahme erfolgt ist, Zahlung von dem Bezogenen bei Verfall nur unter gleichzeitiger Vorlegung des Umlaufstücks und der die Annahmeerklärung tragenden Ausfertigung verlangen (64[8a]). Die Umlaufsausfertigung dient dabei zum Nachweis des Gläubigerrechts, während der Bezogene nur gegen Aushändigung der die Annahme enthaltenden Ausfertigung nach Art 39 Zahlung zu leisten braucht und sich ohne Herausgabe dieser Ausfertigung der Gefahr doppelter Inanspruchnahme nach Art 65 I Satz 2 aussetzen würde. Gemeinschaftliche Vorlegung beider Ausfertigungen wird auch in Art 81 IV vorausgesetzt, wonach bei Protest auf Grund mehrerer Ausfertigungen der Protest auf eine der Ausfertigungen zu setzen und auf der oder den anderen zu vermerken ist.

Ist die dem Inhaber des Umlaufstücks ausgehändigte andere Ausfertigung mangels Annahme protestiert worden, so kann auch der Rückgriff mangels Annahme nur unter Vorlegung beider Ausfertigungen genommen werden. Dem einlösenden Rückgriffschuldner sind beide Ausfertigungen gemäß Art 50 auszuhändigen. Ist weder Annahme erteilt noch Protest erhoben, so kann der

Inhaber des Umlaufstücks die Annahme auf einer beliebigen Ausfertigung einholen und mangels Annahme Protest erheben lassen.

3. Erhält der Inhaber des Umlaufstücks die andere Ausfertigung nicht, so kann er versuchen, Annahme auf das Umlaufstück zu erhalten, da die Annahme auf jeder Ausfertigung wirksam erklärt werden kann (64[6]). Hat der Bezogene aber bereits die andere Ausfertigung angenommen, so kann er zur Vermeidung der Gefahr doppelter Haftung die Annahme nicht wiederholen (65[3]). Aus dem gleichen Grunde kann er bei erfolgter Annahme einer anderen Ausfertigung auf die Umlaufsausfertigung keine Zahlung leisten. **Anm 3**

Verweigert der Bezogene Annahme oder Zahlung bei bloßer Vorlegung der Umlaufsausfertigung, so läßt sich aus einem erhobenen Protest nicht ersehen, ob der Inhaber des Umlaufstückes die unterbliebene Honorierung selbst dadurch verschuldet hat, daß er die vom Bezogenen möglicherweise bereits angenommene andere Ausfertigung nicht von dem im Versendungsvermerk bezeichneten Verwahrer abgeholt und deshalb dem Bezogenen nicht mit vorgelegt hat. Deshalb macht Abs 2 den Rückgriff durch den die andere Ausfertigung nicht besitzenden Inhaber des Umlaufstücks davon abhängig, daß außer dem gegen den Bezogenen wie sonst zu erhebenden Protest die vergebliche Abforderung des Annahmestückes durch (Aushändigungs- oder Ausfolgungs-)Protest festgestellt ist.

4. Der Zweck dieses Ausfolgungsprotestes besteht demnach lediglich in der Eröffnung des Rückgriffs, indem er im Verhältnis zu den Rückgriffschuldnern die nicht erhältliche Ausfertigung ersetzt, von deren Aushändigung die Rückgriffschuldner mangels anderer Regelung die Einlösung gemäß Art 50 abhängig machen könnten, weil sie sie im Falle erteilter Annahme zur Inanspruchnahme des Bezogenen benötigen würden. **Anm 4**

Dagegen bezweckt der Aushändigungsprotest nicht, dem Bezogenen die Honorierung des Umlaufstücks zu ermöglichen. Denn der Bezogene muß auch ohne Vorlegung der zur Annahme versendeten Ausfertigung wissen, ob er auf dieser bereits Annahme erklärt hatte. Ist dies geschehen, so setzt er sich durch Annahme oder Bezahlung des Umlaufsexemplars auch beim Vorhandensein eines Ausfolgungsprotestes doppelter Inanspruchnahme aus; ist es nicht geschehen, so kann er das Umlaufstück durch Annahme oder Zahlung honorieren. Da für seine Entscheidung demnach der Ausfolgungsprotest ohne Bedeutung ist, besteht keine Notwendigkeit, ihm diesen vorzulegen oder den Ausfolgungsprotest vor dem Protest gegen den Bezogenen zu erheben (abw. Langen, ZHR 104, 8ff). Diese Reihenfolge ist allerdings für die Protesthandlung (nicht deren Beurkundung) zweckmäßig, weil der im Antreffungsvermerk bezeichnete Verwahrer auch nach vorheriger vergeblicher privater Aufforderung die zur Annahme bestimmte Ausfertigung aushändigen könnte, wobei sich bereits erfolgte Erteilung der Annahme herausstellen könnte. In diesem Sonderfalle wäre der zuvor gegen den Bezogenen erhobene Protest unwirksam — ein Protest mangels Annahme, weil Annahme erteilt ist, Protest mangels Zahlung, weil die angenommene Ausfertigung nicht mit vorgelegt war —; nochmaliger Protest mangels Zahlung müßte dann bei Verfall unter Vorlegung beider Ausfertigungen erhoben werden (Anm 2). Jedoch braucht die Beurkundung der vergeblichen Abforderung des Annahmestücks beim Verwahrer durch den Protestbeamten keinesfalls der Aufforderung des Bezogenen durch ihn vorauszugehen (vgl. Anm 12).

Anm 5 5. Enthält die in den Händen des Gläubigers befindliche Ausfertigung keinen Antreffungsvermerk (Anm 6), so steht dies der Ausübung der W.rechte durch den Inhaber dieser Ausfertigung nicht entgegen. Der Inhaber kann zwar keinen Aushändigungsprotest erheben lassen, kann aber auch ohne diesen Protest Rückgriff nehmen. Daraus folgt nicht, daß ein auf eine Ausfertigung ohne Antreffungsvermerk erhobener Protest in jedem Falle den Rückgriff eröffnet. Protest mangels Annahme eröffnet den Rückgriff nur dann, wenn auch keine andere Ausfertigung angenommen worden ist (64[6]). Protest mangels Zahlung ist dann ordnungswidrig und zur Eröffnung des Rückgriffs nicht geeignet, wenn er ohne Vorlegung einer zur Verfügung des Protestnehmers stehenden, mit Annahme versehenen Ausfertigung erhoben wird (64[6]). Wenn aber der Inhaber einer Ausfertigung weder die angenommene Ausfertigung besitzt noch erhalten kann und diese mangels Antreffungsvermerks auch durch Aushändigungsprotest nicht ersetzt werden kann, kann Rückgriff genommen werden, nachdem Protest mangels Zahlung gegen den Bezogenen unter Vorlegung der zur Verfügung stehenden Ausfertigung erhoben ist. Dies ergibt sich aus Art 65 II, da der dort zugelassene Rückgriff aller Inhaber von Ausfertigungen, die an verschiedene Personen indossiert worden sind, nicht für den Fall ausgeschlossen ist, daß eine der mehreren Ausfertigungen eine Annahmeerklärung trägt; das setzt voraus, daß auch der Inhaber einer nicht angenommenen Ausfertigung wirksam Protest mangels Zahlung erheben lassen kann.

Bei Verlust der angenommenen Ausfertigung kann trotz eines auf Grund einer anderen Ausfertigung erhobenen Protestes mangels Zahlung schon deshalb kein Rückgriff genommen werden, weil der Inhaber bei Verlust der die Ansprüche gegen den Annehmer begründenden Urkunde den W nicht mehr unversehrt aushändigen kann (50[4]). Nur wenn der Inhaber bei der Protesterhebung mit der vorhandenen Ausfertigung auch den die Einleitung des Aufgebots anordnenden Beschluß (Art 90 I Satz 2) und die die Sicherheitsleistung ergebende Hinterlegungsquittung vorlegen läßt, ist der Annehmer zur Zahlung verpflichtet, der gegen ihn erhobene Protest also ordnungsmäßig und Rückgriff statthaft.

Anm 6 **II. Zu Abs I Satz 1: Antreffungsvermerk.** 1. Form. Der Vermerk hat zu ergeben, bei wem die zur Annahme versandte Ausfertigung eingefordert werden soll. Es kommt (trotz des dies anscheinend bestimmenden Wortlauts) nicht darauf an, bei wem sich die zur Annahme versandte Ausfertigung im Augenblick der Indossierung des Umlaufstücks befindet. Hat z.B. der bisherige Inhaber die Post mit Einholung der Annahme beauftragt, so ist nicht die Postbehörde, sondern der Versender selbst als Verwahrer zu bezeichnen, weil bei ihm das versandte Stück nach Rückkunft erhältlich ist. Verwahrer kann also auch der Versender selbst sein. Unterschrift des Vermerks ist zwar nicht vorgeschrieben, aber zweckmäßig. Ebenso ist außer der notwendigen Angabe des Namens des Verwahreres die seiner Anschrift zweckentsprechend, wenn diese nicht schon anderweit aus dem W ersichtlich ist. Fehlt Ortsangabe beim Namen des Verwahrers, so wird mit Qu-A (66[2]; zust. Baumb-H 66[3]) der Wohnort des Bezogenen auch als derjenige des Verwahrers anzunehmen sein: Da Zweck der Versendung Einholung der Annahme am Wohnort des Bezogenen (21[5]) ist, wird im Zweifel auch der mit der Vorlegung Beauftragte seine Niederlassung hier haben. — Der Vermerk ist auf allen vorhandenen Ausfertigungen anzubringen.

2. Die Verpflichtung zur Beifügung des Vermerks trifft den Inhaber, der eine Ausfertigung zur Annahme versendet und eine andere (die Umlaufsausfertigung) vor Rückempfang der versandten Ausfertigung indossiert. Die mit Vorlegung zur Annahme beauftragte Person ist nur dann als Verwahrer zu bezeichnen, wenn sie die Ausfertigung bis zum Abruf durch den Inhaber des Umlaufstücks aufbewahren soll (vgl. Anm 6). Die Verpflichtung besteht gegenüber allen W.beteiligten kraft Gesetzes. Ihre Verletzung verpflichtet zum Ersatz des dadurch entstehenden Schadens nach Maßgabe des allg. bürg. Rechts. **Anm 7**

Die Verpflichtung zur Angabe des Verwahrers besteht unter entspr. Anwendung der Vorschrift auch, wenn der W.gläubiger eine Ausfertigung indossiert, ohne die die Annahmeerklärung tragende weitere Ausfertigung mitzuübergeben, z. B. weil letztere sich zur Sicherung gegen Verlust in besonderer Verwahrung befindet.

III. Zu Abs I Satz 2: Die Herausgabepflicht des im Antreffungsvermerk angegebenen Verwahrers ergibt sich schon daraus, daß der Indossatar der Umlaufsausfertigung auch Eigentümer der Annahmeausfertigung wird (64[4]). Die besondere Vorschrift des Satz 2 stellt nur klar, daß der Verwahrer nicht an etwaige entgegenstehende Weisungen seines Auftraggebers gebunden ist, sondern die Ausfertigung auch dann herauszugeben hat, wenn er vor deren Abforderung durch den nunmehrigen W.gläubiger andere Weisung durch den Versender erhalten hat (abw. Qu-A 66[4]; Baumb-H 66[2]). Jedoch kann er erhaltenen Weisungen vor Abforderung nachkommen und gegenüber dem Indossatar der Umlaufsausfertigung ein nach bürgerl. Recht begründetes Zurückbehaltungsrecht (§ 273 BGB) wegen seiner Auslagen (z. B. Protestkosten) und etwaigen sonstigen Ansprüche (vgl. § 354 HGB) geltend machen. **Anm 8**

Bei Verletzung der gesetzlichen Herausgabepflicht können geschädigte W.beteiligte nach allgemeinen Rechtsgrundsätzen Schadensersatz beanspruchen. Obwohl auf dem WG beruhend, ist ein solcher Anspruch kein Anspruch aus dem W. Der Schaden kann insbes. in der verhinderten Inanspruchnahme des Annehmers (falls Annahme erteilt war) begründet sein. Rückgriffschuldner können auch durch vorzeitige Eröffnung des Rückgriffs nach Ausfolgungsprotest Schaden erleiden, wenn Annahme erteilt war (Anm 13). Herausgabepflicht besteht natürlich nur, wenn der angegebene Verwahrer die Ausfertigung tatsächlich besitzt und nicht als deren gutgläubiger Erwerber Schutz aus Art 16 II genießt. Der Anspruch auf Herausgabe kann auch durch Klage geltend gemacht werden, uns zwar nicht nur gegen den im Antreffungsvermerk bezeichneten Verwahrer, sondern gegen jeden nicht durch Art 16 II geschützten Besitzer.

IV. Zu Abs II. Doppelter Protest ist beim Vorhandensein eines Antreffungsvermerks zur Eröffnung des Rückgriffs erforderlich, wenn die Annahmeausfertigung nicht erhältlich ist. Es ist unerheblich, ob auf diese Aus- **Anm 9**

fertigung Annahme erteilt war. Solange sie nicht mit Protest mangels Annahme vorgelegt werden kann, verlangt das Gesetz deren Ersatz durch Aushändigungsprotest zusätzlich zu dem gegen den Bezogenen auf Grund der vorhandenen Ausfertigung zu erhebenden Hauptprotest.

Anm 10 **A. Aushändigungs-**(Ausfolgungs-)**Protest.** 1. Voraussetzung für seine Zulässigkeit und Notwendigkeit ist der den Namen des angeblichen Verwahrers angebende Antreffungsvermerk (Anm 6) auf der vorhandenen Ausfertigung und ferner, daß „die Aushändigung verweigert wird". Dies ist der Fall, wenn der angegebene Verwahrer trotz Vorlegung des Umlaufstücks dessen nach Art 16 I ausgewiesenen Inhaber auf Aufforderung die zur Annahme bestimmte Ausfertigung nicht übergibt, auch wenn der Grund darin besteht, daß er sie nicht besitzt (gl. Ans. Qu-A 66[5]). Ausübung eines Zurückbehaltungsrechts wegen der Kosten der erfolgten Vorlegung beim Bezogenen (Anm 8) wird als Verweigerung nicht angesehen werden können, zumal das Zurückbehaltungsrecht durch Sicherheitsleistung abwendbar ist.

Anm 11 2. Der Protest bezweckt Eröffnung des Rückgriffs ohne das zur Annahme bestimmte, möglicherweise angenommene Stück (Anm 4). Zulässigkeit seines Erlasses wird m. E. ohne zureichenden Grund von der herrschenden Meinung abgelehnt (46[5f]; für Erlaßbarkeit Baumb-H 66[3]; dagegen insbes. Langen ZHR 104, 7ff); allgemeiner Protesterlaß umfaßt m. E. ohne weiteres auch diesen Protest. Protestnehmer ist der durch die Umlaufsausfertigung ausgewiesene Inhaber, Protestgegner der im Antreffungsvermerk bezeichnete Verwahrer. Protestfrist ist dieselbe Frist wie für den Hauptprotest mangels Annahme bzw. Zahlung. Protestort ist die im Antreffungsvermerk angegebene Ortschaft der Niederlassung des Verwahrers; mangels solcher Angabe ist Protest am Ort seiner tatsächlichen Niederlassung ordnungsmäßig und, falls dieser unbekannt, am Wohnort des Bezogenen (Anm 6). Die Protesturkunde ist gemäß Art 81 I auf das Umlaufstück zu setzen. Wegen Reihenfolge der Protesthandlungen gegen den Verwahrer bzw. Bezogenen vgl. Anm 4.

Anm 12 **B.** Der Hauptprotest gegen den **Bezogenen** ist unter Vorlegung der vorhandenen Ausfertigung (Umlaufstück) zu erheben, folgt aber sonst denselben Regeln wie der Protest auf Grund eines nur in einer Ausfertigung ausgestellten W. — Die Protesthandlung kann ohne Vorlegung der Protesturkunde über den Aushändigungsprotest vorgenommen werden (bestr.; Anm 4), ihre Beurkundung kann daher gleichzeitig mit derjenigen über die verweigerte Aushändigung durch den Verwahrer erfolgen. Gemäß Art 83 wird dies in derselben Urkunde geschehen können, weil Art 83 auch auf Abforderung verschiedener Leistungen von verschiedenen Personen anwendbar ist (bestr.).

Anm 13 **C.** Die Wirkung beider Proteste zusammen (bei Protesterlaß der vergeblichen Aufforderung zu beiden Leistungen) ist Eröffnung des Rückgriffs.

Wenn also der Bezogene Annahme verweigert, weil er sie bereits auf der zur Annahme versandten Ausfertigung erteilt hat, kann der Inhaber des Umlaufstücks trotz der tatsächlich erfolgten Annahme des W Rückgriff vor Verfall mangels Annahme nehmen. Dies hat seinen Grund darin, daß der Inhaber des Umlaufstücks, der die angenommene Ausfertigung nicht erhalten kann, auch keine Zahlung des Bezogenen bei Verfall zu erwarten hat

(64⁶). Beim Fehlen eines Antreffungsvermerks kann dagegen kein Rückgriff mangels Annahme genommen werden, wenn Annahme auf einer von mehreren Ausfertigungen erklärt ist (Anm 5).

Für den Rückgriff mangels Zahlung hat der Ausfolgungsprotest kaum praktische Bedeutung, weil der Inhaber des Umlaufstücks, dem das Annahmestück nicht ausgehändigt wird, keinen Anlaß hat, den Verfall abzuwarten, sondern alsbald nach Ausfolgungsprotest und Protest mangels Annahme Rückgriff vor Verfall nehmen wird. Während aber der Inhaber einer Ausfertigung ohne Antreffungsvermerk ohne weiteres nach Protest mangels Zahlung bei Verfall Rückgriff nehmen kann (Anm 5), solange nicht eine andere Ausfertigung bezahlt ist (vgl. hierüber 65⁶), muß der Inhaber einer mit Antreffungsvermerk versehenen Ausfertigung auch bei Verfall zusätzlich Ausfolgungsprotest erheben (falls dieser nicht schon früher erfolgt ist), um ohne die zur Annahme bestimmte Ausfertigung Rückgriff mangels Zahlung nehmen zu können.

2. Abschriften

Artikel 67

Jeder Inhaber eines Wechsels ist befugt, Abschriften davon herzustellen.

Die Abschrift muß die Urschrift mit den Indossamenten und allen anderen darauf befindlichen Vermerken genau wiedergeben. Es muß angegeben sein, wie weit die Abschrift reicht.

Die Abschrift kann auf dieselbe Weise und mit denselben Wirkungen indossiert und mit einer Bürgschaftserklärung versehen werden wie die Urschrift.

I. Wesen und Zweck von **Wechselabschriften.** Nicht jede Abschrift eines W ist eine W.abschrift im Sinne der Art 67, 68, d. h. Träger für Unterschriften, die wechselmäßige Wirkungen erzeugen. Hierzu ist vielmehr erforderlich: **Anm 1**

1. Erfüllung der aus Abs 2 ersichtlichen Formerfordernisse nämlich:
   a) inhaltliche Übereinstimmung mit der Urschrift (Anm 4),
   b) Angabe, wie weit die Abschrift reicht (Schlußvermerk; Anm 5);
2. Vorhandensein mindestens einer Originalunterschrift, regelmäßig eines Indossaments, gegebenenfalls einer W.bürgschaft (Anm 7).

Der Zweck von W.abschriften ähnelt dem der Vervielfältigung von W durch mehrere Ausfertigungen: Die Abschrift kann wie eine Ausfertigung zur Indossierung benutzt werden, während die Urschrift zur Annahme versandt oder zwecks Sicherung gegen Verlust getrennt aufbewahrt wird. **Anm 2**

Die Abschrift ist aber, abgesehen von der in Art 68 II geregelten Haftung bei unterbleibender Aushändigung der Urschrift, kein selbständiger Träger der Wechselrechte, gestattet vielmehr deren Ausübung nur in Zusammenhang mit der Urschrift.

Ist der W bereits durch mehrere Hände gegangen, so ist es für den Inhaber einfacher, statt der umständlichen Anforderung einer weiteren Ausfertigung (Art 64 III) selbst eine Abschrift herzustellen, die er wie eine weitere Aufertigung zur Indossierung verwenden kann. Abschriften können auch von SolaW (64[12]) hergestellt werden, bei denen die Erteilung mehrerer Ausfertigungen ausgeschlossen ist, also sowohl von gezogenen W mit Angabe, daß sie nur in einer Ausfertigung hergestellt sind, wie von eigenen Wechseln.

Anm 3 **II. Zu Abs I. Befugnis** zur Herstellung von Abschriften. Im Gegensatz zu weiteren Ausfertigungen, die nach Art 64 vom Aussteller des W auszugehen haben (64[7]), können Abschriften von dem jeweiligen W.inhaber hergestellt werden. Der Ausdruck „herstellen" ist nicht wörtlich im Sinne der Fertigung des Schriftstücks zu verstehen; diese kann durch einen Dritten oder auf mechanischem Wege erfolgen. Gemeint ist die erstmalige Benutzung der Urkunde für eine wechselmäßige Erklärung, nämlich für ein Indossament oder eine W.bürgschaft. „Hersteller" der Abschrift ist daher regelmäßig der Indossant des ersten auf der Abschrift befindlichen eigenhändigen Indossaments, also der bisherige Inhaber des W, der durch Indossierung der Abschrift die W.rechte als erster Benutzer der Abschrift überträgt. Dies kann auch der Aussteller eines an eigene Order lautenden W sein.

Auch der Aussteller eines an fremde Order lautenden W kann m. E. eine von ihm gefertigte Abschrift, insb. vor Begebung des W an den W.nehmer, zur Einholung einer W.bürgschaft (die ihn selbst oder den Annehmer als Honoraten benennen kann) benutzen (abw. Qu-A 67[3]; Baumb-H 67[2]), um sie dem W.nehmer auszuhändigen. Die Abschrift würde, vom W.nehmer selbst „hergestellt", genau den gleichen Inhalt haben; die Haftung des Bürgen kann nicht davon abhängig sein, ob ihm die Abschrift vom Aussteller oder W.nehmer vorgelegt ist.

Anm 4 **III. Zu Abs II. Form** der W.abschrift. **1. Zu Satz 1: Übereinstimmung** von Urschrift und Abschrift in allen Teilen ist vorgeschrieben. Es ist daher zweckmäßig, die Abschrift, insb. bei schwer leserlichen Unterschriften, zur Vermeidung von Irrtümern auf photo-mechanischem Wege herzustellen. Geringfügige Abweichungen sind unschädlich, wenn sie keinen Zweifel darüber erwecken können, welchen W die Abschrift wiedergibt. Handschriftliche Wiedergabe gedruckter oder mit Schreibmaschine hergestellter Teile der Urschrift und umgekehrt ist zulässig. Es ist auch statthaft, Vorder-und Rückseite der Urschrift unter entspr. Kennzeichnung auf dieselbe Seite des die Abschrift tragenden Blattes zu schreiben, da nur inhaltliche Wiederholung aller wechselrechtlichen Erklärungen in der Abschrift notwendig ist.

Anm 5 **2. Zu Satz 2: Schlußvermerk.** Die Angabe, wie weit die Abschrift reicht, wird zweckmäßig als Schlußvermerk unmittelbar hinter die Abschrift gesetzt, z. B. mit den Worten „Bis hierher Abschrift" oder „Hier endet vorstehende Abschrift". Das läßt gleichzeitig erkennen, daß alles Vorausgehende Abschrift ist. Doch empfiehlt sich Überschrift „Abschrift", da die vorgeschriebene Angabe, wie weit die Abschrift reicht, Bezeichnung von Anfang und Ende der Abschrift erfordert. Bei solcher Überschrift würde auch ein Endvermerk: „Hier beginnen die Originalindossamente" zweifelsfrei sein. Ausreichend ist auch deutliche Bezeichnung des Umfangs der Abschrift ohne formellen Schlußvermerk, z. B. Überschrift: „Nachstehendes ist bis zum Indossament des N N einschließlich Abschrift". Ob Überschrift „Abschrift" und Abschluß durch einen bloßen Querstrich über die Seite als „Angabe, wie weit die Abschrift reicht", der gesetzlichen Vorschrift genügt (bejahend: Qu-A 67[4]), wird von der Ausführung im Einzelfall abhängen. Über den Umfang der Abschrift wird z. B. kein Zweifel möglich sein, wenn in einem solchen Falle die Abschrift auf mechanischem Wege (Schreibmaschine, Photokopie) hergestellt ist und auf den Schlußstrich unmittelbar handschriftliche Indossamente folgen. Jedoch ist ausdrücklicher Schlußvermerk in jedem Falle empfehlenswert, um Zweifel über Einhaltung der Formvorschrift auszuschließen. Weder Unterzeichnung des Schlußvermerks noch Angabe, wer die Abschrift in Umlauf gebracht hat, ist vorgeschrieben; letzteres ergibt sich aber regelmäßig aus dem ersten Indossament (Anm 3).

3. Benutzung formwidriger Abschriften. Übereinstimmung von Urschrift und Abschrift und Angabe, wie weit die Abschrift reicht, sind zwingende Formerfordernisse, bei deren Fehlen auf die Abschrift gesetzte Indossamente und Bürgschaftserklärungen keine wechselmäßige Wirkung erzeugen. Dient jedoch die Abschrift nur für eine Bürgschaftserklärung, so wird die Fortlassung derjenigen Indossamente, welche auf die Unterschrift dessen folgen, für den die Bürgschaft übernommen ist, unschädlich sein. Denn die späteren Indossamente sind für die Verpflichtung des W.bürgen ohne Bedeutung. Indossamente auf einer Abschrift ohne Schlußvermerk werden als bürgerl.-rechtl. Abtretungen umgedeutet werden können. **Anm 6**

Zusätzlich zu den in Abs 2 des vorl. Artikels angegebenen Formvorschriften bestimmt Art 68 I, daß die Abschrift mit einem Antreffungsvermerk zu versehen ist (68[1]). Die Fortlassung dieses Vermerks nimmt aber den auf der Abschrift befindlichen Unterschriften nicht ihre wechselmäßige Wirkung (68[3]). Ohne Vermerk kann der Indossatar aber keinen Rückgriff nach Art 68 II nehmen; der Anspruch auf Aushändigung der W urschrift wird dadurch nicht berührt (68[3]).

IV. Zu Abs III. Auf der Abschrift **zulässige Erklärungen:** 1. Bedeutung für die auf Grund der W.urschrift bestehenden Rechte und Verpflichtungen erhält auch eine den Erfordernissen des Abs 2 entsprechende Abschrift erst dann, wenn auf ihr eine auf der Urschrift nicht befindliche Originalerklärung — Indossament oder W.bürgschaft — abgegeben wird. Laut Abs 3 haben Indossamente und Bürgschaftserklärungen auf der Abschrift dieselben Wirkungen wie auf der Urschrift, können also grundsätzlich nach Wahl der Beteiligten auf die Abschrift oder Urschrift gesetzt werden. Jedoch ist die Urschrift für Indossierungen nicht mehr verwendbar, wenn auf sie ein Sperrvermerk gemäß Art 68 III gesetzt ist. Abschrift und Urschrift bilden zusammen die urkundliche Grundlage der W.verbindlichkeit, die Rechte aus dem W können daher nur unter gemeinschaftlicher Vorlegung beider Urkunden ausgeübt werden. Der Indossatar, an den die Rechte aus dem W — sei es durch Indossament auf der Urschrift, sei es auf der Abschrift — übertragen werden, wird damit gleichzeitig Eigentümer der anderen Urkunde und kann deren Herausgabe verlangen. **Anm 7**

Anm 8 Rechtsmäßiger Inhaber von Abschrift (vgl. Art 68 I Satz 2) und Urschrift ist daher regelmäßig dieselbe Person, der W.gläubiger. Ist jedoch durch mißbräuchliche Verwendung von (einer keinen Sperrvermerk enthaltenden) Urschrift und Abschrift der W an verschiedene Personen indossiert worden, so ist der gutgläubige Indossatar der Urschrift allein zur Ausübung der W.-rechte befugt und in der Lage. Er ist auch beim Vorhandensein eines Verwahrungsvermerks auf der Abschrift (68 I) nicht zur Herausgabe des W verpflichtet, da er nach Art 16 II selbst dann Schutz genießt, wenn das Indossament auf der Abschrift zeitlich vor dem auf der Urschrift erteilt ist. Der Indossatar der Abschrift ist dann auf die Ansprüche aus Art 68 II angewiesen; beim Fehlen eines Antreffungsvermerks hat er keine wechselmäßigen Ansprüche (68[3]).

Ist aber der W durch mißbräuchliche Indossierung von zwei Abschriften an verschiedene Personen übertragen worden, so werden diese (wie im Falle des Art 65 II; vgl. 65[6]) Gesamtgläubiger. Erhält einer von ihnen die W.urschrift, so kann er die W.rechte ausüben. Der andere kann, wenn seine Abschrift einen Antreffungsvermerk trägt, gemäß Art 68 II verfahren.

Anm 9 2. Indossamente auf der W.abschrift haben wie auf der Urschrift Übertragungs-, Verpflichtungs- und Ausweiswirkung. Wie auf der Urschrift kann auch bei einem Indossament auf der W.abschrift Gewährleistung ausgeschlossen werden; der Indossant haftet dann auch nicht aus Art 68 II. Die Haftung kann auch beschränkt werden, z. B. durch Abkürzung von Vorlegungsfristen (Art 22 IV, 34 I) oder durch Notanschriften (Art 55 I), auch kann der Indossant für seine Person den Protest erlassen.

Zur Inanspruchnahme der W.schuldner durch den ausgewiesenen Inhaber der Abschrift, auch zur Protesterhebung für ihn, ist Vorlegung von W.urschrift und Abschrift erforderlich. Denn Annahme kann nur auf der Urschrift erklärt und Zahlung braucht nur gegen Aushändigung des W (Urschrift) geleistet zu werden. Protest ist gemäß Art 81 IV auf der Urschrift zu beurkunden und auf der Abschrift zu vermerken. Auch zum Rückgriff gegen diejenigen Schuldner, die auf der Abschrift unterzeichnet haben, ist — von der Haftung nach Art 68 II abgesehen — Vorlegung von Urschrift und Abschrift erforderlich. Denn die Rückgriffschuldner haben gemäß Art 50 auf Aushändigung auch der W.urschrift und des damit verbundenen Protestes Anspruch.

Anm 10 3. Wechselbürgschaften können auf der Abschrift nicht nur für Indossanten, die die Abschrift indossiert haben, erklärt werden, sondern auch für Schuldner, deren Verpflichtungserklärung sich auf der W.urschrift befindet (Qu-A 67[7]), also auch für den Aussteller oder den Annehmer. Auch auf der Abschrift gilt eine Bürgschaft ohne Angabe des Honoraten als Bürgschaft für den W.aussteller (Art 31 IV). Jedoch kann, wer auf der Abschrift für einen auf der Urschrift verpflichteten Schuldner gebürgt hat, nicht nach Art 68 II in Anspruch genommen werden. Denn er haftet nur wie sein Honorat, also wie dieser nicht ohne Vorlegung der Urschrift (68[7]).

Anm 11 4. Andere W.erklärungen auf der Abschrift sind nicht wirksam, insb. nicht verpflichtend. Dies gilt, da nur Indossamente und Bürgschaftserklärungen als zulässig aufgeführt sind, auch von einer Ehrenannahme, selbst wenn sie zu Ehren eines Indossanten, der die Abschrift zur Indossierung benutzt hat, erklärt wird (bestr.; 57[2]).

Daß der Bezogene durch Annahme auf der Abschrift nicht wechselmäßig verpflichtet wird, entspricht zweifellos dem Willen des Gesetzes: zur Einholung der Annahme soll nur die W.urschrift (oder eine weitere Ausfertigung) benutzt werden.

Artikel 68

In der Abschrift ist der Verwahrer der Urschrift zu bezeichnen. Dieser ist verpflichtet, die Urschrift dem rechtmäßigen Inhaber der Abschrift auszuhändigen.

Wird die Aushändigung verweigert, so kann der Inhaber gegen die Indossanten der Abschrift und gegen diejenigen, die eine Bürgschaftserklärung auf die Abschrift gesetzt haben, nur Rückgriff nehmen, nachdem er durch einen Protest hat feststellen lassen, daß ihm die Urschrift auf sein Verlangen nicht ausgehändigt worden ist.

Enthält die Urschrift nach dem letzten, vor Anfertigung der Abschrift daraufgesetzten Indossament den Vermerk „von hier ab gelten Indossamente nur noch auf der Abschrift" oder einen gleichbedeutenden Vermerk, so ist ein später auf die Urschrift gesetztes Indossament nichtig.

I. Zu Abs I Satz 1: Antreffungs-(Verwahrungs-)**Vermerk.** **Anm 1**

1. Verpflichtung zur Beifügung des Vermerks. Der Antreffungsvermerk auf der Abschrift entspricht trotz der abweichenden Fassung beider Bestimmungen dem durch Art 66 I bei mehreren Ausfertigungen vorgesehenen Vermerk (66[6]). Er muß daher (66[7]) dann auf die Abschrift gesetzt werden, wenn diese ohne gleichzeitige Übergabe der Urschrift indossiert wird. Er soll dem rechtmäßigen, durch Indossament auf der Abschrift ausgewiesenen Inhaber der Abschrift die Auffindung und Einforderung der Urschrift ermöglichen. Wenn also eine Abschrift lediglich zur Einholung einer Bürgschaftserklärung verwendet wird, ist ein Antreffungsvermerk auf ihr unnötig. Denn hier hat der jeweilige Inhaber der Urschrift Anspruch auf Aushändigung der die Bürgschaftserklärung tragenden Abschrift, nicht umgekehrt. Daß ein W.inhaber ,der die Urschrift zur Annahme versendet oder zum Schutz gegen Verlust einem Dritten in Verwahrung gibt, auf eine zum eigenen Gebrauch hergestellte Abschrift nicht sofort den Antreffungsvermerk zu setzen braucht, sondern erst, wenn er die Abschrift ohne Übergabe der Urschrift indossiert, ergibt sich schon daraus, daß die Abschrift wechselmäßige Bedeutung erst erhält, wenn ein Indossament oder eine Bürgschaft in Urschrift darauf gesetzt wird (67[7]).

2. Der „Verwahrer" im Sinne des Satz 1 ist derjenige, bei dem die Urschrift abgefordert werden soll (vgl. 66[6]). Die Bezeichnung des Verwahrers muß mindestens seinen Namen, zweckmäßig auch seine Anschrift aus dem W erkennen lassen. Mangels Ortsangabe wird auch hier (66[6]) der Wohnort des **Anm 2**

Bezogenen als mutmaßlicher Wohnort des Verwahrers gelten können, weil dieser in der Regel mit der Einholung der Annahme beauftragt ist. Jedoch kann dies nur angenommen werden, wenn die Abschrift nicht ergibt, daß Annahme bereits bei ihrer Herstellung erfolgt war.

Anm 3 3. Fehlen des Vermerks beraubt die auf der Abschrift befindlichen Originalindossamente oder -Bürgschaften nicht ihrer wechselmäßigen Wirkung (unstr.; so z. B. Langen 155; Hupka 210; Qu-A 68^{2}; Baumb-H 68^{1}). Seine Bedeutung besteht nur in der Ermöglichung des Rückgriffs nach Abs II, falls der Inhaber der Abschrift die Urschrift nicht erhalten kann. In diesem Falle hat der Inhaber einer Abschrift ohne Antreffungsvermerk nur Ansprüche nach bürgerl. Recht gegen seinen Vormann, aber keine wechselmäßigen Rechte. Dagegen kann auch der Indossatar einer Abschrift ohne Antreffungsvermerk Herausgabe der Urschrift von deren ihm bekannten Besitzer verlangen. Denn als Indossatar der Abschrift wird er Eigentümer der Urschrift (67^{7}), falls nicht etwa deren Besitzer als gutgläubiger Erwerber Schutz gegen Herausgabeansprüche nach Art 16 II genießt, was bei mißbräuchlicher Indossierung von Urschrift und Abschrift an verschiedene Personen eintreten kann (67^{8}).

Anm 4 **II. Zu Abs I Satz 2:** Für die **Aushändigungspflicht** gilt entsprechendes wie nach Art 66 bei mehreren Ausfertigungen (66^{8}). Auch hier beruht der Herausgabeanspruch nicht auf dem Verwahrungsvermerk, sondern auf dem Erwerb des Eigentums an der Urschrift durch das Indossament (67^{7}). Der Inhaber der Abschrift ist nicht auf die Rechte aus Abs 2 beschränkt, sondern kann den Herausgabeanspruch gegen einen Besitzer der Urschrift, der nicht selbst deren rechtmäßiger Inhaber ist, auch durch Klage geltend machen.

Der Inhaber der Abschrift hat die Vermutung für sich, deren „rechtmäßiger Inhaber“ zu sein, wenn er durch die auf die Abschrift gesetzten Indossamente im Zusammenhang mit dem abschriftlichen Inhalt der W.urschrift nach Art 16 I ausgewiesen ist. Der Verwahrer kann aber auch gegenüber diesem formellen Ausweis einwenden, daß der Inhaber nicht sachlich berechtigt sei (z. B. weil das letzte Indossament gefälscht sei und der Inhaber der Abschrift dies gewußt habe). Vgl. auch 67^{8}.

Anm 5 **III. Zu Abs II: Aushändigungs-** (Ausfolgungs-) **Protest.**

1. Zweck und Bedeutung des Protestes. Wenn der Indossatar der Abschrift von dem darin angegebenen Verwahrer die Urschrift trotz Aufforderung nicht erhält, hat er auch keine Aussicht, vom Bezogenen bei Verfall Zahlung zu erhalten. Das Gesetz gibt dem so getäuschten Erwerber der Abschrift daher sofortigen Rückgriff gegen die Indossanten der Abschrift, weil diese durch die Indossierung die Übertragung der W.rechte und die Aushändigung der Urschrift durch den angegebenen Verwahrer zugesagt und hierfür einzustehen haben.

Der Wortlaut der Vorschrift „kann der Inhaber ... nur Rückgriff nehmen“ bedeutet nicht, daß der Aushändigungsprotest eine weitere Rückgriffsvoraussetzung ist, die zu den sonstigen allgemeinen Rückgriffsbedingungen hinzutreten muß. Das Wort „nur“ erklärt sich wohl aus einer Angleichung der Fassung der Bestimmung an Art 66, wo der Ausfolgungsprotest tatsächlich zu den sonstigen Rückgriffsvoraussetzungen hinzutritt, läßt sich aber auch so deuten, daß der Rückgriff nur bei Angabe eines Verwahrers und der dadurch bedingten Möglichkeit eines Ausfolgungsprotestes (Anm 3) gegeben ist. Jedenfalls ist Vorlegung der Abschrift beim Bezogenen und Protest gegen diesen nach der Natur der Sache ausgeschlossen: Weder kann Annahme auf der Abschrift erklärt werden (67[11]) noch könnte der Bezogene mit befreiender Wirkung für die aus der Urschrift Verpflichteten gegen bloße Aushändigung der Abschrift Zahlung leisten. Es ist daher unstreitig, daß der Aushändigungsprotest allein den Rückgriff eröffnet (St-Str 68[4]; Qu-A 68[4]; Baumb-H 68[3]).

2. Indossanten auf der Abschrift, die ihre Gewährleistung für die Zahlung ausgeschlossen haben, werden auch nicht dafür haften, daß der Erwerber der Abschrift die zur Einziehung der Zahlung erforderlichen Unterlagen erhält. Indossanten ohne Obligo können daher auch nicht nach der vorl. Bestimmung in Anspruch genommen werden; sie sind ja überhaupt keine Rückgriffschuldner. **Anm 6**

Statt seine Haftung ganz auszuschließen, kann der Indossant auch seine Haftung beschränken (15[5]). Dadurch ist auch die rechtliche Möglichkeit zu einer mit dem Antreffungsvermerk verbundenen Anordnung gegeben, daß der Abruf von dem Verwahrer nicht vor einem bestimmten Zeitpunkt erfolgen soll. Dadurch kann gesichert werden, daß während dieser Frist die Rückkunft der (z. B. zur Annahme versandten) Urschrift erfolgen kann und die Aushändigung bei Einforderung gewährleistet ist. Haftung des Indossanten für eine bei vorzeitiger Abforderung unterbleibende Aushändigung der Urschrift würde durch derartigen Vermerk ausgeschlossen sein.

3. Die W.bürgen für Indossanten, deren Indossament auf der Abschrift erteilt ist, haften wie diese nach Aushändigungsprotest, wenn sich auch die Bürgschaftserklärung auf der Abschrift befindet. **Anm 7**

Art 67 III läßt aber auf der Abschrift auch W.bürgschaft für Schuldner zu, deren Unterschrift auf der W.urschrift geleistet ist. Diese Bürgen werden trotz des sie scheinbar erfassenden Wortlauts des Abs 2 nicht aus der Abschrift allein, sondern nur durch den Inhaber von Abschrift und Urschrift belangt werden können (67[10]). Sie haben keine Verpflichtung eines Indossanten verbürgt, der durch die Indossierung der Abschrift die Greifbarkeit der Abschrift bei dem im Antreffungsvermerk bezeichneten Verwahrer zugesagt hat.

4. Der Protest muß vor Ablauf der für den Protest mangels Zahlung nach dem Inhalt der W.abschrift geltenden Frist erhoben werden, da nach Ablauf dieser Frist die Rückgriffsrechte nach Art 53 verwirkt sind. Nach Art 82 I ist die Protesturkunde auf die Abschrift zu setzen. Im übrigen gilt entsprechendes wie beim Ausfolgungsprotest nach Art 66 (vgl. 66[10, 11]). **Anm 8**

Protesterlaß wird auch in diesem Falle von der herrsch. Lehre für unzulässig gehalten (46[6]). Hiesigen Erachtens genügt bei Protesterlaß fristgemäße vergebliche Einforderung der Urschrift zur Eröffnung des Rückgriffs. Dieser ist ein Sonderfall des Rückgriffs mangels Zahlung und kann vor Verfall eingeleitet werden, weil Nichtzahlung durch den Bezogenen wegen Fehlens der W.urschrift im voraus feststeht (Anm 5). Wenn vor Verfall Rückgriff genommen wird, sind gemäß Art 48 II Zwischenzinsen abzuziehen.

Nachträgliches Angebot der Aushändigung der W.urschrift kann den einmal eröffneten Rückgriff nicht mehr abwenden. Entgegennahme der Urschrift durch den Inhaber der Abschrift wird aber in der Regel einen Verzicht auf die nach der vorl. Bestimmung gegebene Rückgriffsbefugnis darstellen.

Anm 9 **IV. Zu Abs III: Sperrvermerk.** 1. Form. Der Vermerk, welcher weitere Benutzung der Urschrift für Indossamente untersagt, bedarf keiner Unterzeichnung und kann daher von jedem, der die Urschrift auch nur in Händen hat (Art 21), insb. dem Verwahrer, beigefügt werden. Seine Beifügung ist auch wirksam, wenn noch keine Abschrift hergestellt oder zur Indossierung benutzt ist. Widerruf, insb. durch Streichung, wird nicht statthaft sein, da dadurch Mißbräuchen die Wege geebnet werden würde und Widerruf im Gesetz nicht vorgesehen ist. Jedoch ist gutgläubiger Erwerb durch einen Indossatar möglich, wenn der Sperrvermerk tatsächlich beseitigt, z. B. ausradiert oder unleserlich gemacht ist.

Der Vermerk wird zwekmäßig unmittelbar an das letzte Indossament angeschlossen unter Einfüllung des Namens des W.inhabers in das letzte Indossament, falls dieses ein Blankoindossament ist. Durchkreuzung des freien Restes der Rückseite ist empfehlenswert. Durchkreuzung allein wird nicht als ein dem in Abs III angegebenen Wortlaut „gleichbedeutender Vermerk" angesehen werden können, weil dadurch weder angezeigt ist, daß eine Abschrift für Indossierungszwecke angefertigt ist, noch die Hinzufügung weiterer Indossamente unter Anfügung eines Anhangs (Art 13 I) verhindert wird. Jedoch wird bei auffälliger Durchkreuzung gutgläubiger Erwerb von dem letzten vor der Durchkreuzung ausgewiesenen Inhaber nur selten möglich sein. Freilich ist auch bei vollständigem Sperrvermerk nicht ausgeschlossen, daß der bisherige W.gläubiger durch mißbräuchliche Benutzung von zwei Abschriften eine mehrfache Übertragung der W.rechte vornimmt (67[8]).

Anm 10 2. Wirkung des Sperrvermerks. a) Die W.rechte können durch Benutzung der Urschrift ohne Übergabe der Abschrift nicht mehr übertragen werden. Nicht nur auf den Sperrvermerk folgende Indossamente sind nichtig, erzeugen also weder Übertragungs- noch Verpflichtungswirkung, sondern auch Blankoübergabe auf Grund eines etwa unmittelbar vor dem Sperrvermerk befindlichen Indossaments ist ohne Übergabe der Abschrift unwirksam (St-Str 68[9]). Ebenso folgt aus dem Zweck des Sperrvermerks, daß auch bürgerl.-rechtl. Abtretung (11[1]) nur unter Mitübergabe der Abschrift erfolgen kann, auch wenn der bisherige Inhaber von der Abschrift noch keinen Gebrauch gemacht hat; hat er die W.rechte bereits durch Indossierung der Abschrift übertragen, so kann sein bürgerl. Rechtsnachfolger ohnehin diese Rechte nicht mehr von ihm erwerben.

Anm 11 b) Ob der W.schuldner an den Inhaber einer den Sperrvermerk tragenden Urschrift mit befreiender Wirkung zahlen kann, und ob er mangels Beibringung der Abschrift Zahlung verweigern darf, ist nicht ausdrücklich geregelt. Die Herstellung der Abschrift erfolgt regelmäßig zum Zwecke ihrer getrennten Indossierung, der Sperrvermerk weist darauf hin, daß solche Indossierung erfolgt oder mindestens beabsichtigt ist. Gleichzeitig verliert die Urschrift die Fähigkeit, Indossamente aufzunehmen, also selbständig Träger des wechselmäßigen Ausweises zu sein. Ausweis zur Empfangnahme der Zahlung ist daher m. E. nur bei gleichzeitiger Vorlegung der Abschrift mit der den Sperrvermerk tragenden Urschrift gegeben. Nur unter Vorlegung beider Urkunden kann daher wirksam Protest mangels Zahlung erhoben werden (vgl. Art 81 IV). Nur gegen Aushändigung beider Urkunden braucht der Bezogene oder ein Rückgriffschuldner Zahlung zu leisten (Art 50). Zahlung an den Nichtberechtigten hat befreiende Wirkung nach Maßgabe des Art 40 III nur dann, wenn sie an den ausgewiesenen Inhaber beider Urkunden erfolgt.

Zehnter Abschnitt

Änderungen

Artikel 69

Wird der Text eines Wechsels geändert, so haften diejenigen, die nach der Änderung ihre Unterschridt auf den Wechsel gesetzt haben, entsprechend dem geänderten Texte; wer früher unterschrieben hat, haftet nach dem ursprünglichen Texte.

I. Begriff von **Änderungen.** 1. Der vorl. Artikel handelt von Änderungen des Wechselinhalts, die ohne vorherige Zustimmung sämtlicher W.beteiligten an einem vollständigen W vorgenommen werden, also regelmäßig Verfälschungen der W.urkunde darstellen. Er bezieht sich nicht auf Fälschung von Unterschriften, deren Wirkung bezüglich Dritter in Art 7 dahin geregelt ist, daß sie auf die Gültigkeit der Unterschriften der übrigen W.verpflichteten ohne Einfluß ist (vgl. im übrigen Anm 6 u. 17[14]). Er betrifft auch nicht Änderungen eines mit der Absicht der Vervollständigung begebenen BlankoW, insbesondere die Wirkung abredewidriger Ausfüllung, welche durch Art 10 bestimmt ist. **Anm 1**

2. Der „Text" des W, der durch die Änderungen betroffen werden kann, ist nicht nur der in Art 1 Zf 1 bzw. Art 75 Zf 1 erwähnte „Text der Urkunde", d. h. der zusammenhängende Wortlaut der Zahlungsaufforderung des Ausstellers an den Bezogenen bzw. des Zahlungsversprechens des Ausstellers eines eigenen W (1[4], 2[7]). Er umfaßt vielmehr alle für die W.verbindlichkeit erheblichen Vermerke, gleichviel, ob sie sich im zusammenhängenden Text oder (wie regelmäßig z. B. das Ausstellungsdatum, die Bezeichnung des Bezogenen oder Notadressen) außerhalb desselben befinden und ob sie vom Aussteller oder einem anderen W.beteiligten ausgehen. Die Änderungen können sich also z. B. auch auf die Benennung eines besonderen Zahlungsleisters (Domizilvermerk), auf Protesterlaß, Ausschluß der Haftung eines Indossanten, Notadressen, Vorlegungsfristen und -Verbote beziehen. Meist werden jedoch solche Änderungen Fälschungen bezüglich der Höhe der W.summe oder der Verfallzeit sein. **Anm 2**

Die Unterschriften der W.verpflichteten gehören nicht zum Text des W. Ist also z. B. die Unterschrift eines W.bürgen unbefugt gestrichen worden, so kann der Bürge aus dem W nicht mehr in Anspruch genommen werden; es sei denn, daß er selbst die unbefugte Streichung vorgenommen hat oder hat vornehmen lassen, so daß seiner Berufung auf die erfolgte Streichung der Einwand der Arglist entgegenstände. Ist die Unterschrift eines Indossanten gestrichen, so kann nicht nur der Indossant grundsätzlich aus dem W nicht mehr in Anspruch genommen werden (abw. Schumann, Fälschung 90), sondern es kann dadurch auch der formelle Ausweis seiner Nachmänner nach Art 16 I zerstört werden. Wegen Streichung der Unterschrift des Annehmers vgl. 29[5]. — Jedoch wird bei Änderung von Unterschriften (Verfälschungen) Art 69 entsprechend angewendet werden können, z. B. die Forthaftung des ursprünglich Verpflichteten anzunehmen sein, auch wenn die Unterschrift durch Zusatz „GmbH“ zu seinem Namen verfälscht worden ist, um die Haftung einer entsprechenden Firma vorzutäuschen (St-Str 69[13]).

Anm 3 3. Unerheblich ist es, ob die Änderung den ursprünglichen Wortlaut erkennbar bestehen läßt (z. B. bei unbefugter Beifügung eines Zahlungsleisters oder bei Erhöhung der W.summe aus „500“ in „3500“), oder ob der ursprüngliche Text der Urkunde teilweise beseitigt ist (z. B. Ausradieren eines Domizilvermerks oder Verfälschung von „500“ in „800“). In beiden Fällen ist Art 69 anwendbar. Unerheblich ist auch, ob die Änderungen in Hinzufügungen zu dem ursprünglichen W.text oder in Beseitigung von Teilen des bisherigen Inhalts der Urkunde bestehen.

Nicht mehr eine Änderung, sondern eine Vernichtung des W ist es, wenn der W nicht mehr alle nach Art 1, 2 bzw. 75, 76 zur Begründung einer W.verpflichtung erforderlichen wesentlichen Bestandteile enthält (St-Str 69[6]; Qu-A 69[3]; Schumann, Fälschung 72), z. B. weil der das Ausstellungsdatum tragende Rand abgeschnitten und kein neues-Datum eingesetzt ist. Auch bei Durchstreichung der Vorderseite des W oder Zerreißen der Urkunde, also bei einer dem äußeren Anschein nach beabsichtigten Beseitigung der verpflichtenden Kraft des W, ist Art 69 auch dann unanwendbar, wenn es sich um ein Versehen handelte, z. B. an Stelle eines bezahlten W ein anderer zerrissen worden ist. Bei einer in diesem Sinne einer Vernichtung gleichstehenden Verstümmelung, welche einen W im Sinne des WG nicht mehr bestehen läßt, bleibt nur die Möglichkeit des Aufgebots gemäß Art 90, in einzelnen Fällen (vgl. 64[1], 66[5]) Erteilung einer neuen Ausfertigung.

Anm 4 4. Keine Änderungen im Sinne des Art 69 sind die durch Art 27 gestattete Angabe eines Zahlungsleisters durch den Annehmer, die Ausfüllung eines Blankoindossaments nach Art 14 II Zf 1 und die nachträgliche Bezeichnung eines W als erste Ausfertigung bei Herstellung einer weiteren Ausfertigung (64[11]). Wegen ihrer Unerheblichkeit für die Ansprüche aus dem W fallen auch bloße Berichtigungen, auch wenn sie ohne Zustimmung sämtlicher Beteiligter vorgenommen werden, nicht unter Art 69, sofern es sich dabei tatsächlich nur um Klarstellungen des ohnehin vorhandenen Inhalts des W handelt (Beispiel: Änderung der Monatsangabe aus „5.“ in „Mai“; Ergänzung der Anschrift des Bezogenen aus „Frankfurt“ in „Frankfurt a/M“).

Keine Änderungen im Sinne des vorl. Artikels sind abredewidrige Ausfüllungen eines zwecks späterer Vervollständigung unvollständig begebenen Blankowechsels (Art 10). Als solche ist vom RG (164, 10) die Abänderung der in Ziffern angegebenen W.summe angesehen worden, wenn der im W für die Angabe der W.summe in Buchstaben vorgesehene Raum zwecks späterer Ausfüllung offen gelassen war (10[4]); denn auch ohne Änderung der Ziffer würde die abweichende Buchstabenangabe maßgebend gewesen sein (Art 6 I).

5. Gestattete Änderungen: a) Im Einvernehmen sämtlicher W.- **Anm 5**
beteiligter vorgenommene Änderungen des W.inhalts fallen nicht unter Art 69, da jeder W.beteiligte an die mit seiner vorherigen Zustimmung vorgenommene Änderung ebenso gebunden ist, als ob er die Erklärung selbst in der geänderten Form abgegeben hätte. Wer den W mit Zustimmung der Beteiligten ändert, handelt in zulässiger Vertretung.

b) Ob nachträgliche Genehmigung einer gefälschten Unterschrift **Anm 6**
wechselmäßige Haftung erzeugt, also die gefälschte Unterschrift wie eine echte zu behandeln ist, ist streitig. Das RG hat dies unter Aufgabe seiner früheren Rspr. bejaht und § 177 BGB für entsprechend anwendbar erklärt (RG 145, 87); der BGH hat sich in seiner Entsch. v. 29. 9. 1951 (NJW 1952. 64) angeschlossen. Die herrschende Ansicht stimmt dem zu (vgl. insb. Schumann, Fälschung 43ff; auch Baumb-H 7[3], 69[3 C]; Knur-H 7[3]). M. E. ist § 177 BGB bei der verschiedenen Interessenlage vollmachtsloser Vertretung auf Fälschungen nicht entsprechend anwendbar (St-Str 69[11]). Die nicht bestehende W.verpflichtung desjenigen, dessen Unterschrift gefälscht ist, kann nicht durch Genehmigung rückwirkend erzeugt werden. Wohl aber kann, wer die Fälschung genehmigt, z. B. in Kenntnis der Fälschung die Unterschrift als echt anerkennt, nach bürgerl. Recht (Garantieversprechen, unerlaubte Handlung) haftbar sein. Die Grundlage für seine Haftung aus dem W fehlt aber (gl. A. Bernstein JW 1928, 787; Qu-A 7[4]; Gähler 16).

Nachträgliche Genehmigung von Verfälschungen, also von Änderun- **Anm 6a**
gen des Wechseltextes im Sinne der vorl. Bestimmung bei echter Unterschrift, muß ebenfalls wechselmäßige Haftung erzeugen, soweit man der erwähnten Entsch. des RG und der herrschenden Lehre folgt. Die geänderte Haftung tritt nur gegenüber denjenigen ein, die den W nach dessen Änderung erworben haben (Baumb-H 69[3 C]). Dem kann m. E unter entspr. Anwendung des für den BlankoW anerkannten Grundsatzes von der Verpflichtungskraft einer mit Zustimmung des W.zeichners stattfindenden Herstellung des W.inhalts (10[7]) zugestimmt werden. Denn hier besteht nicht das hinsichtlich genehmigter gefälschter Unterschriften vorliegende Bedenken, daß die nach W.recht erforderliche Form, welche in eigenhändiger Unterschrift der W.erklärung durch den Verpflichteten oder eine als Vertreter für ihn aufgetretene Person besteht (vgl. 1[23], 2[6], 8[4]), nicht erfüllt ist.

c) Genehmigung liegt nicht ohne weiteres im bloßen Stillschweigen auf **Anm 7**
eine Anfrage des W.inhabers, ob die Unterschrift des Angefragten „in Ordnung gehe" (d. h. echt sei); jedenfalls dann nicht, wenn es für den Angefragten nicht erkennbar war, daß der in Händen des Anfragenden befindliche W gefälscht war (St-Str 69[12]; Schumann 50). Mit Recht warnt Schumann vor zu weit-

gehender Ausdehnung der Verpflichtung zur Beantwortung solcher Anfragen (vgl. RG 82, 337; 101, 301; in JW 1928, 396 und 638; JW 1929, 1403). Stillschweigen trotz Kenntnis wird regelmäßig nur beim Vorliegen der Voraussetzungen des § 826 BGB zu Schadensersatz verpflichten, wobei zu prüfen bleibt, ob der Schaden durch Aufklärung über die Fälschung noch hätte abgewendet werden können. Erklärt der angebliche Unterzeichner nur dem Fälscher gegenüber, er wolle (z. B um Strafverfolgung zu verhüten) die Unterschrift gegen sich gelten lassen, so begründet dies m. E. keine Haftung gegenüber dem W.gläubiger, während die herrschende Meinung (Anm 6) bei Anwendung von § 177 BGB Genehmigung annehmen müßte.

Anm 8 **II. Wirkung** der Änderung. Nach dem Wortlaut des Gesetzes haften diejenigen, die „nach der Änderung ihre Unterschrift auf den W gesetzt haben", entsprechend dem geänderten, die früheren Unterzeichner nach dem ursprünglichen Text. Wer jedoch einer seine Verpflichtung erweiternden Änderung des W.inhalts zugestimmt hat oder gar darüber hinaus bei der Änderung selbst mitgewirkt hat, haftet nach dem geänderten Text, selbst wenn er seine Unterschrift vor der Änderung vollzogen hatte (Anm 6a). So z. B. ein Indossant, der nach Vollziehung seines Indossaments, aber vor Begebung des W an den Indossatar den W durch Erhöhung der W.summe verfälscht; oder der Aussteller eines bereits im Umlauf befindlichen W, der im Einvernehmen mit dem derzeitigen Inhaber, aber ohne Zustimmung des Annehmers oder sonstiger W.verpflichteter die W.summe erhöht.

A. Die durch den vorl. Artikel angeordnete **verschiedene Haftung** der vor bzw. nach der Änderung aus dem Wechsel Verpflichteten führt zu einer der Natur des W als einer einheitlichen Verpflichtung (Art 47 I) widersprechenden Auflösung des Gläubigerrechts in verschiedene Ansprüche, die bezüglich der Einlösung durch die Rückgriffschuldner besondere Folgen hat. Für die Hauptfälle nachträglicher Änderungen ergibt sich folgendes:

Anm 9 1. Bei Änderung der Wechselsumme (z. B. Verfälschung der ursprünglich 1000 DM betragenden Summe in 4000 DM durch einen Indossanten) haften nur der Fälscher und dessen Nachmänner für den erhöhten Betrag, dagegen diejenigen Schuldner, deren Verpflichtung vor der Änderung begründet wurde, für die ursprüngliche W.summe.

Ist Annahme vor der Änderung erfolgt, so kann der Annehmer durch Zahlung der ursprünglichen W.summe (1000 DM) sich und die nur in dieser Höhe haftenden Rückgriffschuldner befreien. Obwohl er seine volle Schuld bezahlt, kann der Annehmer aber nur Quittung nach Art 39 III, nicht Herausgabe des quittierten W nach Art 39 I verlangen, weil der Inhaber den W zur Einziehung des Mehrbetrages von dem Fälscher und dessen Nachmännern benötigt. Auch kann der W mangels Zahlung des Mehrbetrages protestiert werden, da dies Voraussetzung für die Inanspruchnahme der hierfür haftenden Rückgriffschuldner ist. — Wird wegen des Gesamtbetrages mangels Zahlung Protest erhoben, so wandelt sich auch das Einlösungsrecht der Vormänner des Fälschers dahin ab, daß sie bei Berichtigung ihrer Schuld (der ursprünglichen W.summe nebst Nebenforderungen) nur deren Abquittierung, nicht Herausgabe des W nach Art 50 verlangen können. Um ihnen aber wegen ihrer Zahlung Einlösungsrückgriff zu ermöglichen (Art 47 III, 49), wird der Inhaber in entspr. Anwendung des Art 51 außerdem nicht nur quittierte Rückrechnung, sondern auch beglaubigte Abschrift von Wechsel und Protest an den seine volle Schuld berichtigenden Rückgriffschuldner auf Verlangen aushändigen müssen (51[6]).

2. Bei Änderung der Verfallzeit haften die Rückgriffschuldner, die sich vor der Änderung verpflichtet haben, nur dann, wenn die Vorlegung zur Zahlung nach Art 38 bzw. Protesterhebung in der nach Maßgabe des ursprünglichen Verfalltages zu berechnenden Frist stattfindet. Dagegen muß zur Erhaltung des Rückgriffs gegen die nach der Änderung Verpflichteten Vorlegung und Protest nach Maßgabe des geänderten Verfalltages stattfinden. In solchen Fällen muß also der W zur Erhaltung aller Rückgriffansprüche in der Regel mehrfach protestiert werden. Ob der Bezogene vor oder nach der Änderung angenommen hat, ist hierfür unerheblich. Hat ein Rückgriffschuldner, der nach Maßgabe des früheren Verfalltages haftet, bereits vor Eintritt des späteren Verfalltages eingelöst, so muß er als nunmehriger Inhaber zu der späteren Verfallzeit nochmals Protest erheben lassen, falls er Rückgriff gegen dementsprechend haftende Vormänner wahren will. **Anm 10**

Stundungsabrede (Prolongation) ändert, auch wenn sie auf dem W vermerkt wird, nicht den wechselmäßigen Verfalltag, obwohl eine dem Annehmer bewilligte Stundung im Zweifel auch zugunsten aller Rückgriffschuldner, wirkt (47[13]). Hier muß also Protest am wechselmäßigen Verfalltag erhoben werden und braucht nach Ablauf der Stundungsfrist nicht wiederholt zu werden.

3. Bei Änderung des Zahlungsorts oder unbefugter (vgl. Anm 4) Beifügung eines Zahlungsleisters gilt entspr. wie bei Änderung der Verfallzeit. Hier muß zur Erhaltung des Rückgriffs gegen die vor und nach der Änderung Verpflichteten an beiden Ortschaften, bzw. beim Bezogenen und beim Zahlungsleister Protest erhoben werden. **Anm 11**

Gutgläubige Unkenntnis der stattgefundenen Änderung seitens des Inhabers hindert die Verwirkung des Rückgriffs nicht.

B. Der **Einwand** der erfolgten Verfälschung des W.inhalts ist wie derjenige der Fälschung der Unterschrift des Schuldners gegenüber jedem W.inhaber — auch dem gutgläubigen — zulässig. Denn er ist nicht aus den Beziehungen zu einem bestimmten Gläubiger, etwa dem Verfälscher, hergeleitet, sondern aus dem Fehlen einer der unbefugten Änderung entsprechenden Haftungsgrundlage (17[14]). Auch wenn der in Anspruch Genommene durch leichte Verfälschbarkeit seiner Erklärung (z. B. unterlassene Durchstreichung des im Vordruck für Einrückung der W.summe bestimmten, nicht verbrauchten Raums) die Änderung erleichtert hat, kann das keine wechselmäßige Haftung begründen. Soweit der Schuldner der Fälschung eines Dritten bewußt Vorschub geleistet hat, kann eine Haftung aus bürgerl. Recht, insb. unerlaubter Handlung eintreten, gegebenenfalls mag das Verhalten auch als vorherige Zustimmung zu der Änderung (Anm 5) deutbar sein (so RG 126, 224). **Anm 12**

Die Beweislast für das Vorliegen einer Inhaltsänderung trifft bei unverdächtig aussehendem W den Schuldner (§ 416 ZPO; RG 66, 201). Bei offensichtlichen Veränderungen steht es gemäß § 419 ZPO auch bei Echtheit der Unterschrift im Ermessen des Gerichts, ob Beweis für die Echtheit des W.inhalts durch die Urkunde geführt ist. Durch offensichtliche Änderungen (Streichungen, Rasuren) kann der W auch die erforderliche Beweiskraft für die klagebegründenden Tatsachen, also als Grundlage für den Urkunden-(Wechsel-)Prozeß, verlieren. — Steht eine Änderung des W.inhalts fest, so ist der Gläubiger für den Zeitpunkt der Änderung bzw. für den Inhalt vor der Änderung, wenn er sich auf diesen stützt, beweispflichtig (St-Str 69[16]; Baumb-H 69[3 D]; Hupka 26).

Anm 13 C. Haftung des Fälschers. Der Fälscher einer Unterschrift haftet zwar nach bürgerl. Recht regelmäßig aus unerlaubter Handlung, aber nicht aus dem W an Stelle desjenigen, dessen Unterschrift er gefälscht hat. Art 8 über die Haftung des unbefugten Vertreters kann schon deswegen keine entspr. Anwendung finden, weil er Zeichnung des eigenen Namens des Vertreters auf dem W als Haftungsgrundlage voraussetzt, der Fälscher aber gerade seinen eigenen Namen nicht zeichnet.

Auch bei Verfälschung des W.inhalts haftet der Fälscher nicht stets aus dem W und unterliegt dann auch keiner wechselmäßigen Haftung für die von ihm vorgenommene Änderung. So z. B. wenn er auf Grund eines Blankoindossaments Inhaber geworden ist, den W verfälscht und ihn unter Benutzung des Blankoindossaments durch Blankoübergabe nach Art 14 II Zf 3 weiterbegibt.

Elfter Abschnitt

Verjährung

Artikel 70

Die wechselmäßigen Ansprüche gegen den Annehmer verjähren in drei Jahren vom Verfalltage.

Die Ansprüche des Inhabers gegen die Indossanten und gegen den Aussteller verjähren in einem Jahre vom Tage des rechtzeitig erhobenen Protestes oder im Falle des Vermerkes „ohne Kosten" vom Verfalltage.

Die Ansprüche eines Indossanten gegen andere Indossanten und gegen den Aussteller verjähren in sechs Monaten von dem Tage, an dem der Wechsel vom Indossanten eingelöst oder ihm gegenüber gerichtlich geltend gemacht worden ist.

Anm 1 **I. Verjährung** der Wechselansprüche. 1. Die W.verjährung ist im WG nicht erschöpfend geregelt. Art 70 bestimmt nur die Verjährungsfristen und deren Beginn, und Art 71 regelt nur eine Einzelfrage bezüglich der Wirkung einer Unterbrechung der Verjährung. Dagegen ist es durch den Vorbehalt in Art 17 Anl II des Genfer Abkommens den Vertragsstaaten überlassen worden, die Gründe für Unterbrechung und Hemmung der Verjährung zu bestimmen. Wo dies, wie in Deutschland nicht durch besondere wechselrechtliche Vorschriften geschehen ist, sind die allg. Vorschriften der betreffenden Rechtsordnung maßgebend. Für die Verjährung der Ansprüche aus W gelten daher, soweit nicht Art 70, 71 Vorschriften enthalten, die Bestimmungen des BGB über Verjährung (vgl. 71[4 f]).

2. Die durch den vorl. Artikel bestimmten Fristen sind echte Verjährungsfristen im Sinne der sonstigen deutschen Gesetzessprache, keine Ausschlußfristen. Dies ergibt sich abgesehen von der Entstehungsgeschichte (St-Str 70[2]) schon aus Art 71, da eine „Unterbrechung" bei Ausschlußfristen nicht in Frage kommt. **Anm 2**

Obwohl nach deutscher Auffassung die Verjährung eine Einrichtung des materiellen, nicht des Prozeßrechts ist, entscheidet dieser Gesichtspunkt nicht allein über das im internationalen Verkehr anzuwendende Recht. Vielmehr sind hierfür die Vorschriften des 4. Teils des WG über den „Geltungsbereich der Gesetze" maßgebend. Danach richtet sich die Verjährung der Ansprüche gegen den Annehmer und gegen den Aussteller eines eigenen W nach dem Recht des aus dem W ersichtlichen Zahlungsorts (Art 93 I) und gegen ihre Bürgen nach dem Recht des Orts der Unterzeichnung ihrer Erklärung (93[6]). Dagegen ist für alle Rückgriffsansprüche nicht Art 93 II, sondern Art 94 entscheidend, also das Recht des Ausstellungsorts einheitlich maßgebend (bestr; 94[2]).

3. Soweit deutsches Recht zur Anwendung kommt, ist danach auch die Wirkung der Verjährung zu beurteilen. Auch die W.verjährung gibt also dem Schuldner nur ein Leistungsverweigerungsrecht, ohne den Anspruch völlig zu tilgen (§ 222f BGB). Daraus folgt, daß der Hauptschuldner (Annehmer, bzw. Aussteller des eigenen W) nicht lediglich auf die Verjährung seiner Verbindlichkeit einen Anspruch auf Aushändigung des W (Art 39) stützen kann. Für die Rückgriffschuldner ergibt sich dies auch daraus, daß sie auch bei Verwirkung des Rückgriffs nach Art 53 keinen solchen Anspruch haben, zumal der Inhaber trotz Verwirkung oder Verjährung der Rückgriffsansprüche noch Ansprüche aus dem W gegen den Annehmer haben kann. **Anm 3**

Andrerseits ist ein Schuldner, der die Leistung verweigern kann, nicht mehr zur Leistung verpflichtet, sondern leistet etwa'ge Zahlung freiwillig wie derjenige, der eine Anstandspflicht (§§ 534, 814 BGB) erfüllt. Der trotz Verjährung zahlende Rückgriffschuldner löst daher ohne Verpflichtung ein (vgl. Anm 10). Er kann aber auch die in Unkenntnis der Verjährung geleistete Zahlung nicht zurückfordern (§§ 222 II, 813 BGB).

Umdeutung eines verjährten W in eine Verpflichtung bürgerl. Rechts ist nicht zulässig. Die Verjährung des der W.begebung zugrundeliegenden Rechtsgeschäfts ist für die Ansprüche aus dem W ohne Bedeutung. Darüber, ob der Inhaber des verjährten W auf die der W.hingabe zugrundeliegende Forderung zurückgreifen kann, vgl. 89[24f]. Die Wirkung der Verjährung ist bezüglich des Hauptschuldners und des Ausstellers durch Art 89 (W.bereicherungsanspruch) abgeschwächt.

Anm 4 4. Vereinbarungen über die Verjährung sind durch § 225 BGB dahin beschränkt, daß Abkürzungen der Verjährungsfrist, aber keine Erschwerung der Verjährung im voraus vereinbart werden können. Dies gilt auch für W. Vereinbarungen über Abkürzung der Verjährung, die außerhalb des W getroffen sind, bilden nur einen persönlichen Einwand (17[8]). Vermerke im W wirken dagegen gegen jeden Inhaber (17[9]); sie können z. B. als Haftungsbeschränkungen (wie: „Verjährung meiner Haftung 3 Wochen ab Protest") beim Indossament (15[5]) oder einer Bürgschaftserklärung auftreten.

Im W enthaltene Vermerke, die eine Erschwerung der Verjährung bedeuten, sind als nicht geschrieben zu behandeln. Dagegen kann auf abgelaufene Teile der Verjährungsfrist, insb. durch Anerkennung der Schuld (71[4]), verzichtet werden. Wer den Gläubiger von Klageerhebung abhält,bis die Verjährungsfrist abgelaufen ist, kann Verjährung nicht geltend machen, weil dies arglistig wäre (RG 64, 222).

Anm 5 **II.** Die gesetzlichen **Verjährungsfristen.** 1. Allgemeines. Bei der Fristberechnung wird der für den Fristbeginn entscheidende Tag nicht mitgezählt (Art 73). Ob eine Fristverlängerung gemäß § 193 BGB eintritt, wenn das Ende der Verjährungsfrist auf einen Sonn- oder Feiertag fällt, ist streitig. Unmittelbar betrifft § 193 BGB diesen Fall ebensowenig wie Art 72 II WG (72[4]). Das RG (151, 347) hat aber die entspr. Anwendbarkeit des § 193 BGB auf den Ablauf von Verjährungsfristen bejaht, so daß bei Billigung dieser Rechtsprechung (vgl. aber 72[4]) Ablauf der Verjährung erst mit dem auf den Feiertag folg. Werktag zu unterstellen ist. Nach rechtskräftiger Feststellung gilt auch für die Ansprüche aus dem W zwischen den Parteien die dreißigjährige Verjährungsfrist nach § 218 BGB mit Ausnahme der in 4 Jahren verjährenden künftig fälligen Zinsen (§ 218 II, 197 BGB).

Wegen Hemmung und Unterbrechung der Verjährung vgl. zu Art 71.

Anm 6 2. **Zu Abs I:** Die Ansprüche gegen den **Annehmer,** den Aussteller eines eigenen Wechsels (Art 78 I) und deren W.bürgen verjähren in drei Jahren. Die Frist beginnt stets mit dem Verfalltag (nicht dem Zahlungstag: 33[2]), auch wenn die Verfallzeit bei einem BlankoW nachträglich eingefügt ist (RG 99, 7), oder wenn bereits vor Verfall Rückgriff eröffnet war. Wegen des Verfalltages vgl. Art 33ff und über Unterstellung eines Verfalltages im Verhältnis zum Annehmer bei unterbliebener Vorlegung eines Sicht- bzw. NachsichtW während der Vorlegungsfrist vgl. 34[8] u. 35[7].

Stundung ist auf den Verfalltag ohne Einfluß, bewirkt aber eine Hemmung der Verjährung (71[6]) und daher, wenn vor Verfall bewilligt, tatsächlich eine Hinausschiebung des Beginns der Frist.

Anm 7 Die Frist gilt gleichmäßig hinsichtlich aller W.gläubiger, beginnt also mit dem Verfalltag sowohl für den letzten Inhaber wie für einlösende Rückgriffschuldner ohne Rücksicht darauf, wann die Einlösung erfolgt ist. Sie kann aber zu verschiedenen Zeiten enden, wenn Gründe für Unterbrechung oder Hemmung der Verjährung nur zugunsten einzelner Gläubiger vorliegen (71[2]).

Bei schrittweisem Rückgriff besteht die Möglichkeit, daß gemäß Abs III die Rückgriffansprüche eines Einlösungsrückgriff nehmenden Gläubigers noch nicht verjährt sind, obwohl wegen Ablaufs der dreijährigen Frist seit Verfall der Annehmer durch Verjährung befreit ist. Dann können auch die Rückgriffschuldner Zahlung verweigern, weil ihnen der W nicht mehr „unversehrt" ausgehändigt werden kann, wenn der Annehmer nicht mehr haftet (50[4]; Langen 177; Hupka 220; Qu-A 70[2]).

3. **Zu Abs II: Rückgriffansprüche** des **letzten Inhabers** nach Art 47 I, 48. **Anm 8**
Die einjährige Verjährungsfrist beginnt mit dem Tage des den Rückgriff eröffnenden Protestes, bei notwendigem Doppelprotest (Art 60, 66 II) also mit dem Tage des späteren Protests. Nach dem durch die Entstehungsgeschichte bestätigten Wortlaut der Bestimmung ist der Protesttag auch entscheidend, wenn Rückgriff vor Verfall durch Protest mangels Annahme oder mangels Zahlung (Art 44 V) eröffnet wird (Hupka 216; abw. Langen 174, 201; Qu-A 70[5]). Hier beginnt die Frist daher schon vor Verfall und früher als die Verjährungsfrist gegen den Annehmer zu laufen. Ist Rückgriff vor Verfall nach Art 44 VI ohne Protest eröffnet, so muß der Verfalltag für den Fristbeginn entscheiden, da nach dem Gesetz die Frist nur durch den Protest oder Verfall in Lauf gebracht wird.

Bei Protesterlaß ist gegenüber den Schuldnern, gegen die der Erlaß wirkt, der Verfalltag auch dann entscheidend, wenn der Inhaber trotz des Erlasses Protest nach Verfall erheben läßt (zust. Baumb-H 70[3]; abw. Qu-A 70[4]). Ist aber vor Verfall Protest nach Art 44 II oder V erhoben, so entscheidet der Tag des Protestes.

4. **Zu Abs III:** Beim **Einlösungsrückgriff** nach Art 47 III, 49 beträgt die **Anm 9**
Verjährungsfrist sechs Monate. Sie gilt nicht nur bezüglich der im Gesetz genannten Indossanten, sondern für und gegen alle Rückgriffschuldner, also auch Bürgen des Ausstellers eines gezogenen W, Bürgen für Indossanten, Ehrenannehmer und gegen einen Ehrenzahler. Sie beginnt im Gegensatz zu der zugunsten des Annehmers nach Abs I laufenden Frist mit jeder weiteren Einlösung durch einen Rückgriffschuldner von neuem. Falls aber der Anspruch gegen den Annehmer verjährt ist, kann auch der Rückgriffschuldner Zahlung verweigern (Anm 7).

a) Einlösung kann nicht nur durch Zahlung, sondern auch durch Befrie- **Anm 10**
digung des Gläubigers in anderer Weise erfolgen (49[2]), z. B. durch Aufrechnung. Entscheidender Zeitpunkt für den Fristbeginn wird der Tag sein müssen, an dem der Einlösende den zum weiteren Rückgriff benötigten W auf Grund der Befriedigung des bisherigen Gläubigers von diesem erhält (St-Str 70[12]; zust. Priese-R 70[13]).

Einlösung ist (von Ehrenzahlung abgesehen: 63[10]) ein auf Grund einer wechselmäßigen Verpflichtung erfolgender Erwerb des W vom Rückgriffgläubiger (49[3]; bestr.). Löst ein Rückgriffschuldner ein, obwohl der Anspruch gegen ihn verjährt ist, so handelt er freiwillig (Anm 3). Er hat wie ein ursprünglicher Rückgriffschuldner, der durch Verwirkung des Rückgriffs nach Art 53 befreit ist, keinen selbständigen Einlösungsrückgriff, sondern kann nur die Rechte des befriedigten Gläubigers als dessen bürgerl. Rechtsnachfolger erwerben (49[4]). Regelmäßig — aber wegen der Möglichkeit einer gegen andere Rückgriffschuldner stattgefundenen Unterbrechung oder Hemmung der Verjährung (71[2]) nicht immer — werden die Ansprüche des Rückgriffnehmers auch gegen die Vormänner des Zahlenden verjährt sein; dann bleiben dem unter Nichterhebung des Verjährungseinwands Zahlenden nur die Ansprüche gegen den Annehmer. Dies Ergebnis ist zweckmäßig und entspricht allein der Absicht des Gesetzes, die Rückgriffschuldner durch eine kurze Verjährungsfrist zu schützen. Die vielfach vertretene Gegenmeinung (Qu-A Anm 2 vor Art 70; Langen, Fußn. 161; Knur-H 70[1]; Baumb-H 49[2]) gibt dem trotz Verjährung Zahlenden die Befugnis, auf Kosten seiner Vormänner freigebig oder nachlässig zu sein, und seine Vormänner durch eine noch so spät erfolgende Befriedigung des Gläubigers, der seine Rechte hat verjähren lassen, des bereits eingetretenen Verjährungsschutzes zu berauben. Denn die Frist gegen den Zahlenden aus Abs III würde erst durch seinen freiwilligen Rückerwerb des W in Lauf kommen, falls der Anspruch nicht früher gegen ihn gerichtlich geltend gemacht war. Das ist offensichtlich vom Gesetz nicht gewollt.

Anm 11 b) Falls der Einlösung eine gerichtliche Geltendmachung gegen den nunmehrigen Rückgriffnehmer vorausgegangen ist, ist deren Zeitpunkt für den Beginn der Verjährung seiner Ansprüche maßgebend. Unerheblich ist es, ob die gerichtliche Geltendmachung von dem Gläubiger erfolgt war, von dem der W durch den nunmehrigen Rückgriffgläubiger eingelöst worden ist, oder von einem seiner Nachmänner.

Ob der in Abs III gebrauchte Wortlaut „ihm gegenüber gerichtlich geltend gemacht sind" mehr umfassen soll als der entsprechende Urtext des EWG (= er selbst verklagt worden ist), ist zweifelhaft; die Übersetzung wollte wohl nur eine zu enge Begrenzung auf den Begriff der Klageerhebung im prozeßrechtlichen Sinne vermeiden. Jedenfalls sollen die Worte keine Bezugnahme auf § 209 BGB und die in dessen Abs 2 der Klageerhebung gleichgestellten Tatbestände sein (Qu-A 70[8]). Es erscheint z. B. nicht gerechtfertigt, die Verjährungsfrist durch Anmeldung im Konkursverfahren in Lauf zu bringen, weil der Konkursverwalter die Verjährung gegenüber den Vormännern des Gemeinschuldners nicht unterbrechen kann (St-Str 70[13]). Der für die Auslegung entscheidende Zweck der Bestimmung ist m. E., eine Verzögerung der Rückgriffsverjährung gegen die Vormänner seitens eines Rückgriffschuldners zu verhindern, der die Einlösung durch Verschleppung eines gegen ihn eingeleiteten Rechtsstreits hinzieht. Dieser Zweck trifft beim Konkursverwalter nicht zu, da dieser einzelne Gläubiger nicht nach Belieben, sondern nur nach Maßgabe der Abwicklung des Verfahrens anteilig befriedigen kann. Anmeldung im Konkursverfahren setzt daher die Verjährung nicht in Lauf (zust. Baumb-H 70[3B]; abw. Langen 176; Hupka 217[2]). Auch Streitverkündung im Prozeß scheidet unter dem Gesichtspunkt des Gesetzeszwecks aus. Sie ist auch nach allgemeinem Sprachgebrauch keine auf Befriedigung des Gläubigers gerichtete Geltendmachung des Anspruchs (Langen 175; Qu-A 70[8]; abw. Hupka 217; Baumb-H 70[3B]), sondern nur die Ankündigung möglicher künftiger Geltendmachung. Bei Aufrechnung mit der W.forderung im Prozeß seitens der Beklagten kann der Kläger den W einlösen; Beginn der Verjährung mit der Aufrechnungserklärung entspricht daher dem Sinn des Gesetzes. Anders bei bloßer Eventualaufrechnung.

Übereinstimmung besteht darüber, daß bei Klage, Güteantrag und Mahnverfahren nicht Einreichung bei Gericht, sondern die Zustellung an den Rückgriffschuldner der für den Beginn der Verjährung maßgebende Zeitpunkt ist. Ebenso, daß auch Geltendmachung durch Antrag in der mündlichen Verhandlung ohne vorherige Einschließung in den Klageantrag der Klageerhebung gleichsteht.

Artikel 71

Die Unterbrechung der Verjährung wirkt nur gegen den Wechselverpflichteten, in Ansehung dessen die Tatsache eingetreten ist, welche die Unterbrechung bewirkt.

I. Unterbrechung und **Hemmung** der Verjährung. **Anm 1**

1. Verhältnis des Art 71 zum BGB. Die vorl. Vorschrift betrifft nur eine Einzelfrage bezüglich der Wirkung einer Unterbrechung der Verjährung. Im übrigen ist es durch das Genfer Abkommen den Vertragsstaaten überlassen worden, Unterbrechung und Hemmung der Verjährung selbständig zu regeln (70^1). In Deutschland sind mangels besonderer wechselrechtlicher Vorschriften die Bestimmungen des BGB über Hemmung und Unterbrechung der Verjährung auch für Ansprüche aus Wechseln maßgebend. Der vorl. Artikel 71 macht davon nur äußerlich eine Ausnahme, da er inhaltlich mit § 425 BGB in vollem Einklang steht.

2. Die rein persönliche Wirkung einer Unterbrechung der Verjährung gemäß Art 71 ist eine Folge der Selbständigkeit der W.verpflichtungen (Art 7) und bedeutet daher für W.bürgen und Ehrenannehmer, daß die gegen ihren Honoraten eingetretene Unterbrechung ihre eigene Haftung nicht berührt (Lenhoff 92; Langen 177). Sie gilt in gleicher Weise auch für eine Hemmung der Verjährung (§ 425 BGB; Dschr. 136). Die Beschränkung auf die Person betrifft auch nicht nur den Schuldner, gegen den die Unterbrechung oder Hemmung eine Verlängerung der Verjährung herbeiführt, sondern auch den Gläubiger, zu dessen Gunsten sie wirkt (unstr.; so z. B. Qu-A 71^3); Baum-H 71^1). Wenn z. B der letzte Inhaber den Annehmer verklagt hat, kann sich ein später einlösender Rückgriffschuldner dem Annehmer gegenüber auf die dadurch erfolgte Unterbrechung der Verjährung nicht berufen. **Anm 2**

3. Mit Rücksicht auf die Verjährungsfristen im Einlösungsrückgriff (Art 70 III) kann jedoch die Unterbrechung oder Hemmung der Frist gegenüber einem Rückgriffschuldner dessen Vormänner mittelbar betreffen: Wenn der Rückgriffschuldner nämlich nach Verlängerung der gegen ihn laufenden Frist einlöst, kommt es für seinen weiteren Rückgriff nicht darauf an, ob die Ansprüche des bezahlten Nachmanns gegen die Vormänner des Einlösenden verjährt waren. Wesentlich ist vielmehr nur, daß weder die Ansprüche des Einlösenden gegen seine Vormänner (z. B. durch Ablauf von 6 Monaten seit einer gegen ihn selbst erhobenen Klage: 70^{11}) verjährt sind, noch der Annehmer Verjährung einwenden kann (70^7). **Anm 3**

Andrerseits ist zu beachten, daß bei gemeinschaftlicher Klage gegen mehrere der als Gesamtschuldner haftenden W.schuldner (Art 47 II) die Verjährung nur zugunsten des klagenden Gläubigers unterbrochen wird (Anm 2). Wird also auf Grund des Urteils einer der Beklagten mehr als 6 Monate nach Klageerhebung zur Einlösung gezwungen, so kann er seine (mitverklagten) Vormänner mit Rücksicht auf die gegen ihn nach Art 70 III seit Klageerhebung laufende Verjährung nur in Anspruch nehmen, wenn er zu seinen Gunsten eine Unterbrechung der Verjährung, z. B. durch Streitverkündung an seine Mitverklagten, herbeigeführt hat. Streitig, aber hiesigen Erachtens zu bejahen (St-Str 71[8]), ist die Frage, ob der zur Einlösung gezwungene Schuldner diese Folge dadurch vermeiden kann, daß er sich die Rechte des Gläubigers, insb. auch diejenigen aus dem Urteil gegen seine Vormänner, Zug um Zug gegen Zahlung abtreten läßt (47[15]). Er würde dann nicht aus eigenem Recht Einlösungsrückgriff nehmen, sondern die unverjährten Ansprüche des bezahlten Gläubigers als dessen Rechtsnachfolger geltend machen. Nach erfolgter Befriedigung des Gläubigers kann freilich eine solche Abtretung nicht mehr stattfinden, weil die Rechte des befriedigten Gläubigers dann erloschen sind (RG 34, 52).

Anm 4 **II. Gründe** für Unterbrechung und Hemmung der Verjährung nach BGB.

A. Unterbrechung der Verjährung ist ein Tatbestand, nach dessen Beendigung die volle Verjährungsfrist erneut zu laufen beginnt (§ 217 BGB). Die einzelnen Gründe für eine Unterbrechung sind in §§ 208ff BGB aufgeführt, darunter insbesondere:

1. Anerkennung der Schuld (§ 208 BGB), die formfrei (RG 30, 264) und auch durch schlüssige Handlung, also tatsächliches Verhalten (RG 113, 238), erfolgen kann (z. B. Teilzahlung). Auch die Vereinbarung einer Stundung, die für die Dauer der Stundungsfrist eine Hemmung der Verjährung herbeiführt (Anm 6), enthält ein Anerkenntnis der Schuld seitens des Schuldners. Der Gläubiger kann sich auf die ihm jeweils günstigere Wirkung der Hemmung oder Unterbrechung der Verjährung berufen (RG JW 1910, 574).

Anm 5 2. Klageerhebung und die ihr durch § 209 II BGB gleichgestellten Tatbestände. Wegen Fristverwahrung durch Einreichung und demnächst erfolgende Zustellung vgl. § 207, 693 ZPO und § 212a f BGB.

Bei der Kürze der Verjährungsfrist aus Art 70 III ist die Vorschrift des § 211 II BGB von besonderer Bedeutung, wonach beim Ruhen des Verfahrens die Unterbrechung mit der letzten Prozeßhandlung endet. Auch wenn im W.prozeß rechtskräftiges Vorbehaltsurteil ergangen war, muß beim Ruhen eines eingeleiteten Nachverfahrens vor Ablauf von 6 Monaten Unterbrechung herbeigeführt werden, um Verjährung des Anspruchs zu verhindern.

Für den Fall einer Abweisung der Klage im W.prozeß wegen Unzulässigkeit der Prozeßart vgl. § 212 BGB.

3. Wegen Anmeldung im Konkursverfahren vgl. § 214 BGB.

Anm 6 B. Hemmung der Verjährung führt nur einen zeitweisen Stillstand des Fristlaufs herbei. Nach Fortfall der Hemmung ist daher nur der bei ihrem Beginn noch nicht abgelaufene Teil der Verjährungsfrist noch zu rechnen (§ 205 BGB). Die einzelnen Hemmungsgründe sind in §§ 202ff BGB angegeben.

Der häufigste Fall im W.verkehr ist Stundung (§ 202 I BGB; vgl. auch Anm 4). Sie führt, auch wenn sie vor Verfall bewilligt ist, keine Änderung des wechselmäßigen Verfalltages herbei. Zur Erhaltung der Rückgriffansprüche muß der W daher dem Bezogenen bei Verfall zur Zahlung vorgelegt und gegebenenfalls protestiert werden. Über Wirkung der Stundung zugunsten der Nachmänner vgl. 47[13].

Zwölfter Abschnitt

Allgemeine Vorschriften

Artikel 72

Verfällt der Wechsel an einem gesetzlichen Feiertage, so kann die Zahlung erst am nächsten Werktage verlangt werden. Auch alle anderen auf den Wechsel bezüglichen Handlungen, insbesondere die Vorlegung zur Annahme und die Protesterhebung können nur an einem Werktage stattfinden.

Fällt der letzte Tag einer Frist, innerhalb deren eine dieser Handlungen vorgenommen werden muß, auf einen gesetzlichen Feiertag, so wird die Frist bis zum nächsten Werktage verlängert. Feiertage, die in den Lauf einer Frist fallen, werden bei der Berechnung der Frist mitgezählt.

I. Zu Abs I: Unwirksamkeit wechselrechtlicher **Handlungen an Feiertagen.** 1. Verfalltag und Zahlungstag. Eintritt der Fälligkeit eines W (33[1]) an einem Feiertag führt keine Verschiebung des Verfalls herbei. Jedoch kann die Zahlung erst am nächsten Werktag, dem Zahlungstag, verlangt werden. Demgemäß knüpfen Art 38 I und 44 III die Fristen für die Vorlegung zur Zahlung bzw. für den Protest mangels Zahlung nicht an den Verfalltag, sondern an den Zahlungstag an. Der Verfalltag ist dagegen für die Frist zur Vorlegung zwecks Annahme bei W ohne besondere Vorlegungsfrist (21[8]), für den Zinsenlauf im Rückgriff (Art 48 I Zf 2) und für den Beginn der Verjährungsfristen nach Art 70 I u. II maßgebend. Anm 1

Für die Fristberechnungen zur Bestimmung des Verfalltages sind weitere Vorschriften in Art 36, für NachsichtW in Art 35 enthalten, während bei Kalenderverschiedenheit Art 37 zu berücksichtigen ist.

2. Wechselrechtliche Handlungen aller Art, einschließlich der in Satz 1 erwähnten Vorlegung zur Zahlung, können an einem gesetzlichen Feiertag nicht wirksam vorgenommen werden. Das bedeutet, daß der Schuldner nicht in Verzug kommt, und daß das Unterbleiben einer wechselrechtlichen Leistung auf eine an einem Feiertag erfolgende Aufforderung hin auch keine anderen Rechtsfolgen auslöst. Die an einem Feiertag erfolgende Leistung (Annahme, Zahlung) hat aber die gleichen Wirkungen wie an einem Werktag; jedoch kann Anm 2

auch der Gläubiger die ihm an einem Feiertag angebotene Leistung ohne Rechtsnachteil zurückweisen.

„Auf den W bezügliche Handlungen" sind Vorlegung zur Zahlung, zur Annahme oder (Art 78 II) Sichtbescheinigung, zur Ehrenannahme oder Ehrenzahlung sowie die Aufforderungen zur Aushändigung einer W.ausfertigung oder der W.urschrift nach Art 66, 68 und die Protesthandlungen mangels der genannten Leistungen oder mangels Datierung der Annahme oder Sichtbescheinigung (Art 25 II, 78 II). Ein an einem Feiertag erhobener Protest ist ungültig (anders bei bloßer Überschreitung der Proteststunden: Art 86). Einverständnis des Protestgegners ist ohne Bedeutung. Jedoch handelt es sich hierbei nur um die Protesthandlung, nicht deren Beurkundung, da letztere keine „auf den W bezügliche Handlung" darstellt; nur muß in einer etwa an einem Feiertag fertiggestellten und so datierten Protesturkunde deutlich zum Ausdruck gebracht werden, an welchem vorausgegangenen Werktage die beurkundete Protesthandlung stattgefunden hat.

Auch die wechselrechtlichen Benachrichtigungen (vom Notleiden: Art 45; Höherer Gewalt: Art 54; Ehreneintritt: Art 55 IV) fallen unter die Bestimmung. Werden sie — wie üblich — schriftlich erstattet und gehen sie an einem Feiertag zu, so gilt der folgende Werktag als Tag der Benachrichtigung. Mündliche Benachrichtigung an einem Feiertag, die aus diesem Grunde zurückgewiesen wird, muß wiederholt werden.

Anm 3 3. **Gesetzliche Feiertage** sind nicht nur solche, die durch Gesetz im formellen Sinne für den Ort der Handlung festgesetzt sind, sondern alle durch die zuständige Behörde (auch im Verordnungswege) angeordnete allgemeine Feiertage. Darunter fallen allgemein die Sonntage, aber nicht bloße kirchliche Feiertage oder in bestimmten Kreisen übliche Tage für Geschäftsruhe, insb. Nichtöffnung der Banken.

Durch Gesetz v. 27. 2. 34 (RGBl I, 129), VO v. 18. 5. 34 (RGBl. I, 394) und Erlaß v. 25. 2. 39 (RGBl I, 322) waren für Deutschland die gesetzlichen Feiertage reichsrechtlich geregelt. Seit 1945 sind auf Grund neuer Bestimmungen in den einzelnen Landesteilen die gesetzlichen Feiertage nicht mehr einheitlich festgesetzt. Vgl. darüber die Zusammenstellung in Anhang V.

Anm 4 **II. Zu Abs II:** Die eintretende **Fristverlängerung** (Abs II Satz 1) entspricht inhaltlich der Regelung des § 193 BGB. Sie betrifft nur den letzten Tag der Frist, gewährt also, auch wenn mehrere Tage am Ende der Frist auf Feiertage fallen, nur einen Tag zur Vornahme der Handlung nach den Feiertagen. Zu beachten ist aber, daß die kürzesten und wichtigsten gesetzlichen Fristen, nämlich für Vorlegung zur Zahlung (Art 38 I) und für den Protest mangels Zahlung (Art 44 III) sowie für Benachrichtigung vom Notleiden und Ehreneintritt (Art 45 I, 55 IV), ohnehin nur Werktage einschließen, so daß bei deren Berechnung (im Gegensatz zu der Regel des Abs II Satz 2) auch die in den Lauf der Frist fallenden Feiertage nicht mitzählen.

1. Abs II findet Anwendung auf die Fristen für die Vorlegung zur Annahme (Art 22, 23), für die Vorlegung eines SichtW zur Zahlung (Art 34) sowie auf die Berechnung des Verfalls für die bestimmte Zeit nach Sicht oder nach

Ausstellung fälligen W (Art 35, 36). Dagegen findet die Vorschrift keine Anwendung auf die Verjährungsfristen (70[6]), da es sich bei der gerichtlichen Geltendmachung der Ansprüche nicht um eine auf den W bezügliche Handlung im Sinne des Abs I (vgl. Anm 2) handelt. Der Gedanke der Feiertagsruhe, mit dem das RG (151, 347) die entsprechende Anwendung des § 193 BGB auf Handlungen zur Unterbrechung von Verjährungsfristen, insb. Klageerhebung, begründet, ergibt zwar die Unzulässigkeit solcher Handlungen an Feiertagen. Daraus kann aber m. E. nicht geschlossen werden, daß trotz der Nichterwähnung dieser Handlungen im Gesetz die Verjährungsfristen zu Lasten des Schuldners verlängert werden können, wenn der Gläubiger bis zum letzten Augenblick der Frist gewartet und nicht berücksichtigt hat, daß das Fristende auf einen Feiertag fällt.

2. Für Hemmung durch höhere Gewalt gilt auch bezüglich der W.verjährung § 203 BGB. Art 54 WG betrifft nicht die Verjährung.

3. Fehlender Besitz des Wechsels hindert den Gläubiger zwar an der Einziehung der W.forderung, begründet aber selbst dann keine Hemmung der Verjährung, wenn der W im Laufe des Rechtsstreits behördlich beschlagnahmt wird (RG Recht 1910, Nr. 23). Der Schuldner hat zwar auf Grund von Art 39 bzw. 50 einen Anspruch auf Aushändigung des W Zug um Zug gegen Zahlung. Es handelt sich aber hierbei im Verhältnis zum Zahlungsanspruch nur um ein Zurückbehaltungsrecht (50[2]), das nach § 202 II BGB keine Hemmung der Verjährung herbeiführt.

Artikel 73

Bei der Berechnung der gesetzlichen oder im Wechsel bestimmten Fristen wird der Tag, von dem sie zu laufen beginnen, nicht mitgezählt.

Die Vorschrift entspricht dem § 187 I BGB. Sie ist insb. für die Fristen aus Art 34, 35, 36, für die Fristen der Notanzeige (Art 45 I) und die Benachrichtigung vom Ehreneintritt (Art 55 IV) sowie für den Beginn der Verjährungsfristen (Art 70) von Bedeutung.

Für das Ende der Fristen vgl. Art 36, Art 72 II sowie § 188 BGB.

Artikel 74

Weder gesetzliche noch richterliche Respekttage werden anerkannt.

Respekttage sind Fristen, die ohne Anerkennung derselben im WG (wie dies für die Überlegungsfrist nach Art 24 der Fall ist) für eine nach den Bestimmungen des WG fällige Leistung in Anspruch genommen werden könnten. Solche Fristen waren schon vor Inkrafttreten des WG in Deutschland nicht anerkannt. Die Bedeutung der Bestimmung besteht in der Bindung der Vertragsstaaten des Abkommens zur Vereinheitlichung des Wechselrechts, keine derartigen Fristen einzuführen oder beizubehalten. **Anm 1**

Allgemeine Moratorien (54[3]) fallen nicht unter die Vorschrift; ebensowenig Fristen nach Zwangsvollstreckungs-Notrecht, die nur die Durchführung bestimmter Vollstreckungshandlungen aufschieben. **Anm 2**

Anm 8 Im ausländischen Recht vorkommende Respekttage sind, soweit sie wie die „days of grace" des engl. Rechts (Bills of Exchange Act, Sect. 14) die Berechnung der Verfallzeit betreffen, für die inländische Rechtsanwendung beachtlich, wenn der Zahlungsort des betr. W sich in dem Lande befindet, das solche Respekttage zuläßt (93[5]). Nach engl. Recht werden der wechselmäßigen Verfallzeit drei Tage zugerechnet, um den tatsächlichen Verfall zu bestimmen, es sei denn, daß es sich um einen SichtW handelt.

Zweiter Teil

Eigener Wechsel

Artikel 75

Der eigene Wechsel enthält:

1. die Bezeichnung als Wechsel im Texte der Urkunde, und zwar in der Sprache, in der sie ausgestellt ist;
2. das unbedingte Versprechen, eine bestimmte Geldsumme zu zahlen;
3. die Angabe der Verfallzeit;
4. die Angabe des Zahlungsortes;
5. den Namen dessen, an den oder an dessen Order gezahlt werden soll;
6. die Angabe des Tages und des Ortes der Ausstellung;
7. die Unterschrift des Ausstellers.

Anm 1 **I. Gezogener und Eigener Wechsel.** 1. Wesen des Eigenen Wechsels. Der im zweiten Teil des WG (Art 75—78) behandelte eigene W ist ein in die Form eines eigenen Zahlungsversprechens des Ausstellers gekleideter W (vgl. Vorbemerkung zum 1. Teil). Seine Unterschiede vom gezogenen W ergeben sich aus dem Fehlen der diesen kennzeichnenden Zahlungsaufforderung an einen Dritten, den Bezogenen, wodurch begrifflich die Annahme eines eigenen W ausscheidet. Während der Aussteller des gezogenen W nur für den Fall der unterbleibenden Honorierung durch den Bezogenen Gewährleistung, also Zahlung nur als Rückgriffschuldner, verspricht (9[4]), übernimmt er beim eigenen W von vornherein selbst dessen Bezahlung als Hauptschuldner, d. h. eine Haftung, die derjenigen des Annehmers des gezogenen W entspricht (Art 78 I).

Im übrigen sind aber eigener und gezogener W rechtlich wesensgleich und folgen, wie Art 77 ergibt, grundsätzlich den gleichen Regeln. Daher entsteht auch die Haftung des Ausstellers des eigenen W in gleicher Weise wie die des gezogenen (9[3]), also nach diesseitiger Auffassung durch Begebungsvertrag. Der Aussteller des eigenen W bestimmt wie derjenige des gezogenen durch seine Erklärung den W.inhalt, den sog. Grundwechsel (9[1]), welcher auch für die Verbindlichkeit der anderen W.schuldner die Grundlage bietet (78[1]).

Der eigene W wird im Verkehr auch als Solawechsel bezeichnet, weil er nur in einer einzigen Ausfertigung hergestellt werden kann (77[12]). Über andere Verwendung des Ausdrucks „Solawechsel" für nur in einer Ausfertigung hergestellte gezogene W vgl. 64[12]. Die in der WO (Art 96) noch erwähnte Bezeichnung „trockener W" für den eigenen W ist nicht mehr gebräuchlich.

2. Finanzwechsel und Warenwechsel. Wirtschaftlich ist der eigene W die typische Form für Benutzung eines W zur Kreditbeschaffung in der Weise, daß der Aussteller lediglich auf Grund seines eigenen wechselmäßigen Zahlungsversprechens vom W.nehmer eine Auszahlung erhält (Finanzwechsel). Dem gezogenen W liegt dagegen in der Regel ein Rechtsgeschäft, insb. eine Warenlieferung des Ausstellers an den Bezogenen, zugrunde, so daß der gezogene W bei seiner typischen Verwendung als Warenwechsel dazu dient, eine auf Grund eines Wirtschaftsvorgangs zu erwartende Zahlung vor deren Fälligkeit für den Gläubiger (Aussteller des W) zu Geld zu machen. Rechtlich ist es jedoch bedeutungslos, ob die Form des gezogenen oder eigenen W von den Beteiligten aus diesen oder anderen Gründen gewählt ist. **Anm 2**

3. Die gewählte Form ist dafür entscheidend, ob der W nach den Vorschriften des gezogenen oder eigenen W zu beurteilen ist, insb. welche Haftung den Aussteller trifft. In jedem Falle muß der W die Formerfordernisse einer der beiden W.arten erfüllen, andernfalls er als W nichtig ist. Ist die Urkunde z. B. in die Form einer Zahlungsanweisung („zahlen Sie") gekleidet, so kann sie als eigenes Zahlungsversprechen („zahle ich") des Ausstellers und daher gemäß Art 75 Zf 2 u. 76 Abs 1 als formgerechter eigener W nicht angesehen werden, ist aber auch als gezogener W ungültig, wenn sie keine Angabe eines Bezogenen (Art 1 Zf 3) enthält. Ebenso würde eine in Form eines Zahlungsversprechens gekleidete Urkunde als W ungültig sein, wenn sie statt der Unterschrift des Ausstellers eine Adresse „an mich selbst" und einen quergeschriebenen Annahmevermerk enthielte. **Anm 3**

Ist einem eigenen W („zahle ich") die Adresse eines Bezogenen und von letzterem ein Annahmevermerk beigefügt, so haftet der Aussteller, auch wenn die Schaffung eines gezogenen W beabsichtigt war, als Aussteller eines eigenen W und der Annehmer als sein W.bürge, so daß der Aussteller den vermeintlichen Annehmer aus dem W nicht in Anspruch nehmen kann. Unschädlich ist es, wenn der Aussteller eines eigenen W vor seine Unterschrift das Wort „angenommen" setzt oder außer seiner Unterschrift unter dem W seine Namenszeichnung auch an der für die Annahmeerklärung üblichen Stelle beifügt. Steht im W.text „zahle ich" „zahlen Sie" nebeneinander (z. B. weil die Durchstreichung einer der beiden Formeln übersehen wurde), so wird der W beim Vorhandensein der Adresse eines Bezogenen als gezogener W, andernfalls als eigener W auszulegen sein (abw. ROHG 19, 16, wo Nichtigkeit des W angenommen wurde).

II. Formerfordernisse. Die Bestandteile des eigenen W werden im vorl. Artikel in entsprechender Weise wie in Art 1 für den gezogenen W aufgezählt. In beiden Fällen sind nicht alle angegebenen Bestandteile wesentliche Formerfordernisse (1[1]). Beim eigenen W ergibt Art 76, daß **Anm 4**

a) ein W ohne Angabe der Verfallzeit als SichtW gilt,
b) fehlender Zahlungsort durch den Ausstellungsort und
c) fehlender Ausstellungsort aus dem beim Namen des Ausstellers angegebenen Ort zu ergänzen ist.

Danach enthält Zf 3 des vorl. Artikels kein wesentliches, für die Gültigkeit des W notwendiges Formerfordernis, während die in Zf 4 und 6 vorgeschriebenen Angaben gegebenenfalls ergänzt werden können. Beim Fehlen eines wesentlichen Formerfordernisses haben auch alle weiteren auf die Urkunde gesetzten Erklärungen keine wechselmäßige Kraft (2[1]).

Anm 5 **III. Die einzelnen Bestandteile: Zu Zf 1:** Die Wechselklausel (vgl. 1[2, 3]) deckt sich für in deutscher Sprache ausgestellte eigene W mit derjenigen für gezogene W ,da nur Bezeichnung als „Wechsel", nicht als eigener W erforderlich und üblich ist. Ausdrückliche Bezeichnung als „eigener Wechsel" ist aber statthaft, irrtümliche Bezeichnung eines eigenen W als Tratte (oder umgekehrt eines gezogenen W als eigenen) ist unschädlich. Der eigene W wird, da er nicht in mehreren Ausfertigungen ausgestellt werden kann (76[12]), gelegentlich als Solawechsel bezeichnet, obwohl dieser Ausdruck nicht eindeutig ist (64[12]).

Anm 6 **Zu Zf 2:** Das Zahlungsversprechen unterscheidet sich von der Zahlungsanweisung des Art 1 Zf 2 dadurch, daß der Aussteller selbst Zahlung verspricht, statt den Bezogenen dazu aufzufordern (übliche Form: „Gegen diesen Wechsel zahle ich ..."). Sein Vorhandensein ist für den eigenen W wesentlich (vgl. Anm 3). Im übrigen gelten die Erläuterungen zu Art 1 Zf 2 hier entsprechend (1[4–6]).

Anm 7 **Zu Zf 3:** Verfallzeit; vgl. hierzu 1[11, 12] und Art 76 II.

Zu Zf 4: Zahlungsort; vgl. 1[13–15]. Fehlende Angabe wird, wenn möglich, nach Art 76 III, IV ergänzt.

Zu Zf 5: Wechselnehmer; vgl. hierzu 1[16–18].

Obwohl Art 3 I in Art 77 nicht ausdrücklich angeführt ist, kann auch ein eigener W an eigene Order gestellt werden (bestr.; abw. Qu-A 75[7]; Langen 204; Hupka 225). Dies folgt aus der nach dem WG gestatteten Bezeichnung des Ausstellers als Bezogenen in einem an eigene Order gestellten W (3[2]), wobei bis zur Indossierung alle W.beteiligte dieselbe Person sind (St-Str 75[6]). Auch die Zulässigkeit eines Rückindossaments auf den Aussteller des eigenen W (Qu-A 77[2]) ergibt, daß aus dem WG keine Bedenken gegen die Zulässigkeit eines an eigene Order gestellten eigenen W deshalb hergeleitet werden können, weil bei ihm mehrere Personen erst durch seine Indossierung beteiligt werden und erst dadurch tatsächlich eine W.verbindlichkeit durch Verschiedenheit von Gläubiger und Schuldner entsteht (im Erg. zust. Ulmer 284; Baumb-H 75[6]; Knur-H 75[2]; Priese-R 75[6]).

Anm 8 **Zu Zf 6:** Austellungsdatum; vgl. dazu 1[19–21]; auch Art 76 III.

Zu Zf 7: Unterschrift des Ausstellers; vgl. dazu Anm 3 u. 1[22–26]. Die Worte „zahle ich" stehen der Unterschrift mehrerer Aussteller (vgl. auch 31[4]) ebensowenig entgegen wie der Ausdruck „zahlen wir" der Unterschrift durch nur eine Person.

Artikel 76

Eine Urkunde, der einer der im vorstehenden Artikel bezeichneten Bestandteile fehlt, gilt nicht als eigener Wechsel, vorbehaltlich der in den folgenden Absätzen bezeichneten Fälle.

Ein eigener Wechsel ohne Angabe der Verfallzeit gilt als Sichtwechsel.

Mangels einer besonderen Angabe gilt der Ausstellungsort als Zahlungsort und zugleich als Wohnort des Ausstellers.

Ein eigener Wechsel ohne Angabe des Ausstellungsortes gilt als ausgestellt an dem Orte, der bei dem Namen des Ausstellers angegeben ist.

I. Die Bestimmungen dieses Artikels im Zusammenhang mit Art 75 ergeben, welche Bestandteile **wesentliche Formerfordernisse** des eigenen W sind, so daß ihr Fehlen gemäß Abs 1 Nichtigkeit des W herbeiführt (75[4]). Art 76 entspricht inhaltlich vollkommen dem Art 2, auf dessen Erläuterungen verwiesen wird. **Anm 1**

Nur der dritte Absatz von Art 2 weicht äußerlich insofern von Art 76 III ab, als mangels Angabe eines Zahlungsorts beim gezogenen W der beim Namen des Bezogenen angegebene Ort, beim eigenen W dagegen der Austellungsort als Zahlungsort (auch im Sinne der Art 93 I, 96, 98) und zugleich bei fehlender Angabe des Wohnorts des Hauptwechselschuldners als dessen Wohnort angesehen wird. Dies ist jedoch eine Abweichung, die nur der Verschiedenheit des Hauptwechselschuldners in beiden Fällen Rechnung trägt.

Über die weiteren Erfordernisse der Urkundsform und eines zusammenhängenden W.textes vgl. 2[6], [7]; über Umdeutung nichtiger eigener W vgl. 2[3]; über zulässige weitere Zusätze 2[9].

II. Zu Abs III u. IV. 1. Soweit es nicht auf einen im W angegebenen, sondern auf den tatsächlichen Wohnort des Ausstellers ankommt, wie bei Beurteilung der W.fähigkeit nach Art 91, ist die Vorschrift des Abs III, die nur die Angabe im W ersetzen soll, ohne Bedeutung. **Anm 2**

2. Ist im W weder ein Zahlungs- noch ein Ausstellungsort angegeben, wohl aber ein Ort beim Namen des Ausstellers, so gilt dieser Ort nach Abs IV als Ausstellungsort und infolgedessen nach Abs III auch als Zahlungsort. Die Angabe „beim" Namen kann auch eine „im" Namen enthaltene Ortsbezeichnung sein, wie dies bei Firmen (z. B. Dortmunder Union) häufig vorkommt. **Anm 3**

Fehlt Angabe eines Ausstellungsorts und ist auch beim Namen des Ausstellers kein Ort angegeben, so daß Ergänzung nach Abs IV nicht möglich ist, so kann ein angegebener Zahlungsort nicht gleichzeitig als Ausstellungsort angesehen werden. Umkehrung der Regel des Abs III ist nicht zulässig, weil dies gegen die Vorschrift des Abs I verstoßen würde.

Artikel 77

Für den eigenen Wechsel gelten, soweit sie nicht mit seinem Wesen in Widerspruch stehen, die für den gezogenen Wechsel gegebenen Vorschriften über

das Indossament (Artikel 11 bis 20),
den Verfall (Artikel 33 bis 37),
die Zahlung (Artikel 38 bis 42),
den Rückgriff mangels Zahlung (Artikel 43 bis 50, 52 bis 54),
die Ehrenzahlung (Artikel 55, 59 bis 63),
die Abschriften (Artikel 67 und 68),
die Änderungen (Artikel 69),
die Verjährung (Artikel 70 und 71),
die Feiertage, die Fristenberechnung und das Verbot der Respekttage (Artikel 72 bis 74).

Ferner gelten für den eigenen Wechsel die Vorschriften über gezogene Wechsel, die bei einem Dritten oder an einem von dem Wohnort des Bezogenen verschiedenen Ort zahlbar sind (Artikel 4 und 27), über den Zinsvermerk (Artikel 5), über die Abweichungen bei der Angabe der Wechselsumme (Artikel 6), über die Folgen einer ungültigen Unterschrift (Artikel 7) oder die Unterschrift einer Person, die ohne Vertretungsbefugnis handelt oder ihre Vertretungsbefugnis überschreitet (Artikel 8), und über den Blankowechsel (Artikel 10).

Ebenso finden auf den eigenen Wechsel die Vorschriften über die Wechselbürgschaft Anwendung (Artikel 30 bis 32); im Falle des Artikels 31 Abs. 4 gilt die Wechselbürgschaft, wenn die Erklärung nicht angibt, für wen sie geleistet wird, für den Aussteller des eigenen Wechsels.

Anm 1 **I. Der Leitgedanke** des vorl. Artikels besteht in der Anwendung aller Vorschriften über den gezogenen W auf den eigenen W, soweit diese nicht mit dem Wesen des eigenen W (75[1]), also mit dem Fehlen eines Bezogenen und der statt dessen eintretenden Haftung des Ausstellers als HauptW.schuldner (78[1]), in Widerspruch stehen. Daraus ergibt sich hinsichtlich der als anwendbar aufgezählten Bestimmungen folgendes:

1. Die angeführten Vorschriften sind nicht durchweg wörtlich, sondern nur entsprechend anwendbar. Wenn z. B. Art 38 Vorlegung des W beim Bezogenen vorschreibt, so ergibt die entspr. Anwendung, daß der eigene W dem Aussteller in der Frist des Art 38 zur Zahlung vorzulegen ist. Das folgt nicht aus der Haftung des Ausstellers gemäß Art 78 I, weil die Vorlegung des gezogenen W auch zu erfolgen hat, wenn der Bezogene nicht angenommen hat, und weil es sich bei dieser Vorlegung nicht um die Haftung des Hauptschuldners, sondern um die Erhaltung der Rückgriffsrechte handelt.

2. Die Aufzählung der einzelnen Bestimmungen ist dem Leitgedanken untergeordnet und daher nicht zu wörtlich zu nehmen. Dies gilt sowohl für die angeführten wie für die fortgelassenen Bestimmungen. So ist die Anwendung des in Abs II erwähnten Art 27 beim eigenen W schwerlich möglich (Anm 5), andrerseits Ehrenannahme trotz der absichtlich unterbliebenen Anführung der Art 56—58 mit dem Wesen des eigenen W vereinbar (Anm 11). **Anm 2**

3. Außer den aufgezählten Vorschriften aus dem 1. Teil des WG sind die Vorschriften des 3. und 4. Teils, also die „Ergänzenden Vorschriften", insb. über Protest und Bereicherungsanspruch, sowie die Vorschriften über den „Geltungsbereich der Gesetze" auf den eigenen W unmittelbar in gleicher Weise anwendbar wie auf den gezogenen W. **Anm 3**

II. Anwendung der **einzelnen Vorschriften** des 1. Teils des WG: **Anm 4**

1. Aus dem ersten Abschnitt betr. Ausstellung und Form des gezogenen W sind die Art 1 u. 2 nicht angeführt, weil für den eigenen W die entspr. Art 75, 76 an deren Stelle treten. Die Nichterwähnung des Art 3 I schließt nicht aus, daß der Aussteller sich selbst als W.nehmer bezeichnen, also den W an eigene Order stellen kann (bestr.; 75[7]). Dagegen scheiden Art 3 II u. III wegen Fehlens eines Bezogenen begrifflich aus.

Die Erwähnung des Art 4 (in Abs II) ergibt, daß auch der eigene W bei einem Dritten, sei es am Wohnort des Ausstellers (unter der WO als „ZahlstellenW" bezeichnet), sei es an einem anderen Ort (sog. echter DomizilW) zahlbar gestellt werden kann. Für Anwendung des ebenfalls angeführten Art 27 bleibt kein Raum, weil Vorlegung zur Annahme begrifflich ausgeschlossen ist (St-Str 77[3]; Baumb-H 77[3]). Auch bei Erteilung der Sichtbescheinigung nach Art 78 II wird der Aussteller zur nachträglichen Benennung eines Zahlungsleisters nicht befugt sein (abw. Langen 206; Hupka 227), weil er den Zahlungsleister bei der Ausstellung des W benennen konnte und für nachträgliche Änderung seiner bereits bestehenden Zahlungsverpflichtung die Interessenlage von der in Art 27 vorausgesetzten grundsätzlich abweichen würde. **Anm 5**

Von den weiteren Vorschriften des ersten Abschnitts ist in Abs II nur Art 9 unerwähnt geblieben, weil die Haftung des Ausstellers des eigenen W sich nicht nach Art 9, sondern gemäß Art 78 I nach Art 28 richtet. Auch beim eigenen W ist der Ausschluß der Haftung für die Zahlung seitens des Ausstellers zweifellos unzulässig. Jedoch kann ein etwaiger die Haftung ausschließender Vermerk nicht in entspr. Anwendung des Art 9 II als nicht geschrieben behandelt werden, führt vielmehr Nichtigkeit des W herbei, weil es bei einem solchen Vermerk (z. B. „ohne Gewähr") an dem wesentlichen Formerfordernis des unbedingten Zahlungsversprechens (Art 75 Zf 2) fehlen würde. **Anm 6**

2. Der zweite Abschnitt betr. Indossament ist in seinem ganzen Umfang anwendbar. Auch den eigenen W kann der Aussteller durch Verbot der Indossierung nach Art 11 II zum Rektapapier machen. **Anm 7**

3. Der dritte Abschnitt betr. Annahme ist nach der Natur des eigenen W unanwendbar. Jedoch sind die die Vorlegung des NachsichtW betreffenden Bestimmungen des Art 23 mit entspr. Änderungen durch Art 78 II auch für den eigenen W übernommen.

Anm 8 4. Der vierte Abschnitt betr. W.bürgschaft ist in Abs III für anwendbar erklärt. Zur Vermeidung von Zweifeln ist hervorgehoben, daß auch hier eine Bürgschaft ohne Angabe des Honoraten als Bürgschaft für den Aussteller gilt. Ein W.bürge für den Aussteller des eigenen W haftet (wie der Bürge des Annehmers) nicht als Rückgriffschuldner, sondern auch im Falle der Verwirkung des Rückgriffs.

Anm 9 5. Für den fünften Abschnitt betr. den Verfall ist die Sondervorschrift für NachsichtW in Art 78 II zu beachten.

6. Der sechste Abschnitt betr. Zahlung ist voll anwendbar. Vorlegung zur Zahlung (Art 38) hat beim Aussteller des eigenen W bzw. einem etwa gemäß Art 4 benannten dritten Zahlungsleisters zu erfolgen (Anm 1). Zahlung durch den Aussteller tilgt (wie Zahlung des Bezogenen) die gesamte W.verbindlichkeit (47[9f]).

Anm 10 7. Aus dem siebenten Abschnitt betr. Rückgriff ist Art 51 betr. Rückgriff nach Teilannahme naturgemäß nicht erwähnt. Wenn man jedoch Art 51 bei anderen Fällen von Teilrückgriff für entspr. anwendbar erachtet (51[6]), können solche Fälle auch beim eigenen W zur entspr. Anwendung von Art 51 führen.

Obwohl bei Anführung der Artikel aus dem 7. Abschnitt nur der Rückgriff mangels Zahlung erwähnt wird, ist auch beim eigenen W Rückgriff vor Verfall möglich, wenn auch nicht mangels Annahme, so doch bei Unsicherheit des Ausstellers, und zwar unter den gleichen Voraussetzungen, unter denen nach Art 43 II Zf 2 und 44 V u. VI beim gezogenen W.Rückgriff wegen Unsicherheit des Bezogenen zulässig ist (St-Str 77[9]; Qu-A 77[5]; Baumb-H 77[2d]; Priese-R 77[4]).

Auf Notanzeige nach Art 45 hat der Aussteller des eigenen W auch dann keinen Anspruch, wenn die Zahlung durch einen dritten Zahlungsleister hätte erfolgen sollen; denn der Aussteller des eigenen W ist kein Rückgriffschuldner. Gleiches gilt für seinen W.bürgen.

Protesterlaß durch den Aussteller wirkt beim eigenen W wie beim gezogenen W gegen alle Rückgriffschuldner (78[1]; Langen, ZHR 104, 18; Qu-A 77[5]).

Anm 11 8. Vom achten Abschnitt ist nur die Ehrenzahlung erwähnt. Da aber Rückgriff vor Verfall trotz unterbliebener Anführung auch beim eigenen W zulässig ist (Anm 10), und da auch auf dem eigenen W. Notadressen angegeben werden können (wie die uneingeschränkte Bezugnahme auf Art 55 bestätigt), so kann Rückgriff vor Verfall auch beim eigenen W nur nach vergeblicher Angehung der etwa am Zahlungsort benannten Notadressen genommen werden (Art 56 II). Daraus folgt zwangsläufig, daß die Abwendung des Rückgriffs vor Verfall durch die anzugehende Notadresse mittels Ehrenannahme zulässig sein muß (abw. Langen 208; Hupka 229; Qu-A 77[6]; Baumb-H 77[2c]; vgl. St-Str 77[10]; zust. Ulmer 283; Priese-R 77[7]). Die Nichterwähnung der Ehrenannahme hat keine größere Bedeutung wie die Nichterwähnung des Rückgriffs vor Verfall in der vorausgehenden Bestimmung. Die Fortlassung der Art 56—58 erklärt sich daraus, daß der Hauptzweck der Ehrenannahme die Abwendung des beim eigenen W ausgeschlossenen Rückgriffs mangels Annahme ist, und daß erst bei den Genfer Beratungen die frühere Behandlung der Ehrenannahme als ersatzweise Annahme aufgegeben und ihr Wesen als Mitübernahme einer Rückgriffschuld klargestellt wurde (vgl. auch 56[4]).

Nur ein Rückgriffschuldner kann wirksam eine Notadresse benennen, weil Ehreneintritt (nach Art 55 II) nur zugunsten eines Rückgriffschuldners erfolgen kann (55[6]). Angabe einer Notadresse durch den Aussteller des eigenen W wird daher wirkungslos sein. Ehreneintritt ohne Angabe eines Honoraten wirkt zugunsten des letzten Rückgriffschuldners, also des ersten Indossanten (St-Str 77[10]; Langen 208).

9. Aus dem neunten Abschnitt sind nur die Vorschriften über W.abschriften, nicht die über mehrere Ausfertigungen anwendbar. Denn aus mehreren Ausfertigungen eines eigenen W würde der Aussteller (wie der Annehmer eines gezogenen W) nach Art 65 I Satz 2 mehrfach haften, wenn die Ausfertigungen in die Hand verschiedener gutgläubiger Erwerber gelangen. **Anm 12**

10. Zum zehnten bis zwölften Abschnitt ist nur bezüglich der Verjährung darauf hinzuweisen, daß die Verjährungsfrist gegen den Aussteller des eigenen W (entsprechend der Haftung des Annehmers) und daher auch gegen seinen W.bürgen sich nach Art 70 I richtet. **Anm 13**

Artikel 78

Der Aussteller eines eigenen Wechsels haftet in der gleichen Weise wie der Annehmer eines gezogenen Wechsels.

Eigene Wechsel, die auf eine bestimmte Zeit nach Sicht lauten, müssen dem Aussteller innerhalb der im Artikel 23 bezeichneten Fristen zur Sicht vorgelegt werden. Die Sicht ist von dem Aussteller auf dem Wechsel unter Angabe des Tages und Beifügung der Unterschrift zu bestätigen. Die Nachsichtfrist läuft vom Tage des Sichtvermerkes. Weigert sich der Aussteller, die Sicht unter Angabe des Tages zu bestätigen, so ist dies durch einen Protest festzustellen (Artikel 25); die Nachsichtfrist läuft dann vom Tage des Protestes.

I. Zu Abs I. Der **Aussteller** des eigenen Wechsels als **Hauptwechselschuldner.** Der Aussteller des eigenen W gleicht dem Aussteller eines gezogenen W darin, daß er durch seine den GrundW bildende Erklärung den Inhalt der W.verbindlichkeit bestimmt. Er kann daher auch wie der Aussteller des eigenen W Fristen für die Vorlegung von Sicht- und NachsichtW unter Abweichung von der gesetzlichen Frist bestimmen, die Indossierung des W untersagen und mit Wirkung für alle Rückgriffschuldner Protest erlassen. Im Gegensatz zum Aussteller des gezogenen W verspricht aber derjenige des eigenen W selbst, die Zahlung bei Verfall zu leisten (Art 75 Zf 2). Dadurch wird er selbst Hauptschuldner des eigenen W und haftet deshalb in gleicher Weise wie der Hauptschuldner eines gezogenen W, also wie dessen Annehmer. Daraus folgt: **Anm 1**

Anm 2 1. Der eigene W ist, sofern kein besonderer Zahlungsleister (Art 4) benannt ist, dem Aussteller zur Zahlung vorzulegen, bei Verfall also in der Frist des Art 38 I, und mangels Zahlung gegen ihn zu protestieren, widrigenfalls die Rückgriffschuldner nach Art 53 frei werden.

Unter denselben Voraussetzungen, unter denen beim gezogenen W wegen Unsicherheit des Bezogenen Rückgriff vor Verfall genommen werden kann, kann dies hier bei Unsicherheit des Ausstellers geschehen (77[10]).

Anm 3 2. Als Hauptschuldner haftet der Aussteller trotz Rückgriffsverwirkung weiter nach Art 53 (wie der Annehmer). Für die Nebenansprüche haftet er aber gemäß Art 28 II nur mangels Zahlung d. h. nach vergeblicher Zahlungsaufforderung in der Frist des Art 38 I (28[10]). Die Ansprüche gegen ihn verjähren gemäß Art 70 I in drei Jahren ab Verfall. Über SichtW vgl. 34[8].

Anm 4 **II. Zu Abs II.** Bei **Nachsichtwechseln** wird, wenn es sich um einen gezogenen W handelt, der Verfall nach dem Datum der Annahmeerklärung oder des mangels ihrer Datierung bzw. mangels Annahme erhobenen Protestes berechnet (Art 35 I). Da beim eigenen W der Aussteller von vornherein haftet und Annahme begrifflich ausscheidet, bestimmt Abs II, daß eigene W, die bestimmte Zeit nach Sicht fällig sein sollen, dem Aussteller zwecks Erteilung einer datierten Sichtbescheinigung innerhalb der Vorlegungsfrist aus Art 23 vorzulegen sind. Erteilt der Aussteller bei dieser Vorlegung keine datierte Bescheinigung, so ist nach Maßgabe des Art 25 II Protest zu erheben. Der Aussteller hat keinen Anspruch auf Überlegungsfrist nach Art 24. Die Nachsichtfrist läuft vom Tage der Sichtbescheinigung oder des Protestes (ohne Einrechnung dieses Tages: Art 73).

Anm 5 Ist innerhalb der Vorlegungsfrist (Art 23) weder datierte Sichtbescheinigung erteilt, noch Protest erhoben, so werden die Rückgriffschuldner frei (Art 25 II Satz 2 u. 53). Dagegen wird im Verhältnis zum Aussteller der Verfall so berechnet, als ob die Vorlegung am letzten Tag der Vorlegungsfrist stattgefunden hätte (Art 35 II). Von dem so berechneten Verfalltag an beginnt auch die dreijährige Verjährungsfrist (Anm 3).

Bei Protesterlaß, dessen Zulässigkeit von der herrschenden Lehre verneint wird (46[5]), tritt der Tag der tatsächlichen Vorlegung und vergeblichen Aufforderung zur Erteilung der datierten Sichtbescheinigung an die Stelle des Protesttages.

Die Vorlegung hat beim Aussteller an dessen Wohnort zu verfolgen (Art 21 entspr.), auch wenn der Zahlungsort nicht mit dem Wohnort des Ausstellers übereinstimmt oder ein dritter Zahlungsleister im W benannt ist. Denn der wirtschaftliche Zweck der Vorlegung ist es, den Aussteller zur Bereitstellung der Deckung bei Verfall zu veranlassen.

Dritter Teil

Ergänzende Vorschriften

Vorbemerkung zum dritten Teil des Gesetzes

Der dritte Teil des WG beruht nicht auf dem Genfer EWG, sondern enthält ergänzende Vorschriften zur Regelung von Gegenständen, die der Gesetzgebung der Vertragsstaaten durch ausdrücklichen oder stillschweigenden Vorbehalt im Abkommen zur Vereinheitlichung des Wechselrechts überlassen worden sind. Während die Bestimmung des Art 89 über den Bereicherungsanspruch auf dem besonderen Vorbehalt in Art 15 Anl. II des Abkommens beruht, ist für die Kraftloserklärung nach Art 90 kein ausdrücklicher Vorbehalt vorhanden. Jedoch ist im Genfer Redaktionsbericht (CR 154 Nr 182) die Zulässigkeit entsprechender Vorschriften der Vertragsstaaten festgestellt. Für die Art 79—88 betr. den Protest fehlt ebenfalls ein ausdrücklicher Vorbehalt. Da aber Art 44, 53 EWG Protesterhebung als Rückgriffsbedingung vorschreiben und Art. 44 nur die Protestfristen und die Bestimmung enthält, daß der Protest eine öffentliche Urkunde sein muß, ist die weitere Regelung der Form der Protesterhebung stillschweigend der Gesetzgebung der Einzelstaaten überlassen. Dies ist im Genfer Redaktionsbericht (CR 154 Nr 182) gleichfalls anerkannt.

Im Rahmen des deutschen WG haben die demgemäß erlassenen Vorschriften des dritten Teils keine subsidiäre, lediglich „ergänzende" Bedeutung gegenüber den übrigen Vorschriften des Gesetzes, sondern die gleiche Kraft wie diese. Sie können also bei etwaigen Widersprüchen nicht als Bestimmungen minderen Ranges behandelt werden.

Erster Abschnitt

Protest

Artikel 79

Jeder Protest muß durch einen Notar, einen Gerichtsbeamten oder einen Postbeamten aufgenommen werden.

Den Postbeamten stehen solche Personen gleich, denen von der Postverwaltung die Aufnahme von Protesten übertragen ist.

I. Protesterhebung und Beurkundung. 1. Art 79 steht in engem Zusammenhang mit Art 44 I, wonach zwecks Eröffnung des Rückgriffs die Verweigerung der Annahme oder Zahlung (außer bei Protesterlaß — Art 46 — oder bei Hinderung der Protestaufnahme durch höhere Gewalt — Art 54 —) durch eine öffentliche Urkunde (Protest) festgestellt werden muß. Wer zur Auf- **Anm 1**

nahme dieser öffentlichen Urkunde (44[3]) befugt ist, ist durch das Abkommen über das EWG der Regelung der Vertragstaaten überlassen worden und daher innerhalb der „Ergänzenden Vorschriften" des dritten Teils des WG durch den vorl. Artikel bestimmt (vgl. Vorbemerkung zum 3. Teil). Diese Bestimmung der Protestbeamten bezieht sich nicht nur auf den Protest mangels Annahme und mangels Zahlung, sondern auch auf alle sonstigen Protestfälle (44[4]).

Auch Form und Inhalt der als Protest bezeichneten öffentlichen Urkunde sind durch das EWG — und dementsprechend durch die Art des 1. und 2. Teiles des WG — nicht geregelt, abgesehen von der allgemeinen Zweckbestimmung in Art 44 I, wonach die Urkunde das Unterbleiben der wechselrechtlichen Leistung feststellen soll. Dagegen beruhen die Fristen für die Protesterhebung (vgl. insb. Art 44) auf der Regelung durch das Genfer Abkommen und ebenso die Vorschriften über die Wirkung der Protesterhebung bzw. ihres Unterbleibens (Rückgriffsverwirkung nach Art 53). Über die Bedeutung des Protests als Rückgriffs-Erhaltungsakt oder als bloße Rückgriffsvoraussetzung sowie als Formal(Solennitäts-)akt oder bloßes Beweismittel vgl. 44[5].

Anm 2 2. Die ergänzenden Vorschriften der Art 79—88 erstrecken sich auch auf die der Beurkundung vorausgehende Protesthandlung, beschränken sich also nicht auf Benennung der Protestbeamten und Form und Inhalt der Protesturkunde. So regeln nicht nur Art 86, 87, 88 die Protesthandlung hinsichtlich der Tageszeit und Örtlichkeit, sondern vor allem auch Art 80 I Zf 2 durch stillschweigende Feststellung der Voraussetzungen, unter denen der vergebliche Vorlegungsversuch des Protestbeamten einer „Verweigerung der Annahme oder Zahlung" gleichgeachtet wird. Da der Ausdruck „Protest" vom WG bald zur Bezeichnung der Urkunde, bald zu derjenigen der Protesthandlung oder auch beider Teile der Protesterhebung benutzt wird (44[2]), gibt der Wortlaut der vorl. Bestimmung keinen Aufschluß darüber, ob die Urkundsperson, durch welche der „Protest aufgenommen" werden muß, die Protesthandlung selbst vorzunehmen hat oder sich auf deren Beurkundung beschränken kann, wenn die Vorlegung des W in seiner Gegenwart durch den Protestnehmer selbst erfolgt. Obwohl es feststehende Übung ist, daß der Protestbeamte selbst die Protesthandlung (Vorlegung des W und Aufforderung zur Leistung) vornimmt, enthält das WG keinen Hinweis, daß ein Protest unwirksam wäre, bei dem der Protestbeamte lediglich die urkundliche Feststellung der erfolgten Vorlegung seitens des Protestnehmers vornimmt. Da durch eine solche Beurkundung dem Zweck und Wortlaut des Art 44 I genügt wird, können Bedenken gegen die Gültigkeit eines solchen Protestes nicht erhoben werden.

Anm 3 **II.** Die **Protestbeamten.** 1. **Zuständigkeit** im allgemeinen.

a) Art 79 gibt nur eine Rahmenbestimmung bezüglich der zu Protestbeamten berufbaren Personen. Denn die Vorschrift, daß jeder Protest durch einen Notar, Gerichts- oder Postbeamten aufgenommen werden „muß", bedeutet zwar, daß andere Personen keine gültigen Protesturkunden herstellen können. Sie besagt aber nicht, daß alle genannten Personen zur Beurkundung von Protesten berufen und rechtlich befähigt sind. Welche Gruppen des in Art 79 bezeichneten Personenkreises zur Aufnahme von Protesten berufen sind, ergibt sich vielmehr aus den für die einzelnen Gruppen von Amtsträgern geltenden reichs- oder landesrechtlichen Bestimmungen (Anm 5f). Z. B. sind Gerichtswachtmeister, auch wenn sie Gerichtsbeamte sind, nirgends in Deutschland zur Protestaufnahme befugt; eine von einer solchen Person ausgestellte Protesturkunde würde unwirksam sein.

Soweit dagegen Beamtengruppen des in Art 79 umgrenzten Kreises nach den für sie geltenden Bestimmungen grundsätzlich zur Protestbeurkundung zugelassen sind, ist es für die Gültigkeit des Protestes ohne Bedeutung, falls der einzelne Beamte nach seinen Dienstvorschriften den von ihm aufgenommenen Protest nicht hätte aufnehmen sollen, weil er nicht zuständig war. Dies wird z. B. von einem richterlichen Beamten zu gelten haben, dessen zugewiesene Amtstätigkeit lediglich Spruchtätigkeit, aber nicht Angelegenheiten der freiwilligen Gerichtsbarkeit umfaßt.

b) Die örtliche Zuständigkeit richtet sich nach den Dienstvorschriften der einzelnen Gruppen von Amtsträgern. Im allgemeinen ist die örtliche Zuständigkeit auf den Amtsbezirk beschränkt. Notare können jedoch gemäß § 12 NotO bei Gefahr im Verzuge oder mit Genehmigung der Aufsichtsbehörde auch außerhalb ihres Amtsbezirks tätig werden. **Anm 4**

Überschreitung der örtlichen Zuständigkeitsgrenzen berührt im allgemeinen nicht die Gültigkeit des Protestes (vgl. § 7 FGG, Art 39 Preuß. FGG, § 12 III NotO). Ob dies auch bei Überschreitung der Landesgrenze zutrifft, wenn der Amtsträger von der Verwaltung eines der deutschen Ländern bestellt ist, erscheint zweifelhaft.

2. Zuständigkeit der drei in Art 79 benannten Beamtengruppen im einzelnen: **Anm 5**

a) Die Notare sind in ganz Deutschland uneingeschränkt zur Protesterhebung berufen (§ 22 NotO). Ihre Amtsausübung ist einheitlich (jedoch mit Ausnahme Südwestdeutschlands) durch die Reichsnotarordnung v. 13. 2. 1937 (RGBl I, 191) und die Dienstordnung v. 5. 6. 1937 (DJ 1937, 874) geregelt. Den Notaren gleichgestellt sind die amtlich bestellten Notarvertreter und Notarverweser (§ 30, 40 NotO), nicht aber Notarassessoren, wenn sie nicht als Notarvertreter oder -Verweser bestellt sind.

Im Lande Rheinland-Pfalz ist die Reichsnotarordnung durch die Notarordnung v. 3. 9. 1949 (GVBl 391) ersetzt. In Baden ist das Landesgesetz über die freiwillige Gerichtsbarkeit v. 13. 10. 25 (GVBl 287) maßgebend. In Württemberg gilt die NotO nur für die öffentlichen Notare, für sog. Bezirksnotare dagegen noch das Württ.AG z. BGB.

b) Von den Gerichtsbeamten sind die Richter grundsätzlich in ganz Deutschland zur Protestaufnahme berufen unter sachlicher Zuständigkeit der Richter der freiwilligen Gerichtsbarkeit (vgl. Art 31 pr.FGG für die ehemals preußischen Landesteile). **Anm 6**

Von den Urkundsbeamten der Geschäftsstellen sind nur die mit richterlichen Geschäften betrauten sog. Rechtspfleger auf Grund des Gesetzes v. 11. 3. 1921 (RGBl 229) und der Entlastungsverfügung v. 3. 7. 1943 (DJ

339) zur Protestaufnahme berufen worden. Für sie gilt jetzt in der Deutschen Demokratischen Republik die Rechtspfl.VO v. 20. 6. 1947 (ZVBl 1947, 78).

Die Gerichtsvollzieher, die auf Grund landesgesetzlicher Vorschriften schon vorher in einzelnen Teilen Deutschlands zuständig waren, sind für das ganze Reichsgebiet durch die AV RJM v. 13. 6. 1938 (DJ 1938, 973) für zuständig erklärt worden (vgl. daselbst unter: „1. Allgemeines" zu Abschn. 3).

Anm 7 c) Für Postbeamte, welche schon unter der WO seit der sog. Protestnovelle vom 30. 5. 1908 (vgl. Anhang III 1a) als Protestbeamte benannt waren, bestehen nur innere Dienstanweisungen über die Zuständigkeit der im Dienst der Postverwaltung stehenden Personen, weil die Postverwaltung als solche, nicht der einzelne Beamte oder Angestellte, die Erhebung des Protestes übernimmt. Die näheren Bestimmungen über die Übernahme von Wechselprotesten durch die Postverwaltung befinden sich in § 20 der Postordnung v. 30. 1. 29 (RGBl I, 33), der mehrfache nachträgliche Änderungen im Verordnungswege, insb. durch VO v. 15. 3. 34 (Amtsbl. Reichspostmin. 1934, 89), erfahren hat. In § 20 der Postordnung (gegenwärtige Fassung: Anhang III 1b) ist von der in § 3 des Ges. v. 30. 5. 1908 vorgesehenen Befugnis Gebrauch gemacht, die Übernahme von W.protesten durch die Post für bestimmte Fälle auszuschließen.

Danach übernimmt die Post tatsächlich nur den Protest mangels Zahlung und nur für Wechsel über nicht mehr als 1000 DM. Zum Postprotest werden aber ferner nicht angenommen: Wechsel in fremder Sprache, W auf fremde Währung mit Effektivklausel, W mit Notadressen oder Ehrenannahme und W, die unter Vorlegung mehrerer Stücke oder von Urschrift und Abschrift protestiert werden sollen. Diese Beschränkungen beeinträchtigen aber nicht die Wirksamkeit eines ohne ihre Berücksichtigung (z. B. bei einem W über mehr als 1000 DM) etwa aufgenommenen Postprotestes, da die Beschränkungen nur eine Einschränkung der Verpflichtung der Postverwaltung zur Übernahme von Protesten darstellen.

Durch Abs II des vorl. Artikels ist die Postverwaltung ermächtigt, die Aufnahme von Protesten auch anderen Personen als Beamten zu übertragen, also auch auf Grund privatrechtlichen Dienstvertrages von ihr beschäftigten Personen, z. B. sog. Postaushelfern.

Anm 8 3. Die persönlichen Ausschließungsgründe sind für alle Gruppen der Protestbeamten gleichartig, da sie sich zwar verstreut in verschiedenen Gesetzen befinden, aber — wie die für die Ausübung der Gerichtsbarkeit geltenden reichsrechtlichen Ausschließungsgründe der §§ 41 ZPO, 155 GVG, 6 u. 170 FGG — einheitlich denselben Richtlinien folgen.

Auch die für Notare geltenden Vorschriften der Reichsnotarordnung sind diesen älteren Bestimmungen nachgebildet. Danach (vgl. im einzelnen § 17 NotO) ist der Notar von der Urkundstätigkeit — unter welcher in § 22 die Protestaufnahme ausdrücklich erwähnt ist — ausgeschlossen, „wenn er bei der den Gegenstand des Amtsgeschäfts bildenden Angelegenheit selbst beteiligt ist oder zu einem Beteiligten in dem Verhältnis eines Mitberechtigten oder Mitverpflichteten steht", wenn er mit einem Beteiligten verlobt, verheiratet oder nahe verwandt ist, oder wenn er gesetzlicher Vertreter, Organvertreter, Angestellter oder in der Angelegenheit Bevollmächtigter eines Beteiligten ist. Außerdem kann er sich wegen Befangenheit der Amtsausübung enthalten. Für Gerichtsbeamte erklären die landesgesetzlichen Bestimmungen (z. B. Art. 84 pr.FGG) vielfach § 6 FGG für entsprechend anwendbar, für Gerichtsvollzieher nimmt § 76 pr.AG GVG auf § 155 GVG Bezug.

Im Ergebnis haben die Ausschließungsgründe bezüglich der Protesterhebung keine stärkere Wirkung wie Dienstanweisungen (solche sind für Postbeamte maßgebend). Denn ein Verstoß gegen die Ausschließungsvorschriften bewirkt keine Unwirksamkeit des Protestes (§ 17 II NotO; Art 84 pr.FGG in Verb. mit § 7 FGG). Aus diesem Grunde ist es auch ohne entscheidende Bedeutung, wer als Beteiligter bei der Protesterhebung im Sinne des § 17 NotO zu gelten hat. Wenn dies nur die unmittelbar an der Protesthandlung Beteiligten, also Protestnehmer und -Gegner ($80^{6,7}$), und nicht alle sonst aus dem W.-Verpflichteten und Berechtigten (insb. die Rückgriffschuldner) sind, bleibt dem Notar bei drohenden Interessenkonflikten die Befugnis, wegen Befangenheit die Übernahme des Protestes abzulehnen. Hiesigen Erachtens entspricht diese engere Auslegung nicht nur den praktischen Bedürfnissen besser, sondern steht auch in Einklang mit dem Parteibegriff der §§ 41, ZPO, 155 GVG und dem Begriff des Beteiligten in §§ 6, 170 GVG, da § 171 GVG klarstellt, daß Beteiligter im Sinne des § 170 nicht derjenige ist, zu dessen Gunsten in der Urkunde verfügt wird. Nach diesseitiger Auffassung würde auch der besondere Zahlungsleister (Domiziliat) als Protestgegner (80^{8}) Beteiligter im Sinne der Ausschließungsvorschriften sein, obwohl er aus dem W weder berechtigt noch verpflichtet ist. Dies steht im Einklang mit der Rechtsprechung des RG unter der WO (RG JW 1895, 299).

4. **Rechtsstellung des Protestbeamten.** **Anm 9**

a) Der Protestbeamte handelt kraft Amtes in Ausübung der ihm staatlich übertragenen Befugnisse als Urkundsperson. Der sog. Auftrag zur Protesterhebung begründet kein privatrechtliches Rechtsverhältnis zwischen ihm und dem Protestnehmer, sondern stellt einen Antrag auf Ausübung der Amtstätigkeit dar, zu der der Urkundsbeamte infolge seiner Amtsstellung verpflichtet ist. Diese für die Haftungsgrundsätze (Amts- oder Vertragshaftung) bedeutsame Frage kann für Notare seit der Reichsnotarordnung nicht mehr zweifelhaft sein, für Gerichtsbeamte war sie seit RG 85, 413 feststehende Praxis (RG 95, 217; 100, 287; 114, 297; 118, 243). Zur rechtsgeschäftlichen Vertretung des Protestnehmers ist der Protestbeamte — von der Entgegennahme der geforderten wechselrechtlichen Leistung abgesehen — nicht befugt (84^{4}).

b) **Haftung** für Amtspflichtverletzung. **Anm 10**

α) Für Gerichtsbeamte traf die nach § 839 I BGB begründete Haftpflicht gemäß der VO v. 3. 5. 1935 (RGBl I, 587) in Verbindung mit dem Reichshaftpflichtges. v. 22. 5. 1910 (RGBl 798) an Stelle des Beamten das Reich. Jetzt haftet der Staat oder das Land, in dessen Dienst sich der Beamte befindet, und zwar für das Gebiet der Bundesrepublik Deutschland auf Grund Art 34 GG, für das Gebiet der Deutschen Demokratischen Republik und Berlin auf Grund des gewohnheitsrechtlich fortgeltenden Art 131 WeimVerf.

Beide Bestimmungen stellen nicht bloße Richtlinien, sondern geltendes Recht dar (so für WeimVerf.: RG 167, 8). Dies gilt auch für Gerichtsvollzieher, da diese nicht Gebührenbeamte im Sinne des § 5 des Ges. v. 22. 5. 1910 sind.

Haftung besteht für vorsätzlich oder fahrlässig durch Amtspflichtverletzung verursachten Schaden, bei Fahrlässigkeit jedoch nur, wenn der Geschädigte nicht auf andere Weise Ersatz erlangen kann (§ 839 I BGB).

Anm 11 β) Für Notare ist die Haftpflicht durch § 21 NotO entspr. geordnet, jedoch trifft die Haftung den Notar selbst und nur ihn, weil er Gebührenbeamter im Sinne des § 5 des Ges. v. 22. 5. 1910 ist. Für Amtspflichtverletzung seines amtl. bestellten Vertreters haftet der Notar neben dem Vertreter als Gesamtschuldner, kann sich aber im Innenverhältnis an den Vertreter halten (§ 35 NotO).

Für Versehen der Notare in Baden und der Bezirksnotare in Württemberg, auf die die NotO nicht anwendbar ist (§§ 85, 86 NotO), tritt Staatshaftung nach Maßgabe der Landesgesetze ein.

Anm 12 γ) Die Postverwaltung haftet gemäß § 4 des Ges. v. 30. 5. 1908 (vgl. Anh. III 1a), welcher durch die Postordnung — § 20 zu XV (vgl. Anh. III 1b) — aufrecht erhalten ist, nach Vertragsrecht an Stelle ihres Beauftragten, jedoch mit Beschränkung des Schadensersatzes auf die Höhe des wechselmäßigen Rückgriffanspruchs und mit besonderer Verjährung.

Diese Haftung tritt nur dem „Auftraggeber" (Protestnehmer) gegenüber ein und schließt für ihn andere Ansprüche wegen Amtspflichtverletzung aus (St-Str 79[15]; abw. Qu-A 79[18]). Andere Beteiligte, die durch Amtspflichtverletzung Schaden erleiden, können Ersatz nach Maßgabe des § 839 BGB beanspruchen.

Anm 13 δ) Anspruchberechtigt sind bei Haftung aus § 839 BGB nach ständiger Rspr. (RG 154, 276; 170, 135; HRR 1942, 399) alle Personen, deren Interessen nach der Natur der Amtshandlung durch diese berührt werden; beim Protest also nicht nur Protestnehmer und Protestgegner, sondern z. B. auch die Rückgriffschuldner (RG Recht 1912 Nr. 876).

Mitwirkendes Verschulden kann gemäß § 254 BGB berücksichtigt werden, z. B. Erteilung des Protestauftrages unmittelbar vor Fristablauf, so daß eine Belehrung über die mögliche Beseitigung von Mängeln des W oder der Legitimation (vgl. RG 139, 193) im ordnungsmäßigen Geschäftsgang nicht mehr möglich ist. Unterlassung eines Hinweises auf den unmittelbar bevorstehenden Fristablauf bei Einlieferung eines W zwecks Protesterhebung im letzten Augenblick kann mitwirkendes Verschulden an Fristversäumung darstellen.

Anm 14 c. Die Amtspflicht des Protestbeamten geht auf wirksame Aufnahme des beantragten Protestes im Rahmen der gesetzlichen Vorschriften. Dazu gehört insb. die Einhaltung der zwingenden Formvorschriften für die Protestbeurkundung (Art 80; Art 81 I bzw. 82) und der Protestfristen (bindend auch für die Beurkundung: 44[9]; 85[4]) sowie die Erfüllung der Voraussetzungen für Wirksamkeit der Protesthandlung (vgl. dazu 80[11 ff] und wegen der Proteststelle Art 87). Auch die Annahme der bei Vorlegung des W etwa angebotenen

Leistung (84[4]) gehört zu den Amtspflichten, deren Verletzung Unwirksamkeit des Protestes herbeiführen kann (84[1]).

Da die wirksame Aufnahme des Protestes Zweck der Amtstätigkeit ist, hat der Protestbeamte ferner die durch die Rechtsprechung (RG 66, 298; 139, 193; JW 06, 467; Recht 07, 1068) anerkannte Verpflichtung, den W auf etwaige die Wirksamkeit des Protestes in Frage stellende Mängel, insb. bezüglich des formellen Ausweises des Protestnehmers (vgl. 16[14], 80[5]) zu prüfen und den Antragsteller hierüber zu belehren, damit dieser etwa zulässige Berichtigungen, Streichungen (16[8]) oder versehentlich unterlassene Ergänzungen wesentlicher Erfordernisse eines mit Ausfüllungsermächtigung erhaltenen BlankoW (Art 10) nachholen kann. Der Umfang dieser Belehrungspflicht wird nach Maßgabe der Rechtskunde der Beamtengruppe, zu der der Protestbeamte gehört, und nach den sonstigen Umständen des Einzelfalls, z. B. der zwischen Eingang des Antrags und der bis zum Ende der Protestfrist verfügbaren Zeit, verschieden sein. Keinesfalls ist der Beamte aber befugt, selbst Änderungen an dem W ohne ausdrückliche Weisung des Antragstellers vorzunehmen, oder verpflichtet, den W seinerseits auf Weisung hin zu ändern. Besteht der Antragsteller trotz erhobener Bedenken auf Protesterhebung, so hat der Protestbeamte diese vorzunehmen, auch wenn er den Protest für überflüssig oder unwirksam hält. Selbst nach zweifellosem Ablauf der Protestfrist kann die urkundliche Feststellung der erfolglosen Vorlegung zur Zahlung noch als Beweismittel gegenüber dem Annehmer oder seinem Bürgen von Bedeutung sein.

Auch die Verletzung der Sollvorschriften des WG oder von Dienstvorschriften kann, obwohl sie regelmäßig keine Unwirksamkeit des Protestes herbeiführen wird, Schaden und Haftpflicht verursachen. Dies kann z. B. infolge der durch Protest entstehenden Kreditschädigung eintreten, wenn ein Abwesenheitsprotest durch Vornahme der Protesthandlung außerhalb der Proteststunden (Art 86) oder durch Unterlassung geeigneter Ermittlungen bezüglich der Räume des Protestgegners (87[15]) hervorgerufen ist.

d. Für die **Kosten** der Protestaufnahme haftet dem Protestbeamten der Antragsteller. Die Gebühren richten sich für alle Protestbeamte nach § 45 der Kostenordnung v. 25. 11. 1935 und betragen für Protesterhebung die Hälfte der vollen Gebühr des § 26. Wegen der Nebengebühren im Postprotest vgl. zu § 20 Abschn. XVI der Postordnung. Die übrigen Beamten können für jeden Weg nach § 45 II KostenO eine Wegegebühr von 2 DM in Rechnung stellen. **Anm 15**

Die Protestkosten bilden einen Teil der Rückgriffsumme (48[8]); der Annehmer haftet für sie, auch wenn keine Rückgriffschuldner vorhanden sind (28[12]; RG 41, 127).

Wegen der Gebühren bei Zahlung des Bezogenen an den Protestbeamten vgl. § 45 III KostenO und wegen Rückbehaltung des Wechsels bis zur Berichtigung dieser Kosten 84[5].

Artikel 80

In dem Protest ist aufzunehmen:

1. der Name dessen, für den protestiert wird, sowie der Name dessen, gegen den protestiert wird;
2. die Angabe, daß derjenige, gegen den protestiert wird, ohne Erfolg zur Vorname der wechselrechtlichen Leistung aufgefordert worden oder nicht anzutreffen gewesen ist oder daß seine Geschäftsräume oder seine Wohnung sich nicht haben ermitteln lassen;
3. die Angabe des Ortes und des Tages, an dem die Aufforderung geschehen oder ohne Erfolg versucht worden ist.

Verlangt der Bezogene, dem ein Wechsel zur Annahme vorgelegt wird, die nochmalige Vorlegung am nächsten Tage, so ist dies im Proteste zu vermerken.

Der Protest ist von dem Protestbeamten zu unterschreiben und mit dem Amtssiegel oder dem Amtsstempel zu versehen.

Anm 1 **I.** Der notwendige **Inhalt** der Protesturkunde in ihrer Eigenschaft als Formalakt, insb. Rückgriffsvoraussetzung ($44^{1,5}$), wird durch den vorl. Artikel bestimmt. Die Formvorschriften über die Stelle, wo die Protesturkunde anzubringen ist, enthalten die Art 81, 82.

1. Zweck der Bestimmung ist, die nach Art 44 I erforderliche Feststellung des Unterbleibens bestimmter wechselrechtlicher Leistungen, insb. die Verweigerung der Annahme oder Zahlung, durch öffentliche Urkunde sicherzustellen und deshalb der Urkunde einen Inhalt zu geben, aus dem die ordnungsmäßige, aber vergebliche Aufforderung zur Vornahme der Handlung ersichtlich ist. Die in Abs III vorgesehene Unterschrift des Protestbeamten und Beifügung des Dienstsiegels ist wesentliches Formerfordernis, um die Urkunde nach außen hin als öffentliche Urkunde zu kennzeichnen (Anm 18).

Anm 2 2. Zwingende Natur der Vorschrift. Da die vorgeschriebenen Angaben vom Gesetz für wesentlich erachtet werden, um die Ornungsmäßigkeit der Protesthandlung (44^{2}) ersichtlich zu machen, bzw. an Hand der Urkunde einer Nachprüfung unterziehen zu können, ist ihr Vorhandensein in der Protesturkunde Voraussetzung für die Gültigkeit des Protestes. Ihr Vorhandensein ist daher im Rechtsstreit von Amts wegen zu prüfen. Jedoch ist nicht am Wortlaut der Urkunde zu haften. Erkennbare Schreibfehler sind unschädlich, und es genügt, wenn bei verständiger Auslegung des Protestes im Zusammenhang mit dem W die erforderlichen tatsächlichen Angaben erkennbar sind. Ist z. B. im Datum eines Protests mangels Zahlung die Jahreszahl versehentlich nicht angegeben, so wird diese aus dem im W angegebenen Datum des Verfalltages ergänzt werden können. Dagegen ist Heranziehung außerhalb der Urkunde liegender Beweismittel nicht zulässig.

Vorhandene Mängel sind nur dann wesentlich, wenn sie dem Zweck des Protestes Eintrag tun (RG 68, 467; 100, 229), insb. eine ausreichende

Feststellung der nach dem vorl. Artikel anzugebenden Umstände der Protesthandlung nicht gestatten, oder hinsichtlich wesentlicher Umstände (z. B. bezüglich der Proteststelle) unrichtige Vornahme der Protesthandlung beurkundet ist (so trotz tatsächlich ordnungsmäßiger Protesthandlung OLG Stuttgart DNotZ 1951, 38).

Über die Zulässigkeit von Berichtigungen bis zur Aushändigung der Urkunde vgl. zu Art 85 I.

3. Die Beweiskraft des Protestes als öffentlicher Urkunde (44[3]) besteht darin, daß der Protest vollen Beweis der darin bezeugten Tatsachen erbringt (§ 418 ZPO). Gegenbeweis ist jedoch (abgesehen von den Fällen der Art 24 I Satz 2 u. 87 II) zulässig. Die Wirksamkeit des Protestes als Formalakt (Rückgriffsvoraussetzung) wird durch Widerlegung der in der Protesturkunde angegebenen Tatsachen jedoch nur beseitigt, wenn nachgewiesen wird, daß Anm 3

a) die Protesthandlung nicht, wie beurkundet, stattgefunden hat,

b) die tatsächlich vorgenommene Protesthandlung ordnungswidrig war.

Wenn z. B. der Beamte irrtümlich beurkundet hat, er habe den Bezogenen in seinen Geschäftsräumen nicht angetroffen, während er ihn tatsächlich angetroffen und vergeblich zur Zahlung aufgefordert hatte, so bleibt der Protest wirksam, auch wenn die fehlerhafte Beurkundung festgestellt wird. Denn sowohl Protesthandlung wie -Urkunde entsprechen den gesetzlichen Anforderungen eines wirksamen Protests.

4. Der Gegenbeweis kann auch zum Inhalt haben, daß die Aufforderung ohne die erforderliche Vorlegung des Wechsels stattgefunden habe. Die ausdrückliche Beurkundung der Vorlegung ist zwar weder gesetzlich vorgeschrieben, noch erforderlich (abw. Qu-A 80[7]; Baumb-H 80[1]). Aber die zu beurkundende Aufforderung zur Vornahme der wechselrechtlichen Leistung (Abs I Zf 2) schließt diese nach Art 21 für die Einholung der Annahme, nach Art 38 für die Aufforderung zur Zahlung und nach Art 60 für die Angehung von Notadressen erforderliche Vorlegung des W begrifflich ein. Ebenso muß beim Aushändigungsprotest (Art 66, 68) die in den Händen des Berechtigten befindliche Ausfertigung bzw. Abschrift vorgelegt werden, damit der Verwahrer die Befugnis des Protestnehmers zur Empfangnahme der verwahrten Ausfertigung oder Urschrift des W prüfen kann. Wird daher nachgewiesen, daß der Protestgegner auf Aufforderung vergeblich um Gestattung der Einsicht des W ersucht hat, so ist der Protest wegen Ordnungswidrigkeit der Protesthandlung unwirksam. Gleiches gilt, wenn die Aushändigung des quittierten W an den zur Zahlung bereiten Bezogenen abgelehnt worden ist (39[7]). Da die Vorlegung des W bei Aufforderung zur Leistung erforderlich ist, ist es üblich und zweckmäßig, in der Protesturkunde ausdrücklich zu erwähnen, daß der Protestgegner „unter Vorlegung des Wechsels" vergeblich zur Leistung aufgefordert worden ist. Anm 4

Auch der Nachweis, daß die Vorlegung deshalb ordnungswidrig war, weil sie nicht an der durch Art 87 vorgeschriebenen Stelle am Protestort stattgefunden hat, ist als Gegenbeweis gegen die Wirksamkeit des Protestes zulässig, obwohl die Proteststelle (87[3]) im Gegensatz zum Protestort (Anm 15) in der Protesturkunde nicht erwähnt zu werden braucht (Anm 11). Auch ohne

Beurkundung der Proteststelle wird vermutet, daß der Protestbeamte die Vorlegung an der richtigen Stelle, also unter Beachtung des Art 87 I, vorgenommen bzw. versucht hat (RG 74, 87). — Bei Beurkundung der Unauffindbarkeit von Geschäftsräumen oder Wohnung ist Gegenbeweis gemäß Art 87 II ausgeschlossen.

Anm 5 **II. Zu Abs I.** Die in die Protesturkunde aufzunehmenden **einzelnen Angaben** über die Protesthandlung sind:

A. **Zu Zf 1:** Namen des Protestnehmers und Protestgegners.

1. Der **Protestnehmer** (Protestant) ist diejenige Person, für die der Protestbeamte die Vornahme der wechselrechtlichen Leistungverlangt. Diese Person ist nicht nur in der Protesturkunde anzugeben, sondern auf Verlangen des Protestgegners auch bei der Protesthandlung selbst, weil sich aus dem Inhalt des dabei vorzulegenden W nicht immer ergibt, für wen die Leistung verlangt wird, insb. wenn das letzte Indossament ein Blankoindossament ist. Da jedoch der Vorlegung durch den Protestbeamten im allgemeinen eine private Vorlegung vorausgegangen ist und da bei Einforderung der Zahlung gewöhnlich die Quittung des Inhabers im voraus auf den W gesetzt wird, weiß der Protestgegner in aller Regel auch ohne ausdrückliche Erklärung des Protestbeamten, für wen dieser die Vorlegung vornimmt.

Beim Protest mangels Zahlung muß der Protestnehmer nach Art 16 I formell ausgewiesen sein (bestr.; 16[14]), wobei auch bürgerl. Rechtsnachfolge zu berücksichtigen ist (16[12]). Fehlen der materiellen Berechtigung bei formell bestehendem Ausweis des Inhabers und Protestnehmers kann die Wirksamkeit des Protestes als Formalakt nicht beeinträchtigen, obwohl der Annehmer Zahlung an den materiell nicht berechtigten Inhaber verweigern kann (38[6]). Läßt z. B. der Finder eines mit Blankoindossament versehenen W diesen mangels Zahlung protestieren, so bleiben die Rückgriffschuldner haftbar. Rückgriffschuldner, die in Unkenntnis der fehlenden materiellen Berechtigung des Finders im Sinne des Art 40 gutgläubig einlösen, können weiteren Rückgriff nehmen, ohne daß ihre Vormänner einwenden könnten, der Rückgriff sei verwirkt, weil für einen Nichtberechtigten Protest erhoben sei (40[18]). Nach Herausgabe des W seitens des Finders kann auch der Verlierer die Rückgriffsrechte geltend machen, sofern er seinen formellen Ausweis — z. B. durch Nachindossament des Protestnehmers — wiederherstellen kann (nach herrsch. Ans. bedarf er keines formellen Ausweises: 16[14]).

Protest mangels Annahme kann für jeden, der den W in Händen hat, wirksam erhoben werden (21[3]).

Ist der W.inhaber in Konkurs, so kann Protest nur für den Konkursverwalter erhoben werden. Bei Geschäftsunfähigkeit ist derjenige, für den protestiert wird, nicht der gesetzliche Vertreter, da dieser den Gläubiger nur vertritt. Ebensowenig sind die Organe einer juristischen Person (Vorstand einer AG; Geschäftsführer einer GmbH) Protestnehmer. Die Anführung des Vertreters als Protestnehmer oder „Auftraggeber" des Protestbeamten ist aber unschädlich, wenn der Zusammenhang ergibt, daß der Protest nicht für sie persönlich, sondern für sie in ihrer Eigenschaft als Vertreter erhoben worden ist. Da bei einem offenen Vollmachtsindossament der Indossatar die W.rechte nur namens des Vollmachtindossanten ausübt (18[1,6]), der Indossant aber W.gläubiger bleibt (18[9]), ist der Indossant diejenige Person, für den Protest zu erheben ist (abw. Baumb-H 80[2]). Wird aber der Indossatar als Protestnehmer angeführt, so ergibt der W das Vertretungsverhältnis. Der Protest ist also gültig, gleichviel ob der Vollmachtsindossant oder -Indossatar als Protestnehmer bezeichnet ist.

Die Angabe des Namens (bürgerl. Name oder Firma) dient zur Feststellung, ob die Protesthandlung für den Berechtigten vorgenommen ist. Abweichungen und offenbare Schreibfehler sind dabei unschädlich, sofern sie sich durch den Zusammenhang mit dem W aufklären lassen (RG 45, 120: unrichtiger Vorname). Genügend, obwohl nicht zweckmäßig, ist statt Namensangabe Bezeichnung des Protestnehmers durch Bezugnahme auf den W.inhalt, z. B. durch die Worte „für den letzten Indossatar", wenn das letzte Indossament vor der Protesturkunde (vgl. Art 81 II) ein Namensindossament — kein Blankoind. — ist (RG JW 1910, 950). **Anm 6**

Ist der Protestnehmer angegeben, so ist die formelle Gültigkeit des Protestes nicht davon abhängig, ob die angegebene Person tatsächlich den Protestauftrag erteilt hatte. Denn die Angabe des Protestnehmers bezweckt nicht die Bezeichnung des Antragstellers, sondern derjenigen Person, für die die Aufforderung an den Protestgegner bei der Protesthandlung gerichtet worden ist (Anm 5). Daher ist es auch kein formelles Gültigkeitserfordernis des Protestes, daß der Protestbeamte überhaupt einen Auftrag zur Protesterhebung hatte (abw. Qu-A 79[12]; ihm folgend: Knur-H 79[1]; Baumb-H 79[1]), z. B. wenn der Protestbeamte beim Ausbleiben weiterer Weisung bezüglich eines in seiner Verwahrung befindlichen W vorsorglich zur Fristwahrung Protest erhebt. Dagegen kann der Gegenbeweis gegen die Richtigkeit der Protestbeurkundung (Anm 3) zum Inhalt haben, daß der Protestbeamte bei der Protesthandlung den W ausdrücklich für eine andere Person als den in der Urkunde angegebenen Protestnehmer vorgezeigt habe, welche nicht legitimiert sei und an die der Protestgegner nicht leisten durfte oder mußte. Auch die Wirkung der an den Protestbeamten erfolgenden Zahlung des Schuldners ist nicht davon abhängig, ob der Protestbeamte von dem angeblichen Protestnehmer tatsächlich mit der Vorlegung zur Zahlung, notfalls Protesterhebung beauftragt war (84[2]).

b) **Protestgegner** (Protestat) ist — wie Zf 2 bestätigt — diejenige Person, die zur Vornahme der wechselrechtlichen Leistung aufzufordern ist, und deren Räume zu diesem Zwecke aufzusuchen sind. **Anm 7**

Dies ist beim Protest mangels Annahme der Bezogene (Art 21). Beim Protest mangels Zahlung eines W ohne besonderen Zahlungsleister ist es ebenfalls der Bezogene, nicht der etwa hiervon verschiedene Zeichner einer Annnahmeerklärung, auch nicht der etwa nach Art 8 wie ein Annehmer haftende unbefugte Vertreter des Bezogenen. Weicht daher die Namensangabe der Adresse des Bezogenen von dem Namen des Annehmers ab, ohne daß die Übereinstimmung der Personen zweifellos feststeht, so wird sich der Protestbeamte nicht mit Protest gegen die den Namen des Annehmers tragende Person begnügen können, sondern vorsorglich auch gegen den als Bezogenen Benannten, regelmäßig mit der Feststellung, daß Geschäfts- oder Wohnräume dieser Person nicht ermittelt werden konnten, Protest erheben müssen. — Beim eigenen W ist dessen Aussteller Protestgegner.

Protestnehmer und Protestgegner kann unter Umständen dieselbe Person sein (sog. Deklarationsprotest; vgl. 4[9]; 11[6]).

Anm 8 Ist ein Dritter als Zahlungsleister nach Art 4 oder 27 angegeben, so sind seine Räume bei Verfall aufzusuchen, und er ist zur Zahlung aufzufordern (unstr., vgl. AV RJM v. 13. 6. 38 Zf 8 Abs 1). Er ist daher auch Protestgegner (bestr.; 4[8]), da der Zahlungsleister kein Vertreter des Bezogenen ist (4[3]). Daran hat auch das Gesetz v. 5. 7. 1934, durch das eine geringfügige Änderung des Art 85 II Zf 5 erfolgt ist, m. E. grundsätzlich nichts geändert. Jedoch sind auch Proteste, die gemäß der amtlichen Stellungnahme den Bezogenen statt des Zahlungsleisters als Protestgegner benennen, gültig (4[8]), wenn sie ergeben, daß der Zahlungsleister zur Zahlung aufgefordert worden ist. Dagegen ist es auch bei ausdrücklichem Einverständnis des Bezogenen nicht zulässig, gegen ihn in seinen Geschäftsräumen statt beim Zahlungsleister Protest zu erheben, oder in den Räumen des Zahlungsleisters, ohne dessen Abwesenheit festzustellen, nur nach dem Bezogenen zu fragen (abw. OLG Stuttgart DNotZ 1951, 38) und bei dessen Abwesenheit Protest zu erheben. Bei Beurteilung der Gültigkeit dieser Protestbeurkundungen ist es entscheidend, ob die Urkunde ergibt, daß die richtige Person im Namen des Berechtigten zur Leistung aufgefordert worden ist, ohne daß es erheblich ist, ob daneben ein anderer als Protestnehmer oder -Gegner benannt ist. Denn solche falsche juristische Klassifizierung ist gegenüber der Tatsache unerheblich, daß die Ordnungsmäßigkeit der stattgefundenen Protesthandlung und die Namen der hierbei beteiligten Personen aus der Protesturkunde ersichtlich sind.

Beim Protest nach Art 44 V zur Eröffnung des Rückgriffs wegen Unsicherheit des Bezogenen hat die Vorlegung zur Zahlung auch bei Benennung eines Zahlungsleisters nicht bei diesem, sondern beim Bezogenen zu erfolgen. Hier ist also der Bezogene Protestgegner (44[17]).

Anm 9 Bei Konkurs des Protestgegners ist gegen diesen, nicht gegen den Konkursverwalter Protest zu erheben (ROHG 24, 22; RG JW 1919, 27), soweit es trotz Art 44 IV (44[18]) noch einer Protesterhebung bedarf. Bei Tod des Protestgegners kann entweder festgestellt werden, daß und warum dieser nicht anzutreffen war (Windprotest), oder der Protest kann gegen die etwa bekannten Erben erhoben werden. Vorsorglich können beide Feststellungen beurkundet werden, obwohl die Beurkundung einer Verhandlung mit den „Erben" ohne weiteres ergibt, daß der aus dem W ersichtliche Protestgegner „nicht anzutreffen" war. Da der Protestbeamte statt mit dem Protestgegner auch mit einer zu seiner Vertretung befugten Person verhandeln kann, so ist Aufforderung des gesetzlichen Vertreters eines Geschäftsunfähigen ordnungsmäßig. Die Aufsuchung des gesetzlichen Vertreters ist aber nur erforderlich, wenn er in der Adresse des W angegeben ist; andernfalls kann in den Räumen des Bezogenen selbst unter Feststellung seiner Handlungsunfähigkeit und des Umstandes, daß sein gesetzlicher Vertreter dort nicht anzutreffen war, Protest erhoben werden. Wegen der Proteststelle vgl. 87[7].

Wegen Namensangabe des Protestgegners gilt entsprechendes wie beim Protestnehmer (Anm 6). Auch hier ist Bezugnahme auf den W (z. B. „gegen den im anhängenden W angegebenen Bezogenen") ausreichend. Unklar und deshalb zu vermeiden ist die Bezeichnung des Protestgegners als „W.schuldner", zumal dies bezüglich eines Bezogenen, der nicht angenommen hat, oder bezüglich des Zahlungsleisters auch rechtlich nicht zutreffend ist. **Anm 10**

B. **Zu Zf 2:** 1. Bezüglich des Berichts über die **Protesthandlung** selbst unterscheidet das Gesetz zwei Fälle: **Anm 11**

a) Vornahme der Protesthandlung, d. h. erfolglose Aufforderung des Protestgegners (sog. Anwesenheitsprotest),

b) Unmöglichkeit der Durchführung der Protesthandlung (Abwesenheitsprotest),

α) weil der Protestgegner in seinen Räumen nicht anzutreffen war,

β) weil keine Räume des Protestgegners ermittelt werden konnten.

Der Protesthandlung gehen notwendigerweise vorbereitende Schritte wie die Aufsuchung, notfalls Ermittlung der Räume des Protestgegners und daselbst Nachfrage nach dem Protestgegner, bzw. der zu seiner Vertretung befugten Person, voraus. Diese vorbereitenden Handlungen bedürfen keiner Beurkundung.

Ebensowenig ist eine urkundliche Feststellung der Proteststelle, d. h. der Stelle in der Protestortschaft (Anm 15), wohin sich der Beamte zwecks Aufforderung des Protestgegners begeben hat, vorgeschrieben. Ihre Angabe ist aber üblich und zweckmäßig, um klarzustellen, daß die hierfür bestehenden Vorschriften (Art 87) eingehalten worden sind. Danach müssen die tatsächlichen Geschäftsräume des Protestgegners zur Zeit der Protesterhebung, bei deren Fehlen seine Wohnung aufgesucht werden. Die im W angegebene Anschrift hat keine zwingende Kraft und entbindet nicht von Ermittlungen nach den tatsächlichen Räumen, wenn diese an der im W angegebenen Stelle nicht zu finden sind. Dies gilt auch (bestr.; 27^{5}) von einer vom Annehmer angegebenen Zahlstelle im Sinne einer von ihm angegebenen Adresse (Haus) am Zahlungsort. Ist Vornahme der Protesthandlung an einer unzulässigen Stelle beurkundet, so ist der Protest selbst dann unwirksam, wenn die Handlung tatsächlich an der richtigen Stelle stattgefunden hat (Anm 2).

Ungenügende Bezeichnung des Protestgegners im W: Paßt die im W angegebene Bezeichnung auf mehrere Personen und ist weder aus dem W (z. B. durch Adressenangabe) noch aus den vom Protestnehmer erhaltenen Mitteilungen zu ersehen, wer von den verschiedenen Personen gemeint ist, so genügt Protest gegen einen von ihnen. Ist die Zahl der in Betracht kommenden Personen (z. B. Herr A. Müller, Berlin) so groß, daß Ermittlungen keine Aussicht auf Erfolg versprechen, so kann der Beamte Windprotest (Anm 14) mit der Beurkundung erheben, daß er nicht habe feststellen können, wer gemeint sei, und daher Geschäftsräume oder Wohnung des Protestgegners nicht habe ermitteln können. **Anm 12**

2. Anwesenheitsprotest. Dem angetroffenen Protestgegner hat der Protestbeamte den W vorzulegen (38^{4}; oben Anm 4) und ihn zur Vornahme **Anm 13**

der wechselrechtlichen Leistung aufzufordern. Er kann dabei mit demjenigen verhandeln, der sich glaubhaft als Protestgegner vorstellt (RG 24, 86). Ebenso kann und muß er mit einem Vertreter des Protestgegners verhandeln, wenn nach Sachlage die Vertretungsbefugnis glaubhaft ist. Nachfrage nach einer zur Vertretung befugten Person ist insb. erforderlich, wenn eine juristische Person oder offene Handelsgesellschaft Protestgegner ist, da die Aufforderung an eine physische Person zu richten ist. Diese in der Protesturkunde zu bezeichnen, ist zur Gültigkeit des Protestes erforderlich (ROLG 18, 90; St-Str 80[15]). Zur Vertretung in diesem Sinne befugt sind Vorstandsmitglieder, Geschäftsführer, Mitinhaber und Prokuristen, auch wenn sie nur gesamtvertretungsberechtigt sind (RG 53, 227; JW 1921, 30), Kassierer von Banken oder anderen Handelsunternehmungen (RG 24, 87). Gewöhnliche Handlungsgehilfen wie Buchhalter oder in der Wohnung angetroffene Familienangehörige oder Hausangestellte sind zur Vertretung regelmäßig nicht befugt. Können Zweifel über die Vertretungsbefugnis bestehen, so empfiehlt es sich nach dem Protestgegner bzw. der zur Vertretung (insb. nach den handelsrechtlichen Bestimmungen) befugten Person zu fragen und, wenn diese nicht anzutreffen sind, auch dem angeblichen Vertreter den W vorzulegen und sowohl diese vergebliche Aufforderung wie das Nichtantreffen des Protestgegners selbst zu beurkunden.

Anm 13a Entspricht der Protestgegner oder sein Vertreter der Aufforderung, so ist die Leistung entgegenzunehmen (84[1]). Eine Beurkundung kommt dann nicht in Frage. Bei Angebot einer Teilzahlung ist diese entgegenzunehmen (39[10]), aber wegen des Restbetrages Protest zu erheben.

Wird der Aufforderung nicht entsprochen, so braucht der dafür angegebene Grund nicht beurknndet zu werden. Die Angabe im Protest, daß die Aufforderung ohne Erfolg war, genügt, wobei es auf Wiederholung des gesetzlichen Wortlauts nicht ankommt. Gleichbedeutende Angaben, z. B. „Zahlung wurde nicht geleistet", genügen.

Anm 14 3. Abwesenheitsprotest. a) Erhält der Protestbeamte an der Proteststelle (Anm 11) die Auskunft, der Protestgegner sei nicht anwesend, und meldet sich für ihn auch kein Vertreter, so braucht er keine weiteren Nachforschungen anzustellen. Er kann sich entfernen und beurkunden, daß der Protestgegner nicht anzutreffen war. Gleiches gilt, wenn die Geschäfts- bzw. Wohnräume nicht geöffnet werden (sog. Wandprotest), oder wenn der Zutritt zu den Räumen aus anderen, nicht in der Person des Protestbeamten liegenden Gründen gehindert ist. Dies trifft z. B. zu, wenn dem Protestbeamten die Vornahme einer Amtshandlung in exterritorialen Räumen nicht gestattet wird (St-Str 87[12]; Qu-A 80[12]; zweifelnd RG JW 1906, 162).

Auch bei einer nach Angabe eines an der Proteststelle angetroffenen Dritten nur vorübergehenden Abwesenheit des Protestgegners ist ein Abwesenheitsprotest gültig, wenn der Protestbeamte es ablehnt, die Rückkunft abzuwarten. Die vom Gesetz erforderte Feststellung, daß der Protestgegner „nicht anzutreffen gewesen ist", bedeutet nicht, daß es unmöglich war, ihn während der Protestfrist anzutreffen, sondern daß der Protestbeamte ihn trotz ordnungsmäßiger Aufsuchung nicht angetroffen hat. Es ist Sache des Protestgegners, bei persönlicher Abwesenheit während der Proteststunden für Erfüllung der Verpflichtung durch einen Vertreter vorzusorgen. Bei Schikane haftet der Protestbeamte nach § 826 BGB.

Die Beurkundung, daß der Protestgegner nicht anzutreffen war, erfolgt zweckmäßig ausdrücklich. Der Protest ist aber auch gültig, wenn sich diese Tatsache mittelbar aus der Beurkundung ergibt (z. B. „ich habe nur die Ehefrau angetroffen" oder „Der anwesende Buchhalter erklärte, der Inhaber sei abwesend"). Auch die bloße Feststellung, daß die Räume verschlossen waren, enthält die Beurkundung, daß der Protestgegner nicht angetroffen werden konnte (RG 14, 147; 23, 122).

Auch wenn der Protestbeamte Zweifel an der Vertretungsbefugnis einer sich für den abwesenden Protestgegner meldenden Person hat, empfiehlt er sich, die Aufforderung an diese zu richten, und sowohl die erfolglose Aufforderung wie die Abwesenheit des Protestgegners zu beurkunden (Anm 13).

b) Windprotest. Kann der Beamte weder Geschäfts- noch Wohnräume des Protestgegners am Protestort ermitteln, so ist diese Feststellung in der Protesturkunde für die Gültigkeit des Protestes erforderlich und genügend. Auch wenn die Ermittlung möglich war, bleibt der Protest wirksam. Vgl. Näheres zu Art 87 II. **Anm 14a**

C. **Zu Zf 3:** Ort und Zeit des Protestes. 1. **Protestort** ist die Ortschaft (politische Gemeinde), nicht die Stelle in dieser, wo die Protesthandlung vorzunehmen ist. Die Proteststelle (vgl. Art 87 I) braucht in der Protesturkunde nicht angegeben zu werden (Anm 11). Protestort ist beim Protest mangels Annahme oder mangels datierter Annahme der Wohnort des Bezogenen (21[5]), beim Protest mangels Zahlung nach Verfall der Zahlungsort (38[9]), vor Verfall jedoch der Wohnort des Bezogenen (44[17]), beim Aushändigungsprotest der aus dem Antreffungsvermerk ersichtliche Wohnort des Verwahrers (66[11]; 68[3]). Beim Protest gegen Notadressen oder Ehrenannehmer ist der Zahlungsort des W der Protestort, da nach Art 56 II und Art 60 Protest gegen Notadressen oder Ehrenannehmer nur dann für die Erhaltung oder Ausübung des Rückgriffs notwendig ist, wenn sie sich am Zahlungsort befinden. Beim Protest mangels Sichtbescheinigung (Art 78 II) ist der Wohnort des Ausstellers des eigenen W Protestort. Protest an einem falschen Ort macht den Protest unwirksam, falls es sich nicht um einen benachbarten Ort im Sinne des Art 88 handelt. **Anm 15**

Der Protestort ist der Ort der Vornahme der Protesthandlung; dieser braucht mit dem Ort, wo die Protesturkunde hergestellt wird, nicht übereinzustimmen (RG JW 1910, 835). Ist aber in der Protesturkunde keine besondere Ortschaft für die Protesthandlung angegeben, so ist die im Datum der Protesturkunde angegebene Ortschaft gleichzeitig als Ort des Protestes, also auch der Protesthandlung, anzusehen.

2. Der **Tag** der Protesthandlung ist anzugeben, damit die Rechtzeitigkeit des Protestes feststellbar ist. Die Protesturkunde braucht zwar nicht am Tage der Protesthandlung fertiggestellt zu werden, wohl aber innerhalb der Protestfrist, da die Beurkundung Teil der Protesterhebung ist (44[9]). Daß dies dem Willen des Gesetzes entspricht, ergibt sich aus der Bestimmung einer beson- **Anm 16**

deren Frist für nachträgliche Berichtigungen (Art 85 I), die unnötig wäre, wenn die Herstellung der Protesturkunde auch nach Ablauf der Protestfrist statthaft wäre.

Ist im Protest keine besondere Angabe über den Tag der Protesthandlung enthalten, so wird der im Datum der Protesturkunde angegebene Tag auch als Tag der Protesthandlung zu gelten haben. Nähere Zeitangabe (Proteststunde) ist nicht erforderlich (vgl. Art 86).

Anm 17 **III. Zu Abs II.** Beurkundung des Verlangens einer **Überlegungsfrist** nach Art 24. Mit Rücksicht auf die Vorschrift des Art 24 I Satz 2, wonach die Beteiligten sich auf das Verlangen des Bezogenen, ihm den W nochmals am Tage nach der ersten Vorlegung zur Annahme vorzulegen, nur berufen können, wenn das Verlangen im Protest beurkundet ist, erklärt sich der durch die vorl. Bestimmung begründete Beurkundungszwang. Der Protestbeamte hat das Verlangen auch zu beurkunden, wenn er es für unberechtigt hält, z. B. weil es sich nicht um eine erstmalige Vorlegung des W handelt. Er hat es insb. auch dann zu beurkunden, wenn er trotz des Verlangens alsbald Annahmeprotest beurkundet. Entspricht der Protestbeamte dem Verlangen und legt er den W nochmals zur Annahme vor, so hat er bei nunmehriger Verweigerung der Annahme gleichzeitig die vorausgegangene Vorlegung und das hierbei gestellte Verlangen nach Überlegungsfrist zu beurkunden. Dies kann gemäß Art 83 in einer einheitlichen Protesturkunde geschehen.

Unterläßt der Beamte die Beurkundung des Verlangens, so bleibt der erhobene Annahmeprotest gültig. Denn Gegenbeweis ist durch Art 24 I Satz 2 ausgeschlossen. Schadensersatzansprüche der Beteiligten wegen der stattgefundenen Verletzung der Amtspflicht sind durch Art 24 nicht gehindert.

Anm 18 **IV. Zu Abs III:** Beifügung von **Unterschrift** und **Amtssiegel** (Stempel) sind wesentliche Formerfordernisse, deren Fehlen Nichtigkeit des Protestes herbeiführt, weil die Urkunde erst durch ihre Beifügung öffentliche Urkunde im Sinne des Art 44 wird. Unterschrift und Siegel müssen daher grundsätzlich innerhalb der Protestfrist beigefügt werden, jedoch wird Nachholung der unterlassenen Beifügung des Siegels (Stempels) noch innerhalb der Berichtigungsfrist des Art 85 I, also bis zur Aushändigung an den Protestnehmer, zulässig sein. Die Unterschrift muß alle nach Abs I notwendigen Bestandteile der Urkunde decken. Siegel oder Stempel können dagegen an beliebiger Stelle angebracht werden, z. B. auch an der Verbindungsstelle des W mit einem die Protesturkunde tragenden Anhang (Art 81 III S. 2).

Beifügung der Amtsbezeichnung zur Unterschrift oder deren Erwähnung in der Urkunde selbst mit dem Namen des Protestbeamten ist zur Gültigkeit des Protestes nicht erforderlich, aber zweckmäßig und durch Dienstanweisungen vorgeschrieben.

Anm 19 Bezeichnung der Urkunde als Protest, sei es durch Überschrift, sei es durch Aufnahme der sog. Protestklausel („und erhebe daher für meinen Auftraggeber Protest") ist ebensowenig erforderlich wie eine mündliche Erklärung bei der Protesthandlung, daß wegen verweigerter Leistung Protest erhoben werde.

Artikel 81

Der Protest ist auf den Wechsel oder auf ein mit dem Wechsel zu verbindendes Blatt zu setzen.

Er soll unmittelbar hinter den letzten auf der Rückseite des Wechsels befindlichen Vermerk, in Ermangelung eines solchen unmittelbar an einen Rand der Rückseite gesetzt werden.

Wird der Protest auf ein Blatt gesetzt, das mit dem Wechsel verbunden wird, so soll die Verbindungsstelle mit dem Amtssiegel oder dem Amtsstempel versehen werden. Ist dies geschehen, so braucht der Unterschrift des Protestbeamten ein Siegel oder Stempel nicht beigefügt zu werden.

Wird der Protest unter Vorlegung mehrerer Ausfertigungen desselben Wechsels oder unter Vorlegung der Urschrift und einer Abschrift erhoben, so genügt die Beurkundung auf einer der Ausfertigungen oder auf der Urschrift. Auf den anderen Ausfertigungen oder auf der Abschrift ist zu vermerken, auf welche Ausfertigung der Protest gesetzt worden ist oder daß er sich auf der Urschrift befindet. Auf den Vermerk finden die Vorschriften des Abs. 2 und des Abs. 3 Satz 1 entsprechende Anwendung. Der Protestbeamte hat den Vermerk zu unterschreiben.

I. Zu Abs I: Platz der **Protesturkunde.** Der Protest ist in allen Fällen, abgesehen von den zwei aus Art 82 ersichtlichen Ausnahmen, auf dem Wechsel zu beurkunden. Die Vorschrift dient dazu, Zweifel darüber auszuschließen, welcher W protestiert worden ist, und gleichzeitig das Notleiden des W, durch das dessen Indossabilität gemäß Art 20 beendet wird, offenkundig zu machen. **Anm 1**

Es handelt sich hierbei um ein für den Zweck des Protestes wesentliches Formerfordernis, also um eine zwingende Vorschrift, deren Nichtbeachtung den Protest unwirksam macht (RG 100, 230 u. allg. A.). Demnach kann die Protestierung mehrerer W, auch wenn sie gleichzeitig für und gegen dieselben Beteiligten erfolgt, nicht in einer einheitlichen Protesturkunde festgestellt werden.

Da ein Anhang zum W (vgl. Art 13 I) als Teil der Rückseite des W betrachtet wird, kann der Protest, wie die vorl. Bestimmung zur Vermeidung von Zweifeln hervorhebt, auch auf ein mit dem W zu verbindendes Blatt gesetzt werden.

II. Zu Abs II u. III. Diese Sollvorschriften sind bloße Ordnungsvorschriften, deren Verletzung die Gültigkeit des Protestes nicht berührt, aber wegen Amtspflichtverletzung Schadensersatzansprüche etwa geschädigter Beteiligter erzeugen könnte. Der Zweck des unmittelbaren Anschlusses der Protesturkunde an den letzten auf der Rückseite befindlichen Vermerk besteht in der dadurch bewirkten Kennzeichnung, welche Indossamente vor **Anm 2**

dem Protest vorhanden waren und zum Ausweis des Protestnehmers dienen konnten, und welche nachträglich erteilt worden sind. Durchstrichene Vermerke (z. B. eine durchstrichene Quittung) sind hier wie undurchstrichene zu behandeln.

Da eine tatsächliche Vermutung dafür spricht, daß der Protestbeamte die Ordnungsvorschrift befolgt, ist auch zu vermuten (Gegenbeweis zulässig), daß die vor dem Protest, bzw. der Verbindungsstelle stehenden Indossamente vor Protesterhebung, die späteren nach Protest erteilt worden sind. Sofern ein vor dem Protest stehendes, zum Ausweis des Protestnehmers erforderliches Indossament gestrichen ist, spricht eine Vermutung dafür, daß die Streichung nach der Protesterhebung stattgefunden hat (RG 104, 269).

Anm 3 **III. Zu Abs IV: Vorlegung** mehrerer Urkunden bei der Protesthandlung. 1. Protest unter Vorlegung **mehrerer Ausfertigungen** des W: Beim Vorhandensein mehrerer Ausfertigungen ist nicht immer die Vorlegung sämtlicher Ausfertigungen zur Wirksamkeit der Protesterhebung erforderlich (64[6]). Die Zahl der zulässigen Ausfertigungen ist gesetzlich nicht beschränkt (64[13]), aus der einzelnen Ausfertigung ist gewöhnlich nicht ersichtlich, wie viele Stücke vorhanden sind, und Art 65 II ergibt, daß mehrere an verschiedene Personen übertragene Ausfertigungen selbständig Rückgriffansprüche begründen, also selbständig protestiert werden können (66[5]). Selbst wenn nur zwei Ausfertigungen als Umlauf- und Akzeptstück (64[8]) hergestellt sind, kann nicht nur Protest mangels Annahme gegen den Bezogenen unter Vorlegung einer einzigen Ausfertigung erhoben werden, wenn noch keine andere Ausfertigung angenommen worden ist. Vielmehr kann auch Protest mangels Zahlung unter bloßer Vorlegung des Umlaufstücks erhoben werden, solange die andere Ausfertigung nicht angenommen ist.

Die vorliegende Bestimmung schreibt demnach auch nicht vor, daß Protest nur unter Vorlegung sämtlicher Ausfertigungen erhoben werden kann, sondern gibt nur Verfahrensvorschriften für die Beurkundung, falls bei der Protesthandlung mehrere Ausfertigungen vorgelegt werden. Die gemeinschaftliche Vorlegung mehrerer Ausfertigungen ist insb. beim Protest mangels Zahlung erforderlich, wenn eine Ausfertigung die Annahmeerklärung trägt, während eine andere zum Umlauf ohne Wiederholung der darauf befindlichen Indossamente auf dem Annahmestück benutzt worden ist (64[6]).

Anm 4 a) **Zu Abs IV Satz 1:** Aus dem Wortlaut, daß die Beurkundung auf einer Ausfertigung „genügt", ist nicht zu schließen, daß sie auch mehrfach auf den verschiedenen Ausfertigungen erfolgen kann. Voraussetzung hierfür wäre, daß mehrere Ausfertigungen der Protesturkunde zur Verbindung mit den mehreren W.ausfertigungen benutzt werden könnten, während nach Abs I die Urschrift des Protestes, nicht eine Ausfertigung auf den W zu setzen ist. Mehrfache Beurkundung der einmaligen Protesthandlung würde aber den Anschein mehrerer Protesthandlungen erwecken und ist nicht zugelassen, so daß tatsächlich nur eine Ausfertigung mit der Protesturkunde selbst versehen werden kann. Die Vorschrift bedeutet also, daß die Beurkundung in Ordnung ist, wenn sie auf einer — gleichviel welcher — Ausfertigung vorgenommen ist.

Wie beim Protest auf Grund eines nur in einer Ausfertigung vorhandenen W dessen Vorlegung zweckmäßig ausdrücklich beurkundet wird (80[4]), so ist es auch empfehlenswert, die stattgefundene Vorlegung mehrerer Ausfertigungen unter deren näherer Bezeichnung (Nummer; 64[9]) ausdrücklich zu erwähnen. Dies ist insb. zweckmäßig, wenn die Wirksamkeit der Protesthandlung von der gemeinschaftlichen Vorzeigung von Umlauf- und Annahmestück abhängt.

b) **Zu Abs IV Satz 2:** Der Vermerk über die erfolgte Protesterhebung **Anm 5**
auf den anderen Ausfertigungen bzweckt nicht nur die stattgefundene Protesterhebung auch auf den anderen Ausfertigungen offenkundig zu machen, sondern auch die stattgefundene Mitvorlegung der mit dem Vermerk versehenen Ausfertigung bei der Protesthandlung zu bestätigen. Gleichzeitig wird durch den Vermerk auch auf den nicht die Protesturkunde tragenden Ausfertigungen ein äußerer Abschluß der vorprotestlichen Indossamente herbeigeführt.

Die Vorschrift ist eine an den Protestbeamten gerichtete Verfahrensanweisung, deren Nichtbeachtung die Gültigkeit der in sich abgeschlossenen, selbständigen Protestbeurkundung auf der anderen Ausfertigung nicht berühren kann (abw. Qu-A 81[8]; Baumb-H 81[2]). Dies ergibt sich daraus, daß zur Gültigkeit des Protestes Vorlegung sämtlicher Ausfertigungen häufig nicht erforderlich ist (Anm 3), die Protesturkunde nicht zu ergeben braucht, ob mehrere Ausfertigungen vorgelegt worden sind (Anm 4), und auch die erste Ausfertigung eines W (Prima) nur beim Vorhandensein eines Versendungsvermerks (Art 66 I) erkennen läßt, daß noch eine weitere Ausfertigung (vielleicht auch mehrere) vorhanden sind. Würde der Vermerk ein wesentliches Formerfordernis für die auf einer anderen Ausfertigung befindliche Protesturkunde sein, so könnte niemand mehr einem protestierten „PrimaW" ansehen, ob nicht etwa der darauf befindliche Protest deshalb ungültig ist, weil bei der Protesthandlung noch eine andere Ausfertigung mit vorgelegt worden und die Vermerkung des Protestes auf dieser Ausfertigung vergessen worden ist.

Der Vermerk soll nach der gesetzlichen Vorschrift angeben, auf welcher Ausfertigung sich die Protestausfertigung befindet. Zweckmäßig ist es, auch zu erwähnen, wann und weshalb (mangels Annahme, mangels Zahlung) Protest erhoben ist, und das Gesch. Zeichen (Nr der Protestsammelakten) anzuführen.

c) **Zu Abs IV Satz 3:** Die Vorschriften über Anbringung des Vermerks **Anm 6**
sind wie die über die Art der Anbringung der Protesturkunde (Anm 2) nur Sollvorschriften. Die Anbringung des Vermerks an der angegebenen Stelle zur Kennzeichnung der vorprotestlichen Indossamente ist insb. wichtig, wenn es sich um das Umlaufstück handelt (64[8]).

d) **Zu Abs IV Satz 4:** Beifügung der Amtsbezeichnung ist zwar auch hier **Anm 7**
nicht vorgeschrieben, aber zweckmäßig (80[18]). Das gleiche gilt von der Beifügung des Dienstsiegels (Stempels), die hier nur bei Anbringung eines für den Vermerk benutzten Anhangs an der Verbindungsstelle von Anhang und W vorgeschrieben ist (Qu-A 81[8]; irrig: Baumb-H 81[8]).

2. Bei Vorlegung von **W.urschrift** und **-Abschrift** (d. h einer formellen **Anm 8**
W.abschrift im Sinne der Art 67, 68) bei der Protesthandlung gilt entspr.

wie bei Vorlegung mehrerer Ausfertigungen mit der Maßgabe, daß der Protestbeamte nicht wählen kann, auf welche Urkunde er den Protest setzt, sondern ihn — bei Vermeidung der Ungültigkeit — auf die W.urschrift zu setzen hat. Protest auf der Abschrift „genügt" nicht, wäre also unwirksam.

Auch der Vermerk auf der Abschrift kann keine Gültigkeitsvoraussetzung für den Protest auf der Urschrift sein (vgl. Anm 5). Denn Protest mangels Annahme ist auch bei bloßer Vorlegung der Urschrift zulässig. Auch für den Protest mangels Zahlung ist zu berücksichtigen, daß die Herstellung einer Abschrift nur bei Beifügung des nicht notwendigen Sperrvermerks (Art 68 III) aus der Urschrift ersichtlich ist, und daß nur beim Vorhandensein eines solchen Sperrvermerks Urschrift und Abschrift bei der Aufforderung zur Zahlung vorgelegt werden müssen (68^{11}) sowie für den Fall, daß sich der Ausweis des Protestnehmers aus Indossamenten auf der Abschrift ergibt.

Artikel 82

Der Protest, den der Inhaber einer Abschrift nach Artikel 68 Abs. 2 gegen den Verwahrer der Urschrift erheben läßt, ist auf die Abschrift oder auf ein damit zu verbindendes Blatt zu setzen.

Wird Protest erhoben, weil die Annahme auf einen Teil der Wechselsumme beschränkt worden ist, so ist eine Abschrift des Wechsels anzufertigen und der Protest auf diese Abschrift oder auf ein damit zu verbindendes Blatt zu setzen. Die Abschrift hat auch die auf dem Wechsel befindlichen Indossamente und anderen Vermerke zu enthalten.

Die Vorschriften des Artikels 81 Abs. 2 und Abs. 3 finden entsprechende Anwendung.

Anm 1 **I. Zu Abs I:** Beurkundung des **Aushändigungsprotests** nach Art 68 II. Da dieser Protest für den Inhaber einer W.abschrift, der die Urschrift nicht erhalten kann, zu erheben ist, kann der Protest notwendigerweise nicht auf den W selbst gesetzt werden. Wie aber in diesem Falle die W.abschrift für deren Inhaber die Grundlage zum Rückgriff gegen die Zeichner der auf der W.abschrift befindlichen Originalindossamente und Bürgschaftserklärungen bildet, so tritt sie auch für die Beurkundung des Aushändigungsprotestes an die Stelle der nicht erhältlichen W.urschrift. Der Protest ist also auf der dem Verwahrer bei der Protesthandlung (Aufforderung zur Herausgabe der Urschrift) vorzulegenden, die Originalindossamente tragenden Abschrift zu beurkunden. Beurkundung auf einer von dieser Abschrift etwa gefertigten weiteren Abschrift würde unwirksam sein. Es handelt sich daher um keine eigentliche Ausnahme von der Vorschrift des Art 81 I, sondern um eine entsprechende Anwendung dieser Vorschrift auf den Sonderfall, in dem der Protestnehmer nicht Inhaber des W, sondern nur Inhaber einer zum Umlauf benutzten W.abschrift ist. Auch die Vorschriften des Art 81 II u. III gelten entsprechend (Abs III).

II. Zu Abs II: Protestbeurkundung bei **Teilannahme.** Anm 2

1. Grund der Sonderregelung. Beim Protest wegen teilweise verweigerter Annahme hat zwar der Protestbeamte (anders als im Falle des Abs I) den W selbst in Händen, da er diesen bei der Protesthandlung dem Bezogenen zur Annahme vorzulegen hat. Die eigenartige Gestaltung des Teilrückgriffs nach Teilannahme (Art 26 I, 48 I Zf 1, 51) gestattet aber keine Beurkundung des Protestes auf dem W selbst. Während nämlich in Höhe des nicht angenommenen Teilbetrages sofort wegen Verweigerung der Annahme Rückgriff genommen werden kann, der W also insoweit rückläufig wird, muß wegen des durch die Annahme gedeckten Betrages der Verfall abgewartet werden. Da der W.inhaber zur Geltendmachung des angenommenen Teilbetrages den W behalten muß, der Protest aber beim Rückgriff des einlösenden Rückgriffschuldner auszuhändigen ist (Art 50), ist in diesem Sonderfalle zwecks Ermöglichung des Teilrückgriffs der Protest nicht auf den W selbst, sondern auf eine zu diesem Zweck zu fertigende Abschrift zu setzen. Diese Abschrift ist keine W.abschrift im Sinne des Art 67. Sie braucht nicht vom Protestbeamten selbst hergestellt zu werden, der Beamte hat aber die Richtigkeit einer ihm übergebenen Abschrift unter eigener Verantwortung zu prüfen.

2. Die für die Anbringung des Protestes zu benutzende Abschrift ist nach Art 51 dem Rückgriffschuldner, der den Inhaber wegen des nicht angenommenen Teilbetrages befriedigt, mit dem Protest auszuhändigen. Nach Art 51 soll die Abschrift beglaubigt sein. Besondere Beglaubigung ist aber nur bei Protesterlaß nötig. Denn bei Verbindung mit dem Protest, in dem die Vorlegung des abschriftlich angefügten W beurkundet wird, wird die Abschrift Teil der öffentlichen Urkunde, so daß besondere Beglaubigung sich erübrigt (bestr.; 51[2]). Anm 3

Die Abschrift muß, wie ihre Beglaubigung bzw. Aufnahme in den Protest als Teil der öffentlichen Urkunde ohne weiteres ergibt, so genau wie möglich sein, weil sie als Unterlage für den weiteren Rückgriff des einlösenden Rückgriffschuldners an Stelle des W zu dienen hat (Art 51). Da sie nach erfolgter Teilannahme gefertigt wird, gehört zu dem in ihr wiederzugebenden W.inhalt außer den in Abs II Satz 2 ausdrücklich erwähnten Indossamenten auch die teilweise Annahmeerklärung.

Geringfügige Abweichungen, z. B. bei unleserlichen Unterschriften, sind zwar für die Gültigkeit der Protesturkunde unschädlich, solange sich aus der Abschrift zweifelsfrei ergibt, welcher W gemeint ist, die W.summe und Verfallzeit in Ordnung sind und die Protesthandlung auch auf Grund des in der Abschrift dargestellten W wirksam sein würde. Auch in diesem Sinne unwesentliche Abweichungen können aber bei Ausübung des Rückgriffs hinderlich sein und daher zu Ersatzansprüchen wegen Amtspflichtverletzung führen, wenn ein Verschulden des Protestbeamten vorliegt. Die Befugnis zur Berichtigung der Protesturkunde nach Art 85 erstreckt sich sinngemäß auch auf Berichtigung etwaiger Fehler der mit dem Protest verbundenen W.abschrift. Eine etwaige getrennt vom Protest ausgehändigte beglaubigte Abschrift des W kann auch nach dem in Art 85 bezeichneten Zeitpunkt berichtigt werden.

3. Ein Vermerk über die Protesterhebung auf dem W selbst (nach Art des in Art 81 IV Satz 2 vorgeschriebenen Vermerks) ist hier nicht vorge- Anm 4

sehen, obwohl er zweckmäßig wäre. Allerdings ist die teilweise Verweigerung der Annahme aus dem W selbst infolge der Beschränkung der Annahme ohne weiteres ersichtlich. Auch kann der an den Inhaber zahlende Rückgriffschuldner nach Art 51 Abquittierung des nicht angenommenen Teilbetrages auf dem W verlangen. Dieser Quittungsvermerk schließt doppelten Rückgriff selbst für den Fall aus, daß der W.inhaber mehrfach wegen der teilweisen Verweigerung der Annahme Protest erheben lassen sollte, um betrügerisch gegen mehrere Rückgriffschuldner vorzugehen.

Artikel 83

Muß eine wechselrechtliche Leistung von mehreren Personen oder von derselben Person mehrfach verlangt werden, so ist über die mehrfache Aufforderung nur eine Protesturkunde erforderlich.

Anm 1 **I. Gemeinschaftliche Beurkundung** mehrerer Protesthandlungen in derselben Urkunde ist nur möglich, wenn es sich um denselben W handelt. Denn die Protesturkunde muß in Urschrift mit dem W verbunden werden (Art 81 I), was für jeden Protest nur mit einem einzigen W möglich ist. Auch wo gemeinschaftliche Beurkundung nach vorl. Artikel zulässig ist, ist sie nur gestattet, nicht vorgeschrieben; getrennte Beurkundung bleibt daher auch in diesen Fällen zulässig.

Der vorl. Artikel unterscheidet mehrfache Protesthandlung gegen verschiedene und gegen dieselbe Person.

Anm 2 **II.** Aufforderung **mehrerer** Personen zu einer wechselrechtlichen Leistung liegt insb. in folgenden Fällen vor:

1. Protest mangels Annahme gegen mehrere Bezogene (1[8]). Hier genügt auch der Protest gegen einen der mehreren Bezogenen zur Eröffnung des Rückgriffs (RG 46, 140; vgl. 21[4]).
2. Protest mangels Annahme gegen den Bezogenen und gegen einen oder mehrere Notadressen mangels Ehrenannahme (Art 56 II);
3. Protest mangels Zahlung gegen mehrere Bezogene (vgl. 43[6]);
4. Protest mangels Zahlung gegen den Bezogenen und mangels Ehrenzahlung gegen Notadressaten oder Ehrenannehmer (Art 60);
5. Protest gegen mehrere zur Ehrenannahme oder Ehrenzahlung berufene Personen (Art 56 II, 60 I);
6. Aushändigungsprotest nach Art 66 und Hauptprotest gegen den Bezogenen.

Nicht in allen diesen Fällen, insb. nicht bei dem Doppelprotest nach Art 66, handelt es sich um Abforderung derselben wechselrechtlichen Leistung von den verschiedenen aufzufordernden Personen. Die vorl. Bestimmung ist aber auch in diesen Fällen anwendbar, da das Wort „eine" vor Leistung der unbestimmte Artikel ist, also nicht „dieselbe" bedeutet. Mindestens ist entsprechende Anwendung bei Abforderung verschiedener Leistungen zulässig.

Zu beachten ist aber, daß Notadressen und Ehrenannehmer die vorherige Beurkundung des Protestes gegen den Bezogenen beanspruchen können

(56[11]; 60[4]), und daß es auch im Falle des Art 66 streitig ist, ob der Bezogene Vorlegung des Aushändigungsprotestes verlangen kann, bevor er sich über die eigene Leistung zu erklären hat (66[4]).

III. Die in Art 83 erwähnte mehrfache Aufforderung **derselben** Person betrifft die Inanspruchnahme einer Überlegungsfrist durch den Bezogenen nach Art 24 bei der Vorlegung zur Annahme. In diesem Falle ist der W dem Bezogenen mehrfach zur Annahme vorzuzeigen. Dieser Hinweis auf Art 24 ergibt, daß die Beurkundung mehrerer Protesthandlungen in derselben Urkunde auch dann zulässig ist, wenn die Protesthandlungen an verschiedenen Tagen erfolgen. **Anm 3**

Artikel 84

Der Wechsel kann an den Protestbeamten bezahlt werden. Die Befugnis des Protestbeamten zur Annahme der Zahlung kann nicht ausgeschlossen werden.

Recht und **Pflicht** des Protestbeamten zur Annahme der Zahlung. **Anm 1**

1. Bedeutung der Vorschrift. Die Vorlegung des W durch den Protestbeamten zwecks Feststellung der Verweigerung der Zahlung (Protest mangels Zahlung) ist begriffsmäßig mit einer Aufforderung zur Zahlung verbunden (38[4]). Diese Aufforderung wäre sinnlos, wenn der Protestbeamte die der Aufforderung entsprechende Leistung nicht entgegen nehmen könnte. Die Befugnis zur Entgegennahme der Zahlung entspringt also nicht einer Vollmacht des Protestnehmers, sondern der amtlichen Tätigkeit des Protestbeamten im Rahmen der Protesthandlung und kann daher, wie Satz 2 des vorl. Artikels klarstellt, nicht ausgeschlossen werden. Gleichzeitig folgt daraus, daß der Protestbeamte zur Entgegennahme der ihm angebotenen Zahlung nicht nur ermächtigt, sondern auch verpflichtet ist, da er sich durch Zurückweisung der Zahlung in Widerspruch mit seiner amtlich erfolgenden Aufforderung setzen würde. Daß der W, wie das Gesetz es ausdrückt, an den Protestbeamten bezahlt werden „kann", begründet also nicht nur eine Befugnis des Protestbeamten, sondern gleichzeitig ein Recht des Schuldners, die Zahlung an ihn zu bewirken.

Soweit daher der Protestbeamte eine ihm angebotene Leistung des Protestgegners ohne gesetzlichen Grund zurückweist, ist ein etwa erhobener Protest unwirksam. Die etwa gemachte Feststellung über Verweigerung der Leistung würde unrichtig sein und könnte durch Gegenbeweis entkräftet werden. Dies gilt insb. auch bei Zurückweisung einer vom Bezogenen angebotenen Teilzahlung (39[10]) oder, wenn eine angebotene Vollzahlung deshalb unterbleibt, weil die beanspruchte Aushändigung des quittierten W abgelehnt wird (39[7]).

2. Dauer der Befugnis und Verpflichtung. Der vorstehend erläuterte Zweck der Bestimmung ergibt, daß die Vorschrift sich in erster Linie auf den Zeitpunkt der Protesthandlung bezieht. Hat aber der Beamte den W zwecks Protesterhebung erhalten, so ist er auch schon vor Beginn der Protesthandlung verpflichtet, die Leistung entgegen zu nehmen, z. B. wenn der Schuldner ihn **Anm 2**

aufsucht, um Protest zu vermeiden. Auch nach Abschluß der Protesthandlung, aber vor deren Beurkundung wird der Beamte Annahme der Zahlung nicht ablehnen dürfen, weil er nach erfolgtem Angebot nicht mehr feststellen kann, daß die Zahlung nicht zu erhalten war. Ist dagegen die Protesturkunde fertiggestellt, aber Protest und W noch nicht dem Gläubiger ausgehändigt, so ist der Protestbeamte nur noch zur Entgegennahme der Zahlung befugt, aber nicht mehr verpflichtet, weil seine Tätigkeit als Protestbeamter abgeschlossen ist.

Befreiende Wirkung hat die Zahlung an den Protestbeamten für den Schuldner nur dann, wenn sie gemäß Art 40 III auch durch unmittelbare Zahlung an den Protestnehmer, für den der Protestbeamte die Vorlegung vornimmt und den er auf Verlangen dem Schuldner zu benennen hat (80^5), eintreten würde. Der Schuldner wird also durch die Vorlegung seitens des Protestbeamten nicht von der eigenen Prüfungspflicht (40^{13}) entlastet. Andererseits hat der Schuldner keine Möglichkeit nachzuprüfen, ob die Zahlungsaufforderung des Beamten tatsächlich auf Antrag des angeblichen Protestnehmers erfolgt. Die befreiende Wirkung seiner Zahlung kann daher nicht dadurch beeinträchtigt werden, daß die Benennung des Protestnehmers durch den Protestbeamten unrichtig ist, sei es daß der Beamte über die Person des Protestnehmers im Irrtum ist, sei es daß er — unbefugterweise — den W vorlegt, ohne dazu überhaupt beauftragt zu sein.

Anm 3 3. Die Bestimmung bezieht sich auf Zahlungen des Protestgegners, also je nach Sachlage des Bezogenen, des dritten Zahlungsleisters, Ehrenannehmers oder Notadressaten. Sie wird aber auch für ungerufene Ehrenzahlungen gelten müssen, weil bei der kurzen Frist für solche Zahlungen (59^6, ^{7}) Ehrenzahlung sonst meist tatsächlich unausführbar sein würde. Auch würde der Protestnehmer bei Angebot der Ehrenzahlung an ihn selbst der Gefahr eines Rückgriffsverlusts nach Art 61 mangels Bereitschaft zur Aushändigung des W Zug um Zug gegen Zahlung ausgesetzt sein (61^4), wenn der Protestbeamte, obwohl er den W noch in Händen hat, die Entgegennahme der Ehrenzahlung ablehnt.

Zahlungen von Rückgriffschuldnern, die den protestierten W einlösen wollen, braucht der Protestbeamte dagegen nicht entgegen zu nehmen, da solche Zahlungen in keinem Zusammenhang mit seiner amtlichen Tätigkeit stehen.

Anm 4 4. Die Bestimmung erstreckt sich nur auf die Entgegennahme der wechselrechtlichen Leistung, aber nicht auf sonstige Vertretung des Protestnehmers. Daher steht der Entgegennahme der Zahlung eine Vereinbarung anderweitiger Befriedigung, z. B. durch Annahme einer anderen Leistung an Zahlungs Statt, nicht gleich. Deshalb können auch Aufrechnungserklärungen nicht mit Wirkung gegen den Protestnehmer gegenüber dem Protestbeamten abgegeben werden (Qu-A 84^2).

Wohl aber kann auch eine andere wechselrechtliche Leistung als die Zahlung zu Händen des Protestbeamten erfolgen, wenn die Protesthandlung in der Aufforderung zu dieser Leistung besteht. So kann beim Aushändigungsprotest nach Art 66 oder 68 die Herausgabe der Urkunde und bei Vorlegung zur Annahme die Rückgabe des W mit Annahmeerklärung an den Protestbeamten erfolgen.

5. Die Empfangsbefugnis schließt die Verpflichtung ein, diejenigen Handlungen vorzunehmen, die Zug um Zug gegen Leistung vom Protestgegner beansprucht werden können (vgl. die entspr. Befugnisse des Gerichtsvollziehers nach § 754, 757 ZPO). Der Protestbeamte hat daher bei Vollzahlung gemäß Art 39 I den W auszuhändigen und, falls der Protestnehmer ihn nicht im voraus quittiert hatte, selbst Quittung auf den W zu setzen. Teilzahlung hat er auf dem W zu vermerken und dem Protestgegner darüber Quittung zu erteilen (Art 39 III). Anm 5

Zweifelhaft ist, ob Aushändigung des W verweigert werden darf, solange nicht auch die Kosten des Protestbeamten vom zahlenden Bezogenen erstattet werden. Hiesigen Erachtens ist dies zu bejahen, jedenfalls wenn eine private, vergebliche Vorlegung zur Zahlung vorausgegangen ist (St-Str 84[6]; Baumb-H 84[1]). Denn der Annehmer (28[10]ff) und die Rückgriffschuldner (Art 48 I Zf 3) verschulden diese Kosten, die nach vergeblicher, gemäß Art 38 erfolgter Vorlegung als Nebenforderungen einen Teil der vom Schuldner zu leistenden Vollzahlung bilden. Gemäß § 367 BGB ist die Zahlung zunächst auf die Kosten zu verrechnen und kann zurückgewiesen werden, wenn der Schuldner dieser Verrechnung widerspricht. Der Protestbeamte kann daher, wenn nur die W.summe ohne Kosten bezahlt wird, in Höhe der Kosten Protest erheben (St-Str 79[12]) und die Aushändigung des protestierten W von Zahlung der Kosten abhängig machen.

Notanzeige nach Art 45 hat der W.inhaber selbst, nicht der Protestbeamte zu erstatten. Da die hierbei bestehende Frist von 4 Werktagen mit dem auf die Protesterhebung folgenden Tage in Lauf kommt, hat der Protestbeamte schon aus diesem Grunde den W unverzüglich nach Beendigung seiner Tätigkeit an den Protestnehmer zurückzugeben oder den Aufftraggeber von der erfolgten Protestaufnahme unter Übersendung seiner Kostenrechnung zu verständigen.

Artikel 85

Schreibfehler, Auslassungen und sonstige Mängel der Protesturkunde können bis zur Aushändigung der Urkunde an denjenigen, für den der Protest erhoben worden ist, von dem Protestbeamten berichtigt werden. Die Berichtigung ist als solche unter Beifügung der Unterschrift kenntlich zu machen.

Von dem Protest ist eine beglaubigte Abschrift zurückzubehalten. Über den Inhalt des Wechsels oder der Wechselabschrift ist ein Vermerk aufzunehmen. Der Vermerk hat zu enthalten:

1. den Betrag des Wechsels;
2. die Verfallzeit;
3. den Ort und den Tag der Ausstellung;
4. den Namen des Ausstellers, den Namen dessen, an den oder an dessen Order gezahlt werden soll, und den Namen des Bezogenen;

5. falls eine vom Bezogenen oder bei eigenen Wechseln vom Aussteller verschiedene Person angegeben ist, bei der die Zahlung geleistet werden soll, den Namen dieser Person sowie die Namen der etwaigen Notadressen und derjenigen, die den Wechsel zu Ehren angenommen haben.

Die Abschriften und Vermerke sind geordnet aufzubewahren.

Anm 1 **I. Zu Abs I: Berichtigungen** der Protesturkunde. 1. Zweck der Vorschrift. Soweit das WG die Feststellung einer wechselrechtlichen Handlung durch den Formalakt des Protestes zur Bedingung für die Erhaltung oder Ausübung der W.rechte macht, ist die Zulässigkeit der Berichtigung von Fehlern der Beurkundung nicht selbstverständlich. Die Protesturkunde braucht zwar nicht im unmittelbaren Anschluß an die Protesthandlung hergestellt zu werden, wohl aber innerhalb der Protestfristen, da sie ein Teil der vom Gesetz befristeten Protesterhebung ist (44³). Ist die Protestfrist noch nicht abgelaufen, so kann der Protestbeamte allerdings nachträglich erkannte Fehler seiner Beurkundung berichtigen oder eine neue fehlerfreie Beurkundung der stattgefundenen Protesthandlung vornehmen, falls Dienstvorschriften die nachträgliche Änderung der abgeschlossenen Urkunde oder Nachträge berichtigender Natur nicht gestatten sollten. Bei der Kürze der für den häufigsten Protestfall (den Protest mangels Zahlung) bestehenden Frist und der verbreiteten Übung, diesen Protest erst am letzten Tage der Frist erheben zu lassen, wird jedoch die Protestfrist regelmäßig bereits abgelaufen sein, wenn das Versehen entdeckt wird. Die Berichtigung dann zu untersagen, auch wenn der Protestbeamte die Protesturkunde noch in Händen hat, würde häufige und unnütze Nichtigkeiten nach sich ziehen und eine zwecklose Überspannung der Formgebundenheit bedeuten. Die vorl. Vorschrift sucht einem solchen Formalismus durch befristete Zulassung von Berichtigungen vorzubeugen.

Anm 2 2. Nur wesentliche Mängel, die die Wirksamkeit des Protestes in Frage stellen können (80², ³), bedürfen der Berichtigung, also insb. nicht bloße Ungenauigkeiten, die sich aus dem Zusammenhang mit dem W bei verständiger Auslegung der Protesturkunde ohne weiteres aufklären. Der Protestbeamte wird aber auch wegen unwesentlicher Fehler, die er nach Abschluß der Urkunde entdeckt, von der Berichtigungsbefugnis Gebrauch zu machen haben, um seiner Amtspflicht zur fehlerfreien Herstellung der öffentlichen Urkunde zu genügen. Wesentliche und zur Herbeiführung der Wirksamkeit des Protestes zu berichtigende Mängel sind vor allem Fehler oder Auslassungen bezüglich der nach Art 80 I vorgeschriebenen Angaben. Sie sind, wenn die Proteshandlung fehlerfrei war, berichtigungsfähig (zu eng hierin- RG 126, 6).

Fehlende Unterschrift wird jedoch nach Ablauf der Protestfrist nicht nachgeholt werden können, weil ohne Unterschrift noch keine öffentliche Urkunde vorhanden ist, der unterschriebene Protest also einer unterbliebenen Beurkundung gleichsteht (zust. Qu-A 80¹⁶). Dagegen wird nachträgliche Beifügung des Amtssiegels (Stempels) mit einem dem Satz 2 entsprechenden Vermerk über die nachträgliche Anbringung zulässig sein und den Mangel der unterbliebenen Siegelung heilen.

Bei versehentlicher Verbindung des Protestes mit einem falschen W ist Ablösung der Urkunde und Austausch mit der richtigen nach Ablauf der Protestfrist unzulässig. Es ist Tatfrage, ob in einem solchen Falle eine „Berichtigung" der Urkunde möglich ist, oder ob der wesentliche Inhalt der Protesturkunde so geändert werden muß, daß es sich tatsächlich um eine neue Urkunde handelt.

3. Für die Form der Berichtigung ergibt sich aus Satz 2, daß die ab- **Anm 3**
geschlossene fehlerhafte Urkunde selbst nicht geändert werden darf, ohne die Berichtigung als solche kenntlich zu machen. Obwohl der Wortlaut des Gesetzes nicht entgegen steht, entsprechen auch Verbesserungen der ursprünglichen Urkunde unter Beifügung eines Randvermerks (z. B. „zwei Worte gestrichen. N N" oder „Vorname berichtigt. N N") nicht dem Sinn des Gesetzes. Vielmehr ist die fehlerhafte Urkunde unverändert zu lassen und ein besonderer Berichtigungsnachtrag beizufügen, für dessen Wirksamkeit Unterschrift des Protestbeamten unentbehrlich und Datierung zweckmäßig ist.

Hat der Protestbeamte den Text der ursprünglichen Protesturkunde geändert, ohne die Berichtigung als solche zu kennzeichnen, so liegt zwar eine Amtspflichtverletzung vor, die Protesturkunde ist aber nach dem Inhalt ihrer berichtigten Fassung zu beurteilen.

4. Die Befristung der Berichtigungsbefugnis bestätigt die schon aus **Anm 4**
Art 44 zu schließende Folgerung, daß die Protesturkunde grundsätzlich innerhalb der Protestfrist fertig gestellt werden muß (44[9]). Bis zum Ablauf der Protestfrist sind Berichtigungen auch noch nach erfolgter Aushändigung des protestierten W an dessen Inhaber zulässig (abw. Qu-A 85[4]), da der Zweck der vorl. Bestimmung eine Ausdehnung, nicht eine Beschränkung der Berichtigungsmöglichkeit ist (vgl. Anm 1).

Aushändigung an den Protestnehmer liegt vor, wenn der Protestbeamte durch Rückgabe des protestierten W dessen Gewahrsam aufgibt, also nicht, wenn er den W mit Protest gleichviel in welcher Eigenschaft (z. B. als Anwalt) weiter für den Protestnehmer verwahrt (abw. RG 126, 1; Knur-H 85[1]; dagegen St-Str 85[5]; Baumb-H 85[1]).

Ergibt sich, daß eine Berichtigung nach Ablauf der Protestfrist und nach erfolgter Rückgabe an den Protestnehmer durch den Protestbeamten vorgenommen ist, so ist die Gültigkeit des Protestes nach Maßgabe seines ursprünglichen Textes zu beurteilen (OLG Stuttgar DNotZ 1951, 38).

II. Zu Abs II: Bei Protestaushändigung zurückzubehaltende **Belege.** **Anm 5**

1. Die vorgeschriebene Zurückbehaltung einer beglaubigten Abschrift des Protestes ermöglicht dessen Ersatz bei Verlust gemäß Art 90 II und ferner die Feststellung etwaiger nachträglich von dritter Hand vorgenommenen Änderungen (Verfälschungen) der Protesturkunde. Bei Vornahme einer Berichtigung gemäß Abs I hat die beglaubigte Abschrift auch diese Berichtigung wiederzugeben.

Nichtbeachtung der in Abs II gegebenen Ordnungsvorschriften ist für die Gültigkeit des Protestes ohne Bedeutung.

Anm 6 2. Der Vermerk über den W.inhalt bedarf keiner Unterschrift. An Stelle der für den Vermerk vorgeschriebenen einzelnen Angaben kann der Protestbeamte auch eine vollständige Abschrift des W zurückbehalten.

Die Fassung der Zf 5 in Abs II ist durch das Ges. v. 5. 7. 34 unwesentlich abgeändert worden, weil die ursprüngliche Fassung („verschiedene Person, durch welche die Zahlung bewirkt werden soll") in Widerspruch zu der vom Just.Min. vertretenen Auffassung zu stehen schien, daß bei Angabe eines dritten Zahlungsleisters (Domiziliaten) die Zahlung zwar bei diesem abzufordern sei, aber nicht er, sondern der Bezogene Protestgegner sei. Hiesigen Erachtens ist die Fassung der vorl. Bestimmung für die Entscheidung dieser Streitfrage (80[8]) ohne Bedeutung. Dagegen ergibt Art 27 I, Satz 2, daß bei Angabe eines Domiziliaten dieser, nicht der Bezogene selbst bei Verfall Zahlung leisten soll, daß also die Zahlung gemäß der ursprünglichen Fassung der vorl. Bestimmung „durch" den benannten Dritten, wenn auch regelmäßig für fremde Rechnung, zu bewirken ist. Auch nach der jetzigen Fassung des Abs II Zf 5 soll der Protestbeamte in dem zurückzubehaltenden Vermerk den „Namen" eines benannten Zahlungsleisters angeben. Daß der Name und nicht die Örtlichkeit (Räume des Zahlungsleisters), an der nach der amtl. Auslegung die Zahlung vom Bezogenen einzufordern ist, vermerkt werden soll, ist mit der amtlichen Auslegung desfrüheren RJM nicht vereinbar.

Anm 7 **III. Zu Abs III.** Über die Art der **Aufbewahrung** der beglaubigten Abschrift des Protestes und des Vermerks über den W.inhalt in sog. Protestsammelakten sind nähere Vorschriften in den Dienstanweisungen für die verschiedenen Gruppen der Protestbeamten enthalten. Vgl. z. B. für Gerichtsvollzieher Zf 11 der AV RJM v. 13. 6. 38 (DJ 973).

Artikel 86

Proteste sollen in der Zeit von neun Uhr vormittags bis sechs Uhr abends erhoben werden, außerhalb dieser Zeit nur dann, wenn derjenige, gegen den protestiert wird, ausdrücklich einwilligt.

Anm 1 **I.** Die Vorschrift über die **Proteststunden** betrifft nur die Protesthandlung selbst, nicht deren Beurkundung. Die Tageszeit, zu der die Protesthandlung vorgenommen ist, braucht in der Protesturkunde nicht erwähnt zu werden. Einhaltung der Proteststunden wird vermutet, da eine tatsächliche Vermutung dafür spricht, daß der Protestbeamte die für seine Amtshandlung bestehenden Vorschriften beachtet.

1. Die Festsetzung bestimmter Proteststunden hat zunächst die Bedeutung, daß innerhalb des gesetzlich zugelassenen Zeitraums (9 bis 6 Uhr) erhobene Proteste wirksam sind, auch wenn die Protesthandlung außerhalb der üblichen Geschäftsstunden (z. B. gegen eine Bank am Sonnabend Nachmittag) vorgenommen ist. Es entspricht aber der Amtspflicht des Protestbeamten, Vorlegungsversuche außerhalb ihm bekannter üblicher Geschäftsstunden nach Möglichkeit zu vermeiden, also den Protestgegner

nicht absichtlich zu einer Zeit aufzusuchen, zu der nach den bestehenden allgemeinen Geschäftsgebräuchen mit seinem Antreffen nicht gerechnet werden kann.

2. Umgekehrt bestimmt aber Art 86 nicht, daß außerhalb der Proteststunden vorgenommene Protesthandlungen nur bei Einwilligung des Protestgegners wirksam sind. Denn es handelt sich lediglich um eine Sollvorschrift, deren schuldhafte Nichtberücksichtigung zwar eine Amtspflichtverletzung darstellt, aber nicht ohne weiteres eine Unwirksamkeit der Protesthandlung herbeiführt. Vielmehr ist im Einzelfall zu prüfen, ob das Nichtantreffen des Protestgegners bei einem Abwesenheitsprotest oder die unterbliebene Leistung bei einem Anwesenheitsprotest darauf zurückzuführen ist, daß die Vorlegung des W außerhalb der üblichen Geschäftszeit (§ 358 HGB) oder zu unangemessener Zeit (§ 242 BGB), z. B. in später Nachtstunde, versucht oder ausgeführt worden ist. Hat z. B. der angetroffene Protestgegner bei Vorlegung des W die unangemessene Zeit nicht gerügt, sondern aus anderem Grunde (z. B. weil der Aussteller keine Deckung bereitgestellt habe) Zahlung abglehnt, so wird Wirksamkeit auch der zu ungewöhnlicher Stunde erfolgten Vorlegung anzunehmen sein. Die Ermittlungen des Protestbeamten auf Grund deren er Unauffindbarkeit von Geschäftsräumen und Wohnung beim Windprotest (80^{14a}; Art 87 III) beurkundet, können selbstverständlich außerhalb der Proteststunden stattfinden. **Anm 2**

3. Einwilligung des Protestgegners zur Überschreitung der Proteststunden kann zwar auch vor Beginn der Protesthandlung erklärt werden, wird aber regelmäßig nur bei der Protesthandlung, also beim Anwesenheitsprotest, zu erhalten sein. Danach ist ein Abwesenheitsprotest außerhalb der Proteststunden regelmäßig unstatthaft. Der Protestbeamte wird trotzdem, wenn er ohne eigenes Verschulden oder das seines Auftraggebers, z. B. wegen einer unvorhersehbaren Verkehrsstörung, die Proteststunden nicht einhalten kann, die Sollvorschrift außer Acht lassen müssen, um die Protestfrist nicht verstreichen zu lassen (St-Str 86^3). **Anm 3**

Die vom Gesetz verlangte „ausdrückliche" Einwilligung ist zwar der Gegensatz zu einer stillschweigenden, braucht aber deshalb doch nicht wörtlich erklärt zu werden. Es genügt z. B., wenn der Protestgegner nach einem Hinweis darauf, daß die Vorlegung nach 6 Uhr abends unter Voraussetzung seines Einverständnisses erfolge, dagegen keinen Widerspruch erhebt, sondern erklärt, daß er zur Zahlung außerstande sei. Beurkundung der Einwilligungserklärung ist nicht vorgeschrieben, aber zweckmäßig. Die erklärte Einwilligung entbindet den Protestbeamten von seiner etwaigen Verantwortlichkeit, unterbliebene Einwilligung oder Widerspruch bewirkt aber nicht ohne weiteres Unwirksamkeit des Protestes (Anm 2).

II. Auf **private Vorlegungen,** insb. bei Protesterlaß, sind die Vorschriften entsprechend anwendbar. Der vor 6 Uhr abends angetroffene Bezogene oder sonst zur Leistung Aufzufordernde kann also die Leistung z. B. nicht deshalb verweigern, weil sein Geschäft für den allgemeinen Verkehr schon um 5 Uhr schließe und dem Gläubiger nur versehentlich geöffnet worden sei. Vergebliche Vorlegungsversuche stehen hiesigen Erachtens bei privater Vorlegung der stattgefundenen Vorlegung grundsätzlich nicht gleich (38^5; 46^8). **Anm 4**

Zur Vorbereitung der Beauftragung des Protestbeamten genügt nur ein Vorlegungsversuch, bei dem unter Berücksichtigung der üblichen Geschäftszeit (§ 358 HGB) mit Ausführung der Vorlegung gerechnet werden durfte. Andernfalls kann der Annehmer, wenn er auf Vorlegung seitens des Protestbeamten alsbald Zahlung leistet, Zahlung der Kosten des Protestbeamten ablehnen, da er diese mangels Verzuges nicht veranlaßt hat.

Artikel 87

Die Vorlegung zur Annahme oder Zahlung, die Protesterhebung, die Abforderung einer Ausfertigung sowie alle sonstigen bei einer bestimmten Person vorzunehmenden Handlungen müssen in deren Geschäftsräumen oder, wenn sich solche nicht ermitteln lassen, in deren Wohnung vorgenommen werden. An einer anderen Stelle, insbesondere an der Börse, kann dies nur mit beiderseitigem Einverständnis geschehen.

Ist in dem Protest vermerkt, daß sich die Geschäftsräume oder die Wohnung nicht haben ermitteln lassen, so ist der Protest nicht deshalb unwirksam, weil die Ermittelung möglich war.

Die Verantwortlichkeit des Protestbeamten, der es unterläßt, geeignete Ermittlungen anzustellen, wird durch die Vorschrift des zweiten Absatzes nicht berührt. Ist eine Nachfrage bei der Polizeibehörde des Ortes ohne Erfolg geblieben, so ist der Protestbeamte zu weiteren Nachforschungen nicht verpflichtet.

Anm 1 **I. Zu Abs I Satz 1: Gesetzliche Proteststelle.** 1. Anwendungsbereich des Art 87. Diese Vorschrift greift über den die Überschrift „Protest" tragenden ersten Abschnitt des dritten Teils des WG insofern hinaus, als sie sich nicht nur auf die Protesterhebung, sondern auf alle wechselrechtlichen bei einer bestimmten Person vorzunehmenden Handlungen bezieht. Gemeint sind, wie die beispielsweise Anführung der Vorlegung zur Annahme (Art 21) und Zahlung (Art 38) sowie der Abforderung einer Ausfertigung (Art 66) ergibt, solche Handlungen, die auch Inhalt der Protesthandlung sein können und die infolge der Natur des W als Präsentationspapier bei einer bestimmten Person vorgenommen werden müssen. Außer den vom Gesetz erwähnten Beispielen fallen darunter: die Aufforderung zur Erteilung der Sichtbescheinigung nach Art 78 II, zur Datierung der Annahme nach Art 35 II, zur Aushändigung der W.urschrift nach Art 68 II, zur Ehrenannahme nach Art 56 II und (falls dies nicht schon unter Vorlegung zur Zahlung mitbegriffen wird) die Aufforderung zur Ehrenzahlung nach Art 60.

Anm 2 Dagegen hat die Vorschrift keine Bedeutung für die seitens des Annehmers oder eines Rückgriffsschuldners nach Protest mangels Zahlung erfolgende Befriedigung des W.gläubigers; hierfür gelten die allgemeinen Bestimmungen des bürg. Rechts, nachdem die W.schuld mangels Zahlung bei Vorlegung des W aus seiner Holschuld eine Bringschuld geworden ist (47[6]). Diese Leistungen sind nicht bei einer bestimmten Person, sondern beim jeweiligen W.inhaber zu erfüllen. Ebensowenig bezieht sich die Vorschrift auf Aufrechnungserklärungen des W.schuldners (abw. Qu-A 87[2]; Baumb-H 87[1]), deren Zugang auch in der Wohnung eines Geschäftsräume besitzenden Schuldners wirksam ist, auch wenn gegen die Forderung aus einem W aufgerechnet wird. Daß derjenige, der mit einer Forderung aus einem W aufrechnen will, den W dem Aufrechnungsgegner nicht nur vorlegen, sondern infolge seiner Befriedigung durch die Aufrechnung auch quittiert auszuhändigen hat, beruht nicht auf der vorl. Vorschrift, sondern auf Art 39.

Auch auf die wechselrechtlichen Benachrichtigungen (Art 45, 54 II, 55 IV) bezieht sich Art 87 nicht, da ihre Vornahme anderweit geregelt ist.

2. Die Vorschrift bestimmt nur die Stelle (Proteststelle, Vorlegungsstelle) in der aus anderen Bestimmungen sich ergebenden Ortschaft (Protestort: 80[15]), wo die betreffende Handlung vorzunehmen ist. Während der Protestort der Beurkundung im Protest bedarf (Art 80 I Zf 3), ist die Angabe der Proteststelle nicht vorgeschrieben (80[11]). Proteststelle sind stets die Geschäftsräume und in deren Ermangelung die Wohnung des Protestgegners am Protestort. Diese Räume sind daher aufzusuchen. Nur bei beiderseitigem Einverständnis (Anm 8) ist Protest an einer anderen Stelle, gegebenenfalls auch in einem benachbarten Orte (87[4]) zulässig. Lassen sich jedoch Räume des Protestgegners am Protestort nicht ermitteln, so kann mangels Feststellbarkeit der Proteststelle sog. Windprotest erhoben werden (Anm 11). **Anm 3**

3. Die tatsächlich zur Zeit der Vornahme der Handlung (Vorlegung, Protest) vom Protestgegner innegehaltenen Räume sind maßgebend, nicht eine im W etwa angegebene abweichende Anschrift. Diese dient nur zur erleichterten Auffindung (RG 73, 253; 85, 299). Auch bei Verlegung der Geschäftsräume des Bezogenen zwischen Annahme und Verfall sind bei Verfall die nunmehrigen Räume am Zahlungsort aufzusuchen. Die Vorschrift des Art 87 I ist zwingend. Ihre Verletzung hat Nichtigkeit des Protestes zur Folge, es sei denn, daß die unterbliebene Aufsuchung der richtigen Proteststelle durch einen Vermerk gemäß Abs II über Unauffindbarkeit gedeckt ist. **Anm 4**

Das Gesetz deutet mit keinem Worte an, daß die Proteststelle im Wechsel abweichend von dieser zwingenden Vorschrift bestimmt werden kann. Die Beteiligten, insb. Aussteller oder Annehmer, können daher m. E. im W keine „Zahlstelle" mit der Wirkung angeben, daß die Vorlegung zur Zahlung an dieser Örtlichkeit erfolgen kann und muß, auch wenn der Bezogene zur Zeit der Abforderung der Zahlung an dieser Stelle weder Geschäfts- noch Wohnräume besitzt. Auch Art 27 II gestattet, wie seine Entstehungsgeschichte ergibt, dem Annehmer nur die Angabe eines dritten Zahlungsleisters, nicht die Bestimmung einer Örtlichkeit, an der die Vorlegung zur Zahlung ausschließlich zu erfolgen hat (bestr.; 27[5]). Dagegen enthält eine vom Annehmer auf dem W vermerkte Angabe einer bestimmten Örtlichkeit, wo Zahlung erfolgen soll, sein Einverständnis zur Abforderung der Zahlung an dieser Stelle im Sinne des Abs I Satz 2 des vorl. Artikels (Anm 9). Diese Einwilligung kann aber vor oder bei der Vorlegung bzw. Protesterhebung vom Annehmer widerrufen werden und zwingt auch den W.inhaber nicht, Vorlegung bzw. Protest an der angegebenen Stelle statt an der gesetzlichen Proteststelle, d. h. in den tatsächlichen Geschäftsräumen des Bezogenen, vorzunehmen.

Die Angabe einer bestimmten Örtlichkeit als „Zahlstelle" hat daher m. E. nur dann eine für den Gläubiger verbindliche Wirkung, wenn der Bezogene am Zahlungsort mehrere Geschäftslokale hat und sich noch zur Zeit der Vorlegung eines dieser Geschäftslokale an der angegebenen Stelle befindet. In diesem Falle muß die Vorlegung hier erfolgen (RG 111, 266) und kann nur in beiderseitigem Einverständnis an anderer Stelle protestiert werden.

Anm 5 4. Etwaige Geschäftsräume des Protestgegners am Protestort sind zunächst und ausschließlich die richtige Proteststelle, auch wenn die W.verbindlichkeit nicht aus geschäftlichen, sondern aus privaten Beziehungen herrührt und nur die Wohnung als Anschrift im W angegeben ist. Geschäftsräume sind die Räume, die für die Ausübung eines selbständigen Berufes, insb. eines Gewerbes, regelmäßig benutzt, und in denen auch etwaiger Schriftverkehr und die Kassengschäfte erledigt werden, auch wenn sie mit Wohnräumen verbunden sind (RG 16, 349). Geschäftsräume in diesem Sinne haben nicht nur Kaufleute und andere Gewerbetreibende, sondern z. B. auch Ärzte und Anwälte. Andererseits sind bloße Lagerräume oder Arbeitsplätze und Werkstätten eines Gewerbetreibenden keine Geschäftsräume im Sinne der vorl. Bestimmung, insb. dann nicht, wenn der Gewerbetreibende andere Räume zur Erledigung der kaufmännischen Angelegenheiten seines Betriebes (Schriftwechsel, Buchhaltung) besitzt. Wer nur als Arbeitnehmer tätig ist, hat in den Geschäftsräumen seines Arbeitgebers keine eigenen Geschäftsräume.

Anm 6 Kenntnis einer Wohnung des Protestgegners befreit nicht von der Pflicht zur Ermittlung seiner etwaigen Geschäftsräume, insb. wenn nach seiner Berufsbezeichnung mit dem Vorhandensein von Geschäftsräumen gerechnet werden kann. Protest in der Wohnung ist ohne beiderseitiges Einverständnis nur wirksam, wenn keine Geschäftsräume vorhanden sind oder ihre Unauffindbarkeit gemäß Abs II im Protest vermerkt ist (Anm 14). Befindet sich daher an der im W angegebenen Anschrift die Wohnung des Protestgegners, so ist, wenn dieser angetroffen wird, die Einholung und Beurkundung seines Einverständnisses mit Protest in der Wohnung zweckmäßig (vgl. auch Anm 9). Bei Abwesenheit des Protestgegners müssen Ermittlungen angestellt werden, ob Geschäftsräume vorhanden sind, zutreffendenfalls diese aufgesucht werden. Bei jedem Abwesenheitsprotest in der Wohnung ist es dringend empfehlenswert, im Protest gemäß Abs II zu beurkunden, daß keine Geschäftsräume ermittelt werden konnten, was die Anstellung geeigneter Ermittlungen voraussetzt (Anm 15). Denn ohne diesen Vermerk ist der Protest unwirksam, wenn Geschäftsräume vorhanden sind. Allerdings ist es nicht erforderlich, zu beurkunden, daß der Protest in der Wohnung erhoben worden ist (RG 85, 301), weil Angaben über die Proteststelle nicht vorgeschrieben sind (80^{11}). Aber auch ohne solche Erwähnung im Protest ist Beweisführung zulässig, daß Protest in der Wohnung erhoben worden ist, obwohl Geschäftsräume bestanden.

Wohnung im Sinne der Vorschrift können auch Räume sein, die der Protestgegner nicht aus eigenem Recht innehat, z. B. ein Zimmer, das er als Familienangehöriger in der Wohnung von Verwandten mit diesen teilt, oder das er für längere Zeit als Unterkunft — sei es als Besuch, sei es als Schlafstelleninhaber — benutzt. Auch Hotelräume, die statt einer selbständigen Wohnung auf unbestimmte Zeit benutzt werden, sind in diesem Sinne die Wohnung des Protestgegners.

6. Bei Tod, Konkurs oder eingetretener Geschäftsunfähigkeit des Protestgegners bleiben seine Geschäftsräume bzw. Wohnung die richtige Proteststelle (vgl. 80[9]). Ist der Protestgegner verstorben, so ist hiesigen Erachtens die Aufsuchung seiner letzten Wohnung nicht erforderlich (abw. RG 58, 48 und Zf 5 Abs 6 AV RJM v. 13. 6. 38 für Gerichtsvollzieher), da Windprotest erhoben werden kann; jedoch ist Aufsuchung seiner früheren Räume empfehlenswert, wenn die Möglichkeit besteht, daß die Erben dort Zahlung bereit halten. **Anm 7**

II. Zu Abs I Satz 2: Gewählte Stelle für Vorlegung und Protest bei Einverständnis. **Anm 8**

1. Ausnahme von Satz 1. Statt der gesetzlichen, durch Satz 1 bestimmten Stelle kann eine andere Stelle am Protestort in formlosem beiderseitigem Einverständnis frei gewählt werden. Die für den Protest zuständige Ortschaft (Protestort; 80[15]) kann jedoch auch durch Einverständnis nur bei Nachbarorten geändert werden (88[4]). Ein an der gewählten Stelle erhobener Protest ist für und gegen alle W.beteiligte wirksam. Jede Stelle am Protestort kann gewählt werden, z. B. auch die Wohnung des Protestgegners statt seiner Geschäftsräume, auch die Geschäftsräume des Protestbeamten oder diejenigen des W.gläubigers.

„Beiderseitiges" Einverständnis ist ein Einvernehmen zwischen demjenigen, der die Handlung vornimmt, und demjenigen, bei dem die Handlung vorzunehmen ist, oder dessen befugtem Vertreter. Beim Protest erfolgt die Vorlegung durch den Protestbeamten; sein Einverständnis ist erforderlich, nicht dasjenige des Protestnehmers, auf dessen Antrag die Vorlegung erfolgt. Befugter Vertreter des Protestgegners, der für diesen das Einverständnis erklären kann, ist eine zur Abgabe rechtsgeschäftlicher Erklärungen für den Protestgegner befugte Person, nicht schon jede Person, mit der der Protestbeamte an der Proteststelle verhandeln kann (80[13]). Das RG (100, 141) hat daher Zustimmung eines bloßen Gesamtvertreters für unzureichend erklärt. Auch muß die Vollmacht tatsächlich vorhanden sein; es genügt nicht, daß sie gegenüber dem Protestbeamten glaubhaft behauptet wird.

2. Einverständnis muß zur Zeit der Protesthandlung oder Vorlegung bestehen (RG 98, 105). Daher ist grundsätzlich nur Anwesenheits-, nicht Abwesenheitsprotest an einer von der gesetzlichen Regel abweichenden Stelle zulässig (RG 66, 295). Jedoch kann der Protestgegner sein Einverständnis auch im voraus erklären (RG in dieser Beziehung schwankend). In diesem Falle ist auch Abwesenheitsprotest an der gewählten Stelle zulässig, falls nicht der Protestgegner sein Einverständnis widerrufen hat (Protest ist aber auch an der gesetzlichen Stelle zulässig). Als solches Einverständnis kann auch eine vom Annehmer bei der Annahme stattgefundene Benennung einer Örtlichkeit als „Zahlstelle" (Anm 4) behandelt werden (so schon unter WO: RG 85, 303; JW 1903, 51). **Anm 9**

Das Einverständnis kann auch stillschweigend erklärt werden; so seitens des Gläubigers durch tatsächliche Vorlegung an der gewählten Stelle, bzw. durch die hier stattfindende Protesthandlung, seitens des Protestgegners durch widerspruchslose Einlassung auf die Protesthandlung (RG 66, 295).

Anm 10 3. Eine Beurkundung des Einverständnisses ist im WG nicht vorgeschrieben, daher keine Voraussetzung für Wirksamkeit des Protestes. Beurkundung ist aber nicht nur zweckmäßig, sondern auch durch Dienstanweisungen angeordnet (vgl. Zf 9 Abs 4 AV RJM v. 13. 6. 38 für Gerichtsvollzieher).

Anm 11 **III. Zu Abs II:** Vermerk über **Unauffindbarkeit** der Räume.

1. Dieser Vermerk ist Gültigkeitsvoraussetzung für den Windprotest, d. h. einen Protest auf Grund der bloßen Feststellung, daß am Protestort weder Geschäftsräume noch Wohnung des Protestgegners ermittelt werden konnten (Art 80 I Zf 2).

Ein auf Unauffindbarkeit der Geschäftsräume beschränkter Vermerk hat Bedeutung für den in der Wohnung aufgenommenen Anwesenheits- oder Abwesenheitsprotest (80[13], [14]), da Protest in der Wohnung ohne Beurkundung der Unauffindbarkeit von Geschäftsräumen nur mit Einverständnis des Protestgegners oder beim Nichtvorhandensein von Geschäftsräumen zulässig ist (Anm 6, 9, 14).

Anm 12 2. Inhalt des Vermerks ist die Unauffindbarkeit der Räume am Protestort (80[15]). Unzureichend ist daher eine Beurkundung, daß der Protestbeamte sich an die im W bezeichnete Örtlichkeit (Adresse) begeben habe, „daselbst" aber weder Geschäfts- noch Wohnräume des Protestgegners habe feststellen können (RG 126, 3). Denn diese Feststellung entbindet nicht von Nachforschungen nach einer Niederlassung des Protestgegners an anderer Stelle des Protestorts und entspricht keiner der nach Art 80 I Zf 2 zur gültigen Protesterhebung erforderlichen Angaben.

Benutzung des gesetzlichen Wortlauts ist nicht erforderlich, vielmehr genügt jede gleichbedeutende Feststellung. Als solche sind bei einem Protest in der Wohnung auch die Worte auszulegen, der Beamte habe sich in die Wohnung „mangels eines Geschäfts" begeben, weil dies einschließt, daß der Beamte das Nichtvorhandensein oder die Unauffindbarkeit von Geschäftsräumen pflichtgemäß feststellt.

Anm 13 3. Die Wirkung des Vermerks besteht in dem Ausschluß des nach § 418 ZPO sonst zulässigen Gegenbeweises (80[8]), soweit die Gültigkeit des Protestes in Frage kommt. Der Protest ist also auch wirksam, selbst wenn der Beamte pflichtwidrig keinerlei Ermittlungen angestellt hat und Räume am Protestort tatsächlich vorhanden waren (RG 73, 250).

Dagegen ist Gegenbeweis zulässig, soweit es sich nicht um die Gültigkeit des Protestes als Formalakt handelt, sondern lediglich um seine Benutzung als Beweismittel. Dies trifft z. B. für die Fragen zu, ob der Annehmer in Verzug geraten ist, ob er insb. „mangels Zahlung" die Nebenforderungen (Zinsen und Kosten) verschuldet (28[10]), ob eine von ihm vorgenommene Hinterlegung mangels Vorlegung des W in der Frist des Art 38 I befreiende Wirkung nach Art 42 hatte, und ob der Protestbeamte durch Unterlassung von Ermittlungen seine Amtspflicht verletzt hat.

4. Fehlt der Vermerk über Unauffindbarkeit und war die Auffindung bei geeigneten Ermittlungen möglich, so ist der Protest unwirksam, wie eine Umkehrung der Regel des Abs II ergibt. Zweifelhaft ist, ob nach dem Zweck des Gesetzes Unwirksamkeit eines Abwesenheitsprotestes in der Wohnung bei Fehlen des Vermerks auch eintreten soll, wenn zwar Geschäftsräume am Protestort vorhanden waren, aber nach dem gewöhnlichen Verlauf der Dinge von dem Protestbeamten trotz ihm zumutbarer Ermittlungen nicht aufgefunden worden wären, oder von dem Protestbeamten trotz geeigneter Ermittlungen nicht aufgefunden worden sind. Hiesigen Erachtens ist auch in solchen Fällen der Protest unwirksam, weil objektiv die Vorschrift des Satz 1 verletzt ist und der Protestbeamte auf eigene Gefahr handelt, wenn er Beurkundung der Unauffindbarkeit unterläßt. Sinn der Vorschrift ist es, allen Rückgriffschuldnern gegenüber Wirksamkeit oder Unwirksamkeit des Protestes einheitlich klarzustellen und die Beurteilung dieser Frage nicht von dem Ergebnis einer Beweiswürdigung, ob der Beamte ausreichende Ermittlungen angestellt hat, abhängig zu machen. **Anm 14**

Für den Windprotest (80^{14a}) entsteht diese Frage nicht, weil hier der Unauffindbarkeitsvermerk schon nach Art 80 I Zf 2 selbst dann formelle Gültigkeitsvoraussetzung ist, wenn der Protestgegner keine Niederlassung am Protestort besitzt.

IV. Zu Abs III. Ermittlungspflicht des Protestbeamten. **Anm 15**

1. Was „geeignete Ermittlungen“ sind, ist nicht allgemein bestimmt. Pflichtmäßiges Ermessen des Beamten nach Lage des Einzelfalls muß entscheiden. Einsicht von Adreß- und Telefonbüchern oder ähnlicher Register ist insb. zur Ermittlung von Geschäftsräumen zweckmäßig, da die polizeilichen Melderegister nur über die Wohnung des Ortseingesessenen Auskunft geben, in erster Linie aber etwaige Geschäftsräume zu ermitteln sind (Anm 5), insb. wenn eine Berufsbezeichnung im W (wie „Kaufmann“) das Vorhandensein von Geschäftsräumen wahrscheinlich macht. Erfährt aber der Beamte an der im W angegebenen Stelle in glaubhafter Weise, daß der Protestgegner in eine andere Ortschaft verzogen sei, so braucht er regelmäßig keine weiteren Ermittlungen anzustellen. Ebensowenig, wenn ihm in der aufgefundenen Wohnung des Protestgegners ein dort allein angetroffener Angehöriger erklärt, der Protestgegner besitze keine Geschäftsräume. Oder, wenn der Beamte infolge früherer, kürzlich vorgenommener Protesterhebungen weiß, daß keine Niederlassung des Protestgegners ermittelt werden konnte, oder wenn ihm bekannt ist, daß der Protestgegner in eine andere Ortschaft verzogen ist. Er handelt ordnungsmäßig, wenn er in solchen Fällen die Unauffindbarkeit beurkundet. Vgl Näheres bei St-Str 87^{9-12}.

2. Für den Fall erfolgloser Nachfrage bei der Poleizeibehörde des Protestorts bestimmt Satz 2, daß der Beamte seiner Ermittlungspflicht genügt hat. Gemeint ist die polizeiliche Stelle, die für Meldung Ortseingesessener zuständig ist (ROLG 13, 301). Ermittlungen in benachbarten Orten (Art 88) braucht der Beamte nicht anzustellen. Erfolglos ist die Nachfrage auch, wenn die von der Polizei angegebene Anschrift sich bei Aufsuchung als unrichtig herausgestellt. Die Nachfrage braucht weder vom Protestbeamten **Anm 16**

persönlich vorgenommen zu werden, noch bedarf sie einer Beurkundung im Protest. Sie entlastet, auch wenn der Gesuchte eine juristische Person (z. B. eine GmbH) ist, über die die Polizei Unterlagen nicht zu haben pflegt.

Nachfrage bei der Polizei entlastet nicht von der Aufsuchung einer bekannten Anschrift. Denn die Beurkundung, daß sich die Räume nicht hätten ermitteln lassen, ist eine Falschbeurkundung und nach § 348 StGB strafbar, wenn dem Beamten die Räume bekannt waren. Ebenso entbindet die erfolglose Nachfrage bei der Polizei nicht von Nachforschung an der im W angegebenen Anschrift, wenn der Beamte keinen Anhalt dafür hat, daß die Räume des Protestgegners sich dort nicht befinden. Denn der Zweck der Bestimmung ist es nur, Nachfrage bei der Polizei als geeignete Ermittlung genügen zu lassen, wenn Ermittlungen überhaupt nötig sind, also die im W angegebene Anschrift nicht zutrifft.

Anm 17 3. Verantwortlichkeit des Beamten für die Anstellung geeigneter Ermittlungen besteht nicht nur gegenüber dem Protestnehmer, sondern gegenüber allen W.beteiligten, die durch die Amtspflichtverletzung Schaden erleiden.

Artikel 88

Eine in den Geschäftsräumen oder in der Wohnung eines Beteiligten vorgenommene Handlung ist auch dann wirksam, wenn an Stelle des Ortes, in welchem die Geschäftsräume oder die Wohnung liegen, ein benachbarter Ort in dem Wechsel angegeben ist. Mit beiderseitigem Einverständnis können auch in anderen Fällen die bei einem Beteiligten vorzunehmenden Handlungen an einem Orte erfolgen, der dem im Wechsel angegebenen Orte benachbart ist.

Welche Orte im Sinne dieser Vorschriften als benachbarte anzusehen sind, bestimmt der Reichsminister der Justiz; die Bestimmung ist im Reichsgesetzblatt bekanntzumachen.

Anm 1 **I. Benachbarte Orte** im Sinne des WG sind nur solche Ortschaften, die als Nachbarorte in dem gemäß Abs II bekannt gegebenen Verzeichnis aufgeführt sind. Bestimmungen gemäß Abs II sind durch die VO v. 26. 2. 34 (RGBl I, 161) erlassen und für das Saarland durch VO v. 7. 12. 35 (RGBl I, 1432) ergänzt worden (abgedruckt im Anh. III 4). Diese Bestimmungen sind bisher nicht abgeändert und umfassen formell noch die im Verzeichnis unter Nr. 1—9, 22—61 befindlichen Orte östlich der Oder-Neiße-Linie.

Auch die Vorschrift des Abs II ist formell nicht abgeändert. Jedoch würde zum Erlaß neuer Bestimmungen an Stelle des RJM nunmehr der JM der Bundesrepublik Deutschland bzw. derjenige der Deutschen Demokratischen Republik zuständig sein und Veröffentlichung in den entsprechenden Gesetzblättern stattzufinden haben.

Anm 2 **II.** 1. Bedeutung des Art 88. Die als benachbarte Orte bezeichneten Ortschaften werden durch Aufnahme in das amtliche Verzeichnis nicht eine einheitliche Ortschaft im Sinne des WG. Vielmehr bleiben die wechselrechtlichen Bestimmungen, nach welchen grundsätzlich alle wechselrechtlichen Handlungen in einer bestimmten Ortschaft vorzunehmen sind, unberührt. Vgl. insb. 80[15] über die Ortschaft, in welcher als Protestort der Protest zu erheben ist.

Im Verkehr sind aber die politischen Grenzen benachbarter Gemeinden häufig nicht allgemein bekannt. Deshalb bestimmt Art 88, daß wechselrechtliche Handlungen entgegen der sonst geltenden Regel nicht deshalb unwirksam sein sollen, weil sie statt in der richtigen Ortschaft in einer nach Abs II zum benachbarten Ort erklärten Gemeinde vorgenommen werden. Die Handlung kann daher unter den in Abs I angegebenen Voraussetzungen auch in dem benachbarten Ort vorgenommen werden; aber es besteht kein Zwang, dies zu tun.

2. **Abs I** gibt zwei Anwendungsfälle für die Gültigkeit von Handlungen im Nachbarort: **Anm 3**

a) **Zu Satz 1:** Vornahme einer wechselrechtlichen Handlung (87[1]), insb. Protesterhebung, in einem Nachbarort statt der im W angegebenen Ortschaft. Dies kann insb. vorkommen und zweckmäßig sein, weil irrtümlich bei Angabe der Anschrift des Bezogenen oder des Zahlungsorts ein Ort angegeben ist, währen die gemeinte Örtlichkeit (Räume des Bezogenen) sich tatsächlich in einem benachbarten Orte befindet, oder weil der Protestgegner nachträglich seine Räume in einen Nachbarort verlegt hat. Da in allen solchen Fällen Protest im Nachbarort nur zulässig, aber nicht vorgeschrieben ist, kann in dem im W angegebenen Ort wirksam Windprotest mit der Feststellung erhoben werden, daß an diesem Ort weder Geschäftsräume noch Wohnung des Protestgegners auffindbar waren (ROLG 20, 132). Jedoch kann in Sonderfällen das Schikaneverbot (§ 226 BGB) der Erhebung eines solchen Windprotestes, bzw. der Ausübung der daraus erwachsenen Rechte entgegen stehen.

In Satz 1 wird vorausgesetzt, daß der Protestgegner an der im W angegebenen Ortschaft keine Räume besitzt. Sind solche vorhanden, so besteht kein Recht, in einem Nachbarort Protest zu erheben, auch wenn sich dort ein weiteres Geschäftslokal des Protestgegners befindet. Beim Vorhandensein von Geschäftsräumen sowohl an dem im W angegebenen Ort wie im Nachbarort, kann daher Protest im Nachbarort nur bei Einverständnis des Protestgegners gemäß Satz 2 erhoben werden.

b) **Zu Satz 2:** Diese Bestimmung erweitert die in Art 87 I Satz 2 enthaltene Vorschrift, nach welcher bei beiderseitigem Einverständnis wechselrechtliche Handlungen statt an der gesetzlich vorgeschriebenen Stelle an einer anderen Stelle vorgenommenen werden können. Während sich die nach Art 87 I Satz 2 gewählte Stelle in derselben Ortschaft wie die gesetzliche Stelle befinden muß (87[8]), dehnt die vorl. Bestimmung dies dahin aus, daß die gewählte Stelle sich auch in einem benachbarten Orte befinden darf. **Anm 4**

Demnach kann mit beiderseitigem Einverständnis Protest an einer beliebigen Stelle des Nachbarorts erhoben werden, auch wenn sich die Räume des Protestgegners nicht in diesem, sondern in der im W angegebenen Ortschaft befinden. Gleiches gilt für private Vorlegungen.

Im übrigen sind die Erläuterungen zu Art 87 I Satz 2 auf diesen Fall anwendbar (87⁸⁻¹⁰).

Anm 5 3. Beurkundung. Da der Protestort in der Protesturkunde zur Vermeidung der Nichtigkeit angegeben werden muß (80²,¹⁵), hat der Protestbeamte die Vornahme der Protesthandlung als in dem benachbarten Orte geschehen zu beurkunden. Jedoch ist es m. E. unschädlich, wenn der Protestbeamte irrtümlich ebenfalls die falsche Ortsbezeichnung wählt, weil trotz des Gegenbeweises, daß die Protesthandlung in dem anderen Ort stattgefunden hat, sowohl die Protesthandlung wie die Protesturkunde den gesetzlichen Gültigkeitsvoraussetzungen genügen würde (80³).

Bei Beurkundung des richtigen Orts der Protesthandlung wird zweckmäßig erwähnt, daß es sich um einen gesetzlichen Nachbarort der im W benannten Ortschaft handelt.

Zweiter Abschnitt

Bereicherung

Artikel 89

Ist die wechselmäßige Verbindlichkeit des Ausstellers oder des Annehmers durch Verjährung oder dadurch erloschen, daß eine zur Erhaltung des Wechselrechts notwendige Handlung versäumt worden ist, so bleiben sie dem Inhaber des Wechsels so weit verpflichtet, als sie sich mit dessen Schaden bereichern würden. Der Anspruch auf Herausgabe der Bereicherung verjährt in drei Jahren nach dem Erlöschen der wechselmäßigen Verbindlichkeit.

Gegen die Indossanten, deren wechselmäßige Verbindlichkeit erloschen ist, findet ein solcher Anspruch nicht statt.

Anm 1 **I. Wechsel-Bereicherungsanspruch.** 1. Entstehungsgeschichte des Art 89. Wie die Stellung des vorl. Artikels im dritten Teil des WG anzeigt, ist der W.bereicherungsanspruch im Genfer EWG nicht geregelt. Seine Einführung durch Sonderbestimmungen der Vertragsstaaten ist aber in Art 15 der Anl. II des Abkommens (vgl. Anh. II 1a) zugelassen. Art. 16 der Anl II enthält einen Vorbehalt für den ähnlichen Zwecken dienenden, dem französischen Rechtskreis eigentümlichen Anspruch des W.inhabers auf die vom Aussteller dem Bezogenen gewährte Deckung (provision). Eine Vereinheitlichung beider Einrichtungen und Aufnahme entsprechender Rechtssätze in das EWG erschien nicht durchführbar, insb. weil die französische Provisionslehre ihre Hauptbedeutung für den Umlauf nicht angenommener oder nichtakzeptabler Tratten hat, die im deutschen W.verkehr kaum vorkommen.

Deutschland hat von dem erwähnten Vorbehalt durch Übernahme der bisher geltenden Vorschrift der WO über den Bereicherungsanspruch (Art 83

WO) Gebrauch gemacht. Dabei ist die Fassung der früheren Bestimmung nur unwesentlich geändert worden. Die frühere Rechtsprechung ist daher auch unter dem WG von unveränderter Bedeutung.

2. Wesen des Anspruchs. Trotz seines Namens ist der W.bereicherungsanspruch dem Bereicherungsanspruch bürg. Rechts nicht gleichartig. Er hat seine eigenen, durch Art 89 erschöpfend geregelten Voraussetzungen mit entsprechenden, vom allgemeinen Bereicherungsrecht abweichenden Folgen (vgl. Anm 10). Ausweislich seiner Beschränkung auf bestimmte Schuldner (Annehmer, Aussteller) beruht er nicht auf den allgemeinen Gedanken der Bereicherungslehre, sondern auf bestimmten, aus dem W .umlauf sich ergebenden Besonderheiten. Er bezweckt die Milderung von Härten, die zwar nicht „ohne rechtlichen Grund“, aber aus den formalen Vorschriften der kurzen Fristen für die Rückgriffserhaltungsakte und die W.verjährung entstehen könnten, wenn derjenige, der den W in Umlauf gebracht und den Gegenwert dafür erhalten hat, zum Schaden des W.inhabers ohne Ausgleichsmöglichkeit von der Haftung befreit würde. **Anm 2**

Diese Personen (je nach Sachlage Aussteller oder Annehmer) „bleiben“ daher gemäß Art 89 insoweit verpflichtet, als sie sich mit dem Schaden des Inhabers bereichern würden. Auch der in Art 15 enthaltene Vorbehalt (vgl. Anm 1) gibt die Befugnis zu Anordnungen, durch die in Fällen des Rückgriffsverlustes oder der Verjährung ein Anspruch gegen den auf diese Weise bereicherten W.schuldner „bestehen bleibt“.

Dieser Wortlaut steht in Einklang mit der unter der WO schon vom ROHG (5, 258; 10, 44) gegebenen Deutung, daß der Bereicherungsanspruch ein eigentümlicher wechselrechtlicher Anspruch ist, der ein Überbleibsel („Residuum“) des ursprünglichen Anspruchs aus dem W darstellt. Diese Auffassung hat sich in der Rechtslehre allgemein durchgesetz (Ulmer, 271). Deshalb bleiben etwaige für den W.anspruch bestellte Pfand- und sonstige Nebenrechte im Zweifel für den W.bereicherungsanspruch bestehen. Weiter ergibt sich daraus, daß rechtskräftige Abweisung der Klage aus dem W, wenn sie nicht wegen Verjährung oder Verwirkung des W.anspruchs erfolgt ist, der Erhebung der W.bereicherungsklage entgegen steht, da diese nur gegeben ist, wenn ein Anspruch aus dem W bestanden hat. **Anm 3**

Daß der Anspruch auch im Sinne des § 602 ZPO ein „Anspruch aus dem W“ ist, ist ebenfalls herrschende Ansicht (abw. z. B. Hueck, 80). Jedoch ist Durchführung im W.prozeß wegen der Schwierigkeit, die klagebegründende Tatsache der Bereicherung urkundlich nachzuweisen, nur in Ausnahmefällen möglich (St-Str 89[20]; Qu-A 89[3]; Baumb-H 89[1]). Der Rechtsstreit gehört gemäß § 95 Zf 2 GVG beim Landgericht vor die Kammer für Handelssachen.

II. A. Anspruchsbeteiligte. 1. Gläubiger ist der W.inhaber zur Zeit des Eintritts der Verwirkung des Rückgriffanspruchs oder der Verjährung. Dies kann auch ein einlösender Rückgriffschuldner sein, in dessen Hand die Verjährung eintritt. Wer aber trotz Verwirkung (unterbliebener Protesterhebung) den letzten W.inhaber befriedigt, hat auch dann keinen eigenen Bereicherungsanspruch, wenn er auf Grund bürg.-rechtl. Verpflichtung (z. B. Bankbedingungen) zur Rücknahme des W verpflichtet war; denn sein Schaden **Anm 4**

ist nicht durch die Verwirkung oder Verjährung, sondern durch die trotzdem erfolgte Einlösung eingetreten. Er kann aber als Rechtsnachfolger des befriedigten W.gläubigers dessen etwaigen Bereicherungsanspruch (vgl. Anm 8) geltend machen, wenn dieser ihm abgetreten wird. In der Rückgabe des W an den ohne wechselmäßige Verpflichtung Einlösenden ist regelmäßig eine stillschweigende Abtretung dieses Anspruchs eingeschlossen (RG 139, 193).

Anm 5 Ein Vollmachtsindossatar kann den Anspruch zwar wie alle sonstigen Rechte aus dem W selbst geltend machen, aber nur namens des Indossanten (18^{6}) und nur, wenn die Voraussetzungen in der Person des Indossanten gegeben sind.

Anm 6 2. Schuldner kann nur der Aussteller oder Annehmer sein, nicht ein Indossant, wie Abs 2 hervorhebt. Eine Ausdehnung auf W.bürgen des Annehmers oder Ausstellers oder den Verpflichteten einer zu Ehren des Ausstellers erfolgten Ehrenannahme ist bei dem Ausnahmecharakter der Vorschrift nicht gerechtfertigt, zumal solche Garanten nur in seltensten Ausnahmen im Sinne der Vorschrift bereichert sein können (St-Str 89^{15}).

Der Aussteller eines eigenen W haftet nach Art 89 (Anm 12).

Anm 7 **B. Voraussetzungen** des Anspruchs. 1. Der Gläubiger muß vor Verwirkung oder Verjährung gegen den Schuldner einen klagbaren Anspruch aus dem Wechsel gehabt haben. Diesem Anspruch muß Verwirkung (53^{1}) oder Verjährung entgegen stehen. Der W muß also formgültig sein; bei Nichtigkeit des W kann auch kein Bereicherungsanspruch verbleiben. Der Schuldner haftet auch nicht aus Art 89, wenn er dem W.anspruch selbst nach Art 17 zulässige Einwendungen entgegenhalten konnte. Der W ist gegen Zahlung dem Schuldner des Bereicherungsanspruchs auszuhändigen, der Gläubiger muß sich also im Besitz des W befinden. Bei dessen Verlust muß Ausschlußurteil ausgehändigt werden.

Anm 8 2. **Schaden** des Gläubigers. Dieser besteht in der durch Verwirkung oder Verjährung eintretenden Hinderung an Geltendmachung des W.anspruchs (herrsch. Ans.; St-Str 89^{11}; Qu-A 89^{10}; Baumb-H 89^{2B}; Locher 130; Ulmer 271), also nicht in dem Gegenwert, den der Gläubiger für den Erwerb des W aufgewendet hat (sog. Valutatheorie). Der Schaden ist demnach auch vorhanden, wenn der Gläubiger den W geschenkt erhalten hat, und hängt auch der Höhe nach nicht von den Aufwendungen des Gläubigers für seinen Erwerb ab.

Solange aber der Gläubiger noch gegen einen anderen W.schuldner einen beitreibbaren Anspruch aus dem W besitzt, steht der Geltendmachung der W.rechte Verjährung und Verwirkung nicht entgegen, vielmehr sind nur die für den Anspruch als Gesamtschuldner haftenden Personen vermindert. Der W.inhaber kann daher z.B. den Aussteller nach versäumtem Protest nicht aus Art 89 in Anspruch nehmen, solange nicht der Anspruch gegen den Annehmer verjährt oder Beitreibung vom Annehmer aussichtslos ist.

Dagegen schließt das Vorhandensein eines bürg.-rechtlichen Anspruchs, insb. des Anspruchs für den der W. zahlungshalber empfangen ist, die Entstehung des Schadens im Sinne des Art 89 nicht aus (St-Str 89^{15}; Ulmer 271; Baumb-H 89^{2B}; abw. Qu-A 89^{10}; Knur-H 89^{4}). Richtet sich allerdings der bürger.-rechtl. Anspruch ebenfalls gegen den Schuldner des Bereicherungsanspruchs (in einem solchen Falle hat RG 44, 78 Bestehen eines

W.bereinigungsanspruchs zutreffend verneint), so ist keine Bereicherung des Schuldners vorhanden, weil dieser noch nach bürg. Recht haftet, so daß aus diesem Grunde (Fehlen der Bereicherung) kein Anspruch nach Art 89 gegeben ist (vgl. Anm 9).

3. Die erforderliche **Bereicherung** des Schuldners besteht in dem positiven Vermögenszuwachs, den er haben würde, wenn er den für den W erhaltenen Gegenwert infolge der Verwirkung oder Verjährung des W.anspruchs behalten könnte (RG 93, 23). Sie ist also nicht schon durch die Befreiung von der ordentlichen Haftung aus dem W begründet (dadurch würden die Fristen für die Ausübung der W.rechte ihren Sinn verlieren), sondern besteht in dem Werte dessen, was der Schuldner für den W. mehr erhalten als verausgabt hat (RG 44, 78; 93, 24). **Anm 9**

Daher bedarf es einer Prüfung der der Annahme bzw. der Ausstellung des W zugrunde liegenden Rechtsbeziehungen. Ist insb. der W zahlungshalber an den Inhaber gegeben, in dessen Hand die Verjährung oder Verwirkung eingetreten ist, und ist der Anspruch aus dem zugrunde liegenden Rechtsverhältnis noch nicht verjährt, so ist kein Bereicherungsanspruch gegeben (RG 44, 78). Denn für den Vermögensstand des Schuldners ist es ohne Bedeutung, ob Haftung aus dem W oder aus dem zugrunde liegenden Rechtsverhältnis besteht (abw. Ulmer 271, der beide Anspruchsbegründungen für zulässig hält). War aber der W vom Schuldner (Annehmer bzw. Aussteller) zahlungshalber an einen Vormann des letzten W.inhabers gegeben, so erlischt die bürg.-rechtl. Forderung dieses Vormanns mit seiner Befreiung von der W.haftung; in diesem Falle ist also der W.schuldner bereichert (Anm 11).

Aus dem mit dem W.umlauf in Zusammenhang stehenden Wesen der W.bereicherung ergeben sich Folgen, die von der Bereicherungshaftung des bürgerl. Rechts abweichen: **Anm 10**

a) Die W.bereicherung muß im Augenblick der Verjährung oder Verwirkung des W.anspruchs (nicht zur Zeit seiner Geltendmachung) vorhanden sein. Nachträgliche Entstehung, z. B. durch nunmehrige Verjährung einer die Bereicherung ausschließenden Verpflichtung bürgerl. Rechts, kann den Anspruch aus Art 89 nicht ins Leben rufen (RG JW 1927, 1094).

b) Durch Fortfall der Bereicherung im Sinne des § 818 III BGB wird der Schuldner nicht befreit (RG 35, 324; BGH in NJW 1952, 21). Nur, was er in Zusammenhang mit Erwerb und Weitergabe des W aufgewendet hat, vermindert den für die Weitergabe erhaltenen Wert seiner Bereicherung.

c) Im Gegensatz zu § 818 I BGB erstreckt sich der Anspruch nicht auf etwaige Nutzungen (St-Str 89^{17}; Baumb-H 89^{2E}).

d) Die Worte des Gesetzes „mit dessen Schaden bereichern würde" bedeuten nur, daß der Bereicherung des Schuldners ein Schaden des W.inhabers gegenüber stehen muß. Diese Vermögensverschiebung braucht aber keine unmittelbare im Sinne der allgemeinen Bereicherungslehre zu sein. Der Schuldner kann also den Gegenwert für den W von einem Dritten, insb. von einem Vormann des letzten Inhabers erhalten haben, ohne daß ein unmittelbares Rechtsverhältnis zwischen Gläubiger und Schuldner des Bereicherungsanspruchs besteht (RG Gruch. 26, 825).

e) Der Schuldner hat nicht das für den W Erhaltene herauszugeben, sondern bleibt in Höhe des Werts seiner Bereicherung aus dem W zur Zahlung verpflichtet (Anm 14).

Anm 11 Bereicherung des Ausstellers liegt vor, wenn dieser dem Bezogenen keine Deckung geleistet oder die Deckung zurückerhalten, aber einen Gegenwert für den W vereinnahmt hat (RG 93, 24). Das ist nicht der Fall, wenn es sich um eine Gefälligkeitsunterschrift des Ausstellers für einen anderen W.-beteiligten handelt. Hat der Aussteller den W vom Annehmer an Zahlungsstatt für eine bestehende Forderung erhalten, so ist die Tilgung dieser Forderung die dem Bezogenen gewährte Deckung. Bei Hingabe des W zahlungshalber (Anm 22) und dessen Weitergabe durch Indossierung erlischt die bürg.-rechtl. Forderung gegen den Annehmer mit der Befreiung des Ausstellers von der ursprünglichen W.haftung durch Verwirkung oder Verjährung (Anm 23). Auch in diesem Falle hat der Aussteller daher Deckung gewährt und ist insoweit nicht bereichert (abw. Qu-A 89[9], [18] im Anschluß an Michaelis WO 83[11]). Diese Folgerung wird hiesigen Erachtens durch die ausdrückliche Versagung von Bereicherungsansprüchen gegen die Indossanten bestätigt: Denn die Gegenansicht würde bedeuten, daß infolge dieser in Abs 2 enthaltenen Bestimmung der bürg.-rechtl. Anspruch bei Empfang eines W zahlungshalber durch einen Indossanten bei unterbliebener Einlösung des W mit Verjährung oder Verwirkung des W.anspruchs erlischt, dagegen erst mit der Verjährung des Bereicherungsanspruches, wenn der Aussteller ein Akzept zahlungshalber entgegennimmt (St-Str 89[6]). Das wäre eine durch die Sachlage nicht gerechtfertigte Unterscheidung.

Anm 12 Der Annehmer ist bereichert, wenn er — wie dies im ordnungsmäßigen Geschäftsverkehr die Regel ist — Deckung erhalten hat, sei es in bar, sei es durch andere Leistung, insb. durch Verwendung seines Akzepts zur Berichtigung einer bestehenden Forderung. Wenn aber der Aussteller eines W an eigene Order das ihm zahlungshalber gegebene Akzept nicht in Umlauf gebracht hat, so kann er bei Verjährung des W.anspruchs gegen den Annehmer mangels Bereicherung des letzteren regelmäßig keine Ansprüche aus Art 89 herleiten, weil er auf die ursprüngliche Forderung bürgerl. Rechts zurückgreifen kann (RG 27, 89; 44, 78; Anm 9). Mangels Deckung besteht keine Bereicherung des Annehmers beim Gefälligkeitsakzept oder bei Erteilung der Annahme in Erwartung einer später ausgebliebenen Leistung des Ausstellers.

Der Aussteller des eigenen W ist um die bei Begebung erhaltene Valuta bereichert. Bei ihm wird in aller Regel Bereicherung vorliegen, weil er nicht nur Hauptwechselschuldner ist und den W schafft, sondern auch den W in Umlauf bringt, also den Erlös dafür vereinahmt.

Anm 13 Die einem Zahlungsleister (Art 4, 27) oder dem Bezogenen, der keine Annahme erteilt hat, bereitgestellte Deckung, zu deren Rückforderung der Bereicherungsschuldner berechtigt ist, nachdem es nicht zur Einlösung des W gekommen ist, kann bei Feststellung der Bereicherung von dem für den W durch den Schuldner erlösten Gegenwert nicht abgesetzt werden. Sollte der Schuldner auf Grund seiner Rechtsbeziehungen zum Zahlungsleister oder Bezogenen zur Rückforderung nicht berechtigt sein, so sind diese Aufwendungen tatsächlich nicht für den Erwerb des W durch den Bereicherungsschuldner, sondern aus anderem Rechtsgrund entstanden, da der Bereicherungsschuldner, den W nicht erworben, sondern selbst geschaffen hat (St-Str 89[9], [10]; Q-A 89[7]; Baumb-H 89[20]). Selbst wenn die vorgeschossene Deckung wegen Zahlungsunfähigkeit des Zahlungsleisters oder Bezogenen von diesen nicht zurück zu erhalten ist, handelt es sich um einen für die Haftung aus Art 89 bedeutungslosen Umstand, nämlich um nachträglichen Fortfall der Bereicherung (Anm 10 zu b).

C. Inhalt und Durchführung des Anspruchs. 1. Obwohl Abs I Satz 2 von „Herausgabe der Bereicherung" spricht, handelt es sich um einen Anspruch auf Zahlung in Höhe des Wertes der Bereicherung, da der Schuldner in diesem Umfange aus dem W haftbar bleibt. Erfüllungsort ist der Wohnsitz des Verpflichteten, nicht der etwa abweichende Zahlungsort des W (so bez. des Ausstellers RG 93, 23).. **Anm 14**

Der Gläubiger hat die Beweislast auch für die Bereicherung des Schuldners. Formularmäßige Vermerke im W wie „Wert erhalten", „Wert in Waren" sind ohne Beweiskraft. In aller Regel ist nur ein Schuldner bereichert, nämlich der erste der W.kette, welcher den W durch sein Zahlungsversprechen ohne sonstige Gegenleistung geschaffen hat. Eine gesamtschuldnerische Haftung von Annehmer und Aussteller kommt nicht in Betracht; in Sonderfällen (Gewährung nur teilweiser Deckung an den Bezogenen) können Aussteller und Annehmer nebeneinander für den auf sie entfallenden Teil der Bereicherung haften. Da im ordnungsmäßigen Geschäftsverkehr der Bezogene nicht, ohne Deckung zu haben, anzunehmen pflegt, wird in der Regel der Annehmer der Bereicherte sein. Der Gläubiger kann daher für diesen Regelfall die für ihn bei seiner häufigen Unkenntnis der Rechtsbeziehungen zwischen Aussteller und Annehmer bestehende Beweisschwierigkeit dadurch zu überwinden suchen, daß er den Aussteller als Zeugen für die von diesem dem Annehmer gewährte Deckung benennt.

2. Die dreijährige Verjährung des Anspruchs beginnt nach Abs I Satz 2 mit dem „Erlöschen der wechselmäßigen Verbindlichkeit", d. h. mit dem Eintritt des Rückgriffverlusts oder der Verjährung. Rückgriffsverwirkung kommt nur bezüglich des Ausstellers in Frage; der Bereicherungsanspruch gegen diesen kann aber erst geltend gemacht werden, wenn auch der Anspruch aus dem W gegen den Annehmer wegen Verjährung oder Nichtbeitreibbarkeit nicht durchgeführt werden kann (Anm 8). Die Verjährungsfrist beginnt aber auch in solchen Fällen gegen den Aussteller mit der Verwirkung des Rückgriffs gegen ihn, also mit der Versäumung der Frist für den wechselrechtlichen Erhaltungsakt (Protest). **Anm 15**

Auch wenn Rückgriff nicht verwirkt war, sondern die Geltendmachung der eigentlichen Ansprüche aus dem W sowohl bezüglich des Ausstellers wie des Annehmers durch Verjährung behindert ist, läuft die Frist für Verjährung des Bereicherungsanspruchs gegen Aussteller und Annehmer selbständig. Denn schon die Fristen für die Verjährung des W.anspruchs selbst laufen selbständig und mit verschiedener Dauer (Art 70). Die Verjährungsfrist bezüglich des Bereicherungsanspruchs beginnt daher gegen Annehmer und Aussteller an verschiedenen Zeitpunkten.

Anm 16 3. Nach internationalem W.privatrecht ist dafür, ob und unter welchen Voraussetzungen gegen Aussteller oder Annehmer ein W.bereicherungsanspruch verbleibt, und welchen Inhalt dieser hat, Art 93 maßgebend. Danach ist bezüglich des Annehmers und des Ausstellers des eigenen W das Recht des W.zahlungsortes, bezüglich des Ausstellers das Recht des Orts, an dem die Ausstellererklärung tatsächlich unterzeichnet worden ist (nicht des im W angegebene Ausstellungsorts), entscheidend.

Anm 17 **III.** Verhältnis des W.bereicherungsanspruchs zu **anderen** Ansprüchen. 1. Ein Bereicherungsanspruch bürgerlichen Rechts (§§ 812 ff BGB) kann neben dem W.bereicherungsanspruch nicht bestehen. Denn die Beschränkung der W.ansprüche durch Verjährung oder Verwirkung erfolgt ebensowenig „ohne rechtlichen Grund" im Sinne des Bereicherungsrechts wie die Verjährung nach bürgerl. Recht.

2. Umdeutung eines durch Verjährung oder Verwirkung betroffenen W in eine Verpflichtungserklärung anderer Art nach § 140 BGB ist nicht möglich, weil § 140 BGB ein von vorn herein nichtiges Rechtsgeschäft voraussetzt (BGH in NJW **1952, 21**).

3. Die bürg.-rechtl. Ansprüche aus dem der W.hingabe zugrundeliegenden Rechtsgeschäfte sind mit der Frage nach dem Bestehen einer Bereicherung im Sinne des Art 89 eng verknüpft. Voraussetzung für das Vorliegen der W.bereicherung ist es, daß kein solcher Anspruch zwischen den Parteien besteht (Anm 9). Da diese Frage für den Bereicherungsanspruch von großer Bedeutung ist, soll die Wirkung der Zahlung durch Wechsel, insb. der Einfluß, welchen die W.hingabe auf das der Begebung zugrunde liegende Rechtsverhältnis ausübt, nachstehend betrachtet werden.

Anm 18 **IV. Zahlung durch Wechsel. A. Allgemeines.** 1. Zahlungsarten. Die Hingabe von W zur Deckung einer Schuld erfolgt entweder durch Annahme (Akzeptierung) eines vom Gläubiger auf den Schuldner gezogenen W (bzw. durch Ausstellung eines eigenen W zugunsten des Gläubigers) oder durch Begebung, insb. Indossierung, eines dem Schuldner der bürg.-rechtl. Forderung gehörigen W, aus dem ein Dritter als Hauptschuldner haftet. In beiden Fällen kann die Hingabe entweder an Zahlungs Statt (§ 364 I BGB) zur endgültigen Befriedigung des Gläubigers für seine ursprüngliche Forderung oder zahlunghalber erfolgen, damit der Gläubiger versucht, sich durch Einziehung oder Verwertung des W zu befriedigen.

Entsprechend der Regel des § 364 II BGB und nach allgemeinem Geschäftsgebrauch wird bei Hingabe von W zu Zahlungszwecken vermutet, daß die W.hingabe nur zahlungshalber erfolgt (RG 31, 110; 35, 196; 158, 317). Der Schuldner, der stattgefundene Entgegennahme an Zahlungs Statt behauptet, hat diese zu beweisen, sowohl wenn er sein eigenes Akzept dem Gläubiger gegeben, als auch wenn er einen bereits im Umlauf befindlichen W an ihn weiter indossiert hat. Auch Bestätigungen der Entgegennahme wie „Ich nehme den W in (oder „als") Zahlung", „Ich habe den W Ihrem Konto gutgeschrieben" bedeuten keine Annahme an Zahlungs Statt. Gutschrift im Kontokorrent erfolgt auch ohne ausdrücklichen Vermerk nur „unter üblichem Vorbehalt" der Einlösung („E. v." = Eingang vorbehalten). Vgl. 17[45] und RG Recht 1918 Nr 1047.

2. Prolongationswechsel. W.hingabe kann auch stattfinden, um für eine bereits bestehende W.verbindlichkeit statt durch Barzahlung bei Verfall durch einen W mit späterer Verfallzeit Deckung zu geben (17[47]). Auch solche Erneuerungs-(Prolongations)W werden im Zweifel nur zahlungshalber genommen. Durch Hingabe des neuen W wird also die frühere W.schuld nicht getilgt, sondern nur gestundet. Der Gläubiger ist zur Rückgabe des ursprünglichen W in der Regel erst bei Einlösung des ErneuerungsW verpflichtet (abw. OLG Naumburg JW 1939, 285) und kann auf den ersten W zurückgreifen, wenn der ProlongationsW nicht bezahlt wird. Jedoch erlischt die Schuld aus dem ersten W, wenn dieser bei Entgegennahme des ErneuerungsW zurückgegeben wird (RG 107, 34). **Anm 19**

Grundsätzlich tritt keine Neubegründung (Novation) des Anspruchs aus dem bürgerl. Rechtsverhältnis ein, für den ein W zahlungshalber gegeben wird. Dies gilt auch bei Hingabe von ErneuerungsW (RG 9, 65; 107, 34). Der Schuldner verliert also trotz Ausstellung eines ProlongationsW nicht seine etwaigen Einwendungen gegenüber dem ursprünglichen W oder der Forderung aus dem zugrundeliegenden Rechtsverhältnis. Jedoch unterbricht die Hingabe des W als Anerkennung der Schuld die Verjährung nach § 208 BGB.

3. Bei Ungültigkeit des zu Zahlungszwecken hingegebenen W, also beim Fehlen eines Formerfordernisses, aber auch bei Fälschung der Unterschrift eines angeblich Verpflichteten, darf der Empfänger ohne weiteres auf seine ursprüngliche Forderung zurückgreifen (ROHG 20, 86). **Anm 20**

Umgekehrt kann der Schuldner den hingegebenen W oder bei dessen Einziehung durch den Gläubiger den Erlös nach Bereicherungsrecht zurückfordern, wenn der Anspruch aus dem zugrunde liegenden Rechtsverhältnis nicht rechtsgültig war oder in Fortfall kommt, z. B. weil der Kaufpreis, zu dessen Bezahlung der W bestimmt war, infolge Wandlung des Kaufvertrages nicht verschuldet wird (vgl. 17[40a]).

B. Bei **Hingabe an Zahlungs Statt** (vgl. Anm 18 wegen der Beweislast) wird die ursprüngliche Forderung getilgt und lebt auch bei Nichteinlösung des W nicht wieder auf (ROHG 4, 371; RG JW 1937, 1485). Daher ist gegen den Annehmer ein W.bereicherungsanspruch gegeben, wenn ein von ihm an Zahlungs Statt gegebenes Akzept verjährt (ROHG 15, 322; anders bei Hingabe zahlungshalber: Anm 12). **Anm 21**

C. Hingabe **zahlungshalber.** 1. Diese stellt zunächst nur einen Zahlungsversuch dar. Die zugrunde liegende Forderung bleibt zwar bestehen, der Gläubiger willigt aber durch Entgegennahme des W ein, den Verfall des W abzuwarten und seine Befriedigung durch Einziehung der W.summe bei Verfall oder durch Weitergabe des W zu versuchen (ROHG 22, 304; RG 153, 182). Die Grundforderung ist also zunächst nur gestundet und kann im Konkurs- oder Vergleichsverfahren des Schuldners angemeldet werden (RG 153, 179), auch wenn der Gläubiger den erhaltenen W weiter indossiert hat. **Anm 22**

2. Falls der Zahlungsversuch Erfolg hat, der W also bei Verfall eingelöst wird, erlischt die Grundforderung, gleichviel ob die Einziehung der W.summe durch den Gläubiger selbst oder nach Weiterindossierung durch einen Erwerber des W erfolgt (RG 35, 197). **Anm 23**

Der Zahlungsversuch ist auch gelungen, wenn der Gläubiger den W weitergegeben hat und den Erlös trotz unterbliebener Bezahlung des W endgültig behalten kann, insb. weil seine Haftung als Rückgriffschuldner erloschen ist (ROHG 10, 133; 20, 84; 23, 105; RG 48, 39). Dies trifft nicht zu, wenn er trotz Verwirkung des Rückgriffs zur Rücknahme des nicht eingelösten W nach bürgerl. Recht (z. B. durch Vereinbarung mit der diskontierenden Bank: Anm 26) verpflichtet war. Jedoch hat er in dem zu Anm 25 erörterten Falle auch für Verschulden seiner Nachmänner, die insofern seine Erfüllungsgehilfen sind, gemäß § 278 BGB einzustehen, wenn deren Verschulden zum Verlust von W.ansprüchen gegen Vormänner des W.gebers durch Verjährung oder Verwirkung geführt hat.

Anm 24 3. Ist der Zahlungsversuch gescheitert, weil der W bei Verfall nicht bezahlt worden ist und der Empfänger ihn entweder noch in Händen hat oder als Rückgriffschuldner einlösen mußte, so ist folgendes zu unterscheiden:

a) Haftet der Geber als Hauptschuldner aus dem W, also als Annehmer (beim eigenen W als dessen Aussteller), so kann der Gläubiger nach seiner Wahl den W.anspruch oder die ursprüngliche Forderung geltend machen (RG 27, 91; 44, 80). Greift er auf die Grundforderung zurück, so braucht der Schuldner nur Zug um Zug gegen Rückgabe des W (bei dessen Verlust des zu erwirkenden Ausschlußurteils) Zahlung zu leisten (RG 160, 347). Ist der W vernichtet oder ist seine Geltendmachung auch durch einen etwaigen gutgläubigen Erwerber (z. B. wegen Verjährung) nicht mehr möglich, so genügt der Nachweis hierfür. Kraftloserklärung ist dann entbehrlich (RG JW 03, 375). Ist der Anspruch aus dem W verjährt, oder ist der W beschädigt oder nur noch teilweise vorhanden, so genügt Rückgabe in diesem Zustand, da der Schuldner auch dann Inanspruchnahme aus dem W nicht zu befürchten braucht.

Anm 25 b) Hat der Geber einen Wechsel, aus dem Dritte hafteten, seinem Gläubiger in Zahlung gegeben, so ist der Empfänger verpflichtet, den W bei Verfall dem Bezogenen vorzulegen und die zur Erhaltung der Rückgriffansprüche erforderlichen Handlungen vorzunehmen (RG 27, 89; 31, 119). Mangels Einlösung des W kann er auf die ursprüngliche Forderung grundsätzlich nur zurückgreifen, wenn er den W unversehrt (50⁴), d. h. so zurückgeben kann, daß sein Schuldner gegen die ihm aus dem W verpflichtet gewesenen Personen vorgehen kann. Wenn er jedoch nachweist, daß die Rückgriffsverwirkung ohne sein Verschulden erfolgt ist, braucht er hierfür nicht einzustehen (ROHG 21, 38; 23, 315; bestr.). Auch kann der W.geber aus der erfolgten Verwirkung der Rückgriffsansprüche gegen seine Vormänner nur Rechte herleiten, wenn ihm dadurch tatsächlich Schaden entstanden ist. Das ist z. B. nicht der Fall, wenn der befreite Rückgriffschuldner zahlungsunfähig war oder noch aus dem der W.verpflichtung zugrunde liegenden Rechtsverhältnis haftet.

Der Empfänger des W ist berechtigt, aber nicht verpflichtet, den bei Verfall nicht bezahlten W gegen die übrigen Verpflichteten, insb. den Annehmer, einzuklagen (RG JW 1896, 640). Zurückzugeben braucht er den W nur gegen Befriedigung für die ursprüngliche Forderung und gegen Erstattung der Kosten für Protest und etwaige sachgemäße Einziehungsversuche. Die Gefahr einer inzwischen eintretenden Verschlechterung der Zahlungsfähigkeit der

W.schuldner trägt der Geber des W (RG 31, 119). Jedoch darf der W.erwerber den W mangels Einlösung bei Verfall nach Protest nicht einfach liegen lassen, sondern hat, wenn er selbst keine zwangsweise Einziehung einleitet, den W.geber zu benachrichtigen, falls er dies nicht schon mittels Notanzeige gemäß Art 45 getan hat. Er haftet andernfalls für einen durch Vermögensverschlechterung der W.schuldner oder Verjährung eintretenden Schaden, auch wenn z. B. wegen fehlender Adressenangabe im W — keine Verpflichtung zur Notanzeige bestanden hat.

D. Statt durch Hingabe zu Zahlungszwecken erfolgt die Verwertung eines W vor Verfall häufig durch **Diskontierung,** d. h. durch Veräußerung des W zu einem Preis, der der W.summe abzüglich der sog. Diskontspesen entspricht. Die Diskontspesen entsprechen den Zwischenzinsen zu dem üblichen Diskontsatz für die Zeit bis zum Verfall zuzüglich einer Provision. Diskontgeber ist regelmäßig eine Bank, die auf diese Weise gegen die durch die W.verpflichtungen gegebene Sicherheit Kredit gibt. Es handelt sich rechtlich um einen Kauf des W, wobei aber der Diskontnehmer durch sein Indossament nicht nur für das Bestehen, sondern auch für die Güte der Forderung wechselmäßige Haftung übernimmt (vgl. auch RG 142, 26). Auch spielen die allgemeinen Bankbedingungen für die Einzelheiten des Vertragsverhältnisses eine wesentliche Rolle, insb. dafür, ob der Diskontnehmer auf Verlangen auch die dem W zugrunde liegende bürg.-rechtl. Forderung abzutreten hat, und ob er zur Einlösung auch verpflichtet ist, falls die Bank die wechselrechtliche Erhaltungsakte (insb. Protest) versäumt. Im Kontokorrentverkehr wird der Gegenwert dem Veräußerer regelmäßig nur unter Vorbehalt des Eingangs gutgebracht. Die diskontierende Bank kann nach den üblichen Bedingungen bei Verfall die Rückgriffsrechte auch dann geltend machen, wenn sie mangels Einlösung des W den Veräußerer in laufender Rechnung mit dem Gegenwert des W belastet hat (RG JW 1928, 639). Ob die Bank dabei nur die Stellung eines Inkassobeauftragten hat, wird davon abhängen, ob der Diskontnehmer ein Guthaben bei der Bank hat oder im Debet ist. — Lehnt die Bank die Diskontierung ihr zu diesem Zwecke übersandter W ab, so kann sie auch auf Grund der allgem. Geschäftsbedingungen an diesen kein Pfand- oder Zurückbehaltungsrecht ausüben (RG 126, 348). Anm 26

Dritter Abschnitt

Abhanden gekommene Wechsel und Protesturkunden

Artikel 90

Ein abhanden gekommener oder vernichteter Wechsel kann im Wege des Aufgebotverfahrens für kraftlos erklärt werden. Nach Einleitung des Verfahrens kann der Berechtigte von dem Annehmer des gezogenen oder dem Aussteller des eigenen Wechsels bei der Fälligkeit Zahlung fordern, wenn er bis zur Kraftloserklärung Sicherheit leistet.

Eine abhanden gekommene oder vernichtete Protesturkunde kann durch ein Zeugnis über die Protesterhebung ersetzt werden, das von der die beglaubigte Abschrift der Urkunde verwahrenden Stelle zu erteilen ist. In dem Zeugnis muß der Inhalt des Protestes und des gemäß Art. 85 Abs. 2 aufgenommenen Vermerkes angegeben sein.

Anm 1 **I. Kraftloserklärung** von Wechseln. Allgemeines. (Lit.: Udo Pohl, Kraftloserklärung von W, Diss. Erlangen, 1940.)

1. Zweck der Vorschrift. Durch Unauffindbarkeit oder Vernichtung der W.urkunde gehen die W.rechte zwar nicht unter. Die Natur des W als Vorlegungspapier (Art 28, 39, 50) hat aber zur Folge, daß der Gläubiger ohne Vorlegung und ohne Bereitschaft zur Aushändigung der Urkunde die W.ansprüche nicht geltend machen kann, Würde zur Vermeidung dieser Härte für den Gläubiger der Schuldner verpflichtet sein, bei bloßem Nachweis des angeblichen Verlustes der Urkunde Zahlung zu leisten, so würde er in Gefahr kommen, nochmals zahlen zu müssen. wenn der W sich in Händen eines gutgläubigen Inhabers auffindet. Würde man in solchen Fällen den auf den Beweis des angeblich Berechtigten vertrauenden Schuldner für befreit erklären, so würde dadurch der wahre Gläubiger um sein Recht gebracht und die Vertrauensgrundlage des W.verkehrs erschüttert werden. Durch Zulassung des Aufgebotverfahrens in solchen Fällen wird daher folgenden Zwecken gedient:

a) Der Gläubiger erhält durch das Ausschlußurteil einen Ersatz für den nicht zu seiner Verfügung stehenden W, auf Grund dessen er sein Gläubigerrecht ausüben, also die W.forderung einziehen kann.

b) Der Schuldner wird durch Kraftloserklärung der ursprünglichen W.-urkunde gegen Inanspruchnahme aus dieser auch gegenüber ihrem rechtsmäßigen Inhaber geschützt.

c) Der etwaige berechtigte Inhaber des nicht vorliegenden W erhält durch die Öffentlichkeit des Verfahrens Gelegenheit, seine besseren Rechte vor Befreiung des Schuldners anzumelden; auch steht die gerichtliche Nachprüfung der Angaben des Antragstellers regelmäßig der Bewilligung der Kraftloserklärung an einen Nichtberechtigten entgegen.

Anm 2 2. Da das EWG selbst keine Bestimmungen über die Zulässigkeit der Kraftloserklärung von W enthält, ist bei den Genfer Beratungen festgestellt worden, daß diese Frage der Regelung durch die Vertragsstaaten überlassen bleiben sollte (CR 154, Nr 182). Dies findet eine Bestätigung durch Art 9 des Abk. über internationales W.-Privatrecht (= Art 98 WG).

Nach deutschem Recht ist Kraftloserklärung nicht allgemein für Wertpapiere oder für Orderpapiere aller Art zugelassen (für Inhaberpapiere vgl. § 799 BGB, für die handelsrechtl. Orderpapiere § 365 II HGB, für Aktien § 66 AktG). Daher war eine besondere Vorschrift, auf Grund deren W für kraftlos erklärt werden können, erforderlich, wie sie auch schon in der WO (Art 73) enthalten war und für Schecks in Art 59 SchG wiederkehrt. Andrerseits ist das Verfahren für Kraftloserklärung von Urkunden (§ 1003 ZPO) allgemein durch die Vorschriften der ZPO über das Aufgebotsverfahren geregelt. Es bedurfte daher nur der in Abs I Satz 1 enthaltenen Bestimmung, daß W für kraftlos erklärt werden können, und daß dies im Wege des Aufgebotsverfahrens, d. h. nach Maßgabe der §§ 946—1018 ZPO (abgedruckt im Anhang IV 2) zu erfolgen hat.

Bei Verlust von Protesturkunden besteht nur ein Bedürfnis für deren Ersatz im Interesse des Gläubigers, aber nicht für Kraftloserklärung im Interesse des Schuldners. Dem trägt Abs II des vorl. Artikels Rechnung.

Für den internationalen W.verkehr entscheidet nach Art 98 deutsches Recht, ob, in welchem Verfahren, und mit welchen Wirkungen Kraftloserklärung von W zulässig ist, wenn der Zahlungsort des W sich in Deutschland befindet.

II. Zu Abs I Satz 1: Voraussetzungen für die Zulässigkeit von Kraftloserklärungen. 1. Aufbietbar ist jeder Wechsel, ob Order- oder RektaW, ob gezogener oder eigener, vor oder nach Annahme, vor oder nach Verfall oder Protest, auch nach rechtskräftiger Feststellung des Anspruchs oder nach Eintritt der Verjährung. Von mehreren Ausfertigungen kann auch eine einzelne aufgeboten werden; W.abschriften dann, wenn sie die Urschrift Indossaments oder einer W.bürgschaftserklärung tragen. **Anm 3**

Auch Blankowechsel (Art 10) sind aufbietbar (herrsch. Ans.; ROHG 25, 17; St-Str 90[3]; Baumb-H 90[1A]; Knur-H 90[1]; Priese-R 90[4]). Die Kraftlosklärung hat hier den Zweck, mißbräuchliche Benutzung durch Dritte zu verhindern und (insb. bei Vernichtung) ein Zurückgreifen auf die bürg.-rechtl. Forderung zu gestatten, wo dies von Rückgabe des Blanketts abhängig ist. Dagegen können die W.rechte selbst auf Grund des Ausschlußurteils in diesem Falle nicht ausgeübt werden, da keine Möglichkeit zum Ersatz der Ausfüllung eines des Blanketts auf Grund des Ausschlußurteils besteht.

2. a) Abhanden gekommen im Sinne des Art 90 ist dem Inhaber ein W, der nicht auffindbar ist, oder dessen gegenwärtiger Besitzer nicht bekannt oder nicht erreichbar (z. B. flüchtiger Dieb) ist. Der Begrif unterscheidet sich von dem des § 935 BGB insb. dadurch, daß es nicht darauf ankommt, ob die Aufgabe des Gewahrsams unfreiwillig erfolgt war: Aufbietbar ist z. B. auch ein W, den der Inhaber „verlegt“, versehentlich fortgeworfen oder zur Verwahrung einem Dritten übergeben hat, der den W unterschlagen hat und selbst nicht auffindbar ist. Der Begriff deckt sich auch nicht mit demjenigen des Art 16 II: Ist der gegenwärtige Besitzer bekannt und erreichbar, so kann von ihm, falls er nicht durch gutgläubigen Erwerb gedeckt ist, Herausgabe eines „abhanden gekommenen“ W verlangt werden; ein solcher W ist aber nicht aufbietbar. **Anm 4**

b) Vernichtet ist ein W, wenn die Urkunde überhaupt nicht mehr besteht oder so wesentliche Teile ihres Inhalts beseitigt sind, daß die Urkunde als Träger einer W.verpflichtung nicht mehr wirksam ist. Zerfallen in mehrere Teile durch Falten oder versehentliches Durchreißen steht bei möglicher Zusammenfügung der Teile einer Vernichtung nicht gleich und hindert nicht die Ausübung der W.rechte. Dagegen ist ein offensichtlich zwecks Zerstörung der Urkunde erfolgtes Zerreißen in kleine Stücke oder eine Durchstreichung der Vorderseite der Unkunde, auch wenn versehentlich vom W.inhaber oder **Anm 5** einem Dritten vorgenommen, als Vernichtung anzusehen (vgl. ROHG 5, 246: ROLG 19, 414).

Bei Zerstörung einzelner Teile (z. B. durch Abreißen, chemische oder andere äußere Einwirkung) ist die Grenze zwischen Beschädigung und Vernichtung zweifelhaft. Baumb-H (90[1A]) betont, daß das Aufgebot das Fehlen, aber nicht Mängel der Urkunde ersetzen soll (ähnlich Jacobi, 387; Lenhoff, 92). Das ist richtig, soweit der Schutz des Schuldners (Anm 1 zu b) in Frage kommt, aber zu eng, soweit es sich um die Interessen des Gläubigers (Anm 1 zu a) handelt. Die Grenze muß daher dort gezogen werden, wo der W.inhaber infolge der stattgefundenen Veränderung der Urkunde die vorher Verpflichteten trotz ihrer Forthaftung nach Art 69 nicht mehr in Anspruch nehmen kann. Das ist der Fall, wenn ein wesentliches Formerfordernis des W fehlt (69[3]), die Urkunde also äußerlich kein gültiger W mehr ist (St-Str 90[3a]; Qu-A 69[3]). Wo der Inhaber die W.rechte ausüben kann, wenn er beweist, welchen Inhalt der noch alle wesentliche Formerfordernisse enthaltende W bei der Eingehung der Verpflichtung des Schuldners hatte (Art 69), besteht kein Recht auf Kraftloserklärung. Ebensowenig bei der Beseitigung für den formellen Ausweis des Inhabers erforderlicher Indossamente (abw. Langen 114) oder bei Durchstreichung einzelner, zur formellen Gültigkeit des W nicht erforderlicher Unterschriften (Annehmer, W.bürgen).

Anm 6 **III.** Überblick über das **Aufgebotsverfahren.** 1. Ein Antrag ist Voraussetzung für den Beginn des Verfahrens. Antragsberechtigt ist der zur Geltendmachung der Rechte aus dem W Berechtigte (§ 1004 II ZPO), d. h. der vor dem Ereignis des Verlustes oder der Vernichtung nach Art 16 I ausgewiesen gewesene Inhaber des W; beim Vorhandensein eines Blankoindossaments also der bisherige Inhaber (§ 1004 I ZPO), d. h. ebenfalls der rechtmäßige Inhaber. Bei BlankoW, insb. Blankoakzepten, ist der letzte zur Ausfüllung berechtigte Besitzer antragsberechtigt. Der Vollmachtsindossatar (Art 18) kann den Antrag namens des Indossanten stellen.

Form und Inhalt des Antrages nebst der erforderlichen Glaubhaftmachung ergibt sich aus §§ 947, 1007 ZPO.

Zuständig ist das Gericht des W.zahlungsorts (§ 1005 ZPO), und zwar das Amtsgericht (§ 23 GVG). Wegen Zuständigkeit bei einem noch keinen Zahlungsort (auch keine Adresse des Bezogenen: Art 2 III) tragenden BlankoW, vgl. St-Str 90[5]

Anm 7 2. Das Verfahren wird durch Erlaß des Aufgebots seitens des Gerichts eingeleitet (§ 947 II ZPO). Dieser Zeitpunkt ist nach Art 90 I Satz 2 von Bedeutung (Anm 9).

Das Aufgebot enthält insb. die Bestimmung eines frühestens 6 Monate nach Verfall des W (§ 1014 ZPO) anzuberaumenden Termins und die Aufforderung an den etwaigen Besitzer des W, spätestens in diesem Termin seine Rechte anzumelden und den W vorzulegen (§ 1008). Das Aufgebot ist öffentlich bekannt zu machen (§ 1009).

Anm 8 3. Kraftloserklärung. Meldet sich ein angeblich Berechtigter, so ist nach § 953 ZPO entweder das Verfahren bis zu einer zwischen den Beteiligten im ordentlichen Verfahren zu erwirkenden Entscheidung auszusetzen oder das

Recht des Anmelders im Ausschlußurteil vorzubehalten. Legt der Anmelder den W vor, so wird das Gericht regelmäßig von ersterer Befugnis Gebrauch machen. Ausschlußurteil unter Vorbehalt bedeutet, daß dem Anmeldenden gegenüber die Kraftloserklärung wirkungslos bleibt, also eine Entscheidung im ordentlichen Verfahren von dem Antragsteller erwirkt werden muß, wenn er von dem Ausschlußurteil gegenüber dem W.schuldner oder der Hinterlegungsstelle (Anm 10) Gebrauch machen will.

Das Gericht kann, wenn es den Antrag für begründet hält — gegebenenfalls nach weiteren Ermittlungen (§ 952 III) —, in dem anberaumten oder einem neuen Termin Ausschlußurteil erlassen, wenn dies beantragt wird; dieser Antrag kann auch schriftlich und im voraus gestellt werden (§ 952 II). Durch das Urteil wird der aufgebotene W für kraftlos erklärt (§ 1017 ZPO).

Gegen das Ausschlußurteil ist kein ordentliches Rechtsmittel, sondern nur unter den in § 957 ZPO angegebenen engen Voraussetzungen (im wesentlichen nur bei groben Verfahrensverstößen) Anfechtungsklage zulässig.

IV. Wirkungen des Verfahrens. 1. Zu Abs I Satz 2: Nach **Einleitung** des Verfahrens, d. h. nach **Erlaß des Aufgebots** (Anm 7), und nach Fälligkeit der W.forderung kann der Berechtigte, d. h. derjenige, auf dessen Antrag das Aufgebot erlassen ist (St-Str 90[7]; Qu-A 90[8]; Baumb-H 90[2B]), vom Hauptwechselschuldner Zahlung verlangen, wenn er Sicherheit leistet. Rückgriffschuldner können, wie der Wortlaut des Gesetzes deutlich ergibt, nicht in Anspruch genommen werden; zweifelhaft, aber wohl zu bejahen, ist die Haftung von W.bürgen des Hauptschuldners. **Anm 9**

a) Der Annehmer kann nicht einwenden, daß der Antragsteller des Aufgebotverfahrens nicht die zur Geltendmachung der W.rechte befugte Person sei. Alle sonstigen Einwendungen stehen ihm aber offen, wie wenn er auf Grund des W in Anspruch genommen würde; auch muß der Gläubiger im Falle des Bestreitens den Inhalt des W beweisen. Der Schuldner kann also z. B. einwenden, daß er die Annahme nicht unterzeichnet habe, daß der W wegen Fehlens von Formerfordernissen nichtig sei, auch Einwendungen aus dem zugrunde liegenden Rechtsverhältnis erheben, soweit diese nach Art 17 zulässig sind. Er kann auch einwenden — gegebenenfalls unter Vorlegung des quittierten W, — daß er durch gutgläubige Zahlung an den Vorleger des W gemäß Art 40 befreit sei oder durch Hinterlegung nach Art 42.

b) Durch Zahlung an den durch das Aufgebot Ausgewiesenen, der die erfolgte Sicherheitsleistung nachweist, wird der Hauptwechselschuldner befreit. Er befreit gleichzeitig alle anderen W.schuldner. Meldet sich der wahre Berechtigte später, so kann er sich nur an den Zahlungsempfänger und die von ihm geleistete Sicherheit halten (bestr.; vgl. St-Str 90[7]; Pohl 13). **Anm 10**

Die Sicherheitsleistung hat in voller Höhe der W.summe, im übrigen gemäß § 232ff BGB stattzufinden. Gegen Vorlegung des vorbehaltlosen Ausschluß urteils ist sie dem Hinterleger zurückzugeben, da nur „bis zur Kraftloserklärung" Sicherheit zu leisten ist.

In der Regel wird die Sicherheitsleistung durch Hinterlegung von Geld oder Wertpapieren stattfinden. Hinterlegungsstellen sind gemäß der Hinterlegungsordnung v. 10. 3. 1937 (RGBl I, 285) die Amtsgerichte.

Anm 11 c) Kenntnis vom Erlaß des Aufgebots hindert den Annehmer nicht, gemäß Art 42 zu hinterlegen. Denn der Antragsteller kann Zahlung an sich erst verlangen, wenn er außerdem Sicherheit geleistet hat.

Verlangt ein gemäß Art 16 I ausgewiesener Dritter unter Vorlegung des W Zahlung, so hat der Annehmer zu hinterlegen, weil Zahlung an den Dritten trotz Kenntnis des Aufgebots wegen grober Fahrlässigkeit keine befreiende Wirkung haben wird, wenn der Antragsteller des Aufgebotverfahrens sich als wahrer Berechtigter erweist (zust. Pohl 21).

Dem unter Vorlegung des W von einem Dritten in Anspruch genommenen Rückgriffschuldner würde Hinterlegung nicht dazu verhelfen, wegen des verauslagten Betrages weiteren Rückgriff zu nehmen. Er wird zweckmäßig bei Kenntnis des Aufgebots dessen Antragsteller von dem seitens des Besitzers des W gestellten Zahlungsverlangen benachrichtigen und ihm eine Frist zur Erwirkung einer einstweiligen Verfügung gegen den Besitzer des W mit der Androhung setzen, daß er bei Ablauf der Frist an den Dritten zahlen werde. Löst er nach Fristablauf ein, so kann er als nunmehriger Eigentümer des W sein besseres Recht im Aufgebotsverfahren anmelden (zust. Pohl 22) und weiteren Rückgriff nehmen. Sich von dem Besitzer des W verklagen zu lassen und dem Antragsteller des Aufgebots den Streit zu verkünden, kann dem Rückgriffschuldner sowohl wegen des Kostenrisikos als auch wegen seines Interesses, die ihm im Einlösungsrückgriff haftenden Schuldner ohne Verzögerung in Anspruch zu nehmen, nicht zugemutet werden.

Anm 12 d) Die Anordnung des Aufgebots bewirkt keine Unterbrechung der Verjährung gegenüber Hauptschuldner oder Rückgriffschuldnern. Sie enthält kein Verbot der Zahlung (Zahlungssperre) an einen dritten ausgewiesenen Inhaber des W (Anm 11). Sie bewirkt weder eine Verlängerung der Protestfrist noch ermöglicht sie dem Antragsteller Protesterhebung ohne Besitz des W. Protesterhebung kann nur stattfinden, wenn der Antragsteller eine weitere Ausfertigung des W besitzt oder erhalten kann.

Anm 13 2. Bei **durchgeführtem Verfahren** wird durch das **Ausschlußurteil** der W, auch wenn er sich in der Hand eines gutgläubigen Erwerbers befindet und der Antragsteller nicht der wahre Berechtigte war, kraftlos. Das Ausschlußurteil tritt an die Stelle des W und ist als sein Ersatz dem zahlenden Schuldner nach Art 39 bzw. 50 auszuhändigen.

Der auf das Ausschlußurteil gestützte Anspruch bleibt der alte Anspruch aus dem Wechsel. Dies ist nicht nur für die Einwendungen des Schuldners von Bedeutung (Anm 14), sondern auch für die grundsätzliche Zulässigkeit des W.prozesses. Jedoch wird Durchführung des Verfahrens im W.prozeß wegen der darin bestehenden Beschränkung der Beweismittel gewöhnlich nicht möglich sein.

Anm 14 a) Wer das Ausschlußurteil erwirkt hat, ist dem aus dem W. Verpflichteten gegenüber berechtigt, die Rechte aus der Urkunde geltend zu machen (§ 1018 ZPO). Der W.schuldner kann also nicht einwenden, daß ein Dritter und nicht der Erwirker des Ausschlußurteils der wirkliche Berechtigte aus dem W sei. Alle übrigen Einwendungen stehen ihm aber wie gegenüber dem W selbst offen (vgl. ROHG 25, 17; RG 49, 140; 168, 6). Er kann insb.

auch bestreiten, daß der W den im Ausschlußurteil angegebenen Inhalt hatte, daß die Unterschrift auf dem W von ihm herrühre (vgl. Anm 9), und auch einwenden, daß er vor Erlaß des Ausschlußurteils und ohne Kenntnis des Aufgebots (vgl. Anm 11) gutgläubig an den ausgewiesenen Inhaber des W gezahlt habe. Zahlung an den Inhaber des W nach Erlaß des Ausschlußurteils befreit den Schuldner niemals, weil der W mit Wirkung für und gegen alle und ohne Rücksicht auf deren tatsächliche Unkenntnis und guten Glauben für kraftlos erklärt ist, also seinen Inhaber nicht mehr ausweist.

b) Die Berechtigung desjenigen, der das Ausschlußurteil erwirkt hat, wird nach § 1018 ZPO nur gegenüber dem Schuldner der Urkunde festgestellt. Dagegen zerstört das Ausschlußurteil nicht das bessere Recht eines Dritten, obwohl der etwa in dessen Händen befindliche W kraftlos wird. Der besser Berechtigte kann zwar nicht mehr den kraftlosen W geltend machen, aber Abtretung der Rechte aus dem Ausschlußurteil und Herausgabe der Urteilsausfertigung verlangen (St-Str 90[9]; Baumb-H 90[1C]; vgl. RG 168, 9; abw. Qu-A 90[4]). Hat der Erwirker des Urteils bereits die W.summe eingezogen, so kann der besser Berechtigte von ihm Herausgabe des eingezogenen Betrages nach den Vorschriften des bürgerl. Rechts über ungerechtfertigte Bereicherung beanspruchen. Denn die Kraftloserklärung bezweckt nicht die Zerstörung der Rechte des wirklichen W.eigentümers, sondern den Schutz des wahren Berechtigten und des W.schuldners (Anm 1). **Anm 15**

c) Der Erwirker des Ausschlußurteils kann nicht nur (wie auf Grund des Aufgebots) den Hauptwechselschuldner in Anspruch nehmen, sondern auch die Rückgriffschuldner, vorausgesetzt daß der Rückgriff nicht verwirkt ist. Diese schon unter der WO vom RG (49, 140) bejahte Haftung der Rückgriffschuldner ist mit Rücksicht auf den andernfalls nahezu bedeutungslosen Abs 2 des vorl. Artikels jetzt fast unstreitig (St-Str 90[10]; Gareis-R 90[4]; Qu-A 90[6]; Baumb-H 90[1C]; Hueck 81; Ulmer 232; Pohl 39; abw. Langen 162f). Der einlösende Rückgriffschuldner kann unter Benutzung des den W ersetzenden Ausschlußurteils und des nach Abs 2 den Protest ersetzenden Zeugnisses weiteren Rückgriff nehmen. **Anm 16**

Da das Ausschlußurteil erst nach Verfall des W erlassen werden darf (§ 1014 ZPO) und auf Grund des Aufgebots Protest nicht erhoben werden kann (Anm 12), kommt regelmäßig Haftung der Rückgriffschuldner nur in Frage, wenn Verlust oder Vernichtung des W nach Eröffnung des Rückgriffs und Protest statgefunden hat, es sei denn, daß Protest auf Grund einer weiteren Ausfertigung erhoben worden ist. Da gemäß Art 64 III nur der „Inhaber" Anspruch auf Erteilung weiterer Ausfertigungen hat, kann der W.gläubiger nach Verlust des W die Erteilung einer weiteren Ausfertigung vom Aussteller des W nicht verlangen (bestr.; vgl. 64[10]).

d) Abtretung der Rechte aus dem Ausschlußurteil ist zulässig. Echte Indossierung kommt gemäß Art 20 schon deshalb nicht in Frage, weil das Ausschlußurteil erst nach Ablauf der Frist für den Protest mangels Zahlung erlassen werden darf (6 Monate nach Verfall: § 1014 ZPO). Selbst wenn Indossierung statthaft wäre, was hiesigen Erachtens zu verneinen ist, würde ein Indossament also nach Art 20 nur Abtretungswirkung haben. **Anm 17**

Über die Rechtslage bei Erlaß eines Ausschlußurteils unter Vorbehalt vgl. St-Str 90[13] und über diejenige bei Aufhebung des Urteils auf Anfechtungsklage St-Str 90[14].

Anm 18 **V. Zu Abs II: Ersatz** der **Protesturkunde** kann sowohl in Frage kommen, wenn W und Protest gemeinsam abhanden gekommen oder vernichtet sind, als auch wenn der Verlust sich auf die Protesturkunde beschränkt. Letzteres ist (außer im Falle des Art 82 II) z. B. denkbar, wenn der den Protest tragende Anhang infolge ungenügender Befestigung am W abgelöst wird und abhanden kommt.

Da Abhandenkommen oder Vernichtung (vgl. Anm 4f) der Protesturschrift Voraussetzung für die Erteilung des Ersatzzeugnisses durch die verwahrende Stelle ist, wird der Antragsteller (entspr. § 1004 ZPO regelmäßig der ursprüngliche Protestnehmer) diese Voraussetzungen auf Verlangen glaubhaft machen müssen (entspr. § 1007 Zf 2 ZPO). Das Zeugnis ist eine amtliche Bescheinigung der verwahrenden Stelle, daß sich bei den Protestsammelakten die in Abschrift mitgeteilte beglaubigte Abschrift des Protestes und der Vermerk über den Inhalt des W befindet, und ist als öffentliche Urkunde mit Unterschrift und Amtsstempel zu versehen.

Das Zeugnis ist als Ersatz der Protesturschrift dem zahlenden Rückgriffschuldner gemäß Art 50 auszuhändigen. Die Urschrift des Protestes verliert durch Erteilung der Ersatzbescheinigung nicht ihre Kraft. Wird sie nachträglich aufgefunden, so kann sie statt der Ersatzurkunde benutzt werden.

Vierter Teil

Geltungsbereich der Gesetze

Vorbemerkung zum vierten Teil des Gesetzes

Der vierte Teil des WG beruht auf dem Abkommen über Bestimmungen auf dem Gebiet des internationalen Wechselprivatrechts (abgedruckt Anh. II 1b), dessen Art 2 bis 9 (= Art 91 bis 98 WG) als Bestandteile des innerstaatlichen deutschen Rechts übernommen sind. Dieses Abkommen (bei den folgenden Erläuterungen als „Konfliktsabkommen" bezeichnet) gibt keine erschöpfende Regelung der Frage, welches Recht im internationalen W.verkehr zur Anwendung zu bringen ist, sondern beschränkt sich auf die wichtigsten Punkte, wie in der Überschrift des Abkommens („Convention destinée à régler certains conflits de lois") zum Ausdruck gekommen ist. Die verbleibenden Lücken sind nach den allgemeinen Regeln des internationalen Privatrechts auszufüllen.

Soweit das W.recht der verschiedenen Staaten durch übereinstimmende Einführung des EWG vereinheitlicht worden ist, erübrigen sich Vorschriften über die Lösung von Widersprüchen der einzelstaatlichen gesetzlichen Bestimmungen. Im Verhältnis der Genfer Vertragsstaaten zueinander beschränkt sich die Anwendbarkeit der Bestimmungen des vierten Teils des WG daher im wesentlichen auf die der Gesetzgebung der Einzelstaaten vorbehaltenen Gegenstände (z. B. die W.fähigkeit und die im 3. Teil in den Ergänzenden Vorschriften behandelten Fragen). Das Hauptanwendungsgebiet besteht im Verhältnis zu den Staaten, die ihr W.recht nicht entsprechend dem EWG geregelt haben, insb. der anglo-amerikanischen Rechtsgruppe.

Artikel 91

Die Fähigkeit einer Person, eine Wechselverbindlichkeit einzugehen, bestimmt sich nach dem Rechte des Landes, dem sie angehört. Erklärt dieses Recht das Recht eines anderen Landes für maßgebend, so ist das letztere Recht anzuwenden.

Wer nach dem im vorstehenden Absatz bezeichneten Rechte nicht wechselfähig ist, wird gleichwohl gültig verpflichtet, wenn die Unterschrift in dem Gebiet eines Landes abgegeben worden ist, nach dessen Recht er wechselfähig wäre. Diese Vorschrift findet keine Anwendung, wenn die Verbindlichkeit von einem Inländer im Ausland übernommen worden ist.

Anm 1 **I. Allgemeines.** Das WG enthält keine sachliche Regelung der Voraussetzungen der **Wechselfähigkeit.** Diese richtet sich unter deutschem Recht nach den allgemeinen Vorschriften des bürgerl. Rechts über Rechts- und Geschäftsfähigkeit (vgl. 7[3]ff). Die vorliegende Bestimmung, welche dem Art 2 des Konfliktsabkommens entspricht, regelt nur, nach dem Recht welchen Landes die passive W.fähigkeit der nach dem Inhalt des W. verpflichteten Personen zu beurteilen ist. Bezüglich der aktiven W.fähigkeit, also der Frage, wer Rechte aus W erwerben kann, fehlen auch solche Bestimmungen. Hierfür ist das allgemeine deutsche internationale Privatrecht maßgebend, nach dem für die aktive Rechts- und Geschäftsfähigkeit die gleichen Grundsätze wie für die Verpflichtungsfähigkeit gelten (Art 7, 29 EG BGB).

Die W.fähigkeit muß in dem Zeitpunkt vorhanden sein, in dem die verpflichtende Wirkung der Erklärung eintritt. Dieser Zeitpunkt bestimmt sich nach dem Recht, das gemäß Art 93 für Bestimmung der Wirkung der Verpflichtungserklärung anzuwenden ist. Nach deutschem Recht tritt die Wirksamkeit der Verpflichtungserklärungen hiesigen Erachtens nicht schon mit deren Vollziehung, sondern mit der Begebung ein (Einl. Anm 12). Die W.-fähigkeit muß daher zur Zeit der Begebung vorhanden sein (7[8]), und dieser Zeitpunkt ist demgemäß auch für die nach dem vorl. Artikel vorzunehmende Ermittlung der die W.fähigkeit bestimmenden Rechtsordnung maßgebend.

Anm 2 **II. A. Zu Abs I Satz 1: Grundsatz.** Die W.fähigkeit richtet sich grundsätzlich nach **Heimatrecht,** also nach der Staatsangehörigkeit der betreffenden Person. Diese Regelung steht in Einklang mit dem die allgemeine Geschäftsfähigkeit betreffenden Art 7 I EG BGB.

Für juristische Personen und Personenvereinigungen wird als Heimatstaat das Land zu gelten haben, durch das die Verbandsperson ihre Rechtspersönlichkeit erworben hat (St-Str 91[7]; Schnitzer IHR 380; Qu-A 60[8] SchG im Gegensatz zu 91[3] WG). Die herrschende Lehre des intern. Privatrechts knüpft jedoch für die Rechtsfähigkeit von Verbandspersonen an das am Ort des tatsächlichen Sitzes ihrer Hauptniederlassung geltende Recht an (RG 117, 217; 159, 33; M. Wolff IPR 2. Aufl., 96; Raape IPR, 3. Aufl. 128). Mir erscheint die Gründungstheorie die richtigere Lösung, insb. mit Rücksicht auf die möglichen Zweifel darüber, welches die Hauptniederlassung ist, und wegen des nach der Sitztheorie eintretenden Wechsels des maßgebenden Rechts bei Sitzverlegungen.

Für Staatenlose fehlt eine Regelung im WG. Gemäß Art 29 EG BGB (Fassung von 1938) ist daher das Recht ihres gewöhnlichen Aufenthalts, in Ermangelung eines solchen das ihres Aufenthalts bei Unterschrift der Erklärung (d. h. des Unterschriftsorts), anzuwenden. Wäre nach dem Recht des gewöhnlichen Aufenthalts die W.fähigkeit zu verneinen, aber nach dem Recht des Orts der Unterzeichnung der W.erklärung zu bejahen, so ist in Anwendung der Vorschrift des Abs II Satz 1 Wirksamkeit der Verpflichtung anzunehmen.

Bei mehrfacher Staatsangehörigkeit (eines sog. Doppelbürgers oder sujet mixte) wird W.fähigkeit nach dem Recht eines der Länder, deren Staatsangehörigkeit die betreffende Person besitzt, ohne Rücksicht darauf, in welchem Lande die Unterschrift geleistet ist, genügen. Wer geschäftsfähig ist, kann sich nicht darauf berufen, daß er nach dem Recht eines Staates, dessen Angehöriger er ebenfalls ist, nicht geschäftsfähig sei. Dies muß m. E. auch gelten, wenn deutsche Staatsangehörigkeit mit ausländischer zusammentrifft und nach inländischem Recht Geschäftsfähigkeit nicht gegeben wäre (gl. A. Wolff, IPR, 37; abw. RG 150, 382; Raape IPR, 43).

B. Zu Abs I Satz 2: Verweisung durch Heimatrecht. Verweist nach Satz 1 anwendbares ausländisches Heimatrecht auf das Recht eines anderen Landes, so ist dieses anzuwenden. Solche Verweisung kann sein: **Anm 3**

a) Rückverweisung auf deutsches Recht (sog. renvoi). Erklärt z. B. das Heimatrecht eines in Deutschland wohnhaften Ausländers das Recht des Wohnsitzlandes für maßgebend, so ist die W.fähigkeit nach deutschem Recht zu beurteilen.

b) Weiterverweisung. Wohnt in dem zu a) angegebenen Falle der Ausländer weder in seinem Heimatland noch in Deutschland, sondern in einem dritten Staat, so ist dessen Recht anzuwenden.

Da die Verweisung nur Anwendbarkeit des materiellen Rechts des dritten Staates, nicht auch seiner Vorschriften über die anzuwendende Rechtsordnung (Konfliktsnormen des internat. Privatrechts) bedeutet, kommt es in den Fällen zu a) und b) nicht darauf an, ob die Konfliktsnormen der durch die Verweisung bestimmten Rechtsordnung die Anwendung eigenen oder fremden Rechts vorsehen: Eine erneute (Rück- oder Weiter-)Verweisung ist ohne Bedeutung; das materielle Recht des durch die Verweisung bezeichneten Staates ist in jedem Falle an Stelle des Heimatrechts maßgebend (St-Str 91[10]; M. Wolff, IPR, 65; RG 136, 366).

III. A. Zu Abs II Satz 1: Ergänzende Anwendbarkeit des Rechts des **Unterschriftsorts** (lex loci actus) zur Aufrechterhaltung der Verpflichtung. Ist bei der nach Abs I erfolgenden Anwendung des Heimatrechts (bzw. des nach Heimatrechts maßgebenden Rechts der Verweisung) die W.fähigkeit zu verneinen, so bleibt zu prüfen, ob die Verpflichtung wirksam wäre, wenn die W.fähigkeit nach dem Recht des Unterschriftsorts zu beurteilen wäre. **Anm 4**

Maßgebend ist der tatsächliche Ort der Unterschriftsleistung, also weder ein im W etwa angegebener anderer Ort (z. B. der Ausstellungsort des W bei Beurteilung der Verpflichtung des Ausstellers; oder der etwa bei der Unterschrift eines Indossanten angegebene Ort) noch der Ort der tatsächlichen Aushändigung (z. B. der Rückgabe des Akzepts) oder der Begebung. Diese Regelung enthält keine Stellungnahme zur Frage der Entstehung der Verpflichtung (Wechseltheorien), sondern beruht auf der Annahme, daß der Ort der Unterschrift sich am leichtesten feststellen lasse und daher einen klaren Anknüpfungspunkt abgebe (Actes 1912, 165). Eine Unterwerfung unter fremdes Recht bezüglich der Beurteilung der W.fähigkeit durch Angabe eines unrichtigen Unterschriftsorts im W ist wirkungslos (St-Str 91[15]; Hupka 245). Der angegebene Ort begründet nur eine Vermutung für die dort erfolgte Vollziehung der Unterschrift. Vgl. auch 92[3], 93[3].

B. Abs II Satz 2 begründet eine Ausnahme von der Vorschrift des Satz 1 zum Schutze inländischer Staatsangehöriger. Danach wird in Deutschland die Wirksamkeit einer von einem Inländer im Ausland nach dor- **Anm 5**

tigem Recht gültig geleisteten Unterschrift nicht anerkannt, wenn der Inländer nach deutschem Recht nicht wechselfähig, insb. nicht unbeschränkt geschäftsfähig war. Diese Vorschrift beruht auf der in Art 2 III des Konfliktsabkommens enthaltenen Ermächtigung und will insbesondere verhindern, daß deutsche Staatsangehörige die für sie geltenden Schutzvorschriften betr. ihre Geschäftsfähigkeit durch W.zeichnung im Ausland umgehen. Die W.-fähigkeit eines Deutschen kann daher in Deutschland nur nach deutschem Recht beurteilt werden.

Die Ausnahme greift m. E. nur bei einem Inländer durch, der nicht gleichzeitig Angehöriger eines Staates ist, nach dessen Recht er geschäfts(wechsel-)fähig ist (Anm 2).

Anm 6 **IV. Innerdeutsche Rechtsverschiedenheit** infolge der Herabsetzung des Volljährigkeitsalters auf 18 Jahre in Ostdeutschland durch das Ges. v. 17. 5. 1950 (GBl DDR 1950, 437) bzw. die VO v. 8. 6. 1950 (VOBl für Groß-Berlin-Ost 1950, 149).

Art 91 ist nicht unmittelbar anwendbar auf die Frage der W.fähigkeit deutscher Staatsangehöriger, die als Einwohner der Deutschen Demokratischen Republik oder von Berlin-Ost in Abweichung von der Regelung des BGB gemäß den vorerwähnten Bestimmungen mit dem vollendeten 18. Lebensjahr volljährig, also auch wechselfähig werden. Die beiderseitigen Gebiete sind nicht In- und Ausland im Sinne des Art 91 II Satz 2, ihre deutschen Einwohner nicht Ausländer in der anderen Zone (Wengler NJW 1951, 49ff). Raape (NJW 1951, 457 ff) hält die Herabsetzung des Volljährigkeitsalters nur insoweit und so lange für wirksam, als der Verpflichtete im Ostgebiet Wohnsitz und dauernden Aufenthalt hat und außerdem das Rechtsgeschäft in diesem Gebiet abgeschlossen ist (für das W.recht würde dem der Unterschriftsort der Erklärung entsprechen). Diese Einschränkung des ostzonalen Gesetzes nach territorialen Gesichtspunkten wird — m. E. mit Recht — von der herrschenden Lehre nicht gebilligt. Eine entsprechende Anwendung der dem Art 91 zugrunde liegenden Gedanken und der allgemeinen Grundsätze des Intern. Privatrechts (vgl. dazu auch Schumacher NJW 1951, 169) führt zu folgenden Ergebnissen:

Anm 7 1. Die von einem Deutschen in dem Gebiet seines dauernden Aufenthalts abgegebene W.erklärung wird hinsichtlich seiner W.fähigkeit (Volljährigkeit nach dem in dieser Zone geltenden Recht als seinem „Heimatrecht" auch außerhalb der Zone zu beurteilen sein (Rechtsgedanke des Abs I Satz 1). Danach ist also die im Osten unterzeichnete Erklärung eines 19jährigen Bewohners der Ostzone auch von den in der Bundesrepublik befindlichen Gerichten als verbindlich zu behandeln, während die in Westdeutschland abgegebene Erklärung eines noch nicht einundzwanzigjährigen Bewohners der Bundesrepublik, auch von den ostdeutschen Gerichten, als Erklärung eines Minderjährigen zu behandeln ist. Insoweit ist der dauernde Aufenthalt Anknüpfungspunkt an Stelle der Staatsangehörigkeit (Wengler a. a. O.). Der Wohnsitz im Sinne des BGB bildet mit Rücksicht auf §§ 8, 10, 11 BGB keinen geeigneten Anknüpfungspunkt.

Ist die Unterschrift des Ostzonen-Einwohners im Westen abgegeben, so wird sie nicht nur in der Ostzone, sondern auch in der Bundesrepublik als verbindlich anzusehen sein, weil der sich Verpflichtende nach seinem zuständigen örtlichen Recht volljährig ist (Rechtsged. Abs I Satz 1). Umgekehrt mag die im Osten abgegebene Unterschrift eines noch nicht 21jährigen Bewohners der Bundesrepublik zwar in der Deutschen Demokratischen Republik als verbindlich angesehen werden (Abs II Satz 1), aber nicht in der Bundesrepublik, weil dies gegen den Schutzzweck der beschränkten Geschäftsfähigkeit der nicht volljährigen Gebietsangehörigen verstoßen würde (vgl. Abs II Satz 2).

2. Zweifelhafter ist die Entscheidung bei einer Übersiedlung eines in der Ostzone bereits volljährig Gewordenen (z. B. 19jährigen) nach der Westzone. Dadurch kann zwar die Verbindlichkeit der vorher eingegangenen Verpflichtungen nicht berührt werden; andrerseits würde es aber dem Schutzgedanken der Verpflichtungsbeschränkungen widersprechen, den Zuwanderer für seine nach der Übersiedlung erfolgenden Erklärungen vor Vollendung des 21. Lebensjahrs als volljährig zu behandeln. Vom Standpunkt des ostzonalen Rechts aus dürfte er allerdings auch für seine im Westen abgegebenen Erklärungen weiter als volljährig angesehen werden. Wer umgekehrt aus dem Westen oder aus dem Ausland die Deutsche Demokratische Republik übersiedelt, wird mit der Vollendung des 18. Lebensjahrs als volljährig zu behandeln sein, solange er im Geltungsbereich des Gesetzes v. 17. 5. 1950 verbleibt. **Anm 8**

Die herrschende Meinung nimmt jedoch in entspr. Anwendung von Art 7 II EG BGB an, daß ein in der Deutschen Demokratischen Republik (oder Ost-Berlin) volljährig Gewordener, sofern er sich nicht nur vorübergehend dort aufgehalten hat, auch bei Übersiedlung nach Westdeutschland weiter als volljährig zu behandeln sei (so: LG Hannover NJW 1951, 199; LG Berlin-West JR 1950, 728; KG Berlin-West JR 1951, 241; Dölle, StA 1950, 181; Neuhaus DRZ 1950, 401; Schumacher NJW 1951, 171; Beitzke, JZ 1951, 509; gegen Anwendbarkeit des Art 7 II EG BGB: Wengler NJW 1951, 53; Romberg JR 1951, 264; Raape, NJW 1951, 459). Wer der herrschenden Meinung folgt, muß die Frage nach der W.fähigkeit trotz des in Abs II Satz 2 des vorl. Artikels betonten Schutzgedankens ebenso beantworten.

3. Die Volljährigkeit eines Deutschen im Ausland muß sich bei Anwendbarkeit von Heimatrecht danach richten, in welchem Teil Deutschlands er seinen gewöhnlichen Aufenthalt hat. Beim Fehlen eines gewöhnlichen Aufenthaltsortes in Deutschland zur Zeit der Eingehung der Verpflichtung kann m. E. an einen früheren Aufenthalt nicht angeknüpft werden. Es ist nicht nur wahrscheinlicher, sondern wohl auch begründeter, wenn die deutschen Gerichte die Volljährigkeit (und W.fähigkeit) eines Auslandsdeutschen ohne gewöhnlichen Aufenthalt im Inland nach ihrem örtlichen Recht beurteilen, solange die bedauerliche Rechtsverschiedenheit bestehen bleibt. **Anm 9**

Artikel 92

Die Form einer Wechselerklärung bestimmt sich nach dem Rechte des Landes, in dessen Gebiete die Erklärung unterschrieben worden ist.

Wenn jedoch eine Wechselerklärung, die nach den Vorschriften des vorstehenden Absatzes ungültig ist, dem Rechte des Landes entspricht, in dessen Gebiet eine spätere Wechselerklärung unterschrieben worden ist, so wird durch Mängel in der Form der ersten Wechselerklärung die Gültigkeit der späteren Wechselerklärung nicht berührt.

Eine Wechselerklärung, die ein Inländer im Ausland abgegeben hat, ist im Inland gegenüber anderen Inländern gültig, wenn die Erklärung den Formerfordernissen des inländischen Rechtes genügt.

Anm 1 **I. Allgemeines.** Die Form der W.erklärungen im Sinne des Art 92 umfaßt alle Voraussetzungen, die erfüllt sein müssen, damit die betr. Erklärungen wechselmäßige Wirkungen haben, also außer der Art und Weise der Abgabe der Erklärung auch ihre formelle Zulässigkeit. Art 92 (welcher dem Art 3 des Konfliktabkommens entspricht) betrifft daher zunächst die sog. Formerfordernisse des W (z. B. die Frage der Notwendigkeit der W.klausel), von deren Vorhandensein die Gültigkeit des Grundwechsels abhängt, d. h. die Form der Ausstellungserklärung (vgl. Art 1, 2 bzw. 75, 76). Er bezieht sich aber ebenso auch auf die Form aller weiteren W.erklärungen, die für Begründung und Übertragung von W.verpflichtungen von Bedeutung sind, also auf die Form der Annahme (mit Ausnahme der durch Art 96 besonders geregelten Zulässigkeit der Teilannahme), des Indossaments (z. B. Benutzung von W.abschriften zur Indossierung), der W.bürgschaft (z. B., ob in besonderer Urkunde zulässig), und der Ehrenannahme (z. B. ob durch Erklärung auf dem W oder durch Beurkundung seitens des Protestbeamten). Unter Art 92 fällt weiter die Frage der Unabhängigkeit der W.erklärungen (Art 7), der Zulässigkeit von Vertretung, von Ersatz der Namensunterschrift durch Handzeichen usw.

Als nicht zur Form gehörig ist eine nach ausländischem Recht etwa an fehlende Verstempelung oder sonstige Abgaben geknüpfte Unwirksamkeit wechselrechtlicher Erklärungen zu behandeln. Dies ergibt sich aus dem Abkommen über das Verhältnis der Stempelgesetze zum W.recht, nach dessen Grundgedanken von den Vertragsstaaten ausländische Bestimmungen dieses Inhalts nicht anerkannt werden. Die Versteuerung setzt eine formgültige W.erklärung voraus, gehört also auch aus diesem Grunde nicht selbst zu der Form der Erklärung (im Erg. ebenso Qu-A 92[2]; Knur-H 92[1]; Baumb-H 92[1]; Hupka 234[2]).

Anm 2 **II. Zu Abs I: Grundsatz:** Das Recht des **Unterschriftsortes** ist für die zu beobachtende Form maßgebend (locus regit actum). Daraus folgt, daß ein W, der die Formerfordernisse des Landes, in dem die Ausstellerunterschrift vollzogen ist, erfüllt, im Inland wirksam mit weiteren Erklärungen (wie: Annahme, Indossament) versehen werden kann, auch wenn er den Formerfordernissen des deutschen Rechts nicht genügt, z. B. keine W.klausel enthält.

Wie bei Art 91 (vgl. 91[4]) u. Art 93 II ist auch hier bei Abweichungen der Ort des Schriftakts, nicht derjenige der Begebung maßgebend, und zwar der tatsächliche Ort, nicht ein etwa im W angegebener abweichender Ort. Ein Antrag der deutschen Vertreter, den im W angegebenen Ort entscheiden zu lassen, wurde bei den Genfer Beratungen abgelehnt (CR, 358). Die Vorschrift des Abs I ist daher zwingend und läßt keine Unterwerfung unter andere Rechtsnormen kraft Parteiwillkür zu (St-Str 92[6]; Schnitzer IHR, 383). Sie gilt auch gegenüber dem gutgläubigen Erwerber, da zu dessen Gunsten keine Ausnahme gemacht ist (St-Str 92[7]; Wolff, Festschr. f. Wieland 1934, 457f; abw. Qu-A 92[2]; Keßler 143; Baumb-H 92[1]). Dadurch werden bürg.-rechtl. Schadensersatzansprüche gegen denjenigen, der arglistig eine falsche Ortsangabe beifügt, nicht ausgeschlossen.

III. Zu Abs II: Durch diese Bestimmung wird der in Art 7 enthaltene Grundsatz der **Unabhängigkeit der W.erklärungen** auf den Fall ausgedehnt, daß im Inland W.erklärungen auf einen den inländischen Formvorschriften genügenden, aber nach dem Rechte des ausländischen Ausstellungsorts ungültigen Grundwechsel gesetzt werden. An der Unverbindlichkeit der Ausstellererklärung wird dadurch nichts geändert: Der Aussteller kann also, auch wenn den inländischen Formvorschriften genügt ist, auch im Inland aus dem W nicht in Anspruch genommen werden, wenn er seine Unterschrift in einem Lande geleistet hat, nach dessen Recht der W ungültig ist. **Anm 3**

Die Ungültigkeit des GrundW bildet den Hauptfall des Abs II. Die Bestimmung kann aber auch auf eine im Inland vollzogene W.bürgschaft oder Ehrenannahme Anwendung finden, wenn die im Ausland erteilte Unterschrift des Honoraten nach ausländischem, aber nicht nach deutschem Recht ungültig ist.

Abs II deckt auch im Ausland unterschriebene Erklärungen auf einem W, der nach dem Recht des Landes, in dem der Aussteller unterschrieben hat, ungültig, aber nach dem Recht des Landes, in dem die weitere Erklärung abgegeben ist, gültig ist. Wird z. B. im Inland oder in einem anderen Staat, dessen Recht die W.klausel vorschreibt, ein W ausgestellt, der statt der W.-klausel nur die Orderklausel enthält, so können aus einem in England vollzogenen Akzept oder Indossament der Annehmer bzw. Indossant auch in Deutschland in Anspruch genommen werden. Dies gilt auch dann, wenn die Verpflichteten in Deutschland wohnende Inländer sind, die ihre Unterschrift bei einem vorübergehenden Aufenthalt in England geleistet haben. **Anm 4**

IV. Zu Abs III: Als Ausnahme von der Regel des Abs I ist die im Ausland abgegebene Erklärung eines Inländers in Deutschland im Verhältnis zu einem anderen Inländer auch dann als gültig zu behandeln, wenn sie nur nach deutschem Recht (obwohl nicht nach demjenigen des Unterschriftsortes) formgültig ist. Die Vorschrift beruht auf der in Art 3 III des Konfliktabkommens enthaltenen Ermächtigung und bezweckt Vermeidung nichtiger Verpflichtungen zwischen deutschen Beteiligten, die mutmaßlich auf die Bestimmungen des deutschen Rechts vertrauen. Hat z. B. ein die deutsche Staatsangehörigkeit besitzender Bezogener in Italien Annahme durch bloße Zeichnung seines Zunamens erklärt, so würde das der Formvorschrift des **Anm 5**

italienischen Rechts nicht genügen, nach dessen Art 8 Angabe auch des Vornamens oder wenigstens seines Anfangsbuchstabens vorgeschrieben ist. Der Annehmer könnte aber in Deutschland von einem deutschen Erwerber des W in Anspruch genommen werden, auch wenn alle übrigen W.beteiligten Ausländer sind.

Die Erklärung des deutschen Staatsangehörigen braucht nicht unmittelbar gegenüber einem Inländer abgegeben zu sein. Unerheblich ist es auch, ob der inländische Gläubiger beim Erwerb des W von einem Ausländer gewußt hat, daß der inländische Schuldner dem ausländischen Gläubiger nicht haftete. Vielmehr ist jede W.erklärung eines deutschen Staatsangehörigen im Inland als wirksam zu behandeln, wenn sie den deutschen Formvorschriften genügt und ein Deutscher W.gläubiger ist. Das Gesetz macht von diesem Grundsatz auch keine Ausnahme für den Fall, daß der Erwerb der W.rechte von einem Ausländer durch bürg.-rechtl. Rechtsnachfolge (z. B. Abtretung) oder durch Nachindossament erfolgt ist. Der deutsche Inkassobeauftragte eines Ausländers kann sich jedoch auf die Vorschrift nicht berufen (18^{13}).

Artikel 93

Die Wirkungen der Verpflichtungserklärungen des Annehmers eines gezogenen Wechsels bestimmen sich nach dem Rechte des Zahlungsortes.

Die Wirkungen der übrigen Wechselerklärungen bestimmen sich nach dem Rechte des Landes, in dessen Gebiete die Erklärungen unterschrieben worden sind.

Anm 1 **I. Allgemeines.** Art 93 entspricht dem Art 4 des Konfliktabkommens.

1. Zu den **Wirkungen** der W.erklärungen gehoren Art und Umfang der Haftung, die Voraussetzungen für die Erzwingbarkeit ihrer Erfüllung und die Gründe für das Erlöschen der Haftung. Daher fällt unter Art 93 (als nicht zur „Form" gehörig) die Frage, ob neben der formgerecht vollzogenen W.erklärung weitere Umstände (Begebung, gutgläubiger Erwerb) zur Erzeugung der Haftung erforderlich sind, unter welchen Umständen Nichtigkeit oder Anfechtbarkeit der formgerechten Erklärung geltend gemacht werden kann, und welche sonstigen Einwendungen dem W.schuldner offen stehen.

Zu den Wirkungen gehören außer der Haftung auch sonstige an die Erklärung geknüpfte Rechtsfolgen wie die Übertragungs- und Ausweiswirkung des Indossaments und (zugunsten des W.nehmers) der Ausstellererklärung.

Anm 2 Einzelne Wirkungen sind durch die Sondervorschriften der Art 94ff geregelt, fallen also nicht unter Art 93. Dies sind: der Erwerb der zugrunde liegenden Forderung (Art 95), Teilzahlungen (Art 96), Maßnahmen bei Verlust des W (Art 98), Form und Fristen der zur Erhaltung der W.rechte erforderlichen Handlungen (Art 97). Die Fristen zur Ausübung der Rückgriffsrechte einschließlich der Verjährungsfristen fallen unter die Regelung des Art 94; dagegen ist das für die Fristen zur Ausübung der W.rechte gegen den Hauptwechselschuldner maßgebende Recht nach Abs I des vorl. Artikels zu bestimmen, einschließlich der Fristen für die Verjährung der Ansprüche gegen den Annehmer und gegen den Aussteller des eigenen W, während Abs II für deren W.bürgen maßgebend ist (Anm 6).

Art 94 und 97, welche Form und Fristen der Erhaltungsakte betreffen, umfassen nicht die Frage, ob und welche Akte zur Erhaltung der Wechsel-, insb. Rückgriffsrechte erforderlich sind. Diese Frage gehört ebenso wie die Zulässigkeit und Wirkung von Vorlegungsgeboten oder -Verboten zu den Wirkungen der Erklärung, fällt also unter den vorl. Artikeln (97[3]).

2. Die Anknüpfungsvorschriften des Art 93 sind **zwingend,** können also durch Parteivereinbarung nicht ausgeschlossen werden. Dies ergibt sich zweifelsfrei aus der Entstehungsgeschichte der Art 3 und 4 des Konfliktabkommens, auf denen Art 92, 93 WG beruhen (CR 356, 361, 430; vgl. Qu-A 93[2]; St-Str. 93[28]) und ist herrschende Meinung (M. Wolff, Festschr. f. Wieland 1934, 459; Keßler 143; Schnitzer IHR, 379). Die noch nach dem Rechtszustand unter der WO in der Entsch. RG v. 6. 7. 34 (RG 145, 121) entwickelten Grundsätze über mögliche Unterwerfung der Beteiligten unter eine andere Rechtsordnung durch Erklärung auf dem W oder durch schlüssige Handlungen entsprechen daher nicht dem geltenden Recht (abw. Qu-A 93[9]; Knur-H 93[3]). Auch der Wohnsitz des Schuldners ist nicht mehr ein im Zweifel heranzuziehender Anknüpfungspunkt (abw. Schäfer 95[1]; Priese-R 93[3]), es sei denn daß er im Sinne des Abs II für den tatsächlichen Unterschriftsort eine Vermutung begründen könnte. Ohne Bedeutung ist auch, ob ein Erwerber des W gutgläubig angenommen hat, daß eine der unter Abs II fallenden Erklärungen an einem anderen Ort, als tatsächlich geschehen, unterschrieben worden ist (vgl. 92[2]). **Anm 3**

II. Zu Abs I: Wirkung der Erklärungen der **Hauptwechselschuldner.** **Anm 4**

A. Für die Verpflichtung des **Annehmers** ist das Recht des wechselmäßigen Zahlungsortes entscheidend. Dieser Regelung unterliegen Entstehung und Umfang der Haftung des Annehmers, die diesem zustehenden Einwendungen, Wirkung der Durchstreichung der Annahmeerklärung, Einfluß des W.textes, Haftung bei Annahme mehrerer Ausfertigungen und aus beschränkter Annahme, Beendigung der Haftung, insb. durch Verjährung, Verbleiben eines Bereicherungsanspruchs nach Verjährung.

Ob die Angabe des Zahlungsorts und der übrige Inhalt des GrundW den Voraussetzungen genügt, unter denen wirksam Annahme erteilt werden kann, gehört nicht zu den Wirkungen, sondern zur Form der Erklärung. Dies ist also gemäß Art 92 I nach dem Recht des Ortes, wo die Annahme vollzogen ist, zu prüfen.

Nicht nach Art 93, sondern nach der lex fori richtet sich die Zulässigkeit besonderer Mittel zur Geltendmachung des Anspruchs, z. B. durch W.prozeß, sowie Hemmung und Unterbrechung der Verjährung (94[6]).

Die Voraussetzungen der Verpflichtung, die den Verfall betreffen, gehören zwar im strengen Sinne nicht zu den Wirkungen der Erklärung des Hauptschuldners, stehen aber doch in so engem Zusammenhang damit, daß sie nach der gleichen Rechtsordnung beurteilt werden müssen (St-Sr 93[8]). Dies gilt insb. für die Bestimmung der Verfallzeit und die zur Herbeiführung des **Anm 5**

Verfalls erforderlichen Maßnahmen. Ebenso für die Zulässigkeit von Respekttagen (Schnitzer IHR, 405).

Ebenso müssen Art und Wirkung der *durch den Bezogenen erfolgenden Zahlung*, gleichviel ob er Annahme erteilt hatte oder nicht, nach dem Recht des wechselmäßigen Zahlungsorts beurteilt werden.

Anm 6 **B.** Für die *Verpflichtung* des **Ausstellers** eines **eigenen Wechsels** gilt Entsprechendes. Da der Hauptschuldner hier gleichzeitig den GrundW schafft, gehören die Angaben über den Verfall hier zweifellos zum Inhalt seiner Verpflichtungserklärung. Ist kein besonderer Zahlungsort angegeben, so ist der im W angegebene Ort der Ausstellung als Zahlungsort im Sinne des vorl. Artikels anzusehen, auch wenn das Recht dieses Ortes keine ausdrückliche, dem Art 76 III WG entsprechende Vorschrift enthält.

Keinesfalls ist Abs II für die Beurteilung der Wirkungen heranzuziehen, wenn Zahlungsort und Ort der tatsächlichen Vollziehung der Ausstellerunterschrift auseinanderfallen (abw. Priese-R 93[4]). Dagegen ist die Form des eigenen W nicht nach dem Recht des Zahlungsortes, sondern gemäß Art 92 I nach dem Recht des Ortes der tatsächlichen Vollziehung der Ausstellerunterschrift zu beurteilen.

W.bürgschaftserklärungen, auch für den Aussteller des eigenen W oder für den Annehmer, fallen nicht unter Abs I, sondern unter Abs II des vorl. Artikels (St-Str 93[26]; CR 156 Nr 197; Langen 178; abw Baumb-H 93[2]).

Anm 7 **III. Zu Abs II:** Die *Wirkung* aller **sonstigen** *W.erklärungen* richtet sich nach dem Ort der tatsächlichen Unterzeichnung der Erklärung (vgl. Anm 3). Es trifft zu, daß dies zu Härten gegenüber dem gutgläubigen Erwerber führen kann, der auf die Richtigkeit der im W enthaltenen Ortsangaben vertraut. Die Anknüpfung an das Recht des im W angegebenen Ortes ist aber in Genf durch Ablehnung entsprechender Anträge der deutschen Vertreter ausdrücklich zurückgewiesen worden (92[2]).

Nach dem Recht des Unterschriftsortes richtet sich nicht nur die Verpflichtungswirkung, sondern (insb. beim Indossament) auch die Übertragungswirkung. Demnach sind auch die Voraussetzungen für den Erwerb vom Nichtberechtigten (z. B. beim Vorhandensein eines gefälschten Indossaments in der Indossamentenkette) nach dem Ort der Unterzeichnung des zugunsten des W.inhabers erteilten Indossaments zu beurteilen.

Anm 8 *Art und Voraussetzungen der Haftung der Rückgriffsschuldner* gehören zu den Wirkungen ihrer W.erklärungen. Daher ist für jeden einzelnen Rückgriffschuldner nach dem Recht seines Unterschriftsortes zu prüfen, ob und welche Handlungen zur Ausübung und Erhaltung des Rückgriffs erforderlich sind (bestr.; vgl. 97[3]).

Die *Fristen zur Ausübung der Rückgriffsrechte*, die begrifflich zu den Wirkungen der Erklärung der Rückgriffschuldner gehören, fallen jedoch nicht unter den vorl. Artikeln, weil sie der Sonderregelung des Art 94 unterstehen. Hierunter fallen auch die Fristen für die Verjährung der Rückgriffsansprüche (bestr.; 94[2]).

Der *Umfang der Haftung* der Rückgriffschuldner (wie z. B. die Zinshöhe, Vergütung nach Art 48 I Zf 4, 49 Zf 4) ist zwar für jeden einzelnen

Schuldner nach dem Recht des Ortes seiner Unterschriftsleistung zu bestimmen. Unter den Vertragsstaaten des EWG entstehen hierdurch aber für den weiteren Rückgriff keine Schwierigkeiten, weil jeder einlösende Schuldner die Erstattung der von ihm bezahlten Nebenforderungen gemäß Art 49 Zf 1 EWG von seinen Vormännern verlangen kann.

Von der den Aussteller eines Indossaments selbst betreffenden Übertragungswirkung sind diejenigen Wirkungen des Rechtsübergangs zu unterscheiden, die die Rechtsstellung der Vormänner des Indossanten betreffen, insb. die Beschränkung von Einwendungen zugunsten des gutgläubigen Erwerbers. Hierbei handelt es sich um Fortwirkungen der früheren Verpflichtungserklärung, für die das Recht des Unterzeichnungsortes der früheren Erklärung maßgebend ist (St-Str 93[23]). **Anm 9**

An wen der W.schuldner Zahlung mit befreiender Wirkung leisten kann, sowie die Wirkung der Einlösung durch einen Rückgriffschuldner ist nach dem Recht zu beurteilen, das für die Wirkung der Verpflichtung des betreffenden Schuldners maßgebend ist. **Anm 10**

Die Wirkungen der Erklärungen von W.bürgen und Ehrenannehmern richten sich nach dem Recht des Ortes der Unterzeichnung ihrer Erklärung, nicht nach dem des Honoraten (CR 156 Nr 197).

Die Wirkungen einer Blankoübertragung auf Grund eines vorhandenen Blankoindossaments (Art 14 II Zf 3) ebenso wie die Zulässigkeit einer solchen Übertragung der W.rechte werden nach dem Recht des Landes zu beurteilen sein, in dem die Übertragung erfolgt (St-Str 93[30]f; Qu-A 93[8]; Keßler 93[4]; Priese-R 93[7]). **Anm 11**

Für Übertragungen nach bürgerl. Recht (insb. Abtretung der W.-ansprüche) sind die Grundsätze des allgemeinen internationalen Privatrechts maßgebend. Jedoch sind die Wirkungen eines Nachindossaments, obwohl dies nach Art 20 EWG nur Abtretungswirkung hat, nach dem gemäß Abs II des vorl. Artikels zu bestimmenden Recht zu beurteilen.

Artikel 94

Die Fristen für die Ausübung der Rückgriffsrechte weden für alle Wechselverpflichteten durch das Recht des Ortes bestimmt, an dem der Wechsel ausgestellt worden ist.

I. Gegenstand des Art 94 (Art 5 des Konfliktabkommens). Anm 1

1. Die **Fristen zur Ausübung der Rückgriffsrechte** würden, da sie die Haftung der Rückgriffschuldner betreffen, mangels besonderer Regelung als Begrenzung der Wirkung der Verpflichtungserklärung gemäß Art 93 II für jeden einzelnen Rückgriffschuldner gesondert nach dem Rechte des Ortes der Unterzeichnung seiner Erklärung zu beurteilen sein. Der vorl. Artikel nimmt aber diese Fristen von der allgemeinen, für die Wirkung der Erklärung geltenden Regelung aus und unterstellt sie einheitlich dem Recht des Ortes der Ausstellung des W.

Anm 2 2. Der **Begriff** der Fristen zur Ausübung der Rückgriffsrechte ist weder durch den Wortlaut des Gesetzes noch nach dem Inhalt der Genfer Beratungen zweifelsfrei bestimmt. Insbesondere sind die bezüglich des entsprechenden Art 5 des Konfliktabkommens aufgetretenen Meinungsverschiedenheiten darüber, ob die Vorschrift die Verjährungsfristen für die Rückgriffansprüche mitumfassen (CR, 363), weder durch eine Abstimmung der Konferenzteilnehmer noch durch den Redaktionsbericht (vgl. CR 156 Nr 198, 199) geklärt worden (abw. Qu-A 94^{2}). Die Nr 199 des Redaktionsberichtes weist daraufhin, daß die Vorschrift zwischen denjenigen Staaten nicht zur Anwendung kommen werde, die das EWG einführen, ohne einen Vorbehalt für Bestimmungen über Fristen zur Ausübung der Rückgriffsrechte zu machen. Da aber das Genfer Abkommen keinen Vorbehalt über Einführung von Ausschlußfristen zur Rückgriffsausübung in Abweichung von der Regelung des EWG vorsieht, dagegen in Art 17 der Anl. II bezüglich der Verjährungsfristen abweichende Regelungen seitens der Vertragsstaaten zuläßt, scheint die Redaktionskommission die Bestimmung auch auf Verjährungsfristen bezogen zu haben.

Mangels eines sicheren Anhalts auf Grund der Entstehungsgeschichte wird es für die Auslegung entscheidend sein müssen, daß für eine unterschiedliche Behandlung von Ausschluß- und Verjährungsfristen jede Begründung fehlt. Wie Raiser (Wirkungen der W.erklärungen, 69f) überzeugend dargelegt hat, würde eine verschiedene Behandlung beider Fristarten zu unsachgemäßen Ergebnissen führen. Auch die Verjährungsfristen fallen daher unter die vorl. Bestimmung (St-Str 94^{3}; M. Wolff, Festschr. f. Wieland 1934, 457; Schnitzer IHR, 395; Priese-R 94^{1}; abw. Qu-A 94^{2}; Baumb-H 94^{1}). Diese Auslegung entspricht auch dem natürlichen Wortsinn des Gesetzes.

Anm 3 **II.** 1. **Maßgebendes Recht** ist einheitlich für alle zum Rückgriff Berechtigten und gegen alle Rückgriffschuldner das Recht des Ortes, an dem der W ausgestellt worden ist. Das ist bei Abweichungen von der im W als Ausstellungsort angegebenen Ortschaft die Örtlichkeit der tatsächlichen Unterzeichnung der Ausstellerunterschrift (92^{2}; 93^{3}).

Anm 4 2. a) Mit Rücksicht auf die Sondervorschrift des Art 97 fallen die Fristen für die Protesterhebung nicht unter die vorl. Bestimmung. Ebenso werden die Fristen für die sonstigen zur Erhaltung des Rückgriffs erforderlichen Handlungen (insb. Vorlegung, Notanzeige) in vollem Umfang nach dem aus Art 97 sich ergebenden Recht zu beurteilen sein, obwohl Art 97 nur deren Form, aber nicht ihre Fristen ausdrücklich erwähnt (97^{8}).

Anm 5 b) Obwohl die Verjährungsfristen für die Rückgriffsansprüche hiesigen Erachtens (vgl. Anm 2) einheitlich nach dem Rechte des Ortes der Ausstellerunterschrift zu bestimmen sind, muß bezüglich der Gründe für die Unterbrechung und Hemmung der Verjährung der Vorbehalt des Art 17 Anl. II des Abk. über das EWG beachtet werden. Danach können die Vertragsstaaten nicht nur diese Gründe selbständig regeln (70^{1}), sondern auch die Anwendung fremdstaatlicher Vorschriften vor ihren Gerichten ausschließen. Da Deutschland zu II der Bekanntm. v. 30. 11. 1933 (RGBl II, 974) von diesem Vorbehalt Gebrauch gemacht hat, muß Art 94 einschränkend dahin ausgelegt werden, daß für alle vor deutschen Gerichten zur Entscheidung kommenden Ansprüche die Gründe für die Unterbrechung und Hemmung der Verjährung nach deutschem Recht zu beurteilen sind, also für die Rückgriffschuldner nicht nach Art 94 und für die Hauptschuldner nicht nach Art 93 (St-Str 71[18]; Hupka 221).

Dieser Auslegung kann nicht entgegen gehalten werden, daß die Anwendung der „lex fori" in Widerspruch mit deutschem Recht stehe, weil dies die Verjährung als Einrichtung des materiellen, nicht des Prozeßrechts ansieht. Denn Art 17 I behält ausdrücklich dem diesen Vorbehalt benutzenden Staat vor, die Unterbrechungs- und Hemmungsgründe „der von seinen Gerichten zu beurteilenden wechselmäßigen Ansprüche" zu bestimmen. Sofern Art 17 I den Vertragsstaaten auch überlassen will, die Hemmungs- und Unterbrechungsgründe mangels deren Regelung im EWG in den Fällen zu bestimmen, in denen ihr Recht nach intern. W.-Privatrecht hierauf ohnehin Anwendung findet, würde diese Befugnis den Vertragsstaaten auch zustehen, wenn sie keinen Vorbehalt bei der Ratifikation des Abkommens gemacht haben; diesen Sinn kann also die erfolgte Anrufung des Vorbehalts nicht haben. Zweifelhaft ist, welches Recht anzuwenden ist, wenn die Vertragsstaaten nicht die Anwendung ihres eigenen Rechts vor ihren Gerichten vorbehalten haben. Hiesigen Erachtens wird das die Fristen der Verjährung bestimmende Recht (93[3]) auch für die Unterbrechungs- u. Hemmungsgründe maßgebend sein, so daß bezüglich der Rückgriffschuldner Art 94, nicht der die Wirkungen ihrer Erklärung regelnde Art 93 II heranzuziehen ist (abw. Schnitzer, IHR 413, mit Nachweisen aus Schrifttum u. Rspr.).

Artikel 95

Das Recht des Ausstellungsortes bestimmt, ob der Inhaber eines gezogenen Wechsels die seiner Ausstellung zugrunde liegende Forderung erwirbt.

I. Zweck der Vorschrift. Art 95, der dem Art 6 des Konfliktabkommens entspricht, steht in engem Zusammenhang mit Art 16 Anl II zum Abkommen über das EWG, welcher lautet: Anm 1

> Die Frage, ob der Aussteller verpflichtet ist, bei Verfall für Deckung zu sorgen, und ob der Inhaber besondere Rechte auf diese Deckung hat, wird durch das einheitliche W.gesetz nicht berührt. Gleiches gilt für jede andere Frage, welche die Rechtsbeziehungen betrifft, die der Ausstellung des W zugrunde liegen.

Danach sind die Genfer Vertragsstaaten befugt, im Gegensatz zu dem in Deutschland herrschenden Grundsatz der Abstraktheit der W.verpflichtung sowie der Unabhängigkeit der W.forderung von der der W.-ziehung zugrunde liegenden Forderung zu bestimmen, daß der W.inhaber besondere Rechte auf die dem Bezogenen vom Aussteller zu gewährende Deckung besitzt. Nach Art 23 der Anlage II zum Abkommen sind die Vertragsstaaten verpflichtet, die im Rahmen des Art 16 getroffenen Bestimmungen anderer Vertragsstaaten anzuerkennen.

Anm 2 Deutschland und eine größere Reihe anderer Staaten (z. B. Österreich, Schweden, Norwegen, Dänemark, Finnland, die Niederlande, Portugal, Japan) haben keinen Gebrauch von dem Vorbehalt des Art 16 gemacht. Ebenso ist dem anglo-amerikanischen Rechtssystem eine Verknüpfung der W.forderung und der zugrunde liegenden Forderung fremd.

Dagegen ist die im französischen Rechtskreis seit langem entwickelte Lehre von der „provision" als einer Forderung, die der Aussteller bei Fälligkeit des W gegen den Annehmer besitzen muß und welche auf den Inhaber des W übergeht, auch in dem entsprechend dem EWG abgänderten französischen W.recht (art. 116 II Code de Commerce) aufrecht erhalten. Die Schweiz hat in Art 1053 ihres dem EWG angepaßten Obligationsrechts dem W.inhaber nicht nur im Konkurs des Ausstellers einen Anspruch auf die Deckungsforderung zuerkannt, sondern auch Vermerke im W, daß die Forderung des Ausstellers gegen den Bezogenen mit abgetreten wird, mit der Wirkung ausgestattet, daß der jeweilige W.inhaber in solchem Falle auch die Grundforderung erwirbt. In Italien sind durch Dekret v. 21. 9. 1933 Warentratten eingeführt worden, in denen der W.aussteller den der W.ziehung zugrunde liegenden Anspruch aus Warenlieferung unter bestimmter Bezeichnung derselben an den W.inhaber mitabtreten kann. Diese italienischen Bestimmungen sind in das rumänische WG v. 30. 4. 34 (Art 100) übernommen und sind in erster Linie für W, deren Vorlage zur Annahme verboten ist, bestimmt.

Die vorl Bestimmung bezweckt, für den internationalen W.verkehr einen einheitlichen Anknüpfungspunkt für Feststellung derjenigen Rechtsordnung zu geben, nach der solche und ähnliche Vorschriften, die dem W.inhaber Rechte auf die der Ausstellung zugrunde liegende Forderung geben, zu beurteilen sind.

Anm 3 **II. Anwendungsgebiet** des Art 95. 1. Was als „die dem Wechsel zugrunde liegende Forderung" anzusehen ist, ist durch die Genfer Abkommen nicht geregelt. Dies muß daher nach dem Recht jeden einzelnen Landes bestimmt werden, das (abweichend vom inländischen Recht) eine Verknüpfung der W.berechtigung mit einer bürg.-rechtl. Forderung vornimmt. Auch die Rechtsordnung, nach der zu entscheiden ist, ob der Aussteller zur Bereitstellung einer Deckung verpflichtet ist, oder ob die die W.ziehung veranlassende Forderung durch Ausstellung eines W „auf Schuld" und dessen Annahme mittels Neubegründung (Novation) verändert wird, ist nicht nach Art 95 zu bestimmen. Da es sich hierbei um Wirkungen der Ausstellung handelt, wäre auch gemäß Art 93 II das Recht des Ortes der Leistung der Ausstellerunterschrift hierfür maßgebend.

Anm 4 2. Art 95 gibt den Anknüpfungspunkt für die Entscheidung über einen etwaigen Erwerb der Grundforderung durch den W.inhaber. Dies umfaßt sowohl einen Übergang der Forderung kraft Gesetzes (wie nach franz. Recht) als auch einen solchen durch besondere mit dem W verknüpfte Abtretungserklärung (wie nach schweiz. und italien. Recht) oder auch den Erwerb eines bloßen Vorzugsrechts im Konkurs des Ausstellers. Ebenso gehört hierzu die Frage, ob der Erwerb der Grundforderung nur eintritt, wenn auch weitere Voraussetzungen außer dem W.erwerb erfüllt sind, z. B. Anzeige an den Schuldner vom Erwerb des W gemacht ist.

Der Regelung des Art 95 sind auch die Gläubiger des Berechtigten der Grundforderung unterworfen. Daher bestimmt sich nach dem Recht des Ortes der W.ausstellung, ob ein Gläubiger des W.ausstellers, der die zugrunde liegende Forderung nach der Ausstellung des W gepfändet hat, Rechte erwerben kann (z. B. weil der W.inhaber nur ein Recht auf vorzugsweise Befriedigung im Konkursfall erworben hat) oder ob die gepfändete Forderung auf den W.-inhaber als nunmehr ausschließlich Berechtigten übergegangen war.

Tritt nach der maßgeblichen Rechtsordnung ein Übergang der Grundforderung ein, so entscheidet dieser Forderungsübergang noch nicht darüber, ob der Schuldner der übergegangenen Forderung (d. h. der Bezogene, der keine Annahme erklärt hat) mit befreiender Wirkung an den bisherigen Gläubiger leisten kann und welche Einwendungen dem neuen Gläubiger entgegen stehen. Diese Fragen sind nach der die Verpflichtung des Schuldners gemäß allgemeinem intern. Privatrecht beherrschenden Rechtsordnung zu entscheiden (St-Str 95[5]; Gareis-R 95[2]; Qu-A 95[3]). Nach deutschem intern. Privatrecht ist im Zweifel der Wohnsitz des Schuldners, nach dem sich in der Regel der Erfüllungsort richtet (§ 269 BGB), für das hierbei anzuwendende Recht entscheidend (vgl. RG 103, 259). **Anm 5**

III. Maßgebend ist das Recht des Ortes der **Ausstellung.** **Anm 6**

1. Auch hier wie nach Art 93 (93[7]) ist die tatsächliche Örtlichkeit der Vollziehung der Ausstellerunterschrift entscheidend, falls diese von dem im W angegebenen Ausstellungsort abweicht. (St-Str 95[9]; Baumb-H 95[1]). Denn die Anknüpfung soll durch Art 95 an dasselbe Recht erfolgen, das für die Wirkung der Übertragung der W.rechte durch den Aussteller maßgebend ist Dschr. 102; Qu-A 95[1]).

2. Diese Rechtsordnung ist nicht nur für den Rechtserwerb vom Aussteller selbst maßgebend. Sie ist vielmehr einheitlich für alle Übertragungen der W.rechte maßgebend, auch wenn diese in einem Lande erfolgen, das im Gegensatz zu dem Lande, in dem der Aussteller unterzeichnet hat, keinen Erwerb der Grundforderung durch den W.inhaber kennt. Art 95 unterscheidet nicht zwischen wechselmäßigen Übertragungen (Indossament) und sonstigem Erwerb der W.rechte (z. B. durch Abtretung, Erbfolge, Vollstreckung), ist also in allen Fällen anwendbar. **Anm 7**

Artikel 96

Das Recht des Zahlungsortes bestimmt, ob die Annahme eines gezogenen Wechsels auf einen Teil der Summe beschränkt werden kann und ob der Inhaber verpflichtet oder nicht verpflichtet ist, eine Teilzahlung anzunehmen.

Dasselbe gilt für die Zahlung bei einem eigenen Wechsel.

Anm 1 **I. Anwendungsbereich** der Vorschrift. Der vorl., dem Art 7 des Konflikt-Abk. entsprechende Artikel umfaßt seinem Wortlaut nach nur Teilannahme und Teilzahlung. Diese sind für die Vertragstaaten des EWG durch dessen Art 26 I und 39 II einheitlich geregelt, ohne daß das Genfer Abk. abweichende Bestimmungen seitens der Vertragstaaten zuläßt. Insofern hat Art. 96 nur Bedeutung im Verhältnis zu Staaten, die das EWG nicht eingeführt haben, insb. im Verhältnis zum anglo-amerikanischen Recht, nach dem die Zulässigkeit einer Teilannahme von der Zustimmung des Inhabers abhängt.

Über seinen unmittelbaren Wortlaut hinaus ist Art 96 nicht nur auf Beschränkungen auf einen Teil der W.summe, sondern auch auf andere Modalitäten der Annahme oder der Zahlung des Bezogenen anwendbar (Anm 3, 5). Für Zahlungen eines Bezogenen nach erfolgter Annahme ergibt sich die Anknüpfung an das Recht des Zahlungsortes schon aus Art 93 I, weil es sich bei deren Beurteilung um Wirkungen der Verpflichtungserklärung des Annehmers handelt.

Anm 2 **II. Teilannahme.** 1. Ob ein W in Höhe eines Teilbetrages der W.summe rechtsgültig angenommen werden kann, gehört zur Form der Annahme und würde daher mangels der vorl. Sondervorschrift gemäß Art 92 nach dem Recht des Unterschriftsortes zu prüfen sein. Art 96 unterstellt jedoch diese Frage ausschließlich dem Recht des Zahlungsortes, so daß auch Art 92 III nicht anwendbar ist. Liegt also der Zahlungsort des W in einem Lande, das Teilannahme nicht zuläßt, so kommt es nicht darauf an, ob die Annahme in einem Lande vollzogen ist, in dem das EWG gilt, oder ob die Beteiligten Angehörige von Vertragsstaaten, insb. deutsche Staatsangehörige sind.

Die Regelung betrifft sowohl das Verhältnis zwischen Teilannehmer und W.inhaber wie vor allem auch das zu den Rückgriffschuldnern. Diesen gegenüber ist Zulässigkeit und Wirkung der Teilannahme einheitlich nach dem Recht des Zahlungsorts (nicht nach dem die Wirkungen ihrer Erklärung gemäß Art 93 II beherrschenden Recht) zu beurteilen. Die einheitliche Feststellung der Rückgriffsvoraussetzungen gegenüber allen Schuldnern bildete, einen wesentlichen Grund für die Einfügung der Vorschrift in das Konfliktsabkommen (Sulkowski in CR 365; Dschr. 140).

Anm 3 2. Die Bestimmung ist wegen der Gleichheit der Interessenlage auf andere Abweichungen der Annahme (vgl. Art 26) entspr. anwendbar, auch darauf, ob und mit welcher Wirkung der Bezogene bei der Annahme einen dritten Zahlungsleister oder eine Stelle, wo die Vorlegung zur Zahlung erfolgen soll, bezeichnen kann. Denn auch in diesen Beziehungen besteht das Bedürfnis, die Rückgriffsvoraussetzungen gegenüber allen Schuldnern einheitlich festzustellen, und die Anknüpfung an das Recht des Zahlungsortes ist geboten, weil dies gemäß Art 93 I über die Wirkung qualifizierter Annahme im Verhältnis zum Annehmer entscheidet.

Anm 4 **III. Teilzahlung.** 1. Die Bestimmung deckt Zulässigkeit und Wirkung von Teilzahlungen des Bezogenen, gleichviel ob er den W angenommen hatte oder nicht. Sie hat insb. für den letzteren Fall Bedeutung, da sich bezüglich der Teilzahlung des Annehmers und des Ausstellers des eigenen W die gleiche Anknüpfung an das Recht des Zahlungsortes schon aus Art 93 I ergibt. Auch hier handelt es sich nicht nur um das Verhältnis zwischen W.inhaber und Bezogenem, sondern insb. auch um die einheitliche Feststellung der Rückgriffsvoraussetzungen gegenüber allen Schuldern nach dem Recht des Zahlungsortes (Dschr. 140).

Dagegen betrifft Art 96 nicht Teilzahlungen der Rückgriffschuldner. Deren Zulässigkeit und Wirkung richtet sich vielmehr nach dem für die einzelne Rückgriffsverbindlichkeit gemäß Art 93 II maßgebenden Recht (St-Str 96[6]).

2. Nach dem Recht des Zahlungsortes richten sich auch die sonstigen Zahlungsmodalitäten, z. B. in welcher Währung Zahlung zu erfolgen hat oder anzunehmen ist, wann und wo der W zur Zahlung vorzulegen ist, wann der Bezogene zur Hinterlegung berechtigt ist. Für Zahlungen des Annehmers ergibt sich dies aus Art 93 I. Entsprechende Anwendung entweder des Art 93 I auf den nicht durch Annahme verpflichteten Bezogenen (93[5]) oder der vorl. Bestimmung führt zu der gleichen Anknüpfung an das Recht des Zahlungsortes. **Anm 5**

Artikel 97

Die Form des Protestes und die Fristen für die Protesterhebung sowie die Form der übrigen Handlungen, die zur Ausübung oder Erhaltung der Wechselrechte erforderlich sind, bestimmen sich nach dem Rechte des Landes, in dessen Gebiete der Protest zu erheben oder die Handlung vorzunehmen ist.

I. Allgemeines. 1. Grundsatz und Anwendungsbereich. Der vorl., dem Art 8 des Konflikt-Abk. entsprechende Artikel unterstellt die Form der zur Ausübung oder Erhaltung der W.rechte erforderlichen Handlungen dem Recht am Ort der Vornahme der Handlung gemäß dem allgemein im intern. Privatrecht geltenden Grundsatz: locus regit actum. **Anm 1**

Handlungen, die zur Ausübung oder Erhaltung der W.rechte erforderlich sind, sind die sog. w.rechtlichen Diligenzakte, die Voraussetzung für die Inanspruchnahme der W.schuldner sind. Sie können auch gegenüber dem Hauptwechselschuldner in Frage kommen. So ist auch nach dem WG die Vorlegung des W Voraussetzung der Inanspruchnahme des Annehmers oder des Ausstellers des eigenen W (38[1]), und zwar gegebenenfalls auch die Vorlegung bei einem Dritten (Art 4). Diese Vorlegung ist daher eine zur Ausübung der W.rechte gegen den Hauptschuldner erforderliche Handlung. Dagegen gehören Handlungen zwecks Geltendmachnng der W.-ansprüche (Einklagung, Streitverkündung, Aufrechnung, Anmeldung im Konkurs, Vollstreckung) nicht hierher. Nach allgemeinem intern. Privatrecht ist für ihre Form allerdings ebenfalls das am Ort der Vornahme der Handlung geltende Recht, nämlich die lex fori, anzuwenden (vgl. auch Anm 10).

2. Form und Fristen. Während bezüglich des Protestes im vorl. Artikel außer der Form die Fristen ausdrücklich erwähnt werden, ist dies hinsichtlich der sonstigen Handlungen nicht der Fall. Wie die besondere Anführung der Fristen beim Protest ergibt, scheint das Gesetz die Fristen nicht ohne weiteres als zur Form der Handlung gehörig zu betrachten. Es ist daher streitig, ob **Anm 2**

die Fristen der sonstigen Handlungen ebenfalls der Regel des Art 97 unterstehen (Anm 8). M. E. gehört die fristgerechte Vornahme einer Handlung begrifflich zu der für die Handlung vorgeschriebenen Form.

Anm 3 3. Form und Notwendigkeit einer Handlung. Zur Form einer Handlung gehört nicht die Vorfrage, ob die Handlung für bestimmte Zwecke notwendig ist. Vielmehr betrifft es die Voraussetzungen der Haftung, ob zur Ausübung oder Erhaltung der W.rechte Protest oder eine andere Handlung erforderlich ist. Diese Vorfrage ist daher für jeden Schuldner gesondert nach dem für die Wirkungen der W.erklärungen gemäß Art 93 zu bestimmenden Recht zu entscheiden (St-Str 93[5]; Gareis-R 97[2]; Qu-A 97[2]; abw. Baumb-H 97[1]; Schnitzer IHR, 393).

Bezüglich des Protestes ist jedoch zu beachten, daß nach Art 8 der Anl II des Abk. z. EWG den Vertragsstaaten gestattet ist, Ersatz des Protestes durch eine datierte Erklärung des Bezogenen auf dem W einzuführen; die anderen Vertragsstaaten sind nach Art 23 der Anl II zur Anerkennung solcher Vorschriften verpflichtet. Es betrifft die Form des Protestes, wenn eine Urkunde den Protest ersetzen und ihm gleichgestellt werden kann. Es ist demgemäß ebenfalls nach dem am Ort der Vorlegung geltenden Recht zu beurteilen, ob eine solche Bescheinigung des Bezogenen ein ausreichender Ersatz für den Protest ist.

Anm 4 **II. Form und Fristen für die Protesterhebung** richten sich nach dem Recht des Ortes, wo der Protest zu erheben ist.

1. Zur Form des Protestes gehört der vorgeschriebene Hergang der Protesthandlung und der Inhalt der Protesturkunde, einschließlich ihres Ersatzes durch andere Erklärungen (Anm 3), die Zuständigkeitsregelungen für den Protestbeamten, Proteststunden und Proteststelle.

Da das EWG bezüglich der Form nur bestimmt, daß der Protest eine öffentliche Urkunde ist (Art 44 I), so sind auch unter den Genfer Vertragsstaaten die Formvorschriften für den Protest nicht gleichlautend. Der vorl. Artikel hat daher auch im Verhältnis der Vertragstraaten erhebliche Bedeutung. Die deutschen „Ergänzenden Vorschriften" der Art 79—88 WG sind danach für alle in Deutschland zu erhebenden Proteste und nur für diese maßgebend, gleichgültig wo der W ausgestellt ist.

Anm 5 2. Die Fristen für die Protesterhebung sind zwar durch das EWG geregelt. Trotzdem kann die vorl. Bestimmung auch wegen der Protestfrist zwischen Vertragsstaaten zur Anwendung kommen. Denn Art 9 Anl II Abk. z. EWG ermächtigt die Vertragsstaaten, in Abweichung von Art 44 III EWG die Erhebung des Protestes mangels Zahlung schon am Zahlungstage zuzulassen. Ferner kann die sich nach dem Recht der einzelnen Staaten richtende Bestimmung der Feiertage und die durch Art 18 Anl II vorbehaltene Bestimmung anderer Tage, an denen die Vornahme w.rechtlicher Handlungen unzulässig ist, auf die Protestfrist einwirken und dadurch Verschiedenheiten auch unter den Vertragsstaaten herbeiführen.

Größere Bedeutung bezüglich der Protestfristen hat jedoch Art 97 im Verhältnis zu Staaten, die das EWG nicht eingeführt haben. Der Protest ist in solchen Staaten innerhalb der nach ihrer Gesetzgebung geltenden Fristen zu erheben. Überlegungsfristen, wie sie durch Art 24 EWG bei der Vorlegung zur Annahme anerkannt sind, fallen hierunter. Auch hinsichtlich sog. Respekttage ist das Recht am Protestort maßgebend. Wenn es sich hierbei wie bei den „days of grace" des engl. Rechts (Bills of Exch. Act, Sect. 14) um Hinausschub der Fälligkeit handelt, der als Wirkung der Verpflichtung des Hauptwechselschuldners betrachtet werden kann (93[5]), führt die Anwendung des Art 93 I zu dem gleichen Ergebnis, da die Vorlegung zur Zahlung am Zahlungsort zu erfolgen hat.

III A. Auch die **Form** der **übrigen Handlungen,** die zur Ausübung oder Erhaltung der W.rechte erforderlich sind, bestimmt sich nach dem Recht des Ortes, wo die Handlung vorzunehmen ist. **Anm 6**

1. Über die Abgrenzung dieser Handlungen von der Ausübung der W.rechte vgl. Anm 1. Zu den durch Art 97 betroffenen Handlungen gehören vornehmlich diejenigen Vorlegungen des W, deren vergebliche Vornahme regelmäßig durch Protest festzustellen ist. Das EWG kennt als solche Handlungen die Vorlegung zur Annahme (Art 21), zur Zahlung (Art 38), zur Ehrenannahme (Art 56 II) und Ehrenzahlung (Art 60 I). Sie erhalten selbständige Bedeutung als Voraussetzungen für die Ausübung oder Erhaltung der W.rechte, wenn Protest infolge Erlasses unterbleibt.

Die zu Erhaltung der W.rechte erforderlichen Handlungen unterscheiden sich von den zur Ausübung notwendigen dadurch, daß nur ihre Versäumung den Verlust von W.rechten nach sich zieht (Art 53). Zur Gruppe der lediglich zur Ausübung erforderlichen Handlungen gehören nach dem EWG die Vorlegung zur Annahme und der Protest mangels Annahme bei W, für die keine Vorlegungsfrist (Art 22, 23) besteht, ferner die Vorlegung zur Ehrenannahme und der Protest nach Art 56 II, sowie die Vorlegung zur Zahlung und der Protest nach Art 44 V. Ohne diese Handlungen kann Rückgriff vor Verfall nicht genommen werden, ihre Unterlassung bewirkt aber keine Befreiung der Rückgriffschuldner. Auch der Protest dient bald zur Erhaltung, bald nur zur Ausübung des Rückgriffs (44[5]).

2. Der Regel des Art 97 unterliegen nicht nur die im EWG (bzw. WG) vorgeschriebenen Handlungen, sondern auch etwaige sonstige, nach fremden Rechten für die Erhaltung oder Ausübung der W.rechte notwendigen Akte, z. B. Notanzeigen, deren Unterlassung Verlust des Rückgriffs nach sich zieht. Nach engl. Recht (Bills of Exch. Act, s. 48) hat die Unterlassung der Notanzeige diese Wirkung. **Anm 7**

Die Notanzeige des EWG ist nach Art 45 VI keine zur Erhaltung oder Ausübung der W.rechte erforderliche Handlung; ebensowenig ist dies die Anzeige vom Vorliegen höherer Gewalt (Art 54 II). Denn Verletzung der Anzeigepflicht verpflichtet nur zum Schadensersatz, hindert aber nicht die Geltendmachung der Ansprüche aus dem W. Entsprechende Anwendung des vorl. Artikels auf diese Anzeigen wird aber möglich sein (Anm 9).

B. Die **Fristen** für die Vornahme dieser Handlungen sind in Art 97 nicht ausdrücklich erwähnt, gehören aber zur Form der Handlung (Anm 2). Die bei den Genfer Beratungen erfolgte Ablehnung eines Antrages, nach welchem auch die Fristen der übrigen Handlungen im Text des Art 8 des **Anm 8**

Konfliktabkommens erscheinen sollten (CR 365), zwingt schon deshalb nicht zu einer abweichenden Behandlung der Fristen, weil der abgelehnte Antrag gleichzeitig andere Änderungen vorschlug, gegen die allein die bei den Beratungen erhobenen Bedenken sich richteten, und weil nicht zum Ausdruck gebracht worden ist, welche andere Konfliktsregel statt der für die Form geltenden für die Fristen maßgebend sein sollte.

M. E. würde es zu unmöglichen Folgen führen, wenn man die Fristen für die den Protest vorbereitenden und seinen Inhalt bildenden Vorlegungen nach einer anderen Rechtsordnung beurteilen wollte als die Fristen für die Protesterhebung. Es kann auch keinen Unterschied für die Fristen dieser Handlungen machen, ob sie im Einzelfall die Ausübung oder Erhaltung der W.rechte ohne Protest ermöglichen, oder ob Protest hinzutreten muß. Nicht nur die Fristen für den Protest, sondern auch für die sonstigen zur Ausübung oder Erhaltung der W.rechte erforderlichen Handlungen sind daher nach dem Recht des Ortes, wo die Vorlegung zu erfolgen hat, zu beurteilen (St-Str 93[4]; 97[8]; Schnitzer IHR, 390; abw. Qu-A 97[6]; Gareis-R 97[2]; Baumb-H 97[1]).

Anm 9 C. Auch die **Notanzeige** nach Art 45 und die Anzeige nach Art 54 II werden, obwohl sie nicht unmittelbar unter den Wortlaut des vorl. Artikels fallen (Anm 7), bezüglich Frist und Form dem Recht des Ortes ihrer Vornahme unterliegen. Dies entspricht dem allgemeinen Grundsatz „locus regit actum". Auch wäre es nicht sachgemäß, diese Anzeigen nach verschiedenen Rechtsordnungen zu behandeln, je nachdem ihre Unterlassung nur Schadensersatzpflicht oder aber Rückgriffsverlust auslöst (St-Str 97[11]). Als „Ort" der Anzeige wird hierbei der im W als Anschrift des zu Benachrichtigenden angegebene Ort, in dessen Ermangelung der Wohnort des zu Benachrichtigenden anzusehen sein. Eine überwiegende Meinung in der zweifelhaften Frage, wo sich im Sinne des Art 97 der Ort der Handlung, d. h. der Erstattung der Anzeige, befindet, hat sich nicht gebildet. Bei der Anzeige des W.inhabers selbst wäre es vom gesetzgeberischen Standpunkt aus am besten, sowohl wegen Frist und Form der Anzeige, als auch wegen der Beurteilung der Verpflichtung zu ihrer Erstattung an das Recht des Vorlegungsortes, also in der Regel des Zahlungsortes anzuknüpfen (so wohl Qu-A 97[4]; Schnitzer IHR, 393).

Die Verpflichtung des letzten Inhabers zur Erstattung der Anzeige wird nach dem Recht des Ortes, wo die Vorlegung stattzufinden hatte, zu beurteilen sein. Die Verpflichtung zur Weitergabe der Anzeige durch den benachrichtigten Indossanten wird als Wirkung seiner Erklärung gemäß Art 93 II dem Recht seines Unterschriftsortes folgen (Anm 3).

Anm 10 IV. Die **Ausübung der Wechselrechte** fällt nicht unter Art 97 (Anm 1). Daher richten sich Form und Fristen der Rechtsausübung, insb. die Verjährungsfristen nicht nach dem vorl. Artikel.

Für die Fristen zur Ausübung der Rückgriffsrechte gilt die Sondervorschrift des Art 94.

Für die Fristen zur Ausübung der W.rechte gegen den Hauptschuldner (Annehmer; Aussteller des eigenen W), insb. für die Verjährungsfristen, ist Art 93 I, also das Recht des Zahlungsortes, entscheidend, da es sich bei diesen Fristen um Beschränkungen der Haftung handelt (93[3]). Es kommt hierbei nicht darauf an, ob die Verjährungsfristen der Rechtsordnung des Zahlungsortes oder des Ortes der Geltendmachung des Anspruchs als sachliches oder als Verfahrensrecht angesehen werden; die lex fori kommt auch in letzterem Falle nicht zur Anwendung (St-Str 97[6]). Für die W.bürgen des Hauptschuldners ist das für die Verjährungsfristen maßgebende Recht nach Art 93 II zu bestimmen (93[6]).

Artikel 98

Das Recht des Zahlungsortes bestimmt die Maßnahmen, die bei Verlust oder Diebstahl eines Wechsels zu ergreifen sind.

I. Allgemeines. Der vorl. Artikel, welcher dem Art 9 des Konfliktabkommens entspricht, stellt eine Ausnahme von der Vorschrift des Art 93 dar. Denn die für die W.schuldner bei **Verlust** oder **Diebstahl** des W eintretenden Folgen und die zwecks Geltendmachung der W.rechte von dem bisherigen Inhaber zu ergreifenden Maßnahmen gehören zu den Wirkungen der W.verpflichtungen. Indem der vorl. Artikel sie einheitlich dem Rechte des Zahlungsortes unterstellt, wird vermieden, daß gemäß der Regel des Art 93 gegenüber jedem W.schuldner selbständig die Rechtsordnung zu bestimmen wäre, nach der zu prüfen ist, ob und unter welchen Voraussetzungen trotz des Fehlens des W Ansprüche gegen ihn geltend gemacht werden können. **Anm 1**

II. Die Bestimmung bezieht sich allgemein auf die **Folgen** des **Abhandenkommens** von Wechseln: 1. „Verlust" des W ist, wie bei den Genfer Beratungen klar gestellt worden ist (CR 157 Nr 203), nicht im engen technischen Sinne zu verstehen, sondern umfaßt auch Verlust durch Vernichtung der Urkunde. Der Fall des Verlusts oder Diebstahls des W im Sinne der vorl. Bestimmung ist daher gleichbedeutend mit dem in Art 90 als „abhanden gekommen oder vernichtet" bezeichneten Tatbestand (90[4,5]). **Anm 2**

2. Die „Maßnahmen, die zu ergreifen sind", betreffen nicht nur das zum Ersatz oder zur Kraftloserklärung des W einzuleitende Verfahren, sondern auch dessen sachliche Wirkungen. Das Recht des Zahlungsortes entscheidet daher darüber, ob, unter welchen Voraussetzungen, und gegen welche W.schuldner die W.rechte ausgeübt werden können, sowie andrerseits auch darüber, ob und wie der abhanden gekommene W seine Kraft verliert und ob eine Zahlungssperre angeordnet werden kann. Die für die zu ergreifenden Maßnahmen maßgebende Rechtsordnung entscheidet auch darüber, ob überhaupt besondere Maßnahmen erforderlich sind oder ob der Nachweis des Verlustes genügt, um W.schuldner — sei es mit, sei es ohne Sicherheitsleistung — in Anspruch zu nehmen. Ein Beispiel für Vorschriften, die bei Verlust des W die Inanspruchnahme des W.schuldners ohne weitere Maßnahmen zulassen, bietet die VO v. 8. 8. 1942 (RGBl I, 506) betr. die erleichterte Geltendmachung von Ansprüchen aus W, die bis zum 22. 6. 1941 im Zusammenhang mit den kriegerischen Ereignissen im Osten in Verlust geraten waren. **Anm 3**

Anm 4 **III.** Auf solche Blankowechsel, aus denen der Zahlungsort nicht ersichtlich ist, läßt sich der vorl. Artikel nicht anwenden. In solchen Fällen wird es bei der Regel des Art 93 II verbleiben, also das anzuwendende Recht nach dem Ort zu bestimmen sein, wo die Blanko-Verpflichtungserklärung unterzeichnet worden ist. Auch beim Blankoakzept wird, da Art 93 I bei fehlender Angabe des Zahlungsortes ebenfalls unanwendbar ist, der Ort der Unterzeichnung der Annahme in entspr. Anwendung von Art 93 II maßbend sein (St-Str 93[7]; Schnitzer IHR, 404).

Anm 5 Die Maßnahmen, die beim Abhandenkommen von Protesturkunden zu ergreifen sind, richten sich nach Art 97. Ist jedoch der Protest auf dem W beurkundet worden, so ist nach Art 98 zu entscheiden, ob die beim Verlust oder Diebstahl des W zu treffenden Maßnahmen auch den Ersatz des Protestes mit umfassen.

ANHANG

I. Einführung des Wechselgesetzes

1.

Einführungsgesetz zum Wechselgesetz

Vom 21. Juni 1933 (RGBl. I, S. 409)

Die Reichsregierung hat das folgende Gesetz beschlossen, das hiermit verkündet wird:

Artikel 1

(1) Der Reichsminister der Justiz bestimmt den Zeitpunkt, mit dem das Wechselgesetz in Kraft tritt.[1])

(2) Der Reichsminister der Justiz kann für das Inkrafttreten des Ersten bis Dritten Teiles des Wechselgesetzes einen anderen Zeitpunkt bestimmen als für das Inkrafttreten des Vierten Teiles. Er kann sowohl den Ersten bis Dritten Teil als auch den Vierten Teil als selbständiges Gesetz in Kraft treten lassen, den Vierten Teil unter der Überschrift „Gesetz über den Geltungsbereich der Wechselgesetze" mit eigener Artikelfolge.

(3) Die Vorschriften der Wechselordnung treten mit dem Inkrafttreten der entsprechenden Teile des Wechselgesetzes außer Kraft.

(4) Mit dem Inkrafttreten des Ersten bis Dritten Teiles des Wechselgesetzes treten ferner außer Kraft, soweit sie sich auf Wechsel beziehen,

die Vorschriften des § 1 des Gesetzes über die Ermächtigung des Bundesrats zu wirtschaftlichen Maßnahmen und über die Verlängerung der Fristen des Wechsel- und Scheckrechts im Falle kriegerischer Ereignisse vom 4. August 1914 (Reichsgesetzbl. S. 327) in der Fassung der Verordnung vom 20. Januar 1919 (Reichsgesetzbl. S. 91);

die Vorschriften des § 3 der Verordnung zum Schutze gegen die Folgen der Stillegung von Bankbetrieben vom 19. April 1919 (Reichsgesetzbl. S. 397);

die Verordnung über Goldmark- und Goldmarknotenwechsel und -schecks vom 6. Februar 1924 (Reichgesetzbl I S. 50).

(5) Mit dem Inkrafttreten des Ersten bis Dritten Teiles des Wechselgesetzes treten auch die wechselrechtlichen Vorschriften der Landesgesetze außer Kraft.

(6) Für Wechsel, die vor dem Inkrafttreten des Ersten bis Dritten Teiles oder des Vierten Teiles des Wechselgesetzes ausgestellt sind, bleiben die entsprechenden Vorschriften des bisherigen Rechts maßgebend.

---

[1]) In Kraft seit dem 1. 1. 1934 laut VO v. 28. 11. 1933 (Anh I Zf 2) und im Saarland seit dem 1. 3. 1935 laut VO v. 21. 2. 1935 (Anh I Zf 4).

Artikel 2

(1) Für den Zinssatz beim Rückgriff aus Wechseln, die im Inlande sowohl ausgestellt als auch zahlbar sind, verbleibt es auch nach dem Inkrafttreten des Wechselgesetzes bei den Vorschriften des Gesetzes über die Wechsel- und Scheckzinsen vom 3. Juli 1925 (Reichsgesetzbl. I S. 93).

(2) Der Reichsminister der Justiz bestimmt den Zeitpunkt, mit dem die Vorschriften des Abs. 1 und des Gesetzes über die Wechsel und Scheckzinsen vom 3. Juli 1925 (Reichgesetzbl. I S. 93), soweit es sich auf Wechsel bezieht, außer Kraft treten.[1])

Artikel 3

(1) Soweit in Reichsgesetzen oder Landesgesetzen auf Vorschriften der Wechselordnung verwiesen ist, treten an deren Stelle die entsprechenden Vorschriften des Wechselgesetzes.

(2) Der Reichsminister der Justiz wird ermächtigt, nähere Vorschriften zu erlassen.[2])

Artikel 4

Bis zum Erlasse der im Art. 88 Abs. 2 des Wechselgesetzes vorgesehenen Verordnung sind die in der Dritten Verordnung über benachbarte Orte im Wechsel- und Scheckverkehre vom 7. Dezember 1927 (Reichsgesetzbl. I S. 343) als benachbart bezeichneten Orte als benachbart im Sinne des Wechselgesetzes anzusehen.[3])

Artikel 5

Soweit sich das Gesetz über die Folgen der Verhinderung wechsel- und scheckrechtlicher Handlungen im Ausland vom 13. April 1914 (Reichsgesetzbl. S. 107) auf Wechsel bezieht, treten an seine Stelle mit dem Inkrafttreten des Ersten bis Dritten Teiles des Wechselgesetzes folgende Vorschriften:

Wird die rechtzeitige Vornahme einer Handlung, die im Ausland zur Ausübung oder Erhaltung der Rechte aus einem Wechsel vorzunehmen ist, durch eine dort erlassene Vorschrift verhindert, so kann der Reichsminister der Justiz bestimmen, daß die Rechte ungeachtet der Versäumung bestehen bleiben, sofern die Haltung unverzüglich nach Wegfall des Hindernisses nachgeholt wird. In gleicher Weise kann bestimmt werden, daß bei einer solchen Verhinderung nach einer bestimmten Frist Rückgriff genommen werden kann, ohne daß es der Vornahme der Handlung bedarf.[4])

---

[1]) Das Ges. v. 3. 7. 1925 (Anh III Zf 2) ist noch in Kraft, aber gemäß vorl. Bestimmung nur noch auf Inlandwechsel anwendbar.

[2]) Bestimmungen nach Abs 2 sind nicht erlassen worden.

[3]) Die VO v. 7. 12. 1927 ist durch die auf Grund von Art 88 II WG erlassene VO v. 26. 2. 1934, ergänzt durch VO v. 7. 12. 1935 (Anh III Zf 4) ersetzt worden.

[4]) Die in diesem Artikel enthaltene Ermächtigung zur Anordnung von Gegenmoratorien beruht auf Art 22 der Anl II zum Abk. über das EWG (Anh II Zf 1 a). Vgl. 54[3].

Artikel 6

. . . .

Dieser Artikel betrifft Änderungen des durch das Wechselsteuergesetz vom 2. 9. 1935 (abgedruckt zu II 5a dieses Anhanges) ersetzten Gesetzes.

2.

Verordnung über das Inkrafttreten des Wechselgesetzes

Vom 28. November 1933 (RGBl. S. 1019)

Auf Grund des Art. 1 Abs. 1 des Einführungsgesetzes zum Wechselgesetz vom 21. Juni 1933 (Reichsgesetzbl. I S. 409) wird verordnet:

Das Wechselgesetz vom 21. Juni 1933 (Reichsgesetzbl. I S. 399) tritt mit dem 1. April 1934 in Kraft.

3.

Gesetz über Proteste von Wechseln und Schecks[1])

Vom 5. Juli 1934 (RgBl. I, S. 571)

Die Reichsregierung hat das folgende Gesetz beschlossen, daß hiermit verkündet wird:

Artikel 1

(1) Der Reichsminister der Justiz wird ermächtigt, zu bestimmen, daß Proteste, die nach dem Inkrafttreten des neuen Wechselgesetzes und Scheckgesetzes während einer zu bestimmenden Übergangszeit erhoben worden sind oder noch erhoben werden, nicht deshalb unwirksam sind, weil sie den Vorschriften des neuen Wechselgesetzes und Scheckgesetzes, der Einführungsgesetze zu diesen Gesetzen oder den sonstigen Vorschriften über die Protesterhebung nicht entsprechen.

(2) Der Reichsminister der Justiz kann insbesondere bestimmen, daß der Protest von Wechseln, die bei einem Dritten zu zahlen sind, in Fällen, wo die Ausstellung vor dem 1. April 1934 liegt, nicht deshalb unwirksam ist, weil der Protest gegen den Bezogenen erhoben worden ist, und in Fällen, wo die

---

1) Art 2 dieses Gesetzes hat lediglich eine Sollvorschrift, welche den vom Protestbeamten über den Inhalt des protestierten W zurückzubehaltenden Vermerk betrifft, unerheblich abgeändert. Art 1 bringt zum Ausdruck, daß nach der Auffassung des Verfassers dieses von der damaligen Reichsregierung einseitig erlassenen Gesetzes die Zahlung bei Benennung eines besonderen Zahlungsleisters (Domiziliaten) nicht von diesem, sondern vom Bezogenen einzufordern sei. Dies ist hiesigen Erachtens unzutreffend: vgl. 4^{7}, 80^{8}, 85^{6}.

Ausstellung in die Zeit nach dem 31. März 1934 fällt. nicht deshalb unwirksam ist, weil der Protest gegen den Dritten erhoben worden ist.

Artikel 2

Das Wechselgesetz wird wie folgt geändert:

Artikel 85 Abs. 2 Nr. 5 erhält folgende Fassung:

5. falls eine vom Bezogenen oder bei eigenen Wechseln vom Aussteller verschiedene Person angegeben ist, bei der die Zahlung geleistet werden soll, den Namen dieser Person sowie die Namen der etwaigen Notadressen und derjenigen, die den Wechsel zu Ehren angenommen haben.

Artikel 3

Artikel 2 tritt mit Wirkung vom 1. April 1934 in Kraft.

Berlin, den 5. Juli 1934.

4.

Verordnung über die Einführung des Wechsel- und Scheckrechts im Saarland

Vom 21. Februar 1935 (RGBl. I., S. 251)

Auf Grund des Gesetzes über die vorläufige Verwaltung des Saarlandes vom 30. Januar 1935 (Reichgesetzbl. I S. 66) wird folgendes verordnet:

Artikel 1

(1) Am 1. März 1935 werden im Saarland eingeführt:

Das Wechselgesetz vom 21. Juni 1933 (Reichsgesetzbl. I S. 399) in der Fassung des Artikels 2 des Gesetzes über Proteste von Wechseln und Schecks vom 5. Juli 1934 (Reichsgesetzbl. I S. 571),

das Scheckgesetz vom 14. August 1933 (Reichsgesetzbl. I S. 597) in der Fassung des Gesetzes vom 28. März 1934 (Reichsgesetzbl. I S. 251) mit Ausnahme der Artikel 37, 38 über den gekreuzten Scheck,

die Vorschriften des Artikels 2 des Einführungsgesetzes zum Wechselgesetz vom 21. Juni 1933 (Reichgesetzbl. I S. 409) in Verbindung mit den Vorschriften des Gesetzes über die Wechsel- und Scheckzinsen vom 3. Juli 1925 (Reichsgesetzbl. I S. 93),

die Vorschriften der Artikel 3 und 5, des Einführungsgesetzes zum Wechselgesetz,

die Vorschriften des Artikels 2 des Einführungsgesetzes zum Scheckgesetz vom 14. August 1933 (Reichsgesetzbl. I S. 605) in Verbindung mit den Vorschriften des Gesetzes über die Wechsel- und Scheckzinsen vom 3. Juli 1925 (Reichsgesetzbl. I S. 93),

die Vorschriften der Artikel 3, 4 und Abs. 2, Artikel 5 bis 11 des Einführungsgesetzes zum Scheckgesetz.

(2) Die Artikel 37, 38 des Scheckgesetzes über den gekreuzten Scheck treten für das gesamte Reichsgebiet erst in einem späteren Zeitpunkt in Kraft, der von dem Reichsminister der Justiz bestimmt wird.

Artikel 2—4

(Nicht mehr erhebliche Übergangsvorschriften.)

5.

Verordnung über die Einführung des Wechselrechts im Lande Österreich[1])

Vom 21. April 1938 (RGBl. I, S. 421)

Auf Grund des Artikels II des Gesetzes über die Wiedervereinigung Österreichs mit dem Deutschen Reich vom 13. März 1938 (Reichsgesetzbl. I S. 237) wird folgendes verordnet:

Artikel 1

Am 1. Mai 1938 werden im Lande Österreich eingeführt:

das Wechselgestz vom 21. Juni 1933 (Reichsgesetzbl. I S. 399) in der Fassung des Artikels 2 des Gesetzes über Proteste von Wechseln und Schecks vom 5. Juli 1934 (Reichsgesetzbl. I S. 571),

die Vorschriften des Artikels 2 des Einführungsgesetzes zum Wechselgesetz vom 21. Juni 1933 (Reichgesetzbl. I S. 409) in Verbindung mit den Vorschriften des Gesetzes über die Wechsel- und Scheckzinsen vom 3. Juli 1925 (Reichsgesetzbl. I S. 93),

die Verordnung über benachbarte Orte im Wechsel- und Scheckverkehr vom 26. Februar 1934 (Reichsgesetzbl. I S. 161) nebst der zu ihrer Ergänzung erlassenen Verordnung vom 7. Dezember 1935 (Reichgesetzbl. I S. 1432),

die Verordnung über Abrechnungsstellen im Wechsel- und Scheckverkehr vom 14. Juni 1935 (Reichsgesetzbl. I S. 747) nebst den zu ihrer Ergänzung erlassenen Verordnungen vom 17. Dezember 1936, 9. September 1937 und 29. November 1937 (Reichsgesetzbl. 1936 I S. 1121, 1937 I S. 971 und 1318).

Artikel 2

(1) Die Vorschriften des Artikel 43 und des Artikels 44 Abs. 6 des Wechselgesetzes vom 21. Juni 1933 finden entsprechende Anwendung, wenn für den Aussteller oder den Bezogenen die Geschäftsaufsicht angeordnet worden ist.

(2) Der Vorlegung des gerichtlichen Beschlusses im Sinne des Artikels 44 Abs. 6 des Wechselgesetzes ist im Lande Österreich auch die Vorlegung der Bekanntmachung dieses Beschlusses im österreichischen Zentralblatt für die Eintragungen in das Handelsregister gleichzuachten.

---

[1]) Durch § 2 des österreichischen Verfassungsgesetzes v. 1. Mai 1945 (Rechtsüberleitungsgesetz, öst. StGBl. Nr. 6/1945) ist das durch obige Verordnung eingeführte deutsche Wechselgesetz für Österreich in Geltung belassen worden.

Anhang I

Artikel 3

Der Anbringung der Klage steht in bezug auf die Unterbrechung der wechselrechtlichen Verjährung die vom Beklagten bewirkte Streikverkündung und die Geltendmachung des Anspruchs in der mündlichen Verhandlung gleich.

Artikel 4

Für das Aufgebotsverfahren im Sinne des Artikels 90 des Wechselgesetzes vom 21. Juni 1933 gelten die Vorschriften der Verordnung über die Kraftloserklärung von Urkunden (RGBl. Nr. 257/1915). Die Aufgebotsfrist beträgt zwei Monate; sie läuft, wenn der Wechsel noch nicht fällig ist, vom ersten Tage nach der Verfallzeit des Wechsels.

Artikel 5

Wird die rechtzeitige Vornahme einer Handlung, die im Ausland zur Ausübung oder Erhaltung der Rechte aus dem Wechsel vorzunehmen ist, durch eine dort erlassene Vorschrift verhindert, so kann der Reichsminister der Justiz bestimmen, daß die Rechte ungeachtet der Versäumung bestehen bleiben, sofern die Handlung unverzüglich nach Wegfall des Hindernisses nachgeholt wird. In gleicher Weise kann bestimmt werden, daß bei einer solchen Verhinderung nach einer bestimmten Frist Rückgriff genommen werden kann, ohne daß es der Vornahme der Handlung bedarf.

Artikel 6

(1) Am 1. Mai 1938 treten für das Land Österreich außer Kraft:
das Wechselgesetz (BGBl. Nr. 290/1932,
das Bundesgesetz zur Einführung des Wechselgesetzes (BGBl. Nr. 291/1932),
die Verordnung betreffend die Bestimmung von Abrechnungsstellen für die Einlieferung von Wechseln, (BGBl. II Nr. 219/1934.

(2) Die §§ 89, 112, 116 der österreichischen Notariatsordnung (RGBl. Nr. 75/1871) und die §§ 557, 559 der österreichischen Zivilprozeßordnung gelten in der Fassung der §§ 4, 5 des Bundesgesetzes zur Einführung des Wechselgesetzes (BGBl. Nr. 291/1932) weiter.

(3) § 558 der österreichischen Zivilprozeßordnung erhält folgende Fassung:

„§ 558

Die Vorschriften des § 557 gelten auch für die Geltendmachung von Rückgriffsansprüchen vor Verfall des Wechsels, wenn die in den Artikeln 43 und 44 des Wechselgesetzes weiters hiefür geforderten Voraussetzungen durch glaubwürdige, der Klage in Urschrift beigelegte Urkunden nachgewiesen sind. Zum Nachweis der Eröffnung des Konkurses (Ausgleichsverfahrens, Vergleichsverfahrens, der Geschäftsaufsicht) genügt die Vorlegung einer der im Artikel 44 Abs. 6 des Wechselgesetzes oder im Artikel 2 Abs .2 der Verordnung über die Einführung des Wechselrechts im Lande Österreich vom 21. April 1938 (Reichsgesetzbl. I S. 421) angeführten Bekanntmachungen."

Artikel 7

Soweit in Gesetzen und Verordnungen auf das Wechselgesetz (BGBl. Nr. 290/1932) verwiesen ist, treten an dessen Stelle die entsprechenden Vorschriften des Wechselgesetzes vom 21. Juni 1933.

Artikel 8

Bis auf weiteres bleibt die Verordnung, betreffend die Festsetzung der Feiertage im Sinne des Wechselgesetzes, (BGBl. Nr. 606/1933) in der Fassung der Verordnung BGBl. II Nr. 39/1834 in Kraft.

Artikel 9 u. 10

Nicht mehr erhebliche Übergangsvorschriften.

II. Einheitliches Wechselrecht

(Genfer Abkommen)

1.

Bekanntmachung über die Abkommen zur Vereinheitlichung des Wechselrechts

Vom 22. Juni 1933 (RGBl. II, S. 377)

Am 7. Juni 1932 sind in Genf von bevollmächtigten Vertretern des Deutschen Reichs

1. Das Abkommen über das Einheitliche Wechselgesetz nebst zwei Anlagen,
2. das Abkommen über Bestimmungen auf dem Gebiet des internationalen Wechselprivatrechts,
3. das Abkommen über das Verhältnis der Stempelgesetze zum Wechselrecht und
4. die zugehörigen Protokolle

unterzeichnet worden. Die Abkommen und die Protokolle werden nachstehend veröffentlicht.

Der Tag, an dem die Abkommen für das Deutsche Reich in Kraft treten, wird im Reichsgesetzblatt bekanntgemacht werden.

Zur Ausführung der Abkommen ist das im Reichsgesetzblatt von 1933 Teil I S. 399 veröffentlichte Wechselgesetz ergangen.

a) Abkommen über das Einheitliche Wechselgesetz

Art. I. Die Hohen Vertragschließenden Teile verpflichten sich, in ihren Gebieten das Einheitliche Wechselgesetz, das die Anlage I dieses Abkommens bildet, in einem der Urtexte oder in ihren Landessprachen einzuführen.

Diese Verpflichtung kann von jedem Hohen Vertragschließenden Teil unter Vorbehalten eingegangen werden, die er gegebenenfalls im Zeitpunkt der Ratifikation oder des Beitritts anzuzeigen hat. Es dürfen nur solche Vorbehalte gemacht werden, die in Anlage II des Abkommens vorgesehen sind.

Anhang II

Von den im Art. 8, 12 und 18 der Anlage II bezeichneten Vorbehalten kann indessen auch nach der Ratifikation oder nach dem Beitritt Gebrauch gemacht werden, sofern dem Generalsekretär des Völkerbunds hiervon Anzeige gemacht wird. Dieser wird den Wortlaut de Vorbehalte unverzüglich den Mitgliedern des Völkerbunds und den Nichtmitgliedstaaten mitteilen, für die das Abkommen ratifiziert oder der Beitritt erklärt worden ist. Diese Vorbehalte treten nicht vor dem neunzigsten Tage nach dem Eingang der erwähnten Anzeige bei dem Generalsekretär des Völkerbunds in Kraft.

Jeder der Hohen Vertragschließenden Teile kann auch nach der Ratifikation oder nach dem Beitritt im Falle der Dringlichkeit von den im Art 7 und 22 der Anlage II bezeichneten Vorbehalten Gebrauch machen. In diesen Fällen muß er dies unmittelbar und unverzüglich allen übrigen Vertragschließenden Teilen und dem Generalsekretär des Völkerbunds anzeigen. Diese Anzeige äußert ihre Wirkungen zwei Tage nach ihrem Eingang bei den Hohen Vertragschließenden Teilen.

Art. II. Das Einheitliche Wechselgesetz findet in den Gebieten der Hohen Vertragschließenden Teile keine Anwendung auf Wechsel, die im Zeitpunkt des Inkrafttretens dieses Abkommens schon ausgestellt waren.

Art. III. Das Abkommen, dessen französischer und englischer Wortlaut gleich maßgebend sind, trägt das Datum des heutigen Tages.

Nach diesem Tage kann es noch bis zum 6. September 1930 für jedes Mitglied des Völkerbunds und für jeden Nichtmitgliedstaat gezeichnet werden.

Art. IV. Dieses Abkommen soll ratifiziert werden.

Die Ratifikationsurkunden sind vor dem 1. September 1932 bei dem Generalsekretär des Völkerbunds zu hinterlegen; dieser wird ihren Eingang unverzüglich allen Mitgliedern des Völkerbunds und den Nichtmitgliedstaaten mitteilen, die Vertragsteile des Abkommens sind.

Art. V. Vom 6. September 1930 an kann jedes Mitglied des Völkerbunds und jeder Nichtmitgliedstaat dem Abkommen beitreten.

Dieser Beitritt wird durch eine Anzeige an den Generalsekretär des Völkerbunds vollzogen, die im Archiv des Sekretariats des Völkerbunds zu hinterlegen ist.

Der Generalsekretär des Völkerbunds wird die Hinterlegung unverzüglich allen Staaten mitteilen, die das Abkommen gezeichnet haben oder ihm beigetreten sind.

Art. VI. Dieses Abkommen tritt erst in Kraft, wenn es für sieben Mitglieder des Völkerbunds oder Nichtmitgliedstaaten ratifiziert oder für sie der Beitritt erklärt worden ist; unter den Völkerbundsmitgliedern müssen drei ständig im Völkerbundsrat vertreten sein.

Da Abkommen tritt am neunzigsten Tage nach dem Tage in Kraft, an der der Generalsekretär des Völkerbunds die siebente nach dem ersten Absatz dieses Artikels maßgebende Ratifikationsurkunde oder Beitrittserklärung erhalten hat.

Der Generalsekretär des Völkerbunds wird, wenn er die im Art. IV und V vorgesehenen Mitteilungen macht, ausdrücklich darauf hinweisen, daß die im ersten Absatz bezeichneten Ratifikationsurkunden oder Beitrittserklärungen vorliegen.

Art. VII. Jede Ratifikation oder jeder Beitritt, die nach dem Zeitpunkt erfolgen, in dem das Abkommen nach Art. VI in Kraft tritt, wird am neunzigsten Tage nach dem Eingang der Ratifikationsurkunde oder Beitrittserklärung beim Generalsekretär des Völkerbunds wirksam.

Art. VIII. Außer im Falle der Dringlichkeit kann das Abkommen nicht vor Ablauf einer Frist von zwei Jahren seit dem Tage gekündigt werden, an dem es für das kündigende Mitglied des Völkerbunds oder den kündigenden Nichtmitgliedstaat in Kraft getreten ist; die Kündigung wird am neunzigsten Tage nach dem Eingang der Kündigungserklärung bei dem Generalsekretär des Völkerbunds wirksam.

Der Generalsekretär des Völkerbunds wird jede Kündigung unverzüglich allen anderen Hohen Vertragschließenden Teilen mitteilen.

Im Falle der Dringlichkeit erklärt der Hohe Vertragschließende Teil seine Kündigung unmittelbar und unverzüglich allen anderen Hohen Vertragschließenden Teilen. Die Kündigung wird zwei Tage nach dem Eingang der Erklärung bei den Hohen Vertragschließenden Teilen wirksam. Der Hohe Vertragschließende Teil, der unter diesen Umständen kündigt, hat von seiner Entschließung auch den Generalsekretär des Völkerbunds zu benachrichtigen.

Jede Kündigung ist nur in Ansehung des Hohen Vertragschließenden Teils wirksam, für den sie erklärt worden ist.

Art. IX. Jedes Mitglied des Völkerbunds und jeder Nichtmitgliedstaat, für die das Abkommen in Kraft tritt, kann nach Ablauf von vier Jahren seit seinem Inkrafttreten einen Antrag auf Nachprüfung einzelner oder aller Vorschriften des Abkommens an den Generalsekretär des Völkerbunds richten.

Wenn ein solcher Antrag nach Mitteilung an die anderen Mitglieder des Völkerbunds und Nichtmitgliedstaaten, für die das Akommen zu dieser Zeit in Kraft ist, innerhalb eines Jahres die Unterstützung von mindestens sechs Vertragstaaten findet, so wird der Völkerbundsrat darüber entscheiden, ob eine Konferenz zu diesem Zweck einberufen werden soll.

Art X. Die Hohen Vertragschließenden Teile können bei der Zeichnung, der Ratifikation oder bei ihrem Beitritt erklären, daß sie durch die Annahme dieses Abkommens keine Verpflichtung für die Gesamtheit oder einen Teil ihrer Kolonien, Protektorate oder der unter ihrer Oberhoheit oder ihrem Mandat stehenden Gebiete zu übernehmen gewillt sind; in diesem Falle findet das Abkommen keine Anwendung auf die Gebiete, für welche diese Erklärung abgegeben worden ist.

Die Hohen Vertragschließenden Teile können in der Folge jederzeit dem Generalsekretär des Völkerbunds anzeigen, daß sie beabsichtigen, die Anwendbarkeit dieses Abkommens auf die Gesamtheit oder einen Teil der Gebiete auszudehnen, für welche die im vorhergehenden Absatz vorgesehene Erklärung abgegeben worden ist. In diesem Falle tritt das Abkommen für die in der Erklärung genannten Gebiete neunzig Tage nach Eingang der Anzeige bei dem Generalsekretär des Völkerbunds in Kraft.

Desgleichen können die Hohen Vertragschließenden Teile das Abkommen gemäß Art. VIII für die Gesamtheit oder einen Teil ihrer Kolonien, Protektorate oder der ihrer Oberhoheit oder ihrem Mandate unterstehenden Gebiete kündigen.

Art. XI. Dieses Abkommen wird nach seinem Inkrafttreten vom Generalsekretär des Völkerbunds registriert werden. Sodann wird es in der Sammlung der Verträge des Völkerbunds so bald wie möglich veröffentlicht werden.

Anlage I. **Einheitliches Wechselgesetz** [1])

Die Anlage hat 78 Artikel, die den Artikeln 1—78 des WG entsprechen. Es bestehen nur folgende Unterschiede:

1. In Art. 38 EWG gilt der im WG eingefügte dritte Absatz betreffend die Bestimmung von Abrechnungsstellen.
2. In Art. 43 Abs. 2 und 3 fehlen die Worte „oder das gerichtliche Vergleichsverfahren (Ausgleichsverfahren)".
3. Art. 44 Abs. 6 des EWG lautet:

   „Ist über das Vermögen des Bezogenen, gleichviel ob er den Wechsel angenommen hat oder nicht, oder über das Vermögen des Ausstellers eines Wechsels, dessen Vorlegung zur Annahme untersagt ist, Konkurs eröffnet worden, so genügt es zur Ausübung des Rückgriffrechts, daß der gerichtliche Beschluß über die Eröffnung des Konkurses vorgelegt wird."
4. In Art. 48 Ab. 1 und Art. 49 des EVG fehlt die Bestimmung der Ziff. 4 über die zu zahlende Vergütung (Provision).

Anlage II.[2])

Art. 1. Jeder der Hohen Vertragschließenden Teile kann anordnen, daß die Vorschrift des Art. 1 Ziff. 1 des Einheitlichen Wechselgesetzes, wonach der gezogene Wechsel die Bezeichnung als „Wechsel" enthalten muß, in seinem Gebiet erst sechs Monate nach Inkrafttreten dieses Abkommens Anwendung findet.

Art. 2. Jeder der Hohen Vertragschließenden Teile kann für die in seinem Gebiet eingegangenen Wechselverpflichtungen bestimmen, in welcher Weise die Unterschrift selbst ersetzt werden kann, vorausgesetzt, daß der Wille dessen, der die Unterschrift leisten sollte, durch eine auf den Wechsel gesetzte Erklärung gehörig beglaubigt wird.

Art. 3. Jeder der Hohen Vertragschließenden Teile behält sich vor, Art. 10 des Einheitlichen Wechselgesetzes nicht in sein Landesrecht einzuführen.

Art. 4. Abweichend vom Art. 31 Abs. 1 des Einheitlichen Wechselgesetzes kann jeder der Hohen Vertragschließenden Teile zulassen, daß in seinem Gebiet eine Wechselbürgschaft durch eine besondere Urkunde geleistet werden kann, in welcher der Ort der Errichtung bezeichnet ist.

Art. 5. Jeder der Hohen Vertragschließenden Teile kann für die in seinem Gebiete zahlbaren Wechsel den Art. 38 des Einheitlichen Wechselgesetzes

[1]) Vgl. Art I Abs 1 des vorstehenden Abkommens.

[2]) Vgl. Art I Abs 2 des vorstehenden Abkommens.

dahin ergänzen, daß der Inhaber verpflichtet ist, den Wechsel am Verfalltag selbst vorzulegen; die Nichterfüllung dieser Verpflichtung darf nur einen Anspruch auf Schadensersatz zur Folge haben.

Die anderen Hohen Vertragschließenden Teile können die Bedingungen festsetzen, unter denen sie eine solche Verpflichtung anerkennen.

Art. 6. Jeder der Hohen Vertragschließenden Teile wird die Einrichtungen bestimmen, die im Sinne des Art. 38 Abs. 2 des Einheitlichen Wechselgesetzes nach Landesrecht als Abrechnungsstellen anzusehen sind.

Art. 7. Jeder der Hohen Vertragschließenden Teile kann über die Wirkungen des im Art. 41 des Einheitlichen Wechselgesetzes vorgesehenen Effektivvermerkes für die auf seinem Gebiete zahlbaren Wechsel etwas anderes bestimmen, falls er dies bei Vorliegen außergewöhnlicher, den Kurs seiner Währung berührender Umstände für erforderlich hält. Gleiches gilt für die auf seinem Gebiet in fremder Währung ausgestellten Wechsel.

Art. 8. Jeder der Hohen Vertragschließenden Teile kann vorschreiben, daß ein in seinem Gebiete zu erhebender Protest, falls nicht der Aussteller im Wechsel die Erhebung des Protests durch Aufnahme einer öffentlichen Urkunde ausdrücklich verlangt hat, durch eine schriftliche Erklärung auf dem Wechsel ersetzt werden darf, die zu datieren und von dem Bezogenen zu unterschreiben ist.

Ebenso kann jeder der Hohen Vertragschließenden Teile vorschreiben, daß die bezeichnete Erklärung innerhalb der Protestfrist in ein öffentliches Register einzutragen ist.

In den Fällen der vorhergehenden Absätze gilt ein nicht datiertes Indossament als ein Indossament, das vor der Protesterhebung auf den Wechsel gesetzt worden ist.

Art. 9. Abweichend vom Art. 44 Abs. 3 des Einheitlichen Wechselgesetzes kann jeder der Hohen Vertragschließenden Teile vorschreiben, daß der Protest mangels Zahlung am Zahlungstag oder an einem der beiden folgenden Werktage erhoben werden muß.

Art. 10. Jeder der Hohen Vertragschließenden Teile kann in seiner Gesetzgebung bestimmen, welche Tatbestände für die Anwendung der Art. 43 Ziff. 2 und3 und Art. 44 Abs. 5 und 6 des Einheitliches Wechselgesetzes maßgebend sind.

Art. 11. Jeder der Hohen Vertragschließenden Teile kann in Abweichung von Art. 43 Ziff. 2 und 3 und Art. 74 des Einheitlichen Wechselgesetzes bestimmen, daß den Wechselverpflichteten, gegen die Rückgriff genommen wird, Fristen bewilligt werden können; diese Fristen dürfen den Verfalltag des Wechsels keinesfalls überschreiten.

Art. 12. Abweichend vom Art. 45 des Einheitlichen Wechselgesetzes kann jeder der Hohen Vertragschließenden Teile das System der Benachrichtigung durch den Protestbeamten beibehalten oder einführen, wonach der Notar oder der nach Landesrecht für die Protesterhebung zuständige Beamte verpflichtet ist, von der Erhebung des Protests mangels Annahme oder mangels Zahlung schriftlich die Wechselverpflichteten zu benachrichtigen, deren

Adressen im Wechsel angegeben oder dem Protestbeamten bekannt oder von seinen Auftraggebern mitgeteilt sind. Die Kosten der Benachrichtigung sind den Protestkosten zuzuschlagen.

Art. 13. Jeder der Hohen Vertragschließenden Teile kann für Wechsel, die in seinem Gebiete sowohl ausgestellt als auch zahlbar sind, vorschreiben, daß an die Stelle des im Art. 48 Ziff. 2 und Art. 49 Ziff. 2 des Einheitlichen Wechselgesetzes bestimmten Zinsfußes der im Gebiete des Hohen Vertragschließenden Teiles geltende gesetzliche Zinsfuß tritt.

Art. 14. Abweichend vom Art. 48 des Einheitlichen Wechselgesetzes behält sich jeder der Hohen Vertragschließenden Teile vor, eine Bestimmung in sein Landesrecht einzuführen, wonach der Inhaber im Falle des Rückgriffs eine Provision verlangen darf, deren Höhe die Landesgesetzgebung bestimmt.

Ein gleicher Anspruch kann abweichend vom Art. 49 des Einheitlichen Wechselgesetzes für denjenigen vorgesehen werden, der den Wechsel eingelöst hat und gegen seine Vormänner Rückgriff nimmt.

Art. 15. Jeder der Hohen Vertragschließenden Teile kann bestimmen, daß in seinem Gebiet in den Fällen des Rückgriffverlusts oder der Verjährung ein Anspruch gegen den Aussteller, der keine Deckung geleistet hat, oder gegen die Aussteller oder Indossanten, der sich ungerechtfertigt bereichern würde, bestehen bleibt. Die gleiche Befugnis besteht im Falle der Verjährung in Ansehung des Annehmers, der Deckung erhalten hat oder sich ungerechtfertigt bereichern würde.

Art. 16. Die Frage, ob der Aussteller verpflichtet ist, bei Verfall für Deckung zu sorgen, und ob der Inhaber besondere Rechte auf diese Deckung hat, wird durch das Einheitliche Wechselgesetz nicht berührt. Gleiches gilt für jede andere Frage, welche die Rechtsbeziehung betrifft, die der Ausstellung des Wechsels zugrunde liegen.

Art. 17. Der Gesetzgebung jedes der Hohen Vertragschließenden Teile bleibt es überlassen, die Gründe für die Unterbrechung und die Hemmung der Verjährung der von seinen Gerichten zu beurteilenden wechselmäßigen Ansprüche zu bestimmen.

Die anderen Hohen Vertragschließenden Teile können die Bedingungen festsetzen, unter denen sie solche Gründe anerkennen. Gleiches gilt von der Wirkung, die der gerichtlichen Geltendmachung des Wechsels für den Beginn der im Art. 70 Abs. 3 des Einheitlichen Wechselgesetzes vorgesehenen Verjährungsfrist zukommt.

Art. 18. Jeder der Hohen Vertragschließenden Teile kann vorschreiben, daß für die Vorlegung zur Annahme oder zur Zahlung sowie für alle anderen auf den Wechsel bezüglichen Handlungen bestimmte Werktage den gesetzlichen Feiertagen gleichgestellt werden.

Art. 19. Jeder der Hohen Vertragschließenden Teile kann bestimmen, wie die im Art. 75 des Einheitlichen Wechselgesetzes vorgesehenen Urkunden zu bezeichnen sind oder daß diese Urkunden, wenn sie ausdrücklich an Order lauten, keiner besonderen Bezeichnung bedürfen.

Art. 20. Die Bestimmungen der Art. 1 bis 18 dieser Anlage über den gezogenen Wechsel gelten auch für den eigenen Wechsel.

Art. 21. Jeder der Hohen Vertragschließenden Teile behält sich vor, die im Art. I des Abkommens erwähnte Verpflichtung auf die Bestimmungen über den gezogenen Wechsel zu beschränken und die im Zweiten Teil des Einheitlichen Wechselgesetzes enthaltenen Bestimmungen über den eigenen im Art. I des Abkommens erwähnte Verpflichtung auf die Bestimmungen über den gezogenen Wechsel zu beschränken und die im Zweiten Teil des Einheitlichen Wechselgesetzes enthaltenen Bestimmungen über den eigenen Wechsel in seinem Gebiete nicht einzuführen. In diesem Falle gilt der Hohe Vertragschließende Teil, der von dem Vorbehalte Gebrauch gemacht hat, als Vertragsteil nur in Ansehung des gezogenen Wechsels.

Ebenso behält sich jeder der Hohen Vertragschließenden Teile vor, aus den Bestimmungen über den eigenen Wechsel ein besonderes Gesetz zu bilden; dieses Gesetz hat den Bestimmungen des Zweiten Teils des Einheitlichen Wechselgesetzes völlig zu entsprechen und die Vorschriften über den gezogenen Wechsel, auf die dort verwiesen wird, lediglich mit den aus den Art. 75, 76, 77 und 78 des Einheitlichen Wechselgesetzes und den Art. 19 und 20 dieser Anlage folgenden Abweichungen wiederzugeben.

Art. 22. Jeder der Hohen Vertragschließenden Teile kann durch Ausnahmevorschriften allgemeiner Art die Fristen verlängern, in denen die zur Erhaltung der Rückgriffsrechte erforderlichen Handlungen vorzunehmen sind, und die Verfallzeit der Wechselverpflichtungen hinausschieben.

Art. 23. Jeder der Hohen Vertragschließenden Teile verpflichtet sich, die von anderen Hohen Vertragschließenden Teilen auf Grund der Art. 1 bis 4, 6, 8 bis 16 und 18 bis 21 dieser Anlage getroffenen Vorschriften anzuerkennen.

b) Abkommen über Bestimmungen auf dem Gebiete des internationalen Wechselprivatrechts

Art. 1. Die Hohen Vertragschließenden Teile verpflichten sich gegenseitig, zur Lösung der in den folgenden Artikeln bezeichneten Fragen des internationalen Wechselprivatrechts die in diesen Artikeln enthaltenen Bestimmungen anzuwenden.

Art. 2. Die Fähigkeit einer Person, eine Wechselverbindlichkeit einzugehen, bestimmt sich nach dem Rechte des Landes, dem sie angehört. Erklärt dieses Recht das Recht eines anderen Landes für maßgebend, so ist das letztere Recht anzuwenden.

Wer nach dem im vorstehenden Absatz bezeichneten Recht nicht wechselfähig ist, wird gleichwohl gültig verpflichtet, wenn die Unterschrift in dem Gebiet eines Landes abgegeben worden ist, nach dessen Recht er wechselfähig wäre.

Jeder der Hohen Vertragschließenden Teile kann die von einem seiner Angehörigen eingegangene Wechselverpflichtung als nichtig behandeln, wenn sie im Gebiete der anderen Hohen Vertragschließenden Teile nur in Anwendung des vorstehenden Absatzes als gültig angesehen wird.

Art. 3. Die Form einer Wechselerklärung bestimmt sich nach dem Rechte des Landes, in dessen Gebiete die Erklärung unterschrieben worden ist.

Wenn jedoch eine Wechselerklärung, die nach den Vorschriften des vorstehenden Absatzes ungültig ist, dem Rechte des Landes entspricht, in dessen Gebiete eine spätere Wechselerklärung unterschrieben worden ist, so wird durch Mängel in der Form der ersten Wechselerklärung die Gültigkeit der späteren Wechselerklärung nicht berührt.

Jeder der Hohen Vertragschließenden Teile kann vorschreiben, daß eine Wechselerklärung, die einer seiner Staatsangehörigen im Ausland abgegeben hat, auf seinem Gebiete gegenüber anderen seiner Staatsangehörigen gültig ist, wenn die Erklärung den Formerfordernissen seines Rechtes genügt.

Art. 4. Die Wirkungen der Verpflichtungserklärungen des Annehmers eines gezogenen Wechsels und des Ausstellers eines eigenen Wechsels bestimmen sich nach dem Rechte des Zahlungsorts.

Die Wirkungen der übrigen Wechselerklärungen bestimmen sich nach dem Rechte des Landes, in dessen Gebiete die Erklärungen unterschrieben worden sind.

Art. 5. Die Fristen für die Ausübung der Rückgriffsrechte werden für alle Wechselverpflichteten durch das Recht des Ortes bestimmt, an dem der Wechsel ausgestellt worden ist.

Art. 6. Das Recht das Ausstellungsorts bestimmt, ob der Inhaber eines gezogenen Wechsels die seiner Ausstellung zugrunde liegende Forderung erwirbt.

Art. 7. Das Recht des Zahlungsorts bestimmt, ob die Annahme eines gezogenen Wechsels auf einen Teil der Summe beschränkt werden kann und ob der Inhaber verpflichtet oder nicht verpflichtet ist, eine Teilzahlung anzunehmen.

Dasselbe gilt für die Zahlung bei einem eigenen Wechsel.

Art. 8. Die Form des Protests und die Fristen für die Protesterhebung sowie die Form der übrigen Handlungen, die zur Ausübung oder Erhaltung der Wechselrechte erforderlich sind, bestimmen sich nach dem Rechte des Landes, in dessen Gebiete der Protest zu erheben oder die Handlung vorzunehmen ist.

Art. 9. Das Recht des Zahlungsorts bestimmt die Maßnahmen, die bei Verlust oder Diebstahl eines Wechsels zu ergreifen sind.

Art. 10. Jeder der Hohen Vertragschließenden Teile behält sich vor, die nach diesem Abkommen maßgebenden Bestimmungen des internationalen Privatrechts nicht zur Anwendung zu bringen, soweit es sich handelt:

1. um eine außerhalb des Gebiets der Hohen Vertragschließenden Teile eingegangene Wechselverpflichtung;
2. um ein nach diesen Bestimmungen anzuwendendes Recht, das nicht das Recht eines der Hohen Vertragschließenden Teile ist.

Art. 11. Die Bestimmungen dieses Abkommens finden in den Gebieten der Hohen Vertragschließenden Teile keine Anwendung auf Wechsel, die im Zeitpunkt des Inkrafttretens dieses Abkommens schon ausgestellt waren.

Art. 12. Das Abkommen, dessen französischer und englischer Wortlaut gleich maßgebend sind, trägt das Datum des heutigen Tages.

Nach diesem Tage kann es noch bis zum 6. September 1930 für jedes Mitglied des Völkerbundes und für jeden Nichtmitgliedstaat gezeichnet werden.

Art. 13. Dieses Abkommen soll ratifiziert werden.

Die Ratifikationsurkunden sind vor dem 1. September 1932 bei dem Generalsekretär des Völkerbunds zu hinterlegen; dieser wird ihren Eingang unverzüglich allen Mitgliedern des Völkerbunds und den Nichtmitgliedstaaten mitteilen, die Vertragsteile des Abkommens sind.

Art. 14. Vom 6. September 1930 an kann jedes Mitglied des Völkerbunds und jeder Nichtmitgliedstaat dem Abkommen beitreten.

Dieser Beitritt wird durch eine Anzeige an den Generalsekretär des Völkerbunds vollzogen, die im Archive des Sekretariats des Völkerbunds zu hinterlegen ist.

Der Generalsekretär des Völkerbunds wird die Hinterlegung unverzüglich allen Staaten mitteilen, die das Abkommen gezeichnet haben oder ihm beigetreten sind.

Art. 15. Dieses Abkommen tritt erst in Kraft, wenn es für sieben Mitglieder des Völkerbunds oder Nichtmitgliedstaaten ratifiziert oder für sie der Beitritt erklärt worden ist; unter den Völkerbundsmitgliedern müssen drei ständig im Völkerbundsrat vertreten sein.

Das Abkommen tritt am neunzigsten Tage nach dem Tage in Kraft, an dem der Generalsekretär des Völkerbunds die siebente nach dem ersten Absatz dieses Artikels maßgebende Ratifikationsurkunde oder Beitrittserklärung erhalten hat.

Der Generalsekretär des Völkerbunds wird, wenn er die in den Art. 13 und 14 vorgesehenen Mitteilungen macht, ausdrücklich darauf hinweisen, daß die im ersten Absatz bezeichneten Ratifikationsurkunden oder Beitrittserklärungen vorliegen.

Art. 16. Jede Ratifikation oder jeder Beitritt, die nach dem Zeitpunkt erfolgen, in dem das Abkommen nach Art. 15 in Kraft tritt, wird am neunzigsten Tage nach dem Eingang der Ratifikationsurkunde oder Beitrittserklärung beim Generalsekretär des Völkerbunds wirksam.

Art. 17. Das Abkommen kann nicht vor Ablauf einer Frist von zwei Jahren seit dem Tage gekündigt werden, an dem es für die kündigende Mitglied des Völkerbunds oder den kündigenden Nichtmitgliedstaat in Kraft getreten ist; die Kündigung wird am neunzigsten Tage nach dem Eingang der Kündigungserklärung bei dem Generalsekretär des Völkerbunds wirksam.

Der Generalsekretär des Völkerbunds wird jede Kündigung unverzüglich allen anderen Hohen Vertragschließenden Teilen mitteilen.

Jede Kündigung ist nur in Ansehung des Hohen Vertragschließenden Teils wirksam, für den sie erklärt worden ist.

Art. 18. Jedes Mitglied des Völkerbunds und jeder Nichtmitgliedstaat, für die das Abkommen in Kraft ist, kann nach Ablauf von vier Jahren seit seinem Inkrafttreten einen Antrag auf Nachprüfung einzelner oder aller Vorschriften des Abkommens an den Generalsekretär des Völkerbunds richten.

Wenn ein solcher Antrag nach Mitteilung an die anderen Mitglieder des Völkerbunds und Nichtmitgliedstaaten, für die das Abkommen zu dieser

Zeit in Kraft ist, innerhalb eines Jahres die Unterstützung von mindestens sechs Vertragsstaaten findet, so wird der Völkerbundsrat darüber entscheiden, ob eine Konferenz zu diesem Zweck einberufen werden soll.

Art. 19. Die hohen Vertragschließenden Teile können bei der Zeichnung, der Ratifikation oder bei ihrem Beitritt erklären, daß sie durch die Annahme dieses Abkommens keine Verpflichtung für die Gesamtheit oder einen Teil ihrer Kolonien, Protektorate oder der unter ihrer Oberhoheit oder ihrem Mandat stehenden Gebiete zu übernehmen gewillt sind; in diesem Falle findet das Abkommen keine Anwendung auf die Gebiete, für welche diese Erklärung abgegeben worden ist.

Die Hohen Vertragschließenden Teile können in der Folge dem Generalsekretär des Völkerbunds anzeigen, daß sie beabsichtigen, die Anwendbarkeit dieses Abkommens auf die Gesamtheit oder einen Teil der Gebiete auszudehnen, für welche die im vorhergehenden Absatz vorgesehene Erklärung abgegeben worden ist. In diesem Falle tritt das Abkommen für die in der Erklärung genannten Gebiete neunzig Tage nach Eingang der Anzeige bei dem Generalsekretär des Völkerbunds in Kraft.

Desgleichen können die Hohen Vertragschließenden Teile jederzeit erklären, daß sie beabsichtigen, die Anwendbarkeit dieses Abkommens für die Gesamtheit oder einen Teil ihrer Kolonien, Protektorate oder der ihrer Oberhoheit oder ihrem Mandat unterstehenden Gebiete auszuschließen; in diesem Falle tritt das Abkommen für die Gebiete, für welche diese Erklärung abgegeben worden ist, ein Jahr nach Eingang der Erklärung bei dem Generalsekretär des Völkerbunds außer Kraft.

Art. 20. Dieses Abkommen wird nach seinem Inkrafttreten vom Generalsekretär des Völkerbunds registriert werden. Sodann wird es in der Sammlung der Verträge des Völkerbunds sobald wie möglich veröffentlicht werden.

Zu Urkund dessen haben die obengenannten Bevollmächtigten dieses Abkommen gezeichnet.

Geschehen zu Genf, am siebenten Juni neunzehnhundertdreißig, in einer einzigen Ausfertigung, die im Archiv des Sekretariats des Völkerbunds hinterlegt wird; eine gleichlautende Abschrift wird allen Mitgliedern des Völkerbunds und allen auf der Konferenz vertretenen Nichtmitgliedstaaten übersandt werden.

c) Abkommen über das Verhältnis der Stempelgesetze zum Wechselrecht

Art. 1. Die Hohen Vertragschließenden Teile verpflichten sich, ihre Gesetze, falls diese nicht bereits eine solche Bestimmung enthalten, dahin abzuändern, daß die Gültigkeit von Wechselverpflichtungen oder die Geltendmachung der sich aus Wechseln ergebenden Ansprüche nicht von der Beobachtung einer Stempelvorschrift abhängig gemacht werden.

Doch können sie das Recht zur Geltendmachung dieser Ansprüche bis zur Zahlung der vorgeschriebenen Stempelbeträge oder verwirkter Geldstrafen aufschieben. Ebenso können sie vorschreiben, daß die Eigenschaft und die Wirkungen einer unmittelbar vollstreckbaren Urkunde, die nach ihrer Gesetzgebung dem Wechsel etwa zugutekommen, davon abhängig sind, daß der Stempelbetrag gemäß den Vorschriften ihrer Gesetze schon bei der Ausstellung der Urkunde gehörig entrichtet worden ist.

Jeder der Hohen Vertragschließenden Teile behält sich vor, die im ersten Absatz erwähnte Verpflichtung auf gezogene Wechsel zu beschränken.

Art. 2. Das Abkommen, dessen französischer und englischer Wortlaut gleich maßgebend sind, trägt das Datum des heutigen Tages.

Nach diesem Tage kann es noch bis zum 6. September 1930 für jedes Mitglied des Völkerbunds und für jeden Nichtmitgliedstaat gezeichnet werden.

Art. 3. Dieses Abkommen soll ratifiziert werden.

Die Ratifikationsurkunden sind vor dem 1. September 1932 bei dem Generalsekretär des Völkerbunds zu hinterlegen; dieser wird ihren Eingang unverzüglich allen Mitgliedern des Völkerbunds und den Nichtmitgliedstaaten mitteilen, die Vertragsteile des Abkommens sind.

Art. 4. Vom 6. September 1930 an kann jedes Mitglied des Völkerbunds und jeder Nichtmitgliedstaat dem Abkommen beitreten.

Dieser Beitritt wird durch eine Anzeige an den Generalsekretär des Völkerbunds vollzogen, die im Archiv des Sekretariats des Völkerbunds zu hinterlegen ist.

Der Generalsekretär des Völkerbunds wird die Hinterlegung unverzüglich allen Staaten mitteilen, die das Abkommen gezeichnet haben oder ihm beigetreten sind.

Art. 5. Dieses Abkommen tritt erst in Kraft, wenn es für sieben Mitglieder des Völkerbunds oder Nichtmitgliedstaaten ratifiziert oder für sie der Beitritt erklärt worden ist; unter den Völkerbundsmitgliedern müssen drei ständig im Völkerbundsrat vertreten sein.

Das Abkommen tritt am neunzigsten Tage nach dem Tage in Kraft, an dem der Generalsekretär des Völkerbunds die siebente nach dem ersten Absatz dieses Artikels maßgebende Ratifikationsurkunde oder Beitrittserklärung erhalten hat.

Der Generalsekretär des Völkerbunds wird, wenn er die in Art. 3 und 4 vorgesehenen Mitteilungen macht, ausdrücklich darauf hinweisen, daß die im ersten Absatz bezeichneten Ratifikationsurkunden oder Beitrittserklärungen vorliegen.

Art. 6. Jede Ratifikation oder jeder Beitritt, die nach dem Zeitpunkt erfolgen, in dem das Abkommen nach Art. 5 in Kraft tritt, wird am neunzigsten Tage nach dem Eingang der Ratifikationsurkunde oder Beitrittserklärung beim Generalsekretär des Völkerbunds wirksam.

Art. 7. Das Abkommen kann nicht vor Ablauf einer Frist von zwei Jahren seit dem Tage gekündigt werden, an dem es für das kündigende Mitglied des Völkerbunds oder den kündigenden Nichtmitgliedstaat in Kraft getreten ist; die Kündigung wird am neunzigsten Tage nach dem Eingang der Kündigungserklärung bei dem Generalsekretär des Völkerbunds wirksam.

Der Generalsekretär des Völkerbunds wird jede Kündigung unverzüglich allen anderen Hohen Vertragschließenden Teilen mitteilen.

Jede Kündigung ist nur in Ansehung des Hohen Vertragschließenden Teils wirksam, für den sie erklärt worden ist.

Art. 8. Jedes Mitglied des Völkerbunds und jeder Nichtmitgliedstaat, für die das Abkommen in Kraft ist, kann nach Ablauf von vier Jahren seit seinem Inkrafttreten einen Antrag auf Nachprüfung einzelner oder aller Vorschriften des Abkommens an den Generalsekretär des Völkerbunds richten.

Wenn ein solcher Antrag nach Mitteilung an die anderen Mitglieder des Völkerbunds und Nichtmitgliedstaaten, für die das Abkommen zu dieser Zeit in Kraft ist, innerhalb eines Jahres die Unterstützung von mindestens sechs Vertragsstaaten findet, so wird der Völkerbundsrat darüber entscheiden, ob eine Konferenz zu diesem Zwecke einberufen werden soll.

Art. 9. Die Hohen Vertragschließenden Teile können bei der Zeichnung, der Ratifikation oder bei ihrem Beitritt erklären, daß sie durch die Annahme dieses Abkommens keine Verpflichtung für die Gesamtheit oder einen Teil ihrer Kolonien, Protektorate oder der unter ihrer Oberhoheit oder ihrem Mandat stehenden Gebiete zu übernehmen gewillt sind; in diesem Falle findet das Abkommen keine Anwendung auf die Gebiete, für welche diese Erklärung abgegeben worden ist.

Die hohen Vertragschließenden Teile können in der Folge dem Generalsekretär des Völkerbunds anzeigen, daß sie beabsichtigen, die Anwendbarkeit dieses Abkommens auf die Gesamtheit oder einen Teil der Gebiete auszudehnen, für welche die im vorhergehenden Absatz vorgesehene Erklärung abgegeben worden ist. In diesem Falle tritt das Abkommen für die in der Erklärung genannten Gebiete neunzig Tage nach Eingang der Anzeige bei dem Generalsekretär des Völkerbunds in Kraft.

Desgleichen können die Hohen Vertragschließenden Teile jederzeit erklären, daß sie beabsichtigen, die Anwendbarkeit dieses Abkommens für die Gesamtheit oder einen Teil ihrer Kolonien, Protektorate oder der ihrer Oberhoheit oder ihrem Mandat unterstehenden Gebiete auszuschließen; in diesem Falle tritt das Abkommen für die Gebiete, für welche die Erklärung abgegeben worden ist, ein Jahr nach Eingang der Erklärung bei dem Generalsekretär des Völkerbunds in Kraft.

Art. 10. Dieses Abkommen wird nach seinem Inkrafttreten vom Generalsekretär des Völkerbunds registriert werden. Sodann wird es in der Sammlung der Verträge des Völkerbunds so bald wie möglich veröffentlicht werden.

Zu Urkund dessen haben die obengenannten Bevollmächtigten dieses Abkommen gezeichnet.

2.

Übersicht über die Durchführung der vorstehenden Abkommen

Die vorstehenden drei Abkommen sind sämtlich in Kraft getreten, nachdem die in den Abkommen vorgesehene Mindestzahl von Ratifikationen erfolgt war, und zwar mit dem 1. Januar 1934. Gemäß Art. IV und V des Abk. über das EWG hat der Generalsekretär des Völkerbundes dessen Mitgliedstaaten und die Vertragsstaaten des Abk. von den jeweiligen Ratifikationen bzw. Beitritten benachrichtigt. Bis zum Kriegsausbruch wurde der Inhalt dieser Mitteilungen im RGBl (Teil II) bekannt gemacht. Durch die erste dieser Bekanntmachungen, die am 30. 11. 1933 erfolgte (RGBl II, 974), wurde auch die am 3. 10. 1933 erfolgte Ratifikation der Abkommen durch Deutschland bekannt gegeben. Der Völkerbund hat in einem Anhang seiner Jahresberichte laufend Beitritte und Kündigungen derjenigen Abkommen veröffentlicht, bezüglich deren die entsprechenden Erklärungen an den Generalsekretär in Genf zu richten waren. Die letzte (21.) Liste ist im Jahre 1944 veröffentlicht worden; ein Nachtrag zu dieser Liste vom 31. Juli 1946 ergibt, daß hinsichtlich der Wechselrechtsabkommen bis zu letzterem Datum keine Änderungen gegenüber dem Stande der 21. Liste eingetreten sind. Danach haben die in nachstehendem Verzeichnis angegebenen Länder die Abkommen ratifiziert, bzw. ihren Beitritt dazu erklärt, und zwar an dem in Spalte 2 angegebenen Tage; Spalte 3 enthält das Datum der entspr. Veröffentlichung im RGBl, aus welcher auch die von den einzelnen Ländern gemäß Anl II des Abk.

Land	Ratifikation	Bek. im RGBl II	Landesgesetz
Belgien	31. 8. 1932	30. 11. 33 (S. 974)	in Vorbereitung
Brasilien	26. 8. 1942	—	nicht erlassen
Dänemark ...	27. 7. 1932	30. 11. 33 (S. 974)	23. 3. 32
Deutschland .	3. 10. 1933	30. 11. 33 (S. 974)	21. 6. 33
Finnland	31. 8. 1932	30. 11. 33 (S. 974)	14. 7. 32
Frankreich ...	27. 4. 1936	16. 6. 36 (S. 212)	30. 10. 35 (Änder. v. Art.110—189, 636f. Code de Commerce)
Griechenland .	31. 8. 1932 ohne Abk. betr. Stempelgesetz	30. 11. 33 (S. 974)	17. 8./11. 9. 1931
Italien	31. 8. 1932	30. 11. 33 (S. 974)	19. 12. 33
Japan	31. 8. 1932	30. 11. 33 (S. 974)	Nr. 20/1933
Monaco	25. 1. 1934	1. 3. 34 (S. 92)	18. 2. 33
Niederlande ..	20. 8. 1932	28. 4. 34 (S. 264)	25. 7. 32
Niederlande-(Übersee) ..	16. 7. 1935 7. 8. 1936	7. 10. 35 (S. 742] 30. 9. 36 (S. 321)	—
Österreich	31. 8. 1932	30. 11. 33 (S. 974)	18. 8. 1932, geändert durch deutsche VO v. 21.4.38 (RGBl I, 421)
Norwegen	27. 7. 1932	30. 11. 33 (S. 974)	13. 5. 32
Polen	19. 12. 1936	9. 2. 37 (S. 101)	28. 4. 36
Portugal	8. 6. 1934	18. 7. 34 (S. 413)	29. 5. 34
Rumänien ...	ohne formellen Beitritt Anschluß durch Ges. v. 30.4.34		
Schweden	27. 7. 1932	30. 11. 33 (S. 974)	27. 5. 32
Schweiz......	26. 8. 1932	30. 11. 33 (S. 974)	18. 12. 36 (Änder. d. Obligationsrechts)
Sowjet-Union	25. 11. 1936	22. 12. 36 (S. 400)	7. 8. 37

EWG gemachten Vorbehalte ersichtlich sind. Da die Ratifikation des Abkommens nicht mit der Einführung des EWG als Landesrecht gleichbedeutend ist, ist in Spalte 4 das Datum der landesrechtlichen Bestimmungen angegeben, durch die der betreffende Staat sein Wechselrecht — sei es durch Übernahme der Bestimmungen des EWG, sei es durch Anpassung seiner Vorschriften — nach Maßgabe des Abkommens umgestaltet hat.

Griechenland ist dem Abkommen über das Verhältnis der Stempelgesetze zum Wechselrecht nicht beigetreten, die übrigen angeführten Länder haben sich sämtlichen drei Abkommen angeschlossen. Die Länder des englischen Rechtskreises haben, obwohl Großbritannien beim Abschluß der Genfer Abkommen mitgewirkt hat, die Abk. über das EWG und betr. Intern. Privatrecht nicht ratifiziert, wohl aber dasjenige über das Verhältnis der Stempelgesetze (vgl. für Großbritannien und Nordirland: RGBl II 1934, 335; Neufundland: RGBl II 1934, 359; Irischer Freistaat: RGBl II 1936, 301; brit. Kolonien und Mandatsgebiete: RGBl II 1936, 321; Australien: RGBl 1938, 856; Neue Hebriden: RGBl II 1939, 752).

III. Nebengesetze

1.

Der Postprotest[1])

a) Auszug aus dem Gesetz, betreffend die Erleichterung des Wechselprotestes

Vom 30. Mai 1908 (RGBl. S. 321)

§ 3. Unter Zustimmung des Bundesrats kann der Reichskanzler anordnen, daß die Postverwaltung für bestimmte Fälle, insbesondere mit Rücksicht auf die Art des Protestes oder die Höhe der Wechselsumme, die Protesterhebung nicht übernimmt.

Die näheren Bestimmungen über die Benutzung der Postanstalten zur Aufnahme von Wechselprotesten erläßt der Reichskanzler. Für den inneren Verkehr der Königreiche Bayern und Württemberg werden diese Bestimmungen von den zuständigen Behörden dieser Staaten erlassen.

§ 4. Die Postverwaltung haftet dem Auftraggeber für die ordnungsmäßige Ausführung des Protestauftrags nach den allgemeinen Vorschriften des bürgerlichen Rechtes über die Haftung eines Schuldners für die Erfüllung seiner Verbindlichkeit. Sie haftet nicht über den Betrag des wechselmäßigen Regreßanspruchs hinaus.

---

[1]) In Österreich ist der Postprotest bisher wegen Fehlens der erforderlichen Ausführungsvorschriften tatsächlich noch nicht zugelassen.

Der Anspruch gegen die Postverwaltung verjährt in drei Jahren. Die Verjährung beginnt mit dem Zeitpunkt, in welchem der Protestauftrag bei der Postanstalt eingeht, von welcher der Auftrag auszuführen ist.

b) Auszug aus der Postordnung

Vom 30. Januar 1929 (RGBl. I, S. 33)

unter Berücksichtigung der erfolgten Abänderungen [1])

§ 20

Postaufträge

(I) Die Post kann beauftragt werden,

1. Beträge bis 1000 Deutsche Mark einschließlich einzuziehen (Postaufträge zur Geldeinziehung);
2. Wechsel zur Zahlung vorzuzeigen und, wenn die Zahlung unterbleibt, Protest mangels Zahlung nach den Vorschriften des Wechselgesetzes zu erheben (Postprotestaufträge).

Ausgeschlossen von der Protesterhebung durch die Post sind:

Wechsel über mehr als 1000 Deutsche Mark,
Wechsel in fremder Sprache,
Wechsel, die auf eine ausländische Münzsorte laufen, wenn der Aussteller durch das Wort „effektiv" oder einen ähnlichen Zusatz die Zahlung in der benannten Münzsorte ausdrücklich bestimmt hat,
Wechsel mit Notanschrift (Notadresse) oder Ehrenannahme,
Wechsel, die unter Vorlegung mehrerer Stücke desselben Wechsels oder unter Vorlegung der Urschrift und einer Abschrift zu protestieren sind.

(II) Es ist beizufügen:

1. dem Postauftrag zur Geldeinziehung das einzulösende Papier (quittierte Rechnung, quittierter Wechsel, Zinsschein usw.). Mehrere Papiere — bis zu 10 — dürfen beigefügt werden, wenn sie demselben Zahlungspflichtigen gleichzeitig zur Einlösung vorzuzeigen sind und die einzuziehende Gesamtsumme 1000 Deutsche Mark nicht übersteigt;
2. dem Postprotestauftrag der quittierte Wechsel; mehrere Wechsel beizufügen, ist nicht gestattet.

(III) Der Postauftrag ist auf besonderem Formular, der Postauftragskarte, zu erteilen. Es gibt Postauftragskarten

1. a) für Postaufträge zur Geldeinziehung mit anhängender Postanweisung,
   b) für Postaufträge zur Geldeinziehung mit anhängender Zahlkarte;
2. a) für Protestaufträge mit anhängender Postanweisung,
   b) für Postprotestaufträge mit anhängender Zahlkarte.

Nicht von der Post bezogene Formblätter müssen in Größe, Farbe und Papierstärke sowie im Aufdruck mit den amtlichen genau übereinstimmen.

---

[1]) Vgl. Anm 7 zu Art 79.

(IV) Der Auftraggeber hat auf der Vorderseite der Postauftragkarte anzugeben:

1. bei Postaufträgen zur Geldeinziehung Namen und Wohnort der Person, die zahlen soll, den einzuziehenden Betrag, die Zahl der Anlagen und den eigenen Namen und Wohnort. Er kann auch den Tag angeben, an dem der Betrag eingezogen werden soll. Dieser Tag ist dann für die Vorzeigung maßgebend. Beantragt der Auftraggeber die Überweisung auf das Postscheckkonto eines Dritten, so hat er am Fuße der Vorderseite der Postauftragskarte „Zahlkarte PSchA (Ort) .... Konto Nr. .... N.................. in N..................“ und auf dem Abschnitt der Zahlkarte seinen Namen zu vermerken;
2. bei Postprotestaufträgen Namen und Wohnort der Person, die zahlen soll, die Wechselsumme — bei Sicht- und Nachsichtwechseln mit Zinsklausel neben der Wechselsumme den Betrag der Zinsen — den Tag, an dem nach dem Inhalt des Wechsels zu zahlen ist, bei Wechseln, die auf Sicht lauten, den Tag, an dem der Wechsel vorgezeigt werden soll, ferner den eigenen Namen und Wohnort. Stimmen die Angaben in der Postauftragskarte über die Wechselsumme und den Zahlungstag mit denen des Wechsels nicht überein, so ist der Wechsel maßgebend. Ist auf dem Wechsel eine Teilzahlung vermerkt, so ist in die Postauftragskarte nur der noch nicht bezahlte Rest einzutragen. Ist ein auf Sicht lautender Wechsel bereits vor Erteilung des Postauftrags zur Zahlung vorgezeigt worden, so hat der Auftraggeber auf der Rückseite der Postauftragskarte zu vermerken: „Der Wechsel ist vorgezeigt worden am .... (Tag der Vorzeigung)“.

Die Karten können ganz oder teilweise durch Druck, mit der Schreibmaschine usw. ausgefüllt werden. Der einzuziehende Betrag (Wechselsumme usw.) ist in Deutsche Mark anzugeben und die Marksumme in Buchstaben zu wiederholen.

Der Auftraggeber hat die der Postauftragskarte anhängende Postanweisung oder Zahlkarte auszufüllen; der einzuziehende Betrag ist nach Abzug der Postanweisungs- oder Zahlkartengebühr einzutragen. Der Auftraggeber ist dafür verantwortlich, daß auf der anhängenden Postanweisung oder Zahlkarte der Empfangsberechtigte richtig bezeichnet ist.

(V) Der Auftraggeber kann bei Postaufträgen zur Geldeinziehung auf der Rückseite der Karte bestimmen, daß sie nach der ersten vergeblichen Vorzeigung oder dem ersten vergeblichen Versuch an ihn zurück- oder an eine andere Person innerhalb des Reichspostgebiets weitergesandt werden. Diesem Zweck dienen die Vermerke „Sofort zurück“ oder „Sofort an N. in N.“ unter genauer Bezeichnung eines anderen Empfängers. Wünscht der Auftraggeber die Weitersendung an eine zur Aufnahme des Wechselprotestes befugte Person, so genügt der Vermerk „Sofort zum Protest“ ohne Namensangabe.

(VI) Die Postauftragskarte bleibt bei Einziehung des Betrags oder bei postseitiger Protestierung im Gewahrsam der Post; sie darf nur zu den nach IV und V zulässigen Angaben benutzt werden; Briefe dürfen nicht beigefügt werden.

(VII) Der Postauftrag ist in einem verschlossenen Umschlag mit der Aufschrift „Postauftrag nach .... (Name der Bestimmungspostanstalt)" einzuliefern. Als Bestimmungspostanstalt ist zu nennen:

1. bei Postaufträgen zur Geldeinziehung die Postanstalt, die den Geldbetrag einziehen soll;
2. bei Postprotestaufträgen die Postanstalt, zu deren Bezirk der im Wechsel angegebene Zahlungsort gehört, auch wenn die Person, die zahlen soll, nicht an dem im Wechsel angegebenen Zahlungsort wohnt, z. B. nach Ausstellung des Wechsels verzogen ist.

Soll der Postauftrag an einem bestimmten Tage vorgezeigt werden, so darf er nicht früher als 7 Tage vorher eingeliefert werden. Mehrere Postaufträge dürfen nicht zu einer Sendung vereinigt werden.

(VIII) Die Einlieferung wird bescheinigt.

(IX) Die Bestimmungspostanstalt läßt den Postauftrag dem Berechtigten vorzeigen, um den Geldbetrag gegen Aushändigung der quittierten Anlagen einzuziehen. Als berechtigt, einen Postauftrag einzulösen, gelten die im § 40, I bis V bezeichneten Personen.

Dem Antrag eines Wechselausstellers, einen von ihm übersandten Betrag zur Deckung eines für den Bezogenen vorliegenden Postprotestauftrags zu verwenden, kann unter der Bedingung entsprochen werden, daß der Wechsel dem Bezogenen auszuhändigen ist. Verlangt der Wechselaussteller, daß der Wechsel an ihn ausgehändigt werde, so ist einem solchen Verlangen nur dann zu entsprechen, wenn der Bezogene nach Verständigung vom Sachverhalt sein schriftliches Einverständnis damit auf der Rückseite der Postauftragskarte abgibt.

An Sonntagen und allgemeinen Feiertagen werden keine Postaufträge vorgezeigt.

(X) Der eingezogene Betrag wird dem Auftraggeber nach Abzug der Postanweisungs- oder Zahlkartengebühr durch Postanweisung (§ 22) übermittelt oder auf das in der Zahlkarte angegebene Postscheckkonto überwiesen.

(XI) Bei Postaufträgen zur Geldeinziehung wird auf Verlangen eine siebentägige Frist gewährt, die vom Tage nach der ersten Vorzeigung oder nach dem ersten Vorzeigeversuch an rechnet.

Die Einlösungsfrist wird nicht gewährt, wenn auf der Postauftragskarte „Sofort zurück", „Sofort zum Protest" oder „Sofort an N in N" (V) vermerkt ist. Mit der Aushändigung des Postauftrags und seiner Anlagen an einen Gerichtsvollzieher, Notar usw. oder an den zweiten Empfänger ist die Aufgabe der Post erfüllt.

Bei Postprotestaufträgen werden die durch das Wechselgesetz vom 21. Juni 1933 und durch das Scheckgesetz vom 14. August 1933 vorgesehenen Fristen gewährt. Der Auftraggeber kann die Fristen abkürzen; er hat in diesem Fall auf der Auftragskarte „Ohne Protestfrist" zu vermerken.

(XIa) Teilzahlungen werden bei Postaufträgen zur Geldeinziehung nicht angenommen. Als Zahlungsverweigerung gilt in jedem Fall nur die Erklärung der Person, die zahlen soll, oder die ihres Bevollmächtigten.

(XII) Der protestierte Wechsel wird mit der Protesturkunde eingeschrieben an den Auftraggeber unter Einziehung der Gebühren (XVI) und der etwa entstandenen Stempelkosten zurückgesandt.

Zahlt eine vom Aussteller des Wechsels nicht bezeichnete Person innerhalb der Protestfrist als Ehrenzahler die Wechselsumme und die Protestkosten an den Postprotestbeamten, so wird ihr der Wechsel mit der Protesturkunde ausgehändigt.

(XIII) Die Protesterhebung durch die Post unterbleibt,

1. wenn dem Postprotestauftrag Wechsel, die von der Protesterhebung durch die Post ausgeschlossen sind, oder mehrere Wechsel beigefügt sind;
2. wenn die für Postaufträge zur Geldeinziehung vorgeschriebene Postauftragskarte benutzt ist. Postaufträge auf unrichtiger Postauftragskarte sowie Postaufträge, denen
   Wechsel in französischer Sprache,
   Wechsel mit Notanschrift (Notadresse) oder Ehrenannahme, unter Vorlegung mehrerer Stücke desselben Wechsels oder unter Vorlegung der Urschrift und einer Abschrift zu protestierende Wechsel

beigefügt sind, werden zunächst dem Berechtigten, bei Wechseln mit Notanschrift (Notadresse) oder Ehrenannahme nur dem Bezogenen vorgezeigt. Bleibt die Vorzeigung oder der Versuch der Vorzeigung vergeblich, so werden sie an einen Gerichtsvollzieher, Notar usw. weitergegeben. Alle übrigen Postaufträge der unter 1 bezeichneten Art sowie Postaufträge auf Postauftragskarten zur Geldeinziehung mit Wechseln im Betrag von mehr als 1000 Deutsche Mark, die den Vermerk „Sofort zum Protest" tragen, werden ohne Vorzeigung an einen Gerichtsvollzieher, Notar usw. weitergegeben.

Die Protesterhebung durch die Post kann unterbleiben, wenn der Auftrag erst am letzten Tage der Protestfrist bei der Postanstalt eingeht, die den Protest zu erheben hat.

(XIV) Solange der Postauftrag noch nicht eingelöst, zurückgesandt oder weitergesandt ist oder solange noch nicht Protest erhoben worden ist, kann der Absender unter Vorlegung eines Doppels der ausgefüllten Postauftragskarte und unter den sonstigen Bedingungen des § 35 den Postauftrag zurückziehen; bei Postaufträgen zur Geldeinziehung kann er auch die Angaben in der Postauftragskarte ändern lassen. Bei den Anlagen sind nachträgliche Änderungen nicht zulässig.

(XV) Die Post haftet bei Postaufträgen zur Geldeinziehung für die Postauftragsendung wie für einen eingeschriebenen Brief und für den eingezogenen Betrag wie für die auf Postanweisungen eingezahlten Beträge. Sind die Anlagen eines Postauftrags ohne ordnungsmäßige Einziehung des Postauftragsbetrags ausgehändigt worden, so ersetzt die Post dem Absender, vorbehaltlich der Abtretung seines Anspruchs gegen den Empfänger der Anlagen, den unmittelbaren Schaden bis zum Betrag des Postauftrags. Eine weitergehende Gewähr, insbesondere für rechtzeitige Vorzeigung oder für rechtzeitige Rück- oder Weitersendung des Postauftrags leistet sie nicht; sie übernimmt auch keinerlei Verpflichtung zur Erfüllung der besonderen Vorschriften des Wechselrechts.

Bei Postprotestaufträgen haftet die Post für die ordnungsmäßige Ausführung eines vorschriftsmäßigen Protestauftrags (I bis IV) nach § 4 de Gesetzes betreffend die Erleichterung des Wechselprotestes, vom 30. Mai 1908 (Reichsgesetzbl. S. 321). Diese Haftung beginnt mit dem Eingang des Postauftrags bei der Postanstalt, die den Protest zu erheben hat, und endet, sobald der protestierte Wechsel nebst Protesturkunde zur Beförderung an den Auftraggeber eingeliefert worden ist (XII). Bis zum Eingang des Postauftrags bei der Postanstalt, die den Protest zu erheben hat, haftet die Post wie für einen eingeschriebenen Brief. In demselben Umfang haftet sie für den Brief mit dem protestierten Wechsel und der Protesturkunde, sobald er von der Postanstalt zur Beförderung an den Auftraggeber eingeliefert worden ist. Wird die Wechselsumme gezahlt, so haftet die Post für den eingezogenen Betrag wie für die auf Postanweisungen eingezahlten Beträge.

Für die Beförderung von Postprotestaufträgen, die an einen Gerichtsvollzieher, Notar usw. weitergegeben werden, haftet die Post wie für einen eingeschriebenen Brief.

(XVI) Für Postaufträge werden erhoben

1. die Gebühr für einen Einschreibbrief;
2. die Vorzeigegebühr;
3. für die Übermittlung des eingezogenen Betrags die Postanweisungsgebühr nach der Anlage oder die Zahlkartengebühr nach der Postscheckordnung (Gebührenübersicht);
4. wenn die Wechselsumme nicht gezahlt worden ist,
   a) die Gebühr für die Erhebung des Postprotestes nach § 45 (1) der Verordnung über die Kosten in Angelegenheiten der freiwilligen Gerichtsbarkeit und der Zwangsvollstreckung in das unbewegliche Vermögen vom 25. November 1935 (Kostenordnung),
   b) für die Rücksendung des protestierten Wechsels (Schecks) und der Protesturkunde die Gebühr für einen freigemachten Einschreibbrief,
   c) für die Ausfertigung eines Zeugnisses über die Protesterhebung die Gebühr nach § 45 (5) der Kostenordnung.

Zur Zahlung der Gebühren zu 1, 2 und 4 sowie zur Erstattung der nach den Landesgesetzen etwa entstehenden Stempelkosten für die Protesturkunde ist der Auftraggeber verpflichtet.

Die Gebühren zu 1 und 2 sind vorauszuzahlen. Die Postanweisungs- und Zahlkartengebühr (3) werden von dem eingezogenen Betrag abgezogen. Die Gebühren unter 4 nebst den landesgesetzlichen Stempelkosten werden bei Übersendung des protestierten Wechsels (Schecks) oder des Zeugnisses über die Protesterhebung erhoben.

(XVII) Die Vorschriften dieses Paragraphen über Protestaufträge gelten sinngemäß auch für Schecks, die protesiert werden sollen.

2.

Gesetz über die Wechsel- und Scheckzinsen

Vom 3. Juli 1925 (RGBl. S. 93)

Der Reichstag hat das folgende Gesetz beschlossen, das mit Zustimmung des Relchsrats hiermit verkündet wird:

§ 1. Der Zinssatz der nach Art. 50, 51 der Wechselordnung und § 17 des Scheckgesetzes zu entrichtenden Zinsen beträgt für die Zeit von dem Inkrafttreten dieses Gesetzes ab bis auf weiteres zwei vom Hundert über dem jeweiligen Reichsbankdiskontsatz, mindestens aber sechs vom Hundert.

Jede neue Festsetzung des Reichsbankdiskontsatzes tritt für dieses Gesetz am zweiten Tage nach der Veröffentlichung durch die Reichsregierung im Reichsgesetzblatt in Kraft.

§ 2. Dieses Gesetz tritt mit dem auf die Verkündung folgenden Tage in Kraft.

3.

Verordnung über Abrechnungsstellen im Wechsel- und Scheckverkehr[1]

Vom 28. Oktober 1943 (RgBl. I, S. 582)

Auf Grund des Artikels 38 Abs. 3 des Wechselgesetzes vom 21. Juni 1933 (Reichsgesetzbl. I S. 399) und des Artikels 31 Abs. 2 des Scheckgesetzes vom 14. August 1933 (Reichsgesetzbl. I S. 597) wird verordnet:

§ 1

Die Abrechnungsstellen, die bei einer Reichsbankanstalt errichtet sind oder errichtet werden, sind Abrechnungsstellen im Sinne des Artikels 38 Abs. 2 des Wechselgesetzes und des Artikels 31 Abs. 1 des Scheckgesetzes.

§ 2

(1) Wechsel oder Schecks können in eine Abrechnungsstelle eingeliefert werden, wenn der Bezogene oder die Zahlstelle bei der Abrechnungsstelle als Teilnehmer am Abrechnungsverkehr zugelassen ist oder bei ihr durch einen Teilnehmer vertreten wird.

(2) Die Einlieferungen müssen den für den Geschäftsverkehr der Abrechnungsstelle maßgebenden Bestimmungen entsprechen.

§ 3

Die Verordnung über Abrechnungsstellen im Wechsel- und Scheckverkehr vom 14. Juni 1935 (Reichsgesetzbl. I S. 747) und die zu ihrer Ergänzung erlassenen Verordnungen werden aufgehoben.

---

[1]) Vgl. auch folgende Ergänzungsbestimmungen: Bayern, VO v. 28. 9. 1948 GVBl 205. Bremen, VO v. 17. 1. 1949 GBl. 15. Württemberg-Baden, VO v. 20. 4. 1948 RegBl 62. Rheinland-Pfalz, VO v. 8. 10. 1948 GVBl 372. Württemberg-Hohenzollern, VO v. 5. 7. 1948 RegBl 98.

4.
Verordnungen über benachbarte Orte im Wechsel- und Scheckverkehr

a) Verordnung vom 26. Februar 1934

(RGBl. I, S. 161)

Auf Grund des Artikels 88 Abs. 2 des Wechselgesetzes vom 21. Juni 1933 (Reichsgesetzbl. I, S. 399) und des Artikels 55 Abs. 3 des Scheckgesetzes vom 14. August 1933 (Reichsgesetzbl. I, S. 597) wird mit Wirkung vom 1. April 1934 folgendes verordnet:

Artikel 1

Die in dem nachstehenden Verzeichnis unter einer Nummer aufgeführten Orte sind als untereinander benachbart im Sinne des Artikels 88 Abs. 1 des Wechselgesetzes sowie des Artikels 55 Abs. 3 des Scheckgesetzes in Verbindung mit Artikel 88 Abs. 1 des Wechselgesetzes anzusehen.

Artikel 2

Die dritte Verordnung über benachbarte Orte im Wechsel- und Scheckverkehr vom 7. Dezember 1927 (Reichsgesetzbl. I, S. 343) tritt außer Kraft.

Verzeichnis der benachbarten Orte[1])

Preußen

Provinz Brandenburg

10. Cottbus, Madlow.
11. Cottbus Schmellwitz.
12. Cottbus, Ströbitz.
13. Finsterwalde, Maßen.
14. Frankfurt (Oder), Cliestow, Tzschetzschnow.
15. Jüterbog, Damm, Neumarkt.
16. Potsdam, Bornstedt (Mark).
17. Potsdam, Nowawes, Neubabelsberg.
18. Rathenow, Neufriedrichsdorf. Neue Schleuse (Prov. Sachsen).
20. Spremberg, Slamen.

---

[1]) Orte jenseits der Oder-Neiße-Linie sind nicht aufgeführt. Dies sind Orte aus der ehemaligen Provinz Ostpreußen (Zf. 1—8), Grenzmark Posen-Westpreußen (Zf. 9), Pommern (Zf. 21—23), Niederschlesien (Zf. 24—58) und Oberschlesien (Zf. 59—61). Die früheren politischen Bezeichnungen der Landesteile, in denen sich die Ortschaften befinden, sind mangels formeller Änderung des Textes obiger VO mit abgedruckt.

Anhang III

Provinz Sachsen

62. Althaldensleben, Neuhaldensleben.
63. Elsterwerda, Biehla.
64. Halberstadt, Wehrstedt (Landkreis Halberstadt).
65. Halle (Saale), Ammendorf.
66. Halle (Saale), Büschdorf, Reideburg.
67. Halle (Saale), Diemitz.
68. Halle (Saale), Passendorf.
69. Halle (Saale), Sennewitz.
70. Halle (Saale), Wörmlitz-Böllberg.
71. Herzberg (Elster), Alt-Herzberg.
72. Hettstedt (Südharz), Burgörner.
73. Hettstedt (Südharz), Großörner.
74. Hettstedt (Südharz), Oberwiederstedt.
75. Bad Kösen, Lengefeld.
76. Bad Liebenwerda, Weinberge.
77. Magdeburg, Barleben.
78. Magdeburg, Biederitz.
79. Magdeburg, Olvenstedt.
80. Magdeburg, Groß-Ottersleben.
81. Merseburg, Leuna.
82. Naumburg, Altenburg.
83. Nordhausen, Salza.
84. Oepitz (Kr. Ziegenrück), Pößneck (Thüringen).
85. Prettin, Hintersee, Lichtenburg.
86. Staßfurt, Leopoldshall (Anhalt).
87. Stützerbach (Preußen), Stützerbach (Thüringen).
88. Bad Suderode (Ostharz), Gernrode (Anhalt).
89. Wittenberg, Kleinwittenberg, Piesteritz.
90. Zeckritz, Zschackau.
91. Zeit, Aue, Aylsdorf.
92. Zeitz, Grana.
93. Zeitz, Rasberg.

Provinz Schleswig-Holstein

(Wegen Lohbrügge siehe Nr. 433, wegen Altona auch Nr. 435, wegen Lokstedt Nr. 435, wegen Wandsbek auch Nr. 436, wegen Billstedt Nr. 436, 437, wegen Bramfeld, Steilshop Nr. 439, wegen Hummelsbüttel, Wellingsbüttel auch Nr. 441).

94. Altona, Schenefeld.
95. Eckernförde, Borby.
96. Hanerau, Hademarschen.
97. Heide, Lohe, Rickelshof.
98. Hummelsbüttel, Poppenbüttel, Wellingsbüttel.
99. Kiel, Schilksee, Strande, Dänischenhagen.
100. Kiel, Heikendorf, Laboe, Mönkeberg.
101. Kiel, Kronshagen, Ottendorf, Suchsdorf.
102. Kiel, Elmschenhagen, Klausdorf (Schwentine), Oppendorf.
103. Kiel, Meimersdorf.
104. Kiel, Schönkirchen.
105. Kiel, Russee.
106. Lunden, Lehe.
107. Neumünster, Brachenfeld, Tungendorf.
108. Neumünster, Gadeland, Wittorf.
109. Niebüll, Deezbüll.
110. Rendsburg, Büdelsdorf, Rickert, Borgstedt.
111. Rendsburg, Westerrönfeld, Osterrönfeld.
112. Rendsburg, Fockbek.
113. Rendsburg, Schacht-Audorf.
114. Bad Segeberg, Klein-Niendorf.
115. Wandsbek, Rahlstedt, Farmsen mit Berne (Hamburg).

Provinz Hannover

(Wegen Harburg-Wilhelmsburg siehe Nr. 440, wegen Burgdamm, Lesum auch Nr. 454, wegen Hemelingen Nr. 455, wegen Aumund, Blumenthal auch Nr. 456, wegen Grohn auch Nr. 457).

116. Aumund, Beckedorf, Blumenthal.
117. Blumenthal, Farge.
118. Celle, Klein Hehlen, Westercelle.
119. Göttingen, Geismar, Grone, Rosdorf, Weende.
120. Grohn, St. Magnus.
121. Hannover, Brink, Langenforth, Langenhagen.
122. Harburg-Wilhelmsburg, Neugraben.
123. Harburg-Wilhelmsburg, Neuland.
124. Harburg-Wilhelmsburg, Gut Moor, Groß-Moor, Klein Moor, Meckelfeld.
125. Harburg-Wilhelmsburg, Rönneburg, Meckelfeld.
126. Harburg-Wilhelmsburg, Langen beck, Sinstorf.
127. Harburg-Wilhelmsburg, Marmstorf.
128. Hildesheim, Himmelsthür.
129. Ilfeld, Wiegersdorf.
130. Leer, Heisfelde.
131. Leer, Loga.
132. Lesum, St. Magnus, Lesumbrok (Bremen).
133. Lilienthal, Borgfeld (Bremen).
134. Lüneburg, Hagen (Landkr. Lüneburg), Lüne.
135. Neustadt (Kr. Springe), Hachmühlen (Kr. Springe).
136. Osnabrück, Gretesch.
137. Osnabrück, Haste (Landkr. Osnabrück).
138 Osnabrück, Hellern.
139. Osnabrück, Hörne.
140. Osnabrück, Lüstringen (Landkreis Osnabrück).
141. Osnabrück Nahne.
142. Osnabrück, Voxtrup.
143. Osterholz-Scharmbeck, Lintel, Westerbeck, Buschhausen.
144. Osterode (Harz), Freiheit.
145. Osterode (Harz), Katzenstein, Lasfelde, Petershütte.
146. Bad Pyrmont, Holzhausen.
147. Wesermünde, Bremerhaven (Bremen).
148. Wesermünde, Isum.
149. Wesermünde, Langen.
150. Wesermünde, Schiffdorf.
151. Wesermünde, Spaden.
152. Wilhelmshaven, Rüstringen (Oldenburg).

Provinz Westfalen

153. Bielefeld, Brackwede, Gadderbaum.
154. Bünde, Ennigloh, Spradow.
155. Bünde, Südlengern.
156. Bünde, Hunnebrock.
157. Dorsten, Hervest.
158. Gelsenkirchen, Wattenscheid, Wanne-Eickel.
159. Hagen, Gevelsberg.
160 Hamm, Mark.
161. Hattingen, Welper, Winz.
162. Herford, Sondern.
163. Herford, Diebrock.
164. Herford, Falkendiek, Schwarzenmoor.
165. Neheim, Hüsten.
166. Bad Oeynhausen, Rehme.
167. Bad Oeynhausen, Lohe.
168. Paderborn, Neuhaus.
169. Recklinghausen, Datteln, Oer-Erkenschwick.
170. Recklinghausen, Herten.
171. Rheine, Rheine r. d. Ems, Rheine l. d. Ems.
172. Rietberg, Neuenkirchen (Kr. Wiedenbrück).

Anhang III

Provinz Hessen-Nassau

(Wegen Hermannstein [Kr. Biedenkopf] siehe Nr. 232)

173. Eltville, Erbach, Kiedrich.
174. Eltville, Kiedrich, Neudorf. Niederwalluf, Oberwalluf.
175. Felsberg, Gensungen.
176. Frankfurt (Main), Offenbach (Main) (Hessen), Bieber (Hessen)
177. Frankfurt (Main), Offenbach (Main) (Hessen), Neu-Isenburg (Hessen).
178. Frankfurt (Main), Hattersheim Kriftel.
179. Geisenheim, Johannisberg.
180. Grenzhausen, Höhr.
181. Herrenbreitungen, Breitungen (Werra) Thüringen).
182. Bad Homburg v. d. Höhe, Dornholzhausen, Gonzenheim.
183. Kassel, Harleshausen.
184. Kassel, Ihringshausen, Wolfsanger.
185. Kassel, Niederzwehren.
186. Kleinschmalkalden (Preußischer Teil), Kleinschmalkalden (Thüringischer Teil).
187. Lorch, Lorchhausen.
188. Marburg, Marbach, Wehrda.
189. Niederlahnstein, Oberlahnstein.
190. Rüdesheim, Aßmannshausen.
191. Rüdesheim, Eibingen.
192. Winkel, Östrich, Mittelheim.

Rheinprovinz

(Wegen Bingerbrück siehe Nr. 415)

193. Aachen, Brand.
194. Aachen, Eilendorf.
195. Aachen, Haaren, Würselen.
196. Aachen, Laurensberg.
197. Aßlar, Klein, Altenstädten.
198. Bendorf, Engers.
199. Bonn, Beuel.
200. Cleve, Kellen, Materborn.
201. Düren, Birkesdorf.
202. Düren, Distelrath.
203. Düren, Gürzenich.
204. Düren, Krauthausen, Niederau, Lendersdorf.
205. Düren, Rölsdorf.
206. Duisburg-Hamborn, Homberg (Niederrhein), Rheinhessen (Niederrhein).
207. Duisburg-Hamborn, Mülheim (Ruhr), Oberhausen.
208. Duisburg-Hamborn, Walsum (Niederrhein).
209. Ehrenbreitstein, Pfaffendorf.
210. Emmerich, Klein Netterden.
211. Eschweiler, Dürwiß (Kr. Jülich).
212. Eschweiler, Hastenrath (Kr. Düren), Nothberg.
213. Eschweiler, Kinzweiler.
214. Eschweiler, Weisweiler.
215. Essen, Kettwig.
216. Heimbach, Weis.
217. Homberg, Mörs.
218. Koblenz, Metternich.
219. Köln, Rodenkirchen.
220. Krefeld, Hüls.
221. Krefeld, St. Tönis.
222. Krefeld, Uerdingen.
223. Krefeld, Willich.
224. Langenberg, Hardenberg-Neviges.
225. Mörs, Repelen-Baerl.
226. Neuß, Holzheim.
227. Neuß, Kaarst, Büderich.
228. Opladen, Leverkusen, Richrath-Reusrath, Bergisch-Neukirchen.
229. Remscheid, Wermelskirchen.
230. Stolberg, Büsbach.
231. Stolberg, Eilendorf.
232. Wetzlar, Garbenheim, Hermannstein (Kr. Biedenkopf).

Bayern

Regierungsbezirk Oberbayern

233. Aichbach, Algertshausen.
234. Brannenburg, Degerndorf, Groß brannenberg.
235. Dachau, Augustenfeld, Etzenhausen, Mitterndorf (Gemeinde Günding).
236. Dießen, St. Georgen.
237. Erding, Klettham (Gemeinde Altenerding).
238. Feilnbach, Kronwitt (Gemeinde Wiechs).
239. Freising, Vötting.
240. Garmisch, Partenkirchen.
241. Ingolstadt, Unsernherrn.
242. München, Allach.
243. München, Dornach.
244. München, Feldmoching.
245. München, Gräfelfing, Planegg.
246. München, Großhadern.
247. München, Grünwald.
248. München, Ludwigsfeld.
249. München, Neuried.
250. München, Obermenzing, Untermenzing.
251. München, Pasing, Obermenzing.
252. München, Pullach.
253. München, Solln.
254. München, Unterbiberg.
255. München, Unterföhring.
256. München, Unterhaching.
257. Obergrainau, Untergrainau.
258. Bad Reichenhall, Kirchberg (Gemeinde Karlstein).
259. Wolfratshausen, Weidach.

Regierungsbezirk Niederbayern und Oberpfalz

260. Abensberg, Aunkofen.
261. Deggendorf, Deggenau (Gemeinde Deggenau).
262. Deggendorf, Fischerdorf.
263. Deggendorf, Schaching (Gemeinde Schaching).
264. Mengersreuth, Pullenreuth (Gemeinde Pullenreuth).
265. Mengkofen, Weichshofen.
266. Nittenau, Bergham.
267. Oberzell, Unterzell (Gemeinde Unterzell).
268. Osterhofen, Altenmarkt (Gemeinde Altenmarkt).
269. Passau, Grubweg.
270. Passau, Hacklberg.
271. Regensburg, Burgweinting.
272. Regensburg, Dechbetten, Groß prüfening.
273. Regensburg, Kareth (Gemeinde Kareth).
274. Regensburg, Lappersdorf (Gemeinde Oppersdorf).
275. Regensburg, Tegernheim.
276. Regensburg, Ziegetsdorf.
277. Schwandorf (Bayern), Krondorf (Gemeinde Krondorf).
278 Tirschenreuth, Lohnsitz (Gemeinde Matzersreuth).
279. Vilseck, Axtheid (Gemeinde Gressenwöhr).
280. Waldsassen, Kondrau (Gemeinde Kondrau).
281. Weiden, Frauenricht (Gemeinde Frauenricht).

Anhang III

Regierungsbezirk Pfalz

282. Bad Dürkheim, Grethen, Seebach.
283. Enkenbach, Alsenborn.
284. Frankenthal, Eppstein.
285. Homburg, Erbach-Reiskirchen.
286. Landau (Pfalz), Queichheim.
287. Ludwigshafen (Rhein), Mannheim (Baden).
288. Ludwigshafen (Rhein), Oppau, Oggersheim, Rheingönheim.
289. Neustadt (Haardt), Haardt.
290. Thaleischweiler, Thalfröschen (Gemeinde Fröschen).
291. Waldfischbach, Burgalben.
292. Zweibrücken, Ixheim, Niederauerbach.

Regierungsbezirk Oberfranken und Mittelfranken

293. Bamberg, Gaustadt.
294. Coburg, Cortendorf.
295. Coburg, Ketschendorf, Wüstenahorn.
296. Coburg, Neuses b. Coburg.
297. Ebermannstadt, Breitenbach.
298. Forchheim, Burk, Buckenhofen.
299. Hersbruck, Altensittenbach.
300. Lichtenfels, Schney.
301. Lichtenfels, Seubelsdorf.
302. Ludwigsstadt, Ottendorf.
303. Marktredwitz, Dörflas b. Marktredwitz.
304. Marktredwitz, Oberredwitz (Gemeinde Oberredwitz).
305. Neustadt b. Coburg, Wildenheid.
306. Nürnberg, Fürth, Stein b. Nbg.
307. Nürnberg, Fürth, Zirndorf.
308. Nürnberg, Laufamholz.
309. Nürnberg, Schwabach.
310. Selb, Erkersreuth, Plößberg b. Selb.

Regierungsbezirk Unterfranken

311. Aschaffenburg, Schweinheim.
312. Brückenau (Stadt und Bad), Wernarz.
313. Gerolzhofen, Rügshofen.
314. Klingenberg (Main) Trennfurt.
315. Königshofen (Grabfeld, Ipthausen).
316. Lohr, Sendelbach.
317. Marktbreit, Segnitz.
318. Neustadt (Saale), Bad Neuhaus (Saale), Mühlbach.
319. Neustadt (Saale), Brendlorenzen
320. Obernburg, Elsenfeld.
321. Schweinfurt, Dittelbrunn.
322. Schweinfurt, Mainberg.
323. Schweinfurt, Sennfeld, Gochsheim.
324. Schweinfurt, Sennfeld, Schonungen.
325. Würzburg, Zell (Main).

Regierungsbezirk Schwaben und Neuburg

326. Augsburg, Göggingen.
327. Kempten, St. Lorenz.
328. Kempten, St. Mang.
329. Kempten, Waltenhofen.
330. Neu Ulm, Ulm (Württemberg).
331. Pfronten-Berg, Pfronten-Steinach.

Sachsen

332. Adorf, Jugelsburg.
333. Annaberg, Buchholz.
334. Auerbach, Rodewisch.
335. Bernstadt, Kunnersdorf auf dem Eigen.
336. Bertsdorf mit Ortsteil Hänischmühle, Jonsdorf.
337. Borna (Bez. Leipzig), Altstadt-Borna, Gnandorf.
338. Chemnitz, Erfenschlag, Harthau.
339. Chemnitz, Glösa.
340. Chemnitz, Niederhermersdorf, Oberhermersdorf.
341. Chemnitz, Schönau, Siegmar, Rabenstein.
342. Crimmitschau, Frankenhausen (Pleiße).
343. Crimmitschau, Neukirchen (Pleiße).
344. Cunewalde, Obercunewalde.
345. Dresden, Radebeul, Kötzschenbroda.
346. Dresden, Rähnitz-Hellerau, Klotzsche.
347. Dresden, Freital, Dölzschen.
348. Dresden, Dölzschen, Altfranken.
349. Dresden, Niedersedlitz, Zschachwitz, Zschieren.
350. Dresden, Niederpoyritz, Hosterwitz, Pillnitz.
351. Dresden, Cossebaude, Gohlis, Mobschatz.
352. Eibau, Neueibau, Walddorf.
353. Bad Elster, Mühlhausen.
354. Falkenstein, Ellefeld.
355. Flöha, Plaue-Bernsdorf.
356. Freital, Hainsberg.
357. Geithain, Altdorf.
358. Geithain, Wickershain.
359. Herrnhut, Niederstrahwalde, Oberstrahwalde, Berthelsdorf, Ruppersdorf (Oberlausitz).
360. Hohenstein-Ernstthal, Gersdorf, Hermsdorf.
361. Kirchberg, Saupersdorf.
362. Klingenthal, Brunndöbra, Sachsenberg, Georgenthal.
363. Klingenthal, Zwota, Oberzwota.
364. Königstein, Hütten.
365. Kötzschenbroda, Oberlößnitz, Radebeul.
366. Bad Lausick, Heinersdorf, Reichersdorf.
367. Leipzig, Gaschwitz, Großstädteln Markkleeberg.
368. Leipzig, Böhlitz-Ehrenberg, Stahmeln.
369. Leipzig, Mölkau, Engelsdorf (Bez. Leipzig), Holzhausen, Liebertwolkwitz, Taucha.
370. Leipzig, Miltitz.
371. Lengenfeld, Waldkirchen.
372. Lichtenstein-Callnberg, Rödlitz.
373. Limbach (Sachsen), Oberfrohna, Rußdorf b. Oberfrohna.
374. Limbach (Sachsen), Mittefrohna
375. Limbach (Sachsen), Kändler (Bez. Chemnitz), Röhrsdorf.
376. Limbach (Sachsen), Pleißa.
377. Lugau, Niederwürschnitz.
378. Markneukirchen, Erlbach, Wohlhausen.
379. Markneukirchen, Siebenbrunn.
380. Mittweida, Altmittweida.
381. Neukirchen (Pleiße), Schweinsburg (Pleiße).
382. Ölsnitz (Erzgebirge), Hohndorf (Bez. Chemnitz).
383. Ölsnitz (Vogtland), Lauterbach.
384. Ölsnitz (Vogtland), Untermarxgrün.
385. Olbernhau (Erzgebirge), Blumenau, Hallbach, Kleinneuschönberg, Niederneuschönberg.
386. Olbernhau (Erzgebirge), Kupferhammer-Grünthal, Oberneuschönberg, Rosenthal.
387. Pulsnitz, Pulsnitz (Meißner Seite).
388. Reichenbach (Vogtland), Mylau Vogtland), Obermylau.

389. Reichenbach (Vogtland), Mylau (Vogtland), Friesen.
390. Reichenbach (Vogtland), Unterheinsdorf.
391. Reichenbach (Vogtland), Rotschau.
392. Reichenbach (Vogtland), Mylau (Vogtland), Netzschkau.
393. Schneeberg, Neustädtel, Niederschlema, Radiumbad, Oberschlema.
394. Schönheide (Erzgebirge), Schönheiderhammer, Neuheide (Erzgebirge).
395. Sebnitz, Hertigswalde.
396. Stollberg, Mitteldorf, Niederdorf.
397. Waldenburg, Altwaldenburg.
398. Werdau, Langenhessen, Langenbernsdorf.
399. Werdau, Leubnitz, Ruppertsgrün, Steinpleis.
400. Wilkau, Cainsdorf, Friedrichsgrün, Niederhaßlau, Vielau.
401. Zittau, Eckartsberg, Olbersdorf.
402. Zwickau, Bockwa, Cainsdorf, Planitz.
403. Zwickau, Oberhohendorf, Reinsdorf.
404. Zwickau, Pöhlau, Auerbach.
405. Zwickau, Crossen, Niederhohndorf.
406. Zwickau, Lichtentanne.
407. Zwönitz, Niederzwönitz.

Württemberg

(Wegen Ulm siehe Nr. 330)

408. Hall, Hessenthal.
409. Heilbronn, Sontheim.

Baden

(Wegen Mannheim siehe Nr. 287)

Thüringen

(Wegen Pößneck siehe Nr. 84, wegen Stützerbach Nr. 87, wegen Breitungen [Werra] Nr. 181, wegen Kleinschmalkalden Nr. 186)

410. Arnstadt, Ichtershausen, Rudisleben, Siegelbach.
411. Lauscha, Neuhaus (Rennweg). Igelshieb.
412. Lichte, Wallendorf.
413. Sonneberg, Köppelsdorf, Oberlind.

Hessen

(Wegen Offenbach [Main] siehe auch Nr. 176, 177, wegen Bieber Nr 176, wegen Neu-Isenburg Nr. 177)

414. Bensheim, Auerbach.
415. Bingen, Bingerbrück (Preußen).
416. Bingen, Gaulsheim.
417. Bingen, Kempten.
418. Darmstadt, Arheilgen.
419. Darmstadt, Griesheim b. Darmstadt.
420. Darmstadt, Eberstadt, Pfungstadt.
421. Friedberg, Bad Nauheim, Ockstadt.
422. Mainz, Hechtsheim, Laubenheim.
423. Mainz, Budenheim, Finthen, Gonsenheim.
424. Michelstadt, Erbach, Stockkeim.
425. Michelstadt, Steinbach.
426. Nidda, Bad Salzhausen, Kohden
427. Ober-Ingelheim, Nieder-Ingelheim.
428. Offenbach (Main), Dietesheim, Mühlheim.
429. Worms, Herrnsheim.
430. Worms, Horchheim.
431. Worms, Leiselheim.
432. Worms, Weinsheim.

Hamburg

(Wegen Farmsen mit Berne siehe Nr. 115)

433. Bergedorf, Lohbrügge (Kr. Stormarn) (Preußen)
434. Cuxhaven, Wester- und Süderwisch, Duhnen, Stickenbüttel.
435. Stadtgebiet Hamburg, Altona (Preußen), Lockstedt (Preußen).
436. Stadtgebiet Hamburg, Billstedt (Preußen), Wandsbek (Preußen).
437. Stadtgebiet Hamburg, Billwärder (Bille), Billstedt (Preußen).
438. Stadtgebiet Hamburg, Billwärder (Bille), Moorfleth.
439. Stadtgebiet Hamburg, Bramfeld (Preußen) Steilshop (Preußen).
440. Stadtgebiet Hamburg, Harburg-Wilhelmsburg (Preußen).
441. Stadtgebiet Hamburg, Hummelsbüttel (Preußen), Wellingsbüttel (Preußen).

Mecklenburg-Schwerin

442. Brunshaupten, Arendsee.
443. Müritz, Graal.

Oldenburg

(Wegen Rüstringen s. Nr. 152, wegen Bad Schwartau, Stockelsdorf Nr. 458)

Braunschweig

444. Braunschweig, Gliesmarode, Lehndorf, Oelper, Melverode, Rüningen, Riddagshausen, Querum.
445. Bad Harzburg, Bündheim, Schlewecke.
446. Gandersheim, Wrescherode.

Anhalt

(Wegen Leopoldshall siehe Nr. 86, wegen Gernrode Nr. 88.)

Bremen

(Wegen Bremerhaven siehe Nr. 147, wegen Lesumbrok auch Nr. 132, wegen Borgfeld auch Nr. 133)

447. Stadt Bremen, Arsten, Habenhausen.
448. Stadt Bremen, Blockland, Grambkermoor.
449. Stadt Bremen, Borgfeld, Lehesterdeich, Oberneuland-Rockwinkel.
450. Stadt Bremen, Büren, Lesumbrok.
451. Stadt Bremen, Huchting.
452. Stadt Bremen, Lankenau, Seehausen, Strom.
453. Stadt Bremen, Oberneuland-Rockwinkel, Osterholz.
454. Stadt Bremen, Burgdamm (Preußen), Lesum (Preußen).
455. Stadt Bremen, Hemelingen (Preußen).
456. Vegesack, Aumund (Preußen), Blumenthal (Preußen).
457. Vegesack, Grohn (Preußen).

Lübeck

458. Stadt Lübeck, Bad Schwartau (Oldenburg), Stockelsdorf (Oldenburg).

b) Verordnung vom 7. Dezember 1935
(RGBl. I, S. 1482)

Auf Grund des Artikels 88 Abs. 2 des Wechselgesetzes vom 21. Juni 1933 (Reichsgesetzbl. I S. 399) und des Artikels 55 Abs. 3 des Scheckgesetzes vom 14. August 1933 (Reichsgesetzbl. I S. 597) wird folgendes verordnet:

§ 1

Das der Verordnung über benachbarte Orte im Wechsel- und Scheckverkehr vom 26. Februar 1934 (Reichsgesetzbl. I S. 161) beigefügte Ortsverzeichnis wird durch Anfügung folgender Worte hinter Ziffer 458 ergänzt:

Saarland

459. Dudweiler, Herrensohr.
460. Friedrichsthal, Bildstock.
661. Homburg, Erbach, Reiskirchen.
462. Neunkirchen, Wiebelskirchen.
463. Saarbrücken, Brebach.
444. Saarbrücken, Gersweiler.

§ 2

Diese Verordnung tritt mit Wirkung vom 1. Januar 1936 in Kraft.

5.

Wechselsteuer

a) Wechselsteuergesetz

Vom 2. September 1935 (RgBl I, S. 1127)

unter Berücksichtigung der Änderungen durch § 49 des Urkundensteuergesetzes vom 5. Mai 1936 (RGBl. I S. 407), § 2 des Gesetzes Nr. 61 zur Neuordnung des Geldwesens (Währungsgesetz) vom Juni 1948 (GVOBl. WR 1948, Beilage Nr. 5 S. 1) und Artikel VI des Anhanges zum Gesetz Nr. 64 zur vorläufigen Neuordnung von Steuergesetzen vom 22. Juni 1948 (GVOBl. WR 1948, Beilage Nr. 6 S. 26).

§ 1

Einzelwechsel

Der Steuer unterliegt:

1. die Aushändigung
   a) eines im Inland ausgestellten Wechsels durch den Aussteller,
   b) eines im Ausland ausgestellten Wechsels durch den ersten inländischen Inhaber.

Dies gilt nicht, wenn der Wechsel lediglich zur Annahme im Inland versendet oder vorgelegt wird und mit einem inländischen Indossament noch nicht versehen ist;

2. die Rückgabe oder anderweite Aushändigung eines mit einem inländischen Indossament noch nicht versehenen Wechsels durch den inländischen Annehmer, dem der Wechsel lediglich zur Annahme übersendet oder vorgelegt war;
3. die Aushändigung eines mit einer Annahmeerklärung versehenen unvollständigen Wechsels (§ 4 Absatz 2) durch den inländischen Annehmer.

§ 2

Ausfertigung mehrerer Stücke eines Wechsels

(1) Wird der Wechsel in mehreren gleichen Ausfertigungen ausgestellt, die im Text der Urkunde mit fortlaufenden Nummern versehen sind, so unterliegt nur die Aushändigung (§ 1) der zum Umlauf bestimmten Ausfertigung (Umlaufstück) der Steuer.

(2) Ist auf eine nicht zum Umlauf bestimmte Ausfertigung eines Wechselerklärung gesetzt, die im Umlaufstück nicht enthalten ist, so unterliegt der Steuer auch die Aushändigung der Ausfertigung

1. durch den Unterzeichner der Wechselerklärung, wenn sie im Inland abgegeben ist,
2. durch den ersten inländischen Inhaber, wenn die Wechselerklärung im Ausland abgegeben ist.

Eine Annahmeerklärung gilt nicht als Wechselerklärung im Sinn dieses Absatzes.

(3) Ist eine zum Umlauf im Inland nicht bestimmte Ausfertigung dem inländischen Bezogenen lediglich zur Annahme übersendet oder vorgelegt worden und hat er auf sie eine Annahmeerklärung gesetzt, die im Umlaufstück nicht enthalten ist, so unterliegt der Steuer auch die Rückgabe oder anderweite Aushändigung der Ausfertigung. Dies gilt nicht, wenn die Ausfertigung an den inländischen Aussteller, den ersten inländischen Inhaber oder an einen inländischen Verwahrer ausgehändigt und die Rückseite der Ausfertigung vorher so durchkreuzt wird, daß sie zum Indossieren nicht mehr benutzt werden kann.

(4) Der Steuer unterliegt auch die Aushändigung einer nicht zum Umlauf bestimmten Ausfertigung durch den inländischen Verwahrer, wenn die Ausfertigung mit einer Annahmeerklärung versehen und ihre Rückseite durchkreuzt ist (Absatz 3 Satz 2). Dies gilt nicht:

1. wenn dem Verwahrer eine versteuerte Ausfertigung oder Abschrift des Wechsels vorgelegt wird,
2. wenn der Wechsel im Inland zahlbar ist und dem Verwahrer eine unversteuerte Ausfertigung oder Abschrift vorgelegt wird, deren Rückseite so durchkreuzt ist, daß sie zum Indossieren nicht benutzt werden kann.

(5) Soll eine nicht zum Umlauf bestimmte, unversteuerte Ausfertigung im Inland ohne Auslieferung eines versteuerten Ausfertigung bezahlt oder im Inland mangels Annahme oder Zahlung protesiert werden, so unterliegt der Steuer auch die Aushändigung der nicht zum Umlauf bestimmten Ausfertigung

§ 3

Wechselabschriften

Die Vorschriften des § 2 Absätze 2 und 5 gelten entsprechend für Wechselabschriften, die mit einem urschriftlichen Indossament oder mit einer anderen urschriftlichen Wechselerklärung versehen sind.

§ 4

Wechsel

(1) Wechsel sind gezogene und eigene Wechsel.

(2) Als Wechsel im Sinn dieses Gesetzes gilt auch eine unvollständige Urkunde, wenn vereinbart ist, daß sie vervollständigt werden darf (unvollständiger Wechsel). Diese Vereinbarung wird vermutet, wenn die Urkunde als Wechsel bezeichnet ist.

§ 5

Wechselähnliche Urkunden

(1) Die für den Wechsel gegebenen Vorschriften dieses Gesetzes gelten entsprechend für

1. eine Anweisung über die Zahlung von Geld, die
   a) durch Indossament übertragen werden kann oder
   b) auf den Inhaber lautet oder
   c) an jeden Inhaber bezahlt werden kann;
2. einen Verpflichtungsschein über die Zahlung von Geld, der durch Indossament übertragen werden kann.

(2) Es macht keinen Unterschied, ob die im Absatz 1 bezeichneten Urkunden als Briefe oder in anderer Form ausgestellt werden.

§ 6

Ausnahmen von der Besteuerung

(1) Von der Besteuerung ist ausgenommen die Aushändigung

1. eines vom Ausland auf das Ausland gezogenen Wechsels und eines im Ausland ausgestellten eigenen Wechsels, wenn die Wechsel im Ausland zahlbar sind;
2. eines vom Inland auf das Ausland gezogenen Wechsels, wenn er nur im Ausland, und zwar auf Sicht oder innerhalb zehn Tagen nach dem Ausstellungstag zahlbar ist und vom Aussteller unmittelbar ins Ausland versendet wird;
3. eines Schecks, der den Vorschriften des Scheckgesetzes entspricht;
4. einer auf Sicht zahlbaren Platzanweisung, die eine Barzahlung ersetzt und kein Scheck ist. Der Platzanweisung steht eine auf Sicht zahlbare Anweisung gleich, die an einem Nachbarorte des Ausstellungsorts zahlbar ist; als Nachbarorte gelten Orte, die Artikel 88 Abs. 2 des Wechselgesetzes gemäß als benachbart anzusehen sind.

(2) Die Ausnahme von der Besteuerung gilt nicht für die Aushändigung von Schecks und Platzanweisungen, die mit einer rechtlich wirksamen Annahmeerklärung versehen sind. Die Ausnahme gilt jedoch für die Aushändigung eines bestätigten Reichsbankschecks.

§ 7

Besteuerungsgrundlage

(1) Die Steuer wird von der Wechselsumme berechnet.

(2) Ist in einem unvollständigen Wechsel (§ 4 Absatz 2) die Wechselsumme nicht angegeben, so ist die Steuer nach einer Summe von 10000 Deutsche Mark zu berechnen. Wird nachträglich in den Wechsel eine Wechselsumme von mehr als 10000 Deutsche Mark eingetragen, so ist die Steuer von der Wechselsumme unter Anrechnung der bereits gezahlten Steuer zu berechnen.

(3) Zur Berechnung der Steuer kann der Reichsminister der Finanzen für die in anderer als Reichswährung ausgedrückten Wechselsummen Mittelwerte festsetzen. Soweit dies nicht geschehen ist, wird die ausländische Währung nach dem laufenden Kurs für Auszahlungen (Mittelkurs) zur Zeit der Entstehung der Steuerschuld (§§ 1 bis 3 des Gesetzes, § 3 Absatz 1 des Steueranpassungsgesetzes) umgerechnet.

§ 8

Steuersatz

(1) Die Steuer beträgt 15[1]) Deutsche Pfennige für je 100 Deutsche Mark oder einen Bruchteil dieses Betrags.

(2) Die Steuer ermäßigt sich auf die Hälfte:

1. bei einem Wechsel, der vom Inland auf das Ausland gezogen und im Ausland zahlbar ist,
2. bei einem Wechsel, der vom Ausland auf das Inland gezogen und im Inland zahlbar ist, wenn er auf Deutsche Mark lautet.

(3) Die ermäßigte Steuer (Absatz 2) beträgt mindestens 10 Deutsche Pfennig. Höhere Steuerbeträge sind auf volle 10 Deutsche Pfennig nach oben abzurunden.

§ 9

Steuerschuldner

(1) Steuerschuldner ist, wer den Wechsel im Zeitpunkt der Entstehung der Steuerschuld (§§ 1 bis 3 des Gesetzes, § 3 Absatz 1 des Steueranpassungsgesetzes) aushändigt.

(2) Für die Steuer haftet, wer im Inlana

1. eine Wechselerklärung (Beispiele: Ausstellungserklärung, Annahmeerklärung, Indossament) auf den Wechsel gesetzt hat,
2. den Wechsel für eigene oder fremde Rechnung erwirbt, ihn veräußert, verpfändet oder als Sicherheit annimmt,

---

[1]) Vgl. Art. VI § 2 Anhang zum Mil.RegG Nr. 64 v. 22. 6. 48.

3. den Wechsel zur Zahlung vorlegt, Zahlung darauf empfängt oder leistet oder eine Quittung darauf setzt,
4. mangels Annahme oder Zahlung Protest erheben läßt.

§ 10

Fälligkeit

Die Steuer wird mit Entstehung der Steuerschuld (§§ 1 bis 3 des Gesetzes § 3 Absatz 1 des Steueranpassungsgesetzes) fällig.

§ 11[1])

Erstattung

Die Steuer wird auf Antrag erstattet,
1. wenn der ausländische Bezogene, dem der mit einem inländischen Indossament noch nicht versehene Wechsel lediglich zur Annahme übersendet oder vorgelegt war, die Annahme abgelehnt hat,
2. wenn der inländische Annehmer eine zum Umlauf im Inland nicht bestimmte Ausfertigung, die ihm lediglich zur Annahme übersendet oder vorgelegt war, ausgehändigt (§ 2 Absatz 3 Satz 1) und die Aushändigung einer anderen Ausfertigung der Steuer nach diesem Gesetz unterlegen hat,
3. wenn in einem unvollständigen Wechsel (§ 4 Absatz 2) nachträglich eine Wechselsumme eingetragen wird, die niedriger ist als 10000 Deutsche Mark (§ 7 Absatz 2); die Steuer wird nur insoweit erstattet, als sie auf den Unterschiedsbetrag entfällt.

§ 12

Prüfungspflicht der Behörden und Beamten

(1) Behörden des Reichs, eines Landes oder einer Gemeinde und Beamte, denen eine richterliche oder polizeiliche Gewalt anvertraut ist, müssen die ihnen vorgelegten Wechsel und wechselähnlichen Urkunden (§ 5) darauf prüfen, ob die Wechselsteuer entrichtet ist.

(2) Die gleiche Verpflichtung haben Notare, Postbeamte und andere Beamte, die Wechselproteste aufnehmen. Sie müssen auf der nach dem Wechselgesetz zurückzubehaltenden Abschrift des Protestes vermerken, welche Wechselsteuer zu der protestierten Urkunde errichtet ist. Ist keine Steuer entrichtet, so ist dies zu vermerken.

§ 13

Strafbestimmung für Kommissionäre und Vermittler

Wenn Kommissionäre, Makler oder sonstige Vermittler vorsätzlich Geschäfte über Wechsel, für die die Wechselsteuer hinterzogen ist, abschließen oder vermitteln, so gilt die gleiche Strafe wie für Hinterziehung.

---

[1]) Abgeänderte Fassung gemäß § 49 Urkundensteuergesetz v. 5. 5. 1936 (RGBl I S. 407).

§ 14

Für das Gebiet der Insel Helgoland wird der Zeitpunkt des Inkrafttretens durch Verordnung des Führers und Reichskanzlers festgesetzt.

b) Durchführungsbestimmungen zum Wechselsteuergesetz

Vom 2. September 1935

(RGBl. I S. 1130)

Auf Grund von § 7 Absatz 3 des Wechselsteuergesetzes, § 1 , § 24 Absatz 2 der Reichsabgabenordnung wird folgendes bestimmt:

1. Zuständigkeit

§ 1

Sachliche Zuständigkeit

(1) Die Wechselsteuer wird von den Finanzämtern unter Aufsicht der Präsidenten der Landesfinanzämter und unter der obersten Leitung des Reichsministers der Finanzen verwaltet.

(2) Sachlich zuständig zur Verwaltung der Wechselsteuer sind die Finanzämter, denen die Verwaltung der Kapitalverkehrsteuern übertragen ist.

§ 2

Örtliche Zuständigkeit

Örtlich zuständig zur Verwaltung der Wechselsteuer ist das Finanzamt (§ 1 Absatz 2), das zuerst mit der Sache befaßt wird (§ 76 Ziffer 4 der Reichsabgabenordnung).

2. Umrechnung fremder Währungen

§ 3

(1) Ist die Wechselsumme in ausländischer Währung ausgedrückt, so wird für ihre Umrechnung in Reichswährung der vom Reichsminister der Finanzen für die Gewährung festgesetzte Mittelwert zugrunde gelegt.

(2) Ist für die Währung ein Mittelwert nicht festgesetzt, so sind in der nachstehenden Reihenfolge maßgebend:

1. der Mittelkurs zwischen dem an der Berliner Börse amtlich festgestellten Brief- und Geldkurs für Auszahlungen. Maßgebend ist die Kursfeststellung an dem der Fälligkeit der Steuer vorangehenden Börsentag. Ist an diesem Tag ein Kurs nicht amtlich festgestellt worden, so gilt die unmittelbar vorhergehende amtliche Feststellung;
2. der Preis der Währung, der von der Berliner Bedingungsgemeinschaft für den Wertpapierverkehr ermittelt wird;
3. die Londoner Notiz für die Währung. Der hierbei errechnete Pfundbetrag wird nach dem Mittelwert für das Pfund Sterling in Reichswährung umgerechnet.

3. Entrichtung der Steuer

§ 4

Art und Zeit der Steuerentrichtung

(1) Die Steuer wird durch Verwendung von Wechselsteuermarken entrichtet. Zur Verwendung gehört das Aufkleben (§§ 8, 9) und Entwerten § (10) der Marken.

(2) Der Steuerschuldner (§ 9 Absatz 1 des Gesetzes) muß die Steuer entrichten, bevor er den Wechsel aushändigt.

(3) Ist die Steuer vom Steuerschuldner nicht entrichtet, so ist der Haftende (§ 9 Absatz 2 des Gesetzes) und, solange die Steuer nicht entrichtet ist, jeder weitere Haftende zur Entrichtung der Steuer verpflichtet:

1. bevor er eine Wechselerklärung auf den Wechsel setzt (§ 9 Absatz 2 Ziffer 1 des Gesetzes). Hat der Haftende vor Entstehung der Steuerschuld eine Wechselerklärung auf den Wechsel gesetzt, so ist er zur Entrichtung der Steuer verpflichtet, sobald er den Wechsel wiedererhält;
2. sobald er den Wechsel für eigene oder fremde Rechnung erwirbt, ihn als Sicherheit annimmt oder bevor er ihn veräußert oder verpfändet (§ 9 Absatz 2 Ziffer 2 des Gesetzes);
3. bevor er den Wechsel zur Zahlung vorlegt, Zahlung darauf empfängt oder leistet oder eine Quittung darauf setzt (§ 9 Absatz 2 Ziffer 3 des Gesetzes);
4. bevor er mangels Annahme oder Zahlung Protest erheben läßt (§ 9 Absatz 2 Ziffer 4 des Gesetzes).

§ 5

Ausfertigung mehrerer Stücke eines Wechsels. Beweislast

Der Steuerschuldner oder Haftende hat auf Verlangen des Finanzamts nachzuweisen

1. im Fall des § 2 Absatz 1 des Gesetzes:
   daß eine versteuerte Ausfertigung vorhanden ist;
2. im Fall des § 2 Absatz 2 des Gesetzes:
   daß die auf eine unversteuerte Ausfertigung gesetzte Wechselerklärung auch auf einer versteuerten Ausfertigung abgegeben ist;
3. im Fall des § 2 Absatz 5 des Gesetzes:
   daß bei Bezahlung einer nicht zum Umlauf bestimmten unversteuerten Ausfertigung auch eine versteuerte Ausfertigung ausgeliefert ist.

§ 6

Beschreibung der Marken[1])

(überholt)

---

[1]) Vgl. jetzt Verordnung über Wechselsteuermarken v. 15. Nov. 1948 (Steuer- u. Zollbl. S. 275).

§ 7

Herstellung und Verkauf der Marken[1])

(1) Die Wechselsteuermarken werden von der Reichsdruckerei hergestellt und ausschließlich an die vom Reichspostminister bestimmten Dienststellen der Reichspostverwaltung geliefert.

(2) Die Marken werden durch die vom Reichspostminister bestimmten Postanstalten zum Preis der auf ihnen angegebenen Steuerbeträge verkauft. Die Postämter halten mindestens fünf der bei ihnen vorwiegend verlangten Markenwerte zum Verkauf vorrätig. Die Postagenturen, bei denen eine Nachfrage besteht, führen die drei gangbarsten Markenwerte.

§ 8

Anbringung der Marken

(1) Die Wechselsteuermarken sind auf der Rückseite des Wechsels an einer nicht beschriebenen oder bedruckten Stelle aufzukleben, und zwar

1. wenn die Rückseite des Wechsels noch unbeschrieben und mit Steuermarken nicht versehen ist:
   unmittelbar am Rand einer Schmalseite;
2. wenn die Rückseite des Wechsels bereits Wechselerklärungen enthält oder Steuermarken trägt, denen Wechselerklärungen folgen:
   unmittelbar unter der letzten Wechselerklärung;
3. wenn die Rückseite des Wechsels Steuermarken trägt, denen eine Wechselerklärung nicht folgt:
   unmittelbar neben oder unter den bereits aufgeklebten Marken.

(2) Werden zur Errichtung eines Steuerbetrags mehrere Marken verwendet, so sind sie zunächst unmittelbar nebeneinander und, wenn der Raum nicht ausreicht, unmittelbar untereinander aufzukleben.

§ 9

Niederschrift von Wechselerklärungen

(1) Wird die erste Wechselerklärung, die im Inland auf die Rückseite des Wechsels gesetzt wird, nicht unterhalb der zur Entrichtung der Wechselsteuer verwendeten Wechselsteuermarken niedergeschrieben, so gelten die Marken als nicht verwendet gegenüber dem, der die Wechselerklärung abgegeben hat, und seinen Nachmännern. Der Vermerk „ohne Protest", „ohne Kosten" oder ein gleichbedeutender Vermerk darf neben der Marke niedergeschrieben werden.

(2) Ist die erste Wechselerklärung, die im Inland auf die Rückseite des Wechsels gesetzt wird, versehentlich oberhalb der Wechselsteuermarken oder neben ihnen niedergeschrieben worden, so gelten die Marken als richtig verwendet, wenn die Wechselerklärung vor Weitergabe des Wechsel durchstrichen wird.

(3) Auf einem im Inland ordnungsmäßig versteuerten und im Ausland weitergegebenen Wechsel gelten die Wechselsteuermarken auch dann als

[1]) Vgl. Fußnote S. 502.

richtig verwendet, wenn die erste im Inland abgegebenen Wechselerklärungen nachfolgt, nicht unterhalb der Marken, sondern unterhalb der ausländischen Wechselerklärungen niedergeschrieben ist.

§ 10

Entwertung der Marken

(1) Die aufgeklebten Wechselsteuermarken sind in der Weise zu entwerten, daß in jede einzelne Marke der Tag der Entwertung eingetragen wird. Es darf nur der Tag eingetragen werden, an dem die Marke tatsächlich entwertet wird, auch wenn dieser Tag nicht der Ausstellungstag des Wechsels ist. Bei der Eintragung sind der Tag und das Jahr mit arabischen Ziffern, der Monat mit Buchstaben einzutragen. Allgemein übliche und verständliche Abkürzungen der Monatsangabe und die Weglassung der beiden ersten Zahlen der Jahresbezeichnung sind zulässig (z. B. 15. Okt. 35). Dem Entwertungsvermerk darf die Firma oder der Name des Verwendenden ganz oder teilweise hinzugefügt werden, wenn der Wertaufdruck der Marke auf die ordnungsmäßige Versteuerung erkennbar bleiben. Unter diesen Voraussetzungen darf die Firma oder der Name des Verwendenden auch durch Durchlochung der Marke angebracht werden.

(2) Der Tag der Entwertung ist in deutlichen Schriftzeichen mit Tinte, mit Schreibmaschine oder durch Stempelaufdruck einzutragen. Der Entwertungsvermerk soll an der durch den Vordruck bezeichneten Stelle stehen; er muß in seinem ganzen Umfang auf der Marke enthalten sein. Radierungen, Durchstreichungen und Überschreibungen auf der Marke sind unzulässig.

§ 11

Unrichtig verwendete Marken

(1) Wechselsteuermarken, die nicht richtig verwendet worden sind (§§ 8 bis 10), gelten als nicht verwendet.

(2) Die unrichtige Verwendung darf dadurch richtiggestellt werden, daß der Wechsel einem Finanzamt vorgelegt und die Marken vom Finanzamt mit einem Aufdruck seines Dienststempels versehen werden. Das Finanzamt hat den Aufdruck des Dienststempels abzulehnen, wenn der Verdacht der Steuerhinterziehung oder Steuergefährdung besteht.

(3) Zur Abstempelung unrichtig verwendeter Wechselsteuermarken (Absatz 2) sind auch die mit der Verwaltung der Wechselsteuer nicht befaßten Finanzämter zuständig.

4. Umtausch und Ersatz von Marken

§ 12

Umtausch unbeschädigter Marken

(1) Unversehrte Wechselsteuermarken dürfen von den Postanstalten gegen Wechselsteuermarken anderer Wertbeträge umgetauscht werden.

(2) Die Marken werden von der Postanstalt vor der Rücknahme auf Echtheit und Unversehrtheit geprüft. Gibt die Prüfung zu Bedenken Anlaß, so entscheidet das zuständige Finanzamt (§ 1 Absatz 2), ob die Marken echt und unversehrt sind.

(3) Für den Umtausch von Wechselsteuermarken wird eine Gebühr nach der Verordnung vom 3. Juli 1924 (Reichsministerialbl. S. 237, Reichssteuerbl. S. 171) erhoben.

§ 13

Ersatz beschädigter Marken

(1) Beschädite Wechselsteuermarken dürfen von den Postanstalten auf Antrag ersetzt werden, wenn von den Marken noch kein oder doch kein solcher Gebrauch gemacht worden ist, daß durch den Ersatz des Steueraufkommen gefährdet wird. Der Ersatz ist ausgeschlossen, wenn auf den Marken Radierungen, Durchstreichungen oder Überschreibungen vorgenommen worden sind oder wenn die Marken von den Urkunden abgelöst oder aus ihnen ausgeschnitten worden sind. Marken, die einen Entwertungsvermerk tragen, werden nicht ersetzt.

(2) Die Marken werden von der Postanstalt vor der Übernahme auf Echtheit geprüft. Die Postanstalt leistet Ersatz nur in Wechselsteuermarken. Den Wünschen des Antragstellers hinsichtlich der herauszugebenden Markenwerte soll nach Möglichkeit entsprochen werden. Die zurückgenommenen Marken werden nach Anweisung der Reichspostverwaltung vernichtet.

(3) Lehnt die Postverwaltung den Ersatz beschädigter Wechselsteuermarken ab, so darf ein Antrag auf Ersatz beim zuständigen Finanzamt (§ 1 Absatz 2) gestellt werden. Das Finanzamt leistet Ersatz nur in bar. Die zurückgenommenen Marken werden beim Finanzamt in Gegenwart von zwei Beamten vernichtet. Über die Vernichtung wird eine Verhandlung aufgenommen; diese wird Beleg zur Auszahlungsbuchung. Auf Wechselsteuermarken, deren Ersatz das Finanzamt ablehnt, ist dies mit roter Tinte zu vermerken, wenn die Marken nicht in amtlicher Verwahrung bleiben. Gegen einen ablehnenden Bescheid des Finanzamts ist die Beschwerde nach den §§ 237, 303 der Reichsabgabenordnung gegeben.

(4) Für den Ersatz von Wechselsteuermarken wird eine Gebühr nach der Verordnung vom 3. Juli 1924 (Reichsministerialbl. S. 237, Reichssteuerbl. S. 171) erhoben.

5. Erstattung der Steuer

§ 14

Die Steuer wird in den Fällen des § 11 des Gesetzes nicht erstattet, wenn die Wechselsteuermarken von den Wechseln abgelöst oder aus ihnen ausgeschnitten sind.

6. Aufbewahrung von Wechseln

§ 15

Wechsel, die den Vorschriften des Wechselsteuergesetzes unterliegen, müssen fünf Jahre, von der Fälligkeit des Wechsels ab gerechnet, aufbewahrt werden. Wechselsteuermarken, die sich auf den Wechseln befinden, dürfen nicht abgetrennt werden.

7. Wechselähnliche Urkunden

§ 16

Die für Wechsel gegebenen Bestimmungen gelten entsprechend für unvollständige Wechsel (§ 4 Absatz 2 des Gesetzes) und für wechselähnliche Urkunden (§ 5 des Gesetzes).

8. Nachprüfungen zur Durchführung des Gesetzes

§ 17

(1) Die §§ 91 bis 98, 100 der Durchführungsbestimmungen zum Kapitalverkehrsteuergesetz vom 17. Dezember 1934 (Reichsministerialbl. S. 839, Reichssteuerbl. S. 1593) finden auf die Nachprüfungen zur Durchführung des Wechselsteuergesetzes entsprechend Anwendung.

(2) Die Nachprüfung zur Durchführung des Wechselsteuergesetzes sollen mit den Nachprüfungen zur Durchführung des Kapitalverkehrsteuergesetzes verbunden werden. Alle Betriebsprüfungen sollen auf die Zwecke der Wechselsteuer erstreckt werden.

(3) Wird bei der Prüfung von der geprüften Stelle eine Beanstandung nicht anerkannt oder sind die Wechsel, zu denen eine Steuer nachzubringen ist, nicht erreichbar, so sind die fehlenden Wechselsteuermarken zu den Prüfungsakten des Finanzamts einzureichen und durch Aufdruck des Dienststempels zu entwerten.

(4) Die Finanzämter zeigen alljährlich bis zum 15. Februar dem Präsidenten des Landesfinanzamtes, der Präsident des Landesfinanzamts zeigt dem Reichsminister der Finanzen alljährlich bis zum 1. April die Höhe der Steuerbeträge an, die im abgelaufenen Kalenderjahr auf Grund von Prüfungen nachgebracht worden sind.

9. Schlußbestimmungen

§ 18

Mit Wirkung vom Inkrafttreten dieser Bestimmungen ab treten die Ausführungsbestimmungen zum Wechselsteuergesetz vom 20. November 1930 (Reichsministerialbl. S. 651) außer Kraft.

IV. Auszug aus der Zivilprozeßordnung

1.

Urkunden- und Wechselprozeß

§ 592. Ein Anspruch, welcher die Zahlung einer bestimmten Geldsumme oder die Leistung einer bestimmten Menge anderer vertretbarer Sachen oder Wertpapiere zum Gegenstand hat, kann im Urkundenprozeß geltend gemacht werden, wenn die sämtlichen zur Begründung des Anspruchs erforderlichen Tatsachen durch Urkunden bewiesen werden können. Als ein Anspruch, welcher die Zahlung einer Geldsumme zum Gegenstand hat, gilt auch der Anspruch aus einer Hypothek, einer Grundschuld, einer Rentenschuld oder einer Schiffshypothek.

§ 593. (1) Die Klage muß die Erklärung enthalten, daß im Urkundenprozeß geklagt werde.

(2) Die Urkunden müssen in Urschrift oder in Abschrift der Klage oder einem vorbereitenden Schriftsatz beigefügt werden. Im letzteren Falle muß zwischen der Zustellung des Schriftsatzes und dem Termin zur mündlichen Verhandlung ein der Einlassungsfrist gleicher Zeitraum liegen.

§ 594. (Weggefallen).

§ 595. (1) Widerklagen sind nicht statthaft.

(2) Als Beweismittel sind bezüglich der Echtheit oder Unechtheit einer Urkunde sowie bezüglich anderer als der im § 592 erwähnten Tatsachen nur Urkunden und Antrag auf Parteivernehmung zulässig.

(3) Der Urkundenbeweis kann nur durch Vorlegung der Urkunden angetreten werden.

§ 596. Der Kläger kann, ohne daß es der Einwilligung des Beklagten bedarf, bis zum Schluß der mündlichen Verhandlung von dem Urkundenprozeß in der Weise abstehen, daß der Rechtsstreit im ordentlichen Verfahren anhängig bleibt.

§ 597. (1) Insoweit der in der Klage geltend gemachte Anspruch an sich oder infolge einer Einrede des Beklagten als unbegründet sich darstellt, ist der Kläger mit dem Anspruch abzuweisen.

(2) Ist der Urkundenprozeß unstatthaft, ist insbesondere ein dem Kläger obliegender Beweis nicht mit den im Urkundenprozeß zulässigen Beweismitteln angetreten oder mit sochen Beweismitteln nicht vollständig geführt, so wird die Klage als in der gewählten Prozeßart unstatthaft abgewiesen, selbst wenn in dem Termin zur mündlichen Verhandlung der Beklagte nicht erschienen ist oder der Klage nur auf Grund von Einwendungen widersprochen hat, die rechtlich unbegründet oder im Urkundenprozeß unstatthaft sind.

§ 598. Einwendungen des Beklagten sind, wenn der dem Beklagten obliegende Beweis nicht mit den im Urkundenprozeß zulässigen Beweismitteln angetreten oder mit solchen Beweismitteln nicht vollständig geführt ist, als im Urkundenprozeß unstatthaft zurückzuweisen.

§ 599. (1) Dem Beklagten, welcher dem geltend gemachten Anspruch widersprochen hat, ist in allen Fällen, in denen er verurteilt wird, die Ausführung seiner Rechte vorzubehalten.

(2) Enthält das Urteil keinen Vorbehalt, so kann die Ergänzung des Urteils nach der Vorschrift des § 321 beantragt werden.

(3) Das Urteil, das unter Vorbehalt der Rechte ergeht, ist für die Rechtsmittel und die Zwangsvollstreckung als Endurteil anzusehen.

§ 600. (1) Wird dem Beklagten die Ausführung seiner Rechte vorbehalten, so bleibt der Rechtsstreit im ordentlichen Verfahren anhängig.

(2) Soweit sich in diesem Verfahren ergibt, daß der Anspruch des Klägers unbegründet war, gelten die Vorschriften des § 302 Abs. 4 Satz 2 bis 4.

(3) Erscheint in diesem Verfahren eine Partei nicht, so sind die Vorschriften über das Versäumnisurteil entsprechend anzuwenden.

§ 601. (Weggefallen.)

§ 602. Werden im Urkundenprozeß Ansprüche aus Wechseln im Sinne des Wechselgesetzes geltend gemacht (Wechselprozeß), so sind die nachfolgenden besonderen Vorschriften anzuwenden.

§ 603. (1) Wechselklagen können sowohl bei dem Gericht des Zahlungsortes als bei dem Gericht angestellt werden, bei dem der Beklagte seinen allgemeinen Gerichtsstand hat.

(2) Wenn mehrere Wechselverpflichtete gemeinschaftlich verklagt werden, so ist außer dem Gericht des Zahlungsortes jedes Gericht zuständig, bei dem einer der Beklagten seinen allgemeinen Gerichtsstand hat.

§ 604. (1) Die Klage muß die Erklärung enthalten, daß im Wechselprozeß geklagt werde.

(2) Die Einlassungsfrist beträgt mindestens vierundzwanzig Stunden, wenn die Klage an dem Ort, der Sitz des Prozeßgerichts ist, zugestellt wird; mindestens drei Tage, wenn die Klage an einem anderen Ort zugestellt wird, der im Bezirk des Prozeßgerichts oder, falls dieses ein Amtsgericht ist, im Bezirk des dem Amtsgericht übergeordneten Landgerichts liegt, oder von dem Teil zu diesem Bezirk gehört; mindestens eine Woche, wenn die Klage sonst im Inland zugestellt wird. Das gleiche gilt von der Ladungsfrist, soweit sie nicht nach den allgemeinen Vorschriften kürzer als die im ersten Satz festgesetzte Einlassungsfrist ist.

(3) In den höheren Instanzen beträgt die Einlassungs- und Ladungsfrist mindestens vierundzwanzig Stunden, wenn die Zustellung der Berufungs- oder Revisionsschrift oder der Ladung an dem Ort erfolgt, der Sitz des höheren Gerichts ist; mindestens drei Tage, wenn die Zustellung an einem anderen Ort erfolgt, der ganz oder zum Teil in dem Landgerichtsbezirk liegt, in dem das höhere Gericht seinen Sitz hat; mindestens eine Woche, wenn die Zustellung sonst im Inland erfolgt.

§ 605. (1) Soweit es zur Erhaltung des wechselmäßigen Anspruchs der rechtzeitigen Protesterhebung nicht bedarf, ist als Beweismittel bezüglich der Vorlegung des Wechsels der Antrag auf Parteivernehmung zulässig.

(2) Zur Berücksichtigung einer Nebenforderung genügt, daß sie glaubhaft gemacht ist.

§ 605a. Werden im Urkundenprozeß Ansprüche auf Schecks im Sinne des Scheckgesetzes geltend gemacht (Scheckprozeß), so sind die §§ 602 bis 605 entsprechend anzuwenden.

2.

Aufgebotsverfahren

§ 946. (1) Eine öffentliche gerichtliche Aufforderung zur Anmeldung von Ansprüchen oder Rechten findet mit der Wirkung, daß die Unterlassung der Anmeldung einen Rechtsnachteil zur Folge hat, nur in den durch das Gesetz bestimmten Fällen statt.

(2) Für das Aufgebotsverfahren ist das durch das Gesetz bestimmte Gericht zuständig.

§ 947. (1) Der Antrag kann schriftlich oder zum Protokoll der Geschäftsstelle gestellt werden. Die Entscheidung kann ohne mündliche Verhandlung ergehen.

(2) Ist der Antrag zulässig, so hat das Gericht das Aufgebot zu erlassen. In das Aufgebot ist insbesondere aufzunehmen:

1. Die Bezeichnung des Antragstellers;
2. die Aufforderung, die Ansprüche und Rechte spätestens im Aufgebotstermin anzumelden;
3. die Bezeichnung der Rechtsnachteile, die eintreten, wenn die Anmeldung unterbleibt;
4. die Bestimmung eines Aufgebotstermins.

§ 948. (1) Die öffentliche Bekanntmachung des Aufgebots erfolgt durch Anheftung an die Gerichtstafel und durch einmalige Einrückung in den Bundesanzeiger, sofern nicht das Gesetz für den betreffenden Fall eine abweichende Anordnung getroffen hat.

(2) Das Gericht kann anordnen, daß die Einrückung noch in andere Blätter und zu mehreren Malen erfolge.

§ 949. Auf die Gültigkeit der öffentlichen Bekanntmachung hat es keinen Einfluß, wenn das anzuheftende Schriftstück von dem Ort der Anheftung zu früh entfernt ist oder wenn im Falle wiederholter Bekanntmachung die vorgeschriebenen Zwischenfristen nicht eingehalten sind.

§ 950. Zwischen dem Tage, an dem die Einrückung oder die erste Einrückung des Aufgebots in den Bundesanzeiger erfolgt ist, und dem Aufgebotstermin muß, sofern das Gesetz nicht eine abweichende Anordnung enthält, ein Zeitraum (Aufgebotsfrist) von mindestens sechs Wochen liegen.

§ 951. Eine Anmeldung, die nach dem Schluß des Aufgebotstermins, jedoch vor Erlaß des Ausschlußurteils erfolgt, ist als rechtzeitig anzusehen.

§ 952. (1) Das Ausschlußurteil ist in öffentlicher Sitzung auf Antrag zu erlassen.

(2) Einem in der Sitzung gestellten Antrag wird ein Antrag gleichgeachtet, der vor dem Aufgebotstermin schriftlich gestellt oder zum Protokoll der Geschäftsstelle erklärt worden ist.

(3) Vor Erlaß des Urteils kann eine nähere Ermittlung, insbesondere die Versicherung der Wahrheit einer Behauptung des Antragstellers an Eides Statt angeordnet werden.

(4) Gegen den Beschluß, durch den der Antrag auf Erlaß des Ausschlußurteils zurückgewiesen wird, sowie gegen Beschränkungen und Vorbehalte, die dem Ausschlußurteil beigefügt sind, findet sofortige Beschwerde statt.

§ 953. Erfolgt eine Anmeldung, durch die das von dem Antragsteller zur Begründung des Antrags behauptete Recht bestritten wird, so ist nach Beschaffenheit des Falles entweder das Aufgebotsverfahren bis zur endgültigen Entscheidung über das angemeldete Recht auszusetzen oder in dem Ausschlußurteil das angemeldete Recht vorzubehalten.

§ 954. Wenn der Antragsteller weder in dem Aufgebotstermin erschienen ist noch vor dem Termin den Antrag auf Erlaß des Ausschlußurteils gestellt hat, so ist auf seinen Antrag ein neuer Termin zu bestimmen. Der Antrag ist nur binnen einer vom Tage des Aufgebotstermins laufenden Frist von sechs Monaten zulässig.

§ 955. Wird zur Erledigung des Aufgebotsverfahrens ein neuer Termin bestimmt, so ist eine öffentliche Bekanntmachung des Termins nicht erforderlich.

§ 956. Das Gericht kann die öffentliche Bekanntmachung des wesentlichen Inhalts des Ausschlußurteils durch einmalige Einrückung in den Bundesanzeiger anordnen.

§ 957. (1) Gegen das Ausschlußurteil findet ein Rechtsmittel nicht statt.

(2) Das Ausschlußurteil kann bei dem Landgericht, in dessen Bezirk das Aufgebotsgericht seinen Sitz hat, mittels einer gegen den Antragsteller zu erhebenden Klage angefochten werden:

1. wenn ein Fall nicht vorlag, in dem das Gesetz das Aufgebotsverfahren zuläßt;
2. wenn die öffentliche Bekanntmachung des Aufgebots oder eine in dem Gesetz vorgeschriebene Art der Bekenntmachung unterblieben ist;
3. wenn die vorgeschriebene Aufgebotsfrist nicht gewahrt ist;
4. wenn der erkennende Richter von der Ausübung des Richteramts kraft Gesetzes ausgeschlossen war;
5. wenn ein Anspruch oder ein Recht ungeachtet der Anmeldung nicht dem Gesetz gemäß in dem Urteil berücksichtigt ist;
6. wenn die Voraussetzungen vorliegen, unter denen die Restitutionsklage wegen einer strafbaren Handlung stattfindet.

§ 958. (1) Die Anfechtungsklage ist binnen der Notfrist eines Monats zu erheben. Die Frist beginnt mit dem Tage, an dem der Kläger Kenntnis von dem Ausschlußurteil erhalten hat, in dem Falle jedoch, wenn die Klage auf einem der im § 957 Nr. 4, 6 bezeichneten Anfechtungsgründe beruht und dieser Grund an jenem Tage noch nicht zur Kenntnis des Klägers gelangt war, erst mit dem Tage, an dem der Anfechtungsgrund dem Kläger bekannt geworden ist.

(2) Nach Ablauf von zehn Jahren, von dem Tage der Verkündung des Ausschlußurteils an gerechnet, ist die Klage unstatthaft.

§ 959. Das Gericht kann die Verbindung mehrerer Aufgebote anordnen, auch wenn die Voraussetzungen des § 147 nicht vorliegen.

§§ 960 bis 976. (Weggefallen.)

§ 977. Für das Aufgebotsverfahren zum Zwecke der Ausschließung des Eigentümers eines Grundstücks nach § 927 des Bürgerlichen Gesetzbuchs gelten die nachfolgenden besonderen Vorschriften.

§ 978. Zuständig ist das Gericht, in dessen Bezirk das Grundstück belegen ist.

§ 979. Antragsberechtigt ist derjenige, der das Grundstück seit der im § 927 des Bürgerlichen Gesetzbuchs bestimmten Zeit im Eigenbesitz hat.

§ 980. Der Antragsteller hat die zur Begründung des Antrags erforderlichen Tatsachen vor der Einleitung des Verfahrens glaubhaft zu machen.

§ 981. In dem Aufgebot ist der bisherige Eigentümer aufzufordern, sein Recht spätestens im Aufgebotstermin anzumelden, widrigenfalls seine Ausschließung erfolgen werde.

§ 981a. Für das Aufgebotsverfahren zum Zwecke der Ausschließung des Eigentümers eines eingetragenen Schiffes oder Schiffsbauwerks nach § 6 des Gesetzes über Rechte an eingetragenen Schiffen und Schiffsbauwerken vom 15. November 1940 (Reichsgesetzbl. I S. 1499) gelten die §§ 979 bis 981 entsprechend. Zuständig ist das Gericht, bei dem das Register für das Schiff oder Schiffsbauwerk geführt wird.

§ 982. Für das Aufgebotsverfahren zum Zwecke der Ausschließung eines Hypotheken-, Grundschuld- oder Rentenschuldgläubigers auf Grund der §§ 1170, 1171 des Bürgerlichen Gesetzbuchs gelten die nachfolgenden besonderen Vorschriften.

§ 983. Zuständig ist das Gericht, in dessen Bezirk das belastete Grundstück belegen ist.

§ 984. (1) Antragsberechtigt ist der Eigentümer des belasteten Grundstücks.

(2) Im Falle des § 1170 des Bürgerlichen Gesetzbuchs ist auch ein im Range gleich- oder nachstehender Gläubiger, zu dessen Gunsten eine Vormerkung nach § 1179 des bürgerlichen Gesetzbuchs eingetragen ist, und bei einer Gesamthypothek, Gesamtgrundschuld oder Gesamtrentenschuld außerdem derjenige antragsberechtigt, der auf Grund eines im Range gleich- oder nachstehenden Rechtes Befriedigung aus einem der belasteten Grundstücke verlangen kann, sofern der Gläubiger oder der sonstige Berechtigte für seinen Anspruch einen vollstreckbaren Schuldtitel erlangt hat.

§ 985. Der Antragsteller hat vor der Einleitung des Verfahrens glaubhaft zu machen, daß der Gläubiger unbekannt ist.

§ 986. (1) Im Falle des § 1170 des Bürgerlichen Gesetzbuchs hat der Antragsteller vor der Einleitung des Verfahrens auch glaubhaft zu machen, daß nicht eine das Aufgebot ausschließende Anerkennung des Rechtes des Gläubigers erfolgt ist.

(2) Ist die Hypothek für die Forderung aus einer Schuldverschreibung auf den Inhaber bestellt oder der Grundschuld- oder Rentenschuldbrief auf den Inhaber ausgestellt, so hat der Antragsteller glaubhaft zu machen, daß die Schuldverschreibung oder der Brief bis zum Ablauf der im § 801 des Bürgerlichen Gesetzbuchs bezeichneten Frist nicht vorgelegt und der Anspruch nicht gerichtlich geltend gemacht worden ist. Ist die Vorlegung oder die gerichtliche Geltendmachung erfolgt, so ist die im Abs. 1 vorgeschriebene Glaubhaftmachung erforderlich.

(3) Zur Glaubhaftmachung genügt in den Fällen der Abs. 1, 2 die Versicherung des Antragstellers an Eides Statt, unbeschadet der Befugnis des Gerichts anderweitige Ermittlungen anzuordnen.

(4) In dem Aufgebot ist als Rechtsnachteil anzudrohen, daß der Gläubiger mit seinem Recht ausgeschlossen werde.

(5) Wird das Aufgebot auf Antrag eines nach § 984 Abs. 2 Antragsberechtigten erlassen, so ist es dem Eigentümer des Grundstücks von Amts wegen mitzuteilen.

§ 987. (1) Im Falle des § 1171 des Bürgerlichen Gesetzbuchs hat der Antragsteller sich vor der Einleitung des Verfahrens zur Hinterlegung des dem Gläubiger gebührenden Betrages zu erbieten.

(2) In dem Aufgebot ist als Rechtsnachteil anzudrohen, daß der Gläubiger nach der Hinterlegung des ihm gebührenden Betrages seine Befriedigung statt aus dem Grundstück nur noch aus dem hinterlegten Betrag verlangen könne und sein Recht auf diesen erlösche, wenn er sich nicht vor dem Ablauf von dreißig Jahren nach dem Erlaß des Ausschlußurteils bei der Hinterlegungsstelle melde.

(3) Hängt die Fälligkeit der Forderung von einer Kündigung ab, so erweitert sich die Aufgebotsfrist um die Kündigungsfrist.

(4) Das Ausschlußurteil darf erst dann erlassen werden, wenn die Hinterlegung erfolgt ist.

§ 987a. Für das Aufgebotsverfahren zum Zwecke der Ausschließung eines Schiffshypothekengläubigers auf Grund der §§ 66, 67 des Gesetzes über Rechte an eingetragenen Schiffen und Schiffsbauwerken vom 15. November 1940 (Reichsgesetzbl. I S. 1499) gelten die §§ 984 bis 987 entsprechend; an die Stelle der §§ 1170, 1171, 1179 des Bürgerlichen Gesetzbuchs treten die §§ 66, 67, 58 des genannten Gesetzes. Zuständig ist das Gericht, bei dem das Register für das Schiff oder Schiffsbauwerk geführt wird.

§ 988. Die Vorschriften des § 983, des § 984 Abs. 1, des § 985, des § 986 Abs. 1 bis 4 und der §§ 987, 987a gelten entsprechend für das Aufgebotsverfahren zum Zwecke der in den §§ 887, 1104, 1112 des Bürgerlichen Gesetzbuchs, § 13 des Gesetzes über Rechte an eingetragenen Schiffen und Schiffsbauwerken vom 15. November 1940 (Reichsgesetzbl. I S. 1499) für die Vormerkung, das Vorkaufsrecht und die Reallast bestimmten Ausschließung des Berechtigten. Antragsberechtigt ist auch, wer auf Grund eines im Range gleich oder nachstehenden Rechtes Befriedigung aus dem Grundstück oder Schiffsbauwerk verlangen kann, sofern er für seinen Anspruch einen vollstreckbaren Schuldtitel erlangt hat. Das Aufgebot ist dem Eigentümer des Grundstücks oder des Schiffes oder Schiffsbauwerks von Amts wegen mitzuteilen.

§ 989. Für das Aufgebotsverfahren zum Zwecke der Ausschließung von Nachlaßgläubigern auf Grund des § 1970 des Bürgerlichen Gesetzbuchs gelten die nachfolgenden besonderen Vorschriften.

§ 990. Zuständig ist das Amtsgericht, dem die Verrichtungen des Nachlaßgerichts obliegen. Sind diese Verrichtungen einer anderen Behörde als einem Amtsgericht übertragen, so ist das Amtsgericht zuständig, in dessen Bezirk die Nachlaßbehörde ihren Sitz hat.

§ 991. (1) Antragsberechtigt ist jeder Erbe, sofern er nicht für die Nachlaßverbindlichkeiten unbeschränkt haftet.

(2) Zu dem Antrag sind auch ein Nachlaßpfleger und ein Testamentsvollstrecker berechtigt, wenn ihnen die Verwaltung des Nachlasses zusteht.

(3) Der Erbe und der Testamentsvollstrecker können den Antrag erst nach der Annahme der Erbschaft stellen.

§ 992. Dem Antrag ist ein Verzeichnis der bekannten Nachlaßgläubiger mit Angabe ihres Wohnortes beizufügen.

§ 993. (1) Das Aufgebot soll nicht erlassen werden, wenn die Eröffnung des Nachlaßkonkurses beantragt ist.

(2) Durch die Eröffnung des Nachlaßkonkurses wird das Aufgebotsverfahren beendigt.

§ 994. (1) Die Aufgebotsfrist soll höchstens sechs Monate betragen.

(2) Das Aufgebot soll den Nachlaßgläubigern, die dem Nachlaßgericht angezeigt sind und deren Wohnort bekannt ist, von Amts wegen zugestellt werden. Die Zustellung kann durch Aufgabe zur Post erfolgen.

§ 995. In dem Aufgebot ist den Nachlaßgläubigern, die sich nicht melden, als Rechtsnachteil anzudrohen, daß sie, unbeschadet des Rechtes, vor den Verbindlichkeiten aus Pflichtteilsrechten, Vermächtnissen und Auflagen berücksichtigt zu werden, von dem Erben nur insoweit Befriedigung verlangen können, als sich nach Befriedigung der nicht ausgeschlossenen Gläubiger noch ein Überschuß ergibt.

§ 996. (1) Die Anmeldung einer Forderung hat die Angabe des Gegenstandes und des Grundes der Forderung zu enthalten. Urkundliche Beweisstücke sind in Urschrift oder in Abschrift beizufügen.

(2) Das Gericht hat die Einsicht der Anmeldungen jedem zu gestatten, der ein rechtliches Interesse glaubhaft macht.

§ 997. (1) Sind mehrere Erben vorhanden, so kommen der von einem Erben gestellte Antrag und das von ihm erwirkte Ausschlußurteil, unbeschadet der Vorschriften des Bürgerlichen Gesetzbuchs über die unbeschränkte Haftung auch den anderen Erben zustatten. Als Rechtsnachteil ist den Nachlaßgläubigern, die sich nicht melden, auch anzudrohen, daß jeder nach der Teilung des Nachlasses nur für den seinem Erbteil entsprechenden Teil der Verbindlichkeit haftet.

(2) Das Aufgebot mit Androhung des im Abs. 1 Satz 2 bestimmten Rechtsnachteils kann von jedem Erben auch dann beantragt werden, wenn er für die Nachlaßverbindlichkeiten unbeschränkt haftet.

§ 998. Im Falle der Nacherbfolge ist die Vorschrift des § 997 Abs. 1 Satz 1 auf den Vorerben und den Nacherben entsprechend anzuwenden.

§ 999. Ist eine Ehefrau die Erbin und gehört der Nachlaß zum eingebrachten Gut oder zum Gesamtgut, so kann sowohl die Ehefrau als der Ehemann das Aufgebot beantragen, ohne daß die Zustimmung des anderen Teiles erforderlich ist. Das gleiche gilt, wenn der Nachlaß zum Gesamtgut gehört, auch nach der Beendigung der Gemeinschaft. Der von dem einen Ehegatten gestellte Antrag und das von ihm erwirkte Ausschlußurteil kommen auch dem anderen Ehegatten zustatten.

§ 1000. (1) Hat der Erbe die Erbschaft verkauft, so kann sowohl der Käufer als der Erbe das Aufgebot beantragen. Der von dem einen Teil gestellte Antrag und das von ihm erwirkte Ausschlußurteil kommen, unbeschadet der Vorschriften des Bürgerlichen Gesetzbuchs über die unbeschränkte Haftung, auch dem anderen Teil zustatten.

(2) Diese Vorschriften gelten entsprechend, wenn jemand eine durch Vertrag erworbene Erbschaft verkauft oder sich zur Veräußerung einer ihm angefallenen oder anderweit von ihm erworbenen Erbschaft in sonstiger Weise verpflichtet hat.

§ 1001. Die Vorschriften der §§ 990 bis 996, 999, 1000 sind im Falle der fortgesetzten Gütergemeinschaft auf das Aufgebotsverfahren zum Zwecke der nach dem § 1489 Abs. 2 und dem § 1970 des Bürgerlichen Gesetzbuchs zulässigen Ausschließung von Gesamtgutsgläubigern entsprechend anzuwenden.

§ 1002. (1) Für das Aufgebotsverfahren zum Zwecke der Ausschließung von Schiffsgläubigern auf Grund des § 765 des Handelsgesetzbuchs und des § 110 des Gesetzes, betreffend die privatrechtlichen Verhältnisse der Binnenschiffahrt, gelten die nachfolgenden besonderen Vorschriften.

(2) Zuständig ist das Gericht, in dessen Bezirk sich der Heimathafen oder der Heimatort des Schiffes befindet.

(3) Unterliegt das Schiff der Eintragung in das Schiffsregister, so kann der Antrag erst nach der Eintragung der Veräußerung des Schiffes gestellt werden.

(4) Der Antragsteller hat die ihm bekannten Forderungen von Schiffsgläubigern anzugeben.

(5) Die Aufgebotsfrist muß mindestens drei Monate betragen.

(6) In dem Aufgebot ist den Schiffsgläubigern, die sich nicht melden, als Rechtsnachteil anzudrohen, daß ihre Pfandrechte erlöschen, sofern nicht ihre Forderungen dem Antragsteller bekannt sind.

§ 1003. Für das Aufgebotsverfahren zum Zwecke der Kraftloserklärung einer Urkunde gelten die nachfolgenden besonderen Vorschriften.

§ 1004. (1) Bei Papieren, die auf den Inhaber lauten oder die durch Indossament übertragen werden können und mit einem Blankoindossament versehen sind, ist der bisherige Inhaber des abhanden gekommenen oder vernichteten Papiers berechtigt, das Aufgebotsverfahren zu beantragen.

(2) Bei anderen Urkunden ist derjenige zu dem Antrag berechtigt, der das Recht aus der Urkunde geltend machen kann.

§ 1005. (1) Für das Aufgebotsverfahren ist das Gericht des Ortes zuständig, den die Urkunde als den Erfüllungsort bezeichnet. Enthält die Urkunde eine solche Bezeichnung nicht, so ist das Gericht zuständig, bei dem der Aussteller seinen allgemeinen Gerichtsstand hat, und in Ermangelung eines solchen Gerichts dasjenige, bei dem der Aussteller zur Zeit der Ausstellung seinen allgemeinen Gerichtsstand gehabt hat.

(2) Ist die Urkunde über ein im Grundbuch eingetragenes Recht ausgestellt, so ist das Gericht der belegenen Sache ausschließlich zuständig.

§ 1006. (1) Die Erledigung der Anträge, das Aufgebot zum Zwecke der Kraftloserklärung eines auf den Inhaber lautenden Papiers zu erlassen, kann von der Landesjustizverwaltung für mehrere Amtsgerichtsbezirke einem Amtsgericht übertragen werden. Auf Verlangen des Antragstellers wird der Antrag durch das nach § 1005 zuständige Gericht erledigt.

(2) Wird das Aufgebot durch ein anderes als das nach § 1005 zuständige Gericht erlassen, so ist das Aufgebot auch durch Anheftung an die Gerichtstafel des letzten Gerichts öffentlich bekanntzumachen.

(3) Unberührt bleiben die landesgesetzlichen Vorschriften, durch die für das Aufgebotsverfahren zum Zwecke der Kraftloserklärung von Schuldverschreibungen auf den Inhaber, die ein deutsches Land oder früherer Bundesstaat oder eine ihm angehörende Körperschaft, Stiftung oder Anstalt des öffentlichen Rechts ausgestellt oder für deren Bezahlung ein deutsches Land oder früherer Bundesstaat die Haftung übernommen hat, ein bestimmtes Amtsgericht für ausschließlich zuständig erklärt wird.

§ 1007. Der Antragsteller hat zur Begründung des Antrags:

1. entweder eine Abschrift der Urkunde beizubringen oder den wesentlichen Inhalt der Urkunde und alles anzugeben, was zu ihrer vollständigen Erkennbarkeit erforderlich ist;
2. den Verlust der Urkunde sowie diejenigen Tatsachen glaubhaft zu machen, von denen seine Berechtigung abhängt, das Aufgebotsverfahren zu beantragen;
3. sich zur Versicherung der Wahrheit seiner Angaben an Eides Statt zu erbieten.

§ 1008. In dem Aufgebot ist der Inhaber der Urkunde aufzufordern spätestens im Aufgebotstermin seine Rechte bei dem Gericht anzumelden und die Urkunde vorzulegen. Als Rechtsnachteil ist anzudrohen, daß die Urkunde für kraftlos erklärt werde.

§ 1009. (1) Die öffentliche Bekanntmachung des Aufgebots erfolgt durch Anheftung an die Gerichtstafel und in dem Lokal der Börse, wenn eine solche am Sitz des Aufgebotsgerichts besteht, sowie durch einmalige Einrückung in den Bundesanzeiger.

(2) Das Gericht kann anordnen, daß die Einrückung noch in andere Blätter und zu mehreren Malen erfolge.

(3) Betrifft das Aufgebot ein auf den Inhaber lautendes Papier und ist in der Urkunde vermerkt oder in den Bestimmungen, unter denen die erforderliche staatliche Genehmigung erteilt worden ist, vorgeschrieben, daß

die öffentliche Bekanntmachung durch bestimmte andere Blätter zu erfolgen habe, so muß die Bekanntmachung auch durch Einrückung in diese Blätter erfolgen. Das gleiche gilt bei Schuldverschreibungen, die von einem deutschen Land oder früheren Bundesstaat ausgegeben sind, wenn die öffentliche Bekanntmachung durch bestimmte Blätter landesgesetzlich vorgeschrieben ist.

§ 1010. (1) Bei Wertpapieren, für die von Zeit zu Zeit Zins-, Renten- oder Gewinnanteilscheine ausgegeben werden, ist der Aufgebotstermin so zu bestimmen, daß bis zu dem Termin der erste einer seit der Zeit des glaubhaft gemachten Verlustes ausgegebenen Reihe von Zins-, Renten- oder Gewinnanteilscheinen fällig geworden ist und seiner Fälligkeit sechs Monate abgelaufen sind.

(2) Vor Erlaß des Ausschlußurteils hat der Antragsteller ein nach Ablauf dieser sechsmonatigen Frist ausgestelltes Zeugnis der betreffenden Behörde, Kasse oder Anstalt beizubringen, daß die Urkunde seit der Zeit des glaubhaft gemachten Verlustes ihr zur Ausgabe neuer Scheine nicht vorgelegt sei und daß die neuen Scheine an einen anderen als den Antragsteller nicht ausgegeben seien.

§ 1011. (1) Bei Wertpapieren, für die Zins-, Renten- oder Gewinnanteilscheine zuletzt für einen längeren Zeitraum als vier Jahre ausgegeben sind, genügt es, wenn der Aufgebotstermin so bestimmt wird, daß bis zu dem Termin seit der Zeit des glaubhaft gemachten Verlustes von den zuletzt ausgegebenen Scheinen solche für vier Jahre fällig geworden und seit der Fälligkeit des letzten derselben sechs Monate abgelaufen sind. Scheine für Zeitabschnitte, für die keine Zinsen, Renten oder Gewinnanteile gezahlt werden, kommen nicht in Betracht.

(2) Vor Erlaß des Ausschlußurteils hat der Antragsteller ein nach Ablauf dieser sechsmonatigen Frist ausgestelltes Zeugnis der betreffenden Behörde, Kasse oder Anstalt beizubringen, daß die für die bezeichneten vier Jahre und später etwa fällig gewordenen Scheine ihr von einem anderen als dem Antragsteller nicht vorgelegt seien. Hat in der Zeit seit dem Erlaß des Aufgebots eine Ausgabe neuer Scheine stattgefunden, so muß das Zeugnis auch die im § 1010 Abs. 2 bezeichneten Angaben enthalten.

§ 1012. Die Vorschriften der §§ 1010, 1011 sind insoweit nicht anzuwenden, als die Zins-, Renten- oder Gewinnanteilscheine, deren Fälligkeit nach diesen Vorschriften eingetreten sein muß, von dem Antragsteller vorgelegt werden. Der Vorlegung der Scheine steht es gleich, wenn das Zeugnis der betreffenden Behörde, Kasse oder Anstalt beigebracht wird, daß die fällig gewordenen Scheine ihr von dem Antragsteller vorgelegt worden seien.

§ 1013. Bei Wertpapieren, für die Zins-, Renten- oder Gewinnanteilscheine ausgegeben sind, aber nicht mehr ausgegeben werden, ist, wenn nicht die Voraussetzungen der §§ 1010, 1011 vorhanden sind, der Aufgebotstermin so zu bestimmen, daß bis zu dem Termin seit der Fälligkeit des letzten ausgegebenen Scheines sechs Monate abgelaufen sind.

§ 1014. Ist in einer Schuldurkunde eine Verfallzeit angegeben, die zur Zeit der ersten Einrückung des Aufgebots in den Bundesanzeiger noch nicht eingetreten ist, und sind die Voraussetzungen der §§ 1010 bis 1013 nicht vorhanden, so ist der Aufgebotstermin so zu bestimmen, daß seit dem Verfalltag sechs Monate abgelaufen sind.

§ 1015. Die Aufgebotsfrist muß mindestens sechs Monate betragen. Der Aufgebotstermin darf nicht über ein Jahr hinaus bestimmt werden; solange ein so naher Termin nicht bestimmt werden kann, ist das Aufgebot nicht zulässig.

§ 1016. Meldet der Inhaber der Urkunde vor dem Aufgebotstermin seine Rechte unter Vorlegung der Urkunde an, so hat das Gericht den Antragsteller hiervon zu benachrichtigen und ihm die Einsicht der Urkunde innerhalb einer zu bestimmenden Frist zu gestatten. Auf Antrag des Inhabers der Urkunde ist zu ihrer Vorlegung ein Termin zu bestimmen.

§ 1017. (1) In dem Ausschlußurteil ist die Urkunde für kraftlos zu erklären.

(2) Das Ausschlußurteil ist seinem wesentlichen Inhalt nach durch den Bundesanzeiger bekanntzumachen. Die Vorschriften des § 1009 Abs. 3 gelten entsprechend.

(3) In gleicher Weise ist nach eingetretener Rechtskraft das auf die Anfechtungsklage ergangene Urteil, soweit dadurch die Kraftloserklärung aufgehoben wird, bekanntzumachen.

§ 1018. (1) Derjenige, der das Ausschlußurteil erwirkt hat, ist dem durch die Urkunde Verpflichteten gegenüber berechtigt, die Rechte aus der Urkunde geltend zu machen.

(2) Wird das Ausschlußurteil infolge einer Anfechtungsklage aufgehoben, so bleiben die auf Grund des Urteils von dem Verpflichteten bewirkten Leistungen auch Dritten, insbesondere dem Anfechtungskläger, gegenüber wirksam, es sei denn, daß der Verpflichtete zur Zeit der Leistung die Aufhebung des Ausschlußurteils gekannt hat.

§ 1019. (1) Bezweckt das Aufgebotsverfahren die Kraftloserklärung eines auf den Inhaber lautenden Papiers, so hat das Gericht auf Antrag an den Aussteller sowie an die in dem Papier und die von dem Antragsteller bezeichneten Zahlstellen das Verbot zu erlassen, an den Inhaber des Papiers eine Leistung zu bewirken, insbesondere neue Zins-, Renten- oder Gewinnanteilscheine oder einen Erneuerungsschein auszugeben (Zahlungssperre); mit dem Verbot ist die Benachrichtigung von der Einleitung des Aufgebotsverfahrens zu verbinden. Das Verbot ist in gleicher Weise wie das Aufgebot öffentlich bekanntzumachen.

(2) Das an den Aussteller erlassene Verbot ist auch den Zahlstellen gegenüber wirksam, die nicht in dem Papier bezeichnet sind.

(3) Die Einlösung der vor dem Verbot ausgegebenen Zins-, Renten- oder Gewinnanteilscheine wird von dem Verbot nicht betroffen.

§ 1020. Ist die sofortige Einleitung des Aufgebotsverfahrens nach § 1015 Satz 2 unzulässig, so hat das Gericht die Zahlungssperre auf Antrag schon vor der Einleitung des Verfahrens zu verfügen, sofern die übrigen Erfordernisse für die Einleitung vorhanden sind. Auf den Antrag sind die Vorschriften des § 947 Abs. 1 anzuwenden. Das Verbot ist durch Anheftung an die Gerichtstafel und durch einmalige Einrückung in den Bundesanzeiger öffentlich bekanntzumachen.

§ 1021. Wird die Zahlungssperre angeordnet, bevor seit der Zeit des glaubhaft gemachten Verlustes Zins-, Renten- oder Gewinnanteilscheine ausgegeben worden sind, so ist die Beibringung des im § 1010 Abs. 2 vorgeschriebenen Zeugnisses nicht erforderlich.

§ 1022. (1) Wird das in Verlust gekommene Papier dem Gericht vorgelegt oder wird das Aufgebotsverfahren in anderer Weise ohne Erlaß eines Ausschlußurteils erledigt, so ist die Zahlungssperre von Amts wegen aufzuheben. Das gleiche gilt, wenn die Zahlungssperre vor der Einleitung des Aufgebotsverfahrens angeordnet worden ist und die Einleitung nicht binnen sechs Monaten nach der Beseitigung des ihr entgegenstehenden Hindernisses beantragt wird. Ist das Aufgebot oder die Zahlungssperre öffentlich bekanntgemacht worden, so ist die Erledigung des Verfahrens oder die Aufhebung der Zahlungssperre von Amts wegen durch den Bundesanzeiger bekanntzumachen.

(2) Im Falle der Vorlegung des Papiers ist die Zahlungssperre erst aufzuheben, nachdem dem Antragsteller die Einsicht nach Maßgabe des § 1016 gestattet worden ist.

(3) Gegen den Beschluß, durch den die Zahlungssperre aufgehoben wird, findet sofortige Beschwerde statt.

§ 1023. Bezweckt das Aufgebotsverfahren die Kraftloserklärung einer Urkunde der im § 808 des Bürgerlichen Gesetzbuchs bezeichneten Art, so gelten die Vorschriften des § 1006, des § 1009 Abs. 3, des § 1017 Abs. 2 Satz 2 und der §§ 1019 bis 1022 entsprechend. Die Landesgesetze können über die Veröffentlichung des Aufgebots und der im § 1017 Abs. 2, 3 und in den §§ 1019, 1020, 1022 vorgeschriebenen Bekanntmachungen sowie über die Aufgebotsfrist abweichende Vorschriften erlassen.

§ 1024. (1) Bei Aufgeboten, die auf Grund der §§ 887, 927, 1104, 1112, 1162, 1170, 1171, 1269 des Bürgerlichen Gesetzbuchs sowie auf Grund des § 765 des Handelsgesetzbuchs und des § 110 des Gesetzes, betreffend die privatrechtlichen Verhältnisse der Binnenschiffahrt, ergehen, können die Landesgesetze die Art der Veröffentlichung des Aufgebots und des Ausschlußurteils sowie die Aufgebotsfrist anders bestimmen, als in den §§ 948, 950, 956 vorgeschrieben ist.

(2) Bei Aufgeboten, die auf Grund des § 1162 des Bürgerlichen Gesetzbuchs ergehen, können die Landesgesetze die Art der Veröffentlichung des Aufgebots, des Ausschlußurteils und des im § 1017 Abs. 3 bezeichneten Urteils sowie die Aufgebotsfrist auch anders bestimmen, als in den §§ 1009, 1014, 1015, 1017 vorgeschrieben ist.

V. Übersicht über die Regelung der gesetzlichen Feiertage

Die im Gesetz v. 27. 2. 1934 festgesetzten Feiertage (vgl. 72[3]) gelten noch in der britischen und sowjetischen Besatzungszone. Danach sind außer den Sonntagen gesetzliche Feiertage:

Neujahrstag, 1. Mai, Karfreitag, Ostermontag, Himmelfahrtstag, Pfingstmontag, Bußtag (= Mittwoch vor letztem Sonntag nach Trinitatis), und erster und zweiter Weihnachtstag.

Ferner das Reformationsfest — 31. Oktober — in überwiegend evangelischen, und Fronleichnam in überwiegend katholischen Landesteilen.

Für Berlin (Ost- und Westsektoren) gelten die gleichen Tage auf Grund der Kommandanturanordnung v. 27. 1. 1947 — BK/O (47) 20 — als Feiertage, jedoch mit Ausnahme des Reformationsfestes.

In den amerikanischen und französischen Besatzungszonen gelten verschiedene Regelungen der einzelnen Länder: Hessen, Ges. v. 10. 1. 1946 (GVBl. 1946, 72); Württemberg-Baden, Ges. v. 29. 10. 1948 (RegBl. 1948, 41); Bayern GVBl. 1950, 41; Süd-Württemberg-Hohenzollern Ges. v. 11. 1. 1949 (RegBl. 33); Südbaden RAnO v. 22. 10. 1946 (ABl. 121); Rheinland-Pfalz Ges. v. 25. 6. 1948 (ABl. 253); Saarland VO v. 22. 10. 1945 (ABl. 37) und 1. 7. 1947 (ABl. 225). In Bremen ist es bei der Regelung des Ges. v. 27. 2. 1934 wie in der britischen Zone verblieben, jedoch mit der Maßgabe, daß das Reformationsfest kein anerkannter Feiertag ist; der erste Mai ist in Art. 55 der Landesverfassung v. 21. 10. 1947 (Bremer GBl. 251) als gesetzlicher Feiertag anerkannt.

VI. Beispiele für Wechsel und Protesturkunden

1. Formblatt (sog. **Einheitswechsel**) gemäß den Vorschlägen des ehemaligen Fachausschusses für Bankwesen beim Reichskuratorium für Wirtschaftlichkeit (S. 520):

Anhang VI

(Format: Hälfte von DIN A 4 = 105 mm × 297 mm).

WECHSEL

.........................., den .... 19 .... | Nr. des Zahlungs-Ortes | Zahlungs-Ort ....

Ort und Tag der Ausstellung

Gegen diesen Wechsel — erste Ausfertigung — zahlen Sie am .... 19 ....

Monat in Buchstaben

an .... **DM**

Deutsche-Mark

Betrag in Buchstaben

Bezogener: ....

....

in: ....

Ort u. Straße (genaue Wohnungsangabe)

Zahlbar in ....

bei ....

Diesen Raum nur für den Zahlstellenvermerk benutzen

Unterschrift und Adresse des Ausstellers

Stempelmarken a. d. Rückseite unmittelbar unter diesem Rande anbringen

2. Beispiel eines an eigene Order gestellten **gezogenen Wechsels** unter Angabe eines Zahlungsleisters:

Hannover, den 7. Juni 1951

Zahlen Sie gegen diesen Wechsel am 7. September 1951

1000,— DM — eintausend Deutsche Mark —

an meine Order.

Rich. Schulze

Herrn
Kaufmann Rich. Schulze
Hannover

Fritz Müller
(Hannover, Kaiserstraße 20)

zahlbar bei:
Hannoverscher Bankverein e. G. m. b. H.
Hannover, Friedrichstr. 13

3. Beispiel eines **eigenen Wechsels:**

Solawechsel über 1000 DM
Zahlungsort: Hannover

Gegen diesen Wechsel zahle ich am 7. September 1951
an die Firma Fritz Müller & Co oder Order die Summe von

eintausend Deutsche Mark

Hannover, den 7. Juni 1951
Friedrichstr. 13
Richard Schulze

zahlbar bei: ....

Beispiele für Protesturkunden

1. **Anwesenheitsprotest** (vgl. Anm. 13 zu Art. 80).

Protest

Für Herrn Fritz Müller, hier Kaiserstraße 20, habe ich heute unter Vorlegung dieses Wechsels dessen Bezogenen Herrn Richard Schulze, hier, Friedrichstr. 13, mangels Vorhandensein von Geschäftsräumen in seiner vorbezeichneten Wohnung zur Zahlung aufgefordert. Zahlung wurde nicht geleistet.

Hannover, den 10. September 1951
Unterschrift
Amtsrichter

Amtsstempel

Kostenrechnung:

2. Anwesenheitsprotest beim **Zahlungsleister** (vgl. Anm. 8 zu Art. 80)

Protest

Für die offene Handelsgesellschaft in Firma Fritz Müller & Co, hier, Kaiserstraße 20, habe ich mich heute in die Geschäftsräume des in dem angeschlossenen Wechsel als Zahlungsleister benannten Hannoverschen Bankvereins e.G.m.b.H, hier, Friedrichstr. 13, begeben und dem dort angetroffenen Kassenvorsteher und Prokuristen Herrn Schumann den Wechsel vergeblich zur Zahlung vorgelegt. Der Bezogene selbst war in den genannten Räumen nicht anwesend.

Hannover, den 10. September 1951

Unterschrift

Amtsstempel Notar

Kostenrechnung:

3. **Abwesenheitsprotest** in den Räumen des Protestgegners (vgl. Anm. 14 zu Art. 80).

Protest

Für Herrn Fritz Müller, hier, Kaiserstraße 20, habe ich mich heute, um diesen Wechsel zur Zahlung vorzulegen, in die Geschäftsräume des Kaufmanns Richard Schulze, hier, Friedrichstraße 13, begeben, Herrn Schulze aber nicht angetroffen. Die allein anwesende Angestellte Fräulein Hintze erklärte, daß weder Herr Schulze noch eine zu seiner Vertretung befugte Person anwesend sei und sie keine Ermächtigung zur Bezahlung des Wechsels habe.

Hannover, den 10. September 1951

Unterschrift

Amtsstempel Notar

Kostenrechnung:

4. Abwesenheits**(Wand-)protest** (vgl. Anm. 14 zu Art. 80).

Protest

Für die Fritz Müller & Co Aktiengesellschaft, hier, Kaiserstr. 20, habe ich mich heute zu den hier, Friedrichstraße 13, belegenen Geschäftsräumen des Kaufmanns Richard Schulze begeben, um diesem den angeschlossenen Wechsel zur Zahlung vorzulegen. Herr Schulze war nicht anzutreffen, die Geschäftsräume wurden mir nicht geöffnet.

Hannover, den 10. September 1951

Unterschrift

Amtsstempel Gerichtsvollzieher

Kostenrechnung:

5. Abwesenheits **(Wind-)protest** (vgl. Anm. 14a zu Art. 80 u. Art. 87).

Protest

Für die Firma Fritz Müller & Co, hier, Kaiserstr. 20, habe ich mich heute auf das Grundstück Friedrichstraße 13, hier, begeben, um den angeschlossenen Wechsel dessen Bezogenem Herrn Kaufmann Richard Schulze an seiner vorbezeichneten, im Wechsel angegebenen Adresse zur Zahlung vorzulegen.

Weder auf dem genannten Grundstück noch an anderer Stelle konnte ich Geschäfts- oder Wohnräume des Bezogenen ermitteln. Nachfrage bei der hiesigen Polizeibehörde verlief erfolglos.

Hannover, den 10. September 1951

Unterschrift

Amtsstempel Notar

Kostenrechnung:

Alphabetisches Sachregister

Die **großen Zahlen** bedeuten die Artikel des Wechselgesetzes, die **kleinen** die Anmerkungen des Kommentars. **E.** verweist auf die Einleitung (vor Art. 1). **Anh.** verweist auf die im Anhang des Kommentars abgedruckten Bestimmungen.

A.

Sachregister

C.

D.

E.

Grundbuchordnung

In der Fassung der Bekanntmachung vom 5. August 1935. Von Senatspräsident Dr. Paul Thieme. Dritte, neubearbeitete Auflage. Oktav. Hauptband 365 Seiten. 1949. Halbleinen DM 19,—
mit Sonderanhängen für das Land Hessen, von Amtsgerichtsdirektor a. D. H. Eise. DM 24,—
für Groß-Berlin und die Sowjetzone, von Senatspräsident a. D. Dr. K. Schwarze. DM 22,—
für das Land Bremen, von Amtsgerichtsrat Dr. H. L. Schlüter. DM 21,50
für das Land Bayern, von Senatspräsident F. Reichhelm. DM 20,50
für das französisch und amerikanisch besetzte Gebiet Württembergs, von Landgerichtsrat Prof. Dr. Baur. DM 22,—

Nachtrag 15 Seiten. 1950. DM 0,60

„Den Kern des Werkes bildet eine mustergültige Erläuterung der GBO, die aufbauend auf der für dieses Rechtsgebiet grundlegenden Praxis des KG, den neuesten Stand der Besprechung wiedergibt und auch die Auffassungen früherer Kommentatoren . . berücksichtigt. . . . Die Zusammenfassung des sonst überall verstreuten Materials macht das handliche Werk für die Praxis besonders wertvoll."
Neue Juristische Wochenschrift

„Es fehlte bisher an einem auf der Höhe der Zeit stehenden Erläuterungsbuch der GBO, das dem vielbeschäftigten Praktiker . . . das Material bietet, um sich im formellen Grundbuchrecht zurechtzufinden. Dem hilft das vorliegende Werk ab."
Monatsschrift für Deutsches Recht

Juristische Rundschau

mit Beiblatt: Mitteilungen aus der Berliner Justiz und Rechtsanwaltschaft. Herausgegeben von Reinhard Freiherr von Godin, Rechtsanwalt in München; Professor Dr. Justus Wilhelm Hedemann; Dr. Gerhard Nehlert, Dezernent beim Senator für Justiz in Berlin; Professor Dr. E. Reimer, Präsident des Deutschen Patentamtes in München; Hermann Reuss, Rechtsanwalt und Notar in Berlin; Dr. Walter Schmidt, Rechtsanwalt in Düsseldorf; Professor Dr. Karl Schneidewin, vorm. Generalstaatsanwalt am Obersten Gerichtshof für die Britische Zone in Köln; Dr. Kurt Wergin, Präsident der Rechtsanwaltskammer Berlin; Professor Dr. Ernst Wolff, vorm. Präsident des Obersten Gerichtshofes für die Britische Zone in Köln. Schriftleitung: Magistratsrätin a. D. L. Pauli. 1mal monatlich. Umfang je Heft 40 Seiten. Preis vierteljährlich DM 8,—
Vorzugspreis für Studierende und Referendare vierteljährlich DM 7,—

Die „Juristische Rundschau" will in erster Linie der Praxis dienen. Zu diesem Zweck bringt sie Abhandlungen namhafter Juristen über aktuelle Fragen und unterrichtet durch einen reichhaltigen Rechtsprechungsteil die Leser über die Entscheidungen der höchsten deutschen Gerichte. Daneben bemüht sie sich durch Besprechungen und Zitierungen wichtiger Neuerscheinungen über das Schrifttum den Leser auf dem laufenden zu halten.

Als in Berlin erscheinendes Blatt räumt die „Juristische Rundschau" neben den das Bundesgebiet und Westberlin gemeinsam interessierenden Fragen auch den spezifisch Berliner Problemen Raum ein und vermittelt damit auch den westdeutschen Juristen Einblick in das Rechtsleben der früheren Reichshauptstadt.

WALTER DE GRUYTER & CO. / BERLIN W 35

Kolibri 360 GmbH
Ferdinand-Jühlke-Straße 7
99095 Erfurt, Deutschland
produktsicherheit@kolibri360.de